Schuldrecht Allgemeiner Teil

W0329212

Schuldrecht
Allgemeiner Teil

Schuldverhältnisse
Leistungsstörungsrecht
Verbraucherschutzrecht

von

Prof. Dr. jur. Rolf Schmidt

Hochschule für Angewandte Wissenschaften
Hamburg

12. Auflage 2018

Schmidt, Rolf: Schuldrecht Allgemeiner Teil
12. völlig neu bearbeitete und aktualisierte Auflage – Grasberg bei Bremen 2018
ISBN 978-3-86651-197-2; Preis 23,50 EUR

© Copyright 2018: Dieses Lehrbuch ist urheberrechtlich geschützt. Die dadurch begründeten Rechte, insb. die des Nachdrucks, der Entnahme von Abbildungen und Prüfungsschemata, der Funksendung, der Wiedergabe auf photomechanischem oder ähnlichem Wege und der Speicherung in Datenverarbeitungsanlagen bleiben, auch nur bei partieller Verwertung, der Verlag Dr. Rolf Schmidt GmbH vorbehalten.

Autor: Prof. Dr. Rolf Schmidt c/o Verlag Dr. Rolf Schmidt GmbH
Druck: Druckhaus Pinkvoss GmbH, 30519 Hannover
Verlag: Dr. Rolf Schmidt GmbH, Wörpedorfer Ring 40, 28879 Grasberg bei Bremen
Tel. (04208) 895 299; Fax (04208) 895 308; www.verlag-rolf-schmidt.de
E-Mail: verlagrs@t-online.de

Für Verbraucher erfolgt der deutschlandweite Bezug über den Verlag versandkostenfrei

Vorwort

Das vorliegende, von Dres. Felix Hütte und Marlena Hütte begründete und von mir seit der 9. Auflage fortgeführte Werk behandelt das allgemeine Schuldrecht, also das im zweiten Buch des BGB kodifizierte Rechtsgebiet, das die allgemeinen Regelungen umfasst, welche das Verhältnis zwischen zwei oder mehreren, durch eine rechtliche Sonderbeziehung verbundenen Personen betreffen.

Mit der vorliegenden 12. Auflage 2018 wurde das Buch wieder auf den aktuellen Stand von Gesetzgebung, Rechtsprechung und Literatur gebracht. Insbesondere das Leistungsstörungsrecht und das Verbraucherschutzrecht sind ständigen Veränderungsprozessen ausgesetzt, die es zu berücksichtigen galt. Während bereits in der 11. Auflage das Gesetz zur Umsetzung der Wohnimmobilienkreditrichtlinie und zur Änderung handelsrechtlicher Vorschriften v. 11.3.2016, das auch zu Änderungen der Verbraucherschutzvorschriften der §§ 312 ff. BGB geführt hat, berücksichtigt wurde, galt es für die 12. Auflage u.a. das weitgehend am 1.1.2018 in Kraft getretene Gesetz zur Reform u.a. des Bauvertragsrechts und der kaufrechtlichen Mängelhaftung v. 28.4.2017 einzupflegen, das ebenfalls nicht unerhebliche Änderungen der verbraucherschützenden Widerrufsrechte nach sich zog.

Die Darstellungsweise wurde im Übrigen beibehalten. Nach einer allgemeinen Einführung und der Klärung grundlegender Begrifflichkeiten wird der Inhalt von Schuldverhältnissen behandelt. Die im Rahmen der Prüfung eines vertraglichen Primäranspruchs relevanten Vorschriften des allgemeinen Schuldrechts – namentlich die rechtshindernden, rechtsvernichtenden und rechtshemmenden Einreden – sind Gegenstand der weiteren Ausführungen. Der Rücktritt wird aus Gründen des Sachzusammenhangs im Leistungsstörungsrecht dieses Buches erläutert und die Verbraucherschutzvorschriften werden in einem separaten Abschnitt behandelt. Das Recht der Allgemeinen Geschäftsbedingungen ist hingegen in meinem Buch zum Allgemeinen Teil des BGB dargestellt.

Hinsichtlich des Leistungsstörungsrechts ordnet das Buch die Problemkreise in einer rechtsfolgenorientierten Darstellung unter Berücksichtigung der aktuellen Entwicklungen und mit einer Vielzahl verdeutlichender Beispiele.

Im Anschluss an das Leistungsstörungsrecht wird auf das Schadensrecht (§§ 249 ff. BGB) eingegangen. Auch hier soll in erster Linie ein Systemverständnis vermittelt werden, welches für die Lösung von Einzelproblemen nutzbar gemacht werden kann. Die zahlreichen Beispielsfälle dienen dabei der Verdeutlichung des nur knapp kodifizierten und daher kasuistisch geprägten Gebiets. Schließlich werden die Besonderheiten beschrieben, die sich bei der Beteiligung Dritter am Schuldverhältnis ergeben.

Zusammenfassungen, Prüfungsschemata, hervorgehobene Lerndefinitionen und Klausurhinweise runden die Darstellung ab und erleichtern die Prüfungsvorbereitung.

Mein Mitarbeiter, Herr Marc Bieber, hat zuverlässig Korrektur gelesen. Dafür danke ich ihm sehr herzlich.

Kritik und Verbesserungsvorschläge sind willkommen und werden unter *rs@jura-institut.de* erbeten.

Hamburg, im Dezember 2017 *Prof. Dr. Rolf Schmidt*

Inhaltsverzeichnis

1. Kapitel – Einordnung des Schuldrechts und Einführung in die Fallbearbeitung ... 1

A. Allgemeiner Teil des Schuldrechts im BGB ... 1

B. Einführung in die Fallbearbeitung ... 2

I. Anspruchsziele der beteiligten Personen ... 2

II. Auffinden der richtigen Anspruchsnorm ... 3

III. Prüfungsschritte bei Ansprüchen aus dem Schuldrecht ... 3

2. Kapitel – Begriffsbestimmungen ... 5

A. Schuldverhältnis ... 5

B. Schuldner, Gläubiger, Anspruch und Verbindlichkeit ... 5

C. Dauerschuldverhältnisse ... 6

D. Gefälligkeitsverträge und Gefälligkeitsverhältnisse ... 6

3. Kapitel – Entstehung von Schuldverhältnissen und ihre Rechtsfolgen ... 8

A. Entstehung durch Rechtsgeschäft ... 8

B. Entstehung durch Gesetz ... 10

C. Entstehung gem. § 311 II, III BGB ... 11

D. Pflichten und Obliegenheiten im Schuldverhältnis ... 11

I. Primär- und Sekundärpflichten ... 11

II. Leistungs- und nichtleistungsbezogene Pflichten ... 11

III. Obliegenheiten ... 13

4. Kapitel – Inhalt von Schuldverhältnissen ... 14

A. Bestimmung des Leistungsinhalts ... 15

I. Grundsätzlich freie Bestimmung durch die Parteien ... 15

II. Bestimmung der Leistung durch eine Partei oder einen Dritten ... 16

B. Grundsatz von Treu und Glauben ... 18

I. Funktionen des § 242 BGB ... 18

II. Unzulässige Rechtsausübung, § 242 BGB ... 19

C. Leistungsort und Leistungszeit ... 21

I. Leistungsort ... 21

1. Begriff des Leistungsorts und der Hol-, Bring- und Schickschuld ... 21

2. Bestimmung des Leistungsorts/Erfüllungsorts ... 23

II. Leistungszeit ... 26

1. Begriff der Leistungszeit ... 26

2. Bestimmung der Leistungszeit ... 27

D. Gegenstand des Schuldverhältnisses ... 29
I. Stückschuld ... 29
II. Gattungsschuld/Vorratsschuld ... 29
1. Begriff der Gattungs- und Vorratsschuld ... 29
2. Konkretisierung ... 31
III. Wahlschuld ... 34
IV. Ersetzungsbefugnis ... 34
V. Geldschuld ... 35

5. Kapitel – Rechtshindernde Einwendungen ... 37
A. Verpflichtung zur Verfügung über künftiges Vermögen, § 311b II BGB ... 38
B. Vertrag über den Nachlass eines lebenden Dritten, § 311b IV BGB ... 38

6. Kapitel – Rechtsvernichtende Einwendungen ... 39
A. Einführung ... 39
B. Erfüllung, §§ 362 ff. BGB ... 40
I. Voraussetzungen der Erfüllung ... 40
1. Bewirken der geschuldeten Leistung ... 40
2. Weitere Voraussetzungen der Erfüllung? (Erfüllungstheorien) ... 41
3. Einzelprobleme ... 42
4. Person des Leistenden ... 45
a. Leistung durch einen Dritten, § 267 BGB ... 45
b. Ablösungsrecht gemäß § 268 BGB ... 46
5. Person des Leistungsempfängers ... 46
a. Erfordernis der Empfangszuständigkeit ... 46
b. Leistung an einen Dritten ... 47
c. Echter Vertrag zugunsten Dritter ... 48
II. Ermittlung der erfüllten Forderung ... 48
1. Tilgungsbestimmung, § 366 I BGB ... 48
2. Gesetzliche Tilgungsreihenfolge nach § 366 II BGB ... 49
3. Anrechnung von Teilleistungen auf Zinsen u. Kosten nach § 367 BGB ... 50
III. Rechtsfolgen/Beweislast ... 50
C. Erfüllung mit einem anderen Leistungsgegenstand ... 51
I. Annahme an Erfüllungs statt ... 51
II. Abgrenzung zur Annahme erfüllungshalber ... 54
D. Hinterlegung, §§ 372 ff. BGB ... 56
I. Anwendungsbereich/Verfahrensrecht ... 57
II. Voraussetzungen ... 58
III. Rechtsfolgen der Hinterlegung ... 59
IV. Selbsthilfeverkauf bei nicht hinterlegungsfähigen Sachen ... 60

E. Aufrechnung, §§ 387 ff. BGB ... 61
I. Einführung ... 61
II. Voraussetzungen ... 63
III. Rechtsfolgen der Aufrechnung, § 389 BGB ... 72
F. Erlassvertrag ... 73
I. Einführung ... 73
II. Voraussetzungen ... 74
G. Negatives Schuldanerkenntnis, § 397 II BGB ... 75
H. Sonstige Erlöschensgründe ... 75
I. Änderungs- und Aufhebungsvertrag ... 75
II. Novation ... 76
III. Konfusion ... 77

7. Kapitel – Gläubiger- und Schuldnerwechsel ... 78
A. Abtretung, §§ 398 ff. BGB ... 80
I. Anwendungsbereich der §§ 398 ff. BGB ... 80
II. Voraussetzungen ... 81
III. Rechtsfolgen ... 88
1. Wechsel der Gläubigerstellung, § 398 S. 2 BGB ... 88
2. Übergang der Neben- und Vorzugsrechte, § 401 BGB ... 89
3. Hilfsansprüche, §§ 402, 403 BGB ... 90
4. Schuldnerschutz ... 90
IV. Besondere Formen der Abtretung ... 98
1. Sicherungsabtretung ... 98
2. Inkassozession ... 103
3. Factoring ... 103
B. Gesetzlicher Forderungsübergang gem. § 412 BGB ... 105
C. Befreiende Schuldübernahme, §§ 414 ff. BGB ... 105
I. Abgrenzungen ... 105
II. Voraussetzungen der befreienden Schuldübernahme ... 107
III. Rechtsfolgen der befreienden Schuldübernahme ... 110

8. Kapitel – Rechtshemmende Einreden ... 112
A. Einrede des § 273 BGB ... 112
I. Schuldverhältnis ... 113
II. Gegenseitige Ansprüche ... 113
III. Wirksamer, fälliger und durchsetzbarer Gegenanspruch ... 114
IV. Konnexität der Ansprüche ... 114
V. Kein Ausschluss des Zurückbehaltungsrechts ... 115
VI. Erhebung der Einrede ... 117

VII. Rechtsfolgen ... 117
B. Einrede des nicht erfüllten Vertrags, § 320 BGB ... 117
I. Gegenseitiger Vertrag ... 117
II. Synallagmatische Leistungspflichten ... 118
III. Wirksame, durchsetzbare und fällige Gegenforderung ... 118
IV. Eigene Vertragstreue ... 119
V. Nichterfüllung durch den anderen Teil ... 119
VI. Kein Ausschluss der Einrede ... 120
VII. Erhebung der Einrede ... 120
VIII. Rechtsfolgen ... 120

9. Kapitel – Leistungsstörungsrecht ... 121
A. Einführung ... 121
B. Unmöglichkeit, § 275 BGB ... 122
I. Rechtsdogmatische und prozessuale Einordnung ... 122
II. Freiwerden des Schuldners nach § 275 BGB ... 124
1. Wirkliche Unmöglichkeit, § 275 I BGB ... 124
a. Einheitlicher Begriff der Unmöglichkeit in § 275 I BGB ... 128
aa. Anfängliche und nachträgliche Unmöglichkeit ... 129
bb. Objektive und subjektive Unmöglichkeit ... 129
cc. Kein Vertretenmüssen erforderlich ... 130
b. Abgrenzung von § 275 I BGB zu § 275 II, III BGB ... 131
c. Fallgruppen der Unmöglichkeit ... 131
aa. Naturgesetzliche Unmöglichkeit ... 132
bb. Zweckerreichung ... 132
cc. Zweckfortfall ... 133
dd. Zweckstörung ... 133
d. Unmöglichkeit bei Gattungsschulden ... 134
e. Unmöglichkeit bei Geldschulden ... 135
f. Teilunmöglichkeit ... 136
g. Vorübergehende Unmöglichkeit ... 137
2. Praktische Unmöglichkeit, § 275 II BGB ... 138
3. Persönliche Unmöglichkeit (Unzumutbarkeit), § 275 III BGB ... 142
III. Anspruch auf das Surrogat, § 295 I BGB ... 144
IV. Befreiung von der Gegenleistungspflicht, § 326 BGB ... 144
1. Voraussetzungen für das Freiwerden des Gläubigers gem. § 326 I BGB ... 145
2. Fortbestehen der Leistungspflicht des Gläubigers ... 147
a. § 2380 BGB ... 147
b. § 446 BGB ... 147

c. § 447 I BGB 148
d. §§ 644, 645 BGB 150
e. § 326 II S. 1 Var. 1 BGB – Überwiegende Verantwortlichkeit 150
f. § 326 II S. 1 Var. 2 BGB – Annahmeverzug des Gläubigers 151
g. §§ 326 III, 285 BGB – Stellvertretendes commodum 152
h. Schadensersatz statt der Leistung, §§ 280 ff.; 311a II BGB 153
3. Besonderheiten bei beiderseitig zu vertretender Unmöglichkeit 153
4. Teilunmöglichkeit 157
C. Rücktritt, §§ 323 ff. BGB 159
I. Abgrenzungen 160
1. Abgrenzung von der Anfechtung 160
2. Abgrenzung von der Kündigung 161
3. Abgrenzung vom Aufhebungsvertrag 162
4. Abgrenzung von Widerrufsrechten 162
5. Abgrenzung von der auflösenden Bedingung 162
II. Voraussetzungen des Rücktritts 163
1. Rücktrittserklärung, § 349 BGB 163
2. Die einzelnen gesetzlichen Rücktrittsgründe 163
a. Rücktritt wegen nicht oder nicht wie geschuldet erbrachter Leistung (§ 323 BGB) 163
aa. Gegenseitiger Vertrag 165
bb. Fällige und durchsetzbare Leistungspflicht 165
cc. Nichterfüllung oder Schlechterfüllung der Leistungspflicht 167
dd. Fristsetzung 169
a.) Grundsätzliches Erfordernis einer Fristsetzung nach § 323 I BGB 169
b.) Entbehrlichkeit der Fristsetzung nach § 323 II Nr. 1 BGB 175
c.) Entbehrlichkeit der Fristsetzung nach § 323 II Nr. 2 BGB 177
d.) Entbehrlichkeit der Fristsetzung nach § 323 II Nr. 3 BGB 180
ee. Eigene Vertragstreue des Gläubigers 182
ff. Interessenfortfall oder Unerheblichkeit der Pflichtverletzung, § 323 V BGB 183
gg. Ausschluss des Rücktrittsrechts nach § 323 VI BGB 186
hh. Ausschluss des Rücktrittsrechts nach § 218 I S. 1 BGB 186
b. Rücktritt wegen Verletzung einer Pflicht i.S.d. § 241 II BGB 187
c. Rücktritt bei Ausschluss der Leistungspflicht, §§ 323, 326 V BGB 189
3. Schadensersatz trotz Rücktritts, § 325 BGB 192
III. Rechtsfolgen des Rücktritts, §§ 346 ff. BGB 193
1. Rückgewähr der empfangenen Leistungen in Natur, § 346 I BGB 194
2. Wertersatz statt der Rückgewähr, § 346 II BGB 195

3. Entfallen der Wertersatzpflicht, § 346 III S. 1 BGB 200
4. Schadensersatz, § 346 IV BGB i.V.m. §§ 280 ff. BGB 206
5. Ersatz von Nutzungen und Verwendungen 208
IV. Unwirksamkeit des Rücktritts 212
D. Schadensersatz, §§ 280 ff., 311a II BGB 213
I. Überblick 213
II. Verantwortlichkeit des Schuldners 214
1. Eigenes Verschulden gem. § 276 I S. 1 Hs. 1 BGB 217
a. Verschuldens(un-)fähigkeit 217
b. Vorsatz 218
c. Fahrlässigkeit 219
d. Abgrenzung von Fahrlässigkeit und Vorsatz 223
e. Relevanz der Unterscheidung der Verschuldensgrade 223
2. Strengere/mildere Haftung gem. § 276 I S. 1 Hs. 2 BGB 224
a. Garantie 224
b. Beschaffungsrisiko 225
c. Geldschulden 226
d. Besonderheiten im Arbeitsrecht 226
e. Haftung während des Verzugs 227
f. Sonstige Haftungsmodifikationen 227
3. Haftung für fremdes Verschulden, § 278 BGB 227
a. Schuldverhältnis/Sonderverbindung 229
b. Erfüllungsgehilfe/gesetzlicher Vertreter 230
c. Handlung in Erfüllung einer Verbindlichkeit des Schuldners 232
d. Verschulden der Hilfsperson 235
e. Rechtsfolgen 236
III. Schadensersatz neben der Leistung, § 280 I, II BGB 236
1. Einführung 236
2. Schadensersatz bei Verletzung einer nichtleistungsbezogenen Nebenpflicht, §§ 280 I, 241 II BGB 238
a. Schuldverhältnis 240
aa. Schuldverhältnis mit Leistungspflichten 240
bb. Vorvertragliche Schuldverhältnisse, § 311 II BGB (c.i.c.) 241
cc. Schuldverhältnis mit Dritten, § 311 III BGB 243
dd. Nachvertragliche Pflichten 247
ee. Nachbarschaftliches Schuldverhältnis? 248
b. Konkurrenzen 248
aa. Schuldverhältnis mit Leistungspflichten 248
bb. Vorvertragliches Schuldverhältnis, § 311 II BGB (c.i.c.) 250

a.) Anfechtung ... 250
b.) Gewährleistungsrecht ... 251
c.) Anfängliche Unmöglichkeit ... 251
cc. Schuldverhältnis mit Dritten, § 311 III BGB ... 252
c. Pflichtverletzung ... 252
aa. Schutz- und Obhutspflichtverletzungen ... 253
bb. Verletzung von Aufklärungs- und Hinweispflichten ... 253
cc. Abbruch von Vertragsverhandlungen ... 253
dd. Verhinderung der Wirksamkeit eines Vertrags ... 254
ee. Leistungstreuepflichten ... 255
ff. Mitwirkungspflichten ... 255
d. Rechtswidrigkeit der Pflichtverletzung ... 256
e. Vertretenmüssen ... 256
f. Schaden ... 256
g. Verjährung ... 257
3. Schadensersatz bei Verzug, §§ 280 I, II, 286 BGB ... 257
a. Wirksamer Anspruch ... 259
b. Fälligkeit ... 259
c. Einredefreiheit des Anspruchs ... 260
d. Mahnung ... 261
e. Nichtleistung ... 265
f. Vertretenmüssen/Beweislast ... 266
g. Beginn und Ende des Verzugs ... 267
h. Rechtsfolgen ... 267
aa. Verzögerungsschaden ... 267
bb. Verzugszinsen, §§ 288 ff. BGB ... 268
4. Schadensersatz bei Schlechterfüllung einer leistungsbezogenen Pflicht, § 280 I BGB ... 269
IV. Schadensersatz statt der Leistung ... 271
1. Einführung ... 271
2. Schadensersatz statt der Leistung gem. § 311a II BGB ... 272
a. Wirksamer Vertrag ... 273
b. Freiwerden von der Leistungspflicht, § 275 BGB ... 274
c. Zu vertretende Unkenntnis ... 275
d. Rechtsfolgen ... 276
aa. Schadensersatz statt der Leistung ... 276
bb. Schadensersatz statt der *ganzen* Leistung ... 279
cc. Herausgabe des Ersatzes, § 285 BGB ... 282
dd. Ersatz vergeblicher Aufwendungen, §§ 311a II S. 1, 284 BGB ... 283

3. Schadensersatz statt der Leistung gem. §§ 280 I, III, 283 BGB 286
a. Freiwerden von der Leistungspflicht, § 275 BGB 287
b. Vertretenmüssen 288
c. Rechtsfolgen 288
aa. Schadensersatz statt der Leistung 288
bb. Schadensersatz statt der ganzen Leistung 289
cc. Herausgabe des Ersatzes, § 285 BGB 289
dd. Ersatz vergeblicher Aufwendungen, § 284 BGB 289
4. Schadensersatz statt der Leistung gem. §§ 280 I, III, 281 I S. 1 BGB 290
a. Wirksamer Anspruch 291
b. Fälligkeit 292
c. Durchsetzbarkeit 293
d. Leistung nicht oder nicht wie geschuldet 294
e. Fristsetzung 295
f. Entbehrlichkeit der Fristsetzung, § 281 II BGB 296
g. Abmahnung, § 281 III BGB 297
h. Erfolgloser Fristablauf 298
i. Vertretenmüssen 298
j. Eigene Vertragstreue 300
k. Rechtsfolgen 300
aa. Wahlrecht des Gläubigers (Erfüllung oder Schadensersatz) 300
bb. Schadensersatz statt der Leistung 301
cc. Schadensersatz statt der ganzen Leistung 302
dd. Ersatz vergeblicher Aufwendungen, § 284 BGB 302
ee. Mangel und Mangelfolgeschäden 302
ff. Schadensersatz statt der Leistung und Verzug 304
5. Schadensersatz statt der Leistung gem. §§ 280 I, III, 282 BGB 305
a. Schuldverhältnis 305
b. Verletzung einer Pflicht i.S.d. § 241 II BGB 305
c. Vertretenmüssen 306
d. Unzumutbarkeit 306
e. Rechtsfolgen 306
E. Gläubigerverzug 307
I. Einführung 307
II. Voraussetzungen 309
1. Wirksamer und erfüllbarer Anspruch 309
2. Leistungsvermögen des Schuldners 310
3. Angebot durch den Schuldner 313
4. Nichtannahme der Leistung durch den Gläubiger 318

III. Rechtsfolgen des Gläubigerverzugs 319
1. Haftungsmilderung, § 300 I BGB 320
2. Übergang der Leistungsgefahr, § 300 II BGB 320
3. Übergang der Preisgefahr, § 326 II S. 1 Var. 2 BGB 321
4. Ersatz für die Mehraufwendungen, § 304 BGB 322
5. Sonstige Rechtsfolgen 322
F. Störung der Geschäftsgrundlage, § 313 BGB 324
I. Einführung 324
II. Subsidiäre Anwendbarkeit 326
1. Gesetzliche Sonderregelungen 326
2. Vertragliche Vereinbarungen 327
3. Anfechtung 327
4. Unmöglichkeit, § 275 BGB 327
a. Verhältnis von § 313 BGB zu § 275 I BGB 327
b. Verhältnis von § 313 BGB zu § 275 II BGB 328
c. Verhältnis von § 313 BGB zu § 275 III BGB 329
5. Mängelrechte 329
6. Zweckverfehlungskondiktion, § 812 I S. 2 Var. 2 BGB 330
7. Rücktritt nach § 323 I BGB 330
III. Voraussetzungen 331
1. Vorliegen eines vertraglichen Schuldverhältnisses 331
2. Reales Element der Geschäftsgrundlage 332
3. Fehlen/Wegfall des die Geschäftsgrundlage ausmachenden Umstands 333
4. Hypothetisches Element der Geschäftsgrundlage 334
5. Normatives Element der Geschäftsgrundlage 334
IV. Rechtsfolgen 335
1. Vertragsanpassung, § 313 I BGB 335
2. Vertragsauflösung, § 313 III BGB 336
V. Wichtige Fallgruppen 336
1. Äquivalenzstörung 337
2. Zweckstörung 338
3. Gemeinsamer Irrtum 339
G. Kündigung von Dauerschuldverhältnissen aus wichtigem Grund, § 314 BGB 344
I. Einführung 344
II. Voraussetzungen 345
III. Rechtsfolgen 350
IV. Verhältnis von § 314 BGB zu anderen Regelungen 350
1. Verhältnis zu §§ 323 ff. BGB 351

2. Verhältnis zu §§ 280 ff., 311a II BGB 351
3. Verhältnis zu § 313 BGB 351

10. Kapitel – Inhalt von Schadensersatzansprüchen 353

A. Einführung 353
I. Haftungsbegründung und Haftungsausfüllung 353
II. Anwendungsbereich und Grundgedanken der §§ 249 ff. BGB 353
III. Prüfungsreihenfolge des haftungsausfüllenden Tatbestands 354

B. Schadensbegriff 355
I. Vermögensschaden 356
II. Nichtvermögensschaden 356
III. Normativer Schaden 356
IV. Einzelfälle 357

C. Schadenszurechnung 359
I. Äquivalenztheorie 359
1. Definition 359
2. Einzelfälle 360
II. Adäquanztheorie 362
1. Definition 362
2. Einzelfälle 362
III. Schutzzweck der Norm 363
1. Definition 363
2. Einzelfälle 364
a. Allgemeines Lebensrisiko 364
b. Hypothetische Kausalität/Reserveursachen 365
c. Rechtmäßiges Alternativverhalten 366
d. Willensentschluss des Geschädigten oder eines Dritten 367
e. Dazwischentreten Dritter 368

D. Art und Inhalt des Schadensersatzes, §§ 249 ff. BGB 368
I. Einführung 368
II. Naturalrestitution gem. § 249 I BGB 369
III. Geldersatz bei Personen- und Sachbeschädigungen, § 249 II BGB 370
1. Sachschäden 370
a. Ersatz erforderlicher Kosten, § 249 II S. 1 BGB 370
b. Dispositionsfreiheit 371
c. Einzelfälle zum Inhalt des Ersatzes 372
d. Grenzen des Ersatzes 373
aa. Unmöglichkeit der Restitution 373
bb. Ungenügende Restitution 374

cc. Unverhältnismäßige Aufwendungen ... 374
2. Personenschäden ... 375
IV. Schadenskompensation, §§ 251, 252, 253 BGB ... 377
1. Einführung ... 377
2. Vermögensschäden ... 378
a. Merkantiler Minderwert ... 378
b. Entgangener Gewinn, § 252 BGB ... 379
c. Entgangene Gebrauchsvorteile? ... 379
d. Vertane Freizeit? ... 381
e. Verlust der Arbeitskraft? ... 381
f. Vertaner Urlaub? ... 382
g. Entgangene Genussmöglichkeiten ... 382
3. Nichtvermögensschäden ... 382
a. § 651f II BGB ... 382
b. Schmerzensgeld, § 253 II BGB ... 382
c. Verletzung des allgemeinen Persönlichkeitsrechts ... 384
E. Schadensminderung ... 385
I. Vorteilsanrechnung ... 385
1. Voraussetzungen ... 385
2. Fallgruppen ... 385
II. Mitverschulden ... 387
1. Begriff ... 387
2. Verschuldensfähigkeit ... 388
3. Kausalität ... 388
4. Umfang der Mitverantwortlichkeit ... 389
5. Verschuldenszurechnung, § 254 II S. 2 BGB ... 390

11. Kapitel – Verbraucherschützende Widerrufsrechte ... 392
A. Einführung ... 392
B. Begriff des Verbrauchers und des Unternehmers ... 395
I. Verbraucher (§ 13 BGB) ... 395
II. Unternehmer (§ 14 I BGB) ... 398
C. Gesetzlich geregelte Widerrufsrechte ... 401
I. Anwendungsbereich ... 401
II. Außerhalb von Geschäftsräumen geschlossene Verträge ... 403
III. Fernabsatzverträge ... 407
IV. Insbesondere: Verträge im elektronischen Geschäftsverkehr ... 408
1. Überblick ... 408
2. (Informations-)Pflichten des Unternehmers ... 408

3. Informationspflichten nach Maßgabe des Art. 246a EGBGB 412
4. Insbesondere: Die Widerrufsbelehrung 412
V. Das Widerrufsrecht 415
1. Voraussetzungen des Widerrufsrechts 415
2. Ausschluss des Widerrufsrechts 416
3. Dauer, Beginn und Erlöschen der Widerrufsfrist 418
4. Ausübung des Widerrufsrechts/Widerrufserklärung 420
5. Erlöschen des Widerrufsrechts 422
D. Rechtsfolgen des Widerrufs 424
E. Verbot abweichender Vereinbarungen und Beweislast 430
F. Prüfungsschema 431
G. Verbundene Verträge 432

12. Kapitel – Beteiligung Dritter am Schuldverhältnis 435
A. Einführung 435
B. Echter Vertrag zugunsten Dritter 435
I. Abgrenzungen 436
1. Abgrenzung zur Stellvertretung 436
2. Abgrenzung zur Abtretung, §§ 398 ff. BGB 437
3. Abgrenzung zum unechten Vertrag zugunsten Dritter 437
4. Abgrenzung zum Vertrag mit Schutzwirkung zugunsten Dritter 438
II. Voraussetzungen 439
1. Vertragsschluss 439
2. Drittbegünstigungsabrede 439
3. Zusätzliche Voraussetzungen 439
III. Rechtsbeziehungen im Vertrag zugunsten Dritter 439
1. Deckungsverhältnis 440
2. Valutaverhältnis 440
3. Vollzugs- bzw. Drittverhältnis 443
IV. Rechtsfolgen 443
1. Rechtsstellung des Dritten 443
2. Rechtsstellung des Versprechensempfängers 444
3. Rechtsstellung des Versprechenden 444
C. Vertrag mit Schutzwirkung zugunsten Dritter 445
I. Voraussetzungen 446
1. Leistungsnähe des Dritten 447
2. Gläubigernähe 447
3. Erkennbarkeit 449
4. Schutzbedürftigkeit des Dritten 449

II. Rechtsfolgen 450
D. Drittschadensliquidation 451
I. Abgrenzungen 451
1. Abgrenzung von der Vorteilsanrechnung 452
2. Abgrenzung vom Vertrag mit Schutzwirkung zugunsten Dritter 452
II. Voraussetzungen und Rechtsfolgen 453
III. Fallgruppen 455
1. Obligatorische Gefahrentlastung 455
2. Mittelbare Stellvertretung 456
3. Obhutspflichten 457
4. Störung der Rückabwicklung bei gesetzlichem Rücktrittsrecht 457
13. Kapitel – Mehrheit von Gläubigern und Schuldnern 459
A. Einführung 459
B. Teilschuldverhältnis 459
I. Teilgläubigerschaft, § 420 BGB 459
II. Teilschuldnerschaft, § 420 BGB 460
C. Gesamtschuldverhältnis 461
I. Gesamtgläubigerschaft, §§ 428 ff. BGB 461
II. Gesamtschuldnerschaft, §§ 421-427 BGB 462
1. Voraussetzungen 462
2. Wirkungen der Gesamtschuld 468
a. Verhältnis der Gesamtschuldner zum Gläubiger, §§ 421-425 BGB 468
b. Verhältnis der Gesamtschuldner zueinander, § 426 BGB 469
aa. Ausgleichsanspruch gem. § 426 I BGB 469
bb. Gesetzlicher Forderungsübergang gem. § 426 II BGB 470
3. Gestörtes Gesamtschuldverhältnis 471
D. Gemeinschaftsverhältnis 475
I. Gläubigergemeinschaft (Mitgläubiger) 475
1. Unteilbare Leistungen aus tatsächlichen Gründen 476
2. Bruchteilsgemeinschaften 476
3. Gesamthandsgläubiger 476
II. Schuldnergemeinschaft 477

Abkürzungsverzeichnis

a.A.	anderer Ansicht
a.a.O.	am angegebenen Ort
Abs.	Absatz
AcP	Archiv für die civilistische Praxis
a.E.	am Ende
a.F.	alte Fassung
AG	Aktiengesellschaft, in Zitaten Amtsgericht
AGB	Allgemeine Geschäftsbedingungen
AGV	Außerhalb von Geschäftsräumen geschlossene Verträge
AktG	Aktiengesetz
Alt.	Alternative
AnwBl	Anwaltsblatt
AO	Abgabenordnung
Art.	Artikel
AT	Allgemeiner Teil
AtomG	Atomgesetz
Aufl.	Auflage
BAG	Bundesarbeitsgericht
BB	Der Betriebsberater
BGH(Z)	Bundesgerichtshof (Entscheidungen des Bundesgerichtshofs in Zivilsachen)
bspw.	beispielsweise
BT-Drs.	Bundestagsdrucksache
BVerfG	Bundesverfassungsgericht
bzgl.	bezüglich
bzw.	beziehungsweise
c.i.c.	culpa in contrahendo
DAR	Deutsches Autorecht
DB	Der Betrieb
d.h.	das heißt
DNotZ	Deutsche Notar-Zeitschrift
e.A.	eine Ansicht
EBV	Eigentümer-Besitzer-Verhältnis
EGBGB	Einführungsgesetz zum Bürgerlichen Gesetzbuch
EntGFortzG	Entgeltfortzahlungsgesetz
etc.	et cetera (lat.: und so weiter)
EuGH	Gerichtshof der Europäischen Gemeinschaften
EuZW	Europäische Zeitschrift für Wirtschaftsrecht
EV	Eigentumsvorbehalt
f.	folgende (r/s)
FamRZ	Zeitschrift für das gesamte Familienrecht
FernUSG	Fernunterrichtsschutzgesetz
ff.	fortfolgende
Fn	Fußnote
FS	Festschrift
G	Gesetz
GbR	Gesellschaft bürgerl. Rechts (BGB-Gesellschaft, §§ 705 ff. BGB)
GG	Grundgesetz
GK	Grundkurs
GmbH	Gesellschaft mit beschränkter Haftung
GmbHG	Gesetz über die Gesellschaft mit beschränkter Haftung
GoA	Geschäftsführung ohne Auftrag

grds.	grundsätzlich
GWB	Gesetz gegen Wettbewerbsbeschränkungen
HaftpflG	Haftpflichtgesetz
HGB	Handelsgesetzbuch
h.L.	herrschende Lehre
h.M.	herrschende Meinung
Hs.	Halbsatz
i.d.F.	in der Fassung
i.d.R.	in der Regel
i.E.	im Ergebnis
i.H.v.	in Höhe von
insb.	insbesondere
InsO	Insolvenzordnung
i.R.	im Rahmen
i.S.d.	im Sinne des/der
i.S.v.	im Sinne von
i.V.m.	in Verbindung mit
JA	Juristische Arbeitsblätter (Zeitschrift)
JR	Juristische Rundschau (Zeitschrift)
Jura	Juristische Ausbildung (Zeitschrift)
JuS	Juristische Schulung (Zeitschrift)
JW	Juristische Wochenschrift (Zeitschrift)
JZ	Juristen-Zeitung (Zeitschrift)
KG	Kammergericht (das für Berlin zuständige Oberlandesgericht); auch Kommanditgesellschaft
KSchG	Kündigungsschutzgesetz
LG	Landgericht
LM	Lindenmaier-Möhring, Nachschlagewerk des Bundesgerichtshofs in Zivilsachen
LPartG	Gesetz über die Eingetragene Lebenspartnerschaft
LuftVG	Luftverkehrsgesetz
MDR	Monatsschrift für Deutsches Recht
m.E.	meines Erachtens
M.M.	Mindermeinung
m.w.N.	mit weiteren Nachweisen
n.F.	neue Fassung
NJW	Neue juristische Wochenschrift (Zeitschrift)
NJW-RR	NJW-Rechtsprechungsreport Zivilrecht (Zeitschrift)
Nr.	Nummer
NZV	Neue Zeitschrift für Verkehrsrecht
o.Ä.	oder Ähnliche(s)
OHG	Offene Handelsgesellschaft
OLG(Z)	Oberlandesgericht (Entscheidungen der OLGe in Zivilsachen)
PartGG	Partnerschaftsgesellschaftsgesetz
ProdHaftG	Produkthaftungsgesetz
pVV	positive Vertragsverletzung
RG(Z)	Reichsgericht (Entscheidungen des Reichsgerichts in Zivilsachen)
Rn	Randnummer
Rspr.	Rechtsprechung
RVG	Rechtsanwaltsvergütungsgesetz

S.	Seite oder Satz
ScheckG	Scheckgesetz
SGB	Sozialgesetzbuch
s.o./u.	siehe oben/unten
sog.	so genannt (-e), (-er)
StGB	Strafgesetzbuch
str.	streitig
StVG	Straßenverkehrsgesetz
StVO	Straßenverkehrsordnung
StVZO	Straßenverkehrszulassungsordnung
TMG	Telemediengesetz
u.a.	unter anderem
u.U.	unter Umständen
UKlaG	Unterlassungsklagengesetz
v.a.	vor allem
Var.	Variante
VerbrKrG	Verbraucherkreditgesetz (jetzt in das BGB integriert)
VersR	Versicherungsrecht (Zeitschrift)
vgl.	vergleiche
VuR	Verbraucher und Recht (Zeitschrift)
VVG	Versicherungsvertragsgesetz
WE	Willenserklärung(en)
WechselG	Wechselgesetz
WM	Wertpapiermitteilungen (Zeitschrift)
z.B.	zum Beispiel
z.T.	zum Teil
ZBR	Zurückbehaltungsrecht
ZGS	Zeitschrift für das gesamte Schuldrecht
ZIP	Zeitschrift für Wirtschaftsrecht
ZPO	Zivilprozessordnung
ZVG	Gesetz über die Zwangsversteigerung und die Zwangsverwaltung

Lehrbücher, Grundrisse und Kommentare

Bamberger, Heinz-Georg/Roth, Herbert (Hrsg.): Kommentar zum Bürgerlichen Gesetzbuch, 3. Auflage 2012

Brox, Hans/Walker, Wolf-Dietrich: Allgemeines Schuldrecht, 41. Auflage 2017

Canaris, Claus-Wilhelm: Schuldrechtsmodernisierung 2002

Dauner-Lieb, Barbara/Heidel, Thomas/Lepa, Manfred/Ring, Gerhard: Das Neue Schuldrecht, 2002

Erman, BGB Handkommentar, 15. Auflage 2017

Hirsch, Christoph: Schuldrecht Allgemeiner Teil, 10. Auflage 2017

Huber, Peter/Faust, Florian: Schuldrechtsmodernisierung, 2002

Jacoby, Florian/von Hinden, Michael: Studienkommentar BGB, 15. Auflage 2015

Jauernig, Othmar: Kommentar zum BGB, 16. Auflage 2015

Looschelders, Dirk: Schuldrecht Allgemeiner Teil, 15. Auflage 2017

Lorenz, Stephan/Riehm, Thomas: Lehrbuch zum neuen Schuldrecht, 2002

Medicus, Dieter/Lorenz, Stephan: Schuldrecht I Allgemeiner Teil, 21. Auflage 2015

Medicus, Dieter/Petersen, Jens: Bürgerliches Recht, 26. Auflage 2017

Münchener Kommentar zum BGB: 6. Auflage 2012 ff.; 7. Auflage 2015 ff.

Palandt, Otto (Hrsg.): Bürgerliches Gesetzbuch, 76. Auflage 2017

Schmidt, Rolf: Allgemeiner Teil des BGB, 17. Auflage 2018

Schmidt, Rolf: Sachenrecht II, 8. Auflage 2016

Schmidt, Rolf: Schuldrecht Besonderer Teil II – Gesetzliche Schuldverhältnisse, 11. Auflage 2016

Schwab, Martin/Witt, Carl-Heinz: Examenswissen zum neuen Schuldrecht, 2. Auflage 2003

Soergel, Kommentar zum BGB: 13. Auflage 1999 ff.

Staudinger, J. von: Kommentar zum BGB, 13. Auflage 1993 ff., Neubearbeitung 2005 ff.

Wenzel, Henning/Wilken, Christiane: Schuldrecht Besonderer Teil I – Vertragliche Schuldverhältnisse, 7. Auflage 2015

Weitere Literatur, insbesondere Aufsatzliteratur, ist in den Fußnoten angegeben.

1. Kapitel – Einordnung des Schuldrechts und Einführung in die Fallbearbeitung

A. Allgemeiner Teil des Schuldrechts im BGB

Auf der Grundlage der Pandektenwissenschaft[1] des 19. Jahrhunderts ist das Bürgerliche Gesetzbuch in fünf Bücher eingeteilt.

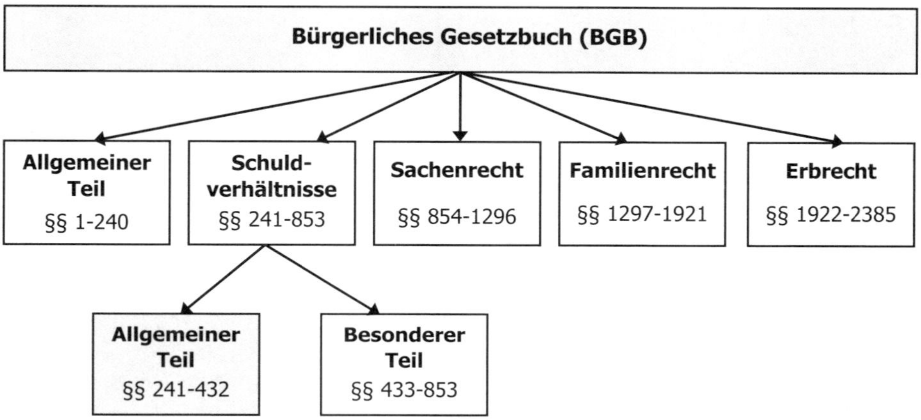

Gegenstände der einzelnen Bücher sind im Wesentlichen:

- Im **ersten Buch** (§§ 1-240 BGB) ist der allgemeine Teil des BGB normiert, in dem sich Normen finden, die nicht nur für das bürgerliche Recht, sondern für die gesamte Rechtsordnung von Bedeutung sind. Dies sind bspw. Regelungen über juristische Personen (§§ 21 ff. BGB), Sachen (§§ 90 ff. BGB), Rechtsgeschäfte (§§ 104 ff. BGB), Fristen und die Verjährung (§§ 186 ff. BGB). Die Vorgehensweise des Gesetzgebers wird die **Klammertechnik** genannt: Allgemeine Regelungen werden „vor die Klammer gezogen" und es kann i.R. anderer Rechtsgebiete auf sie zurückgegriffen werden. 1

- Das **zweite Buch** des BGB behandelt das **Recht der Schuldverhältnisse**. Es ist in §§ 241-853 BGB normiert und lässt sich in zwei Bereiche einteilen, in das allgemeine und in das besondere Schuldrecht. Das **allgemeine Schuldrecht** (§§ 241-432 BGB) enthält Regelungen, die grundsätzlich für alle Schuldverhältnisse gelten. Dazu zählen insbesondere die Regelungen über den Inhalt von Schuldverhältnissen, über das Leistungsstörungsrecht (Schlechtleistung, Verzug, Unmöglichkeit, Rücktritt, Schadensersatz) sowie über den Inhalt von Schadensersatzansprüchen. Das **besondere Schuldrecht** (§§ 433-853 BGB) regelt die einzelnen Schuldverhältnisse wie z.B. Kauf-, Dienst- und Werkverträge sowie gesetzliche Schuldverhältnisse, namentlich das Bereicherungsrecht, die Geschäftsführung ohne Auftrag und das Recht der unerlaubten Handlungen. Der Gesetzgeber hat auch innerhalb des Rechts der Schuldverhältnisse die Klammertechnik angewendet, sodass im besonderen Schuldrecht grundsätzlich auf das allgemeine Schuldrecht zurückgegriffen werden kann, sofern nicht spezielle bzw. abschließende Regelungen im besonderen Schuldrecht bestehen.[2] 2

---

[1] Der Begriff entstammt dem Griechischen und bedeutet eigentlich: „alles enthalten", wird aber allgemein als „5er System" verstanden. Gelegentlich ist auch von „Digesten" (von lat. *digesta*, „Geordnetes") zu lesen. Vgl. dazu auch *Wolf/Neuner*, BGB AT, § 7 Rn 2.

[2] Teilweise gelten Regelungen des allgemeinen Schuldrechts auch im Sachenrecht und im Familienrecht, worauf vorliegend aber nicht eingegangen wird.

3 - Im **dritten Buch** (**Sachenrecht**) werden die Rechtsbeziehungen zwischen Rechtssubjekten und Sachen beschrieben. Es finden sich dort bspw. Regelungen über den Besitz (§§ 854 ff. BGB), über das Eigentum (§§ 903 ff. BGB) oder über beschränkte dingliche Rechte. Diese Rechte an Sachen sind *absolute* Rechte, weil sie gegenüber jedermann gelten.

4 - Das **vierte Buch** (**Familienrecht**, §§ 1297-1921 BGB) regelt die familiären Beziehungen (Ehe, Kinder, Verwandtschaft) sowie die Vormundschaft und Betreuung.

5 - Im **fünften Buch** (**Erbrecht**, §§ 1922 ff. BGB) werden die vermögensrechtlichen Folgen des Todes geregelt.

6 Das **Schuldrecht** beschreibt die Beziehungen von Rechtssubjekten untereinander. Anders als im Sachenrecht wirken schuldrechtliche Verhältnisse nur zwischen den Parteien, also *inter partes*. Man spricht insoweit von der **Relativität der Schuldverhältnisse.** Die **schuldrechtlichen Beziehungen** zwischen zwei Personen haben grundsätzlich keinen Einfluss auf die **sachenrechtlichen Verhältnisse**. Zwar kann durch das schuldrechtliche Geschäft ein Anspruch auf eine sachenrechtliche Übertragung entstehen; zur Änderung der Eigentumsverhältnisse ist aber ein dingliches Geschäft (z.B. nach §§ 929 ff. BGB) erforderlich. Diese Unterscheidung von schuldrechtlichen Verträgen und sachenrechtlichen Übertragungsgeschäften wird durch das sog. „**Trennungsprinzip**" beschrieben.

> **Beispiel:** Verkauft V dem K ein Kfz, stellt der Kaufvertrag das schuldrechtliche Kausalverhältnis dar, das V verpflichtet, das Kfz an K zu übergeben und es ihm zu übereignen (§ 433 I S. 1 BGB). Umgekehrt muss K den Kaufpreis an V zahlen (§ 433 II BGB). Aus dem Vertrag folgt aber nicht, dass K Eigentümer des Kfz und V Eigentümer des Geldes geworden ist. Dafür sind zwei weitere, sachenrechtliche Rechtsgeschäfte („Erfüllungsgeschäfte") erforderlich: Erst wenn sich V und K über den Eigentumsübergang am Auto geeinigt haben und das Auto übergeben wurde (§ 929 S. 1 BGB), wird K Eigentümer. Ebenso muss K dem V das Geld übergeben und übereignen. Damit finden insgesamt drei Rechtsgeschäfte statt: Der Kaufvertrag, der die Parteien zur jeweiligen Übereignung verpflichtete (Verpflichtungsgeschäft), und die beiden Übereignungen, mit denen über die Gegenstände verfügt wurde (Verfügungsgeschäfte).[3]

B. Einführung in die Fallbearbeitung

I. Anspruchsziele der beteiligten Personen

7 In einer Fallbearbeitung wird i.d.R. nach bestimmten Ansprüchen der beteiligten Personen oder nach der Rechtslage gefragt. Bei Letzterem muss geklärt werden, welche Rechtsverhältnisse zu prüfen sind. Dann stellt sich die Frage: **Wer will was von wem?**

Wer (Bestimmung des Gläubigers bzw. Anspruchstellers)
will was (Bestimmung des Anspruchsinhalts/der erstrebten Rechtsfolge)
von wem (Bestimmung des Schuldners bzw. Anspruchsgegners)
woraus (Bestimmung der Anspruchsgrundlage)?

Diese Frage kann bereits ausdrücklich im Sachverhalt gestellt sein, wenn die Prüfung der Rechte einer bestimmten Person gegen eine andere verlangt wird. Sofern lediglich nach der allgemeinen Rechtslage gefragt wird, ist die Frage im Lichte der Interessen der Beteiligten auszulegen. Verlangt bspw. der Käufer K vom Verkäufer V die Herausgabe des gekauften

[3] Dadurch unterscheidet sich das deutsche Rechtssystem grundlegend von vielen anderen Rechtssystemen. Das sei am Beispiel Frankreichs verdeutlicht: Das französische Zivilrecht (code civil) kennt keine Trennung von Kausalgeschäft und Erfüllungsgeschäft. Vielmehr gilt das sog. Vertragsprinzip, wonach das Eigentum bereits mit Abschluss etwa des Kaufvertrags auf den Erwerber übergeht, ohne dass es eines weiteren Übertragungsgeschäfts bedarf.

Autos, ist ein Primäranspruch aus § 433 I S. 1 BGB zu prüfen, der auf die Übereignung und Übergabe (§ 929 S. 1 BGB) des Kaufgegenstands gerichtet ist. Hat der Käufer den Kaufgegenstand hingegen schon erhalten und ist er mit dessen Qualität nicht einverstanden, sind seine Sekundärrechte Gegenstand der Prüfung. Dabei kann es sein, dass nicht nur der Verkäufer, sondern auch eine dritte Person – bspw. ein Stellvertreter – am Vertragsschluss beteiligt war. Dann sind auch etwaige Ansprüche gegen den Dritten zu erörtern (bspw. aus §§ 280 I, 311 III BGB), sofern die Fallfrage ihn nicht ausdrücklich von der Bearbeitung ausschließt.

II. Auffinden der richtigen Anspruchsnorm

Sind die zu prüfenden Verhältnisse zwischen den verschiedenen Personen geklärt, stellt sich die Frage, **woraus** der jeweilige Anspruch resultieren könnte. Es ist also die richtige **Anspruchsgrundlage** aufzufinden. Hier bietet sich folgende Prüfungsreihenfolge an: 8

1. Ansprüche aus **Vertrag**
2. **Vertragsähnliche** (**quasivertragliche** Ansprüche - *culpa in contrahendo* gem. § 311 II BGB[4]; Geschäftsführung ohne Auftrag (GoA) gem. §§ 677 ff. BGB; Schadensersatzpflicht des Anfechtenden gem. § 122 I BGB; Schadensersatzpflicht des Vertreters ohne Vertretungsmacht gem. § 179 BGB)[5]
3. **Dingliche** (= sachenrechtliche) Ansprüche (insbes. §§ 861, 862, 985, 987 ff., 888, 894, 1007, 1065, 1147, 1227 BGB)
4. Ansprüche aus **ungerechtfertigter Bereicherung** (§§ 812 ff. BGB)
5. Ansprüche aus **unerlaubter Handlung** (§§ 823 ff. BGB)

Diese Reihenfolge beruht auf dem *Konkurrenzverhältnis* zwischen den einzelnen Anspruchsgrundlagen. So kann bspw. ein Anspruch aus Bereicherung nicht mehr in Betracht kommen, wenn zwischen den Parteien ein wirksamer Vertrag besteht, da ein Rechtsgrund für die Vermögensverschiebung vorliegt, vgl. § 812 I BGB. Deswegen sind die vertraglichen Ansprüche grundsätzlich vorrangig zu erörtern. Auch Ansprüche aus dem Sachenrecht wie z.B. aus §§ 987 ff. BGB sind vor den deliktischen bzw. bereicherungsrechtlichen Ansprüchen zu prüfen, weil § 993 I Hs. 2 BGB eine vorrangige Anwendung des Sachenrechts anordnet.[6]

III. Prüfungsschritte bei Ansprüchen aus dem Schuldrecht

Im Bereich des Schuldrechts sind insbesondere die **vertraglichen Ansprüche** von Relevanz. Diese lassen sich in Primär- und Sekundäransprüche aufteilen. Bei den **Primäransprüchen** handelt es sich um die aus einer vertraglichen Vereinbarung unmittelbar resultierenden Leistungspflichten. Werden die Leistungen nicht ordnungsgemäß erbracht, wird die **Sekundärebene** (Rücktritt, Schadensersatz) relevant. 9

---

[4] Das auf *Rudolf von Jhering* zurückgehende Institut der *culpa in contrahendo* hat mit der Schuldrechtsreform 2002 seine gesetzliche Grundlage gefunden (§ 311 II BGB – dazu Rn 602 ff.). Bei der Verletzung vorvertraglicher Sorgfaltspflichten durch den Verkäufer können dem Käufer damit Rechte wie z.B. Schadensersatz gem. § 280 I BGB i.V.m. §§ 311 II, 241 II BGB entstehen. Aufgrund der Neuregelung des auf c.i.c. gestützten Anspruchs auf sofortige Vertragsaufhebung im Falle des Vorliegens eines behebbaren Mangels besteht aber die Gefahr, dass der den Vorrang genießende Nacherfüllungsanspruch umgangen wird. Vgl. dazu *Wenzel/Wilken*, SchuldR BT I, Rn 168 ff.

[5] Neuerdings wird teilweise versucht, die genannte Fallgruppe nicht mehr „vertragsähnliche Ansprüche" zu nennen, sondern „Ansprüche aus Vertrauenshaftung". Dem ist zwar zuzugeben, dass es in der Tat um den Ersatz des enttäuschten Vertrauens geht, allerdings hat auch die nunmehr erfolgte gesetzliche Normierung der c.i.c. nichts daran geändert, dass es sich um eine vorvertragliche Pflichtverletzung handelt und dass ein wirksamer Vertrag gerade nicht zustande gekommen ist. Daher geht es nach wie vor um „vorvertragliche" Pflichtverletzungen, die den Begriff „vertragsähnlich" nicht haben obsolet werden lassen.

[6] Vgl. dazu ausführlich *R. Schmidt*, SchuldR BT II, Rn 12 ff.

10

Prüfungsreihenfolge bei einem vertraglichen Primäranspruch

I. Anspruch entstanden

1. Willenserklärungen und deren Zugang, §§ 130 ff. BGB
2. Gegebenenfalls: wirksame Stellvertretung, §§ 164 ff. BGB
3. Auslegung der Willenserklärungen, §§ 133, 157 BGB (Inhalt des Vertrags)
4. Zustandekommen des Vertrags, §§ 145 ff. BGB
5. Kein Dissens, §§ 154, 155 BGB
6. Bedingung, §§ 158 ff. BGB
7. Keine rechtshindernde Einwendung, §§ 104 ff., 116 ff., 125, 134, 138, 311b BGB, und m.E. auch anfängliche Unmöglichkeit (§ 275 I BGB)

II. Anspruch untergegangen (rechtsvernichtende Einwendungen)

1. Anfechtung, §§ 119 ff., 142 I BGB (str.)[7]
2. nachträgliche Unmöglichkeit, § 275 I BGB
3. Erfüllung, §§ 362 ff. BGB
4. Hinterlegung, §§ 372 ff. BGB
5. Aufrechnung, §§ 387 ff. BGB
6. Rücktritt, §§ 346 ff. BGB
7. Widerruf nach Verbraucherschutzvorschriften, §§ 355 ff. BGB
8. Sonstige Erlöschensgründe (Aufhebungsvertrag, unzulässige Rechtsausübung etc.)

III. Gläubiger- und Schuldnerwechsel (§§ 398 ff., 412, 414 ff. BGB) und ggf. **Inhaltsänderung** (§ 313 BGB)

IV. Anspruch durchsetzbar

Keine rechtshemmenden Einreden, z.B. §§ 214, 273, 275 II, III, 320 BGB

11

Prüfungsreihenfolge bei einem vertraglichen Sekundäranspruch

I. Anspruch entstanden

An dieser Stelle sind die Voraussetzungen der jeweiligen Anspruchsgrundlage zu prüfen, die in der Rechtsfolge dem Begehren des Gläubigers entspricht. Wird bspw. ein Schadensersatz aus § 280 I BGB verlangt, ist das Vorliegen eines Schuldverhältnisses, eine Pflichtverletzung, das Vertretenmüssen und ein kausaler Schaden zu prüfen.

II. Anspruch untergegangen (rechtsvernichtende Einwendungen)

Wie auch beim Primäranspruch ist hier zu prüfen, ob der Anspruch durch eine rechtsvernichtende Einwendung untergegangen ist (bspw. durch Erfüllung, Aufrechnung).

III. Gläubiger- und Schuldnerwechsel

IV. Anspruch durchsetzbar

Auch bei Sekundäransprüchen kann die Durchsetzbarkeit des Anspruchs gehemmt sein, z.B. wegen eines Zurückbehaltungsrechts des Schuldners (§ 273 BGB) oder wegen Verjährung des Anspruchs (§ 214 BGB).

Der Aufbau des Buches orientiert sich an diesem Schema. Es wird daher zunächst auf den **Inhalt** von vertraglichen **Primäransprüchen** eingegangen, sodann auf die **rechtshindernden Einwendungen**, auf die **Erlöschensgründe**, auf den **Gläubiger- bzw. Schuldnerwechsel** und im Anschluss daran auf die rechtshemmenden Einreden des allgemeinen Schuldrechts, die die **Durchsetzbarkeit** eines Anspruchs verhindern können. Die Besonderheiten des **Leistungsstörungsrechts** (Rücktritt, Schadensersatz, Störung der Geschäftsgrundlage) und des **Widerrufs** nach **Verbraucherschutzvorschriften** werden in einem gesonderten Abschnitt behandelt. Vorangestellt werden allgemeine Begriffsbestimmungen.

[7] Nach a.A. ist die Anfechtung eine rechtshindernde Einwendung. Das ist abzulehnen, da § 142 I BGB einen zunächst wirksam entstandenen Anspruch rückwirkend vernichtet (vgl. *R. Schmidt*, BGB AT, Rn 1268).

2. Kapitel – Begriffsbestimmungen

Im Folgenden sollen einige wichtige schuldrechtliche Begriffe erläutert werden, deren Kenntnis für einen sicheren Umgang mit dem Schuldrecht unverzichtbar ist. Dazu zählen die Begriffe des Schuldverhältnisses, des Schuldners, des Gläubigers, des Anspruchs, der Verbindlichkeit, des Dauerschuldverhältnisses und der Gefälligkeiten. Die zahlreichen Gegennormen, die schuldrechtlichen Ansprüchen entgegenstehen können, sind Gegenstand der Ausführungen bei Rn 112, 116, 332, 364 ff.

A. Schuldverhältnis

Das **Schuldverhältnis** ist eine rechtliche Sonderverbindung zwischen zwei Personen, kraft dessen der Berechtigte (Gläubiger) vom Verpflichteten (Schuldner) eine Leistung fordern kann, § 241 I BGB. Ein Schuldverhältnis kann auch vorliegen, wenn zwischen den Parteien noch keine primären Leistungspflichten bestehen, vgl. §§ 311 II, III, 241 II BGB.[8] 12

Bei Schuldverhältnissen wird zwischen dem Schuldverhältnis im engeren und weiteren Sinn differenziert. Als **Schuldverhältnis im engeren Sinn** bezeichnet man den einzelnen Anspruch, den eine Partei gegen die andere Partei hat. Aus einem Schuldverhältnis können sich aber nicht nur die Primärpflicht, sondern auch leistungsbezogene und nichtleistungsbezogene Nebenpflichten beider Parteien ergeben. Dieses Bündel von Pflichten wird als **Schuldverhältnis im weiteren Sinn** bezeichnet. 13

> **Beispiel:** Aus dem Kaufvertrag folgt gem. § 433 I BGB für den Verkäufer die Primärpflicht, die (sach- und rechtsmängelfreie) Kaufsache an den Käufer zu übereignen und diesem die Sache zu übergeben. Für den Käufer besteht gem. § 433 II BGB die Primärpflicht, den Kaufpreis zu zahlen (Rn 38). Dagegen wird die in § 433 II BGB ebenfalls genannte Abnahmepflicht ganz überwiegend nicht als Primärpflicht, sondern (wie Aufklärungs- und Beratungspflichten) lediglich als Nebenleistungspflicht (Rn 39) angesehen, da sie nicht den Typus Kaufvertrag kennzeichnet, es sei denn, dass sich etwas anderes aus der konkreten Parteivereinbarung ergibt. Schließlich können sich aus dem (Kaufvertrags-) Verhältnis Nebenpflichten ergeben. Dazu zählt etwa die Pflicht, bei der Vertragsdurchführung keine Rechtsgüter des Vertragspartners zu beschädigen etc. (vgl. dazu Rn 40).

B. Schuldner, Gläubiger, Anspruch und Verbindlichkeit

Die Beteiligten am Schuldverhältnis sind der Gläubiger und der Schuldner.

Gläubiger ist, wer aus einem Schuldverhältnis berechtigt ist; **Schuldner** ist die Person, die aus dem Schuldverhältnis verpflichtet wird. 14

Bei der Qualifikation einer Partei als Schuldner oder Gläubiger ist zu beachten, dass der Schuldner einer Leistung zugleich auch Gläubiger der Gegenleistung sein kann.

> **Beispiel:** Verkauft V an K ein Kfz, ist K Gläubiger des Anspruchs auf Übereignung und Übergabe des Kfz (§ 433 I BGB) und zugleich Schuldner des Kaufpreises (§ 433 II BGB). V ist Gläubiger des Kaufpreisanspruchs und Schuldner bzgl. der Übereignung und Übergabe.

Der Begriff des **Anspruchs** wird in § 194 I BGB definiert. Danach ist ein Anspruch das Recht einer Person, von einem anderen ein Tun oder Unterlassen zu verlangen. Diesem Recht des Gläubigers steht die **Verbindlichkeit** bzw. die **Schuld** des Schuldners gegenüber. Die Schuld ist also die *konkrete* Verpflichtung, den Anspruch zu erfüllen. 15

---

[8] Vgl. *Grüneberg*, in: Palandt, Einl v § 241 Rn 3.

16 Die Verbindlichkeit bzw. Schuld einer Person ist wiederum von dem Begriff der *allgemeinen* (nichtleistungsbezogenen) Pflicht zu unterscheiden. Eine **bloße Pflicht** liegt vor, wenn ein Befehl der Rechtsordnung an eine Person ergeht. Sie steht als Korrelat dem subjektiven Recht eines anderen gegenüber.[9] Solche Pflichten bestehen gegenüber allen Personen. So ist bspw. jeder Mensch verpflichtet, andere nicht zu verletzen. Dieser allgemeinen Pflicht steht aber lediglich ein *Recht*, noch kein konkreter *Anspruch* einer anderen Person gegenüber, sodass sie nicht als Schuld oder Verbindlichkeit bezeichnet werden kann. Erst wenn sich die allgemeine Pflicht durch ein bestimmtes Ereignis zu einer **konkreten Pflicht** verdichtet und sich das subjektive Recht einer anderen Person in einen Anspruch umgewandelt hat, spricht man von Schuld.

Beispiel: Flaniert B durch die Stadt, hat er gegenüber seinen Mitmenschen die allgemeine Pflicht, deren Rechtsgüter nicht zu verletzen. Rempelt er aus Unachtsamkeit die D an und erleidet diese dadurch einen Schaden, verdichtet sich die Pflicht, Rechtsgüter anderer nicht zu verletzen, zu einer konkreten Verbindlichkeit, da B einem Anspruch der D aus § 823 I BGB ausgesetzt ist, den diese gegebenenfalls gerichtlich durchsetzen kann.

17 Eine besondere Form der Verbindlichkeit stellen die sog. **Naturalobligationen** dar. Das sind Verbindlichkeiten, die zwar freiwillig erfüllt werden können, aber nicht einklagbar und durchsetzbar sind. Sie werden daher auch **unvollkommene Verbindlichkeiten** genannt und zeichnen sich dadurch aus, dass der Gläubiger zwar keinen *Anspruch* hat, der Schuldner aber, wenn er geleistet hat, das Geleistete nicht zurückfordern kann. Die Naturalobligationen stellen bei freiwilligen Leistungen einen Rechtsgrund dar, sodass ein Rückgabeanspruch aus § 812 I BGB ausscheidet.[10] Wann eine solche unvollkommene Verbindlichkeit vorliegt, wie bspw. bei Spiel/Wette (§ 762 I BGB) oder beim Ehemäklerlohn (§ 656 I BGB), wird im Gesetz angeordnet.[11]

C. Dauerschuldverhältnisse

Eine besondere Form von Schuldverhältnissen stellen die Dauerschuldverhältnisse dar.

18 Ein **Dauerschuldverhältnis** liegt vor, wenn sich die vertraglichen Verpflichtungen nicht in einer einmaligen Leistungserbringung erschöpfen, sondern während der Laufzeit ständig neue Leistungs-, Neben- und/oder Schutzpflichten entstehen.[12]

Beispiele: Miet-, Leihe-, Pacht-, Arbeits- und Gesellschaftsverhältnisse sowie Factoring- oder Franchiseverträge

D. Gefälligkeitsverträge und Gefälligkeitsverhältnisse

19 Das BGB kennt einige Verträge, bei denen der Schuldner dem Gläubiger eine Leistung erbringt, ohne dafür eine Gegenleistung zu erhalten. Solche Verträge werden als **Gefälligkeitsverträge** bezeichnet. Gefälligkeitsverträge sind z.B. die Schenkung (§ 516 BGB), die Leihe (§ 598 BGB) oder der Auftrag (§ 662 BGB). Aus diesen Schuldverhältnis-

---

[9] *v. Tuhr*, Das deutsche bürgerliche Recht, Bd. I, S. 93.

[10] Das gilt nicht, wenn ein krasses Missverhältnis zwischen Leistung und Gegenleistung und damit eine zur Nichtigkeit des Vertrags führende Sittenwidrigkeit gem. § 138 I BGB vorliegt. Dann kann gem. § 812 I S. 1 Var. 1 BGB das Geleistete zurückgefordert werden (OLG Düsseldorf FamRZ 2010, 684: 7.999 € für 16 Kontaktvorschläge). Das Gleiche gilt, wenn die versprochenen Leistungen hinter den tatsächlich erbrachten Leistungen und Möglichkeiten so weit zurückbleiben, dass ein Fall der arglistigen Täuschung (§ 123 I Var. 1 BGB) angenommen werden muss.

[11] Da die heutige Partnervermittlung die traditionelle Heiratsvermittlung praktisch abgelöst hat, wird § 656 BGB auf Partnervermittlungen analog angewendet (vgl. *Meier*, NJW 2011, 2396 ff.). Das gilt auch für Online-Partnervermittlungen wie parship.de oder elitepartner.de (vgl. AG Spandau 7.9.2011 - 4 C 167/11). Üblich ist „Vorkasse", sodass vom Kunden das Geleistete an sich nicht zurückgefordert werden kann. In Betracht kommt aber ein Widerrufsrecht nach Verbraucherschutzrecht gem. §§ 312 ff., 355 BGB. Auch ist eine jederzeitige fristlose Kündigung möglich, da bei Partnervermittlungsverträgen ein Fall des § 627 I BGB angenommen wird (vgl. AG Schöneberg 24.1.2014 - 16 C 249/13).

[12] *Grüneberg*, in: Palandt, § 314 Rn 2. Zum Sonderfall der Sukzessivlieferungsverträge und zur rechtlichen Behandlung dieser Verträge vgl. Rn 841 ff.

sen resultiert die einseitige Pflicht des Schuldners, die von ihm versprochene Leistung zu erbringen. Denkbar ist auch ein (wegen § 311 BGB möglicher) atypischer Gefälligkeitsvertrag, etwa eine Fahrgemeinschaft mit Kostenbeteiligung.

Von den Gefälligkeitsverträgen sind die reinen **Gefälligkeitsverhältnisse** zu unterscheiden, die ausschließlich im **gesellschaftlich-sozialen** Bereich anzusiedeln sind, wie das regelmäßig bei einer Freundschaft, Kollegialität oder Nachbarschaft der Fall ist.[13] Sie begründen keine Leistungspflichten i.S.v. § 241 I BGB und haben daher auch grds. keine durchsetzbaren vertraglichen Ansprüche zur Folge. Der Gefällige haftet daher weder auf **Erfüllung** noch auf vertraglichen oder vertragsähnlichen **Schadensersatz**, hat umgekehrt aber ebenfalls **keinen Anspruch auf Aufwendungsersatz bzw. Schadensersatz**[14]. Hiervon unberührt bleibt aber (in beiden Richtungen) die Möglichkeit der Schadensersatzpflicht aus einem gesetzlichen Schuldverhältnis, bspw. wegen einer **unerlaubten Handlung** (§§ 823 ff.) oder wegen Vorliegens eines **Eigentümer-Besitzer-Verhältnisses** (§§ 987 ff. BGB - sog. EBV). 20

Allerdings können auch Gefälligkeitsverhältnisse in bestimmten Fällen Schutz- und Sorgfaltspflichten i.S.v. § 241 II BGB auslösen, deren Verletzung Schadensersatzansprüche (aus §§ 280 I, 241 II, 311 II BGB) nach sich ziehen kann. Ist das der Fall, spricht man von **Gefälligkeiten mit rechtsgeschäftlichem Charakter**. 21

Ob im zu konkreten Fall ein Gefälligkeitsvertrag, ein reines Gefälligkeitsverhältnis oder ein solches mit rechtsgeschäftlichem Charakter vorliegt, ist anhand objektiver Umstände zu ermitteln. Es ist danach zu fragen, ob der Leistungsempfänger trotz Unentgeltlichkeit der Leistungserbringung unter den gegebenen Umständen nach Treu und Glauben mit Rücksicht auf die Verkehrssitte auf eine Übernahme von Leistungspflichten oder zumindest von Schutz- und Sorgfaltspflichten durch den Leistenden schließen durfte.[15] Dabei wird zur Bewertung ein Indizienbündel herangezogen, aufgrund dessen der Grund, der Zweck, die wirtschaftliche Bedeutung und die Interessenlage der Parteien bewertet werden. 22

Beispiel für reines Gefälligkeitsverhältnis: A hat B zum Essen eingeladen und B hat dankend angenommen. ⇨ Hier ist kein Rechtsbindungswille dahingehend ersichtlich, dass A dem B einen durchsetzbaren Anspruch auf das Essen geben wollte. Es liegt mithin ein Gefälligkeitsverhältnis im reinen gesellschaftlichen Bereich vor. 23

Beispiele für Gefälligkeit mit rechtsgeschäftlichem Charakter: Montiert A auf Bitten seines Nachbarn B eine Außenbeleuchtung und nimmt deren Verkabelung vor, kann dies Schutz- und Sorgfaltspflichten auslösen. Denn wer es übernimmt, die Montage einer Außenbeleuchtung und deren Verkabelung auszuführen, begibt sich (infolge der Interessenlage des Leistungsempfängers) in einen rechtserheblichen Bereich. Kommt es zu Personenschäden infolge fehlerhafter Arbeiten an der elektrischen Verkabelung, werden regelmäßig Schadensersatzansprüche jedenfalls dann ausgelöst, wenn der Leistende fachkundig ist und der Leistungsempfänger fehlerfreie Arbeit erwarten konnte.[16] 24

Ob ein rechtsgeschäftlicher Charakter etwa auch im Hinblick auf eine Tischreservierung im Restaurant anzunehmen ist, ist unklar. Zwar wird auch hier nach h.M. kein Leistungsanspruch begründet, da aber aufgrund der wirtschaftlichen und rechtlichen Bedeutung mehr als ein Gefälligkeitsverhältnis im rein gesellschaftlichen Bereich vorliegt, können sich Schadensersatzansprüche aus §§ 280, 241 II, 311 II BGB wegen Verletzung der Sorgfaltspflichten aus einem Gefälligkeitsverhältnis ergeben, wenn eine Partei grundlos die Reservierung nicht einhält (str.).[17]

---

[13] BGH NJW 2015, 2880; *Stadler*, BGB AT, § 17 Rn 17; *Wolf/Neuner*, BGB AT, § 28 Rn 17; *Boecken*, BGB AT, Rn 188.
[14] BGH NJW 2015, 2880 f.
[15] St. Rspr. seit BGHZ 21, 102, 107; vgl. aus jüngerer Zeit BGH NJW 2015, 2880 f.; OLG Koblenz 2.4.2014 – 5 U 311/12.
[16] OLG Koblenz 2.4.2014 – 5 U 311/12.
[17] Vgl. *Paulus*, JuS 2015, 436 ff. Zu den Gefälligkeitsverhältnissen vgl. im Übrigen *R. Schmidt*, BGB AT, Rn 282 ff.

3. Kapitel – Entstehung von Schuldverhältnissen und ihre Rechtsfolgen

25 Ein Schuldverhältnis i.S.d. § 241 I BGB kann sowohl durch ein Rechtsgeschäft als auch durch das Gesetz begründet werden.

A. Entstehung durch Rechtsgeschäft

26 Zur Begründung eines Schuldverhältnisses durch Rechtsgeschäft ist im Grundsatz ein Vertrag erforderlich (§ 311 I BGB). Bei der rechtsgeschäftlichen Begründung wird zwischen mehrseitigen und einseitigen Rechtsgeschäften unterschieden:

27 Ein **mehrseitiges Rechtsgeschäft** liegt vor, wenn von den beteiligten Personen jeweils Willenserklärungen zur Begründung des Schuldverhältnisses abgegeben wurden. Es geht also um **Verträge**, die §§ 145 ff. BGB durch Angebot und Annahme zustande kommen. Ein solcher Vertrag kann zunächst in Form eines gegenseitigen (synallagmatischen) Vertrags bestehen. **Synallagmatische Verträge** sind dadurch gekennzeichnet, dass sich die Parteien zu Leistung und Gegenleistung verpflichtet haben („do ut des", lat.: „Ich gebe, damit Du gibst", vgl. Rn 353 ff.). Solche Verträge sind z.B. Kauf-, Werk-, Miet- oder Dienstverträge. Dabei ist zu beachten, dass nicht alle aus einem gegenseitigen Vertrag resultierenden Pflichten im Synallagma stehen müssen, sondern nur die Hauptleistungspflichten.[18]

Beispiel: Beim Mietvertrag (§ 535 BGB) stehen die Pflicht des Vermieters, dem Mieter die Sache zu überlassen, und die Pflicht des Mieters, den dafür vereinbarten Mietzins zu zahlen, im Gegenseitigkeitsverhältnis, also im Synallagma. Die außerdem bestehende Pflicht des Mieters, am Ende der Mietzeit die Sache zurückzugeben (§ 546 BGB), steht jedoch nicht im Gegenseitigkeitsverhältnis. Auf diese Pflicht finden daher die Regeln über gegenseitige Verträge (§§ 320 ff. BGB) auch keine Anwendung. In Betracht kommen aber andere Ansprüche (wie etwa Schadensersatz gem. § 280 I BGB).

28 Es kann auch ein **unvollkommen zweiseitig verpflichtender Vertrag** bestehen. Ein solcher Vertrag liegt vor, wenn die Leistungspflicht nur *eines* Vertragsteils begründet wird, sich u.U. aber auch eine Verpflichtung des anderen Vertragsteils ergeben *kann*.

Beispiel: Ein Auftrag (§ 662 BGB) verpflichtet zunächst nur den Beauftragten zur Durchführung des übernommenen Geschäfts. Tätigt er allerdings Aufwendungen, entsteht dadurch für den Auftraggeber eine Ersatzpflicht aus § 670 BGB.

29 Schließlich können auch **einseitig verpflichtende Verträge** vorliegen. Das sind Rechtsgeschäfte, bei denen eine Partei etwas schuldet, ohne eine Gegenleistung zu erhalten

Beispiele:

(1) Bei der Schenkung gem. § 516 BGB ist lediglich der Schenker verpflichtet, dem Beschenkten Eigentum und Besitz an der Sache zu verschaffen. Der Beschenkte hat keine Abnahmeverpflichtung.

(2) Bei der Bürgschaft gem. § 765 BGB ist lediglich der Bürge (d.h. Bürgschaftsgeber) verpflichtet, für die Hauptforderung einzustehen. Der Bürgschaftsnehmer kann, muss aber nicht das Bürgschaftsversprechen einfordern.

---

[18] Vgl. dazu *R. Schmidt*, BGB AT, Rn 201.

Während für die soeben genannten Entstehungsgründe jeweils zwei Willenserklärungen erforderlich waren, wird bei **einseitigen Rechtsgeschäften** das Schuldverhältnis nur durch *eine* Willenserklärung begründet. Aber nur bei einigen einseitigen Rechtsgeschäften bedarf die Willenserklärung zu ihrer Wirksamkeit der Annahme bzw. des Zugangs. **30**

> **Beispiel:** Als Gestaltungsrecht bedarf die Kündigung eines Vertrags (etwa nach §§ 568 ff. BGB) zur Wirksamkeit der Annahme; das Gleiche gilt für den Rücktritt (§ 349 BGB) und die Anfechtung (§ 142 BGB).

Bei anderen einseitigen Rechtsgeschäften bedarf die Willenserklärung zu ihrer Wirksamkeit lediglich der Abgabe, nicht jedoch des Zugangs oder der Annahme. Das ist bspw. der Fall bei der Auslobung (§ 657 BGB) oder dem Vermächtnis (§ 1939 BGB) bzw. dem Testament (§§ 1939, 2231 Nr. 2, 2247 BGB). **31**

> **Beispiele:**
>
> **(1)** O wurde der Mops gestohlen. In der lokalen Zeitung schaltet er eine Anzeige mit dem Inhalt, dass ein Hinweis, der zur Wiedererlangung des Hundes führe, mit 300 € belohnt werde.
>
> Hier liegt eine Auslobung vor, weil O öffentlich eine Belohnung für die Vornahme einer Handlung verspricht, die zur Wiedererlangung des Hundes führt. Die Auslobung wird allein durch die öffentliche Bekanntmachung wirksam.
>
> **(2)** O ist gestorben. Kurz vor seinem Tod verfasste er eigenhändig ein Schriftstück, in dem er seinen langjährigen Freund zum Erben des Mopses bestimmt.
>
> Hier liegt ein Testament vor (§§ 1939, 2231 Nr. 2, 2247 BGB), das allein durch seine formwirksame Errichtung wirksam wurde.

Problematisch ist, ob ein Schuldverhältnis im Ausnahmefall auch als sog. faktisches Vertragsverhältnis zustande kommen kann. Nach der von *Haupt* [19] begründeten Lehre vom **faktischen Vertrag** sind das Rechtsverhältnisse, die nicht durch (wirksame) Willenserklärungen – also rechtsgeschäftlich –, sondern durch tatsächliche Vorgänge begründet werden. Sie werden u.a. bei fehlerhaften Arbeitsverträgen angenommen, etwa wenn die Anstellung infolge von Täuschung erschlichen wurde. Wegen der nicht mehr rückgängig zu machenden Arbeitsleistung soll die Anfechtung lediglich ex nunc wirken und der unwirksame – aber faktisch vollzogene – Vertrag nicht mehr tangiert werden. Da die Lehre vom faktischen Vertrag den Grundsätzen der Rechtsgeschäftslehre widerspricht, wird sie heute ganz überwiegend kritisiert und abgelehnt.[20] Zu beachten ist nämlich, dass der Verzicht auf Willenserklärungen den klaren Anforderungen des Gesetzes für einen Vertrag widerspricht. Darüber hinaus besteht die Gefahr, den Minderjährigenschutz zu unterlaufen, wenn ein Vertragsverhältnis allein auf reales Handeln gegründet wird. Davon unbeschadet ist es i.d.R. auch gar nicht notwendig, auf das faktische Handeln zurückzugreifen, weil in dem Verhalten einer Person zugleich eine konkludente Willenserklärung gesehen werden kann. Daher wird – soweit ersichtlich – die Lehre vom faktischen Vertrag heute nicht mehr vertreten. Der (damalige) Schulfall für die Annahme eines Rechtsgeschäfts gegen den ausdrücklich erklärten Willen des Handelnden ist der sog. **„Hamburger Parkplatzfall"**[21], der bei *R. Schmidt*, BGB AT, Rn 482 f. dargestellt ist. **32**

Schließlich stellt sich die Frage, ob **familienrechtliche** Verbindungen, namentlich die Ehe, ein Schuldverhältnis i.S.d. § 241 I BGB begründen. Diese Frage ist deswegen interessant, weil das Familienrecht keine Schadensersatzansprüche bereitstellt. Solche sind aber im Schuldrecht vorhanden (vgl. §§ 280 ff., 823 ff. BGB). Im Bereich der Ehe könnte **32a**

---

[19] *Haupt*, Über faktische Vertragsverhältnisse, 1941.
[20] Vgl. *R. Schmidt*, BGB AT, Rn 481 ff.
[21] BGHZ 21, 319, 333.

es, obwohl es sich bei der Ehe um einen gegenseitigen personenrechtlichen Vertrag handelt, hieran fehlen, da §§ 1353-1359 BGB von einer ehelichen Lebensgemeinschaft sprechen und damit primär auf höchstpersönliche, mit Blick auf § 120 III FamFG nicht gerichtlich durchsetzbare Rechte und Pflichten abstellen. Jedoch hat der BGH zwischen den (geschiedenen) Ehepartnern, jedenfalls sofern es um eine gemeinsame rechtliche Elternschaft geht, die Rechte und Pflichten auslöst (vgl. etwa §§ 1601 ff., 1615a ff., 1616 ff., 1626 ff. BGB), ein „Schuldverhältnis" i.S.v. § 241 BGB angenommen und damit die Anwendbarkeit schuldrechtlicher Vorschriften auf familienrechtliche Sachverhalte bejaht. Voraussetzung sei aber, dass familienrechtliche Sondervorschriften nicht unterlaufen werden.[22]

Sind die Eltern miteinander verheiratet, tritt also das Schuldverhältnis, das durch die gemeinsame Elternschaft begründet wird (und das nicht zwingend eine Ehe voraussetzt), neben das Schuldverhältnis, das durch die Ehe begründet wird. Demzufolge kann Schadensersatz gem. § 280 I BGB verlangt werden, wenn eine Pflichtverletzung des anderen Ehepartners vorliegt, die in dem ehelichen Rechtsverhältnis begründet ist. Freilich kann es sich hierbei nur um eine Pflichtverletzung handeln, die außerhalb des höchstpersönlichen Bereichs liegt und zudem eigentums- oder vermögensrechtlichen Inhalts ist. Das ist etwa im Bereich von Unterhalts- oder Ausgleichsansprüchen der Fall. So hat der BGH entschieden, dass die Ehefrau dem Ehemann gem. § 242 BGB (Treu und Glauben), der wiederum ein „Schuldverhältnis" voraussetzt, Auskunft erteilen muss, ob sie während der Empfängniszeit einem anderen Mann beigewohnt hat und das Kind, deren rechtlicher (nicht aber biologischer) Vater der Ehemann ist, von diesem anderen Mann abstammen könnte.[23] Denn nur durch die Auskunftserteilung ist es i.d.R. möglich, den biologischen Vater zu ermitteln bzw. feststellen zu lassen und diesen anschließend wegen geleisteter Unterhaltszahlungen in Regress zu nehmen. In diese Richtung geht auch eine Entscheidung des OLG Hamm, das aus § 242 BGB einen Auskunftsanspruch eines durch heterologe Insemination gezeugten Kindes über die Abstammung gegen die Klinik für Reproduktionsmedizin herleitete.[24]

Daher steht auch dem (geschiedenen) Ehemann, der erfolgreich die Vaterschaft angefochten hat, gegen die Mutter eines außerehelich gezeugten Kindes ein Schadensersatzanspruch zu, wenn die Mutter sich weigert, den Namen des biologischen Vaters zu nennen. Der Schaden besteht hier in den zu Unrecht geleisteten Unterhaltszahlungen.[25]

32b *Kein* Schuldverhältnis wird jedenfalls durch das **unverlangte Zusenden** einer Ware durch einen Unternehmer (§ 14 I BGB) an einen Verbraucher (§ 13 BGB) begründet, vgl. § 241a I BGB (vgl. dazu näher *R. Schmidt*, BGB AT, Rn 236 ff.).

B. Entstehung durch Gesetz

33 Ein Schuldverhältnis kann zwischen zwei oder mehreren Personen auch durch einen gesetzlichen Tatbestand entstehen (**gesetzliches Schuldverhältnis**).[26]

Beispiele:

(1) A sieht den verletzten B am Straßenrand liegen. Er legt ihm einen Verband aus seinem Verbandkasten an. ⇨ Hier kann er seine Aufwendungen von B aufgrund einer **Geschäftsführung ohne Auftrag** geltend machen, §§ 677 ff., 683 BGB.

(2) A hat B ein Fahrrad verkauft und übereignet. Später stellt sich heraus, dass A beim Abschluss des Kaufvertrags (nicht aber bei der Übereignung) geschäftsunfähig und seine Willenserklärung damit gem. § 104 BGB unwirksam war. ⇨ A kann das Fahrrad

[22] BGH NJW 2013, 2108, 2019 f.
[23] BGH NJW 2012, 450, 451.
[24] OLG Hamm NJW 2013, 1167 f. (dazu *Fink/Grün*, NJW 2013, 1913 ff.). Vgl. dazu im Einzelnen *R. Schmidt*, FamR, 9. Aufl. 2018, Rn 125 ff./493 ff.
[25] BGH NJW 2013, 2108, 2019 f.
[26] Vgl. dazu ausführlich *R. Schmidt*, SchuldR BT II, Rn 1 ff.

aufgrund eines **bereicherungsrechtlichen** Anspruchs aus § 812 I S. 1 BGB zurückverlangen (hier: Rückübereignung und Herausgabe).

(3) A spielt im Innenhof Fußfall und schießt dabei (aus Versehen) den Ball in das Fenster des B, das daraufhin zerbricht. ⇨ B kann einen **deliktischen Anspruch** aus § 823 I BGB auf Schadensersatz geltend machen.

C. Entstehung gem. § 311 II, III BGB

Schließlich wird in § 311 II, III BGB angeordnet, dass ein Schuldverhältnis auch durch die Aufnahme von Vertragsverhandlungen, durch die Vertragsanbahnung, durch ähnliche geschäftliche Kontakte und durch die besondere Inanspruchnahme von Vertrauen bei Vertragsverhandlungen entsteht bzw. entstehen kann. Letztlich handelt es sich dabei um ein gesetzlich entstandenes Rechtsverhältnis. Darauf wird i.R. des Schadensersatzes aus c.i.c. (culpa in contrahendo) eingegangen (vgl. Rn 602 ff., 620 ff.). **34**

D. Pflichten und Obliegenheiten im Schuldverhältnis

Aus einem Schuldverhältnis können verschiedene Arten von Pflichten resultieren.

I. Primär- und Sekundärpflichten

Die **Primärpflichten** sind die konkreten Pflichten, die unmittelbar aus einem Vertrag resultieren, also durch ihn primär bezweckt sind. Sie bestimmen den Schuldvertragstyp und stehen bei gegenseitigen Verträgen im Synallagma. Der Primärpflicht steht der Anspruch des Gläubigers auf die Erbringung der vertraglich geschuldeten Leistung – der Primärleistung – gegenüber. Die **Sekundärpflichten** entstehen erst, wenn in einem Schuldverhältnis Leistungsstörungen auftreten. Dann kann sich eine Pflicht ergeben, die mit dem Rechtsgeschäft nicht unmittelbar bezweckt wurde, aber gleichwohl ihre Grundlage in ihm findet. Das ist bspw. der Fall, wenn der Gläubiger einen Schadensersatz wegen der Verzögerung der Leistung geltend macht. Er begehrt primär die Leistung und auf der Sekundärebene macht er den Verzugsschaden geltend, §§ 280 I, II, 286 BGB. **35**

II. Leistungs- und nichtleistungsbezogene Pflichten

Von der Unterteilung in Primär- bzw. Sekundärpflichten ist die Unterteilung in leistungs- bzw. nichtleistungsbezogene Pflichten zu unterscheiden. **36**

1. Leistungspflichten

Leistungspflichten zeichnen sich dadurch aus, dass der Gläubiger einen Anspruch auf ihre Befolgung hat. Es handelt sich also um konkrete Pflichten, die er gegebenenfalls gerichtlich durchsetzen könnte. Sie können in Form von positiven (Handlungs-) oder negativen (Unterlassungs-) Pflichten bestehen. Die Leistungspflichten teilen sich auf in Haupt- und Nebenleistungspflichten (leistungsbezogene Nebenpflichten). **37**

Die **Hauptleistungspflichten** sind die von den Parteien primär bezweckten Vertragspflichten. Sie prägen die Eigenart des jeweiligen Schuldverhältnisses und sind damit für die Einordnung in einen bestimmten Vertragstyp ausschlaggebend. **38**

Beispiele: Bei einem Kaufvertrag stellen die Übergabe und Übereignung der (sach- und rechtsmängelfreien) Kaufsache einerseits (§ 433 I BGB) und die Bezahlung des Kaufpreises andererseits (§ 433 II BGB) die (primären) Hauptleistungspflichten dar. Bei einem Mietvertrag sind die Überlassung der Mietsache und die Zahlung des Mietzinses die Hauptleistungspflichten (§ 535 I, II BGB). Ein Werkvertrag kennzeichnet sich dadurch, dass der Unternehmer die Werkleistung schuldet und der Besteller zur Entrichtung der Vergütung verpflichtet ist (§ 631 I BGB). Ein Bauvertrag ist ein Vertrag, bei dem die Herstellung, die Wiederherstellung, die Beseitigung oder der Umbau eines Bauwerks, einer Außenanlage oder eines Teils davon gegen Vergütung geschuldet ist (§ 650a I BGB).

39 Die **Nebenleistungspflichten** (leistungsbezogene Nebenpflichten) dienen der Vorbereitung, Durchführung und Sicherung der Hauptleistung. Sie sind auf die Herbeiführung des Leistungserfolgs bezogen und ergänzen die Hauptleistungspflicht. Obwohl sie nicht im Synallagma stehen und zumeist nur eine untergeordnete Rolle spielen, hat der Gläubiger einen einklagbaren Anspruch auf ihre Erfüllung.

Beispiele: Nebenleistungspflichten stellen die Auskunftspflicht des Beauftragten (§ 666 BGB), des Zedenten (§ 402 BGB) oder die Aufklärungs- und Beratungspflicht des Verkäufers (§ 433 BGB) dar. Auch die Abnahmepflicht des Käufers aus § 433 II BGB stellt regelmäßig eine leistungsbezogene Nebenpflicht dar, wenn sich nicht aus der Vereinbarung ergibt, dass sie als primäre Hauptleistungspflicht gelten soll (vgl. bereits Rn 13).

39a **Hinweis für die Fallbearbeitung:** Die Unterscheidung von Hauptleistungspflichten und Nebenleistungspflichten besteht v.a. in der Erfüllungswirkung. So stellt die Lieferung einer mangelhaften Sache (= Verletzung einer Primärleistungspflicht) keine ordnungsgemäße Erfüllung (§ 362 BGB) dar, sodass der Käufer berechtigt ist, die Annahme zu verweigern, ohne in Annahmeverzug (§§ 293 ff. BGB) zu kommen; bei berechtigter Annahmeverweigerung kann der Käufer zudem die Einrede des nicht erfüllten Vertrags (§ 320 BGB) erheben und ist grds. berechtigt, die Kaufpreiszahlung zu verweigern (Rn 120).

2. Nichtleistungsbezogene Pflichten

40 Von den leistungsbezogenen sind die **nichtleistungsbezogenen Pflichten** zu unterscheiden. Das sind solche Pflichten, die der Schuldner grundsätzlich zu wahren hat, auf deren Einhaltung der Gläubiger aber keinen durchsetzbaren Anspruch hat. Diese sog. unselbstständigen Nebenpflichten werden teilweise auch als Schutz- oder Verhaltenspflichten bezeichnet. Diese Pflichten sind in § 241 II BGB normiert und stellen sich wie folgt dar (vgl. dazu im Einzelnen nebst Beispielen Rn 626 ff.):

- Die **Schutzpflichten** halten die Parteien dazu an, sich bei der Abwicklung des Schuldverhältnisses so zu verhalten, dass der Körper, das Leben, das Eigentum und die sonstigen Rechtsgüter des anderen Teils nicht verletzt werden.
- Die **Aufklärungs- und Hinweispflichten** begründen die Pflicht, die andere Partei über alle für den Vertragsschluss, seine Durchführung und die Erreichung des Vertragszwecks erheblichen Umstände aufzuklären.
- Aus § 241 II BGB kann sich unter engen Voraussetzungen die Pflicht ergeben, bestehende **Vertragsverhandlungen nicht willkürlich abzubrechen**.
- Auch der **Abschluss oder die absichtliche Herbeiführung unwirksamer Verträge** kann eine Verletzung der Pflichten aus § 241 II BGB darstellen.
- Die sog. **Leistungstreuepflicht** hält die Parteien dazu an, den Vertragszweck nicht zu beeinträchtigen oder zu gefährden.
- Schließlich ergibt sich aus § 241 II BGB für den Gläubiger die Pflicht, an der Herbeiführung des Leistungserfolgs mitzuwirken (**Mitwirkungspflichten**).

41 **Hinweis für die Fallbearbeitung:** Die Unterscheidung von leistungsbezogenen und nichtleistungsbezogenen Pflichten ist v.a. im Hinblick auf die sekundärrechtlichen Konsequenzen relevant. Befolgt der Schuldner bspw. eine Leistungspflicht nicht, kann ihn der Gläubiger unter den jeweiligen Voraussetzungen in Verzug setzen (§§ 280 I, II, 286 BGB), vom Vertrag zurücktreten (§ 323 BGB) oder Schadensersatz statt der Leis-

tung verlangen (§§ 280 I, III, 281 BGB). Bei nichtleistungsbezogenen Nebenpflichten bestehen diese Möglichkeiten grds. nicht (Ausnahme: § 282 BGB bzw. § 324 BGB). Hier ist i.d.R. lediglich Schadensersatz neben der Leistung (§ 280 I BGB) möglich.

III. Obliegenheiten

Von den leistungsbezogenen bzw. nichtleistungsbezogenen Pflichten sind wiederum die bloßen Obliegenheiten zu unterscheiden. Letztere sind keine Verpflichtungen der einen Partei gegenüber der anderen. Sie können daher auch nicht eingeklagt werden. Vielmehr stellen sie lediglich Rechtsgebote im eigenen Interesse dar. Ihre Verletzung hat daher auch nicht zur Folge, dass die Gegenseite einen Schadensersatzanspruch erhält. Vielmehr verschlechtert sich durch eine Obliegenheitsverletzung allein die rechtliche Stellung der Person, die die Obliegenheit innehat, ohne dass die andere Person einen Anspruch erwirbt. Die Obliegenheiten können daher als „Verpflichtung gegen sich selbst" bezeichnet werden, ihre Missachtung als „Verschulden gegen sich selbst". 42

Beispiele:

(1) Im Schadensersatzrecht besteht für den Geschädigten die Obliegenheit, den Schaden so gering wie möglich zu halten; anderenfalls riskiert er eine Anspruchskürzung (rechtstechnisch: Mitverschulden gem. § 254 BGB – dazu Rn 961).

(2) Im Handelsrecht kann z.B. die Nichtbeachtung der Untersuchungs- und Rügepflicht gem. § 377 I HGB zum Rechtsverlust führen, etwa nach § 377 II HGB. Nach § 377 I HGB hat der Käufer beim beiderseitigen Handelsgeschäft die Ware unverzüglich nach der Ablieferung durch den Verkäufer, soweit dies nach ordnungsmäßigem Geschäftsgang tunlich ist, zu untersuchen und, wenn sich ein Mangel zeigt, dem Verkäufer unverzüglich Anzeige zu machen. Unterlässt der Käufer die Anzeige, gilt die Ware gem. § 377 II HGB als genehmigt, es sei denn, dass es sich um einen Mangel handelt, der bei der Untersuchung nicht erkennbar war.

(3) Im Versicherungsrecht besteht für den Versicherungsnehmer z.B. die Pflicht, bestimmte Umstände zu melden („Anzeigepflicht", vgl. § 19 I VVG), deren Verletzung einen Rücktritt des Versicherers zur Folge haben kann (vgl. § 19 II VVG). Auch muss der Versicherungsnehmer dem Versicherer eine Gefahrerhöhung anzeigen (vgl. § 23 II VVG). Bei Verletzung dieser Obliegenheit ist der Versicherer berechtigt, den Vertrag unter Einhaltung einer Frist von einem Monat zu kündigen (§ 24 II VVG). Hat der Versicherungsnehmer die Gefahrerhöhung vorsätzlich vorgenommen, ist der Versicherer sogar berechtigt, die Leistung zu verweigern (§ 26 I S. 1 VVG); bei grob fahrlässig verursachter Gefahrerhöhung ist eine Anspruchskürzung berechtigt (§ 26 I S. 2 VVG).

(4) Auch die Mitwirkung des Gläubigers bei der Erfüllung von Verträgen stellt eine Obliegenheit dar, um nicht in Annahmeverzug zu geraten (Gläubigerverzug gem. §§ 293 ff. BGB[27]). Zu beachten ist aber, dass die Abnahme einer *Kaufsache* zugleich eine Nebenleistungspflicht darstellt und auch die Abnahme beim *Werkvertrag* eine Leistungspflicht ist, § 640 I, II BGB. Sofern der Gläubiger eine Kaufsache oder ein Werk nicht entgegennimmt, kann er daher in Gläubigerverzug und zugleich in Schuldnerverzug geraten. Dagegen ist die (sonstige) Mitwirkung des Bestellers (z.B. die Bereitstellung der zu reparierenden Sache oder der zu renovierenden Wohnung) i.d.R. keine Leistungsverpflichtung, sondern bloße Obliegenheit, deren Verletzung aber Entschädigungspflichten (vgl. § 642 BGB) nach sich zieht.

[27] *Ernst*, in: MüKo, § 293 Rn 1 - dazu unten Rn 746 ff.

4. Kapitel – Inhalt von Schuldverhältnissen

43 Wie bereits bei Rn 7 ff. erläutert, folgen die nachstehenden Ausführungen dem Aufbau einer Anspruchsprüfung eines vertraglichen Primäranspruchs. Dabei wird auf die einschlägigen Regelungen des allgemeinen Schuldrechts eingegangen, die in den jeweiligen Prüfungspunkten relevant werden können. Zur besseren Einordnung der behandelten Abschnitte werden ihre Standorte in einer Fallbearbeitung zunächst in einer Übersicht dargestellt. Dabei bleiben etwaige Leistungsstörungen und Widerrufsrechte nach Verbraucherschutzvorschriften außer Betracht (vgl. dazu Rn 968 ff.).

44

Aufbau eines vertraglichen Primäranspruchs

I. Anspruch entstanden

1. Zunächst ist die Entstehung des Schuldverhältnisses zu prüfen. Dafür sind zwei wirksame und kongruente Willenserklärungen erforderlich, §§ 145 ff. BGB. Um festzustellen, welchen **Inhalt** das Rechtsgeschäft im Einzelnen hat, sind die Regelungen des allgemeinen Schuldrechts zum Inhalt von Schuldverhältnissen relevant. Dazu gehören u.a. die Normen über die Bestimmung der Leistung (§§ 315-319 BGB) und über den Leistungsort oder die Leistungszeit (§§ 269, 271 BGB).

2. Im Rahmen der **rechtshindernden Einwendungen** sind bei einer Anspruchsprüfung insb. die Normen des BGB AT (bspw. §§ 104 ff., 116-118, 134, 138 BGB) zu prüfen. Daneben gibt es im allgemeinen Schuldrecht solche Einwendungen (§§ 311b II, IV, 242 BGB), auf die im Anschluss an den Inhalt von Schuldverhältnissen eingegangen wird.

II. Anspruch (nicht) untergegangen

1. Die im Rahmen des Anspruchsuntergangs zu prüfenden **rechtsvernichtenden Einwendungen** des allgemeinen Schuldrechts (bspw. §§ 362, 364, 387 ff. BGB) werden nach den rechtshindernden Einwendungen erläutert.

2. Die aus dem **Leistungsstörungsrecht** resultierenden rechtsvernichtenden Einwendungen (z.B. **Rücktritt**) sowie der Widerruf nach den **Verbraucherschutzvorschriften** finden sich wiederum in gesonderten Abschnitten bzw. bei *R. Schmidt*, BGB AT.

III. Inhaltsänderung

Sofern der Sachverhalt ausnahmsweise Anlass gibt, ist auf eine etwaige Inhaltsänderung des Schuldverhältnisses aufgrund einer Störung der Geschäftsgrundlage einzugehen, § 313 BGB. Auf dieses Institut wird i.R. des Leistungsstörungsrechts eingegangen.

IV. Schuldner- und Gläubigerwechsel

Ist ein Anspruch entstanden und nicht wieder untergegangen, kann es vorkommen, dass dem Anspruchsteller die Aktivlegitimation oder dem Anspruchsgegner die Passivlegitimation fehlt. Das ist der Fall, wenn sich nach dem Entstehen ein Gläubiger-, bzw. Schuldnerwechsel vollzogen hat. Auf diese Wechsel wird nach den rechtsvernichtenden Einwendungen eingegangen.

V. Anspruch durchsetzbar

Im Rahmen der Durchsetzbarkeit von Ansprüchen sind die **rechtshemmenden Einreden** des allgemeinen Schuldrechts (§§ 273, 320 BGB) relevant. Sie werden im Anschluss an den Gläubiger- bzw. Schuldnerwechsel behandelt. Die rechtshemmenden Einreden des BGB AT bleiben vorliegend außer Betracht (z.B. § 214 BGB).

A. Bestimmung des Leistungsinhalts

Wird ein Rechtsgeschäft vereinbart, muss der Inhalt bestimmt bzw. zumindest bestimmbar sein.[28] Eine unbestimmte Forderung ist gerichtlich nicht durchsetzbar, da keine Vollstreckung bei einer nicht klar umrissenen Verbindlichkeit erfolgen kann. 45

I. Grundsätzlich freie Bestimmung durch die Parteien

Den Parteien steht es grundsätzlich frei, jede beliebige Vereinbarung über den Inhalt ihres Rechtsgeschäfts zu treffen. Das folgt aus dem Grundsatz der **Vertragsfreiheit** (Privatautonomie), der in § 311 I BGB kodifiziert ist und seine verfassungsrechtliche Grundlage in der allgemeinen Handlungsfreiheit aus Art. 2 I GG hat. Ergibt sich aus der Abrede der Parteien kein **ausdrücklich** erklärter, eindeutiger Vertragsinhalt, besteht die Möglichkeit der **Auslegung** der Willenserklärungen gem. §§ 133, 157 BGB. Führt die anhand der Parteierklärungen vorgenommene Auslegung zu keinem eindeutigen Ergebnis, ist der Vertragsinhalt im Wege der sog. **ergänzenden Vertragsauslegung** zu ermitteln. Während die Auslegung von Willenserklärungen das Ziel hat festzustellen, ob ein bestimmtes Verhalten als Willenserklärung zu werten ist und welchen Inhalt es haben könnte, stellt die ergänzende Vertragsauslegung ein Mittel zur Schließung rechtsgeschäftlicher Lücken dar. Sie knüpft an den im Vertrag enthaltenen Regelungsplan der Parteien an und versteht ihn als eine Rechtsquelle, aus der unter Berücksichtigung von Treu und Glauben und der Verkehrssitte Regelungen für offengebliebene Punkte abgeleitet werden können. Da sich jedoch derjenige, der den Vertrag ergänzend auslegt, nicht über den Parteiwillen und damit die Vertragsfreiheit hinwegsetzen darf, ist die ergänzende Vertragsauslegung an **strenge Voraussetzungen** geknüpft.[29] 46

Erst wenn nach Ausschöpfung dieser Mittel der Vertragsauslegung kein eindeutiger Inhalt des Rechtsgeschäfts festgestellt werden kann, ist auf die **dispositiven Regelungen** des BGB zurückzugreifen. Diese Regelungen enthalten Vorschriften, die von den Parteien abbedungen werden können, weswegen sie grundsätzlich nachrangig zu prüfen sind. Solche dispositiven Normen finden sich u.a. in §§ 269, 270, 271, 612 II, 632 II BGB. 47

> **Beispiel:** A sucht Rechtsanwalt R auf und beauftragt ihn mit der Wahrnehmung seiner Rechte in einer Streitigkeit mit seinem Nachbarn N. Über die Vergütung sprechen A und R dabei nicht.
>
> Bei einem „Anwaltsvertrag" handelt es sich i.d.R. um einen Geschäftsbesorgungsvertrag mit dienstvertraglichen Elementen (§§ 611, 675 BGB).[30] Führen eine Auslegung der Willenserklärungen oder eine ergänzende Vertragsauslegung nicht zu einer genauen Bestimmung der Vergütung (etwa Abrechnung nach Stundensätzen), greift mangels vorrangiger Parteivereinbarung die Regelung des § 612 II BGB. Der Rechtsanwalt kann somit seine Gebühren nach einer Taxe abrechnen. Eine solche findet sich im Rechtsanwaltsvergütungsgesetz (RVG).

> **Hinweis für die Fallbearbeitung:** Die grundsätzlich vorrangige und freie **Vertragsgestaltung** durch die Parteien kann unter bestimmten Voraussetzungen auch **beschränkt** sein. Das ist bspw. der Fall, wenn die Parteien mit ihrer Abrede gegen die guten Sitten (§ 138 BGB) oder ein gesetzliches Verbot (§ 134 BGB) verstoßen. Dann ist der Vertrag *insoweit* unwirksam. Ob dadurch auch der *gesamte* Vertrag nichtig wird, ist anhand von § 139 BGB zu beurteilen.[31] 48

---

[28] BGHZ 55, 248, 250; BGH NJW-RR 1990, 270, 271.

[29] BGHZ 9, 273 ff.; 127, 138, 142; vgl. dazu ausführlich *R. Schmidt*, BGB AT, Rn 417 ff.

[30] BGH NJW 2004, 2817.

[31] Vgl. dazu etwa BGH NJW 2001, 815, 817 ff.

49 Für die Bestimmung des Vertragsinhalts hat das BGB im **besonderen Teil** des Schuldrechts verschiedene **Vertragstypen** normiert, deren Regelungsgehalte die Parteien oftmals zugrunde legen. Wenn sie von den dortigen Vorschriften nichts Abweichendes vereinbart haben, sind daher grundsätzlich deren Regelungsinhalte heranzuziehen.

Beispiel: Händler H verkauft K eine neue Waschmaschine für 500,- €. Weitere Vereinbarungen haben die Parteien nicht getroffen.

Hier haben H und K einen Kaufvertrag geschlossen, sodass sie die Geltung der §§ 433 ff. BGB für ihre Vereinbarung zugrunde gelegt haben. H muss daher K die Maschine übergeben und übereignen und K muss den Kaufpreis zahlen und die Sache abnehmen, § 433 I, II BGB. Auch die anderen Normen des Kaufvertragsrechts (§§ 434 ff. BGB) greifen in diesem Fall ein. Etwas anderes würde gelten, wenn die Parteien etwas Abweichendes vereinbart hätten. Es wäre fraglich, ob eine abweichende Vereinbarung möglich ist. Denn es gibt im Kaufrecht **dispositive** und **nicht dispositive** Normen. Handelte es sich im vorliegenden Fall um einen Verbrauchsgüterkauf i.S.d. §§ 474 ff. BGB, wäre insb. ein Gewährleistungsausschluss gem. § 476 I BGB unwirksam, weil bei einem Verbrauchsgüterkauf die Vorschriften der §§ 433-435, 437, 439-443 BGB nicht disponibel (abdingbar) sind (§ 476 I S. 1 BGB).

II. Bestimmung der Leistung durch eine Partei oder einen Dritten

50 Neben einer konsensualen Inhaltsbestimmung besteht auch die Möglichkeit, dass die Parteien ausdrücklich oder konkludent vereinbaren, dass die Leistung durch die eine oder andere Partei (§§ 315, 316 BGB) oder durch einen Dritten bestimmt werden kann (§§ 315-319 BGB). Eine solche Vereinbarung reicht für das Bestimmtheitserfordernis aus, weil die Leistung dadurch jedenfalls *bestimmbar* ist.

1. Bestimmung durch eine Partei

51 Gemäß § 315 I BGB kann vereinbart werden, dass die Leistungsbestimmung durch eine der beiden Parteien erfolgen soll. Dafür ist zunächst erforderlich, dass zwischen den Parteien ein **Vertrag** und eine **Abrede** bestehen, *dass* eine Leistungsbestimmung erfolgen soll und *welche* der Parteien diese Bestimmung vornehmen darf. Fehlt eine solche Vereinbarung, gilt bei gegenseitigen Verträgen § 316 BGB. Danach steht das Bestimmungsrecht hinsichtlich der Gegenleistung der Partei zu, die diese fordern kann.

Hinweis für die Fallbearbeitung: Anwendungsbereiche des § 315 BGB finden sich z.B. im Bankenverkehr (Zinsänderungsklauseln) oder im Arbeitsrecht (Ausübung des Direktionsrechts bei der Urlaubs- und Arbeitszeit).[32] Sofern ein Bestimmungsrecht in AGB festgelegt wird, sind §§ 308 Nr. 4, 309 Nr. 1, 307 BGB zu beachten.

52 Weiterhin **darf die Leistung noch nicht bestimmt** sein. Haben die Parteien einen Leistungsinhalt übereinstimmend vereinbart, greift § 315 BGB nicht ein. Dies gilt auch, wenn die Leistung aufgrund anderer Umstände bestimmt ist. Deswegen ist vorrangig zu prüfen, ob sich aus der Abrede, durch eine ergänzende Vertragsauslegung oder durch anderweitige Regelungen ein Leistungsinhalt ermitteln lässt. Besteht z.B. eine Taxe, sind bei Werk- und Dienstverträgen §§ 612 II, 632 II BGB vorrangig (für den Mäklerlohn vgl. § 653 II BGB). Erst wenn weder eine Taxe noch eine übliche Vergütung ermittelbar sind, können §§ 315, 316 BGB zur Anwendung kommen.

53 Liegen diese Voraussetzungen vor, kann die Partei den **Leistungsinhalt nach billigem Ermessen** bestimmen. Die **Bestimmung** erfolgt durch eine einseitige empfangsbedürf-

[32] Vgl. mit weiteren Beispielen *Gehrlein*, in: Bamberger/Roth, § 315 Rn 4.

tige und unwiderrufliche[33] Willenserklärung gegenüber dem anderen Teil, § 315 II BGB. Sie bedarf auch keiner Form, wenn das zugrunde liegende Rechtsgeschäft an sich formbedürftig ist. Das billige **Ermessen** räumt der bestimmenden Partei einen gewissen Entscheidungsspielraum ein. Ob das ausgeübte Ermessen auch der **Billigkeit** entspricht, ist unter Berücksichtigung der Parteiinteressen und der in vergleichbaren Fällen üblichen Leistung festzustellen. Entspricht die Bestimmung **nicht der Billigkeit**, wird sie gem. § 315 III S. 2 Hs. 1 BGB durch ein Gericht vorgenommen. Das Gleiche gilt gem. § 315 III S. 2 Hs. 2 BGB, wenn die Bestimmung verzögert wird.

Umstritten ist, ob das Bestimmungs*recht* zugleich eine Bestimmungs*pflicht* begründet.[34] Diese Frage ist i.E. zu bejahen, weil die Gegenseite im Vertrauen auf die Bestimmung der Leistung bereits eigene Vermögensdispositionen trifft und daher ein schutzwürdiges Interesse an der Ausübung des Bestimmungsrechts hat. Das hat zur Folge, dass der Gläubiger, sofern *ihm* das Recht zusteht, in Annahmeverzug gerät, wenn er die Bestimmung nicht trifft. Steht das Bestimmungsrecht dem Schuldner zu, liegt bei nicht rechtzeitiger Ausübung unter den Voraussetzungen der §§ 280 I, II, 286 BGB ein Schuldnerverzug vor. **54**

Hinweis für die Fallbearbeitung: §§ 315, 316 BGB sind nicht anwendbar, wenn nach der gemeinsamen Vereinbarung eine der Parteien die Leistung nach **freiem** Ermessen bestimmen darf. Sofern die Äquivalenz der sich gegenüberstehenden Leistungen nicht beeinträchtigt wird, ist eine solche Abrede unbedenklich, z.B. wenn der Stromabnehmer die Menge des abgenommenen Stroms bestimmt. Kann der Gläubiger die Leistung allerdings bei einer feststehenden Gegenleistung nach seinem Belieben wählen, kann darin eine Knebelungsvereinbarung liegen, die zur Unwirksamkeit führt. **55**

2. Bestimmung durch einen Dritten

Die Parteien können gem. § 317 BGB auch vereinbaren, dass die Leistung durch einen **Dritten** bestimmt werden soll. Von dieser Möglichkeit wird insb. Gebrauch gemacht, wenn für die Bestimmung eine besondere Sachkunde erforderlich ist und der Dritte diese Sachkunde aufweist. § 317 I BGB stellt insofern eine Auslegungsregel dar, nach welcher die Leistung im Zweifel nach **billigem Ermessen** zu erfolgen hat. **56**

Erforderlich sind ein **Vertrag** und eine Abrede, dass das Bestimmungsrecht einem (oder mehreren) Dritten übertragen wird. Die **Bestimmung** der Leistung erfolgt entsprechend § 315 II BGB durch eine einseitige, empfangsbedürftige und unwiderrufliche Willenserklärung des Dritten gegenüber einem Vertragsteil (§ 318 I BGB). Handelt es sich um mehrere Personen, muss die Bestimmung einheitlich abgegeben werden. Sie gilt ansonsten als nicht erfolgt, § 317 II Hs. 1 BGB (vgl. aber Hs. 2) und es tritt an deren Stelle der Richterspruch (§ 319 I S. 2 BGB). **57**

Weil es sich bei der Bestimmung um eine Willenserklärung handelt, sind auch §§ 119, 120, 123 I (nicht aber § 123 II) BGB anwendbar. Allerdings steht nicht dem Dritten das **Anfechtungsrecht** zu, sondern **den Parteien**, da sie die aus der Bestimmung resultierenden Konsequenzen tragen müssen, vgl. § 318 II BGB. Die Anfechtung muss abweichend von § 124 I BGB unverzüglich erfolgen, nachdem der Berechtigte von dem Anfechtungsgrund Kenntnis erlangt, § 318 II S. 2 BGB. Beruht der Anfechtungsgrund auf der Täuschung oder Drohung einer der Parteien, entfällt deren Anfechtungsrecht gem. § 242 BGB. **58**

Nimmt der Dritte die Leistungsbestimmung **offenbar nicht nach billigem Ermessen** vor, ist sie gem. § 319 I BGB nicht bindend. Dann erfolgt die Bestimmung durch das Gericht. Der **59**

---

[33] BGH NJW 2002, 1424. Die Möglichkeit einer Anfechtung wird davon allerdings nicht berührt, vgl. *Gehrlein*, in: Bamberger/Roth, § 315 Rn 6.
[34] Vgl. dazu *Würdinger*, in: MüKo, § 315 Rn 39 ff.; *Grüneberg*, in: Palandt, § 315 Rn 12.

Unterschied zu § 315 BGB liegt darin, dass der Richterspruch nur erfolgen soll, wenn die Bestimmung *offenbar* – also im groben Maße – unbillig ist. Diese Regelung basiert auf dem Gedanken, dass ein Dritter regelmäßig neutral ist und es daher sachgerecht erscheint, wenn seine Wahl auch bei einer geringen Unbilligkeit bindend ist.

B. Grundsatz von Treu und Glauben

I. Funktionen des § 242 BGB

60 Der **Grundsatz von Treu und Glauben** bezieht sich nach seinem Wortlaut und seiner systematischen Stellung im Gesetz allein auf die Art und Weise der Leistung. Allerdings ist allgemein anerkannt, dass § 242 BGB eine weit über den Wortsinn hinausgehende Bedeutung zukommt. Die Rspr. und Lehre haben aus **§ 242 BGB den das gesamte Rechtsleben beherrschenden Grundsatz** entnommen, dass jedermann in Ausübung seiner Rechte und in Erfüllung seiner Pflichten nach Treu und Glauben zu handeln hat. § 242 BGB hat damit auch im Hinblick auf den Inhalt von Schuldverhältnissen eine wichtige Bedeutung und gilt gemeinhin als Einfallstor für **richterliche Rechtsfortbildung**[35] in Form der **Korrektur unbilliger Ergebnisse**. Die Vorschrift gilt für alle Arten von **Sonderverbindungen**, also bspw. auch für vorvertragliche, nachvertragliche oder gesetzliche Schuldverhältnisse.[36] Es reicht bereits ein qualifizierter sozialer Kontakt zwischen zwei Rechtssubjekten aus. Allerdings gestattet es § 242 BGB dem Richter nicht, sich (freilich unter den engen Grenzen, die die richterliche Rechtsfortbildung ermöglicht) über Gesetzesrecht hinwegzusetzen; anderenfalls verstieße er gegen Art. 20 III und 97 I GG. Davon unbeschadet werden § 242 BGB aber folgende Funktionen zugesprochen:

61 ▪ Die **Konkretisierungs- und Präzisierungsfunktion** betrifft zunächst die Art und Weise der Leistung. Der Leistungsaustausch soll so erfolgen, wie es Treu und Glauben mit Rücksicht auf die Verkehrssitte erfordern.

  Beispiel: So verhält sich treuwidrig, wer ohne Sachgrund die Leistung mitten in der Nacht erbringen will. Nimmt der Gläubiger die Leistung zu diesem Zeitpunkt nicht an, gerät er wegen § 242 BGB nicht in Annahmeverzug (§§ 293 ff. BGB).

62 ▪ Aus der **Ergänzungsfunktion** werden über die von den Parteien vereinbarten Leistungspflichten die sog. nichtleistungsbezogenen Nebenpflichten abgeleitet (Schutz-, Leistungstreuepflichten). Sie sind in § 241 II BGB normiert und bestimmen den Inhalt des Schuldverhältnisses maßgeblich mit. Aus der Verletzung dieser Pflichten können sich für die Gegenseite Schadensersatzansprüche *neben* der Leistung aus § 280 I BGB und im Ausnahmefall ein Rücktrittsrecht oder ein Schadensersatzanspruch *statt* der Leistung ergeben (§§ 324, 282 BGB).

63 ▪ Die **Schrankenfunktion** des § 242 BGB führt dazu, dass ein Rechtssubjekt in der Ausübung seiner Rechte beschränkt werden kann (sog. unzulässige Rechtsausübung).

64 ▪ Darüber hinaus beinhaltet § 242 BGB eine **Korrekturfunktion**. Unter bestimmten Umständen besteht die Möglichkeit, den Inhalt eines Schuldverhältnisses durch den Grundsatz von Treu und Glauben korrigierend zu modifizieren. Damit ist insb. der Fall des § 313 BGB (Störung der Geschäftsgrundlage) gemeint. Im BGB AT ist auf der Grundlage des § 242 BGB z.B. eine Erweiterung der Rechtsscheintatbestände der §§ 170-173 BGB um die Tatbestände der Duldungs- und Anscheinsvollmacht vorgenommen worden.[37]

---

[35] Einschränkend für diesen Bereich BVerfG FamRZ 2015, 729, 730 ff.: Richterliche Rechtsfortbildung findet ihre Grenze dort, wo es um schwerwiegende Grundrechtseingriffe geht (dazu *R. Schmidt*, FamR, 9. Aufl. 2018, Rn 500a). Vgl. allgemein zur richterlichen Rechtsfortbildung *R. Schmidt*, Staatsorganisationsrecht, 18. Aufl. 2017, Rn 223 ff.

[36] Nach richtiger Auffassung gilt § 242 BGB trotz seiner systematischen Stellung im Schuldrecht mit dessen Relativität auch auf absolut wirkende dingliche Ansprüche nach dem Sachenrecht (vgl. dazu *Hütte/Hütte*, Sachenrecht I, Rn 102).

[37] Vgl. dazu *R. Schmidt*, BGB AT, Rn 825 ff.

II. Insbesondere: Unzulässige Rechtsausübung, § 242 BGB

Aus dem Grundsatz von Treu und Glauben kann sich ergeben, dass einer Partei die Ausübung eines „an sich" bestehenden Rechts verwehrt wird. Das bedeutet, dass das Recht – bspw. ein Anspruch oder ein Anfechtungs- bzw. Kündigungsrecht, aber auch ein verbraucherschützendes Widerrufsrecht – zwar formal existiert, bestimmte Umstände aber dazu führen (können), dass die Geltendmachung ausgeschlossen ist. Man spricht von einer **unzulässigen Rechtsausübung**. Dabei kann § 242 BGB im Einzelfall auch eine positive Funktion haben. Schließen bspw. zwei Personen einen formunwirksamen Vertrag, wobei die Unwirksamkeit auf einer schweren Treuepflichtverletzung der einen Partei basiert oder der Vertrag für die andere Partei existentiell ist, wird die Rechtsfolge des § 125 BGB durch § 242 BGB „ausgeblendet" und der Vertrag als wirksam angesehen. 65

Hinweis für die Fallbearbeitung: Die unzulässige Rechtsausübung ist i.R. der rechtsvernichtenden Einwendungen zu prüfen (Untergang des Anspruchs). Aus Gründen des Sachzusammenhangs wird sie aber an dieser Stelle erläutert.

Ob eine unzulässige Rechtsausübung vorliegt, ist anhand einer umfassenden Güterabwägung festzustellen[38], wobei an die Annahme strenge Anforderungen gestellt werden, die sich allerdings nicht auf eine einheitliche und abstrakte Formel reduzieren lassen. Vielmehr haben sich in Rechtsprechung und Literatur verschiedene **Fallgruppen** herausgebildet[39]:

Beim **unredlichen Erwerb der eigenen Rechtsstellung** wird einer Person wegen **Rechtsmissbrauchs** die Rechtsausübung verwehrt, wenn sie ihr Recht durch ein gesetz-, sitten- oder vertragswidriges Verhalten erworben hat.[40] Dabei genügt ein objektiv unredliches Verhalten, durch welches der Gläubiger eine vorteilhafte Rechtsstellung bekommt, die er anderenfalls nicht erhalten hätte. Ein Verschulden ist – jedenfalls grundsätzlich – nicht erforderlich. 66

Beispiele: Geltendmachung eines Anspruchs, der unter evidentem Missbrauch der Vertretungsmacht zustande gekommen ist[41]; Kündigung eines Pachtvertrags, wenn der Verpächter das Kündigungsrecht – namentlich den Zahlungsrückstand – mitverursacht hat; Inanspruchnahme eines Bürgen, wenn der Gläubiger den Bürgschaftsfall treuwidrig mitverursacht hat; Vorgehen aus einer Vertragsklausel, die heimlich in das Vertragsformular eingefügt wurde, obwohl der Inhalt zuvor anders abgesprochen war[42]; Berufung auf verfassungswidriges Urteil zur Begründung eines Anspruchs[43]

Nicht aber hindert § 242 BGB den Bieter einer Internetauktion, Schadensersatz zu fordern, wenn der Anbieter zuvor unzulässigerweise vorzeitig die Auktion beendete.[44]

Beispiel[45]**:** V bot über eBay einen Gebrauchtwagen (im Wert von ca. 5.500 €) zu einem Startpreis von 1 € an. Nach kurzer Zeit beendete er die Auktion vorzeitig. Zu dieser Zeit war K der einzige Bieter. Dessen Gebot lag bei 550 €. K ist mit der Beendigung des Angebots nicht einverstanden. Er macht Schadensersatz wegen Nichterfüllung geltend. V begründete den vorzeitigen Abbruch damit, dass er außerhalb von eBay einen Käufer gefunden habe.

In diesem Fall lehnte der BGH die Berechtigung zur vorzeitigen Beendigung der Auktion ab, da weder die eBay-AGB noch die gesetzlichen Vorschriften ein solches Recht zubillig-

[38] Vgl. BGH NJW 2015, 548 ff.
[39] Vgl. *Grüneberg*, in: Palandt, § 242 Rn 42 ff.
[40] BGH NJW 2013, 1676, 1677 f.; NJW 2015, 548, 549; *Grüneberg*, in: Palandt, § 242 Rn 43.
[41] LG Münster NJW-RR 2002, 886.
[42] *Schubert*, in: MüKo, § 242 Rn 256 m.w.N. Etwas anderes gilt, wenn die Änderung leicht erkennbar ist.
[43] BGH NJW 2013, 1676, 1677 f.
[44] BGH NJW 2015, 548, 549.
[45] Nach BGH NJW 2015, 548 f. Vgl. auch BGH NJW 2015, 1009 ff.

ten.[46] Daher sei es auch nicht rechtsmissbräuchlich bzw. stelle keine unzulässige Rechtsausübung i.S.v. § 242 BGB dar, wenn sich K auf das Zustandekommen eines Kaufvertrags berufe. Es sei gerade Eigenart von Internetauktionen, dass Bieter einen möglichst geringen, auch weit unterhalb des Marktwerts liegenden Preis zahlen wollten. V habe es freigestanden, ein für ihn unvorteilhaftes Geschäft durch Angabe eines Mindestpreises zu verhindern. Dass er dies nicht getan habe, liege in seiner Verantwortung. Mithin sei ein Kaufvertrag zwischen V und K zu einem Preis von 555 € zustande gekommen. Dies löse bei Nichterfüllung einen Schadensersatzanspruch aus.

Hinweis für die Fallbearbeitung: Bei der Anwendung von § 242 BGB ist zu beachten, dass oftmals spezielle Regelungen eingreifen und den Rückgriff auf den allgemeinen Grundsatz von Treu und Glauben entbehrlich machen. Insbesondere die problematischen Fälle der wirtschaftlichen Überforderung eines Bürgen werden regelmäßig nicht über § 242 BGB, sondern über § 138 BGB gelöst.

67 Auch ein Widerspruch zum früheren Verhalten kann die Rechtsausübung unzulässig machen. Zwar billigt die Rechtsordnung grundsätzlich ein Ändern der Meinung bzw. der Rechtsansicht.[47] Die Grenze besteht jedoch dort, wo die Meinungsänderung bzw. die Änderung der Rechtsansicht zu missbilligen ist, sich also das Gesamtbild eines widersprüchlichen Verhaltens ergibt und die Interessen der Gegenpartei im Hinblick darauf vorrangig schutzwürdig erscheinen (**venire contra factum proprium**).[48] Der Treueverstoß liegt dabei in der sachlichen Unvereinbarkeit der beiden Verhaltensweisen bzw. in einem Widerspruch zu einem vom Berechtigten geschaffenen Vertrauenstatbestand.

Beispiele: Wer sich bei der Abgabe einer Willenserklärung geirrt hat, darf den Vertrag nicht anfechten, wenn die Gegenpartei dazu bereit ist, die Erklärung so gelten zu lassen, wie sie gewollt war. Wer eine Kündigung ausgesprochen hat, darf sich nicht später darauf berufen, dass die Kündigung rechtswidrig war. Wer durch konkludentes Verhalten einen Vertrag abschließt, kann sich seiner vertraglichen Pflicht nicht dadurch entziehen, dass er einen entgegenstehenden Willen äußert. Das ist bspw. der Fall, wenn jemand durch das Einsteigen in einen Bus konkludent einen Beförderungsvertrag abschließt und dem Busfahrer ausdrücklich sagt, er wolle keinen Vertrag abschließen und kein Geld bezahlen. Der Vertrag ist dann trotz der Aussage des Fahrgastes wirksam entstanden. Andererseits liegt kein Fall des venire contra factum proprium vor, wenn sich ein Verbraucher im Rahmen eines Onlinegeschäfts auf den Mangel der (formgerechten) Mitteilung der Widerrufsbelehrung beruft, obwohl er vor Vertragsschluss das Häkchen bei „Widerrufsbelehrung gelesen und ausgedruckt" setzt, später aber widerruft. Denn es genügt nicht, wenn der Unternehmer die Widerrufsbelehrung lediglich abrufbar macht; er muss sie auch zusenden.[49]

68 Ein spezieller Unterfall des *venire contra factum proprium* ist die sog. **Verwirkung**, die den Schuldner in seinem Glauben schützt, der Rechteinhaber werde sein Recht nicht mehr ausüben.[50] Zwar steht es jeder Partei prinzipiell frei, mit der Geltendmachung ihrer Rechte bis zum Ablauf der Verjährungs- bzw. Ausschlussfrist zu warten. Etwas anderes gilt aber, wenn jemand sein Recht über einen längeren Zeitraum nicht geltend macht (**Zeitmoment**) *und* die Untätigkeit bei der Gegenpartei einen Vertrauenstatbestand geschaffen hat, oder aus anderen Gründen die Ausübung des Rechts mit der früheren Untätigkeit unvereinbar erscheint (**Umstandsmoment**).[51] Auch beim verbraucherschützenden Widerrufsrecht ist eine Verwirkung möglich, etwa bei der Frage, ob der Verbraucher auch Jahre nach Vertragsbeendigung seine Vertragserklärung widerrufen kann, weil der Unternehmer den Verbraucher seinerzeit nicht oder fehlerhaft über das Widerrufsrecht informiert hatte, wodurch keine Widerrufsfristen

[46] Anders wäre es, wenn der Gegenstand während der Auktion gestohlen würde oder unterginge. In diesem Fall dürfte der Anbieter die Auktion vorzeitig beenden (BGH NJW 2011, 2643; NJW 2015, 1009).
[47] BGH NJW 2005, 1354, 1356; *Grüneberg*, in: Palandt, § 242 Rn 43.
[48] BGH NJW-RR 2013, 757. Eine gesetzliche Ausprägung dieses Grundsatzes findet sich in § 814 BGB.
[49] BGH NJW 2014, 2857, 2859 f.
[50] BAG NJW 2001, 2907; *Duchstein*, NJW 2015, 1409.
[51] *Schubert*, in: MüKo, § 242 Rn 290 ff.; *Duchstein*, NJW 2015, 1409.

ausgelöst wurden.[52] I.Ü. ist die Bestimmung des Zeit- bzw. Umstandsmoments einzelfallabhängig. So kann z.B. ein schon kurzes Abwarten zur Verwirkung führen, wenn der Gläubiger dadurch zum Ausdruck bringt, er werde das Recht nicht mehr ausüben und der Schuldner anderweitige Dispositionen über den Leistungsgegenstand trifft. Damit bestehen zwischen den beiden Momenten Wechselwirkungen, die bei der Bewertung des Einzelfalls maßgeblich sind.

Hinweis für die Fallbearbeitung: Unter § 242 BGB kann auch der umgekehrte Fall subsumiert werden, in dem der Schuldner den Gläubiger treuwidrig von der Rechtsausübung oder Hemmung der Verjährung abhält. Die Erhebung der Verjährungseinrede ist selbst dann ausgeschlossen (verwirkt), wenn die Frist formal vollständig abgelaufen ist.

Treuwidrig ist weiterhin das Einfordern einer Leistung, die nach Erhalt sofort wieder zurückzugeben ist (**dolo agit, qui petit, quod statim redditurus est**[53]). Unerheblich ist dabei, woraus die Rückgabeverpflichtung folgt. Sie kann aus dem Bereicherungsrecht, dem Schadensersatzrecht oder aus einem Vertrag resultieren.[54] **69**

Beispiel: Zugunsten des A ist im Grundbuch eine Grundschuld i.H.v. 1000,- € eingetragen, die das Grundstück des B belastet. Dabei hatte A jedoch nur die Buchposition inne, weil B bei der dinglichen Einigung vorübergehend geschäftsunfähig war. Dennoch kann B keine Grundbuchberichtigung verlangen, wenn er aufgrund eines wirksamen Vertrags verpflichtet ist, A eine Grundschuld i.H.v. 1000,- € zu bestellen.

Weiterhin kann es treuwidrig sein, einen Anspruch geltend zu machen, wenn die Rechts- oder Interessenverletzung des Gegners nur **geringfügig** ist oder die Durchsetzung des Rechts **unverhältnismäßig** wäre. **70**

Beispiel: Erhebung einer Klage wegen einer Verbindlichkeit i.H.v. 2,- €. Berufung auf Strafabrede bei nur geringfügiger Überschreitung einer Leistungszeit etc.

C. Leistungsort und Leistungszeit

Der Schuldner einer Leistung kann seiner Verbindlichkeit nur dadurch in ordnungsgemäßer Weise nachkommen, dass er die richtige Leistung zur richtigen Zeit am richtigen Ort erbringt. Während für die Leistungszeit § 271 BGB relevant ist (Rn 80 ff.), ist für den richtigen Ort – den sog. Leistungsort – § 269 BGB die einschlägige Vorschrift. **71**

I. Leistungsort

1. Begriff des Leistungsorts und der Hol-, Bring- und Schickschuld

Leistungsort ist der Ort, an dem der Schuldner die Leistungshandlung vorzunehmen hat. Wie sich aus § 269 I BGB ergibt, ist das – in Ermangelung einer Parteivereinbarung[55] – der Wohnsitz (d.h. der Wohnort; bei Unternehmen der Geschäftssitz) des Schuldners, den dieser zum Zeitpunkt der Entstehung des Schuldverhältnisses innehatte. **72**

Davon zu unterscheiden ist der **Erfolgsort**, an dem nicht die Leistungs*handlung* vorzunehmen ist, sondern an dem der Leistungs*erfolg* eintreten muss. **73**

Es wird zwischen der bloßen Handlung und dem Erfolg der Leistung unterschieden. Der **Leistungserfolg** tritt in dem Augenblick ein, in dem die Verbindlichkeit des Schuldners durch die ordnungsgemäße Erfüllung gem. § 362 BGB untergeht. Bei der **Leistungs-** **74**

[52] Vgl. dazu *Duchstein*, NJW 2015, 1409 ff.; BVerfG NJW 2015, 1294 f. (Bestätigung von BGH NJW 2014, 2723 ff.). Zu beachten ist heute aber § 356 III S. 2 BGB, wonach das Widerrufsrecht spätestens nach zwölf Monaten und 14 Tagen erlischt (vgl. Rn 1034), der jedoch gem. § 356 III S. 3 BGB auf Verträge über Finanzdienstleistungen nicht anwendbar ist, sodass sich der Verwirkungsgedanke dort nach wie vor stellen kann.
[53] Listig handelt, wer fordert, was sofort zurückzugewähren ist.
[54] Vgl. zum Bereicherungsrecht BGHZ 74, 293, 300 und zum Schadensersatzrecht BGHZ 116, 200, 203.
[55] Siehe dazu Rn 77 ff.

handlung geht es hingegen darum, was der Schuldner unternehmen muss, um den Erfolg herbeizuführen.

Beachte: Im Gesetz ist die Terminologie nicht immer einheitlich. So wird in §§ 447, 448, 644 II BGB, § 29 ZPO von dem **Erfüllungsort** gesprochen. Damit ist aber nicht der Erfolgsort, sondern der **Leistungsort** gemeint. Auch der BGH versteht die Begriffe Erfüllungsort und Leistungsort synonym.[56]

75 Es besteht die Möglichkeit, dass beide Orte – der **Leistungsort** (Erfüllungsort) und der **Erfolgsort** – bei einer Person – beim Gläubiger oder beim Schuldner – zusammenfallen. Ebenso können der Leistungsort beim Schuldner und der Erfolgsort beim Gläubiger liegen. Es wird zwischen folgenden Arten der Schuld unterschieden:

- Vereinbaren die Parteien eine **Holschuld**, muss der Gläubiger die Leistung beim Schuldner abholen. Der Leistungsort ist damit der Wohnsitz des Schuldners bzw. seine gewerbliche Niederlassung, an welcher er die Leistung für den Gläubiger bereithalten muss (§ 269 I, II BGB). Der Erfolgsort ist in diesem Fall derselbe, weil der Leistungserfolg, nämlich die Verschaffung des Leistungsgegenstands (Erfüllung), ebenfalls an diesem Ort eintritt.

  Beispiel: A hat B ein Bild verkauft. Die Parteien haben vereinbart, dass B das Bild bei A abholt. ⇨ Hier muss A die Sache bei sich zu Hause bereithalten und B anbieten (Leistungshandlung). Nimmt B das Bild entgegen, erfolgt dadurch das dingliche Übertragungsgeschäft (§ 929 S. 1 BGB) und B wird Eigentümer (Leistungserfolg).

- Bei einer **Bringschuld** muss der Schuldner die Leistungshandlung am Ort des Gläubigers vornehmen. Der Leistungsort ist also der Wohnsitz bzw. der Niederlassungsort des Gläubigers. Das Gleiche gilt für den Erfolgsort, weil der Schuldner dem Gläubiger die Leistung unmittelbar verschaffen muss. Leistungsort/Erfüllungsort und Erfolgsort fallen somit wiederum zusammen – diesmal aber nicht beim Schuldner, sondern beim Gläubiger.

  Beispiel: A hat B ein Bild verkauft. Die Parteien haben vereinbart, dass A das Bild zu B bringt. ⇨ A muss daher die Sache zu B bringen und sie ihm dort anbieten (Leistungshandlung). Nimmt B das Bild entgegen, wird ihm der Besitz und das Eigentum (§ 929 S. 1 BGB) verschafft (Leistungserfolg). Zu Geldschulden vgl. Rn 111 und 665.

- Bei einer **Schickschuld** vereinbaren die Parteien als Leistungsort/Erfüllungsort den Ort des Schuldners, jedoch muss der Schuldner die Sache dem Gläubiger zusenden. Das bedeutet, dass der Leistungsort/Erfüllungsort beim Schuldner liegt und der Erfolgsort beim Gläubiger. Leistungsort/Erfüllungsort und Erfolgsort fallen also auseinander. Der Schuldner erfüllt seine Pflicht aus dem Schuldverhältnis, wenn er die Sache an eine geeignete Transportperson (ein geeignetes Transportunternehmen) übergibt. Ob aber im konkreten Fall tatsächlich eine Schickschuld oder doch eher eine Bringschuld vorliegt, ist (von gesetzlich geregelten Fällen wie z.B. § 355 III S. 4 BGB einmal abgesehen) eine Frage der Parteivereinbarung, die ggf. gem. §§ 133, 157 BGB zu ermitteln ist, und richtet sich nach der Art des Schuldverhältnisses. Dabei spielt insbesondere die Gefahrtragung eine Rolle, d.h. die Frage, wer das Risiko des (zufälligen) Untergangs der Sache auf dem Transportweg trägt bzw. wer einen Schadensersatzanspruch gegen die Transportperson wegen Verletzung des Beförderungsvertrags geltend machen kann/muss.

  Beispiel: A hat B ein Bild verkauft. Die Parteien vereinbarten, dass A die Sache zu B nach Hause sendet. ⇨ A muss das Bild bei sich abschicken (Leistungshandlung), während B erst zu Hause das Bild ausgehändigt und übereignet bekommt (Leistungserfolg). Es han-

[56] BGH NJW 2014, 454, 455.

delt sich dabei um einen sog. **Versendungskauf** (§ 447 BGB).[57] Speziell zum **Versandhandel** vgl. Rn 79a/79b/103/417.

Hinweis für die Fallbearbeitung: Die Unterscheidung zwischen Hol-, Bring- und Schickschulden ist nicht nur bei der Prüfung eines Primäranspruchs relevant. Vielmehr ist die genaue Qualifikation des vom Schuldner verlangten Verhaltens i.R. des Leistungsstörungsrechts von besonderer Bedeutung: 76

- Für einen **Schuldnerverzug** (§§ 280 I, II, 286 BGB) ist bspw. erforderlich, dass der Schuldner die gebotene Leistungs*handlung* trotz einer Mahnung (sofern nicht entbehrlich) nicht erbringt. Es ist entscheidend, *welche* Handlung er schuldet, ob er also die Sache *bringen* oder nur an eine Transportperson *übergeben* muss.
- Auch für die **Gefahrtragung** ist die Art der Schuld von Bedeutung. Bei einem Versendungskauf (§ 447 BGB) als spezielle Art der Schickschuld geht bspw. die Preisgefahr in dem Zeitpunkt auf den Käufer über, in welchem der Verkäufer die Sache dem (ordnungsgemäßen) Transporteur übergibt. Geht der Gegenstand auf dem Weg (zufällig) unter, ist der Verkäufer von seiner Leistungspflicht frei (§ 275 BGB) und der Käufer bleibt wegen § 447 BGB entgegen der Vorschrift des § 326 I BGB zur Gegenleistung verpflichtet.[58][59] Liegen demgegenüber eine Bringschuld (vgl. das Beispiel bei Rn 79b) sowie eine Schickschuld außerhalb des Versendungskaufs vor, trägt der Schuldner das Risiko des (zufälligen) Untergangs und die Preisgefahr. Denn in diesem Fall ist Leistungsort der Wohnsitz/Geschäftssitz des Gläubigers. Der Schuldner muss grds. nachliefern.
- Im Rahmen der **Verschuldenszurechnung** gem. § 278 BGB gewinnt die Qualifikation der Schuld Relevanz, wenn sich die Frage stellt, ob eine Hilfsperson noch *in Erfüllung der Verbindlichkeit* des Schuldners handelte. So ist bspw. der Transporteur bei einer Schickschuld *kein* Erfüllungsgehilfe, weil sich das geschuldete Verhalten des Schuldners in der Aushändigung der Sache an diese Person erschöpfte.
- Schließlich ist die Einordnung der Schuld bei der **Konkretisierung** einer Gattungsschuld (§ 243 II BGB), beim **Annahmeverzug** (§§ 293 ff. BGB) und bei der Ermittlung der Gerichtszuständigkeit (§ 29 ZPO) wichtig.

2. Bestimmung des Leistungsorts/Erfüllungsorts

Existieren keine Sonderregelungen, die den Leistungsort bestimmen (vgl. §§ 374, 604 I, 700 I, 811 BGB), ist bei der Frage, welche Schuldform im Einzelfall vorliegt, § 269 BGB heranzuziehen. Gemäß § 269 I Hs. 1 BGB kommt es bei der Bestimmung des Leistungsorts/Erfüllungsorts in erster Linie auf die **Parteivereinbarung** an, die ausdrücklich oder konkludent geschlossen werden kann[60]; bei AGB ist § 307 BGB zu beachten[61]. Die bloße Abrede, dass der Schuldner die Kosten für die Zusendung der Ware übernimmt, spricht noch nicht dafür, dass der Leistungsort beim Gläubiger sein soll und eine Bringschuld vorliegt. Das folgt aus der Regelung des § 269 III BGB. Für die Annahme einer Bringschuld muss also noch eine weitere (konkludente) Abmachung hinzutreten, die als Leis- 77

[57] Zwar handelt es sich nicht bei jeder Schickschuld um einen Versendungskauf (dieser setzt neben einem Kaufvertrag die Gefahr eines zufälligen Transportschadens/zufälligen Untergangs der Sache voraus – siehe § 447 BGB), aber bei jedem Versendungskauf handelt es sich um eine Schickschuld.

[58] Etwas anderes gilt hinsichtlich **Verbrauchsgüterkäufe** gem. § 474 BGB. Laut § 475 II BGB gilt bei einem Verbrauchsgüterkauf § 447 I BGB mit der Maßgabe, dass die Gefahr des zufälligen Untergangs und der zufälligen Verschlechterung nur dann auf den Käufer übergeht, wenn *dieser* den Spediteur etc. mit der Ausführung beauftragt hat und der Unternehmer dem Käufer diese Person oder Anstalt nicht zuvor benannt hat. Beauftragt also *der Verbraucher* den Transporteur mit der Abholung der Sache beim Unternehmer, trägt *er* (in Abweichung zur Grundregel der Gefahrtragung bei Verbrauchsgüterkaufverträgen) die Preisgefahr. Damit liegt also im Ergebnis nichts anderes vor als eine Holschuld (vgl. auch *Schermaul*, JuS 2014, 781, 782 f.). Vgl. auch Rn 79a/417. Hinsichtlich der Rücksendung trägt aber in jedem Fall der Unternehmer die Gefahr des Untergangs/der Beschädigung der Rücksendung, § 355 III S. 4 BGB – Rn 1044.

[59] Zur dann eventuell greifenden Drittschadensliquidation vgl. Rn 1089 ff.

[60] BGHZ 189, 196, 206.

[61] Vgl. dazu den Fall BGH NJW 2014, 454 – dazu Rn 79b sowie *R. Schmidt*, BGB AT, Rn 1566 ff.

tungsort den Sitz des Gläubigers bestimmt. Erforderlich ist zudem, dass die Vereinbarung beim Vertragsschluss vorlag, weswegen es nicht ausreicht, wenn eine Partei nachträglich den Leistungsort bestimmt.[62] Auch ist zu beachten, dass der Leistungsort für jede aus einem Schuldverhältnis resultierende Pflicht gesondert zu bestimmen ist.[63] Es können sich also aus einem einheitlichen Vertrag verschiedene Leistungsorte für verschiedene Leistungspflichten ergeben.

78 Liegt keine ausdrückliche oder zumindest konkludente Abrede vor, ist der Leistungsort anhand der **Umstände**, insbesondere aus der **Natur des Schuldverhältnisses** zu ermitteln (§ 269 I Hs. 1 BGB). Dabei müssen die Verkehrssitte (§ 157 BGB) und bei Geschäften des Handelsverkehrs der Handelsbrauch berücksichtigt werden.

Beispiele: Bei **Ladengeschäften** des täglichen Lebens ist i.d.R. das Ladenlokal als Leistungsort anzusehen. Übernimmt der Verkäufer die Lieferung der Ware, ist i.d.R. eine Bringschuld anzunehmen, sodass der Leistungsort der Wohnsitz des Gläubigers ist (z.B. bei Verträgen über die Lieferung von Heizöl, Kohle, Möbeln oder größeren Mengen von Getränken). Das Gleiche gilt für Lieferungen aus dem Versandhandel (str.[64]). Bei Warenschulden des Handelsverkehrs liegt hingegen regelmäßig eine Schickschuld vor, sodass sich der Leistungsort beim Schuldner befindet.[65] Geht es um eine vertragliche Nacherfüllung (vgl. § 439 BGB für den Kaufvertrag bzw. § 635 BGB für den Werkvertrag), ist (bei Fehlen einer Parteivereinbarung) ebenfalls die Verkehrsanschauung maßgeblich: Sind bewegliche Sachen zu reparieren, ist i.d.R. der Ort des Verkäufers dafür am geeignetsten, v.a. im Hinblick auf Diagnosegeräte und Reparaturwerkzeug.[66]

Hinweis für die Fallbearbeitung: § 269 BGB bestimmt lediglich den Ort, also die *Ortschaft*, wo die Leistungshandlung zu erfolgen hat. Allerdings ist die Vorschrift auch bei Platzgeschäften bzgl. der genauen Leistungsstelle innerhalb eines Ortes entsprechend anzuwenden. So muss bspw. der Verkäufer eines mangelhaften Dachziegels diese nach einem erfolgten Rücktritt vom Dach abbauen und zurücknehmen.[67]

79 Lässt sich nach den bisherigen Ermittlungsmethoden nicht feststellen, wo sich der Leistungsort befindet, ist die Regelung des § 269 I Hs. 2, II BGB heranzuziehen. Danach ist für den Fall, dass der Leistungsort weder bestimmt noch aus den Umständen, insbesondere aus der Natur des Schuldverhältnisses, zu entnehmen ist, die Leistung an dem Ort zu erbringen, an dem der Schuldner zur Zeit der Entstehung des Schuldverhältnisses seinen Wohnsitz (§ 269 I Hs. 2 BGB) bzw. bei gewerblichen Verpflichtungen seine gewerbliche Niederlassung (§ 269 II BGB) hatte. Ist also der Leistungsort weder bestimmt noch ergibt aus den Umständen, insbesondere aus der Natur des Schuldverhältnisses, dass Leistungsort der Ort des Gläubigers ist, liegt jedenfalls **keine Bringschuld** vor. Das gilt selbst dann, wenn der Schuldner die Kosten für die Versendung der Leistung übernommen hat, § 269 III BGB. Allerdings ist damit noch nicht geklärt, ob eine **Hol- oder Schickschuld** vorliegt, weil durch § 269 BGB lediglich der Leistungs-, nicht aber der Erfolgsort beschrieben wird. Wo sich Letzterer befindet, ist erneut durch eine Auslegung anhand der oben genannten Kriterien zu ermitteln. Ergibt sich daraus, dass die

---

[62] Möglich ist allenfalls, dass eine einseitige Bestimmung durch ein kaufmännisches Bestätigungsschreiben (KBS) erfolgt, sofern dessen Voraussetzungen, insbesondere die widerspruchslose Hinnahme der Gegenseite, vorliegen (*Unberath*, in: Bamberger/Roth, § 269 Rn 11).
[63] BayObLG NJW-RR 1997, 699, 699; RGZ 140, 67, 69.
[64] OLG Stuttgart NJW-RR 1999, 1576, 1577 m.w.N.; *Grüneberg*, in: Palandt, § 269 Rn 12; a.A. *Unberath*, in: Bamberger/Roth, § 269 Rn 14. Jedenfalls im Hinblick auf die Gefahrtragung hat dieser Streit wegen §§ 474 II, 475 II BGB keine besondere Bedeutung.
[65] BGHZ 113, 106, 111.
[66] Vgl. dazu BGH NJW 2011, 2278, 2279 f.
[67] BGHZ 87, 104, 110 f. („Dachziegelentscheidung"). Vgl. zu dieser Thematik *Lorenz*, ZGS 2004, 408 ff. (zugleich Besprechung von OLG Koblenz ZGS 2004, 432).

Ware vom Gläubiger abzuholen ist (z.B. beim Verkauf eines Kühlschranks per Zeitungsinserat), liegt eine Holschuld vor. Ansonsten ist von einer Schickschuld auszugehen.

Virulent wird die **Abgrenzung zwischen Bringschuld und Schickschuld** mitunter im **Versandhandel**, jedenfalls wenn es sich um einen **Verbrauchsgüterkauf**[68] handelt. 79a

Beispiel: V betreibt ein Weinhandelsgeschäft mit Onlineshop. Sein Angebot richtet sich an Privatkunden. K, ein Verbraucher i.S.d. § 13 BGB, bestellt bei V 6 Flaschen Rotwein, die V ordnungsgemäß verpackt und über den Paketdienst P versendet. Doch auf dem Transportweg wird die Kiste beschädigt; alle Flaschen erleiden Glasbruch. Frage: Kann K von V Ersatzlieferung verlangen bzw. hat K eine Zahlungspflicht, unabhängig davon, ob er Ersatzlieferung beanspruchen kann?

Ein Anspruch auf Ersatzlieferung könnte sich aus § 433 I S. 1 BGB ergeben. Jedoch könnte dieser Anspruch wegen Unmöglichkeit gem. § 275 I BGB ausgeschlossen sein. Unterstellt, dass es sich bei dem Rotwein um eine Gattungsschuld[69] handelt, ist fraglich, ob der Rotwein bereits i.S.d. § 243 II BGB konkretisiert worden ist. Denn bei einer Gattungsschuld greift § 275 I BGB grds. nur ein, wenn entweder die gesamte Gattung oder der konkretisierte Gegenstand untergegangen ist. Bei einer Schickschuld tritt Konkretisierung ein, wenn der Gegenstand vom Verkäufer an den Transporteur ausgehändigt, also *zur Beförderung* an die vom Käufer angegebene Adresse *übergeben* wurde.[70] Dann hat der Verkäufer alles seinerseits zur Leistungserbringung Erforderliche getan (siehe § 243 II BGB). Geht diese konkretisierte Schuld beim Transport unter, liegt ein Fall der Unmöglichkeit vor. Grundsätzlich würde dies gem. § 275 I BGB zum Erlöschen des (Nach-)Lieferungsanspruchs sowie gem. § 326 I S. 1 Hs. 1 BGB zum Erlöschen des Kaufpreiszahlungsanspruchs als Gegenleistung führen. Dies alles wäre jedenfalls dann anzunehmen, wenn *vor* dem Glasbruch die Gefahr des (zufälligen) Untergangs der Sache auf den Käufer nach § 447 BGB übergegangen wäre. Dann würde dieser wegen § 275 I BGB keinen (Nach-) Lieferungsanspruch haben, wäre aber – entgegen § 326 I S. 1 Hs. 1 BGB – weiterhin zur Zahlung verpflichtet. Dafür ist aber zunächst erforderlich, dass § 447 BGB überhaupt anwendbar ist. Ist nämlich der Verkäufer einer beweglichen Sache ein Unternehmer gem. § 14 I BGB und der Käufer ein Verbraucher gem. § 13 BGB, handelt es sich um einen Verbrauchsgüterkauf i.S.d. § 474 I S. 1 BGB, bei dem die Gefahrtragungsregel des § 447 BGB wegen § 475 II BGB nur dann greift, wenn der *Verbraucher* den Spediteur (bzw. den Paketdienst) zur Abholung der Sache beim Unternehmer beauftragt hat und der Unternehmer dem Käufer diese Person oder Anstalt nicht zuvor benannt hat. Vorliegend ist aber nicht ersichtlich, dass K den Paketdienst beauftragt hätte; vielmehr ist ein normaler Fall des Versandhandels anzunehmen: V als Unternehmer und Versender hat den Paketdienst beauftragt, den Rotwein an K auszuliefern. Mithin läge ein Verbrauchsgüterkauf i.S.d. § 474 I S. 1 BGB vor, bei dem die Gefahrtragungsregel des § 447 BGB wegen § 475 II BGB nicht greift. V hätte damit die Gattungsschuld nicht konkretisiert und wäre zur Nachlieferung verpflichtet.

Jedoch geht der Gesetzgeber bei Verbrauchsgüterkäufen i.S.d. § 474 I S. 1 BGB von einer Schickschuld aus. Das ergibt sich aus der Formulierung in § 475 II BGB: „§ 447 Absatz 1 gilt mit der Maßgabe, dass...". Folge ist, dass die Gattungsschuld mit der Übergabe der Sache(n) an die Spedition (hier: den Paketdienst) konkretisiert wird. Geht die Sache dann auf dem Transportweg unter, greift § 275 I BGB mit der Folge der Leistungsbefreiung auf Seiten des Schuldners.[71] Lediglich die Preisgefahr wird durch § 475 II BGB modifiziert: Der Unternehmer trägt das Risiko des (zufälligen) Untergangs und (damit) die Preisgefahr.

---

[68] Zum (europarechtlichen) Begriff des Verbrauchsgüterkaufvertrags vgl. Rn 464f.

[69] Zu Gattungsschuld, Vorratsschuld und Stückschuld vgl. Rn 92 ff.

[70] BGH MDR 2004, 22, 22; *Lorenz*, JuS 2004, 105, 106.

[71] Mit Blick auf § 474 I S. 1 BGB und § 475 II BGB abzulehnen BGH NJW 2014, 3243, 3244, wonach bei einem Verbrauchsgüterkauf der Erfüllungsort für die Verpflichtung des Verkäufers der Wohnsitz des Käufers sei, weshalb den Verkäufer insoweit eine Bringschuld treffe.

Daraus folgt: K hat zwar keinen Anspruch auf (Nach-)Lieferung, ist aber auch von der Zahlungspflicht befreit (§ 326 I S. 1 Hs. 1 BGB).

79b Schwierigkeiten bei der Abgrenzung zwischen Bringschuld und Schickschuld im Versandhandel treten dann auf, wenn die Parteien keine ausdrückliche Vereinbarung getroffen haben und auch die Art des Schuldverhältnisses keine eindeutige Antwort liefert.

Beispiel[72]**:** V ist Möbelhändler und betreibt einen Versandhandel mit Onlineshop. Über den Shop bestellt K einen Wohnzimmerschrank zu einem Preis von 800,- € zzgl. 50,- € Versandkosten und aktiviert dabei das Häkchen „inklusive Aufbau/Montage für nur 80,- € extra".

Hier könnte man – nach Maßgabe des § 269 I, II BGB – annehmen, Leistungsort (Erfüllungsort) sei der Geschäftssitz des V, da K ja für Lieferung sowie Aufbau und Montage extra zahlen muss. Dann läge eine Schickschuld vor. Auch nach st. Rspr. des BGH begründet der Umstand, dass im Versandhandel typischerweise Aufgabe des Verkäufers ist, die Versendung der Kaufsache – auf eigene oder fremde Kosten – zu veranlassen, für sich allein noch nicht die Annahme, der Empfangsort solle auch Leistungsort (Erfüllungsort) für die Lieferpflicht des Verkäufers sein.[73] Danach liegt also im Versandhandel grds. keine Bringschuld, sondern regelmäßig eine Schickschuld (ggf. in Form des § 447 I BGB) vor. Gestützt wird dieses Ergebnis durch § 269 III BGB, wonach allein aus dem Umstand, dass der Schuldner die Kosten der Versendung übernommen hat, nicht zu entnehmen ist, dass der Empfangsort der Leistungsort sein soll. Das gilt erst recht, wenn der Gläubiger (hier: der Käufer) sogar die Versandkosten zu übernehmen hat.

Einschränkend macht der BGH aber deutlich, dass die genannte Vermutung (Erfüllungsort = Empfangsort und damit Vorliegen von Schickschuld) nur greift, wenn ein anderer Ort für die Leistung weder von den Parteien bestimmt noch aus den Umständen, insbesondere aus der Natur des Schuldverhältnisses, zu entnehmen sei (§ 269 I BGB). Bei einem *Möbelkaufvertrag* mit der vertraglich vereinbarten Verpflichtung des Verkäufers zur Montage der bestellten Möbel beim Kunden liege nach der Natur des Schuldverhältnisses eine Bringschuld vor. Denn bei solchen Verträgen, bei denen Leistung und Montage der Kaufsache untrennbar miteinander verbunden seien, könne die Montage der Kaufsache als vertraglich geschuldete Leistung nur beim Käufer erbracht werden, und auch nur dort könne nach Montage festgestellt werden, ob die Kaufsache vertragsgemäß sei. Dies rechtfertige die Annahme einer Bringschuld.[74]

V muss den Schrank also nicht nur abschicken, sondern auch bei K zu Hause aufbauen/montieren. Übereignung und Übergabe finden also bei K nach Aufbau/Montage statt. Es handelt sich dabei nicht (wie im obigen Rotweinfall) um einen sog. Versendungskauf gem. § 447 BGB als (Spezial-)Fall einer Schickschuld, sondern um eine **Bringschuld**. Erfüllung tritt erst nach Lieferung und Aufbau bzw. Montage ein. Geht der Schrank also während des Transports oder Aufbaus unter oder wird beschädigt, trägt V nicht nur das Risiko des (zufälligen) Untergangs und die Preisgefahr, sondern muss auch einen neuen Schrank liefern. Bei Verweigerung macht er sich schadensersatzpflichtig (wegen Nichterfüllung), hat jedenfalls keinen Anspruch auf Kaufpreiszahlung.

II. Leistungszeit

1. Begriff der Leistungszeit

80 Zum geschuldeten Gesamtverhalten des Schuldners gehört nicht nur die Leistungserbringung am richtigen Ort, sondern auch zur richtigen Zeit. Bei der Leistungszeit ist zwischen der Fälligkeit und der Erfüllbarkeit zu unterscheiden.

---

[72] In Anlehnung an BGH NJW 2014, 454.
[73] BGH NJW 2014, 454, 455 mit Verweis auf BGH NJW 2003, 3341.
[74] BGH NJW 2014, 454, 455.

Die **Fälligkeit** ist der Zeitpunkt, an dem der Schuldner **spätestens leisten muss.**[75] Die **Erfüllbarkeit** hingegen ist der Zeitpunkt, an dem der Schuldner **frühestens leisten darf.**[76]

Hinweis für die Fallbearbeitung: In einer Fallbearbeitung ist die **Erfüllbarkeit** von untergeordneter Bedeutung. Sie ist z.B. bei der Frage von Belang, ob der Gläubiger bei einem nicht angenommenen Leistungsangebot in Annahmeverzug (§§ 293 ff. BGB) gerät. Die **Fälligkeit** hingegen hat größere Relevanz, z.B. bei den Fragen, 81

- ob der Gläubiger seinen Primäranspruch schon durchsetzen kann,
- ob der Schuldner bei einer Nichtleistung unter den weiteren Voraussetzungen der §§ 280 I, II, 286 BGB in Schuldnerverzug geraten kann,
- ob der Gläubiger unter den weiteren Voraussetzungen der §§ 280 I, III, 281 BGB einen Schadensersatz statt der Leistung geltend machen kann oder
- ob eine Nichterbringung der Leistung im Fälligkeitszeitpunkt unmittelbar ein Rücktrittsrecht des Gläubigers nach sich zieht. Das ist der Fall beim sog. **relativen Fixgeschäft**, § 323 I, II Nr. 2 BGB. Ein relatives Fixgeschäft liegt vor, wenn die Leistungszeit zwischen den Parteien ein wesentlicher Vertragsbestandteil geworden ist und der Gläubiger den Fortbestand seines Leistungsinteresses an die Rechtzeitigkeit der Leistung gebunden hat. Das Geschäft muss also mit der Einhaltung der Leistungszeit „stehen und fallen". Ist dies der Fall, steht dem Gläubiger bei einer verspäteten Leistung Schadensersatz wegen Verzögerung der Leistung gem. §§ 280 I, II, 286 BGB oder §§ 280 I, III, 281 BGB zu, sofern der Schuldner die Verspätung zu vertreten hat. Zudem erhält der Gläubiger ein Rücktrittsrecht, ohne dass es auf ein Vertretenmüssen ankommt oder einer Fristsetzung i.S.d. § 323 I BGB bedarf (Rn 469).
- Schließlich ist die Fälligkeit auch i.R. eines sog. **absoluten Fixgeschäfts** von besonderer Bedeutung. Ein absolutes Fixgeschäft liegt vor, wenn die Leistungszeit ein wesentlicher Bestandteil des Vertrags geworden ist, der Gläubiger den Fortbestand seines Leistungsinteresses an die Rechtzeitigkeit der Leistung gebunden hat **und** die Leistungszeit nach dem Vertragsinhalt von so überragender Bedeutung ist, dass eine verspätete Leistung nicht nachholbar ist, sie also keine Erfüllung mehr darstellt. Im Augenblick der Nichtleistung zur Leistungszeit tritt Unmöglichkeit ein, § 275 I BGB[77] (Rn 470). Hat der Schuldner die Verspätung zu vertreten, ist er zum Schadensersatz statt der Leistung, §§ 280 I, III, 283 BGB verpflichtet. Zudem steht dem Gläubiger ein Rücktrittsrecht zu, § 326 V BGB.

2. Bestimmung der Leistungszeit

Die Leistungszeit wird in erster Linie durch die Parteivereinbarung festgelegt. Sofern sich dabei keine genaue Zeit ermitteln lässt, können gesetzliche Sonderregelungen herangezogen werden und erst wenn diese keinen weiteren Aufschluss geben, greift die allgemeine Vorschrift des § 271 BGB. Einschränkungen enthält § 271a BGB. Für Verbrauchsgüterkaufverträge gilt § 475 I BGB. 82

Zunächst besteht die Möglichkeit, dass die **Parteien** eine ausdrückliche oder konkludente Regelung über die Leistungszeit getroffen haben. Dabei sind §§ 187-193 BGB sowie §§ 133, 157, 242 BGB als Auslegungsregeln heranzuziehen. So kann bspw. die Vereinbarung „Lieferung baldigst" unter Berücksichtigung der beiderseitigen Parteiinteressen eine Leistungsfrist von 6-8 Wochen bedeuten.[78] 83

[75] BGH NJW 2014, 847.
[76] *Grüneberg*, in: Palandt, § 271 Rn 1.
[77] Allgemeine Auffassung, vgl. nur BGHZ 60, 14, 16; *Westermann*, in: Erman, § 275 Rn 10; *Alexander*, JA 2015, 321.
[78] OLG Nürnberg NJW 1981, 1104.

84 - Eine Abrede kann auch dergestalt erfolgen, dass das **Bestimmungsrecht** der Leistungszeit **einer der Parteien eingeräumt** wird. Dann ist unter entsprechender Anwendung des § 315 BGB im Zweifel anzunehmen, dass die Bestimmung nach billigem Ermessen getroffen werden muss. Ist die Bestimmung vom *Schuldner* vorzunehmen, stellt dies eine Leistungspflicht dar, deren Nichtvornahme unter den Voraussetzungen der §§ 280 I, II, 286 BGB zum Schuldnerverzug führt. Steht dem *Gläubiger* das Bestimmungsrecht zu (z.B. beim sog. „Kauf auf Abruf"), kann er bei Nichtvornahme der Bestimmung in Gläubigerverzug und – wenn die Abnahme eine Leistungspflicht darstellt – zugleich in Schuldnerverzug geraten.

85 - In der Praxis werden oftmals **Klauseln** zur Bestimmung der Leistungszeit verwendet. So bedeutet bspw. „Nettokasse gegen Rechnung", dass die Fälligkeit schon mit dem Empfang der Rechnung und schon vor Erhalt der Ware eintreten soll.[79] Das Gleiche gilt für eine Klausel mit dem Inhalt „Kasse gegen Faktura".

86 - Die Parteien können auch eine **Stundung** vereinbaren. Eine Stundung hat zur Folge, dass die Fälligkeit der Leistung und der Verjährungsbeginn hinausgeschoben werden, während die Erfüllbarkeit nach wie vor bestehen bleibt. Eine nachträgliche Stundung unterliegt als Vertragsänderung bei formbedürftigen Rechtsgeschäften dem Formzwang.[80]

87 - Von der Stundung ist das sog. **pactum de non petendo** zu unterscheiden. Dies ist eine Vereinbarung, durch welche sich der Gläubiger verpflichtet, den Anspruch vorübergehend nicht geltend zu machen. Handelt er der Vereinbarung zuwider, steht dem Schuldner eine Einrede zu, deren Erhebung zur Klageabweisung führt. Die Verjährung wird durch die Vereinbarung gehemmt (§ 205 BGB). Im Gegensatz zur Stundung bleiben aber die Fälligkeit und ein etwaiger Verzug bis zur Erhebung der Einrede unberührt.

88 - Eine sog. **Verfallsklausel** hat bei Ratenverträgen zur Folge, dass bei der verspäteten Leistung einer einzelnen Rate die sofortige Fälligkeit der Restforderung oder ein Kündigungsrecht eintritt. Die Verfallsklauseln greifen allerdings nicht ein, wenn der Schuldner die Nichtleistung der Rate nicht zu vertreten hat.[81]

89 Haben die Parteien keine Vereinbarung geschlossen, können die besonderen Regelungen der §§ 488 III, 556b, 579, 587, 604, 608, 609, 614, 641, 695, 721 BGB herangezogen werden.

90 Sofern sich auch daraus kein Zeitpunkt für die Leistungszeit ermitteln lässt, ist auf die **Umstände des Einzelfalls** abzustellen. Dabei sind die Natur des Schuldverhältnisses, die Verkehrssitte und die Beschaffenheit der Leistung zu berücksichtigen.

> **Beispiele: (1)** Bei Kaufverträgen in einem Ladengeschäft oder beim Erwerb von Eintrittskarten an der Abendkasse ergibt sich aus den Umständen, dass die Leistungen sofort fällig werden.[82] **(2)** Bei Werkverträgen ist auf die für die Herstellung des Werks erforderliche Zeit abzustellen. Der Werkunternehmer hat im Zweifel alsbald mit den Arbeiten zu beginnen und sie in einer dem Vertragsgegenstand entsprechenden angemessenen Zeit zu beenden. **(3)** Die Rückzahlung einer Mietkaution wird fällig, wenn die Ansprüche des Vermieters, deren Sicherung die Mietkaution diente, erloschen sind.

91 Erst wenn sich auch aus den Umständen des Einzelfalls keine Leistungszeit ermitteln lässt, greift die Vorschrift des **§ 271 I BGB**. Danach kann der Gläubiger die Leistung sofort verlangen (Fälligkeit) und der Schuldner sie sofort bewirken (Erfüllbarkeit). Mit „sofort" ist gemeint, dass der Betroffene so schnell, wie dies nach objektiven Maßstäben – unter Berücksichtigung einer u.U. notwendigen Vorbereitung – möglich ist, tätig werden

---

[79] BGH BB 1988, 1210.
[80] Vgl. dazu BGH NJW 1998, 2060, 2061; *Unberath*, in: Bamberger/Roth, § 271 Rn 13.
[81] BGH NJW 1985, 2329, 2330.
[82] *Krüger*, in: MüKo, § 271 Rn 30.

muss. Ist dagegen eine Zeit im Vertrag bestimmt, ist gem. **§ 271 II BGB** im Zweifel davon auszugehen, dass der Gläubiger die Leistung erst in diesem Zeitpunkt verlangen kann, der Schuldner aber bereits vorher leisten darf. Damit hat eine etwaige Zeitbestimmung i.d.R. keinen Einfluss auf die Erfüllbarkeit, sondern nur auf die Fälligkeit. Bei Vereinbarungen über Zahlungs-, Überprüfungs- und Abnahmefristen greift **§ 271a BGB**.

D. Gegenstand des Schuldverhältnisses

Ein Schuldverhältnis kann verschiedene Leistungsinhalte haben. Hinsichtlich der **Art des geschuldeten Leistungsgegenstands** lassen sich Stückschulden, Gattungsschulden, Vorratsschulden, Wahlschulden, Ersetzungsbefugnis und Geldschulden unterscheiden. 92

I. Stückschuld

Eine **Stückschuld** (Speziesschuld) liegt vor, wenn die geschuldete Sache nach ganz bestimmten, individuellen Merkmalen festgelegt ist. 93

Die Verbindlichkeit des Schuldners bezieht sich also nur auf den von den Parteien bereits beim Vertragsschluss ausgesuchten oder in sonstiger Weise individualisierten Gegenstand. Stückschuld liegt vor bei einer individuellen, einzigartigen Sache, sei es, dass es sich um ein neues Einzelstück oder um einen gebrauchten Gegenstand handelt. Auch wenn ein Gegenstand aus einer Gattung ausgesucht (konkretisiert) wird, handelt es sich nach der Konkretisierung um eine Stückschuld. Eine Stückschuld kann grds. nur mit dem konkreten Gegenstand erfüllt werden.

> **Beispiele:** Wird eine Sache nach individuellen Merkmalen hergestellt (Produktion eines Einzelstücks, wozu auch etwa das Fertigen eines Gemäldes oder eines anderen Kunstwerks gehört) oder sind ein Gebrauchtwagen, ein gebrauchtes Fahrrad oder ein Haustier[83] Vertragsgegenstand, ist eine solche Stückschuld gegeben.

Die Relevanz der Stückschuld liegt v.a. im Unmöglichkeitsrecht. Da eine Stückschuld (jedenfalls im Grundsatz) nur mit dem vereinbarten individuellen Vertragsgegenstand erfüllt werden kann, tritt, wenn der geschuldete Gegenstand untergeht, Unmöglichkeit ein (vgl. § 275 I BGB: Der Schuldner wird – unabhängig davon, ob er die Unmöglichkeit zu vertreten hat – von der Leistungspflicht befreit). Eine Pflicht zur Beschaffung einer (gleichwertigen) Ersatzsache besteht grundsätzlich nicht (vgl. Rn 371 und die dort behandelten Ausnahmen). Wird der Schuldner von seiner Leistungspflicht frei, besteht aber eine Schadensersatzpflicht (vgl. § 275 IV BGB, der auf §§ 280, 283, 311a BGB verweist), sofern der Schuldner die Unmöglichkeit zu vertreten hat (vgl. § 280 I S. 2 BGB bzw. § 311a II S. 2 BGB). Auch kann der Gläubiger den Rücktritt erklären (§§ 326 V, 323 BGB); auf ein Vertretenmüssen beim Schuldner kommt es hier nicht an.

II. Gattungsschuld/Vorratsschuld

1. Begriff der Gattungs- und Vorratsschuld

Eine **Gattungsschuld** liegt vor, wenn die geschuldete Leistung nur nach generellen, also allgemeinen, aber bestimmbaren Merkmalen (Typ, Sorte, Gewicht, Farbe, Herkunft, Jahrgang) vereinbart ist. 94

Die **Gattung** bilden alle Gegenstände, die durch die vereinbarten Merkmale gekennzeichnet sind und sich von anderen Gegenständen anderer Arten unterscheiden. Die 95

[83] Bei einem Haustier ist wegen der individuellen Eigenschaften (Geschlecht, Farbe des Fells, Aussehen, Charaktereigenschaften etc.) i.d.R. nicht von einer Austauschbarkeit und damit von einem Stückkauf auszugehen. Etwas anderes gilt nur dann, wenn die Parteien von einer Austauschbarkeit ausdrücklich oder stillschweigend ausgegangen sind.

Abgrenzung der Gattung, namentlich aus *welcher* Gattung im konkreten Schuldverhältnis geleistet werden muss, richtet sich nach der **Parteiabrede**.

Beispiele: Eine Gattung kann bspw. durch folgende Vereinbarungen bestimmt werden: „Zehn Flaschen ´98er Bordeaux Rotwein", „ein fabrikneuer gelber Citroen DS3 mit Standardausstattung". Die Parteien können die Merkmale der Gattung dabei weiter oder enger bestimmen: „Zehn Flaschen Wein" oder „zehn Flaschen `98er Bordeaux Rotwein aus X vom Hersteller Y".

I.d.R. wird eine Gattungsschuld auf die Leistung einer vertretbaren Sache i.S.d. § 91 BGB gerichtet sein (z.B. „ein Regal *Robert* von Ikea"). Ebenso besteht die Möglichkeit, dass die Parteien eine Gattungsschuld bzgl. einer unvertretbaren Sache vereinbaren (z.B. „ein Grundstück in Hamburg-Winterhude"). Entscheidend für die Qualifikation einer Schuld als *Gattungsschuld* ist lediglich, dass von dem im Vertrag bezeichneten Gegenstand mehrere existieren, sodass eine Auswahl durch den Schuldner möglich ist. Keine Gattungsschuld liegt daher vor, wenn z.B. die *gesamte* Maisernte des Bauern X Vertragsgegenstand ist.

96 Die **Vorratsschuld** stellt eine Unterart der Gattungsschuld dar und wird daher auch als beschränkte Gattungsschuld bezeichnet. Sie liegt vor, wenn der Umfang der Gattung, aus welcher der Schuldner zu leisten hat, auf eine bestimmte Teilmenge beschränkt ist.

Beispiele: „Zehn Flaschen Rotwein aus dem Lagerbestand des Lieferanten L"; „zehn Sack Mehl aus dem Bestand des Lagers des Großhändlers X"; „zwei Stereoanlagen aus der nächsten LKW-Lieferung der Firma Y"

Eine Vorratsschuld wird i.d.R. vereinbart, wenn der Schuldner selbst Produzent einer bestimmten Ware oder im Besitz eines großen Vorrats ist. Der Sinn einer solchen Beschränkung liegt darin, dass der Schuldner nicht verpflichtet sein will, die geschuldete Ware am Markt zu beschaffen. Aus diesem Grund kann eine Vorratsschuld bei fehlender ausdrücklicher Vereinbarung auch konkludent oder aus den Umständen des Einzelfalls angenommen werden.

Hinweis für die Fallbearbeitung: Im BGB finden sich nur wenige Normen, die eine Gattungsschuld bzw. Vorratsschuld zum Regelungsgegenstand haben. Dazu gehören bspw. §§ 243, 300 II, 524 II, 2155, 2182 BGB. Wie gesagt, wird die Relevanz der Abgrenzung zwischen Stückschuld und Gattungsschuld v.a. virulent bei der Frage, ob **Unmöglichkeit** vorliegt, wenn eine Leistungsstörung eintritt. Wurde eine Gattungsschuld vereinbart, besteht i.d.R. eine Beschaffungsschuld. Der Schuldner kann sich also i.d.R. nicht auf Unmöglichkeit (mit der Folge der Befreiung von der Leistungspflicht, vgl. § 275 I BGB) berufen, wenn er erfüllungstaugliche Ware nicht mehr am Lager hat; vielmehr ist er grds. verpflichtet, erfüllungstaugliche Ware anderweitig zu beschaffen. Die Pflicht zur Beschaffung der geschuldeten Ware besteht jedoch nicht uneingeschränkt, wie sich aus § 275 II BGB ergibt. Hierbei ist jedoch problematisch, welchen Aufwand der Schuldner für die Beschaffung der Ware tätigen muss und welcher ihm nicht mehr zumutbar ist. Dabei spielt wiederum die Frage eine Rolle, ob der Schuldner u.U. ein Beschaffungsrisiko übernommen hat. Vgl. dazu Rn 396 ff.

Beispiel: V verkauft Blu-ray-Player vom Typ X der Marke XY für je 100,- €. Da er jedoch über keine eigene Lagerhaltung verfügt, lässt er die Auslieferung gleich vom Zulieferer Z vornehmen (sog. Dropshipping), der dem V 85,- € pro verkauftem und verschicktem Blu-ray-Player in Rechnung stellt. Da Z sein Geschäft aber aufgegeben hat, kann sich V keine Waren mehr bei ihm besorgen. Er ist vielmehr darauf angewiesen, sich die Blu-ray-Player von einem anderen Händler zu besorgen, der allerdings 105,- € pro Stück verlangt.

Hier liegt eine Gattungsschuld vor und V ist verpflichtet, sich auf dem Markt einen erfüllungstauglichen Gegenstand zu verschaffen, sollte er einen Vertrag mit Kunde K geschlossen und sich zur Lieferung eines Geräts vom Typ X verpflichtet haben (sog. Beschaffungsschuld). Die Tatsache, dass Z nicht mehr liefern kann, führt nicht zur Unmöglichkeit i.S.d. § 275 I BGB. Auch ein Leistungsverweigerungsrecht des V i.S.d. § 275 II BGB ist abzulehnen, da sein Beschaffungsaufwand nicht in einem groben Missverhältnis von krassem, untragbarem Ausmaß zum Leistungsinteresse des K steht.

In einigen Fallkonstellationen ist § 275 I BGB auch bei einer Gattungsschuld anwendbar. So greift die schuldbefreiende Unmöglichkeit nach § 275 I BGB ein, wenn die gesamte Gattung untergeht und damit die Leistung objektiv unmöglich wird.

Ebenso kann schuldbefreiende Unmöglichkeit bei einer **Vorratsschuld** (sog. beschränkte Gattungsschuld) eintreten, wenn der Vorrat erschöpft ist.

Beispiel: V hat K zwei MP3-Player vom Typ X der Marke XY verkauft. Dabei waren sich die Parteien einig (was ggf. über §§ 133, 157 BGB zu ermitteln ist), dass die Lieferung aus dem Lager des V erfolgen sollte. Vor der Auslieferung brennt das Lager vollständig ab.

Hier liegt eine Vorratsschuld vor. Mit dem Untergang des gesamten Lagerbestands ist die Leistung aus dem Vorrat nicht mehr möglich, sodass V gem. § 275 I BGB von seiner Leistungspflicht frei geworden ist. Es kommt nicht darauf an, ob er sich von einem anderen Händler noch zwei gleichwertige MP3-Player beschaffen kann.

Darüber hinaus kann sich eine Gattungsschuld auch durch bestimmte Umstände auf einen konkreten Gegenstand beschränken (sog. Konkretisierung, dazu sogleich). Auch dann greift § 275 I BGB beim Untergang des Gegenstands ein, obwohl es durchaus noch andere vergleichbare Sachen auf dem Markt gibt.

Typische Folge einer Unmöglichkeit ist **Schadensersatz** (§§ 280 ff. BGB, die über § 275 IV bzw. § 311a II BGB anwendbar sind), aber auch **Rücktritt** (vgl. § 326 IV, V BGB, wo auf §§ 346 ff. BGB verwiesen wird). Vgl. im Übrigen zum Unmöglichkeitsrecht Rn 364 ff.

2. Konkretisierung

Ist eine Gattungsschuld vereinbart, bezieht sich die Verbindlichkeit zunächst auf die gesamte Gattung. Da aber nur ein bestimmter oder mehrere bestimmte Gegenstände geleistet werden, konkretisiert sich die Schuld vor der Erfüllung. Die anfängliche Gattungsschuld wandelt sich in eine Stückschuld um (sog. konkretisierte Gattungsschuld, § 243 II BGB[84]). **97**

a. Voraussetzungen für die Konkretisierung

Gemäß § 243 II BGB konkretisiert sich die Gattungsschuld auf einen bestimmten Gegenstand, wenn der Schuldner das „zur Leistung einer solchen Sache seinerseits Erforderliche getan hat". **98**

Zunächst ist die *Beschaffenheit* des zu leistenden Gegenstands festzustellen. Dies richtet sich in erster Linie nach der Parteivereinbarung, da es den Beteiligten freisteht, die Qualitätsmerkmale des Vertragsgegenstands festzulegen. Wurde dazu keine klare Regelung getroffen, ist auf § 243 II BGB zurückzugreifen. Diese Norm spricht davon, dass der Schuldner das zur Leistung „einer *solchen* Sache" Erforderliche getan haben muss. Damit bezieht sich die Vorschrift auf § 243 I BGB, wo geregelt ist, dass der Schuldner eine **Sache mittlerer Art und Güte** zu leisten hat (vgl. auch § 360 HGB: „Handelsgut mittlerer Art und Güte"). Der Schuldner ist daher nicht verpflichtet, die besten Sachen aus der Gattung oder aus dem Vorrat zu liefern, er darf aber auch nicht die schlechtesten leisten. Bietet er dem Gläubiger eine zu schlechte Ware an, darf dieser den Gegenstand **99**

[84] Vgl. auch die ergänzenden Regelungen in §§ 300 II, 524 II, 2155, 2182 BGB und §§ 360, 373 ff. HGB.

ablehnen und die Einrede des § 320 BGB erheben. Nimmt er sie an, stehen ihm die einschlägigen Gewährleistungsrechte zu.

100 Weiterhin muss der Schuldner das zur Leistung einer *solchen Sache* seinerseits *Erforderliche* getan haben. Diese Voraussetzung umfasst zunächst die **Auswahl und Aussonderung einer Sache mittlerer Art und Güte**. Eine Aussonderung liegt vor, wenn der Schuldner die Ware von anderen Sachen derselben Gattung trennt und sie als die für den Gläubiger bestimmte Ware kennzeichnet. Was darüber hinaus zur Leistungserbringung erforderlich ist, bestimmt sich nach dem Inhalt des Schuldverhältnisses, namentlich nach der Art der Schuld[85]:

101 - Bei einer **Holschuld** muss der Schuldner den Gläubiger auffordern, die ausgewählte und ausgesonderte Sache mittlerer Art und Güte innerhalb einer angemessenen Frist beim Schuldner abzuholen.

102 - Bei einer **Bringschuld** muss der Schuldner dem Gläubiger die ausgewählte und ausgesonderte Sache von der richtigen Beschaffenheit am vereinbarten Ort in einer den Annahmeverzug begründenden Weise (§ 294 BGB) tatsächlich anbieten. D.h., er muss die Sache dabeihaben und dem Gläubiger übergeben können. Voraussetzung ist aber, dass die Leistung auch schon erfüllbar ist.

103 - Bei einer **Schickschuld** reicht es aus, wenn der Schuldner die ausgewählte und ausgesonderte Sache ordentlich – also richtig adressiert und frankiert – an eine geeignete Transportperson aushändigt.[86]

b. Rechtsfolgen der Konkretisierung

104 Die Konkretisierung ist für die **Verteilung der Leistungsgefahr** von Bedeutung, also für die Frage, wen die nachteiligen Folgen im Falle einer Leistungsstörung treffen. **Vor der Konkretisierung** obliegt es grundsätzlich dem Schuldner, sich die Gattungssache am Markt zu beschaffen (sofern keine Vorratsschuld vereinbart wurde). Das bedeutet, dass er i.R. des § 275 II BGB den zumutbaren Aufwand betreiben muss, die vereinbarte Leistung zu erbringen. Darüber hinaus ist es möglich, dass er ein Beschaffungsrisiko i.S.d. § 276 I BGB übernommen hat und damit verpflichtet ist, bestimmte Leistungshindernisse zu überwinden. Er trägt also *vor* der Konkretisierung die Leistungsgefahr. **Nach der Konkretisierung** hat er bereits alles zur Leistung Erforderliche getan. Sofern vor der Erfüllung Leistungshindernisse auftreten, z.B. weil die Sache untergegangen ist, trägt der Gläubiger die daraus entstehenden Folgen (§ 275 I BGB) und der Schuldner ist auch von einem u.U. übernommenen Beschaffungsrisiko befreit. *Nach* der Konkretisierung trägt also der Gläubiger die Leistungsgefahr.

> **Beispiel:** Hat V mit K einen Kaufvertrag über zehn Flaschen Rotwein der Marke Klevenbosch Pinotage Jahrgang 2015 geschlossen, ist V zur Konkretisierung verpflichtet. Verfügt er nicht über einen ausreichenden Lagerbestand dieses Weines, muss er versuchen, die Flaschen am Markt zu besorgen. Dabei muss V im Rahmen des Zumutbaren (§ 275 II BGB) alles unternehmen, um seine Leistungsfähigkeit herzustellen. Sofern er die Flaschen beschafft und K in ordnungsgemäßer Weise angeboten hat, konkretisiert sich die Schuld auf diese Ware (§ 243 II BGB). Werden dann die Weinflaschen zerstört, tritt Unmöglichkeit ein und V ist wegen § 275 I BGB von seiner Pflicht zur Lieferung befreit.

> **Hinweis für die Fallbearbeitung:** Die Frage der **Leistungsgefahr** ist zu trennen von der Frage der **Gegenleistungsgefahr**. Ist V im obigen Beispiel von seiner Leistungspflicht nach § 275 I BGB frei geworden, sagt das noch nichts darüber aus, ob K weiterhin zur Bezahlung verpflichtet ist. Dies richtet sich nicht nach § 275 BGB, son-

[85] Vgl. *Grüneberg*, in: Palandt, § 243 Rn 5. Zu Holschuld, Bringschuld und Schickschuld vgl. bereits Rn 75 ff.
[86] Das gilt aber **nicht** beim **Verbrauchsgüterkauf**, siehe Rn 76 ff./417.

dern nach § 326 BGB (dessen Geltung freilich in § 275 IV BGB angeordnet wird). Danach wird der Gläubiger einer unmöglich gewordenen Leistung grundsätzlich von seiner Gegenleistung frei (§ 326 I BGB), wenn keine Ausnahme vorliegt. Eine solche Ausnahme kann bspw. im Fall des § 447 BGB vorliegen, oder wenn der Gläubiger im Annahmeverzug ist, § 326 II BGB. Dabei ist zu beachten, dass ein Annahmeverzug nicht immer mit der Konkretisierung zusammenfällt (vgl. Rn 779).

Weiter bedeutet das Freiwerden von der Leistungspflicht für den Schuldner (vorliegend V) nicht, dass dieser auch von Folgeansprüchen befreit wäre. So verweist § 275 IV BGB auf die Vorschriften der §§ 280, 283-285, 311a BGB über den Schadensersatz (wegen Nichterfüllung).

Umstritten ist, ob die Folgen der Konkretisierung auch zu *Lasten* des *Schuldners* wirken **105**
sollen, also ob er an eine erfolgte Konkretisierung gebunden ist und ihm daher – etwa bei einem Untergang der Sache – keine Möglichkeit zustehen soll, einen anderen Gegenstand aus der Gattung als Leistung zu erbringen.

Beispiel: Im obigen Beispiel hat V dem K aus seinem Vorrat zehn Flaschen Klevenbosch Pinotage Jahrgang 2015 verkauft, die K demnächst abholen soll. V entnimmt 10 Flaschen aus dem Lager und stellt sie separat von seinem übrigen Vorrat auf ein Regal an der Lieferrampe. Er ruft daraufhin bei K an und sagt, dass dieser die Flaschen innerhalb der nächsten Tage abholen könne. Kurz bevor K bei V eintrifft, rammt ein Angestellter des V mit dem Gabelstapler das Regal, woraufhin die Flaschen herunterfallen und zerschlagen.

Unstreitig hat K keinen Anspruch mehr auf Erfüllung, weil sich die Schuld auf die konkretisierten Flaschen auf dem Regal beschränkt hat. Die Leistungsgefahr ist also auf K übergegangen und V ist wegen der Zerstörung gem. § 275 I BGB von seiner *Pflicht* zur Lieferung von zehn Flaschen frei geworden.

Fraglich ist aber, ob V die *Möglichkeit* zusteht, andere Flaschen zu liefern, wenn er nach wie vor erfüllen *möchte*. Im vorliegenden Fall dürfte er sogar ein Interesse daran haben, zehn andere Flaschen zu liefern, da er nach wie vor an dem Veräußerungsgewinn interessiert sein und ein Interesse daran haben dürfte, K als Kunden zufrieden zu stellen. Außerdem könnte K zudem einen Schadensersatzanspruch aus §§ 280 I, III, 283 BGB (i.V.m. § 278 BGB) geltend machen.

Mit Blick auf das im Kaufvertragsrecht bestehende „Recht zur zweiten Andienung" (vgl. § 439 BGB), wonach bei einer Mangelbehaftetheit der Sache der Verkäufer das grundsätzliche Recht hat, zunächst nachzuerfüllen, bevor der Käufer Rücktritt, Minderung und Anspruch auf Schadensersatz geltend machen darf, ist es auch im vorliegenden Fall sachgerecht, trotz Freiseins von der Leistungspflicht V ein Recht zur Leistungserbringung zu gewähren. Folgt man diesem Gedanken – obgleich das Gewährleistungsrecht mangels Übergabe noch nicht direkt anwendbar ist –, ist V das Recht einzuräumen, eine **Ersatzlieferung** zu leisten, zumal dies auch der Interessenlage des K entsprechen dürfte.[87]

Hinweis für die Fallbearbeitung: Eine vergleichbare Situation besteht in dem Fall, in dem die Ware bei einer Speziesschuld zur Leistung einer vertretbaren Sache einen unbehebbaren Mangel aufweist und der Gefahrübergang bereits erfolgt ist. Teilweise wird vertreten, dass der Schuldner keine Ersatzlieferung erbringen dürfe, weil es sich von Anfang an um eine Speziesschuld handle[88], während nach einer anderen Ansicht die Neulieferung möglich sein soll[89].

---

[87] Vgl. auch *Mansel*, in: Jauernig, § 243 Rn 11; *Sutschet*, in: Bamberger/Roth, § 243 Rn 18; BGH NJW 2006, 2839 (mit Zustimmung *Gsell*, JuS 2007, 98 ff.).
[88] *Huber*, NJW 2002, 1004, 1006; vgl. auch LG Ellwangen NJW 2003, 517, 517.
[89] *Bitter/Meidt*, ZIP 2001, 2114, 2119.

III. Wahlschuld

106 Eine **Wahlschuld** liegt vor, wenn von Anfang an mehrere verschiedene Leistungen in der Weise geschuldet werden, dass nach späterer Wahl nur die eine oder andere zu bewirken ist, § 262 BGB. Es besteht ein einheitlicher Anspruch mit alternativem Inhalt.

Während sich die Gattungsschuld auf mehrere gleichartige Leistungsmöglichkeiten bezieht, geht es bei der Wahlschuld um eine Auswahl aus individuell geprägten, verschiedenartigen Gegenständen. Darüber hinaus muss der Gattungsschuldner Sachen von mittlerer Art und Güte liefern, während der Wahlschuldberechtigte in der Leistungsbestimmung frei ist.

Beispiele: Wahlschulden liegen vor bei der Verpflichtung zur Übereignung des einen oder anderen Bildes, bei der Verpflichtung zur Erfüllung in der einen oder anderen Währung oder bei einer frei zu bestimmenden Art der Sicherheitsleistung.

107 Wem das Wahlrecht zusteht, kann grds. von den Parteien bestimmt werden. Ist keine Abrede ersichtlich, ist gem. § 262 BGB im Zweifel der Schuldner Wahlberechtigter. Nach der Ausübung des Wahlrechts (§ 263 I BGB) gilt die gewählte Leistung gem. § 263 II BGB als die von Anfang an geschuldete. Sofern die Erbringung eines der zur Disposition stehenden Gegenstände vor der Auswahl unmöglich wird, beschränkt sich das Schuldverhältnis auf die übrigen. Das gilt nicht, wenn die Unmöglichkeit durch einen von der nicht wahlberechtigten Person zu vertretenden Umstand eintritt, vgl. § 265 BGB. Verzögert sich die Ausübung des Wahlrechts, greift § 264 BGB.

Beispiel: K möchte bei V, die gerade 2 antike Vasen inseriert hat, eine Vase kaufen. Die Vasen kosten jeweils 500,- €. Da K sich nicht entscheiden kann, ob sie Vase X oder Y nimmt, überlässt sie V das Auswahlrecht. So wird dies auch im Vertrag festgehalten, in dem auch der Zeitpunkt der Übereignung und Übergabe bestimmt wird. Nach Vertragsschluss, aber noch vor der geplanten Übergabe wird Vase X durch eine Unachtsamkeit der V zerstört.

Variante: Nach Vertragsschluss, aber vor der geplanten Übereignung/Übergabe erscheint K bei V, um sich die Vasen noch einmal anzuschauen. Dabei lässt K die Vase X aufgrund einer Unachtsamkeit fallen, wodurch diese zerstört wird.

Im Ausgangsfall beschränkt sich gem. § 265 S. 1 BGB die Schuld auf die Vase Y, da Schuldnerin V gem. § 262 BGB Wahlberechtigte ist. V muss daher die Vase Y übereignen und übergeben. In der Variante ist die Unmöglichkeit schuldhaft durch die nicht wahlberechtigte Person (K) herbeigeführt worden. Gemäß § 265 S. 2 BGB steht es V damit nach wie vor frei, zwischen den Leistungen zu wählen. Wenn sie sich für die zerstörte Vase X entscheidet, muss sie wegen § 275 I BGB nicht leisten, während K gem. § 326 II S. 1 BGB zur Gegenleistung (Bezahlung) verpflichtet bleibt.

IV. Ersetzungsbefugnis

Anders als bei der Wahlschuld ist im Fall der Ersetzungsbefugnis (facultas alternativa) von Beginn an nur eine Leistung geschuldet. Es ist zu unterscheiden:

108 Eine **Ersetzungsbefugnis** des Schuldners liegt vor, wenn dieser zwar eine bestimmte Leistung schuldet, er aber berechtigt ist, anstelle der geschuldeten Leistung eine andere an Erfüllungs statt zu erbringen. Eine Ersetzungsbefugnis des Gläubigers liegt vor, wenn dieser berechtigt ist, eine andere Leistung als die an sich geschuldete zu verlangen.[90]

---

[90] *Grüneberg*, in: Palandt, § 262 Rn 7, 8.

Steht dem **Schuldner** eine Ersetzungsbefugnis zu, kann er ohne Zustimmung des Gläubigers eine andere als die eigentlich geschuldete Leistung an Erfüllungs statt erbringen und damit seine Verbindlichkeit erfüllen, § 364 I BGB. Gesetzliche Fälle sind z.B. §§ 244 I, 251 II, 528 I S. 2, 1973 II S. 2, 2170 II S. 2 BGB. Wird die geschuldete Leistung unmöglich, wird der Schuldner gem. § 275 BGB von seiner Leistungspflicht frei, weil er nicht *verpflichtet*, sondern nur *berechtigt* ist, den Ersatzgegenstand zu leisten. Geht hingegen der Ersatzgegenstand unter, hat dies auf die Leistungspflicht des Schuldners keinen Einfluss, weil die *geschuldete* Sache immer noch erbracht werden kann. Steht dem **Gläubiger** die Ersetzungsbefugnis zu, wird zunächst ebenfalls nur eine Leistung geschuldet. Dennoch kann der Gläubiger stattdessen auch die andere Leistung fordern. Gesetzliche Beispiele sind §§ 249 II, 340, 843 III BGB. Geht der eigentliche Leistungsgegenstand unter, kann er sich nicht mehr für die Ersatzleistung entscheiden, weil es nichts mehr zu ersetzen gibt. Hat er sich dagegen bereits vorher für die Ersatzleistung entschieden, kommt es nur noch auf diesen Gegenstand an und das Schicksal der eigentlichen Leistung ist unerheblich. 109

Die Ersetzungsbefugnis kann durch Parteiabrede (bei AGB ist § 308 Nr. 4 BGB zu beachten) oder durch Gesetz entstehen, vgl. §§ 244 I, 251 II, 775 II BGB (Ersetzungsbefugnisse des Schuldners) und § 249 II S. 1 BGB (Ersetzungsbefugnis des Gläubigers). Zur Inzahlunggabe eines Kfz bei Neuwagenkauf vgl. Rn 164. 110

V. Geldschuld

Die Geldschuld wird trotz ihrer praktischen Bedeutung nur in einigen Vorschriften erwähnt (§§ 244-248, 253, 270, 288-291 BGB), ohne dass sich eine klare Definition findet. 111

Nach h.M.[91] stellt die **Geldschuld** keine Sach- oder Gattungsschuld, sondern eine **Wertverschaffungsschuld** dar.

Der Schuldner hat dem Gläubiger den durch den Nennbetrag der Schuld ausgedrückten Wert zu verschaffen. Da Geld als Zahlungsmittel nur in Form eines Nennbetrags und nicht in guter, schlechter oder mittlerer Qualität i.S.v. § 243 I BGB geleistet werden kann, handelt es sich nicht um eine Sach- oder Gattungsschuld, sondern um eine Wertverschaffungsschuld. Nur ausnahmsweise wird eine Sachschuld angenommen, etwa wenn es um Sammlermünzen (= Stückschuld) geht oder Münzen einer bestimmten Sorte geschuldet werden (= Münzsortenschuld).

Hinweis für die Fallbearbeitung: Liegt eine Geldschuld vor, sind in einer Fallbearbeitung folgende Punkte zu berücksichtigen (vgl. dazu auch Rn 387 f.):

- Eine Geldleistung kann **grundsätzlich nicht unmöglich** werden. Selbst wenn der Geldschuldner kein Geld zur Verfügung hat, wird er nicht von seiner Pflicht befreit („Geld hat man zu haben")[92]. Eine **Ausnahme** liegt bei einer Münz- bzw. Münzsortenschuld vor. Da es sich dabei um Sachschulden handelt, kann die Leistung ausnahmsweise unmöglich werden (§ 275 BGB).
- Weil eine Geldleistung nicht in mittlerer Art und Güte erbracht werden kann, besteht **nicht** die Möglichkeit, dass Geld durch **§ 243 II BGB** konkretisiert wird. Auch kann § 243 II BGB nicht analog angewendet werden, weil der Übergang der Leistungsgefahr in § 270 I BGB abweichend von § 243 BGB geregelt wird und daher auch keine planwidrige Regelungslücke besteht.

[91] *Larenz*, SchuldR AT, § 12 III; *Grundmann*, in: MüKo, § 245 Rn 83 f.; *Grüneberg*, in: Palandt, § 245 Rn 12. Vgl. zur Geldschuld auch *Martens*, JuS 2014, 200 ff.
[92] Vgl. *Medicus*, AcP 188 (1988), 489 ff.; BGHZ 83, 293, 298; BGH NJW 1999, 1470, 1475; NJW 2015, 1296.

- Gemäß §§ 270 IV, 269 I BGB ist der **Leistungsort** im Zweifel beim Wohnsitz des Schuldners. Damit läge auch bei Geldschulden an sich eine Schickschuld vor. Anders als bei einer „normalen" Schickschuld trägt bei einer Geldschuld aber der Schuldner sowohl die Verlustgefahr als auch die Verzögerungsgefahr. Das ergibt sich aus § 270 I BGB in seiner richtlinienkonformen Auslegung.[93] Obwohl der Schuldner mit dem Abschicken des Geldes also alles seinerseits zur Leistung Erforderliche getan hat, verbleiben die **Leistungsgefahr** und die **Verzögerungsgefahr** bei ihm. Mithin handelt es sich bei Geldforderungen um eine **Bringschuld**[94] mit der Besonderheit, dass (gem. §§ 270 IV, 269 I BGB) der Gerichtsstand (vgl. § 29 I ZPO) grds. der Wohnsitz des Schuldners ist.[95]

- Weitere Folge ist, dass die **Leistungsgefahr** auch nicht nach § 300 II BGB übergehen kann, wenn sich der Gläubiger im Annahmeverzug befindet, weil diese Vorschrift für Gattungsschulden konzipiert ist. Allerdings besteht die Möglichkeit einer **analogen Anwendung des § 300 II BGB**.[96] Hat also der Schuldner dem Gläubiger einen Geldbetrag vergeblich angeboten und ihn dadurch in Annahmeverzug gesetzt, wird er von seiner Verbindlichkeit frei, wenn ihm das Geld auf dem Rückweg gestohlen wird.

---

[93] Vgl. die Zahlungsverzugsrichtlinien 2000/35/EG vom 29.6.2000 und 2011/7/EU vom 16.2.2011.

[94] Wie hier *Artz*, in: Erman, § 270 Rn 9; *Grüneberg*, in: Palandt, § 270 Rn 1 und 5; a.A. *Schwab*, NJW 2011, 2833 („qualifizierte Gattungsschuld"), was der früheren h.M. entspricht, mit Blick auf die zahlungsrichtlinienkonforme Auslegung aber nicht mehr überzeugt.

[95] *Grüneberg*, in: Palandt, § 270 Rn 1.

[96] *Grüneberg*, in: Palandt, § 245 Rn 12.

5. Kapitel – Rechtshindernde Einwendungen

Einwendungen sind Normen, die Ansprüchen entgegenstehen, die also den Eintritt der Rechtsfolgen, die die Anspruchsnormen (Antwortnormen) vorsehen, verhindern. Lässt eine Einwendung den Anspruch erst gar nicht entstehen (*hindert* diesen also am Entstehen), spricht man von einer **rechtshindernden Einwendung**. Rechtsfolge einer rechtshindernden Einwendung ist grundsätzlich die Nichtigkeit des Rechtsgeschäfts, und zwar von Anfang an (*ex tunc*).[97] Rechtshindernde Einwendungen sind überwiegend im allgemeinen Teil des BGB normiert (vgl. etwa §§ 104 ff., 116-118, 125, 134, 138 BGB). Aber auch im allgemeinen Schuldrecht finden sich Einwendungen, die bereits das Entstehen eines Anspruchs betreffen, etwa § 275 I BGB (jedenfalls, sofern es sich um eine anfängliche Unmöglichkeit handelt), § 311b II BGB und § 311b IV BGB. Im Prüfungsaufbau sind rechtshindernde Einwendungen beim Punkt „Anspruch entstanden" zu prüfen. 112

Rechtshindernde Einwendungen im Prüfungsaufbau

I. Anspruch entstanden

1. Vorliegen einer Einigung und Klärung des Einigungsinhalts

2. Keine rechtshindernden Einwendungen
An dieser Stelle der Fallprüfung (Anspruchsprüfung) sind v.a. die rechtshindernden Einreden des BGB AT relevant. Im Schuldrecht AT existieren als rechtshindernde Einreden § 311b II und IV BGB (nicht aber § 311b I, III BGB, da diese Regelungen als Formformschriften Gegenstand des BGB AT sind, vgl. § 125 BGB). Auch die Unmöglichkeit (§ 275 I BGB) gehört hierher, sofern es sich um eine anfängliche handelt (Rn 364 ff.).

II. Anspruch (nicht) untergegangen (vgl. Rn 116 ff.)

III. Inhaltsänderung
Nur wenn der Sachverhalt Anlass gibt, ist auf eine etwaige Änderung des Vertragsinhalts nach § 313 BGB (Störung der Geschäftsgrundlage) einzugehen.

IV. Gläubiger- bzw. Schuldnerwechsel

1. Abtretung (Gläubigerwechsel), §§ 398 ff. BGB
2. Gesetzlicher Forderungsübergang, *cessio legis* (Gläubigerwechsel), § 412 BGB
3. Schuldübernahme (Schuldnerwechsel), §§ 414 ff. BGB

V. Anspruch durchsetzbar
Rechtshemmende Einreden; sie finden sich teils im BGB AT (Verjährung, §§ 194 ff. BGB) und teils im Schuldrecht AT (Einreden gem. §§ 273, 275 II, III, 320 BGB).

Hindert eine Einwendung zwar nicht das Entstehen eines Anspruchs, führt aber zu dessen Beseitigung, spricht man von einer **rechtsvernichtenden Einwendung**, die im Prüfungsaufbau beim Punkt „Anspruch untergegangen" zu prüfen ist. Rechtsfolge ist das Erlöschen des zunächst entstandenen Anspruchs[98], vgl. sogleich Rn 116 ff.

Schließlich sind die **rechtshemmenden Einwendungen** zu nennen. Diese auch als **Einreden** bezeichneten Einwendungen betreffen nicht die Wirksamkeit, sondern (lediglich) die **Durchsetzbarkeit** eines (bestehenden!) Anspruchs. Darunter versteht man das subjektive Recht einer Person, die Ausübung des Rechts einer anderen Person zu hemmen. Das bedeutet, dass der Anspruch an sich zwar bestehen bleibt, jedoch nicht mehr durchgesetzt werden kann. Es besteht ein Leistungsverweigerungsrecht.[99]

---

[97] *Ellenberger*, in: Palandt, Überbl v § 104 Rn 27; *R. Schmidt*, BGB AT, Rn 917.
[98] *R. Schmidt*, BGB AT, Rn 921.
[99] Anders als rechtshindernde und rechtsvernichtende Einwendungen sind rechtshemmende Einreden gemäß ihrer Rechtsnatur als subjektive Rechte vom Anspruchsgegner geltend zu machen, damit sie vom Gericht beachtet werden (vgl. nur

A. Verpflichtung zur Verfügung über künftiges Vermögen, § 311b II BGB

113 Gemäß § 311b II BGB ist ein Vertrag, durch den sich der eine Teil verpflichtet, sein künftiges Vermögen oder einen Bruchteil seines künftigen Vermögens zu übertragen oder mit einem Nießbrauch zu belasten, nichtig. Die Vorschrift soll verhindern, dass jemand sich seiner Vermögensfähigkeit begibt und dadurch zugleich jede Motivation für eine Erwerbstätigkeit verliert. Sie gilt auch für juristische Personen.

§ 311b II BGB gilt für **Verpflichtungsverträge** und nicht für das nachfolgende Verfügungsgeschäft (Abstraktionsprinzip). Der Schuldner kann also das aufgrund eines solchen Vertrags Geleistete nach § 812 I BGB zurückverlangen, sofern nicht § 814 BGB entgegensteht. Für die Nichtigkeit des Verpflichtungsgeschäfts ist es unerheblich, ob der Schuldner nach der Parteiabrede eine Gegenleistung erhalten soll, oder ob er sich sogar bereit erklärt, neben den Aktiva auch die Passiva zu übernehmen. Gegenstand des Vertrags muss das **künftige Vermögen des Schuldners oder ein Bruchteil dieses Vermögens** sein. Die Verpflichtung muss dabei die *gesamten Aktiva*, eine *Quote* oder einen *Prozentsatz* derselben betreffen. Eine Verpflichtung zur Übertragung einzelner oder mehrerer bestimmter Gegenstände ist daher wirksam wie z.B. die Abtretung zukünftiger Geschäftsforderungen oder des künftigen pfändbaren Arbeitseinkommens.[100] Neben der Verpflichtung zur Übertragung erfasst § 311b II BGB auch die Verpflichtung zur Übertragung oder Bestellung eines Nießbrauchs sowie die Sicherungsübereignung. Nicht erfasst ist allerdings die Verpflichtung zur Bestellung eines Pfandrechts.

B. Vertrag über den Nachlass eines lebenden Dritten, § 311b IV BGB

114 Gemäß § 311b IV BGB ist ein Vertrag über den Nachlass eines noch lebenden Dritten nichtig (S. 1). Das Gleiche gilt für einen Vertrag über den Pflichtteil oder ein Vermächtnis aus dem Nachlass eines noch lebenden Dritten (S. 2). Diese Norm beruht sowohl auf wirtschaftlichen als auch auf sittlichen Erwägungen.[101] Abmachungen über den Nachlass eines Dritten sind nach dieser Wertung sittlich verwerflich, da sie mit dem Tod eines anderen spekulieren. Vor allem aber soll die Norm gefährliche Geschäfte unter Ausbeutung des Leichtsinns und eine Vermögensverschleuderung verhindern.

115 § 311b IV BGB ist für **Verpflichtungsgeschäfte** anwendbar. Anders als bei den Geschäften über das eigene zukünftige Vermögen sind *Verfügungen* über den Nachlass aber ebenfalls unwirksam. Dies ergibt sich zwar nicht aus § 311b IV BGB, wohl aber aus den allgemeinen Rechtsgrundsätzen (solange der Tod nicht eingetreten ist, existiert noch kein Nachlass und damit kein Leistungssubstrat, welches übertragen werden könnte). Die Vorschrift des § 311b IV BGB umfasst nicht nur Verpflichtungen zur Übertragung oder Bestellung eines Nießbrauchs, sondern grundsätzlich alle Verpflichtungen über den Nachlass eines lebenden Dritten. Es fallen also auch solche Geschäfte darunter, die nur Quoten oder Prozentanteile eines Nachlasses betreffen. Dem Nachlass werden etwaige Pflichtteile (§§ 2303 ff. BGB) oder Vermächtnisse (§ 2147 BGB) gleichgestellt, vgl. § 311b IV S. 2 BGB.

> **Beispiele:** Zu den Verpflichtungsgeschäften i.S.d. § 311b IV BGB gehören u.a. der Verkauf einer erwarteten Erbschaft, die Verpflichtung zur Erbschaftsannahme oder Erbschaftsausschlagung oder zum Unterlassen einer Testamentsanfechtung.

Eine Ausnahme von § 311b IV BGB findet sich in § 311b V BGB, der den sog. Erbschaftsvertrag beschreibt.[102]

BGHZ 156, 269, 271). Sollten nicht geltend gemachte rechtshemmende Einreden vom Gericht berücksichtigt werden, kann dies wegen einseitiger Parteinahme einen Befangenheitsgrund darstellen. Zu den Einreden vgl. Rn 332 ff.

[100] BGHZ 107, 92 ff.; BGH NJW 1991, 2015 ff.

[101] BGHZ 37, 319, 323.

[102] Zu den erbrechtlichen Einzelheiten vgl. *Kanzleiter*, in: MüKo, § 311b Rn 114 und 120.

6. Kapitel – Rechtsvernichtende Einwendungen

A. Einführung

Während es bei den rechtshindernden Einwendungen um die Frage nach dem *Entstehen* des Anspruchs geht, sind die rechtsvernichtenden Einwendungen beim Punkt „Anspruch untergegangen" zu prüfen (vgl. bereits Rn 112). 116

Rechtsvernichtende Einwendungen im Prüfungsaufbau

I. Anspruch entstanden

1. **Vorliegen einer Einigung und Klärung des Einigungsinhalts**
2. **Keine rechtshindernden Einwendungen** (Rn 112 ff.)

II. Anspruch (nicht) untergegangen

Es dürfen **keine rechtsvernichtenden Einwendungen** vorliegen:

- ⇨ Anfechtung, §§ 119 ff., 142 I BGB (str.)
- ⇨ Erfüllung und Annahme an Erfüllungs statt, §§ 362 ff. BGB
- ⇨ Hinterlegung, §§ 372 ff. BGB
- ⇨ Aufrechnung, §§ 387 ff. BGB
- ⇨ Erlass, § 397 I BGB
- ⇨ Negatives Schuldanerkenntnis, § 397 II BGB
- ⇨ Sonstige Erlöschensgründe: (nachträgliche) Unmöglichkeit, §§ 275 I, 326 I BGB (Rn 364 ff.); Zeitablauf, § 163 BGB; auflösende Bedingung, § 158 BGB; Änderungsvertrag; Novation; Konfusion; Rücktritt, §§ 346 ff. BGB; Widerruf, §§ 355 ff. BGB; Kündigung von Dauerschuldverhältnissen, § 314 BGB; Aufhebungsvertrag, § 311 I BGB; Störung der Geschäftsgrundlage (wobei der *Rücktritt* als rechtsvernichtende Einrede die Ultima Ratio darstellt, § 313 III BGB); unzulässige Rechtsausübung, § 242 BGB

III. Inhaltsänderung

IV. Gläubiger- bzw. Schuldnerwechsel

V. Anspruch durchsetzbar

Die nicht in §§ 362-397 BGB kodifizierten rechtsvernichtenden Einwendungen werden aufgrund des Sachzusammenhangs an anderen Stellen erläutert. Der 4. Abschnitt des 2. Buches des BGB bezieht sich nur auf das Schuldverhältnis i.e.S.

Unter dem Schuldverhältnis **i.e.S.** ist der einzelne schuldrechtliche *Anspruch* zu verstehen, wohingegen das Schuldverhältnis **i.w.S.** als die Gesamtheit der Rechtsbeziehungen zwischen den Parteien verstanden wird. 117

Das **Schuldverhältnis i.w.S.** ist erst **beendet**, wenn *alle* Leistungspflichten einschließlich der aus dem Schuldverhältnis hervorgegangenen Ersatz- und Abwicklungspflichten erloschen sind. Die Erfüllung des Anspruchs und das Erlöschen des Schuldverhältnisses i.w.S. fallen also nur zusammen, wenn die Erfüllung ordnungsgemäß erfolgte und keine über den Erfüllungszeitpunkt hinaus existierenden Sorgfalts- oder Erhaltungspflichten zu beachten sind.

B. Erfüllung, §§ 362 ff. BGB

118 Den Grundtatbestand des Erlöschens eines Schuldverhältnisses bildet § 362 I BGB. Danach erlischt das Schuldverhältnis, wenn die geschuldete Leistung an den Gläubiger bewirkt wird (sog. Erfüllung).[103] Die Erfüllung bezeichnet also die typische, bestimmungsgemäße Beendigung eines Schuldverhältnisses im engeren Sinn durch das vollständige Erbringen des geschuldeten Leistungsgegenstands. Unerheblich ist dabei, ob die obligationsgemäße Leistung freiwillig war. So führt auch die im Wege der Zwangsvollstreckung erfolgte Erfüllung zum Erlöschen der Forderung gem. § 362 I BGB.

I. Voraussetzungen der Erfüllung

1. Bewirken der geschuldeten Leistung

119 Für eine obligationsgemäße Leistung i.S.d. § 362 I BGB ist erforderlich, dass der vertragsgemäße Gegenstand in der **rechten Art und Weise** am **rechten Ort** und zur **rechten Zeit**, **vollständig** und – jedenfalls grundsätzlich – **vom Schuldner an den Gläubiger** persönlich erbracht wird.

120 Ob der Leistungsgegenstand in der **rechten Art und Weise** erbracht ist, hängt davon ab, ob er dem sich aus dem Schuldverhältnis resultierenden Pflichteninhalt exakt entspricht. Im Einzelfall ist also durch eine gem. §§ 133, 157 BGB vorzunehmende Auslegung zu ermitteln, welches konkrete Pflichtenprogramm der Schuldner zu erfüllen hat. Dabei ist insbesondere darauf zu achten, ob lediglich eine **Leistungshandlung** oder ein **Leistungserfolg** zu bewirken ist.

Beispiele:

(1) Bei einem Dienstvertrag gem. § 611 BGB ist der Schuldner lediglich zur Vornahme einer Diensthandlung verpflichtet. Es reicht aus, wenn der Schuldner die versprochenen Dienste als Leistungshandlung vornimmt.

(2) Anders ist es hingegen bei einem Werkvertrag. Der Unternehmer schuldet gem. §§ 631, 633 I BGB die Herstellung eines mangelfreien Werks. Solange er das Werk nicht mangelfrei hergestellt hat, tritt der Leistungserfolg auch durch Übergabe des Werks nicht ein.

(3) Auch Geldschulden sind erfolgsbezogene Verbindlichkeiten. Bei Geldforderungen handelt es sich um eine **Bringschuld** (vgl. Rn 111). Die Erfüllung kann daher nach § 362 I BGB erst mit dem Bewirken des Leistungserfolgs eintreten. Dafür ist erforderlich, dass der geschuldete Betrag dem Gläubiger zur Verfügung steht (zur Erfüllung bei Überweisung vgl. Rn 127).

(4) Bei einem Kaufvertrag obliegt dem Schuldner die Pflicht, eine mangelfreie Sache zu übereignen und zu übergeben, § 433 I BGB. Die Leistungshandlung liegt – je nach Art der Schuld – in der Übergabe am Schuldnerwohnsitz, in der Übergabe an die Transportperson oder in der Übergabe am Gläubigerwohnsitz. Der Erfolg tritt erst ein, wenn der Käufer Eigentum und Besitz an einer mangelfreien Sache erworben hat. Ist die Sache hingegen mangelhaft, kann er sie zurückweisen und eine Erfüllung scheidet aus. Nimmt er sie dennoch als Erfüllung an, wandelt sich der ursprüngliche Erfüllungsanspruch in den gewährleistungsrechtlichen Nacherfüllungsanspruch (§§ 437 Nr. 1, 439 BGB) um.

121 Obwohl die Leistungshandlung bei den erfolgsbezogenen Schuldverhältnissen zur Erfüllung nicht ausreicht, ist sie ein Tatbestandsmerkmal des § 362 BGB, weil das Schuldverhältnis nicht erlischt, wenn der Erfolg **ohne** eine Leistungshandlung des Schuldners eintritt.

---

[103] Zur Erfüllung vgl. umfassend *Lorenz*, JuS 2009, 109 f.; *Looschelders*, JA 2014, 161 ff.

Beispiel: A hat als Gläubiger eine Forderung i.H.v. 10.000,- € gegen B. Letzterer ist bei der Bank C Kunde, die durch ein Versehen die Summe von 10.000,- € an A überweist.

Es liegt kein Überweisungsvertrag vor. Damit liegt auch keine Leistungshandlung vor, die B zugerechnet werden könnte. Eine Erfüllung gem. § 362 I BGB ist nicht eingetreten.

Ebenfalls tritt keine Erfüllung ein, wenn bei einem Versendungskauf gem. §§ 433, 447 BGB die Ware zwischen der Vornahme der Leistungshandlung und dem Eintritt des Leistungserfolgs untergeht. Denn die Leistungspflicht entfällt in dieser Konstellation nicht wegen Erfüllung, sondern ausschließlich aufgrund des § 275 I BGB. **122**

Einer wirksamen Erfüllung steht es indessen nicht entgegen, wenn der Schuldner als Unberechtigter verfügt und der Gläubiger den Gegenstand allein kraft **guten Glaubens** erwirbt. **123**

Beispiel: T leiht sich von ihrer Freundin F deren Ohrringe, um diese auf einer Abendveranstaltung zu tragen. Auf der Veranstaltung trifft sie auf die Bekannte B, die sich sehr interessiert an den Ohrringen zeigt. Unter Vorspiegelung, Eigentümerin der Ohrringe zu sein, verkauft und übereignet T die Ohrringe an B zu einem angemessenen Preis.

Dadurch, dass B gem. §§ 929 S. 1, 932 BGB gutgläubig das Eigentum an den Ohrringen erwirbt, erlischt die Schuld der T gegenüber B auf Übereignung der Ohrringe aus § 433 I S. 1 BGB (§ 362 I BGB).

Die **konkrete Zeit**, zu welcher der Schuldner die Leistungshandlung vornimmt, ist für die Erfüllung nur maßgeblich, wenn sie ein **Identitätsmerkmal** der geschuldeten Leistung ist und ihre Festlegung die geschuldete Leistung von anderen nicht geschuldeten Leistungen abgrenzt. Daher kommt es auf die rechte Zeit bei der Beurteilung der Erfüllungswirkung oftmals nicht an. **124**

Hinweis für die Fallbearbeitung: Anders ist dies beim absoluten Fixgeschäft, bei dem der Zeitpunkt Bestandteil des Leistungsinhalts ist. Wird die Leistung nicht zum vereinbarten Zeitpunkt vorgenommen, kann keine Erfüllung eintreten. Vielmehr geht der Leistungsanspruch mit Ablauf der vereinbarten Zeit gem. § 275 BGB unter und wandelt sich u.U. in einen Schadensersatzanspruch aus §§ 280 I, III, 283 BGB um. Zudem steht gem. § 326 V BGB dem Gläubiger ein Rücktrittsrecht zu.

Auch hinsichtlich des **richtigen Orts** ist auf die Parteivereinbarung abzustellen. Hat der Schuldner bspw. die Pflicht, dem Gläubiger eine Sache an dessen Wohnsitz zu übergeben und zu übereignen, kann er sich nicht durch eine Leistungserbringung an einem anderen Ort von seiner Schuld befreien. Etwas anderes gilt aber, wenn die Parteien übereinstimmend von der ursprünglichen Schuld abweichen, bspw. indem sich der Gläubiger auf eine Übereignung und Übergabe an einem anderen Ort einlässt. **125**

2. Weitere Voraussetzungen der Erfüllung? (Erfüllungstheorien)

Fraglich ist, ob bereits das objektive Erbringen der obligationsgemäßen Leistung zur Erfüllung führt, oder ob ein **subjektives Element**, namentlich eine Willenseinigung der Parteien oder zumindest ein Erfüllungswille des Schuldners, erforderlich ist. **126**

- Ganz überwiegend hat sich die **Theorie der realen Leistungsbewirkung**[104] durchgesetzt. Danach ist der Tatbestand der Erfüllung in § 362 I BGB abschließend festgelegt. Deshalb seien ausschließlich die Herbeiführung des Leistungserfolgs bei erfolgsbezogenen

---

[104] BGH NJW 2007, 3488, 3489; 2010, 3510, 3513; *Larenz*, SchuldR AT, § 18 I 5, S. 238 ff.; *Medicus/Lorenz*, SchuldR AT, Rn 276; *Olzen*, in: Staudinger, Vorb. zu §§ 362 ff. Rn 10; *Fetzer*, in: MüKo, § 362 Rn 7 ff.

und die Vornahme der Leistungshandlung bei tätigkeitsbezogenen Schuldverhältnissen erforderlich. Eine zusätzliche subjektive Komponente sei nicht erforderlich.

- Dem steht die **Theorie der finalen Leistungsbewirkung**[105] gegenüber. Nach dieser genügt es nicht, die Leistung allein real zu bewirken. Hinzukommen müsse noch eine Zweckbestimmung des Leistenden. Diese könne entweder als geschäftsähnliche Handlung oder als einseitiges Rechtsgeschäft angesehen werden.

Stellungnahme: Gegen die Theorie der finalen Leistungsbewirkung spricht, dass gem. § 366 II BGB eine Schuld auch ohne Tilgungsbestimmung gelöscht werden kann. Es ist daher nicht überzeugend, dieses einseitig subjektive Moment als zwingend notwendige Voraussetzung der Erfüllung anzusehen. Im Ergebnis ist daher grds. der Theorie der realen Leistungsbewirkung zuzustimmen. Davon unabhängig ist aber zu beachten, dass es durchaus eine Tilgungsbestimmung geben *kann*, und dass sie in *einigen* Fällen ausnahmsweise auch erforderlich ist, vgl. etwa § 267 BGB.

126b **Hinweis für die Fallbearbeitung:** In einer Klausur sind die unterschiedlichen Theorien i.d.R. nur dann anzusprechen, wenn sie (ausnahmsweise) zu unterschiedlichen Ergebnissen kommen.

Beispiele:

(1) A hat seine Uhr zur Reparatur zum Uhrenmacher U gebracht. Am nächsten Tag nimmt sich U die Uhr des A und repariert sie in der irrigen Annahme, dass es seine eigene sei. ⇨ In der Reparatur ist in objektiver Hinsicht eine Bewirkung zu sehen. Würde man für § 362 BGB aber auch ein subjektives Moment verlangen, wäre eine Erfüllung zu verneinen, weil U aus seiner Sicht nicht *für* A handelte.

(2) Der Minderjährige M verkauft mit Einwilligung seiner Eltern sein Fahrrad für 200,- € an K. Als K den M zufällig in der Stadt trifft, überreicht er ihm 200,- €. M verbraucht das Geld für sich und seine Freunde. Die Eltern des M verlangen von K erneute Bezahlung der 200,- €. Zu Recht? ⇨ Indem M das Geld annahmen, könnte K bewirkt haben. Aus Gründen des Minderjährigenschutzes wird in der vorliegenden Fallkonstellation aber die Empfangszuständigkeit des Minderjährigen verneint. Damit gelangen beide Ansätze zu dem Ergebnis, dass keine Erfüllung eingetreten ist. K muss also noch einmal leisten und hat im Gegenzug einen Kondiktionsanspruch gegen M (vgl. dazu Rn 149), der wegen § 818 III BGB aber wohl rein theoretisch ist.

3. Einzelprobleme

a. Geldschulden

127 Zwar hat sich mittlerweile der bargeldlose Zahlungsverkehr flächendeckend durchgesetzt, gleichwohl wird nach wie vor ein gewisser Teil der Verbindlichkeiten mittels Bargelds beglichen. Dort, wo noch Bargeld als Zahlungsmittel eingesetzt wird, betrifft dies v.a. die Kaufpreiszahlung (§ 433 II BGB) oder die Vergütung einer Dienst- oder Werkleistung (§§ 612 bzw. 632 BGB), jedenfalls bei Forderungen von überschaubarer Höhe. Der Unterschied zwischen der Schuldtilgung mit Bargeld und dem bargeldlosen Zahlungsverkehr besteht darin, dass bei der Barzahlung die entsprechenden gültigen Banknoten durch Einigung und Übergabe i.S.d. § 929 S. 1 BGB übereignet werden. In dieser Übereignung liegt die Erfüllung der Verbindlichkeit des Schuldners. Demgegenüber erhält bei der Verwendung von Giralgeld der Gläubiger eine Geldforderung gegen das kontoführende Kreditinstitut. Die Erfüllung tritt dann ein, wenn bei einer Überweisung der geschuldete Betrag auf dem Gläubigerkonto gutgeschrieben ist und der Gläubiger darüber verfügen kann (vgl. §§ 675c-676c BGB)[106], dazu sogleich Rn 128.

[105] *Bülow*, JuS 1991, 529, 531; *Muscheler/Bloch*, Jus 2000, 729, 732 f.

[106] *Fetzer*, in: MüKo, § 362 Rn 21.

Von seiner Grundkonzeption her ist das BGB auf Barzahlung angelegt. Die bargeldlose Zahlungsform ist daher nur dann zulässig, wenn eine entsprechende (i.d.R. *konkludente*) Vereinbarung zwischen den Parteien besteht.[107] Das praktische Bedürfnis für diese Unterscheidung ist groß, wenn man bedenkt, dass das Girokonto des Gläubigers gepfändet sein könnte. In diesem Fall hat der Gläubiger ein Interesse an Barzahlung.
Sollte eine solche (konkludente) Vereinbarung nicht vorliegen, ist eine gleichwohl erfolgte Überweisung als Leistung an Erfüllungs statt anzusehen.

Eine sehr verbreitete Form des bargeldlosen Zahlungsverkehrs ist die **Banküberweisung** i.S.d. § 675f BGB. Dabei ist davon auszugehen, dass der Gläubiger eine Banküberweisung anerkennt, wenn er sich ausdrücklich oder konkludent mit dieser Zahlungsform einverstanden erklärt hat (s.o.). Eine konkludente Zustimmung ist anzunehmen, wenn der Gläubiger sein Konto durch einen Aufdruck auf Briefköpfen oder Rechnungen bekannt gegeben oder in der Vergangenheit Überweisungen widerspruchslos hingenommen hat.[108] Hat der Gläubiger mehrere Konten und teilt er dem Schuldner mit, dass das Giralgeld auf ein **bestimmtes Konto** überwiesen werden soll, entfaltet die Überweisung i.d.R. keine Tilgungswirkung, wenn die Überweisung auf ein anderes Konto des Gläubigers lautet und dort das Giralgeld gebucht wird.[109] Nimmt der Gläubiger davon jedoch Notiz und schweigt, kann dies entgegen der Regel, dass Schweigen grundsätzlich keine Willenserklärung darstellt, eine nachträgliche Zustimmung bedeuten.[110] Teilt der Gläubiger dem Schuldner ein neues Konto mit, kann durch eine Überweisung auf das frühere Konto keine Tilgungswirkung mehr eintreten, soweit Letzterer so auf die Änderung hingewiesen wurde, dass er sie nicht übersehen kann.[111] Ist danach eine Tilgungswirkung ausgeschlossen, besteht aber ein Bereicherungsanspruch gem. § 812 I S. 1 BGB gegen den Gläubiger.[112] Nach h.M. kann der Schuldner mit diesem Rückzahlungsanspruch aber aufrechnen.[113] 128

Nicht unüblich ist auch die Vereinbarung des **Lastschriftverfahrens**. Bei dem zum 1.2.2014 eingeführten SEPA-Verfahren (Single Euro Payments Area) erteilt der Zahler dem Zahlungsempfänger ein Mandat zum Einzug fälliger Forderungen mittels Lastschrift, das die Weisung an seinen Zahlungsdienstleister (Zahlstelle) zur Einlösung durch Belastung seines Zahlungsgirokontos enthält. SEPA-Basislastschriften können innerhalb eines Zeitraums von 8 Wochen nach Belastung des Kontos zurückgegeben werden (§ 675x IV BGB).[114] Diese Möglichkeit ändert nichts daran, dass zunächst (eine auflösend bedingte) Erfüllungswirkung eintritt. Das folgt auch aus §§ 675i II, 675p I BGB. Sollte es zu einer Rückbelastung des Gläubigerkontos kommen, indem der Schuldner die Lastschrift zurückgibt, entfällt die (auflösend bedingte) Erfüllungswirkung rückwirkend (vgl. §§ 158 II, 159 BGB).[115] 129

Im Onlinehandel ist mittlerweile die Zahlung über **PayPal** üblich. Bei dieser Zahlungsmethode hinterlegt der Kunde bei der Anmeldung seine E-Mail-Adresse, ein Passwort und seine Bankdaten. Kauft er dann bei einem Onlinehändler, dessen Shop über eine PayPal-Anbindung verfügt, ein, und wählt die Zahlungsmethode PayPal, erfolgt die Zahlung allein mittels seiner E-Mail-Adresse und der Eingabe seines Passworts, das er bei der PayPal-Registrierung hinterlegt hat. Sollte der Kunde über ein Guthaben auf seinem 129a

---

[107] Vgl. dazu etwa OLG Frankfurt NJW 1998, 387; *Medicus/Petersen*, BR, Rn 757.
[108] Vgl. BGHZ 98, 24, 30. Grundfälle zu Geldschulden finden sich bei *Martens*, JuS 2014, 200 ff.
[109] BGHZ 98, 24, 30; OLG Karlsruhe NJW 1997, 1587.
[110] OLG Karlsruhe NJW-RR 1996, 752.
[111] BGH NJW 1995, 520, 521; OLG Frankfurt a.M. NJW 1998, 387.
[112] BGH NJW 1995, 520, 521.
[113] OLG Hamburg NJW 2011, 3524; OLG Köln OLGR 2005, 543, 544.
[114] Fehlt das gültige Mandat, verlängert sich die Frist auf 13 Monate, § 676b II S. 1 BGB.
[115] *Looschelders*, JA 2014, 161, 166 mit Verweis u.a. auf BGHZ 186, 269, 280 f. (zur alten Rechtslage bzgl. der Rückgabe von Lastschriften).

PayPal-Konto verfügen, wird die Zahlung von diesem Guthaben bestritten. Anderenfalls belastet PayPal das Bankkonto des Kunden. Die Erfüllung i.S.v. § 362 I BGB tritt – wie bei einer Überweisung – dann ein, wenn der geschuldete Betrag auf dem Gläubigerkonto gutgeschrieben ist und der Gläubiger darüber verfügen kann.[116]

130 Bei der Zahlung mittels **Universalkreditkarte** (Kreditkarte im Dreipartnersystem wie bspw. Visa, Mastercard, American Express etc.) erlöscht das Schuldverhältnis erst, nachdem das Kreditkartenunternehmen den Zahlbetrag auf das Konto des Gläubigers (Boutique, Restaurant, Onlinehändler etc.) gutgeschrieben hat, dieser also die Zahlung erhalten hat. Die Akzeptanz einer Universalkreditkarte erfolgt **erfüllungshalber**. Dasselbe gilt bei der Zahlung mittels **Girocard** (früher: ec-Karte) im Electronic-cash-Verfahren, also bei Verwendung der Karte nebst PIN-Eingabe in ein Terminal. Vgl. dazu ausführlich Rn 168 ff.

131 Auch bei einem **Scheck** oder **Wechsel** erfolgt die Leistung im Zweifel nur erfüllungshalber. Auch auf dieses Problemfeld wird bei Rn 168 ff. eingegangen.

b. Teilleistungen

132 Nach § 266 BGB muss der Schuldner grundsätzlich die gesamte Leistung erbringen und ist zu Teilleistungen nicht berechtigt. Diese Regelung soll den Gläubiger vor unzumutbaren Belästigungen und erhöhtem Bearbeitungsaufwand schützen. Deshalb kann er die Annahme einer solchen Teilleistung i.d.R. ablehnen, ohne dass er in Annahmeverzug gerät. Die Vorschrift des § 266 BGB ist aber dispositiv, weshalb die Parteien eine abweichende Vereinbarung treffen können.[117]

> **Beispiel:** Liegt ein Verbraucherdarlehensvertrag (§ 491 BGB) oder ein Teilzahlungsgeschäft (§ 507 BGB) vor, hat der Schuldner das Recht, in Teilen zu leisten.

133 In einigen Situationen können sich zwischen Teilleistungen und vollständigen Leistungen **Abgrenzungsprobleme** ergeben, z.B. wenn vereinbart wurde, dass mehrere Leistungen zu erbringen sind. So liegen z.B. keine Teil-, sondern einzelne und vollständige Leistungen vor, wenn jeweils vertraglich vereinbarte Einzelleistungen vollständig erbracht werden.

> **Beispiele:** Werden die Miet- oder Pachtzinszahlungen jeweils zum Monatsanfang vollständig überwiesen, liegen vollständige Leistungen vor. Anders ist es, wenn der Mieter statt der vollen 300,- € Mietzinszahlung lediglich 150,- € überweist.

134 Das Zurückweisungsrecht des Teilleistungsempfängers kann durch § 242 BGB beschränkt werden, wenn dem Gläubiger die Annahme bei verständiger Würdigung der Lage des Schuldners und seiner eigenen schutzwürdigen Belange und Interessen zuzumuten ist.

> **Beispiel:** A schuldet B aus einem Kaufvertrag 2.000,- €. A will B am Fälligkeitstag die Summe bar übergeben. Als er bei B ankommt und seine Schulden bezahlen will, merkt er, dass seine Kinder 200,- € aus dem Briefumschlag entnommen haben, in dem er das Geld verwahrt hat.
>
> Obgleich er eine Quote von 10%[118] nicht sofort leisten kann, ist es B zuzumuten, die Teilleistung von 1.800,- € anzunehmen. A muss also sein Bargeld nicht wieder mitnehmen,

---

[116] *Bittner*, in: Staudinger, § 270 Rn 20; *Martens*, JuS 2014, 200, 202.

[117] Die Zulässigkeit von Teilleistungen ergibt sich z.T. auch aus dem Gesetz, vgl. Art. 39 II WechselG, 34 II ScheckG, § 757 I ZPO, § 187 II InsO.

[118] Eine solche Differenz ist noch zulässig. Darüber hinausgehenden Prozentsätzen muss mit Vorsicht begegnet werden; dazu *Krüger*, in: MüKo, § 266 Rn 14.

sondern kann als zweite Teilleistung die 200,- € nachzahlen. Auch etwaige Verzugszinsen muss er nur auf einen Betrag von 200,- € zahlen.

4. Person des Leistenden

Der Schuldner braucht i.d.R. nicht selbst zu leisten. Dies ist lediglich erforderlich, wenn er sich vertraglich verpflichtet hat, die Leistungspflichten höchstpersönlich zu erbringen. Ob eine solche Verpflichtung vorliegt, ist durch Auslegung zu ermitteln. Sie kann bspw. angenommen werden, wenn es dem Gläubiger erkennbar gerade auf die Leistung des Schuldners ankommt (Operation beim Chefarzt, Sachverständigengutachten). Daneben sieht das Gesetz einige Fälle vor, in denen der Schuldner – jedenfalls „im Zweifel" – selbst zu leisten hat. So muss z.B. ein Arbeitnehmer gem. § 613 S. 1 BGB seine Dienste persönlich erbringen und darf keinen Ersatzmann oder Gehilfen einsetzen. Ist die Leistungspflicht hingegen nicht höchstpersönlich ausgestaltet, kann diese auch von einem Erfüllungsgehilfen i.S.d. § 278 BGB oder einem Dritten gem. §§ 267, 268 BGB bewirkt werden.[119] **135**

a. Leistung durch einen Dritten, § 267 BGB

Dritter kann nur sein, wer auf eine fremde Schuld eine eigene Leistung erbringt. **136**

Kein Dritter ist, wer als Vertreter oder Erfüllungsgehilfe (§ 278 BGB) leistet, da eine Leistung dieser Personen rechtlich als Leistung des Schuldners anzusehen ist. Desgleichen ist eine Person nicht Dritter, die in Erfüllung einer eigenen Verbindlichkeit leistet wie z.B. ein Gesamtschuldner oder derjenige, der sich für die Schuld des Hauptschuldners verbürgt hat. **137**

- Der Dritte muss die geschuldete Leistung auch tatsächlich bewirken. Er ist nicht berechtigt, gegen den Willen des Gläubigers Erfüllungssurrogate wie die Hinterlegung, die Aufrechnung oder eine Leistung an Erfüllungs statt zu erbringen. **138**

- Eine Einwilligung des Schuldners zur Leistung des Dritten ist gem. § 267 I S. 2 BGB nicht erforderlich. Willigt er allerdings ein, handelt der Dritte mit Wissen und Wollen des Schuldners, wodurch er als Erfüllungsgehilfe des Schuldners tätig wird. **139**

- Der Gläubiger kann die Leistung des Dritten grundsätzlich nicht verhindern. Ein Ablehnungsrecht steht ihm gem. § 267 II BGB nur zu, wenn der Schuldner einer Drittleistung ebenfalls widerspricht. Nimmt der Gläubiger die Leistung des Dritten nicht an, obgleich der Schuldner nicht widersprochen hat, gerät er in Gläubigerverzug. Ist dem Gläubiger die Person des Leistenden aber nicht zuzumuten, kann er ausnahmsweise nach § 242 BGB die Leistung auch ohne Widerspruch des Schuldners ablehnen. **140**

- Der Dritte muss mit dem Willen leisten, gerade die Verpflichtung des Schuldners zu tilgen. Diesen Willen muss er auch zum Ausdruck bringen (Tilgungsbestimmung). **141**

> **Hinweis für die Fallbearbeitung:** Bestehen Zweifel an dem Willen, muss die Leistung danach beurteilt werden, wie sie sich bei einer objektiven Betrachtung aus der Sicht des Zuwendungsempfängers darstellt.[120] Erscheint die Leistung des Dritten unter Beachtung dieses Grundsatzes als Leistung auf dessen (u.U. vermeintliche) eigene Schuld, befreit sie den wirklichen Schuldner nicht und es liegt keine wirksame Erfüllung vor. Allerdings steht dem Dritten die Möglichkeit zu, seine **Tilgungsbestimmung nachzuholen** und dadurch die Erfüllung herbeizuführen (str.).[121]

---

119 *Muscheler/Bloch*, JuS 2000, 729, 735.
120 BGH NJW 1998, 377, 379; 1995, 128, 129.
121 *Unberath*, in: Bamberger/Roth, § 267 Rn 9 m.w.N.; a.A. *Krüger*, in: MüKo, § 267 Rn 12.

142 - Rechtsfolge der Leistung durch einen Dritten ist, dass das Schuldverhältnis nach § 362 I BGB erlischt. Ein gesetzlicher Forderungsübergang findet nicht statt, allerdings kann der Dritte gegen den Schuldner Regressansprüche (aus GoA, Gesellschaft oder ungerechtfertigter Bereicherung) geltend machen.

b. Ablösungsrecht gemäß § 268 BGB

143 Droht einem Dritten durch die Betreibung der Zwangsvollstreckung in einen dem Schuldner gehörenden Gegenstand ein Rechts- oder Besitzverlust, steht ihm unabhängig von einem Widerspruch des Schuldners ein Ablösungsrecht zu, § 268 I BGB. Im Vergleich zu § 267 BGB privilegiert dieses Ablösungsrecht den Dritten in dreifacher Hinsicht:

- ⇨ Im Gegensatz zu § 267 II BGB kann der Gläubiger die Befriedigung selbst bei einem Widerspruch des Schuldners nicht ablehnen.
- ⇨ Während der Dritte im Fall des § 267 BGB die *geschuldete Leistung* erbringen muss, kann der nach § 268 I BGB Ablösungsberechtigte den Gläubiger gem. § 268 II BGB auch durch Hinterlegung oder Aufrechnung befriedigen.
- ⇨ Die Forderung gegen den Schuldner erlischt im Gegensatz zu § 267 BGB nicht, sondern geht in der Höhe, in der der Dritte den Gläubiger befriedigt, gem. § 268 III BGB auf den Dritten über.

144 - Voraussetzung ist zunächst, dass die Zwangsvollstreckung wegen einer Geldforderung (§§ 803 ff. ZPO) in einen schuldnereigenen[122] Gegenstand betrieben wird. Dafür genügt es, wenn der Vollstreckungsantrag gestellt ist.

145 - Weiterhin muss dem Dritten ein Recht oder der Besitz an dem Gegenstand zustehen. Unter den Rechten sind grundsätzlich nur dingliche Rechte zu verstehen; es genügt aber ausnahmsweise auch eine Auflassungsvormerkung. Mit dem Besitz ist nicht nur der unmittelbare, sondern auch der mittelbare Besitz gemeint.

146 - Für den Dritten muss aufgrund der Zwangsvollstreckung ein Rechts- oder Besitzverlust drohen.

Beispiel: G steht wegen einer Kaufpreisschuld gegen S die erste Hypothek an dessen Grundstück zu. Er hat die Zwangsversteigerung beantragt. D, dem aus einer Kaufpreisforderung gegen S die zweite Hypothek am Grundstück zusteht, muss befürchten, den Wert seiner Hypothek zu verlieren, da er aufgrund eines möglichen niedrigen Versteigerungserlöses wegen § 44 I ZVG beim Verteilungsverfahren leer ausgehen kann.

147 - Liegen diese Voraussetzungen kumulativ vor, kann der Dritte den Gläubiger durch die Erbringung der geschuldeten Leistung (Bezahlung der Forderung) befriedigen und erhält gem. § 268 III BGB die Forderung gegen den Schuldner mit allen Nebenrechten (§§ 412, 401 BGB).

5. Person des Leistungsempfängers

148 Die Leistung muss an den **richtigen Empfänger** erbracht werden, um eine Schuldtilgung auslösen zu können. Als Empfänger kann neben dem Vertragspartner auch ein empfangsbereiter Dritter eingesetzt werden.

a. Erfordernis der Empfangszuständigkeit

149 Empfangszuständig ist grundsätzlich der Gläubiger. Dies gilt allerdings dann nicht, wenn ihm die Verfügungsmacht über die Forderung von Anfang an nicht zustand oder nach-

[122] Ist der Dritte Eigentümer, kann er nur nach § 771 ZPO vorgehen.

träglich entzogen wurde (z.B. nach § 80 InsO, §§ 135, 136, 1365, 1812 ff. i.V.m. §§ 1908, 2211 BGB). Ebenso hat die Leistung an den Gläubiger keine befreiende Wirkung, wenn dieser geschäftsunfähig ist.[123]

Beispiel: Der 16-jährige M hat gegen S eine Forderung aus einem wirksamen – von seinen Eltern genehmigten – Kaufvertrag i.H.v. 150,- €, wobei von Anfang an feststand, dass S nicht sofort zahlen kann. Die Eltern hatten beim Vertragsschluss klargestellt, dass sie – und nicht der M – das Geld zu einem späteren Zeitpunkt entgegennehmen wollen. Fünf Wochen nach Vertragsschluss händigt S dem M 150,- € aus. Hat er mit befreiender Wirkung geleistet?

M ist Eigentümer des Geldes geworden, da die Übereignung lediglich rechtlich vorteilhaft für ihn war. Fraglich ist aber, ob auch die Erfüllungswirkung eingetreten ist. Nach der herrschenden Theorie der realen Leistungsbewirkung (Rn 126) kann eine Erfüllung durchaus angenommen werden, weil sie kein subjektives Element verlangt.

Aufgrund des Minderjährigenschutzes ist aber die **Empfangszuständigkeit** des M abzulehnen, wenn seine Eltern nicht in die Leistungserbringung eingewilligt und sie auch nicht genehmigt haben. Daher konnte S nicht mit befreiender Wirkung an M leisten und muss erneut bezahlen. Ihm steht dafür gegen M ein Kondiktionsanspruch aus § 812 I S. 1 Var. 1 BGB i.H.v. 150,- € zu. Sofern M das Geld allerdings verloren hat, ist er entreichert (§ 818 III BGB) und S kann es nur zurückverlangen, wenn eine Entreicherung wegen Bösgläubigkeit ausgeschlossen ist, §§ 818 IV, 819 BGB. Hinsichtlich der Bösgläubigkeit wird man, da es sich um die Rückabwicklung einer gescheiterten vertraglichen Leistung handelt, auf die Eltern abstellen müssen. Es ist nicht ersichtlich, dass diese bösgläubig waren, sodass S erneut zahlen muss und u.U. keinerlei Gegenrechte gegen M geltend machen kann.

Hinweis für die Fallbearbeitung: Ob eine Empfangszuständigkeit vorliegt, ist anhand des Einzelfalls zu prüfen. So kann sich z.B. die Genehmigung zu einem Geschäft auch auf die Empfangszuständigkeit erstrecken, wenn von vornherein klar ist, dass die Leistung an den Minderjährigen erfolgen soll. Darüber hinaus können im Einzelfall auch §§ 112, 113 BGB und § 105a BGB einschlägig sein, die dem nicht voll Geschäftsfähigen eine Empfangszuständigkeit zusprechen.

b. Leistung an einen Dritten

Wird die Leistung an einen Empfangsboten oder den Vertreter des Gläubigers erbracht, wird ihm diese zugerechnet. D.h., die Leistung an einen Dritten hat erfüllende Wirkung, wenn der Dritte gem. §§ 362 II, 185 I BGB zur Entgegennahme der Leistung **ermächtigt** ist oder wenn ihm an der Forderung ein Nießbrauchs- oder Pfandrecht zusteht. In diesen Fällen vermittelt der Mittelsmann den Leistungserfolg direkt an den Gläubiger. Sind zur Herbeiführung des geschuldeten Erfolgs neben den rechtsgeschäftlichen auch tatsächliche Handlungen erforderlich, tritt der Erfolg nur ein, wenn der Leistungsmittler auch in der Lage ist, diese tatsächlichen Handlungen mit Wirkung für den Gläubiger vorzunehmen. Die Ermächtigung muss nicht ausdrücklich erfolgen. Vielmehr reicht auch ein schlüssiges Verhalten, durch das eine **konkludente** Ermächtigung erfolgt. Dafür ist erforderlich, dass der redliche Empfänger der Erklärung berechtigterweise auf ein entsprechendes Erklärungsbewusstsein schließen durfte.[124] 150

Beispiele:

(1) Der Produzent A und der Zwischenhändler B schließen einen Vertrag über die Lieferung von Rohstahl ab. Vorab hat B mit dem Stahlveredler C einen Lieferungsvertrag über die entsprechende Menge Stahl abgeschlossen. Deshalb vereinbaren A und B,

---

[123] *Grüneberg*, in: Palandt, § 362 Rn 3; a.A. *Harder*, JuS 1977, 149, 152; *van Venrooy*, BB 1980, 1017, 1018 f.
[124] BGHZ 109, 171, 177; *Olzen*, in: Staudinger, § 362 Rn 41.

dass der Stahl nicht zu B, sondern direkt zu C geliefert wird. In dieser Vereinbarung liegt die konkludente Ermächtigung, dass A auch an den Dritten C mit Erfüllungswirkung leisten darf.

(2) Wie oben schließen A und B einen Kaufvertrag ab. B schreibt daraufhin an C, dass dieser fristgerecht die Lieferung des Stahls von A erhalte. Hierin ist eine konkludente Ermächtigung des C zu sehen, die Leistung des A erfüllungswirksam anzunehmen.

151 Bei der Leistung an einen **nichtberechtigten** Dritten wird der Schuldner von der Leistungspflicht nach §§ 362 II, 185 II BGB frei, wenn der Gläubiger die Leistung nachträglich **genehmigt**, wenn der Empfänger selbst zum Gläubiger wird oder wenn der Gläubiger den Empfänger beerbt und uneingeschränkt für die Nachlassverbindlichkeiten haftet. Liegt keiner dieser Fälle vor, bleibt das Recht des Gläubigers unberührt. Der Schuldner müsste erneut seine Leistungshandlung vornehmen, um den Erfolg herbeizuführen. Eine Genehmigung des Leistungsempfangs durch den unberechtigten Dritten kann auch darin gesehen werden, dass der Gläubiger gegen den Dritten als Empfänger der Leistung auf Herausgabe des Leistungsgegenstands klagt. Dem Gläubiger steht nämlich nur ein Herausgabeanspruch gegen den unberechtigten Dritten zu, wenn durch die Leistung an diesen wirksam erfüllt wurde.

152 Erfolgt **keine Genehmigung** durch den Gläubiger (und liegt kein anderer Fall des § 185 II BGB vor) und zahlt der Schuldner dennoch an einen Nichtberechtigten, den er **gutgläubig** für den Gläubiger hält, kann eine befreiende Erfüllungswirkung ausschließlich eintreten, wenn dies im Gesetz ausdrücklich vorgesehen ist, vgl. bspw. §§ 370, 407, 408, 409, 566b, c, e, 808, 851, 893, 2367 BGB, § 82 InsO. Im Falle des § 354a S. 2 HGB gilt das sogar, wenn der Schuldner von der Nichtberechtigung Kenntnis hatte.

c. Echter Vertrag zugunsten Dritter

153 Bei einem echten Vertrag zugunsten Dritter[125] i.S.d. § 328 I BGB tritt die befreiende Wirkung der Erfüllung nur ein, wenn der Schuldner an den Dritten leistet, da allein diesem aus dem Vertrag ein eigener Anspruch gegen den Schuldner zusteht.

II. Ermittlung der erfüllten Forderung

154 I.d.R. bestehen bei den alltäglichen Geschäften keine Zweifel darüber, welche Forderung nach dem Willen des Schuldners getilgt werden soll, da ausschließlich eine Forderung zwischen den Vertragsparteien offen ist. Es kommen allerdings unter Geschäftsleuten auch vertragliche Beziehungen vor, bei denen mehrere Forderungen gleichzeitig bestehen. Hier muss zwischen den **verschiedenen** und den **gleichartigen** Forderungen differenziert werden. Bei den verschiedenartigen Forderungen ergibt sich die Tilgungsbestimmung i.d.R. aus dem konkreten und vertraglich vereinbarten Inhalt der Leistung.

Beispiel: A ist der Vermieter und zugleich Arbeitgeber des B. Wenn B für A Arbeitsleistungen erbringt, kann nur eine Erfüllung des Arbeitsvertrags in Betracht kommen. Überweist B dem A hingegen Geld, erfüllt er seine mietvertragliche Pflicht.

1. Tilgungsbestimmung, § 366 I BGB

155 Anders verhält es sich hingegen bei den **gleichartigen** Forderungen. Sind von diesen mehrere noch nicht beglichen und reicht das vom Schuldner Geleistete nicht zur Tilgung sämtlicher Schulden aus, besteht für den Schuldner gem. § 366 I BGB die Möglichkeit, selbst zu bestimmen, welche Forderung er durch die Leistung tilgen will.[126] Dabei kann entweder eine ausdrückliche oder eine konkludente Tilgungsbestimmung vorliegen, wo-

---

[125] Vgl. dazu ausführlich Rn 1051 ff.
[126] I.R. des Zwangsvollstreckungsverfahrens hat er ein solches Recht nicht, vgl. BGH NJW 1999, 1704 m.w.N.

bei Letztere im Wege einer gem. §§ 133, 157 BGB vorzunehmenden Auslegung ermittelt werden muss.

Beispiele:

(1) A schuldet B aus mehreren Verträgen mehrere Geldbeträge. Überweist er einen davon unter Hinweis auf die Rechnungsnummer, liegt eine ausdrückliche Tilgungsbestimmung vor, mit der Folge, dass der Anspruch bzgl. der genannten Rechnungsnummer nach § 362 I BGB erlischt.

(2) A schuldet B aus einem Werkvertrag 222,- € und aus einem Kaufvertrag 123,- €. Wenn er B 123,- € überweist, kann dieser Handlung die konkludente Tilgungsbestimmung bzgl. der Kaufpreisschuld entnommen werden.

(3) A wird von B gemahnt, endlich die Rechnung vom 18. August 2017 zu begleichen. A überweist daraufhin wenige Tage später den entsprechenden Betrag auf das Konto des B. Gleichzeitig bestehen jedoch auch noch andere Forderungen des B gegen A. ⇨ In diesem Fall hat A konkludent die Tilgung dahingehend bestimmt, dass die gemahnte Forderung getilgt werden soll.

Die **Tilgungsbestimmung** erfolgt durch eine einseitige empfangsbedürftige Willenserklärung[127], die spätestens bei der Leistungserbringung vorliegen muss. Eine **nachträgliche** Bestimmung kann nicht mehr einseitig, sondern nur durch eine übereinstimmende Parteivereinbarung getroffen werden.[128] Wie bei allen Willenserklärungen, können i.R. der Tilgungsbestimmung Fehler auftreten, deren Rechtsfolgen sich nach den allgemeinen Vorschriften richten (z.B. **Anfechtung** gem. §§ 119 ff. BGB bei Irrtümern[129]). Wenn in den **AGB** einer der Parteien Regelungen über die Tilgung festgelegt werden, sind die §§ 305 ff. BGB zu beachten. So ist bspw. eine Klausel unwirksam, in der sich der Gläubiger entgegen § 366 I BGB das Recht zur Tilgungsbestimmung einräumt. Der Kontrolle nach § 307 I, II Nr. 1 BGB kann eine Klausel nur standhalten, wenn sie eine genaue Tilgungsreihenfolge bestimmt, durch die der Schuldner erkennen kann, auf welche konkrete Schuld er leistet. Zum AGB-Recht vgl. *R. Schmidt*, BGB AT, Rn 1566 ff. **156**

2. Gesetzliche Tilgungsreihenfolge nach § 366 II BGB

Es gibt Konstellationen, in denen weder eine ausdrückliche, noch eine konkludente Tilgungsbestimmung ersichtlich ist. **157**

Beispiel: A hat bei B ein Kfz für 20.000,- € gekauft und ein anderes für 5.000,- € reparieren lassen. Er überweist bei Fälligkeit beider Forderungen zunächst nur 1.000,- €.

Um in Fällen dieser Art dennoch eine gesicherte Abwicklung des Vertrags zu ermöglichen, hat der Gesetzgeber in § 366 II BGB folgende Tilgungsreihenfolge normiert: **158**

- Zunächst werden die **fälligen Forderungen** getilgt.
- Sind mehrere Forderungen zur gleichen Zeit fällig, wird die Leistung auf diejenige Forderung angerechnet, die dem Gläubiger die **geringere Sicherheit** bietet. Bzgl. der Sicherheit ist eine wirtschaftliche Betrachtungsweise maßgebend. Unter Anwendung dieser Betrachtungsweise kann eine größere Sicherheit bspw. vorliegen, wenn eine Mithaftung eines Gesamtschuldners vorliegt oder ein Dritter eine Grundschuld zur Absicherung einer

[127] BGHZ 106, 163, 166. Dagegen *Ehricke*, JZ 1999, 1075, 1079 f. m.w.N., der in der Tilgungsbestimmung eine rechtsgeschäftsähnliche Handlung sieht.
[128] BGHZ 51, 157, 161 f.; BGH NJW 1991, 1604, 1605.
[129] BGHZ 106, 163, 166; *Ehricke*, JZ 1999, 1075, 1080 ff., der aufgrund der Einordnung der Bestimmung als rechtsgeschäftsähnliche Handlung die Anfechtungsvorschriften analog anwendet.

Forderung bestellt hat[130]. Liegen mehrere ungesicherte Forderungen vor, ist diejenige unsicherer, die früher verjährt oder bei der der Ablauf einer Ausschlussfrist droht.[131]

- Besteht hinsichtlich der Leistungen eine gleich geringe Sicherheit, ist nach § 366 II Var. 3 BGB die **Lästigkeit** der Forderung für den Schuldner entscheidend. Damit wird hinsichtlich der Erfüllung zunächst die Forderung erfasst, die eine höhere Verzinsung oder eine verschärfte Vertragsstrafe vorsieht.
- Lässt sich auch nach den bisherigen Kriterien keine eindeutige Bestimmung vornehmen, kommt es auf das nach der Entstehungszeit zu bestimmende **Alter** der Forderung an. Schuldet A dem B aus zwei verschiedenen Lieferungen jeweils 21,50 € und überweist A zunächst nur 21,50 € auf das Konto des B, ist in Ermangelung entgegenstehender Anhaltspunkte davon auszugehen, dass sich diese Tilgung auf die ältere Forderung bezieht.
- Ist eine Unterscheidung der Forderung immer noch nicht möglich, ist nach § 366 II Var. 5 BGB eine **verhältnismäßige Tilgung** aller gleichberechtigten Schulden vorzunehmen.

3. Anrechnung von Teilleistungen auf Zinsen u. Kosten nach § 367 BGB

159 § 367 BGB ergänzt § 366 BGB hinsichtlich des Verhältnisses der Hauptforderung zu unselbstständigen Nebenforderungen. Insoweit ist § 367 BGB *lex specialis* zu § 366 BGB. Hat der Schuldner neben einer Hauptforderung auch Kosten und Zinsen zu zahlen, wird eine nicht vollständige Leistung zunächst auf die Kosten, dann auf die Zinsen und erst dann auf die Hauptleistung angerechnet. Bestimmt der Schuldner eine andere Anrechnung, kann der Gläubiger die Annahme der Leistung nach § 367 II BGB ablehnen, ohne dadurch in Annahmeverzug zu geraten. Nimmt er sie allerdings vorbehaltlos an, muss er die Bestimmung des Schuldners gegen sich gelten lassen.

III. Rechtsfolgen/Beweislast

160 Wird die obligationsgemäße Leistung bewirkt, erlischt nach § 362 I BGB das Schuldverhältnis i.e.S.

Erbringt der Schuldner hingegen eine andere, unvollständige oder mangelhafte Leistung, tritt i.d.R. keine Erfüllung ein. Nimmt der Gläubiger eine solche Leistung dennoch als Erfüllung an, trifft ihn nach § 363 BGB die **Beweislast** für die Mangelhaftigkeit oder Unvollständigkeit der erbrachten Leistung.[132]

Verweigert der Gläubiger die Annahme der Leistung, kann keine Erfüllung eintreten. Dabei ist unerheblich, ob die Verweigerung seiner Annahme berechtigt oder unberechtigt war. Liegt eine unberechtigte Annahmeverweigerung vor, gerät er gem. §§ 293 ff. BGB in Annahmeverzug.

Der Gläubiger hat gem. § 368 BGB nach dem Erhalt der Leistung die Pflicht, dem Schuldner auf Verlangen eine Quittung auszustellen. Die Quittung dient dem Schuldner als Beweismittel dafür, dass er geleistet hat. Sie bestätigt hingegen nicht, dass die Leistung auch als ordnungsgemäße Erfüllung anzusehen ist.

---

[130] OLG Düsseldorf NJW 1995, 2565; BGH BB 1997, 1436 ff.

[131] OLG München NJW-RR 1997, 944; BGH VersR 1976, 138.

[132] Ist eine Rechtsfrage offen, trägt nach dem im Zivilrecht geltenden Grundsatz der Anspruchsteller die Beweislast für die rechtsbegründenden Tatsachen (d.h. für das Bestehen der anspruchsbegründenden Voraussetzungen), der Anspruchsgegner für die rechtshindernden und rechtsvernichtenden Tatsachen (d.h. für Gegennormen, die dem Anspruch entgegenstehen). Etwas anderes gilt nur, wenn die Rechtsordnung davon abweicht, vgl. dazu unten Rn 637, 669, 686, 705 sowie eingehend *R. Schmidt*, BGB AT, Rn 64 ff.

C. Erfüllung mit einem anderen Leistungsgegenstand

Das Gesetz sieht in § 364 BGB vor, dass es dem Schuldner u.U. auch möglich ist, durch eine andere als die geschuldete Leistung zu erfüllen. **161**

I. Annahme an Erfüllungs statt

Eine **Annahme an Erfüllungs statt i.S.d. § 364 I BGB** liegt vor, wenn das Schuldverhältnis durch die Erbringung einer Leistung erlöschen soll, die an die Stelle der ursprünglichen vertraglichen Leistung getreten ist. **162**

Der erbrachte Gegenstand ersetzt damit die eigentlich geschuldete Leistung – man spricht insoweit von einem **Erfüllungssurrogat**. Als Erfüllungssurrogat kommen grundsätzlich alle denkbaren Leistungsgegenstände wie Sachen, Forderungen, Dienst- oder Werkleistungen in Betracht.

> **Beispiel:** Autohändler A verkauft dem Malermeister B ein älteres gebrauchtes Geschäftsfahrzeug. Der Kaufpreis soll erst zehn Tage später geleistet werden. Am Fälligkeitstag fällt A jedoch ein, dass sein Ladengeschäft unbedingt gestrichen werden muss. Daher einigen sich A und B darauf, dass B statt der Bezahlung des Wagens A das Ladengeschäft streicht. ⇨ Die Werkleistung tritt damit an die Stelle der Kaufpreiszahlung.

Die **Rechtsnatur** der Annahme an Erfüllungs statt ist umstritten. Während sie teilweise als entgeltlicher Austauschvertrag angesehen wird, ist sie nach ganz h.M.[133] lediglich ein Hilfsgeschäft, welches dazu dient, eine Vereinbarung über die Erfüllung der ursprünglichen Schuld zu treffen. Rechtsgrund bleibt danach das ursprüngliche Schuldverhältnis. Der Streit hat indes keine besondere Relevanz. Denn Einigkeit besteht – soweit ersichtlich – darüber, dass sich der Schuldner und Gläubiger über die Hingabe einer anderen Sache als Erfüllungssurrogat einig sein müssen, wobei im Falle der Übernahme einer neuen Verbindlichkeit durch den Schuldner im Zweifel keine Annahme an Erfüllungs statt vorliegt, vgl. § 364 II BGB. Die **Vereinbarung** kann ausdrücklich oder auch konkludent erfolgen. Allerdings muss bei einer stillschweigenden Abmachung der Wille des Gläubigers, die andere Leistung als Erfüllung anzunehmen, hinreichend deutlich werden. Es reicht also nicht aus, wenn er die erbrachte Leistung lediglich entgegennimmt, *ohne* den konkreten Willen zum Ausdruck gebracht zu haben, diese als den geschuldeten Gegenstand gelten zu lassen. **163**

> **Beispiel:** A und B haben einen Kaufvertrag über ein Bild zum Preis von 500,- € geschlossen. Anstatt am Fälligkeitstag das Geld zu übersenden, schickt A als Schuldner dem B eine Motorsäge im gleichen Wert zu. B kann diese gut gebrauchen und beginnt am gleichen Tag, mehrere Bäume mit der Säge zu fällen.
>
> Hier kann nicht ohne weiteres eine Annahme an Erfüllungs statt angenommen werden. Bei einer Auslegung aus der Sicht eines objektiven Empfängers (§§ 133, 157 BGB) stellt sich der Sachverhalt vielmehr so dar, dass A und B einen neuen Kaufvertrag über die Säge vereinbarten, sodass sie die Forderungen aufrechnen können, §§ 387 ff. BGB.

> **Hinweis für die Fallbearbeitung:** Ist die Vereinbarung über die Ersetzung nichtig oder wird sie wirksam angefochten, besteht die ursprüngliche Schuld weiter. Wurde dennoch eine andere Leistung (vermeintlich) an Erfüllungs statt real erbracht, ist sie gem. § 812 I S. 1 Var. 1 BGB zurückzugewähren.

In ihrer **Rechtsfolge** hat die Leistung an Erfüllungs statt die gleichen Wirkungen wie die Erfüllung. Die Hauptleistungspflicht erlischt ebenso wie die akzessorischen Nebenrechte. Ist der an Erfüllungs statt geleistete Gegenstand mit **Mängeln** behaftet, hat der Schuldner gem. § 365 BGB wegen eines Mangels in gleicher Weise wie ein Verkäufer Gewähr zu leisten. Die §§ 434 ff. BGB sind entsprechend anzuwenden. Paradigmatisch ist die **164**

[133] *Fetzer*, in: MüKo, § 364 Rn 1; *Buck-Heeb*, in: Erman, § 364 Rn 2; *Grüneberg*, in: Palandt, § 364 Rn 2.

Inzahlunggabe eines Gebrauchtwagens bei Kauf eines Neuwagens oder eines anderen Gebrauchtwagens.

Beispiel[134]**:** K kauft im Autohaus des V einen Neuwagen, wobei vereinbart wird, dass K die Hälfte in bar bezahlt und die Restschuld durch die Hingabe seines gebrauchten Kfz an Erfüllungs statt begleicht. Nach Durchführung des Geschäfts, d.h. nach wechselseitiger Übereignung und Übergabe der Fahrzeuge sowie Barzahlung des Differenzbetrags, stellt sich heraus, dass am von K in Zahlung gegebenen Fahrzeug ein schwerer Heckschaden repariert worden war. Im Formular über den „Ankauf eines Gebrauchtwagens" hatte K das Kreuzchen bei „unfallfrei" gemacht, obwohl er Kenntnis über den Schaden hatte. V verlangt Schadensersatz (Differenz zwischen zugrunde gelegtem Wert des in Zahlung genommenen Wagens und dem tatsächlichen Wert unter Zugrundelegung des Unfallschadens).

Der von V geltend gemachte Schadensersatzanspruch könnte sich aus §§ 437 Nr. 3, 311a II S. 1 BGB ergeben. Dazu müsste zunächst ein Kaufvertrag zwischen V und K vorliegen. Zweifel bestehen, weil zwischen V und K ein Kaufvertrag über einen Neuwagen geschlossen wurde und der Gebrauchtwagen des K lediglich in Zahlung gegeben wurde. Dennoch liegt auf der Basis der Rspr. des BGH (vgl. dazu den folgenden Hinweis für die Fallbearbeitung) zwischen V und K insgesamt **nur *ein* Kaufvertrag** vor. K hatte lediglich die Möglichkeit, einen Teil seiner Kaufpreispflicht (hier: 50%) durch die Inzahlunggabe seines gebrauchten Kfz zu ersetzen (§ 364 I BGB).

Ist der an Erfüllungs statt geleistete Gegenstand mit Mängeln behaftet, hat der Schuldner gem. § 365 BGB wegen eines Mangels in gleicher Weise wie ein Verkäufer Gewähr zu leisten. Die §§ 434 ff. BGB sind entsprechend anzuwenden.

Ist also das von K an V in Zahlung gegebene Kfz mangelhaft, kann V aus §§ 434 ff. BGB i.V.m. § 365 BGB vorgehen. Das wirft wiederum die Frage auf, ob V zunächst Nacherfüllung verlangen muss, da die Sachmängelrechte der §§ 434 ff. BGB der Nacherfüllung den Vorrang einräumen (das ergibt sich aus § 440 BGB). Vorliegend ist aber davon auszugehen, dass die Parteien eine Nacherfüllungspflicht konkludent abbedungen haben, da K nicht die Fähigkeit haben dürfte, ein Auto zu reparieren. Aber auch, wenn man einen solchen Haftungsausschluss nicht annimmt, ist Nacherfüllung wegen Unmöglichkeit ausgeschlossen. Denn der Unfallwagen kann nicht, auch nicht durch Reparatur, in den vertragsgemäßen Zustand gebracht werden. Dieser unbehebbare Sachmangel bestand von Anfang an, sodass für den Schadensersatzanspruch nicht §§ 437 Nr. 3, 439, 283 S. 1, 281 BGB greifen, sondern §§ 437 Nr. 3, 311a II S. 1 BGB. Eine Fristsetzung ist entbehrlich (§ 311a II S. 3 BGB verweist nicht auf § 281 I S. 1 BGB; zudem besteht Unmöglichkeit der Nacherfüllung).

Da K das Leistungshindernis bei Vertragsschluss kannte, liegt auch ein Vertretenmüssen i.S.v. § 311a II S. 2 BGB vor.

V kann daher Schadensersatz verlangen, §§ 437 Nr. 3, 311a II S. 1 BGB.

Weiterführender Hinweis: Hätte K einen Gewährleistungsausschluss mit V vereinbart, wäre dieser unwirksam, da K über die Unfallfreiheit arglistig getäuscht hat (§ 444 BGB).

Hinweis für die Fallbearbeitung: Haben die Parteien keine ausdrückliche Vereinbarung über eine Leistung an Erfüllungs statt getroffen, ist bei der **Inzahlunggabe eines Kfz** stets genau zu prüfen, was im Einzelfall gewollt war. In Betracht kommen folgende Konstruktionen:

Doppelkauf mit Verrechnungsabrede. Damit sind zwei juristisch völlig selbstständige Kaufverträge gemeint. Lediglich die jeweiligen Gegenleistungen werden miteinander verrechnet. Dies entspricht aber kaum dem Parteiwillen, wenn ein *einheitlicher* Vertrag gewollt ist.

[134] In Anlehnung an BGH NJW 2013, 1733 ff.

Ersetzungsbefugnis.[135] Bei dieser Konstruktion schließen die Parteien einen Kaufvertrag über das Neufahrzeug. In diesem Kaufvertrag wird das Recht des Käufers vereinbart, einen bestimmten (vertraglich festgelegten) Teil des Kaufpreises durch Hingabe des Altfahrzeugs zu tilgen (Ersetzungsbefugnis). Die Ausübung dieser Ersetzungsbefugnis stellt eine Leistung an Erfüllungs statt i.S.d. § 364 I BGB dar. Diese Konstruktion hat jedoch (für den Käufer) den Nachteil, dass bei einem Rücktritt des Verkäufers wegen Mangelhaftigkeit des in Zahlung genommenen Gebrauchtwagens nach §§ 365 i.V.m. 434, 437 Nr. 2, 440, 346 ff. BGB der Käufer unmittelbar auf Zahlung des vollen Kaufpreises verklagt werden kann. Der Käufer wollte i.d.R. den Vertrag über den Neuwagen jedoch nur schließen, wenn er gleichzeitig seinen Gebrauchtwagen in Zahlung geben kann und deswegen nicht zur vollen Kaufpreiszahlung verpflichtet ist. Verlangt der Verkäufer des Neuwagens aber lediglich Schadensersatz, stellt sich das Problem nicht. Die Konstruktion der Ersetzungsbefugnis schützt den Käufer aber dann ausreichend, wenn ein Rücktritt des Verkäufers wegen Mangelhaftigkeit des Gebrauchtwagens infolge eines Haftungsausschlusses ausscheidet und § 444 BGB nicht greift, weil der Käufer, der den Mangel nicht kennt, dem Verkäufer zuvor die Gelegenheit verschafft hat, den Gebrauchtwagen auf Mangelfreiheit zu überprüfen.

Dennoch wird in der Literatur die Konstruktion eines **typengemischten Vertrags mit kauf- und tauschrechtlichen Elementen** befürwortet.[136] Hierbei führt eine Leistungsstörung zur Rückabwicklung des gesamten Vertrags, sodass im Falle eines Rücktritts des Verkäufers nach §§ 480, 437 Nr. 2, 440, 346 ff. BGB auch der Käufer nicht mehr zur Abnahme des Neuwagens verpflichtet ist.

Der Verweis des § 365 BGB gilt nicht uneingeschränkt. Haben die Parteien die bestehende Schuld in ein neues Schuldverhältnis umgewandelt, richtet sich das Rechtsverhältnis nach dem neuen Vertrag. Dies ist z.B. der Fall, wenn eine bestehende Kaufpreisschuld in ein Darlehen umgewandelt wird. **165**

Darüber hinaus ist umstritten, ob § 365 BGB auch dann vollständig anwendbar ist, wenn dem Schuldner bei seiner ursprünglichen Pflicht Privilegien zustanden. **166**

Beispiele:

(1) A schuldet B aus einer Wette (§ 762 BGB) eine Flasche 2014er Merlot aus Südafrika. Die Parteien vereinbaren, dass er stattdessen auch eine Flasche 2014er Bordeaux an Erfüllungs statt leisten kann. Nunmehr stellt sich heraus, dass der Bordeaux „umgekippt" ist. Soll A gem. § 365 BGB wie ein Verkäufer haften, obwohl er ursprünglich keinem klagbaren Anspruch ausgesetzt war (Naturalobligation!)?

(2) A schuldet B aus einem Schenkungsvertrag einen Fernseher der Marke X. A erbringt aber stattdessen einen Fernseher der Marke Y an Erfüllungs statt. Dieser hat, was A nur leicht fahrlässig verkannte, einen Sachmangel. Aufgrund des Sachmangels erleidet B einen Schaden. Soll A aus §§ 437 Nr. 3, 280 ff. BGB i.V.m. § 365 BGB für diese Schäden haften, obwohl er aufgrund des Schenkungsvertrags wegen des Haftungsprivilegs des § 524 I BGB nicht gehaftet hätte?

Nach einer Ansicht soll das Gewährleistungsrecht nach §§ 434 ff. BGB auch in diesen Fällen uneingeschränkt eingreifen. Der Gesetzeswortlaut des § 365 BGB sei insoweit eindeutig und lasse keine Ausnahmen zu. Darüber hinaus stelle die Annahme an Erfüllungs statt einen Veräußerungsvertrag dar, mit dem der Gläubiger über seine alte Forderung verfüge. Da er seinen ursprünglichen Erfüllungsanspruch aufgebe, müsse er bei Mängeln auch in vollem Umfang entschädigt werden. Die Gegenansicht hingegen geht überzeugend davon aus, dass die Annahme an Erfüllungs statt lediglich ein Erfüllungsvertrag ist, der darauf gerichtet ist, aus- **167**

[135] BGHZ 46, 338, 342; *Binder*, NJW 2003, 393, 395 f. Vgl. auch BGH NJW 2013, 1733, 1734.
[136] *Larenz*, SchuldR BT 1, § 63 II; *Honsell*, Jura 1983, 523, 524.

schließlich die bestehende Schuld zum Erlöschen zu bringen.[137] Rechtsgrund für die Leistung bleibt somit das ursprüngliche Schuldverhältnis, sodass etwaige Haftungsprivilegien dem Schuldner erhalten bleiben.

Hinweis für die Fallbearbeitung: Die Vereinbarung über eine Leistung an Erfüllungs statt kann grundsätzlich auch schon vor der Leistungshandlung getroffen werden. Haben die Parteien bspw. schon bei Vertragsschluss beschlossen, dass der Schuldner eine Leistung zu erbringen hat, er aber auch eine andere Leistung erbringen darf, liegt eine **Ersetzungsbefugnis** des Schuldners vor. Erbringt der Schuldner die andere Leistung, erlischt das Schuldverhältnis gem. § 364 I BGB. Dabei ist genau zu prüfen, ob tatsächlich eine Ersetzungsbefugnis vorliegt. Haben die Parteien nämlich eine Wahlschuld mit einem Wahlrecht des Gläubigers vereinbart, hat der Schuldner nicht das *Recht*, sondern u.U. sogar die *Pflicht*, die andere Leistung zu erbringen. Erbringt er sie, erlischt das Schuldverhältnis gem. § 362 BGB. Insoweit wird ergänzend auf die obigen Ausführungen zur Wahlschuld und Ersetzungsbefugnis verwiesen (Rn 106 ff.).

II. Abgrenzung zur Annahme erfüllungshalber

168 Eine Leistung **erfüllungshalber** liegt vor, wenn das Erlöschen des Schuldverhältnisses erst eintreten soll, nachdem sich der Gläubiger aus dem Geleisteten befriedigt hat.

Die Leistung erfüllungshalber ist anders als die Leistung an Erfüllungs statt im BGB nicht geregelt. Sie wird lediglich in § 364 II BGB angedeutet: Der Gläubiger erhält zunächst einen Ersatzgegenstand, der nicht (wie es § 364 II BGB vorsieht) zwingend eine neue Verbindlichkeit sein muss. Durch die Leistung dieses Gegenstands erlischt die Forderung aber nicht per se, sondern erst, wenn sich der Gläubiger aus diesem Gegenstand befriedigt hat.[138] Ob eine solche Vereinbarung vorliegt, ist anhand der Parteierklärungen gem. §§ 133, 157 BGB zu ermitteln. So können bspw. auch Sachen nur erfüllungshalber geleistet werden, wenn sich aus der Abrede ergibt, dass der Gläubiger den Gegenstand nicht als endgültiges Erfüllungssurrogat akzeptiert. Der typische Fall einer Leistung erfüllungshalber ist die Hingabe eines **Schecks.**[139] Auch wenn der Schuldner dem Gläubiger anstelle der Bezahlung eine **Forderung gegen einen Dritten** abtritt, kann regelmäßig von einer Leistung erfüllungshalber ausgegangen werden.[140] Eine solche Annahme entspricht dem Parteiwillen, weil der Gläubiger die – möglicherweise nur schwer einzutreibende – Forderung anderenfalls gar nicht annehmen würde.

Beispiel zur Bezahlung mit Scheck: V und K schließen einen Kaufvertrag über einen alten Traktor. Als Preis vereinbaren sie 2.500,- €. Da K nicht so viel Bargeld bei sich hat, bietet er V Scheckzahlung an. V nimmt den Scheck entgegen, weil er davon ausgeht, dieser sei gedeckt.

Hier liegt eine Leistung erfüllungshalber vor, weil davon ausgegangen werden kann, dass V Erfüllungswirkung nur dann eintreten lassen möchte, nachdem der Scheck eingelöst worden ist.

169 Bei einer Leistung erfüllungshalber hat der Gläubiger nicht nur das Recht, sondern auch die Pflicht, sich zunächst aus dem Ersatzgegenstand zu befriedigen. Bis dahin wird grundsätzlich eine **Stundung** der ursprünglichen Forderung vereinbart, die entweder mit der Erfüllung oder der misslungenen Befriedigung endet. Die Auslegung kann auch ergeben, dass nur ein vorübergehender **Ausschluss der Klag- bzw. Vollstreckbar-**

---

[137] *Harder*, Die Leistung an Erfüllungs statt, 1976, S. 129 ff; *Larenz*, SchuldR AT, § 18 IV, *Fetzer*, in: MüKo, § 364 Rn 1; wohl auch BGHZ 89, 126, 133.
[138] BGH NJW 1998, 746, 748 m.w.N.; *Schreiber*, Jura 1996, 328, 330.
[139] Vgl. ausführlich BGH NJW 1996, 1961.
[140] Dazu BGH NJW 1998, 746, 747 f.

keit gewollt ist. Ein Verzicht des Gläubigers auf die Rechte aus einem bereits eingetretenen oder drohenden Verzug, kann nicht ohne weiteres angenommen werden.

Bei der Aufbewahrung und Verwertung des ihm überlassenen Gegenstands hat der Gläubiger selbstverständlich mit verkehrsüblicher Sorgfalt zu handeln. Zwischen den Vertragsparteien entsteht daher ein **auftragsähnliches Schuldverhältnis.**[141] Der Schuldner dieses Verhältnisses (= Gläubiger des Grundgeschäfts) hat also die rechtlichen Konsequenzen zu tragen, wenn er seinen Pflichten nicht nachkommt. **170**

[141] BGHZ 92, 123, 127; BGH NJW 1992, 683, 684.

Beispiel: A hat B einen Inhaberscheck übergeben, um seine Verbindlichkeit aus einem Kaufvertrag über eine Motoryacht zu begleichen. B trifft auf dem Weg zur Bank die schöne X und geht mit ihr in einen viel besuchten Biergarten. Dabei verliert er jegliche Obacht auf den Scheck. Er lässt seine Brieftasche offen auf einem Tisch liegen. Während B die X umarmt, gelingt es dem Dieb C, die Brieftasche zu entwenden. Wenig später löst C den Scheck erfolgreich ein. ⇨ Will B von A weiterhin die Erfüllung der Kaufpreisforderung, steht diesem ein dauerhaftes Leistungsverweigerungsrecht zu.

Beachte: Die Leistung erfüllungshalber ist nicht nur von der Annahme an Erfüllungs statt, sondern auch von der sog. Leistung sicherungshalber zu unterscheiden. Letztere liegt vor, wenn sich der Gläubiger aus dem geleisteten Sicherungsgut bei Verwertungsreife befriedigen darf (vgl. BGH NJW 2000, 1331). Die ursprüngliche Forderung bleibt also unberührt bestehen und soll auch in Zukunft erfüllt werden. Nur wenn der Schuldner *seiner Leistungspflicht nicht nachkommt*, soll der Gläubiger das Recht erhalten, sich aus der Verwertung des Sicherungsguts zu befriedigen.

D. Hinterlegung, §§ 372 ff. BGB

171 Kann eine Leistung nicht ordnungsgemäß erbracht werden, liegt der Grund dafür i.d.R. beim Schuldner. Es gibt aber Konstellationen, in denen die Abwicklung eines Schuldverhältnisses aus einem aus der Sphäre des Gläubigers stammenden Grunds zu scheitern droht (etwa, weil dieser vom Schuldner nicht zu ermitteln ist). Um dem Schuldner in solchen Fällen die ordnungsgemäße Erfüllung zu ermöglichen, ist das Institut der Hinterlegung konzipiert worden.

Beispiel: A hat B am 1.1. einen goldenen Ring für 5.000,- € verkauft. Dabei wurde vereinbart, dass B die Sache am 2.1. abholt. B erscheint nicht. Da A gerade seinen Laden auflöst und am 3.1. nach Amerika ziehen möchte, fragt er, was er tun kann.

Hier lag eine Holschuld mit einem fest vereinbarten Abholtermin vor. B ist somit seit dem 2.1. im Annahmeverzug, §§ 293 ff. BGB. Das eröffnet für A die Möglichkeit, die Sache bis zur Abholung von einem Dritten verwahren zu lassen und die Mehrkosten bei B zu liquidieren, § 304 BGB. Er läuft aber Gefahr, dass er für eine etwaige Beschädigung oder einen Untergang des Rings haften muss (wenn die Beschädigung/der Untergang durch mindestens grobe Fahrlässigkeit des Dritten verursacht wurde, §§ 300 II, 278 BGB). Daher wird er versuchen, sich seiner Leistungspflicht so schnell wie möglich zu entledigen. Dies kann er durch eine Hinterlegung erreichen und zwar gem. § 379 BGB vorübergehend oder gem. § 378 BGB dauerhaft.

172

Hinterlegung

I. Voraussetzungen der Hinterlegung als Erfüllungssurrogat:

1. Vorliegen eines Hinterlegungsgrunds

a. § 372 S. 1 BGB: Annahmeverzug des Gläubigers (§§ 293 ff. BGB)
b. § 372 S. 2 Var. 1 BGB: Ein anderer in der Person des Gläubigers liegender Grund
c. § 372 S. 2 Var. 2 BGB: Ungewissheit über die Person des Gläubigers

Über diese gesetzlichen Hinterlegungsgründe hinaus ist es den Parteien auch möglich, eine erweiterte Hinterlegungsbefugnis zu vereinbaren.

2. Hinterlegungsfähigkeit des geschuldeten Gegenstands
Nach § 372 S. 1 BGB sind nur Geld, Wertpapiere, sonstige Urkunden sowie Kostbarkeiten hinterlegungsfähig. Ist die geschuldete Sache nicht hinterlegungsfähig, kann sie der Schuldner unter den Voraussetzungen des §§ 383 ff. BGB versteigern lassen bzw. nach § 385 BGB freihändig verkaufen und den Erlös hinterlegen. Wird ein Grundstück, eine Dienst- oder eine Werkleistung geschuldet, kommt eine Hinterlegung generell nicht in

Betracht.

II. Rechtsfolgen der Hinterlegung

1. Rücknahmerecht des Schuldners

Besteht noch ein **Rücknahmerecht** des Schuldners, wird er *nicht* schon durch die Hinterlegung von seiner Verbindlichkeit befreit. Ihm stehen aber die Rechte des § 379 BGB zu.

2. Ausschluss des Rücknahmerechts

Ist das Rücknahmerecht ausgeschlossen, hat die Hinterlegung nach § 378 BGB eine schuldbefreiende Wirkung. Der Schuldner wird also in gleicher Weise von seiner Verbindlichkeit befreit, als hätte er zur Zeit der Hinterlegung an den Gläubiger geleistet (das gilt jedoch nur, wenn die Hinterlegung rechtmäßig war).

I. Anwendungsbereich/Verfahrensrecht

Die hier interessierende Hinterlegung nach §§ 372 ff. BGB ist ausschließlich die Hinterlegung, die als Erfüllungssurrogat fungiert. Deshalb sind §§ 372 ff. BGB unanwendbar, wenn die Hinterlegung bereits die *primäre* Leistungspflicht des Schuldners darstellt, vgl. §§ 432 I S. 2, 660 II, 1077 I S. 2, 1281 S. 2, 2039 S. 2 BGB. In diesen Fällen wird der Schuldner mit der Hinterlegung schon nach § 362 BGB von seiner Verbindlichkeit befreit. Erfolgt eine Hinterlegung zu *Sicherungszwecken* gelten ausschließlich §§ 232 ff. BGB und für prozessuale Hinterlegungen §§ 108 ff. ZPO. §§ 372 ff. BGB sind bei diesen Hinterlegungsformen weder unmittelbar noch entsprechend anwendbar. 173

§§ 372 ff. BGB betreffen ausschließlich die *privatrechtliche* Seite der Hinterlegung. Die verfahrensrechtliche Seite ist durch die Hinterlegungsordnung geregelt. Die Hinterlegungsgesetze der Länder legen fest, dass die Amtsgerichte und (bei Geld) die Justizkassen die zuständige Hinterlegungsstelle sind. Die Hinterlegung hat dabei gem. § 374 I Hs. 1 BGB grundsätzlich bei der Hinterlegungsstelle des *Leistungsorts* zu erfolgen. Wird bei einem anderen Ort hinterlegt, muss der Schuldner dem Gläubiger den daraus entstandenen Schaden ersetzen. Die Hinterlegung bewirkt ein öffentlich-rechtliches Verwahrungsverhältnis, welches durch eine Annahmeverfügung in Form eines Verwaltungsakts *und* durch die Übergabe der zu hinterlegenden Sache begründet wird. Der Schuldner ist zudem gem. § 374 II S. 1 BGB dazu verpflichtet, dem Gläubiger die Hinterlegung unverzüglich anzuzeigen, sofern dies nicht untunlich ist, § 374 II S. 2 BGB. 174

> **Beispiel:** Untunlich ist die Mitteilung, wenn es einen unverhältnismäßigen Aufwand vom Schuldner erfordert, die richtige Postanschrift des Gläubigers zu ermitteln.

Durch die Hinterlegung wird ein öffentlich-rechtlicher Herausgabeanspruch des Gläubigers gegen die Hinterlegungsstelle begründet. Bei einem Streit zwischen zwei Forderungsprätendenten über die Auszahlung von hinterlegten Geldbeträgen steht dem rechtmäßigen Rechtsinhaber der Auszahlungsanspruch zu. Sein Recht kann er gegenüber der Hinterlegungsstelle aber erst durchsetzen, wenn der andere Prätendent in die Auszahlung einwilligt. Diese Einwilligung kann auf zwei Arten erfolgen. Entweder einigen sich die beiden Prätendenten oder es bedarf einer gerichtlichen Durchsetzung. Anspruchsgrundlage für den Anspruch auf Einwilligung ist § 812 I S. 1 Var. 2 BGB[142] (der Anspruchsgegner hat ohne Rechtsgrund die Möglichkeit erworben, eine Auszahlung an den wahren Gläubiger zu verhindern; diese Sperrmöglichkeit ist in Form der Einwilligung „herauszugeben"). 175

Der Gläubiger muss der Hinterlegungsstelle seine Berechtigung nachweisen. Benötigt der Gläubiger zum Nachweis der Empfangsberechtigung eine seine Berechtigung anerken- 176

[142] Vgl. *Fetzer*, in: MüKo, § 373 Rn 29; BGH NJW 2000, 291, 294.

nende Erklärung des Schuldners, kann er diese gem. § 380 BGB verlangen. Ist diesbezüglich der Schuldner nur i.R. einer Zug-um-Zug-Leistung i.S.d. § 373 BGB verpflichtet, kann er das Recht des Gläubigers zum Empfang der hinterlegten Sache von der Bewirkung der Gegenleistung abhängig machen.

177 Zu beachten ist, dass nach den Hinterlegungsgesetzen die hinterlegten gesetzlichen bzw. gesetzlich zugelassenen Zahlungsmittel in das Eigentum des Staates übergehen; sie werden verzinst. Andere Hinterlegungsgegenstände werden unverändert aufbewahrt und bleiben im Eigentum des Schuldners. Bestehen die hinterlegten Gegenstände nicht in Geld, ist in der Hinterlegungsanzeige an den Gläubiger regelmäßig ein Übereignungsangebot des Schuldners i.S.d. §§ 929, 931 BGB zu erblicken, wobei die Annahmeerklärung des Gläubigers die Erklärung gegenüber der Hinterlegungsstelle ist, die insoweit als Empfangsbotin des Schuldners fungiert.

II. Voraussetzungen

178 Voraussetzung der Hinterlegung gem. § 372 BGB sind ein **Hinterlegungsgrund** und die **Hinterlegungsfähigkeit der Sache**.

1. Hinterlegungsgrund

179 § 372 BGB räumt dem Schuldner drei mögliche Hinterlegungsgründe ein.

- Zunächst besteht ein Hinterlegungsgrund, wenn sich der Gläubiger im **Annahmeverzug** (§§ 293 ff. BGB) befindet. Erforderlich ist, dass ein Annahmeverzug *tatsächlich* vorliegt, wohingegen die *irrige Annahme* des Schuldners nicht ausreicht.[143] Kann der Gläubiger die Ordnungsgemäßheit der Leistung nicht prüfen, weil der Schuldner eine Auskunftspflicht verletzt hat, tritt zwar im Fall einer Annahmeverweigerung der Annahmeverzug ein, dem Hinterlegungsrecht des Schuldners steht aber § 242 BGB entgegen.[144]
- Ein weiterer Hinterlegungsgrund besteht, wenn der Schuldner aufgrund eines **in der Person des Gläubigers liegenden Grunds** nicht oder nicht mit Sicherheit erfüllen kann. Beispiele sind dafür die Verschollenheit bzw. ein unbekannter Aufenthaltsort des Gläubigers. Auch die Geschäftsunfähigkeit oder beschränkte Geschäftsfähigkeit des Gläubigers können ein solcher Grund sein, wenn der Gläubiger zwar bekannt ist, jedoch ein gesetzlicher Vertreter fehlt oder dessen Identität unbekannt ist.
- Schließlich besteht ein Hinterlegungsgrund, wenn eine **Ungewissheit über die Person des Gläubigers** besteht, wodurch der Schuldner nicht oder nicht mit Sicherheit erfüllen kann. Nicht ausreichend ist es, wenn lediglich mehrere Forderungsprätendenten vorhanden sind. Vielmehr muss der Schuldner **begründete**, **objektiv** verständliche Zweifel über die Person des Gläubigers haben, die auch im Zeitpunkt der Hinterlegung noch fortbestehen.[145] Die Zweifel können sich sowohl aus tatsächlichen als auch aus rechtlichen Gründen ergeben. Dies ist bspw. der Fall, wenn mehrere undurchsichtige Abtretungen vorliegen oder wenn die Erbfolge oder bei einer Sachbeschädigung die Eigentumslage unklar ist. Dabei darf die Ungewissheit des Schuldners jedoch **nicht durch fahrlässiges Verhalten** begründet sein, wobei keine besonders strengen Sorgfaltsanforderungen zu stellen sind. Eine Pflicht, auf eigene Kosten einen möglicherweise notwendigen rechtlichen Rat einzuholen, besteht in aller Regel nicht.[146] Hat sich der Schuldner einen entsprechenden Rat von einem Rechtskundigen eingeholt und hat dieser die Rechtslage als zweifelhaft bezeichnet, darf der Schuldner grundsätzlich auf die Auskunft vertrauen. Ist dagegen der Schuldner eine Behörde oder ein Notar, ist die Hinterlegung nur in eng begrenzten Aus-

[143] BGHZ 7, 302, 305; OLG Düsseldorf ZIP 1994, 959, 960.
[144] *Fetzer*, in: MüKo, § 372 Rn 7.
[145] BGHZ 7, 302, 307; BGH NJW 1997, 1501, 1502.
[146] BGH NJW 1997, 1501, 1502; *Fetzer*, in: MüKo, § 372 Rn 12.

nahmefällen zulässig, da Behörden und Notare eine umfangreiche rechtliche wie tatsächliche Aufklärungspflicht haben.[147]

2. Hinterlegungsfähigkeit des geschuldeten Gegenstands

Nach § 372 S. 1 BGB sind nur **Geld**, **Wertpapiere** und sonstige **Urkunden** sowie **Kostbarkeiten** hinterlegungsfähig. Dabei kann gemäß den Hinterlegungsgesetzen auch ausländisches Geld hinterlegt werden. Zu beachten ist dabei, dass das gesetzliche Zahlungsmittel mit der Hinterlegung in das Eigentum des Fiskus übergeht. **180**

Kostbarkeiten sind bewegliche Sachen, deren Wert im Vergleich zu ihrem Umfang und ihrem Gewicht besonders hoch ist. Sie müssen leicht aufzubewahren und v.a. unverderblich sein und sich für eine Hinterlegung generell eignen. **181**

Beispiele/Gegenbeispiele: Uhren, Schmuck, Edelsteine, Edelmetalle usw. sind hinterlegungsfähig. Nicht hinterlegungsfähig sind Autos, Fernseher oder Tiere.

Hinweis für die Fallbearbeitung: Kann die geschuldete Sache nicht hinterlegt werden, bleibt dem Schuldner unter den Voraussetzungen der §§ 383 ff. BGB die Möglichkeit, diese versteigern zu lassen oder alternativ freihändig gem. § 385 BGB zu verkaufen. Der erlangte Erlös ist hinterlegungsfähig. Eine Hinterlegung hinsichtlich eines Grundstücks, einer Dienst- oder Werkleistung kommt generell nicht in Betracht.

Handelt es sich um einen Handelskauf i.S.d. § 343 HGB, sind die Vorschriften der **§§ 373, 374 HGB** zu beachten. Diese sind neben den Vorschriften der §§ 372 ff. BGB anwendbar und erweitern die Rechtsposition des Verkäufers bei einem Annahmeverzug. **182**

III. Rechtsfolgen der Hinterlegung

Bei den Rechtsfolgen der Hinterlegung muss danach differenziert werden, ob der Schuldner ein Rücknahmerecht hat. **183**

1. Rücknahmerecht des Schuldners

Nach § 376 I BGB hat der Schuldner grundsätzlich das Recht, die hinterlegte Sache zurückzunehmen, sofern keine Ausnahme i.S.d. § 376 II BGB eingreift. Die Hinterlegung ist in dem Fall noch nicht endgültig, weswegen der Schuldner nicht bereits dadurch von seiner Verbindlichkeit befreit wird. Dem Schuldner steht allerdings gem. **§ 379 I BGB** die Möglichkeit zu, den Gläubiger auf die hinterlegte Sache zu verweisen. Diese Möglichkeit verleiht ihm ein **Leistungsverweigerungsrecht**, welches er im Prozess geltend machen kann. Ist die Sache wirksam hinterlegt worden, trägt der Gläubiger nach § 379 II BGB die **Preisgefahr**. Der Schuldner behält also den Anspruch auf die Gegenleistung, wenn die Sache bei der Hinterlegungsstelle untergeht und dadurch von seiner Leistungspflicht gem. § 275 I BGB frei wird. Zudem braucht der Schuldner gem. **§ 379 II BGB keine Zinsen** zu zahlen oder Ersatz für nicht gezogene Nutzungen zu leisten. **184**

Hinweis für die Fallbearbeitung: Führte ein Annahmeverzug zur Hinterlegung, ist § 379 II BGB überflüssig, da die in ihm bezeichneten Rechtsfolgen bereits gem. §§ 300 II, 326 I S. 1, 301, 302 BGB mit dem Annahmeverzug eintreten.

Nimmt der Schuldner die **hinterlegte Sache zurück**, gilt die Hinterlegung gem. § 379 III BGB als nicht erfolgt und die Rechtsfolgen werden rückwirkend beseitigt.

[147] *Grüneberg*, in: Palandt, § 372 Rn 6; ausführlich *Wenzel*, Rpfleger 2003, 109 ff.

2. Ausschluss des Rücknahmerechts

185 Ist das Rücknahmerecht gem. § 376 II BGB ausgeschlossen, hat die Hinterlegung nach **§ 378 BGB eine schuldbefreiende Wirkung**. Der Schuldner wird also in gleicher Weise von seiner Verbindlichkeit befreit, **als hätte er zur Zeit der Hinterlegung an den Gläubiger geleistet.** Die Rücknahme kann in drei Konstellationen ausgeschlossen sein. Gemäß **§ 376 II Nr. 1 BGB** kann der Schuldner auf sein Rücknahmerecht verzichten. Dieser Verzicht stellt eine einseitige empfangsbedürftige Willenserklärung dar, die gegenüber der Hinterlegungsstelle abzugeben ist.

Gemäß **§ 376 II Nr. 2 BGB** ist die Rücknahme ferner ausgeschlossen, wenn der Gläubiger gegenüber der Hinterlegungsstelle die Annahme der Hinterlegung erklärt hat oder der Hinterlegungsstelle gem. **§ 376 II Nr. 3 BGB** ein zwischen den Parteien ergangenes rechtskräftiges Urteil vorliegt, das die Hinterlegung für rechtmäßig erklärt.

IV. Selbsthilfeverkauf bei nicht hinterlegungsfähigen Sachen

186 Bei nicht hinterlegungsfähigen Sachen kann sich der Schuldner durch einen Selbsthilfeverkauf i.S.d. §§ 383 ff. BGB behelfen. Regelmäßig erfolgt ein solcher Verkauf durch eine öffentliche Versteigerung der geschuldeten Sache.[148] Für den Gläubiger geht dies neben dem Verlust der Sache i.d.R. mit monetären Einbußen einher. Nach § 383 I S. 1 BGB ist die Versteigerung nur bei **beweglichen**, **nicht hinterlegungsfähigen** Sachen möglich. Bei Grundstücken, eingetragenen Schiffen oder Schiffsbauwerken hat der Schuldner gem. § 383 IV BGB lediglich ein Recht zur Besitzaufgabe i.S.d. § 303 BGB.

Das Recht zum Selbsthilfeverkauf ist beim Annahmeverzug uneingeschränkt gegeben. Für die Fälle des § 372 S. 2 BGB hingegen besteht ein solches Recht nur, wenn der Verderb der Sache zu besorgen (z.B. bei Obst) oder wenn die Aufbewahrung mit unverhältnismäßigen Kosten verbunden ist, vgl. § 383 I S. 2 BGB. Zudem hat der Schuldner dem Gläubiger zunächst gem. § 384 I BGB den Selbsthilfeverkauf anzudrohen, sofern nicht die Ausnahmen des § 384 I Hs. 2 und III BGB eingreifen. Die Androhung kann dabei formlos ergehen. Hat der geschuldete Gegenstand dagegen einen Börsen- oder Marktpreis, kann der Schuldner den Verkauf gem. § 385 BGB außerhalb einer öffentlichen Versteigerung aus freier Hand durch einen zu solchen Verkäufen öffentlich ermächtigten Handelsmäkler (§§ 93 ff. HGB) oder durch eine zur öffentlichen Versteigerung befugte Person bewirken lassen.

187 Der Selbsthilfeverkauf führt wie die Hinterlegung nur zur Schuldbefreiung, wenn er **rechtmäßig** war. In dem Fall wandelt sich der ursprüngliche Anspruch des Gläubigers auf die geschuldete Leistung analog § 1247 BGB in einen Anspruch auf den Verkaufserlös.[149] Der Schuldner kann sich durch Hinterlegung des erzielten Erlöses von seiner Verbindlichkeit befreien. Ihm steht es auch frei, die Schuld durch eine Auszahlung des Erlöses oder durch eine Aufrechnung zu tilgen. Erfolgte der Verkauf dagegen **rechtswidrig**, können Schadensersatzansprüche gem. §§ 280, 283 BGB einstehen, sofern deren Voraussetzungen vorliegen. Bei der Beurteilung des Verschuldens i.S.d. §§ 276, 278 BGB ist die Haftungserleichterung des § 300 I BGB zu berücksichtigen.

[148] Vgl. dazu *Fetzer*, in: MüKo, § 372 Rn 1.
[149] *Fetzer*, in: MüKo, § 383 Rn 8.

E. Aufrechnung, §§ 387 ff. BGB

I. Einführung

1. Begriffsbestimmungen

Eine **Aufrechnung** i.S.d. §§ 387 ff. BGB ist die wechselseitige Tilgung von zwei sich gegenüberstehenden Forderungen durch ein einseitiges Rechtsgeschäft.[150] 188

Zwei Personen müssen einander Leistungen schulden, d.h., jede der beiden muss sowohl Gläubiger als auch Schuldner des jeweils anderen sein. Dabei wird die **Forderung des Aufrechnenden als Gegen- bzw. Aktiv- oder Aufrechnungsforderung**, und die Forderung des **Aufrechnungsgegners als Haupt- oder Passivforderung** bezeichnet.

> **Beispiel:** Autohändler H hat von dem Malermeister M seine Geschäftsräume sanieren lassen, weswegen M eine Forderung gegen H i.H.v. 20.000,- € hat. Kurz darauf kauft M bei H ein Fahrzeug, das er bei seinen Arbeiten im Autohaus des H entdeckt hat. Aus dem Kaufvertrag hat H einen Kaufpreisanspruch ebenfalls i.H.v. 20.000,- € gegen M.
>
> Diese Forderungen können durch Aufrechnung nach § 387 BGB zum Erlöschen gebracht werden.
>
> Erklärt H die Aufrechnung, ist die Kaufpreisforderung die Gegen- bzw. Aktivforderung und die Forderung aus dem Werkvertrag die Haupt- bzw. Passivforderung. H und M werden durch die Aufrechnung vollständig befriedigt und von ihrer Leistungspflicht befreit, obgleich beide die jeweils ihnen direkt geschuldete Leistung nicht erhalten haben.

2. Funktionen der Aufrechnung

Mit der Kodifikation der Aufrechnung hat der Gesetzgeber zunächst eine Tilgungserleichterung geschaffen: Anstatt die geschuldete Leistung in Natur zu erbringen, kann der Schuldner seine Forderung als ein **Erfüllungssurrogat** hingeben, welches der Erfüllung gleichgestellt ist.[151] Hierdurch wird ein unwirtschaftliches „Hin- und Herschieben" der Leistungen durch sich entsprechende Überweisungen oder Barzahlungen vermieden. Wichtiger als die Tilgungserleichterung ist die Sicherungs- bzw. Vollstreckungsfunktion: Die Aufrechnung gibt dem Gläubiger der Aktivforderung die Möglichkeit einer **„Privatvollstreckung"**.[152] Damit ist gemeint, dass er mit der Aufrechnung praktisch die gleichen Wirkungen erreichen kann, die einträten, wenn er nach Erstreiten eines rechtskräftigen Urteils über seine Aktivforderung die Passivforderung pfänden und sich gem. § 835 I Var. 2 u. II ZPO an Zahlungs statt zum Nennwert überweisen ließe. Die Aufrechnung gibt dem Schuldner also die Möglichkeit, seine Gegenforderung im Wege der Selbsthilfe durchzusetzen, ohne dass es eines Rechtsstreits oder einer Zwangsvollstreckung bedarf. Sie kann dem Gläubiger sogar in Fällen der Insolvenz seines Schuldners helfen, da er seine eigene Forderung auch im Insolvenzverfahren gem. §§ 94 ff. InsO realisieren kann, ohne das komplizierte und ungewisse Gerichts- und Zwangsvollstreckungsverfahren wählen zu müssen. 189

3. Abgrenzungen

Abzugrenzen ist die gesetzlich normierte Aufrechnung von verwandten Erscheinungen wie der Anrechnung oder dem Aufrechnungsvertrag. 190

---

[150] *Grüneberg*, in: Palandt, § 387 Rn 1.
[151] *Weber*, JuS 1999, L 65, 66.
[152] *Coester-Waltjen*, Jura 2004, 246, 246; *Habermeier*, JuS 1997, 1057, 1058.

191 Im Gegensatz zur Aufrechnung, bei der sich zwei selbstständige Forderungen gegenüberstehen, besteht bei der **Anrechnung** nur *eine* Forderung, bei der im Wege der Ermittlung des Betrags *unselbstständige* Rechnungsposten in Abzug gebracht werden. Gesetzliche Fälle der Anrechnung sind in §§ 326 II S. 2; 366 f.; 615 S. 2; 616 I S. 2 BGB aber auch in § 74c HGB oder § 11 KSchG normiert. Die Forderung des Gläubigers wird dabei nicht durch eine Gegenforderung (teilweise) getilgt, sondern von Anfang an um den anzurechnenden Betrag gemindert.

Beispiel: Eine **Anrechnung** liegt vor, wenn nach der Zahlung eines Gehaltsvorschusses durch den Arbeitgeber die nächste Zahlung des Gehalts um den betreffenden Betrag, der als Vorschuss ausbezahlt wurde, gekürzt wird. In dieser Konstellation stehen sich nicht zwei gegenseitige Forderungen gegenüber, sondern der Arbeitgeber behält bei der zweiten Zahlung lediglich ein, was er bereits vorweg erfüllt hat.

Gegenbeispiel: Dagegen liegt eine **Aufrechnung** vor, wenn der Arbeitgeber in der Vergangenheit das Gehalt *über den vertraglich bestehenden Anspruch* hinaus bezahlt hat und diesen Überstand bei einer Folgeleistung in Abzug bringt.

192 Um eine Anrechnung geht es auch bei der sog. Vorteilsanrechnung. Nach diesem Rechtsinstitut ist eine Schadensersatzforderung von vornherein zu kürzen, wenn dem Geschädigten aufgrund des Schadensereignisses auch Vorteile entstanden sind (vgl. dazu Rn 953 ff.). Gleiches gilt für die Schadensermittlung nach der Differenztheorie und der Anwendung der Saldotheorie im Bereicherungsrecht.

193 Wegen des Grundsatzes der Privatautonomie (§ 311 I BGB) können die Parteien statt der in §§ 387 ff. geregelten Aufrechnung auch einen **Aufrechnungsvertrag** (= Verrechnung) abschließen. Die Aufrechnung kann daher auch im Wege einer *zweiseitigen* rechtsgeschäftlichen *Vereinbarung* vorgenommen werden.

194 Ein **Aufrechnungsvertrag** sieht vor, dass die zwischen den Vertragschließenden bestehenden oder erwarteten gegenseitigen Forderungen in der vereinbarten Weise miteinander verrechnet werden.

Der Vorteil eines Aufrechnungsvertrags liegt darin, dass die Voraussetzungen der §§ 387 ff. BGB nicht erfüllt sein müssen.[153] So kann ein Aufrechnungsvertrag auch abgeschlossen werden, wenn ein Aufrechnungsverbot vorliegt oder wenn die Forderungen nicht im Gegenseitigkeitsverhältnis stehen, sondern die Parteien lediglich über sie verfügen können. Darüber hinaus ist – anders als bei § 387 BGB – nicht erforderlich, dass die Forderungen gleichartig sind.[154] Mit einem Aufrechnungsvertrag kann zunächst einmal die Verrechnung bereits bestehender Forderungen bezweckt werden (sog. Kompensationsvertrag). Ebenso können aber auch andere Gestaltungsmöglichkeiten wahrgenommen werden, z.B. der Abschluss eines bedingten oder befristeten Aufrechnungsvertrags. Haben die Parteien eine solche Vereinbarung getroffen, kann eine *einseitige* Aufrechnung nicht erklärt werden, da sie während der Frist ausgeschlossen ist.[155]

195

Aufrechnung

I. Voraussetzungen

1. Aufrechnungslage, § 387 BGB

a. Bestehen, Fälligkeit, Durchsetzbarkeit der Gegen-(Aktiv-/Aufrechnungs-)forderung
b. Erfüllbarkeit der Hauptforderung
c. Gegenseitigkeit der Forderungen

---

[153] *Coester-Waltjen*, Jura 2004, 246, 247; BGH NJW 1985, 2409. Allerdings müssen die Forderungen rechtsgültig sein, ansonsten ist der Vertrag unwirksam; vgl. BGH NJW 1998, 978, 979.
[154] BGHZ 40, 115, 119; BGH WM 1968, 404, 405; dagegen *Lorenz*, in: Staudinger, vor § 387 Rn 65.
[155] *Lorenz*, in: Staudinger, vor § 387 Rn 63.

d. Gleichartigkeit der Forderungen

2. Aufrechnungserklärung, § 388 BGB

Die Aufrechnungserklärung ist eine einseitige empfangsbedürftige Willenserklärung. Sie kann gem. § 388 S. 2 BGB grds. weder bedingt noch befristet erklärt werden.

3. Kein Aufrechnungsausschluss

a. Vertraglicher Ausschluss (beachte aber: §§ 309 Nr. 3, 242 BGB)
b. Gesetzlicher Ausschluss (besonders: §§ 390-395 BGB)

II. Rechtsfolge, § 389 BGB

Nach § 389 BGB gelten die Forderungen, soweit sie sich decken, als in dem Zeitpunkt erloschen, in welchem sie zur Aufrechnung geeignet einander gegenübergetreten sind. Die Aufrechnung wirkt also auf den Zeitpunkt des Entstehens der Aufrechnungslage zurück.

II. Voraussetzungen

1. Aufrechnungslage

Für eine Aufrechnung gem. § 387 BGB muss zunächst eine Aufrechnungslage bestehen.

Eine **Aufrechnungslage** liegt vor, wenn zwei Personen einander Leistungen schulden, 196 die ihrem Gegenstand nach **gleichartig** sind und der Aufrechnende die ihm gebührende Leistung **fordern** und die ihm obliegende Leistung **bewirken** kann.

a. Bestehen, Fälligkeit, Durchsetzbarkeit der Gegenforderung

Damit der Aufrechnende seine *Leistung fordern kann*, muss seine Forderung wirksam, 197 fällig und durchsetzbar sein.[156]

- Bei der Beurteilung der **Wirksamkeit** sind die allgemeinen Regeln (§§ 104 ff., 164 198 ff., 125, 134, 138 BGB) zu beachten. Ist die **Gegenforderung anfechtbar**, hindert dies die Aufrechnung nicht. Es entfallen allerdings die Wirkungen der §§ 387 ff. BGB, wenn die Anfechtung erfolgte und dadurch die Gegenforderung ex tunc vernichtet wurde. Eine Ausnahme hiervon liegt vor, wenn der Aufrechnende die Aufrechnung in Kenntnis der Anfechtbarkeit vorgenommen hat. Dann hat er gem. § 144 BGB das anfechtbare Rechtsgeschäft bestätigt und sich seines Anfechtungsrechts entäußert – die Aufrechnung bleibt dauerhaft wirksam.

  Bei **bedingten** Forderungen ist zwischen einer aufschiebenden (§ 158 I BGB) und auflösenden (§ 158 II BGB) Bedingung zu unterscheiden. Bei der **auflösend** bedingten Forderung ist eine Aufrechnung zulässig. Denn die Forderung ist dabei zunächst vollwirksam entstanden und kann sonach als Gegenforderung fungieren. Tritt die auflösende Bedingung allerdings ein, wird die erklärte Aufrechnung hinfällig[157] und ihre Wirkungen werden – wie bei der Anfechtung – rückwirkend beseitigt. Mit einer **aufschiebend** bedingten Forderung kann hingegen nicht aufgerechnet werden, da dem Erwerber der Forderung nur ein Anwartschaftsrecht zusteht, das erst mit Eintritt der Bedingung zu einem Vollrecht erstarkt. Ein wirksames, fälliges Vollrecht, welches für die Aufrechnung nötig ist, ist daher bis zum Bedingungseintritt noch nicht entstanden.

- Darüber hinaus muss die Gegenforderung auch **fällig** sein.[158] Denn könnte der Auf- 199 rechnende mit einer ihm gegenüber bestehenden, *noch nicht fälligen* Forderung aufrechnen, würde er damit den Fälligkeitszeitpunkt einseitig vorziehen.

---

[156] Vgl. etwa BGH NJW 2011, 6 f.
[157] *Schlüter*, in: MüKo, § 387 Rn 36; OLG Celle 1972, 274, 275; *Habermeier*, JuS 1997, 1057, 1061.
[158] Diesbezüglich wird auf die Ausführungen zur Leistungszeit (Rn 80 ff.) verwiesen.

200 - Schließlich darf der Gegenforderung keine Einrede entgegenstehen (§ 390 BGB); der Anspruch muss also **durchsetzbar** sein. Diese Regelung soll bewirken, dass der Aufrechnende keine Forderungen durch eine „Privatvollstreckung" eintreiben kann, die er auch gerichtlich nicht hätte durchsetzen können. Deswegen kann bspw. eine Naturalobligation (z.B. aus Spiel/Wette) nicht als Gegenforderung fungieren. Die Einreden i.S.d. § 390 BGB sind **alle materiellen zerstörenden oder rechtshemmenden Einreden**.

Beispiele: Steht der Forderung des Aufrechnenden ein Zurückbehaltungsrecht gem. § 273 BGB entgegen, ist die Aufrechnung ausgeschlossen. Dies gilt nicht, wenn der Aufrechnungsgegner im Annahmeverzug ist oder das Zurückbehaltungsrecht gerade die Forderung sichert, die durch die Aufrechnung erfüllt werden soll. Neben § 273 BGB stellen auch § 320 BGB und § 214 BGB Einreden i.S.d. § 390 BGB dar.

Hinweis für die Fallbearbeitung: Eine **Ausnahme** beinhaltet **§ 215 BGB**, wonach die Aufrechnung mit einer verjährten Gegenforderung *nicht* ausgeschlossen ist. Voraussetzung dafür ist, dass die Forderung zu einem Zeitpunkt noch nicht verjährt war, in dem der Schuldner erstmals hätte aufrechnen können. § 215 BGB knüpft also an einen Zeitpunkt an, in welchem die Aufrechnungslage zwar bereits bestand und die Aufrechnung damit bereits möglich, aber noch nicht erklärt worden war.

Beispiel: A hat gegen B eine Schadensersatzforderung i.H.v. 100,- €, die am 31.12.2017 verjährt ist. Am 1.12.2017 verkaufte B dem A einen gebrauchten Fernseher für 100,- €. Am 9.2.2018 erklärte A die Aufrechnung und B wendet ein, die Forderung des A sei verjährt. ⇨ A kann trotz § 390 BGB aufrechnen, da § 215 BGB eingreift: Die Schadensersatz- und die Kaufpreisforderung standen sich bereits in einem Zeitpunkt gegenüber, in dem die Schadensersatzforderung noch nicht verjährt war. Es schadet nicht, dass A erst nach Ablauf der Verjährung die Aufrechnung erklärte.

b. Erfüllbarkeit der Hauptforderung bzw. Passivforderung

201 Zudem muss die Haupt- bzw. Passivforderung **erfüllbar** sein. Das bedeutet, dass die Schuld des Aufrechnenden entstanden sein und er das Recht haben muss, seine Leistung auch schon zu erbringen. Nicht erforderlich ist hingegen, dass der Aufrechnungsgegner seine Forderung auch schon durchsetzen kann. Denn es bleibt dem Aufrechnenden selbst überlassen, ob er die gegen sich gerichtete Forderung erfüllen oder die ihm u.U. zustehende Einrede geltend machen will.

Beispiel: A hat bei B 10.000,- € Wettschulden. Vorab hatte A dem B einen Porsche verkauft. Der Kaufpreis betrug 55.000,- €. A erklärt B gegenüber die Aufrechnung.

Die Gegen- bzw. Aktivforderung ist die Kaufpreisforderung des A, die Haupt- bzw. Passivforderung ist die Wettschuld des A, bzw. der „Anspruch" des B gegen A aus der Wette.

Nach § 762 I BGB wird durch eine Wette oder ein Spiel keine durchsetzbare Verbindlichkeit begründet (Naturalobligation). A muss die Leistung also nicht erbringen. Ihm steht es dennoch frei, mit der Wettschuld aufzurechnen. Erklärt er die Aufrechnung, verzichtet er auf seine bestehenden Rechte und erfüllt die Hauptforderung. Demnach braucht B lediglich 45.000,- € an A aus dem Kaufvertrag zu zahlen.

Hinweis für die Fallbearbeitung: Derjenige, der in Unkenntnis einer dauernden Einrede aufrechnet kann das Geleistete gem. § 813 BGB zurückfordern. Dies gilt gem. § 813 I S. 2 BGB i.V.m. § 214 II BGB nicht für die *Verjährung*.

c. Gegenseitigkeit der Forderungen

Darüber hinaus müssen die Forderungen in einem Gegenseitigkeitsverhältnis stehen. Der Aufrechnende muss sowohl Gläubiger der Gegen- bzw. Aktivforderung als auch Schuldner der Haupt- bzw. Passivforderung sein, der Aufrechnungsgegner hingegen Schuldner der Gegen- bzw. Aktivforderung und Gläubiger der Haupt- bzw. Passivforderung.[159] 202

> **Hinweis für die Fallbearbeitung:** Diese „Gegenseitigkeit" ist nicht mit dem Anwendungsbereich der §§ 320 ff. BGB gleichzusetzen. Denn bei den *gegenseitigen Verträgen* findet aufgrund *eines* Vertrags ein Austausch verschiedenartiger Leistungen statt. Bei der Aufrechnung hingegen stehen sich gleichartige Leistungen aus verschiedenen Verträgen gegenüber. Um mögliche Irritationen zu vermeiden, wird die „Gegenseitigkeit" bei der Aufrechnung im Folgenden als „Wechselseitigkeit" bezeichnet.[160]

Eine Aufrechnung kann grundsätzlich nur durch den **Schuldner** selber erklärt werden. 203
Einem Dritten steht hingegen das Rechtsinstitut der Aufrechnung nicht zu, er kann lediglich die Forderung gem. § 267 I BGB erfüllen.

Beispiel: Der Bürge kann nur seine Bürgschafts-, nicht aber die Hauptschuld tilgen.

Eine **Ausnahmesituation** besteht aber, wenn Dritte durch das Rechtsverhältnis zwischen dem Aufrechnenden und dem Aufrechnungsgegner tangiert werden.

Beispiel: A hat bei B ein wertvolles Segelflugzeug gekauft, wobei ein Teil des Kaufpreises durch die Bank C finanziert wird. Das Darlehen i.H.v. 100.000,- € wird durch eine Hypothek auf dem Grundstück der Mutter D abgesichert. Als A das Darlehen über einen Zeitraum von einem halben Jahr nicht mehr bedienen kann, stellt die Bank C das Darlehen i.H.v. 97.000,- € sofort fällig. Sie will anschließend gem. § 1147 BGB auf das Grundstück der D zugreifen. D hat aber gegenüber der Bank wegen einer fehlerhaften Beratung einen Schadensersatzanspruch über 150.000,- €. Sie kann gem. §§ 1150, 268 II BGB die Aufrechnung erklären und so die Schuld des A tilgen.

> **Hinweis für die Fallbearbeitung**: Vorschriften für die Aufrechnungsmöglichkeit Dritter finden sich auch in §§ 268 II, 1142 II, 1150, 1249 BGB.

Die Gegenforderung muss eine **eigene Forderung des Schuldners** sein. Mit der Forderung eines Dritten kann er auch mit dessen Einwilligung nicht aufrechnen.[161] Etwas anderes gilt nur, wenn nicht nur Schuldner und Dritter, sondern auch der Gläubiger damit einverstanden sind. Dann handelt es sich dogmatisch aber nicht um eine Aufrechnung, sondern um einen *Aufrechnungsvertrag*. Ist der Gläubiger nicht einverstanden, ist eine Aufrechnung mit einer fremden Forderung nur möglich, wenn diese zuvor an den Schuldner abgetreten wurde.[162] 204

Schließlich darf der Schuldner nur mit einer Forderung aufrechnen, die sich **gerade gegen den Gläubiger der Passivforderung** – und nicht etwa gegen einen Dritten – richtet. Allerdings gibt es Ausnahmesituationen, die das Erfordernis der Wechselseitigkeit aufheben. 205

Beispiele:

(1) So kann bei der stillen Zession gem. § 406 BGB unter bestimmten Voraussetzungen auch aufgerechnet werden, wenn die Forderung auf einen neuen Gläubiger übergegangen ist. Es wird dem Umstand Rechnung getragen, dass eine Aufrechnungslage

---

159 *Habermeier*, JuS 1997, 1057, 1058.
160 Siehe auch *Habermeier*, JuS 1997, 1057, 1058; gegen diese Terminologie *Lorenz*, in: Staudinger, § 387 Rn 60 ff.
161 BGH NJW 2000, 278, 279; NJW-RR 1988, 1146, 1150; *Weber*, JuS 1999, L 65 f.
162 *Schlüter*, in: MüKo, § 387 Rn 7.

einmal bestand, von der der Aufrechnende vor der Forderungsabtretung hätte profitieren können, wenn er die Aufrechnung sofort erklärt hätte.[163]

(2) § 406 BGB ist **entsprechend** anwendbar, wenn der Gläubiger nach Eintritt der Aufrechnungslage die Hauptforderung mit einem Nießbrauch belastet, an einen anderen verpfändet oder sonst über sie verfügt wurde.[164]

(3) Ein ähnliches Recht sieht § 566 d BGB bei Mietverträgen vor.

(4) Eine weitere Ausnahme kann sich aus dem Grundsatz von **Treu und Glauben** gem. § 242 BGB ergeben, wenn die Berufung auf das Fehlen der Wechselseitigkeit als missbräuchlich erscheint. Das ist der Fall, wenn der Vertragspartner eines Strohmanns mit Gegenforderungen gegen dessen Hintermann aufrechnet.[165]

d. Gleichartigkeit der Forderungen

206 Darüber hinaus verlangt § 387 BGB, dass die Leistungen „nach ihrem Gegenstand gleichartig" sind. Ob dies der Fall ist, bestimmt sich nach der Verkehrsanschauung. Unzweifelhaft ist eine Gleichartigkeit bei gegenseitigen **Geld**- oder **Gattungsschulden** gegeben. Weiterhin wird sie bejaht, wenn einer Geldforderung ein Anspruch auf Aushändigung bestimmter **Wertpapiere** gegenübersteht, *sofern* es hinsichtlich der Wertpapiere im Wesentlichen auf die Verschaffung des in ihnen verkörperten Geldwerts ankommt.[166] In besonderen **Ausnahmesituationen** können auch ein dinglicher und ein schuldrechtlicher Anspruch gem. § 387 BGB (analog) gleichartig sein, z.B. wenn einer schuldrechtlichen Geldforderung eine Geldwertvindikation gem. § 985 BGB gegenübersteht.[167] **Problematisch** wird es jedoch, wenn Geld in verschiedenen Währungen geschuldet wird. Zu unterscheiden ist hierbei zwischen der echten und unechten Valutaschuld.[168]

207 Eine **echte Valutaschuld** ist in ausländischer Währung ausgedrückt und muss nach der Parteivereinbarung auch zwingend in dieser beglichen werden. In dem Fall kann nicht mit einer Forderung aufgerechnet werden, die auf einen bestimmten €-Betrag gerichtet ist.

208 Bei der **unechten Valutaschuld** haben die Parteien im Vertrag zwar unterschiedliche Währungen vereinbart; wenn die Leistung nach dem Vertragsinhalt aber im Inland (also in der Bundesrepublik Deutschland) zu erbringen ist, kann gem. § 244 I BGB auch in € geleistet werden (sofern keine anderweitige Abmachung vorliegt). In diesem Fall kann der Schuldner aufrechnen, wenn ihm eine auf einen bestimmten €-Betrag lautende Forderung zusteht.

209 Das Erfordernis der Gleichartigkeit setzt **nicht** voraus, dass die Forderungen – wie beim Zurückbehaltungsrecht i.S.d. § 273 BGB – **konnex** sind. Die Ansprüche müssen also nicht „aus demselben rechtlichen Verhältnis" stammen, und damit in **keinem rechtlichen und tatsächlichen Zusammenhang** stehen. Auch ist die Rechtsnatur der wechselseitigen Ansprüche unerheblich, sodass bspw. Forderungen aus einem öffentlich-rechtlichen Vertrag mit solchen aus privatrechtlichen Verträgen aufgerechnet werden können.

210 Ebenfalls **nicht erforderlich** ist, dass die Forderungen in **gleicher Höhe** bestehen, da § 389 BGB auch eine partielle Tilgung vorsieht.

Beispiel: A schuldet B 100,- €. B wiederum schuldet A 50,- €. A kann gegen B aufrechnen; danach schuldet er B nur noch 50,- €.

---

[163] Ausführlich dazu *Bacher*, JA 1992, 200 ff., 234 ff.; vgl. auch *Habermeier*, JuS 1997, 1057, 1059.
[164] *Habermeier*, JuS 1997, 1057, 1059.
[165] BGHZ 25, 360, 367; BGH NJW 1989, 2386, 2387.
[166] RGZ 160, 60; *Larenz*, SchuldR AT, § 18 VI 2; kritisch *Grunsky*, JuS 1963, 103 Fn 9.
[167] Ausführlich *Lorenz*, in: Staudinger, § 387 Rn 63 m.w.N.
[168] Ausführlich *Schlüter*, in: MüKo, § 387 Rn 32 f.

Auch Unterschiede in den **Leistungsmodalitäten** (z.B. unterschiedliche Erfüllungsorte oder Leistungszeiten) stehen nach § 391 I S. 1 BGB einer Aufrechnung nicht entgegen. Gleiches gilt für etwaige Nebenbestimmungen, in Gestalt einer Bedingung oder Befristung. Nach § 391 I S. 2 BGB muss aber der Aufrechnende dem Aufrechnungsgegner den Schaden ersetzen, den dieser dadurch erleidet, dass er die Leistung infolge der Aufrechnung nicht an einem bestimmten Ort erhält oder bewirken kann. Bei Geldschulden wird diese Schadensersatzregelung eine untergeordnete Rolle haben, da Geldtransfers inzwischen weitgehend auf elektronischem Wege erfolgen. 211

Eine **Ausnahmeregelung** sieht § 391 II BGB für den Fall vor, in dem die Parteien den Leistungsort und die Leistungszeit vertraglich festgelegt haben. In einer solchen Situation wird vermutet, dass sich die Vertragsparteien darüber einig sind, die Leistung solle explizit an dem entsprechenden Ort und zu der vertraglich fixierten Zeit erfolgen. Dann kann nur gegen solche Forderungen aufgerechnet werden, die ebenfalls an diesem Ort zu erbringen sind.

Hinweis für die Fallbearbeitung: Ein klausurrelevantes Problemfeld i.R. der Gleichartigkeit sind die Ansprüche auf Befreiung von einer Verbindlichkeit. Diese können grundsätzlich nicht gegen Geldforderungen aufgerechnet werden. Etwas anderes gilt aber, wenn sich der Befreiungs- in einen Zahlungsanspruch umwandelt.

Beispiele:

(1) B schuldet A 100,- €. Darüber hinaus schulden A und B als Gesamtschuldner (§ 421 BGB) dem C 100,- €, wobei A im *Innenverhältnis* zur vollen Kostenübernahme verpflichtet ist. Aus diesem Grund hat B gegen A einen Anspruch auf Befreiung von der Verbindlichkeit gegenüber C aus § 426 I BGB. Mit diesem Anspruch kann er aber nicht aufrechnen, da seine Verbindlichkeit gegenüber A in einer Geldleistung besteht und seine Forderung auf Freistellung gerichtet ist. Zahlt B an C die 100,- €, wandelt sich der Freistellungsanspruch in einen Zahlungsanspruch gegen A aus § 426 II BGB um, mit dem B aufrechnen kann.

(2) A und B sind Eheleute. B und C schulden A als Gesamtschuldner im *Innenverhältnis* zu gleichen Teilen 100,- €. Nunmehr stirbt B und A wird Alleinerbe. Dadurch geht die Freistellungspflicht des B gegenüber C i.H.v. 50,- € gem. § 1922 BGB auf A über. Bei diesem Übergang wandelt sich der Freistellungsanspruch des C gegen B aus § 426 I BGB in einen Zahlungsanspruch des C gegen A um. C kann daher aufrechnen und seine Verbindlichkeit gegenüber A von ursprünglich 100,- € auf 50,- € reduzieren.

2. Aufrechnungserklärung

Gemäß § 388 BGB bedarf es für die Aufrechnung einer Aufrechnungserklärung. Diese ist eine **einseitige empfangsbedürftige Willenserklärung**, die gem. § 130 BGB erst mit dem Zugang beim Aufrechnungsgegner wirksam wird. Sie kann auch stillschweigend erklärt werden, wenn der Aufrechnungswille dabei *klar* erkennbar ist.[169] 212

Hinweis für die Fallbearbeitung: Besonderheiten sind bei *Minderjährigen* zu beachten. Ein beschränkt Geschäftsfähiger kann gem. §§ 107, 108 BGB nicht selbstständig ohne eine Zustimmung oder Genehmigung der Vertretungsberechtigten aufrechnen. Dies erklärt sich daraus, dass der Aufrechnende mit der Schuldtilgung zugleich seine Gegenforderung verliert (rechtlicher Nachteil).

Gemäß § 388 S. 2 BGB ist die **Aufrechnung bedingungs- und befristungsfeindlich**. 213
Darin kommt der Grundsatz zum Ausdruck, dass der Inhaber eines Gestaltungsrechts

[169] BVerfG NJW-RR 1993, 764, 765 m.w.N.

keinen Zweifel an der Ausübung des Rechts aufkommen lassen soll, damit sich der Gegner auf die Rechtsfolgen einstellen kann. Dazu gibt es einige **Ausnahmen:**

214 - Zulässig sind bedingte Aufrechnungserklärungen, bei denen der Erklärungsempfänger auf den Schutz vor einer ungewissen Rechtslage explizit verzichtet hat oder er im konkreten Fall gar nicht in eine ungewisse Lage versetzt wird.[170] Letzteres ist der Fall, wenn eine sog. Potestativbedingung vorliegt. Potestativbedingungen sind echte Bedingungen i.S.d. § 158 BGB, bei denen aber der Bedingungseintritt von einem eigenen Verhalten des Erklärungsempfängers abhängt. Die Wirksamkeit der Aufrechnung liegt somit in seiner Macht, weswegen er auch in keine ungewisse Lage versetzt wird.

  Beispiel: A erklärt gegenüber B die Aufrechnung unter der Bedingung, dass B eine ihm gleichzeitig übermittelte Offerte zum Abschluss eines anderen Rechtsgeschäfts ablehnt. In dem Fall hat es der Aufrechnungsgegner B ausschließlich selbst in der Hand, ob die Aufrechnung wirksam wird oder nicht (Potestativbedingung). Er ist daher nicht schutzwürdig und § 388 S. 2 BGB ist teleologisch dahingehend zu reduzieren, dass die Aufrechnungserklärung entgegen dem Wortlaut der Norm wirksam ist.

215 - Eine weitere Ausnahme stellt die **Eventualaufrechnung im Prozess** dar.[171] Sie liegt vor, wenn der Beklagte primär andere Verteidigungsmittel als die Aufrechnung gegen das Bestehen der eingeklagten Forderung einwendet, die Aufrechnung allerdings hilfsweise für den Fall erklärt, dass das Gericht die Forderung dennoch für begründet ansieht, da alle anderen Verteidigungsmittel gescheitert sind.

  Beispiel: Der Kläger beantragt, den Beklagten zu verurteilen, an den Kläger 1.000,- € aus einem Kaufvertrag zu zahlen. Der Beklagte beantragt, die Klage abzuweisen. Dabei trägt er vor, die eingeklagte Forderung sei nicht zustande gekommen, weil der Vertrag sittenwidrig gewesen sei und er darüber hinaus wirksam angefochten habe. Hilfsweise rechnet er mit einer Forderung auf, die ihm gegen den Kläger i.H.v. 1.000,- € zustehe.

  Die hilfsweise Aufrechnung ist unter der Bedingung erfolgt, dass das Gericht weder die Sittenwidrigkeit, noch die Anfechtung anerkennt. Nur wenn dies der Fall ist, soll die Forderung des Beklagten als Erfüllungssurrogat „herhalten", damit die Klage abgewiesen wird. Bei der Bedingung handelt es sich um eine *zulässige* innerprozessuale Bedingung, die für den Kläger keine Ungewissheit mit sich bringt, da über sie noch im Prozess entschieden wird.

3. Kein Aufrechnungsverbot

216 Auf der negativen Seite setzt die Aufrechnung voraus, dass kein vertragliches, gesetzliches oder sich aus dem Rechtsverhältnis ergebendes Aufrechnungsverbot existiert.

a. Vertragliches Aufrechnungsverbot

217 Die Zulässigkeit eines vertraglichen Aufrechnungsverbots wird sowohl aus dem Rechtsgedanken des § 391 II BGB als auch aus dem Grundsatz der Privatautonomie hergeleitet. Hierbei kann nach den allgemeinen Regeln über Willenserklärungen das Aufrechnungsverbot sowohl **ausdrücklich** als auch **stillschweigend** vereinbart werden. Voraussetzung für einen stillschweigenden Ausschluss ist, dass sich die Vertragspartner der Möglichkeit einer Aufrechnung bewusst gewesen sind.

Beispiele: Ein Aufrechnungsausschluss liegt vor, wenn die Parteien **ausdrücklich** eine Barzahlung vereinbaren. Ein **konkludenter** Ausschluss ist i.d.R. anzunehmen, wenn Geld gewechselt wird: Der Wechselpartner darf nach Erhalt des Geldscheins die Herausgabe des Kleingelds nicht mit der Begründung verweigern, er rechne mit einer alten Forderung

---

[170] BGHZ 97, 264, 267.
[171] BGH NJW 1999, 1179, 1180; *Musielak*, JuS 1994, 817, 818.

auf. Auch bei den sog. **Barzahlungsklauseln** ist i.d.R. ein Aufrechnungsausschluss anzunehmen. Solche Klauseln lauten z.B.: „netto Kasse gegen Rechnung und Verladepapiere"; „binnen 7 Tagen rein netto Kasse ohne Abzug"; „cash on delivery".

Die Möglichkeit eines Aufrechnungsausschlusses ist allerdings in verschiedenen Situationen beschränkt. So ist z.B. gem. **§ 309 Nr. 3 BGB** ein in allgemeinen Geschäftsbedingungen festgelegter Ausschluss unwirksam, wenn der Verwender seinem Vertragspartner die Möglichkeit nehmen will, eine unbestrittene oder rechtskräftig festgestellte Forderung als Erfüllungssurrogat einzusetzen. Weiterhin kann die Wirksamkeit eines Aufrechnungsausschlusses an § 556b II BGB oder am Grundsatz von **Treu und Glauben (§ 242 BGB)** scheitern, wenn Umstände vorliegen, die die Berufung auf ein vertraglich vereinbartes Aufrechnungsverbot als eine **unzulässige Rechtsausübung** erscheinen lassen.[172] Das ist insb. der Fall, wenn sich jemand auf ein Aufrechnungsverbot beruft, obwohl seine Verbindlichkeit auf einer betrügerischen Verhaltensweise oder sonstigen vorsätzlichen Handlungen basiert. 218

Beispiel: B hat A ein Kfz verkauft. In dem Vertrag vereinbarten sie, dass A das Geld zu einem späteren Zeitpunkt in bar bezahlen soll; eine Aufrechnung wurde ausgeschlossen. In der Folgezeit hat B dem A durch mehrere betrügerische Handlungen einen erheblichen Schaden zugefügt, den A sofort ersetzt haben möchte.

A kann mit seiner Forderung aus § 823 I BGB bzw. § 823 II BGB i.V.m. § 263 StGB aufrechnen und seine Schuld aus dem Kaufvertrag zum Erlöschen bringen. Es wäre von B rechtsmissbräuchlich, sich auf das Aufrechnungsverbot zu berufen.

b. Gesetzlicher Aufrechnungsausschluss

Gesetzliche Aufrechnungsverbote finden sich in §§ 392 ff. BGB. 219

aa. Aufrechnungsverbot gem. § 393 BGB

Nach der besonders relevanten Vorschrift des § 393 BGB kann *gegen* eine Forderung aus einer vorsätzlich begangenen unerlaubten Handlung nicht aufgerechnet werden. Zweck der Norm ist, eine Privatrache an einem zahlungsunfähigen Schuldner zu verhindern: Der Gläubiger der uneinbringlichen Forderung soll nicht gegen seinen Schuldner Delikte begehen und anschließend den hieraus entstandenen Ersatzanspruch des Schuldners mit der uneinbringlichen Forderung aufrechnen dürfen. § 393 BGB zwingt demnach den Schädiger dazu, den Schadensersatz tatsächlich zu leisten. 220

Hinweis für die Fallbearbeitung: Zu beachten ist, dass § 393 BGB nur **vorsätzliches** und *nicht* (grob) fahrlässiges Handeln sanktioniert. Weiterhin ist auf die genaue Terminologie der Norm zu achten: Verboten ist nur die Aufrechnung **gegen**, nicht aber **mit** einer Deliktsforderung. Derjenige, der einen *Anspruch* aus § 823 BGB hat, darf natürlich aufrechnen, da er der Schutzwürdige ist.

Unerlaubte Handlungen i.S.d. § 393 BGB sind alle deliktischen Tatbestände des BGB (§§ 823 ff. BGB) sowie anderer zivilrechtlicher Gesetze, weswegen auch Verweisungen ins Deliktsrecht (bspw. §§ 992, 2025 BGB) möglich sind. In der Konstellation, in der ein deliktischer und ein vertraglicher Schadensersatzanspruch nebeneinander bestehen, ist § 393 BGB für beide Anspruchsnormen anwendbar. Es wird also vom Regelungsbereich des § 393 BGB auch der vertragliche Schadensersatzanspruch erfasst.[173] 221

Beispiel: A ist bei B als Sachbearbeiter beschäftigt. Als er sich wieder einmal sehr über seinen Chef ärgert, zertrümmert er den Schreibtisch des B.

---

[172] BGH NJW 1999, 55, 57.
[173] BGH NJW 1999, 714; 1994, 252, 253; 1967, 2012, 2013.

Letzterer hat sowohl aus §§ 280 I, 611 BGB als auch aus § 823 I BGB bzw. § 823 II BGB i.V.m. § 303 StGB einen Schadensersatzanspruch. Hat A gegen B ebenfalls eine Forderung, kann er diese nicht gegen den (vertraglichen oder deliktischen) Schadensersatzanspruch aufrechnen.

222 **Umstritten** ist, ob § 393 BGB anwendbar ist, wenn *beide* wechselseitigen Forderungen aus vorsätzlichen unerlaubten Handlungen resultieren. Nach einer Ansicht scheidet eine Anwendbarkeit immer aus, weil der Zweck der Norm einen Aufrechnungsausschluss in einem solchem Fall nicht rechtfertige.[174] Nach der wohl h.M. [175] soll § 393 BGB hingegen *stets* für beide Forderungen gelten, sodass weder der eine noch der andere aufrechnen kann. Nach einer vermittelnden Ansicht scheidet § 393 BGB aus, wenn die Forderungen auf demselben Lebenssachverhalt beruhen (z.B. Schlägerei zwischen zwei Personen). Ergeben sich die Schadensersatzansprüche aus verschiedenen Lebenssachverhalten, ist § 393 BGB für beide Forderungen anwendbar, da ansonsten der Schutzzweck der Vorschrift umgangen werden könne.[176]

bb. Aufrechnungsverbot gem. § 392 BGB

223 Das Aufrechnungsverbot des § 392 BGB regelt den Fall, in dem die Hauptforderung, gegen die aufgerechnet werden soll, **beschlagnahmt** wurde. Dabei ist mit „Beschlagnahme" die Pfändung der Forderung i.S.d. § 829 I ZPO durch einen Dritten gemeint. § 829 I S. 2 ZPO gibt dem Gläubiger durch das Gericht das Gebot auf, sich jeder Verfügung über die gepfändete Forderung zu enthalten. Zugleich ist es dem Schuldner nach § 829 I S. 1 ZPO untersagt, die Forderung zu erfüllen.

Liegt ein solcher Fall der Beschlagnahme vor, ist eine Aufrechnung gem. § 392 BGB nur ausgeschlossen, wenn der Schuldner seine Forderung erst nach der Beschlagnahme erworben hat oder wenn seine Forderung erst nach der Beschlagnahme und später als die in Beschlag genommene Forderung fällig geworden ist. Damit wird dem (auch schon in § 406 BGB normierten) Gedanken Rechnung getragen, dass dem Schuldner eine einmal bestehende Aufrechnungslage nicht wieder genommen werden soll. Bestand also *im Zeitpunkt der Beschlagnahme* eine Aufrechnungslage, bleibt die Aufrechnung möglich.

cc. Aufrechnungsverbot gem. § 394 BGB

224 Gemäß § 394 S. 1 BGB kann gegen eine **unpfändbare Forderung** nicht aufgerechnet werden. Die Unpfändbarkeit regeln u.a. §§ 850 ff. ZPO, 54 SGB I.

Beispiele: Pfändung von Lohn oder Unterhaltsforderungen, §§ 850, 850c, d ZPO

225 Durch die Pfändungsverbote sollen dem Gläubiger und seiner Familie das Existenzminimum erhalten werden, da ansonsten der Sozialträger einspringen müsste. Deswegen sind diese sozialpolitisch gebotenen Schutzvorschriften grundsätzlich von Amts wegen zu berücksichtigen. Von diesem Grundsatz sind aber einige **Ausnahmen** zuzulassen. Eine solche sieht zunächst § 394 S. 2 BGB vor, wonach u.a. die Aufrechnung gegen Ansprüche aus Krankenkassen mit geschuldeten Beiträgen unbeschränkt zulässig ist. Daneben ist die Berufung auf das Aufrechnungsverbot nach Treu und Glauben (§ 242 BGB) unzulässig, wenn die Aktivforderung auf einer i.R. desselben Dienst- oder Arbeitsverhältnisses begangenen vorsätzlichen unerlaubten Handlung beruht.

Hinweis für die Fallbearbeitung: Im Beamtenrecht ist dies explizit in § 51 II S. 2 BeamtVG und den entsprechenden Landesbeamtenversorgungsgesetzen geregelt.

---

[174] *Schultze*, in: Hk-BGB, § 292 Rn 1.
[175] *Grüneberg*, in: Palandt, § 393 Rn 4 m.w.N.
[176] Vgl. dazu *Lorenz*, in: Staudinger, § 393 Rn 29.

Umstritten ist, ob zur Überwindung der Unpfändbarkeit bereits eine vorsätzliche Vertragsverletzung ausreichend ist, die noch keine vorsätzliche Deliktshandlung darstellt. **226**

Beispiel: A ist im Unternehmen des B beschäftigt. An einem Montagmorgen ist er noch nicht ausreichend vom Wochenende erholt und reagiert sehr gereizt, als ihn sein Chef B scharf kritisiert. Um sich abzureagieren, wirft A sein neues Notebook durch das Fenster auf den Hof auf den Wagen seines Chefs. Das Notebook ist zerstört, der Wagen erheblich beschädigt. Ein Vorsatz bzgl. der Kfz-Beschädigung ist nicht nachweisbar.

Unproblematisch ist die Rechtsfrage, wenn mit der vorsätzlichen Vertragsverletzung gleichfalls eine vorsätzliche Eigentumsbeschädigung gem. § 823 II BGB i.V.m. § 303 StGB oder § 826 BGB vorliegt. In einem solchen Fall hat der Schädiger seine gesetzlich vorgesehene Schutzwürdigkeit unter Berücksichtigung und Abwägung der Umstände des Einzelfalls selbst in einem verachtenswerten Umfang verwirkt. Er darf sich damit nicht auf § 394 S. 1 BGB berufen und B könnte gegen die gesamte Forderung des A aus dem Arbeitsvertrag aufrechnen. Liegt das Handeln unterhalb dieser Schwelle, muss nach überzeugender Ansicht der Schutzzweck des § 394 BGB teleologisch reduziert werden.[177] Denn auch in einer solchen Konstellation hat der Schädiger sich bewusst und willentlich über seine vertraglichen Pflichten hinweggesetzt und in die Rechte seines Vertragspartners rechtswidrig eingegriffen. Es wäre insofern verfehlt, ihn zu privilegieren. Dennoch muss ihm ein Existenzminimum an eigenen Mitteln verbleiben.[178] Ansonsten haftete vollends die Allgemeinheit für sein Fehlverhalten, indem diese durch die jeweils zuständigen Sozialträger entsprechend Hilfe leisten müsste.

c. Sich aus dem Rechtsverhältnis ergebendes Verbot

Ein weiterer Ausschlussgrund kann sich aus der besonderen Natur des Rechtsverhältnisses ergeben, wenn die Aufrechnung mit dem besonderen Inhalt und dem Sinn und Zweck der zwischen den Parteien begründeten Rechtsbeziehungen nach Treu und Glauben nicht zu vereinbaren wäre.[179] **227**

Beispiele:

(1) Ein Sicherungsnehmer A, der eine ihm zur Sicherung übereignete Sache verwertet hat, versagt den Anspruch auf Auskehrung des Mehrerlöses gegenüber dem Sicherungsgeber B, da er mit anderen ungesicherten Forderungen zusätzlich aufrechnen will. Dies ist unzulässig, da der Sicherungsnehmer A so die ursprüngliche Sicherungsabrede der Vertragspartner in ihrer Wirkung durch eine einseitige Erklärung erweitern würde.[180] Etwas anderes kann nur gelten, wenn sich die Parteien darüber vertraglich geeinigt hätten.

(2) Wer einem anderen ein Darlehen versprochen hat, darf sich der Auszahlung nicht dadurch entziehen, dass er mit seiner Gegenforderung aufrechnet. Dies widerspräche dem Sinn und Zweck des Darlehensvertrags, da der Darlehensnehmer sonst entgegen der gesetzlichen Intention nicht frei über die Darlehenssumme disponieren könnte.

Ein Aufrechnungsausschluss ist ferner anzunehmen, wenn die Aufrechnung die Erreichung des gemeinsamen Vertragszwecks gefährdet oder ausschließt. Dies ist anzunehmen, wenn der Gläubiger erkennbar auf eine sofortige vertragsgemäße Leistung angewiesen ist. **228**

Beispiele: Der Rechtsanwalt darf die Auszahlung eines von der Mutter für ihr Kind erwirkten Unterhaltsbetrags nicht um sein Honorar kürzen.[181]

---

[177] Vgl. BAG NJW 1960, 1589, 1591; *Grüneberg*, in: Palandt, § 394 Rn 2; a.A. BGHZ 30, 36, 39.
[178] Vgl. BGHZ 123, 49, 51 ff.; BAG ZIP 1997, 935, 936 ff.
[179] BGH NJW 1999, 55, 57; NJW 1993, 2041; BGHZ 95, 109, 113; 113, 90, 93.
[180] BGH NJW 1994, 2885, 2886.
[181] BGHZ 113, 90, 94 f.; vgl. auch AG Dortmund MDR 1992, 618.

III. Rechtsfolgen der Aufrechnung, § 389 BGB

229 Die Aufrechnung bewirkt gem. § 389 BGB das **Erlöschen** sowohl der Haupt- als auch der Gegenforderung. Decken sich die beiden Ansprüche vollständig, erlöschen sie jeweils in vollem Umfang. Ansonsten verbleibt bei der größeren Forderung lediglich der die gegenüberstehende Forderung übersteigende Teilbetrag. Dabei erlöschen die Forderungen durch die Aufrechnung grundsätzlich **endgültig**. Die Aufrechnung kann also nicht durch einen Widerruf der Aufrechnungserklärung beseitigt werden. Etwas anderes gilt, wenn die Aufrechnungserklärung oder eine der Forderungen **angefochten** werden.

230 Die Aufrechnung wirkt gem. § 389 BGB auf den Zeitpunkt zurück, in dem die Aufrechnung zuerst hätte erklärt werden können (Wirkung **ex tunc**). Die Parteien haben daher – auch bei einer erst später erklärten Aufrechnung – von diesem Zeitpunkt an keine Verzugszinsen oder eventuelle Vertragsstrafen zu bezahlen.[182]

> **Beispiel:** Im Oktober 2017 verkaufte B dem A ihr Motorrad für 4.000,- €, wobei vereinbart wurde, dass A am 1. Dezember 2017 zahlen sollte. Eine Zahlung ist auf den Fälligkeitszeitpunkt nicht erfolgt. Am 10. März 2018 verkauft A der B seine Gitarre für 1.500,- €, wobei der Kaufpreis sofort fällig ist. Als auch B nicht zahlt, erklärt A der B am 1. April 2018 die Aufrechnung.
>
> Nach § 389 BGB erlöschen die Forderungen, soweit sie sich decken, in dem Zeitpunkt, in dem sie sich erstmals zur Aufrechnung geeignet gegenüberstehen. Dies war am 10. März 2018. Die Forderung des A erlischt gänzlich, die der B in Höhe der Forderung des A. Der B steht also noch eine Restforderung i.H.v. 2.500,- € gegen A zu. Wegen der Rückwirkung kann B Verzugszinsen für die 4.000,- € vom 1. Dezember 2017 bis zum 10. März 2018 und ab dem 10. März 2018 Verzugszinsen für die verbleibende Restforderung von 2.500,- € geltend machen. B muss hingegen keinen Verzugszins leisten, da ihre gesamte Verbindlichkeit i.H.v. 1.500,- € rückwirkend entfallen ist.

Eine **Ausnahme**[183] von der Regel der Rückwirkung ist lediglich zu machen, wenn ausschließlich dem Aufrechnenden eine Aufrechnungsbefugnis zusteht und die Höhe der Aktivforderung mit der Zeit gestiegen ist.[184] Dann muss abweichend von der Grundregel auf den Zeitpunkt der Aufrechnungserklärung abgestellt werden.

> **Beispiel:** Der Kläger macht einen Anspruch aus § 670 BGB geltend. Der Beklagte wendet dagegen ein, er habe einen Schadensersatzanspruch und erklärt daher hilfsweise die Aufrechnung. Der Schadensersatzanspruch ergibt sich dabei unstreitig aus der Tatsache, dass der Kläger ihm sicherungsübereignete Aktien vertragswidrig veräußert hat. In der Zwischenzeit ist der Wert dieser Wertpapiere um 150% gestiegen.
>
> Maßgeblich ist dabei der Wert des Schadensersatzanspruchs, den er zum Zeitpunkt der Aufrechnungserklärung hat. Ist hingegen der ursprüngliche Wert der Aktien wegen einer Baisse zwischenzeitlich stark gefallen, könnte der Aufrechnende auf den Zeitpunkt der Aufrechnungslage i.S.d. §§ 387, 389 BGB zurückgreifen. Ihm obliegt also in dieser speziellen rechtlichen Konstellation, den für sich jeweils günstigsten Fall auszusuchen.

231 Leistet der Schuldner an seinen Gläubiger in **Unkenntnis einer tatsächlich bestehenden Aufrechnungsmöglichkeit**, kann er die Leistung nicht aus § 813 I BGB zurückfordern, da die Aufrechnung keine Einrede, sondern ein Gestaltungsrecht ist.[185]

---

[182] BGHZ 80, 269, 278 f.; BGH NJW-RR 1991, 568, 569.

[183] Möglich ist auch die Situation, dass die sich gegenüberstehenden Forderungen generell in ihrer Höhe veränderlich sind <u>und</u> dass beide Parteien die Aufrechnung erklären können. Dazu ausführlich *K. Schmidt*, in: FS Odersky (1996), 685, 689 ff.; *Schlüter*, in: MüKo, § 389 Rn 8 ff.

[184] BGHZ 27, 123, 124; *Lorenz*, JuS 1963, 102, 103 ff.

[185] Heute wohl einhellige Ansicht, vgl. *Lorenz*, in: Staudinger, § 813 Rn 4; *Reuter/Martinek*, Ungerechtfertigte Bereicherung, 1983, S. 131.

Haben der Aufrechnende oder der Aufrechnungsgegner **mehrere Forderungen**, kann der Aufrechnende gem. § 396 I S. 1 BGB die Forderungen bestimmen, die gegeneinander aufgerechnet werden sollen. Fehlt eine solche Bestimmung oder widerspricht der Aufrechnungsgegner unverzüglich, sind gem. § 396 I S. 2 BGB die Vorschriften des § 366 II BGB entsprechend anzuwenden. Besteht die Hauptforderung aus Hauptleistung, Zinsen und Kosten, finden nach § 396 II BGB die Vorschriften des § 367 BGB analoge Anwendung. 232

Hinweis für die Fallbearbeitung: Die Aufrechnung kann auch **für Dritte** von Bedeutung sein. So kann z.B. ein Bürge seine Leistung an den Gläubiger gem. § 770 II BGB verweigern, wenn sich der Gläubiger durch eine Aufrechnung gegen eine fällige Forderung des Hauptschuldners befriedigen kann.

F. Erlassvertrag

I. Einführung

Mitunter besteht der Wunsch, einen Anspruch erlöschen zu lassen, *ohne* dass es zu einer Befriedigung des Gläubigers kommen soll. Um dieses Ziel zu erreichen, genügt es nicht, dass der Gläubiger einfach auf seinen Anspruch durch ein einseitiges Rechtsgeschäft verzichtet; vielmehr verlangt § 397 I BGB einen **Vertrag**, durch den er seinem Schuldner die Schuld erlässt (Erlassvertrag).

Einen **einseitigen Verzicht** hält das Gesetz zwar nicht bei *Forderungen*, wohl aber bei anderen Rechtspositionen für möglich. So kann z.B. auf bestimmte Gestaltungsrechte (§§ 376 II Nr. 1, 671 III BGB), auf Einreden (§ 768 II BGB) oder auf Sachenrechte (§§ 875, 928, 959, 1064, 1255 BGB) einseitig verzichtet werden. Weiterhin ist der Erlassvertrag von einem **Aufhebungsvertrag** zu unterscheiden. Letzterer ist nicht auf die Vernichtung einer einzelnen Forderung, sondern auf die Aufhebung eines ganzen Rechtsverhältnisses im weiteren Sinn (also mit allen Haupt- und Nebenpflichten) gerichtet. Schließlich ist der Erlassvertrag nicht mit einem **pactum de non petendo** zu verwechseln. Ein solches bringt den Anspruch nicht zum Erlöschen, sondern hindert lediglich dessen Durchsetzbarkeit (vgl. Rn 87). 233

Der Erlassvertrag stellt ein **Verfügungsgeschäft** dar, mit dem die Schuld unmittelbar zum Erlöschen gebracht wird. Diese Verfügung basiert regelmäßig auf einem **Kausalgeschäft**, also auf einem *schuldrechtlichen Grund* für die Disposition über die Forderung. Dabei handelt es sich i.d.R. um einen Schenkungsvertrag, der oftmals zugleich mit dem Erlassvertrag abgeschlossen wird. Das Fehlen einer notariellen Beurkundung schadet dabei nicht, weil gem. § 518 II BGB der Formmangel durch die Bewirkung der versprochenen Leistung (nämlich durch den Erlass) geheilt wird. Ist das Kausalgeschäft unwirksam, ist das **Abstraktionsprinzip** zu beachten: Die Causa und die Verfügung sind grundsätzlich getrennt zu betrachten. Daher berührt eine Unwirksamkeit des Kausalgeschäfts die Gültigkeit des Erlasses i.d.R. nicht. 234

Hinweis für die Fallbearbeitung: Ist das Kausalgeschäft ungültig und das Erfüllungsgeschäft (der Erlass) wirksam, steht dem Gläubiger ein **Kondiktionsanspruch** aus §§ 812 ff. BGB zu. Dieser ist auf die Wiederherstellung der Forderung gerichtet.

Etwas anderes gilt, wenn die Parteien i.R. der Privatautonomie eine Vereinbarung getroffen haben, nach welcher die Wirksamkeit des Verfügungsgeschäfts von der Wirksamkeit des Verpflichtungsgeschäfts abhängen soll. Dann haben sie einen **Bedingungszusammenhang** i.S.d. § 158 I[186] BGB geschaffen, wonach sich ein Mangel in der Causa auf die Verfügung

---

[186] Geht man bei § 158 BGB davon aus, dass sich die dort genannte „Bedingung" auf ein objektiv ungewisses künftiges Ereignis bezieht, dürfte man im Fall des Eigentumsvorbehalts streng genommen § 158 I BGB lediglich analog anwenden,

durchschlägt. Darüber hinaus können die Parteien das Verpflichtungs- und Verfügungsgeschäft vertraglich zu einer **Geschäftseinheit** i.S.d. § 139 BGB zusammengefasst haben, sodass sich ein Fehler im Kausalgeschäft auf die Verfügung auswirkt. Auch wenn der Erlass nur einen Teil einer das Schuldverhältnis als Ganzes betreffenden Regelung darstellt, hängt sein Bestand ebenfalls von der Wirksamkeit der vertraglichen Regelung ab, deren Teil der Erlass bildet.

235 Neben dem Bedingungszusammenhang kann der Erlassvertrag auch aus anderen Gründen **aufschiebend** bedingt oder befristet abgeschlossen werden. Das ist bspw. der Fall, wenn sich die Parteien über einen Teilerlass einigen, der unter der Bedingung einer unverzüglichen Barzahlung steht. Darüber hinaus hat sich inzwischen überwiegend die Ansicht durchgesetzt, dass der Erlass auch **auflösend** bedingt abgeschlossen werden könne.[187] Die auflösende Bedingung muss allerdings eindeutig vereinbart werden.

II. Voraussetzungen

236 Für den Erlassvertrag ist zunächst ein **Angebot** erforderlich, das auf die Aufhebung der Forderung gerichtet ist. Da der Erlass nicht formbedürftig ist, kann das Angebot auch durch ein schlüssiges Verhalten (bspw. durch Rückgabe eines Schuldscheins oder durch Erteilung einer Quittung) zum Ausdruck gebracht werden. Wichtig ist dabei, dass der Wille zum Erlass der Forderung nicht vermutet werden darf, sondern dass an sein Vorliegen strenge Anforderungen zu stellen sind. Daher bedarf es eines **unzweideutigen Verhaltens**, das vom Erklärungsgegner als die Aufgabe des Gläubigerrechts verstanden werden darf und tatsächlich auch entsprechend verstanden wird.[188]

Beispiele:

(1) A schuldet B aus einem Kaufvertrag 10.000,- €. Sendet A seinem Vertragspartner einen Scheck über einen geringen Teilbetrag der Forderung (1.000,- €) mit einem Antrag auf Erlass der Mehrforderung zu, kann in dem Einlösen des Schecks **kein** konkludentes Verhalten in Bezug auf einen Erlass gesehen werden.[189]

(2) In der Erteilung einer Abrechnung ist ebenfalls kein Erlass zu sehen.[190]

(3) Der Rücksendung einer Bürgschaftsurkunde kann nicht ohne weiteres entnommen werden, dass der Gläubiger den Bürgen nicht mehr in Anspruch nehmen möchte. Die Sachlage kann allerdings anders zu beurteilen sein, wenn der Bürge wirksam um eine Entlassung aus der Bürgschaftsverpflichtung gebeten hat und ihm der Gläubiger die Bürgschaftsurkunde im Original zeitnah zurücksendet. Dann darf der Bürge dieses Verhalten als Ausdruck des Erlasswillens verstehen.

237 Weiterhin ist eine (ausdrücklich oder konkludent erklärte) **Annahme** erforderlich. Sofern das *Angebot* vom *Gläubiger* stammt, wird z.T. bereits ein bloßes Schweigen als ausreichend angesehen.[191] Dogmatisch überzeugender ist es aber, eine (konkludente) Annahme zu verlangen, bei der lediglich der *Zugang* gem. § 151 BGB entbehrlich ist.

238 Schließlich wird das **Bestehen einer Forderung** vorausgesetzt. Dabei genügt es, dass die Forderung **bedingt** oder **befristet** entstanden ist. Auch eine erst in der **Zukunft** entstehende Forderung kann erlassen werden.[192] **Ausgeschlossen** ist der Erlassvertrag lediglich bei **unverzichtbaren** Ansprüchen.

---

weil der „Bedingungseintritt" i.d.R. allein vom Verhalten des Vorbehaltskäufers abhängt. In der Sache ändert sich dadurch aber nichts.

[187] *Schlüter*, in: MüKo, § 397 Rn 6; Bedenken äußert *Rieble*, in: Staudinger, § 397 Rn 55.

[188] BGH BB 1999, 497; OLG Düsseldorf NJW-RR 2000, 165, 166.

[189] Vgl. dazu OLG Hamm NJW- RR 2000, 1071; OLG Köln MDR 2000, 407, 408.

[190] BGH NJW 1994, S. 379.

[191] *Larenz*, SchuldR AT, § 19 I; a.A. *Grüneberg*, in: Palandt, § 397 Rn 6.

[192] BGHZ 40, 326, 330; BGH NJW-RR 1993, 1111, 1112.

Beispiele: Der Erlass von **Unterhaltsansprüchen** ist wegen §§ 1360a III, 1614 I, 1615a BGB unwirksam. Bei unpfändbaren Forderungen folgt dies aus einer analogen Anwendung des § 400 BGB.

G. Negatives Schuldanerkenntnis, § 397 II BGB

Gemäß § 397 II BGB kann der Gläubiger auch einen **Vertrag** mit dem Schuldner darüber abschließen, dass er anerkenne, dass das Schuldverhältnis nicht bestehe. Hierin ist ein negatives Schuldanerkenntnis zu sehen, das eine Unterart des Erlasses darstellt.[193] Die Parteien legen also durch ein **Feststellungsgeschäft** das Nichtbestehen eines Rechtsverhältnisses zwischen ihnen verbindlich fest. Dabei handelt es sich um einen vertraglichen Forderungsverzicht, der im Gegensatz zum positiven Schuldanerkenntnis i.S.d. § 781 BGB **keiner Form** bedarf. 239

Beispiel: Das Protokoll über die Rückgabe einer Miet- oder Leasingsache kann ein negatives Schuldanerkenntnis hinsichtlich nicht aufgeführter erkennbarer Mängel sein.[194]

Im Rahmen des § 397 II BGB sind **zwei Fallkonstellationen** zu unterscheiden: In der ersten Variante will der Gläubiger nach dem Vertragsinhalt die Forderung endgültig zum Erlöschen bringen. Hiervon ist auszugehen, wenn er zumindest mit der Möglichkeit rechnet, dass die Forderung tatsächlich besteht. In diesem Fall liegt ein Erlass in der Form eines konstitutiven negativen Schuldanerkenntnisses vor.

Beispiel: Ein solcher Fall kann i.d.R. bei Erteilung einer Ausgleichsquittung angenommen werden. Mit dieser erklärt der Gläubiger gegenüber dem Schuldner, gegen diesen keine Ansprüche mehr zu haben. Die Ausgleichsquittung wird vielfach bei Arbeitsverträgen verwandt.

Ein negatives Schuldanerkenntnis mit deklaratorischem Charakter liegt demgegenüber vor, wenn die Parteien vom Nichtbestehen der Schuld ausgehen und dieses feststellen wollen.

Hinweis für die Fallbearbeitung: Besteht die Schuld entgegen den Vorstellungen der Parteien, erlischt sie durch den Abschluss des negativen Schuldanerkenntnisses. Dem Gläubiger steht allerdings ein Bereicherungsanspruch nach § 812 II i.V.m. I BGB zu, mit dem er das Anerkenntnis als Bereicherungsgegenstand zurückfordern kann. Die in diesem Fall wiederherzustellende Forderung stellt eine neue Verbindlichkeit des Schuldners dar, für die etwaige Bürgen oder Pfänder nicht mehr haften.

H. Sonstige Erlöschensgründe

I. Änderungs- und Aufhebungsvertrag

Das (teilweise) Erlöschen einer Forderung kann weiterhin durch einen Änderungs- oder Aufhebungsvertrag erfolgen. Solche Vertragstypen können aufgrund der Vertragsfreiheit gem. § 311 I BGB frei ausgestaltet werden und haben unmittelbaren Einfluss auf den Bestand oder den Umfang des Schuldverhältnisses. 240

Ein **Änderungsvertrag** kann sowohl die Hauptleistungen wie z.B. den Mietzins, Werklohn oder Kaufpreis, als auch Nebenbestimmungen wie z.B. die Lieferfristen oder Kündigungstermine betreffen. Dabei wird das alte, schon bestehende Schuldverhältnis im Gegensatz zur Novation nicht aufgehoben, sondern nur geändert. Die einzelnen Forderungen bleiben mithin identisch und sind nur insoweit erloschen (oder auch erhöht), wie es die konkrete Abrede 241

---

[193] *Schlüter*, in: MüKo, § 397 Rn 12. Auch das negative Schuldanerkenntnis ist somit ein Verfügungsgeschäft und kann bei einem mangelnden Kausalgeschäft kondiziert werden.
[194] Vgl. OLG Celle DB 1997, 2215, 2216; LG Hamburg ZMR 1999, 405, 406.

vorsieht. Als wichtige Konsequenz ergibt sich daraus, dass die nicht geänderten Vertragsbedingungen und etwaige Einwendungen weiterhin ihre Gültigkeit behalten. Auch die bereits bestehenden akzessorischen Sicherungsrechte wie etwa die Bürgschaft, das Pfandrecht oder die Hypothek erlöschen nicht. Wird die Schuld durch eine Änderungsabrede erhöht, erstrecken sich die Sicherungsrechte allerdings nicht auch auf die Erhöhung; sie „wachsen" also nicht mit der Hauptforderung mit, vgl. §§ 767 I S. 3; 1210 I S. 2 BGB. Dies ist nur ausnahmsweise möglich, wenn der Drittverpflichtete in den Änderungsvertrag einwilligt.

242 Mit dem **Aufhebungsvertrag** können die Vertragsparteien individuell die Auflösung des Schuldverhältnisses vereinbaren. Sie haben dabei einen größtmöglichen Gestaltungsspielraum und können bspw. bestimmen, ob die Rechtswirkung ausschließlich für die Zukunft gelten soll oder ob die Auflösung bereits rückwirkend eintritt. Anders als beim Erlass ist der Aufhebungsvertrag auf die Beendigung des Schuldverhältnisses im weiteren Sinn gerichtet. Es soll also nicht nur die konkrete Forderung, sondern die gesamte vertragliche Beziehung der Vertragsparteien abschließend geregelt werden.

II. Novation

243 Ein weiterer Erlöschensgrund ist die gesetzlich nicht geregelte Novation, deren Zulässigkeit sich ebenfalls aus dem Grundsatz der Vertragsfreiheit i.S.d. § 311 I BGB ergibt.

Unter einer **Novation** ist die vertragliche Begründung eines neuen Schuldverhältnisses unter gleichzeitiger Aufhebung eines früher bestehenden Schuldverhältnisses zu verstehen, wobei die neue Rechtsbeziehung die alte ersetzt.

Beispiel: U hat den antiken Schrank des B repariert. B schuldet ihm daher 500,- €. Die Parteien vereinbaren die Aufhebung des Werkvertrags und an dessen Stelle ein Gelddarlehen gem. § 488 BGB. ⇨ Nach dieser Umwandlung schuldet B dem A zwar nicht mehr den Werklohn; er ist aber zur Rückzahlung des Darlehens i.H.v. 500,- € verpflichtet.

244 Anders als beim **Änderungsvertrag** erlöschen bei der Novation sämtliche Einwendungen und Einreden aus dem ursprünglichen Schuldverhältnis. Gleichfalls entfallen bestehende Sicherheiten, sofern sie aufgrund ihrer gesetzlichen Ausprägung akzessorisch sind (z.B. die Bürgschaft).[195] Ob eine Vertragsänderung oder Novation vorliegt, ist anhand einer Auslegung nach §§ 133, 157, 242 BGB zu bestimmen. Wegen der bereits aufgezeigten weit reichenden Folgen der Novation muss ein dahingehender Vertragswille von den Vertragsparteien deutlich erkennbar zum Ausdruck gebracht werden.[196] Die Parteien müssen also unzweideutig vereinbaren, dass die bisherige Schuld mit der Begründung der neuen Verbindlichkeit erlöschen soll. Ein entsprechender Wille darf den Parteien generell nicht unterstellt werden. Dagegen ist vielmehr im Zweifel davon auszugehen, dass keine Novation, sondern lediglich ein Änderungsvertrag von den Vertragsparteien gewollt ist.[197]

Beispiel: Die Bank A und ihr Kunde B haben einen durch Bürgschaft gesicherten Kontokorrentkredit vereinbart. Wegen bankinterner Umschuldungsmaßnahmen soll dieser umgewandelt werden. Es soll ein Darlehen gewährt werden, für welches ein neues Konto verwendet werden soll.

Im Zweifel ist diese Vereinbarung als eine Vertragsänderung einzuordnen, da ansonsten eine zur Absicherung des Rückzahlungsanspruchs aus dem Kontokorrentkredit eingegangene Bürgschaft verloren ginge.

245 Abzugrenzen ist die Novation auch von einer **Leistung erfüllungshalber**. Sofern keine eindeutigen Anzeichen für eine Novation vorliegen, ist wegen der Regelung des § 364 II BGB im

[195] Vgl. BGH DNotZ 2000, 639; kritisch *Wacke*, DNotZ 2000, 616.
[196] Vgl. BGH NJW 1999, 3708, 3709; NJW 1986, 1490.
[197] BGH NJW 1999, 3708, 3709; BGHZ 131, 228, 231 f.

Zweifel anzunehmen, dass die neue Verbindlichkeit nicht an die Stelle der bisherigen treten soll.

Eine Novation kann sowohl abstrakt als auch kausal ausgestaltet sein. Bei der **kausalen** Novation wollen die Parteien, dass die Entstehung des neuen Schuldverhältnisses entscheidend davon abhängt, dass die alte Schuld auch tatsächlich bestanden hat. Diese Variante wird als *„Schuldumschaffung"* bezeichnet (z.B. Umwandlung einer Kaufpreisforderung in ein Darlehen) und der Schuldner kann seine Leistung verweigern, wenn die alte Schuld nicht existierte. Bei der **abstrakten** Novation hingegen ist das neue Schuldverhältnis unabhängig vom Bestand des alten (z.B. Schuldanerkenntnis gem. §§ 780, 781 BGB) und der Schuldner kann seine Leistung nicht mit dem Einwand verweigern, es habe vorher keine Schuld bestanden. Er kann die neue Verbindlichkeit allerdings unter den Voraussetzungen des § 812 II, I BGB kondizieren oder die Einrede des § 821 BGB erheben. Dies gilt aber nicht, wenn das Anerkenntnis gerade ohne Rücksicht auf das Bestehen oder Nichtbestehen einer alten Schuld abgegeben wurde, vgl. § 814 BGB.

Erbringt der Schuldner im Falle der Novation die nunmehr neu geschuldete Leistung, erlischt diese jetzt wirksame Verbindlichkeit nach § 362 I BGB durch Erfüllung.

III. Konfusion

Eine **Konfusion** liegt vor, wenn Forderung und Schuld bei ein und derselben Person zusammenfallen.[198] **246**

> **Beispiele[199]:** Der Gläubiger wird durch Erbfall gem. § 1922 BGB Rechtsnachfolger des Schuldners. Der Gläubiger tritt dem Schuldner die Forderung gem. § 398 BGB ab.

Ein Schuldverhältnis setzt aus begrifflichen und dogmatischen Gründen voraus, dass Gläubiger und Schuldner mindestens zwei verschiedene Personen sind. Deshalb muss eine Konfusion regelmäßig zum **Erlöschen** der Schuld führen, wenn die Schuld auf den Gläubiger oder die Forderung auf den Schuldner i.R. einer Einzel- oder einer Gesamtrechtsnachfolge übergeht. Von diesem Grundsatz gibt es jedoch einzelgesetzliche Ausnahmen, wenn rechtlich geschützte Interessen Dritter entgegenstehen, die vor der Konfusion ein Recht an der Forderung erworben haben.

> **Beispiele:** In erbrechtlichen Fragen ordnen §§ 1976, 1991 II, 2143, 2175, 2377 BGB das Bestehenbleiben der Forderung an. Im Gesamtschuldverhältnis hat die Konfusion gem. § 425 II Var. 8 BGB Einzelwirkung und führt daher nicht zum Erlöschen, sondern gem. § 426 II BGB zu einem Forderungsübergang in Höhe der Ausgleichspflicht der übrigen Schuldner. Auch zugunsten von Nießbrauchern und Pfandgläubigern gilt die Forderung trotz Konfusion als fortbestehend.

---

[198] BGH NJW-RR 2009, 1059; *Grüneberg*, in: Palandt, Überbl v § 362 Rn 4.
[199] *Brox/Walker*, SchuldR AT, § 17 Rn 7.

7. Kapitel – Gläubiger- und Schuldnerwechsel

247 Ein Anspruch wird neben dem Inhalt auch durch die Person des Gläubigers und des Schuldners bestimmt. Es kann sich also auch aus einem Gläubiger- oder Schuldnerwechsel eine rechtsvernichtende Einwendung ergeben. Dabei ist zu unterscheiden zwischen einer Abtretung (Gläubigerwechsel), einem gesetzlichen Forderungsübergang (Gläubigerwechsel) und einer Schuldübernahme (Schuldnerwechsel).

Gläubiger- und Schuldnerwechsel

A. Abtretung, §§ 398 ff. BGB

Durch die Abtretung wird gem. § 398 BGB eine Forderung von dem bisherigen Gläubiger (dem Zedenten) auf einen neuen Gläubiger (den Zessionar) übertragen. Nach § 413 BGB gelten §§ 398 ff. BGB entsprechend für die Übertragung anderer Rechte.

I. Voraussetzungen

1. Abtretungsvertrag

Der Abtretungsvertrag setzt eine *wirksame Einigung* (§§ 145 ff. BGB) über den Forderungsübergang voraus, die grundsätzlich *formfrei* erfolgen kann.

2. Bestehen der Forderung in der Person des Zedenten

Darüber hinaus muss die abzutretende Forderung *bestehen* und der Zedent *verfügungsberechtigt* sein. Einen gutgläubigen Forderungserwerb sieht das Gesetz mangels Rechtsscheins grundsätzlich nicht vor. Als Ausnahme dazu gilt § 405 BGB.

3. Bestimmbarkeit der Forderung

Für die Bestimmbarkeit muss die Forderung spätestens mit ihrer Entstehung nach Gegenstand, Umfang und der Person des Schuldners bestimmt sein, ohne dass es ergänzender Maßnahmen der Parteien bedarf. Probleme bei der Bestimmbarkeit können sich bei der *Vorausabtretung*, bei der Abtretung von *Forderungsmehrheiten* und bei *Teilabtretungen* von Forderungen ergeben.

4. Übertragbarkeit der Forderung

An der Übertragbarkeit fehlt es, wenn eine Abtretung nur unter *Veränderung des Inhalts* erfolgen kann (§ 399 Var. 1 BGB) oder ein *Abtretungsverbot vereinbart* ist (§ 399 Var. 2 BGB). Auch bei Unpfändbarkeit der Forderung scheidet eine Abtretung aus (§ 400 BGB).

II. Rechtsfolgen

1. Wechsel der Gläubigerstellung, § 398 S. 2 BGB

Gemäß § 398 S. 2 BGB geht die Forderung auf den Zessionar über. Darüber hinaus stehen dem Zessionar auch eventuelle *Folgeansprüche* zu, wie insb. Schadensersatzansprüche aus §§ 280 ff. BGB. Hingegen verbleiben die das Schuldverhältnis zwischen dem Schuldner und dem Zedenten betreffende Gestaltungsrechte beim Zedenten.

2. Übergang der Neben- und Vorzugsrechte, § 401 BGB

Mit der Forderung gehen gem. § 401 BGB auch die bestehenden *akzessorischen* Nebenrechte und die Vorzugsrechte (bspw. in einer Zwangsvollstreckung oder einer Insolvenz) auf den Zessionar über.

3. Hilfsansprüche, §§ 402, 403 BGB

Den Zedenten treffen gewisse Auskunfts- und Dokumentarpflichten, die dem Zessionar die Durchsetzung der abgetretenen Forderung erleichtern sollen.

4. Schuldnerschutz

a. Einwendungen des Schuldners, § 404 BGB

Nach § 404 BGB kann der Schuldner dem neuen Gläubiger alle Einreden und Einwendungen entgegensetzen, die zur Zeit der Abtretung der Forderung gegenüber dem bisherigen Gläubiger *begründet* waren.

b. Aufrechnung gegenüber dem neuen Gläubiger, § 406 BGB

Nach § 406 BGB kann der Schuldner mit einer ihm gegen den bisherigen Gläubiger zustehenden Forderung auch dem neuen Gläubiger gegenüber aufrechnen, es sei denn, dass er *bei dem Erwerb* der Forderung *von der Abtretung Kenntnis* hatte oder dass die Forderung erst nach der Erlangung der Kenntnis und *später* als die abgetretene Forderung *fällig* geworden ist.

c. Rechtshandlungen gegenüber dem bisherigen Gläubiger, § 407 BGB

Gemäß § 407 BGB muss der Zessionar alle Leistungen, die der Schuldner nach erfolgter Abtretung in Unkenntnis derselben an den bisherigen Gläubiger erbringt und alle Rechtsgeschäfte, die zwischen dem unwissenden Schuldner und dem Zedenten nach der Abtretung in Ansehung der Forderung vorgenommen werden, gegen sich gelten lassen.

d. Mehrfache Abtretung, § 408 BGB

Tritt der Zedent die Forderung mehrmals ab, findet § 407 BGB entsprechende Anwendung, wenn der Schuldner von der ersten Zession keine Kenntnis hat und in Kenntnis der zweiten Zession, die mangels Verfügungsbefugnis des Zedenten unwirksam ist, an den nichtberechtigten Dritten leistet.

e. Abtretungsanzeige, § 409 I BGB

Zeigt der Gläubiger dem Schuldner an, dass er die Forderung wirksam an einen Dritten abgetreten hat, obwohl dies nicht der Fall ist, muss er dies gem. § 409 I BGB gegen sich gelten lassen.

5. Besondere Formen der Abtretung

Besondere Formen der Abtretung sind die Sicherungsabtretung (insb. in Form der Globalzession), die Inkassozession und das Factoring.

B. Gesetzlicher Forderungsübergang, § 412 BGB

Gemäß § 412 BGB finden §§ 399-404, 406-410 BGB auf den Forderungsübergang kraft Gesetzes (bspw. nach §§ 268 III; 426 II; 774 I; 1143 I BGB) entsprechende Anwendung.

C. Befreiende Schuldübernahme, §§ 414 ff. BGB

Die befreiende Schuldübernahme führt zu einem *Auswechseln der Person auf der Schuldnerseite* und stellt somit das Gegenstück zur Abtretung dar. Bei der befreienden Schuldübernahme tritt ein Dritter (Übernehmer) an die Stelle des bisherigen Schuldners, sodass dieser von seiner Schuld frei wird.

I. Abgrenzungen

Abzugrenzen ist die befreiende Schuldübernahme vom Schuldbeitritt, von der Bürgschaft, vom Garantievertrag, von der Erfüllungsübernahme und von der Vertragsübernahme.

II. Voraussetzungen

Voraussetzung für eine befreiende Schuldübernahme ist ein Übernahmevertrag entweder gem. § 414 BGB zwischen dem Neuschuldner und dem Gläubiger oder gem. § 415 BGB zwischen dem Alt- und dem Neuschuldner mit Genehmigung des Gläubigers.

III. Rechtsfolgen

Durch die Schuldübernahme tritt der neue Schuldner an die Stelle des bisherigen Schuldners, der demzufolge von seiner Schuld befreit wird. Da die Schuld mit gleich bleibendem Inhalt auf den neuen Schuldner übergeht, kann der Übernehmer dem Gläubiger gem. § 417 BGB alle Einwendungen entgegenhalten, die dem ehemaligen Schuldner zur Zeit der Schuldübernahme zustanden. Gemäß § 418 I S. 1 BGB erlöschen infolge der Schuldübernahme die für die Forderung bestellten Bürgschaften und Pfandrechte.

A. Abtretung, §§ 398 ff. BGB

248 In § 194 I BGB wird legaldefiniert, dass der Anspruch sich dadurch auszeichnet, von einem anderen ein Tun oder Unterlassen verlangen zu können. Um den Anspruch tatsächlich geltend machen zu können, muss der Gläubiger aktivlegitimiert sein, d.h., er muss tatsächlich rechtlicher Inhaber des Anspruchs sein. Ist dies der Fall, kann er rechtsgeschäftlich seinen Anspruch auf einen Dritten gem. §§ 398 ff. BGB übertragen.

Die **Abtretung (Zession)** ist gem. § 398 S. 2 BGB ein zwischen dem ursprünglichen Gläubiger (Zedent) und dem neuen Gläubiger (Zessionar) geschlossener rechtsgeschäftlicher Vertrag, der die Übertragung einer Forderung zum Inhalt hat.

Findet eine Abtretung statt, kann der vormalige Inhaber der Forderung diese nicht mehr geltend machen, da er anschließend nicht mehr aktiv legitimiert ist. Vielmehr steht die Forderung dem neuen Gläubiger zu, da er an die Stelle des Zedenten tritt. Hingegen bleibt das Schuldverhältnis zwischen dem Schuldner und dem Zedenten i.Ü. bestehen. Durch die Abtretung wird also lediglich eine abgespaltene Forderung übertragen und nicht etwa das gesamte Schuldverhältnis. Daraus ergibt sich, dass der Zessionar das erworbene Forderungsrecht verliert, wenn der Schuldner gegenüber dem Zedenten anficht oder zurücktritt.

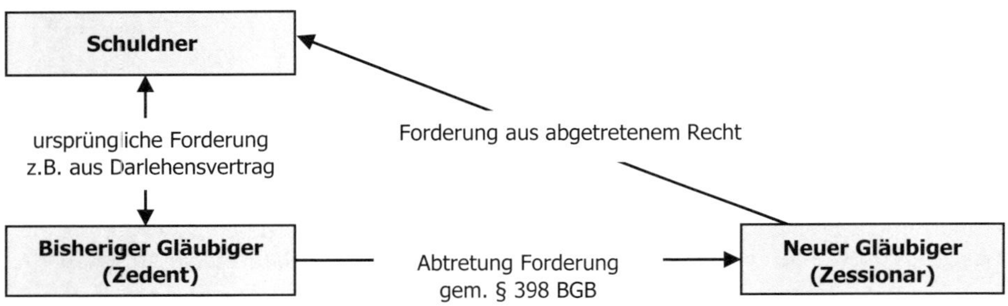

Beispiel: V verkauft K mit notariellem Kaufvertrag ein Grundstück zu einem Kaufpreis i.H.v. 75.000,- €. Dabei wird als Fälligkeitstermin für die Übereignung des Grundstücks und die Zahlung des Kaufpreises ein Zeitpunkt in 3 Monaten festgelegt.

Sechs Wochen vor der vereinbarten Übereignung gerät K in finanzielle Schwierigkeiten und versucht einen weiteren Interessenten für das Grundstück zu finden. Es meldet sich der interessierte G, mit dem K einen Kaufpreis i.H.v. 80.000,- € vereinbart.

Rechtstechnisch ist das Geschäft mit G folgendermaßen abzuwickeln: Da K noch nicht Eigentümer des Grundstücks ist, kann er dieses nicht an G übertragen (auf die Möglichkeit der Übertragung als Nichtberechtigter soll nicht eingegangen werden). Er hat jedoch eine Forderung gegenüber V, nämlich einen schuldrechtlichen Anspruch auf Übereignung des Grundstücks gem. § 433 I S. 1 BGB. Diesen kann er an G verkaufen (§ 433 BGB) und durch die (dingliche) Abtretung (§ 398 BGB) erfüllen. G tritt damit in die Rechtsstellung des K und kann von V bei Erreichen der zwischen K und V vereinbarten Fälligkeit von V Übereignung des Grundstücks verlangen (§ 433 I S. 1 BGB).

I. Anwendungsbereich der §§ 398 ff. BGB

249 §§ 398 ff. BGB regeln die rechtsgeschäftliche **Übertragung von Forderungen** (Abtretung). Dadurch werden die Forderungen zu einem umlauffähigen Vermögensbestandteil, der von dem Gläubiger in den Güteraustausch mit einbezogen werden kann und insofern wirtschaftlich als ein Bestandteil des Eigentums zu bewerten ist. Darüber hinaus finden §§ 398 ff. BGB nach **§ 413 BGB** auf die **Übertragung anderer Rechte** entsprechende Anwendung, soweit nicht das Gesetz ein anderes vorschreibt. Als andere Rechte gelten grundsätzlich alle nicht unter § 398 BGB fallenden Rechte, wie v.a. Sachenrechte, Fami-

lien- und Erbrechte, Mitgliedschaftsrechte, Urheberrechte und bestimmte Gestaltungsrechte.[200] Aufgrund der in § 413 BGB enthaltenen Subsidiaritätsklausel ist diese Norm jedoch von geringerer Bedeutung, da spezialgesetzliche Vorschriften existieren, die die Übertragbarkeit regeln oder ausschließen.

So werden Sachenrechte ausschließlich nach §§ 873, 929, 925 BGB übertragen. Auch die Übertragung eines Anwartschaftsrechts am Eigentum richtet sich nicht nach § 413 BGB, sondern nach den spezialgesetzlichen Regelungen für das Vollrecht.[201] Bei Urheberrechten und vielen Mitgliedschaftsrechten (wie bspw. an Vereinen oder Personengesellschaften) ist die Übertragbarkeit spezialgesetzlich ausgeschlossen (vgl. §§ 38, 719 BGB). Ebenso sind Familien- und Erbrechte nicht übertragbar und die Verfügung eines Miterben über seinen Anteil am Nachlass ist in § 2033 BGB besonders geregelt. Als Anwendungsbereich verbleibt daher für § 413 BGB lediglich die Übertragung von gewerblichen Schutzrechten (bspw. von Patenten) und die Übertragung von Grundschulden (§§ 1191 ff. BGB)[202]. Daneben sind einige Gestaltungsrechte, die nicht mit einer übertragenen Forderung zwingend verbunden sind, nach § 413 BGB selbstständig übertragbar, bspw. das Wiederkaufsrecht oder u.U. auch das Vorkaufsrecht. Soweit die Gestaltungsrechte der Ausübung oder Durchsetzung einer Forderung dienen, gehen sie notwendig bei Übertragung der Forderung mit dieser auf den neuen Gläubiger über und können deswegen nicht selbstständig nach § 413 BGB abgetreten werden.

Auch **öffentlich-rechtliche Ansprüche** sind grundsätzlich abtretbar.[203] Jedoch erfolgt dies nicht direkt nach §§ 398 ff. BGB. Die Abtretbarkeit öffentlich-rechtlicher Ansprüche richtet sich vielmehr primär nach öffentlich-rechtlichen Vorschriften wie bspw. nach § 46 AO oder § 53 SGB I. Fehlen konkretisierende Normen, kann auf §§ 398 ff. BGB entsprechend zurückgegriffen werden, sofern die Besonderheiten des jeweiligen öffentlichen Rechts hinreichend beachtet werden.[204]

II. Voraussetzungen

Voraussetzung für eine Abtretung ist ein wirksamer Abtretungsvertrag über eine bestehende, bestimmbare und abtretbare Forderung. **250**

1. Abtretungsvertrag

Die Abtretung setzt gem. § 398 S. 1 BGB voraus, dass zur Übertragung einer Forderung ein **Abtretungsvertrag** zwischen dem Inhaber der Forderung (Zedent) und dem Abtretungsempfänger (Zessionar) abgeschlossen wird. Dabei ist es zur Wirksamkeit der Abtretung nicht erforderlich, dass der Schuldner der übertragenen Forderung an dem Abtretungsvertrag beteiligt wird. **251**

a. Wirksame Einigung, §§ 145 ff. BGB

Zunächst müssen sich der Zedent und der Zessionar gem. §§ 145 ff. BGB wirksam über den Forderungsübergang geeinigt haben. Es bedarf also zwei übereinstimmender, wirksamer Willenserklärungen, die den Übergang der Forderung zum Inhalt haben. **252**

Zu berücksichtigen ist das **Abstraktionsprinzip**, nach dem zwischen dem Verpflichtungs- und Verfügungsgeschäft (Erfüllungsgeschäft) unterschieden wird. Das Verpflichtungsgeschäft ist i.d.R. ein Kaufvertrag (§§ 453, 433 BGB). Die Verpflichtung kann allerdings auch i.R. eines Geschäftsbesorgungsvertrags, einer Schenkung, einer Sicherungsabrede oder einer sonstigen Vereinbarung begründet werden. Das **Verfügungsgeschäft** dient der Umsetzung der Ver-

[200] BGH NJW 1998, 896, 897; *Rohe*, in: Bamberger/Roth, § 413 Rn 2.
[201] BGHZ 28, 16, 21; 49, 197, 202; BGH NJW 1970, 699, 699.
[202] BGHZ 53, 60, 62 ff.; *Meyer/v. Varel*, JuS 2004, 192, 193.
[203] BGH NZV 2011, 595.
[204] BSG NJW 1959, 2087, 2087; *Coester-Waltjen*, Jura 2003, 23, 23.

pflichtung, die sich aus dem Kausalgeschäft ergibt. Ist Gegenstand dieses Kausalgeschäfts eine Forderung, die den Inhaber wechseln soll, handelt es sich bei dem Verfügungsgeschäft um eine Abtretung.

> **Hinweis für die Fallbearbeitung:** Insoweit ist die Abtretung, als die Verfügung über Forderungen, mit dem Erfüllungsgeschäft bei Sachen i.S.d. §§ 929 ff. BGB zu vergleichen. Beide dienen den Vertragspartnern dazu, zur Erfüllung der Pflichten aus dem Kausalgeschäft die rechtliche Zugehörigkeit des geschuldeten Gegenstands zu ändern.

253 Aus dem Abstraktionsprinzip folgt, dass eine Unwirksamkeit des Kausalgeschäfts grundsätzlich nicht die Gültigkeit der Zession tangiert. Der Anspruch geht also unabhängig vom Kausalgeschäft nach § 398 S. 2 BGB auf den neuen Gläubiger (Zessionar) über, solange die rechtsgeschäftlichen Voraussetzungen des Abtretungsvertrags erfüllt sind. Die Parteien haben allerdings die Möglichkeit, eine Durchbrechung des Abstraktionsprinzips vertraglich zu vereinbaren.

- Zum einen können die Parteien eine Bedingung i.S.d. § 158 I BGB vereinbaren, wonach die Wirksamkeit des Verfügungsgeschäfts von der Wirksamkeit des Verpflichtungsgeschäfts abhängen soll. So hängt bspw. die Sicherungszession von der Bedingung ab, dass die zu sichernde Forderung auch tatsächlich entsteht.
- Darüber hinaus ist es möglich, dass die Parteien das Verpflichtungs- und Verfügungsgeschäft zu einer Einheit i.S.d. § 139 BGB als sog. **Geschäftseinheit** zusammenfassen.[205] Als Folge daraus erstreckt sich die Unwirksamkeit des Kausalgeschäfts auch auf das Verfügungsgeschäft (also auf die Abtretung der Forderung). Zu beachten ist dabei jedoch, dass aufgrund des Abstraktionsprinzips eine solche Geschäftseinheit nicht ohne weiteres angenommen werden kann. Es müssen vielmehr konkrete Anhaltspunkte dafür vorliegen, dass eine Verknüpfung zur Bedingung des Geschäfts gemacht wurde.
- Neben dem Grundgeschäft kann allerdings auch das Verfügungsgeschäft (Erfüllungsgeschäft) nichtig sein, wenn beide Geschäfte vom Nichtigkeitsgrund gleichermaßen aufgrund einer **Fehleridentität** erfasst werden. Ein solcher Fall kann u.a. vorliegen, wenn die Voraussetzungen der §§ 123, 138, 134 BGB gegeben sind.

b. Form

254 Der Abtretungsvertrag ist grds. **formfrei**, und zwar auch dann, wenn die abgetretene Forderung auf einem formpflichtigen Geschäft beruht oder das der Abtretung zugrunde liegende Kausalgeschäft formbedürftig ist (wie z.B. bei einer Schenkung (§ 518 BGB) oder beim Grundstückskaufvertrag (§ 311b I BGB)).[206] Mangels Formbedürftigkeit besteht auch die Möglichkeit den Abtretungsvertrag stillschweigend (konkludent) abzuschließen.[207]

> **Hinweis für die Fallbearbeitung:** Soweit eine hypothekarisch gesicherte Forderung abgetreten wird, muss das Formerfordernis des § 1154 BGB beachtet werden. Gleiches gilt bei der Abtretung einer Grundschuld nach §§ 398, 413, 1154 (analog), 1191 BGB.

2. Bestehen der Forderung in der Person des Zedenten

255 Eine Abtretung setzt weiter voraus, dass die abzutretende Forderung **besteht** und der **Zedent verfügungsberechtigt** ist. Die Verfügungsberechtigung steht demjenigen zu, der Inhaber des Rechts ist. An einer solchen Berechtigung fehlt es, wenn der Zedent eine Forderung nach einer *wirksamen* Abtretung erneut abtritt. In diesem Fall hat er

---

[205] BGH NJW 1991, 917, 918.
[206] BGHZ 89, 41 ff.
[207] BGH NJW 1997, 729, 730; NJW 1991, 1821, 1822.

nämlich bereits durch die erste (wirksame) Abtretung die Verfügungsbefugnis über die Forderung verloren, da der Prioritätsgrundsatz gilt. Einen gutgläubigen Forderungserwerb sieht das Gesetz mangels Rechtsscheins grundsätzlich nicht vor.[208] Der Zessionar kann demnach nicht auf die Verfügungsberechtigung vertrauen, sodass ein gutgläubiger Erwerb einer Forderung von einem Nichtberechtigten grundsätzlich ausscheidet.

Als **Ausnahme** zu diesem Grundsatz gilt **§ 405 BGB**. Der gute Glaube des Zessionars wird dahingehend geschützt, dass ihm bei einer verbrieften Forderung der Einwand des Scheingeschäfts i.S.d. § 117 BGB oder des vertraglich vereinbarten Verbots einer Abtretung i.S.d. § 399 Var. 2 BGB nicht entgegengehalten werden kann, sofern er nicht bei der Abtretung den entsprechenden Sachverhalt kannte oder kennen musste. In beiden Fällen erwirbt der Zessionar die Forderung vollständig, wobei § 405 BGB im Falle eines Scheingeschäfts konstitutiv für die Forderung wirkt.[209] Der Grund für diese Ausnahme liegt darin, dass die Urkunde den Anschein einer bestimmten Rechtslage begründet, auf den der Erwerber vertraut und den sich der Schuldner zurechnen lassen muss. 256

- **Voraussetzung** dafür ist, dass die **Abtretung unter Vorlegung einer Urkunde** erfolgt ist, die dazu bestimmt ist, das Bestehen der Forderung zu beweisen. Ausreichend ist bspw. ein Lagerschein, eine Bürgschaftsurkunde oder ein Darlehensschuldschein, wohingegen nicht nur die gelegentliche Erwähnung in einem Schriftstück genügt.
- Darüber hinaus muss die Urkunde dem Zessionar im **zeitlichen Zusammenhang** so vorgelegt worden sein, dass dieser sie unmittelbar wahrnehmen konnte.
- Auch muss die Urkunde **vom Schuldner ausgestellt** und mit seinem Willen in den Verkehr gebracht worden sein. Eine abhandengekommene Urkunde reicht nicht aus.
- Schließlich muss der Zessionar im **guten Glauben** gewesen sein. Bei § 405 BGB richtet sich der gute Glaube nach dem Maßstab des § 122 II BGB. An dem guten Glauben fehlt es demnach, wenn der Erwerber Kenntnis oder fahrlässige Unkenntnis von der Scheinabtretung oder von dem Abtretungsausschluss hat.

Beispiel: V und K haben einen Kaufvertrag (§ 433 BGB) zum Schein abgeschlossen.

Dieser Vertrag ist wegen § 117 BGB nichtig, sodass die Forderung des V aus § 433 II BGB auf Zahlung des Kaufpreises nicht wirksam entstanden ist. K hat dem V jedoch einen Schuldschein über die vermeintliche Kaufpreisforderung ausgestellt. Tritt V die Kaufpreisforderung unter Vorlage des Schuldscheins an den gutgläubigen B ab, wird dieser gem. §§ 398, 405 BGB Inhaber der Forderung. In diesem Fall wirkt § 405 BGB konstitutiv, da vorher keine Forderung bestanden hat und durch die Abtretung unter Vorlage der Urkunde eine Forderung des B gegen K entstanden ist. K muss nunmehr an B gem. §§ 433 II, 398, 405 BGB den Kaufpreis leisten. B kann die Forderung auch weiterveräußern, wobei eine eventuelle Bösgläubigkeit des Erwerbers unerheblich ist. B ist nämlich wegen § 405 BGB berechtigter Inhaber einer bestehenden Forderung geworden.

3. Bestimmbarkeit der Forderung

Als Gegenstand einer Verfügung muss die abzutretende Forderung bestimmt oder wenigstens bestimmbar sein.[210] Dieses Erfordernis bezieht sich auf den Zeitpunkt, in dem die Forderung übergehen soll, also entweder auf den Moment des Abtretungsvertrags oder auf den des (späteren) Entstehens der Forderung. 257

---

[208] Etwas anderes gilt nach der sog. Mitreißtheorie bei einem gutgläubigen Hypothekenerwerb. Zum Hypothekenerwerb wird die Forderung gem. § 1138 BGB fingiert und nach dieser Theorie „mitgerissen", sodass sie danach dem gutgläubigen Erwerber zusteht. Auch bei Erbschaftsgegenständen, die auch Forderungen beinhalten können, ist ein gutgläubiger Forderungserwerb möglich (§ 2366 BGB), vgl. dazu *Kindler/Paulus*, JuS 2013, 490, 493 f.

[209] *Rohe*, in: Bamberger/Roth, § 405 Rn 6; *Coester-Waltjen*, Jura 2003, 23, 27.

[210] BGH NJW 1995, 1668, 1669; NJW 2000, 276, 278; NJW 2011, 2713; *Meyer/v. Varel*, JuS 2004, 192, 193.

Für die **Bestimmbarkeit** muss die Forderung spätestens mit ihrer Entstehung nach Gegenstand, Umfang und der Person des Schuldners bestimmt sein, ohne dass es ergänzender Maßnahmen der Parteien bedarf.[211]

Es ist nicht notwendig, dass die Forderung bei der Abtretung bereits besteht und ihr Umfang exakt feststeht. Die Forderung muss aber genau bezeichnet werden, sodass über den Gegenstand der Abtretung keine Zweifel bestehen. Probleme bzgl. der Bestimmbarkeit können sich bei der Vorausabtretung, der Abtretung von Forderungsmehrheiten und der Teilabtretung einer Forderung aus einer Forderungsmehrheit ergeben.

258 **a.** Bei einer **Vorausabtretung** wird eine erst künftig entstehende Forderung im Voraus wirksam abgetreten. Es besteht Einigkeit darüber, dass eine solche Vorausabtretung möglich ist.[212] Dies ergibt sich aus dem Rechtsgedanken des § 185 II S. 1 Var. 2 BGB, nach dem eine Verfügung eines Nichtberechtigten über einen Gegenstand wirksam wird, wenn dieser den Gegenstand erwirbt. Wird die Forderung dem Gegenstand in § 185 II S. 1 Var. 2 BGB gleichgesetzt, muss eine Abtretung einer noch nicht bestehenden Forderung in dem Zeitpunkt wirksam werden, wenn diese in der Person des Zedenten entsteht. Besondere Bedeutung erlangt die Abtretung von künftigen Forderungen, wenn sie zu Sicherungszwecken erfolgt, wie bei der Sicherungsabtretung oder beim verlängerten Eigentumsvorbehalt (siehe Rn 296 ff.).

Dabei braucht im Zeitpunkt der Abtretung das Rechtsverhältnis oder der Rechtsgrund für die später entstehende Forderung noch nicht wirksam zu bestehen. Ausreichend ist, dass das Entstehen der Forderung als wahrscheinlich angenommen wird. Der **Rechtserwerb** der künftigen Forderung erfolgt erst mit der **vollständigen Entstehung der Forderung**. Erst in diesem Augenblick tritt der Zessionar i.S.d. § 398 S. 2 BGB an die Stelle des Zedenten. Die Forderung geht mit dem Inhalt auf den Zessionar über, mit dem sie entstanden ist.[213] Durch die Vorausabtretung ist der Verfügende (Zedent) gebunden, da er seine Verfügungsbefugnis bereits ausgeübt hat. Anderweitige zwischenzeitliche Verfügungen über die Forderung sind also mangels Verfügungsbefugnis unwirksam.[214] Gelangt die Forderung wider Erwarten nicht zur Entstehung oder nicht in der Person des Zedenten, ist die Abtretung gegenstandslos.

259 **Umstritten** ist, ob die abgetretene zukünftige Forderung unmittelbar in der Person des Zessionars **(Direkterwerb durch Zessionar)** entsteht oder ob sie eine „juristische Sekunde" zum Vermögen des Zedenten **(Durchgangserwerb)** gehört. Diese Frage gewinnt insb. bei einer Insolvenz des Zedenten an Bedeutung.

> **Beispiel:** A plant B sein Auto zu verkaufen. Vor dem Abschluss des Vertrags überträgt er bereits die zukünftig entstehende Kaufpreisforderung aus § 433 II BGB an den C. Kurz darauf wird A insolvent. Gleichwohl wird der Kaufvertrag mit B abgeschlossen. C fragt nun, ob ihm die Geltendmachung der Kaufpreisforderung zusteht oder ob diese in die Insolvenzmasse fällt.

Bei der aufgeworfenen Frage ist danach zu differenzieren, ob der Rechtsgrund für die Forderung bei der Abtretung bereits vorhanden ist oder nicht (h.M.).[215]

- Besteht bereits **bei der Abtretung** und bei der Entstehung der Forderung ein **Rechtsgrund**, wird dem Zessionar nicht nur die zukünftige Forderung abgetreten, sondern darüber hinaus eine bestehende Rechtsposition des Zedenten eingeräumt, die eine *Anwartschaft* auf die Forderung darstellt.[216] Die Entstehung der Forderung hängt nur noch von

---

[211] BGH NJW 2000, 276, 278; NJW 2011, 2713; BGHZ 71, 75, 78; 108, 98, 105; *Coester-Waltjen*, Jura 2003, 23, 25.
[212] BGH NJW 1988, 3204; NJW 1989, 2383; NJW-RR 2005, 1408; *Grüneberg*, in: Palandt, § 398 Rn 11.
[213] BGH NJW 1995, 1668, 1671; *Roth/Kieninger*, in: MüKo, § 398 Rn 80.
[214] *Flume*, AcP 161, 385, 393 f.; BGHZ 75, 221, 225 ff.; *Müller*, ZIP 1994, 342, 348.
[215] BGHZ 75, 221, 225 ff.; *Müller*, ZIP 1994, 342, 346 f.
[216] *Larenz*, SchuldR AT, § 34 III.

dem Eintritt einer bestimmten Bedingung ab. Deswegen findet ein Direkterwerb des Zessionars statt. Das bedeutet, dass die Forderung unmittelbar in der Person des Zessionars entsteht und von einer zwischenzeitlichen Insolvenz des Zedenten unberührt bleibt.

- Ist hingegen noch kein **Rechtsgrund** im Zeitpunkt der Abtretung der Forderung vorhanden, liegt es in der Hand des Zedenten, die Forderung durch den Abschluss eines entsprechenden Vertrags zur Entstehung zu bringen. Wird der Rechtsgrund für die Forderung erst nach der Eröffnung des Insolvenzverfahrens geschaffen, fällt die Forderung unmittelbar in die Insolvenzmasse.[217] Es kann somit lediglich ein Durchgangserwerb stattfinden.

  Für den obigen **Beispielsfall** bedeutet dies, dass die Kaufpreisforderung gegen B in die Insolvenzmasse fällt. C ist somit nicht uneingeschränkt forderungsberechtigt.

- Fraglich ist, in welcher Person die Forderungen entstehen, deren **Rechtsgrund nach der Abtretung, aber vor der Eröffnung des Insolvenzverfahrens** geschaffen wird. Nach überzeugender Ansicht, wird ein direkter Rechtserwerb des Zessionars angenommen.[218] Dies wird damit begründet, dass eine frühe Abtretung nicht zum Nachteil des Zessionars wirken soll, wenn er später – im Zeitraum zwischen dem Entstehen des Rechtsgrunds und der Eröffnung des Insolvenzverfahrens – die Forderung uneingeschränkt hätte erwerben können.

b. Bei der Abtretung von mehreren Forderungen unter einer Gesamtbezeichnung muss die Zugehörigkeit der einzelnen Forderungen zu der Mehrheit hinreichend bestimmt oder bestimmbar sein. Dabei wird die Bestimmbarkeit einer **Forderungsmehrheit** bspw. bejaht, wenn alle Forderungen aus einem bestimmten Geschäftsbetrieb, aus einem bestimmten Zeitraum oder aus einer bestimmten Art von Rechtsgeschäften abgetreten werden.[219] Unwirksam ist hingegen die Abtretung mehrerer Forderungen in Höhe eines Teilbetrags, wenn nicht zu erkennen ist, auf welche Forderungen oder Teilforderungen sich die Abtretung bezieht.[220] Die am weitest gehende Variante der Abtretung einer Forderungsmehrheit ist die Globalzession aller zukünftigen Forderungen (Rn 303). **260**

c. Ebenso wie ein Teil einer Forderung abgetreten werden kann, ist auch eine **Teilabtretung aus einer Forderungsmehrheit** möglich. Dabei muss jede einzelne Forderung und von ihr der jeweils abgetretene Teil genau bestimmt sein. Es ist also möglich, dass von mehreren Forderungen ein bestimmter Betrag abgetreten wird. Dies kann bspw. bei Gehaltsansprüchen der pfändbare Teil sein.[221] Erforderlich ist die hinreichende Bestimmbarkeit dahingehend, dass sowohl der Zedent und der Zessionar als auch der Schuldner erkennen, zu welchen Anteilen die Forderungen auf den Zedenten und den Zessionar entfallen.[222] **261**

4. Übertragbarkeit der Forderung

Schließlich muss die Forderung auch übertragbar sein. Grundsätzlich können alle Forderungen abgetreten werden.[223] Eine Forderung ist jedoch unübertragbar, wenn eine Abtretung nur unter Veränderung des Inhalts erfolgen kann (§ 399 Var. 1 BGB), eine Abtretung vertraglich ausgeschlossen ist (§ 399 Var. 2 BGB) oder wenn die Forderung der Pfändung nicht unterworfen ist (§ 400 BGB). Der Ausschluss hat dabei *dingliche Wirkung*, sodass die Abtretung einer unübertragbaren Forderung unwirksam ist. **262**

---

[217] *Busche*, in: Staudinger, § 398 Rn 75; *Roth/Kieninger*, in: MüKo, § 398 Rn 82.
[218] *Roth/Kieninger*, in: MüKo, § 398 Rn 82 m.w.N.
[219] BGH WM 1961, 350, 351; BGHZ 30, 149, 151; 98, 303, 314; *Roth/Kieninger*, in: MüKo, § 398 Rn 68, 69 m.w.N.
[220] BGH NJW 1975, 977, 978; *Grüneberg*, in: Palandt, § 398 Rn 15.
[221] BAG NJW 1975, 751, 752; WM 1968, 1047, 1048.
[222] BGH NJW 1965, 2197, 2198; *Meyer/v. Varel*, JuS 2004, 192, 193.
[223] *Grüneberg*, in: Palandt, § 398 Rn 8.

a. Ausschluss der Abtretung bei Inhaltsänderung, § 399 Var. 1 BGB

263 Die Übertragung einer Forderung ist gem. § 399 Var. 1 BGB ausgeschlossen, wenn die Leistung an einen anderen als den ursprünglichen Gläubiger nicht ohne Veränderung ihres Inhalts erfolgen kann oder zu Lasten des Schuldners erschwert würde.[224] Dabei kann sich der Abtretungsausschluss zunächst aus der besonderen Verknüpfung der Leistung mit der Person des Gläubigers („Höchstpersönlichkeit") und aus der mit der Abtretung einhergehenden Änderung der geschuldeten Leistung ergeben. Darüber hinaus sind unselbstständige Ansprüche unabtretbar. Diese Fallgruppen sind jedoch nicht exakt voneinander abgrenzbar und gehen ineinander über.

264 Von § 399 Var. 1 BGB werden zunächst solche Ansprüche erfasst sein, bei denen die geschuldete Leistung als eine natürliche Handlung an einen anderen Gläubiger nicht in gleicher Weise erbracht werden kann. Dies ist insb. bei einer geschuldeten **unvertretbaren Handlung** der Fall, wie bei einem Anspruch auf eine ärztliche Operation, auf Erteilung von Unterricht oder auf die Überlassung des Gebrauchs einer Sache.[225] Durch den Wechsel in der Person des Gläubigers würden die vom Schuldner zu erbringenden Leistungen in ihrem Inhalt verändert. Bei der Gebrauchsüberlassung hängt die Art und Weise der Benutzung vom Benutzer ab. Deswegen ist die Gebrauchsüberlassung an einen anderen als den ursprünglich geplanten Benutzer eine andere Handlung.

> **Hinweis für die Fallbearbeitung:** Auch wenn der Anspruch auf die unvertretbare Handlung auf demselben Rechtsgrund wie der Anspruch des Schuldners auf Bezahlung seiner Handlung beruht, ist Letzterer selbstständig abtretbar. Bei dem Zahlungsanspruch handelt es sich um eine Forderung, die vertretbar und somit übertragbar ist.

Ebenso kann die Leistung an einen anderen Gläubiger wirtschaftlich eine andere darstellen. Dies kann bspw. bei der Abtretung einer Forderung aus einem Vorvertrag oder eines Vorkaufsrechts der Fall sein. Durch die Auswechselung der Person des Gläubigers erfolgt regelmäßig eine Inhaltsänderung im Hinblick auf die Vermögensverhältnisse und andere persönliche Belange. Der Anspruch aus einem Vorvertrag oder das Vorkaufsrecht sind somit wegen § 399 Var. 1 BGB unabtretbar. Hingegen sind Ansprüche aus Gewährleistungsrechten[226] und i.d.R. auch der Anspruch auf Eigentumsüberlassung[227] übertragbar. Bei diesen Ansprüchen fehlt das persönliche Interesse des Schuldners an der Person des Gläubigers.

265 Eine Änderung des Leistungsinhalts ergibt sich ferner bei Ansprüchen aus Schuldverhältnissen, bei denen die Person des Leistenden von besonderer Bedeutung ist. Hierzu zählen insb. die Forderungen aus **höchstpersönlichen Berechtigungen**, wie sie bei Dienstverträgen (§ 613 S. 2 BGB) oder bei der Ausführung eines Auftrags (§ 664 II BGB) regelmäßig gegeben sind. Eine Abtretung solcher Ansprüche kann nur mit Zustimmung des Schuldners erfolgen. Der Ausschluss einer Abtretung kann sich daneben auch aus einer **Zweckbindung** der Leistung, bspw. beim Rückforderungsanspruch wegen Verarmung des Schenkers gem. § 528 I BGB oder beim Beihilfeanspruch gegenüber dem Staat ergeben. Bei diesen Ansprüchen kann eine Abtretung nur erfolgen, wenn das Ziel der Zweckbindung bei der Abtretung erhalten bleibt. Auch **Ehe- und Familienrechte** sind, soweit sie höchstpersönlicher Natur sind, nicht abtretbar.

266 **Nebenrechte**, die akzessorisch mit der Forderung verbunden oder als bloße Hilfsrechte rechtlich unselbstständig sind, können ebenfalls nicht selbstständig abgetreten werden, da diese gem. § 401 BGB mit der abgetretenen Forderung auf den Zessionar übergehen.

---

[224] BGHZ 63, 338, 340; BGH WM 1994, 557, 558.
[225] *Busche*, in: Staudinger, § 399 Rn 6,7; *Coester-Waltjen*, Jura 2003, 23, 26.
[226] Eine Abtretung der Gewährleistungsrechte erfolgt regelmäßig beim Leasingvertrag.
[227] BayObLG NJW-RR 1999, 309, 310; vgl. zu weiteren Beispielen *Grüneberg*, in: Palandt, § 399 Rn 4.

Akzessorische Nebenrechte sind u.a. die Bürgschaft (§§ 765 ff. BGB), die Hypothek (§§ 1113 ff.; 1153 II BGB) und Pfandrechte (§§ 1205 ff.; 1250 I S. 2 BGB). Dagegen sind keine Nebenrechte i.S.d. § 401 BGB die selbstständigen Sicherungsrechte, wie u.a. das Sicherungs- und Vorbehaltseigentum und die Sicherungsgrundschuld.

b. Ausschluss der Abtretung bei Vereinbarung, § 399 Var. 2 BGB

Gemäß § 399 Var. 2 BGB besteht für die Vertragsparteien die Möglichkeit den Ausschluss **267** der Abtretung vertraglich bei der Begründung der Forderung oder nachträglich zu vereinbaren. Ausreichend ist, dass die Ausschlussklausel vor der Abtretung vereinbart wurde. Dem vertraglichen Abtretungsverbot kommt entgegen § 137 BGB eine *dingliche Wirkung* zu. Dies bedeutet, dass bei einer Abtretung unter Verstoß gegen das Abtretungsverbot die Übertragung der Forderung unwirksam ist. Nach ganz h.M. ist eine dem Abtretungsverbot zuwiderlaufende Abtretung schlechthin und gegenüber jedem Dritten unwirksam (**absolute Unwirksamkeit**).[228] Folge ist, dass die Forderung in dem Vermögen des Zedenten verbleibt und dieser zur Einziehung der Forderung berechtigt bleibt. Weitere Folge ist, dass eventuelle Pfändungsgläubiger des Zedenten nach wie vor auf die Forderung zugreifen können.[229]

Dieselbe Rechtswirkung kann auch dadurch erreicht werden, dass die Abtretung unter einen **Zustimmungsvorbehalt** gestellt wird.[230] Dann hängt die Wirksamkeit der Abtretung von der Zustimmung des Schuldners ab. Bis zur Erteilung der erforderlichen Zustimmung ist die Abtretung (nach der h.M.) absolut unwirksam.

Die **Unwirksamkeit** der Abtretung wegen eines rechtsgeschäftlichen Abtretungsaus- **268** schlusses kann dadurch **geheilt** werden, dass der Schuldner die Abtretung **genehmigt**. Der vertragliche Ausschluss der Abtretbarkeit dient primär dem Schutz des Schuldners. Darum fällt es in seinen Entscheidungsbereich, ob er an diesem Schutz festhalten oder nachträglich darauf verzichten will. Die vom Schuldner erteilte Genehmigung ist nach h.M. rechtlich als **Angebot zum Abschluss eines Änderungsvertrags** (§ 311 I BGB) in Form der Aufhebung des Abtretungsausschlusses zu qualifizieren und wirkt heilend ex nunc.[231] Das bedeutet, dass erst mit Abschluss des Abänderungsvertrags die vorgenommene Abtretung wirksam wird. Als Begründung wird der Rechtsgedanke des § 184 II BGB angewendet. Dies bedeutet, dass in dem Moment, in dem der abändernde Vertrag gem. § 311 I BGB geschlossen wird, das Verfügungsverbot aufgehoben wird und die Forderung auf den Zessionar übergehen kann. Dies hat zur Folge, dass eine vorher erfolgte Pfändung eines Drittgläubigers wirksam ist.

Wurde in der Zwischenzeit die Forderung durch einen Dritten **gepfändet**, greift nach **269** h.M. die Regelung des **§ 184 II BGB**.[232] Der Tatbestand des § 184 II BGB sei erfüllt, wenn bei der Pfändung eine Identität zwischen dem das Rechtsgeschäft Genehmigenden und dem Pfändungsschuldner vorliege. Liege der § 184 II BGB tatbestandlich nicht vor, müsse man von den entsprechenden Auswirkungen des § 184 I BGB ausgehen. Diese hätten zur Folge, dass die Abtretung (rückwirkend) vor der Pfändung stattgefunden habe und die Pfändung insb. durch die Widerspruchsklage des § 771 ZPO unwirksam werde. Es solle bei der Bestimmung der Inhaberschaft der Forderung eine rein zeitliche Priorität

---

[228] St. Rspr., vgl. nur BGH WM 1968, 195; NJW 1982, 2768 f.; NJW 1997, 3434, 3435; BGHZ 112, 387, 388 f.; BGH ZIP 2010, 890; vgl. auch *Roth/Kieninger*, in: MüKo, § 399 Rn 40; *Grüneberg*, in: Palandt, § 399 Rn 12; *Schreiber*, in: Soergel, § 399 Rn 8; *Bülow*, NJW 1993, 901; a.A. *Scholz*, NJW 1960, 1837 f.; *Denck*, BB 1978, 1086 f.

[229] BGHZ 102, 293, 301; 108, 172, 176.

[230] BGHZ 108, 172, 176; 112, 387, 389 f.; *Rohe*, in: Bamberger/Roth, § 399 Rn 21.

[231] BGHZ 108, 172, 176; BGH ZIP 1997, 1072 f.; ZIP 2010, 890; OLG Hamburg MDR 1962, 136; *Busche*, in: Staudinger, § 399 Rn 63; *Schreiber*, in: Soergel, § 399 Rn 9; *Grüneberg*, in: Palandt, § 399 Rn 12; a.A. *Furtner*, NJW 1966, 182, 186.

[232] *Leptien*, in: Soergel, § 184 Rn 10; *Lüke*, JuS 1992, 114, 116; a.A. *Weber*, in: RGRK, § 399 Rn 15.

gelten. Das überzeugt. Der besondere Schutz des Pfändungsgläubigers vor Genehmigungen ist in § 184 II BGB gesetzlich zum Ausdruck gekommen.

270 Eine gesetzliche **Ausnahme** zum rechtsgeschäftlichen Abtretungsausschluss i.S.d. § 399 Var. 2 BGB stellt **§ 354a HGB** für Geldforderungen dar. Danach ist die Abtretung einer Geldforderung aus einem beiderseitigen Handelsgeschäft trotz eines vertraglichen Abtretungsverbots wirksam. Entsprechendes gilt, wenn die Forderung aus einem Handelsgeschäft des Gläubigers stammt und gegen eine juristische Person des öffentlichen Rechts oder gegen ein öffentlich-rechtliches Sondervermögen gerichtet ist. Dabei erfasst § 354a HGB auch solche vertraglichen Abreden, die die Wirksamkeit der Abtretung von einer Zustimmung des Schuldners abhängig machen.[233] Dem Schuldner steht aber nach § 354a S. 2 HGB das Recht zu, mit befreiender Wirkung an den Zedenten zu leisten.[234]

c. Unpfändbarkeit, § 400 BGB

271 Darüber hinaus ist nach § 400 BGB die Abtretung einer unpfändbaren Forderung wie bei der Aufrechnung (§ 394 BGB) ausgeschlossen. Die Unpfändbarkeit ergibt sich aus §§ 850 ff. ZPO und besteht bspw. bei Unterhaltsforderungen. Etwas anderes gilt nur, wenn der entsprechenden Forderung ein wirtschaftliches Äquivalent gegenübersteht. In diesem Fall ist § 400 BGB teleologisch zu reduzieren.[235]

Beispiel: Das Sozialamt unterstützt die Mutter, weil der Vater seinen Unterhaltspflichten nicht nachkommt. ⇨ In einem solchen Fall kann der Anspruch gegenüber dem säumigen unterhaltsverpflichteten Vater an das Sozialamt abgetreten werden.[236]

III. Rechtsfolgen

272 Eine Abtretung hat zur Folge, dass die dem Zedenten zustehende Forderung auf den Zessionar übergeht, § 398 S. 2 BGB. Neben dem Wechsel der Gläubigerstellung hinsichtlich der übertragenen Forderung muss zudem geregelt sein, wie die Rechtsstellung des Schuldners nach der Abtretung aussieht. Eine Abtretung ist ohne die Mitwirkung und das Wissen des Schuldners möglich. Sein erforderlicher Schutz ist in §§ 404 ff. BGB normiert.

1. Wechsel der Gläubigerstellung, § 398 S. 2 BGB

273 Als primäre Rechtsfolge aus der Abtretung ergibt sich, dass gem. § 398 S. 2 BGB die Forderung vom Zedenten auf den Zessionar übergeht. Das bedeutet, dass Letzterer die Leistung verlangen kann und der Schuldner an ihn leisten muss. Dabei ändert sich der Inhalt der geschuldeten Leistung nicht, da der Zessionar die Forderung in der Art und Weise erwirbt, wie sie bereits dem Zedenten zugestanden hat. Damit bleiben alle mit der Forderung verbundenen Vereinbarungen, wie diejenigen über die Leistungszeit und den Leistungsort, erhalten.

274 Darüber hinaus stehen dem Zessionar die sich aus der abgetretenen Forderung entstehenden **Folgeansprüche** zu, wie insb. Schadensersatzansprüche aus §§ 280 ff. BGB bei Pflichtverletzungen. Der Zessionar kann v.a. Ansprüche aus Verzug gem. §§ 280 I, II, 286 BGB bei verspäteter Leistung geltend machen. Mit der Abtretung steht ihm auch die Befugnis zu, bestimmte Handlungen, die Voraussetzungen für die Geltendmachung von Leistungsstörungen sind, vorzunehmen. Er kann somit dem Schuldner gegenüber bspw. eine Mahnung i.S.d. § 286 I BGB aussprechen. Leistungsbezogene Schutzpflichten wirken nur gegenüber dem Zessionar, wenn die Abtretung dem Schuldner offengelegt wur-

---

[233] OLG Celle NJW-RR 1999, 618, 619; vgl. auch *Schmidt*, JuS 1999, 920 f.
[234] *Saar*, ZIP 1999, 988 ff.; LG Hamburg WM 1999, 428, 430 ff.
[235] BGHZ 59, 109, 115; *Coester-Waltjen*, Jura 2003, 23, 26; *Grüneberg*, in: Palandt, § 400 Rn 3.
[236] OLG Bremen NJW-RR 2002, 361, 362.

de.[237] Hingegen werden Ersatzansprüche aus Gewährleistungsrechten i.d.R. zumindest konkludent mit abgetreten. Das bedeutet, dass der Zessionar im Zweifel auch berechtigt ist, Schadensersatz statt der Leistung nach §§ 280 I, III, 281; 283 BGB zu verlangen. Treten die Leistungsstörungen *nach* der wirksam erfolgten Abtretung ein, bemisst sich der Schadensersatzanspruch aus §§ 280 ff. BGB ausschließlich nach der Person des Zessionars. Das bedeutet, dass nur dessen Umstände und Interessen bei der Berechnung des Schadensersatzes maßgeblich sind.[238] Dies gilt selbst dann, wenn dadurch der Schadensersatz die Summe übersteigt, die beim Zedenten entstanden wäre (str.).[239] Soweit die Leistungsstörungen *vor* der Abtretung eingetreten sind, sind zwar auch die Verhältnisse des Zessionars maßgeblich, jedoch ist die Höhe des Ersatzanspruchs auf das Maß zu beschränken, welches hypothetisch auch bei dem Zedenten eingetreten wäre.[240]

Da die Abtretung nur die Übertragung einer Forderung zum Inhalt hat und das Schuld- **275**
verhältnis als solches zwischen dem Zedenten und dem Schuldner bestehen bleibt, können solche Rechte nicht auf den Zessionar übergehen, die eine Umgestaltung des Rechtsverhältnisses zur Folge hätten. Demnach verbleiben die **Gestaltungsrechte** – wie der Rücktritt, die Kündigung und die Anfechtung – grundsätzlich beim Zedenten, sofern sie nicht ausdrücklich mit abgetreten werden.[241] Der Zedent ist jedoch gegenüber dem Zessionar aus dem Abtretungsvertrag verpflichtet, die ihm zustehenden Gestaltungsrechte nicht ohne das Einverständnis des Zessionars geltend zu machen.[242]

Wird eine Forderung aus einem **gegenseitigen Vertrag** abgetreten, bleibt die synal- **276**
lagmatische Verknüpfung der Verpflichtungen bestehen. Das bedeutet, dass der Zedent weiterhin dem Schuldner gegenüber zur Erbringung seiner vertraglich vereinbarten Gegenleistung verpflichtet bleibt. Lediglich die Forderung des Zedenten gegenüber dem Schuldner wurde auf den Zessionar übertragen.

> **Beispiel:** U hat sich gegenüber B vertraglich dazu verpflichtet, gegen ein Entgelt dessen Fahrrad zu reparieren (Werkvertrag, § 631 BGB). U tritt seinen Zahlungsanspruch gegen B aus § 631 I BGB an X ab. ⇨ Wegen der Erhaltung des Synallagmas trotz der Abtretung bleibt U weiterhin zur Reparatur des Fahrrads verpflichtet. Lediglich der Zahlungsanspruch, der U ursprünglich gegen B zustand, ist von U auf X übergegangen.

2. Übergang der Neben- und Vorzugsrechte, § 401 BGB

Mit der Forderung gehen gem. § 401 I BGB auch die bestehenden akzessorischen Ne- **277**
benrechte auf den Zessionar über. Gleiches gilt für Vorzugsrechte in einer Zwangsvollstreckung (§ 804 II ZPO) oder einer Insolvenz (§§ 49 ff. InsO). Die Nebenrechte, die gem. § 401 BGB bei der Abtretung der Forderung auf den Zessionar mit übergehen, können nicht selbstständig abgetreten werden. § 401 BGB dient dem Zweck, dem Zessionar einen wirtschaftlichen Vollwert der übertragenen Forderung zu verschaffen und ihm alle Rechte, die zur Durchsetzung der Forderung erforderlich sind, zu vermitteln.[243] Akzessorische Nebenrechte, die verbunden mit einer Forderung auf den Zessionar übergehen, sind u.a. die Hypothek (§ 1153 BGB), das Pfandrecht (§§ 1250, 1273 BGB) und die Bürgschaft (§ 774 BGB).

---

[237] *Seetzen*, AcP 169, 352, 359; *Rohe*, in: Bamberger/Roth, § 398 Rn 36.
[238] BGHZ 128, 371, 376; *Hoffmann*, WM 1994, 1464.
[239] *Ackmann*, EwiR § 398 BGB 1/91, 1173, 1174; a.A. *Junker*, AcP 195, 1, 5 ff.; *Seetzen*, AcP 169, 352, 359.
[240] *Junker*, AcP 195, 1, 5 ff.; *Schwenzer*, AcP 182 (1982), 214, 232.
[241] BGHZ 55, 354, 356; *Schwenzer*, AcP 182 (1982), 214, 225 f.
[242] BGH NJW 1985, 2640, 2641; *Rohe*, in: Bamberger/Roth, § 398 Rn 40.
[243] *Rohe*, in: Bamberger/Roth, § 401 Rn 1; *Coester-Waltjen*, Jura 2003, 23, 28.

278 **a.** In entsprechender Anwendung des § 401 I BGB gehen des Weiteren auch die **unselbstständigen Sicherungsrechte** sowie solche **Hilfsrechte**, die zur Durchsetzung der Forderung erforderlich sind, auf den Zessionar über.[244]

- **Unselbstständige Sicherungsmittel** sind bspw. die Vormerkung (§§ 883 ff. BGB), der Anspruch auf Bestellung akzessorischer Sicherheiten und der aus einer Hypothek entstandene Anspruch auf Befriedigung aus dem Versteigerungserlös.
- **Bloße Hilfsrechte** sind bspw. der Anspruch auf Auskunft und Rechnungslegung, die Ersetzungsbefugnis, das Zurückbehaltungsrecht nach § 273 BGB und die Befugnis zur Fristsetzung.

Diese Nebenrechte, die analog § 401 BGB mit der Forderung auf den Zessionar übergehen, unterscheiden sich insoweit von denjenigen Nebenrechten, auf die § 401 BGB direkt anwendbar ist, als sie selbstständig abtretbar sind.

279 **b.** Hingegen gehen **selbstständige Sicherungsrechte** nicht kraft Gesetzes nach § 401 I BGB auf den Zessionar über. Selbstständige Sicherungsrechte sind bspw. die Sicherungsgrundschuld, die Sicherungsübereignung oder die Sicherungsabtretung. Im Zweifel ist der Zedent aber aus dem Rechtsgedanken des § 401 BGB schuldrechtlich dazu verpflichtet, die bestehenden Sicherungsrechte auf den Zessionar zu übertragen, sofern dem nicht eine Abrede mit dem Sicherungsgeber entgegensteht.[245] Mit dem Sicherungsrecht hat der Zedent auch die ihm auferlegten Beschränkungen zu übertragen.[246] Konstruktiv liegt darin ein zumindest konkludent erklärter Schuldbeitritt des Zessionars, der zur gesamtschuldnerischen Haftung von Sicherungsnehmer (Zedent) und Zessionar führt.[247]

Beispiel: Mit dem Sicherungsrecht wird zugleich die Beschränkung in Form einer Freigabepflicht übertragen. Das bedeutet, dass den Zessionar die Pflicht trifft, die Sicherungsleistung herauszugeben, wenn die gesicherte Leistung erbracht wurde.

3. Hilfsansprüche, §§ 402, 403 BGB

280 Dem Zedenten werden einige besondere Pflichten in §§ 402, 403 BGB auferlegt, die dem Zessionar die Durchsetzung der übertragenen Forderung erleichtern sollen.

- Nach **§ 402 BGB** ist der bisherige Gläubiger (Zedent) verpflichtet, dem neuen Gläubiger (Zessionar) die zur Geltendmachung der Forderung nötige Auskunft zu erteilen und ihm die zum Beweis der Forderung dienenden Urkunden, soweit sie sich in seinem Besitz befinden, auszuliefern.
- Nach **§ 403 BGB** hat der Zedent dem Zessionar auf Verlangen eine öffentlich beglaubigte Urkunde über die Abtretung auszustellen. Die dafür anfallenden Kosten hat der neue Gläubiger (Zessionar) zu tragen und vorzuschießen.

4. Schuldnerschutz

281 Aufgrund der Tatsache, dass der Schuldner an der Abtretung grundsätzlich nicht beteiligt ist, darf die Abtretung nicht zu seinem Nachteil gereichen. Deswegen existieren mehrere Vorschriften, die den Schuldner vor einer Verschlechterung seiner Rechtsposition schützen.

---

[244] BGH NJW 1998, 2134, 2135; NJW 1994, 2947, 2948; RGZ 126, 383, 384; 65, 414, 418.
[245] BGHZ 80, 228, 232; 92, 374, 378; 110, 41, 43; *Busche*, in: Staudinger, § 401 Rn 39.
[246] BGH NJW 1997, 461, 463.
[247] *Busche*, in: Staudinger, § 401 Rn 39.

a. Einwendungen des Schuldners, § 404 BGB

Nach § 404 BGB kann der Schuldner dem Zessionar alle Einreden und Einwendungen entgegensetzen, die zur Zeit der Abtretung der Forderung gegenüber dem bisherigen Gläubiger begründet waren. Diese Norm beruht auf dem Gedanken, dass der Gläubigerwechsel den Inhalt der abgetretenen Forderung nicht verändert. Dabei sind von dem Begriff der Einwendung in § 404 BGB erfasst: 282

- **rechtshindernde** Einwendungen (bspw. §§ 105, 125, 134, 138 BGB),
- **rechtsvernichtende** Einwendungen (bspw. die Anfechtung, die Erfüllung, der Rücktritt, die Kündigung, der Widerruf)
- sowie **Einreden** (bspw. die Verjährung (§ 214 I BGB), das Zurückbehaltungsrecht (§§ 273, 320 BGB), die Bereicherungseinrede (§ 821 BGB))[248]

Der Schuldner kann dem neuen Gläubiger somit alle Einwendungen i.S.d. § 404 BGB entgegenhalten, die er auch dem bisherigen Gläubiger entgegenhalten konnte. Dabei ist bei der Abtretung **kein gutgläubiger lastenfreier Forderungserwerb** des Zessionars möglich. Das bedeutet, dass der Schuldner die Gegenrechte auch geltend machen kann, wenn der Zessionar diese nicht kennt. Eine Ausnahme dazu besteht allerdings in § 405 BGB. Soweit nämlich die Nichtigkeitseinwendung des Schuldners darauf beruht, dass er das Rechtsgeschäft gem. § 117 BGB nur zum Schein eingegangen ist, kann er sich hierauf nicht berufen, wenn er eine Urkunde über die Schuld ausgestellt hat und der neue Gläubiger die Forderung unter den Voraussetzungen des § 405 BGB erworben hat. Neben diesen Einwendungen i.S.d. § 404 BGB kann der Schuldner auch Einwendungen gegen die Wirksamkeit der Abtretung geltend machen. Soweit die Abtretung nicht wirksam ist, ist der Zessionar nicht der wahre Gläubiger, sodass der Schuldner nicht an diesen leisten muss.

Nach § 404 BGB muss die Einwendung im **Zeitpunkt der Abtretung** begründet gewesen sein. Es ist nicht erforderlich, dass bereits bei der Abtretung alle Tatbestandsvoraussetzungen der Einwendung vorlagen. Es genügt vielmehr, dass sie ihrem Rechtsgrund nach im Schuldverhältnis angelegt waren.[249] 283

> **Beispiel:** A hat bei B eine Goldkette gekauft, wobei A irrtümlicherweise davon ausging, dass die Kette vergoldet ist, obwohl sie in Wirklichkeit aus reinem Gold besteht. B tritt den Kaufpreisanspruch an C ab, der von A Zahlung des Kaufpreises verlangt. In der Zwischenzeit hat A erfahren, dass er bei dem Kauf der Kette einem Inhaltsirrtum i.S.d. § 119 II BGB unterlag und erklärt gegenüber seinem Vertragspartner B die Anfechtung (§ 143 I BGB).
>
> A kann die rechtsvernichtende Einwendung der Anfechtung (§ 142 I BGB) dem C gegenüber erheben, obwohl er die Anfechtung erst nach der Abtretung erklärt hat. Der Anfechtungsgrund (§ 119 II BGB) war nämlich bereits bei der Abtretung angelegt.

Unter § 404 BGB fallen alle Einwendungen aus dem Schuldverhältnis zwischen dem Zedenten und dem Schuldner dieser Norm. Die *nach* der Abtretung getroffenen **Verfügungen des Gläubigers** können dem Zessionar hingegen nicht über § 404 BGB entgegengehalten werden. Solche Verfügungen wie bspw. ein Erlass, eine Stundung oder eine Inhaltsänderung sind im Verhältnis zum Zessionar nur unter den Voraussetzungen des § 407 BGB wirksam. 284

Da § 404 BGB *dispositiver* Natur ist, kann der Schuldner durch Vereinbarung mit dem Zedenten oder mit dem Zessionar ganz oder teilweise auf den Schutz dieser Norm verzichten. Dabei muss durch Auslegung (§§ 133, 157 BGB) ermittelt werden, wie weit der Einwendungsausschluss reicht. I.d.R. geht es um die Formulierung, der Schuldner erkenne die Abtretung oder die abgetretene Forderung an bzw. bestätigt sie.[250] Ein Verzicht nach § 404 BGB ist im Zweifel 285

[248] Vgl. *Busche*, in: Staudinger, § 404 Rn 10; *Grüneberg*, in: Palandt, § 404 Rn 2.
[249] BGHZ 25, 27, 29; 58, 327, 330; BGH NJW 1992, 2221, 2222; NJW-RR 1994, 880, 881.
[250] BGH NJW 1970, 321, 321; NJW 1973, 39, 39; *Rohe*, in: Bamberger/Roth, § 404 Rn 16.

restriktiv anzunehmen, sodass eine solche Erklärung des Schuldners je nach Lage des Falles lediglich als deklaratorisches Schuldanerkenntnis oder als Wissenserklärung aufzufassen ist.[251] Ein abstraktes Schuldanerkenntnis ist dagegen i.d.R. ausgeschlossen. Der Schuldner verzichtet somit grundsätzlich nur auf ihm bekannte oder erkennbare Einwendungen.

b. Aufrechnung gegenüber dem neuen Gläubiger, § 406 BGB

286 Nach § 406 BGB kann der Schuldner mit einer ihm gegen den bisherigen Gläubiger zustehenden Forderung auch dem neuen Gläubiger gegenüber aufrechnen, es sei denn, dass er bei dem Erwerb der Forderung von der Abtretung Kenntnis hatte oder dass die Forderung erst nach der Erlangung der Kenntnis und später als die abgetretene Forderung fällig geworden ist. § 406 BGB dient dem Schuldnerschutz in der Weise, dass eine Verschlechterung der Position des Schuldners durch die Abtretung verhindert wird. Durch § 406 BGB wird die für eine Aufrechnung gem. § 387 BGB erforderliche Gegenseitigkeit von Gegenforderung und Hauptforderung zugunsten des Schuldners modifiziert. Soweit die Forderung abgetreten ist, besteht i.d.R. keine Gegenseitigkeit mehr von Haupt- und Gegenforderung, sodass eine Aufrechnungsmöglichkeit entfallen müsste. Dem Schuldner würde so eine Aufrechnungsmöglichkeit ohne sein Einverständnis entzogen.

287 **§ 406 BGB** erhält dem Schuldner die Vorteile einer bei der Abtretung **bestehenden Aufrechnungslage** und schützt sein berechtigtes **Vertrauen in das Entstehen einer Aufrechnungslage** bis zur Fälligkeit der Forderung.

Dem Schuldner bleibt eine einmal bestehende Aufrechnungslage dadurch erhalten, dass er gegenüber dem Zessionar die Aufrechnung erklären kann, obgleich ihm die Forderung, mit der er aufrechnen will, gegen den Zedenten zusteht. Wegen des Wortlauts in § 406 BGB („es sei denn...") geht das Gesetz davon aus, dass grundsätzlich eine Aufrechnung des Schuldners möglich ist und nur bei Vorliegen der Ausnahmetatbestände ausscheidet. Damit obliegt es dem Zessionar, das Bestehen der Kenntnis des Schuldners bei Erwerb der Forderung (§ 406 Var. 1 BGB) oder das spätere Fälligwerden der Forderung des Schuldners (§ 406 Var. 2 BGB) zu beweisen. In § 406 BGB sind jedoch nur bestimmte Konstellationen der Aufrechnung geregelt. Folgende Fallgruppen gehören *nicht* in den Anwendungsbereich des § 406 BGB:

Aufrechnung *vor* Abtretung: Hat der Schuldner vor der Abtretung wirksam gegen eine Forderung des Zedenten aufgerechnet, ist die Forderung bereits vor der Abtretung erloschen. Der Schuldner kann dem Zessionar das Erlöschen der Forderung (§ 389 BGB) als rechtsvernichtende Einwendung bereits gem. § 404 BGB entgegenhalten.

Aufrechnung *in Unkenntnis* der *bereits erfolgten* Abtretung: Erklärt der Schuldner die Aufrechnung gegenüber dem Zedenten nach der Abtretung, aber noch vor der Kenntniserlangung von der Abtretung (stille Zession), findet nicht § 406 BGB, sondern § 407 BGB Anwendung.

Aufrechnung nach Abtretung mit einer Forderung des *Zessionars*: Rechnet der Schuldner nach der Abtretung gegenüber dem Zessionar mit einer Gegenforderung gegen eine Hauptforderung des Zessionars auf, sind die allgemeinen Aufrechnungsvorschriften der §§ 387 ff. BGB anwendbar.

§ 406 BGB erhält dem Schuldner die Aufrechnungsbefugnis zum einen, wenn die Aufrechnungslage (§ 389 BGB) bereits bestand, als er von der Abtretung Kenntnis erhält. Zum anderen wird der Schuldner durch § 406 BGB geschützt, wenn sich aus der bei Kenntniserlangung bestehenden Rechtslage ohne die Abtretung bis zur Fälligkeit der abgetretenen Forderung eine Aufrechnungslage entwickelt hätte.

288

[251] BGH NJW 1970, 321, 322; NJW 1983, 1903, 1904; BGHZ 69, 330.

aa. In der ersten Fallkonstellation des § 406 BGB wird das Vertrauen des Schuldners geschützt, eine einmal bestehende Aufrechnungsbefugnis auch noch geltend zu machen, wenn die Hauptforderung, gegen die er aufrechnen will, an einen Dritten abgetreten ist. Der Schuldner konnte also bereits im Zeitpunkt der Abtretung gegenüber dem bisherigen Gläubiger aufrechnen; er macht die Aufrechnung jedoch erst nach der Kenntniserlangung von der Abtretung dem Zedenten gegenüber geltend.

Beispiel: B hat gegen A einen Anspruch auf Rückzahlung eines Darlehens (§ 488 I S. 2 BGB) i.H.v. 50.000,- €. A ist Handwerker und vereinbart mit B im Hinblick auf die Rückzahlungspflicht aus dem Darlehensvertrag, dass er diesem für eine Vergütung von 50.000,- € das Hausdach neu eindecken werde (§ 631 I BGB). A verrichtet seine Arbeiten, die auch von B abgenommen (§ 640 I BGB) werden. Wider Erwarten tritt B die Forderung aus dem Darlehensvertrag an den C ab. A ist enttäuscht und fragt nach seinen Rechten, wenn er die Aufrechnung nun gegenüber dem C erklären würde. Muss er die Darlehenssumme an C zahlen?

Ein Anspruch aus dem Darlehensvertrag auf Rückzahlung des Darlehens besteht wirksam nach dem Ablauf der vereinbarten Laufzeit gem. § 488 I S. 2 BGB. Dieser Anspruch wurde C gem. § 398 BGB wirksam übertragen, sodass er grundsätzlich die Zahlung der Darlehenssumme von A verlangen kann. Fraglich ist jedoch, ob der Anspruch durch die Aufrechnung des A gem. § 389 BGB erloschen ist. Eine Aufrechnung setzt nach § 387 BGB eine Aufrechnungslage, also die Gleichartigkeit und die **Gegenseitigkeit von Haupt- und Gegenforderung** voraus. Da die Ansprüche beide auf Geld gerichtet sind, ist eine Gleichartigkeit zu bejahen. An der Gegenseitigkeit fehlt es jedoch, da die Forderung nach der Abtretung nicht mehr B, sondern C zusteht und die Forderung des A nur gegenüber B besteht. Eine Aufrechnung gegenüber C muss demnach grundsätzlich ausscheiden. Ebenso scheidet eine Einwendung des A gegenüber der Geltendmachung der Forderung des C aus § 404 BGB aus, da er die Aufrechnung nicht bereits vor der Abtretung dem B erklärt hat. In diesem Fall hilft A der über **§ 406 BGB** vermittelte Schutz. A hat beim Erwerb der Forderung aus dem Werkvertrag darauf vertraut, dass er mit dieser Forderung gegenüber der Forderung des B aus dem Darlehensvertrag aufrechnen kann. Es liegen die Voraussetzungen des § 406 BGB vor und er kann somit gegenüber dem Zessionar C die Aufrechnung erklären. Damit muss A die Darlehenssumme nicht an C zahlen.

Aufgrund der Tatsache, dass in der ersten von § 406 BGB erfassten Fallkonstellation bereits bei der Abtretung eine Aufrechnungslage für den Schuldner gegenüber dem Zedenten bestanden haben muss, ergibt sich, dass sich § 406 Var. 1 BGB nur auf solche Forderungen bezieht, die bei Erlangung der Kenntnis von der Abtretung bereits fällig waren. Es ist somit anders als bei § 406 Var. 2 BGB unerheblich, in welcher Reihenfolge die Fälligkeit der Forderungen erfolgte. Entscheidendes Kriterium für den Schutz des Schuldners nach § 406 Var. 1 BGB ist allein die Kenntnis bzw. Unkenntnis des Schuldners von der Abtretung beim Erwerb der Gegenforderung. Kenntnis setzt hierbei positives Wissen voraus, wobei es gleichgültig ist, auf welche Art und Weise dieses Wissen erlangt wurde. Die **Aufrechnung** ist dementsprechend **ausgeschlossen**, wenn der Schuldner zum Zeitpunkt des Forderungserwerbs Kenntnis von der Abtretung hatte. In diesem Fall ist das Vertrauen des Schuldners in die Aufrechnungsmöglichkeit nicht mehr schutzwürdig.

bb. Die zweite Fallgruppe des § 406 BGB bezieht sich auf die Aufrechnung von Forderungen, die erst nach der Erlangung von der Kenntnis der Abtretung fällig werden. Der Schuldner wird also geschützt, wenn sich aus der bei Kenntniserlangung bestehenden Rechtslage ohne die Abtretung bis zur Fälligkeit der abgetretenen Forderung eine Aufrechnungslage entwickelt hätte. Bei § 406 Var. 2 BGB ist die Reihenfolge der Fälligkeit von Gegenforderung und Hauptforderung somit relevant. Die Aufrechnung bleibt nur möglich, wenn die zur Aufrechnung gestellte Gegenforderung *spätestens gleichzeitig* mit der abgetretenen Hauptforderung fällig wird.[252] Dabei gilt eine Forderung, der ein Zurückbehaltungsrecht gem. § 273 BGB entgegen- **289**

[252] BGHZ 35, 317, 326; BAG NJW 1967, 751, 752; *Busche*, in: Staudinger, § 406 Rn 15.

steht, nicht als fällig i.S.d. § 406 BGB.[253] Besteht also gegenüber der Hauptforderung ein Zurückbehaltungsrecht für den Schuldner, kann er gegen diese Forderung auch aufrechnen, wenn seine Gegenforderung später als die Hauptforderung fällig wird.

Beispiele:

(1) V hat aus einem Kaufvertrag (§ 433 BGB) gegen K eine auf die Zahlung von 5.000,- € gerichtete Forderung, die am 30. April fällig wird. K erlangt am 1. April eine Forderung gegen V aus einem Werkvertrag (§ 631 BGB) i.H.v. 5.000,- €, die am 25. April fällig wird. Am 10. März hatte V die Kaufpreisforderung gegen K bereits an B abgetreten, wovon K erst am 15. April erfuhr.

K könnte eine Aufrechnungsbefugnis gegenüber dem Zessionar B wegen § 406 BGB zustehen. Dafür müssten die Voraussetzungen des § 406 BGB erfüllt sein:

1. K hatte im Zeitpunkt der Abtretung keine fällige Gegenforderung gegen den Zedenten.
2. K hatte beim Erwerb der Gegenforderung keine Kenntnis von der erfolgten Abtretung der Hauptforderung an B.
3. Die Gegenforderung des K wurde nicht später als die abgetretene Forderung fällig, § 406 Var. 2 BGB. Die Forderung des K wird (nach der Kenntnis des K von der Abtretung) am 25. April und damit nicht später als die abgetretene Forderung (Fälligkeit am 30. April) fällig.

Ergebnis: Damit kann K gegenüber B aufrechnen.

(2) V trat am 10. März die Kaufpreisforderung an B ab und K wusste dies. In diesem Fall ist K **nicht schutzwürdig**, da er bei dem Erwerb der Gegenforderung Kenntnis von der Abtretung hatte (§ 406 Var. 1 BGB).

(3) K weiß nichts von der Abtretung an B und erklärt gegenüber dem V die Aufrechnung. In diesem Fall greift nicht § 406 BGB, sondern **§ 407 BGB**.

(4) Die Kaufpreisforderung des V gegen K wird auch am 25. April fällig. In diesem Fall werden die **Gegen- und die Hauptforderung zum gleichen Zeitpunkt fällig**. Da die Gegenforderung des Schuldners nur nicht später als die Hauptforderung fällig werden darf, ist die rechtzeitige Fälligkeit des § 406 Var. 2 BGB gewahrt. Damit kann K gegenüber B aufrechnen. Würde hingegen die Forderung des K erst am 26. April fällig werden, müsste er den Kaufpreis an B gem. §§ 433 II, 398 S. 2 BGB bezahlen. Er muss wegen seiner Forderung aus dem Werkvertrag gegen V vorgehen.

(5) Die an den B abgetretene Kaufpreisforderung des V gegen K wird am 25. April und die Forderung des K gegen V am 30. April fällig. K steht jedoch gegenüber der Forderung des V ein **Zurückbehaltungsrecht gem. § 273 BGB** zu. Damit gilt die Forderung des V nicht als fällig i.S.d. § 406 BGB. K kann also mit seiner Forderung aus dem Werkvertrag gegen die abgetretene Forderung aus dem Kaufvertrag gegenüber B aufrechnen.

(6) Die Kaufpreisforderung des V gegen K wird am 25. April fällig und die Forderung des K gegen V am 30. April. K erfährt erst am 5. Mai von der Abtretung der Kaufpreisforderung von V an B (10. März). In diesem Fall ist die Gegenforderung des K vor der Erlangung der Kenntnis von der Abtretung fällig geworden. Fraglich ist, ob er aufrechnen kann oder ob § 406 Var. 2 BGB dagegen steht. Nach dem Wortlaut des § 406 BGB kann der Schuldner nur nicht aufrechnen, wenn „die Forderung erst *nach* der Erlangung der Kenntnis und später als die abgetretene Forderung fällig geworden ist". In diesem Fall ist die Gegenforderung des Schuldners zwar später als die Hauptforderung fällig geworden, aber *vor* der Kenntnis des Schuldners. Der Wortlaut des § 406 BGB spricht somit nicht gegen eine Aufrechnungsmöglichkeit des Schuldners, da eine der beiden in § 406 Var. 2 BGB *kumulativ* genannten Voraussetzungen nicht erfüllt ist.

[253] BGHZ 58, 327, 331; BGH NJW-RR 1994, 880, 881; NJW 1996, 1056, 1057.

§ 406 BGB stellt sich eingeordnet in das System der §§ 404, 406, 407 BGB wie folgt dar: 290

- **§ 404 BGB** gilt nur, wenn die Aufrechnung gegenüber dem Zedenten *vor der Abtretung der Forderung* erfolgt ist.
- **§ 407 BGB** gilt für die Aufrechnung gegenüber dem Zedenten *in Unkenntnis der Abtretung*.
- **§ 406 BGB** gilt nur für die Aufrechnung *in Kenntnis der Abtretung*.

Hinweis für die Fallbearbeitung: Erklärt der Schuldner die Aufrechnung gegen einen vom Zedenten an den Zessionar abgetretenen Anspruch, bietet es sich an, den Anspruch des Zessionars wie folgt zu prüfen:

1. Zunächst ist fraglich, ob der **Anspruch** wirksam **entstanden** ist. Dabei sind sowohl die Entstehung des Anspruchs gegen den Schuldner beim bisherigen Gläubiger (Zedenten), als auch die wirksame Abtretung an den Zessionar gem. §§ 398 ff. BGB zu prüfen.

2. Anschließend stellt sich die Frage, ob der **Anspruch** des Zessionars durch eine wirksame Aufrechnung seitens des Schuldners gem. § 389 BGB **erloschen** ist. Dafür ist zunächst zu prüfen, ob ein entsprechender aufrechenbarer Gegenanspruch des Schuldners gegen den Zedenten besteht. (Dieser Anspruch kann sich bspw. aus einem Rücktritt oder einer Minderung ergeben; ebenso kann er aus einem neuen Rechtsverhältnis entstanden sein). Der Anspruch muss darüber hinaus gegenüber dem Zedenten einredefrei (§ 390 BGB) sein. Neben den weiteren Voraussetzungen (wie Gleichartigkeit, Vorliegen einer Aufrechnungserklärung, Nichtvorliegen eines Aufrechnungsverbots) müssen die Haupt- und die Gegenforderung in einem *Gegenseitigkeitsverhältnis* stehen. Bei diesem Prüfungsmerkmal muss festgestellt werden, zu welchem Zeitpunkt die Aufrechnung erklärt wurde.

Wurde die Aufrechnung bereits **vor der Abtretung** gegenüber dem Zedenten erklärt, lag im Zeitpunkt der Aufrechnungserklärung ein Gegenseitigkeitsverhältnis vor. Der Schuldner kann in diesem Fall dem Zessionar das bereits erfolgte Erlöschen der Forderung (§ 389 BGB) über **§ 404 BGB** als rechtsvernichtende Einwendung entgegenhalten.

Ist hingegen die Aufrechnung erst nach der Abtretung erfolgt, ist ein Gegenseitigkeitsverhältnis nicht mehr gegeben. Eine Ausnahme vom Erfordernis der Gegenseitigkeit könnte sich zunächst aus **§ 406 BGB** ergeben. Dafür müsste der Schuldner die Forderung in Unkenntnis der Abtretung erworben haben und die Forderung müsste spätestens bei Fälligkeit der Hauptforderung fällig werden. Dann müsste der Schuldner dem Zessionar die Aufrechnung erklären. Soweit er dies tut, erlischt die Forderung des Zessionars gem. § 389 BGB.

Hat der Schuldner hingegen dem Zedenten in Unkenntnis der Abtretung die Aufrechnung gegenüber erklärt, hilft ihm **§ 407 BGB** weiter. Danach wirkt die dem Zedenten erklärte Aufrechnung auch gegenüber dem Zessionar. Der Schuldner ist gem. § 389 BGB von seiner Schuld befreit.

3. Anschließend stellt sich die Frage, welche Ansprüche der Zessionar gegen den Zedenten geltend machen kann, wenn er beim Schuldner wegen §§ 404, 406 oder 407 BGB keine Befriedigung erlangen konnte.

Zunächst kämen **vertragliche Ansprüche** in Betracht. Hat bspw. der Zedent dem Zessionar die Forderung gegen den Schuldner gem. §§ 433, 453 BGB verkauft (Rechtskauf), haftet er gem. § 453 I, III BGB dafür, dass die Forderung im Zeitpunkt des Kaufs frei von Mängeln i.S.d. §§ 434, 435 BGB ist. Ein Mangel ist insbesondere anzunehmen, wenn die Forderung nicht besteht. Die Forderung des Zedenten gegenüber dem Schuldner muss demnach in dem Zeitpunkt wirksam bestanden haben, in dem der Zedent und der Zessionar deren Übergang vereinbarten. Soweit der Schuldner schon in diesem Zeitpunkt eine Gegenforderung hatte, bestand bereits der Rechtsgrund für das rückwirkende Erlöschen der Forderung durch eine Aufrechnung. Damit stehen dem Zessionar gegen den Zedenten die Rechte aus § 437 BGB (Rücktritt, Schadensersatz) zu.

Weiterhin könnte dem Zessionar im Falle der §§ 406, 407 BGB gegen den Zedenten ein Anspruch aus **§ 816 II BGB** zustehen. Dafür müsste der Zedent im Zeitpunkt der Aufrechnungserklärung des Schuldners Nichtberechtigter gewesen sein. Der Zedent hatte die Forderung bereits vorher an den Zessionar abgetreten und war somit bei Erklärung des Schuldners nach der Abtretung nicht mehr Gläubiger der Forderung. Der Zessionar war der berechtigte Gläubiger der Forderung. Auch war ihm gegenüber die Leistungsbefreiung des Schuldners wegen §§ 406, 407 BGB wirksam. Somit kann der Zessionar vom Zedenten das Geleistete herausverlangen. Da durch die Aufrechnungserklärung des Schuldners der Zedent von seiner diesem gegenüber bestehenden Schuld befreit wird, besteht das Geleistete in der Befreiung von der Verbindlichkeit gegenüber dem Schuldner. Der Zedent hat gem. § 818 II BGB Wertersatz zu leisten.

c. Rechtshandlungen gegenüber dem bisherigen Gläubiger, § 407 BGB

291 Nach § 407 I BGB muss der Zessionar alle Leistungen, die der Schuldner nach erfolgter Abtretung in Unkenntnis derselben an den bisherigen Gläubiger erbringt und alle Rechtsgeschäfte, die zwischen dem unwissenden Schuldner und dem Zedenten nach der Abtretung in Ansehung der Forderung vorgenommen werden, gegen sich gelten lassen. § 407 BGB dient somit auch dem Schutz des an der Abtretung unbeteiligten Schuldners vor Rechtsnachteilen. Dabei erweitert diese Norm den Schutz dahingehend, dass sie das Vertrauen des Schuldners darauf, dass sein bisheriger Gläubiger nach wie vor verfügungsbefugt ist, erfasst. Durch § 407 BGB wird der Schuldner so behandelt, als hätte er die fragliche Rechtshandlung gegenüber dem Zessionar vorgenommen.

292 **aa.** Als **Rechtsgeschäfte i.S.d. § 407 BGB** werden alle diejenigen Rechtshandlungen des Schuldners verstanden, die die Rechtslage des Schuldners verbessern. Dabei ist der Begriff des Rechtsgeschäfts sehr weit zu verstehen und es sind sowohl zweiseitige als auch einseitige Rechtshandlungen sowohl seitens des Schuldners als auch des Zedenten erfasst. Die wichtigsten sind die Stundung, der Erlass, die Aufrechnung und der Vergleich. Rechtsgeschäfte, die die Stellung des Schuldners verschlechtern, wie eine nachteilige Kündigung, eine Mahnung oder eine Unterbrechung der Verjährung, sind seitens des Zedenten unzulässig, da diese Rechtshandlungen nicht vom Schutzbereich des § 407 BGB erfasst sind.

Ausgeschlossen ist der Schutz, wenn der Schuldner **Kenntnis** von der Abtretung hat. Dabei genügt i.d.R. nicht die fahrlässige Unkenntnis von der Abtretung, sondern es ist zumindest Kenntnis über die Tatsachen, die den Forderungsübergang bewirken, erforderlich.

> **Beispiel:** Eine Abtretungsanzeige des Zedenten macht den Schuldner im Allgemeinen bösgläubig. Kommt die Anzeige hingegen vom Zessionar, ist dem Schuldner eine Kenntnis zu unterstellen, wenn der Zessionar als vertrauenswürdig erscheint.

Der **Zugang** der Abtretungsanzeige begründet materiell-rechtlich die **Vermutung**, dass der Schuldner positive Kenntnis von ihr erlangt hat; prozessrechtlich obliegt es hierbei dem Schuldner, seine Unkenntnis zu beweisen.[254] Dabei ist der maßgebliche Zeitpunkt für die Beurteilung der Kenntnis derjenige der Vornahme der Leistungshandlung, nicht hingegen der des Leistungserfolgs. Erlangt der Schuldner nach Vornahme seiner Leistungshandlung eine entsprechende Kenntnis von der Abtretung, schadet ihm diese Kenntnis nicht. Er ist nicht dazu angehalten, den Eintritt des Leistungserfolgs durch aktives Handeln zu verhindern.

---

[254] BGH NJW 1997, 1775, 1776 m.w.N.; BGHZ 105, 358, 360.

§ 407 BGB gibt dem Schuldner lediglich die Möglichkeit, sich auf den Schutz dieser Norm zu berufen. Es steht ihm somit das **Wahlrecht** zu, ob er dem Zessionar die Wirksamkeit seiner gegenüber dem Zedenten vorgenommenen Rechtshandlung entgegenhält oder darauf verzichtet.[255] § 407 BGB erzeugt mithin keine Rechtswirkungen gegen den Willen des Schuldners.

> **Beispiel:** Der Schuldner S zahlt an seinen vermeintlichen Gläubiger G auf eine Darlehensforderung. Bereits zuvor hatte G jedoch die Forderung an X abgetreten, wovon S bei der Zahlung an G keine Kenntnis hatte.
>
> S steht wegen § 407 BGB die Möglichkeit zu, dem Zessionar X die Wirksamkeit seiner Zahlung an G entgegenzuhalten. X muss sich mit vertraglichen Ansprüchen oder mit einem Anspruch aus § 816 II BGB an den G halten.
>
> Ebenso kann S auf den Schutz des § 407 BGB verzichten und dem X den Darlehensbetrag zahlen. In diesem Fall kann er die Leistung vom Zedenten G gem. § 812 I S. 1 Var. 1 BGB zurückfordern, da seit der Abtretung der Forderung von G an X kein Rechtsgrund mehr für eine Leistung des S an G bestand.

bb. Der Zessionar muss gem. **§ 407 II BGB** auch ein nach der Abtretung ergangenes **rechtskräftiges Urteil**, das einen zwischen dem Schuldner und dem Zedenten bestehenden Rechtsstreit beendet, gegen sich gelten lassen. Dabei gilt § 407 II BGB nur für solche Urteile, die *nach* der Abtretung rechtshängig geworden sind.[256] Die Rechtskraft des Urteils wirkt entsprechend dem Schutzzweck der Norm jedoch nur zugunsten des Schuldners und nicht zugunsten des Zessionars. **293**

> **Hinweis für die Fallbearbeitung:** Erwirkt der Zedent ein für den Schuldner ungünstiges Urteil, greift § 407 II BGB mangels Schutzwirkung nicht ein. In diesem Fall kann der Zessionar die Leistung vom Schuldner fordern. Gleichzeitig ist der Schuldner aber u.U. aus dem Urteil dazu verpflichtet, an den Zedenten zu leisten. Kommt er dieser Verpflichtung in Unkenntnis der Abtretung nach, ist § 407 I BGB anwendbar und der Schuldner ist gegenüber dem Zessionar befreit. Erfährt der Schuldner hingegen nach Rechtskraft des Urteils, aber noch vor der Leistung an den Altgläubiger von der schon vor Rechtshängigkeit erfolgten Abtretung, kann er nicht mehr mit befreiender Wirkung an den bisherigen Gläubiger leisten.[257] Diesem gegenüber steht ihm die Möglichkeit der Vollstreckungsabwehrklage nach § 767 ZPO offen. Problematisch wird es hingegen, wenn der Schuldner bereits vorher von der Abtretung Kenntnis erlangt, diese aber im Prozess nicht geltend gemacht hat, § 767 II ZPO. In diesem Fall müsste der Schuldner eigentlich an beide Gläubiger leisten. Es bleibt ihm die Möglichkeit, die Leistung zugunsten von beiden Gläubigern gem. § 372 BGB zu hinterlegen.

d. Mehrfache Abtretung, § 408 BGB

Nach § 408 BGB findet § 407 BGB entsprechende Anwendung, wenn die Forderung vom Zedenten nach einer wirksam vorgenommenen Abtretung erneut an einen Dritten abgetreten wird und der Schuldner von der ersten Zession keine Kenntnis hat, aber in Kenntnis der zweiten (unwirksamen) Abtretung an den nichtberechtigten Dritten leistet. Aufgrund des Prioritätsgrundsatzes ist die zweite Abtretung unwirksam, da der Zedent in diesem Zeitpunkt wegen der ersten wirksamen Abtretung nicht mehr Inhaber der Forderung war und ein gutgläubiger Forderungserwerb grundsätzlich nicht möglich ist. Der Schutzzweck des § 408 BGB besteht somit darin, den Unwissenden zu schützen, der von der ersten wirksamen Abtretung keine Kenntnis hat. Nach §§ 408, 407 BGB wird der Schuldner also auch gegenüber dem ersten Zessionar frei. **294**

---

[255] BGH NJW 2001, 231; BGHZ 52, 150, 153; 102, 68, 71; *Lüke*, JuS 1995, 90, 96.
[256] Ist der Rechtsstreit hingegen schon vor der Abtretung rechtshängig geworden, erstreckt sich die Rechtskraftwirkung des Urteils gegenüber dem Zessionar nach §§ 265, 325 ZPO.
[257] RGZ 84, 286, 290; *Busche*, in: Staudinger, § 407 Rn 23.

e. Abtretungsanzeige, § 409 I BGB

295 Zeigt der Gläubiger dem Schuldner gegenüber an, dass er die Forderung wirksam an einen Dritten abgetreten hat, obwohl dies nicht der Fall ist (bspw. weil die Abtretung an den Dritten unwirksam oder nichtig ist), muss er dies gem. § 409 I BGB gegen sich gelten lassen. Der Schuldner kann somit befreiend an denjenigen leisten, der ihm vom bisherigen Gläubiger als neuer Gläubiger angezeigt wurde (§ 409 I S. 1 BGB) oder der ihm eine Abtretungsurkunde vorlegt (§ 409 I S. 2 BGB).

IV. Besondere Formen der Abtretung

1. Sicherungsabtretung

296 Bei der **Sicherungsabtretung** soll die Forderung nicht endgültig in das Vermögen des Zessionars überwechseln, sondern die Forderung soll – ebenso wie beim Sicherungseigentum – zur Sicherung von Ansprüchen des Zessionars gegen den Zedenten dienen.

Die geleistete Sicherheit schützt vor einer eventuellen Insolvenz des Zedenten bzw. sie dient zur vorzugsweisen Befriedigung gegenüber anderen Gläubigern.[258] Häufig besteht der Zweck einer Sicherungsabtretung darin, dem Zessionar (Sicherungsnehmer) für einen an den Zedenten (Sicherungsgeber) gewährten **Kredit** eine **Sicherheit** zu gewähren.

Hinweis für die Fallbearbeitung: Der Sicherungsgeber ist in den meisten Fällen gleichzeitig der Kreditnehmer. Deswegen werden folgende Begriffe i.d.R. synonym verwendet:

- Kreditschuldner = Sicherungsgeber = Zedent
- Kreditgläubiger = Sicherungsnehmer = Zessionar

Die Sicherungsabtretung ist ein *fiduziarisches* Rechtsgeschäft, bei dem der Zessionar im Außenverhältnis gegenüber Dritten eine umfassendere Rechtsstellung erhält, als ihm im Innenverhältnis zum Zedenten zusteht. Gegenstand der Sicherungsabtretung können nicht nur bestehende, sondern auch zukünftige Forderungen sein.

Beispiel: Verkäufer V will bei der Bank B einen Kredit aufnehmen (Darlehensvertrag, § 488 BGB). Zur Sicherheit der Darlehensforderung lässt sich die B eine dem V gegenüber dem Käufer K bestehende Kaufpreisforderung nach § 398 BGB abtreten.

a. Sicherungsabrede

297 Das der Sicherungsabtretung (Verfügungsgeschäft) zugrunde liegende Kausalgeschäft besteht in der zwischen den Parteien abgeschlossenen **Sicherungsabrede** (schuldrechtlicher Vertrag, § 311 I BGB). Durch die Sicherungsabrede wird der **Zweck der Sicherung** festgelegt. Der Zessionar erhält durch die Abtretung zwar das Vollrecht an der Forderung (im *Außenverhältnis*), er ist jedoch durch die Sicherungsabrede (im *Innenverhältnis*) in der Ausübung seines erlangten Rechts eingeschränkt.[259] Somit kann er zulässigerweise die erworbene Forderung nur verwerten, wenn der Sicherungsfall eintritt, was i.d.R. bei Zahlungsunfähigkeit des Zedenten der Fall ist. Soweit der Zessionar die Forderung bereits vor dem Eintritt des Sicherungszwecks einzieht oder an einen Dritten abtritt, sind diese Handlungen zwar regelmäßig abredewidrig, aber im Außenverhältnis wirksam.

298 Zugleich ist in der Sicherungsabrede festgelegt, dass der **Sicherungsgeber** weiterhin zur **Einziehung der Forderung ermächtigt** bleibt, obwohl er aufgrund der Sicherungsübereignung nicht mehr Inhaber der Forderung ist. Für eine solche Einziehungsermächtigung, die der

[258] *Roth/Kieninger*, in: MüKo, § 398 Rn 99; vgl. ausführlich zur Sicherungszession *Meyer/v. Varel*, JuS 2004, 192 ff.
[259] BGH NJW 1993, 1640, 1641.

Sicherungsnehmer dem Sicherungsgeber erteilt, gelten §§ 362 II, 185 BGB entsprechend. Nach § 185 BGB ist es möglich, dass ein Nichtberechtigter mit Einwilligung des Berechtigten über eine Forderung wirksam verfügt. Als Minus dazu soll die bloße Einziehung der Forderung erst Recht zulässig sein.[260]

Aus der Sicherungsabrede ergibt sich i.d.R. auch, wie der Sicherungsgeber die Forderung bei **299**
Wegfall des Sicherungszwecks zurückerhält. Dabei kann zum einen vereinbart sein, dass die Abtretung auflösend bedingt war, d.h. die Forderung fällt unmittelbar nach Wegfall des Sicherungszwecks an den Sicherungsgeber zurück.[261] Zum anderen kann der Sicherungsnehmer aus der Sicherungsabrede zu einer Rückübertragung gem. § 398 BGB verpflichtet sein. Die Sicherungsabrede enthält somit grundsätzlich

- das zu sichernde und das sichernde Recht,
- die Einziehungsermächtigung des Sicherungsgebers (entsprechend §§ 362 II, 185 I BGB),
- die Verwendung der vom Sicherungsgeber eingezogenen Beträge,
- das Verwertungsrecht des Sicherungsnehmers
- und die Verpflichtung des Sicherungsnehmers die sichernde Forderung nach dem Wegfall des Sicherungszwecks auf den Sicherungsgeber zurückzuübertragen.

Hinweis für die Fallbearbeitung: Die Wirksamkeit der Sicherungsabtretung (*Verfügungsgeschäft*) ist wegen des **Abstraktionsprinzips** von der Wirksamkeit der Sicherungsabrede (*Kausalgeschäft*) unabhängig. Das bedeutet, dass bei Unwirksamkeit der Sicherungsabrede dem Sicherungsgeber (Zedenten) ein Anspruch aus § 812 I S. 1 Var. 1 BGB auf Rückübertragung der Forderung zusteht. Die Rspr. erwägt, dass die Sicherungsabtretung von der Bedingung des Bestehens der zu sichernden Forderung abhänge.[262] Eine solche Vorgehensweise kann jedoch wegen der Abstraktheit der Sicherungsabtretung von dem zugrunde liegenden Kausalgeschäft nicht überzeugen.[263]

b. Abtretung zukünftiger Forderungen

Gegenstand einer Sicherungsabtretung kann auch eine zukünftige Forderung sein, wenn **300**
diese im Zeitpunkt des Vertragsschlusses hinreichend bestimmbar ist. Für die Bestimmbarkeit genügt es, wenn die Forderung im Augenblick ihres Entstehens nach Inhalt, Person und Umfang ausreichend individualisiert ist. Eine Sicherungsabtretung zukünftiger Forderungen kann insb. mit einer Sicherungsübereignung und mit einem verlängerten Eigentumsvorbehalt kombiniert werden.

Bei der Kombination einer **Sicherungsübereignung** mit einer **Sicherungszession zukünf- 301**
tiger Forderungen übereignet der Sicherungsgeber (bspw. ein Händler) dem Sicherungsnehmer (bspw. einer Bank) zum Zwecke der Sicherung einer Forderung (meist einer Darlehensforderung) das Eigentum an einer bestimmbaren Sachgesamtheit, bspw. an seinen Lagerbeständen. Damit der Sicherungsgeber weiterhin die Waren in seinem eigenen Namen veräußern kann, ermächtigt ihn der Sicherungsnehmer nach § 185 I BGB zur Weiterveräußerung „im ordentlichen Geschäftsverkehr". Dem Sicherungsnehmer werden die aus der Weiterveräußerung entstehenden zukünftigen Kaufpreisforderungen gegen Dritte im Voraus zur Sicherheit abgetreten. Demzufolge verringert sich der Wert des Sicherungsguts durch die Weiterveräußerung wirtschaftlich nicht.

In der anderen Konstellation liefert ein Verkäufer (meist ein Produzent oder ein Großhändler) **302**
einem Käufer (meist einem Händler) Ware unter **Eigentumsvorbehalt** (§ 449 BGB). Zugleich wird der Käufer vom Verkäufer nach § 185 I BGB ermächtigt, die Ware „im ordentlichen Geschäftsverkehr" weiterzuveräußern.[264] Der Verkäufer lässt sich im Gegenzug zur Sicherheit

[260] BGHZ 4, 153, 164; 70, 389, 393.
[261] *Lüke*, JuS 1995, 90, 93; *Meyer/v. Varel*, JuS 2004, 192, 194.
[262] BGH NJW 1982, 275, 276; NJW 1986, 977.
[263] *Jauernig*, NJW 1982, 268, 269; a.A. *Bähr*, NJW 1983, 1473, 1475.
[264] BGH NJW 1994, 1154 f.; *Meyer/v. Varel*, JuS 2004, 192, 194.

die zukünftige Kaufpreisforderung des Käufers aus dem Weiterverkauf abtreten und erteilt dem Käufer eine treuhänderische Einziehungsermächtigung hinsichtlich des Kaufpreises. Die Kaufsache kann im gewöhnlichen Geschäftsgang veräußert, verbaut oder sonst verarbeitet werden, obwohl sie nicht Eigentum des Käufers ist. Dieser kann die abgetretene Kaufpreisforderung aus dem Weiterverkauf einziehen und mit dem Erlös den Kaufpreis bezahlen. Der Kunde (meist der Konsument) des Käufers wird Eigentümer nach §§ 929, 185 I BGB; der Verkäufer verliert sein Eigentum. Im Falle der Verarbeitung von gekauften Waren schützt eine sog. Verarbeitungsklausel die Interessen des Verkäufers. Eine solche Klausel bewirkt, dass der Verkäufer als Hersteller Eigentümer der neuen Sache nach § 950 BGB wird.

303 Eine Sicherungsabtretung ist auch in Form einer **Globalzession** möglich. Bei der Globalzession werden alle gegenwärtigen und zukünftigen Forderungen des Zedenten an den Zessionar abgetreten.[265] Dabei werden häufig ergänzende Vereinbarungen zur Globalzession getroffen. Dies sind bspw. die *Rahmen-* oder die *Mantelzession*. Bei der *Rahmenzession* tritt der Zedent im Zuge der Globalzession nur Forderungen gegen Schuldner mit bestimmten Anfangsbuchstaben ab, wohingegen bei der *Mantelzession* der Wert der abgetretenen Forderungen immer eine bestimmte Höhe haben muss.[266]

> **Beispiel:** Der Bauunternehmer U will bei seiner Bank B ein Darlehen aufnehmen. Zur Sicherheit lässt sich die B alle bestehenden und zu erwartenden Forderungen des U gegen seine Kunden abtreten. ⇨ Hier liegt eine Globalzession vor.

Probleme bei der Globalzession ergeben sich insb., wenn wegen einer Übersicherung die wirtschaftliche Betätigungsfreiheit des Zedenten eingeschränkt wird oder wenn der Zedent durch die Globalzession zur Täuschung oder zum Vertragsbruch gegenüber seinen Lieferanten verleitet wird.

c. Unwirksamkeit der Sicherungszession

304 Die Sicherungszession kann aus bestimmten Gründen gem. § 138 BGB bzw. § 307 I S. 1 BGB nichtig bzw. unwirksam sein.

aa. Übersicherung

305 Eine Nichtigkeit nach § 138 BGB bzw. eine Unwirksamkeit nach § 307 I S. 1 BGB kommt zunächst bei der Übersicherung in Betracht.

Eine **Übersicherung** liegt vor, wenn die zur Sicherheit abgetretene Forderung im Vergleich zum Wert der gesicherten Forderung unverhältnismäßig hoch ist.[267]

Es ist zwischen der *ursprünglichen* und der *nachträglichen* Übersicherung zu differenzieren. Eine *ursprüngliche* Übersicherung liegt vor, wenn bei Vertragsschluss bereits gewiss ist, dass im noch ungewissen Verwertungsfall ein auffälliges Missverhältnis zwischen dem realisierbaren Wert der Sicherheit und der gesicherten Forderung bestehen wird.[268] Eine *nachträgliche* Übersicherung ist insb. bei revolvierenden Globalsicherheiten möglich. Solche liegen vor, wenn Forderungen oder Warenbestände, die zu Beginn nach ihrer Entstehung und Höhe noch unbestimmt sind, automatisch in das Vermögen des Sicherungsnehmers übergehen, obgleich sie nicht mehr zur Sicherung benötigt werden. Der BGH nahm eine **Unwirksamkeit der Globalzession** an, wenn keine **konkrete Deckungsgrenze** in Relation zur Höhe der gesicherten Forderung bestand, bei deren nicht nur vorübergehenden Überschreitung der Sicherungsnehmer ohne Ermessen zur Freigabe der überschießenden Deckung verpflichtet ist.[269] In

---

[265] *Haertlein*, JA 2001, 808, 809; *Meyer/v. Varel*, JuS 2004, 192, 194.
[266] *Meyer/v. Varel*, JuS 2004, 192, 194; *Ahcin/Armbrüster*, Jus 2000, 865, 868.
[267] *Leible/Sosnitza*, JuS 2001, 449, 450.
[268] BGH NJW 1998, 2047; *Meyer/v. Varel*, JuS 2004, 192, 195.
[269] BGHZ 109, 240, 245 ff.; 124, 371, 374 ff.; 124, 380, 385 ff.

einer Grundsatzentscheidung[270] rückte der Große Senat für Zivilsachen von der bisherigen Rspr. ab und stellte für die Fälle der nachträglichen Übersicherung bei revolvierenden Globalsicherheiten folgende Leitlinien auf:

- Ist im Falle einer formularmäßig bestellten revolvierenden Globalsicherung in der Sicherungsabrede keine Freigabeklausel unter Bestimmung einer konkreten Deckungsgrenze enthalten, wird zwar ein **Freigabeanspruch** begründet, die Wirksamkeit der Sicherungsübertragung als solche bleibt aber unberührt.
- Eine Vereinbarung, die die Freigabe nicht benötigter Forderungen bzw. Waren in das *Ermessen* des Sicherungsnehmers (Zessionars) stellt, ist bei formularmäßigen Sicherungsabtretungen und Sicherungsübereignungen wegen Verstoßes gegen § 307 BGB unwirksam. Diese Unwirksamkeit ist wegen § 306 BGB nicht endgültig, vielmehr tritt an die Stelle der unwirksamen Freigabeklausel der **ermessensunabhängige** Freigabeanspruch des Sicherungsgebers.
- Ist keine oder eine inhaltlich unangemessene Deckungsklausel festgelegt worden, beträgt die Deckungsgrenze **110%** der gesicherten Forderungen, wobei sich diese Grenze auf den realisierbaren Wert der Sicherungsgegenstände bezieht. Die Grenze für das Entstehen eines Freigabeanspruchs liegt regelmäßig bei **150%** des maßgeblichen Schätzwerts.

bb. Knebelung

Eine Sittenwidrigkeit gem. § 138 I BGB liegt auch bei den sog. Knebelungsverträgen vor. **306** Die Beurteilung als sittenwidriger **Knebelungsvertrag** setzt voraus, dass durch eine einseitige Vertragsgestaltung im Übermaß die persönliche oder geschäftliche Handlungsfreiheit des Vertragspartners eingeschränkt wird, insb. dadurch, dass die wirtschaftliche Übermacht eines Vertragspartners zur Fremdbestimmung des anderen Vertragsteils eingesetzt wird.[271] Dem Zedenten wird durch die Stellung der Sicherheit in Form der Forderungsabtretung faktisch die Dispositionsmöglichkeit über sein Vermögen genommen.[272] Eine Schädigungsabsicht ist dabei nicht erforderlich. Entscheidend ist allein der objektive Umfang der auferlegten Beschränkungen.

cc. Gläubigergefährdung

Eine Gläubigergefährdung ist gegeben, wenn der Sicherungsnehmer sich erkennbar **307** leichtfertig über die Interessen und Belange anderer Geschäftspartner des Sicherungsgebers hinwegsetzt. Für die Unwirksamkeit der Sicherungsabrede wegen Sittenwidrigkeit gem. § 138 I BGB genügt es, wenn der Sicherungsnehmer aufgrund seiner Kenntnis von der Vermögenslage des Sicherungsgebers mit der Möglichkeit rechnet, dass der Sicherungsgeber andere Gläubiger über seine Kreditwürdigkeit täuschen und somit einen falschen Eindruck seiner fortwährenden Liquidität hervorrufen muss.[273]

dd. Verleitung zum Vertragsbruch

Die Globalzession ist darüber hinaus gem. § 138 I BGB nichtig, wenn der Zedent dadurch **308** zum Vertragsbruch verleitet wird, dass sich die Zession auf Forderungen erstreckt, die von einem verlängerten Eigentumsvorbehalt erfasst werden.[274] Das Problem besteht dabei darin, dass dem Händler häufig die Waren vom Hersteller unter einem verlängerten Eigentumsvorbehalt geliefert werden. Dabei werden die Forderungen, die gegenüber den Konsumenten i.R. eines Weiterverkaufs entstehen, abgetreten. Benötigt der Händler weitere finanzielle Mittel, erhält er diese von den Banken meist nur, wenn er in eine

---

[270] BGH GS NJW 1998, 671, 671 ff.; vgl. auch *Roth*, JZ 1998, 462 f.; *Schwab*, JuS 1999, 740 ff.
[271] BGH NJW 1998, 2531, 2533; *Meyer/v. Varel*, JuS 2004, 192, 195.
[272] BGH NJW 1993, 1587, 1588; *Ahcin/Armbrüster*, JuS 2000, 865, 869.
[273] BGHZ 10, 228, 233; BGH DB 1977, 949; *Meyer/v. Varel*, JuS 2004, 192, 195.
[274] BGH NJW 1991, 2144, 2147; NJW 1995, 1668, 1669.

Globalzession einwilligt. Die Kaufpreisforderungen werden also insgesamt zweimal im Voraus abgetreten, weswegen die Kreditsicherheiten von Warenlieferant und Kreditgeber kollidieren.

Beispiel: Bauunternehmer U hat bei der Bank B ein Darlehen aufgenommen. Zur Sicherheit hat U der B sämtliche bestehende und zukünftige Forderungen gegen seine Kunden abgetreten (Globalzession). Die Parteien vereinbarten ferner eine wirksame Deckungs- und Freigabeklausel. Wenig später kauft U bei seinem langjährigen Geschäftsfreund L Baustoffe unter verlängertem Eigentumsvorbehalt. L ließ sich die Forderungen des U gegen seine Kunden im Voraus in Höhe des Werts der Rohstoffe abtreten, die U bei den zu erbringenden Arbeiten verwendet. Unter den Kunden des U ist auch der K. U baut für K ein Haus, wobei er die von L gelieferten Rohstoffe verwendet. Einige Zeit später gerät U in Zahlungsschwierigkeiten und zahlt der Bank die Darlehensraten nicht. Die B klärt daraufhin den K über die Abtretung der Forderungen von U an sie auf, woraufhin der K 100.000,- € an B leistet. L erfährt von dieser Zahlung und verlangt das Geld von B heraus. Wie ist die Rechtslage?

L könnte gegen B einen Anspruch auf Herausgabe des Geldes aus **§ 816 II BGB** haben. Dafür müsste an die B zunächst eine Leistung bewirkt worden sein. K hat an B geleistet, um seine Verbindlichkeit gegenüber U aus dem Werkvertrag (§ 631 BGB) zu erfüllen. Eine Leistung ist mithin an B bewirkt worden. Darüber hinaus müsste B hinsichtlich der Forderung Nichtberechtigte gewesen sein. Die B ist nicht wahre Inhaberin der Forderung, wenn die Abtretung von U an B unwirksam ist.

Eine Unwirksamkeit wegen *Übersicherung* scheidet bereits wegen der wirksam vereinbarten Deckungs- und Freigabeklausel aus.

Fraglich ist, ob die Globalzession von U an die Bank B wegen eines **Verleitens zum Vertragsbruch** des U gegenüber seinem Lieferanten L gem. § 138 I BGB nichtig ist. Bei mehrfacher Abtretung derselben Forderung gilt grundsätzlich der *Prioritätsgrundsatz*, nach dem lediglich die zeitlich früher erfolgte Verfügung wirksam und die spätere mangels Verfügungsbefugnis gegenstandslos ist.[275] Danach wäre die zeitlich früher an die B erfolgte Globalzession wirksam, sodass B die Leistung als Berechtigte entgegengenommen hätte. Dadurch wäre der Lieferant L erheblich benachteiligt, da er über den zeitlich später vereinbarten verlängerten Eigentumsvorbehalt nichts mehr erwerben kann.

309 Die Benachteiligung der Lieferanten wird durch § 138 I BGB korrigiert. Eine zur Kreditsicherung vereinbarte Globalzession ist i.d.R. dann i.S.d. § 138 I BGB nichtig, wenn sie nach dem Willen der Vertragspartner (Kreditgeber und Sicherungsgeber) auch solche Forderungen umfassen soll, die der Sicherungsgeber seinen Lieferanten aufgrund eines verlängerten Eigentumsvorbehalts künftig abtreten muss und abtritt.[276] Der Abtretende täuscht in diesem Fall seine Lieferanten über den rechtlichen Erfolg der Vorausabtretung, da er bereits i.R. der Globalzession über die Forderungen verfügt hat. Dadurch begeht er den Lieferanten gegenüber grobe Vertragsverletzungen. Für den Vorwurf der subjektiven Sittenwidrigkeit muss schließlich hinzukommen, dass der Zessionar der Globalzession wusste oder wissen musste, dass der Abtretende i.d.R. nur unter verlängertem Eigentumsvorbehalt Rohstoffe einkaufen kann („Branchenüblichkeit"). **Der BGH räumt in solchen Kollisionsfällen also dem verlängerten Eigentumsvorbehalt den Vorrang ein.** Rechtsfolge der Sittenwidrigkeit der Globalzession ist die *schuldrechtliche* und *dingliche* Unwirksamkeit.

Für den **Beispielsfall** bedeutet dies, dass B Nichtberechtigte i.S.d. § 816 II BGB ist, wenn sie wusste oder wissen musste, dass U die erforderlichen Baustoffe nur unter verlängertem Eigentumsvorbehalt beziehen kann. Aufgrund der Tatsache, dass Baustofflieferungen

[275] BGHZ 30, 149, 151; *Coester-Waltjen*, Jura 2003, 23, 27.
[276] BGH NJW 1999, 2588, 2589; NJW 1999, 940; *Hefermehl*, in: Soergel, § 138 Rn 175.

unter Eigentumsvorbehalt für die Baubranche üblich sind, musste die B diesen Umstand kennen. Damit war sie Nichtberechtigte im Hinblick auf die von K erhaltene Geldzahlung. Darüber hinaus müsste die Leistung des K dem L gegenüber als Berechtigten wirksam sein. Da die Globalzession unwirksam ist, konnte L die Forderung gegen K im Wege des verlängerten Eigentumsvorbehalts erwerben. Damit war L berechtigter Inhaber der Forderung. Die Zahlung des K müsste ihm gegenüber wirksam sein. Der Schuldner K ist durch den Rechtsgedanken der §§ 407, 408, 409 BGB geschützt, da er nach Aufdecken der Globalzession durch die B auf die Gläubigerstellung der B vertrauen durfte. Damit ist die Zahlung des K an die B gegenüber L wirksam.

Ergebnis: L hat somit einen Anspruch gegen B auf Zahlung von 100.000,- € aus § 816 II BGB.

Von dem oben dargestellten Grundsatz werden allerdings **zwei Ausnahmen** gemacht[277]: 310

- Keine Sittenwidrigkeit liegt vor, wenn der Zessionar, der der Begünstigte der Globalzession ist, nach den Umständen des konkreten Einzelfalls einen Interessenkonflikt mit einem verlängerten Eigentumsvorbehalt für ausgeschlossen halten konnte, weil der verlängerte Eigentumsvorbehalt in der betreffenden Branche als unüblich gilt.
- Die Globalzession ist auch wirksam, wenn sie dem verlängerten Eigentumsvorbehalt den uneingeschränkten Vorrang einräumt. Hinreichend ist allerdings diesbezüglich nur eine dingliche Teilverzichtsklausel.[278] Die dem Zessionar lediglich vertraglich auferlegte Verpflichtung zur Befriedigung des Vorbehaltsverkäufers reicht hingegen nicht aus.

2. Inkassozession

Bei der **Inkassozession** tritt der Zedent die Forderung an den Zessionar zum Zwecke der Einziehung zugunsten des Zedenten ab. Dabei erlangt der Zessionar wie bei der Sicherungsabtretung im Außenverhältnis eine vollständige und umfassende Gläubigerstellung. Im Innenverhältnis allerdings besteht zwischen dem Zedenten und dem Zessionar regelmäßig ein Geschäftsbesorgungsvertrag (§ 675 BGB) oder ein Auftragsverhältnis (§ 662 BGB), wonach der Zessionar das Erlangte an den Zedenten herauszugeben hat (§§ 675, 667 BGB). 311

Zu unterscheiden ist die Inkassozession von der **Einziehungsermächtigung**. Die Einziehungsermächtigung ist **keine** Abtretung. Dem Dritten wird nur die Befugnis eingeräumt, die Forderung im eigenen Namen, aber für die Rechnung des ermächtigenden Gläubigers einzuziehen. Dadurch kommt es zu einer Spaltung der Gläubigerstellung in die Inhaberschaft der Forderung und in die Berechtigung zu ihrer Einziehung. Prozessual handelt es sich um einen Fall der sog. gewillkürten Prozessstandschaft. Voraussetzung dieser gerichtlichen Geltendmachung ist, dass der Ermächtigte ein eigenes rechtsschutzwürdiges Interesse an der Verfolgung des fremden Rechts hat. Der Schuldner kann dem Ermächtigten alle ihm gegen den Gläubiger zustehenden Einwendungen entgegenhalten.[279]

3. Factoring

Als **Factoring** wird der schuldrechtliche Verkauf von Forderungen durch einen Gewerbetreibenden bzw. ein Unternehmen an eine sich darauf spezialisierte Bank bezeichnet, der auf dinglicher Ebene durch die Abtretung gemäß § 398 BGB erfüllt wird. 312

Ein Unternehmer überträgt noch offene Forderungen gegen seine Schuldner an einen Factor (zumeist eine Bank). Dafür schreibt ihm der Factor den Gegenwert der abgetrete-

[277] BGH NJW 1999, 2588, 2589; *Meyer/v. Varel*, JuS 2004, 192, 195 f.
[278] BGH NJW 1999, 940; *Leible*, JA 1999, 536 ff.
[279] BGH NJW-RR 2012, 1004.

nen Forderungen abzüglich bestimmter Gebühren und Risikoabschläge gut und zieht anschließend die Forderung im eigenen Namen bei den Schuldnern ein.

> **Beispiel:** Unternehmer A hat gegen den Unternehmer B eine Forderung aus einem Werkvertrag (§ 631 BGB). Diese verkauft A als *Factoringgläubiger* an den *Factor* die Bank C (Verpflichtungsgeschäft bzw. Kausalgeschäft). In Erfüllung seiner Verpflichtung aus §§ 453, 433 I S. 1 BGB tritt A die Forderung an die C ab (Verfügungsgeschäft). C zahlt A den Kaufpreis, der sich aus der Höhe der Forderung abzüglich der Rechnungsposten für die Leistungen und Risiken des Factors zusammensetzt. Anschließend zieht er, wenn die Forderung fällig ist, die gekaufte Forderung bei dem Schuldner B ein.

In der Praxis handelt es sich bei diesen Rechtsbeziehungen zumeist um eine umfassende und dauerhafte Geschäftsbeziehung, innerhalb derer die Parteien die Bevorschussung und Übertragung einer Vielzahl künftiger Forderungen vereinbaren wie bspw. für alle Kundenforderungen (Globalzession) oder für Forderungen gegen bestimmte Kunden (Rahmenzession). Zu unterscheiden sind dabei der echte und der unechte Factoringvertrag.

313 ▪ Beim **echten Factoring** trägt der Factor das volle Bonitätsrisiko, d.h. er übernimmt vollständig das Risiko der Leistungsfähigkeit des Schuldners (Delkredererisiko). Dabei handelt es sich rechtlich um einen Kaufvertrag über die Forderung.[280] Der Factor kauft die Forderung zum Preis des entsprechenden Nennwerts, wobei der Factoringgläubiger dem Factor einen sog. Risikoabschlag zahlen muss, der sich auf den Kaufpreis bzgl. der Forderung auswirkt. Der Verkäufer haftet dem Wesen eines Kaufvertrags entsprechend gem. §§ 453 I, 433 BGB nur für den rechtlichen Bestand der Forderung und nicht auch für die Durchsetzbarkeit.

314 ▪ Beim **unechten Factoring** verbleibt hingegen das Risiko der Bonität des Schuldners beim Factoringgläubiger. Der Factor nimmt die Forderung lediglich erfüllungshalber (§ 364 II BGB) an und zieht diese i.R. einer Inkassozession ein. Das unechte Factoring wird aufgrund der Tatsache, dass der Factor dem Factoringgläubiger im Gegenzug einen Geldbetrag auszahlt, als Kreditgeschäft i.S.d. §§ 488 ff. BGB qualifiziert.[281] Der Factoringgläubiger muss diesen Geldbetrag jedoch zurückerstatten, wenn der Factor die Forderung beim Dritten nicht einziehen kann.

315 Auch die Abtretung der Forderung an einen Factor kann mit Abtretungen zugunsten anderer Sicherungsnehmer kollidieren. Hat bspw. ein Unternehmer alle bestehenden und künftigen Forderungen i.R. eines **echten Factorings** an eine Bank abgetreten, stellt sich die Frage, welche Rechte der Lieferant hat, der dem Unternehmer zeitlich später Ware unter verlängertem Eigentumsvorbehalt liefert. Die h.M.[282] geht bei einem zeitlich vorausgehenden echten Factoring davon aus, dass der **Prioritätsgrundsatz** uneingeschränkt Anwendung findet. Dies ergebe sich daraus, dass der Factor dem Vorbehaltskäufer den Forderungsnennwert sofort gutschreibe. Würde der Vorbehaltsverkäufer die Forderung gegen den Abnehmer i.R. des verlängerten Eigentumsvorbehaltskaufs erwerben, bliebe der Vorbehaltskäufer zur Einziehung der Forderung ermächtigt. Der Lieferant trägt somit das Weiterleitungsrisiko. Deswegen ist er nicht schlechtergestellt, wenn in dieser Konstellation der Prioritätsgrundsatz Anwendung findet, da er in gleicher Weise dem Risiko ausgesetzt ist, dass der Vorbehaltskäufer das vom Factor erhaltene Geld nicht weiterleitet. Bei einer Kollision von **unechtem Factoring** und einem zeitlich später erfolgten verlängerten Eigentumsvorbehaltskauf ist umstritten, ob der Prioritätsgrundsatz oder die Vertragsbruchtheorie gilt. Für den BGH[283] gilt in diesem Fall die *Vertragsbruchtheorie*. Er begründet seine Ansicht damit, dass wegen des Bonitätsrisikos, das der Factoringgläubiger zu tragen hat, die Gefahr einer Kollision von Kaufpreisforderung des Vorbehaltsverkäufers und Darlehensrückforderung des Factors bestünde. Die Literatur[284] hin-

---

[280] BGHZ 69, 254, 257; 72, 15, 20.
[281] BGHZ 58, 364, 367; 82, 50, 61; 100, 353, 358.
[282] BGHZ 100, 353, 358; *Haertlein*, JA 2001, 808, 812.
[283] BGHZ 82, 50, 56; vgl. auch *Serick*, NJW 1981, 794 ff.
[284] *Jork*, JuS 1994, 1019, 1024 f.

gegen kritisiert die unterschiedliche Behandlung des echten und unechten Factorings und wendet deswegen auch i.R. des unechten Factorings den *Prioritätsgrundsatz* an.

B. Gesetzlicher Forderungsübergang gem. § 412 BGB

Nach § 412 BGB finden §§ 399-404, 406-410 BGB auf den Forderungsübergang kraft Gesetzes (*cessio legis*) entsprechende Anwendung. **316**

> **Beispiele:** § 268 III BGB (Zahlung einer Drittschuld), § 426 II BGB (Zahlung eines Gesamtschuldners), § 774 I BGB (Zahlung des Bürgen), § 1143 I BGB (Zahlung des Grundstückseigentümers auf eine Hypothek, die zur Sicherung einer fremden Schuld besteht), § 1225 BGB (Zahlung des Verpfänders), §§ 1249, 1607 II BGB

Bzgl. des Schuldnerschutzes sind v.a. §§ 404, 406, 407 BGB von Bedeutung, nach denen der Schuldner seine Einwendungen behält und auch geschützt ist, wenn er in Unkenntnis des Forderungsübergangs an den Altgläubiger leistet. Von den Fällen der Legalzession ist die rechtsgeschäftliche Übertragungspflicht (z.B. aus § 255 BGB, §§ 61, 113, 165 HGB) zu unterscheiden. Nach diesen Normen besteht lediglich ein schuldrechtlicher An-spruch auf eine nach § 398 BGB vorzunehmende Abtretung.[285] Zu unterscheiden ist § 412 BGB von § 401 BGB. Nach letzterer Vorschrift gehen bei einer Abtretung die akzessorischen Sicherungsrechte gesetzlich über. Wohingegen § 412 BGB auf die im Gesetz angeordneten gesetzlichen Forderungsübergänge §§ 398 ff. BGB für anwendbar erklärt. Dabei gilt § 401 BGB auch für gem. § 412 BGB kraft Gesetzes übergegangene Forderungen.

> **Beispiel:** Zahlt der Bürge B (§§ 765 ff. BGB) auf eine Schuld des S, geht die Forderung des Gläubigers G gegen S gem. §§ 774 I, 412 BGB auf B über. Soweit die Schuld des S gegenüber G noch anderweitig akzessorisch gesichert war (bspw. durch eine Hypothek, §§ 1113 ff. BGB) geht gem. § 401 BGB das Recht auf Duldung der Zwangsvollstreckung gem. § 1147 BGB auf den zahlenden Bürgen B über.
>
> Zahlt der Schuldner S in Unkenntnis der bereits erfolgten Zahlung des Bürgen B an G, wird er über § 412 BGB analog § 407 BGB von seiner Verpflichtung gegenüber B befreit. Der Bürge hat dann einen Anspruch gegen den Gläubiger aus § 816 II BGB.

Die cessio legis hat regelmäßig den Zweck, demjenigen, der den Gläubiger aufgrund einer Mitverpflichtung oder eines Ablösungsrechts befriedigt, einen Rückgriffsanspruch gegen den in erster Linie Verpflichteten zu verschaffen (vgl. dazu anschaulich Rn 873).

C. Befreiende Schuldübernahme, §§ 414 ff. BGB

Die befreiende (privative) Schuldübernahme (§§ 414 ff. BGB) führt zu einem Auswechseln der Person auf der Schuldnerseite und stellt somit das Gegenstück zur Abtretung dar. Bei der befreienden Schuldübernahme tritt ein Dritter (Übernehmer) an die Stelle des ehemaligen Schuldners, sodass dieser von seiner Schuld frei wird. Der ehemalige Schuldner kann dann dem Gläubiger gegenüber einwenden, dass ihm die sog. Passivlegitimation fehlt. Dies stellt eine rechtsvernichtende Einwendung dar. **317**

I. Abgrenzungen

Abzugrenzen ist die befreiende Schuldübernahme insb. von dem Schuldbeitritt, der Bürgschaft, dem Garantievertrag, der Erfüllungsübernahme und der Vertragsübernahme. Dabei ist i.d.R. durch Auslegung (§§ 133, 157 BGB) zu ermitteln, was die Parteien tatsächlich gewollt haben. **318**

---

[285] *Busche*, in: Staudinger, § 412 Rn 4.

1. Abgrenzung vom Schuldbeitritt

319 Beim **Schuldbeitritt** (Schuldmitübernahme; kumulative Schuldübernahme) tritt ein Dritter *neben* den Schuldner als *weiterer Schuldner* in das Schuldverhältnis ein. Der ursprüngliche Schuldner wird dadurch nicht von seiner Schuld befreit, sondern beide Schuldner werden vielmehr Gesamtschuldner i.S.d. §§ 421 ff. BGB.[286]

Der Schuldbeitritt hat zur Folge, dass der Gläubiger einen weiteren Schuldner erhält, auf den er zurückgreifen kann, da er den einen oder den anderen nach seiner Wahl ganz oder teilweise in Anspruch nehmen kann. Die Leistungspflicht des Beitretenden bestimmt sich nach dem Inhalt und der Beschaffenheit der Hauptschuld im Zeitpunkt des Beitritts.[287] Da sich die Rechtsstellung des Gläubigers ausschließlich verbessert, kann der Schuldbeitritt nicht nur zwischen dem Gläubiger und dem Beitretenden, sondern auch ohne Zustimmung des Gläubigers – anders als bei der befreienden Schuldübernahme – zwischen dem Schuldner und dem Beitretenden vereinbart werden. Der Schuldbeitritt ist nicht ausdrücklich im Gesetz geregelt. Er kommt durch einen Vertrag (§§ 311, 241 BGB) des Beitretenden mit dem Gläubiger oder durch einen Vertrag der beiden Schuldner zugunsten des Gläubigers zustande.[288] In diesem Fall handelt es sich um einen Vertrag zugunsten Dritter i.S.d. § 328 BGB, bei dem der Gläubiger das Zurückweisungsrecht des § 333 BGB hat. Hierbei kann sich der Schuldbeitritt auch auf künftige Forderungen oder auf Dauerschuldverhältnisse beziehen, wobei eine derartige Verpflichtung nicht in AGB vereinbart werden kann, da dies gegen §§ 305c I, 307 BGB verstieße. Darüber hinaus ist der Schuldbeitritt u.a. in §§ 546 II, 604 IV, 2382 BGB sowie in §§ 25 I S. 1, 28 I, 130 HGB gesetzlich vorgesehen.

2. Abgrenzung von der Bürgschaft

320 Die Bürgschaft (§§ 765 ff. BGB) verschafft ebenso wie der Schuldbeitritt dem Gläubiger als zusätzliche Sicherheit einen Anspruch gegen einen weiteren „Mithaftenden“. Dabei unterscheidet sich die Bürgschaft vom Schuldbeitritt dadurch, dass der Bürge sich verpflichtet, akzessorisch für eine *fremde* Schuld einzustehen, wohingegen der Schuldbeitritt eine eigene rechtliche Verbindlichkeit gegenüber dem Gläubiger begründet, die eigene Wege gehen kann. Von der befreienden Schuldübernahme unterscheidet sich die Bürgschaft dadurch, dass durch einen Vertrag ein *weiteres Schuldverhältnis* zwischen dem Bürgen und dem Gläubiger zustande kommt, wonach der Bürge akzessorisch für eine *fremde* Schuld haftet. Der Bürge übernimmt somit nicht die Schuld des Schuldners als eigene Schuld, weswegen der Schuldner nicht von seiner Verpflichtung gegenüber dem Gläubiger frei wird.

3. Abgrenzung vom Garantievertrag

321 Der Garantievertrag unterscheidet sich von der befreienden Schuldübernahme dadurch, dass sich eine Person unabhängig von anderen Verträgen zur Erreichung eines bestimmten Erfolgs verpflichtet. Derjenige, der den Garantievertrag abschließt, tritt nicht an die Stelle des bisherigen Schuldners (befreiende Schuldübernahme), sondern steht neben diesem.

4. Abgrenzung von der Erfüllungsübernahme

322 Die **Erfüllungsübernahme** stellt einen Vertrag zwischen dem Schuldner und dem Übernehmer dar, durch den sich der Übernehmer verpflichtet, die Verbindlichkeit des Schuldners gegenüber dem Gläubiger zu erfüllen.

---

286 BGH WM 1977, 1451, 1452; *Bydlinski*, in: MüKo, Vor § 414 Rn 10.
287 BGH NJW 1987, 1698, 1699 f.
288 BGHZ 42, 381, 385; 72, 246, 250; *Rohe*, in: Bamberger/Roth, §§ 414, 415 Rn 40.

Es besteht nur zwischen dem Schuldner und dem Dritten, nicht aber zwischen dem Gläubiger und dem Dritten ein Anspruch. Im Gegensatz zur befreienden Schuldübernahme bleibt der Schuldner dem Gläubiger gegenüber also verpflichtet und wird nicht von seiner Schuld befreit. Wegen § 267 I S. 1 BGB ist eine Erfüllungsübernahme nur zulässig, wenn es sich nicht um eine höchstpersönliche Verpflichtung (wie bspw. die Dienstleistungspflicht nach § 613 S. 1 BGB) handelt. Eine gesetzliche Erfüllungsübernahme ergibt sich aus § 415 III BGB.

5. Abgrenzung von der Vertragsübernahme

Bei der **Vertragsübernahme** findet eine Auswechselung einer Vertragspartei statt. **323**
Hierbei scheidet eine Partei aus dem *gesamten* Vertragsverhältnis aus und an ihre Stelle tritt ein Dritter in den Vertrag in vollem Umfang ein. Die Schuldnerstellung hinsichtlich der ausscheidenden Person wird vollständig beendet und es gehen alle sich aus dem bestehenden Schuldverhältnis ergebenden Rechte und Pflichten auf den eintretenden Dritten über.

Dabei stehen dem Eintretenden alle Einwendungen und Einreden aus dem übernommenen Schuldverhältnis zu. Das Vertragsverhältnis besteht ab dem Zeitpunkt der Übernahme nur noch zwischen der anderen Vertragspartei und dem Übernehmer. Deswegen bedarf die Vertragsübernahme der **Mitwirkung aller Beteiligten**. Dabei kommt ein dreiseitiger Vertrag in Betracht oder ein Vertrag zwischen dem austretenden und dem übernehmenden Teil unter Zustimmung des anderen Teils. Für den Übernahmevertrag bedarf es der **Form** des übernommenen Vertrags.[289] Die Zustimmung des nicht am Vertragsschluss beteiligten Teils ist hingegen formfrei.[290]

Im **Gesetz** ist die Vertragsübernahme teilweise als Folge anderer Rechtsgeschäfte vorgesehen. Der wohl wichtigste Fall ist die Betriebsübernahme nach § 613a BGB. Dagegen ist die **rechtsgeschäftliche** Übertragung eines Schuldverhältnisses, welches als Ganzes übertragen werden soll, im Gesetz nicht vorgesehen. Das BGB regelt nämlich in §§ 398 ff. BGB nur die Abtretung einzelner Forderungen und nach §§ 414 ff. BGB die Übernahme einzelner Schulden. Dennoch ist die rechtsgeschäftliche Übertragung eines gesamten Schuldverhältnisses weitgehend anerkannt.[291] Es handelt sich um ein einheitliches Rechtsgeschäft, bei dem über das Schuldverhältnis im Ganzen verfügt wird. Von der Vertragsübernahme unterscheidet sich die befreiende Schuldübernahme i.S.d. §§ 414 ff. BGB dadurch, dass der neue Schuldner nur die Schuld übernimmt, ohne komplett an die Stelle des alten Schuldners zu treten. Bei der befreienden Schuldübernahme verbleiben somit die Gestaltungsrechte beim alten Schuldner.

II. Voraussetzungen der befreienden Schuldübernahme

Während der Gläubiger bei der Abtretung seine Rechtsstellung ohne Zustimmung und **324**
ohne Kenntnis des Schuldners auf einen Dritten übertragen kann, ist dies in dem umgekehrten Fall der befreienden Schuldübernahme nicht möglich. Nach §§ 414, 415 BGB kann eine Übertragung der Rechtsstellung des Schuldners nicht ohne das Einverständnis des Gläubigers erfolgen. Dieses Erfordernis ergibt sich aus der gesteigerten Schutzbedürftigkeit des Gläubigers. Denn der Wert seiner Forderung hängt maßgeblich von der Leistungsfähigkeit und Leistungsbereitschaft des Schuldners ab.[292] Der Gesetzgeber räumt daher dem Gläubiger die Entscheidung ein, ob er anstelle des ursprünglichen Schuldners einen anderen Schuldner akzeptiert, der u.U. nicht so solvent ist. Dabei kann die befreiende Schuldübernahme auf zwei verschiedene Arten erfolgen:

- Zum einen kann gem. § 414 BGB ein Vertrag über die Schuldübernahme zwischen dem Neuschuldner und dem Gläubiger geschlossen werden

---

289 BGHZ 72, 394, 396 ff.
290 BGH DtZ 1996, 56, 57; *Wagner*, JuS 1997, 690 ff.
291 BGH NJW 1998, 531, 532; *Emmerich*, JuS 1998, 495, 496 f.; *Wagner*, JuS 1997, 690, 692.
292 *Medicus/Lorenz*, SchuldR AT, Rn 743.

- und zum anderen ist es möglich, dass die Schuldübernahme gem. § 415 BGB zwischen dem Alt- und dem Neuschuldner vereinbart wird, sofern der Gläubiger genehmigt.

Dabei hat der Übernahmevertrag einen Doppelcharakter. Einerseits stellt er auf Seiten des Gläubigers ein *Verfügungsgeschäft* über seine Forderung dar, da sich durch die Übernahme der Inhalt der Schuld hinsichtlich der Person des Schuldners ändert. Andererseits ist der Übernahmevertrag auch ein *Verpflichtungsgeschäft* des Übernehmers.

1. Übernahmevertrag zwischen Gläubiger und Übernehmer, § 414 BGB

325 Gemäß § 414 BGB können der Gläubiger und der Übernehmer vertraglich vereinbaren, dass der Neuschuldner die Schuld des Altschuldners übernimmt. Dabei bedarf es keiner Mitwirkung des Altschuldners.

Der Schuldübernahmevertrag nach § 414 BGB stellt eine ausnahmsweise zulässige **Verfügung zugunsten Dritter** (hier zugunsten der Altschuldner) über die Forderung dar. Teilweise wird deswegen eine Verletzung des Vertragsprinzips angenommen, was zur Folge haben müsse, dass dem Altschuldner ein **Zurückweisungsrecht analog § 333 BGB** zustehen müsse, da er sich eine Schuldentlassung nicht aufzuzwingen lassen brauche.[293] Dagegen ist allerdings einzuwenden, dass der Anwendungsbereich der §§ 328 ff. BGB auf Verpflichtungsgeschäfte ausgerichtet ist, wohingegen die Schuldübernahme ein abstraktes Verfügungsgeschäft ist. Hinzu kommt, dass durch die Einräumung eines Zurückweisungsrechts analog § 333 BGB Unsicherheiten im Rechtsverkehr auftreten, bspw. bei der Frage, wie Zwischenverfügungen zu behandeln sind.[294]

Der Übernahmevertrag kann **formfrei** geschlossen werden, weswegen auch eine konkludente Vereinbarung ausreichen kann.[295] Erfordert hingegen der Inhalt der übernommenen Schuld die Einhaltung einer Form, muss diese Form auch bei der Schuldübernahme beachtet werden[296], bspw. bei der Verpflichtung zur Übereignung oder zum Erwerb eines Grundstücks nach §§ 311 b, 125 BGB. Wegen ihres Verfügungscharakters ist die Schuldübernahme abstrakt und folglich losgelöst von dem ihr zugrunde liegenden Kausalgeschäft, § 417 II BGB. Die Unwirksamkeit des Kausalgeschäfts berührt die Wirksamkeit der Verfügung daher grundsätzlich nicht.

> **Beispiel:** A und B haben einen Kaufvertrag über ein Auto zum Preis von 20.000,- € abgeschlossen. B weiß, dass A eine Darlehensschuld gegenüber C i.H.v. 20.000,- € hat. Er macht A den Vorschlag, dass er Zug um Zug gegen das Auto die Schuld des A bei C begleichen werde. A meint, B solle sich lieber an C halten. Deswegen geht B zu C und vereinbart mit diesem, dass er die Schuld des A übernehmen werde.
>
> Fraglich ist, ob ein **Übernahmevertrag i.S.d. § 414 BGB** zustande gekommen ist. Dies ist durch Auslegung (§§ 133, 157 BGB) zu ermitteln. B will mit der Schuldübernahme den Kaufpreis für das Auto erbringen, weswegen sein Parteiwille dahingehend ist, dass A von seiner Schuld gegenüber C frei wird. C hat hingegen kein Interesse an einem neben dem A bestehenden weiteren Schuldner. Damit ist ein wirksamer Übernahmevertrag i.S.d. § 414 BGB zwischen dem Gläubiger C und dem Übernehmer B zustande gekommen. Die Rechtsfolge der Schuldübernahme besteht darin, dass B die Schuld des alten Schuldners A übernimmt, indem er an dessen Stelle tritt. Will C den A auf Darlehensrückzahlung in Anspruch nehmen, steht diesem eine rechtsvernichtende Einwendung zu.
>
> Weiterhin ist fraglich, wie es sich auswirkt, wenn der zwischen A und B geschlossene Kaufvertrag von Anfang an (bspw. wegen Geschäftsunfähigkeit, § 105 I BGB) nichtig war. Da der Übernahmevertrag als dinglicher Verfügungsvertrag abstrakt ist, ordnet § 417 II

---

293 *Larenz*, SchuldR AT, § 35 I.
294 *Rieble*, in: Staudinger, § 414 Rn 9; *Bydlinski*, in: MüKo, § 414 Rn 6.
295 Vgl. dazu BGH NJW-RR 2012, 741 f.
296 BGH NJW 1996, 2503, 2504.

BGB zum Zwecke des Gläubigerschutzes an, dass der Übernehmer dem Gläubiger keine Einwendungen entgegensetzen kann, die sich aus der Kausalbeziehung zum Altschuldner ergeben.[297] Das bedeutet, dass C unabhängig von der Wirksamkeit des Kaufvertrags zwischen A und B die Darlehenssumme von B fordern kann.

2. Übernahmevertrag zwischen Schuldner und Übernehmer, § 415 BGB

Die Schuldübernahme kann gem. § 415 BGB auch nur zwischen dem Schuldner und dem Übernehmer vereinbart werden, wobei der Gläubiger diesem Vertrag zustimmen muss. **326**

> **Beispiel:** Der Mieter M ist gegenüber seinem Vermieter V beim Auszug zur Renovierung der Wohnung verpflichtet. Durch Vertrag zwischen M und dem Nachmieter N übernimmt N die Renovierungspflicht des M.

Neben dem Vorliegen eines Übernahmevertrags ist zur Wirksamkeit desselben die Genehmigung des Gläubigers erforderlich. **327**

- Dabei geht die **Angebotstheorie**[298] davon aus, dass wegen der erforderlichen Genehmigung des Gläubigers wie bei § 414 BGB ein Vertrag zwischen dem Gläubiger und dem Übernehmer zustande kommt. In der Vereinbarung zwischen dem Schuldner und dem Übernehmer bestehe nur die die Schuldübernahme rechtfertigende Beziehung, wohingegen die Mitteilung an den Gläubiger (§ 415 I S. 2 BGB) das Vertragsangebot zur Schuldübernahme und dessen Genehmigung die Annahme darstellen solle.
- Nach der **Verfügungstheorie**[299] (h.M.) hingegen verfügen der Übernehmer und der Schuldner als Nichtberechtigte über die Forderung des Gläubigers i.S.d. § 185 BGB und die Verfügung wird durch die Genehmigung des Gläubigers (§ 185 II BGB) wirksam.

Stellungnahme: Die Angebotstheorie ist mit dem Wortlaut des Gesetzes nicht zu vereinen, weswegen der h.M. zu folgen ist. Der Unterschied zwischen diesen Ansichten liegt darin, dass die „Genehmigung" i.S.d. § 415 BGB nach der Angebotstheorie die Annahme eines Antrags und somit formbedürftig (§ 311b I BGB) sein kann und ex nunc wirkt. Nach der Verfügungstheorie wirkt die Genehmigung hingegen nach § 184 I BGB ex tunc und ist formfrei (§ 182 II BGB). Darüber hinaus ergeben sich auch bei der Anfechtung Unterschiede.[300]

> **Beispiel:** Wurde der Übernehmer vom Altschuldner getäuscht, kann der Übernehmer dem Altschuldner gegenüber nach der Angebotstheorie nur unter den Voraussetzungen des § 123 II BGB anfechten, d.h., wenn dieser die Täuschung kannte oder kennen musste. Nach der Verfügungstheorie ist der Altschuldner selbst Vertragspartner, sodass § 123 II BGB nicht anwendbar ist und eine Anfechtung unproblematisch möglich ist. I.E. wird zwar der Gläubiger mit eventuellen Mängeln des Kausalverhältnisses belastet. Dies ist aber notwendige Konsequenz der Verfügungstheorie.

Obwohl in § 415 BGB nur die **Genehmigung** i.S.d. § 184 BGB erwähnt wird, kann der Gläubiger auch (schon vorher) nach §§ 182, 183 BGB **einwilligen**. Diese Form der Zustimmung kann nach § 182 I BGB entweder dem Altschuldner oder dem Übernehmer gegenüber erklärt werden. Die Zustimmung ist gem. § 182 II BGB auch **formfrei**, wenn der Übernahmevertrag formbedürftig ist. **328**

- Liegt die *Einwilligung* des Gläubigers vor, wird die zwischen dem Schuldner und dem Übernehmer vereinbarte Schuldübernahme gem. § 185 I BGB sofort wirksam. Einer weiteren Mitteilung i.S.d. § 415 I S. 2 BGB bedarf es demgemäß nicht.

---

[297] *Bydlinski*, in: MüKo, § 417 Rn 11.
[298] *Lippmann*, AcP 107 (1911), 72; *Heck*, SchuldR, 1929, S. 222 ff.
[299] BGHZ 31, 321, 325; *Brox*, JZ 1960, 369; *Bydlinski*, in: MüKo, § 415 Rn 1.
[300] Vgl. dazu ausführlich *Schreiber*, in: Soergel, § 415 Rn 1 ff.; *Bydlinski*, in: MüKo, § 415 Rn 1 ff.

- Liegt hingegen *keine Einwilligung* vor, ist nach §§ 185 II, 415 II S. 1 BGB der Übernahmevertrag bis zu dem Zeitpunkt schwebend unwirksam, bis die *Genehmigung* erteilt oder versagt wird. Bei einer Genehmigung muss gem. § 415 I S. 2 BGB entgegen der Einwilligung eine Mitteilung der Schuldübernahme durch den Schuldner oder den Übernehmer vorangehen. Die Genehmigung setzt also die Kenntnis der Übernahmevereinbarung voraus.[301] Demnach ist eine Genehmigung, die ohne Mitteilung dieser Vereinbarung erfolgte, wirkungslos, selbst wenn der Gläubiger davon auf anderem Wege erfahren hat.
- Wird die *Genehmigung* vom Gläubiger *erteilt*, wirkt sie gem. § 184 I BGB auf den Zeitpunkt des Vertragsschlusses zurück. Der Übernahmevertrag wird also rückwirkend wirksam. Dabei hat der Gesetzgeber den Vertragsparteien in § 415 I S. 3 BGB die Möglichkeit eingeräumt, den schwebend unwirksamen Vertrag noch so lange zu ändern oder aufzuheben, wie er nicht genehmigt wurde. Um langfristige Schwebezustände zu vermeiden und zügig Klarheit zu bekommen, kann jede der Vertragsparteien nach § 415 II S. 2 BGB dem Gläubiger eine Frist zur Erklärung der Genehmigung setzen.
- *Verweigert* der Gläubiger hingegen die *Genehmigung*, scheitert die Schuldübernahme (§ 415 II S. 1 BGB). Die Vereinbarung zwischen dem Schuldner und dem Übernehmer ist jedoch gem. § 415 III BGB dahingehend auszulegen, dass der neue Schuldner dem alten Schuldner im Innenverhältnis zur Befriedigung des Gläubigers verpflichtet bleibt.

Hinweis für die Fallbearbeitung: Durch **§ 416 BGB** werden die Voraussetzungen des § 415 BGB modifiziert.[302] Dadurch wird die Wirksamkeit der Schuldübernahme bei einer **hypothekarisch** gesicherten Schuld erleichtert. Dies folgt aus § 416 I S. 2 BGB, nach der eine Genehmigungsfiktion vorliegt. Die Genehmigung gilt als erteilt, wenn seit dem Empfang der Mitteilung der Schuldübernahme 6 Monate verstrichen sind. Der Anwendungsbereich des § 416 BGB ist wegen der gleichen Interessenlage auch auf die *Sicherungsgrundschuld* entsprechend anzuwenden.

III. Rechtsfolgen der befreienden Schuldübernahme

1. Schuldnerwechsel

329 Durch die Schuldübernahme tritt der Übernehmer nach § 414 Hs. 2 BGB an die Stelle des bisherigen Schuldners. Der bisherige Schuldner wird von der Schuld befreit.

Hinweis für die Fallbearbeitung: Der Ausgleich zwischen Altschuldner und Übernehmer erfolgt entsprechend der im Innenverhältnis getroffenen Vereinbarung oder nach dem Gesetz, wie der GoA (§§ 677 ff. BGB) oder dem Bereicherungsrecht (§§ 812 ff. BGB). Ein gesetzlicher Forderungsübergang findet hingegen nicht statt.

2. Einwendungen des Übernehmers

330 Da bei der befreienden Schuldübernahme nur der Schuldner wechselt, die Schuld aber mit gleichbleibendem Inhalt und gleichen Leistungsmodalitäten (Zeit, Ort) auf den Übernehmer übergeht, kann der Übernehmer nach § 417 I S. 1 BGB dem Gläubiger sämtliche Einwendungen entgegenhalten, die dem ehemaligen Schuldner zur Zeit der Schuldübernahme zustanden. Des Weiteren kann der Übernehmer dem Gläubiger auch die Einwendungen entgegensetzen, die die Ungültigkeit des Übernahmevertrags (bspw. wegen einer Anfechtung, einer Sittenwidrigkeit) betreffen. Dagegen ist nach § 417 II BGB eine Berufung auf Einwendungen aus dem Kausalverhältnis zwischen Schuldner und Übernehmer nicht zulässig. Ausnahmsweise kann eine derartige Einwendung gegenüber dem Gläubiger geltend gemacht werden, wenn wegen einer *Fehleridentität* nicht nur das

[301] BGH NJW-RR 1991, 817, 818.
[302] § 416 BGB gilt hingegen nicht für § 414 BGB (so auch *Bydlinski*, in: MüKo, § 416 Rn 3).

Kausalgeschäft zwischen Altschuldner und Übernehmer nichtig ist, sondern sich dieser Fehler auch auf die Schuldübernahme ausgewirkt hat.

3. Erlöschen von Sicherungsrechten nach § 418 BGB

Gemäß § 418 I S. 1 BGB erlöschen infolge der Schuldübernahme die für die Forderung 331
bestellten Bürgschaften und Pfandrechte. Für Hypotheken gilt gem. § 418 I S. 2 BGB das Gleiche wie bei einem Verzicht i.S.d. § 1168 I BGB, d.h., sie werden vom Eigentümer erworben. § 418 BGB dient dem Schutz des Sicherungsgebers dadurch, dass er nach dem Wechsel der Person des Schuldners einem anderen Risiko ausgesetzt ist als vorher. Das veränderte Risiko soll dem Sicherungsgeber nicht ohne weiteres zugemutet werden.

> **Beispiel:** B bürgt für seinen Freund C gegenüber A, weil er sich aufgrund der Beamtenstellung des C sicher sein kann, weitestgehend nicht in Anspruch genommen zu werden. Übernimmt allerdings der weniger solvente D, der ohne Arbeit ist, die Schuld, verschlechtert sich die Rechtsstellung des B, da er in dieser Konstellation eher mit einer Inanspruchnahme rechnen muss.

Etwas anderes gilt aber nach § 418 I S. 3 BGB, wenn der Sicherungsgeber in die Schuldübernahme einwilligt.

8. Kapitel – Rechtshemmende Einreden

332 Obwohl ein Anspruch entstanden und noch nicht wieder untergegangen ist, kann es vorkommen, dass der Gläubiger nicht mit Erfolg gegen den Schuldner vorgehen kann, weil der Anspruch *nicht durchsetzbar* ist. Mit der Frage der Durchsetzbarkeit sind die sog. **rechtshemmenden Einreden** angesprochen (vgl. dazu bereits Rn 112 a.E.). Solche Einreden befinden sich im BGB AT (z.B. die Einrede der Verjährung, § 214 BGB), im besonderen Schuldrecht (z.B. die Arglisteinrede, § 853 BGB) sowie im allgemeinen Schuldrecht (**§§ 273, 275 II, III, 320 BGB**).

Bei den Einreden wird zwischen peremptorischen und dilatorischen Einreden unterschieden. Erstere schließen die Durchsetzbarkeit eines Anspruchs auf Dauer aus (z.B. §§ 214, 275 II, III BGB[303]), während Letztere die Durchsetzbarkeit nur vorübergehend aufschieben. Um solche dilatorischen Einreden handelt es sich bei §§ 273, 320 BGB. Der Gläubiger ist danach also nicht grundsätzlich an der Durchsetzung seiner Rechte gehindert, er muss aber seinerseits noch etwas unternehmen, bevor er die Leistung des Schuldners verlangen kann.

333

Prüfung eines vertraglichen Primäranspruchs

I. Anspruch entstanden

II. Anspruch (nicht) untergegangen

III. + IV. Inhaltsänderung/Gläubiger- oder Schuldnerwechsel

V. Anspruch durchsetzbar

1. Einrede des § 273 BGB
- a. Schuldverhältnis
- b. Gegenseitige Ansprüche
- c. Wirksamer, fälliger und durchsetzbarer Gegenanspruch
- d. Konnexität
- e. Kein Ausschluss des Zurückbehaltungsrechts
- f. Erhebung der Einrede

2. Einrede des nicht erfüllten Vertrags, § 320 BGB
- a. Gegenseitiger Vertrag
- b. Synallagmatische Verknüpfung der gegenseitigen Leistungspflichten
- c. Wirksame, durchsetzbare und fällige Gegenforderung
- d. Eigene Vertragstreue
- e. Nichterfüllung durch den anderen Teil
- f. Erhebung der Einrede

A. Einrede des § 273 BGB

334 Gemäß § 273 I BGB kann der Schuldner, wenn sich aus dem Schuldverhältnis nicht ein anderes ergibt, die geschuldete Leistung verweigern, bis die *ihm* gebührende Leistung bewirkt wird, sofern er aus demselben rechtlichen Verhältnis, auf dem seine Verpflichtung beruht, einen fälligen Anspruch gegen den Gläubiger hat. Das in § 273 BGB normierte **Zurückbehaltungsrecht** (ZBR) beruht auf dem Gedanken, dass derjenige treuwidrig handelt, der aus einem einheitlichen Rechtsverhältnis die ihm gebührende Leistung fordert, ohne die ihm obliegende Gegenleistung zu erbringen. Es soll also keine der beiden Forderungen erfüllt werden müssen, wenn nicht auch die andere erfüllt oder wenn nicht ihretwegen wenigstens Sicherheit geleistet wird (§ 273 III BGB).

[303] Zu § 275 II, III BGB vgl. Rn 366 ff.

I. Schuldverhältnis

Das ZBR des § 273 BGB ist grundsätzlich bei allen Arten von Schuldverhältnissen anwendbar. Das folgt schon aus dem Wortlaut der Norm, wonach lediglich ein *rechtliches Verhältnis* und nicht etwa ein Vertrag vorausgesetzt wird. 335

Beispiele: Das ZBR des § 273 BGB kann sowohl i.R. vertraglicher Schuldverhältnisse als auch gegenüber einem Herausgabeanspruch des Eigentümers (§ 985 BGB, str.[304]), gegenüber einem Grundbuchberichtigungsanspruch (§ 894 BGB) oder gegenüber dem Anspruch auf Einwilligung in die Löschung einer Vormerkung (§ 888 BGB) erhoben werden.

Hinweis für die Fallbearbeitung: Handelt es sich bei den gegenseitigen Ansprüchen um synallagmatische Rechte, ist § 320 BGB vorrangig anwendbar.

II. Gegenseitige Ansprüche

Für das ZBR aus § 273 BGB ist erforderlich, dass die Parteien gegeneinander Ansprüche haben. Der **Schuldner** der Leistung muss also zugleich *Gläubiger* des Gegenanspruchs und der **Gläubiger** des Anspruchs muss zugleich *Schuldner* der Gegenleistung sein. 336

Beispiele:

(1) S und G sind seit längerer Zeit Geschäftspartner. G hat gegen S eine Forderung, weil er ihm einen VW Golf Variant verkauft und übereignet hat. S wiederum hat einen Anspruch auf Übereignung eines VW Passats aus einem später geschlossenen Kaufvertrag.

Hier bestehen zwei gegenseitige Ansprüche, sodass § 273 BGB anwendbar ist. Es ist auch nicht die Einrede des § 320 BGB vorrangig, weil die Ansprüche nicht aus demselben Vertrag folgen und daher nicht im Synallagma stehen.

(2) S hat G beauftragt, ihm einen Wagen zu kaufen. G erwirbt das Kfz und wendet dafür 5.000,- € auf. Nunmehr verlangt er von S das Geld heraus.

Auch hier haben S und G jeweils gegenseitige Ansprüche. G kann seine Aufwendungen nach § 670 BGB ersetzt verlangen, während S einen Anspruch auf Herausgabe des Autos aus § 667 BGB hat. Die Ansprüche stehen auch nicht im Synallagma, weil der Aufwendungsersatz nicht das Entgelt für die Ausführung des Auftrags darstellt. Deswegen ist § 320 BGB nicht vorrangig anwendbar und § 273 BGB greift ein.

Eine **Ausnahme** von dem soeben beschriebenen Erfordernis der Gegenseitigkeit liegt vor, wenn eine der Parteien ihren Anspruch an einen Dritten abtritt. Dann kann die Gegenpartei ihr ZBR aus § 273 BGB gem. **§ 404 BGB** auch dem Dritten entgegenhalten. 337

Beispiel: S hat G beauftragt, ihm ein Kfz zu kaufen. Nachdem G dieses erworben hat, tritt er seinen Anspruch auf Aufwendungsersatz i.H.v. 5.000,- € aus § 670 BGB an X ab. X verlangt nunmehr aus abgetretenem Recht die von G aufgewendeten 5.000,- € von S.

Fraglich ist, ob S dem X ein ZBR aus § 273 BGB entgegenhalten kann. Zwar hat er einen Anspruch gegen *G* auf Herausgabe des Kfz gem. § 667 BGB; allerdings steht ihm kein Anspruch gegen X zu. Es greift § 404 BGB ein, wonach das bereits bestehende ZBR des S gegen G nach der Abtretung auch dem neuen Gläubiger X entgegengehalten werden kann.

Eine weitere **Ausnahme** von dem Gegenseitigkeitserfordernis liegt auch bei einem Vertrag zugunsten Dritter vor, §§ 328 ff. BGB. Denn **§ 334 BGB** stellt eine dem § 404 BGB vergleichbare Norm dar, sodass der Schuldner auch dem Begünstigten ein ZBR entge- 338

---

[304] Bejahend BGHZ 64, 122, 125; BGH NJW-RR 1986, 282; NJW 1995, 2627, 2628; NJW 2002, 1050; verneinend *Baldus*, in: MüKo, § 986 Rn 19; *Lorenz*, in: Staudinger, § 986 Rn 28; *Herrler*, in: Palandt, § 986 Rn 5. Vgl. dazu ausführlich *Hütte/Hütte*, SachenR I, Rn 627.

genhalten kann, wenn er gegen seinen Vertragspartner eine konnexe Gegenforderung hat.

III. Wirksamer, fälliger und durchsetzbarer Gegenanspruch

339 Damit der Schuldner sein ZBR wirksam ausüben kann, ist erforderlich, dass er auch tatsächlich schon berechtigt ist, seine Leistung zu fordern. Deswegen muss sein Gegenanspruch **wirksam, klagbar, durchsetzbar** und bereits **fällig** sein.

340 - Dadurch, dass der Anspruch **wirksam und klagbar** sein muss, greift § 273 BGB bspw. nicht bei Naturalobligationen ein. Der Schuldner kann dem Gläubiger somit keine Forderung aus einem Spiel oder einer Wette i.S.d. § 762 BGB entgegenhalten. Auch sind zukünftige oder bedingte Forderungen nicht tauglich, ein ZBR zu begründen.

341 - Das Erfordernis der **Durchsetzbarkeit** ergibt sich nicht eindeutig aus dem Wortlaut des § 273 BGB, es folgt aber aus dem Sinn und Zweck der Vorschrift. Denn der Schuldner soll seine Leistung nur verweigern dürfen, wenn der ihm gebührende Gegenanspruch nicht nur besteht, sondern auch mit Erfolg geltend gemacht werden kann, also durchsetzbar ist. Sofern die dem Schuldner zustehende Gegenforderung bspw. verjährt ist, kann er dem Gläubiger kein ZBR aus § 273 BGB entgegenhalten. Dieses Ergebnis kann auch mit dem Rechtsgedanken des § 390 BGB begründet werden, wonach ein Schuldner nur mit seiner Forderung aufrechnen kann, wenn diese **nicht einredebehaftet** ist. Dabei ist allerdings die Vorschrift des **§ 215 BGB** zu beachten. Nach dieser Norm ist die Ausübung eines ZBR wegen einer verjährten Forderung ausnahmsweise *nicht* ausgeschlossen, wenn der Anspruch in dem Zeitpunkt noch nicht verjährt war, in dem das ZBR erstmals ausgeübt werden *konnte*. Es ist insoweit nicht erforderlich, dass das ZBR auch schon zu diesem Zeitpunkt ausgeübt *wurde*, als die Forderung noch nicht verjährt war.[305]

342 - Die **Fälligkeit** der Gegenforderung richtet sich nach § 271 BGB. Es kommt also grundsätzlich auf die Parteiabrede an. Sofern eine solche nicht ersichtlich ist und sich auch aus den sonstigen Umständen nichts anderes ergibt, ist die Forderung gem. § 271 I BGB im Zweifel sofort fällig. Dabei reicht es aus, wenn der Gegenanspruch des Schuldners erst *mit der Erbringung* der von ihm geschuldeten Leistung fällig wird.[306]

  Beispiele: Sofern der Schuldner zu einer Geldzahlung aufgefordert wird, kann er ein ZBR geltend machen, wenn er *mit der Begleichung* dieser Forderung einen Anspruch auf die Erteilung einer Quittung (§ 370 BGB) oder auf die Rückgabe eines Schuldscheins (§ 371 BGB) erhält. Erst wenn der Gläubiger diese Gegenleistung anbietet, kann er den Anspruch durchsetzen. Ebenso hat der Verpfänder ein ZBR wegen seines Anspruchs auf Rückgabe des Pfands bei der Tilgung der Schuld (§ 1223 I BGB).

IV. Konnexität der Ansprüche

343 Gemäß § 273 BGB ist erforderlich, dass die gegenseitigen Ansprüche auf demselben Rechtsverhältnis beruhen. Es muss ein Zusammenhang, eine sog. **Konnexität** bestehen. Dieses Merkmal hat den Zweck, dass nicht jede Gegenforderung des Schuldners zu einem Leistungsverweigerungsrecht führt, sondern nur solche, die in einem inneren Zusammenhang mit der Forderung des Gläubigers steht. Der Begriff der Konnexität ist weit auszulegen. Es ist daher nicht erforderlich, dass die gegenseitigen Ansprüche im selben Vertrag oder Schuldverhältnis ihre Grundlage haben, vielmehr genügt es, wenn ihnen ein innerlich zusammenhängendes einheitliches Lebensverhältnis zugrunde liegt.[307]

---

[305] Vgl. dazu BGHZ 48, 116; 53, 122, 125.
[306] BGHZ 73, 317, 319; 116, 244, 248; *Unberath*, in: Bamberger/Roth, § 273 Rn 15.
[307] BGHZ 92, 194, 196; 115, 99, 103.

Konnexität liegt vor, wenn zwischen den beiden Ansprüchen ein innerer natürlicher und wirtschaftlicher Zusammenhang in der Weise besteht, dass es gegen Treu und Glauben verstoßen würde, wenn der eine Anspruch ohne Rücksicht auf den anderen geltend gemacht und durchgesetzt werden könnte.[308]

Beispiele/Gegenbeispiele:

(1) Eine Konnexität ist **stets im Fall des § 273 II BGB** anzunehmen. Danach hat der Schuldner eines Gegenstands ein ZBR, wenn ihm ein Anspruch auf Ersatz der Verwendungen, die er auf die Sache gemacht hat, zusteht. Solche Verwendungsansprüche können bspw. aus §§ 304, 670, 683 oder 539 I BGB folgen. Ebenso steht dem Schuldner ein ZBR zu, wenn er durch die Sache einen Schaden erlitten hat. Diese Regelungen **gelten** allerdings **nicht**, wenn der Schuldner den Gegenstand durch eine vorsätzliche unerlaubte Handlung erlangt hat.

(2) Weiterhin liegt eine Konnexität vor bei beiderseitigen Ansprüchen aus einem nicht zustande gekommenen, angefochtenen oder nichtigen Vertrag[309], bei Ansprüchen aus einer ständigen Geschäftsverbindung, *sofern* die verschiedenen Verträge aufgrund ihres zeitlichen und sachlichen Zusammenhangs als natürliche Einheit erscheinen[310] und bei Ansprüchen aus der Ehe und deren Auflösung.

(3) Eine Konnexität ist dagegen **zu verneinen** zwischen einem Anspruch auf Mietzins und einem Anspruch auf Erteilung der Nebenkostenabrechnung[311] und zwischen einem Anspruch auf Zustimmung zur Löschung einer Eigentümergrundschuld und dem Gegenanspruch wegen getätigter Verwendungen auf das Grundstück.

> **Hinweis für die Fallbearbeitung:** Das Erfordernis der Konnexität kann zwischen den Parteien grundsätzlich durch eine Vereinbarung abbedungen werden. Sofern dies durch allgemeine Geschäftsbedingungen erfolgt, ist **§ 309 Nr. 2b BGB** zu beachten. Danach kann das ZBR durch eine AGB nicht ausgeschlossen werden, wenn die gegenseitigen Ansprüche auf *demselben Vertragsverhältnis* beruhen. Ansonsten ist der Ausschluss möglich, z.B. bzgl. gegenseitiger Forderungen, die zwar nicht auf demselben Vertragsverhältnis, aber auf einer gemeinsamen dauerhaften Geschäftsbeziehung basieren. Im **kaufmännischen** Geschäftsverkehr greift **§ 369 HGB**. Dort kann ein ZBR auch ausgeübt werden, wenn die gegenseitigen Ansprüche **nicht konnex** sind.

V. Kein Ausschluss des Zurückbehaltungsrechts

§ 273 BGB sieht ein ZBR nur vor, wenn sich aus dem Schuldverhältnis nicht etwas anderes ergibt. Es besteht daher die Möglichkeit, dass das ZBR ausgeschlossen ist. **344**

- Ein solcher Ausschluss kann zunächst durch eine **Vereinbarung** zwischen den Parteien ausdrücklich oder konkludent herbeigeführt werden. Das ist bspw. der Fall, wenn sie sich über die Vorleistungspflicht der einen Seite einigen oder eine sog. Barzahlungsklausel vereinbaren. Bei AGB können, wie bereits oben angesprochen, §§ 310 III, 309 Nr. 2 b BGB einschlägig sein. Dabei ist genau auf den Wortlaut dieser Normen zu achten. Es sind nämlich nur solche Klauseln unwirksam, die das ZBR bei gegenseitigen Forderungen ausschließen, die auf *demselben Vertragsverhältnis* beruhen. Damit bleibt durchaus die Möglichkeit bestehen, ein ZBR bzgl. *anderer* Forderungen durch eine AGB-Klausel auszuschließen. Haben die Parteien ein *Aufrechnungsverbot* vereinbart, gilt dieses auch als Ausschluss des ZBR, wenn die Ausübung des Rechts einer Aufrechnung gleichkäme. Das ist bspw. der Fall, wenn beide Forderungen auf Geld gerichtet und fällig sind. Die Ausübung **345**

[308] BGH NJW 1997, 2944, 2945; BGHZ 92, 194, 196; 115, 99, 103.
[309] RGZ 108, 329, 336; BGH NJW-RR 1990, 848.
[310] OLG Düsseldorf NJW 1997, 1156, 1157; *Krüger*, in: MüKo, § 273 Rn 16.
[311] OLG Koblenz NJW-RR 1995, 394, 395 m.w.N.

eines ZBR würde praktisch eine Aufrechnung darstellen und ist daher vom Aufrechnungsverbot erfasst.

346 ▪ Ein **gesetzlicher Ausschluss** ist bspw. in § 175 BGB normiert, wonach der Bevollmächtigte nach dem Erlöschen der Vollmacht kein ZBR mehr an der Vollmachtsurkunde hat. Ferner ist § 273 BGB nicht anwendbar zugunsten des Mieters oder Pächters unter den Voraussetzungen der §§ 570, 581 II und 596 II BGB und zugunsten des GmbH-Gesellschafters bzgl. seiner Pflicht zur Erbringung der Stammeinlage, § 19 II S. 3 GmbHG.

Auch wenn bestimmte Gegenstände der **Pfändung nicht unterliegen**, besteht kein ZBR an diesen Gegenständen. Denn durch das ZBR dürfen die Pfändungsschutzbestimmungen nicht umgangen werden. Nicht der Pfändung unterliegen nach §§ 811 I, 812 ZPO die dem persönlichen Gebrauch des Mieters oder seinem Haushalt dienenden Sachen wie etwa eine angemessene Möblierung, Kühlschrank, Herd, Waschmaschine oder Sachen, die der Berufsausübung dienen, also i.d.R. Gegenstände, die der Schuldner zu einer bescheidenen Lebens- und Haushaltsführung und beruflich benötigt. Auch Haustiere unterliegen (aus Tierschutzgesichtspunkten) grundsätzlich nicht der Pfändung (§ 811c ZPO) und können daher auch nicht zurückbehalten werden.[312]

Gesetzliche *Aufrechnungsverbote* (§§ 393, 394, 395 BGB) führen dagegen grundsätzlich nicht zu einem Ausschluss des ZBR. Allerdings kann sich aus dem Sinn und Zweck der Norm ergeben, dass auch § 273 BGB vom Verbot erfasst ist. Dann ist § 393 BGB auch auf das ZBR anwendbar.[313] Basiert also die Verbindlichkeit des Schuldners auf einer vorsätzlichen deliktischen Handlung, darf er kein ZBR geltend machen. Diese Norm soll den Deliktstäter sanktionieren. Die übrigen gesetzlichen Aufrechnungsverbote betreffen das ZBR nur, wenn dessen Ausübung einen der unzulässigen Aufrechnung gleichkommenden Erfolg hätte.[314] Hier gilt das Gleiche wie beim vertraglichen Aufrechnungsverbot.

347 ▪ Weiterhin kann die Ausübung des ZBR durch den **Grundsatz von Treu und Glauben (§ 242 BGB)** beschränkt sein. Das ist bspw. der Fall, wenn der Schuldner wegen einer unverhältnismäßig geringen Forderung seine gesamte Gegenleistung zurückhalten will (arg.: § 320 II BGB) oder wenn der Schuldner für seinen Gegenanspruch eine Sicherheit besitzt (arg.: § 273 III BGB). Auch wenn der Schuldner das ZBR gegenüber einer unbestrittenen Forderung geltend macht, obwohl seine eigene Verbindlichkeit umstritten ist und die Klärung der Sachlage so schwierig und zeitraubend ist, dass die Durchsetzung der unbestrittenen Forderung auf unabsehbare Zeit verhindert (praktisch vereitelt) wird[315] und wenn der Gläubiger seine Pflicht nicht erfüllen kann, ohne zuvor die Leistung vom Schuldner erhalten zu haben, greift § 242 BGB ein.

348 ▪ Auch aus der Natur des Schuldverhältnisses kann sich ein Ausschluss des ZBR ergeben. So kann bspw. kein ZBR gegenüber **Unterhaltsansprüchen** oder Altenteilleistungen geltend gemacht werden, die den gegenwärtigen Unterhalt des Gläubigers sichern.

349 ▪ Schließlich kann der Gläubiger die Geltendmachung des ZBR durch den Schuldner dadurch abwenden, dass er **Sicherheit** leistet, vgl. **§ 273 III BGB (Abwendungsbefugnis)**. Diese Sicherheit muss nicht nur angeboten, sondern tatsächlich erbracht werden, was wegen § 273 III S. 2 BGB nicht durch die Stellung eines Bürgen erfolgen kann. Die Höhe der Sicherheitsleistung richtet sich nach dem Gegenanspruch des Schuldners. Sofern der zurückbehaltene Gegenstand einen geringeren Wert hat, ist dieser maßgeblich.

---

[312] Letzteres ist zwar nicht ganz unstreitig, entspricht aber der überwiegenden Rechtsprechung (vgl. LG Köln ZMR 2011, 830).

[313] Das gilt nicht, wenn beide Ansprüche aus dem Deliktsrecht stammen.

[314] BGHZ 38, 122, 129; BGH NJW 1987, 3254, 3255.

[315] BGH NJW 2000, 948, 949; NJW 1990, 1171, 1172.

VI. Erhebung der Einrede

Um seine Leistung verweigern zu dürfen, muss der Schuldner das ZBR auch geltend machen, also seine dilatorische **Einrede erheben.**[316] Ein solches Erheben der Einrede erfordert, dass der Schuldner dem Gläubiger ausdrücklich oder konkludent zu verstehen gibt, dass er (der Schuldner) die Leistung *aufgrund seines ZBR* verweigert. Diese Information ist für den Gläubiger notwendig, damit er gegebenenfalls von seinem Recht Gebrauch machen kann, das ZBR durch die Leistung einer Sicherheit abzuwenden. **350**

VII. Rechtsfolgen

Erhebt der Schuldner die Einrede des § 273 BGB, ergeben sich folgende Rechtsfolgen: **351**

- Die Klage des Gläubigers wird nicht abgewiesen, sondern der Schuldner wird zur Leistung **Zug-um-Zug verurteilt, § 274 I BGB**. Da der Anspruch von einer unbeschränkten Verpflichtung in eine Zug-um-Zug-Leistung geändert wird, hat das ZBR rechtsgestaltende Wirkung. Der Gläubiger kann aus dem Urteil gem. § 274 II BGB auch ohne Erbringung der ihm obliegenden Gegenleistung vollstrecken, wenn der Schuldner im Annahmeverzug ist.

- Die Erhebung der Einrede führt auch dazu, dass ein etwaiger **Verzug** des Schuldners beendet wird. Dabei ist zu beachten, dass die Geltendmachung des ZBR erst von dem Augenblick an verzugshindernd wirkt, in dem die Einrede auch tatsächlich erhoben wird (Wirkung **ex nunc**). Darin liegt ein wichtiger Unterschied zu anderen Einreden. Bei denen reicht nämlich grundsätzlich bereits das Vorliegen der objektiven Einredevoraussetzungen aus, um einen Verzug auszuschließen, sofern sich der Schuldner spätestens im Prozess darauf beruft (Wirkung ex tunc). Insoweit wird ergänzend auf die Ausführungen zu § 286 BGB (Rn 645 ff.) verwiesen.

- Die Erhebung der Einrede aus § 273 BGB beseitigt dagegen **nicht die Fälligkeit** der Forderung und hindert nicht, dass auf den mit der Einrede des ZBR behafteten Anspruch seinerseits ein ZBR gestützt wird.

- Umstritten ist, ob das ZBR auch ein **Recht zum Besitz i.S.d. § 986 BGB** vermittelt. Dies wird von der Rspr. und einigen Teilen der Literatur bejaht. Dagegen wird allerdings (überzeugend) angeführt, dass das ZBR kein Recht zum Besitz vermittelt, weil es nur die Vollstreckbarkeit des Herausgabeanspruchs beschränkt (vgl. bereits Rn 335).

B. Einrede des nicht erfüllten Vertrags, § 320 BGB

Ein besonderes ZBR ist in §§ 320-322 BGB normiert. Gemäß § 320 I BGB kann die aus einem gegenseitigen Vertrag verpflichtete Partei die ihr obliegende Leistung bis zur Bewirkung der Gegenleistung verweigern, es sei denn, dass sie vorzuleisten verpflichtet ist. **352**

Die Vorschrift ist Ausdruck des **funktionellen Synallagmas**. Sie soll den Anspruch der Partei sichern und zugleich Druck auf die andere Partei ausüben, damit diese ihrer Verpflichtung baldmöglichst nachkommt. Der Gläubiger einer im Gegenseitigkeitsverhältnis stehenden Leistungspflicht soll somit nicht die Leistung schlechthin, sondern nur eine Leistung Zug-um-Zug gegen die Erbringung der ihm obliegenden Gegenleistung verlangen können.

I. Gegenseitiger Vertrag

Für die Einrede aus § 320 I BGB ist zunächst das **Bestehen eines gegenseitigen Vertrags** erforderlich. Ein solcher Vertrag liegt vor, wenn die eine Partei ihre Leistung verspricht, um von der anderen Partei eine Gegenleistung zu erhalten (do ut des, vgl. bereits Rn 27). **353**

---

[316] *Krüger*, in: MüKo, § 273 Rn 88. Einer Erhebung bedarf es nicht, wenn der Gläubiger ohnehin nur eine Leistung Zug um Zug verlangt, vgl. *Unberath*, in: Bamberger/Roth, § 273 Rn 47.

Gegenseitige Verträge – sog. synallagmatischen Verträge – sind bspw. Kauf-, Miet-, Pacht-, Dienst-, Werk- und Darlehensverträge. Liegt ein solcher Vertrag nicht vor (wie das z.B. bei einem Auftrag gem. § 662 BGB der Fall ist), ist nicht § 320 BGB, sondern ggf. § 273 BGB anwendbar. Auch bei der Rückabwicklung eines *nichtigen* synallagmatischen Vertrags greift nicht § 320 BGB, sondern § 273 BGB. § 320 BGB betrifft also nur die Hauptleistungspflichten aus dem gegenseitigen Vertrag. Zu beachten ist aber, dass § 320 BGB wegen § 348 BGB bei der Rückabwicklung nach einem erfolgten *Rücktritt* entsprechend anwendbar bleibt.

II. Synallagmatische Leistungspflichten

354 Auch in einem synallagmatischen Vertrag gibt es Pflichten, die nicht im Synallagma stehen. Bei diesen greift § 320 BGB nicht ein.

355 Eine **synallagmatische Verknüpfung der Leistungspflichten** liegt vor, wenn die zurückgehaltene Leistung das Entgelt für die geforderte Leistung darstellt. Dabei erstreckt sich die Gegenseitigkeit auf alle Hauptleistungspflichten sowie alle sonstigen vertraglichen Pflichten, die nach ihrem Zweck von wesentlicher Bedeutung sind.

Welche Pflichten als Gegenleistung für die zu fordernde Leistung angesehen werden können, ist anhand des Parteiwillens unter den jeweiligen Umständen des Einzelfalls zu ermitteln. Nicht dazu gehören grundsätzlich die bloßen Schutz- und Nebenleistungspflichten.

Beispiele: Im Gegenseitigkeitsverhältnis stehen beim **Kaufvertrag** die Leistung des Kaufgegenstands und die Zahlung des Kaufpreises, § 433 I, II BGB. Die *Abnahmepflicht* des Käufers aus § 433 II BGB wird überwiegend nicht als synallagmatische Pflicht angesehen, weil sie keine Gegenleistung für den verkauften Gegenstand darstellt. Nur wenn sich aus der Parteivereinbarung ausnahmsweise etwas anderes ergibt, kann sie als gegenseitige Pflicht angesehen werden. Bei **Sukzessivlieferungsverträgen** gilt § 320 BGB für die *gesamte* Gegenleistung, auch wenn nur eine Teilleistung nicht erbracht wurde. Beim **Mietvertrag** stehen die Überlassung der Mietsache und die Zahlung des Mietzinses, nicht aber die Rückgabe der Mietsache im Gegenseitigkeitsverhältnis. Bei einem **Werkvertrag** steht die Werkherstellung mit der Abnahme (§ 640 I, II BGB) und der Werklohnzahlung im Synallagma.

Gegenbeispiele: Nicht im Gegenseitigkeitsverhältnis stehen die Hingabe und Rückgabe eines Darlehens, § 488 BGB (die Darlehenshingabe ist allerdings wiederum mit der *Zinszahlung* synallagmatisch verknüpft).

356 Das Gegenseitigkeitsverhältnis bleibt auch bestehen, wenn sich der Anspruch der einen Partei in einen **Nacherfüllungsanspruch** (§ 439 BGB) oder einen **Sekundäranspruch** (§§ 281, 285 BGB) umgewandelt hat. Kann der Gläubiger bspw. einen Schadensersatz statt der Leistung geltend machen und möchte im Wege der Surrogationsmethode vorgehen, kann der Schuldner die Erbringung des Schadensersatzes nach § 320 BGB zurückhalten, bis der Gläubiger seine Leistung anbietet.

Hinweis für die Fallbearbeitung: Tritt eine Partei ihren Anspruch an einen **Dritten** ab, verliert die andere Partei ihre Einrede nicht, sondern kann auch dem Dritten gegenüber die Leistung so lange verweigern, bis sie die ihr gebührende Leistung angeboten bekommt.[317]

III. Wirksame, durchsetzbare und fällige Gegenforderung

357 Möchte der Schuldner der Forderung des Gläubigers die Einrede des § 320 BGB entgegenhalten, muss seine Gegenforderung wirksam, durchsetzbar und fällig sein.

[317] BGHZ 55, 354, 356; 85, 346, 348.

- Ist die Forderung des Schuldners verjährt, ist sie nicht mehr eigenständig **durchsetzbar**, sodass die Einredeerhebung an sich ausscheiden müsste. Allerdings kann er gem. § 215 BGB ausnahmsweise gleichwohl die Einrede erheben, wenn sich die beiden Ansprüche zu einem früheren Zeitpunkt schon gegenüberstanden, in dem die Forderung noch nicht verjährt war.[318]

- Die **Fälligkeit** tritt gem. § 271 I BGB im Zweifel sofort ein. Ist eine **Vorleistungspflicht** einer Partei vereinbart, kann diese keine Einrede des nicht erfüllten Vertrags erheben, da ihre Forderung aufgrund der Abrede noch nicht fällig geworden ist (§ 320 I BGB). Eine Vorleistungspflicht kann auch aus dem Gesetz resultieren, z.B. i.R. der §§ 556b, 614 und 641 BGB.

> **Hinweis für die Fallbearbeitung:** Bei einer Vorleistungspflicht kann es ausnahmsweise vorkommen, dass der Vorleistungspflichtige seine Leistung verweigern darf. Gemäß § 321 I BGB ist dies der Fall, wenn nach dem Vertragsschluss *erkennbar* wird, dass sein Anspruch auf die Gegenleistung durch eine mangelnde Leistungsfähigkeit der anderen Partei gefährdet ist. Ebenso steht ihm trotz der Vorleistungspflicht ein Verweigerungsrecht gem. § 242 BGB zu, wenn die Gegenseite ernsthaft erklärt hat, dass sie ihre Leistung später nicht mehr erbringen will oder kann. Die Vorleistungspflicht lebt wieder auf, wenn die Gegenpartei diese Erklärung zurücknimmt.

IV. Eigene Vertragstreue

Als ungeschriebene Voraussetzung verlangt § 320 BGB, dass der Schuldner zur Ausübung seines Verweigerungsrechts die eigene Vertragstreue gewahrt hat. Er muss also seinerseits am Vertrag festhalten und willens sein, die ihm obliegende Leistung zu erbringen. Befindet er sich bspw. im Schuldnerverzug, greift § 320 BGB zu seinen Gunsten nicht ein. Der bloße Annahmeverzug hingegen schließt § 320 BGB nicht aus, aber eine eindeutige und endgültige Erklärung, die Leistung der Gegenseite überhaupt nicht mehr annehmen zu wollen. **358**

V. Nichterfüllung durch den anderen Teil

Das Verweigerungsrecht besteht nur, wenn die Leistung des Gläubigers noch nicht oder nicht vollständig erbracht worden ist. Dabei ist unerheblich, aus welchem Grund sie noch nicht erbracht wurde. Die Einrede des § 320 BGB besteht somit auch, wenn die Gegenseite ihre Nichtleistung *nicht* zu vertreten hat. **359**

- Bei einer **teilweisen** Leistung kann der Schuldner grundsätzlich seine gesamte Gegenleistung verweigern, wenn nicht ein Fall des § 320 II BGB vorliegt. Danach erlischt die Einrede, wenn die Verweigerung nach den Umständen, insb. wegen verhältnismäßiger Geringfügigkeit des rückständigen Teils, gegen Treu und Glauben verstoßen würde.

- Sofern eine **mangelhafte** Leistung erbracht wird, kann der Schuldner diese zurückweisen und die Einrede wegen Nichterfüllung geltend machen. Bei einem **Kaufvertrag** bleibt die Einrede auch bestehen, wenn der Schuldner die mangelhafte Sache bereits angenommen hat, da sich sein Erfüllungsanspruch durch die Abnahme in einen Nacherfüllungsanspruch (§ 439 BGB) umgewandelt hat. Bei einem **Werkvertrag** ist im Falle einer mangelhaften Leistung die Sonderregelung des § 641 III BGB zu beachten. Sofern das Werk bereits *abgenommen wurde*, geht diese Regelung dem § 320 BGB als lex specialis vor und gibt dem Besteller das Recht, einen angemessenen Teil der Vergütung zurückzuhalten.

---

[318] Vgl. BGH NJW 2006, 2773 ff. Nicht erforderlich ist, dass die Gläubigerforderung über ihre Erfüllbarkeit hinaus auch schon fällig wurde, bevor die Forderung des Schuldners verjährte.

Hinweis für die Fallbearbeitung: Sind die Gewährleistungsrechte des Käufers/Bestellers bereits verjährt, sind darüber hinaus §§ 438 IV, V; 634a IV, V BGB zu beachten (Mängeleinreden).

- Muss der Schuldner an **mehrere Gläubiger** leisten, kann er **jedem** Gläubiger die diesem gebührende Leistung bis zur ordnungsgemäßen Bewirkung der Gegenleistung vollständig verweigern, § 320 I S. 2 BGB.

VI. Kein Ausschluss der Einrede

360 Die Einrede des § 320 BGB kann unter bestimmten Voraussetzungen ausnahmsweise auch ausgeschlossen sein. Dies ist zunächst der Fall, wenn die Parteien ihre Geltung durch eine **Individualvereinbarung** abbedungen haben.[319] Sofern eine Disposition über die Vorschrift allerdings durch **allgemeine Geschäftsbedingungen** erfolgt, ist im nichtkaufmännischen Bereich § 309 Nr. 2a BGB einschlägig, wonach ein Ausschluss oder eine Beschränkung der Einrede des nicht erfüllten Vertrags aus § 320 BGB nicht wirksam ist.

Die Einrede des § 320 BGB kann auch durch den **Grundsatz von Treu und Glauben** beschränkt werden. Dabei ist insb. § 320 II BGB zu beachten, wonach der Schuldner seine Gegenleistung nicht vollständig verweigern darf, wenn die Leistung bereits überwiegend erbracht wurde und nur ein geringer Teil noch aussteht. In diesem Fall beschränkt sich das Verweigerungsrecht lediglich auf einen Teil der Gegenleistung, der dem noch nicht erbrachten Teil der Leistung entspricht. Bei der Ermittlung des Umfangs des zulässigen Einbehalts steht dem Gericht insoweit ein Ermessensspielraum zu.[320]

VII. Erhebung der Einrede

361 Die Einrede des § 320 BGB wird vom Gericht nur berücksichtigt, wenn sie auch erhoben worden ist. Dafür ist ausreichend, dass sich aus der Gesamtheit des Vorbringens des Schuldners der Wille ergibt, sein Verweigerungsrecht auszuüben.

VIII. Rechtsfolgen

362 Wie auch im Falle des ZBR aus § 273 BGB führt die Erhebung der Einrede aus § 320 BGB nicht zu einer Klageabweisung, sondern zu einer Verurteilung **Zug-um-Zug**, vgl. § 322 BGB. Sofern eine *vorleistungspflichtige* Partei die Klage erhoben hat, ist ihr Begehren mangels Fälligkeit der Leistung abzuweisen. Gemäß § 322 II BGB gilt dies nur nicht, wenn sich die Gegenseite im Annahmeverzug befindet. Dann kann die vorleistungspflichtige Partei auf Leistung nach Empfang der Gegenleistung klagen.

Anders als das ZBR des § 273 BGB schließt die Einrede des § 320 BGB den **Verzug** bereits aus, wenn ihre Voraussetzungen objektiv vorliegen. Auf die Ausführungen zu § 286 BGB (Rn 651) wird diesbezüglich verwiesen. Die verzugsausschließende Wirkung des § 320 BGB kann vom Gläubiger nur dadurch aufgehoben werden, dass er dem Schuldner seine Leistung in einer den Annahmeverzug begründenden Weise anbietet. Ist der Schuldner nicht zur Leistung Zug-um-Zug bereit, gerät er in Schuldnerverzug.

Hinweis für die Fallbearbeitung: Die Einreden der §§ 273, 320 BGB stellen keine dauerhaften Einreden dar. Deshalb kann das trotz der Einrede Geleistete nicht nach § 813 I BGB kondiziert werden.

---

[319] Vgl. *Grüneberg*, in: Palandt, § 320 Rn 3.
[320] BGHZ 56, 312, 316.

9. Kapitel – Leistungsstörungsrecht

A. Einführung

Das Leistungsstörungsrecht regelt die Störungen in der Rechtsbeziehung zwischen dem Schuldner und dem Gläubiger, insbesondere, wenn der Schuldner seine Leistungspflicht nicht, nicht rechtzeitig oder nicht ordnungsgemäß erfüllt. Dabei muss zwischen der Primär- und der Sekundärebene unterschieden werden. Auf der Primärebene geht es um die Frage, ob der Schuldner von seiner Pflicht zur Erbringung der Leistung frei wird und wie sich dies ggf. auf die Gegenleistungspflicht des Gläubigers auswirkt. Darüber hinaus kann fraglich sein, ob und unter welchen Umständen die Parteien eine Rückgewähr ihrer bereits erbrachten Leistungen begehren können. Auf der Sekundärebene können etwaige Schadensersatzansprüche zu prüfen sein, die sich u.U. aus der Leistungsstörung ergeben. Ist der Schuldner von seiner Primärleistungspflicht befreit, regelt das Leistungsstörungsrecht, was mit der Gegenleistung des Gläubigers passiert und ob einer der beiden Parteien ein Rücktrittsrecht und/oder ein Schadensersatzanspruch zusteht. Im Rahmen des Leistungsstörungsrechts des allgemeinen Schuldrechts muss zwischen verschiedenen **Arten von Leistungsstörungen** differenziert werden: **363**

- **Unmöglichkeit der Leistung:** Ist die Leistungserbringung unmöglich (**Nichtleistung** wegen rechtlicher oder tatsächlicher Unmöglichkeit), regelt § 275 BGB den Untergang dieser Leistungspflicht. Handelt es sich dabei um eine synallagmatische Hauptleistungspflicht, ordnet § 326 BGB an, dass auch die Gegenpartei grundsätzlich von ihrer Pflicht zur Erbringung der Gegenleistung befreit ist oder zurücktreten kann. Darüber hinaus normieren §§ 280 I, III, 283, 311a II BGB Schadensersatzansprüche, die dem Gläubiger wegen der Unmöglichkeit der Leistung zustehen können (vgl. § 275 IV BGB). ⇨ Rn 364 ff.
- **Störung der Geschäftsgrundlage:** Liegen besondere Umstände vor, die den Leistungsaustausch in ungeplanter Weise beeinträchtigen, kann die Geschäftsgrundlage i.S.d. § 313 BGB gestört sein. ⇨ Rn 785 ff.
- **Schuldnerverzug:** Wird eine Leistung trotz Möglichkeit nicht erbracht, handelt es sich um eine Leistungsverzögerung (Schuldnerverzug). Die Rechtsfolgen werden durch §§ 286 bis 290 BGB und bei gegenseitigen Verträgen durch §§ 320-322 BGB und § 323 BGB geregelt. ⇨ Rn 640 ff.
- **Schlechtleistung:** Wird eine Leistung „nicht wie geschuldet" erbracht, liegt eine Schlechtleistung vor und §§ 280 I, III, 281 BGB; § 323 BGB regeln die möglichen Rechtsfolgen. ⇨ Rn 532 ff.
- **Nebenpflichtverletzung:** Auch bei der Verletzung einer nicht leistungsbezogenen Pflicht (Nebenpflichtverletzung, § 241 II BGB) liegt eine Leistungsstörung vor. Die Rechtsfolgen regeln §§ 280 I, 241 II BGB, §§ 280 I, III, 282 BGB und § 324 BGB. ⇨ Rn 532 ff.
- **Annahmeverzug:** Ein Nichterbringen der Leistung kann auch vorliegen, wenn sie zwar angeboten, aber nicht angenommen wurde (Annahmeverzug, §§ 293 ff. BGB). Die Stellung des Schuldners wird nach §§ 300, 323 VI und 326 II S. 1 Var. 2 BGB verbessert. ⇨ Rn 746 ff.

Hinweis für die Fallbearbeitung: In einer Fallbearbeitung stellt sich i.d.R. nicht die Frage nach einer Art der Leistungsstörung, sondern nach einem bestimmten Anspruch. Für den Einstieg – namentlich zum Auffinden der Anspruchsgrundlage – ist damit gedanklich mit der vom Anspruchsteller begehrten Rechtsfolge zu beginnen. Bei der **rechtsfolgenorientierten Herangehensweise** ist danach zu fragen, was der Anspruchsteller will, welche Vorschriften ihm dieses Begehren verschaffen können und welche Normen dem entgegenstehen könnten.

- ⇨ Begehrt der Anspruchsteller eine **Primärleistung**, ist die vertragliche Anspruchsgrundlage (z.B. § 433 BGB) zugrunde zu legen und zu überlegen, ob eine Leistungsstörung diesem Verlangen entgegensteht (z.B. wegen Unmöglichkeit, eines Rücktritts der Gegenpartei, einer Störung der Geschäftsgrundlage oder wegen einer Kündigung).
- ⇨ Begehrt der Anspruchsteller die Rückgewähr bereits erbrachter Leistungen, ist in erster Linie an einen **Rücktritt** zu denken. Wird Rücktritt begehrt, ist zu beachten, dass Anspruchsgrundlage nicht (allein) § 346 BGB ist, da diese Vorschrift ein bestehendes Rücktrittsrecht voraussetzt (Wortlaut des § 346 I BGB). Erforderlich ist eine Bestimmung aus dem Vertrag oder aus dem Gesetz (wie z.B. §§ 281 V, § 326 IV, 439 V oder 635 IV BGB[321]), die einen Rücktrittsanspruch gewährt.
- ⇨ Bei einem **Schadensersatzbegehren** sind §§ 280 ff.; 311a II BGB die möglichen Anspruchsnormen (ggf. über §§ 437 Nr. 3 oder 634 Nr. 4 BGB anwendbar).
- ⇨ Soweit der Anspruchsteller eine Modifikation des Vertrags (oder sogar dessen Aufhebung) anstrebt, kann ihm § 313 BGB (**Störung oder Wegfall der Geschäftsgrundlage**) die begehrte Rechtsfolge verschaffen.
- ⇨ Bei Dauerschuldverhältnissen kann ein Lösen vom Vertrag gem. § 314 BGB aus wichtigem Grund mittels einer **Kündigung** erreicht werden. Dann erlöschen die gegenseitigen Pflichten für die Zukunft, ohne dass eine Rückabwicklung erfolgt.

B. Unmöglichkeit, § 275 BGB

I. Rechtsdogmatische und prozessuale Einordnung

364 Im Grundsatz muss der Schuldner die versprochene Leistung erbringen. Bei Nichterbringung kann er grundsätzlich auf Leistung verklagt werden. Freilich setzt die Durchsetzung eines Leistungsanspruchs insbesondere voraus, dass die Leistungserbringung möglich ist. Denn kann eine Leistung nicht erbracht werden, wäre es sinnlos, dem Gläubiger einen durchsetzbaren Anspruch auf diese Leistung zuzusprechen. Folgerichtig hat der Gesetzgeber in § 275 I BGB formuliert, dass der Schuldner von seiner Leistungspflicht frei wird, soweit diese für ihn oder für jedermann unmöglich ist (impossibilium nulla est obligatio[322]).

365 Die Befreiung von der Leistungspflicht tritt kraft Gesetzes ein. § 275 I BGB begründet also eine rechtshindernde bzw. rechtsvernichtende, im Prozess von Amts wegen zu beachtende **Einwendung**[323] des Schuldners.

Beispiel: A hat B ein gebrauchtes Smartphone verkauft und möchte es zu B bringen. Auf dem Weg zu B wird das Gerät zerstört. ⇨ Da es sich bei einer gebrauchten Sache um eine Stückschuld handelt und die Leistungserbringung absolut unmöglich ist, greift die Leistungsbefreiung gem. § 275 I BGB (vgl. aber Rn 371). Im Prozess genügt es, wenn A den Tatsachenvorgang schildert. Er muss sich hingegen nicht auf die Einwendung berufen. Die Befreiung von der Leistungspflicht wird vom Gericht zugesprochen.

366 Die Absätze II und III des § 275 BGB sind hingegen als **Einreden** ausgestaltet.[324] Sie geben dem Schuldner das *Recht*, die (an sich mögliche) Leistung zu verweigern (vgl. Wortlaut: „Der Schuldner *kann* die Leistung verweigern, ..."), auf das er sich berufen muss. § 275 II BGB gibt dem Schuldner ein Leistungsverweigerungsrecht, wenn die Leistung einen Aufwand erfordert, der in einem groben Missverhältnis zum Leistungsin-

---

[321] Vgl. dazu auch die Fallbearbeitung von *Paal/Wilkat*, JuS 2013, 223 ff.

[322] Lat.: Nichts ist Pflicht bei Unmöglichkeit (besser: Unmögliches muss nicht geleistet werden, bzw.: Unmögliches ist nicht geschuldet).

[323] Zu den Einwendungen vgl. bereits Rn 112/116 ff.

[324] Vgl. auch *Ernst*, in: MüKo, § 275 Rn 97; *Grüneberg*, in: Palandt, § 275 Rn 26/32; *Zwirlein*, JA 2016, 253 (jedenfalls bzgl. § 275 II BGB). Zu den Einreden vgl. bereits Rn 112 a.E. und Rn 332 ff.

teresse des Gläubigers steht. Ebenso kann der Schuldner nach § 275 III BGB die Leistung verweigern, wenn er diese persönlich zu erbringen hat und sie ihm unter Abwägung des seiner Leistung entgegenstehenden Hindernisses mit dem Leistungsinteresse des Gläubigers nicht zugemutet werden kann. Für beide Fälle gilt aber, dass für den Schuldner die Möglichkeit besteht, die bestehenden Hindernisse zu überwinden und seiner Leistungspflicht nachzukommen.

Hinweis für die Fallbearbeitung: Zu beachten ist, dass § 275 BGB den Schuldner nur von seiner Primärleistungspflicht befreit. Dies hindert den Gläubiger nicht daran, den Rücktritt zu erklären oder Schadensersatzansprüche gegen den Schuldner geltend zu machen. § 275 IV BGB verweist auf alle möglichen Rechte des Gläubigers.

Prüfung der Unmöglichkeit (§ 275 BGB) im allgemeinen Anspruchsaufbau 367

I. Anspruch entstanden

1. Vorliegen eines Vertrags (§§ 145 ff., 311 I BGB) oder eines anderen Schuldverhältnisses (etwa §§ 311 II, 241 II BGB) mit einer Primärleistungspflicht des Schuldners.
2. § 275 I BGB betrifft alle Schuldverhältnisse und unterscheidet nicht zwischen anfänglichem und nachträglichem Leistungshindernis. Besteht das Leistungshindernis aber bereits zum Zeitpunkt des Vertragsschlusses, handelt es sich um einen Fall der **anfänglichen Unmöglichkeit**. In diesem Fall wirkt § 275 I BGB m.E. **rechtshindernd**, lässt den Anspruch also gar nicht erst entstehen. Entsteht das Leistungshindernis erst nach Vertragsschluss, ist die Unmöglichkeit nach § 275 I BGB jedenfalls als rechtsvernichtende Einwendung zu prüfen.

II. Anspruch untergegangen

Rechtsvernichtende Einwendung gem. § 275 I BGB (bei **nachträglicher Unmöglichkeit**; bei anfänglicher Unmöglichkeit wären die Punkte m.E. unter I. zu prüfen)

⇨ Die Unmöglichkeit i.S.d. § 275 I BGB liegt vor, wenn der geschuldete **Leistungs*erfolg*** endgültig nicht mehr herbeigeführt werden kann. Das kann auf *tatsächlichen*, *rechtlichen* oder *terminlichen* (*absolutes Fixgeschäft*) Gründen beruhen.

⇨ Die Leistungsbefreiung nach § 275 I BGB tritt ungeachtet davon ein, ob die Unmöglichkeit **nachträglich/objektiv/subjektiv** ist. Auch ist unerheblich, ob die Unmöglichkeit vom Schuldner zu vertreten ist oder nicht.

⇨ Es gibt folgende Fallgruppen, bei denen § 275 I BGB erfüllt ist: *Zweckerreichung* (Leistungserfolg ist zwar eingetreten, aber nicht durch die Leistungshandlung des Schuldners herbeigeführt worden) und *Zweckfortfall* (Wegfall des Leistungssubstrats). Bei der *Zweckstörung* ist i.d.R. nicht § 275 I BGB, sondern § 313 BGB einschlägig.

⇨ Bei **Gattungsschulden** liegt Unmöglichkeit vor, wenn die ganze Gattung untergeht oder wenn die Gattungsschuld konkretisiert wurde (§ 243 II; § 300 II BGB) und der konkretisierte Gegenstand untergeht. Bei einer **Vorratsschuld** greift § 275 BGB, wenn der Vorrat untergegangen ist. Bei **Geldschulden** liegt Unmöglichkeit grundsätzlich nur vor, wenn das Geld analog § 300 II BGB konkretisiert wurde.

⇨ Bei einer **Teilunmöglichkeit** wird der Schuldner nur teilweise von seiner Leistungspflicht frei (vgl. Wortlaut des § 275 I BGB: „soweit"). Eine Teilunmöglichkeit kann sich als qualitative oder quantitative Unmöglichkeit darstellen.

⇨ § 275 I BGB greift auch bei **vorübergehender Unmöglichkeit**. Der Schuldner ist grundsätzlich aber nur so lange befreit, wie das Leistungshindernis besteht.

III. Anspruch durchsetzbar

Da § 275 II und III BGB lediglich Leistungsverweigerungsrechte des Schuldners darstellen (also kein Entfallen der Leistungspflicht ipso iure), sind sie im Prüfungsaufbau als rechtshemmende Einwendungen (= Einreden) zu prüfen: Sie verhindern die Durchsetzung eines Rechts.

1. Einrede gem. § 275 II BGB

⇨ Bei § 275 II BGB handelt es sich um eine Einrede, auf die sich der Schuldner berufen muss, wenn er von seiner zunächst entstandenen und nicht untergegangenen Leistungspflicht frei werden will. Diese Einrede wirkt stets rechtshemmend.

⇨ Voraussetzung für § 275 II BGB ist, dass die Leistung zwar theoretisch noch möglich ist, aber einen Aufwand des Schuldners erfordert, der zum Leistungsinteresse des Gläubigers in grobem Missverhältnis **von krassem, untragbarem Ausmaß** steht.

⇨ Wann ein grobes Missverhältnis vorliegt, bestimmt sich nach dem Inhalt des Schuldverhältnisses, Treu und Glauben und einem etwaigen Vertretenmüssen des Schuldners.

2. Einrede gem. § 275 III BGB

⇨ Auch bei § 275 III BGB handelt es sich um eine Einrede, die der Schuldner erst erheben muss, um von seiner Leistungspflicht frei zu werden.

⇨ Die Vorschrift ist subsidiär zu § 275 I BGB und sie gilt nur bei persönlich zu erbringenden Leistungspflichten. Die Einrede besteht, wenn dem Schuldner die Erfüllung seiner Pflicht unter Abwägung des der Leistung entgegenstehenden Hindernisses mit dem Leistungsinteresse des Gläubigers nicht zugemutet werden kann.

II. Freiwerden des Schuldners nach § 275 I-III BGB

368 Kann die geschuldete Leistung objektiv oder subjektiv nicht erbracht werden, wird der Schuldner von seiner Primärleistungspflicht befreit, § 275 I BGB (impossibilium nulla est obligatio, siehe bereits Rn 364). Von dieser Regelung zu unterscheiden sind § 275 II und III BGB, die zwar nicht (wie § 275 I BGB) an ein unüberwindbares Leistungshindernis anknüpfen, gleichwohl aber wegen groben Missverhältnisses (§ 275 II BGB) oder wegen Unzumutbarkeit (§ 275 III BGB) ein Freiwerden von der Primärleistungspflicht anordnen (vgl. dazu Rn 394 ff. und Rn 400 ff.). Doch zunächst soll auf das Freiwerden von der Primärleistungspflicht gem. § 275 I BGB eingegangen werden.

1. Wirkliche Unmöglichkeit, § 275 I BGB

369 In § 275 I BGB ist der Fall der Unmöglichkeit geregelt, in dem der geschuldete Leistungserfolg endgültig nicht mehr herbeigeführt werden kann, da diesem ein unüberwindbares Leistungshindernis (tatsächlicher oder rechtlicher Natur) entgegensteht.

§ 275 I BGB regelt vom Grundansatz her die „physische" oder „wirkliche" Unmöglichkeit, bei der die Leistung theoretisch nicht mehr erbracht werden kann. Soweit die Erfüllung lediglich *nach den Anschauungen des Lebens faktisch* ausscheidet, greift § 275 I BGB nicht ein. Vielmehr werden nur die Fälle erfasst, in denen die Leistungserbringung **absolut** nicht mehr möglich ist. Dies kann auf verschiedenen Gründen beruhen.

370 ▪ Zum einen können dem Leistungserfolg **tatsächliche Gründe** entgegenstehen. Solche tatsächlichen Gründe liegen vor, wenn nach naturgesetzlicher Anschauung oder nach dem Stand der Wissenschaft und Technik die Leistung nicht erbracht werden kann. Hierzu zählen z.B. die Fälle, in denen das Leistungssubstrat nicht mehr existent ist, weil der geschuldete Gegenstand komplett zerstört ist, oder in denen sich der geschuldete Gegenstand derart verschlechtert oder verändert hat, dass es sich wirtschaftlich um eine andere Sache handelt. Darüber hinaus liegt eine Unmöglichkeit aus tatsächlichen Gründen vor, wenn die geschuldete Sache von einem unbekannten Dritten gestohlen wurde.

371 **Hinweis für die Fallbearbeitung:** Bei der Unmöglichkeit ist darauf zu achten, ***was*** geschuldet wird und ob diese geschuldete Leistung unmöglich geworden ist, wie das etwa beim Stückkauf der Fall sein könnte, wenn der geschuldete Gegenstand noch vor der Übergabe untergeht oder es sich um einen nicht erfüllungstauglichen Gegenstand handelt. Im Kaufvertragsrecht wird dies deshalb virulent, weil dort das Gesetz grds. von einer Nacherfüllungspflicht ausgeht und auch der BGH entschieden hat, dass bei

einem Kauf eines gebrauchten Kfz mit Unfallschaden eine Ersatzlieferung trotz Vorliegens einer Stückschuld nicht von vornherein ausgeschlossen sei.

Gemeint ist der Fall, dass die Stückschuld[325] auf eine **unvertretbare Sache** gerichtet ist (Problem der Nacherfüllung durch Lieferung einer mangelfreien Sache beim Stückkauf). In Bezug auf den Kauf eines mangelbehafteten Gebrauchtwagens liegt eine Grundsatzentscheidung des BGH vor.

Beispiel[326]: K kauft im Autohaus des V nach vorheriger Besichtigung einen jungen Gebrauchtwagen in seiner Wunschausstattung, der von V als „unfallfrei" beschrieben wurde. Zu Hause entdeckt K eine kleine Unebenheit am Blech des hinteren Seitenteils; er bringt in Erfahrung, dass der Wagen einen schweren Auffahrunfall erlitten hat. Nachdem er V zur Rede gestellt hat und den Rücktritt erklären möchte, meint dieser, er könne und wolle einen gleichwertigen und gleichartigen Ersatzwagen beschaffen und damit seinem Recht der zweiten Andienung nachkommen.[327] K lehnt dies ab und besteht auf Rücktritt (§§ 437 Nr. 2 Var. 1, 275 I, 326 V, 346 ff. BGB).

Klar ist hier zunächst, dass ein Sachmangel vorliegt und dass jedenfalls nach Gefahrübergang (§ 446 BGB) die Gewährleistungsrechte der §§ 434 ff. BGB anwendbar sind. Bei diesen gilt wiederum (wie V zutreffend meint) der Vorrang der Nacherfüllung. Der Nacherfüllungsanspruch i.S.d. § 439 I Var. 1 BGB (Beseitigung des Mangels) ist vorliegend gem. § 275 I BGB ausgeschlossen, weil es nicht möglich ist, den Wagen in den Sollzustand (= „unfallfrei") zu versetzen. Da es sich um eine Stückschuld handelt (das Auto existiert als Gebrauchtwagen nur 1 Mal) und sich das Schuldverhältnis darauf bezieht, müsste an sich auch ein Anspruch auf Nachlieferung einer mangelfreien Sache ausscheiden. Allerdings wird auch bei einem Kauf von **unvertretbaren** Sachen (darunter fallen neue Einzelstücke sowie alle gebrauchten Sachen) diskutiert, ob statt Unmöglichkeit ein Nacherfüllungsanspruch i.S.d. § 439 I Var. 2 BGB (Nachlieferung einer mangelfreien Sache) besteht.

⇨ Teilweise wird auch hier Unmöglichkeit gem. § 275 I BGB angenommen.[328] Zur Begründung wird ausgeführt, dass sich die Leistungspflicht des Verkäufers beim Stückkauf nur auf die verkaufte und übergebene Sache beziehe und somit jede andere Sache von vornherein erfüllungsuntauglich sei, d.h. nicht geeignet, den vertraglich geschuldeten Zustand herbeizuführen.

⇨ Die Gegenauffassung, der sich auch der BGH angeschlossen hat, nimmt nicht von vornherein Unmöglichkeit an, sondern gelangt – jedenfalls beim Kauf eines mangelbehafteten Gebrauchtwagens – mitunter zum Anspruch des Gläubigers auf Ersatzlieferung einer mangelfreien Sache. Voraussetzung dafür sei aber, dass die Kaufsache (also die Primärleistung) **ersetzbar** sei. Dies wiederum sei unter Zugrundelegung des (objektivierten) Parteiwillens (§§ 133, 157 BGB) zu ermitteln und regelmäßig anzunehmen, wenn die Ersatzsache **gleichwertig** und **gleichartig** zur ursprünglich geschuldeten Sache sei. Zur Begründung wird auf den Wortlaut des § 439 I BGB verwiesen, der einen Anspruch auf Nachlieferung nicht ausdrücklich auf eine Gattungsschuld beschränkt. Zudem ergebe sich dies aus den Gesetzesmaterialien zur Schuldrechtsreform 2002 (vgl. die Regierungsbegründung: *„Nacherfüllung ist nicht bei jedem (!) Stückkauf möglich"* und *„bei dem Kauf einer bestimmten gebrauchten Sache ... eine Nachlieferung zumeist (!) von vornherein ausschei-*

[325] Zur Wiederholung der Begriffe **Stückschuld**, **Gattungsschuld**, **konkretisierte Gattungsschuld** und wegen **Relevanz der Unterscheidung** sei auf die Ausführungen bei Rn 93 ff. verwiesen.
[326] In Anlehnung an BGHZ 168, 64 ff.
[327] Rechtsdogmatisch die die „zweite Andienung", d.h. die Nacherfüllung, kein *Recht* des Schuldners. Vielmehr ist die Gewährung der Nacherfüllung eine *Obliegenheit* des Gläubigers. Erst wenn der Gläubiger dem Schuldner (durch Fristsetzung, vgl. §§ 440, 636, 281 I bzw. 323 I BGB) die Möglichkeit der Nacherfüllung gewährt und der Schuldner die Nacherfüllung verweigert oder wenn die Nacherfüllung fehlschlägt bzw. unzumutbar (vgl. §§ 439 IV, 440 BGB für den Kaufvertrag und §§ 635 III, 636 BGB für den Werkvertrag) bzw. unmöglich (§ 275 BGB) ist, kann der Gläubiger weitergehende Rechte (Rücktritt, Minderung, Schadensersatz) geltend machen.
[328] *Faust*, ZGS 2004, 252 ff.; *Ackermann*, JZ 2002, 378 ff.; *Huber*, NJW 2002, 1004 f.; *Lorenz*, JZ 2001, 742, 743; *Schwab*, JuS 2002, 1, 6; *Tiedtke/Schmitt*, JuS 2005, 583, 586.

den wird"[329]). Damit gehe auch der Gesetzgeber davon aus, dass eine Nachlieferung bei einem Stückkauf nicht von vornherein ausgeschlossen sei. Schließlich sei die Ersetzbarkeit auch Art. 3 III i.V.m. dem Umkehrschluss aus Erwägungsgrund Nr. 16 der Verbrauchsgüterkaufrichtlinie[330] zu entnehmen.[331]

⇨ Stellungnahme: Für die zuerst genannte Auffassung sprechen die klaren Regelungen im SchuldR AT, wo der Gesetzgeber eindeutige Abgrenzungen der Begriffe Stückschuld, Gattungsschuld, konkretisierte Gattungsschuld und Unmöglichkeit vorgenommen hat. Die Gegenauffassung, der sich der BGH angeschlossen hat, verwischt die Konturen der Abgrenzung. Andererseits sind die Regelung in § 439 I BGB sowie die Gesetzesmaterialien zur Schuldrechtsreform nicht zu übersehen, zumal diese dem Willen des europäischen Gesetzgebers nachempfunden sind. Schließt man sich dem an, besteht auch bei einem mangelhaft erfüllten Stückkauf ein Nacherfüllungsanspruch i.S.d. § 439 I Var. 2 BGB (Nachlieferung einer mangelfreien Sache), sofern die Ersatzsache gleichwertig und gleichartig zur ursprünglich gelieferten Sache ist und dies dem (objektivierten) Parteiwillen entspricht. Nach Auffassung des BGH ist daher auch beim Gebrauchtwagenkauf eine Ersatzlieferung nicht von vornherein ausgeschlossen. So sei bei einem Gebrauchtwagen, der wahrheitswidrig als unfallfrei verkauft und übergeben wurde, die Nachlieferung eines gleichwertigen und gleichartigen Ersatzwagens grds. möglich. Allerdings könne die Nachlieferung ausgeschlossen sein, wenn der Käufer das Fahrzeug zuvor persönlich besichtigt habe und es ihm ausschließlich um dieses konkrete, mit der konkreten Ausstattung und mit individuellen Merkmalen versehene Auto gegangen sei und daher davon ausgegangen werden könne, das Fahrzeug solle in seiner Gesamtheit nicht gegen ein anderes austauschbar sein.[332] Da man dies im vorliegenden Fall annehmen kann, ist eine „Ersetzbarkeit" nicht gegeben. Dann liegt ein Fall der Unmöglichkeit vor und K ist berechtigt, weitergehende Rechte geltend zu machen (hier: den Rücktritt zu erklären). Einer Entscheidung, ob man sich diesem Weg überhaupt anschließen möchte, bedarf es daher nicht.

Die Entscheidung des BGH erging zwar in Bezug auf einen mangelbehafteten Gebrauchtwagen, ist aber auf **alle unvertretbaren Sachen** übertragbar.[333]

Beispiel: K kauft von V ein gebrauchtes iPad (= Stückkauf einer unvertretbaren Sache). Nach Gefahrübergang stellt sich heraus, dass das iPad von Anfang an einen unbehebbaren Sachmangel aufwies. ⇨ Die Rechte des K richten sich (jedenfalls ab Gefahrübergang) nach §§ 434 ff. BGB. K müsste also grds. zunächst Nacherfüllung begehren. Da der Mangel unbehebbar ist, ist die Nacherfüllung in Form einer Nachbesserung (§ 439 I Var. 1 BGB) i.S.d. § 275 I BGB unmöglich. Fraglich ist aber, ob K Nacherfüllung in Form der Lieferung einer mangelfreien Sache (§ 439 I Var. 2 BGB) verlangen kann. An sich scheidet auch diese Form der Nacherfüllung aus, da das Schuldverhältnis auf eine Stückschuld einer **unvertretbaren** Sache gerichtet ist. Geht es um den Kauf eines Gebrauchtwagens, dem ein unbehebbarer Mangel anhaftet, hat der BGH[334] in Anlehnung an Canaris[335] den Begriff „unvertretbar" durch „**unersetzbar**" ersetzt und darauf abgestellt, ob die ursprünglich geschuldete Sache durch eine gleichwertige und gleichartige „Ersatzsache" ersetzt werden kann, was sich nach der Interessenlage der Parteien richte (s.o.). Bei einem gebrauchten iPad kann man dies eher annehmen als bei einem Gebrauchtwagen. Verfügt V also über eine Mehrzahl gleichartiger und gleich-

[329] BT-Drs. 14/6040, S. 209 und 232.
[330] Richtlinie 1999/44/EG des Europäischen Parlaments und des Rates vom 25.5.1999 – dazu Rn 464c ff. und 969 ff.
[331] BGHZ 168, 64, 71 ff.; LG Ellwangen NJW 2003, 517; OLG Braunschweig NJW 2003, 1053, 1054; OLG Hamm NJW-RR 2005, 1220; OLG Schleswig NJW-RR 2005, 1579; *Gsell*, JuS 2007, 97 ff.; *Roth*, NJW 2006, 2953 ff.; *Kitz*, ZGS 2006, 419 ff.; *Ball*, NVZ 2004, 217, 220; *Canaris*, JZ 2003, 831, 835; *Bitter/Meidt*, ZIP 2001, 2114, 2119; *Ellenberger*, in: Palandt, § 91 Rn 4; *Weidenkaff*, in: Palandt, § 439 Rn 15; *Lorenz*, in: MüKo, Vor § 474 Rn 17 (in Abkehr von JZ 2001, 742, 743). Vgl. auch *Lorenz/Arnold*, JuS 2014, 7, 8.
[332] BGHZ 168, 64, 71 ff.
[333] Davon gehen auch *Medicus/Petersen* (BR, Rn 263) aus.
[334] BGHZ 168, 64, 71 ff.
[335] *Canaris*, JZ 2003, 831, 835.

wertiger Geräte und kommt es K nicht ausschließlich auf das individualisierte Gerät an, ist trotz Stückkaufs einer an sich unvertretbaren Sache von einer Nachlieferungspflicht gem. § 439 I Var. 2 BGB auszugehen. Das setzt aber voraus, dass man sich überhaupt der Auffassung des BGH anschließt.

Zu unterscheiden ist der Fall, in dem die Stückschuld auf eine **vertretbare Sache** (§ 91 BGB) gerichtet ist. Vertretbar sind bewegliche Sachen, die im Verkehr nach Zahl, Maß oder Gewicht bestimmt zu werden pflegen, d.h. ohne weiteres austauschbar sind, da sie sich von anderen Sachen nicht durch Individualisierungsmerkmale abheben.

Beispiel: K kauft im Kaufhaus des V u.a. eine Packung Tütenbrot. Als er draußen auf dem Parkplatz die Sachen verlädt, entdeckt er, dass das Brot verschimmelt ist. ⇨ Klar ist zunächst, dass ein Sachmangel vorliegt und dass jedenfalls nach Gefahrübergang (§ 446 BGB)[336] die Gewährleistungsrechte der §§ 434 ff. BGB anwendbar sind. Bei diesen gilt wiederum der Vorrang der Nacherfüllung. Vorliegend ist der Nacherfüllungsanspruch i.S.d. § 439 I Var. 1 BGB (Beseitigung des Mangels) gem. § 275 I BGB ausgeschlossen, weil es nicht möglich ist, das Brot in den Sollzustand („schimmelfrei") zu versetzen. Da es sich um eine Stückschuld bzw. konkretisierte Gattungsschuld handelt (das Brot wurde spätestens an der Kasse individualisiert), müsste an sich auch ein Anspruch auf Neulieferung (§ 439 I Var. 2 BGB) ausscheiden. Allerdings stellt sich die Frage, ob nicht bei einer **vertretbaren Sache** auch eine Ersatzlieferung möglich ist, da sich eine vertretbare Sache ohne weiteres durch eine andere gleichwertige und gleichartige **ersetzen** lässt. Schließt man sich dieser Überlegung trotz Vorliegens einer Stückschuld an (was hier eher vertretbar erscheint als bei einer Stückschuld, die auf eine unvertretbare Sache gerichtet ist), ist nach der wirtschaftlichen und funktionellen Gleichwertigkeit zu fragen. Bei Brot kann man dies ohne weiteres bejahen; dann tritt Unmöglichkeit erst unter den Voraussetzungen des § 275 II BGB ein.

- Der geschuldete Erfolg kann andererseits auch aus **rechtlichen Gründen** nicht möglich sein. Dies ist der Fall, wenn die Leistung auf Herbeiführung eines *Rechtszustands* gerichtet ist, der *von der Rechtsordnung nicht anerkannt* wird wie z.B. bei der Abrede, dass ein Grundstücksveräußerer Eigentümer eines wesentlichen Bestandteils des Grundstücks (z.B. des Hauses) bleiben soll. Erfasst sind auch solche Fälle, in denen der Herbeiführung des geschuldeten Erfolgs ein *dauerndes Rechtshindernis*, z.B. eine staatliche Beschlagnahme, ein Lieferverbot oder eine fehlende (Bau-)Genehmigung, entgegensteht. Darüber hinaus kann rechtliche Unmöglichkeit gegeben sein, wenn der durch den Vertrag *angestrebte Rechtszustand bereits besteht*, wie z.B. wenn die Übereignung einer Sache geschuldet und der Gläubiger bereits Eigentümer ist. Dies gilt jedoch nicht, wenn die Parteien durch den Kaufvertrag den Streit über die Eigentümerstellung des Käufers gerade beilegen wollten.[337] Ist der Vertrag, der die Leistungspflicht zum Gegenstand hat, aber wegen §§ 134 oder 138 BGB nichtig, kommt es auf § 275 I BGB nicht an, da es bereits an einer Grundvoraussetzung (einem wirksamen Vertrag) fehlt. 372

Geht es um die Veräußerung gestohlener Sachen, ist unklar, ob eine Unmöglichkeit vorliegt. Da wegen § 935 I BGB der Bestohlene das Eigentum ja nicht verliert, könnte durchaus eine Unmöglichkeit angenommen werden, da der Veräußerer dem Erwerber das Eigentum ja nicht übertragen kann. Andererseits könnte man sich auf den Standpunkt stellen, dass der Veräußerer das Eigentum vom Bestohlenen erwerben und es dann als Eigentümer dem Erwerber übertragen kann. In diesem Fall läge lediglich vorübergehende Unmöglichkeit vor, die nach der hier vertretenen Auffassung der dauernden gleichzustellen

[336] Die Sachmängelrechte nach §§ 434 ff. BGB greifen jedenfalls dann, wenn der Mangel nach Gefahrübergang (also nach Übergabe der Sache, § 446 S. 1 BGB) auftritt. Sie greifen aber auch dann, wenn die Ursache bereits früher bestand. So sind die Sachmängelrechte auch dann anwendbar, wenn der Mangel zum Zeitpunkt des Gefahrübergangs (§ 446 BGB) latent vorhanden war (vgl. etwa BGH NJW 2014, 1086 f.). Dann ist die Sache wegen der bestehenden Ursache bzw. weil der Mangel latent vorhanden, d.h. angelegt war, mangelhaft i.S.d. § 434 BGB (BGHZ 159, 215, 217 f. – Motorschaden durch gerissenen Zahnriemen; BGH NJW 2006, 434, 435 – Turboladerdefekt; NJW 2006, 2250, 2251 f. – Allergie eines Pferdes gegen Mückenstiche; NJW 2014, 1086 f. – Vorschädigung der Sehnen eines Pferdes).

[337] *Ernst*, in: MüKo, § 275 Rn 40.

ist, da ja ungewiss ist, ob der Bestohlene das Eigentum überhaupt übertragen möchte, und ungewiss ist, ob damit das Leistungshindernis behoben werden kann. Siehe dazu das Beispiel bei Rn 489.

372a ▪ Anerkannt ist auch, dass § 275 BGB im Fall der **Zweckerreichung** und des **Zweckfortfalls** anwendbar ist.[338] Vgl. dazu Rn 383 ff.

372b ▪ Schließlich kann die absolute Unmöglichkeit i.S.d. § 275 I BGB auch auf **zeitlichen Gründen** beruhen. Dies ist insbesondere beim **absoluten Fixgeschäft** der Fall.

373 Ein **absolutes Fixgeschäft** liegt vor, wenn der Zeitpunkt der Leistungserbringung durch die Vereinbarung der Parteien zum Bestandteil des geschuldeten Leistungserfolgs gemacht wurde *und* die Einhaltung der Leistungszeit nach dem Vertragszweck und der jeweiligen Interessenlage so wesentlich ist, dass eine verspätete Leistung keine Erfüllung mehr darstellt bzw. darstellen würde.[339]

Zwar ist es dem Schuldner grds. noch möglich, die Leistungshandlung vorzunehmen. Da sich aber der geschuldete Erfolg auf die Leistungshandlung *zu einer bestimmten Zeit* bezog, kann dieser nach Verstreichen des vereinbarten Zeitpunkts nicht mehr herbeigeführt werden. Es liegt also ein Fall der **absoluten Unmöglichkeit i.S.d. § 275 I BGB** vor.[340]

Beispiele:

(1) A hat bei B 50 Tannenbäume bestellt, der diese am 14.12. liefern sollte, da A klargestellt hat, dass er die Bäume als Weihnachtsbäume verkaufen wolle. Liefert B erst am 25.12., stellt dies keine Erfüllung des Vertrags mehr dar. Zwar könnte B dem A die Tannenbäume noch übereignen, der Leistungserfolg kann aber nicht mehr herbeigeführt werden, da die Leistungszeit maßgeblicher Vertragsbestandteil war.

(2) Weitere Fallkonstellationen sind die Bestellung eines Taxis, um einen bestimmten Zug zu erreichen, oder die Bestellung einer Eintrittskarte für eine konkrete Veranstaltung.

Hinweis für die Fallbearbeitung: Bei **Dauerschuldverhältnissen** handelt es sich i.d.R. um *absolute Fixgeschäfte*, da ein Nachholen der Leistung nach Ablauf der Leistungszeit unmöglich ist. So führen bspw. Leistungsverzögerungen im Rahmen eines Raummietvertrags gem. § 535 BGB zur Unmöglichkeit i.S.d. § 275 I BGB, da das Bewohnen des Raums für bestimmte Tage nicht nachgeholt werden kann. Auch bei einem Dienstvertrag (§ 611 BGB) ist die Dienstleistung meistens zeitlich fixiert und aufgrund von Arbeitszeitschranken nicht oder nur beschränkt nachholbar. So wird bspw. die Kellnerin, die Ostern bei G aushelfen sollte, von ihrer diesbezüglichen Leistungspflicht frei, wenn sie weggeschickt wird. Da G in diesem Fall i.S.d. §§ 293 ff. BGB in Annahmeverzug gerät, behält K gem. § 615 S. 1 BGB (Sonderregelung zu § 326 II BGB) ihren Vergütungsanspruch. Führt das Verstreichen der Leistungszeit wegen Nachholbarkeit der Leistung hingegen nicht zur Unmöglichkeit, wird der Dienstverpflichtete nicht von seiner Pflicht frei. Die Nachholung würde jedoch auf Kosten künftiger Arbeitszeit des Verpflichteten und damit eines möglichen Erwerbs gehen. Deswegen ordnet das Gesetz in § 615 S. 1 BGB bei Annahmeverzug des Dienstberechtigten auch den Erhalt des Vergütungsanspruchs an, wenn die Leistung noch nachholbar ist.

a. Einheitlicher Begriff der Unmöglichkeit in § 275 I BGB

374 Unmöglich sein und werden kann jede Leistung, die der Gläubiger kraft Schuldverhältnisses (§ 241 I BGB) vom Schuldner fordern kann. Dabei wird nicht zwischen objektiver und subjektiver bzw. anfänglicher und nachträglicher Unmöglichkeit unterschieden. In

---

[338] BGH NJW 2010, 1282, 1283; *Ernst*, in: MüKo, § 275 Rn 152; *Grüneberg*, in: Palandt, § 275 Rn 18.

[339] Vgl. etwa BGHZ 60, 14, 16; BGH NJW 2013, 378, 380; *Ernst*, in: MüKo, § 286 Rn 39; *Medicus/Lorenz*, SchuldR AT, Rn 420 f.; *Alexander*, JA 2015, 321; *Franz/Marx*, JuS 2015, 424, 426.

[340] Etwas anderes gilt hinsichtlich des **relativen Fixgeschäfts**, vgl. Rn 469.

§ 275 I BGB ist vielmehr ein einheitlicher Tatbestand für alle Fälle der absoluten Unmöglichkeit geregelt.

aa. Anfängliche und nachträgliche Unmöglichkeit

Die Befreiung des Schuldners von der Primärleistungspflicht ist nicht an das Unmöglich*werden* (also nur an die nachträgliche Unmöglichkeit), sondern an das Unmöglich*sein* (also an die nachträgliche und anfängliche Unmöglichkeit) der Leistung geknüpft.

Anfängliche Unmöglichkeit ist gegeben, wenn die Unmöglichkeit schon vor der Entstehung des Schuldverhältnisses vorgelegen hat. 375

Ist die Erbringung der Leistung *bei Vertragsschluss* unmöglich, liegt anfängliche Unmöglichkeit vor. Maßgeblicher Zeitpunkt für die Bestimmung, ob anfängliche oder nachträgliche Unmöglichkeit vorliegt, ist damit der Vertragsschluss (vgl. § 311a I BGB).

Nachträgliche Unmöglichkeit liegt vor, wenn die Unmöglichkeit erst nach Entstehung des Schuldverhältnisses eingetreten ist. 376

Beispiel: A verkauft B ein gebrauchtes Auto (Stückschuld einer nicht vertretbaren Sache). Nach Vertragsschluss (aber noch vor Übergabe) wird das Auto durch Blitzschlag zerstört. Damit liegt ein Fall der nachträglichen Unmöglichkeit i.S.d. § 275 I BGB vor. A ist also von seiner Primärleistungspflicht befreit.[341] Aber auch wenn das Auto schon vor Vertragsschluss zerstört worden wäre (anfängliche Unmöglichkeit), wäre A gem. § 275 I BGB von seiner Pflicht zur Erfüllung frei gewesen. Es macht für die Befreiung des Schuldners von seiner Primärleistungspflicht keinen Unterschied, ob die Kaufsache vor oder nach Vertragsschluss zerstört wird.

Hinweis für die Fallbearbeitung: Hierbei wird deutlich, dass es für das Freiwerden des Schuldners von seiner Primärleistungspflicht unerheblich ist, ob die Unmöglichkeit vor oder nach Vertragsschluss eingetreten ist. Dies ergibt sich aus dem oben genannten Grundsatz, dass eine absolut unmögliche Leistung von niemandem erbracht werden kann und es sinnlos ist, dem Gläubiger einen Anspruch auf diese Leistung zu geben. Die Unterscheidung zwischen anfänglicher und nachträglicher Unmöglichkeit wird aber v.a. bei der Bestimmung der Sekundäransprüche des Gläubigers relevant. War im Beispielsfall das Auto bereits vor Vertragsschluss zerstört, erhält der Gläubiger gem. § 311a II BGB einen Schadensersatzanspruch gegen den Schuldner, wenn dieser das Leistungshindernis kannte oder hätte kennen müssen. Ist das Auto hingegen erst nach Vertragsschluss untergegangen, richtet sich die Anspruchsgrundlage des Gläubigers nach §§ 280 I, III, 283 BGB, wenn der Schuldner den Untergang zu vertreten hat. Zudem sollte die anfängliche Unmöglichkeit im Anspruchsaufbau als rechtshindernde Einwendung und die nachträgliche Unmöglichkeit sollte als rechtsvernichtende Einwendung geprüft werden.

bb. Objektive und subjektive Unmöglichkeit

Die für den Schuldner (subjektiv) und die für jedermann bestehende (objektive) Unmöglichkeit werden in § 275 I BGB gleichgestellt.

Objektive Unmöglichkeit ist gegeben, wenn die Leistung von niemandem mehr erbracht werden kann. 377

Beispiele: Das von A an B verkaufte alte Auto (Stückschuld!) brennt vor der geplanten Übergabe vollständig ab. ⇨ In diesem Fall kann niemand die Leistungspflicht des A gegenüber B erfüllen, da das Auto nicht mehr vorhanden ist. Ein Fall von objektiver Unmög-

---

[341] Vgl. aber auch Rn 371.

lichkeit liegt auch vor, wenn der Schuldner gegen Entgeltzahlung verspricht, der Gläubiger werde durch den Einsatz übernatürlicher Kräfte des Schuldners eine Prüfung bestehen.[342]

378 **Subjektive Unmöglichkeit** liegt hingegen vor, wenn zwar der Schuldner die Leistung nicht erbringen kann, diese aber von einem Dritten erbracht werden könnte.

Dabei muss nicht jeder beliebige Dritte die Leistung erbringen können. Es genügt vielmehr, wenn nur für *einen* anderen Dritten der Leistungserfolg erbringbar ist.

Beispiel: A verkauft B sein Auto. Bevor das Auto B übereignet wird, veräußert es A an den Dritten C, der unbekannt ins Ausland verzogen ist. ⇨ In diesem Fall wäre C die Erfüllung der Leistungspflicht des A gegenüber B – nämlich die Übereignung des Autos – möglich, wohingegen A seine Primärleistungspflicht gegenüber B nicht mehr erbringen kann. Gleiches würde gelten, wenn der Wagen von Unbekannten gestohlen worden wäre.

Problematisch ist, welche Anforderungen an das Leistungshindernis zu stellen sind, damit man tatsächlich von einer subjektiven Unmöglichkeit sprechen kann.

Im obigen Beispiel könnte man erwägen, dass A das Leistungshindernis überwinden muss, indem er C (bzw. den unbekannten Dieb) ausfindig macht und von diesem das Auto zurückerwirbt. Fraglich ist also, wann genau eine subjektive Unmöglichkeit i.S.d. § 275 I BGB besteht.

Aus der Systematik der Norm ergibt sich, dass unter § 275 I BGB *nur* diejenigen Fälle der subjektiven Unmöglichkeit zu subsumieren sind, in denen dem Schuldner die Beseitigung des Leistungshindernisses auch potenziell nicht möglich ist.[343] § 275 I BGB stellt die subjektive der objektiven Unmöglichkeit gleich und gewährt dem Schuldner eine Einwendung gegen den Leistungsanspruch, während § 275 II, III BGB dem Schuldner unter besonderen Voraussetzungen ein Leistungsverweigerungsrecht einräumt. § 275 II BGB erlaubt also den Schluss, dass das Unmöglichkeitsrecht unter der subjektiven Unmöglichkeit nicht schon den Verlust der Verfügungsbefugnis versteht. Denn über die Frage, welche Anstrengungen der Schuldner zur Herstellung seiner Leistungsfähigkeit unternehmen muss, ist, solange sie herstellbar ist, nach den Kriterien des § 275 II BGB zu entscheiden.

378a § 275 I BGB befreit den Schuldner also nur, wenn die (Wieder-) **Herstellung seiner Leistungsfähigkeit ausgeschlossen ist**, weil der über den Leistungsgegenstand Verfügungsbefugte nicht willens ist, diesen dem Schuldner zur Verfügung zu stellen, oder die Beschaffung aus sonstigen Gründen (Diebstahl) aussichtslos ist.[344]

Im obigen Beispiel ist die Wiederbeschaffung des Kfz aussichtslos, sodass man von einer subjektiven Unmöglichkeit i.S.d. § 275 I BGB ausgehen kann. Wäre im Veräußerungsfall C nicht unbekannt ins Ausland verzogen und geneigt, A das Auto zurückzuveräußern, wäre der von A zu verlangende Aufwand i.R. des § 275 II BGB zu diskutieren.

cc. Kein Vertretenmüssen erforderlich

379 Nach § 275 I BGB tritt bei Unmöglichkeit die Befreiung von der Leistungspflicht ipso iure ein. Darauf, ob jemand die Unmöglichkeit zu vertreten hat (Schuldner, Gläubiger, Dritter oder niemand), kommt es nicht an. Das fehlende Erfordernis eines Vertretenmüssens hat seinen Grund darin, dass die Rechtsfolge des § 275 I BGB lediglich als Befreiung von der Primärverpflichtung verstanden wird und nicht als eine etwaige Verpflichtung zum Schadensersatz, die i.d.R. ein Vertretenmüssen verlangt (vgl. etwa § 280 I S. 2 BGB). Der

---

[342] Vgl. BGH NJW 2011, 756 – dazu Rn 381a.
[343] *Fischer*, DB 2001, 1923, 1924; *Schwarze*, Jura 2002, 73, 76; *Reischl*, JuS 2003, 250, 256.
[344] Vgl. auch *Grüneberg*, in: Palandt, § 275 Rn 25.

Schuldner wird also bei feststehender Unmöglichkeit in jedem Fall von seiner Primärleistungspflicht befreit, ohne dass es auf ein Vertretenmüssen ankäme.

> **Hinweis für die Fallbearbeitung:** Die objektive oder subjektive nachträgliche Unmöglichkeit stellt unabhängig davon, ob der Schuldner das Unmöglichsein zu vertreten hat, eine Pflichtverletzung dar. Ein Verkäufer begeht also auch eine Pflichtverletzung i.S.d. § 280 I BGB, wenn die zu liefernde Ware infolge eines Verschuldens des *Käufers* untergeht. Im Zusammenhang mit § 280 I S. 2 BGB bedeutet dies, dass klar zwischen der Pflichtverletzung und dem Vertretenmüssen unterschieden werden muss. Liegt eine Pflichtverletzung vor, führt sie nur dann zu einem Schadensersatzanspruch, wenn der *Schuldner* sie zu vertreten hat (vgl. die gesetzliche Verschuldensvermutung mit Beweislastregelung in § 280 I S. 2 BGB). Bei anfänglicher Unmöglichkeit greift zwar auch die Rechtsfolge des § 275 I BGB, jedoch richtet sich die Schadensersatzpflicht nicht nach § 283 BGB, sondern nach § 311a II S. 1 BGB (vgl. auch hier die entsprechende gesetzliche Verschuldensvermutung mit Beweislastregelung in § 311a II S. 2 BGB).

b. Abgrenzung von § 275 I BGB zu § 275 II, III BGB

Abzugrenzen ist das ipso iure eintretende Freiwerden von der Leistungspflicht wegen **380**
wirklicher Unmöglichkeit i.S.d. § 275 I BGB von den Leistungsverweigerungsrechten aus § 275 II und III BGB: Während § 275 II BGB auf die Unzumutbarkeit der Leistungserbringung aufgrund groben Missverhältnisses abstellt und dem Schuldner ein Leistungsverweigerungsrecht trotz an sich gegebener Möglichkeit der Leistung einräumt, berechtigt § 275 III BGB zur Leistungsverweigerung aufgrund von Unzumutbarkeit bei persönlich zu erbringender, ebenfalls an sich möglicher Leistung. In einer Fallbearbeitung sind bei der Anspruchsprüfung § 275 I BGB als Einwendung und § 275 II/III BGB als Einreden zu prüfen (Rn 364 ff.).

Die Abgrenzung zwischen der Unmöglichkeit nach § 275 I BGB und den Leistungsverweigerungsrechten aus § 275 II, III BGB ist nicht nur für die richtige Einordnung in den Prüfungsaufbau wichtig (siehe Rn 367), sondern v.a. mit Blick auf die unterschiedlichen Rechtsfolgen. Bei § 275 I BGB erfolgt die Befreiung von der Primärleistungspflicht infolge Unmöglichkeit ipso iure, d.h. eine Leistungserbringung ist kraft Gesetzes ausgeschlossen, da eine unmögliche Leistung nicht erbracht werden kann („impossibilium nulla est obligatio", siehe Rn 364). Dagegen gewähren § 275 II BGB und § 275 III BGB eine Einrede, weil es dem Schuldner ermöglicht werden soll, die Durchsetzung des Gläubigerrechts (dauerhaft) zu verhindern bzw. sich umgekehrt durch *überobligationsmäßige* Anstrengungen den Anspruch auf die Gegenleistung zu erhalten und sich (dadurch) Sekundäransprüchen des Gläubigers zu entziehen. Unmöglichkeit i.S.d. § 275 I BGB kann folglich nur vorliegen, wenn ausgeschlossen ist, dass der Schuldner seine Leistung noch erbringt, wohingegen § 275 II und III BGB lediglich Leistungsverweigerungsrechte bei an sich möglicher Leistung gewähren. Ob es in den Fällen des § 275 II, III BGB für den Schuldner eine vernünftige Option darstellt, trotz Befreiung von der Leistungspflicht die Leistung zu erbringen, ist seine Entscheidung. Das Motiv des Schuldners dafür, seine Leistung trotz Ausschlusses der Leistungspflicht zu erbringen, könnte darin liegen, dass er sich eine besondere Gegenleistung verdienen oder die Beziehung zu einem wichtigen Kunden nicht gefährden will. Oder er möchte sich ganz einfach nicht den Sekundäransprüchen (Rücktritt, Schadensersatz, vgl. § 275 IV BGB i.V.m. § 326 BGB bzw. §§ 280 ff. BGB) aussetzen (s.o.). Solche besonderen Möglichkeiten sind dem Schuldner gewährt, wenn der Sachverhalt unter § 275 II oder III BGB subsumiert werden kann und es damit der Entscheidung des Schuldners überlassen bleibt, ob er die Leistung verweigert.

c. Fallgruppen der Unmöglichkeit

Es gibt einige typische Fallkonstellationen, in denen grundsätzlich von einer tatsächlichen **381**
Unmöglichkeit i.S.d. § 275 I BGB ausgegangen wird.

aa. Naturgesetzliche Unmöglichkeit

381a Der klassische Fall der Unmöglichkeit i.S.d. § 275 I BGB liegt vor, wenn die geschuldete Leistung nach **Naturgesetzen** (etwa wegen Zerstörung, Untergang oder völliger Entwertung der geschuldeten Sache vor Gefahrübergang) oder nach dem **Stand von Wissenschaft und Technik** nicht erbracht werden kann.[345]

Beispiele:

(1) V und K schließen einen Kaufvertrag über einen gebrauchten Monitor des V. Noch bevor K das Gerät bei V abholen und in Empfang nehmen kann, wird der Monitor aufgrund eines Kurzschlusses zerstört. ⇨ Hier liegt ein Fall der Unmöglichkeit vor. V ist von der Primärleistungspflicht befreit.[346]

(2) W ist Wahrsagerin. In einer Zeitungsannonce preist sie ihre „übernatürlichen Kräfte" bei der Vorhersage von menschlichen Schicksalen an und wirbt mit einer hohen Erfolgsbilanz. K begibt sich daraufhin zu W und möchte in Erfahrung bringen, ob er die Anstellung erhält, für die er sich gestern beworben hat. Gegen ein Entgelt von 150 € sagt W ihm unter Zuhilfenahme von Glaskugel und Karten, dass er sich in der kommenden Woche beruflich verändern werde. Als dann aber eine Woche später ein Brief mit der Absage eintrifft, begibt sich K sofort zu W und fordert „sein Geld" zurück. ⇨ Das Begehren des K könnte als Rücktrittserklärung gelten. Als Anspruchsgrundlage käme § 326 IV i.V.m. § 346 I BGB in Betracht. Voraussetzung wäre u.a. die Unmöglichkeit der Erbringung des geschuldeten Leistungserfolgs. Das kann angenommen werden, wenn man davon ausgeht, dass sich W zu einer unmöglichen Leistung verpflichtete.[347]

(3) Auch bei einem **unbehebbaren Mangel** liegt Unmöglichkeit nach § 275 I BGB vor, etwa in dem Fall, dass der Verkäufer einen wiederhergestellten Unfallwagen als unfallfrei verkauft. Es ist naturgesetzlich unmöglich, aus einem Unfallwagen einen – vertraglich geschuldeten – unfallfreien Wagen zu machen.

bb. Zweckerreichung

Auch Fälle der Zweckerreichung werden von § 275 I BGB erfasst.[348]

382 Bei der **Zweckerreichung** tritt der geschuldete Leistungs*erfolg* zwar ein, dieser wird jedoch *nicht* durch die Leistungs*handlung* des Schuldners herbeigeführt.

Damit kann der Leistungserfolg durch den Schuldner nicht mehr erbracht werden, sodass objektive Unmöglichkeit der Leistungserbringung vorliegt.

Beispiele:

(1) Das Kind des K ist krank. K ruft einen Arzt an. Als der Arzt eintrifft, ist das Kind wider Erwarten wieder gesund. Der Arzt kann also den Leistungserfolg – die Genesung des Kindes – nicht mehr herbeiführen, obwohl er seine Leistungshandlung – Untersuchung und Behandlung des Kindes – noch erbringen könnte.

(2) Das Schiff von X ist auf eine Sandbank aufgelaufen und kommt nicht mehr weg. X funkt den Schleppunternehmer S an. Vor dessen Eintreffen ist das Schiff allerdings bereits durch den hohen Wellengang freigekommen.

---

[345] BGH NJW 2011, 756 f.; *Grüneberg*, in: Palandt, § 275 Rn 14. Vgl. dazu bereits oben Rn 369 ff.

[346] Sollte sich aufgrund der – ggf. nach §§ 133, 157 BGB zu ermittelnden – Parteivereinbarung ergeben, dass – trotz Stückkaufs – ein Anspruch auf Nacherfüllung (§ 439 I Var. 2 BGB) besteht (was etwa nach BGHZ 168, 64, 72 ff., BGH NJW 2008, 1579 ff., *Weidenkaff*, in: Palandt, § 439 Rn 15, *Grüneberg*, in: Palandt, § 275 Rn 14, *Lorenz*, in: MüKo, Vorb 17 vor § 474, *Gsell*, JuS 2007, 97 ff. *Roth*, NJW 2006, 2953 ff., *Kitz*, ZGS 2006, 419 ff. anzunehmen ist, wenn der Verkäufer über eine Mehrzahl gleichartiger und gleichwertiger Geräte verfügt und es dem Käufer nicht ausschließlich auf das individualisierte Gerät ankommt), liegt kein Fall des § 275 I BGB vor. Vgl. dazu Rn 371.

[347] Vgl. BGH NJW 2011, 756, 757 (Kartenlegen als unmögliche Leistung) – dazu *Bartels*, ZGS 2011, 355; *Schermaier*, JZ 2011, 633; *Windel*, ZGS 2011, 218; *Timme*, MDR 2011, 397.

[348] BGH NJW 2010, 1282, 1283; *Ernst*, in: MüKo, § 275 Rn 152; *Grüneberg*, in: Palandt, § 275 Rn 18.

Hinweis für die Fallbearbeitung: Kann der Leistungserfolg wegen Zweckerreichung vom Schuldner nicht mehr herbeigeführt werden, wird er gem. § 275 I BGB von seiner Leistungspflicht frei. Für die Gegenleistung gilt § 326 BGB. Hat der Gläubiger die Zweckerreichung zu vertreten oder ist er dafür weit überwiegend verantwortlich (§ 326 II BGB), behält der Schuldner seinen Anspruch auf die Gegenleistung. Sind die Voraussetzungen des § 326 II BGB nicht gegeben, kann dem Schuldner analog § 645 BGB ein Anspruch auf Teilvergütung zustehen.

cc. Zweckfortfall

Unmöglichkeit i.S.d. § 275 I BGB tritt auch ein, wenn sich der geschuldete Erfolg auf ein bestimmtes Leistungssubstrat bezieht und dieses wegfällt oder untauglich ist (**Zweckfortfall**). Hauptanwendungsfälle sind Werk- und Dienstverträge. 383

Beispiele:

(1) Das Kind des V ist krank. V ruft den Arzt A an. Beim Eintreffen des A ist das Kind bereits gestorben. ⇨ Hier ist eine Leistungserbringung (Heilbehandlung des Kindes) unmöglich.

(2) Malermeister M soll das Haus des A streichen. Als M bei A eintrifft, ist das Haus des A abgebrannt. ⇨ Auch hier ist eine Leistungserbringung (Malerarbeiten am Haus) unmöglich.

Hinweis für die Fallbearbeitung: Steht die Unmöglichkeit mit der Folge des Freiwerdens von der Primärleistungspflicht fest, knüpft – bei synallagmatischen Verträgen – daran sofort die Frage nach dem Schicksal der Gegenleistungspflicht an, also die Frage, ob der andere Teil die Gegenleistung (Kaufpreiszahlung, Entrichtung der Vergütung etc.) noch erbringen muss. Maßgeblich ist § 326 BGB. Nach § 326 I S. 1 BGB entfällt bei Entfallen der Primärleistungspflicht auch die Pflicht des anderen Teils zur Erbringung der Gegenleistung. Allerdings bleibt unter den Voraussetzungen des § 326 II und III BGB die Gegenleistungspflicht bestehen, siehe Rn 403 ff.

dd. Zweckstörung

Dagegen ist im Fall der Zweckstörung die Herbeiführung des Leistungserfolgs regelmäßig nicht unmöglich i.S.d. § 275 I BGB.

Eine **Zweckstörung** liegt vor, wenn der Gläubiger an der Leistung durch den Schuldner kein Interesse mehr hat, weil ein bestimmtes Ereignis nicht oder anders als erwartet eingetreten ist. 384

Der Schuldner kann also grundsätzlich die Leistung noch erbringen. Solche Fälle werden über die Grundsätze der Störung/des Wegfalls der Geschäftsgrundlage gem. § 313 BGB gelöst.[349] Ausnahmsweise kann jedoch auch ein Fall der absoluten Unmöglichkeit gem. § 275 I BGB vorliegen, wenn die Vertragsparteien den mit der Leistung verfolgten Zweck zum Inhalt des geschuldeten Leistungs*erfolgs* gemacht haben. Durch das Eintreten des Ereignisses kann der mit der Leistungshandlung bezweckte Erfolg dann nicht mehr erreicht werden. Der Schuldner kann also genau diese vertraglich vereinbarte Leistung nicht mehr erbringen, sodass ausnahmsweise auch bei einer Zweckstörung ein Fall der absoluten Unmöglichkeit i.S.d. § 275 I BGB vorliegen kann.

Beispiel: A hat bei Busunternehmer B für seine Kegelgruppe einen Bus zur Fahrt zum Fußballspiel im Weserstadion gechartert. Dabei wurde ausdrücklich vereinbart, dass A kein Interesse an der Fahrt habe, falls das Spiel ausfallen sollte. Das Spiel wird tatsächlich wegen eines Unwetters abgesagt. ⇨ Für B ist es damit zwar möglich, A mit seiner Mann-

[349] Siehe dazu Rn 820 ff.

schaft zu genau dem vereinbarten Termin ins Weserstadion zu befördern. Da aber das Fußballspiel als *Zweck* der Busfahrt zum *Vertragsinhalt* wurde, kann eine solche Fahrt diesen Zweck nicht mehr erfüllen. Ein Fall des § 275 I BGB liegt damit ausnahmsweise vor.

d. Unmöglichkeit bei Gattungsschulden

384a Eine Gattungsschuld ist die Schuld eines nicht nach individuellen, sondern nur nach gattungsmäßigen Merkmalen bestimmten Gegenstands, § 243 I BGB. Dabei kann sich nach der Parteivereinbarung die Schuld auf alle existierenden Gegenstände dieser Gattung beziehen oder auch nur auf einen bestimmten Vorrat oder die in einer bestimmten Fabrik produzierte Ware (Vorratsschuld).

385 Objektive Unmöglichkeit i.S.d. § 275 I BGB liegt bei **Gattungsschulden** vor, wenn die ganze Gattung untergeht oder den gleichen unbehebbaren Mangel aufweist. Auch kann objektive Unmöglichkeit gegeben sein, wenn sich die Gattungsschuld durch **Konkretisierung** gem. § 243 II BGB oder § 300 II BGB auf bestimmte Stücke beschränkt hat und diese Stücke untergehen (str.[350]).

386 Durch die Konkretisierung beschränkt sich die Leistungsgefahr i.d.R. auf den vom Schuldner ausgewählten Gegenstand, sodass dessen Untergehen i.d.R. eine Unmöglichkeit i.S.d. § 275 I BGB darstellt (zur Konkretisierung vgl. Rn 97 ff.).

Beispiele:

(1) K kauft von V 12 Flaschen Bourgogne Pinot Noir AOC Jahrgang 2011. Später stellt sich heraus, dass in der Weinkellerei sämtliche Flaschen dieses Weins mit einem falschen Korken versehen waren und der Wein deswegen ungenießbar geworden ist. ⇨ Damit ist die ganze Gattung untergegangen und es liegt absolute Unmöglichkeit i.S.d. § 275 I BGB vor, weil kein erfüllungstauglicher Gegenstand mehr existiert.

(2) K kauft von V 10 Kisten Macon Villages blanc AOC Jahrgang 2012, wobei die Parteien vereinbaren, dass die Leistung aus dem vorhandenen Lagerbestand des V erbracht werden soll (Vorratsschuld). ⇨ Brennt das Lager ab, sind zwar grundsätzlich noch Weißweinkisten bei anderen Händlern vorhanden. Da sich die Schuld aber auf den Bestand des V beschränkte, ist die Erbringung des vereinbarten Leistungserfolgs nicht mehr möglich.

(3) K kauft bei V 10 Kisten Champagner „Marcel Pierre". V soll diese Kisten bei K vorbeibringen. An dem vereinbarten Wochentag trifft V jedoch niemanden bei K an. Auf dem Heimweg hat V einen Unfall, wodurch alle Flaschen zerstört werden. ⇨ Da V und K eine Bringschuld vereinbart hatten, hat V mit dem Hinbringen und dem vergeblichen Anbieten der Ware bei K i.S.d. § 243 II BGB alles zur Leistung Erforderliche getan. Damit hat sich die Gattungsschuld auf die bei V im Lieferwagen befindlichen Flaschen konkretisiert. Durch die Zerstörung ist die Lieferung dieser konkretisierten Flaschen unmöglich geworden. Nach (noch) h.M. tritt leistungsbefreiende Unmöglichkeit gem. § 275 I BGB ein. Nach der genannten BGH-Auffassung und der im Vordringen befindlichen Literaturmeinung[351] wäre die Lieferung wohl noch möglich, wenn noch andere Kisten vorhanden und beschaffbar wären.

386a Unabhängig von der höchst problematischen Frage, ob trotz Stückschuld oder konkretisierter Gattungsschuld bei Untergang der Sache ein Nacherfüllungsanspruch besteht und zur Verneinung einer leistungsbefreienden Unmöglichkeit führt, gilt: Ist die Leistung aus der Gattung noch möglich, ohne dass eine Konkretisierung vorliegt oder eine Vorrats-

---

[350] Nach Ansicht des BGH (Z 168, 64, 72 ff.) und einer im Vordringen befindlichen Ansicht in der Literatur (etwa *Gsell*, JuS 2007, 97 ff.) ist eine Nachlieferung auch im Falle einer zerstörten konkretisierten Gattungssache nicht von vornherein ausgeschlossen. Voraussetzung ist aber, dass der Verkäufer über eine Mehrzahl gleichartiger und gleichwertiger Geräte verfügt und es dem Käufer nicht ausschließlich auf das individualisierte Gerät ankommt, vgl. bereits Rn 371/381a Bsp. 1.

[351] BGHZ 168, 64, 72 ff.; *Gsell*, JuS 2007, 97 ff. u.a. – vgl. dazu oben Rn 381a Bsp. 1.

schuld vereinbart war, muss der Schuldner grundsätzlich versuchen, einen Gegenstand aus dieser Gattung von der Ware auf dem Markt zu beschaffen. Erst wenn der hierfür erforderliche Aufwand des Schuldners in einem *groben* Missverhältnis zum Leistungsinteresse des Gläubigers i.S.d. § 275 II BGB steht, wird der Schuldner von seiner Primärpflicht frei.[352] Begründen hingegen unerwartete Leistungserschwerungen ein *krasses* Missverhältnis von Leistung und Gegenleistung – *ohne* dass ein *grobes* Missverhältnis von Leistungsinteresse und Schuldneraufwand i.S.d. § 275 II BGB erreicht wird –, kann der Vertrag nach § 313 BGB angepasst werden.[353]

e. Unmöglichkeit bei Geldschulden

Eine **Geldschuld** liegt vor, wenn die Verbindlichkeit auf einen durch den Nennbetrag der Schuld ausgedrückten Wert einer Geldsumme gerichtet ist. Die Geldschuld ist keine Sachschuld, sondern eine Wertverschaffungsschuld (Rn 111). Damit stellt sie auch keine Gattungsschuld dar. Leistungsgegenstand bei der Geldschuld ist vielmehr die unkörperliche Vermögensmacht. **387**

Gegenüber einem Geldanspruch kann sich der Schuldner grundsätzlich *nicht* auf § 275 I BGB berufen, da er unabhängig von einem Verschulden für seine finanzielle Leistungsfähigkeit einzustehen hat („**Geld hat man zu haben**").[354]

Die grundsätzliche Verneinung der Anwendbarkeit des § 275 BGB auf Geldschulden wird damit begründet, dass die Regeln über die Unmöglichkeit auf Sachschulden zugeschnitten seien. Kann der Schuldner nicht leisten, ändert dies also nichts an dem Fortbestand seiner Zahlungspflicht. Gegebenenfalls richtet sich das weitere Verfahren nach dem Zwangsvollstreckungsrecht der §§ 802a ff. ZPO oder nach der Insolvenzordnung (InsO). Eine Besonderheit gilt, wenn die Leistung auf individuelle oder der Sorte nach bestimmte Geldstücke gerichtet ist. Dann liegt eine **Stück- bzw. Gattungsschuld (Münzsortenschuld)** und *keine Geldschuld* im technischen Sinn vor. Es gelten in einem solchen Fall die beschriebenen allgemeinen Grundsätze zur Stück- und Gattungsschuld. Darüber hinaus kann § 275 I BGB ausnahmsweise auch bei Geldschulden Anwendung finden, wenn sich die Leistungspflicht des Schuldners wegen **Annahmeverzugs** des Gläubigers auf den erfolglos angebotenen Geldbetrag beschränkt, **§ 300 II BGB analog**. **388**

Beispiel: B schuldet U 100,- € aus einem Werkvertrag. Sie vereinbaren, dass B am 1. Oktober das Geld um 10.00 Uhr bei U zu Hause vorbeibringt. B klingelt bei U vergeblich. Auf dem Rückweg wird ihm das Geld von einem Taschendieb gestohlen. U verlangt nach wie vor Zahlung des Geldes. Zu Recht?

Der Anspruch ist zunächst gem. § 631 I BGB entstanden. Fraglich ist, ob er gem. **§ 275 I BGB** wieder untergegangen ist. Dies könnte ausnahmsweise der Fall sein, wenn sich die Schuld des B auf die gestohlenen 100,- € beschränkt hat.

Zunächst könnte man erwägen, dass die Geldschuld gem. § 243 II BGB konkretisiert wurde, als B das Geld wie vereinbart U anbieten wollte. Allerdings ist § 243 II BGB eine Norm für Gattungsschulden, die auf Geldschulden nach h.M. keine Anwendung findet. Denn es sind keine Geldwertzeichen *mittlerer Art und Güte* (vgl. § 243 I BGB) geschuldet, sondern eine **Geldsumme**. Die Geldschuld stellt also keine Gattungsschuld, sondern eine *Schuld eigener Art* dar.

Man könnte allerdings erwägen, § 243 II BGB analog anzuwenden. Dagegen spricht aber, dass § 270 I BGB eine besondere Gefahrtragungsregelung für Geldschulden darstellt. Danach ist die Geldschuld eine Bringschuld mit der Folge, dass der Schuldner die Verlust-

[352] Zum Vorliegen eines „groben Missverhältnisses" siehe Rn 396 ff.
[353] Siehe zum Verhältnis von § 275 II BGB zu § 313 BGB Rn 794 f.
[354] RGZ 106, 177, 181; BGHZ 63, 132, 139; *Grüneberg*, in: Palandt, § 245 Rn 14.

und Verzögerungsgefahr zu tragen hat (siehe Rn 111). Diese Wertung wäre unterlaufen, wenn man § 243 II BGB analog anwendete.

Allerdings befand sich U gem. §§ 293 ff. BGB im Annahmeverzug, sodass die Verlustgefahr (= Leistungsgefahr) gem. **§ 300 II BGB** auf ihn übergegangen sein könnte. Eine direkte Anwendung scheidet aber aus, weil sich die Vorschrift ausdrücklich auf Gattungsschulden bezieht. Einer Analogie steht nach h.M. jedoch nichts entgegen. Unter entsprechender Anwendung des § 300 II BGB hatte sich die Schuld des B damit auf den mitgeführten Geldbetrag beschränkt und die Leistungserbringung ist durch den Diebstahl i.S.d. § 275 I BGB unmöglich geworden.

Ferner kann § 275 I BGB ausnahmsweise auch bei Geldschulden Anwendung finden, wenn die Geldschuld als absolutes **Fixgeschäft** (Rn 470) vereinbart wurde.

Beispiel: A und B vereinbaren, dass die Geldschuld des A zu einem festen Termin bei B eingehen soll und dass B berechtigt sein soll, vom Vertrag zurückzutreten für den Fall, dass die Zahlung des A nicht pünktlich erfolgt.

In diesem Fall tritt Unmöglichkeit ein mit der Folge, dass die Leistungspflicht des A entfällt. Er ist aber B zum Schadensersatz verpflichtet (§§ 275 IV, 283, 280 I, III BGB).

f. Teilunmöglichkeit

389 § 275 I BGB befreit den Schuldner nur, *soweit* die Leistung unmöglich ist. Wird dem Schuldner also die Leistung nur teilweise unmöglich, wird er nur hinsichtlich des unmöglich gewordenen Teils befreit und muss im Übrigen grundsätzlich weiter leisten.

389a Eine **Teilunmöglichkeit** liegt vor, wenn die Leistung im natürlichen und rechtlichen Sinn teilbar und wenn ein abteilbarer Teil der Leistung i.S.d. § 275 BGB unmöglich geworden ist. Teilbar ist eine Leistung, wenn sie ohne Wertminderung und ohne Beeinträchtigung des Leistungszwecks in Teilleistungen zerlegt werden kann.[355]

So ist die Leistung teilbar, wenn der noch möglichen und zumutbaren Teilleistung ein Teil der Gegenleistung in sinnvoller Weise zugeordnet werden kann.

Beispiel: Müller A verkauft B 10 Sack Sommerweizen, wobei die Parteien vereinbaren, dass B die Säcke bei A abholt. Durch starke Regenfälle wird das Lager des A durchnässt, wobei der Weizen in 3 der für B bereitgestellten Säcke feucht wird und anfängt zu schimmeln.

Hier handelt es sich um eine konkretisierte Gattungsschuld nach § 243 II BGB, die wie eine Stückschuld behandelt wird. Es ist also ohne Bedeutung, ob A noch weitere Säcke mit diesem Weizen bei sich im Lager hat. Haben A und B vereinbart, dass ein Sack jeweils 50,- € zur Gegenleistung haben soll, ist der noch möglichen Teilleistung ein genauer Teil der Gegenleistung, nämlich 350,- € (7 x 50,- €), zuzuordnen.

390 Grundsätzlich kann man bei Teilunmöglichkeit zwischen der *qualitativen* und der *quantitativen* Unmöglichkeit differenzieren. **Qualitative** Teilunmöglichkeit ist z.B. gegeben, wenn bei einem Stückkauf die Sache mit einem unbehebbaren Mangel behaftet ist.

Beispiel: A verkauft B ein antiquarisches Buch. Am Abend bevor B das Buch bei A abholen will, vergisst A, das Fenster im Lager zu schließen. Durch ein nächtliches Unwetter werden viele der Bücher im Lager des A – u.a. auch das an B verkaufte Buch – durchnässt. Das Buch ist danach nicht wieder in den Zustand zu bringen, den es bei Kaufvertragsschluss hatte.

---

[355] Vgl. BGHZ 116, 337 ff.; *Grüneberg*, in: Palandt, § 275 Rn 7.

Da es sich um einen Stückkauf handelt, liegt qualitative Teilunmöglichkeit vor. A wird also nach § 275 I BGB von seiner Verpflichtung zur Lieferung einer mangelfreien Sache und zur Nacherfüllung, § 439 BGB, frei.

Quantitative Teilunmöglichkeit liegt vor, wenn der Schuldner von zwei vertraglich vereinbarten Stückschulden nur eine von beiden erfüllen kann, weil die andere zerstört ist. 391

Beispiel: A bestellt bei B einen Besteckkasten mit 24 Messern, Gabeln und Löffeln, die alle dasselbe Muster haben. Kurz vor der Lieferung erhält A von B Bescheid, dass wegen einer defekten Fabrikationsmaschine diese Art der Besteckmuster nicht mehr fabrizierbar sei. A kann aber 6 Gabeln, 8 Messer und 4 Löffel mit diesem Muster von B bekommen. Hinsichtlich der unmöglichen Leistung ist B von seiner Leistungspflicht befreit.

In Ausnahmefällen kann die **Teilunmöglichkeit** der **vollständigen Unmöglichkeit** 392 **gleichstehen**, wenn die erbringbare Leistung nicht mehr i.R. des Schuldverhältnisses liegt und wirtschaftlich etwas anderes bedeutet als die vollständige Leistung. Eine Teilunmöglichkeit scheidet also aus, wenn der Leistungsgegenstand technisch oder nach dem Willen der Parteien unteilbar ist, sodass bei Ausfall eines Teils vollständige Unmöglichkeit der Leistung anzunehmen ist. Liegt die erbringbare Leistung dagegen noch im Rahmen des Schuldverhältnisses, bleibt lediglich fraglich, ob der Gläubiger den noch möglichen Teil ablehnen kann. Dies richtet sich nach §§ 281 I S. 2, 3, 311a II S. 3, 323 V BGB. Vgl. auch Rn 440 ff.

g. Vorübergehende Unmöglichkeit

Fraglich ist, ob § 275 I BGB auch die vorübergehende Unmöglichkeit erfasst.

Eine **vorübergehende Unmöglichkeit** ist gegeben, wenn zwar im Moment ein Hin- 393 dernis der Erbringung der Leistung entgegensteht, jedoch damit zu rechnen ist, dass es später wieder wegfällt.

§ 275 BGB setzt nach h.M. eine dauernde Unmöglichkeit voraus.[356] Ist die Leistung dem Schuldner zeitweilig unmöglich, führt das i.d.R. nur dazu, dass der Schuldner für die Zeit der Unmöglichkeit, aber auch *nur so lange*, von seiner Leistungspflicht befreit wird.[357] Nach Beseitigung des Leistungshindernisses lebt seine Leistungspflicht grundsätzlich wieder auf, es sei denn, die Leistung wird lediglich infolge einer unerwarteten Entwicklung wieder möglich.[358] Dogmatisch würde die Einbeziehung der zeitweiligen Unmöglichkeit in § 275 I BGB bedeuten, dass der Anspruch auf Erfüllung dem Grunde nach fortbestünde, aber zwischenzeitlich durch eine Einwendung gehemmt wäre.[359] Ist die Unmöglichkeit vom Schuldner zu vertreten, ist (auch während des Schwebezustands) der Gläubiger gem. § 326 I S. 1 BGB von seiner Gegenleistungspflicht befreit. Darüber hinaus kann der Gläubiger vom Vertrag zurücktreten (§ 326 V BGB). Ferner besteht ein Schadensersatzanspruch aus §§ 280 I, II, 286 BGB, sofern der Schuldner das Hindernis zu vertreten hat.[360]

Wird allerdings die Erreichung des Vertragszwecks durch die vorübergehende Unmöglichkeit so in Frage gestellt, dass dem Gläubiger nach Treu und Glauben, § 242 BGB, die Einhaltung des Vertrags nicht zugemutet werden kann, ist ein zeitweiliges Leistungshindernis einem dauernden gleichzusetzen.[361]

---

[356] BGH NJW 2007, 3777.
[357] *Grüneberg*, in: Palandt, § 275 Rn 10.
[358] BGH WM 2013, 533, 534. Für diesen Fall kann aber § 242 BGB einen Neuabschluss des Vertrags gebieten (BGH a.a.O.).
[359] *Canaris*, JZ 2001, 499, 500; *Katzenstein*, Jura 2005, 217, 220.
[360] Vgl. *Stadler*, in: Jauernig, § 286 Rn 7; *Grüneberg*, in: Palandt, § 275 Rn 10 m.w.Nachw.
[361] RGZ 42, 114 ff.; RGZ 105, 275, 279; RGZ 146, 60, 66; BGHZ 83, 197, 200.

Ebenso ist von einer dauernden Unmöglichkeit auszugehen, wenn ungewiss ist, ob und wann das Leistungshindernis behoben werden kann. Für die Beurteilung der Frage, ob im konkreten Fall die zeitweilige der dauernden Unmöglichkeit gleichzustellen ist, muss auf den Zeitpunkt abgestellt werden, in dem die Unmöglichkeit eingetreten ist. Entscheidend ist also, ob bei der Sachlage, wie sie sich unmittelbar nach Eintritt des Leistungshindernisses darstellt, den Parteien ein abwartendes Festhalten am Vertrag zuzumuten ist oder nicht.

Beispiel: A verkauft B eine Maschine, für deren Bau er Teile aus Nordkorea herbeischaffen muss. ⇨ Wegen der politischen Verhältnisse in Nordkorea sowie des Handelsembargos ist ungewiss, ob und wann A die Teile erhält. Es ist daher von einer dauernden Unmöglichkeit auszugehen. Auch der bei Rn 489 behandelte Fall der Veräußerung eines gestohlenen Kfz gehört hierher.

2. Praktische Unmöglichkeit, § 275 II BGB

394 **Praktische**[362] **Unmöglichkeit** i.S.d. § 275 II BGB liegt vor, wenn die Leistungserbringung zwar theoretisch noch möglich ist, aber einen Aufwand des Schuldners erfordert, der zum Leistungsinteresse des Gläubigers in **grobem Missverhältnis** von krassem, untragbarem Ausmaß steht.[363] [364]

Rechtsdogmatisch stellt § 275 II BGB ein Leistungsverweigerungsrecht dar, das den das Vertragsrecht an sich prägenden Grundsatz pacta sunt servanda (Verträge sind einzuhalten) durchbricht. Das Leistungsinteresse des Gläubigers geht zugunsten des überwiegenden Schuldnerinteresses unter.

Beispiel: Die beiden Damen A und B haben einen Kaufvertrag über einen silbernen Armreif geschlossen. A will den Reif noch auf einer Kreuzfahrt tragen und danach der B übergeben. Dummerweise fällt ihr auf dieser Fahrt, während sie mitten auf dem Atlantik an der Reling steht, der Armreif ins Wasser.[365] ⇨ In diesem Fall wäre es unverhältnismäßig, A aufzuerlegen, den Armreif im Meer zu suchen. Es liegt mithin ein Fall der praktischen Unmöglichkeit i.S.d. § 275 II BGB vor, der den Grundsatz pacta sunt servanda durchbricht. A kann die Leistung verweigern.

a. Aufwand des Schuldners und Leistungsinteresse des Gläubigers

395 Entscheidend i.R. von § 275 II BGB ist die Frage, wann die Leistungserbringung einen Aufwand erfordert, der in einem groben Missverhältnis zum Leistungsinteresse des Gläubigers steht. Der **Aufwand** ist allein an dem **Leistungsinteresse des Gläubigers** und nicht am Verhältnis zu den eigenen Interessen des Schuldners zu messen.

- Im Rahmen des **Aufwands des Schuldners** sind auch dessen **immaterielle Opfer** relevant. Dies ergibt sich daraus, dass der Gesetzgeber den Begriff des Aufwands und nicht den der Aufwendungen verwendet. Damit sind nicht nur Aufwendungen in Geld, sondern auch Tätigkeiten und sonstige persönliche Anstrengungen umfasst.[366] Solche Anstrengungen werden bei § 275 II BGB – im Gegensatz zu § 275 III BGB – jedoch selten erforderlich sein, da der Schuldner nicht persönlich zu leisten hat, sodass er i.d.R. das Leistungshindernis durch Geldeinsatz überwinden kann. Der Leistungsaufwand des Schuldners ist also typischerweise als finanzieller Aufwand quantifizierbar, z.B. in Form

---

[362] Mitunter wird die praktische Unmöglichkeit auch als **faktische Unmöglichkeit** bezeichnet.
[363] Vgl. dazu BGH NJW 2009, 1660 ff.; für Ausbildungszwecke auch *Zwirlein*, JA 2016, 252 f.
[364] Kein Fall des § 275 II BGB liegt vor bei der sog. **wirtschaftlichen** Unmöglichkeit, wenn also die Leistung zwar an sich noch möglich ist, ihr aber solche Schwierigkeiten entgegenstehen, dass sie dem Schuldner wegen einer Überschreitung der „Opfergrenze" nicht zugemutet werden kann. Für Fälle dieser Art hält § 313 BGB (Störung der Geschäftsgrundlage) eine sachangemessene Lösung bereit (vgl. Rn 794 ff.).
[365] Vgl. BT-Drs. 14-6040, S. 129 f.
[366] Das ergibt sich nach der Gesetzesbegründung aus dem Wortlaut des § 275 II S. 2 BGB („Anstrengungen"), BT-Drs. 14/6040, S. 130.

von Beschaffungskosten für den Leistungsgegenstand oder von Kosten für eine Ersatzkraft.

- Ebenso sind bei der Bestimmung des **Leistungsinteresses des Gläubigers** auch dessen **immaterielle Interessen** zu berücksichtigen.

Beispiele: Liebhaberwert der gekauften Sache, Sammlerinteresse; andere ideelle Werte wie Erinnerungsstücke, Familienwertgegenstände oder die Freude, die ein sportliches oder kulturelles Ereignis mit sich bringt

Hinweis für die Fallbearbeitung: Bei der Bestimmung des Aufwands und des Leistungsinteresses ist **nicht** zu berücksichtigen, dass der Schuldner, der leistet, eine Gegenleistung erhält, und derjenige, der nicht leistet, nach § 326 I S. 1 BGB eine eventuelle Gegenleistung verliert und, wenn er das Leistungshindernis zu vertreten hat, nach §§ 280 I, III, 283 oder § 311a II BGB Schadensersatz leisten muss. Bei der Berechnung des groben Missverhältnisses dürfen also etwaige Rechtsfolgen *nicht* beachtet werden.

b. Das grobe Missverhältnis

Damit der Schuldner gem. § 275 II BGB von seiner Primärleistungspflicht frei wird, muss ein grobes Missverhältnis zwischen dem zur Leistungserbringung erforderlichen Aufwand und dem Gläubigerinteresse vorliegen.

Ein solches **grobes Missverhältnis** wird angenommen, wenn das Verhältnis zwischen Gläubigerinteresse und Schuldneraufwand ein besonders krasses, nach Treu und Glauben **untragbares** Ausmaß erreicht.[367] **396**

Der Schuldner kann nie nach § 275 II BGB von seiner Leistungspflicht befreit werden, wenn sein Aufwand und das Leistungsinteresse des Gläubigers durch das Leistungshindernis *proportional* im gleichen Ausmaß erhöht werden.[368] Der Aufwand des Schuldners wird bspw. *im Verhältnis* zum Leistungsinteresse des Gläubigers nicht höher, wenn die verkaufte Sache in der Beschaffung unerwartet teuer geworden ist. Denn in diesem Fall ist mit dem Leistungsaufwand des Schuldners auch das Leistungsinteresse des Gläubigers gestiegen, sodass kein grobes Missverhältnis entsteht.[369]

Beispiel: K bestellt bei V einen Barren Gold von dem Lieferanten Gelbgold (G). Der momentane (Welt-)Preis für einen Barren Gold beträgt 10.000,- €. Bevor sich V bei G einen entsprechenden Barren beschafft hat, steigt der weltweite Goldpreis, da etliche Anleger in eine sichere Geldanlage investieren. V muss daher bei der Beschaffung des Goldbarrens einen weit höheren Preis an G bezahlen, als es zu erwarten war (gesteigerter Leistungsaufwand). Das Leistungsinteresse des K hat sich aber wegen des erhöhten Marktwerts von Gold ebenfalls erhöht (gesteigertes Leistungsinteresse). Ein grobes Missverhältnis i.S.d. § 275 II BGB ist damit nicht gegeben; es könnte allenfalls auf § 313 BGB (der ebenfalls den Grundsatz pacta sunt servanda einschränkt) zurückgegriffen werden.

§ 275 II BGB ist also nur auf solche Fälle zugeschnitten, in denen ein Leistungshindernis dazu führt, dass sich der **Aufwand** für den Schuldner **erhöht**, während das **Leistungsinteresse** des Gläubigers **gleich bleibt** oder **weniger stark** steigt. Für die Frage, wann von einem groben Missverhältnis ausgegangen werden kann, sind nach der gesetzlichen Wertung **drei Faktoren** entscheidend, nämlich der Inhalt des Schuldverhältnisses, das nach Treu und Glauben zu bestimmende krasse Missverhältnis zwischen dem zur Leistungserbringung erforderlichen Aufwand und dem Gläubigerinteresse sowie das Vertretenmüssen des Schuldners.

---

[367] Vgl. *Grüneberg*, in: Palandt, § 275 Rn 38.
[368] *Huber/Faust*, S. 38.
[369] Das Schuldnerinteresse wird i.R. der Störung der Geschäftsgrundlage (§ 313 BGB) beachtet, Rn 794 f.

aa. Inhalt des Schuldverhältnisses

397 In § 275 II BGB wird zunächst auf den Inhalt des Schuldverhältnisses verwiesen. Gemeint ist damit, ob eine Stück- oder Gattungsschuld vereinbart wurde und inwieweit sich der Schuldner für das Erbringen der Leistung verpflichtet hat. Dabei muss insb. auf **§ 276 I S. 1 BGB** abgestellt werden. Soweit nämlich der Schuldner für das Erbringen der Leistung ein **Beschaffungsrisiko** übernommen hat, wird ein grobes Missverhältnis i.d.R. kaum – allenfalls im äußersten Extremfall – anzunehmen sein.

Der Inhalt des Schuldverhältnisses sagt auch etwas über die **Art der Schuld** aus. Ist nämlich eine Stückschuld vereinbart und stehen der Erfüllung Leistungshindernisse entgegen, wird der dem Schuldner zugemutete Aufwand nicht der gleiche sein, als hätte er nur eine der Gattung nach bestimmte Sache zu leisten. Darüber hinaus kann sich aus dem Inhalt des Schuldverhältnisses ergeben, dass sich der Schuldner bei Vertragsschluss *ausdrücklich* bereit erklärt hat, ein bestimmtes Leistungshindernis **ohne Rücksicht auf den dazu erforderlichen Aufwand** zu überwinden. Dieser Aufwand kann kein grobes Missverhältnis begründen.

Hinweis für die Fallbearbeitung: Diese bewusste Vereinbarung der Parteien über die Pflicht der Primärleistung ist zu unterscheiden von der Garantieübernahme des Schuldners nach § 276 I BGB. Bei Letzterem wird vereinbart, dass der Schuldner dem Gläubiger statt der Primärleistung verschuldensunabhängig das Leistungsinteresse in Geld ersetzt.
In der Praxis wird ein Schuldner, der sich zur Primärleistung unabhängig vom erforderlichen Aufwand verpflichtet, eine erhöhte Gegenleistung verlangen. Diese wird zumeist auch höher sein, als wenn die Parteien „nur" eine Garantieübernahme des Schuldners vereinbaren. Für den Gläubiger macht eine solche Vereinbarung nur Sinn, wenn für ihn immaterielle Interessen auf dem Spiel stehen. Ansonsten wäre er wohl nicht bereit, eine erhöhte Gegenleistung zu zahlen. Soweit also der Gläubiger nur materielle Interessen an der Leistungserbringung hat, wird er mit dem Schuldner eher eine Garantiehaftung i.S.d. § 276 I BGB vereinbaren.

bb. Krasses, untragbares Ausmaß

398 Dieses Kriterium dient dem bereits erwähnten Schutz des Grundsatzes „pacta sunt servanda", der für das deutsche Vertragsrecht prägend ist und daher hohe Anforderungen an die Möglichkeiten der Durchbrechung stellt. Folgerichtig ist der Ausnahmetatbestand des § 275 II BGB eng auszulegen, was dazu führt, dass das Missverhältnis zwischen dem zur Leistungserbringung erforderlichen Aufwand und dem Gläubigerinteresse von krassem, untragbarem Ausmaß sein muss. Dies kann nur angenommen werden, wenn die Erbringung der Leistung nach den gesamten Umständen von niemandem ernsthaft in Betracht gezogen würde. Nach der Intention des Gesetzgebers soll § 275 II BGB auf solche offensichtlichen Extremfälle beschränkt sein, in denen überhaupt kein Zweifel daran bestehen kann, dass der Leistungsaufwand vollkommen außer Verhältnis zum Interesse des Gläubigers steht.[370]

Hinweis für die Fallbearbeitung: Da (schwerwiegende) Störungen des Äquivalenzverhältnisses zwischen dem zur Leistungserbringung erforderlichen Aufwand und dem Gläubigerinteresse i.d.R. die Geschäftsgrundlage tangieren und der Gesetzgeber für diese Fälle in § 313 I BGB eine Vertragsanpassung bzw. in § 313 III BGB einen Rücktritt vom Vertrag vorgesehen hat, kann es in einer Fallbearbeitung notwendig sein, die Einrede nach § 275 II BGB von der Störung der Geschäftsgrundlage nach § 313 BGB abzugrenzen. Im Kern lässt sich sagen: § 313 BGB erfasst jede schwerwiegende Veränderung der Umstände, die die Geschäftsgrundlage ausmachen. Bei § 275 II BGB muss die Störung des Äquivalenzverhältnisses dagegen noch drastischer ausfallen, und

[370] BT-Drs. 14/6040, S. 129 ff.

zwar so drastisch, dass wiederum eine Vertragsanpassung i.S.d. § 313 I BGB ausgeschlossen ist. Insoweit gilt: Entweder greift § 313 BGB (Anpassung oder Rücktritt bei schwerwiegender Störung des Äquivalenzverhältnisses) oder § 275 II BGB (Leistungsverweigerung bei krassem, untragbarem Ausmaß des Missverhältnisses). Vgl. zur Abgrenzung auch Rn 794 ff.

cc. Vertretenmüssen

Nach § 275 II S. 2 BGB ist bei der Bestimmung der dem Schuldner zuzumutenden Anstrengungen auch zu berücksichtigen, ob der Schuldner das Leistungshindernis zu vertreten hat. Vom Schuldner soll ein höherer Aufwand verlangt werden können, wenn er das Leistungshindernis verschuldet hat. Dabei ist nicht nur zu berücksichtigen, ob er das Leistungshindernis zu vertreten hat, sondern auch in welchem Ausmaß. Der Schuldner, der vorsätzlich das Leistungshindernis herbeigeführt hat, muss demnach noch größere Anstrengungen i.R. des § 275 II BGB erbringen als derjenige, der schuldlos am Eintritt des Leistungshindernisses ist, aber gem. § 276 I S. 1 BGB eine Garantie übernommen hat. Demgegenüber dürfen dem Schuldner nicht allzu große Anstrengungen auferlegt werden, wenn der Gläubiger das Leistungshindernis zu vertreten hat. 399

Beispiel: A hat mit dem Tierhändler T einen Kaufvertrag über zehn Jungtiere einer besonders seltenen Barschgattung abgeschlossen. T lässt daraufhin die Fische von seinem Gehilfen G aus dem Aquarium entnehmen. Diesem entgleitet aus leichter Unachtsamkeit die Plastiktüte mit den Fischen, sodass diese auf dem Boden aufplatzt und die Tiere verenden.

T muss sich das Verschulden des G gem. § 278 I BGB zurechnen lassen. In diesem Fall liegen sowohl eine Gattungsschuld als auch ein Vertretenmüssen des T vor. Auch wenn der Aufwand zum Beschaffen dieser seltenen Barsche hoch ist, wird von T aufgrund des Vertretenmüssens einiges abverlangt werden können. Stößt hingegen A bei Entnahme der Tiere gegen das Aquarium, sodass dieses auf den Boden stürzt und die Fische am Boden verenden, liegt ein Vertretenmüssen des Gläubigers vor. In einem solchen Fall wird A von T einen nicht so hohen Aufwand wie im ersten Fall erwarten dürfen.

Hinweis für die Fallbearbeitung: Das Gesetz verweist zwar auf bestimmte Faktoren zur Bestimmung des groben Missverhältnisses. Diese sind jedoch nur abstrakt und sagen nichts darüber aus, wo die Grenze des Aufwands konkret zu ziehen ist. Notwendig ist eine Interessenabwägung im Einzelfall. Dabei ist zu berücksichtigen, dass ein Ausschluss der Leistungspflicht nur im Ausnahmefall vorliegen soll. Zur Verdeutlichung seien einige Richtwerte dargestellt, wann ein Extremfall des § 275 II BGB vorliegt.

⇨ Bei einem (vom Schuldner) **vorsätzlich** zu vertretenden Leistungshindernis lag ein Extremfall vor, als der Schuldner das 33-Fache des Marktwerts zur Wiederbeschaffung hätte aufwenden müssen.[371] (Der Schuldneraufwand müsste also 3300% des Gläubigerinteresses betragen.)

⇨ Bei **fahrlässig** zu vertretendem Leistungshindernis wurde ein grobes Missverhältnis noch nicht bei 180% des Gläubigerinteresses angenommen.[372] Hatte der Schuldner das Leistungshindernis nur **leicht fahrlässig** zu vertreten gehabt, wurde unter Abwägung der Einzelumstände ein grobes Missverhältnis bei 260% des Leistungsinteresses des Gläubigers angenommen.[373]

⇨ Hatte der Schuldner das Leistungshindernis hingegen **nicht zu vertreten**, liegt nach dem BGH ein grobes Missverhältnis spätestens vor, wenn der Schuldneraufwand 140% des Gläubigerinteresses beträgt.[374]

[371] BGH NJW 1988, 699, 700.
[372] BGH NJW 1996, 3269, 3270.
[373] OLG Hamm NJW-RR 2001, 1390, 1390.
[374] BGH NJW-RR 1991, 204, 205.

3. Persönliche Unmöglichkeit (Unzumutbarkeit), § 275 III BGB

400 Nach **§ 275 III BGB** kann der Schuldner die Leistung verweigern, wenn sie ihm unter Abwägung des seiner Leistung entgegenstehenden Hindernisses mit dem Leistungsinteresse des Gläubigers nicht zugemutet werden kann.

Die Einrede des § 275 III BGB, die wegen des Grundsatzes „pacta sunt servanda" ebenfalls eng auszulegen ist und daher (wie § 275 II BGB) hohe Anforderungen an die Möglichkeit der Leistungsverweigerung stellt, bezieht sich nur auf **solche Leistungen**, die der Schuldner bspw. auf Grundlage eines Dienst-, Werk- oder Geschäftsbesorgungsvertrags **persönlich zu erbringen** hat. Ob die Leistung persönlich zu erbringen ist und eine Ersatzperson ausscheidet, ergibt sich aus dem Inhalt des Schuldverhältnisses. Für die Hauptleistungspflicht von Dienstverpflichteten und Arbeitnehmern stellt § 613 S. 1 BGB eine Auslegungsregelung dahingehend auf, dass die Dienste *im Zweifel* persönlich zu leisten sind.

Beispiel[375]**:** Eine Sängerin, die sich vertraglich dazu verpflichtet hat, bei einer Aufführung zu singen, kann den Auftritt absagen, wenn ihr Kind schwer erkrankt ist. Auch wird ein Komiker seinen Auftritt verweigern dürfen, wenn kurz zuvor seine Eltern gestorben sind.

Die von § 275 III BGB vorausgesetzte Unzumutbarkeit der Leistung für den Schuldner ist im Wege einer **Abwägung** zwischen den der Leistung entgegenstehenden Hindernissen und dem Leistungsinteresse des Gläubigers zu ermitteln. An die Stelle des groben Missverhältnisses aus § 275 II BGB tritt die einfache Unzumutbarkeit. Dabei spielen die persönlichen Umstände und Interessen des Schuldners eine Rolle. In die Abwägung sind auch etwaige Gewissenskonflikte des Schuldners einzubeziehen.

Beispiel[376]**:** Ein Arbeitnehmer wird von seiner Verpflichtung zur Erbringung von Diensten für den Arbeitgeber nach § 275 III BGB frei, wenn er seine Arbeit nicht erbringen möchte, weil er in seinem Heimatland zum Wehrdienst einberufen ist und bei Nichtbefolgung des Einberufungsbefehls mit der Todesstrafe rechnen muss.

a. Verhältnis zu § 275 I BGB

401 Nicht unter § 275 III BGB fallen solche Leistungshindernisse, die eine subjektive Unmöglichkeit begründen. So wird der Arbeitnehmer gem. § 275 I BGB von seiner Verpflichtung zur Arbeit frei, wenn er wegen Krankheit arbeitsunfähig ist. § 275 III BGB ist also **subsidiär** zu § 275 I BGB und erfasst solche Fälle, die vor der Schuldrechtsreform 2002 über den Grundsatz von Treu und Glauben (§ 242 BGB) geregelt wurden.

b. „Absolute" Zumutbarkeitsgrenze

402 Im Unterschied zur Abwägung in § 275 II BGB spielt das Leistungsinteresse des Gläubigers in § 275 III BGB keine so übergeordnete Rolle. Während es in § 275 II BGB als entscheidender Maßstab zugrunde gelegt wird, ist es i.R. des § 275 III BGB lediglich ein bei der Zumutbarkeitsprüfung zu berücksichtigender Abwägungsfaktor. Je höher das Leistungsinteresse des Gläubigers ist, desto mehr muss dem Schuldner zwar auch i.R. des § 275 III BGB zuzumuten sein. Aber anders als bei § 275 II BGB ist kein gleichsam mathematischer Vergleich durchzuführen.[377] Es gibt vielmehr eine **absolute Obergrenze** für das, was dem Schuldner zuzumuten ist. Ist diese Grenze erreicht, wird der Schuldner unabhängig vom Leistungsinteresse des Gläubigers von der Leistungsverpflichtung frei zu stellen sein. Dies ist auch gerecht, da das Leistungsinteresse des Gläubigers nicht darüber entscheiden kann, was der Schuldner entgegen seinem Gewissen

---

[375] BT-Drs. 14/6040, S. 130.
[376] BT-Drs. 14/6040, S. 130.
[377] *Huber/Faust*, S. 59; *Schwarze*, Jura 2002, 73, 77.

oder seinem Trauergefühl zu tun hat. Auch ist dem Schuldner, der nur finanziell zu leisten hat (§ 275 II BGB), grundsätzlich mehr zuzumuten als dem, der **persönlich** betroffen ist (§ 275 III BGB).

III. Anspruch auf das Surrogat, § 285 I BGB

Zwar wird der Schuldner aufgrund eines Umstandes nach § 275 I-III BGB von seiner Primärleistungspflicht befreit. Erhält er aber für den geschuldeten Gegenstand einen Ersatz oder eine Ersatzleistung (sog. **stellvertretendes commodum**), wäre es unbillig, wenn er den Ersatz oder die Ersatzleistung behalten bzw. dem Gläubiger vorenthalten dürfte. Folgerichtig ordnet § 285 I BGB an, dass der Gläubiger den Ersatzgegenstand bzw. die Ersatzleistung (**commodum ex re**) herausverlangen kann. § 285 I BGB ist die Anspruchsgrundlage für die Herausgabe des Surrogats und soll Vermögenswerte demjenigen zuführen, dem sie wirtschaftlich gebühren.[378] **403**

Beispiel: A und B schließen einen Kaufvertrag über den im Eigentum und Besitz des A befindlichen Jaguar E-Type Baujahr 1969. Der objektive Verkehrswert des Wagens beträgt 35.000,- €. B gelingt es, den Kaufpreis auf 32.000,- € herunterzuhandeln. Übereignung und Übergabe sollen in 3 Tagen stattfinden, nachdem B das Geld besorgt hat. Doch am Vorabend der vereinbarten Übereignung und Übergabe wird das Fahrzeug aufgrund eines (von A unverschuldeten) Scheunenbrandes vollständig zerstört.

Hier wird A infolge der Unmöglichkeit von seiner Primärleistungspflicht befreit (§ 275 I BGB). Schadensersatz gem. §§ 280 I, 283, 275 IV BGB kann B von A nicht verlangen, da A kein Verschulden trifft (vgl. § 280 I S. 2 BGB). Sollte A aber von der Brandversicherung den objektiven Verkehrswert (also 35.000,- €) ausgezahlt bekommen, hätte B einen Anspruch darauf gem. § 285 I BGB (was sich rechtstechnisch als Abtretungsanspruch kennzeichnet: A muss an B seinen Anspruch gegen den Brandversicherer abtreten und B kann gegen den Versicherer aus abgetretenem Recht vorgehen), wäre dann aber selbstverständlich zur Erbringung der Gegenleistung an A verpflichtet. B hätte also einen Anspruch auf Auszahlung der Versicherungsleistung i.H.v. 35.000,- €, wäre dann aber seinerseits zur Zahlung von 32.000,- € an A verpflichtet, sodass ihm ein positiver Saldo von 3.000,- € verbliebe. Das ist richtig, denn auch bei Übereignung und Übergabe des Fahrzeugs hätte B ja diesen positiven Saldo verbucht. Seine Geschäftstüchtigkeit soll durch den Brand nicht verloren gehen bzw. dem A zugutekommen.

Da § 285 I BGB die ungerechtfertigte Verteilung von Vermögenswerten ausgleichen soll, ist der Schuldner auch verpflichtet, dem Gläubiger diejenigen Vermögenswerte herauszugeben, die er kraft Rechtsgeschäfts erzielt (**commodum ex negotiatione**).

Beispiel: A und B schließen einen Kaufvertrag über den im Eigentum und Besitz des A befindlichen antiken Kompass, der vor 150 Jahren in der berühmten Rickmer Rickmers verbaut war. Der objektive Verkehrswert des Kompasses beträgt 2.500,- €. B gelingt es, den Kaufpreis auf 2.000,- € herunterzuhandeln. Übereignung und Übergabe sollen in 3 Tagen stattfinden, nachdem B das Geld besorgt hat. Doch am Vorabend der vereinbarten Übereignung und Übergabe verkauft und übereignet A den Kompass an C. Er erhält 2.500 €. B fragt nach seinen Rechten.

Auch hier wird A infolge der (subjektiven) Unmöglichkeit von seiner Primärleistungspflicht befreit (§ 275 I BGB). Denn er hat infolge der Übereignung des Kompasses an C sein Eigentum daran verloren und kann daher B nicht mehr (berechtigt) das Eigentum verschaffen. Da es aber unbillig wäre, wenn A den Gewinn aus der Veräußerung an C behalten dürfte (A hätte bei Einhaltung seiner Vertragspflicht ja auch nur 2.000,- € erhalten), hat B gegen A einen Anspruch auf Zahlung von 500,- € gem. § 285 I BGB.

[378] BGH NJW-RR 2005, 241, 243; *Brox/Walker*, SchuldR AT, § 22 Rn 27 mit Verweis auf RGZ 120, 347.

Machte B von seinem ihm gem. §§ 280 I, 283, 275 IV BGB zustehenden Recht auf Schadensersatz Gebrauch, würde dieser Anspruch (positives Interesse: 500,- €) seinen Anspruch auf das stellvertretende commodum (500,- €) mindern (§ 285 II BGB), sodass im Ergebnis ein Anspruch i.H.v. 500,- € besteht.

IV. Befreiung von der Gegenleistungspflicht, § 326 BGB

404 Muss die aus einem **gegenseitigen Vertrag** resultierende Leistung des Schuldners gem. § 275 I bis III BGB nicht erbracht werden, ist fraglich, was mit der *Gegenleistungspflicht* des Gläubigers geschieht. Dafür trifft § 326 I S. 1 Hs. 1 BGB die Regelung, dass auch der Gläubiger (grundsätzlich) von seiner Pflicht zur Erbringung der Gegenleistung automatisch befreit wird. Dies gilt für alle Fälle der Unmöglichkeit i.S.d. § 275 I bis III BGB, also für die objektive, subjektive, anfängliche, nachträgliche, unverschuldete und vom Schuldner zu vertretende Unmöglichkeit. Während **§ 275 BGB** also das Schicksal der **unmöglich gewordenen Leistung** regelt, trifft **§ 326 BGB** Anordnungen über die **Gegenleistung**. Sofern die Gegenleistung bereits erbracht worden ist, obwohl der Gläubiger gem. § 326 I S. 1 Hs. 1 BGB befreit war, kann er das Geleistete gem. **§ 326 IV i.V.m. §§ 346 ff. BGB zurückfordern.**[379]

Gegenseitige Verträge sind dadurch gekennzeichnet, dass sich wenigstens zwei Leistungspflichten **synallagmatisch** gegenüberstehen wie z.B. beim Kauf-, Tausch- oder Werkvertrag. Nur wenn eine solche gegenseitige Pflicht unmöglich wird, greift § 326 BGB für die Gegenleistung ein. Liegt hingegen ein **nicht-synallagmatisches** Verhältnis (bspw. eine Schenkung, § 516 BGB) vor, kann eine Gegenleistung nicht entfallen, da diese von Anfang an nicht bestand. Nur der Gläubiger spürt in diesem Fall die Auswirkung des Leistungshindernisses, indem er seinen Anspruch auf die Primärleistung gem. § 275 BGB verliert, ohne dass auch dem Schuldner eine Gegenleistung entgeht.

405 Damit ordnet § 326 I S. 1 BGB also an, dass der Schuldner – weil er bei einer Unmöglichkeit seiner Leistung die Gegenleistung grundsätzlich verliert – die sog. **Gegenleistungsgefahr** (= **Preisgefahr oder Vergütungsgefahr**) trägt.

406

Schicksal der Gegenleistung, § 326 BGB

I. Anspruch entstanden

Bei der Frage nach der Gegenleistung ist zunächst das Entstehen des Gegenleistungsanspruchs – also das Zustandekommen eines wirksamen Vertrags – zu prüfen.

II. Anspruch untergegangen

Ist die Leistung unmöglich (§ 275 I bis III BGB), ist das Schicksal der Gegenleistung anhand von § 326 BGB zu überprüfen.

- Den Grundsatz stellt **§ 326 I S. 1 Hs. 1 BGB** dar. Danach erlischt auch der Gegenleistungsanspruch, wenn die Leistungspflicht des Schuldners ausgeschlossen ist. Die Voraussetzungen sind ein **gegenseitiger Vertrag** und das **Freiwerden des Schuldners** von seiner **synallagmatischen Leistungspflicht**. Zu beachten ist, dass der Schuldner bei § 275 II und III BGB nur von seiner Leistungspflicht frei wird, wenn er die entsprechende Einrede auch erhebt.
- Die Gegenleistung entfällt unter diesen Voraussetzungen (außer beim Tauschvertrag) automatisch. Im Fall der Unmöglichkeit einer Nacherfüllungspflicht (§§ 439, 635 BGB) ordnet **§ 326 I S. 2 BGB** eine Ausnahme von diesem Automatismus an.
- **§ 326 I S. 1 Hs. 1 BGB** enthält den Grundsatz. Es gibt folgende **Ausnahmen:**

[379] Vgl. dazu BGH NJW 2011, 756, 757 (Kartenlegen als unmögliche Leistung) – dazu *Bartels*, ZGS 2011, 355; *Schermaier*, JZ 2011, 633; *Windel*, ZGS 2011, 218; *Timme*, MDR 2011, 397; vgl. auch den Klausurfall von *Paal/Wilkat*, JuS 2013, 223 ff.

⇨ Gemäß **§ 446 BGB** geht die Preisgefahr mit der **Übergabe** der Sache (Verschaffung des unmittelbaren Besitzes) auf den Käufer über. Bei einer nach dem **Gefahrübergang** eintretenden Unmöglichkeit verliert der Schuldner daher nicht seinen Anspruch auf die Gegenleistung, weil § 446 BGB als Ausnahmevorschrift den Grundsatz des § 326 I S. 1 Hs. 1 BGB durchbricht. Die Anspruchsnorm bleibt dabei § 433 II BGB, weil § 446 BGB lediglich die Gefahrtragung regelt.

⇨ **§ 447 I BGB** normiert einen Gefahrübergang auf den Käufer im Falle einer **Schickschuld**. Dabei geht die Gefahr des (zufälligen) Untergangs und damit die Preisgefahr bereits im Zeitpunkt der Auslieferung der Sache an die Transportperson auf den Käufer über. § 447 I BGB greift nicht bei Verbrauchsgüterkäufen (es sei denn, dass der *Verbraucher* den Spediteur zur Abholung der Sache beim Unternehmer beauftragt hat und der Unternehmer dem Käufer diese Person oder Anstalt nicht zuvor benannt hat, vgl. § 475 II BGB; dann liegt ein Fall einer „normalen" Holschuld vor). Umstritten ist, ob § 447 I BGB auch bei der Aushändigung der Sache an betriebseigene Transportpersonen gilt.

⇨ Gemäß **§ 644 I S. 1 BGB** trägt der Unternehmer die Preisgefahr nur bis zur Abnahme (§ 640 I, II BGB). Danach geht sie auf den Besteller über. § 644 I S. 2 BGB regelt den Gefahrübergang bei Annahmeverzug des Bestellers und § 644 II BGB ordnet bei einer Versendung des Werks die entsprechende Anwendung des § 447 I BGB an.

⇨ **§ 326 II S. 1 Var. 1 BGB** durchbricht als Anspruchserhaltungsnorm den Grundsatz des § 326 I S. 1 BGB, wenn der Gläubiger für die Unmöglichkeit der Leistung allein oder weit überwiegend verantwortlich ist. Die Verantwortlichkeit wird unter entsprechender Anwendung der §§ 276 ff. BGB ermittelt.

⇨ Der Anspruch auf die Gegenleistung bleibt nach **§ 326 II S. 1 Var. 2 BGB** bestehen, wenn die vom Schuldner nicht zu vertretende Unmöglichkeit zu einer Zeit eintrat, in welcher der Gläubiger sich im Annahmeverzug (§§ 293 ff. BGB) befand.

⇨ Gleiches gilt, wenn der Gläubiger das **stellvertretende commodum** (§§ 326 III, 285 BGB) oder Schadensersatz statt der Leistung im Wege der Surrogationsmethode verlangt.

III. Problem der beiderseitig zu vertretenden Unmöglichkeit
Umstritten ist, wie der Fall zu behandeln ist, in dem beide Parteien die Unmöglichkeit der Leistung zu vertreten haben. Nach der hier vertretenen Auffassung ist unter Anwendung des § 254 BGB ein teilweises Aufrechterhalten des Gegenleistungsanspruchs richtig.

1. Voraussetzungen für das Freiwerden des Gläubigers gem. § 326 I BGB

Voraussetzungen für das Freiwerden des Gläubigers sind ein **gegenseitiger Vertrag** und das **Freiwerden des Schuldners** nach § 275 BGB von seiner *synallagmatischen Leistungspflicht*. 407

- Zunächst ist erforderlich, dass die unmöglich gewordene *Leistung* nicht nur aus einem gegenseitigen Vertrag stammt, sondern auch selbst im **Gegenseitigkeitsverhältnis** steht. Es gibt auch bei gegenseitigen Verträgen Pflichten, die nicht im Synallagma stehen. Dies sind bspw. die Schutz- oder Verhaltenspflichten. Auch bloße Rückgabepflichten – etwa die Rückgabe eines Darlehens oder einer Mietsache – sind regelmäßig keine gegenseitigen Leistungspflichten, sodass nicht § 326 BGB, sondern §§ 280 ff. BGB anwendbar sind. 408

- Darüber hinaus muss der **Schuldner** nach Maßgabe des § 275 I bis III BGB von seiner primären Leistungspflicht **frei geworden** sein. Soweit die *Leistung* absolut unmöglich i.S.d. § 275 I BGB ist, wird der Gläubiger gem. § 326 I S. 1 BGB ipso iure von seiner Gegenleistungspflicht befreit. Liegt dagegen Unzumutbarkeit nach § 275 II, III BGB vor, muss der Schuldner die entsprechende Einrede erheben, um nicht leisten zu müssen. Vom Zeitpunkt der Erhebung der Einrede an entfällt die Gegenleistungspflicht des Gläubigers 409 ipso iure. Der Gläubiger muss also keine Einrede erheben, um von seiner Pflicht zur Gegenleistung frei zu werden.

Hinweis für die Fallbearbeitung: § 326 I S. 1 Hs. 1 BGB kommt denklogisch nur zur Anwendung, wenn die Primärleistung vom Schuldner noch nicht erfüllt wurde. Hat der Schuldner die Leistung an den Gläubiger i.S.d. § 362 BGB bewirkt, bleibt dieser selbstverständlich zur Gegenleistung verpflichtet.

410 Für das Freiwerden des Gläubigers von seiner Gegenleistungspflicht ist grundsätzlich **nicht erforderlich**, dass der Schuldner die Unmöglichkeit **zu vertreten** hat. Problematisch ist aber, ob in dem Fall, in dem der Schuldner die Unmöglichkeit zu vertreten hat, das Freiwerden des Gläubigers ipso iure eintritt oder ob der Gläubiger wählen kann, ob er seine Leistung erbringen will oder nicht. Dies wird insbesondere relevant, wenn ein Tauschvertrag gem. § 480 BGB vorliegt.

Beispiel: A und B haben einen Tauschvertrag (§ 480 BGB) über einen Audi und einen BMW abgeschlossen. Der Audi des A wird aufgrund eines von ihm zu vertretenden Umstands vollständig zerstört. B möchte gem. § 280 I, III, 283 BGB Schadensersatz statt der Leistung geltend machen.

Fraglich ist, ob er die Leistung nach wie vor erbringen muss und im Wege der Surrogationsmethode vollen Schadensersatz verlangen oder ob er nur nach der Differenztheorie vorgehen kann.[380] Wäre B automatisch von seiner Leistungspflicht nach § 326 I S. 1 Hs. 1 BGB befreit, wäre ein Vorgehen nach der Surrogationsmethode nicht möglich.

Ein solches Ergebnis ist jedoch nicht sachgerecht. Hat der Schuldner die Unmöglichkeit verschuldet, kann es für den Gläubiger u.U. von Nachteil sein, wenn er *automatisch* (ipso iure) von seiner Gegenleistungspflicht befreit wird. Wegen § 326 I S. 1 BGB wäre er doppelt belastet. Erstens müsste er auf seinen primären Leistungsanspruch verzichten und zweitens darf er seine eigene Leistung nicht mehr erbringen. Diese Problematik stellt sich nur, wenn der Schuldner die Unmöglichkeit zu vertreten hat, da nur dann die Möglichkeit des Gläubigers besteht, Schadensersatz gem. §§ 280 I, III, 283 BGB zu fordern. I.R. des Schadensersatzanspruchs soll dem Gläubiger die Option erhalten bleiben, im Wege der **Surrogationsmethode** (Rn 692) vorzugehen und seine Leistung nach wie vor zu erbringen und dafür den vollen Schadensersatz für die unmöglich gewordene Leistung vom Schuldner zu fordern. Eine solche Vorgehensweise bleibt dem Gläubiger nur eröffnet, wenn seine Pflicht zur Gegenleistung bestehen bleibt und der Schuldner diese noch annehmen muss.[381] Aus diesem Grund wird man im Falle der vom Schuldner zu vertretenden Unmöglichkeit § 326 I S. 1 Hs. 1 BGB **teleologisch** dahingehend **reduzieren** müssen, dass der Gläubiger entscheiden darf, ob er von seiner Gegenleistungspflicht befreit ist.[382]

Für den obigen **Beispielsfall** bedeutet dies, dass B wählen kann, ob er i.R. des Schadensersatzanspruchs aus §§ 280 I, III, 283 BGB seine Leistung erbringen will und dafür den vollen Schadensersatz für die unmöglich gewordene Leistung erhält (Surrogationsmethode) oder ob er lediglich die Differenz zwischen dem Wert der unmöglich gewordenen Leistung und seinem etwaigen Gewinn verlangt (Differenztheorie).

411 Wegen **§ 326 I S. 2 BGB** ist zu beachten, dass ein Freiwerden des Gläubigers von der Gegenleistungspflicht nur ipso iure eintritt, wenn es sich bei der unmöglich gewordenen Leistung nicht um eine **Nacherfüllungspflicht** (§ 439 BGB, § 635 BGB) des Schuldners handelt. Muss die Nacherfüllung wegen einer Unmöglichkeit i.S.d. § 275 BGB nicht erbracht werden, muss der Gläubiger weitere Rechte geltend machen, ehe es zu einer (teil-

---

380 Zu den genannten Methoden vgl. Rn 692.

381 *Ernst*, in: MüKo, § 326 Rn 13, 14; *Reischl*, JuS 2003, 453, 460.

382 *Ernst*, in: MüKo, § 326 Rn 14; a.A. *Grothe*, in: Bamberger/Roth, § 326 Rn 5, der aber zu demselben Ergebnis gelangt, indem er im Rahmen eines Schadensersatzanspruchs aus §§ 280 I, III, 283 BGB die Surrogationsmethode unter Berücksichtigung einer differenzierten Betrachtungsweise des § 326 BGB anwenden will. Vgl. auch *Schmidt-Recla* (ZGS 2007, 181), nach dem bei vom Schuldner zu vertretender Unmöglichkeit nicht § 326 I S. 1 BGB, sondern § 326 V BGB gelten soll.

weisen) Befreiung von seiner Pflicht kommen kann. Dies hat seinen Grund darin, dass das Gesetz keine automatische Minderung anordnen und damit dem Gläubiger seine Rechte erhalten will.

- Schließlich ist zu beachten, dass § 326 I S. 1 Hs. 1 BGB durch vertragliche Vereinbarung **abbedungen** werden kann.[383] Dann geht die Preisgefahr auf den Gläubiger über. 412

2. Fortbestehen der Leistungspflicht des Gläubigers

§ 326 I BGB stellt klar, dass die Gegenleistungsgefahr (**Preisgefahr**) grundsätzlich der Schuldner zu tragen hat. Die **Ausnahmen**, welche die Preisgefahr **auf den Gläubiger überleiten**, finden sich in § 326 BGB und auch in anderen Vorschriften, insb. im *besonderen* Schuldrecht. Darüber hinaus kann es aber auch vorkommen, dass der Gläubiger – selbst wenn der Schuldner die Preisgefahr trägt – in bestimmten Fällen trotz Unmöglichkeit der Leistung zur Gegenleistung verpflichtet bleibt. Dies ist insbesondere der Fall, wenn er anstelle der Primärleistung einen Ersatz vom Schuldner verlangt. 413

a. § 2380 BGB

Eine für die juristische Ausbildung weniger relevante Ausnahme ist für den **Erbschaftskauf** in § 2380 BGB geregelt, nach dem die Preisgefahr beim Kaufvertrag auf den Käufer übergeht. 414

b. § 446 BGB

Bei Kaufverträgen gem. § 433 BGB ordnet § 446 S. 1 BGB an, dass bereits mit der bloßen **Übergabe** der geschuldeten Sachleistung die Preisgefahr auf den Gläubiger übergeht. Die Norm stellt somit ebenfalls eine Ausnahme zu § 326 I S. 1 Hs. 1 BGB dar. Die Übergabe ist die **Verschaffung des unmittelbaren Besitzes** i.S.d. § 854 I oder II BGB. Zur Anwendung gelangt § 446 S. 1 BGB nur, wenn die Übergabe nicht mit der Übereignung der Kaufsache einhergeht. Denn nach einer Übereignung kommt wegen der Erfüllung des Schuldverhältnisses eine Unmöglichkeit nicht mehr in Betracht, sodass auch die Gegenleistung nicht mehr entfallen kann. Typischer Anwendungsbereich des § 446 S. 1 BGB ist der Kauf unter Eigentumsvorbehalt (§ 449 I BGB), bei dem eine Übergabe stattfindet, die für die Übereignung erforderliche dingliche Einigung aber aufschiebend bedingt wird, §§ 929 S. 1, 158 I[384] BGB. 415

416

> **Hinweis für die Fallbearbeitung:** I.R. eines Anspruchs des Verkäufers gegen den Käufer auf Kaufpreiszahlung bietet sich folgende Prüfung an:
>
> **1. Anspruch aus § 433 II BGB entstanden?**
>
> **2. Anspruch wegen § 326 I S. 1 Hs. 1 BGB untergegangen?**
> Fraglich ist, ob der Zahlungsanspruch gem. § 326 I S. 1 Hs. 1 BGB untergegangen ist. Dafür müsste dem Verkäufer die Erbringung der geschuldeten, synallagmatischen *Leistung* unmöglich geworden sein. Die geschuldete Leistung liegt gem. § 433 I BGB in der Übergabe und der Übereignung der Kaufsache. Hat der Verkäufer die Sache dem Käufer lediglich übergeben, ohne ihm das Eigentum daran zu verschaffen, und ist die Kaufsache nach der Übergabe durch Zufall untergegangen, stellt sich die Frage, wer die **Preisgefahr** trägt. Grundsätzlich ist in § 326 I S. 1 Hs. 1 BGB angeordnet, dass bis zur vollständigen Erfüllung der Schuldner die Preisgefahr trägt, sodass der Gläubiger (Käufer) von seiner Zahlungspflicht frei werden müsste.

---

[383] BGH NJW 2011, 756, 757 f.

[384] Geht man bei § 158 BGB davon aus, dass sich die dort genannte „Bedingung“ auf ein objektiv ungewisses künftiges Ereignis bezieht, dürfte man im Fall des Eigentumsvorbehalts streng genommen § 158 I BGB lediglich analog anwenden, weil der „Bedingungseintritt“ i.d.R. allein vom Verhalten des Vorbehaltskäufers abhängt. In der Sache ändert sich dadurch aber nichts. Zum Eigentumsvorbehalt vgl. *Hütte/Hütte*, SachenR I, Rn 846 ff.

3. Gefahrtragungsumkehr nach § 446 BGB
Davon macht § 446 S. 1 BGB aber eine **Ausnahme**, wenn die Sache dem Käufer bereits übergeben wurde. Übergabe bedeutet in diesem Zusammenhang die **Verschaffung des unmittelbaren Besitzes** i.S.d. § 854 BGB. Der Käufer ist also nach Erhalt des unmittelbaren Besitzes bei Untergang der Sache entgegen § 326 I S. 1 Hs. 1 BGB weiterhin zur Kaufpreiszahlung wegen § 446 S. 1 BGB verpflichtet.

c. § 447 I BGB

417 Auch beim **Versendungskauf** gem. § 447 I BGB wird die Gefahrtragungsregel des § 326 I S. 1 Hs. 1 BGB zu Lasten des Käufers abgeändert. Nach § 447 I BGB geht bei einer **Schickschuld**, welche vorliegt, wenn der Ort, an welchem die Leistungshandlung erbracht werden muss (Wohnsitz des Schuldners), und der Ort, an welchem der Leistungserfolg eintreten soll (Wohnsitz des Gläubigers), auseinanderfallen (Rn 71 ff.), die Gefahr bereits im Zeitpunkt der Übergabe der Sache an die Transportperson auf den Käufer über (und nicht erst, wie bei der Bringschuld, mit Übergabe an den Käufer). Mit „Gefahr“ ist – wie bei § 446 BGB – die Gefahr des zufälligen Untergangs/Verlusts und der zufälligen Verschlechterung gemeint.[385] „Zufällig“ bedeutet, dass der Untergang, der Verlust oder die Verschlechterung nicht vom Verkäufer zu vertreten sein darf (zum Vertretenmüssen vgl. §§ 276, 278 BGB). In der Sache geht es um die Gegenleistungsgefahr, d.h. darum, dass im Fall des zufälligen Untergangs/Verlusts oder der zufälligen Verschlechterung die Pflicht des Käufers zur Kaufpreiszahlung erhalten bleibt (daher auch Preisgefahr genannt). Wird also die Kaufsache beim Transport zerstört, hat der Käufer nicht nur keinen Anspruch auf (Nach-)Lieferung, sondern bleibt – entgegen § 326 I S. 1 Hs. 1 BGB – auch grds. zur Kaufpreiszahlung verpflichtet.[386] Eine Schickschuld ist für den Käufer also regelmäßig ungünstiger als eine Bringschuld. Zu beachten ist jedoch, dass – wie sich aus § 475 II BGB ergibt – § 447 I BGB bei einem **Verbrauchsgüterkauf**, also bei einem Verkauf einer beweglichen Sache von einem Unternehmer (§ 14 I BGB) an einen Verbraucher (§ 13 BGB)[387], grds. **nicht** gilt, es sei denn, der *Verbraucher* hat den Spediteur (oder den Paketdienst) zur Abholung der Sache beim Unternehmer beauftragt und der Unternehmer hat dem Käufer diese Person oder Anstalt nicht zuvor benannt (siehe § 475 II BGB sowie das Beispiel bei Rn 79a). Mithin ist hinsichtlich § 447 I BGB zu unterscheiden:

- Beim Versendungskauf außerhalb des Verbrauchsgüterkaufs greift die Gefahrtragungsregel des § 447 I BGB uneingeschränkt: Die Gefahr des zufälligen Untergangs/Verlusts oder der zufälligen Verschlechterung geht auf den Käufer über, sobald der Verkäufer die Sache dem Spediteur, dem Frachtführer oder der sonst zur Ausführung der Versendung bestimmten Person oder Anstalt übergeben hat. Entgegen § 326 I S. 1 Hs. 1 BGB bleibt der Käufer grds. zur Kaufpreiszahlung verpflichtet (und trägt damit die Preisgefahr).
- Bei einem Verbrauchsgüterkauf i.S.d. § 474 I BGB ist danach zu unterscheiden, wer den Spediteur bzw. Paketdienst beauftragt hat:
  - ⇨ Hat bei einem Verbrauchsgüterkauf i.S.d. § 474 I BGB der *Unternehmer* den Spediteur bzw. Paketdienst beauftragt, die Sache an den Käufer zu liefern, greift der Umkehrschluss aus § 475 II BGB mit der Folge, dass beim Untergang/Verlust oder bei einer Verschlechterung der Sache während des Transports der Verkäufer nicht nachliefern muss (mit der Übergabe der Sache an die Transportperson hat er alles zur Erfüllung aus dem Schuldverhältnis Erforderliche getan bzw. ist gem. § 275 I BGB von seiner Leistungspflicht befreit). Allerdings ist der Käufer – wegen § 326 I S. 1 Hs. 1 BGB –

---

[385] *Weidenkaff*, in: Palandt, § 447 Rn 15.
[386] Etwas anderes gilt lediglich dann, wenn der Untergang, der Verlust oder die Verschlechterung nicht zufällig eintritt, sondern vom Verkäufer zu vertreten ist. In diesem Fall greift die Gefahrtragungsregel des § 447 BGB nicht.
[387] Siehe dazu (insbesondere zur Frage nach der Vereinbarkeit mit der Verbrauchsgüterkaufrichtlinie 1999/44/EG) Rn 464b ff. und 969 ff.

auch von seiner Zahlungspflicht befreit (und trägt damit – anders als oben – nicht die Preisgefahr).

⇨ Hat bei einem Verbrauchsgüterkauf der *Verbraucher* (Käufer) den Spediteur bzw. Paketdienst zur Abholung der Sache beim Unternehmer (Verkäufer) beauftragt, und hat der Unternehmer dem Käufer diese Person oder Anstalt nicht zuvor benannt, greift gem. § 475 II BGB die Gefahrtragungsregel des § 447 I BGB mit der Maßgabe, dass die Gefahr des zufälligen Untergangs und der zufälligen Verschlechterung mit Übergabe der Sache an die Transportperson auf den Käufer übergeht. Der Käufer bleibt also zur Erbringung der Gegenleistung verpflichtet.

Hinweis für die Fallbearbeitung: Bei Vorliegen eines **Versendungskaufs nach § 447 BGB** bietet sich folgende Prüfungsreihenfolge hinsichtlich des Bestehens des *Zahlungsanspruchs* an: **418**

1. Anspruch aus § 433 II BGB entstanden?

Hier ggf. das Vorliegen eines wirksamen Kaufvertrags prüfen.

2. Anspruch nach § 326 I S. 1 Hs. 1 BGB (nicht) untergegangen?

Fraglich ist, ob der Zahlungsanspruch gem. § 326 I S. 1 Hs. 1 BGB untergegangen ist. Das wäre der Fall, wenn die aus dem gegenseitigen Vertrag resultierende synallagmatische Leistung des Verkäufers gem. § 275 BGB unmöglich geworden ist. Bei einer Gattungsschuld ist dabei zunächst fraglich, ob die Sache bereits konkretisiert worden ist. Dies ist bei einer Schickschuld der Fall, wenn der Gegenstand vom Verkäufer an den Transporteur ausgehändigt, also *zur Beförderung* an die vom Käufer angegebene Adresse *übergeben* wurde.[388] Dann hat der Verkäufer alles seinerseits zur Leistungserbringung Erforderliche getan, § 243 II BGB. Geht diese konkretisierte Schuld beim Transport unter, ist ein Fall der Unmöglichkeit gem. § 275 BGB gegeben. Grundsätzlich würde dies zum Erlöschen der Kaufpreiszahlungspflicht als Gegenleistung führen, § 326 I S. 1 Hs. 1 BGB.

3. Gefahrtragungsumkehr nach § 447 BGB?

Vor dem Untergang der Sache könnte die Preisgefahr jedoch auf den Käufer nach § 447 BGB übergegangen sein. Dann würde dieser entgegen § 326 I S. 1 Hs. 1 BGB weiterhin zur Zahlung verpflichtet sein.

a. Ausschluss des § 447 BGB wegen § 475 II BGB?

Dafür ist zunächst fraglich, ob § 447 BGB überhaupt anwendbar ist. Ist nämlich der Käufer ein Verbraucher, § 13 BGB, und der Verkäufer ein Unternehmer, § 14 I BGB, greift die Gefahrtragungsregel des § 447 BGB wegen § 475 II BGB möglicherweise nicht (oder nur eingeschränkt). Greift § 447 BGB nicht, gilt § 326 I S. 1 Hs. 1 BGB und der Kaufpreiszahlungsanspruch erlischt.

b. Voraussetzungen des § 447 BGB

Liegt hingegen *kein* Verbrauchsgüterkauf i.S.d. § 474 BGB vor, ist § 447 BGB anwendbar. Der Käufer bleibt also zur Zahlung gem. § 433 II BGB verpflichtet, wenn ein Versendungskauf vorliegt und die Sache an den Transporteur ausgehändigt wurde. Dasselbe gilt, wenn bei einem Verbrauchsgüterkauf der Verbraucher die Transportperson beauftragt hat.

Im Zusammenhang mit § 447 BGB treten in einer Klausur typischerweise mehrere Problemkreise auf. Zunächst ist bei der Frage nach der Unmöglichkeit der Leistung regelmäßig die Konkretisierung (§ 243 II BGB) der untergegangenen Sache zu erörtern. Dabei ist eine klare Qualifikation der Schuld (Bring-, Hol- oder Schickschuld) vorzunehmen. Ein weiteres Problem stellt sich, wenn der Verkäufer die Sache nicht an eine fremde Transportperson (z.B. Post), sondern an seinen **eigenen** Fahrer übergibt. Bei dieser Konstellation ist umstritten, ob § 447 BGB eingreifen soll (dazu *Wertenbruch*, JuS 2003, 625, 628). *Dagegen* spricht, dass der Ver- **419**

[388] BGH MDR 2004, 22, 22; *Lorenz*, JuS 2004, 105, 106.

käufer die Sache bei der Übergabe an seine eigenen Leute noch nicht aus seinem Machtbereich entlässt, sodass es eigentlich auch gerecht wäre, wenn er weiterhin die Preisgefahr tragen würde. Allerdings spricht *für* die Anwendung von § 447 BGB, dass der Verkäufer bei einer Schickschuld den Transport der Sache gerade nicht schuldet. Wenn er gleichwohl seine Leute für die Übersendung der Sache einsetzt, soll ihm dies nach der h.M. nicht zum Nachteil gereichen. Die Gefahr soll also nach § 447 BGB auch übergehen, wenn keine fremde Person mit dem Transport betraut wurde. Schließlich ist bei § 447 BGB immer an die Möglichkeit der **Drittschadensliquidation** (siehe Rn 1089 ff.) zu denken.

d. §§ 644, 645 BGB

420 Sonderregelungen zu § 326 I S. 1 Hs. 1 BGB befinden sich auch in §§ 644, 645 BGB. Nach **§ 644 I S. 1 BGB** trägt bis zur Abnahme des Werks durch den Besteller der Unternehmer die Preisgefahr. Geht also das Werk vor der Abnahme unter und ist die Werkerstellung auch nicht mehr nachholbar, erhält der Unternehmer keinen Werklohn. Sobald der Besteller das Werk abgenommen hat, muss er dem Unternehmer auch den Werklohn entrichten, wenn die Sache danach zufällig untergeht. **§ 644 I S. 2 BGB** regelt den Gefahrübergang (Preisgefahr) bei *Annahmeverzug* und entspricht damit inhaltlich dem § 326 II S. 1 Var. 2 BGB. In **§ 644 II BGB** besteht eine Sonderregelung für Werkverträge, bei denen das Werk versendet wird. Danach ist § 447 I BGB entsprechend anzuwenden. Ist das Werk untergegangen, unausführbar geworden oder hat es sich verschlechtert, weil der Besteller fehlerhafte Stoffe geliefert hat oder fehlerhafte Anweisungen gab, kann der Unternehmer nach **§ 645 BGB** einen seiner Arbeit entsprechenden Teil der Vergütung verlangen.

e. § 326 II S. 1 Var. 1 BGB – Überwiegende Verantwortlichkeit

421 § 326 II S. 1 Var. 1 BGB regelt den Fall des **vom Gläubiger ganz oder weit überwiegend zu vertretende Unmöglichkeit:** Danach bleibt der Gläubiger trotz Unmöglichkeit der Leistung auf Seiten des Schuldners zur Gegenleistung verpflichtet, wenn *er* für den Umstand, der dem Schuldner die Erbringung der Leistung nach § 275 BGB unmöglich machte, allein oder weit überwiegend verantwortlich ist. Liegt eine alleinige oder weit überwiegende Verantwortlichkeit des Gläubigers hinsichtlich des Unmöglichwerdens der Leistung vor, geht die Preisgefahr als Ausnahme zu § 326 I S. 1 Hs. 1 BGB auf den Gläubiger über. Die Vorschrift ist daher – wie auch die anderen Ausnahmeregelungen – keine eigene Anspruchsgrundlage, sondern eine *Anspruchserhaltungsnorm*, die den Untergang der Forderung verhindert.

422 Eine Verantwortlichkeit des Gläubigers ist zunächst gegeben, wenn dieser die Unmöglichkeit der Leistungserbringung durch den Schuldner gem. §§ 276 ff. BGB zu vertreten hat. Dies ist anzunehmen, wenn der Gläubiger schuldhaft eigene Haupt- oder Nebenpflichten (etwa die Übernahme einer Vorleistungspflicht[389]) verletzt hat. Dies kommt indes nur in seltenen Ausnahmekonstellationen in Betracht. Eher kommt es vor, dass eine Verantwortlichkeit i.S.d. § 326 II S. 1 Var. 1 BGB vorliegt, wenn der Gläubiger im Vertrag ausdrücklich oder konkludent das Risiko für ein etwaiges Leistungshindernis übernommen hat.[390] So kann bei einem Dienstvertrag trotz Nichterbringung der geschuldeten Dienstleistung der Vergütungsanspruch bestehen bleiben, wenn der Dienstberechtigte das Risiko eines Leistungshindernisses übernommen hat. Kann in diesem Fall bei Unmöglichkeit die Dienstleistung nicht erbracht werden, bleibt der Dienstberechtigte zur

---

[389] BGH NJW 2007, 3488; NJW 2008, 511; *Grüneberg*, in: Palandt, § 326 Rn 9.

[390] BGH NJW 2002, 595, 596 (Konzertausfall, weil sich Sängerinnen zerstritten hatten - „Tic-Tac-Toe-Fall"); NJW 2011, 756, 757 (Kartenlegen als unmögliche Leistung – dazu *Bartels*, ZGS 2011, 355; *Schermaier*, JZ 2011, 633; *Windel*, ZGS 2011, 218; *Timme*, MDR 2011, 397).

Gegenleistung verpflichtet, weil er für die Unmöglichkeit wegen der Risikoübernahme „allein verantwortlich" (i.S.v. § 276 I S. 1 BGB) ist.[391]

Für § 326 II S. 1 Var. 1 BGB ist nicht nur erforderlich, dass der Gläubiger für das Leistungshindernis überhaupt verantwortlich ist, er muss vielmehr **allein oder weit überwiegend** verantwortlich sein. Für die Feststellung des Grades der Verantwortlichkeit kann der Rechtsgedanke des § 254 BGB herangezogen werden. So ist ein „weites Überwiegen" anzunehmen, wenn ein etwaiger Schadensersatzanspruch des Gläubigers aufgrund seiner Mitverantwortlichkeit an § 254 BGB scheitern würde. Dafür ist eine Verantwortungsquote des Gläubigers von i.d.R. 90% bzw. mind. 80% erforderlich.[392] **423**

Beispiel: K möchte beim Autohändler V einen Wagen kaufen. Er ist zu diesem Zweck zu V gegangen und hat dort eine Probefahrt mit einem gebrauchten Mercedes gemacht. Danach hat er – was V nicht wusste – das Auto weder abgeschlossen noch die Fenster verriegelt. K und V schließen einen Kaufvertrag über den Wagen ab und vereinbaren, dass K das Auto am nächsten Tag abholt. In der Nacht wird der Mercedes wegen der offenen Türen und Fenster gestohlen. V verlangt Zahlung. Zu Recht?

Der zunächst gem. § 433 II BGB entstandene Anspruch könnte gem. § 326 I S. 1 Hs. 1 BGB untergegangen sein, weil die *Leistung* (Übereignung des Kfz) gem. § 275 I BGB (Stückschuld) unmöglich geworden ist.

Allerdings liegt eine in § 326 II S. 1 Hs. 1 BGB geregelte Ausnahme von § 326 I S. 1 Hs. 1 BGB vor, da der Gläubiger K den Untergang der Sache allein bzw. weit überwiegend zu verantworten hat. Selbst wenn man auch V vorwerfen könnte, dass er den Wagen nach der Probefahrt nicht noch einmal kontrolliert hat, ist der Verantwortungsbeitrag des K mit mindestens 80% zu bewerten, weil er den Wagen nicht verschlossen hat. K bleibt damit zur Zahlung verpflichtet.

f. § 326 II S. 1 Var. 2 BGB – Annahmeverzug des Gläubigers

Nach § 326 II S. 1 Var. 2 BGB bleibt der Gläubiger zur Gegenleistung verpflichtet, wenn er sich zum Zeitpunkt des Eintritts der *vom Schuldner nicht zu vertretenden* Unmöglichkeit im **Annahmeverzug** (§§ 293 ff. BGB) befindet. Mit dem Annahmeverzug geht die Preisgefahr vom Schuldner auf den Gläubiger über. Der Grund dafür liegt darin, dass der Schuldner ohne den Gläubigerverzug seine Leistung schon erbracht hätte und deshalb von dem Umstand, welcher das Leistungshindernis begründet, nicht betroffen wäre. Da der Schuldner während des Annahmeverzugs gem. § 300 I BGB nur Vorsatz und grobe Fahrlässigkeit zu vertreten hat, erstreckt sich der Gefahrübergang auch auf die vom Schuldner leicht fahrlässig verursachte Unmöglichkeit. Das bedeutet, dass der Anspruch des Schuldners auf die Gegenleistung auch bestehen bleibt, wenn er die Unmöglichkeit der Leistung leicht fahrlässig herbeigeführt hat. Sobald jedoch auch auf Seiten des Schuldners ein (nicht leichtes) Vertretenmüssen nach §§ 276 ff. BGB anzunehmen ist, gelangt man zum Problem der beiderseitig zu vertretenden Unmöglichkeit (Rn 428 ff.). **424**

Nicht erforderlich ist, dass der Annahmeverzug des Gläubigers **kausal** geworden ist für das Unmöglichwerden der geschuldeten Leistung. Das Leistungshindernis, aufgrund dessen der Schuldner von seiner Leistung nach § 275 BGB frei wird, muss nur *während* des Annahmeverzugs des Gläubigers eingetreten sein. **425**

---

[391] Vgl. BGH NJW 2002, 595 ff. (Konzertausfall, weil sich Sängerinnen zerstritten hatten). Hier hatte nach Auffassung des BGH der Konzertveranstalter gegenüber dem Beleuchtungstechniker das Risiko des Leistungshindernisses übernommen und war somit für den Umstand, aufgrund dessen der Beleuchtungstechniker nicht zu leisten brauchte, verantwortlich. Daher behielt wegen § 326 II S. 1 Var. 1 BGB der Beleuchtungstechniker gegenüber dem Konzertveranstalter seinen Vergütungsanspruch, obwohl die Leistungserbringung unmöglich i.S.d. § 275 BGB war.

[392] *Grüneberg*, in: Palandt, § 326 Rn 9.

Beispiel: B kauft im Geschäft des A eine Vase. Dabei wird vereinbart, dass die Vase am nächsten Tag um 15.00 Uhr zu B nach Hause gebracht werden soll. Als A zum vereinbarten Termin bei B an der Haustür klingelt, öffnet niemand. A muss die Vase also wieder in seinen Transporter laden und macht sich auf den Heimweg. Beim Ausladen stolpert A aus leichter Unachtsamkeit, wobei die Vase zerstört wird. A meint, er müsse nicht noch einmal leisten, und verlangt von B Bezahlung.

Der Anspruch auf Kaufpreiszahlung (*Gegenleistung*) gem. § 433 II BGB ist zunächst entstanden.

Er könnte aber gem. § 326 I S. 1 Hs. 1 BGB wieder untergegangen sein, wenn die *Leistung* (Übereignung der Vase) unmöglich geworden ist. Es handelte sich um eine konkretisierte Gattungsschuld, da A die Vase zu B brachte und sie ihm anbot (Bringschuld). Er hat damit alles seinerseits zur Leistung Erforderliche getan, § 243 II BGB. Durch die Zerstörung der (konkretisierten) Vase ist die Erbringung der Leistung unmöglich geworden, § 275 I BGB. Damit könnte auch die Gegenleistung gem. § 326 I S. 1 Hs. 1 BGB untergegangen sein, wenn keine Ausnahme von dieser Vorschrift vorliegt. Hier kommt § 326 II S. 1 Var. 2 BGB in Betracht. Ein Annahmeverzug liegt gem. §§ 293, 296 BGB vor. Fraglich ist aber, ob die Unmöglichkeit der Leistung – wie es § 326 II S. 1 Var. 2 BGB verlangt – vom Schuldner (von A) *nicht* zu vertreten war. A hat zwar leicht unachtsam gehandelt, allerdings stand ihm wegen des Annahmeverzugs des B das Haftungsprivileg des § 300 I BGB zur Seite, sodass die leichte Fahrlässigkeit unbeachtlich ist. Damit greift die Vorschrift des § 326 II S. 1 Var. 2 BGB ein. A ist nicht nur von seiner Leistungspflicht gem. § 275 BGB befreit, sondern er kann nach wie vor Zahlung des Preises aus § 433 II BGB verlangen.

Hinweis für die Fallbearbeitung: Wenn der Schuldner seinen Anspruch auf die Gegenleistung gem. § 326 II BGB behält, obwohl er seinerseits wegen § 275 BGB nicht mehr zu leisten braucht, muss er sich wegen **§ 326 II S. 2 BGB** aber zumindest dasjenige anrechnen lassen, was er infolge der Befreiung von seiner Leistung erspart hat oder durch anderweitige Verwendung seiner Arbeitskraft erwirbt oder zu erwerben böswillig unterlässt. Damit sind insb. etwaige Reise- und Transportkosten, Arbeitslöhne und Vergütungen für Lieferanten oder Subunternehmer gemeint, die sich der Schuldner wegen seiner Leistungsbefreiung ersparen kann. Anzurechnen sind auch der Rest des Leistungsgegenstands oder ein etwaiger Erlös, den er durch diese Reste der zerstörten Sache erlangt. Bzgl. des böswilligen „Nichterwerbs" reicht es aus, dass der Schuldner eine anderweitige Verdienstmöglichkeit kennt und vorsätzlich auslässt. **Nicht** anzurechnen sind die bereits erbrachten, aber nutzlos gewordenen Aufwendungen. Im obigen **Beispielsfall** muss sich A also bspw. dasjenige anrechnen lassen, was er u.U. durch einen Weiterverkauf der zerstörten Vase einnimmt. Die Aufwendungen für den vergeblichen Transport dagegen werden nicht zu seinen Lasten berechnet.

g. §§ 326 III, 285 BGB – Stellvertretendes commodum

426 Eine weitere Ausnahme zu § 326 I S. 1 Hs. 1 BGB findet sich in §§ 326 III, 285 BGB. Sofern der Schuldner von seiner Leistungspflicht gem. § 275 BGB frei wird, kann sich der Gläubiger zunächst darauf berufen, dass er gem. § 326 I S. 1 Hs. 1 BGB ebenfalls von seiner Leistungspflicht frei wird. Erwirbt der Schuldner allerdings für den Verlust seines Leistungsgegenstands einen Ersatzanspruch (z.B. Versicherungssumme oder Schadensersatzanspruch gegen einen Dritten), kann der Gläubiger wahlweise auch diesen begehren, anstatt sich auf das Freiwerden von seiner Gegenleistungspflicht zu berufen, § 285 BGB (dazu bereits Rn 403). Dies macht insbesondere Sinn, wenn die Ersatzsache oder der Ersatzanspruch wertvoller ist als die Gegenleistung. Verlangt der Gläubiger die Herausgabe des Surrogats, bleibt er gem. § 326 III S. 1 BGB zur Gegenleistung verpflichtet. Eine Minderung der Gegenleistung ist nach §§ 326 III S. 2, 441 III BGB möglich, wenn der Wert des Ersatzes hinter dem der geschuldeten Leistung zurückbleibt.

Hinweis für die Fallbearbeitung: Die Absätze II und III des § 326 BGB stellen keine eigenständigen Anspruchsgrundlagen dar. Es handelt sich dabei vielmehr um *Anspruchserhaltungsnormen*. Die Anspruchsgrundlage für die Gegenleistung bleibt also die vertraglich vereinbarte, z.B. die Kaufpreiszahlungspflicht aus § 433 II BGB. Bei der Prüfung dieses Anspruchs ist dann im Prüfungspunkt „Anspruch untergegangen" (Rn 406) auf § 326 I S. 1 BGB einzugehen und zu prüfen, ob der Gegenleistungsanspruch danach ausgeschlossen ist. Dann wiederum ist auf § 326 II bzw. III BGB einzugehen und zu prüfen, ob der Gegenleistungsanspruch doch besteht.
Ist die Gegenleistung bereits erbracht und fordert der Gläubiger „sein Geld" zurück, ist i.d.R. der Einstieg über § 326 IV BGB zu wählen, der auf die Rücktrittsvorschriften (§§ 346 ff. BGB) verweist.

h. Schadensersatz statt der Leistung, §§ 280 ff.; 311a II BGB

Hat der Schuldner das Unmöglichwerden der Leistung gem. § 276 BGB zu vertreten, **427** kann der Gläubiger nach §§ 280 ff. BGB oder § 311a II BGB Schadensersatz verlangen (dazu ausführlich Rn 679 ff.). Er wird dabei nicht automatisch von seiner Gegenleistungspflicht frei, sondern behält das Wahlrecht, die Leistung nach wie vor zu erbringen oder sich auf das Freiwerden zu berufen. Behält er seine Leistung, muss er sich ihren Wert bei der Berechnung des Schadensersatzes anrechnen lassen. Erbringt er hingegen die Leistung, erhöht sich der Schadensersatzanspruch um den Wert des Geleisteten. Dieser Fall wird nur bei Tauschgeschäften relevant sein, weil die Gegenleistung bei einem Kauf in Geld besteht und der Gläubiger (= Geldschuldner) kein Interesse daran hat, erst Geld (die Gegenleistung) hinzugeben, um es sodann im Wege des Schadensersatzes zurückzuverlangen.

Beispiel: P und B haben einen Tausch vereinbart, bei dem B seinen BMW und P seinen Porsche jeweils dem anderen übereignen sollen. Schuldhaft zerstört P seinen Porsche am Tag vor der Erfüllung.

P ist gem. § 275 BGB von seiner Leistungspflicht befreit. Damit müsste an sich auch B gem. § 326 I S. 1 Hs. 1 BGB von seiner Pflicht zur Gegenleistung befreit sein, zumal auch keine Ausnahmevorschriften eingreifen (insb. nicht § 326 II BGB, da der *Schuldner* die Unmöglichkeit verschuldet hat). Leistet B nicht, muss er sich aber den Wert seines BMW (seiner Gegenleistung) auf den Schadensersatzanspruch aus §§ 280 I, III, 283 BGB anrechnen lassen. Dies kann für ihn von Nachteil sein, wenn er den Wagen ohnehin nicht behalten wollte und er lieber den vollen Schadensersatz in Geld begehrt. Daher ist § 326 I S. 1 Hs. 1 BGB teleologisch zu reduzieren und B kann wählen, ob er nicht leistet und nur die Wertdifferenz zwischen den beiden Autos verlangt oder ob er den vollen Wert des Porsches begehrt und den BMW dafür leistet.

3. Besonderheiten bei beiderseitig zu vertretender Unmöglichkeit

a. Ausgangslage

Vom Gläubiger zu vertretende Unmöglichkeit: In § 326 II S. 1 Var. 1 BGB geht der **428** Gesetzgeber von dem Fall aus, dass der Gläubiger (d.h. der Gläubiger der unmöglich gewordenen Leistung) für die Unmöglichkeit allein oder weit überwiegend verantwortlich ist. In diesem Fall behält der Schuldner den Anspruch auf die Gegenleistung. Das ist richtig. Denn es kann nicht das Problem des Schuldners der Leistung sein, wenn die Unmöglichkeit der Leistungserbringung ganz oder weit überwiegend (also mindestens zu 80%) vom anderen Teil zu verantworten ist.

Vom Schuldner zu vertretende Unmöglichkeit: Umgekehrt ist auch klar, dass der Schuldner der Leistung keinen Anspruch auf Gegenleistung hat, wenn *er* die Unmöglichkeit zu vertreten hat (vgl. § 326 I S. 1 BGB).

Von beiden Seiten nicht zu vertretende Unmöglichkeit: Ist die Unmöglichkeit weder vom Schuldner noch vom Gläubiger zu vertreten, entfällt nicht nur die Gegenleistungspflicht, sondern es scheiden auch Schadensersatzansprüche aus, da diese ja gerade Vertretenmüssen voraussetzen (vgl. § 280 I S. 2 BGB).

Von beiden Seiten zu vertretende Unmöglichkeit: Gesetzlich nicht geregelt (und daher problematisch) ist aber der Fall, in dem beide Seiten die Unmöglichkeit der Leistungserbringung zu vertreten haben (und die Verantwortung des Gläubigers bei weniger als 80% liegt).

> **Beispiel („Porzellanstatuenfall"):** V verkauft K eine große alte Porzellanstatue. Weil K diese am nächsten Tag bei V abholen will, stellt V die Statue auf den Hof und beachtet dabei nicht, dass der Boden so sandig ist, dass die Statue bei geringer Erschütterung umfallen könnte. Als K bei V eintrifft, läuft er aus Unachtsamkeit gegen die Statue, woraufhin diese umfällt und vollständig zerstört wird. ⇨ Hier haben beide die Unmöglichkeit der Leistung zu vertreten. Vgl. weiterhin Rn 434/435.

429 **Hinweis für die Fallbearbeitung:** Bei der vorliegenden Problematik ist exakt auf die Terminologie zu achten. Der Schuldner der unmöglich gewordenen Leistung ist zugleich Schuldner *dieser* Leistung und Gläubiger der Gegenleistung. In § 326 BGB wird er allerdings lediglich als **Schuldner** bezeichnet. Der Gläubiger der unmöglich gewordenen Leistung ist auch zugleich Schuldner der Gegenleistung. Er wird vom Gesetz aber lediglich als **Gläubiger** bezeichnet. Wer also die unmöglich gewordene Leistung schuldete, ist der Schuldner, wer die Gegenleistung schuldete, ist der Gläubiger.

430 Zunächst ist zu beachten, dass bei einer *einseitigen* Leistungspflicht (etwa Schenkung) die Konstellation des beiderseitigen Vertretenmüssens kein Problem darstellt, weil der Schadensersatzanspruch des Gläubigers gem. § 254 I BGB um seine Mitverschuldensquote gekürzt wird. Bei *gegenseitigen* Verpflichtungen dagegen kann nicht nur dem Gläubiger des geschuldeten Gegenstands ein Schaden entstehen, sondern auch dem Schuldner, der u.U. seine Gegenleistung und damit einen etwaigen Gewinn verliert. Diese unterschiedlichen Interessen der Parteien sind in einen schonenden Ausgleich zu bringen.

431 Es stellt sich die Frage, wie solche Fälle zu behandeln sind. Unstreitig ist, dass der Schuldner von seiner Leistungspflicht gem. § 275 I BGB frei wird. Bei der Frage nach der Gegenleistung und dem Schadensersatzanspruch werden viele unterschiedliche Lösungsansätze vertreten[393], die hier nicht im Einzelnen dargestellt werden können.

432 Überzeugend erscheint folgender Weg: Handelt es sich *nicht* um einen Fall, in dem der Gläubiger allein oder weit überwiegend für die Unmöglichkeit verantwortlich und für den § 326 II S. 1 BGB anwendbar ist (s.o., Rn 421), behält der Gläubiger seinen Anspruch auf die Gegenleistung. Dieser Anspruch ist aber nach § 254 BGB um seinen Verantwortungsanteil zu kürzen. Parallel dazu hat der Schuldner einen Schadensersatzanspruch gem. § 280 I BGB, der ebenfalls nach § 254 BGB um seinen Mitverschuldensanteil zu kürzen ist.[394]

433 Ist die Anspruchsrichtung umgekehrt (also Gläubiger gegen Schuldner auf Schadensersatz statt der Leistung gem. §§ 280 I, III, 283 BGB bzw. gem. § 311a II BGB), ist dieser

---

[393] Vgl. die Gegenüberstellung von *Brade*, JA 2013, 413 ff.

[394] Vgl. nunmehr auch BGH RdL 2015, 95 f., der die vom Berufungsgericht vorgenommene Quotelung von je 50% „aus Sicht des BGB" nicht beanstandet; vgl. zuvor schon *Stadler*, in: Jauernig, § 326 Rn 22; *Grüneberg*, in: Palandt, § 326 Rn 15; *Medicus/Lorenz*, SchuldR AT, Rn 449.

Anspruch ebenfalls nach § 254 BGB um den Anteil zu kürzen, den der Gläubiger durch seine Nebenpflichtverletzung mitverursacht hat.[395]

Kommt demnach **Schadensersatz** in Betracht, kann der Schaden nach der **Differenztheorie** (Rn 692 f.) berechnet werden.[396] 434

Beispiel: Es wird angenommen, dass im „Porzellanstatuenfall" (Rn 428) den Gläubiger (Käufer) eine Verantwortlichkeit von 40% und den Schuldner (Verkäufer) eine solche von 60% trifft. Als Kaufpreis wurde 1.000,- € vereinbart und der Gläubiger hatte eine Weiterveräußerungsoption der Statue zu einem Preis von 1.100,- €.

Nach dem oben Gesagten bleibt der Anspruch des Schuldners (Verkäufers) gem. § 326 I S. 1 Hs. 1 BGB bestehen, wird aber um seinen Mitverschuldensanteil (60%) gekürzt. Es besteht also ein Anspruch des V gegen K auf Zahlung i.H.v. 400,- €.

Der Anspruch des Gläubigers (Käufers) aus §§ 280 I, III, 283 BGB ist im Wege der Differenztheorie auf 100,- € zu beziffern. Abzüglich von 40% verbleibt ein Anspruch auf Zahlung von 60,- €. Saldiert man die beiden Ansprüche, verbleibt dem Schuldner (Verkäufer) ein Anspruch auf Zahlung i.H.v. 340,- €.

Berechnet man den Schadensersatzanspruch des Gläubigers gem. §§ 280 I, III, 283 BGB im Wege der **Surrogationsmethode** (ebenfalls Rn 692 f.)[397], folgt der Anspruch aus dem Wert des Gegenstands zzgl. etwaiger Folgeschäden wie z.B. dem entgangenen Gewinn. Von diesem Anspruch ist der der Mitverschuldensquote des Gläubigers entsprechende Anteil abzuziehen, § 254 I BGB. Dafür behält der Schuldner nach § 326 II BGB seinen ungekürzten Anspruch auf die Gegenleistung. Dann werden die beiden Ansprüche gegeneinander verrechnet. 435

Beispiel: Im „Porzellanstatuenfall" (Rn 428) trifft den Gläubiger (Käufer) ein 40%iges und den Schuldner (Verkäufer) ein 60%iges Verschulden an dem Untergang der Sache. Der Preis beträgt 1.000,- € und der Gläubiger hätte die Statue für 1.100,- € weiterveräußern können.

Der Schadensersatzanspruch des Gläubigers (Käufers) gem. §§ 280 I, III, 283 BGB beträgt nach der Surrogationsmethode 1.100,- € abzgl. einer Quote von 40%, also 660,- €. Der Schuldner behält dafür seinen ungekürzten Kaufpreisanspruch gem. §§ 433 II, 326 II BGB, also 1.000,- €. Nach einer Saldierung der Ansprüche verbleibt dem Schuldner (Verkäufer) ein Anspruch auf Zahlung i.H.v. 340,- €.

b. Beiderseitig zu vertretende *anfängliche* Unmöglichkeit

Denkbar ist auch der Fall, in dem die Leistung anfänglich unmöglich ist und sowohl der Schuldner als auch der Gläubiger das Leistungshindernis kannten oder fahrlässig nicht kannten. 436

Beispiel: A und B schließen einen Kaufvertrag über die Lieferung von 1.000 Liter Rotwein aus dem Weinbaugebiet X. Zum Zeitpunkt des Vertragsschlusses war beiden Parteien bekannt, dass die Ernte aufgrund eines vorangegangenen Unwetters sehr knapp ausfallen würde. ⇨ Hier haben beide Parteien fahrlässig in Bezug auf die Lieferung trotz möglichen Ernteausfalls gehandelt.

Bei der Frage nach der **Gegenleistung** ist grundsätzlich § 326 I BGB anzuwenden, sodass der Anspruch **fortfällt**. Der Umstand, dass auch der Gläubiger die Unmöglichkeit kannte oder kennen musste, ändert daran nichts. Insbesondere greift § 326 II BGB nicht ein, weil diese Anspruchserhaltungsnorm nur auf die Verantwortlichkeit *für den zur Un-* 437

[395] Vgl. die soeben Genannten a.a.O.
[396] *Grüneberg*, in: Palandt, § 326 Rn 15.
[397] *Grüneberg*, a.a.O.

möglichkeit führenden *Umstand* abstellt. Auch wäre es unangemessen, den Gläubiger bloß wegen seiner Kenntnis oder zu vertretenden Unkenntnis auf den vollen Betrag haften zu lassen. Will der *Gläubiger* einen **Schadensersatzanspruch** gem. § 311a II BGB geltend machen (z.B. weil er den Gegenstand mit Gewinn hätte weiterveräußern können), ist dieser Anspruch gem. § 254 I BGB zu mindern.[398] Die Kürzung erfolgt dabei anhand einer „Wissensquote" bzw. „Verschuldensquote".

438 Darüber hinaus könnte man erwägen, dass der *Schuldner* einen **Anspruch auf Schadensersatz** gem. §§ 280 I, 241 II, 311 II BGB (c.i.c. – dazu Rn 602 ff./620 ff.) hat. Der Schaden, den der Schuldner haben könnte, kann aber nicht aus dem Verlust des Gegenanspruchs resultieren. Denn der Schuldner hatte die Sache bei Vertragsschluss noch gar nicht, sodass er sich aufgrund der Unmöglichkeit die Beschaffungskosten erspart. Selbst wenn der Schuldner durch die Veräußerung des Gegenstands einen Gewinn erreicht hätte, darf ihm der Verlust des Gewinns nicht auf der Grundlage der c.i.c. erstattet werden, weil dieser Anspruch grundsätzlich nur auf das negative Interesse gerichtet ist. Ein Schaden könnte ihm aber bspw. durch kostenaufwendige Beschaffungs*versuche* entstanden sein. Die zu diesem Anspruch erforderliche vorvertragliche **Pflichtverletzung** könnte daraus hergeleitet werden, dass sich der Gläubiger in vorwerfbarer Weise eine unmögliche Leistung versprechen ließ.[399] Der Anspruch des Schuldners ist wiederum gem. § 254 I BGB zu kürzen.

c. Vom Schuldner zu vertretende Unmöglichkeit während eines Annahmeverzugs des Gläubigers

439 Fraglich ist, ob ein Fall der beiderseitig zu vertretenden Unmöglichkeit auch vorliegt, wenn der Schuldner die Unmöglichkeit der Leistung zu vertreten hat und der Umstand während eines Annahmeverzugs des Gläubigers eintrat. Zu beachten ist dabei, dass ein Vertretenmüssen des Schuldners wegen § 300 I BGB nur vorliegt, wenn ihm Vorsatz oder grobe Fahrlässigkeit zur Last fallen. Soweit der Schuldner die Unmöglichkeit nur mit leichter oder mittlerer Fahrlässigkeit herbeigeführt hat, bleibt es bei der Regelung des § 326 II S. 1 Var. 2 BGB. Er behält seinen Anspruch auf die Gegenleistung.

Beispiele:

(1) V verkauft K eine antike Vase. Die Parteien haben vereinbart, dass V die Vase K am Montag um 15.00 Uhr nach Hause bringt. V trifft zum vereinbarten Zeitpunkt bei K jedoch niemanden an. Auf dem Rückweg stolpert V leicht fahrlässig, sodass ihm die Vase aus der Hand fällt und am Boden zerschellt.

Wegen der Zerstörung der Vase wird V von seiner Leistungspflicht gem. § 275 I BGB frei. Fraglich ist, ob er auch seinen Anspruch auf die Gegenleistung gem. § 326 I BGB verliert. Dies ist wegen **§ 326 II S. 1 Var. 2 BGB** nicht der Fall, weil sich K während der Zerstörung der Vase im Annahmeverzug befand. Dass V den Untergang der Sache leicht fahrlässig verursachte, ist unbeachtlich, weil ihm das Haftungsprivileg des **§ 300 I BGB** zugutekommt, sodass seine Fahrlässigkeit als Nichtverschulden zu betrachten ist.

(2) Abwandlung: Die Vase wird auf dem Rückweg durch V grob fahrlässig zerstört.

V ist von seiner Leistungspflicht gem. § 275 I BGB befreit. Fraglich ist, ob und in welcher Höhe sein Anspruch auf die Gegenleistung bestehen bleibt. Grundsätzlich entfällt der Anspruch auf die Gegenleistung gem. § 326 I S. 1 BGB. Fraglich ist aber, ob nicht die Anspruchserhaltungsnorm des § 326 II BGB als Ausnahme zu § 326 I BGB eingreift. In Betracht kommt § 326 II S. 1 Var. 2 BGB. Danach würde der Schuldner (Verkäufer) seinen Anspruch auf die Gegenleistung behalten, wenn der „vom Schuld-

---

[398] *Huber/Faust*, S. 223; *Rauscher*, ZGS 2002, 333, 337. Vgl. auch *Löwisch/Feldmann*, in: Staudinger, § 311a Rn 56.
[399] *Rauscher*, ZGS 2002, 333, 337.

ner nicht zu vertretende Umstand zu einer Zeit eintritt, zu welcher der Gläubiger im Verzug der Annahme ist". Wendet man diese Norm konsequent an, greift die Anspruchserhaltungsnorm nicht ein. Zwar war der Gläubiger (Käufer) im Annahmeverzug, allerdings hatte der Schuldner (hier: V) den zur Unmöglichkeit führenden Umstand zu vertreten (wegen der groben Fahrlässigkeit greift das Privileg des § 300 I BGB nicht ein). Der Anspruch des Schuldners (V) auf die Gegenleistung geht demnach entsprechend der Grundsatzregel des § 326 I S. 1 BGB in vollem Umfang unter. Dem entspricht der eindeutige Wortlaut des § 326 II S. 1 Var. 2 BGB, wonach der Anspruch nicht erhalten bleibt, wenn der Schuldner die Unmöglichkeit (wegen § 300 I BGB vorsätzlich oder grob fahrlässig) zu vertreten hat.

4. Teilunmöglichkeit

In Fällen von Teilunmöglichkeit ist bzgl. der Gegenleistungspflicht des Gläubigers zwischen quantitativer und qualitativer Teilunmöglichkeit (vgl. Rn 389 f.) zu unterscheiden.

Bei der **quantitativen Teilunmöglichkeit** mindert sich die Gegenleistung des Gläubigers kraft Gesetzes entsprechend dem Wert der unmöglich gewordenen Leistung, §§ 326 I S. 1 Hs. 2, 441 III BGB. 440

Die Gegenleistung ist also in dem Verhältnis herabzusetzen, in welchem bei Vertragsschluss der Wert der vollständigen Leistung zum Wert der Teilleistung gestanden haben würde. Hat der Gläubiger bereits vollständig geleistet, kann er das zu viel Geleistete nach § 326 IV i.V.m. §§ 346 ff. BGB zurückverlangen. Soweit der Gläubiger jedoch ein schutzwürdiges, besonderes Interesse an der *vollständigen* Leistung hat, wäre eine nur teilweise Befreiung von der Gegenleistung für ihn unbefriedigend. In diesem Fall kann er deswegen gem. §§ 326 V, 323 I und V S. 1 BGB vom gesamten Vertrag zurücktreten.[400] Das Recht auf Schadensersatz (§§ 280 I, III, 283 S. 2 BGB bzw. § 311a II S. 3 i.V.m. § 281 I S. 2 BGB) bleibt unberührt.

Bei der **qualitativen** Teilunmöglichkeit hingegen stellt § 326 I S. 2 BGB klar, dass eine Minderung der Gegenleistung nicht kraft Gesetzes eintritt. 441

Bei einer Schlechtleistung wird der Gläubiger also auch, wenn eine Nacherfüllung unmöglich ist oder ihr ein Leistungshindernis i.S.d. § 275 II, III BGB entgegensteht, nicht von seiner Verpflichtung zur Bewirkung der Gegenleistung *kraft Gesetzes* frei, § 326 I S. 2 BGB. Hinter dieser Regelung steht der Gedanke, dass sich eine nicht vertragsgemäße Leistung gedanklich auch als Teilleistung darstellen ließe, sodass gem. § 326 I S. 1 BGB eine gesetzliche Minderung einträte.[401] Im Gewährleistungsrecht ist die Minderung als Gestaltungsrecht ausgestaltet und tritt nicht automatisch ein, sondern muss durch eine *Erklärung* ausgeübt werden.

Soweit eine **quantitative** Teilunmöglichkeit bei einem **Werk- oder Kaufvertrag** vorliegt, gilt ausnahmsweise die gleiche Regelung wie für die **qualitative** Teilunmöglichkeit. Das liegt daran, dass eine Teilleistung einem Sachmangel gleichgestellt wird, vgl. § 434 III BGB und § 633 II S. 3 BGB. Leistet also ein Verkäufer/Werkunternehmer quantitativ zu wenig, liegt darin eine „nicht vertragsgemäße Leistung" (vgl. § 326 I S. 2 BGB) vor. Auch dann soll die Minderung wegen einer mangelhaften Leistung nicht ipso iure eintreten.

Hinweis für die Fallbearbeitung: In beiden Fällen von Teilunmöglichkeit bleibt dem Gläubiger das **Recht des Rücktritts gem. §§ 326 V, 323 BGB** und ggf. ein Anspruch auf Schadensersatz statt der ganzen Leistung gem. §§ 280 I, III, 283, 281 I S. 2, 3 BGB. Dabei ist zu beachten, dass der Gläubiger bei *quantitativer* Teilunmöglichkeit einen Schadensersatzanspruch statt der ganzen Leistung nur verlangen kann, wenn er an der Teilleistung kein Interesse hat, § 281 I S. 2 BGB. Bei *qualitativer* Teilunmöglichkeit muss für das Bestehen eines Ersatzanspruchs statt der ganzen Leistung gem.

[400] Vgl. dazu auch *Lorenz*, NJW 2003, 3097, 3098.
[401] *Huber/Faust*, S. 199.

§ 281 I S. 3 BGB die Pflichtverletzung erheblich sein. (zu den i.R. eines Kauf- und Werkvertrags auftretenden Problemen vgl. Rn 475, 697, 735). Verlangt der Gläubiger Schadensersatz statt der ganzen Leistung, ist der Schuldner zur Rückforderung einer erbrachten Teilleistung nach §§ 346 ff. BGB berechtigt, § 281 V BGB.

C. Rücktritt, §§ 323 ff. BGB

Verletzt der Schuldner seine vertragliche Primärleistungspflicht, ist der Gläubiger unter den Voraussetzungen der §§ 323 ff. BGB berechtigt, vom Vertrag zurückzutreten. Auch können sich die Vertragsparteien bei Vertragsschluss den Rücktritt vorbehalten. Dann spricht man von einem vertraglichen Rücktrittsrecht bzw. vom Rücktrittsvorbehalt. **442**

Rücktritt ist die Rückgängigmachung eines wirksam zustande gekommenen Vertrags durch die einseitige Erklärung einer Partei aufgrund einer entsprechenden *gesetzlichen* oder *vertraglichen* Befugnis.

Voraussetzungen für den Rücktritt sind eine Rücktrittserklärung und ein Rücktrittsgrund. Die **Rücktrittserklärung** gem. § 349 BGB ist eine formlose, empfangsbedürftige Willenserklärung, die der Rücktrittsberechtigte gegenüber dem Rücktrittsgegner abzugeben hat (Gestaltungsrecht). Zwar unterliegt das Rücktrittsrecht als Gestaltungsrecht nicht der Verjährung[402], da nur Ansprüche der Verjährung unterliegen (vgl. § 194 BGB), das heißt aber nicht, dass der Rücktritt unbefristet ausgeübt werden könnte. So hat der Gesetzgeber die Frist zur Ausübung des Rücktrittsrechts bspw. im Kaufrecht an die Verjährung des Nacherfüllungsanspruchs gekoppelt. Ein Rücktritt ist also nicht mehr möglich, wenn der Anspruch auf Nacherfüllung verjährt ist und der Verkäufer sich hierauf beruft (§ 438 IV, V i.V.m. § 218 BGB). Der **Rücktrittsgrund** ergibt sich i.d.R. aus dem Gesetz, insb. aus §§ 323 ff. BGB (ggf. anwendbar über § 437 Nr. 2 Var. 1 BGB beim Kaufvertrag oder über § 634 Nr. 3 Var. 1 BGB beim Werkvertrag[403]). Die **Rechtsfolgen** eines wirksam ausgeübten Rücktritts sind in §§ 346 ff. BGB normiert. Dabei hat der Rücktritt zur Folge, dass die bereits erbrachten Leistungen zurückzugewähren sind, § 346 I BGB. Sofern die Leistungen noch nicht erbracht wurden, stellt der Rücktritt eine **rechtsvernichtende Einwendung** dar.

Rücktritt **443**

I. Abgrenzungen

Der Rücktritt ist die Rückgängigmachung eines Vertrags durch die einseitige Erklärung einer Partei aufgrund einer vertraglichen oder gesetzlichen Befugnis.

- Der Rücktritt ist abzugrenzen von der **Anfechtung** (§ 142 I BGB). Eine Anfechtung nach § 119 II BGB wegen eines Eigenschaftsirrtums ist regelmäßig subsidiär zum Rücktritt. Eine Anfechtung nach § 119 I BGB oder § 123 BGB ist grundsätzlich neben einem Rücktritt möglich. Zu beachten ist jedoch, dass nach einer wirksamen Anfechtung ein Rücktritt ausgeschlossen ist, da die mit der Anfechtung verbundene Nichtigkeit (§ 142 I BGB) einem Rücktritt den Boden entzieht. Ein Rücktritt setzt nämlich einen gültigen Vertrag voraus.
- Der Unterschied zur **Kündigung** (§ 314 BGB) besteht darin, dass diese ex nunc ein Dauerschuldverhältnis beendet; bereits erbrachte Leistungen sind nicht gem. §§ 346 ff. BGB zurückzugewähren.
- Vom **Aufhebungsvertrag** unterscheidet sich der Rücktritt dadurch, dass der Aufhebungsvertrag zwei kongruente Willenserklärungen verlangt und es keines Rücktrittsgrunds bedarf.
- Im Unterschied zum Rücktritt kann der **Widerruf** eine schwebend unwirksame Willenserklärung vollständig vernichten oder – bei den verbraucherschützenden Widerrufsrechten – einen zunächst wirksamen Vertrag unwirksam machen.
- In Abgrenzung zum Rücktritt wird bei der **auflösenden Bedingung** i.S.d. § 158 II BGB ein zunächst wirksames Rechtsgeschäft durch ein bestimmtes Ereignis (und nicht durch eine Rücktrittserklärung) ex nunc vernichtet.

[402] Klarstellend BGH NJW 2015, 2106, 2108.
[403] Vgl. ferner die Rücktrittsrechte beim Mietvertrag (§ 572 BGB), beim Reisevertrag (§ 651i BGB), beim Verlöbnis (§§ 1298 ff. BGB) und beim Erbvertrag (§§ 2293 ff. BGB).

II. Voraussetzungen des Rücktritts

1. Rücktrittserklärung
Als Gestaltungsrecht bedarf der Rücktritt einer Rücktrittserklärung (§ 349 BGB), die grundsätzlich formfrei, unwiderruflich und bedingungsfeindlich ist.

2. Rücktrittsgrund
Ein Rücktrittsgrund kann sich insbesondere aus §§ 323, 324 oder 326 V BGB, aber auch aus §§ 313 III S. 1 BGB ergeben. Vgl. dazu Rn 454 ff., 479 ff., 484 ff. und 816.

3. Rücktritt und Schadensersatz, § 325 BGB
Gemäß § 325 BGB wird dem Gläubiger ermöglicht, vom Vertrag zurückzutreten und dennoch Schadensersatz statt der Leistung zu begehren.

III. Rechtsfolgen des Rücktritts, §§ 346 ff. BGB
Der Rücktritt hat zur Folge, dass die bereits erbrachten Leistungen gem. §§ 346 ff. BGB zurückzugewähren sind. Soweit die Leistungen noch nicht erbracht sind, gehen die Ansprüche auf die Leistungserbringung unter (rechtsvernichtende Einwendung).

I. Abgrenzungen

444 **Abzugrenzen** ist der Rücktritt von anderen Gestaltungsmöglichkeiten. Was die erklärende Partei wirklich gewollt hat, muss durch Auslegung nach §§ 133, 157 BGB ermittelt werden. Unerheblich ist dafür die für das Lösen vom Vertrag gewählte Bezeichnung.

Beispiel: Erklärt eine Partei, sie wolle sich vom Vertrag lösen bzw. nichts mehr mit der anderen Partei zu tun haben, oder verlangt sie die erbrachte Leistung zurück, ist nach der Interessenlage unter Berücksichtigung der §§ 133, 157 BGB zu ermitteln, welcher Bedeutungsgehalt der getätigten Äußerung beizumessen ist. Die Erklärung ist dahingehend auszulegen, ob sie eine Anfechtungserklärung, eine Rücktrittserklärung, einen Widerruf, eine Kündigungserklärung etc. darstellt. Da bei der Frage der Voraussetzungen, Rechtsfolgen, Fristen etc. erhebliche Unterschiede bestehen (dazu sogleich), ist leicht vorstellbar, welche Bedeutung der Auslegung beizumessen ist.

1. Abgrenzung von der Anfechtung

445 Zunächst einmal ist der Rücktritt von der **Anfechtung** gem. § 142 I BGB abzugrenzen. Diese setzt einen Anfechtungsgrund (z.B. aus §§ 119, 123 BGB) und eine Anfechtungserklärung (§ 143 BGB) unter Einhaltung der Ausschlussfrist (§§ 121, 124 BGB) voraus. Bei wirksamer Anfechtung wird das Rechtsgeschäft ex tunc (rückwirkend) vernichtet (§ 142 I BGB). Die Rückabwicklung richtet sich dann nach §§ 812 ff. BGB. Es entsteht also im Unterschied zum erklärten Rücktritt kein Rückgewährschuldverhältnis gem. §§ 346 ff. BGB, sondern ein bereicherungsrechtlicher Ausgleich nach §§ 812 ff. BGB.

- Eine Abgrenzung zwischen Rücktritt und Anfechtung ist von großer Relevanz, da in vielen Fällen neben einem Rücktritts- auch ein Anfechtungsgrund vorliegt. Regelmäßig sind bei einem Sachmangel und ernsthafter Nacherfüllungsverweigerung sowohl ein gesetzlicher Rücktrittsgrund nach §§ 434, 437 Nr. 2, 440, 323 II Nr. 1 BGB als auch ein Anfechtungsgrund wegen **Eigenschaftsirrtums nach § 119 II BGB** gegeben. In dieser Konstellation wird von der h.M. der Anfechtungsgrund wegen Eigenschaftsirrtums als verdrängt angesehen. Begründet wird dies damit, dass ansonsten die speziellen Gewährleistungsvorschriften und insb. die Verjährungsregelungen des § 438 BGB unterlaufen wären.[404]
- Anders ist es hingegen, wenn neben einem gesetzlichen Rücktrittsgrund ein **Anfechtungsgrund nach § 123 BGB** für den Käufer besteht. In diesem Fall wird der arglistig täuschende Verkäufer als nicht schutzwürdig angesehen. Der Käufer kann wahlweise den

[404] Vgl. dazu näher *R. Schmidt*, BGB AT, Rn 1481 ff.

Vertrag nach § 123 BGB anfechten oder vom Vertrag zurücktreten. Ficht er aber an, vernichtet er die Basis für einen Rücktritt, da dieser einen gültigen Vertrag voraussetzt.[405]

- Bei einem **Irrtum nach § 119 I BGB** ist eine Anfechtung neben einem Rücktritt grundsätzlich möglich. Anders als bei einem Anfechtungsgrund nach § 119 II BGB entsteht bei einem solchen nach § 119 I BGB kein Spannungsverhältnis zu dem besonders ausgestalteten Gewährleistungsrecht. Soweit sich also der Irrtum nicht auf die Mangelfreiheit der Sache bezieht (§ 119 II BGB), sondern bei der Willensäußerung vorliegt, bleibt das Anfechtungsrecht bestehen. Da durch eine Anfechtung der Vertrag rückwirkend vernichtet wird, ist ein Rücktritt nach erfolgter Anfechtung ausgeschlossen (s.o.).

Hinweis für die Fallbearbeitung: Oft kommt es vor, dass im Sachverhalt die Partei erklärt, sie wolle „mit dem Vertrag nichts mehr zu tun haben" oder sie habe „kein Interesse mehr am Vertrag". Auch kommt es vor, dass sie schlicht ihren Unmut über das Fehlverhalten der anderen Partei vor und/oder nach Vertragsschluss kundtut. Derartige „Unklarheiten" sind meist vom Aufgabenersteller gewollt, weil er untersucht haben möchte, ob eine Anfechtung oder ein Rücktritt erklärt wurde. Die Erklärung reicht für beide Möglichkeiten aus, da der Anfechtungs- bzw. Rücktrittsgrund in der Erklärung grundsätzlich nicht angegeben werden muss. Es genügt für die Erklärung, wenn für die gegnerische Partei erkennbar ist, auf welchen tatsächlichen Grund das Gestaltungsrecht gestützt wird. In Fällen dieser Art muss grds. auf beide Möglichkeiten, durch die sich eine Partei vom Vertrag lösen kann, eingegangen werden. Es ist anhand aller Umstände des Einzelfalls zu ermitteln, *welches* Recht die Partei mit ihrer unklaren Äußerung ausgeübt hat. Hierbei können folgende Faktoren berücksichtigt werden: 446

- Welche Anhaltspunkte bietet der Wortlaut der Erklärung?
- Ist aus dem Inhalt der Erklärung etwas zu entnehmen?
- Ist vielleicht schon eines der beiden Rechte verfristet?
- Gibt es u.U. eine für die Partei besonders vorteilhafte Rechtsfolge aus einem der beiden Gestaltungsrechte? (Vorteile beim Rücktritt sind z.B., dass kein Verschulden verlangt ist, dass § 122 BGB nicht anwendbar ist oder dass sich die Gegenpartei nicht auf eine Entreicherung berufen kann.)

2. Abgrenzung von der Kündigung

Weiterhin ist der Rücktritt von der **Kündigung** abzugrenzen. Durch eine Kündigung wird 447
das Schuldverhältnis für die Zukunft (ex nunc) beendet. Das bedeutet, dass bei einer Kündigung – anders als beim Rücktritt – gerade kein Rückgewährschuldverhältnis entsteht, bei welchem die in der Vergangenheit erbrachten Leistungen zurückzugewähren sind; §§ 346 ff. BGB sind nicht anwendbar. Insbesondere bei **Dauerschuldverhältnissen** finden die Rücktrittsrechte keine Anwendung. Es kommen vielmehr die Kündigungsrechte in Betracht, weil eine Rückabwicklung aller bereits erbrachten Leistungen regelmäßig zu unüberwindbaren praktischen Schwierigkeiten führt. Die allgemeine Kündigungsnorm ist § 314 BGB. Zu beachten ist aber, dass für einzelne Vertragstypen vorrangige Sonderregelungen für eine Kündigung der jeweiligen Schuldverhältnisse kodifiziert sind. Das gilt bspw. für den Mietvertrag (§§ 542-544, 549 I, 561, 568 ff. BGB), die Pacht (§§ 581 II, 584, 594a ff. BGB), das Gelddarlehen (§§ 488 III, 489, 490 BGB), das Sachdarlehen (§ 608 BGB), den Dienstvertrag (§§ 620 ff. BGB), den Behandlungsvertrag (§ 630a BGB[406]) und für die Gesellschaft (§§ 723 ff. BGB). Zum Sonderfall Sukzessionslieferungsvertrag vgl. Rn 841 ff.

[405] Vgl. dazu das Beispiel bei *R. Schmidt*, BGB AT, Rn 1397.

[406] Vor Inkrafttreten des § 630a BGB am 26.2.2013 wurde der Behandlungsvertrag (mit einem Arzt, Zahnarzt etc.) allgemein als Dienstvertrag i.S.d. §§ 611 ff. BGB angesehen. Die Neuregelung hat an dieser dogmatischen Zuordnung nichts geändert. Bei verlorenem Vertrauen greift i.d.R. das Kündigungsrecht aus § 627 I BGB, das über § 630b BGB Anwendung findet – vgl. zur Kündigung des Arztvertrags OLG Jena NJW 2012, 2357 ff. (mit Bespr. v. *Schwab*, JuS 2013, 256).

3. Abgrenzung vom Aufhebungsvertrag

448 Vom **Aufhebungsvertrag** unterscheidet sich der Rücktritt dadurch, dass bei einem Aufhebungsvertrag nicht nur *eine* empfangsbedürftige Willenserklärung abgegeben werden muss, sondern vielmehr zwei übereinstimmende Willenserklärungen erforderlich sind. Die Rechtsfolgen der Aufhebung richten sich nach dem Aufhebungsvertrag; §§ 346 ff. BGB sind demnach im Zweifel nicht anwendbar. Vielmehr steht es den Parteien frei, die Rückabwicklung (oder auch nur teilweise Rückabwicklung) individuell zu gestalten. Dabei kann eine Rückgewährung der bisherigen Leistungen auch vollständig ausgeschlossen sein.

4. Abgrenzung von Widerrufsrechten

449 Darüber hinaus ist der Rücktritt vom **Widerruf** abzugrenzen. Eine Willenserklärung kann so lange widerrufen werden, bis sie dem Empfänger zugegangen ist, § 130 I S. 2 BGB. Das bedeutet, dass der Widerruf die Rechtsfolgen einer noch nicht wirksamen Willenserklärung ex tunc beseitigt. Andere Widerrufsmöglichkeiten finden sich in § 109 BGB (Minderjährigenrecht); § 178 BGB (Vertretungsrecht); §§ 530 ff. BGB (Schenkung); § 658 BGB (Auslobung) und § 671 BGB (Auftragsrecht). Grundsätzlich ist der Vertrag schwebend unwirksam, bis er durch den Widerruf vollständig unwirksam wird. §§ 346 ff. BGB sind in diesen Fällen nicht anwendbar.

Beispiel: Ein von einem Vertreter ohne Vertretungsmacht abgeschlossener Vertrag nach § 177 I BGB ist so lange schwebend unwirksam, bis die Genehmigung vom Vertretenen erfolgt. In diesem Zeitraum kann nach § 178 BGB der andere Teil widerrufen.

Hingegen sind die **verbraucherschützenden Widerrufsrechte** besonders ausgestaltete Rücktrittsrechte. Zu nennen sind insbesondere Verbraucherverträge, die außerhalb von Geschäftsräumen geschlossen wurden (§ 312b BGB), sowie Fernabsatzverträge (§ 312c BGB), die spezielle Widerrufsrechte nach §§ 312g I, 355 ff. BGB gewähren. In diesen Fällen ist der Vertrag nicht schwebend unwirksam, sondern (zunächst) schwebend wirksam. Die Ausübung eines solchen Widerrufsrechts hat dann zur Folge, dass die Parteien nicht mehr an ihre auf den Abschluss des Vertrags gerichteten Willenserklärungen gebunden sind (§ 355 I S. 1 BGB). Für diesen Fall sieht § 355 III S. 1 BGB als weitere Folge vor, dass die empfangenen Leistungen unverzüglich zurückzugewähren sind. Gesetzliche weitere Folge eines ausgeübten Widerrufsrechts ist also die Rückabwicklung: Die bisherigen Vertragspflichten erlöschen und an ihre Stelle tritt ein Rückabwicklungsverhältnis nach den §§ 355 ff. BGB. Die §§ 346 ff. BGB sind im Anwendungsbereich der §§ 355 ff. BGB nicht anwendbar (vgl. dazu Rn 968 ff.).

5. Abgrenzung von der auflösenden Bedingung

450 Die **auflösende Bedingung** (§ 158 BGB) führt bei Eintritt der Bedingung zur Unwirksamkeit des Rechtsgeschäfts, ohne dass es einer entsprechenden Willenserklärung der Parteien bedarf, § 158 II BGB. Diese Wirkung gilt grundsätzlich für die Zukunft, d.h. ex nunc. Nur in Ausnahmefällen kann eine andere Wirkung gewollt sein, vgl. § 159 BGB. Nach Bedingungseintritt gelten §§ 812 ff. BGB; §§ 346 ff. BGB sind dementsprechend nicht anzuwenden. Im Gegensatz zum Rücktrittsrecht kann die auflösende Bedingung nicht nur für das Verpflichtungsgeschäft, sondern auch für das Verfügungsgeschäft vereinbart werden.

II. Voraussetzungen des Rücktritts

Das Rücktrittsrecht kann sich aus Vertrag oder Gesetz ergeben. In beiden Fällen sind §§ 346 ff. BGB anwendbar und regeln Voraussetzungen und Rechtsfolgen. Der Rücktritt wird als Gestaltungsrecht wie folgt geprüft: 451

1. Rücktrittserklärung, § 349 BGB

Gemäß seiner Rechtsnatur als Gestaltungsrecht muss der Rücktritt erklärt werden; der Vertragsgegner muss schließlich wissen, dass man den Rücktritt ausübt. § 349 BGB stellt dies lediglich klar. 452

Die Rücktrittserklärung wird – da sie eine Willenserklärung darstellt – gem. § 130 I S. 1 BGB erst mit ihrem Zugang beim Rücktrittsgegner wirksam. Dabei ist es nicht erforderlich, dass der Rücktrittsgrund ausdrücklich genannt wird. Vielmehr ist durch Auslegung zu ermitteln, welches Recht der Erklärende geltend macht (zu dieser Frage vgl. die obigen Ausführungen unter I. Abgrenzungen). Wenn bei einem Vertrag auf der einen oder anderen Seite **mehrere Personen** beteiligt sind, kann das Rücktrittsrecht nur von allen bzw. gegen alle ausgeübt werden, **§ 351 S. 1 BGB**. Die Erklärung des Rücktritts ist grundsätzlich **formfrei** (damit auch konkludent) möglich, auch wenn das zugrunde liegende Rechtsgeschäft einer bestimmten Form bedarf. Sie ist i.d.R. **unwiderruflich** und **bedingungsfeindlich**, weil der Gegner Gewissheit darüber haben muss, ob sich sein Vertragspartner vom Vertrag lösen will oder nicht. Nur in Ausnahmefällen kann die Rücktrittserklärung an eine Bedingung geknüpft werden. Dies ist bspw. der Fall, wenn dadurch keine untragbare Ungewissheit beim Rücktrittsgegner geschaffen wird wie bei einer Potestativbedingung, deren Eintritt allein vom Willen des Erklärungsempfängers abhängt. Auch sind natürlich solche Bedingungen zulässig, mit denen sich der Rücktrittsgegner einverstanden erklärt hat.

Hinweis für die Fallbearbeitung: Da es sich bei der Rücktrittserklärung um eine einseitige Willenserklärung handelt, ist – sofern der Erklärende sich einer anderen Hilfsperson bedient – § 174 BGB zu beachten. Im Übrigen ist zu beachten, dass auch sämtliche Vorschriften über die Geschäftsfähigkeit (§§ 104 ff. BGB) und die Willenserklärung (§§ 116 ff. BGB) gelten.

2. Bestehen eines Rücktrittsgrunds

Der Rücktrittsgrund muss sich aus einer vertraglichen Vereinbarung oder aus dem Gesetz ergeben (siehe § 346 I BGB). Bei den in §§ 323, 324 und 326 V BGB angeordneten Rücktrittsrechten handelt es sich um gesetzliche Rechte, die dem Gläubiger bei einer Pflichtverletzung des Schuldners zustehen. Neben §§ 323, 324 und 326 V BGB kann auch die Störung der Geschäftsgrundlage ein Rücktrittsrecht einräumen (§ 313 III S. 1 BGB). Vgl. dazu in der genannten Reihenfolge Rn 454 ff., 479 ff., 484 ff. und 816. 453

a. Rücktritt wegen nicht oder nicht wie geschuldet erbrachter Leistung (§ 323 BGB)

§ 323 BGB gewährt dem Gläubiger ein Rücktrittsrecht, wenn der Schuldner die Leistung **nicht oder nicht wie geschuldet** erbracht hat. Dem Gläubiger steht in § 323 I BGB zum einen ein Rücktrittsrecht wegen Verzögerung der Leistung und zum anderen wegen Schlechtleistung zu. Zu beachten ist dabei, dass zum Vorliegen eines Rücktrittsgrunds aus §§ 323 ff. BGB ein **Verschulden** des Schuldners **nicht** erforderlich ist. Hierin besteht ein wesentlicher Unterschied zu den Schadensersatzansprüchen. Es empfiehlt sich folgendes Prüfungsschema (zum allgemeinen Rücktrittsschema vgl. bereits Rn 443): 454

Rücktritt gem. § 323 BGB

I. Rücktrittserklärung
Als Gestaltungsrecht bedarf der Rücktritt einer Rücktrittserklärung (§ 349 BGB), die grds. formfrei, unwiderruflich und bedingungsfeindlich ist.

II. Rücktrittsgrund

- Vorliegen eines **wirksamen gegenseitigen Vertrags**
- **Nichterfüllung** oder **Schlechterfüllung** einer fälligen und durchsetzbaren Leistungspflicht durch den Schuldner.
  - ⇨ Die Leistungspflicht muss nicht synallagmatisch sein, aber aus einem synallagmatischen (gegenseitigen) Vertrag resultieren.
  - ⇨ Die Fälligkeit folgt grundsätzlich aus § 271 BGB (Ausnahme: § 323 IV BGB); bei Werkverträgen sind §§ 640 I, II, 641 BGB zu beachten.
  - ⇨ Der (Nacherfüllungs-)Anspruch des Gläubigers muss durchsetzbar sein. Steht dem Anspruch, der dem Rücktritt zugrunde liegt, bspw. eine Einrede (der Nichterfüllung oder der Verjährung, vgl. § 320 BGB bzw. § 218 I BGB) entgegen, ist auch ein Rücktritt ausgeschlossen.
  - ⇨ Eine Nichterfüllung oder Schlechterfüllung liegt vor, wenn der Schuldner die Leistung nicht oder nur mangelhaft erbringt. Dabei ist zu beachten, dass die Leistungspflicht (wegen § 275 I, II oder III BGB) nicht ausgeschlossen sein darf, sonst liegt ein Fall des § 326 V BGB vor.
- **Fristsetzung:** Gemäß § 323 I BGB muss der Gläubiger dem Schuldner eine Frist zur Nacherfüllung bzw. Leistungserbringung setzen, die erfolglos ablaufen muss. Die Frist muss angemessen sein. Eine nicht angemessene Frist setzt regelmäßig eine angemessene Frist in Lauf. Bei bestimmten Leistungspflichten tritt an die Stelle der Fristsetzung eine Abmahnung (§ 323 III BGB). Unter bestimmten Voraussetzungen ist die Fristsetzung aber **entbehrlich**:
  - ⇨ Dies ist zunächst bei einer ernsthaften und endgültigen **Erfüllungsverweigerung** des Schuldners der Fall (§ 323 II Nr. 1 BGB).
  - ⇨ Gemäß § 323 II Nr. 2 Fall 1 BGB ist die Fristsetzung v.a. bei einem **relativen Fixgeschäft** entbehrlich. Ein solches liegt vor, wenn die Parteien einen bestimmten Termin vereinbart haben und der Vertrag mit der Einhaltung der Leistungszeit „stehen und fallen" soll. § 323 II Nr. 2 Fall 2 BGB regelt die Entbehrlichkeit der Fristsetzung bei Vorliegen von den Vertragsschluss **begleitenden Umständen**, aus denen sich die **Wesentlichkeit** der rechtzeitigen Leistung für den Gläubiger ergibt. Das kann bei sog. **Just-in-time-Verträgen** angenommen werden.
  - ⇨ Schließlich kann gem. § 323 II Nr. 3 BGB im Falle einer nicht vertragsgemäß erbrachten Leistung die Fristsetzung in besonderen Ausnahmefällen unter **Abwägung** der **beiderseitigen Interessen** entbehrlich sein (Auffangtatbestand).
  - ⇨ **Sonderbestimmungen** zur Entbehrlichkeit der Fristsetzung ergeben sich aus § 440 BGB (**Kaufvertrag**) bzw. aus § 636 BGB (**Werkvertrag**). Fälle sind: Nacherfüllung verweigert, fehlgeschlagen oder dem Käufer/Besteller unzumutbar.

III. Eigene Vertragstreue des Gläubigers
Ungeschriebenes Tatbestandsmerkmal für einen Rücktritt ist die eigene **Vertragstreue des Gläubigers**. Sie fehlt bspw., wenn ein nachleistungspflichtiger Gläubiger seine Leistungserbringung von vornherein ablehnt oder sich vorsätzlich außerstande gesetzt hat, die Leistung des Schuldners zu empfangen.

IV. Kein Interessenfortfall bzw. **keine Unerheblichkeit der Pflichtverletzung**
Eine Besonderheit gilt bei **Teilleistungen** oder **Schlechtleistungen**, wenn der Gläubiger aufgrund einer solchen Leistungsstörung **vom ganzen Vertrag** zurücktreten möch-

te. Dies ist bei einer Teilleistung nur möglich, wenn der Gläubiger darlegen kann, dass er kein Interesse an einer teilweisen Leistungserbringung hat, § 323 V S. 1 BGB. Bei einer Schlechtleistung ist ein Rücktritt vom ganzen Vertrag nicht möglich, wenn der Schuldner darlegen kann, dass die Pflichtverletzung (die Schlechtleistung) nur **unerheblich** war, § 323 V S. 2 BGB.

V. Kein (sonstiger) Ausschluss des Rücktrittsrechts

- Verantwortlichkeit des Gläubigers für Leistungshindernis: Die Ausübung des Rücktritts ist gem. § 323 VI BGB ausgeschlossen, wenn der Gläubiger für das Leistungshindernis allein oder weit überwiegend verantwortlich ist oder sich im Annahmeverzug befand, als das vom Schuldner nicht zu vertretende Leistungshindernis auftrat.
- Schließlich darf kein vertraglicher Ausschluss des Rücktrittsrechts (generell: kein Gewährleistungsausschluss) vorliegen (soweit zulässig, vgl. etwa § 444 BGB, § 442 I S. 2 BGB, § 476 BGB und AGB-Recht gem. §§ 305 ff. BGB; vgl. auch § 377 I HGB).

VI. Rechtsfolgen, §§ 346 ff. BGB

Nach wirksam ausgeübtem Rücktritt sind bereits erbrachte Leistungen gem. §§ 346 ff. BGB zurückzugewähren. Soweit die Leistungen noch nicht erbracht sind, gehen die Ansprüche auf die Leistungserbringung unter (rechtsvernichtende Einwendung).

aa. Wirksamer gegenseitiger Vertrag

Erforderlich für ein Rücktrittsrecht nach § 323 BGB ist zunächst ein wirksamer Vertrag[407], bei dem die wechselseitigen Leistungen in einem Gegenseitigkeitsverhältnis stehen. Dies folgt aus der systematischen Stellung des § 323 BGB im zweiten Titel, der die Vorschriften für gegenseitige Verträge beinhaltet. 455

Ein **gegenseitiger Vertrag** liegt vor, wenn jede Vertragspartei ihre Leistung verspricht, damit sich die andere Partei zur Erbringung der Gegenleistung verpflichtet („do ut des"). 456

Jede Partei muss die Leistung der anderen Partei als Gegenwert für die eigene Leistung betrachten.[408] Daraus ergibt sich, dass § 323 BGB bspw. nicht für Bürgschaften, Aufträge, Schenkungen oder andere Verträge gilt, bei denen kein Gegenseitigkeitsverhältnis besteht. Auch für gesetzliche Schuldverhältnisse gilt § 323 BGB nicht. Synallagmatische Verträge sind eindeutig **Kauf- und Werkverträge**. Hinsichtlich der Anwendbarkeit des § 323 BGB gilt aber, dass jedenfalls nach Gefahrübergang (§ 446 BGB) bzw. Abnahme (§ 640 I, II BGB) bei Sachmängeln die §§ 434 ff. BGB bzw. §§ 633 ff. BGB gelten. Auf die Vorschriften des allgemeinen Schuldrechts darf systematisch nur zurückgegriffen werden, soweit das spezielle Gewährleistungsrecht keine abschließende Regelung enthält oder es ausdrücklich – wie im Fall der §§ 437 und 634 BGB – auf die allgemeinen Vorschriften über das Leistungsstörungsrecht verweist. Vor Gefahrübergang ist § 323 BGB anwendbar, soweit der Käufer bzw. Besteller Mängelansprüche geltend macht.[409]

bb. Fällige und durchsetzbare Leistungspflicht

Die Pflichtverletzung des Schuldners muss sich weiterhin auf eine **fällige** und durchsetzbare Leistungspflicht beziehen. 457

Bei der **Leistungspflicht** ist zu beachten, dass sie sich zwar aus einem gegenseitigen Vertrag ergeben, sie aber **nicht synallagmatisch** sein muss. Wichtig ist nur, dass es sich um 458

---

[407] Der BGH hat zu Recht entschieden, dass ein Vertrag **wirksam** sein müsse, um Mängelrechte (und damit auch einen Rücktritt) auszulösen (BGH NJW 2013, 3167 ff.; NJW 2014, 1805, 1806). Ist der Vertrag also (etwa wegen § 134 BGB, weil ein Werkvertrag in Schwarzarbeit verrichtet wurde, oder nach erfolgter Täuschungsanfechtung) nichtig, kommt auch ein Rücktritt nicht in Betracht.

[408] *Medicus*, JuS 2003, 521, 524; *Wilmowsky*, JuS 2002, 3, 16 (Beilage).

[409] *Grüneberg*, in: Palandt, § 323 Rn 3.

eine **leistungsbezogene Pflicht** aus einem synallagmatischen Vertrag handelt, auf die der Gegner einen durchsetzbaren Anspruch hat. Handelt es sich dagegen um eine (nicht selbstständig durchsetzbare) bloße nichtleistungsbezogene Pflicht (bloße Nebenpflicht i.S.d. § 241 II BGB), greift nicht § 323 BGB, sondern § 324 BGB. Wird aber eine synallagmatische Pflicht verletzt, greift § 323 BGB unproblematisch ein. Liegt dagegen eine andere Pflichtverletzung vor, ist erforderlich, dass es sich nicht um eine bloße Nebenpflichtverletzung, sondern um eine leistungsbezogene Pflichtverletzung handelt.

Beispiel: Den Käufer trifft aus einem Kaufvertrag gem. § 433 II BGB die (nicht synallagmatische, aber selbstständig durchsetzbare) leistungsbezogene Pflicht, die Sache abzunehmen. Tut er dies nicht, ist § 323 I BGB und nicht § 324 BGB anwendbar.

459 Die **Fälligkeit** tritt gem. **§ 271 I BGB** grundsätzlich sofort ein, sofern die Parteien keinen anderen Fälligkeitszeitpunkt vereinbart haben. Auch gibt es einige Sondervorschriften, die den Zeitpunkt der Fälligkeit regeln. Bei Vereinbarungen über Zahlungs-, Überprüfungs- und Abnahmefristen greift § 271a BGB, und bei einem Werkvertrag bspw. wird gem. § 641 I BGB die Vergütung grundsätzlich erst mit der Abnahme des Werks fällig.

Ausnahmsweise kann der Rücktritt gem. **§ 323 IV BGB** auch schon vor der Fälligkeit der Leistung ausgeübt werden. Dies ist der Fall, wenn offensichtlich ist, dass die Voraussetzungen des Rücktritts eintreten werden. Dabei wird diese Betrachtung aus einer Ex-ante-Sicht vorgenommen. So kann es zu einer Anwendung des § 323 IV BGB kommen, wenn bestimmte Tatsachen vorliegen, nach denen es offensichtlich ist, dass der Schuldner nicht rechtzeitig leisten kann (z.B. eine Woche vor der vereinbarten Fertigstellung eines Wohnhauses wurde noch nicht einmal mit dem Bau begonnen). Auch kommt § 323 IV BGB in Betracht, wenn der Schuldner vor der Fälligkeit die Leistung ernsthaft und endgültig verweigert hat.

Insgesamt aber gilt, dass ein Rücktritt vor Fälligkeit nur unter strengen Voraussetzungen möglich sein soll.

Beispiele: Nicht ausreichend für einen Rücktritt vor Fälligkeit i.S.d. § 323 IV BGB ist es, wenn der Schuldner erklärt, dass er den Übergabetermin nicht einhalten könne; auch genügen keine Meinungsverschiedenheiten zwischen dem Schuldner und dem Gläubiger über den Inhalt des Vertrags.

Für die Anwendbarkeit des § 323 IV BGB muss mit an Sicherheit grenzender Wahrscheinlichkeit feststehen, dass die Voraussetzungen des Rücktritts eintreten werden. Dabei darf auch kein Ausschlussgrund aus § 323 VI BGB zu erwarten sein. § 323 IV BGB wurde deswegen eingeführt, weil der Gläubiger sonst zu diesem Zeitpunkt keine Möglichkeit hätte, sich vom Vertrag zu lösen, da eine zu vertretende Verletzung der fraglichen Leistungspflicht *noch* nicht vorliegt.[410] Damit der Gläubiger nicht bis zum Fälligkeitszeitpunkt warten muss, wird ihm somit der Rücktritt bereits vor Fälligkeit gestattet. Zu § 323 IV BGB vgl. auch Rn 465-465c.

Hinweis für die Fallbearbeitung: Macht der Gläubiger von seinem vorzeitig bestehenden Recht zum Rücktritt Gebrauch, könnte er dadurch das Risiko eingehen, möglicherweise seinen Anspruch auf Schadensersatz statt der Leistung zu verlieren.[411] Denn mit dem Rücktritt wird der Vertrag in ein Rückgewährschuldverhältnis gem. §§ 346 ff. BGB umgewandelt. Dadurch erlöschen die beiderseitigen Leistungspflichten. Problematisch ist, dass § 281 BGB keine dem § 323 IV BGB entsprechende Regelung enthält, sodass ein *vorzeitiger* Schadensersatzanspruch ausscheiden müsste. Wartet der Gläubiger auf den ursprünglichen Fälligkeitstermin, besteht das Problem, dass wegen des vorzeitigen Rücktritts in diesem Zeitpunkt keine fällige Leistung mehr vorliegt. Fraglich ist, ob sich daraus ergibt, dass ein vorzeitiger Rücktritt einen Schadensersatz-

---

[410] BT-Drs. 14/6040, S. 186.

[411] Vgl. dazu auch *Jaensch*, NJW 2003, 3613, 3614.

anspruch vollständig ausschließt. Auf dieses Problem wird i.R. des Schadensersatzes (Rn 715) eingegangen.

Ein ungeschriebenes, allgemein anerkanntes Merkmal für den Rücktritt ist, dass der Anspruch des Gläubigers auch **durchsetzbar** ist.[412] Steht dem Anspruch bspw. eine Einrede (der Verjährung oder der Nichterfüllung) entgegen, wäre es unbillig, wenn der Schuldner (wegen der Einrede) nicht zu einer Leistung verurteilt werden dürfte, er aber gleichwohl die Folgen eines Rücktritts tragen müsste. **460**

Beispiel: A schuldet B aus einem synallagmatischen Vertrag eine Leistung. A weigert sich, B die Leistung zu gewähren, weil B ihm die Gegenleistung nicht ordnungsgemäß angeboten hat. B begehrt daraufhin den Rücktritt vom Vertrag.

In diesem Fall konnte B die Leistung von A gar nicht verlangen, weil dieser die Einrede des § 320 BGB erhoben hat. Dann kann B natürlich auch nicht gem. § 323 BGB vom Vertrag zurücktreten.

Dabei ist grundsätzlich nicht erforderlich, dass sich der Schuldner auf die Einrede beruft. Eine Einrede muss lediglich bestehen, damit es dem Gläubiger verwehrt ist, nach §§ 323 ff. BGB zurückzutreten. Dies gilt jedoch nicht bei § 273 BGB. Auf diese Einrede muss sich der Schuldner wegen der Abwendungsmöglichkeit des Gläubigers aus § 273 III BGB berufen. Soweit dem Schuldner eine Einrede aus § 320 BGB gegen den Anspruch des Gläubigers zusteht, muss Letzterer zuerst – spätestens mit der Fristsetzung – die eigene Gegenleistung anbieten, um dem Schuldner die Einrede aus § 320 BGB zu nehmen.[413] Dies gilt nur nicht, wenn der Schuldner vorleistungspflichtig ist.

Hinweis für die Fallbearbeitung: Besteht die Einrede der Verjährung, wird in § 218 I BGB ausdrücklich geregelt, dass – anders als bei anderen Einreden – der Rücktritt ausgeschlossen ist (vgl. Rn 477).

cc. Nichterfüllung oder Schlechterfüllung der Leistungspflicht

In § 323 I BGB sind zwei Möglichkeiten enthalten, die den Gläubiger zum Rücktritt berechtigen. **461**

- Dies ist zum einen der Fall, wenn der Schuldner die **Leistung** vollständig oder teilweise **nicht erbringt**. Dabei darf die Nichterbringung nicht auf einer Unmöglichkeit der Leistung bzw. einem Ausschluss der Leistungspflicht beruhen, da es dann (wegen § 275 I, II oder III BGB) an einer fälligen und durchsetzbaren Leistungspflicht fehlt. Auch wenn die Unmöglichkeit bzw. die Befreiung von der Leistungspflicht erst im Laufe der dem Schuldner gesetzten Frist eintritt, scheidet ein Rücktrittsrecht des Gläubigers nach § 323 I BGB aus. In Fällen der Unmöglichkeit bzw. der Befreiung von der Leistungspflicht steht dem Gläubiger jedoch ein Rücktrittsrecht aus **§ 326 V BGB** zu (dazu Rn 484 ff.).

  Erforderlich für einen Rücktritt nach § 323 I BGB ist somit eine **Nichtleistung trotz Möglichkeit** bzw. **Leistungspflicht**. Erfasst werden von dieser Variante des § 323 I BGB also alle Fälle der Nichtleistung oder Verzögerung der an sich möglichen Leistungserbringung durch den Schuldner. Dabei ist mit „Verzögerung" nicht der „Verzug" i.S.d. § 286 BGB gemeint, für den das Gesetz als Folge lediglich den (verschuldensabhängigen) Schadensersatz vorsieht, sondern schlicht die Nichtleistung bei Fälligkeit trotz Möglichkeit der Leistungserbringung.

Hinweis für die Fallbearbeitung: Erbringt der Schuldner eine Leistung teilweise nicht, ist der Gläubiger grundsätzlich nur berechtigt, einen Teilrücktritt zu erklären. Ei-

[412] Vgl. dazu etwa BGH NJW 2013, 1431, 1432; *Graf Wolffskeel v. Reichenberg*, NJW 2015, 2833 ff.
[413] Vgl. dazu BGHZ 116, 244, 249; *Lorenz/Riehm*, Rn 191.

nen Rücktritt vom ganzen Vertrag kann er bei einer teilweisen Leistungsverzögerung nur unter den strengen Voraussetzungen des § 323 V BGB begehren.

- Zum anderen wird der Gläubiger gem. § 323 I BGB zum Rücktritt bei nicht vertragsgemäßer Leistung berechtigt. Hiermit sind die Fälle der **Schlechtleistung** wie bspw. die Lieferung einer i.S.d. § 434 BGB **mangelhaften Sache** gemeint. Aus welchen Gründen die Leistung nicht vertragsgemäß ist, ist dabei für die Anwendung von § 323 I BGB unerheblich. Die Schlechtleistung kann also sowohl auf der Verletzung einer synallagmatischen Hauptleistungspflicht als auch auf der Verletzung einer (leistungsbezogenen!) Nebenleistungspflicht beruhen. Selbstverständlich darf die Leistungspflicht auch in dieser Variante nicht ausgeschlossen sein; anderenfalls greift (auch hier) § 326 V BGB.

Hinweis für die Fallbearbeitung: Da das Vorliegen einer Schlechtleistung (beim Kauf: des Sachmangels) eine anspruchsbegründende Tatsache darstellt, ist der Gläubiger beweisbelastet (Rn 160). Dieser muss also den Nachweis erbringen, dass der Vertragsgegenstand (beim Kauf also die Kaufsache) mangelbehaftet ist. Das dürfte ihm – bei Bestreiten des Schuldners – nur durch Vorlage eines (kostenintensiven) Sachverständigengutachtens gelingen, wodurch deutlich wird, dass der Gläubiger ein nicht zu unterschätzendes Kostenrisiko eingeht.

Eine zum Rücktritt berechtigende Schlechtleistung kann insbesondere bei einer **mangelhaften Kaufsache** gegeben sein. Nach § 434 I S. 1 BGB ist die Sache nur dann frei von Sachmängeln („Fehlern"), wenn sie bei Gefahrübergang die vereinbarte Beschaffenheit hat. Während unter „Gefahrübergang" der Zeitpunkt der Übergabe gem. § 446 BGB zu verstehen ist[414], bedeutet Beschaffenheitsvereinbarung die auf Vorstellungen der Parteien beruhende Vereinbarung über die Beschaffenheit oder den Verwendungszweck der gekauften Sache. Weicht die objektive Beschaffenheit von der vereinbarten ab, liegt ein Sachmangel vor (= subjektiver Fehlerbegriff). In der Praxis kann man auf das Vorliegen einer Beschaffenheitsvereinbarung schließen, wenn der Verkäufer bestimmte Werbeaussagen tätigt oder eine Leistungs- oder Produktbeschreibung vorlegt, die bestimmte Merkmale der Sache beschreibt (vgl. § 434 I S. 3 BGB). Vor allem aber sind der Inhalt des Verkaufsgesprächs und des (schriftlichen) Kaufvertrags einschließlich der Allgemeinen Geschäftsbedingungen (soweit wirksam) darauf hin zu prüfen, ob die Parteien bestimmte Beschaffenheitsmerkmale vereinbart haben. Bei einem Neuwagenkauf bspw. versteht es sich von selbst, dass der Käufer ein fabrikneues, ungenutztes Fahrzeug erwarten darf. Das sieht auch die Rechtsprechung so, indem sie urteilt, dass beim Verkauf eines Neuwagens durch einen Kfz-Händler grundsätzlich die Zusicherung bestehe, das verkaufte Fahrzeug habe die Eigenschaft, „fabrikneu" zu sein. Ein unbenutztes Kfz sei fabrikneu, wenn und solange das Modell dieses Fahrzeugs unverändert weitergebaut werde, wenn es keine durch eine längere Standzeit bedingte Mängel aufweise und wenn zwischen Herstellung des Fahrzeugs und Abschluss des Kaufvertrags nicht mehr als zwölf Monate liegen.[415]

Liegen die ein Neufahrzeug kennzeichnenden Merkmale vor, ändert auch eine sog. Tageszulassung daran nichts.[416] Von einer sog. Tageszulassung spricht man, wenn das Neufahrzeug über eine max. 30-tägige Zulassung (und damit über eine Haltereintragung in der Zulassungsbescheinigung Teil II) durch den Händler verfügt, ohne dass das Fahrzeug im Straßenverkehr bewegt oder sonst genutzt worden wäre.[417] Wird also der Kauf eines Neuwagens vereinbart und verfügt das gelieferte, noch ungebrauchte Fahrzeug über eine Tageszulassung, ist allein in der kurzzeitigen Haltereintragung noch kein Sachmangel begründet.[418] Etwas anderes gilt freilich dann, wenn es im Vertrag heißt: „Keine Zulassung". Denn dann haben die Parteien eine Beschaffenheitsvereinbarung getroffen, die das Vor-

---

[414] Zur abweichenden Rechtslage beim Versendungskauf (§ 447) vgl. Rn 75 ff.
[415] BGH NJW 2005, 1422, 1423; OLG Koblenz NJW 2009, 3519.
[416] Vgl. etwa BGH NJW 2012, 2276, 2227; OLG Hamm 18.5.2017 – 28 U 134/16.
[417] Vgl. dazu etwa OLG Hamm 18.5.2017 – 28 U 134/16.
[418] Siehe auch BGH NJW 2012, 2276.

handensein einer Tageszulassung ausschließt. Ein gleichwohl mit einer Tageszulassung versehenes Fahrzeug ist diesem Fall mangelhaft, wenngleich eine Tageszulassung an sich nichts an der Neuwageneigenschaft ändern würde. Kann dieser Mangel als mehr als nur unerheblich (siehe § 323 V S. 2 BGB) angesehen werden, berechtigt dies zum Rücktritt (§§ 437 Nr. 2 Var. 1, 440, 323, 346 BGB); anderenfalls steht dem Käufer nur das Minderungsrecht (§§ 437 Nr. 2 Var. 2, 441 BGB) zu.

dd. Fristsetzung

a.) Grundsätzliches Erfordernis einer Fristsetzung nach § 323 I BGB

Da die mit einem Rücktritt verbundenen Folgen (insbesondere Rückgewähr der empfangenen Leistungen – dazu Rn 497 ff.) für den Rücktrittschuldner mitunter sehr schwer wiegen, hat der Gesetzgeber die Ausübung des Rücktritts u.a. grds. an eine Fristsetzung gekoppelt. So bestimmt § 323 I BGB, dass der Gläubiger nur dann vom Vertrag zurücktreten kann, wenn er dem Schuldner zuvor eine angemessene **Frist** zur Leistung oder Nacherfüllung gesetzt hat und der Schuldner diese Frist erfolglos hat verstreichen lassen. **462**

Freilich genügt die reine Fristsetzung nicht. Der Gläubiger muss den Schuldner auch **auffordern**, die Leistung zu erbringen bzw. eine Nacherfüllung vorzunehmen.[419] Zudem muss – beim Kauf- oder Werkvertrag – der Gläubiger auch die Bereitschaft erklären, dem Verkäufer bzw. Werkunternehmer die Sache **zur Überprüfung der erhobenen Mängelrügen für eine entsprechende Untersuchung zur Verfügung zu stellen**.[420] Der Verkäufer bzw. Werkunternehmer ist nicht verpflichtet, nachzuerfüllen, bevor der Käufer bzw. Besteller ihm nicht Gelegenheit zu einer Untersuchung der Sache gegeben hat.[421] **462a**

Damit wird zugleich der Zweck der Fristsetzung deutlich: Die Frist soll dem Schuldner **eine letzte Gelegenheit zur Vertragserfüllung** bzw. zur Vollendung seiner begonnenen Leistung geben.[422] Nur, wenn er innerhalb der gesetzten Frist die geschuldete Leistung noch erbringt, was freilich – bei einem Kauf- oder Werkvertrag – die ihm vom Gläubiger gewährte Möglichkeit voraussetzt, die Sache zuvor auf die geltend gemachten Mängel hin zu untersuchen, kann er den Rücktritt abwenden. **462b**

Die Fristsetzung ist eine **nicht formgebundene geschäftsähnliche Handlung**[423] des Rücktrittsberechtigten gegenüber dem Rücktrittsgegner. Sie muss – wie bereits genannt – die Aufforderung zur Leistung bzw. Nacherfüllung beinhalten und dem Schuldner zudem die Gelegenheit einräumen, die Sache auf die geltend gemachten Mängel hin zu untersuchen. Eine Androhung, nach Ablauf der Frist die Leistung abzulehnen („Ablehnungsandrohung"), ist indes nicht erforderlich. **463**

Damit der Schuldner innerhalb der gesetzten Frist die Leistung erbringen kann, muss die Frist **angemessen** sein. Die Angemessenheit der Frist beurteilt sich nach den Umständen des Einzelfalls. Die Frist muss so bemessen sein, dass sie den Schuldner in die Lage versetzt, die geschuldete Leistung zu erbringen.[424] Sollte sie zu kurz bemessen sein, führt das nach ganz h.M. nicht zur Unwirksamkeit der Fristsetzung, sondern es wird eine „angemessene Frist" in Gang gesetzt.[425] **464**

---

[419] Vgl. BGH ZIP 2015, 2132, 2133; BGH NJW 2011, 224; *Grüneberg*, in: Palandt, § 323 Rn 13.
[420] BGH ZIP 2015, 2132, 2133.
[421] BGH ZIP 2015, 2132, 2133.
[422] BGH NJW 1985, 320, 323; OLG Karlsruhe NJW-RR 2012, 504.
[423] *R. Schmidt*, BGB AT, Rn 195.
[424] BGH NJW 1982, 1279, 1280.
[425] Vgl. etwa BGH NJW 1985, 2640; *Ernst*, in: MüKo, § 323 Rn 79 f.

464a Der Angabe eines **bestimmten Zeitraums** oder eines **bestimmten (End-)Termins** bedarf es nach Auffassung des BGH hingegen **nicht**. Es genüge, wenn dem Schuldner vor Augen geführt werde, dass er die Leistung nicht zu einem beliebigen Zeitpunkt bewirken könne, sondern dass ihm hierfür eine zeitliche Grenze gesetzt sei. Dieser Zweck werde durch eine **Aufforderung, sofort, unverzüglich oder umgehend zu leisten**, hinreichend erfüllt.[426] In einem späteren Urteil lässt es der BGH genügen, wenn der Gläubiger durch eine Aufforderung (die auch als Bitte formuliert sein dürfe) nach sofortiger, unverzüglicher oder umgehender Leistung oder durch vergleichbare Formulierungen deutlich macht, dass dem Verkäufer für die Erfüllung nur ein begrenzter Zeitraum zur Verfügung stehe.[427]

Beispiel[428]**:** K erwarb von V ein Pferd. Kurz nach der Übergabe stellte sich heraus, dass die Wirbelsäule des Pferdes einen Defekt aufweist, der starke Schmerzen verursacht. Konkret handelt es sich um „Kissing spine", eine Krankheit, bei der einige Dornfortsätze der Wirbelsäule so nahe aneinander stehen, dass sie sich bei Bewegung des Pferdes berühren und starke Schmerzen verursachen. Dadurch kann es passieren, dass das Pferd schmerzbedingt unkontrollierbar wird. K teilte dem V mit, dass ihm das Tier zu gefährlich sei und er um die Gesundheit seiner Lebensgefährtin fürchte. Zudem machte K dem V klar, dass entweder das Pferd ausgetauscht werden müsse oder er rechtlich gegen V vorgehen werde. Nachdem V auch weiterhin untätig geblieben war, erklärte K den Rücktritt und forderte Zug um Zug gegen Rückgabe des Pferdes die Rückzahlung des Kaufpreises.

Ein Sachmangel i.S.d. § 434 BGB liegt vor. K konnte daher zurücktreten, wenn er dem V eine angemessene Frist gesetzt hatte.[429] Daran könnte es fehlen, da K weder einen Zeitraum noch einen bestimmten (End-)Termin gesetzt hatte. Der BGH hat jedoch entschieden, dass es zu einer ordnungsgemäßen Nacherfüllungsaufforderung nicht der Nennung eines bestimmten Zeitraums oder eines bestimmten (End-)Termins bedürfe. Bereits in dem Verlangen, das Pferd „auszutauschen", verbunden mit der die Ernsthaftigkeit der Erklärung verdeutlichenden Warnung, anderenfalls rechtliche Schritte zu ergreifen, liege bei verständiger Würdigung unmissverständlich die Aufforderung, umgehend Abhilfe durch Übergabe eines gesunden Pferdes zu schaffen.

Ergebnis: Nach Auffassung des BGH war damit der Rücktritt des K berechtigt, auch wenn er weder einen Zeitraum noch einen Endtermin zur Nacherfüllung genannt hatte. Es genügte, dass er den V aufgefordert hatte, unverzüglich bzw. umgehend nachzuerfüllen (hier in Form der Nachlieferung eines mangelfreien Pferdes).

464b Bewertung: Mit Blick auf den Wortlaut des § 323 I BGB und die Ratio der Fristsetzung, nämlich dem Schuldner vor Augen zu führen, dass ihm bei Nichteinhaltung der Frist bestimmte, ggf. sehr weit reichende Konsequenzen (Rücktritt, Schadensersatz) drohen, ist die Auffassung des BGH nicht ganz unbedenklich, da ihr zufolge der Gläubiger weder einen Endtermin noch einen Zeitraum zur Nacherfüllung nennen muss. Jedoch stehen die Entscheidungen im Lichte des Art. 3 V **Verbrauchsgüterkaufrichtlinie** (RL 1999/44/EG)[430], wonach bei einem Verbrauchsgüterkauf[431] der Rücktritt des Verbrauchers (bereits dann) zulässig ist, wenn der Verbraucher den Unternehmer zuvor zur Nacherfüllung aufgefordert hat und der Rücktritt innerhalb einer angemessenen Zeit[432] nach der Auf-

---

[426] BGH NJW 2015, 2564, 2565 mit Verweis auf BGH NJW 2009, 3153.
[427] BGH NJW 2016, 3654 f. (mangelhafte Einbauküche).
[428] In Anlehnung an BGH NJW 2015, 2564 f.
[429] Auf die Frage der Entbehrlichkeit der Frist gem. § 440 S. 1 BGB bzw. gem. § 323 II BGB soll vorliegend nicht eingegangen werden; der BGH hat sie offenbar für nicht einschlägig erachtet.
[430] Die Verbrauchsgüterkaufrichtlinie wurde mit Wirkung zum 1.1.2002 in Form des Schuldrechtsmodernisierungsgesetzes (SMG) in nationales Recht umgesetzt. Die Vorschriften des Verbrauchsgüterkaufs und andere verbraucherschützende Vorschriften sind im Rahmen dieser Schuldrechtsmodernisierung zum 1.1.2002 in das BGB eingefügt worden. Zur (davon zu unterscheidenden!) Verbraucherrechterichtlinie 2011/83/EU vgl. sogleich sowie Rn 969.
[431] Vgl. dazu Rn 968 ff.
[432] In der englischen Fassung der Richtlinie wird nicht von „Frist" gesprochen, sondern von „within a reasonable time" (also innerhalb einer angemessenen Zeit).

forderung erfolgt. Von einer „Fristsetzung" ist in der Richtlinie nichts zu lesen. Die Entscheidungen des BGH sind daher wohl Ausdruck einer **richtlinienkonformen Rechtsfortbildung** des § 323 I BGB[433], weil das Erfordernis einer Fristsetzung in § 323 I BGB Art. 3 V der RL widerspricht.

„Richterliche Rechtsfortbildung" bedeutet, dass das Gericht den Wortsinn einer Norm überschreitet, d.h. die Norm nicht mehr auslegt (weil diese angesichts ihres Wortlauts nicht mehr auslegbar ist), sondern das Recht fortbildet.[434] Ob eine richterliche Rechtsfortbildung aus rechtsstaatlicher Sicht überhaupt zulässig ist, muss differenziert betrachtet werden. Ausgangspunkt ist Art. 20 III GG, wonach nicht nur die Exekutive, sondern auch die Judikative an „Gesetz und Recht" gebunden ist. Das bedeutet, dass die Judikative jedenfalls dann keine Rechtsfortbildung betreiben darf, wenn das Gesetz absichtlich eine klare Regelung trifft. Der Grundsatz der Gewaltenteilung schließt es aus, dass sich die Gerichte aus der Rolle des Normanwenders in die einer normsetzenden Instanz begeben und der Bindung an Gesetz und Recht entziehen.[435] Allerdings ist eine richterliche Rechtsfortbildung zulässig, wenn dadurch lediglich das abstrakt-generelle Gesetzesrecht fortentwickelt wird, weil es lückenhaft ist bzw. der Ergänzung oder Weiterführung bedarf.[436] Das wird man auch für den Fall annehmen müssen, dass eine nationale Norm, die in Umsetzung einer EU-Richtlinie ergangen ist, mit einzelnen Regelungen der Richtlinie unvereinbar ist, etwa weil sie strengere Voraussetzungen an den Rücktritt knüpft, als es die Richtlinie zulässt. Art. 8 II Verbrauchsgüterkaufrichtlinie lässt zwar ein höheres Verbraucherschutzniveau zu, nicht aber – wie § 323 I BGB mit seinem Fristerfordernis – ein geringeres. Verstößt § 323 I BGB damit insoweit gegen Art. 3 V Verbrauchsgüterkaufrichtlinie, sind die nationalen Gerichte befugt, vom Wortlaut so abzuweichen, dass die Norm mit der Richtlinie vereinbar ist. Ein alternativ gangbarer Weg könnte darin bestehen, § 323 I BGB partiell (in Bezug auf die Fristsetzung) schlicht nicht anzuwenden, da diesbezüglich der Anwendungsvorrang des Art. 3 V der Richtlinie greift. **464c**

Handelt es sich also um einen **Verbrauchsgüterkauf**, ist wegen Art. 3 V der Verbrauchsgüterkaufrichtlinie beim Rücktritt gem. § 323 I BGB **keine Fristsetzung** erforderlich. Es genügen die Aufforderung zur Nacherfüllung und das Abwarten einer angemessenen Zeit. Bei Kaufverträgen, die keine Verbrauchsgüterkaufverträge sind, sowie bei allen anderen synallagmatischen Verträgen, die nicht die Lieferung herzustellender oder zu erzeugender Verbrauchsgüter zum Gegenstand haben, gilt die Verbrauchsgüterkaufrichtlinie nicht und kann daher auch nicht zu einer richtlinienkonformen Rechtsfortbildung bzw. zur Beachtung des Anwendungsvorrangs des EU-Rechts zwingen. Hier gilt dann § 323 I BGB mit dem Erfordernis einer Fristsetzung uneingeschränkt, wobei die zu setzende Frist zudem mit einem bestimmten Zeitraum oder einem bestimmten (End-)Termin versehen werden muss. Dementsprechend dürfte die Entscheidung des BGH auch nicht über den Bereich des verbrauchsgüterkaufrechtlichen Rücktritts hinaus Geltung beanspruchen. Insofern ist die Entscheidung aber nicht konsequent: Lag im zu entscheidenden Fall ein Verbrauchsgüterkauf vor, hätte der BGH in richtlinienkonformer Rechtsfortbildung bzw. mit Verweis auf den Anwendungsvorrang des EU-Rechts überhaupt keine Fristsetzung (i.S.e. Aufforderung, innerhalb einer bestimmten Zeit nachzuerfüllen) verlangen dürfen, sondern hätte schlicht die Aufforderung zur Nacherfüllung und das Verstreichenlassen einer angemessenen Zeit genügen lassen müssen. Denn gemäß der Verbrauchsgüterkaufrichtlinie (vgl. Art. 3 V) setzt bereits das erste Nacherfüllungsverlangen des Verbrauchers automatisch eine „Frist" in Gang. Lag aber kein Verbrauchs- **464d**

---

[433] Vgl. auch *Gutzeit*, NJW 2015, 2565, 2566; *Riehm*, JuS 2015, 1121, 1122.
[434] Vgl. etwa BGHZ 46, 74, 76; *R. Schmidt*, BGB AT, Rn 28.
[435] BVerfG NJW 2012, 669, 670 f.; *R. Schmidt*, Staatsorganisationsrecht, 18. Aufl. 2017, Rn 174.
[436] BVerfG NJW 2012, 669, 670 f.; *R. Schmidt*, Staatsorganisationsrecht, 18. Aufl. 2017, Rn 174.

güterkauf vor, wäre die richtlinienkonforme Rechtsfortbildung rechtsmethodisch nicht erforderlich und auch nicht zulässig gewesen. Dann hätte der BGH das Setzen einer angemessenen Frist fordern müssen.[437]

464e Fazit: Insgesamt sind die soeben aufbereiteten Entscheidungen des BGH von großer Praxisrelevanz, da sie (in richtlinienkonformer Rechtsfortbildung) das Erfordernis der Fristsetzung im Bereich des verbrauchsgüterkaufrechtlichen Rücktritts aufweichen. Im Rahmen eines verbrauchsgüterkaufrechtlichen Rücktritts (§§ 474, 437 Nr. 2 Var. 1, 323 I BGB) **genügt** es nach diesen Entscheidungen also, wenn der Käufer einer mangelhaften Sache den Verkäufer **auffordert**, **unverzüglich bzw. umgehend nachzuerfüllen** (in Form der Nachbesserung, d.h. Reparatur der erhaltenen Sache, oder der Nachlieferung einer mangelfreien Sache), und **eine angemessene Zeit abwartet**. Der Käufer muss **weder einen Zeitraum noch einen Endtermin zur Nacherfüllung nennen**, er muss aber die Sache **zur Prüfung bereithalten** und auf Verlangen **zur Prüfung überlassen**. Hinsichtlich der Zeitspanne, die dem Verkäufer nach entsprechender Aufforderung zur Nacherfüllung verbleibt, trägt also der Verkäufer in der Praxis ein nicht unerhebliches Risiko, wenn er nicht zeitnah die Nacherfüllung vornimmt.[438] Davon unabhängig stellt sich die Problematik der Fristsetzung aber nicht, wenn die Frist (von vornherein) entbehrlich ist, sei es nach § 440 S. 1 BGB oder nach § 323 II BGB (Rn 466 ff.).

464f Weiterführender Hinweis: Zu beachten ist, dass sich die gesamte vorstehende Problematik nur beim Rücktritt von Verbrauchsgüterkaufverträgen stellt. Bei Verträgen, die keine Verbrauchsgüterkaufverträge sind, sowie bei der Fristsetzung nach § 281 BGB stellt sich die Problematik nicht, da hier der Anwendungsbereich der genannten Richtlinie nicht greift (s.o.). Hier gilt der Grundsatz der Fristsetzung, wobei die zu setzende Frist mit einem bestimmten Zeitraum oder einem bestimmten (End-)Termin versehen werden muss. Entscheidend ist also die Frage, was die RL 1999/44/EG unter Verbrauchsgüterkaufverträgen versteht. Klar ist zunächst, dass nur ein Vertrag gemeint sein kann, der zwischen einem Verbraucher und einem Unternehmer geschlossen wurde. Insoweit kann auf die Definitionen des Art. 1 II der Richtlinie sowie der §§ 13 und 14 I BGB verwiesen werden. Unklar ist aber, ob sich der Gegenstand des Vertrags auf einen Kaufvertrag im engeren Sinn beziehen muss, also auf einen Vertrag, bei dem – wie das bei § 433 BGB der Fall ist – die Verschaffung von Eigentum an einer Sache gegen Entgelt im Mittelpunkt steht. Wäre das der Fall, fielen bspw. Werkverträge (i.S.d. § 631 BGB) aus dem Anwendungsbereich der Richtlinie heraus mit der Folge, dass sämtliche verbraucherschutzrechtlichen Regelungen der Richtlinie nicht zu Anwendung kämen. Damit bliebe es auch bei der grundsätzlich erforderlichen Fristsetzung in Bezug auf den Rücktritt. Es gilt daher, einen näheren Blick auf die Richtlinie zu werfen. Art. 1 IV der Richtlinie sagt aus, dass auch Verträge über die Lieferung herzustellender oder zu erzeugender Verbrauchsgüter als Kaufverträge im Sinne dieser Richtlinie gelten. Damit geht die Richtlinie offenbar von einem weiteren Verständnis eines Kaufvertrags aus, als das mitunter nach § 433 BGB der Fall ist, wo es bei einem Kauf lediglich um die Verpflichtung zur Eigentumsverschaffung von Sachen gegen Entgelt geht (s.o.). Auf Anfragebeschluss des LG Hannover[439] hin stellte denn auch der EuGH klar, dass „Verträge über die Lieferung herzustellender oder zu erzeugender Verbrauchsgüter" nicht auf eigentliche Kaufverträge begrenzt seien. Alle Verträge, bei denen der Unternehmer die für die Erbringung des Werks

---

[437] Erstaunlich ist, dass die Problematik des Fristsetzungserfordernisses gem. § 323 I BGB bei Verbrauchsgüterkaufverträgen in einer späteren Entscheidung des BGH (ZIP 2015, 2132, 2133) nicht angesprochen wird. Ganz selbstverständlich geht der BGH (trotz Vorliegens eines Verbrauchsgüterkaufvertrags) dort davon aus, dass der Schuldner dem Gläubiger grds. eine Frist zur Nacherfüllung setzen muss, vgl. dazu Rn 467 (Fallbeispiel).

[438] Siehe dazu Rn 466 ff.

[439] LG Hannover BauR 2016, 1522.

(im Fall ging es um die Sanierung eines Swimmingpools) erforderlichen Güter herzustellen oder zu erzeugen hat, fielen in den Anwendungsbereich der Richtlinie.[440]
Negativ formuliert: Verträge (auch Werkverträge), bei denen der Unternehmer die für die Erbringung des Werks (bspw. die Sanierung eines Swimmingpools) erforderlichen Güter weder herzustellen noch zu erzeugen hat, sondern bei denen die Dienstleistung im Vordergrund steht (bspw. das bloße Verbauen von zuvor beschafften Materialien), sind ggf. zwar Verbrauchsgüterkaufverträge i.S.d. § 474 I S. 2 BGB, aber keine Verträge über die Lieferung herzustellender oder zu erzeugender Verbrauchsgüter i.S.d. der RL 1999/44/EG. Diese ist dann nicht anwendbar und das Fristsetzungserfordernis in §§ 634 Nr. 3, 636, 323 I BGB kann nicht im Lichte der Verbrauchsgüterkaufrichtlinie für unbeachtlich erklärt werden. Es kommt daher allein auf die Entbehrlichkeitsgründe in §§ 636 und 323 II BGB an.

Fristsetzung erst nach Fälligkeit: Auch wenn sich dies nicht zwingend aus dem Wortlaut des § 323 I BGB herleiten lässt, ist doch zu beachten, dass der Gesetzgeber das Rücktrittsrecht aus § 323 I BGB nur für den Fall zulassen möchte, dass die Frist in einem Zeitpunkt gesetzt wird, in dem die Leistung fällig ist.[441] Hintergrund ist, dass der Schuldner die Chance haben soll, die geschuldete Leistung zum Fälligkeitstermin erbringen zu dürfen. Daran ändert auch das Interesse des Gläubigers, der bereits vor Fälligkeit der Leistung ernsthafte Zweifel an der Leistungsfähigkeit oder der Leistungswilligkeit des Schuldners hat und daher Klarheit über den Vertrag erlangen möchte, nichts. Denn auch dieses Klärungsbedürfnis rechtfertigt es nicht, dem Schuldner bereits – sozusagen auf Vorrat oder vorsorglich – vor Fälligkeit der Leistung eine Frist zu setzen mit der Folge, dass nach Ablauf dieser Frist das Rücktrittsrecht entsteht.[442] Nach h.M. kann die Frist daher erst gesetzt werden, wenn die Leistung fällig ist. Erfolgt die Fristsetzung vor Fälligkeit, ist sie nach h.M. unbeachtlich.[443] 465

Beispiel: B und U schlossen am 15.7.2017 einen Vertrag, in dem sich U gegenüber B verpflichtete, diesem bis zum 30.11.2017 einen voll funktionsfähigen Internetshop zu erstellen. Als sich Anfang Mai aufgrund einer umfangreichen E-Mail-Korrespondenz für B abzeichnete, dass U ganz offenbar nicht in der Lage ist, den Internetshop termingerecht zu erstellen, setzte B dem U mit E-Mail vom 11.11.2017 eine Frist zur Fertigstellung des Internetshops wenigstens bis zum 15.12.2017 und kündigte gleichzeitig an, nach fruchtlosem Fristablauf von seinem Rücktrittsrecht Gebrauch machen zu wollen. Nachdem am 15.12.2017 der Internetshop nicht fertig geworden war, erklärte B mit E-Mail vom 20.12.2017 den Rücktritt vom Vertrag und forderte von U die Rückzahlung des bereits gezahlten Abschlags von 2.500,- €.

Grundsätzlich fordert ein Rücktritt eine vorherige Fristsetzung (§ 323 I BGB). Eine solche ist vorliegend zwar erfolgt, jedoch zu einem Zeitpunkt, als die Leistung noch nicht fällig war. § 323 I BGB geht aber davon aus, dass die Fristsetzung erst nach Fälligkeit erfolgen darf. Dem Schuldner soll trotz Überschreitung des Fälligkeitstermins eine letzte Gelegenheit zur Vertragserfüllung und zur Vollendung seiner begonnenen Leistung gegeben werden, bevor der Gläubiger den Rücktritt erklären kann. B hat dem U eine Frist zur Fertigstellung des Internetshops gesetzt. Jedoch erfolgte die Fristsetzung am 11.11.2017 und damit noch vor Fälligkeit, die am 30.11.2017 eintrat.

Eine Fristsetzung noch vor Fälligkeit ist unzulässig. Zwar gewährt § 323 IV BGB dem Gläubiger bereits vor Eintritt der Fälligkeit ein Rücktrittsrecht, wenn offensichtlich ist, dass die Voraussetzungen des Rücktritts eintreten werden, allerdings sorgt § 323 IV BGB nicht dafür, dass in Fällen von § 323 I BGB eine Fristsetzung vor Fälligkeit zulässig ist.

---

440 EuGH NJW 2017, 3215, 3216 f.
441 Vgl. BGH NJW 2012, 3714, 3715 mit Verweis auf BR-Drs. 338/01, S. 427, 428.
442 *Ramming*, ZGS 2009, 209, 210; *Faust*, JuS 2012, 940 f.
443 BGH NJW 2012, 3714, 3715; *Ernst*, in: MüKo, § 323 Rn 56; *Grüneberg*, in: Palandt, § 323 Rn 12; *Brox/Walker*, SchuldR AT, § 23 Rn 38.

B´s Fristsetzung ist damit unwirksam. Er muss dem U eine erneute Frist setzen, sofern er nicht auch ohne Fristsetzung (§ 323 II BGB) vom Vertrag zurücktreten kann.

465a **Rücktritt schon vor Fälligkeit:** Davon zu unterscheiden ist der Fall, dass der Gläubiger vor Fälligkeit den Rücktritt erklärt. Das ist unter den Voraussetzungen des § 323 IV BGB zulässig. Diese Vorschrift gewährt dem Gläubiger bereits vor Eintritt der Fälligkeit ein Rücktrittsrecht, wenn offensichtlich ist, dass die Voraussetzungen des Rücktritts eintreten werden. Damit hat der Gesetzgeber im Falle der **Erfüllungsgefährdung** dem Gläubiger eine gesetzliche Möglichkeit verschafft, den Rücktritt schon vor der Fälligkeit zu erklären, freilich ohne vorherige Fristsetzung.

465b Aus der Formulierung „bereits vor Eintritt der Fälligkeit" hat der BGH den Umkehrschluss gezogen und gefolgert, dass der Rücktritt gem. § 323 IV BGB nicht *nach* Fälligkeit ausgeübt werden könne. Er hat entschieden, dass nach Fälligkeit kein Tatbestand der Erfüllungsgefährdung mehr vorliege. Vielmehr habe sich die Pflichtverletzung nunmehr erwiesen. Für diesen Fall enthalte das Gesetz in § 323 I BGB die Regel, dass ein Rücktritt grundsätzlich erst dann möglich sei, wenn eine Frist zur Leistung oder Nacherfüllung gesetzt werde und diese erfolglos abgelaufen sei. Es bestehe kein Grund, demjenigen Gläubiger, der die Erleichterung des § 323 IV BGB nicht in Anspruch nehme, noch die Möglichkeit des Rücktritts ohne eine Fristsetzung einzuräumen.[444] Ob dieser Auffassung überhaupt, und speziell nach der am 13.6. 2014 in Kraft getretenen Neufassung des § 323 II Nr. 2 und 3 BGB, gefolgt werden kann, soll im Folgenden untersucht werden.

465c Ausgangspunkt der Überlegung ist, dass der Rücktritt grds. einer vorherigen Fristsetzung bedarf (§ 323 I BGB). Dem Schuldner soll eine letzte Chance eingeräumt werden, die Leistung zu erfüllen bzw. die begonnenen Arbeiten zu vollenden. Zu beachten ist aber, dass die Fristsetzung erst *nach* Eintritt der Fälligkeit zulässig ist (§ 323 I BGB). Der Gläubiger muss also den Fälligkeitstermin abwarten, bevor er dem Schuldner eine Frist zur Leistungserbringung setzt. Eine vor Fälligkeit erklärte Fristsetzung ist grds. unwirksam. Freilich ist gem. § 323 IV BGB der *Rücktritt* vor Fälligkeit zulässig, wenn offensichtlich ist, dass die Voraussetzungen des Rücktritts eintreten werden (sog. Erfüllungsgefährdung). § 323 IV BGB betrifft also nur den Fall des Rücktritts *vor* Fälligkeit. Der Rücktritt nach Fälligkeit richtet sich nach § 323 I BGB. Dazu ist aber grds. eine Fristsetzung erforderlich, es sei denn, diese ist entbehrlich. Die Entbehrlichkeit der Fristsetzung kann sich aus § 323 II BGB oder aus Vorschriften des besonderen Schuldrechts (vgl. etwa § 440 S. 1 BGB beim Kaufvertrag oder § 636 BGB beim Werkvertrag) ergeben (dazu Rn 466 ff.).

Beispiel: Die von V an K zu erbringende Leistung ist fällig am 10.12.2017. Da es sich abzeichnet, dass V die Frist nicht wird einhalten können, setzt K dem V mit Schreiben vom 3.12.2017 gem. § 323 I BGB eine Frist zur Leistung zum 31.12.2017. Diese Frist, die angemessen erscheint, verstreicht ergebnislos, sodass K am 4.1.2018 den Rücktritt erklärt.

<u>Fristsetzung:</u> Grundsätzlich bedarf es gem. § 323 I BGB vor der Ausübung des Rücktritts einer Fristsetzung. K hatte V, bevor er den Rücktritt erklärte, eine Frist gesetzt. Nach zutreffender h.M. ist die Fristsetzung vom 3.12.2017 jedoch nicht wirksam, da sie vor Fälligkeit erfolgte, § 323 I BGB jedoch Fälligkeit voraussetzt. Der Schuldner soll die Chance haben, die geschuldete Leistung bis zum vereinbarten Fälligkeitstermin erbringen zu dürfen. Daran ändern auch Zweifel des Gläubigers an der rechtzeitigen Leistungserbringung durch den Schuldner nichts. Eine „vorsorgliche Fristsetzung vor Fälligkeit" ist daher unzulässig.

Damit fehlt es vorliegend an einer ordnungsgemäßen Fristsetzung i.S.d. § 323 I BGB, da K´s Fristsetzung vor Fälligkeit erfolgte. Insoweit ist der Rücktritt also ausgeschlossen.

<u>Rücktritt ohne Fristsetzung wegen Entbehrlichkeit einer Fristsetzung:</u> Ein Rücktritt nach Maßgabe des § 323 I BGB ist somit nur möglich, wenn es einer Fristsetzung i.S.d. § 323 I BGB im Zeitpunkt der Rücktrittserklärung am 4.1.2018 nicht mehr bedurfte. Eine solche

---

[444] BGH NJW 2012, 3714, 3715.

Entbehrlichkeit kann sich nur aus § 323 II BGB ergeben. Danach ist die Fristsetzung entbehrlich, wenn

- ⇨ der Schuldner die Leistung ernsthaft und endgültig verweigert (Nr. 1),
- ⇨ der Schuldner die Leistung bis zu einem im Vertrag bestimmten Termin oder innerhalb einer im Vertrag bestimmten Frist nicht bewirkt, obwohl die termin- oder fristgerechte Leistung nach einer Mitteilung des Gläubigers an den Schuldner vor Vertragsschluss oder aufgrund anderer den Vertragsabschluss begleitender Umstände für den Gläubiger wesentlich ist (Nr. 2) oder
- ⇨ im Falle einer nicht vertragsgemäß erbrachten Leistung (d.h. bei Schlechtleistung) besondere Umstände vorliegen, die unter Abwägung der beiderseitigen Interessen den sofortigen Rücktritt rechtfertigen (Nr. 3).

Vorliegend kommt Nr. 3 in Betracht. Allerdings kann das mit Wirkung zum 13.6.2014 in die Vorschrift eingefügte Merkmal „nicht vertragsgemäß erbrachte Leistung" nicht angenommen werden, weil der Fälligkeitstermin zum Zeitpunkt der Rücktrittserklärung noch nicht erreicht war und man daher nicht sagen kann, die Leistung sei nicht vertragsgemäß erbracht worden.

<u>Rücktritt ohne Fristsetzung wegen Erfüllungsgefährdung:</u> Möglicherweise war K jedoch am 4.1.2018 gem. § 323 IV BGB wegen Erfüllungsgefährdung zum Rücktritt berechtigt. Insbesondere bedarf es hier keiner vorherigen Fristsetzung i.S.d. § 323 I BGB. Zu beachten ist aber, dass nach der vom BGH vorgenommenen Auslegung der Formulierung „Der Gläubiger kann bereits vor dem Eintritt der Fälligkeit der Leistung zurücktreten" in § 323 IV BGB dieses Rücktrittsrecht nur *vor* Fälligkeit ausgeübt werden kann.[445] Da K den Rücktritt aber erst *nach* Fälligkeit erklärt, steht ihm auf dem Boden dieser Auslegung kein Rücktrittsrecht gem. § 323 IV BGB zu. Der vom BGH vorgenommene Umkehrschluss überzeugt aber nicht. Denn die zitierte gesetzliche Formulierung legt diesen Schluss nicht gerade nahe. Im Gegenteil: Die Formulierung „Der Gläubiger kann bereits vor dem Eintritt der Fälligkeit der Leistung zurücktreten" bringt nicht zum Ausdruck, dass die Rücktrittserklärung nach Fälligkeit ausgeschlossen sein soll. Es wird lediglich die Rücktrittserklärung *auch* vor Fälligkeit als zulässig angesehen. Mithin kommt es für § 323 IV BGB lediglich darauf an, dass die Erfüllung bereits vor Fälligkeit gefährdet ist.[446] Und das war vorliegend der Fall. Es zeichnete sich ab, dass V die Frist nicht wird einhalten können.

> **Hinweis für die Fallbearbeitung:** Da Art. 18 II der Verbraucherrechterichtlinie (RL 2011/83/EU)[447] hinsichtlich des Verbrauchsgüterkaufs kein Rücktrittsrecht wegen Erfüllungsgefährdung vorsieht, würde die Gewährung eines Rücktrittsrechts vor Fälligkeit gegen die Richtlinie verstoßen. In richtlinienkonformer Auslegung wird man daher § 323 IV BGB nicht auf Verbrauchsgüterkaufverträge anwenden dürfen.[448]

b.) Entbehrlichkeit der Fristsetzung nach § 323 II Nr. 1 BGB

Wie bereits ausführlich dargelegt, soll die gem. § 323 I BGB erforderliche Fristsetzung dem Schuldner die Gelegenheit zur Nacherfüllung geben. Eine Fristsetzung macht jedoch keinen Sinn, wenn der Schuldner ohnehin nicht erfüllungsbereit ist und dies dem Gläubiger gegenüber auch zum Ausdruck bringt. Demnach wird in § 323 II Nr. 1 BGB die Entbehrlichkeit der Fristsetzung bei der **ernsthaften und endgültigen Erfüllungsverweigerung** des Schuldners angeordnet. Mit Blick auf die mitunter sehr weit reichenden Folgen eines Rücktritts sind jedoch strenge Anforderungen an die Voraussetzungen des § 323 II Nr. 1 BGB zu stellen.[449] **466**

[445] BGH NJW 2012, 3714, 3715.
[446] *Weiss*, NJW 2014, 1212, 1214 f.
[447] Vgl. dazu bereits Rn 464a sowie ausführlich Rn 969.
[448] *Weiss*, NJW 2014, 1212, 1215.
[449] Vgl. auch BGH ZIP 2015, 2132, 2133.

467 Eine **ernsthafte und endgültige Erfüllungsverweigerung** liegt (nur) vor, wenn der Schuldner unmissverständlich und eindeutig zum Ausdruck bringt, er werde seinen Vertragspflichten unter keinen Umständen nachkommen.[450]

In dem bloßen Bestreiten eines Mangels ist (daher) noch keine Erfüllungsverweigerung zu sehen.[451]

Beispiel[452]**:** K kaufte von V einen 12 Jahre alten, zum Straßenverkehr zugelassenen Pkw zum Preis von 4.990 €. Vier Monate nach Übergabe trat an dem Fahrzeug ein Motorschaden auf. K forderte V unter Fristsetzung auf, den Motorschaden zu beheben. V bezweifelte unter Berufung auf einen vor Übergabe des Fahrzeugs erstellten „DEKRA SIEGEL Bericht" ein Vorhandensein des gerügten Mangels zum Zeitpunkt der Übergabe und wies K ergänzend darauf hin, dass dieser eine einjährige Gebrauchtwagengarantie über die W-GmbH abgeschlossen habe, die auch Motorschäden abdecke. Daraufhin erklärte K den Rücktritt vom Kaufvertrag.

Fraglich ist, ob der Rücktritt wegen fehlender, aber gem. § 323 I BGB erforderlicher Fristsetzung unwirksam ist. Unabhängig von der Frage, ob es bei einem Verbrauchsgüterkaufvertrag wegen § 3 V Verbrauchsgüterkaufrichtlinie einer Fristsetzung überhaupt bedarf[453], geht der BGH in der vorliegenden Entscheidung offenbar von dem grundsätzlichen Erfordernis einer Fristsetzung aus. K hat V unter Fristsetzung aufgefordert, den Motorschaden zu beheben, d.h. eine Mangelbeseitigung i.S.v. § 439 I Var. 1 BGB vorzunehmen. Dies erfüllt möglicherweise aber nicht die Anforderungen, die an eine Fristsetzung zu stellen sind. Denn die Fristsetzung muss nicht nur die Aufforderung zur Leistung bzw. Nacherfüllung beinhalten, sondern auch die Bereitschaft erkennen lassen, dem Verkäufer die Kaufsache zur Überprüfung der erhobenen Mängelrügen für eine entsprechende Untersuchung zur Verfügung zu stellen[454] (Rn 462a). K setzte V zwar eine Frist, gab diesem aber keine Gelegenheit zur Untersuchung des Fahrzeugs im Hinblick auf den gerügten Mangel. Darauf brauchte sich V – wie der BGH entschied – nicht einzulassen.

Möglicherweise war eine Fristsetzung aber gem. § 323 II Nr. 1 BGB entbehrlich. Dazu müsste V die Nacherfüllung ernsthaft und endgültig verweigert haben. Zwar hat V unter Verweis auf einen vor der Fahrzeugübergabe eingeholten DEKRA-Zustandsbericht einen von ihm zu vertretenden Sachmangel in Abrede gestellt und K zudem auf die bei der W-GmbH bestehende Gebrauchtwagengarantie verwiesen, das kann nach Auffassung des BGH aber noch nicht als unmissverständliche und eindeutig zum Ausdruck bringende Erklärung angesehen werden, V werde seinen Vertragspflichten unter keinen Umständen nachkommen. Folgt man dem, liegt eine ernsthafte und endgültige Erfüllungsverweigerung i.S.d. § 323 II Nr. 1 BGB nicht vor.

Dass eine Fristsetzung aus anderen Gründen (§ 323 II Nr. 2, 3 BGB oder § 440 BGB) entbehrlich wäre, ist nicht ersichtlich.

Ergebnis: Da K keine wirksame Frist zur Nacherfüllung gesetzt hat und eine solche auch nicht entbehrlich war, ist sein Rücktritt vom Kaufvertrag – unabhängig davon, ob ein vom Beklagten zu vertretender Sachmangel aufgetreten ist – unwirksam.[455]

Hinweis für die Fallbearbeitung: Zu beachten ist, dass § 323 II Nr. 1 BGB nicht greift, wenn die Erfüllungsverweigerung bereits *vor Fälligkeit* geäußert wurde und der Gläubiger sofort zurücktreten möchte. Dann ist § 323 IV BGB einschlägig und der Gläubiger kann vor Fälligkeit den Rücktritt erklären (s.o., Rn 465a-c).

---

[450] BGH ZIP 2015, 2132, 2133 unter Berufung u.a. auf BGH NJW 2013, 1074.
[451] BGH ZIP 2015, 2132, 2133.
[452] Nach BGH ZIP 2015, 2132 ff. (abgewandelt).
[453] Es genügen insoweit die Aufforderung, den Mangel zu beseitigen, und das Abwarten einer angemessenen Zeit, siehe Rn 464b f.
[454] BGH ZIP 2015, 2132, 2133.
[455] BGH ZIP 2015, 2132, 2133. Ob das Urteil mit Blick auf Art. 3 V Verbrauchsgüterkaufrichtlinie, die der BGH unerwähnt lässt, überzeugt, ist eine andere Frage, vgl. dazu Rn 464b.

c.) Entbehrlichkeit der Fristsetzung nach § 323 II Nr. 2 BGB

Die Fristsetzung kann auch gem. § 323 II Nr. 2 BGB entbehrlich sein. Analysiert man den Gesetzeswortlaut dieser Vorschrift, ergibt sich folgende Struktur: **468**

Eine Fristsetzung durch den Gläubiger ist entbehrlich, wenn der Schuldner die Leistung nicht termin- oder fristgerecht erbringt, obwohl die termin- oder fristgerechte Leistung

- nach einer Mitteilung des Gläubigers an den Schuldner vor Vertragsschluss oder
- aufgrund anderer den Vertragsabschluss begleitender Umstände

für den Gläubiger wesentlich ist.

Nach der Gesetzesbegründung dürfte die termin- oder fristgerechte Leistung für den Gläubiger insbesondere dann als wesentlich anzusehen sein, wenn er das Fortbestehen seines Leistungsinteresses – wie nach bisherigem Recht – an die Rechtzeitigkeit der Leistung gebunden hat. Dies sei der Fall, wenn der Vertrag aufgrund der Termin- oder Fristvereinbarung mit deren Einhaltung „stehen und fallen soll". Die Wesentlichkeit der termin- oder fristgerechten Leistung soll sich zum einen aus einer entsprechenden Mitteilung des Gläubigers vor Vertragsschluss (Fall 1 der Neufassung), zum anderen aus anderen den Vertragsabschluss begleitenden Umständen (Fall 2 der Neufassung) ergeben können.[456]

Diese seit dem 13.6.2014 geltende Regelung ist also weiter gefasst als die bisher geltende, wonach eine Fristsetzung entbehrlich war, wenn der Schuldner die Leistung zu einem im Vertrag bestimmten Termin oder innerhalb einer bestimmten Frist nicht bewirkte und der Gläubiger im Vertrag den Fortbestand seines Leistungsinteresses an die Rechtzeitigkeit der Leistung gebunden hatte. Hinsichtlich der beiden Fälle der Neufassung gilt:

- An den Schuldner gerichtete **Mitteilung** des Gläubigers, dass für ihn die termin- oder fristgerechte Leistung **wesentlich** ist (Fall 1)

  Dieser Fall, der die Fristsetzung entbehrlich macht, knüpft an eine entsprechende Mitteilung des Gläubigers an. Aus ihr muss hervorgehen, dass die Einhaltung des Leistungstermins bzw. der Leistungsfrist wesentlich ist.

  Beispiel: V und K schließen einen Kaufvertrag über die Lieferung von 12 Flaschen Bordeaux-Wein des Jahrgangs 2009. Sie vereinbaren aufgrund des Verlangens des K, dass V den Wein binnen 14 Tagen nach Vertragsschluss zu liefern habe, da K den Wein im Rahmen einer Familienfeier ausschenken möchte.

  Hier haben die Parteien vereinbart, dass der Vertrag aufgrund einer Terminvereinbarung mit der Einhaltung der Leistungsfrist „stehen und fallen" soll, sodass eine verspätete Leistung keine vollständige Erfüllung mehr darstellt (**relatives Fixgeschäft**, Rn 469).[457] Liefert V also nicht fristgerecht, kann K vom Vertrag zurücktreten, ohne dass er dem V eine Frist setzen müsste.

- Die den Vertragsschluss **begleitenden Umstände**, aus denen sich die **Wesentlichkeit** der rechtzeitigen Leistung für den Gläubiger ergibt (Fall 2)

  Dieser Fall, über dessen Anwendungsbereich und Voraussetzungen die Gesetzesbegründung schweigt, dürfte als Auffangtatbestand zu verstehen sein. Aus den den Vertragsschluss begleitenden Umständen muss sich ergeben, dass die Rechtzeitigkeit der Leistung für den Gläubiger wesentlich ist. Es ist also eine Auslegung der Vertragserklärungen vorzunehmen, die sich nach den Maßstäben der §§ 133, 157 BGB richtet. Ergibt sich danach, dass der Vertrag mit der Einhaltung des Leistungstermins „stehen und fallen" soll, sodass die verspätete Leistung keine vollständige Erfüllung mehr darstellt, ist eine Fristsetzung entbehrlich und der Gläubiger kann sofort zurücktreten. Das kann z.B. bei **„Just-in-time-Verträgen"** vorliegen. Bei diesen Verträgen muss der eine Teil dem anderen Teil zu ei-

---

[456] BT-Drs. 17/12637, S. 59.
[457] Vgl. dazu auch *Franz/Marx*, JuS 2015, 424, 426.

nem bestimmten Zeitpunkt liefern, damit dessen Produktion ordnungsgemäß betrieben werden kann. Bleibt die Leistung ganz oder teilweise aus, muss der Gläubiger die Möglichkeit haben, sofort eine Ersatzbeschaffung vorzunehmen, weil sein Schaden sonst viel größer würde.[458]

Hinweis für die Fallbearbeitung: Just-in-time-Verträge unterscheiden sich vom relativen Fixgeschäft dadurch, dass der Gläubiger bei Vertragsschluss nicht ausdrücklich zu erkennen gegeben hat, dass sein Leistungsinteresse bei Nichteinhaltung der Leistungszeit entfällt. Deswegen muss *objektiv* festgestellt werden, dass ihm ein Schaden bei verspäteter Lieferung entstünde und damit ein Interessenfortfall gegeben ist.

Der bisherige Hauptanwendungsfall des § 323 II Nr. 2 BGB, das relative Fixgeschäft, bleibt dadurch aber in jedem Fall unberührt, da § 323 II Nr. 2 Fall 1 BGB nun explizit auf das relative Fixgeschäft Bezug nimmt.

469 Bei einem ***relativen* Fixgeschäft** haben die Parteien vereinbart, dass der Vertrag aufgrund einer Terminvereinbarung mit der Einhaltung des Leistungstermins „stehen und fallen" soll, sodass die verspätete Leistung keine vollständige Erfüllung mehr darstellt.[459]

Kennzeichen des relativen Fixgeschäfts ist, dass auch bei verspäteter Leistungserbringung die Erfüllungswirkung nach § 362 BGB noch eintreten kann. Die Leistung ist also – anders als beim absoluten Fixgeschäft (dazu Rn 373/470) – nachholbar. Daher hat das relative Fixgeschäft auch keine Unmöglichkeit (§ 275 BGB) zur Folge. Anwendbar sind §§ 323, 281 BGB, somit Rücktritt und Schadensersatz statt der Leistung. Hinsichtlich des Rücktritts gilt: Für die Entbehrlichkeit der grundsätzlich erforderlichen Fristsetzung nach § 323 I, II Nr. 2 BGB genügt es nicht, wenn die Leistungszeit lediglich genau bestimmt ist.[460] Die Einhaltung der Leistungszeit muss vielmehr für den Gläubiger so wesentlich sein, dass sein Leistungsinteresse an die Rechtzeitigkeit der Leistung gebunden ist. Sein besonderes Interesse an der Rechtzeitigkeit der Leistung muss für den Vertragspartner auch erkennbar sein. Dabei ist erforderlich, dass das besondere Interesse durch die Bestimmung eines Liefertermins oder einer Lieferfrist bereits im Vertrag herausgehoben worden ist. Nicht ausreichend ist eine einseitige Erklärung des Gläubigers über einen fixen Leistungstermin. Vielmehr müssen sich die Parteien ausdrücklich oder konkludent geeinigt haben. Hinsichtlich des Schadensersatzes statt der Leistung (§ 281 BGB) ist zu beachten, dass § 281 I S. 1 BGB eine Fristsetzung verlangt; eine dem § 323 II Nr. 2 BGB vergleichbare Regelung fehlt. Begehrt der Gläubiger also Schadensersatz statt der Leistung, muss er dem Schuldner – anders als beim Rücktritt – eine Frist zur Leistungserbringung setzen. Das benachteiligt den Gläubiger auch nicht unangemessen, da ein Anspruch auf Schadensersatz i.d.R. weiter reicht als ein Rücktritt und die erforderliche Fristsetzung daher auch den Schuldnerinteressen Rechnung trägt.

Abzugrenzen ist das *relative* Fixgeschäft vom gesetzlich nicht geregelten *absoluten* Fixgeschäft. Das absolute Fixgeschäft ist (daher) von § 323 II Nr. 2 BGB nicht erfasst.

470 Ein **absolutes Fixgeschäft** ist gegeben, wenn die Einhaltung der Leistungszeit für den Gläubiger so wesentlich ist, dass eine verspätete Leistung überhaupt keine Erfüllung mehr darstellt bzw. darstellen würde.[461]

Maßgeblich ist, dass die Nichteinhaltung der Leistungszeit (§ 271 BGB) dazu führt, dass der Gläubiger keinerlei Nutzen mehr an der Erfüllung hat und dies auch für den Schuldner erkennbar ist. Die Nichteinhaltung der vereinbarten Leistungszeit begründet dann eine dauernde **Unmöglichkeit** und die Rechtsfolgen bestimmen sich nach §§ 275, 326 BGB (Freiwerden von

---

[458] BT-Drs. 14/6040, S. 140.
[459] Vgl. etwa BGH NJW 1990, 2065, 2066; *Ernst*, in: MüKo, § 286 Rn 40; *Medicus/Lorenz*, SchuldR AT, Rn 420 f.
[460] BGH NJW 2001, 2878; *Ramming*, ZGS 2002, 412, 413.
[461] Vgl. die Nachweise bei Rn 373.

der Leistungspflicht; grundsätzlicher Verlust des Anspruchs auf Gegenleistung).[462] Zudem ist ein Rücktritt ohne Fristsetzung möglich (§§ 346 I, 323 I, 326 V, 275 IV BGB). Bei Verschulden des Schuldners kommt zudem Schadensersatz statt der Leistung ohne Fristsetzung (§§ 280 I, III, 283, 275 IV BGB) in Betracht. Ferner ist an Herausgabe des Surrogats zu denken (§ 285 BGB) sowie an Aufwendungsersatz (§ 284 BGB) und Rückzahlung erbrachter, aber nicht geschuldeter Gegenleistung in Folge Rücktritts (§§ 346, 326 IV BGB – insoweit vorrangig vor § 812 BGB).

Wegen dieser unterschiedlichen Rechtsfolgen ist es wichtig, das absolute Fixgeschäft von dem relativen Fixgeschäft abzugrenzen, was durch Auslegung des Vertrags anhand des objektiven Empfängerhorizonts gem. §§ 133, 157 BGB zu geschehen hat. So kann der Wille der Parteien, ein *relatives* Fixgeschäft zu vereinbaren, durch Formulierungen wie z.B. „prompt", „fix" oder „spätestens" in Verbindung mit der Angabe einer bestimmten Leistungszeit zum Ausdruck kommen. Eine kalendermäßige Bestimmung der Leistungszeit alleine genügt hingegen nicht, um ein relatives Fixgeschäft anzunehmen. Bei Verstreichen der Leistungszeit tritt dann nur Verzug (vgl. § 286 II BGB) ein, ohne dass ein Rücktrittsrecht nach § 323 I BGB mit entbehrlicher Fristsetzung gem. § 323 II Nr. 2 BGB gegeben ist.

Beispiele:

(1) M und F möchten heiraten. Als Hochzeitstermin wird der 5. Mai bestimmt. Für 15 Uhr soll der Konditormeister K eine fünfstöckige Hochzeitstorte liefern. Kurz vor Erreichen seines Ziels weicht K mit seinem Lieferwagen einem Hund aus, wodurch die Torte durch den Laderaum seines Transporters geschleudert wird. Sie wird zerstört. ⇨ In diesem Fall sollte der Vertrag mit der Einhaltung des Termins „stehen und fallen", was auch K bewusst war. Da der Zweck des Vertrags nicht mehr erreicht werden kann (K könnte zwar eine neue Hochzeitstorte herstellen, deren Lieferung erfolgte jedoch zu spät und hätte für F und M keinen Nutzen mehr), liegt ein **absolutes Fixgeschäft** vor. Eine Erfüllung nach § 362 BGB ist nicht mehr möglich; es tritt Unmöglichkeit gem. § 275 I BGB ein. Die Folgen sind: K hat keinen Anspruch auf Bezahlung (§ 326 I S. 1 Hs. 1 BGB). M und F haben einen Anspruch auf Schadensersatz (§§ 280 I, III, 283 BGB), sofern sie einen Schaden geltend machen können und K die Pflichtverletzung zu vertreten hat. Zudem steht ihnen ein Rücktrittsrecht zu (§ 326 V BGB).

(2) Anders ist es hingegen, wenn M und F bei der Autovermietung V einen Mietwagen vom Typ Ford Mustang Cabrio bestellen und dabei mit V verbindlich vereinbaren, dass der Wagen am 5. Mai geliefert werden soll, damit das frisch getraute Paar damit seine Hochzeitsreise antreten kann. ⇨ In diesem Fall sollte der Vertrag mit der Einhaltung des Termins „stehen und fallen", was auch V bewusst war. Die Vermietung des Fahrzeugs wäre zwar nachholbar, V könnte aber nicht vollständig erfüllen. Damit liegt ein **relatives Fixgeschäft** vor. Ohne V eine Frist setzen zu müssen, können M und F vom Vertrag zurücktreten (§ 323 I, II Nr. 2 Fall 1 BGB). Zudem können sie Schadensersatz gem. §§ 280 I, II, 286 BGB bzw. gem. §§ 280 I, III, 281 BGB verlangen, sofern V die Verspätung zu vertreten hat.

Bei Kaufleuten ist der § 323 II Nr. 2 Fall 1 BGB und § 281 BGB gegenüber vorrangig anzuwendende § 376 HGB zu beachten (Fixhandelskauf). Soweit zwei Kaufleute eine bestimmte Leistungszeit vereinbart haben und diese Leistungszeit verstrichen ist, ergibt sich das Rücktrittsrecht aus § 376 HGB. Nach dieser Vorschrift ist die Frist bereits entbehrlich, wenn lediglich ein fester Termin vereinbart wurde.

Hinweis für die Fallbearbeitung: Wie bereits erwähnt, kann bei einem relativen Fixgeschäft der Gläubiger nicht nur vom Vertrag zurücktreten, sondern er hat auch einen Anspruch auf Schadensersatz statt der Leistung. Bevor er aber einen solchen Schadensersatzanspruch geltend macht, muss er dem Schuldner eine Frist zur Leistungserbringung gewähren. Dies ergibt sich daraus, dass sich in § 281 BGB keine dem

[462] Allgemeine Auffassung, vgl. nur BGHZ 60, 14, 16; *Westermann*, in: Erman, § 275 Rn 10; *Alexander*, JA 2015, 321.

§ 323 II Nr. 2 BGB vergleichbare Regelung findet. Hierbei ist jedoch zu beachten: Begehrt der Gläubiger Schadensersatz statt der Leistung und setzt dem Schuldner daher eine Frist, gibt er damit gleichzeitig zu verstehen, dass er an dem Schuldverhältnis mit dem Schuldner trotz des Verstreichens der eigentlichen Leistungszeit noch ein Interesse hat (sonst würde er ja keine Frist setzen). Und wer noch Interesse an der Vertragsdurchführung zeigt, kann nicht gleichzeitig den Rücktritt erklären. Rücktritt ist daher erst möglich, wenn die erforderliche Frist erfolglos verstrichen ist.

d.) Entbehrlichkeit der Fristsetzung nach § 323 II Nr. 3 BGB

471 Eine Fristsetzung ist auch entbehrlich, wenn – im Falle einer nicht vertragsgemäß erbrachten Leistung – besondere Umstände vorliegen, die unter **Abwägung der beiderseitigen Interessen** den sofortigen Rücktritt rechtfertigen. § 323 II Nr. 3 BGB soll als **Auffangtatbestand** für die in den Nrn. 1 und 2 nicht erfassten Fälle der Schlechtleistung fungieren und den Gerichten entsprechende Beurteilungsspielräume verschaffen.[463]

Dadurch, dass der Gesetzgeber im Zuge der am 13.6.2014 in Kraft getretenen Änderungen den Anwendungsbereich des § 323 II Nr. 3 BGB auf die Fälle der **Schlechtleistung** beschränkt hat, wurde der bis dahin praktisch wichtigste Anwendungsfall des § 323 II Nr. 3 BGB, die Entbehrlichkeit der Fristsetzung wegen **Nichtleistung**, beseitigt. Aus diesem Grund kann die Frage nach der Entbehrlichkeit der Fristsetzung bei sog. „Just-in-time-Verträgen" nicht mehr unter § 323 II Nr. 3 BGB subsumiert werden. Da der Gesetzgeber allerdings auch § 323 II Nr. 2 BGB modifiziert hat, indem er die Entbehrlichkeit der Fristsetzung bei Nichteinhaltung der Leistungsfrist, obwohl die termin- oder fristgerechte Leistung nach einer Mitteilung des Gläubigers an den Schuldner vor Vertragsschluss oder aufgrund anderer den Vertragsabschluss begleitender Umstände für den Gläubiger wesentlich ist, anordnet, dürfte die Frage nach der Entbehrlichkeit der Fristsetzung bei „Just-in-time-Verträgen" nunmehr unter die Entbehrlichkeitsregelung des § 323 II Nr. 2 BGB fallen[464] (dazu Rn 468).

Auch der bislang unter § 323 II Nr. 3 BGB a.F. gefasste Anwendungsfall der **Täuschung der anderen Vertragspartei** über die Vertragsabwicklung dürfte nicht mehr der Vorschrift unterfallen. Überzeugend ist hier der Weg über § 324 BGB[465] (dazu Rn 479 ff.).

Schließlich können die Fälle der **Erfüllungsgefährdung**, die der BGH infolge seiner restriktiven Auslegung des § 323 IV BGB unter § 323 II Nr. 3 BGB a.F. subsumierte[466], von der Neufassung nicht mehr erfasst werden. Dies zwingt zu einer Neuauslegung des § 323 IV BGB, oder aber ein Rücktritt ohne Fristsetzung ist in diesem Zusammenhang nunmehr ausgeschlossen (dazu Rn 465c).

471a Insgesamt lässt sich feststellen, dass § 323 II Nr. 3 BGB in der seit dem 13.6.2014 geltenden Fassung nur noch Fälle der **Schlechtleistung** erfasst. Da der Gesetzgeber den Rücktritt ohne Fristsetzungserfordernis bei Schlechtleistung aber in entsprechenden **Sondervorschriften** geregelt hat (vgl. etwa **§ 440 S. 1 BGB** für den Kauf: Verweigerung der Nacherfüllung, Nacherfüllung fehlgeschlagen, Nacherfüllung für den Käufer unzumutbar; **§ 636 BGB** für den Werkvertrag: Verweigerung der Nacherfüllung, Nacherfüllung fehlgeschlagen, Nacherfüllung für Besteller unzumutbar), scheint die Bedeutung des § 323 II Nr. 3 BGB n.F. auf den ersten Blick eher gering zu sein, da sich die Entbehrlichkeitsvoraussetzungen regelmäßig überschneiden dürften.

471b Gleichwohl ist zu beachten, dass § 323 II Nr. 3 BGB im Anwendungsbereich der speziellen §§ 440 S. 1, 636 BGB systematisch nicht ausgeschlossen ist. Das ergibt sich aus der Formulierung in §§ 440 S. 1, 636 BGB, wo es heißt: „Außer in den Fällen des ... § 323

[463] BT-Drs. 14/6040, S. 186. Vgl. auch BGH NJW 2013, 1523 f.
[464] So auch *Weiss*, NJW 2014, 1212, 1214. Vgl. auch *Riehm*, NJW 2014, 2065 ff.
[465] *Weiss*, NJW 2014, 1212, 1214.
[466] BGH NJW 2012, 3714, 3715.

Abs. 2 BGB bedarf es einer Fristsetzung auch dann nicht, wenn ...". §§ 440 S. 1, 636 BGB gehen also klar davon aus, dass sie *neben* § 323 II Nr. 3 BGB anwendbar sind.

§ 323 II Nr. 3 BGB ist also trotz bejahter Entbehrlichkeit der Fristsetzung nach § 440 S. 1 BGB zu prüfen bzw. zu bestätigen. **471c**

Beispiel[467]**:** K kaufte von V, einem Gebrauchtwagenhändler, einen 13 Jahre alten Gebrauchtwagen mit einer Laufleistung von 144.000 km zum Preis von 5.000 €. Der Kaufvertrag enthielt unter der Rubrik „Zubehör/Sonderausstattung" den Eintrag „HU neu". Am Tag des Fahrzeugkaufs hatte der Technische Überwachungsverein (TÜV) die Hauptuntersuchung durchgeführt und das Fahrzeug beanstandungsfrei mit einer TÜV-Plakette versehen. Am nächsten Tag fuhr K zu ihrem rund 900 km entfernten Wohnort. Auf der Fahrt dorthin blieb der Wagen aufgrund eines defekten Kraftstoffrelais mehrmals liegen und es entstanden der K Kosten für Pannenhilfe und Reparatur in Höhe von 315,99 €. Bei den anschließenden, von K veranlassten Untersuchungen des Fahrzeugs wurde unter anderem eine starke Korrosion an den Bremsleitungen, den Längsträgern, den Querlenkern, den Achsträgern und dem Unterboden sowie an sämtlichen Zuleitungen zum Motor festgestellt. Die K erklärte daraufhin - ohne V Gelegenheit zur Mängelbeseitigung zu geben - den Rücktritt vom Kaufvertrag und begründete dies mit den bei der Untersuchung festgestellten, die Verkehrssicherheit des Fahrzeugs beeinträchtigenden Mängeln. V behauptet, er habe das Fahrzeug vor dem Verkauf durchgesehen und nur vordergründigen Rost festgestellt; im Übrigen habe er sich auf die Untersuchung des TÜV verlassen.
Mit ihrer Klage begehrt K Rückzahlung des Kaufpreises Zug um Zug gegen Rückgabe des Wagens sowie Ersatz der Kosten der Pannenhilfe und Reparatur.
Ein gerichtlich eingeholtes Sachverständigengutachten bestätigte, dass das veräußerte Fahrzeug eine fortgeschrittene, offensichtliche Korrosion im Bereich der Längsträger, der Fahrwerksteile und sämtlicher Zuleitungen zum Motor sowie eine überdurchschnittliche Korrosion an den vorderen Bremsleitungen aufgewiesen habe. Insbesondere die Korrosion an den vorderen Bremsleitungen hätte bei der am Verkaufstag durchgeführten Hauptuntersuchung beanstandet werden müssen. Dieser erhebliche, die Verkehrssicherheit beeinträchtigende Mangel habe bereits bei Übergabe des Fahrzeugs an die Klägerin vorgelegen.

Die Voraussetzungen des von K erklärten Rücktritts ergeben sich aus §§ 434, 437 Nr. 2 Var. 1, 440, 323, 346 ff. BGB.

Zunächst müsste das Fahrzeug mängelbehaftet gewesen sein. Nach § 434 I S. 1 BGB ist die Sache nur dann frei von Sachmängeln („Fehlern"), wenn sie bei Gefahrübergang die vereinbarte Beschaffenheit hat. Unter Beschaffenheitsvereinbarung ist die auf den Vorstellungen der Parteien beruhende Vereinbarung über die Beschaffenheit oder den Verwendungszweck der gekauften Sache zu verstehen. Weicht die objektive Beschaffenheit von der vereinbarten ab, liegt ein Sachmangel vor (= subjektiver Fehlerbegriff). In den Kaufvertrag hat V die Bezeichnung „HU neu" aufgenommen. Dies stellt nach zutreffender Auffassung des BGH eine stillschweigende Vereinbarung dar, dass sich das verkaufte Fahrzeug im Zeitpunkt der Übergabe in einem für die Hauptuntersuchung nach § 29 StVZO geeigneten verkehrssicheren Zustand befinde und die Hauptuntersuchung durchgeführt sei. Der Gebrauchtwagen, um den es vorliegend geht, entsprach dieser Beschaffenheitsvereinbarung nicht, sondern war – wie der BGH völlig zutreffend ausführt – aufgrund der fortgeschrittenen Korrosion insbesondere an den vorderen Bremsleitungen ungeachtet der dennoch erteilten TÜV-Plakette nicht verkehrssicher und aufgrund seines schlechten Gesamtzustands bei Übergabe nicht so beschaffen, dass ein Betrieb des Fahrzeugs und dessen gefahrlose Nutzung im Straßenverkehr möglich gewesen wären.

Dieser Sachmangel war – wie sich eindeutig aus dem Sachverständigengutachten ergibt – auch bereits zum Zeitpunkt des Gefahrübergangs (d.h. der Übergabe i.S.d. § 446 BGB)

[467] Nach BGH NJW 2015, 1669 ff.

vorhanden. Insofern würde V auch nicht die gesetzliche Vermutung in § 477 BGB widerlegen können.[468]

Grundsätzlich muss der Käufer dem Verkäufer eine angemessene Frist zur Nacherfüllung einräumen, bevor er den Rücktritt erklären kann (vgl. § 323 I BGB). Dass K dem V eine solche Frist gesetzt hätte, ist nicht ersichtlich. Allerdings ist eine Fristsetzung unter verschiedenen Voraussetzungen bzw. in verschiedenen Konstellationen entbehrlich (vgl. etwa §§ 323 II, 326 V BGB, aber auch § 440 S. 1 BGB bzgl. des Kaufvertrags). Vorliegend wäre die Beseitigung der Mängel technisch möglich gewesen, sodass sich die Entbehrlichkeit der Fristsetzung jedenfalls nicht aus § 326 V BGB ergibt. Möglicherweise ergibt sich die Entbehrlichkeit der Fristsetzung aber aus § 440 S. 1 BGB. Danach bedarf es der Fristsetzung u.a. dann nicht, wenn die Nacherfüllung (hier: Mängelbehebung) für den Käufer unzumutbar ist. Der BGH führt dazu aus: „Für die Beurteilung, ob die Nacherfüllung für den Käufer unzumutbar ist, sind alle Umstände des Einzelfalls zu berücksichtigen, insbesondere die Zuverlässigkeit des Verkäufers, diesem vorzuwerfende Nebenpflichtverletzungen oder der Umstand, dass der Verkäufer bereits bei dem ersten Erfüllungsversuch, also bei Übergabe, einen erheblichen Mangel an fachlicher Kompetenz hat erkennen lassen und das Vertrauensverhältnis zwischen den Parteien nachhaltig gestört ist".[469] Sodann stellt der BGH darauf ab, dass das als verkehrssicher verkaufte Fahrzeug massive Mängel in Form fortgeschrittener Korrosion an sicherheitsrelevanten Bauteilen aufwies, die (auch für V) bereits bei einer ordnungsgemäß durchgeführten einfachen Sichtprüfung ohne weiteres erkennbar gewesen wären. Es sei nachvollziehbar, dass K angesichts dieses Umstands jedes Vertrauen in die Zuverlässigkeit und Fachkompetenz des V verloren habe.[470]

Daher war die nach § 323 I BGB an sich erforderliche Fristsetzung gem. § 440 S. 1 Var. 3 BGB entbehrlich.

Nichts anderes ergibt sich aus § 323 II Nr. 3 BGB, wonach eine Fristsetzung entbehrlich ist, wenn – im Falle einer nicht vertragsgemäß erbrachten Leistung (d.h. bei Schlechtleistung) – besondere Umstände vorliegen, die unter Abwägung der beiderseitigen Interessen den sofortigen Rücktritt rechtfertigen. Eben diese Interessenabwägung wurde bereits erschöpfend im Rahmen des § 440 S. 1 BGB vorgenommen, sodass sich aus dem neben § 440 S. 1 BGB anwendbaren § 323 II Nr. 3 BGB kein abweichendes Ergebnis ergibt.

K konnte somit gegenüber V den Rücktritt vom Kaufvertrag erklären, ohne zuvor eine Frist zur Mängelbehebung gesetzt haben zu müssen.

471d Fazit: § 440 S. 1 BGB (bzw. § 636 BGB) und § 323 II Nr. 3 BGB sind nebeneinander anwendbar. Eigenständige Bedeutung hat § 323 II Nr. 3 BGB aber nach wie vor außerhalb des Sachmängelrechts (wenn also §§ 440 oder 636 BGB nicht greifen) bzw. bis zum Gefahrübergang, wenn der Käufer oder der Besteller den Rücktritt erklärt, und bei solchen gegenseitigen Verträgen, bei denen der Gesetzgeber von vornherein kein Sachmängelrecht vorgesehen hat (Miete, Pacht, Darlehensvertrag, Dienstvertrag), sofern der Vertrag noch nicht vollzogen wurde (d.h. die Miet- oder Pachtsache noch nicht übergeben, das Darlehen noch nicht gewährt, der Dienst noch nicht angetreten wurde). Bei laufendem bzw. vollzogenem Vertrag greift anstelle des Rücktritts die Kündigung aus wichtigem Grund[471] (dazu Rn 838 ff.).

ee. Eigene Vertragstreue des Gläubigers

472 Um das Rücktrittsrecht ausüben zu können, muss sich der Gläubiger selbst vertragsgemäß verhalten. Das ergibt sich zwar nicht unmittelbar aus dem Gesetz, allerdings muss das Rücktrittsrecht des Gläubigers nach § 323 BGB ausgeschlossen sein, wenn ihm selbst mangelnde Vertragstreue vorzuwerfen ist. Das Ausschlussmerkmal *eigene Ver-*

---

[468] Zu den widerleglichen Vermutungen und spwziell zu § 477 BGB vgl. *R. Schmidt*, BGB AT, Rn 65.
[469] BGH NJW 2015, 1669, 1670.
[470] BGH NJW 2015, 1669, 1670.
[471] Vgl. BGH NJW 1986, 124, 125.

tragstreue des Gläubigers gewinnt allerdings nur an Relevanz, wenn das Verhalten des Gläubigers nicht schon von § 323 VI BGB erfasst ist. Lediglich, wenn der Ausschlussgrund des § 323 VI BGB nicht greift, bleibt Raum für das ungeschriebene Merkmal der eigenen Vertragstreue des Gläubigers.

> **Beispiel:** A und B haben einen synallagmatischen Vertrag geschlossen, bei welchem A vorleistungspflichtig ist. Weil A nicht rechtzeitig leistet, möchte der nachleistungspflichtige B vom Vertrag zurücktreten, obwohl er bereits vorher angekündigt hat, seine Leistung nicht erbringen zu wollen.
>
> An sich lägen die Voraussetzungen (nach einem erfolglosen Ablauf einer Frist) für einen Rücktritt nach § 323 I BGB vor. Insbesondere stand A auch nicht die Einrede des § 320 BGB zu, weil er vorleistungspflichtig war, sodass er eine fällige und durchsetzbare (!)[472] Leistung nicht erbracht hat. Wegen des vertragsuntreuen Verhaltens des B ist der Rücktritt aber ausgeschlossen.

Das Verhalten des Gläubigers schließt das Rücktrittsrecht allerdings nicht aus, wenn es **472a** nach Art und Schwere ungeeignet ist, den Vertragszweck zu gefährden. Ebenso wenig ist ein Ausschluss des Rücktrittsrechts anzunehmen, wenn das vertragsuntreue Verhalten des Gläubigers erst durch eine Pflichtverletzung des Schuldners hervorgerufen wurde.[473] Hingegen wird ein **Rechtsverlust** bewirkt, wenn der Gläubiger (wie im obigen Beispiel) bei Vorleistungspflicht des Schuldners nicht zur Erbringung der Gegenleistung bereit ist[474] oder sich vorsätzlich außerstande gesetzt hat, die Leistung anzunehmen[475]. Auch wenn sich der Gläubiger bereits vom Vertrag losgesagt hat, ist ihm ein Rücktrittsrecht verwehrt.[476] Dies gilt jedoch nicht, wenn sich auch der Schuldner unabhängig vom Verhalten des Gläubigers vom Vertrag losgesagt hat. Darüber hinaus kann die mangelnde Vertragstreue des Gläubigers auch wieder „geheilt" werden, wenn er zu einem vertragstreuen Verhalten zurückkehrt und wenn tatsächlich noch die Möglichkeit zur Durchführung des Vertrags besteht.[477]

ff. Interessenfortfall oder Unerheblichkeit der Pflichtverletzung, § 323 V BGB

§ 323 V BGB ordnet für die Fälle von Teilleistungen und Schlechtleistungen an, dass ein **473** Rücktritt vom *ganzen* Vertrag von weiteren Voraussetzungen abhängig gemacht werden soll. Aus der Vorschrift lässt sich zunächst ableiten, dass ein *teilweiser* Rücktritt grundsätzlich unter den bereits erwähnten Voraussetzungen des § 323 BGB möglich ist. Dies gilt jedenfalls bei Teilleistungen. Bei Schlechtleistung ist hingegen die Minderung nach § 441 BGB vorrangig. Auf die Voraussetzungen des § 323 V BGB kommt es demnach nur an, wenn sich der Gläubiger wegen einer Teil- oder Schlechtleistung tatsächlich vom *ganzen* Vertrag lösen will.

a.) Interessenfortfall bei Teilleistung

Soweit der Schuldner nur eine **Teilleistung** erbracht hat, stellt sich die Frage, ob der **474** Gläubiger *vom ganzen Vertrag* oder nur *hinsichtlich des noch ausstehenden Leistungsteils* zurücktreten kann. Diese Frage ergibt sich nur, wenn der Gläubiger die Teilleistung bereits angenommen hat. Hat er sie gem. § 266 BGB zurückgewiesen, liegt ein Fall der vollständigen Nichtleistung vor und das Rücktrittsrecht erstreckt sich auf den gesamten

---

[472] Zum ungeschriebenen Kriterium der Durchsetzbarkeit vgl. Rn 460.
[473] RGZ 109, 54, 56.
[474] BGHZ 50, 175, 176; *Medicus*, JuS 2003, 521, 524.
[475] OLG Düsseldorf MDR 2001, 206, 207.
[476] BGH ZIP 1999, 367, 369; *Medicus*, JuS 2003, 521, 524.
[477] BGH NJW 1974, 36, 37; BGH LM § 326 (A) Nr. 12.

Vertrag[478]; das Gleiche gilt, wenn die Leistung (oder die Gegenleistung) nach objektiven Kriterien oder nach dem Willen der Parteien unteilbar ist.[479] Liegt hingegen kein solcher atypischer Fall vor und hat der Gläubiger den einen Teil der (teilbaren) Leistung erhalten, zerfällt der Vertrag grundsätzlich in zwei Teile und der Rücktritt beschränkt sich auf den noch ausstehenden Teil. Will der Gläubiger dann gleichwohl vom *ganzen* Vertrag zurücktreten, wird in § 323 V S. 1 BGB angeordnet, dass er sein fehlendes Interesse an der Teilleistung darlegen muss. Damit stellt das Gesetz klar, dass bei Teilleistungen grundsätzlich nur ein Teilrücktritt möglich sein soll. Durch die Formulierung des Gesetzestextes („... *wenn* er ... kein Interesse hat") wird vermutet, dass der Gläubiger grundsätzlich noch ein Interesse an der Leistung des Schuldners hat. Seinen Interessenfortfall muss er deswegen darlegen und im Streitfall auch beweisen.

b.) Keine Unerheblichkeit der Pflichtverletzung bei Schlechtleistung

475 § 323 V S. 2 BGB enthält einen Ausschlussgrund bei nur unerheblicher Pflichtverletzung des Schuldners. Danach kann der Gläubiger nicht vom Vertrag zurücktreten, wenn die Pflichtverletzung des Schuldners, der die Leistung nicht vertragsgemäß erbracht hat (Schlechtleistung), nur **unerheblich** ist. Zweck dieser Regelung ist, den Schuldner vor den für ihn wirtschaftlich mitunter äußerst nachteiligen Folgen eines Rücktritts wegen nur geringfügiger Mängel zu schützen.[480] Die Vorschrift ist damit letztlich Ausdruck des Verhältnismäßigkeitsgrundsatzes. Hinsichtlich der Beweislast gilt aufgrund der Negativformulierung in § 323 V S. 2 BGB, dass der Schuldner[481] beweisen muss, dass seine Pflichtverletzung unerheblich war.

Unklar ist, was genau mit dem Begriff der „unerheblichen Pflichtverletzung" gemeint ist. Aufgrund des Normtextes und der systematischen Stellung des § 323 V S. 2 BGB im bereichsspezifischen Normgefüge kann nur eine **umfassende Interessenabwägung** entscheiden.[482] Besteht eine Beschaffenheitsvereinbarung, indiziert ein diesbezüglicher Verstoß die Erheblichkeit der Pflichtverletzung.[483] Auch arglistiges Täuschen über das Nichtbestehen des Mangels indiziert im Rahmen der vorzunehmenden umfassenden Interessenabwägung die Erheblichkeit der Pflichtverletzung.[484] Im Übrigen sind der **für die Mängelbeseitigung erforderliche Aufwand** und das **Maß der Leistungspflichtverletzung** des Schuldners zu berücksichtigen[485], wobei es bei der Frage nach dem erforderlichen Aufwand auf das Verhältnis zwischen Beseitigungsaufwand und Kaufpreis ankommt[486]. Sind also die Kosten für die Beseitigung des (behebbaren) Mangels im Verhältnis zum Kaufpreis nur unerheblich, ist ein Rücktritt regelmäßig ausgeschlossen. Der BGH hat die genaue Grenze der Unerheblichkeit zunächst aber offengelassen. Jedenfalls ist nach Auffassung des BGH der Aufwand von unter 1% des Kaufpreises unerheblich i.S.v. § 323 V S. 2 BGB.[487] Bei Neuwagen hat der BGH die Erheblichkeitsschwelle bei **5%** angesiedelt, aber gleichzeitig betont, dass diese Grenze nicht absolut gelte, sondern (wie) stets eine umfassende Interessenabwägung vorzunehmen sei.[488] Jedoch werde bei Sachmängeln unterhalb dieser Schwelle es dem Käufer i.d.R. zuzumuten sein, am Vertrag festzuhalten und sich – nach erfolglosem Nachbesserungs-

---

[478] LG Rottweil, NJW 2003, 3139, 3139; *Lorenz*, NJW 2003, 3097 ff.
[479] BGH NJW 2000, 1332; *Grüneberg*, in: Palandt, § 323 Rn 24 m.w.Bsp.
[480] BGH NJW 2014, 3229, 3230 f. Vgl. dazu auch die Bespr. von *Looschelders* JA 2014, 785 und *Riehm*, JuS 2015, 68.
[481] Beim Kaufvertrag also der Verkäufer, wenn der Käufer den Rücktritt erklärt.
[482] BGH NJW 2013, 1523, 1524 f.; NJW 2013, 1365, 1366.
[483] BGH NJW 2013, 1365, 1366; NJW-RR 2010, 1289 f. Vgl. auch *Enger*, NJW 2013, 1485, 1486.
[484] BGH NJW 2006, 1960, 1961; NJW 2007, 835, 836; *Grüneberg*, in: Palandt, § 323 Rn 32.
[485] *Grüneberg*, in: Palandt, § 323 Rn 32.
[486] BGH NJW 2011, 2872 f.
[487] BGH NJW 2011, 2872 f.
[488] BGH NJW 2014, 3229, 3230 f. Darüber hinaus hat der BGH „klargestellt", dass dieses Ergebnis auch mit der EU-Verbrauchsgüterkaufrichtlinie (Richtlinie 1999/44/EG) und dem CISG (UN-Kaufrecht: United Nations Convention on Contracts for the International Sale of Goods) vereinbar sei. Vgl. auch OLG Düsseldorf NJW-RR 2015, 1103.

verlangen – mit einer Minderung des Kaufpreises oder mit der Geltendmachung des kleinen Schadensersatzes zu begnügen, weil anderenfalls der Verkäufer nicht hinreichend vor den für ihn wirtschaftlich meist nachteiligen Folgen eines Rücktritts wegen geringfügiger Mängel geschützt wäre.[489]

Zu beachten ist aber, dass trotz Unerheblichkeit einzelner Mängel eine Erheblichkeit angenommen werden kann, wenn eine Vielzahl unerheblicher Mängel in der Gesamtschau eine Erheblichkeit ausmacht. Auch kann eine Erheblichkeit angenommen werden, wenn die Nutzbarkeit des Gegenstands stark eingeschränkt ist, etwa wenn bei der Abgasreinigungsanlage eines Euro-6-Diesel-Kfz trotz mehrmaliger Nachbesserungsversuche die Harnstoffeinspritzung nicht ordnungsgemäß funktioniert und dadurch (was gesetzlich vorgeschrieben ist) eine Weiterfahrt elektronisch verhindert wird. Ebenso sind die Auswirkung auf die beeinträchtigte Leistung und die für die Kaufentscheidung maßgeblichen Kriterien zu berücksichtigen. So ist ein Rücktritt trotz Unerheblichkeit einzelner Mängel bei einem Kfz (der Luxusklasse) nicht ausgeschlossen, wenn die Fabrikneuheit als Beschaffenheit vereinbart wurde und so für den Käufer eine maßgebliche Eigenschaft darstellt.[490] Dann indiziert auch hier die Beschaffenheitsvereinbarung die Erheblichkeit und kann im Einzelfall den geringeren Beseitigungsaufwand einzelner Mängel kompensieren.[491]

Weiterführender Hinweis: Ob die „flexible 5%-Grenze" des BGH auch auf andere Fälle als Neuwagenkaufverträge übertragbar ist, kann nicht zweifelsfrei gesagt werden. Nach der hier vertretenen Auffassung ist das nicht ohne weiteres der Fall, weil von einem Rücktritt betroffene Neuwagen einen überproportional hohen merkantilen Minderwert aufweisen und daher der Verkäufer ein erhöhtes Schutzbedürfnis hat. Daher lässt sich gut vertreten, dass insbesondere bei Massenprodukten ein Rücktritt auch unterhalb der 5%-Grenze eher möglich ist. Das ist für den Verkäufer i.d.R. jedenfalls dann nicht unbillig, wenn er zwei Gelegenheiten hatte, nachzuerfüllen (vgl. § 440 S. 2 BGB). Der Orientierung dienen folgende Fälle aus der Praxis, in denen die Rechtsprechung in Bezug auf Fahrzeuge eine erhebliche Pflichtverletzung und damit (nach erfolglosen Nachbesserungsversuchen) ein Rücktrittsrecht bejaht hat[492]:

- ⇨ Angabe eines falschen (älteren) Modelljahres
- ⇨ Angabe eines deutlich zu niedrigen Kilometerstandes
- ⇨ Eindringen von Feuchtigkeit in das Wageninnere
- ⇨ Quietschende Bremsgeräusche bei Fahrzeugen der gehobenen Klasse
- ⇨ Ruckelndes Automatikgetriebe
- ⇨ Kraftstoffverbrauch liegt mehr als 10% über dem angegebenen Wert
- ⇨ Dagegen ist zweifelhaft, ob mittels Softwareprogrammierung manipulierte Abgaswerte bei Diesel-Kfz die Erheblichkeitsschwelle des § 323 V S. 2 BGB überschreiten, sofern sich die Abgaswerte noch im gesetzlich zugelassenen Bereich bewegen.[493] In jedem Fall trägt der Anspruchsteller die Beweislast für das Vorliegen eines Sachmangels (vgl. Rn 160 sowie Rn 461 a.E.).

Bei **Werkverträgen** kann u.U. eine höhere Schwelle anzunehmen sein, weil die Folgen beim Rücktritt vom Werkvertrag für den Werkunternehmer mitunter schwerwiegender sind.

---

[489] BGH NJW 2014, 3229, 3230 f.
[490] BGH NJW 2013, 1523, 1524 f.
[491] *Enger*, NJW 2013, 1485, 1486.
[492] Nachweise bei *Grüneberg*, in: Palandt, § 323 Rn 32.
[493] So hat im sog. VW-Abgasskandal auch das LG Bochum (DAR 2016, 272) entschieden, dass die Veränderungen am Abgassystem zwar als Sachmangel einzustufen seien, die Pflichtverletzung, die zum Sachmangel geführt habe, in Anbetracht der Möglichkeit der unkomplizierten Behebung jedoch die Erheblichkeitsschwelle (i.S.d. § 323 V S. 2 BGB) nicht überschritten habe. Deshalb bestehe kein Recht zum Rücktritt.

gg. Ausschluss des Rücktrittsrechts nach § 323 VI BGB

476 Ist der **Gläubiger** für das Leistungshindernis *allein* oder *weit überwiegend* **verantwortlich** oder befindet er sich im **Annahmeverzug**, während das vom Schuldner nicht zu vertretende Leistungshindernis entstand, ist das Rücktrittsrecht ausgeschlossen. Bei § 323 VI BGB sind insofern die gleichen Erwägungen anzustellen wie bei § 326 II BGB (vgl. Rn 421, 424). Die Verantwortlichkeit des Gläubigers muss so sehr überwiegen, dass ein Schadensersatzverlangen des Gläubigers wegen § 254 BGB ausgeschlossen wäre. Ein solcher Fall kann z.B. angenommen werden, wenn die verspätete oder mangelhafte Leistung des Schuldners v.a. darauf zurückzuführen ist, dass der Gläubiger die von ihm geschuldeten Informationen viel zu spät oder unrichtig erteilt hat.[494]

hh. Kein vertraglicher Ausschluss des Rücktrittsrechts

476a Das Rücktrittsrecht darf nicht vertraglich ausgeschlossen sein (generell: Es darf kein Gewährleistungsausschluss vorliegen). Besteht ein vertraglicher Ausschluss, muss geprüft werden, ob dieser zulässig ist. Zwar gestattet das Gesetz den vertraglichen Ausschluss grundsätzlich (vgl. § 444 BGB), es enthält jedoch zahlreiche Ausnahmen (vgl. etwa § 444 BGB selbst, aber auch § 442 I S. 2 BGB, § 476 BGB und das AGB-Recht gem. §§ 305 ff. BGB; vgl. auch § 377 I HGB).

ii. Ausschluss des Rücktrittsrechts nach § 218 I BGB

477 Schließlich darf das Rücktrittsrecht nicht gem. § 218 I S. 1 oder S. 2 BGB ausgeschlossen sein. Nach § 218 I S. 1 BGB ist der Rücktritt wegen nicht oder nicht vertragsgemäß erbrachter Leistung unwirksam, wenn der **Anspruch** auf die Leistung oder der Nacherfüllungsanspruch **verjährt** ist und der Schuldner sich hierauf beruft. Damit hat die Verjährung des (Nach-) Erfüllungsanspruchs Auswirkungen auf das Rücktrittsrecht, welches als Gestaltungsrecht als solches nicht der Verjährung unterliegt (Umkehrschluss aus § 194 I BGB). Hinsichtlich des verjährten Anspruchs ist grundsätzlich der Leistungsanspruch ausschlaggebend, es sei denn, dieser ist auf einen besonderen Nacherfüllungsanspruch konkretisiert. Dann kommt es auf die Verjährung des Nacherfüllungsanspruchs an.[495] Hingegen ist nicht der Zeitpunkt der gerichtlichen Geltendmachung von Ansprüchen aus dem durch den Rücktritt entstehenden Rückgewährschuldverhältnis maßgeblich.[496]

478 Der Rücktritt ist wegen § 218 I S. 1 BGB nur ausgeschlossen, wenn der Schuldner die Verjährungseinrede **erhoben** hat. Solange er sich nicht darauf beruft, kann der Gläubiger auch nach Verjährung des Anspruchs zurücktreten. Zu dem Ausschluss des Rücktrittsrechts nach § 218 BGB gibt aber es eine wichtige Ausnahme, die in § 216 II S. 2 BGB geregelt ist.

Beispiel: V hat K sein Auto unter Eigentumsvorbehalt gem. §§ 433, 449 BGB verkauft.

Ein Kauf unter Eigentumsvorbehalt liegt vor, wenn sich die Parteien darüber einigen, dass der Kaufgegenstand bis zur vollständigen Zahlung des Kaufpreises im Eigentum des Vorbehaltsverkäufers bleiben soll. K wird das Auto also nur aufschiebend bedingt übereignet, §§ 929 S. 1, 158 I[497] BGB.

---

[494] *Grothe*, in: Bamberger/Roth, § 323 Rn 36; *Medicus*, JuS 2003, 521, 524.

[495] BT-Drs. 14/6040, S. 124; *Medicus*, JuS 2003, 521, 526.

[496] BGH JZ 2007, 789 f.

[497] Geht man bei § 158 BGB davon aus, dass sich die dort genannte „Bedingung" auf ein objektiv ungewisses künftiges Ereignis bezieht, dürfte man im Fall des Eigentumsvorbehalts streng genommen § 158 I BGB lediglich analog anwenden, weil der „Bedingungseintritt" i.d.R. allein vom Verhalten des Vorbehaltskäufers abhängt. In der Sache ändert sich dadurch aber nichts. Zum Eigentumsvorbehalt vgl. *Hütte/Hütte*, SachenR I, Rn 846 ff.

Nachdem die Kaufpreisforderung verjährt ist, weigert sich K endgültig, weitere Raten auf den Kaufpreis zu zahlen (§ 214 BGB). V verlangt von K das Auto nach § 985 BGB heraus. Hat er damit Erfolg?

- ⇨ Da der Bedingungseintritt (= vollständige Bezahlung des Kaufpreises) noch nicht eingetreten ist, ist V noch Eigentümer des Autos.
- ⇨ Auch ist K im Besitz des Wagens.
- ⇨ Schließlich dürfte K kein Recht zum Besitz gem. § 986 BGB haben. Ein Recht zum Besitz i.S.d. § 986 BGB gegenüber V ergibt sich für K jedoch aus dem Kaufvertrag. Damit würde ein Anspruch von V gegen K aus § 985 BGB ausscheiden.

Anders wäre es nur, wenn V das sich aus dem Kaufvertrag ergebende Besitzrecht (§ 986 BGB) des K durch einen Rücktritt vom Vertrag zum Erlöschen bringen könnte.

Fraglich ist also, ob V nach § 323 I BGB vom Vertrag zurücktreten kann. Problematisch ist dabei, dass aufgrund der Verjährung keine durchsetzbare Forderung mehr gegeben ist. Grundsätzlich müsste der Rücktritt wegen § 218 BGB demnach unwirksam sein. Dies würde jedoch bedeuten, dass das Eigentum und der Besitz für immer auseinanderfallen würden. Deswegen wird in § 216 II S. 2 BGB angeordnet, dass beim Eigentumsvorbehalt der Rücktritt auch erfolgen kann, wenn der gesicherte Anspruch (auf Kaufpreiszahlung) verjährt ist. Damit kann V nach §§ 323 I, 216 II S. 2 BGB vom Kaufvertrag zurücktreten. Mit ausgeübtem Rücktrittsrecht erlischt das Recht zum Besitz des K.

Ergebnis: V kann also gem. § 985 BGB von K die Herausgabe seines Autos verlangen.

Bei Ausschluss der Leistungspflicht nach § 275 I-III, § 439 IV oder § 635 III BGB ist der Rücktritt ebenfalls ausgeschlossen, wenn der Leistungsanspruch oder der Nacherfüllungsanspruch verjährt wäre, § 218 I S. 2 BGB. **478a**

b. Rücktritt wegen Verletzung einer Pflicht i.S.d. § 241 II BGB

Verletzt der Schuldner eine Pflicht i.S.d. § 241 II BGB, kann der Gläubiger nach **§ 324 BGB** zurücktreten, wenn ihm ein Festhalten am Vertrag nicht mehr zuzumuten ist. Bei den in § 241 II BGB genannten Arten der Rücksichtnahmepflicht handelt es sich um **nichtleistungsbezogene Pflichten**[498], weil leistungsbezogene Pflichten (Leistungspflichten) Gegenstand der Regelung in § 241 I BGB sind, für die die Rücktrittsgründe aus § 323 BGB greifen (vgl. dazu bereits Rn 458). Für einen Rücktritt nach § 324 BGB bleibt somit Raum, wenn der Schuldner bspw. gegen eine Rücksichtnahmepflicht verstößt. Darunter fallen in erster Linie Aufklärungs- und Schutzpflichten (vgl. dazu Rn 40). Letztlich geht es um den Schutz der Rechtsgüter der anderen Partei. Deren Integritätsinteresse soll durch § 241 II BGB geschützt werden.[499] Eine Verletzung dieses Interesses führt zu einem Rücktrittsrecht nach § 324 BGB, wobei zu beachten ist, dass § 324 BGB bei Dauerschuldverhältnissen durch § 314 BGB verdrängt wird. **479**

480

Rücktritt gem. § 324 BGB

I. Rücktrittserklärung, § 349 BGB

II. Rücktrittsgrund, § 324 BGB

1. Gegenseitiger Vertrag
2. Verletzung einer nichtleistungsbezogenen Pflicht i.S.d. § 241 II BGB
3. Unzumutbarkeit

III. Rechtsfolgen, §§ 346 ff. BGB

---

[498] H.M., vgl. nur *Ernst*, in: MüKo, § 324 Rn 1. Zu den nichtleistungsbezogenen Pflichten vgl. oben Rn 40.
[499] *Grüneberg*, in: Palandt, § 241 Rn 6.

Die Voraussetzungen für einen Rücktritt nach § 324 BGB sind im Einzelnen:

aa. Gegenseitiger Vertrag

481 Zunächst muss ein **gegenseitiger Vertrag** vorliegen. Insoweit kann auf die Ausführungen zu § 323 BGB (Rn 454 ff.) verwiesen werden.

bb. Verletzung einer nichtleistungsbezogenen Pflicht

482 Der Schuldner muss eine **Pflicht i.S.d. § 241 II BGB verletzt** haben. Pflichten i.S.d. § 241 II BGB sind Schutz-, Verhaltens- und Rücksichtnahmepflichten. Bei diesen Pflichten geht es nicht um die geschuldete Leistung, sondern darum, Rechte und sonstige Rechtsgüter wie bspw. Körper, Leben und Eigentum der Gegenpartei zu schützen sowie die ordnungsgemäße Vertragsdurchführung nicht zu gefährden (Rn 40). Mithin geht es um den Schutz des Integritätsinteresses der anderen Partei. Dabei spielt es keine Rolle, ob die Nebenpflichtverletzung i.S.d. § 241 II BGB vor oder nach Vertragsschluss begangen wurde. Nach der am 13.6.2014 in Kraft getretenen Neuregelung des § 323 II Nr. 3 BGB dürfte v.a. die Täuschung über die Vertragsabwicklung bzw. Vertragserfüllung[500] nunmehr von § 324 BGB erfasst sein. Denn dann verletzt der Schuldner eine wesentliche Rücksichtnahmepflicht aus § 241 II BGB und der Gläubiger ist zum sofortigen Rücktritt gem. § 324 BGB berechtigt.[501]

Beispiel[502]**:** K ist Leasinggeber und verleast an L, Betreiber eines Callcenters, eine komplette Geschäftsausstattung. Die Geschäftsausstattung kauft K zuvor bei V und weist diesen an, die Gegenstände zum vereinbarten Termin (2.1.2018) an L zu liefern. V täuscht am 3.1.2018 aber K durch eine unrichtige Abnahmebescheinigung darüber, am 2.1.2018 an L geliefert zu haben, um trotz Nichtlieferung die Kaufpreiszahlung zu erwirken. Doch K bemerkt die Täuschungshandlung und erklärt daraufhin den sofortigen Rücktritt vom Kaufvertrag.

Der von K erklärte Rücktritt könnte sich auf §§ 346 I, 323 I BGB stützen. Gemäß § 323 I BGB hätte K dem V aber eine Frist setzen müssen, was nicht geschehen ist. Möglicherweise war die Fristsetzung aber gem. § 323 II BGB entbehrlich. Während sich nach bisheriger Rechtslage die Entbehrlichkeit einer Fristsetzung aus Nr. 3 ergeben konnte, verlangt Nr. 3 in der seit dem 13.6.2014 geltenden Fassung eine nicht vertragsgemäß erbrachte Leistung. Damit ist Schlechtleistung gemeint. V hat aber überhaupt keine Leistung erbracht. Damit entfällt nicht das Erfordernis einer Fristsetzung nach § 323 II BGB. Da auch kein Fall des § 323 IV BGB vorliegt, besteht kein Rücktrittsrecht gem. §§ 346 I, 323 BGB.

Zu prüfen ist daher, ob K ein Rücktrittsrecht aus § 324 BGB zusteht. Dazu müsste eine Verletzung einer Rücksichtnahmepflicht durch V vorliegen. V hat K über die Durchführung des Vertrags getäuscht, um die Gegenleistung zu erhalten. Dies stellt eine Verletzung einer Rücksichtnahmepflicht dar. Da ein Festhalten am Vertrag für K auch nicht zumutbar war (dazu sogleich), war er zum sofortigen Rücktritt nach § 324 BGB berechtigt.

cc. Unzumutbarkeit

483 Schließlich muss dem Gläubiger ein weiteres **Festhalten am Vertrag** aufgrund der Nebenpflichtverletzung des Schuldners **nicht mehr zuzumuten** sein. Durch dieses Erfordernis in § 324 BGB wird der Schuldner geschützt. Der Gläubiger soll sich nicht schon bei einer nicht schwerwiegenden Beeinträchtigung seiner Interessen vom Vertrag lösen können. Dafür ist eine über das erträgliche Maß hinausgehende Verletzung erfor-

---

[500] Vgl. dazu BGH NJW 2010, 2503 ff. (wobei der BGH den Fall über § 323 III Nr. 3 BGB a.F. löste, was nach der zum 13.6.2014 geänderten Rechtslage aber nicht mehr möglich ist).
[501] *Weiss*, NJW 2014, 1212, 1215.
[502] Vgl. BGH NJW 2010, 2503.

derlich. Dies ist das Korrektiv dafür, dass der Schuldner die Pflichtverletzung nicht schuldhaft herbeigeführt haben muss.

Nicht erforderlich für das Rücktrittsrecht aus § 324 BGB ist eine Fristsetzung. Grundsätzlich setzt eine *Unzumutbarkeit* aber eine **Abmahnung** des Schuldners durch den Gläubiger voraus. So muss der Gläubiger den Schuldner zunächst auf dessen Fehlverhalten hingewiesen und ihm so die Chance zu einem verbesserten Verhalten gegeben haben, ehe er sich vom Vertrag lösen kann. Nur in Ausnahmefällen, wenn die Pflichtverletzung (wie etwa im Beispiel von Rn 482) einen besonders schwerwiegenden Verstoß darstellt, kann entsprechend dem Rechtsgedanken in § 323 II Nr. 3 BGB auf eine vorangegangene Abmahnung verzichtet werden.

Wann ein Festhalten am Vertrag für den Gläubiger nicht mehr zumutbar ist, muss durch eine **Abwägung** ermittelt werden. Dabei müssen – auch wenn dies kein Erfordernis für das Rücktrittsrecht aus § 324 BGB ist – das Ausmaß des *Verschuldens* und insbesondere die *Schwere der Beeinträchtigung* beim Gläubiger herangezogen werden. Auch von Relevanz können ein eventuelles Mitverschulden des Gläubigers und dessen eigene Vertragstreue sein.

c. Rücktritt bei Ausschluss der Leistungspflicht, §§ 326 V, 323 BGB

Bei Ausschluss der Leistungspflicht gem. § 275 BGB kann der Gläubiger gem. **§ 326 V BGB** ohne Setzung einer Frist vom Vertrag zurücktreten. § 326 V BGB verweist dabei auf § 323 BGB mit der Maßgabe, dass die dortigen Voraussetzungen – bis auf die Fristsetzung und den durchsetzbaren[503] Anspruch – erfüllt sein müssen. 484

Rücktritt gem. §§ 326 V, 323 BGB

I. Rücktrittserklärung, § 349 BGB

II. Rücktrittsgrund, §§ 326 V, 323 BGB

1. Gegenseitiger Vertrag
2. Ausschluss der Leistungspflicht des Schuldners gem. § 275 I, II oder III BGB
3. Gegebenenfalls Interessenfortfall oder Erheblichkeit der Pflichtverletzung, §§ 326 V, 323 V BGB
4. Kein Ausschluss des Rücktrittsrechts gem. § 323 VI BGB
5. Kein Ausschluss des Rücktrittsrechts gem. § 218 I BGB

III. Rechtsfolgen, §§ 346 ff. BGB

aa. Praktische Relevanz der Vorschrift

Zunächst stellt sich die Frage, warum das Gesetz überhaupt ein Rücktrittsrecht für den Gläubiger bei einer unmöglichen bzw. ausgeschlossenen Primärleistungspflicht vorsieht. Die vertraglichen Primärleistungspflichten erlöschen nämlich bei der Unmöglichkeit grds. bereits wegen § 275 I BGB (Erlöschen der Leistung) bzw. § 275 II, III BGB (Unverhältnismäßigkeit bzw. Unzumutbarkeit) oder wegen § 326 I S. 1 Hs. 1 BGB (Erlöschen der Gegenleistung). Es gibt jedoch einige Fallkonstellationen, in denen die Gegenleistungspflicht des Gläubigers nicht vollständig erlischt, sodass es für ihn zur Lösung vom Vertrag eines Rücktrittsrechts nach § 326 V BGB bedarf. 485

So tritt die Befreiung von der Primärleistungspflicht bei **quantitativer teilweiser Unmöglichkeit** nur insoweit ein, wie die Unmöglichkeit reicht, § 326 I S. 1 Hs. 2 BGB. Hat der Gläubiger an der noch möglichen Teilleistung kein Interesse, kann er vom gesamten Vertrag zu- 486

[503] Zum ungeschriebenen Kriterium der Durchsetzbarkeit vgl. Rn 460.

rücktreten, § 326 V BGB. Dafür müssen die Voraussetzungen des § 323 I, V S. 1 BGB gegeben sein (wobei die Fristsetzung entbehrlich ist).

487 Darüber hinaus erlischt bei **qualitativer und quantitativer Teilunmöglichkeit** i.R. eines Kauf- oder Werkvertrags die Gegenleistung gem. § 326 I S. 2 BGB *nicht*. Der Grund dafür ist, dass bei mangelhaften Leistungen i.R. eines Kauf- oder Werkvertrags eine Minderung trotz der Unmöglichkeit der Nacherfüllung nicht kraft Gesetzes eintreten soll. Vielmehr soll dem Gläubiger die Wahl überlassen bleiben, ob er den schlecht geleisteten Gegenstand behalten und gem. §§ 437 Nr. 2, 441 I BGB bzw. §§ 634 Nr. 3, 638 I BGB den Kaufpreis bzw. die Vergütung mindern will oder ob er nach § 326 V BGB vom Vertrag zurücktritt. Tritt der Gläubiger nach § 326 V BGB zurück, findet § 323 BGB mit der Maßgabe Anwendung, dass die Fristsetzung entbehrlich ist. Es ist damit auch hier § 323 V BGB zu prüfen.

Hinweis für die Fallbearbeitung: Hier stellt sich das gleiche Problem wie bei § 323 BGB dargestellt. Es geht um die Zuordnung der **quantitativen Teilunmöglichkeit** im Rahmen eines Kauf- oder Werkvertrags zu § 323 V S. 1 oder S. 2 BGB (Rn 473 ff.).

488 Ferner gibt es Fälle, in denen vertragliche Verpflichtungen nicht von den Folgen der §§ 275, 326 I BGB betroffen sind. Verpflichtet sich der Gläubiger bspw. vertraglich zu einer leistungsbezogenen Nebenpflicht, die *nicht* im Synallagma steht, würde diese Verpflichtung nicht von § 326 I S. 1 BGB bei der Unmöglichkeit der Leistung erfasst sein. Der Gläubiger kann diese Schuld dann durch einen Rücktritt vernichten.

489 **Hauptanwendungsbereich** des § 326 V BGB dürfte indes der Rücktritt bei einem Kauf- oder Werkvertrag sein, wenn der Gläubiger seine Gegenleistung bereits erbracht hat, sich dann aber herausstellt, dass die Leistung **nicht erbracht** (etwa der Gegenstand nicht übereignet) **werden kann** bzw. an einem **unbehebbaren Mangel** leidet. Denn in diesem Fall ist der Schuldner ja gem. § 275 I BGB von seiner Leistungspflicht befreit (vgl. dazu das Bsp. 3 bei Rn 381a). Dann kann der Gläubiger unter den Voraussetzungen des § 326 V BGB vom Vertrag zurücktreten und gem. §§ 346 ff. BGB bspw. eine bereits erbrachte Vorleistung zurückfordern.

Beispiel: K kaufte von V einen Gebrauchtwagen. Dieser war aber zuvor dem O gestohlen worden. Die von V vorgelegte Zulassungsbescheinigung II (der Kfz-Brief), die an sich den gutgläubigen Eigentumserwerb (§§ 929 S. 1, 932 BGB) absichert, war gefälscht, was möglich war, weil bei der Bundesdruckerei eine Großzahl von Blanko-Zulassungsbescheinigungen gestohlen worden war. Das alles war für K jedoch nicht erkennbar. Einige Wochen nach der Übergabe wird der Wagen bei K von der Polizei beschlagnahmt und O zurückgegeben. Auch kann V ermittelt werden. Es bleibt aber unklar, ob V etwas mit den kriminellen Machenschaften zu tun hat. Jedenfalls verlangt K von V den Kaufpreis zurück.

Zwar ist an eine Rückzahlungspflicht gem. § 812 I BGB zu denken, wenn eine Anfechtung (wegen arglistiger Täuschung) erklärt wurde. Jedoch ist gerade unklar, ob V etwas mit den kriminellen Machenschaften zu tun oder von ihnen Kenntnis hatte. Insofern bietet sich ein Rücktritt vom Vertrag an, da die hierbei in Betracht kommende Anspruchsgrundlage Kenntnis oder Kennenmüssen bei V nicht voraussetzt.

Anspruchsgrundlage ist aber nicht etwa § 437 Nr. 2 Var. 1 BGB i.V.m. §§ 323 oder 326 V BGB i.V.m. § 346 I BGB. Denn vorliegend ist das Gewährleistungsrecht (und damit § 437 BGB) nicht anwendbar. In Betracht kommt aber eine direkte Anwendung von Rücktrittsvorschriften des allgemeinen Schuldrechts. Ein Recht zur Rückforderung von Leistungen nach ausgeübtem Rücktrittsrecht bietet § 346 I bzw. II BGB. So könnte K gem. § 346 I BGB Rückzahlung des Geldwertes des Kaufpreises verlangen. Der dafür erforderliche Rücktrittsgrund ergibt sich entweder aus § 326 I S. 1, IV BGB bzw. § 326 V BGB oder alternativ aus § 323 I BGB, abhängig davon, ob ein Fall der (endgültigen) Unmöglichkeit i.S.d. § 275 I BGB vorliegt. Läge ein Fall der (dauerhaften) Unmöglichkeit vor, griffe § 326 V BGB (i.V.m. § 323 I BGB unter Entbehrlichkeit der Fristsetzung) oder § 326 I S. 1, IV

BGB mit der Folge, dass ein Rückgewährschuldverhältnis kraft Gesetzes (also auch ohne Rücktrittserklärung) entstünde. Nimmt man demgegenüber keine Unmöglichkeit an, bleibt § 323 I BGB mit dem grundsätzlichen Erfordernis einer Fristsetzung. Nach Auffassung des BGH liegt bei der Übergabe einer einem Dritten gehörenden Sache kein Fall der (dauerhaften) Unmöglichkeit vor, weil der Schuldner ja theoretisch das Eigentum erwerben und dieses dann an seinen Gläubiger weiterübertragen könnte.[504] Folge wäre dann, dass sich der Rücktritt nach § 323 I BGB richtete und K grds. eine Frist setzen müsste. Nach der hier vertretenen Auffassung liegt sehr wohl zumindest eine vorübergehende Unmöglichkeit vor, die (was der h.M. entspricht) im Fall der Veräußerung eines einem Dritten gehörenden Kfz der dauerhaften gleichzusetzen ist. K könnte demnach also den Rücktritt ohne Fristsetzung erklären. Gleichwohl ist K anzuraten, eine Frist zu setzen, um ein diesbezügliches (Prozess-)Risiko auszuschließen.[505]

bb. Voraussetzungen

490 Wie bereits erläutert, verweist § 326 V BGB auf § 323 BGB. Dabei müssen die Voraussetzungen des § 323 BGB insoweit erfüllt sein, wie ihnen die Unmöglichkeit nicht entgegensteht. Die **Entbehrlichkeit einer Fristsetzung** ergibt sich schon daraus, dass eine solche überflüssig wäre, da der Schuldner ja gerade nicht leisten kann. Ebenfalls zu **verzichten** ist auf das Merkmal der **fälligen und durchsetzbaren Leistungspflicht**, da diese wegen § 275 I, II oder III BGB nicht mehr existiert.

Problematisch ist, dass der Gläubiger die Voraussetzungen des § 326 V BGB darlegen und beweisen muss. Es kann vorkommen, dass er nicht weiß, ob der Schuldner wegen Unmöglichkeit oder aus anderen Gründen nicht leistet. In einem solchen Fall kann er seinen Rücktritt alternativ auf § 323 BGB oder § 326 V BGB stützen. Erforderlich ist dafür, dass er dem Schuldner eine Frist gesetzt und deren fruchtlosen Ablauf abgewartet hat. Bleibt die Ungewissheit über den Grund der Nichtleistung des Schuldners bestehen, ist eine Wahlfeststellung möglich.

Das Rücktrittsrecht aus §§ 326 V, 323 BGB hat folgende Voraussetzungen:

a.) Gegenseitiger Vertrag

491 Zunächst muss ein **gegenseitiger Vertrag** vorliegen (vgl. dazu bereits Rn 455).

b.) Wegfall der Leistungspflicht gem. § 275 BGB

492 Die Pflicht zur Erbringung der Primärleistung muss dem Schuldner gem. § 275 I BGB **unmöglich** geworden oder für ihn **unverhältnismäßig** (§ 275 II BGB) oder **unzumutbar** (§ 275 III BGB) sein. Bei Leistungserschwerungen i.S.d. § 275 II, III BGB muss der Schuldner die Einrede bereits erhoben haben, bevor der Gläubiger den Rücktritt erklären kann. Anderenfalls wäre der Gläubiger gem. § 326 V BGB zum Rücktritt vom Vertrag berechtigt, obwohl der Schuldner möglicherweise dazu bereit ist, mit übermäßigem Aufwand das Leistungshindernis zu überwinden. Die zum Schutz des Schuldners geschaffenen Vorschriften des § 275 II und III BGB wären anderenfalls unterlaufen.

c.) Besonderheiten bei Teilunmöglichkeit

493 Bei einer Teilunmöglichkeit sind darüber hinaus die Regelungen der §§ 326 V, 323 V S. 1 oder S. 2 BGB (Interessenfortfall oder Erheblichkeit der Pflichtverletzung) zu beachten.

d.) Ausschluss des Rücktritts nach § 323 VI BGB

494 Der Rücktritt darf nicht wegen § 323 VI BGB ausgeschlossen sein, vgl. dazu Rn 476.

---

[504] Siehe BGH NJW 2015, 1516, 1518.

[505] Siehe auch *Jerger/Bühler*, NJW 2017, 2789, 2790. Auf die Frage, ob im Fall des Verbrauchsgüterkaufs die Fristsetzung von vornherein entbehrlich (gewesen) wäre, soll vorliegend nicht eingegangen werden, siehe dazu Rn 464a ff.

e.) Ausschluss des Rücktritts nach § 218 I BGB

495 Das Rücktrittsrecht darf nicht wegen § 218 I BGB ausgeschlossen sein. Nach § 218 I S. 1 BGB ist der Rücktritt wegen nicht oder nicht vertragsgemäß erbrachter Leistung unwirksam, wenn der Anspruch auf die Leistung oder der Nacherfüllungsanspruch verjährt ist und der Schuldner sich hierauf beruft. Gemäß § 218 I S. 2 BGB gilt dies auch, wenn der unmögliche Leistungs- bzw. Nacherfüllungsanspruch – wäre er möglich – verjährt ist.

3. Schadensersatz trotz Rücktritts, § 325 BGB

496 § 325 BGB bestimmt, dass das Recht, bei einem gegenseitigen Vertrag Schadensersatz zu verlangen, durch den Rücktritt nicht ausgeschlossen wird. Dem Gläubiger steht also trotz Rücktritts ein Anspruch auf Schadensersatz (oder Aufwendungsersatz) zu. § 325 BGB gestattet ihm sogar, Rücktritt und Schadensersatz zu kombinieren. Demnach kann der Gläubiger zunächst durch Ausübung seines Rücktrittsrechts die Erbringung der eigenen Leistung vermeiden und danach auch noch sein positives Interesse realisieren. Das ist nicht unwichtig für Fälle, in denen der Gläubiger bspw. beim Tauschvertrag eine nicht in Geld erbrachte Gegenleistung bereits erbracht hat. Hier eröffnet ihm § 325 BGB die Möglichkeit, das Geleistete zurückzuverlangen und auch noch später sein positives Interesse – wie das auf den höheren Wert der vom Schuldner versprochenen Leistung – im Wege des Schadensersatzverlangens zu realisieren.

Beispiel: A und B haben einen Tauschvertrag (§ 480 BGB) über einen BMW und einen Porsche geschlossen. Leichtsinnigerweise übereignet B den BMW bereits an A, ohne sich seinerseits den Porsche von A aushändigen zu lassen. Nunmehr weigert sich A, dem B das Auto zu übereignen. B hätte den Porsche an X mit einem Gewinn von 1.000,- € weiterveräußern können.

Zunächst kann B von A gem. § 346 I BGB – nach erklärtem Rücktritt, § 349 BGB – seine bereits erbrachte Leistung, nämlich den BMW, zurückverlangen.

Daneben kann B von A wegen § 325 BGB (auch noch zu einem späteren Zeitpunkt) Schadensersatz statt der Leistung gem. §§ 280 I, III, 281 BGB. i.H.v. 1.000,- € verlangen.

Hinweis für die Fallbearbeitung: Besteht die Gegenleistung hingegen in Geld und entspricht dem Wert der ausgetauschten Sache, wird ein interessengerechtes Ergebnis bereits i.R. eines Schadensersatzanspruchs statt der Leistung erreicht, ohne dass es der Kombination aus Rücktritt und Schadensersatz bedarf.

Beispiel: A hat B den Porsche für 5.000,- € verkauft, wobei der Wert des Wagens auch diesem Preis entspricht. Für B besteht die Möglichkeit des Weiterverkaufs an X für 6.000,- €. A weigert sich, B das Auto zu übereignen. Welche Möglichkeiten hat B?

1. B kann nach §§ 346 I, 323 I BGB vom Vertrag – ohne Fristsetzung wegen § 323 II Nr. 1 BGB – zurücktreten und von A 5.000,- € zurückverlangen. Daneben kann er nach §§ 280 I, III, 281 BGB Schadensersatz in Höhe des entgangenen Gewinns von 1.000,- € fordern.
2. B kann auch nur Schadensersatz statt der Leistung nach §§ 280 I, III, 281 BGB verlangen. Dann wäre er berechtigt, Wertersatz für den Porsche i.H.v. 5.000,- € und den entgangenen Gewinn i.H.v. 1.000,- € von A zu fordern. Er bliebe aber zur Erbringung der Gegenleistung verpflichtet, die i.d.R. verrechnet wird.

In beiden Konstellationen kann B von A 6.000,- € verlangen, soweit er seine eigene Leistung erbracht hat. Hat B hingegen noch nicht geleistet, hat er einen Anspruch auf 1.000,- € entgangenen Gewinn. In diesem Fall bedarf es somit nicht der Kombination aus Rücktritt und Schadensersatz, da das Interesse des B auch bei einem isolierten Schadensersatzanspruch befriedigt ist.

III. Rechtsfolgen des Rücktritts, §§ 346 ff. BGB

Die Rechtsfolgen eines wirksamen Rücktritts bestimmen sich nach §§ 346 ff. BGB. Diese Normen sind sowohl bei vertraglichen als auch bei gesetzlichen Rücktrittsgründen anwendbar. Infolge der Gestaltungswirkung des Rücktritts erlöschen die Primärleistungspflichten und es entsteht ein **Rückgewährschuldverhältnis**. Im Einzelnen gilt: 497

- Die primären Leistungspflichten, die bis zum Zeitpunkt des Rücktritts noch nicht erfüllt wurden, **erlöschen.**[506] Der Rücktritt stellt eine *rechtsvernichtende Einwendung* dar.
- Es besteht die Pflicht zur **Rückgewähr der** empfangenen **Leistungen** und **Herausgabe von** gezogenen **Nutzungen** (zu nicht gezogenen Nutzungen vgl. § 347 BGB) und gegebenenfalls **Verwendungsersatz**. Dabei stellt der Rücktritt die anspruchsbegründende *Voraussetzung* dar. Erst *nach* der Ausübung des Rücktritts sind die empfangenen Leistungen zurückzugewähren, die Nutzungen herauszugeben und Verwendungsersatz zu leisten. Hierfür stellen §§ 346 I, 347 BGB die **Anspruchsgrundlagen** dar. Zu beachten ist, dass der Rücktritt keine dingliche Wirkung hat. Soweit also Sachen, Rechte oder Forderungen übertragen wurden, §§ 929 ff., 873, 925, 398 ff. BGB, ergibt sich aus dem Rücktritt nur ein *Rückübertragungsanspruch*. Keinesfalls wird die Rückübertragung durch den Rücktritt von selbst herbeigeführt. Der Rücktritt hat das Ziel, die vor dem Vertragsschluss bestandene Rechtslage (den *status quo ante contractum*) wiederherzustellen.[507]
- U.U. kann statt der Rückgewähr bzw. der Herausgabe auch eine **Pflicht zum Wertersatz** nach § 346 II BGB begründet sein.

Rechtsfolgen des Rücktritts, §§ 346 ff. BGB 498

Ein wirksamer Rücktritt hat zunächst das Erlöschen der noch nicht erbrachten Leistungen zur Folge (rechtsvernichtende Einwendung). Weitere Rechtsfolgen sind:

I. Rückgewähr der empfangenen Leistungen, § 346 I BGB
Die Parteien sind gem. § 346 I BGB verpflichtet, die jeweils empfangenen Leistungen *in Natur* herauszugeben. Die Rückabwicklung erfolgt gem. § 348 BGB Zug um Zug.

II. Wertersatz, § 346 II BGB
Ist die Leistung *in Natur nicht möglich*, ist gem. § 346 II BGB *Wertersatz* zu leisten. Die Höhe bestimmt sich grundsätzlich nach der im Vertrag vereinbarten Gegenleistung, § 346 II S. 2 BGB. Eine Ausnahme hiervon liegt insb. vor, wenn die ursprüngliche Leistung mangelhaft war und damit der vertraglich vereinbarten Gegenleistung gar nicht entsprach. § 346 II S. 1 BGB hat folgende Varianten:

1. Gemäß **§ 346 II S. 1 Nr. 1 BGB** ist Wertersatz zu leisten, wenn die Rückgewähr nach der Natur des Erlangten – also von vornherein – ausgeschlossen war (z.B. bei Konzertaufführungen oder bei geistigen Werken).

2. Gemäß **§ 346 II S. 1 Nr. 2 BGB** ist Wertersatz zu leisten, wenn der empfangene Gegenstand verbraucht, veräußert, belastet, verarbeitet oder umgestaltet wurde. Zu den begriffen vgl. Rn 504 ff.

3. Gemäß § 346 II S. 1 Nr. 3 BGB ist Wertersatz bei der Verschlechterung oder dem Untergang des Gegenstands zu leisten. Eine **Verschlechterung** ist jede nachteilige Veränderung der Substanz oder Funktionstauglichkeit des Gegenstands. Dabei bleibt die bestimmungsgemäße Ingebrauchnahme allerdings außer Betracht, § 346 II S. 1 Nr. 3 Hs. 2 BGB. Der **Untergang** ist die vollständige Vernichtung der Sachsubstanz.

4. Von § 346 II S. 1 Nr. 2 BGB sind auch die Fälle erfasst, in denen der empfangene Gegenstand aufgrund eines **gesetzlichen Eigentumserwerbs** gem. §§ 946 ff. BGB nicht mehr herausgegeben werden kann.

---

[506] *Gaier*, WM 2002, 1, 3; *Motsch*, JR 2002, 221, 222; *Lorenz*, JuS 2011, 871.
[507] BT-Drs. 14/6040, S. 189.

III. Entfallen der Wertersatzpflicht, § 346 III S. 1 BGB
Die Wertersatzpflicht aus § 346 II BGB kann unter den Voraussetzungen des § 346 III S. 1 BGB wieder entfallen.

1. Gemäß **§ 346 III S. 1 Nr. 1 BGB** entfällt die Wertersatzpflicht, wenn sich der zum Rücktritt berechtigende Mangel erst während der Verarbeitung oder Umgestaltung gezeigt hat. Diese Vorschrift ist analog auch auf die Fälle anzuwenden, in denen der Gegenstand verbraucht wurde und sich der Mangel erst während des Verbrauchs zeigte.

2. Gemäß **§ 346 III S. 1 Nr. 2 BGB** entfällt die Wertersatzpflicht, wenn der Rückgewährgläubiger den Untergang oder die Verschlechterung des Gegenstands zu vertreten hat. Hat der Rückgewährschuldner diesen Umstand (mit-)verschuldet, kann es zu einem teilweisen Wiederaufleben der Wertersatzpflicht kommen (Rechtsgedanke des § 254 BGB). Allerdings ist in diesem Zusammenhang das Haftungsprivileg des § 346 III S. 1 Nr. 3 BGB zu beachten. Ebenfalls von § 346 III S. 1 Nr. 2 BGB erfasst ist der Fall, in dem der Untergang oder die Verschlechterung beim Rückgewährgläubiger in gleicher Weise eingetreten wäre. Umstritten ist, ob dieser Ausschlusstatbestand auch auf jedes zufällige Ereignis ausgedehnt werden kann.

3. Gemäß **§ 346 III S. 1 Nr. 3 BGB** entfällt die Wertersatzpflicht, wenn es sich um ein gesetzliches Rücktrittsrecht handelt, die Sache untergegangen ist oder verschlechtert wurde, obwohl der Rücktrittsberechtigte die diligentia quam in suis (§ 277 BGB) beachtet hat. Umstritten ist, ob das Haftungsprivileg zugunsten des Rücktrittsberechtigten in dem Zeitraum zwischen der Kenntnis/fahrlässigen Unkenntnis vom Rücktrittsgrund und der Ausübung des Rücktritts greift.

4. Entfällt die Wertersatzpflicht, ist der Rückgewährschuldner zur Herausgabe einer eventuellen Bereicherung nach § 346 III S. 2 BGB verpflichtet.

IV. Schadensersatz, §§ 346 IV, 280 ff. BGB
Verletzt der Schuldner eine Pflicht aus § 346 I BGB, kann dem Gläubiger daraus ein Schadensersatzanspruch gem. §§ 346, 280 ff. BGB entstehen. Dies gilt jedenfalls unstreitig für den Zeitpunkt nach Ausübung des Rücktritts. Vor der Ausübung und vor einer Kenntnis/fahrlässigen Unkenntnis vom Rücktrittsgrund ist ein Schadensersatzanspruch dagegen ausgeschlossen. Umstritten ist wiederum, was für den Zeitraum dazwischen gilt.

V. Ersatz von Nutzungen und Verwendungen

1. Neben der Pflicht zur Herausgabe des empfangenen Gegenstands ist der Rückgewährschuldner nach § 346 I BGB verpflichtet, die von ihm gezogenen **Nutzungen** (§§ 99, 100 BGB) in Natur herauszugeben. Ist eine Herausgabe in Natur nicht möglich, greifen – obwohl dies nicht ausdrücklich angeordnet ist – die Regelungen des § 346 II und III BGB. Nicht gezogene Nutzungen können u.U. nach § 347 I S. 1 BGB herauszugeben sein; auch hier ist der gesetzlich zum Rücktritt Berechtigte – bis zur Kenntnis des Rücktrittsrechts – privilegiert.

2. Dem Schuldner sind im Gegenzug gem. § 347 II S. 1 BGB die **notwendigen Verwendungen** zu ersetzen. Andere Aufwendungen sind gegebenenfalls nach § 347 II S. 2 BGB zu ersetzen.

VI. Unwirksamkeit des Rücktritts
Zu beachten ist, dass sich bei §§ 346 ff. BGB auch Vorschriften befinden, die einen Rücktritt ausschließen können. Dies sind §§ 350, 352, 353, 354 BGB.

1. Rückgewähr der empfangenen Leistungen in Natur, § 346 I BGB

499 Soweit der Rücktritt wirksam ausgeübt wurde, haben beide Parteien einen Anspruch auf die Rückgewähr der bereits erbrachten Leistung (auf die Herausgabe von Nutzungen wird in einem eigenen Abschnitt eingegangen, vgl. Rn 524 ff.). Die Leistungen müssen

grundsätzlich in Natur und damit so zurückgewährt werden, wie sie erbracht worden sind. Die Art und Weise der Rückgewähr richtet sich nach derjenigen der empfangenen Leistung, sodass bei Sachen die Rückübereignung und/oder Rückübertragung des Besitzes und bei Forderungen die Rückabtretung zu erfolgen hat. Dabei kann § 346 I BGB nur Anwendung finden, soweit die Herausgabe der empfangenen Leistung in Natur noch möglich ist. Ist dies nicht der Fall, ist nach § 346 II BGB Wertersatz zu leisten.

> **Beispiel:** V hat K ein Smartphone verkauft (§ 433 BGB). Das Gerät hat V sodann an K übergeben und K hat an V den Kaufpreis gezahlt (jeweils § 929 S. 1 BGB in Ausführung der Verpflichtungen aus § 433 BGB). Nun stellt sich heraus, dass das Smartphone defekt ist. K tritt gem. §§ 437 Nr. 2, 323 I BGB wirksam vom Kaufvertrag zurück.
>
> K kann wegen des durch den Rücktritt begründeten Rückgewährschuldverhältnisses den Kaufpreis von V nach § 346 I BGB zurückverlangen.[508] Zug um Zug (§ 348 BGB) muss er V das mangelhafte Gerät zurückgeben (§ 346 I BGB), d.h. zurückübereignen und herausgeben.

Trotz ausgeübten Rücktritts bleiben die schon entstandenen Schadensersatzansprüche wegen einer Verzögerung der Leistung (§§ 280 I, II, 286 BGB) oder anderer etwaiger Begleitschäden (§ 280 I BGB) bestehen. Ebenso bleiben Ersatzansprüche wegen Verschuldens bei Vertragsverhandlungen (c.i.c.) erhalten. Wegen § 325 BGB verbleibt dem Gläubiger auch die Möglichkeit, Schadensersatz *statt* der Leistung zu verlangen, wenn die Voraussetzungen dafür im Zeitpunkt des Rücktritts vorliegen.[509]

> **Hinweis für die Fallbearbeitung:** Die Schadensersatzansprüche, die der Gläubiger wegen der Leistungsstörung im *ursprünglichen* Vertrag neben dem Rücktritt geltend machen kann, sind nicht mit denen zu verwechseln, die sich aus §§ 346 IV, 280-283 BGB ergeben können. Letztere Ansprüche entstehen erst, wenn i.R. des *Rückgewährschuldverhältnisses* neue Leistungsstörungen auftreten.

2. Wertersatz statt der Rückgewähr, § 346 II BGB

Das Ziel des Rücktritts, die vor dem Vertragsschluss bestandene Rechtslage wiederherzustellen, kann nicht erreicht werden, wenn die empfangene Sache untergegangen, wesentlich verschlechtert, verbraucht, verarbeitet oder veräußert worden ist. Nach Auffassung des Gesetzgebers soll der Rücktrittsberechtigte jedoch auch dann zum Rücktritt berechtigt sein, wenn er zur Rückgewähr der empfangenen Leistung außerstande ist. Dies soll sogar gelten, wenn der Rücktrittsberechtigte den Untergang oder eine wesentliche Verschlechterung der zurückzugewährenden Sache zu vertreten oder diese sogar vorsätzlich zerstört hat. In besonderen Einzelfällen kann jedoch der Einwand des Rechtsmissbrauchs (vgl. § 242 BGB) entgegengehalten werden. **500**

a. Inhalt und Höhe des Wertersatzanspruchs

Soweit einer der Rückabwicklungsschuldner zur Rückgewähr oder Herausgabe außerstande ist, wird dem Rückabwicklungsgläubiger ein gerechter Ausgleich mit einem Anspruch auf Wertersatz gewährt. Diese Wertersatzpflicht tritt unabhängig davon ein, ob der Schuldner das Rückgewährhindernis zu vertreten hat. Deshalb kann unter dem Gesichtspunkt des Wertersatzes auch nur ein **Ausgleich für den verloren gegangenen** **501**

[508] Sollte eine Rückgabe *derselben* Geldscheine/Geldmünzen nicht möglich sein, liegt eine Geldwertersatzpflicht vor, die entweder auf § 346 I BGB oder auf § 346 II BGB (s.u.) fußt. Die wohl h.M. geht von § 346 I BGB aus.

[509] Bei der Höhe des Schadensersatzes ist zu beachten, dass infolge des Rücktritts die Leistung auch bei ordnungsgemäßer Erfüllung nicht dauerhaft im Vermögen des Rückgewährschuldners geblieben wäre. Tritt bspw. ein Käufer wegen eines Sachmangels vom Vertrag zurück, muss er die bis dahin gezogenen Nutzungen gem. § 346 I BGB herausgeben bzw. gem. § 346 II S. 1 Nr. 1 BGB Wertersatz leisten. Deswegen kann sich der Inhalt eines Schadensersatzanspruchs nicht auf den Ersatz der entgangenen Nutzungen beziehen.

Substanzwert gefordert werden, denn § 346 II BGB gewährt keinen Schadensersatz. Schadensersatz (z.B. entgangener Gewinn) ist nur unter den Voraussetzungen der §§ 346 IV, 280 ff. BGB möglich.

Hinweis für die Fallbearbeitung: In § 346 II BGB werden der Rücktrittsberechtigte und der Rücktrittsgegner gleichgestellt. Daraus ergibt sich, dass es bei den folgenden Ausführungen nicht mehr darauf ankommt, wer den Rücktritt erklärt hat. Regelmäßig wird es die Partei sein, die den Gegenstand empfangen hat. Dies wird jedenfalls so sein, wenn es sich um gesetzliche Rücktrittsverhältnisse handelt. War der Rücktritt vertraglich vereinbart, kann der Rücktrittsberechtigte auch derjenige sein, der einen Geldbetrag erhalten hat. Soweit im Folgenden von *Schuldner* und *Gläubiger* die Rede ist, bezieht sich dies nur darauf, wen die konkrete Pflicht zur Rückgewähr trifft.

502 In § 346 II BGB ist geregelt, wann statt einer Rückgewähr in Natur ein Wertersatz zu leisten ist. Dabei bestimmt sich die **Höhe des Wertersatzes** gem. § 346 II S. 2 BGB **in erster Linie nach der im Vertrag vereinbarten Gegenleistung**. Soweit eine solche Bestimmung fehlt, sind die objektiven Wertverhältnisse maßgebend. Von diesem in § 346 II S. 2 BGB aufgestellten Grundsatz muss dann eine **Ausnahme** gemacht werden, wenn die ursprünglich erbrachte Leistung mangelhaft war.[510] In einem solchen Fall wäre es unbillig, den Schuldner mit einer Pflicht zum vollen Wertersatz zu belasten. Der mangelbedingte Minderwert muss dann entsprechend § 441 III BGB abgezogen werden.

Beispiel: V verkauft K ein Auto für 10.000,- €. Dieser Kaufpreis würde – wenn das Auto mangelfrei *wäre* – dem Marktwert entsprechen. Da das Auto aber mangelhaft ist, hat es nur einen tatsächlichen Wert von 6.000,- €. Bei einer Spazierfahrt wird das Auto von K grob fahrlässig vollständig zerstört. K tritt anschließend wirksam vom Vertrag zurück. Er verlangt den Kaufpreis i.H.v. 10.000,- € zurück. V fragt nach seinen Rechten.

V könnte einen Anspruch auf die Rückgabe des Kfz aus § 346 I BGB haben (etwaige Nutzungsersatzansprüche bleiben vorliegend außer Betracht). Allerdings ist der Wagen untergegangen, sodass eine Rückgabe in Natur ausgeschlossen ist. V könnte daher einen Anspruch auf Wertersatz gem. § 346 II S. 1 Nr. 3 BGB haben. Die Voraussetzungen für diesen Anspruch liegen vor (der Gegenstand ist untergegangen), insb. greift der Ausschlusstatbestand des § 346 III S. 1 Nr. 3 BGB nicht ein, weil K grob fahrlässig gehandelt hat und ihm das Privileg des § 277 BGB damit nicht zugutekommt.

Fraglich ist, in welcher Höhe der Wertersatzanspruch des V besteht. Grundsätzlich ist gem. § 346 II S. 2 BGB der Wert der Gegenleistung zugrunde zu legen (also 10.000,- €). Von diesem Grundsatz ist hier aber eine Ausnahme zu machen, weil die Sache mangelhaft war. V hat damit lediglich einen Wertersatzanspruch i.H.v. 6.000,- €. Mit dieser Forderung könnte V aufrechnen (§ 387 BGB) und den Anspruch des K (der sich auf 10.000,- € beläuft) zu einem Teil von 6.000,- € zum Erlöschen bringen.

Eine weitere Ausnahme von dem Grundsatz, dass sich die Höhe des Wertersatzes nach der vertraglichen Gegenleistung bestimmt, ordnet § 346 II S. 2 Hs. 2 BGB an: Schuldet jemand nach erfolgtem Rücktritt neben der Rückgabe eines Darlehens auch die Gebrauchsvorteile der Darlehensvaluta, bemisst sich der Wert dieses Gebrauchsvorteils dann nicht nach den vereinbarten Zinsen, wenn der Rückgewährschuldner einen geringeren Nutzungsvorteil nachweist. Diese Regelung ist v.a. bei Immobiliendarlehensverträgen relevant, wenn die Parteien einen über dem Marktzins liegenden Zinssatz vereinbart hatten.

b. Ausschluss der Rückgewähr, § 346 II S. 1 Nr. 1 BGB

503 Der Schuldner hat nach § 346 II S. 1 Nr. 1 BGB einen Wertersatz zu leisten, wenn die Rückgewähr oder die Herausgabe **nach der Natur des Erlangten** ausgeschlossen ist.

---

[510] *Gaier*, WM 2002, 1, 9; *Kaiser*, JZ 2001, 1057, 1059; *Lorenz*, JuS 2011, 871, 872.

Hierunter fallen also nicht solche Leistungen, die zunächst zurückgewährt werden konnten, aber wegen späterer Umstände nicht mehr zurückgewährt werden können. Vielmehr sind in § 346 II S. 1 Nr. 1 BGB nur solche Leistungen gemeint, **bei denen die Rückgewähr bzw. die Herausgabe *von vornherein* ausgeschlossen waren**. Dieses sind z.B. Dienstleistungen oder Leistungen an unkörperlichen Werken.

> **Beispiele:** Die Rückgewähr oder die Herausgabe scheidet von vornherein aus bei Konzertaufführungen, Beförderungen, Reisen oder beim Erstellen von geistigen Werken. Auch ist eine Rückgewähr nach der Natur des Erlangten ausgeschlossen, wenn die ursprüngliche Leistung in einem Unterlassen bestand.

Unter § 346 II S. 1 Nr. 1 BGB fallen auch die Gebrauchsvorteile[511], die die Benutzung einer Sache mit sich bringt. Denn auch diese können nicht in natura herausgegeben werden. Schließlich werden von § 346 II S. 1 Nr. 1 BGB auch diejenigen Fallkonstellationen erfasst, in denen der Unternehmer im Rahmen eines Werkvertrags die Werkleistung untrennbar mit Sachen des Bestellers verbunden hat (§§ 93, 94 BGB).[512]

> **Hinweis für die Fallbearbeitung:** Zu beachten ist bei Dienst- und Gebrauchsüberlassungsverträgen (wie bspw. der Leihe, §§ 598 ff. BGB), dass diese Verträge regelmäßig **Dauerschuldverhältnisse** darstellen und nach Vertragsbeginn durch eine **Kündigung** beendet werden. Soweit dies der Fall ist, sind §§ 346 ff. BGB nicht anwendbar, sondern werden von speziellen Regelungen wie bspw. § 628 BGB bzw. § 314 BGB verdrängt. Die Kündigung tritt an die Stelle des Rücktritts und beendet das Schuldverhältnis *für die Zukunft*, sodass kein Rückgewährschuldverhältnis entsteht.

c. Einwirkungen auf den Gegenstand, § 346 II S. 1 Nr. 2 BGB

§ 346 II S. 1 Nr. 2 BGB begründet eine Wertersatzpflicht, soweit der Schuldner den **504** empfangenen Gegenstand **verbraucht**, **veräußert**, **belastet**, **verarbeitet** oder **umgestaltet** hat. Dabei besteht die Pflicht des Schuldners zum Wertersatz unabhängig von einem eventuellen Verschulden an den Einwirkungen auf den empfangenen Gegenstand. Diese Wertersatzpflicht unterscheidet sich von der in § 346 II S. 1 Nr. 1 BGB geregelten Pflicht zum Wertersatz dadurch, dass die Rückgewähr zunächst noch möglich gewesen wäre. Bei Verbrauch, Verarbeitung und Umgestaltung ist der Gegenstand nicht mehr oder nicht mehr *so* existent, wie er in die Hände des Empfängers gelangt ist.

Der **Verbrauch** einer Sache ist der bestimmungsgemäße Verzehr der Sachsubstanz. Er ist in **505** Analogie zu § 92 BGB zu bestimmen. Demnach können nur solche Gegenstände verbraucht werden, die dazu bestimmt sind, z.B. Lebensmittel oder Brennmaterial. Nicht vom Verbrauch erfasst wird die allmähliche Abnutzung einer Sache.

> **Hinweis für die Fallbearbeitung:** Bei einem teilweisen Verbrauch muss der Rückgewährschuldner nur teilweisen Wertersatz leisten und die erhaltenen Gegenstände im Übrigen herausgeben. Hat er bspw. von 10 erhaltenen Baumstämmen bereits 5 als Brennmaterial verbraucht, muss er die verbleibenden 5 Stämme nach § 346 I BGB zurückgewähren und ansonsten Wertersatz leisten.

Die **Verarbeitung oder Umgestaltung** eines Gegenstands wird durch § 950 I S. 1 BGB **506** definiert. Erforderlich ist, dass durch eine Verarbeitung oder Umgestaltung eine *neue Sache* durch eine vom menschlichen Willen gesteuerte Arbeitsleistung entstanden ist. Daraus ergibt sich, dass nicht schon kleinste Änderungen an dem Gegenstand bspw. Reparaturen die Verpflichtung zur Rückgewähr zu einer Wertersatzpflicht umwandeln. Liegt eine Verarbeitung

[511] So jedenfalls nach BGH NJW 2009, 427, 428.
[512] RGZ 147, 390, 392; *Gaier*, in: MüKo, § 346 Rn 21; a.A. *Kaiser*, JZ 2001, 1057, 1059.

oder Umgestaltung vor, ist nicht die (neue) Sache herauszugeben, sondern Wertersatz zu leisten.

507 Eine **Veräußerung** des empfangenen Gegenstands ist gegeben, wenn der Schuldner den Gegenstand durch ein dingliches Rechtsgeschäft an einen Dritten übertragen hat. Soweit der Schuldner den veräußerten Gegenstand allerdings **wiederbeschaffen kann, ist er zur Rückgewähr nach § 346 I BGB und nicht zum Wertersatz verpflichtet** (str.[513]). Eine solche Möglichkeit zur Wiederbeschaffung kann bestehen, wenn der Rückgewährschuldner das Veräußerungsgeschäft rückgängig machen kann oder den Gegenstand schlicht zurückerwirbt.

Beispiele:

(1) Steht dem Schuldner die Möglichkeit zu, den mit dem Dritten geschlossenen Kaufvertrag und das dingliche Übereignungsgeschäft wegen arglistiger Täuschung gem. § 123 I BGB (Fehleridentität) anzufechten, muss er die Anfechtung erklären und sich dadurch den Gegenstand zurückbeschaffen, um seiner Rückgewährschuld nach § 346 I BGB gegenüber dem Gläubiger gerecht zu werden.

(2) Wenn der Rückgewährschuldner das Rechtsgeschäft mit dem Dritten nicht anfechten kann, der neue Rechtsinhaber aber bereit ist, ihm den Gegenstand zurückzuveräußern, muss der Rückgewährschuldner diese Möglichkeit nutzen. Dabei kann ihm allerdings ein wirtschaftlicher Aufwand nur in den Grenzen des § 275 II BGB zugemutet werden.

508 Die **Belastung** eines Gegenstands i.S.d. § 346 II S. 1 Nr. 2 BGB liegt vor, wenn jemandem ein Recht an dem Gegenstand zusteht, welches auch nach einer Rückübertragung bestehen bleiben würde. Das belastende Recht sowohl auf einem *dinglichen* als auch auf einem *schuldrechtlichen* Rechtsgeschäft beruhen.

- ***Dingliche* Belastungen** sind z.B. die Bestellung einer Hypothek, §§ 1113 ff. BGB, einer Grundschuld, §§ 1191 ff. BGB, die Einräumung eines Nießbrauchs, §§ 1030 ff. BGB, oder eines Pfandrechts, §§ 1204 ff. BGB. Darüber hinaus müssen auch die Belastungen durch Dritte, wie die Beschlagnahme der Sache im Wege der Zwangsvollstreckung durch Geldgläubiger unter die Belastung i.S.d. § 346 II S. 1 Nr. 2 BGB zu fassen sein. So sind auch die Verfügungen durch Dritte, namentlich im Wege der Zwangsvollstreckung (§§ 803 ff. ZPO) oder durch einen Insolvenzverwalter (§ 80 I InsO), von § 346 II BGB direkt oder analog erfasst.[514]

- ***Schuldrechtliche* Belastungen** i.S.v. § 346 II S. 1 Nr. 2 BGB können bspw. darin liegen, dass der Rückgewährschuldner mit einem Dritten einen wirksamen Miet- oder Pachtvertrag über den zurückzugewährenden Gegenstand geschlossen hat. Der Schuldner muss jedoch versuchen, die Belastung des Gegenstands zu beseitigen (str., s.o.). Soweit ihm dies nicht gelingt, hat er die Pflicht zum Wertersatz. Wenn bspw. der Rückgewährschuldner eine Wohnung erworben und an einen Dritten vermietet hat, würde der Mietvertrag nach einer Rückübertragung der Wohnung zwischen dem Mieter und dem Rückgewähr*gläubiger* wegen § 566 BGB fortbestehen. Deswegen muss sich der Schuldner zunächst darum bemühen, das Mietverhältnis zu kündigen.

Hinweis für die Fallbearbeitung: Soweit der Gegenstand belastet ist und diese Belastung nicht rückgängig gemacht werden kann, muss der Rückgewährschuldner den

[513] Der BGH nimmt sowohl bei Belastungen als auch bei Veräußerungen (nicht aber in anderen Fällen, z.B. bei Verarbeitung, Verschlechterung o.Ä.) an, dass der Rückgewährschuldner verpflichtet ist, die Störung zu beseitigen, soweit dies möglich ist (z.B. durch Rückkauf der Sache oder durch Beseitigung der Belastung; vgl. dazu BGH NJW 2009, 63 f.). Erst bei Unmöglichkeit der Beseitigung sei er von seiner Pflicht zur Rückgewähr aus § 346 I BGB befreit und es greife die Wertersatzpflicht des § 346 II BGB. Dieses Ergebnis wird teilweise bestritten (vgl. *Faust*, JuS 2009, 481, 483, der bei Veräußerung oder Belastung stets eine Wertersatzpflicht annimmt).

[514] *Grothe*, in: Bamberger/Roth, § 346 Rn 19, 22; ebenso *Kaiser*, JZ 2001, 1057, 1061, die eine solche „Belastung" zwar nicht vom Wortlaut erfasst ansieht, es aber für erforderlich erachtet, auch diese Fälle unter § 346 II BGB zu subsumieren.

belasteten Gegenstand nach § 346 I BGB zurückgewähren und für die Belastung im Übrigen nach § 346 II S. 1 Nr. 2 BGB Wertersatz leisten.

Wie bei der Veräußerung geht der BGH davon aus, dass der Rückgewährschuldner auch bei einer Belastung zunächst aus § 346 I BGB verpflichtet ist, die Sache unbelastet zurückzugeben (str.).[515] Ist ihm dies möglich, ist er nicht verpflichtet, einen Wertersatz zu leisten. Es steht ihm aber auch nicht das Recht zu, sich seiner grundsätzlichen Pflicht zur Herausgabe einer unbelasteten Sache durch die Leistung eines Wertersatzes zu entziehen. Erst wenn es ihm unmöglich i.S.d. § 275 BGB ist, die Belastung zu beseitigen, muss er Wertersatz leisten. Dabei ist insb. § 275 II BGB zu beachten, der dem Schuldner nur einen begrenzten Aufwand zur Entfernung der Belastung zumutet. Der bloße Geldmangel des Rückgewährschuldners entbindet ihn aber natürlich nicht von seiner Pflicht zur Rückgabe des unbelasteten Gegenstands („Geld hat man zu haben"). Soweit der Rückgewährgläubiger in einem solchen Fall statt der Beseitigung der Belastung Geldersatz haben will, muss er dem Rückgewährschuldner eine Frist setzen und nach deren fruchtlosen Ablauf Schadensersatz statt der Leistung verlangen, §§ 346 IV, 280 I, III, 281 I S. 1 BGB.[516]

d. Untergang oder Verschlechterung des empfangenen Gegenstands, § 346 II S. 1 Nr. 3 BGB

Nach § 346 II S. 1 Nr. 3 BGB muss der Schuldner Wertersatz leisten, soweit der empfangene Gegenstand sich verschlechtert hat oder untergegangen ist. **509**

Eine **Verschlechterung** ist jede nachteilige Veränderung der Substanz oder der Funktionstauglichkeit des zurückzugewährenden Gegenstands. Dabei sind nicht die Abnutzungen durch den bestimmungsgemäßen Gebrauch gemeint, sondern nur weitergehende Beeinträchtigungen wie Abnutzungen infolge übermäßigen Gebrauchs oder etwaige Beschädigungen.[517] Dies folgt daraus, dass § 346 II S. 1 Nr. 3 Hs. 2 BGB ausdrücklich feststellt, dass Wertminderungen durch die **bestimmungsgemäße Ingebrauchnahme** außer Betracht bleiben. Selbst wenn die Vertragsparteien um das Bestehen eines Rücktrittsgrunds wissen, dürfen sie die Sache bis zur Rücktrittserklärung im Rahmen des bestimmungsgemäßen Gebrauchs weiterbenutzen.[518] Welcher Gebrauch *bestimmungsgemäß* ist, wird durch den Vertrag und bei fehlender Vereinbarung nach der Verkehrsauffassung bestimmt. Nur ein nicht mehr bestimmungsgemäßer Gebrauch kann zu einer Wertersatzpflicht nach § 346 II BGB führen. **510**

Beispiel: K übt nach dem Kauf eines mangelhaften Kfz von V den Rücktritt aus. Während der Überlassung an K war das Auto einem im Vergleich zur normalen Laufleistung übermäßigen Verschleiß ausgesetzt.[519]

In diesem Fall kann V von K nach § 346 I BGB das Kfz herausverlangen. Bei ihm würde sich jedoch ein negativer Saldo ergeben, da das Auto durch den übermäßigen Gebrauch mehr als im üblichen Maße an Wert verloren hat. Diesen Wertverlust kann V von K nach § 346 II S. 1 Nr. 3 BGB ersetzt verlangen.

Der **Untergang** ist die vollständige Vernichtung der Sachsubstanz. Dabei sind auch solche Fälle erfasst, bei denen die Herausgabe des empfangenen Gegenstands wegen einer Unmöglichkeit ausscheidet. Dies ergibt sich daraus, dass der Gesetzgeber mit § 346 II BGB eine verschuldensunabhängige Gefahrtragungsregel schaffen wollte. So wandelt sich die Pflicht zur Herausgabe auch dann in eine Wertersatzpflicht, wenn die Sache von einem Dritten gestohlen wurde oder der Gegenstand auf andere Art und Wei- **511**

---

[515] BGH NJW 2009, 63 f.; a.A. *Faust*, JuS 2009, 481, 483.
[516] *Schwab*, JuS 2002, 630, 632.
[517] BT-Drs. 14/6040, S. 196.
[518] *Petersen*, SchuldR AT, § 4 I 4, Rn 178.
[519] Vgl. *Gaier*, WM 2002, 1, 9; *Perkams*, Jura 2003, 150, 150.

se verloren ging. Auch wenn der Rückgewährschuldner enteignet wurde, ist von einem Untergang i.S.d. § 346 II S. 1 Nr. 3 BGB auszugehen. Für § 346 II S. 1 Nr. 3 BGB ist es **unerheblich**, ob der Schuldner den Untergang oder die Verschlechterung der Sache zu **vertreten** hat. Auch wenn die Verschlechterung auf Zufall oder höherer Gewalt beruht, muss der Schuldner grundsätzlich Wertersatz leisten. Dies ergibt sich daraus, dass die **Gefahr** des zufälligen Untergangs der Sache bei der Vertragsdurchführung auf den Schuldner **übergegangen** ist. (Zu beachten ist allerdings, dass die Wertersatzpflicht u.U. gem. § 346 III S. 1 Nr. 3 BGB wieder entfallen kann).

Hinweis für die Fallbearbeitung: Die Wertersatzpflicht aus § 346 II S. 1 Nr. 2 und 3 BGB trifft den Rückgewährschuldner unabhängig davon, ob die Unmöglichkeit der unversehrten Rückgewähr **vor oder nach der Rücktrittserklärung eintritt**. Ab der Rücktrittserklärung kann daneben die Schadensersatzhaftung aus § 346 IV BGB treten, wenn der Rückgewährschuldner das Restitutionshindernis zu vertreten hat. Ob bereits vor Erklärung des Rücktritts eine Schadensersatzhaftung bei schuldhaft herbeigeführtem Restitutionshindernis möglich ist, ist umstritten (vgl. dazu Rn 523).

e. Ausschluss der Rückgewähr wegen gesetzlichen Eigentumserwerbs

512 In dem Katalog des § 346 II S. 1 Nr. 1 bis 3 BGB nicht enthalten sind die Fälle des gesetzlichen Eigentumserwerbs. Aber auch in den Fällen nach §§ 946 ff. BGB ist eine Herausgabe der Sache in natura ausgeschlossen. Demnach hat der Rückgewährschuldner grds. Wertersatz zu leisten, wenn aufgrund eines der in §§ 946 ff. BGB enthaltenen Tatbestände eine Herausgabe in natura ausgeschlossen ist.

3. Entfallen der Wertersatzpflicht, § 346 III S. 1 BGB

513 In den in § 346 III S. 1 BGB bestimmten Ausnahmen entfällt die Wertersatzpflicht.

a. Auftreten des Mangels während der Verarbeitung oder Umgestaltung, § 346 III S. 1 Nr. 1 BGB

514 Nach § 346 III S. 1 Nr. 1 BGB entfällt die Pflicht zum Wertersatz, wenn sich der zum Rücktritt berechtigende Mangel erst während der Verarbeitung oder Umgestaltung gezeigt hat. Diese Vorschrift stellt einen Ausnahmetatbestand zu § 346 II S. 1 Nr. 2 BGB (bei *Verarbeitung/Umgestaltung*) dar. Dabei ist erforderlich, dass der Rückgewährschuldner positive Kenntnis vom Mangel erlangt. Liegt hingegen nur fahrlässige Unkenntnis vor, genügt dies für § 346 III S. 1 Nr. 1 BGB nicht. Aus der Formulierung „erst während der Verarbeitung oder Umgestaltung" ergibt sich, dass der spätere Rückgewährschuldner bei der Umgestaltung noch keine Kenntnis vom Mangel gehabt haben darf.[520] Ist der Mangel früher erkannt worden, entfällt die Pflicht zum Wertersatz nicht. Unerheblich ist aber, ob der Rückgewährschuldner erst später Kenntnis vom Mangel hatte. § 346 III S. 1 Nr. 1 BGB beschreibt demnach den frühestmöglichen Zeitpunkt, in dem der Rückgewährschuldner Kenntnis vom Mangel erlangen darf, um als Rechtsfolge die Wertersatzpflicht auszuschließen. Bei Fällen, in denen der Mangel erst beim *Verbrauch* auftritt, ist anerkannt, dass § 346 III S. 1 Nr. 1 BGB analog angewendet wird.[521]

Beispiel: A hat im Gasthaus des G einen großen Salat bestellt. Als er bereits die Hälfte seines Salats verspeist hat, bemerkt er, dass sich darin eine tote Kakerlake befindet.

Hier hat A bereits einen Teil der ihm von G geschuldeten Leistung verbraucht. Wenn er wegen des mangelhaften Essens vom Vertrag zurücktritt, müsste er für den verbrauchten Teil gem. § 346 II S. 1 Nr. 2 BGB eigentlich Wertersatz leisten.

---

[520] *Kaiser*, JZ 2001, 1057, 1061.
[521] *Huber*, in: Soergel, § 467 a. F. Rn 69; *Arnold*, Jura 2002, 154, 158.

Fraglich ist, ob die Wertersatzpflicht gem. § 346 III S. 1 Nr. 1 BGB wieder entfallen ist. Dem Wortlaut nach greift dieser Tatbestand nicht ein. Aufgrund der vergleichbaren Interessenlage kann die Vorschrift aber analog herangezogen werden, da sich der Mangel erst während des Verbrauchs zeigte.

Durch den Rücktritt erlischt also zunächst der Anspruch des G auf Bezahlung des Salats. Deswegen muss A weder den Kaufpreis bezahlen noch einen etwaigen Wertersatz leisten. Man könnte allenfalls erwägen, dass die für den bereits gegessenen Salat ersparten Aufwendungen nach §§ 346 III S. 2, 818 BGB herauszugeben sind.

b. Kein Wertersatz bei Vertretenmüssen des Gläubigers, § 346 III S. 1 Nr. 2 BGB

§ 346 III S. 1 Nr. 2 BGB schließt die Wertersatzpflicht für die Fälle aus, in denen der Gläubiger die Verschlechterung oder den Untergang des Gegenstands zu vertreten hat oder der Schaden auch bei ihm eingetreten wäre. Damit liegt eine Ausnahmevorschrift zu § 346 II S. 1 Nr. 3 BGB vor. **515**

Zunächst entfällt die Wertersatzpflicht, wenn der Rückgewährgläubiger den Untergang oder die Verschlechterung des Gegenstands zu vertreten hat. Diese Regelung ist an die des § 326 II BGB angelehnt. Demgemäß ist die Möglichkeit eines teilweisen Absehens von der Wertersatzpflicht und einer Quotelung im Rahmen des Vertretenmüssens gegeben (§ 254 BGB). Eine Verantwortlichkeit des Rückgewährgläubigers liegt insbesondere vor, wenn er eine allgemeine Rechtspflicht verletzt hat. Dies ist anzunehmen, wenn der Gläubiger deliktisch i.S.d. §§ 823 ff. BGB gehandelt oder Schutzpflichten i.S.d. § 241 II BGB missachtet hat. Darüber hinaus ist § 346 III S. 1 Nr. 2 BGB anwendbar, wenn der Gläubiger nach der vertraglichen Risikoverteilung die Gefahr für ein bestimmtes Leistungshindernis übernommen hat. **516**

Beispiel: K hat von V eine Plastikstatue erworben, die er zu Hause ungesichert auf einem wackeligen Regal positioniert hat. Da V sich die Statue noch einmal anschauen möchte, trifft er sich mit K in dessen Haus. Während des Treffens läuft V unachtsam gegen das Regal und die Statue fällt herunter. Dabei bricht der linke Arm der Figur ab. Einige Tage später erklärt K den Rücktritt, weil sich herausgestellt hat, dass sich die Statue aus äußerst minderwertigem Plastik zusammensetzte.

Hier müssen die Parteien aufgrund des wirksamen Rücktritts des K die ihnen jeweils gewährten Gegenstände (Geld gegen Statue) zurückgewähren (§ 346 I BGB). Fraglich ist allein, ob V wegen der Verschlechterung (abgebrochener Arm) einen Wertersatz gem. § 346 II S. 1 Nr. 3 BGB verlangen kann. Die Voraussetzungen für einen solchen Ersatzanspruch liegen an sich vor, weil sich der Gegenstand (die Statue) verschlechtert hat und diese Verschlechterung auch nicht auf einer bestimmungsgemäßen Ingebrauchnahme beruhte (vgl. § 346 II S. 1 Nr. 3 Hs. 2 BGB).

Allerdings entfällt die Pflicht zum Wertersatz, wenn der Rückgewährgläubiger (vorliegend V in Bezug auf die Statue) die Verschlechterung zu vertreten hat, vgl. § 346 III S. 1 Nr. 2 BGB. Problematisch ist dabei jedoch, dass § 346 III S. 1 Nr. 2 BGB den Wegfall der Wertersatzpflicht nur anordnet, *soweit* der Rückgewährgläubiger die Verschlechterung zu vertreten hat. Da auch K fahrlässig handelte (ungesichertes Aufstellen der Statue), könnte man erwägen, dass er (K) unter Berücksichtigung des Rechtsgedankens des § 254 BGB zumindest teilweisen Wertersatz leisten muss. K ist allerdings wegen eines Sachmangels (minderwertiges Plastik) und damit aufgrund eines gesetzlichen Rücktrittsrechts zurückgetreten. Er haftet damit wegen § 346 III S. 1 *Nr. 3* BGB nur für die diligentia quam in suis, § 277 BGB (dazu Rn 519). Da sein Verursachungsbeitrag allenfalls als leicht fahrlässig einzustufen ist, hat er demnach für sein Fehlverhalten nicht einzustehen. Es bleibt somit dabei, dass die Wertersatzpflicht vollständig ausgeschlossen ist.

Hinweis für die Fallbearbeitung: Zu beachten ist, dass unter den Begriff des Untergangs in § 346 II S. 1 Nr. 3 BGB alle Fälle des Unvermögens der Herausgabe des Gegenstands durch den Rückgewährschuldner erfasst sind (siehe dazu oben). Ebenso wie diese Fälle analog oder direkt unter § 346 II S. 1 Nr. 3 BGB zu subsumieren sind, sind sie auch i.R. der Ausnahmevorschrift des § 346 III S. 1 Nr. 2 BGB zu berücksichtigen. Soweit also die Sache wegen eines anderen Umstands als die vollständige Zerstörung der Sachsubstanz (Untergang) nicht herausgegeben werden kann und dies vom Rückgewährgläubiger zu vertreten ist, ist § 346 III S. 1 Nr. 2 BGB (entsprechend) anzuwenden.

517 Der Anspruch auf Wertersatz ist auch ausgeschlossen, wenn der **Untergang oder die Verschlechterung** des Gegenstands bei dem Gläubiger **gleichfalls** eingetreten wäre. Der Rückgewährschuldner muss also auch keinen Wertersatz leisten, wenn das Risiko für die Verschlechterung oder den Untergang in der Sache quasi schon angelegt war. Abzustellen ist dabei auf die hypothetische Lage, wie es wäre, wenn der Gläubiger die Leistung gar nicht erbracht hätte. Wenn unter Zugrundelegung dieser hypothetischen Lage auch beim Gläubiger die Sache untergegangen/beschädigt worden wäre, soll er keinen Nutzen daraus ziehen, dass sich die Sache – vorübergehend – beim Rückgewährschuldner befand.

Beispiel: V hat seinem Nachbarn K sein Auto veräußert. Wenige Tage später wird das Auto durch Hagelschlag beschädigt. Danach macht K von dem ihm zustehenden vertraglich vereinbarten Rücktrittsrecht Gebrauch. Kann V von K Wertersatz für die Beschädigungen am Auto durch das Unwetter verlangen?

Weil sich das Auto verschlechtert hat, müsste K gem. § 346 II S. 1 Nr. 3 BGB eigentlich Wertersatz für die Beschädigungen leisten. Da das Unwetter den Wagen aber auch beschädigt hätte, wenn er nicht vor der Tür des K, sondern vor der des V gestanden hätte, besteht gem. § 346 III S. 1 Nr. 2 BGB eine Wertersatzpflicht nicht.

518 **Hinweis für die Fallbearbeitung:** Dieser Beispielsfall wirft die Frage auf, wie es rechtlich zu bewerten wäre, wenn der Käufer an einem anderen Ort gewohnt hätte und das Unwetter nur dort gewesen wäre. Legt man den klaren Wortlaut des § 346 III S. 1 Nr. 2 BGB zugrunde, müsste die Wertersatzpflicht nicht entfallen, weil der Schaden beim Rückgewährgläubiger (Verkäufer) gerade nicht eingetreten wäre. Es geht also um die Frage, ob der Rückgewährschuldner für rein **zufällige Ereignisse** einstehen muss oder nicht.

- Bei einem **gesetzlichen Rücktrittsrecht** ist diese Frage noch leicht zu beantworten. Denn wie sich aus § 346 III S. 1 *Nr. 3* BGB ergibt, muss der Rückgewährschuldner regelmäßig nur Wertersatz leisten, wenn er grob fahrlässig oder vorsätzlich (§ 277 BGB) handelte. Wegen § 277 BGB ist er also grundsätzlich für die Haftung von leichter Fahrlässigkeit befreit. Dann muss er natürlich erst recht nicht für zufällige Ereignisse einstehen, die er überhaupt nicht zu vertreten hat.
- Da dieses Privileg für den Rücktrittsberechtigten nicht gilt, dem nur ein **vertragliches Rücktrittsrecht** zustand, ist die Lösung hier fraglich.

Zunächst könnte man in Anlehnung an den klaren Wortlaut des § 346 III S. 1 Nr. 2 BGB annehmen, dass die Wertersatzpflicht **nur** entfällt, wenn das Ereignis (z.B. Unwetter) auch beim Rückgewährgläubiger eingetreten wäre. So hat der Gesetzgeber auch klargestellt, dass die Gefahr für rein zufällige Ereignisse grundsätzlich der Rückgewährschuldner tragen müsse.[522]

Dagegen spricht aber, dass der Rückgewährschuldner für die Zeit während des Gebrauchs ja auch die Nutzungen an den Rückgewährgläubiger zahlen muss (§ 346 I

[522] BT-Drs. 14/6040, S. 196.

BGB). Es erscheint deswegen unbillig, dass er für den Gebrauch zahlen muss und zusätzlich die Gefahr für jedes zufällige Ereignis tragen soll. Da der Rückgewährgläubiger einen Anspruch auf die Nutzungen hat, muss der Leistungsgegenstand nicht mehr dem Schuldnervermögen, sondern dem Vermögen des Rückgewährgläubigers zugerechnet werden. Nach dieser Ansicht muss der Rückgewährschuldner also nicht für zufällige Ereignisse einstehen.[523]

Die zweite Ansicht ist aus Wertungsgesichtspunkten überzeugend. Allerdings war dem Gesetzgeber diese Problematik der Zufallshaftung bereits aus dem alten Schuldrecht bekannt. Er hat sich gleichwohl für einen eindeutigen Wortlaut entschieden, wonach die Wertersatzpflicht nicht bei jedem Zufall entfällt. Aufgrund der klaren Regelung des § 346 III S. 1 Nr. 2 BGB wird deswegen wohl hinzunehmen sein, dass die Wertersatzpflicht nur entfällt, wenn das Ereignis auch beim Gläubiger eingetreten wäre.

c. Privilegierung des gesetzlich Rücktrittsberechtigten, § 346 III S. 1 Nr. 3 BGB

§ 346 III S. 1 Nr. 3 BGB privilegiert den **gesetzlich** zum Rücktritt Berechtigten insoweit, 519
als dieser bei einer Verschlechterung oder dem Untergang der Sache keinen Wertersatz zu leisten hat, wenn er die eigenübliche Sorgfalt hat walten lassen (***diligentia quam in suis***, § 277 BGB). Diese Regelung beruht darauf, dass der kraft Gesetzes zum Rücktritt Berechtigte zunächst nichts von dem Rücktrittsgrund wissen kann und somit mit der Sache wie mit einer eigenen verfahren darf (zumal die Sache ja auch seine eigene ist!). Dadurch unterscheidet sich der gesetzlich Rücktrittsberechtigte von dem, der ein Rücktrittsrecht vertraglich vereinbart hat. Letzterer weiß, dass er die Sache möglicherweise wieder zurückgeben muss. Auch ist der *Rückgewährgläubiger* beim gesetzlichen Rücktrittsrecht des Rückgewährschuldners nicht schutzwürdig, da er seine primäre Pflicht nicht vollständig erfüllt hat. Wer nicht ordnungsgemäß leistet, darf auch nicht darauf vertrauen, dass der Gefahrübergang auf den anderen Teil endgültig ist.[524]

Beispiel: K kauft beim Autohändler V einen Gebrauchtwagen und zahlt auch gleich den Kaufpreis. Als sich K mit dem Auto auf dem Nachhauseweg befindet, hält er bei einer Raststätte. Dort trinkt er einen Kaffee und setzt sich aus leichter Unachtsamkeit auf die Motorhaube, die dadurch verbeult. Bei seiner Weiterfahrt muss er plötzlich an einer roten Ampel stark bremsen und stellt dabei fest, dass die Bremsen einen erheblichen Defekt aufweisen. K fordert V auf, die Bremsen zu reparieren. Nach erfolglosem Ablauf einer Frist zur Nachbesserung erklärt K wegen der mangelhaften Bremsen den Rücktritt vom Kaufvertrag und will von V sein Geld zurück. V erwidert hingegen, dass ihm K neben der Herausgabe des Autos auch den Minderwert zu ersetzen habe, den das Auto durch die Beule erlitten habe.

K könnte einen Anspruch auf Rückzahlung des Kaufpreises aus § 346 I BGB gegen V haben. K hat den Rücktritt erklärt, § 349 BGB. Auch liegt ein Rücktrittsgrund gem. §§ 437 Nr. 2, 323 I, V BGB vor. K hat also aus § 346 I BGB gegen V einen Anspruch auf Rückzahlung des Kaufpreises.

Fraglich ist, ob V (neben dem Anspruch auf Herausgabe des Wagens) gegen K ein Anspruch auf Wertersatz wegen der Beule zusteht. Die Voraussetzungen des § 346 II S. 1 Nr. 3 BGB liegen an sich vor, sodass K grundsätzlich Wertersatz leisten müsste. Diese Wertersatzpflicht könnte jedoch wegen § 346 III S. 1 Nr. 3 BGB entfallen sein. Es ist davon auszugehen, dass K beim Anlehnen an das Auto die eigenübliche Sorgfalt beachtet hat, § 277 BGB. Damit scheidet die Pflicht zum Wertersatz gegenüber V aus.

Ergebnis: K kann von V den gezahlten Kaufpreis zurückverlangen. Er muss ihm Zug um Zug den Wagen herausgeben, ohne aber Wertersatz für die Beschädigung zu leisten.

---

[523] *Kaiser*, JZ 2001, 1057, 1060.
[524] BT-Drs. 14/6040, S. 196; *Perkams*, Jura 2003, 150, 151 ff.

520 **Hinweis für die Fallbearbeitung:** Fraglich ist, **in welchem Zeitraum** dieses Privileg zugunsten des Rückgewährschuldners eingreift. Der gesetzliche Rücktritt setzt sich aus drei **Phasen** zusammen:

Die **erste** Phase beginnt mit dem Empfang der Sache und endet mit der Erlangung der Kenntnis vom Rücktrittsgrund (oder mit der fahrlässigen Unkenntnis vom Rücktrittsgrund, str.[525]). Die **zweite** Phase beginnt mit dem Ende der ersten und endet mit der wirksamen Ausübung des Rücktritts. Die **dritte** Phase beschreibt das Rechtsverhältnis nach der Rücktrittsausübung.

Einigkeit besteht darüber, dass das Privileg der diligentia quam in suis während der **ersten Phase** besteht. In diesem Zeitraum haftet der Rückgewährschuldner damit grundsätzlich nur für grob fahrlässige oder vorsätzliche Verschlechterungen; bei nur leicht fahrlässigen – und natürlich auch bei zufälligen – Beschädigungen wird er von seiner Wertersatzpflicht frei.

Bzgl. der **zweiten Phase** wird von einer Ansicht vertreten, dass das Privileg entfalle.[526] Denn in diesem Zeitraum müsse der Rücktrittsberechtigte damit rechnen, den Gegenstand zurückzugewähren. Er wird damit also einem vertraglich zum Rücktritt Berechtigten gleichgestellt. Folglich haftet er für Vorsatz und *jede* Fahrlässigkeit. Ob er aber darüber hinaus auch noch für zufällige Ereignisse haftet, ist – wie beim vertraglich Rücktrittsberechtigten – umstritten (vgl. die Ausführungen zu § 346 III S. 1 Nr. 2 BGB).

Nach einer anderen Ansicht[527] bleibt dem Rückgewährschuldner das Haftungsprivileg des § 346 III S. 1 Nr. 3 BGB auch nach Kenntnis (bzw. fahrlässiger Unkenntnis) vom Rücktrittsgrund erhalten. Für diese Ansicht spricht zum einen, dass der Wortlaut des Gesetzes nicht nach den einzelnen Phasen des Rücktritts differenziert. Darüber hinaus könne der Rückgewährschuldner u.U. auf den Gebrauch der Sache nicht verzichten. Somit müsse er mit der Sache so verfahren dürfen, wie es seiner eigenüblichen Sorgfalt entspreche.

Die erste Ansicht erscheint zunächst aus Wertungsgesichtspunkten – die eine teleologische Reduktion des Haftungsprivilegs rechtfertigen – überzeugender. Wer einen erworbenen Gegenstand zurückgewähren kann (und natürlich auch will – denn sonst stellt sich das Problem nicht), muss mit dieser Sache naturgemäß auch pfleglich umgehen. Die Tatsache, dass der Rückgewährgläubiger ursprünglich eine mangelhafte Sache geliefert hat und deswegen nicht schutzbedürftig ist, kann dem Rückgewährschuldner nur so lange zugutekommen, wie er den Mangel noch nicht entdeckt hat und nicht weiß, dass ihm die Sache nicht mehr lange gehören wird.

Diese Wertung kann aber auch erreicht werden, wenn im Sinne der zweiten Ansicht vertreten wird, dass das Privileg trotz Kenntnis erhalten bleibt und daneben ein Schadensersatzanspruch des Rückgewährgläubigers gem. §§ 346 IV, 280 ff. BGB wegen schuldhafter Verletzung der Rückgewährpflicht aus § 346 I BGB besteht. Durch ein solches Ineinandergreifen der verschiedenen Ausgleichssysteme im Rückabwicklungsverhältnis wird ein interessengerechter Ausgleich erzielt. Für die zweite Ansicht spricht überdies, dass das Gesetz in § 346 III S. 1 Nr. 3 BGB das Privileg *unabhängig* von einer etwaigen Kenntnis des Schuldners anordnet. Darüber hinaus war dem Gesetzgeber die Problematik der Haftungsprivilegierung in den verschiedenen Rücktrittsphasen durchaus bewusst. Dennoch nahm er *keine* eindeutige Differenzierung im Gesetz vor, was dafür spricht, das Privileg auch nach der Kenntnis anzuwenden. I.E. bleibt also das Haftungsprivileg in der zweiten Phase des Rücktritts bestehen. Der Rückgewährschuldner hat demnach auch keinen Wertersatz zu leisten, wenn er eine Beschädigung/Zerstörung nur leicht fahrlässig herbeigeführt hat. Ab Kenntnis der Rücktritts-

---

[525] *Gaier* (WM 2002, 1, 12) und – wenn auch etwas unklar – der Gesetzgeber (BT-Drs. 14/6040, S. 195) gehen davon aus, dass schon die fahrlässige Unkenntnis vom Rücktrittsgrund eine Änderung der Haftung des Rückgewährschuldners zur Folge habe; a.A. *Kaiser*, JZ 2001, 1057, 1062, 1063.

[526] *Gaier*, WM 2002, 1, 11 m.w.N.; *Perkams*, Jura 2003, 150, 151.

[527] Vgl. *Grüneberg*, in: Palandt, § 346 Rn 13; *Kaiser*, JZ 2001, 1057, 1063; *Schneider*, ZGS 2007, 57 f.

möglichkeit kann er aber in Bezug auf eine fahrlässig herbeigeführte Beeinträchtigung des Rückgewährgegenstands einem Schadensersatzbegehren des Rückgewährgläubigers gem. §§ 346 IV, 280 ff. BGB ausgesetzt sein.

Für die **dritte Phase** besteht weitgehend Einigkeit darüber, dass dem Rückgewährschuldner ein Haftungsprivileg nicht mehr zugutekommt.

d. Herausgabe der verbleibenden Bereicherung, § 346 III S. 2 BGB

Entfällt für den Rückgewährschuldner die Wertersatzpflicht nach § 346 III S. 1 Nr. 1 bis **521** 3 BGB, muss er gleichwohl eine verbleibende Bereicherung herausgeben, § 346 III S. 2 BGB. Herauszugeben ist, was sich im Vermögen des Bereicherten konkret manifestiert und dadurch eine Verbesserung seiner Vermögenslage bewirkt hat.[528] Diese Regelung beruht auf dem Ziel der §§ 346 ff. BGB, den Zustand wiederherzustellen, der vor dem Vertrag bestand. So muss der Schuldner bspw. die beschädigte Sache dem Gläubiger herausgeben, auch wenn er wegen § 346 III S. 1 Nr. 3 BGB keinen Wertersatz leisten muss. Dabei stellt § 346 III S. 2 BGB eine *Rechtsfolgenverweisung* auf §§ 812 ff. BGB dar, sodass die Pflicht zur Herausgabe einer etwaigen Bereicherung bereits beim Eingreifen eines Ausschlusstatbestands der Wertersatzpflicht besteht, ohne dass die Voraussetzungen des Bereicherungsrechts vorliegen müssen.[529] Der Rückgewährschuldner hat also alle Vorteile, die nicht von der Herausgabepflicht des § 346 I BGB umfasst sind, nach §§ 346 III S. 2, 812 ff. BGB herauszugeben.

Beispiel: Maler M hat von V zehn Eimer Farbe erworben. Als er die Farbe aus dem ersten Eimer auf eine Hauswand aufgetragen hat, stellt sich beim Trocknen der Farbe heraus, dass sie minderwertig ist. M tritt wirksam vom Kaufvertrag zurück.

M kann gem. § 346 I BGB den Kaufpreis heraus verlangen. Auch muss er die noch verbleibenden 9 Eimer Farbe an V zurückgewähren, § 346 I BGB. Wegen der Verarbeitung der Farbe aus dem einen Eimer müsste er darüber hinaus eigentlich Wertersatz gem. § 346 II S. 1 Nr. 2 BGB leisten. Diese Pflicht entfällt aber gem. § 346 III S. 1 Nr. 1 BGB.

Allerdings ist M zur Herausgabe einer etwaigen Bereicherung gem. § 346 III S. 2 BGB verpflichtet. Dies setzt aber (anders als bei einer Wertersatzpflicht) voraus, dass er auch tatsächlich bereichert ist. Angenommen, die Farbe erfüllt trotz der Mangelhaftigkeit ihren Zweck, liegt eine Bereicherung vor. Die Höhe bemisst sich – anders als bei einem Wertersatz – nicht nach dem Kaufpreis für einen Eimer Farbe, sondern ausschließlich nach dem objektiven Wert (§ 818 II BGB), der hier wohl geringer ist als der tatsächliche Kaufpreis.

Der Rückgewährschuldner kann sich wegen der Verweisung des § 346 III S. 2 BGB auch gem. § 818 III BGB auf **Entreicherung** berufen. Dies kann insb. für die Aufwendungen, die der Rückgewährschuldner in ursächlichem Zusammenhang mit der Leistung des Rückgewährgläubigers getätigt hat, von Bedeutung sein.[530] Ein Berufen auf den Wegfall der Bereicherung ist ihm jedoch verwehrt, wenn §§ 818 IV, 819 I BGB eingreifen. Der Rückgewährschuldner kann sich nämlich nur so lange auf Entreicherung berufen, wie er noch keine Kenntnis vom Rücktrittsgrund hatte. Soweit er vom Rücktrittsgrund jedoch wusste und seine Pflicht zum Wertersatz ausgeschlossen ist, ist es ihm wegen § 819 I BGB verwehrt, sich auf Entreicherung zu berufen.[531] Er haftet dann vielmehr nach den allgemeinen Vorschriften, §§ 818 IV, 819 BGB.

Ist aber gem. § 346 III S. 2 BGB eine verbleibende Bereicherung herauszugeben, ist zu beachten, dass nur das herauszugeben ist, was sich im Vermögen des Bereicherten konkret manifestiert und dadurch eine Verbesserung seiner Vermögenslage bewirkt hat

---

[528] BGH NJW 2015, 1748 f.
[529] BT-Drs. 14/6040, S. 196.
[530] BGH WM 1970, 1421, 1422; *Gaier*, in: MüKo, § 346 Rn 60.
[531] *Gaier*, in: MüKo, § 346 Rn 60; *Grothe*, in: Bamberger/Roth, § 346 Rn 34.

(s.o.). So geht der Gläubiger etwa leer aus, wenn der Schuldner für den untergegangenen Gegenstand weder eine Zahlung von der Versicherung erhalten noch diese ihre Eintrittspflicht (aufgrund von noch nicht abgeschlossener Prüfung) anerkannt hat. Der BGH hat entschieden, dass ein solcher, derzeit nicht abtretbarer Anspruch des Schuldners auf Zahlung einer Versicherungsleistung keine herausgabefähige Bereicherung i.S.d. § 346 III S. 2 BGB darstelle. Gleichzeitig hat der BGH entschieden, dass der Rückgewährgläubiger auf etwaige Ansprüche, die ihm gegen den Schuldner erst in Zukunft dadurch erwachsen könnten, dass die Versicherung des Schuldners den Anspruch auf die Versicherungsleistung feststellt oder den festgestellten Betrag auszahlt, kein Zurückbehaltungsrecht nach §§ 348, 320 BGB ausüben dürfe.[532]

Beispiel[533]**:** K hatte von V einen Neuwagen erworben. Wegen verschiedener Mängel, die V nicht vollständig beseitigte, trat K vom Vertrag zurück und verlangte von V, ihm Zug um Zug gegen Rückgabe des Fahrzeugs den Kaufpreis (abzüglich einer Nutzungsentschädigung) zurückzuzahlen. V weigerte sich. In der Nacht darauf brannte das Fahrzeug, das sich noch bei K befand, aus unbekannter Ursache weitgehend aus. K hatte für das Fahrzeug eine Kaskoversicherung abgeschlossen, aus der er allerdings bisher keine Leistungen erhalten hat. Er hat die Abtretung seiner Ansprüche aus der Versicherung an V erklärt. Nach den Allgemeinen Versicherungsbedingungen ist eine Abtretung ohne ausdrückliche Genehmigung durch den Versicherer jedoch nicht möglich. Der Versicherer hat diese Genehmigung ausdrücklich verweigert.

Der BGH hat entschieden, dass V den Kaufpreis aufgrund des wirksamen Rücktritts zurückzuzahlen habe. Ein Zurückbehaltungsrecht nach §§ 348, 320 BGB stehe V nicht zu. V könne sich nicht darauf berufen, dass der Versicherungsanspruch bisher an ihn nicht wirksam abgetreten worden sei. Denn K habe derzeit nichts erlangt, was er herausgeben könnte. Erlangt i.S.d. § 346 III S. 2 BGB sei etwas erst dann, wenn es sich im Vermögen des Bereicherten konkret manifestiert habe und dadurch eine Verbesserung seiner Vermögenslage eingetreten sei. Dies sei vorliegend nicht der Fall, weil K weder eine Zahlung von der Versicherung erhalten noch diese ihre Eintrittspflicht anerkannt habe. Ein etwaiger, noch im Prüfungsstadium befindlicher und wegen der verweigerten Genehmigung der Kaskoversicherung derzeit nicht abtretbarer Anspruch des K auf Zahlung einer Versicherungsleistung stelle keine herausgabefähige Bereicherung i.S.d. § 346 III S. 2 BGB dar. Auf etwaige Ansprüche, die V gegen K erst in Zukunft dadurch erwachsen könnten, dass die Versicherung des K den Anspruch auf die Versicherungsleistung feststelle oder den festgestellten Betrag auszahle, könne ein Zurückbehaltungsrecht nach §§ 348, 320 BGB von vornherein nicht gestützt werden.

4. Schadensersatz, § 346 IV BGB i.V.m. §§ 280 ff. BGB

522 Der Wertersatzanspruch aus § 346 II BGB ist *kein* Schadensersatzanspruch. Der Schuldner hat nur einen Ausgleich für den geminderten oder verloren gegangenen Substanzwert zu leisten, nicht aber sonstige Folgeschäden wie etwa Nutzungsausfall oder entgangenen Gewinn zu ersetzen. Nach § 346 IV BGB kann dem Rückgewährgläubiger aber ein Anspruch auf Schadensersatz zustehen. Dies ist der Fall, wenn der Rückgewährschuldner seine Pflicht zur Rückgewähr und Herausgabe aus § 346 I BGB verletzt hat. Der Gläubiger kann dann dem Schuldner eine Frist zur Rückgewähr setzen und nach deren fruchtlosem Ablauf Schadensersatz statt der Leistung nach §§ 346 IV, 280 I, III, 281 I S. 1 BGB fordern. Auch kann dem Gläubiger ein Anspruch auf Schadensersatz statt der Leistung nach §§ 346 IV, 280 I, III, 283 BGB zustehen, wenn der Rückgewährschuldner die Unmöglichkeit der Rückgewähr *nach* erklärtem Rücktritt herbeigeführt hat.

---

[532] BGH NJW 2015, 1748 f.

[533] Nach BGH NJW 2015, 1748 f. (mit Bespr. v. *Riehm*, JuS 2016, 351).

Hinweis für die Fallbearbeitung: Beim Schadensersatzanspruch aus §§ 346 IV, 280 ff. BGB ist umstritten, ab **welchem Zeitpunkt** eine solche Ersatzpflicht entstehen kann. 523

Einigkeit besteht noch darüber, dass ein Schadensersatzanspruch in der **ersten Phase** – also bis zur Kenntnis/fahrlässigen Unkenntnis vom Rücktrittsgrund – nicht in Betracht kommt.[534] Für diesen Zeitraum treffen allein die Vorschriften des § 346 II und III BGB Regelungen darüber, was bei einer Verschlechterung etc. des Gegenstands gilt.

Ebenfalls Einigkeit besteht darüber, dass §§ 346 IV, 280 ff. BGB in der **dritten Phase** – also nach Ausübung des Rücktritts – Anwendung finden. Dies folgt daraus, dass mit Ausübung des Rücktritts die Pflicht zur Rückgewähr aus § 346 I BGB verletzt werden kann und die Schadensersatzhaftung in § 346 IV BGB an diese Pflichtverletzung anknüpft.

Problematisch ist aber, ob die Schadensersatzpflicht auch in der **zweiten Phase** – zwischen Kenntnis des Rücktrittsgrunds (bzw. fahrlässiger Unkenntnis) und Ausübung des Rücktritts – entstehen kann.

- Nach einer Ansicht sind §§ 346 IV, 280 ff. BGB erst ab der Rücktrittserklärung anzuwenden.[535] Dies resultiere aus dem klaren Wortlaut des § 346 IV BGB, der eine Pflicht aus § 346 I BGB verlange. Wie bei allen Gestaltungsrechten träten die Rechtsfolgen erst mit der Ausübung des Rechts ein, sodass vorher noch gar keine Pflicht aus § 346 I BGB bestehe, die verletzt werden könne. Durch den Verzicht des Gesetzgebers auf die „Fiktion eines Eigentümer-Besitzer-Verhältnisses", hätte er sich gegen eine vor Ausübung des Rücktritts bestehende Rechtspflicht zur sorgsamen Behandlung des Rückgewährgegenstands entschieden. Darüber hinaus würde sich ein solches Ergebnis aus der Systematik des neuen Schuldrechts ergeben: Trete bereits *vor* der Rücktrittserklärung eine Beschädigung auf, passe dieser Fall nicht unter die Regelungen der §§ 280 ff. BGB, sondern ähnelt eher der in § 311a II BGB beschriebenen Situation. Denn dort werden die Rechtsfolgen bei einem Leistungshindernis beschrieben, welches *vor* der Entstehung des Schuldverhältnisses bereits bestand. Somit kann die Anwendung der §§ 280 ff. BGB in der zweiten Phase nicht überzeugen. Auch ein Schadensersatz aus § 311a II BGB muss aber ausscheiden. Nicht nur weil § 346 IV BGB auf diese Vorschrift nicht verweist, sondern weil der Rückgewährschuldner durch die Rücktrittserklärung – anders als § 311a II BGB verlangt – *kein* (nicht erfüllbares) *Leistungsversprechen* abgibt, da er lediglich sein Rücktrittsrecht ausübt. Ferner sei es auch i.E. sachgerecht, dem Rücktrittsgläubiger in dieser zweiten Phase keinen Schadensersatzanspruch zu gewähren. Die Kenntnis bzw. fahrlässige Unkenntnis vom Rücktrittsgrund habe nämlich zur Folge, dass der Rückgewährschuldner i.R. des *Wertersatzanspruchs* sein Haftungsprivileg verliert. Damit sei den Interessen des Rückgewährgläubigers ausreichend Rechnung getragen.
- Nach anderer Ansicht soll in der zweiten Phase auch schon ein Schadensersatzanspruch möglich sein. In dieser Phase müsse der spätere Rückgewährschuldner mit seiner eigenen Verpflichtung zur Rückgabe des Gegenstands rechnen[536] und solle deswegen beim Vorliegen der entsprechenden Voraussetzungen auf Schadensersatz haften. Auch der Gesetzgeber scheine diese Ansicht mit der Aussage zu teilen, dass eine Rechtspflicht zur sorgsamen Behandlung mit dem Gegenstand ab Kenntnis oder fahrlässiger Unkenntnis des Rücktrittsgrunds entstehe.[537] Diese Ansicht rechtfertigt sich dadurch, dass sie dem Rückgewährschuldner bzgl. eines *Wertersatzanspruchs* innerhalb der zweiten Phase das Haftungsprivileg des § 346 III S. 1 Nr. 3 BGB zuspricht. Beschädigt der Rückgewährschuldner den Gegenstand nach

[534] Vgl. *Gaier*, WM 2002, 1, 12; *Lorenz*, JZ 2001, 742, 743.
[535] *Lorenz/Riehm*, Rn 434; *Kaiser*, JZ 2001, 1057, 1063.
[536] *Schwab*, JuS 2002, 630, 636; *Gaier*, WM 2002, 1, 12; *Dauner-Lieb/Arnold/Dötsch/Kitz*, 2002, S. 251.
[537] BT-Drs. 14/6040, S. 195. Dabei hat sich der Gesetzgeber nicht klar ausgedrückt, weil er lediglich erwähnte, dass die Pflicht spätestens einsetze, wenn der Rücktritt erklärt werde.

Kenntniserlangung leicht fahrlässig, ist er zwar von seiner Wertersatzpflicht befreit, muss aber auf Schadensersatz haften und zwar *ohne* das Haftungsprivileg. Für diese Ansicht spricht, dass sie die Gefahr des zufälligen Untergangs beim Eingreifen des Privilegs aus § 346 III S. 1 Nr. 3 BGB beim Rückgewährgläubiger belässt, indem das Haftungsprivileg trotz Kenntnis des Rückgewährschuldners von der Rücktrittsmöglichkeit bestehen bleibt und er nur *verschuldensabhängig* auf *Schadensersatz* haftet. Dies ist deswegen gerecht, da der Rückgewährgläubiger beim gesetzlichen Rücktrittsrecht den Grund für den Rücktritt gesetzt hat. Die Pflichtverletzung i.S.d. § 280 I S. 1 BGB kann in dem Ausbleiben der geschuldeten unversehrten Rückgewähr gesehen werden. Dafür ist es unerheblich, wann – also auch vor Ausübung des Rücktritts – der Umstand eintrat, der zu dieser Pflichtverletzung führt. Für das Vertretenmüssen wird beim vertraglichen Rücktritt an vorgreifliche Rücksichtnahmepflichten angeknüpft. Beim gesetzlichen Rücktritt hat der Rückgewährschuldner ab Kenntnis bzw. Kennenmüssen jede schuldhafte Beeinträchtigung des Rückgewährgegenstands zu vertreten.

Beispiel: K erwirbt von V käuflich ein Fahrrad. Einen Tag später stellt K fest, dass das Fahrrad einen Schaden im Tretlager aufweist. Er verlangt von V ein neues Rad, der aber jedwede Pflicht seinerseits zurückweist und sagt, dass K auf eine Nacherfüllung ewig warten könne. K erklärt daraufhin wutentbrannt den Rücktritt.

Zunächst hat K einen Anspruch auf Rückgewähr des Kaufpreises (der Rücktritt war wirksam, insb. war eine Fristsetzung wegen der Erfüllungsverweigerung des V gem. § 323 II Nr. 1 BGB entbehrlich). V dagegen hat einen Anspruch auf Rückübereignung und Rückgabe des Fahrrads.

Wenn sich K den Kaufpreis auszahlen lässt und das Fahrrad danach aus lauter Wut nicht mehr herausgibt, kann V gem. §§ 346 IV, 280 I, III, 281 BGB nach Ablauf einer Frist (die u.U. auch entbehrlich sein kann, wenn K sich endgültig weigert) Schadensersatz statt der Leistung verlangen.

Wenn K das Fahrrad aus lauter Wut nach der Ausübung des Rücktritts zerstört hat, folgt der Anspruch des V aus §§ 346 IV, 280 I, III, 283 BGB.

5. Ersatz von Nutzungen und Verwendungen

524 Wird ein Vertragsverhältnis rückabgewickelt, muss sowohl die Herausgabe der empfangenen Leistungen als auch die Frage geregelt werden, inwieweit der Rückgewährschuldner Nutzungen herauszugeben hat und einen Verwendungsersatz verlangen kann.

a. Nutzungen

525 Nach § 346 I BGB ist der Rückgewährschuldner verpflichtet, auch gezogene Nutzungen herauszugeben.[538] Von § 346 I BGB wird nur erfasst, was noch in natura herausgegeben werden kann. Demnach fallen Nutzungen wie etwa Erzeugnisse aus dem Leistungsgegenstand (§§ 100, 99 I BGB) unter diese Herausgabepflicht. Solche unmittelbaren Sachfrüchte (§ 99 I BGB) sind alle natürlichen Tier- und Bodenprodukte, aber auch die Ausbeute wie bspw. Kohle oder Kies. Genauso fallen unmittelbare Rechtsfrüchte i.S.d. § 99 II BGB (bspw. der anteilige Gewinn eines GmbH-Geschäftsanteils) und auch mittelbare Sachfrüchte (bspw. Miet- und Pachteinnahmen) unter die Herausgabepflicht nach § 346 I BGB.

Hinweis für die Fallbearbeitung: Auch bei den Nutzungen gelten die zur Herausgabe des empfangenen Leistungsgegenstands erläuterten Grundsätze. Nutzungen, die in natura herausgegeben werden können, sind also unter § 346 I BGB zu subsumieren

[538] Siehe (insoweit klarstellend) auch BGH NJW 2016, 2428, der konstatiert, dass nur tatsächlich gezogene Nutzungen über § 346 I BGB herauszugeben seien.

(z.B. gewonnener Kies etc.). Für solche Nutzungen, die nicht in natura herausgegeben werden können, ist auf die weiteren Regelungen des § 346 II und III BGB zurückzugreifen.

Sind Nutzungen nicht tatsächlich gezogen worden oder können sie ihrer Natur nach nicht herausgegeben werden, ist – statt der Herausgabe nach § 346 I BGB – ein **Wertersatz** nach § 346 II S. 1 Nr. 1 BGB zu leisten. Unter diese Regelung fallen v.a. die Gebrauchsvorteile (teilweise str.[539]), die die Benutzung einer Sache mit sich bringt und die sich mit ihrem Genuss verflüchtigen und daher nicht mehr herausgegeben werden können.

Hinweis für die Fallbearbeitung: Hat der Rückgewährschuldner z.B. einen Elektroherd gekauft und diesen aufgrund eines Mangels nach einem Rücktritt zurückgegeben (§ 346 I BGB), so hat er dem Verkäufer zusätzlich gem. § 346 II S. 1 Nr. 1 BGB die gezogenen Nutzungen (Gebrauchsvorteile, § 100 BGB) zu zahlen. Zu beachten ist aber, dass dies nicht bei einem Verbrauchsgüterkauf (§ 474 I BGB) gilt. Denn die Annahme einer Nutzungsersatzpflicht bei einem mangelbedingten Rücktritt im Verbrauchsgüterkaufrecht würde Art. 3 der Verbrauchsgüterkaufrichtlinie (RL 1999/44/EG) widersprechen. § 346 II S. 1 Nr. 1 BGB ist daher in diesen Fällen richtlinienkonform einzuschränken und ein Nutzungsersatzanspruch des Verkäufers abzulehnen.[540]

Dabei ist zu beachten, dass § 346 II S. 1 Nr. 1 BGB Wertersatz nur für solche Nutzungen gewährt, die der Empfänger ***tatsächlich gezogen*** hat. Dies bedeutet, dass der Rückgewährschuldner den empfangenen Gegenstand nach § 346 I BGB zurückgeben muss ***und*** den Wert der Eigennutzung in Geld zu ersetzen hat, § 346 II S. 1 Nr. 1 BGB, sofern die tatsächlich gezogenen Nutzungen nicht in natura herausgegeben werden können. Diesen Wert bemisst der BGH bei Kaufverträgen nicht nach dem objektiven Mietwert, sondern nach der *zeitanteiligen linearen Wertminderung* im Verhältnis zur *voraussichtlichen Gebrauchsdauer*.[541] Bei Gegenständen hingegen, die durch Zeitablauf nicht an Wert verlieren, bspw. Grundstücke oder Antiquitäten, wird zur Bemessung des Wertes ein pauschalierter Miet- oder Pachtzins zugrunde gelegt.[542]

Beispiel: V verkauft K ein Auto. Nach 2 Monaten tritt K wirksam vom Kaufvertrag zurück. Nunmehr haben die Parteien die empfangenen Leistungen zurückzugewähren und K muss darüber hinaus einen Wertersatz für die Benutzung des Kfz gem. § 346 II S. 1 Nr. 1 BGB leisten. Hatte der Wagen bei der Überlassung einen Wert von 12.000,- € und konnte er voraussichtlich noch 10 Jahre (= 120 Monate) gefahren werden, beträgt der monatliche Nutzungswert 12.000,- €: 120 = 100,- €.

Die Regelungen des § 346 II BGB scheinen darauf hinzuweisen, dass eine Wertersatzpflicht *nur* nach § 346 II S. 1 *Nr. 1* BGB begründet werden kann, da nur dort eine Wertersatzpflicht angeordnet wird, wenn die Herausgabe (der Nutzungen) nicht möglich ist. Die übrigen Varianten des § 346 II BGB erwähnen dagegen nur den zurückzugewährenden Gegenstand. Allerdings ist davon auszugehen, dass eine Wertersatzpflicht auch nach diesen Vorschriften verlangt werden kann, wenn ihre jeweiligen Voraussetzungen vorliegen. Das wird insb. bei Früchten (§§ 99, 100 BGB) relevant.

Beispiel: V verkauft K ein Grundstück. K baut auf dem Grundstück Kies ab und verkauft ihn an einen Dritten. Wenn eine der Parteien nunmehr wirksam vom Vertrag zurücktritt, müssen sie zunächst die empfangenen Gegenstände zurückgewähren. Fraglich ist, ob K

539 Der BGH (NJW 2009, 427, 428) wendet hier § 346 II S. 1 Nr. 1 BGB an. In der Literatur wird hingegen auch vertreten, dass der Wert der Gebrauchsvorteile gem. § 346 I BGB herauszugeben sei, sofern der Gebrauch der Sache nicht Gegenstand einer Hauptleistungspflicht war (vgl. *Gaier*, WM 2002, 1, 5).

540 BGH NJW 2009, 427 ff.; vgl. auch *Faust*, JuS 2009, 274 f.

541 BGH NJW 1996, 250, 252; BGHZ 115, 47, 54 ff.

542 *Gaier*, WM 2002, 1, 6; *Kaiser*, JZ 2001, 1057, 1066.

die gezogenen Nutzungen herauszugeben hat. Da er den Kies nicht mehr hat, trifft ihn keine Herausgabepflicht aus § 346 I BGB. Allerdings muss er Wertersatz nach § 346 II S. 1 Nr. 2 BGB leisten, weil er den Kies veräußert hat. Zwar spricht § 346 II S. 1 Nr. 2 BGB nur von einem Wertersatz wegen einer Veräußerung des empfangenen Gegenstands, die Vorschrift ist aber aus Wertungsgesichtspunkten auch auf Nutzungen anwendbar.

Hinweis für die Fallbearbeitung: Zu beachten ist, dass bei einem Wertersatzanspruch wegen nicht herauszugebender Nutzungen auch die Ausschlussgründe des § 346 III S. 1 BGB anwendbar sind. Insoweit wird auf die obigen Ausführungen verwiesen.

526 Zieht der Schuldner **entgegen den Regeln** einer **ordnungsgemäßen Wirtschaft keine Nutzungen**, hat er nach § 347 I S. 1 BGB dem Gläubiger Wertersatz zu leisten. Damit stellt das Gesetz klar, dass die Vertragsparteien einander nicht lediglich die sorgfältige Verwahrung der Sache schulden, sondern die Sache nach den Regeln einer ordnungsgemäßen Wirtschaft nutzen müssen. Die *Pflicht* zur Nutzung bedeutet auch das *Recht* zur Nutzung. Der Schuldner muss dabei nur die Nutzungen herausgeben, die er selbst hätte ziehen können. Es kommt also nicht darauf an, welche Nutzungen der Gegner gezogen hätte.

Beispiel: V hat K seinen Obsthof veräußert. An dem zum Hof gehörenden Fachwerkhaus befindet sich jedoch ein erheblicher Mangel, den V nicht zu beheben bereit ist. Nach Ausübung des Rücktritts wird der Hof wieder auf V übertragen und K erhält seinen Kaufpreis zurück. In der Zeit, als der Obsthof im Eigentum des K stand, waren alle Apfelbäume voll mit Äpfeln. Anstatt diese zu ernten, ließ K sie hängen, bis sie herunterfielen und verfaulten.

In einem solchen Fall steht V ein Wertersatzanspruch in Höhe des Wertes der Apfelernte zu, § 347 I S. 1 BGB. Anders wäre es, wenn K in der Erntezeit mit einem gebrochenen Bein im Krankenhaus gelegen hätte und alle erntefähigen Hilfskräfte in der Umgebung bereits anderweitig beschäftigt gewesen wären. Dann war es K nicht möglich, die Äpfel zu ernten und es entfällt seine Pflicht zum Wertersatz nach § 347 I S. 1 BGB.

Auch bei der Wertersatzpflicht wegen nicht gezogener Nutzungen wird der **gesetzlich** zum Rücktritt Berechtigte **privilegiert**. So hat der Rückgewährschuldner nach § 347 I S. 2 BGB nur dann die nicht gezogenen Nutzungen zu ersetzen, wenn das unterlassene Ziehen der Nutzungen einen Verstoß gegen seine eigenübliche Sorgfalt, § 277 BGB, darstellt. Dieses Privileg trifft nur den Rücktritts*berechtigten*, nicht aber den Rücktritts*gegner*. Die Beschränkung der Haftung auf die eigenübliche Sorgfalt rechtfertigt sich daraus, dass der Empfänger sein Rücktrittsrecht nicht kennt. Sobald er es kennt, kann er nicht mehr darauf vertrauen, die Sache endgültig behalten zu dürfen; die Haftung für schuldhaft nicht gezogene Nutzungen besteht dann in vollem Umfang, § 347 I S. 1 BGB.

Im obigen **Beispiel** müsste K also keinen Wertersatz für die nicht geernteten Äpfel leisten, wenn er sich den Hof für seinen Ruhestand angeschafft hatte und selbst nie vorhatte, mit den Äpfeln Geld zu verdienen (§§ 347 I S. 2, 277 BGB). Ab der Kenntnis des Rücktrittsgrunds gilt dieses Privileg wiederum nicht.

b. Verwendungen

527 Ob dem Schuldner Verwendungen zu ersetzen sind, ist in § 347 II S. 1 BGB geregelt. Danach sind dem Rückgewährschuldner, sofern er den empfangenen Gegenstand zurückgewährt, Wertersatz leistet oder seine Wertersatzpflicht gem. § 346 III S. 1 Nr. 1 oder 2 BGB ausgeschlossen ist, die ***notwendigen*** Verwendungen zu ersetzen. Für den Gläubiger entsteht hingegen keine Ersatzpflicht für die Verwendungen, wenn der Rückgewährschuldner die Sache nicht herausgeben kann und aufgrund des Privilegs des

§ 346 III S. 1 Nr. 3 BGB keinen Wertersatz schuldet. Es wäre unbillig, den Rücktrittsgegner mit notwendigen Verwendungen zu belasten, obwohl er aus Gründen außerhalb seines Risikobereichs weder die Sache zurückerhält noch ihren Wert ersetzt bekommt.

Verwendungen sind freiwillige Vermögensaufwendungen, die der Sache unmittelbar zugutekommen, indem sie ihrer Wiederherstellung, Erhaltung oder Verbesserung dienen. **Notwendig** sind die Verwendungen, wenn sie zum Erhalt oder ordnungsgemäßen Bewirtschaftung der Sache nach einem objektiven Maßstab zur Zeit der Vornahme erforderlich sind.[543] 528

Dabei erstreckt sich der Anspruch aus § 347 II S. 1 BGB auch auf gewöhnliche Erhaltungskosten.[544] § 347 II S. 1 BGB stellt eine eigene Anspruchsgrundlage für den Ersatz von notwendigen Verwendungen dar.

Beispiele: Reparaturkosten; Fütterungs- oder Düngungskosten

Unter den Verwendungsbegriff fallen auch solche Verwendungen, welche die Sache grundlegend verändern. Dies ergibt sich aus § 347 II BGB i.V.m. § 346 II S. 1 Nr. 2 und III S. 1 Nr. 1 BGB. Leistet der Rückgewährschuldner nämlich bei einer Umgestaltung (= grundlegenden Veränderung) Wertersatz oder ist die Wertersatzpflicht gem. § 346 III S. 1 Nr. 1 BGB ausgeschlossen, hat er gem. § 347 II BGB Anspruch auf Ersatz der getätigten (notwendigen) Verwendungen. Damit muss im Rücktrittsrecht nicht der im EBV bestehende Streit[545] über den engen bzw. den weiten Verwendungsbegriff geführt werden. Durch § 347 II S. 1 BGB wird der Empfänger vielmehr so gestellt wie ein *unberechtigter*, aber **gutgläubiger und unverklagter Besitzer** (§ 994 I BGB). Damit vollzieht das Gesetz einen wichtigen Wandel in der Interessenbewertung.[546] § 347 II BGB ist als **abschließende Sonderregelung** zu verstehen (BT-Drs. 14/6040, S. 197). Keinesfalls darf (in einer Klausur) über § 292 BGB zu §§ 994, 996 BGB gelangt werden!

Andere Aufwendungen sind nach § 347 II S. 2 BGB nur zu ersetzen, wenn der Gläubiger durch diese bereichert wird. Soweit also der Schuldner andere als notwendige Verwendungen – wie nützliche Verwendungen oder Luxusaufwendungen – getätigt hat, muss der Gläubiger nur Wertersatz leisten, wenn diese für ihn eine Bereicherung darstellen, § 818 BGB. Dabei beschränkt sich die Ersatzpflicht auf die Bereicherung, wird aber zugleich durch die tatsächliche Höhe der Aufwendungen begrenzt. Für die Frage der Bereicherung ist nach h.M.[547] auf die subjektive Sicht des Gläubigers abzustellen. 529

Beispiel: V hat K seinen Wagen verkauft und übereignet. K tauscht die Serienfelgen gegen teure Sportfelgen; die Serienfelgen veräußert er. Danach tritt er (wegen eines Sachmangels) vom Vertrag zurück. Neben der Erstattung des Kaufpreises begeht er Verwendungsersatz wegen der Felgen. ⇨ Die Sportfelgen stellen keine notwendige Verwendung dar, sondern lediglich eine Aufwendung i.S.d. § 347 II S. 2 BGB. Diese ist nur zu ersetzen, wenn V noch bereichert ist. Soweit V sich also über die Sportfelgen freut und sie montiert lassen möchte, muss er K Wertersatz nach § 347 II S. 2 BGB leisten. Findet er die Felgen hingegen nicht schön oder nicht nützlich bzw. wünscht sich schlicht Originalfelgen an dem Wagen, muss er K keinen Wertersatz leisten.

---

[543] BGHZ 131, 220 ff.; BGH NJW 1996, 921, 922.
[544] *Arnold*, Jura 2002, 154, 159.
[545] Vgl. dazu *R. Schmidt*, SchuldR BT II, Rn 133 ff.
[546] So auch *Schwab*, JuS 2002, 630, 637.
[547] Vgl. nur BGHZ 75, 288, 295; *Lorenz/Riehm*, Rn 437.

IV. Unwirksamkeit des Rücktritts

530 In bestimmten Ausnahmefällen ist der Rücktritt unwirksam. Zunächst ist dies der Fall, wenn für den Schuldner gem. § 352 BGB die Möglichkeit besteht, sich von einer nicht erfüllten Verbindlichkeit durch eine **Aufrechnung**, §§ 387 ff. BGB, zu befreien, und er unverzüglich nach dem Rücktritt die Aufrechnung erklärt. Voraussetzung ist, dass die Aufrechnungslage schon im Zeitpunkt des Rücktritts bestanden hat und der Schuldner **unverzüglich** (ohne schuldhaftes Zögern, § 121 I BGB), die Aufrechnung erklärt.

Beispiel: V hat K ein Auto für 1.000,- € verkauft. Da K nach einer abgelaufenen Frist immer noch nicht gezahlt hat, tritt V vom Vertrag zurück. Unmittelbar danach will K die Kaufpreisforderung durch eine Aufrechnung zum Erlöschen bringen und zwar mit einer Forderung, die er schon seit langer Zeit gegen V hatte.

Hier wird der von V ausgeübte Rücktritt nach § 352 BGB durch die Aufrechnung nachträglich unwirksam.

D. Schadensersatz, §§ 280 ff., 311a II BGB

I. Überblick

Die Zivilrechtsordnung kennt eine Vielzahl von Schadensersatzansprüchen. Diese können ihren Rechtsgrund in Vertragsverletzungen, aber auch in gesetzlichen Bestimmungen finden. Solche gesetzlichen Bestimmungen stellen insbesondere §§ 823 ff. BGB (Recht der unerlaubten Handlungen) dar. Geht es um Vertragsverletzungen, ist in erster Linie das Schadensersatzrecht des allgemeinen Schuldrechts einschlägig. Dieses ist in den §§ 280 ff., 311a II BGB geregelt. Während §§ 249 ff. BGB lediglich die Art und Weise bzw. den Umfang des Ersatzes regeln, stellen §§ 280 ff., 311a II BGB eigene Anspruchsgrundlagen dar, deren Rechtsfolgen auf Schadensersatz gerichtet sind. Zu beachten ist, dass bei einem gegenseitigen Vertrag der Anspruch auf Schadenersatz nicht etwa dadurch ausgeschlossen ist, dass der Gläubiger zuvor den Rücktritt erklärt hat. § 325 BGB stellt dies klar. 531

Die **zentrale Anspruchsnorm** stellt **§ 280 I BGB** dar. Danach hat der Schuldner Schadensersatz zu leisten, wenn er eine aus einem Schuldverhältnis resultierende Pflicht schuldhaft verletzt. Mit „Schuldverhältnis" sind dabei nicht nur Verträge gemeint, sondern auch gesetzliche Schuldverhältnisse und quasivertragliche Beziehungen, die in § 311 II und III BGB näher beschrieben werden. So kann bspw. auch schon bei einer Vertragsverhandlung ein Schadensersatzanspruch des Gläubigers entstehen, wenn sich der Schuldner in diesem Stadium schuldhaft pflichtwidrig verhält und dies zu einem kausalen Schaden führt, §§ 280 I, 311 II Nr. 1 BGB. Allerdings gewährt § 280 I BGB nicht abschließend alle Arten von Schadensersatz. Für **Verzögerungsschäden** ist bspw. in § 280 II BGB angeordnet, dass diese nur unter den *weiteren* Voraussetzungen des § 286 BGB verlangt werden können. Die Anspruchsgrundlage für solche Schäden stellen dann §§ 280 I, II, 286 BGB dar. Ebenso ist für den **Schadensersatz statt der Leistung** nicht allein § 280 I BGB heranzuziehen, weil in § 280 III BGB angeordnet wird, dass der Gläubiger nur unter den zusätzlichen Voraussetzungen des § 281, § 282 oder § 283 Schadensersatz verlangen kann. „Schadensersatz statt der Leistung" meint, dass der Schadensersatzanspruch auf das sog. positive Interesse gerichtet ist, d.h. dass der Gläubiger zwar keine Leistungserbringung mehr fordern kann, aber (wirtschaftlich) so zu stellen ist, als hätte der Schuldner die ihm obliegende Leistung ordnungsgemäß erbracht.[548] Im Gegensatz dazu stellen der „bloße" Schadensersatz aus § 280 I und auch der Verzögerungsschaden aus §§ 280 I, II, 286 BGB jeweils einen **Schadensersatz neben der Leistung** dar. Denn aus diesen Vorschriften kann ein Ersatz für Schäden verlangt werden, die *nicht* aus dem endgültigen Verzicht auf die Leistung bzw. auf deren Ausschluss resultieren. 532

Beispiele:

(1) Maler M führt am Haus des B Malerarbeiten aus. Dabei beschädigt er die Einrichtung des Hauses. ⇨ Zwar hat M die Malerarbeiten ordentlich erbracht, aber es ist ein Schaden neben der eigentlichen Leistung – nämlich durch die Eigentumsbeschädigung – entstanden. B kann daher **Schadensersatz neben der Leistung aus § 280 I BGB** geltend machen.

(2) V hat K ein Auto verkauft, welches er aber trotz Fälligkeit und Mahnung erst zwei Wochen später liefert. Zwischenzeitlich musste K einen Mietwagen nehmen. ⇨ Die Mietwagenkosten sind hier ein **Verzögerungsschaden, der aus §§ 280 I, II, 286 BGB** verlangt werden kann. Auch dabei verzichtet K aber nicht auf die ordnungsgemäße Lieferung, sodass ebenfalls ein **Schadensersatz neben der Leistung** vorliegt.

(3) V hat K ein Auto verkauft. Trotz Fälligkeit liefert V nicht, sodass K ihm eine Frist setzt, die erfolglos abläuft. Hat K nun kein Interesse mehr an dem Wagen, kann er auf das Kfz *verzichten* (d.h. unter den Voraussetzungen des § 323 BGB den Rücktritt erklä-

---

[548] Ähnlich später auch *Benicke/Hellwig*, NJW 2014, 1697, 1702; *Weiss*, NJW 2015, 3393.

ren) und gem. **§§ 280 I, III, 281 BGB Schadensersatz statt der Leistung** (etwa durch Tätigen eines Deckungskaufs) geltend machen.

533 Eine Sonderstellung nimmt im Schadensrecht **§ 311a II BGB** ein. Nach dieser Vorschrift kann **Schadensersatz statt der Leistung** verlangt werden, wenn der Gläubiger mit dem Schuldner einen Vertrag über einen Gegenstand schließt, den der Schuldner von Anfang an gar nicht erbringen kann.

Beispiel: V verkauft K seinen 2 Jahre alten Mini. Was V zum Zeitpunkt des Kaufvertragsschlusses nicht wusste, ist, dass der Wagen bereits in der Nacht zuvor gestohlen und anschließend durch Inbrandsetzung zerstört worden war, sodass er ihn niemals an K übergeben und übereignen kann. ⇨ Hier hat K unter den Voraussetzungen des § 311a II BGB einen Anspruch auf Schadensersatz statt der Leistung. Das Gleiche würde gelten, wenn der Wagen nicht erfüllungstauglich wäre, etwa weil ein von Anfang an bestehender unbehebbarer Mangel vorläge[549], was etwa bei einem Unfallwagen der Fall wäre.

Der Unterschied zu den Anspruchsnormen der §§ 280 ff. BGB liegt darin, dass bei § 311a II BGB der Anknüpfungspunkt für die Schadensersatzpflicht nicht in einer Pflichtverletzung liegt, sondern vielmehr in der **pflichtwidrigen Abgabe eines Leistungsversprechens**. Deshalb ist diese Vorschrift separat im BGB kodifiziert und zwar im Abschnitt über *Verträge*. Die Norm gilt nur für die anfängliche und nicht etwa für die nachträgliche Unmöglichkeit. Denn für diesen Fall sind wiederum §§ 280 I, III, 283 BGB einschlägig: Haftungsgrund ist bei der nachträglichen Unmöglichkeit nämlich nicht die Abgabe des Leistungsversprechens, sondern die nachträglich einsetzende Unmöglichkeit, die wiederum als Pflichtverletzung anzusehen ist.

534 Der **Aufbau** der nachfolgenden Ausführungen ist **rechtsfolgenorientiert**. Die einzelnen Vorschriften werden also nicht der Reihe nach erörtert, sondern es wird vielmehr zunächst auf den **Schadensersatz neben der Leistung** und sodann auf den **Schadensersatz statt der Leistung** eingegangen. Zuvor wird auf das Merkmal des Vertretenmüssens eingegangen, das allen an dieser Stelle erörterten Ansprüchen auf Schadensersatz immanent ist.

535

Überblick zum Schadensersatz

I. Verantwortlichkeit des Schuldners

II. Schadensersatz

1. Schadensersatz neben der Leistung
- Verletzung einer nichtleistungsbezogenen Nebenpflicht (§§ 280 I, 241 II BGB)
- Verzögerung der Leistung (§§ 280 I, II, 286 BGB)
- Leistungspflichtverletzung (§ 280 I BGB)

2. Schadensersatz statt der Leistung
- Anfängliches Leistungshindernis (§ 311a II BGB)
- Nachträgliches Leistungshindernis (§§ 280 I, III, 283 BGB)
- Schlecht- oder Nichtleistung trotz Möglichkeit (§§ 280 I, III, 281 BGB)
- Verletzung einer nichtleistungsbezogenen Nebenpflicht (§§ 280 I, III, 282 BGB)

II. Verantwortlichkeit des Schuldners

536 Während das Rücktrittsrecht des Gläubigers bei einer Leistungsstörung unabhängig vom Verschulden des Schuldners entsteht (vgl. etwa §§ 437 Nr. 2, 440, 323 BGB, wo der Rücktritt kein Vertretenmüssen des Schuldners voraussetzt), ist für einen weitergehenden *Schadensersatzanspruch* erforderlich, dass der Schuldner die Leistungsstörung auch **zu vertreten** hat (sog. **Verschuldensprinzip**). Dies folgt aus §§ 280 I S. 2, 286 IV und 311a II S. 2 BGB, wonach ein Schadensersatz *ausgeschlossen* ist, wenn der Schuld-

[549] So auch *Schwab*, JuS 2013, 453, 455. Vgl. auch BGH NJW 2014, 3365, 3366 f.

ner die Pflichtverletzung (§ 280 BGB), die Leistungsverzögerung (§ 286 BGB) oder seine Unkenntnis von einem Leistungshindernis (§ 311a BGB) *nicht* zu vertreten hat. Da dieses Merkmal bei nahezu *allen* Schadensersatzansprüchen von Relevanz ist, soll es *vor* der Erläuterung der unterschiedlichen Anspruchsgrundlagen behandelt werden. Wann ein solches Vertretenmüssen vorliegt, bestimmt sich nach **§§ 276 ff. BGB**. Dabei ist zunächst § 276 I S. 1 Hs. 1 BGB von Bedeutung, wonach der Schuldner grundsätzlich Vorsatz und Fahrlässigkeit zu vertreten hat. Daneben gibt es andere Umstände, die ein Vertretenmüssen des Schuldners begründen können. So besteht bspw. die Möglichkeit, dass er verschuldensunabhängig für eine von ihm gegebene Garantie einzustehen hat (§ 276 I S. 1 Hs. 2 BGB) oder sich das Verschulden einer Hilfsperson zurechnen lassen muss (§ 278 BGB), obwohl er sich selbst ordnungsgemäß verhalten hat.

Hinweis für die Fallbearbeitung: Es ist daher auf die Terminologie zu achten: Das Vertretenmüssen ist nicht mit dem Verschulden gleichzusetzen. Zwar hat der Schuldner regelmäßig ein Verschulden (= Vorsatz/Fahrlässigkeit) seinerseits zu vertreten, allerdings kann er auch aufgrund anderer Umstände (Garantie etc.) die Leistungsstörung zu vertreten haben, *ohne* schuldhaft gehandelt zu haben.

Die **Beweislast** hinsichtlich des Vertretenmüssens der Pflichtverletzung im Rahmen des Leistungsstörungsrechts trägt der Schuldner. *Er* muss den Nachweis erbringen, dass er die zur Leistungsstörung führende Pflichtverletzung nicht zu vertreten hat. Dies folgt aus der negativen Formulierung der §§ 280 I S. 2, 286 IV, 311a II S. 2 BGB, wonach der Schadensersatz nicht gewährt wird, wenn der Schuldner die Leistungsstörung *nicht* zu vertreten hat. Auf diese Art und Weise ordnen die Vorschriften eine **Beweislastumkehr** an und weichen damit von dem (bei Rn 160 erwähnten) Grundsatz ab, dass der *Gläubiger* alle anspruchsbegründenden Tatsachen darzulegen und zu beweisen hat.

Hinweis für die Fallbearbeitung: Zu beachten ist, dass die angesprochene Beweislastumkehr nur für die Ansprüche aus dem Leistungsstörungsrecht gilt. Wenn der Gläubiger bspw. neben einem Anspruch aus § 280 BGB auch noch einen deliktischen Anspruch aus § 823 BGB geltend macht, muss er für *diesen* Anspruch das Verschulden des Schuldners nachweisen (freilich macht die Rspr. aber auch hier teilweise Ausnahmen im Bereich der deliktischen Produzentenhaftung und der Arzthaftung).[550]
Eine Ausnahmevorschrift zur Beweislastumkehr findet sich für Arbeitsverträge in § 619a BGB. Danach muss sich der Arbeitnehmer gegenüber seinem Arbeitgeber *nicht* exkulpieren. Abweichend von § 280 I S. 2 BGB hat vielmehr der Arbeitgeber die Beweislast dafür, dass der Arbeitnehmer die Pflichtverletzung zu vertreten hat.
Ganz allgemein ist zu beachten, dass sich die Beweislastregelung in § 280 I S. 2 BGB nur auf das *Vertretenmüssen* der Pflichtverletzung bezieht. Die Beweislast für das Vorliegen eines Schadens (sowie hinsichtlich der anderen Tatsachen wie Bestehen eines Schuldverhältnisses, Pflichtverletzung) bleibt beim Gläubiger (vgl. auch Rn 160).

---

[550] Vgl. dazu *R. Schmidt*, SchuldR BT II, Rn 923 ff./710 ff.

537

Verantwortlichkeit des Schuldners, §§ 276 ff. BGB

Für das Entstehen eines Schadensersatzanspruchs ist erforderlich, dass der Schuldner eine Pflichtverletzung i.S.d. §§ 276 ff. BGB zu vertreten hat. Dabei ist zunächst § 276 I S. 1 Hs. 1 BGB von Bedeutung; ein Vertretenmüssen kann aber gem. § 276 I S. 1 Hs. 2 BGB auch auf anderen Umständen basieren oder durch die Zurechnung eines fremden Verschuldens begründet werden, § 278 BGB. Die Beweislast hinsichtlich des Vertretenmüssens der Pflichtverletzung im Leistungsstörungsrecht trägt der Schuldner (vgl. § 280 I S. 2 BGB).

I. Eigenes Verschulden, § 276 I S. 1 Hs. 1 BGB

Der Schuldner hat Vorsatz und Fahrlässigkeit zu vertreten, § 276 I S. 1 Hs. 1 BGB.

- Für ein Verschulden ist zunächst erforderlich, dass der Schuldner überhaupt **verschuldensfähig** ist, § 276 I S. 2 BGB. Grundsätzlich ist von einer Verschuldensfähigkeit auszugehen. Gemäß §§ 276 I S. 2, 827 BGB kann die Verschuldensfähigkeit bei Bewusstlosigkeit oder einem die freie Willensbestimmung ausschließenden Zustand fehlen (beachte aber § 827 S. 2 BGB). Auch fehlt eine solche bei Kindern unter sieben Jahren (§ 828 I BGB). Nach § 828 III BGB liegt bei Personen bis zur Vollendung des achtzehnten Lebensjahres eine beschränkte Verschuldensfähigkeit vor und § 828 II BGB regelt den Verschuldensmaßstab für Kinder im Straßenverkehr.
- Eine der beiden von § 276 I BGB genannten Verschuldensformen ist der **Vorsatz**, also nach der gebräuchlichen, aber ungenauen Definition das Wissen und Wollen der objektiven Tatbestandsmerkmale. Richtigerweise wird man es für das Wissenselement genügen lassen müssen, dass der Schuldner die Verwirklichung des Tatbestands für möglich hält und für das Wollenselement, dass er die Verletzung in Kauf nimmt. Die Abgrenzung von Vorsatz und Fahrlässigkeit erfolgt beim voluntativen Element: Beim Vorsatz ist der Schuldner gleichgültig („na wenn schon"), während er bei der Fahrlässigkeit auf das Ausbleiben des Erfolgs vertraut („wird schon gut gehen").
- Gemäß § 276 II BGB handelt **fahrlässig**, wer die im Verkehr erforderliche Sorgfalt außer Acht lässt. Für die Sorgfalt gilt ein objektiv abstrakter Maßstab, wobei die Zugehörigkeit des Schuldners zu einem bestimmten Verkehrskreis zu berücksichtigen ist. Anhand dieses Maßstabs ist zu beurteilen, ob der schädigende Erfolg für den Schuldner vorhersehbar und vermeidbar war. Für die grobe Fahrlässigkeit sind darüber hinaus ein besonders schwerer Pflichtverstoß und ein subjektiv besonders schwerer Vorwurf erforderlich. Bei der diligentia quam in suis (§ 277 BGB) hat der Schuldner nur für die eigenübliche Sorgfalt einzustehen. Das Haftungsprivileg des § 277 BGB ist auch bei konkurrierenden Ansprüchen anwendbar (nicht aber im Straßenverkehr).
- Die Unterscheidung der verschiedenen Verschuldensarten ist relevant, wenn ein besonderer Haftungsmaßstab durch Gesetz (z.B. §§ 1664, 300 I BGB) oder vertragliche Vereinbarung bestimmt ist.

II. Strengere/mildere Haftung, § 276 I S. 1 Hs. 2 BGB

Eine strengere Haftung kann bei der Übernahme einer Garantie vorliegen. Wofür der Schuldner verschuldensunabhängig einstehen will, ist ebenso wie bei der Übernahme eines Beschaffungsrisikos durch Auslegung zu ermitteln.

III. Haftung für fremdes Verschulden, § 278 BGB

Bedient sich der Schuldner einer Hilfsperson, muss er sich i.R. des Schuldverhältnisses das Verschulden dieser Person gem. § 278 BGB zurechnen lassen (bei deliktischen Ansprüchen ist nicht § 278 BGB, sondern § 831 BGB (Haftung für *eigenes* Verschulden!) anzuwenden).

- Dafür muss ein Schuldverhältnis (**Sonderverbindung**) aus einem Vertrag oder dem Gesetz bestehen. Zu beachten ist, dass auch schon vorvertragliche Verhältnisse (§ 311 II BGB) ein Schuldverhältnis darstellen. Ebenso kann zu dritten Personen ein Schuldverhältnis vorliegen (Vertrag mit Schutzwirkung/Sachwalter).
- **Erfüllungsgehilfe** ist, wer nach den tatsächlichen Gegebenheiten des Falls mit dem Willen des Schuldners bei der Erfüllung einer diesem obliegenden Verbindlichkeit als

seine Hilfsperson tätig wird. Das Verhältnis zwischen Schuldner und Hilfsperson ist unerheblich, wenn die Person mit dem tatsächlichen Willen des Schuldners tätig wird. Der Erfüllungsgehilfe kann mit Einverständnis des Schuldners auch weitere Hilfspersonen heranziehen, deren Verschulden dem Schuldner zugerechnet werden kann. Der **gesetzliche Vertreter** i.S.d. § 278 BGB ist, wer aufgrund einer gesetzlichen Vorschrift mit Wirkung für einen anderen handeln kann (z.B. Eltern, §§ 1626 ff. BGB).

- Die Hilfsperson muss **in Erfüllung einer Verbindlichkeit** des Schuldners gehandelt haben. Dabei ist die Verbindlichkeit (das geschuldete Gesamtverhalten) genau zu konkretisieren. Keine Erfüllungsgehilfen eines Verkäufers sind die Hersteller oder Lieferanten der Kaufsache. Zum geschuldeten Gesamtverhalten gehört auch die Wahrung der Nebenpflichten (§ 241 II BGB). Von einer Handlung in Erfüllung der Verbindlichkeit ist eine Handlung „bei Gelegenheit" der Erfüllung abzugrenzen.
- Schließlich muss die Hilfsperson **schuldhaft** gehandelt haben (bei Verschuldensfähigkeit ist auf die Hilfsperson abzustellen; beim Verschuldensmaßstab auf den Schuldner).

1. Eigenes Verschulden gem. § 276 I S. 1 Hs. 1 BGB

Der Schuldner hat gem. § 276 I S. 1 Hs. 1 BGB zunächst Vorsatz und Fahrlässigkeit zu vertreten. Dies sind die beiden vom Gesetz genannten **Verschuldensformen**. Voraussetzung für ein Verschulden ist neben einem vorsätzlichen oder fahrlässigen Verhalten, dass der Schuldner überhaupt verschuldensfähig ist. 538

Ein **Verschulden** liegt vor, wenn der Schuldner verschuldensfähig ist und vorsätzlich oder fahrlässig gehandelt hat. 539

Hinweis für die Fallbearbeitung: § 276 BGB ist **keine Anspruchsgrundlage**, sondern eine Hilfsnorm[551], die das Vertretenmüssen regelt. Auf § 276 BGB ist stets bei der Anwendung solcher Vorschriften zurückzugreifen, die ein Vertretenmüssen fordern wie z.B. §§ 280 I, 286 IV, 309 Nr. 7a und 8a, 275 II S. 2, 536a, 538 und 651f BGB.[552] Auch im Rahmen der deliktischen Verschuldenshaftung ist auf § 276 BGB zurückzugreifen, da § 823 I BGB ein schuldhaftes Verhalten verlangt. Allerdings ist dabei zu beachten, dass § 823 BGB nur von einem Verschulden (Vorsatz/Fahrlässigkeit) spricht und nicht den (weiteren) Begriff des Vertretenmüssens benutzt. Es kommen daher insoweit nur die Regelungen des § 276 I S. 1 *Hs. 1* und II BGB zur Anwendung.

a. Verschuldens(un-)fähigkeit

Grundsätzlich ist davon auszugehen, dass ein Schuldner vollständig verschuldensfähig ist. Etwas anderes gilt nur, wenn sich aus der Verweisungsnorm des **§ 276 I S. 2 BGB i.V.m. §§ 827, 828 BGB** ausnahmsweise etwas anderes ergibt, was grundsätzlich der verletzende Schuldner vorzutragen und zu beweisen hat.[553] Zwar stehen §§ 827, 828 BGB im Deliktsrecht (und nicht im allgemeinen Schuldrecht); wegen der Verweisung des § 276 I S. 2 BGB sind sie aber auch i.R. des Leistungsstörungsrechts anwendbar. Es ist wie folgt zu differenzieren: 540

aa. Keine Verschuldensfähigkeit

Eine Verschuldensfähigkeit ist zunächst in den Fällen des § 827 S. 1 BGB ausgeschlossen, also bei **Bewusstlosigkeit** oder einem **die freie Willensbestimmung ausschließenden Zustand**. Bei diesem Zustand gilt gem. § 827 S. 2 BGB aber folgende Besonderheit: Hat sich der Schuldner selbst durch Alkohol oder andere Mittel (z.B. Dro- 541

[551] Zu den verschiedenen Normarten vgl. *R. Schmidt*, BGB AT, Rn 94 ff.
[552] Vgl. auch *Grundmann*, in: MüKo, § 276 Rn 4.
[553] BGHZ 98, 135, 139; 102, 227.

gen) in den die freie Willensbestimmung ausschließenden Zustand versetzt, haftet er so, als falle ihm Fahrlässigkeit zur Last. Dieser strenge Maßstab gilt nicht, wenn er *unverschuldet* in den Zustand geraten ist.

Ferner fehlt die Verschuldensfähigkeit gem. § 828 I BGB bei **Kindern unter sieben Jahren**. Darüber hinaus gilt gem. § 828 II BGB, dass Kinder im Alter von **sieben bis neun Jahren** für solche Schäden nicht verantwortlich sind, die sie bei einem **Verkehrsunfall verursachen**. Dieses Privileg soll dem Umstand Rechnung tragen, dass Kinder in einem solchen Alter die Gefahren des motorisierten Straßen- und Schienenverkehrs oft nicht einschätzen können. Wenn ein Kind den Unfall aber ***vorsätzlich*** herbeigeführt hat, gilt die Privilegierung der sieben- bis neunjährigen Kinder wegen § 828 II S. 2 BGB nicht (z.B. wenn ein achtjähriges Kind mit Steinen auf Autos wirft).[554]

bb. Beschränkte Verschuldensfähigkeit

542 Beschränkt verschuldensfähig sind gem. § 828 III BGB alle Personen bis zur Vollendung des achtzehnten Lebensjahres, die nicht bereits unter § 828 I, II oder § 827 S. 1 BGB fallen. Die Verantwortlichkeit ist danach nur zu bejahen, wenn die jugendliche Person die zur **Erkenntnis der Verantwortlichkeit erforderliche Einsicht** hat. Eine solche Einsicht liegt vor, wenn der Jugendliche eine geistige Entwicklung besitzt, die ihn in den Stand setzt, das Unrecht seiner Handlung gegenüber den Mitmenschen und zugleich die Verpflichtung zu erkennen, für die Folgen seiner Handlung selbst einstehen zu müssen.

Wurde im *Deliktsrecht* aufgrund der §§ 827, 828 BGB eine Verletzungshandlung nicht verschuldet begangen, ordnet § 829 BGB unter bestimmten Voraussetzungen eine subsidiäre **Billigkeitshaftung** (sog. Millionärsparagraph)[555] an. Ob diese Norm auch im Rahmen des Leistungsstörungsrechts entsprechend angewendet werden kann, ist **umstritten**. *Gegen* eine Anwendung spricht, dass § 276 I S. 2 BGB nur auf §§ 827, 828 BGB verweist.[556] Im Umkehrschluss könnte man also erwägen, dass § 829 BGB nicht im Leistungsstörungsrecht Anwendung finden soll. Gleichwohl wendet die h.M. § 829 BGB analog auch im Leistungsstörungsrecht an. Zur Begründung führt sie an, dass im Vertragsrecht eine Garantiehaftung und daher auch eine Billigkeitshaftung leichter zu rechtfertigen sei. Genauer gesagt: Wenn im Deliktsrecht eine Billigkeitshaftung aus § 829 BGB abgeleitet werden könne, müsse dies erst recht im Vertragsrecht gelten, weil die Parteien dort in einem besonderen Vertrauensverhältnis stünden, wodurch ein die Billigkeitshaftung rechtfertigendes Näheverhältnis vorliege.[557] In der Sache mag dies zutreffen, freilich darf sich das Billigkeitsargument nicht darüber hinwegsetzen, dass der Gesetzgeber den Verweis auf §§ 827, 828 BGB beschränkt hat.

> **Hinweis für die Fallbearbeitung**: Auf die Verschuldensfähigkeit muss nur dann ausdrücklich eingegangen werden, wenn der Sachverhalt Anhaltspunkte für eine Verschuldens**un**fähigkeit oder beschränkte Verschuldensfähigkeit gibt.

b. Vorsatz

543 Soweit die Verschuldensfähigkeit festgestellt wurde, ist fraglich, welche *Form* des Verschuldens vorliegt. Es gibt die Möglichkeit einer vorsätzlichen oder (grob bzw. leicht) fahrlässigen Handlung. Während sich für die Fahrlässigkeit in § 276 II BGB eine Legaldefinition findet, gilt für den Vorsatz die sog. Vorsatztheorie.

---

554 Vgl. dazu BT-Drs. 14/7752, S. 27 und ausführlich *R. Schmidt*, SchuldR BT II, Rn 722 ff.
555 Vgl. ausführlich *R. Schmidt*, SchuldR BT II, Rn 725.
556 Gegen eine Anwendung *Böhmer*, NJW 1967, 865, 865; *Stadler*, in: Jauernig, § 276 Rn 12.
557 Für eine analoge Anwendung etwa *Grundmann*, in: MüKo, § 276 Rn 166; *Grüneberg*, in: Palandt, § 276 Rn 6; *Löwisch/Caspers*, in: Staudinger, § 276 Rn 115.

Vorsatz ist nach h.M. das Wissen und Wollen der objektiven Tatbestandsmerkmale.[558] 544

Das bedeutet, dass zum Vorsatz sowohl ein **Wissenselement** als auch ein **Wollenselement** gehört. Es reicht dabei regelmäßig[559] aus, dass sich der Vorsatz auf den Haftungstatbestand (im Vertragsrecht auf die Pflichtverletzung/im Deliktsrecht auf die Rechtsgutverletzung) und nicht auch auf den eingetretenen Schaden bezieht. Auch ist nicht erforderlich, dass der Schuldner den durch seine Handlung (oder sein Unterlassen) in Gang gesetzten Kausalverlauf vollständig vorhersieht. Ein Irrtum über die Einzelheiten des Kausalverlaufs schließt den Vorsatz daher nicht aus.[560] *Nötig* ist aber, dass der Verletzende die **Pflichtwidrigkeit seiner Handlung erkennt**. Damit schließt nicht nur ein Irrtum über tatsächliche Umstände, die zur Haftungsbegründung führen, sondern auch ein Irrtum über die rechtliche Würdigung eines Verhaltens den Vorsatz im Zivilrecht aus (anders als im Strafrecht).

Beispiel: Beschafft der Verkäufer V die verkaufte Ware wegen (überwindbarer) Beschaffungsschwierigkeiten nicht, handelt er nach der strafrechtlichen Schuldtheorie vorsätzlich. Glaubt er, rechtlich nicht verpflichtet zu sein, die Beschaffungsschwierigkeiten zu überwinden, wäre dies unerheblich. Nach der im Zivilrecht herrschenden **Vorsatztheorie** dagegen muss er für ein *vorsätzliches* Handeln aber neben den tatsächlichen Umständen auch wissen, dass er *rechtlich* verpflichtet ist, die Beschaffungsschwierigkeiten zu überwinden und er deswegen auch pflichtwidrig i.S.d. Gesetzes handelt. Glaubt er dagegen irrig, dass er zu einem solchen Beschaffungsaufwand nicht verpflichtet ist (und nimmt er damit irrig die Voraussetzungen des § 275 II BGB an), handelt er *nicht vorsätzlich*, sondern nur *fahrlässig*, wenn die Prüfung der Rechtslage nicht hinreichend gründlich war.

Für das **Wissenselement** ist mindestens erforderlich, dass der Verletzende die Verwirklichung des Tatbestands für möglich hält, während das **Wollenselement** vorliegt, wenn er die Verletzung (billigend) in Kauf nimmt.[561] 545

Anders als im Strafrecht ist die Unterscheidung zwischen *dolus directus* 1. Grades (Absicht), *dolus directus* 2. Grades (direkter Vorsatz) und *dolus eventualis* (bedingter Vorsatz) im Zivilrecht zwar möglich, aber nicht erforderlich. Denn wenn das BGB den Vorsatz erwähnt, knüpft es seine Rechtsfolgen nur an die Frage, *ob* ein Vorsatz und nicht, *welche* Vorsatzform vorlag.

Hinweis für die Fallbearbeitung: Allerdings kann im Gegensatz dazu die Unterscheidung von Vorsatz und Fahrlässigkeit von erheblicher Bedeutung sein. So können die Parteien bspw. einen Haftungsausschluss für Fahrlässigkeit vereinbaren (bei AGB ist § 309 Nr. 7 BGB zu beachten![562]), nicht aber für Vorsatz, vgl. § 276 III BGB.

c. Fahrlässigkeit

aa. Sorgfaltsmaßstab/Voraussetzungen

Gemäß § 276 II BGB handelt **fahrlässig**, wer die im Verkehr erforderliche Sorgfalt außer Acht lässt. 546

Mit der Formulierung „**erforderliche Sorgfalt**" hat der Gesetzgeber klargestellt, dass im Zivilrecht ein besonders strenger Sorgfaltsmaßstab gilt. Es ist nämlich nicht die individuelle oder die übliche, sondern die nach einem **objektiv-abstrakten** Maßstab zu ermittelnde

---

[558] Zwar ist diese Formel streng genommen zu eng, da sie die Existenz von dolus eventualis leugnet (der Begriff „Wollen" ist mit dem Genügenlassen von „billigend in Kauf nehmen" schwerlich vereinbar). Da sie aber allgemein gebräuchlich ist (vgl. etwa BGHZ 69, 128, 142; 118, 201, 208; BGH NJW-RR 2012, 404; *Grüneberg*, in: Palandt, § 276 Rn 10), wird sie auch vorliegend zugrunde gelegt.

[559] Nur in einigen Fällen muss sich der Vorsatz auch auf den Erfolg beziehen, wie z.B. bei § 826 BGB.

[560] Etwas anderes gilt nur, wenn eine so starke Abweichung vom Kausalverlauf vorliegt, dass der Verlauf auch nach der allgemeinen Lebenswahrscheinlichkeit nicht mehr als vorhersehbar angesehen werden kann.

[561] *Grundmann*, in MüKo, § 276 Rn 156 (für das Wissenselement) und Rn 161 (für das Wollenselement).

[562] Zum AGB-Recht vgl. *R. Schmidt*, BGB AT, Rn 1566 ff.

Sorgfalt gemeint.[563] Es wird z.B. keine Rücksicht darauf genommen, ob in bestimmten Bereichen eine Nachlässigkeit oder Unsitte eingerissen ist, die damit zwar durchaus der Normalität, aber natürlich nicht den objektiven Anforderungen entspricht.[564]

547 Die im Verkehr **erforderliche Sorgfalt** ist somit diejenige Sorgfalt, die nach dem Urteil besonnener und gewissenhafter Angehöriger des in Betracht kommenden Verkehrskreises im Zeitpunkt des zu beurteilenden Verhaltens zu beachten ist.

548 Der ***objektive* Maßstab** beruht auf dem Gedanken, dass sich jeder darauf verlassen darf, dass andere Personen die für die Erfüllung ihrer Pflichten erforderlichen Fähigkeiten und Kenntnisse besitzen. Der Schuldner kann daher den Fahrlässigkeitsvorwurf nicht ausräumen, indem er sich auf fehlende Fachkenntnisse, Verstandeskräfte, Geschicklichkeit oder Körperkraft beruft.

> **Beispiele**: *Nicht* entlasten können den Schuldner daher ein Sehfehler oder mangelnde Erfahrung beim Autofahren, krankheitsbedingte Ausfallerscheinungen, seelische Erregung eines Notars, Überbeanspruchung eines Operateurs oder die Unkenntnis von Warnzeichen oder den örtlichen Gegebenheiten.[565]

Weil der objektivierte Maßstab den Verkehr schützen soll, ist es dagegen möglich, dass **besondere Fähigkeiten** des Schuldners den Sorgfaltsmaßstab **erhöhen**. Der objektive Maßstab gilt allerdings nicht ganz uneingeschränkt. Denn wie sich aus der obigen Definition bereits ergibt, sind die genannten Anforderungen an die Person eines bestimmten ***Verkehrskreises*** zu stellen. Der individuellen Situation des Schädigers wird also jedenfalls insoweit Rechnung getragen, als beim Sorgfaltsmaßstab auf seinen Beruf, und auf seinen Ausbildungs-, Alters- oder Lebenskreis abgestellt wird.[566] Es kommt daher nicht auf einen gänzlich abstrakten, sondern auf einen *objektiven* Maßstab eines bestimmten *Verkehrskreises* an.

> **Beispiele**: So schuldet bspw. ein Kraftfahrer die Sorgfalt eines ordentlichen Kraftfahrers, während ein Fußgänger nur die geringere Sorgfalt eines Fußgängers beachten muss. Ein Arzt, der eine besonders schwierige Behandlung vornimmt, muss auch die besondere Sorgfalt eines Facharztes aufweisen, während von einem Heilpraktiker geringere medizinische Kenntnisse erwartet werden können[567]. Ein Kaufmann ist wegen § 347 I HGB zur Sorgfalt eines ordentlichen Kaufmanns gehalten, die ein Nichtkaufmann in diesem Umfang nicht zu wahren braucht. Jugendliche, sehr alte oder behinderte Menschen stellen insoweit eine privilegierte Gruppe dar, an die regelmäßig geringere Anforderungen zu stellen sind. Maßgeblich ist insoweit, was von einer Person dieser Verkehrskreise *typischerweise* erwartet werden kann, wobei ein gegenüber dem jeweiligen Gruppenstandard geringeres Leistungsvermögen nicht berücksichtigt wird.

> **Hinweis für die Fallbearbeitung**: Zur Konkretisierung der sehr generellen Definition der „erforderlichen Sorgfalt" kann auch auf andere Rechtsnormen oder Regelwerke zurückgegriffen werden. So kann bspw. derjenige sorgfaltswidrig handeln, der gegen die StVO verstößt, Unfallverhütungsvorschriften oder technische Regeln missachtet oder sich (z.B. bei der Verwendung von Baumaterialien) nicht an DIN-Normen hält.

549 Wurde der Sorgfaltsmaßstab ermittelt, ist bei der Fahrlässigkeit zu prüfen, ob der Schädiger den Erfolg herbeiführte, obwohl die Pflichtwidrigkeit seines Handelns (oder Unterlassens) und die Gefahr des Schadenseintritts **vorhersehbar** und **vermeidbar** war. Wann die **Vorhersehbarkeit** gegeben ist, hängt von den Umständen des Einzelfalls ab. Es reicht dabei aus,

---

[563] BGHZ 39, 281, 283; 106, 323; BGH NJW 2000, 2812, 2813.
[564] BGHZ 5, 318, 319; 30, 7, 15.
[565] Vgl. dazu BGH VersR 1953, 338; JZ 1968, 103; NJW 1988, 909; BGHZ 17, 69, 72.
[566] BGHZ 39, 281, 283; BGH NJW 1970, 1038.
[567] BGH NJW 2001, 1786, 1787; VersR 1991, 469, 470.

dass eine nicht ganz fernliegende Möglichkeit für den Eintritt eines pflichtwidrigen[568] schädigenden Erfolgs bestand. Somit ist nicht nötig, dass der Schuldner auch den konkreten Schadensverlauf in seinen Einzelheiten vorhersehen konnte.[569] Der maßgebliche Zeitpunkt für die Ermittlung einer Vorhersehbarkeit ist der Moment der letzten Handlungsmöglichkeit (Ex-ante-Betrachtung). Für die **Vermeidbarkeit** ist erforderlich, dass der Schuldner den Eintritt des schädigenden Erfolgs tatsächlich vermeiden konnte und musste. Auch hier ist auf den Einzelfall abzustellen. Grundsätzlich kann man vom Schuldner einen sachgerechten Umgang mit der Gefahr erwarten – also bspw. Warnhinweise oder Sicherheitsvorkehrungen, auch wenn sie mit Kosten und Zeitaufwand verbunden sind. Ein Verhalten, welches alle nur denkbaren und fernliegenden Schädigungen ausschließt, ist allerdings weder möglich noch nötig.

bb. Grobe Fahrlässigkeit (Leichtfertigkeit)

Die Fahrlässigkeit ist in § 276 II BGB definiert. Es wird darin nicht nach dem **Grad der Fahrlässigkeit**, namentlich zwischen **grober** und **leichter** Fahrlässigkeit, unterschieden, obgleich eine solche Differenzierung von erheblicher Relevanz sein kann. Denn es besteht die Möglichkeit, dass eine Person u.U. nicht für Vorsatz und *jede* Fahrlässigkeit (so aber die Regel), sondern nur für Vorsatz und *grobe* Fahrlässigkeit einzustehen hat (so die Ausnahme). Dies kann bspw. der Fall sein, wenn die Haftung des Schuldners durch eine vertragliche Vereinbarung auf grobe Fahrlässigkeit beschränkt wurde oder wenn der Gläubiger im Annahmeverzug (§§ 293 ff. BGB) ist, vgl. § 300 I BGB. **550**

Eine **grobe Fahrlässigkeit** liegt vor, wenn der Handelnde die verkehrserforderliche Sorgfalt in besonderem Maße verletzt.[570] **551**

Letztlich geht es um eine Pflichtverletzung, die das gewöhnliche Maß an Fahrlässigkeit **erheblich** überschreitet. Eine solch schwere Pflichtverletzung ist anzunehmen, wenn die erforderliche Sorgfalt in ungewöhnlich hohem Maß verletzt wurde, schon einfachste, ganz naheliegende Überlegungen nicht angestellt wurden und der Schuldner unbeachtet gelassen hat, was im konkreten Fall jedem einleuchten musste. Insoweit tritt bei der groben Fahrlässigkeit neben die **objektiven** Merkmale der normalen Fahrlässigkeit auch noch eine **subjektive** Komponente hinzu, weil gerade *dem Täter* ein besonders schwerer Vorwurf zu machen sein muss.[571] Es ist daher **in zwei Schritten zu prüfen**: Der Schuldner muss einerseits in objektiver Hinsicht die gewöhnliche Sorgfalt in besonders schwerem Maße überschritten haben und ihm muss andererseits in subjektiver Hinsicht ein besonders schwerer Vorwurf gemacht werden können.

> **Beispiele**: Eine grobe Fahrlässigkeit wurde angenommen beim Autofahren nach erheblichem Alkoholgenuss, beim Nichtbeachten eines Stoppschildes oder einer Rotlicht zeigenden Ampel, beim Abstellen eines unverschlossenen Kfz und Nichtbetätigung des Lenkradschlosses, beim Rauchen im Bett, beim scherzhaften Abfeuern einer Schusswaffe auf einen Menschen, ohne vorherige Kontrolle, ob die Waffe ungeladen ist, und bei der Überschreitung der Höchstgeschwindigkeit um 100% bei Tag, bzw. 50% bei Nacht[572]. Bei Verstößen gegen Normen, die zum Zwecke der Unfallverhütung geschaffen wurden (z.B. DIN-Normen), kann eine grobe Fahrlässigkeit nicht schlechthin bejaht werden. Vielmehr ist auch hier im Einzelfall zu prüfen, ob der Schuldner etwaige Bedenken leichtfertig oder aus Gedankenlosigkeit beiseitegeschoben hat. Nur wenn gegen elementare Verhaltenspflichten verstoßen wird (z.B. die sieben „Todsünden des § 315c StGB"), kann grds. von grober Fahrlässigkeit ausgegangen werden.

---

[568] Ein etwaiger Irrtum über die Pflichtwidrigkeit schließt die Fahrlässigkeitshaftung nur aus, wenn er unvermeidbar war und die Pflichtwidrigkeit damit als unvorhersehbar zu betrachten ist.
[569] BGHZ 57, 25, 33; 59, 39.
[570] BGH NJW 2007, 2988, 2989; NJW-RR 2011, 1055; *Grüneberg*, in: Palandt, § 277 Rn 5.
[571] BGHZ 119, 147; BGH VersR 1985, 739.
[572] OLG Köln NZV 2002, 374; OLG Duisburg VersR 1985, 827; OLG Koblenz VersR 2000, 720.

cc. Leichte Fahrlässigkeit

552 Die leichte (einfache bzw. gewöhnliche) Fahrlässigkeit, ist gegeben, wenn eine grobe Fahrlässigkeit verneint wird.

dd. Eigenübliche Sorgfalt (diligentia quam in suis)

553 In § 277 BGB ordnet das Gesetz an, dass derjenige, der nur für die Sorgfalt in eigenen Angelegenheiten (eigenübliche Sorgfalt – diligentia quam in suis) einzustehen hat, von der Haftung für *grobe* Fahrlässigkeit nicht befreit ist. In welchen Fällen sich der Verschuldensmaßstab nach **§ 277 BGB** richtet, folgt aus den Vorschriften des BGB, die die Sorgfalt in eigenen Angelegenheiten anordnen. Solche Normen sind z.B. § 346 III S. 1 Nr. 3 BGB (Wegfall der Wertersatzpflicht beim gesetzlichen Rücktrittsrecht, vgl. auch § 347 I S. 2 BGB), § 690 BGB (unentgeltliche Verwahrung), § 708 BGB (Haftung des GbR-Gesellschafters gegenüber seinen Mitgesellschaftern), § 1359 BGB (Haftung der Ehegatten untereinander) und 1664 BGB (Haftung der Eltern gegenüber ihrem Kind).

554 Bei der **eigenüblichen Sorgfalt** gilt grundsätzlich ein subjektiver, auf die Veranlagung und das gewohnheitsmäßige Verhalten des Handelnden abgestellter Maßstab.[573]

Das bedeutet, dass auf das typische Verhalten des Schuldners abzustellen ist: Wenn er in seinen eigenen Angelegenheiten regelmäßig nachlässig handelt, kann er von der Haftung für leichte (wegen § 277 BGB aber nicht für grobe!) Fahrlässigkeit befreit sein. Ist er dagegen ein ordentlicher Mensch, gilt diese Befreiung nicht. Somit ist es für ihn günstig, wenn er darlegen kann, dass er eigentlich ein unsorgfältiger Mensch ist. Ziel des § 277 BGB ist es, dem Schuldner in den vom Gesetz genannten Konstellationen ein **Haftungsprivileg** zu verschaffen. Das folgt aus dem Wortlaut „wer *nur* für die Sorgfalt einzustehen hat (...)". Aus diesem Grund soll die Vorschrift auf keinen Fall zu einer Benachteiligung des Schuldners führen. Ist er bspw. ein besonders sorgfältiger Mensch, haftet er nicht besonders streng, sondern nur – wie jeder andere auch – für die im Verkehr *erforderliche* Sorgfalt.

Hinweis für die Fallbearbeitung: Zu beachten ist, dass das Haftungsprivileg des § 277 BGB auch auf **konkurrierende** Ansprüche (z.B. aus Delikt) anwendbar ist. Beschädigt der GbR-Gesellschafter A bei seiner Tätigkeit für die Gesellschaft bspw. den Computer seines Mitgesellschafters B leicht fahrlässig, kann dieser keinen Anspruch aus § 280 I BGB herleiten, wenn A (was die Regel ist) auch in seinen eigenen Angelegenheiten nicht die *objektiv* im Verkehr erforderliche Sorgfalt walten lässt (§§ 708, 277 BGB). Das Privileg der §§ 708, 277 BGB greift auch für den Anspruch des B aus § 823 I BGB, sodass B auch insoweit keinen Ersatz verlangen kann. Hintergrund ist, dass die Haftungsprivilegierung nicht durch andere Haftungsinstitute unterlaufen werden soll.

Eine weitere Besonderheit gilt im **Straßenverkehr**. Hier soll für eine diligentia quam in suis kein Raum sein, weil die Risiken im Straßenverkehr keinen Raum für eine individuelle Sorglosigkeit lassen.[574] Wenn bspw. A mit seiner Ehefrau in den Urlaub oder mit seinem Mitgesellschafter zu einem Geschäftstermin fährt, greift bei einem von ihm fahrlässig verursachten Unfall das Privileg der §§ 277, 1359 bzw. 708 BGB nicht ein. Zu bedenken ist aber, dass zwischen ihm und dem Mitgesellschafter/der Ehefrau u.U. ein (konkludenter) Haftungsausschluss vereinbart wurde, sodass gleichwohl die Haftung für leichte Fahrlässigkeit ausgeschlossen sein könnte.

Schließlich ist bei einem Haftungsprivileg wie dem § 277 BGB in einer Klausur stets an den Problemkreis der **gestörten Gesamtschuld** (siehe Rn 1132 ff.) zu denken: Wenn **zwei Personen** eine Dritte schädigen und **einer** der beiden Schädiger privilegiert ist, stellt sich die Frage, ob und wie der nicht privilegierte Schädiger einen Freistellungs- bzw. Regressanspruch aus § 426 I, bzw. II BGB gegenüber dem privilegier-

---

[573] *Grüneberg*, in: Palandt, § 277 Rn 3.
[574] BGH VersR 1960, 802 ff.; BGHZ 46, 313 ff.; 63, 51, 57.

ten Schädiger geltend machen kann oder ob der Anspruch des Geschädigten per se nur in der Höhe des Verursachungsanteils des nicht privilegierten Schädigers entsteht.

d. Abgrenzung von Fahrlässigkeit und Vorsatz

Wie bereits oben dargelegt, kann es von Bedeutung sein, ob jemand vorsätzlich oder fahrlässig gehandelt hat. Die Unterscheidung dieser Verschuldensformen bereitet bisweilen Schwierigkeiten, wenn sich die Frage stellt, ob der Schuldner mit *bewusster* Fahrlässigkeit oder mit bedingtem Vorsatz handelte. **555**

Die **bewusste Fahrlässigkeit** liegt vor, wenn der Handelnde mit dem Eintritt des Erfolgs rechnet, aber fahrlässig darauf vertraut, dass er nicht eintritt (im Gegensatz dazu rechnet der Schuldner bei der unbewussten Fahrlässigkeit nicht mit dem Erfolgseintritt). **556**

Die Abgrenzung zum bedingten Vorsatz erfolgt wie auch im Strafrecht beim voluntativen Element. Während der Handelnde bei der bewussten Fahrlässigkeit denkt, „es wird schon gut gehen", denkt er sich beim *dolus eventualis*, „na wenn schon".

Der **Eventualvorsatz** liegt daher vor, wenn der Handelnde mit dem Eintritt des Erfolgs rechnet, und ihn billigend in Kauf nimmt.[575] **557**

Dabei ist nicht erforderlich, dass er den Erfolg in irgendeiner Weise erstrebt. Es reicht aus, wenn es dem Handelnden einfach gleichgültig ist, ob sein Verhalten zum Erfolg führt oder nicht. Eine solche **Gleichgültigkeit** wird ihm allerdings selten nachzuweisen sein, weil man normalerweise davon ausgehen kann, dass niemand wirklich eine Schädigung des anderen gelassen hinnehmen will. In einigen Fällen allerdings verzichtet die Rspr. auf einen expliziten Beweis der „gleichgültigen Billigung". So nimmt sie bei der Arglist (vgl. z.B. §§ 444, 123 BGB) an, dass schon Angaben *„ins Blaue hinein"* arglistig – also mindestens bedingt vorsätzlich – sind, wenn der Handelnde nur mit der Möglichkeit ihrer Unwahrheit rechnete.[576]

Hinweis für die Fallbearbeitung: Nicht zu verwechseln ist die Unterscheidung von bewusster/unbewusster und grober/leichter Fahrlässigkeit. Die erste Unterscheidung bezieht sich auf die *Art* des Verschuldens und die zweite auf den *Grad* der Fahrlässigkeit. Auch ist keinesfalls die bewusste mit der groben Fahrlässigkeit gleichzusetzen. Zwar kann man wohl häufig davon ausgehen, dass jemand, der den Erfolgseintritt für möglich hält (bewusste Fahrlässigkeit), sich damit auch einen besonders schweren Schuldvorwurf gefallen lassen muss. Allerdings kann der Sorgfaltsverstoß im Einzelfall dennoch als gering einzustufen sein, sodass u.U. zwar eine bewusste, aber nicht grobe Fahrlässigkeit vorliegt.

e. Relevanz der Unterscheidung der Verschuldensgrade

Vereinzelt wurde bereits angesprochen, dass die Unterscheidung zwischen Vorsatz, grober und leichter Fahrlässigkeit praktische Bedeutung haben kann. Nachfolgend soll die Relevanz dieser Unterscheidung noch einmal im Überblick dargestellt werden. **558**

- Grundsätzlich sind **Vorsatz und jede Fahrlässigkeit** zu vertreten, § 276 I S. 1 Hs. 1 BGB.
- Die Haftung kann aber auf die **diligentia quam in suis (§ 277 BGB)** beschränkt sein, sodass jedenfalls unsorgfältige Menschen nur für Vorsatz und *grobe* Fahrlässigkeit haften, vgl. §§ 346 III S. 1 Nr. 3, 347 I S. 2, 690, 708, 1359, 1664 BGB.
- Weiterhin kann die Haftung generell auf **Vorsatz und grobe Fahrlässigkeit** beschränkt sein. Dies kann einerseits auf einer rechtsgeschäftlichen Vereinbarung basieren (bei AGB

---

[575] BGH NJW-RR 1995, 936, 937; NJW 1963, 579, 580; *Grundmann*, in: MüKo, § 276 Rn 161.
[576] BGHZ 63, 382, 386; BGH NJW 1977, 1055; NJW 1998, 302.

beachte § 309 Nr. 7 BGB) oder gem. §§ 300 I, 521, 523 II, 599, 680, 968 BGB aufgrund einer gesetzlichen Anordnung der Fall sein, wenn jemand entweder unentgeltlich oder überwiegend im Interesse eines anderen tätig ist[577].

- Eine Beschränkung auf **Vorsatz** ist nur in wenigen Fällen vorgesehen, vgl. §§ 523 I, 524 I BGB. Praktisch relevant ist eine solche Haftungsbeschränkung daher v.a. bei vertraglichen Abreden (bei AGB beachte § 309 Nr. 7 BGB).
- Wegen § 276 III BGB ist es aber **nicht** möglich, die Haftung **auch für Vorsatz *des Schuldners* vollständig auszuschließen.** Daraus folgt, dass es jedoch durchaus möglich ist, im Wege einer Individualvereinbarung die Haftung für vorsätzliches Verhalten einer *Hilfsperson* (§ 278 BGB) auszuschließen (bei AGB beachte erneut § 309 Nr. 7 BGB).

2. Strengere/mildere Haftung gem. § 276 I S. 1 Hs. 2 BGB

559 Gemäß § 276 I S. 1 Hs. 2 BGB hat der Schuldner Vorsatz und Fahrlässigkeit zu vertreten, „wenn eine strengere oder mildere Haftung weder bestimmt noch aus dem sonstigen Inhalt des Schuldverhältnisses, insb. aus der Übernahme einer Garantie oder eines Beschaffungsrisikos zu entnehmen ist".

Diese Vorschrift scheint die Tür für eine erhebliche Rechtsunsicherheit zu öffnen. Zwar ist klar, wann eine strengere oder mildere Haftung **bestimmt** ist. Es ist aber nicht eindeutig, wann sich ein strengerer oder milderer Haftungsmaßstab aus **dem sonstigen Inhalt des Schuldverhältnisses** ergibt, zumal der Gesetzgeber nur zwei konkretisierende Beispiele für eine strengere Haftung bietet (Garantie und Beschaffungsrisiko). Man könnte also annehmen, dass der Rechtsanwender bei jedem einzelnen Vertragstyp die freie Wahl hätte, einen individuellen Maßstab nach freiem Ermessen festzulegen. Doch dies war vom Gesetzgeber nicht intendiert. Das Verschuldensprinzip sollte beibehalten werden und § 276 I S. 1 Hs. **2** BGB lediglich als Hinweis dienen, dass ein anderer Haftungsmaßstab durch Gesetz oder Vereinbarung sowie durch andere Umstände (ausnahmsweise) begründet werden kann.[578]

a. Garantie

Der Gesetzgeber selbst nennt insoweit die Beispiele der Garantieübernahme und des Beschaffungsrisikos.

560 Die **Garantie** (die sowohl bei Stück- als auch bei Gattungsschulden gegeben werden kann) setzt voraus, dass der Schuldner im Wege einer (konkludenten) **Abrede** die Gewähr und dadurch die verschuldensunabhängige Haftung für einen Umstand übernimmt.[579]

Ob und in *welchem Umfang* eine Garantie übernommen wurde, ist durch **Auslegung** gem. §§ 133, 157 BGB zu ermitteln. Da eine Garantieübernahme freiwillig und zudem durch Rechtsgeschäft erfolgt, ist danach zu fragen, ob ein entsprechender Rechtsbindungswille besteht, verschuldensunabhängig für einen bestimmten Erfolg einstehen zu wollen, wobei wegen des hohen Haftungsrisikos regelmäßig restriktiv vorzugehen ist. So kann man grundsätzlich davon ausgehen, dass der Schuldner eine Eigenschaft nur für den Zeitpunkt des Vertragsschlusses zusichert, weil er später eintretende Umstände regelmäßig nicht oder nur kaum beeinflussen kann. Lässt er sich das Vorhandensein zugesicherter Eigenschaften aber z.B. extra vergüten, wird man auch eine Garantieübernahme annehmen müssen. Zurückhaltung ist aber wiederum geboten, wenn es um die Frage einer (kaufrechtlichen) Beschaffenheitsvereinbarung bzw. Eigenschaftszusicherung geht. Die Abgrenzung zwischen **Garantie** (§ 443 BGB, ggf. i.V.m. § 479 BGB) und einer

---

[577] *Brox/Walker*, SchuldR AT, § 20 Rn 18.
[578] BT-Drs. 14/6040, S. 131; vgl. auch *Sutschet*, NJW 2005, 1404, 1405 f.
[579] *Sutschet*, NJW 2005, 1404, 1405 f.; *Grundmann*, in: MüKo, § 276 Rn 175.

bloßen **Beschaffenheitsangabe** (vgl. §§ 434, 444 BGB bzw. § 119 II BGB oder § 123 I Var. 1 BGB) erfolgt also anhand aller Umstände des Einzelfalls.

> **Hinweis für die Fallbearbeitung**: Die Garantie wird durch eine *rechtsgeschäftliche* Abrede übernommen, sodass auch die allgemeinen Vorschriften über Rechtsgeschäfte Anwendung finden. Wenn sich der Schuldner bspw. einer Hilfsperson bedient und diese eine Eigenschaft zusichert, ist nicht § 278 BGB heranzuziehen, sondern die Frage zu stellen, ob die Hilfsperson für eine solche Zusicherung auch Vertretungsmacht hatte. Dies ist nicht mit Konstellationen zu verwechseln, in denen fraglich ist, ob sich der Schuldner ein *Verschulden* des Gehilfen zurechnen lassen muss (dann § 278 BGB!).
>
> Hinsichtlich Garantieübernahmen im Rahmen von **Kaufverträgen** sind §§ 443, 444, 479 BGB zu beachten.

b. Beschaffungsrisiko

Mit der Übernahme eines **Beschaffungsrisikos** (§ 276 I S. 1 Hs. 2 BGB) wird die Verschaffung einer Sache oder Leistung versprochen (wodurch eine verschuldens**un**abhängige Haftung des Schuldners für (Verzugs-)Schäden begründet werden kann). 561

Dabei ist die Frage, *ob* und für *welche* Beschaffungsrisiken der Schuldner einstehen muss, durch eine **Auslegung** (§§ 133, 157 BGB) des Vertrags zu lösen. Es besteht also die Möglichkeit, dass der Schuldner das Beschaffungsrisiko (bei einer Stück- oder Gattungssache) übernimmt und die Übernahme zugleich auf *bestimmte* Risiken beschränkt. Wie bei der Garantie sind alle Umstände des Einzelfalls zu berücksichtigen. Da eine ausdrückliche Vereinbarung über den genauen Umfang der Risikoübernahme regelmäßig fehlen wird, können hilfsweise folgende Grundsätze und Vermutungen zur Problemlösung herangezogen werden:

- Bei einer **Gattungsschuld** (vgl. Rn 94 ff.) steht es dem Schuldner frei, eine beliebige Sache aus der Gattung zu liefern, die er sich regelmäßig erst am Markt beschaffen muss. Daher ist seinem Leistungsversprechen **grundsätzlich** die konkludente Versicherung zu entnehmen, dass er die für die Beschaffung nötigen Mittel zur Verfügung hat (z.B. Marktzugang, Kenntnisse, Geldmittel).
- Diese breite, potentiell weltweite Beschaffungspflicht kann aber **eingeschränkt** werden. So kann bspw. (konkludent) vereinbart sein, dass der Schuldner die Leistung nur aus seinem Vorrat (**Vorratsschuld**) oder aus einem **bestimmten Bezugskanal** erbringen muss. Eine solche Einschränkung hat der Schuldner aber **deutlich** zu machen. Geht bei einer Vorratsschuld der Vorrat durch ein zufälliges Ereignis unter, erlischt die Primärpflicht (§ 275 I BGB) und der Schuldner hat die Unmöglichkeit auch nicht zu vertreten (kein Verschulden und keine weitergehende Beschaffungspflicht).
- Weiter ist zu beachten, dass die Beschaffungspflicht bei einer Gattungsschuld nach der Konkretisierung (§§ 243 II, 300 II BGB) erlischt. Ein **Untergang** (eine Beschlagnahme oder ein Diebstahl) der Sache **nach der Konkretisierung gehört nicht** mehr zu dem vom Schuldner übernommenen **Beschaffungsrisiko**.
- Darüber hinaus ist bei einer Gattungsschuld i.d.R. anzunehmen, dass lediglich das Risiko für solche Hindernisse übernommen wird, die **objektiv überwindbar** sind. So wird der Schuldner (außer bei anders lautender Abrede) nicht verschuldens**un**abhängig das Risiko dafür übernehmen wollen, dass die gesamte Gattung weltweit untergeht.
- Sofern ein *subjektives* Leistungshindernis vorliegt, ist davon auszugehen, dass der Schuldner nur für **typische Beschaffungsrisiken** einzustehen hat, also bspw. nicht für eine Nichtleistung wegen einer schweren Krankheit.
- Bzgl. der **Leistungszeit** kann man bei einer Gattungsschuld grundsätzlich davon ausgehen, dass der Schuldner nicht nur die Beschaffung, sondern auch die **rechtzeitige** Be-

schaffung versprochen hat (daher Anspruch auf Ersatz des Verzögerungsschadens, selbst wenn kein Verschulden vorliegt).

- Damit ist regelmäßig auch die Zusage verbunden, dass die Leistung bei der Beschaffung **mangelfrei** ist (im Einzelnen str.[580]). Es ist aber genau zu differenzieren, ob der Schuldner nur das Risiko übernehmen wollte, eine mangelfreie Sache zu beschaffen, oder ob er darüber hinaus das Risiko dafür tragen wollte, dass die Sache auch von der Beschaffung bis zur Konkretisierung mangelfrei bleibt. Letzteres ist einer Abrede nicht ohne weiteres zu entnehmen.
- Hat der Schuldner bei einer **Stückschuld** das Beschaffungsrisiko übernommen, ist ebenfalls zu unterscheiden. Regelmäßig hat er das Risiko übernommen, dass ihm die Beschaffung überhaupt gelingt. Er kann auch das Risiko dafür übernommen haben, dass die Sache bei Vertragsschluss mangelfrei ist. Im Zweifel wird man aber nicht unterstellen können, dass er auch das Risiko für solche Mängel übernehmen will, die erst nach Vertragsschluss und vor der Beschaffung auftreten.

Hinweis für die Fallbearbeitung: Die vorstehenden Regeln basieren auf dem Gedanken, dass der Schuldner regelmäßig für solche Risiken einstehen will, die bei der Beschaffung typisch sind oder in seiner Sphäre liegen (z.B. mangelnde Geschäftserfahrung, nicht rechtzeitige Eindeckung mit Vorräten etc.). Im Zweifel wird man eine weitergehende verschuldens**un**abhängige Haftung für Schäden aufgrund nicht vorhersehbarer Hindernisse nicht annehmen können, sofern sich aus der Abrede keine weiteren Hinweise dafür entnehmen lassen (§§ 133, 157 BGB).

c. Geldschulden

562 Kann ein Schuldner seine Geldschulden nicht erbringen, hat er dies stets zu vertreten. Dieser Grundsatz („**Geld hat man zu haben**") wird überwiegend aus der Existenz des Insolvenzrechts abgeleitet. Er hat zur Folge, dass ein Geldschuldner, der kein Geld zur Verfügung hat, schon gar nicht von seiner Leistungspflicht befreit wird (also greift § 275 I BGB nicht zu seinen Gunsten ein). Die schlechte finanzielle Lage des Schuldners wird erst im Vollstreckungsverfahren berücksichtigt, wo bei einem verurteilten Schuldner existentielle Sachen und Forderungen nicht oder nur beschränkt gepfändet werden dürfen, vgl. z.B. §§ 811 ff., 850 ff. ZPO.

Hinweis für die Fallbearbeitung: Wie bereits i.R. des § 275 BGB angesprochen (Rn 387 ff.), kann eine Geldschuld ausnahmsweise unmöglich werden, wenn es sich um bestimmte Geldstücke handelt oder das Geld analog § 300 II BGB konkretisiert wurde.

d. Besonderheiten im Arbeitsrecht

563 Wenn § 276 I S. 1 Hs. 2 BGB davon spricht, dass sich aus dem sonstigen Inhalt des Schuldverhältnisses auch eine **mildere** Haftung ergeben kann, ist damit insb. die privilegierte Haftung des **Arbeitnehmers** gegenüber seinem Arbeitgeber gemeint. Diese Privilegierung – der sog. innerbetriebliche Schadensausgleich – findet seine Grundlage in § 276 I S. 1 BGB. Danach soll der Arbeitnehmer bei einer leicht fahrlässigen Verletzung von Rechtsgütern seines Arbeitgebers diesem gegenüber nicht haften. Bei mittlerer Fahrlässigkeit wird zwischen dem Arbeitnehmer und -geber gequotelt. Verletzt der Arbeitnehmer dagegen vorsätzlich oder grob fahrlässig die Rechtsgüter seines Arbeitgebers, haftet er voll. Es kommt ihm aber die Beweislastumkehr des § 619a BGB zugute.

[580] *Huber/Faust*, Kap. 3 Rn 26; *v. Westphalen*, ZIP 2002, 548.

e. Haftung während des Verzugs

Schließlich ist im Falle des Schuldnerverzugs eine strengere Haftung „bestimmt“. Denn gem. **§ 287 S. 1 BGB** hat der Schuldner während des Verzugs jede Fahrlässigkeit zu vertreten. Weil er grundsätzlich sowieso für jede Fahrlässigkeit einzustehen hat (§ 276 I S. 1 Hs. 1 BGB), gewinnt diese Regelung daher nur an Bedeutung, wenn *vorher* eine *mildere* Haftung bestimmt oder aus dem Inhalt des Schuldverhältnisses zu entnehmen war (z.B. durch Abrede oder § 277 BGB). *Wegen der **Leistung*** haftet der Schuldner im Falle des Verzugs darüber hinaus sogar für jeden Zufall, es sei denn, dass der Schaden auch bei rechtzeitiger Leistung eingetreten sein würde, **§ 287 S. 2 BGB**. 564

Beispiel: Werkunternehmer U soll Besteller B ein Sonnendach am Haus anbauen. Dabei vereinbaren die Parteien, dass U gegenüber B nur für Vorsatz und grobe Fahrlässigkeit haften soll. U gerät verschuldet in Verzug. Als er sich dann an seinen Zulieferer wendet, teilt ihm dieser mit, dass gerade vor wenigen Stunden seine letzten Sonnendächer bei einem Brand zerstört worden seien. Da die Sonnendächer nur im Ausland produziert werden, müsste U einen unerwartet großen Beschaffungsaufwand aufbringen, sodass er sich (zu Recht) auf § 275 II BGB beruft.

Obwohl U die Lieferprobleme nicht verschuldet hat, haftet er für das Leistungshindernis, weil es bei rechtzeitiger Leistung nicht eingetreten wäre. Er ist zwar von seiner Primärleistung frei (§ 275 II BGB), muss U aber Schadensersatz statt der Leistung gem. §§ 280 I, II, 283 BGB leisten (wenn B einen Schaden hat). Verletzt U während des Verzugs leicht fahrlässig eine *Nebenpflicht* (§ 241 II BGB), muss er auch insoweit Schadensersatz gem. § 280 I BGB leisten, obwohl seine Haftung im Vertrag eigentlich auf Vorsatz und grobe Fahrlässigkeit beschränkt war.

f. Sonstige Haftungsmodifikationen

Weitere Abweichungen vom grundsätzlichen Erfordernis eines vorsätzlichen oder fahrlässigen Handelns können die Parteien frei vereinbaren. Dabei sind ihnen lediglich die Schranken der §§ 138, 242 BGB oder verschiedener Sondervorschriften (z.B. §§ 276 III, 307-309, 651h BGB) gesetzt. Nicht vertragliche Abweichungen vom Verschuldenserfordernis finden sich bspw. in §§ 122, 179 II BGB. 565

3. Haftung für fremdes Verschulden, § 278 BGB

Nur bei wenigen Vertragstypen (z.B. beim Dienstvertrag, § 611 BGB, oder beim Behandlungsvertrag, § 630a BGB) ist der Schuldner verpflichtet, seine Leistung grds. *persönlich* zu erbringen. Deshalb ist es bei den meisten Verträgen üblich, dass er sich zur Erfüllung seiner Pflichten einer anderen Person – einer Hilfsperson – bedient. So streicht bspw. der Malermeister das Haus eines Bestellers i.d.R. nicht (ganz) alleine, sondern nimmt seinen Gesellen oder Auszubildenden mit, damit dieser ihm hilft. Auch der Bauunternehmer errichtet ein Gebäude nicht alleine, sondern bedient sich dafür eines Maurers, Dachdeckers, Klempners etc. (also Subunternehmer). 566

Verletzt eine der Hilfspersonen eine Pflicht, erwächst daraus kein *vertraglicher* (u.U. aber ein deliktischer) Schadensersatzanspruch des Gläubigers gegen die Hilfsperson, da der Vertrag ausschließlich zwischen dem Gläubiger und dem *Schuldner* besteht. Auch den Schuldner würde, wenn es § 278 BGB *nicht* gäbe, eine vertragliche Schadensersatzhaftung nicht treffen, weil er *selbst* nicht schuldhaft i.S.d. § 276 BGB handelt, wenn allein seine *Hilfsperson* eine Pflicht verletzt. Ebenso wird i.d.R. kein deliktischer Anspruch bestehen, wenn die Hilfsperson ordentlich ausgesucht und überwacht wurde (§ 831 I S. 2 BGB). Weil sich der Schuldner aber nicht dadurch seiner Schadensersatzhaftung entziehen können soll, dass er einfach Hilfspersonen einsetzt, ordnet **§ 278 BGB** an, dass er sich deren schuldhaftes Verhalten zurechnen lassen muss. Dahinter steht der Gedanke, 566a dass derjenige, der die **Vorteile** der Arbeitsleistung anderer in Anspruch nimmt, auch die daraus entstehenden **Nachteile** tragen soll – nämlich das Risiko, dass die Hilfsperson u.U. schuldhafte Pflichtverletzungen begeht.[581] § 278 BGB stellt also eine **Zurechnungsnorm** (und – anders als § 831 BGB – keine eigene Anspruchsgrundlage) dar.

567 Wie sich bereits aus dem Wortlaut dieser Vorschrift ergibt („Der *Schuldner* hat ..."), ist für die Anwendung des § 278 BGB erforderlich, dass zwischen den Parteien ein Schuldverhältnis (i.S.d. § 280 BGB) vorliegt. Ist dies nicht der Fall, kann auch § 278 BGB nicht greifen. Allenfalls kann § 831 BGB zur Anwendung gelangen.

> **Beispiel**: B hat Unternehmer U zu sich nach Hause bestellt, damit dieser ihm sein Dach deckt. U bringt seinen Gesellen G mit, der ihm bei den Arbeiten hilft. Während der Arbeit lässt G einen Dachziegel aus Versehen herunterfallen, wodurch der zufällig vorbeigehende Passant P schwer verletzt wird. P fragt nach seinen Ansprüchen gegen U.
>
> Hier kommt ein vertraglicher Anspruch des P gegen U aus § 280 I BGB nicht in Betracht, weil zwischen den beiden kein Schuldverhältnis vorliegt, welches § 280 I BGB verlangt. Ein deliktischer Anspruch aus § 823 I BGB muss ebenfalls ausscheiden, weil nicht U, sondern G den Körper des P rechtswidrig und schuldhaft verletzt hat. Auch muss sich U das schuldhafte Verhalten des G *nicht* gem. § 278 BGB zurechnen lassen, weil diese Norm nur im Rahmen einer Sonderverbindung anwendbar ist. Es kommt daher allenfalls eine Haftung des U aus § 831 I S. 1 BGB in Betracht, wobei er allerdings die Exkulpationsmöglichkeit des § 831 I S. 2 BGB hat. Wenn sich U exkulpieren kann, bleibt P daher nur noch die Möglichkeit, gegen *G* aus § 823 I BGB vorzugehen.
>
> Anders wäre der Fall, wenn der Dachziegel den B getroffen hätte. In diesem Fall wäre ein Anspruch B gegen U aus § 280 I BGB gegeben: Ein Schuldverhältnis zwischen U und B lag in Form eines Werkvertrags vor. Auch ist durch die Verletzung am Kopf des B eine Pflicht verletzt worden (nämlich eine Schutzpflicht aus § 241 II BGB). Zwar hat U nicht selbst schuldhaft gehandelt (§ 276 BGB), er könnte sich aber das schuldhafte Verhalten des G gem. § 278 BGB zurechnen lassen müssen. Die hierfür erforderliche Sonderverbindung zwischen U und B liegt vor (s.o.). Auch hat sich U des G zur Erfüllung seiner Pflichten aus dem Vertrag bedient und G hat bei der Erfüllung dieser Pflichten schuldhaft gehandelt. Ein Anspruch aus § 280 I BGB liegt mithin vor. Daneben könnte ein Anspruch des B gegen U aus § 831 BGB bestehen, wenn sich U nicht exkulpieren kann. (Die Möglichkeit, gegen *G* aus § 823 BGB vorzugehen, bleibt natürlich auch bestehen. Ein Anspruch aus § 280 I BGB gegen G besteht mangels Schuldverhältnisses zwischen B und G indes nicht).

567a **Abgrenzung insbesondere zu § 831 BGB:** § 831 BGB unterscheidet sich konzeptionell von § 278 BGB. Während § 278 BGB Norm fremdes Verschulden zurechnet, stellt § 831 BGB eine eigene Anspruchsgrundlage dar, bei welcher für eigenes Verschulden (nämlich das Auswahl- und Überwachungsverschulden) gehaftet wird. Zwingend müssen daher auch die Begrifflichkeiten auseinandergehalten werden: Bei § 831 BGB haftet der Geschäftsherr für ein eigenes Verschulden bei einer deliktischen Handlung seines *Verrichtungsgehilfen*, während bei § 278 BGB der Schuldner für das schuldhafte Handeln des *Erfüllungsgehilfen* haftet. **Erfüllungsgehilfe** i.S.d. § 278 BGB ist, wer nach den tatsächlichen Gegebenheiten des Falls mit dem Willen des Schuldners bei der Erfüllung einer diesem obliegenden Verbindlichkeit als seine Hilfsperson tätig wird. Eine Weisungsgebundenheit ist nicht erforderlich. Daher kann auch ein freier und selbstständiger Subunternehmer Erfüllungsgehilfe sein. Demgegenüber ist **Verrichtungsgehilfe** i.S.d. § 831 BGB, wer vom Geschäftsherrn in dessen Interesse eine Tätigkeit übertragen bekommen hat und von Weisungen des Geschäftsherrn abhängig ist. In Ausführung der Verrichtung verursacht der Gehilfe den Schaden, wenn er bei einer im inneren Zusammenhang mit seinem Aufgabenbereich stehenden Tätigkeit handelt. Anders als bei § 278

---

[581] BGHZ 95, 128, 132; BGH NJW 1996, 464, 465.

BGB ist bei § 831 BGB mithin eine Weisungsgebundenheit erforderlich. § 278 BGB setzt zudem ein bestehendes Schuldverhältnis zwischen Schuldner und Gläubiger voraus, wohingegen durch § 831 BGB ein Schuldverhältnis erst begründet wird (und zwar durch die unerlaubte Handlung des Verrichtungsgehilfen).[582]

Die (neben **§ 278 BGB**) relevanten Zurechnungsnormen des BGB sind: **567b**

- Gemäß **§ 31 BGB** (vgl. auch § 86 BGB) wird dem BGB-Verein das *Handeln* seiner Organe zugerechnet. Das bedeutet, dass sich die juristische Person so behandeln lassen muss, als habe sie selbst die Handlung des Organs begangen. Der maßgebliche Unterschied zu § 278 BGB liegt darin, dass § 31 BGB auch bei deliktischen Ansprüchen Anwendung findet. Die Vorschrift greift nicht nur beim BGB-Verein, sondern analog bei allen juristischen Personen[583] und sogar bei (teil-) rechtsfähigen Personengesellschaften wie der OHG und KG[584] und auch bei der GbR[585].
- Im Rahmen des **§ 123 BGB** kann eine *Täuschung* zugerechnet werden, wenn nicht die Vertragspartei selbst, sondern der sog. „Nichtdritte" die andere Partei getäuscht hat.
- Gemäß **§ 164 BGB** werden *Willenserklärungen* und gem. **§ 166 BGB** wird das *Wissen* eines Vertreters zugerechnet. Dabei kann sich der Vertretene gem. § 166 II BGB nicht auf die Unwissenheit eines weisungsgebundenen Vertreters berufen. § 166 II BGB greift analog, wenn ein Rechtsgeschäft nachträglich genehmigt wird.
- Im Rahmen des **§ 425 BGB** kann eine Verschuldenszurechnung erfolgen, wenn sich aus dem eine Gesamtschuld begründenden Schuldverhältnis eine sog. Gesamtwirkung ergibt.
- **§ 831 BGB** dagegen stellt wie soeben dargelegt keine *Zurechnungsnorm* dar, sondern regelt die Haftung für *eigenes* Verschulden.

§ 278 S. 1 BGB regelt die Zurechnung eines Verschuldens des gesetzlichen Vertreters **567c**
und des Erfüllungsgehilfen. In **§ 278 S. 2 BGB** wird angeordnet, dass § 276 III BGB nicht gilt, sodass ein **Haftungsausschluss** wegen vorsätzlichen Handelns der Hilfsperson grundsätzlich möglich ist (was beim gesetzlichen Vertreter umstritten ist; hinsichtlich AGB vgl. § 309 Nr. 7 BGB). Die **Voraussetzungen** für eine Verschuldenszurechnung nach § 278 BGB sind Folgende:

a. Schuldverhältnis/Sonderverbindung

Zunächst muss zwischen den Parteien ein **Schuldverhältnis** bestehen (vgl. § 241 BGB), **568**
wobei es unerheblich ist, ob dieses auf einem Vertrag oder dem Gesetz beruht.[586] Es genügt insoweit auch, wenn zwischen dem Gläubiger und Schuldner lediglich eine rechtliche Sonderverbindung besteht, aus der sich Verbindlichkeiten ergeben.[587]

Ein Schuldverhältnis liegt in erster Linie bei allen **vertraglichen Vereinbarungen** vor. **569**
Dabei ist aber zu beachten, dass der Vertrag zwischen den Parteien noch nicht bereits geschlossen worden sein muss. Denn gem. § 311 II Nr. 1 BGB begründet auch schon die Aufnahme von **Vertragsverhandlungen** ein Schuldverhältnis mit Pflichten i.S.d. § 241 II BGB. Und sogar vor *diesem* Zeitpunkt – nämlich bereits bei der bloßen **Vertragsanbahnung** – kann ein Schuldverhältnis gem. § 311 II Nr. 2 BGB bestehen. Mit der Vertragsanbahnung sind insb. solche Fälle gemeint, in denen die eine Partei die Geschäftsräume der anderen betritt, um dort geschäftliche Kontakte aufzunehmen, ohne dass es bereits zu Verhandlungen gekommen ist. Ebenso wie schon *vor* dem Vertragsschluss

---

[582] Vgl. dazu ausführlich *R. Schmidt*, SchuldR BT II, Rn 872 f.
[583] Vgl. BGH NJW 2005, 2450 (AG); BGH WM 1987, 286 (GmbH).
[584] BGH NJW 1952, 537 (OHG); BGH VersR 1962, 664 (KG).
[585] BGHZ 146, 341 ff. (Rechtsfähigkeit der GbR).
[586] BGHZ 58, 207, 212; 93, 278, 284.
[587] BGH NJW 1996, 464, 465.

eine Sonderverbindung vorliegen kann, besteht diese Möglichkeit auch *nach* der Erfüllung des Vertrags (**nachvertragliche Pflichten**). So kann eine nachvertragliche Pflicht – bei deren Verletzung § 278 BGB anwendbar wäre – darin liegen, dass ein Verkäufer den Käufer über bestimmte Eigenschaften der Kaufsache (die u.U. eine Gefahr in sich bergen) unterrichten muss. Auch kann eine Sonderverbindung zu solchen Personen entstehen, die selbst gar nicht Vertragspartner werden sollen. Dies ist bspw. bei einem **Vertrag mit Schutzwirkung zugunsten Dritter** (Rn 1077) oder bei der sog. **Sachwalterhaftung** i.S.d. § 311 III BGB (Rn 609) der Fall. **Keine Sonderverbindung** liegt dagegen bei bloß tatsächlichen Verhältnissen ohne schuldrechtliche Beziehungen zwischen den Beteiligten vor. So besteht bspw. zwischen Nachbarn (str.[588]) oder den verschiedenen Mietern eines Hauses keine Sonderverbindung. Bei einer Wohngemeinschaft hingegen liegen regelmäßig eine GbR und damit ein Schuldverhältnis vor; auch bei Wohnungseigentümern wird eine Sonderverbindung angenommen, bei welcher § 278 BGB anwendbar ist.

570 Eine **gesetzliche** Sonderverbindung kann bspw. in Form einer sachenrechtlichen Verbindung (z.B. Eigentümer-Besitzer-Verhältnis, §§ 987 ff. BGB) vorliegen. Auch die *Abwicklung* (nicht aber Begründung) eines deliktischen Schuldverhältnisses stellt eine Sonderverbindung dar.

> **Beispiel**: Der Geselle G des Unternehmers U hat aus Versehen einen Dachziegel fallen gelassen, wodurch Passant P verletzt wird. U kann sich nicht exkulpieren. Um den Schaden zu beheben, vereinbart U mit P, dass er ihm am 3.5. einen Betrag von 500,- € nach Hause bringt. Am 3.5. schickt U den G mit dem Geld zu P. G gibt das Geld in einer Kneipe aus. Erst einen Monat später bekommt P sein Geld.
>
> Bei der *Begründung* des deliktischen Schuldverhältnisses ist § 278 BGB nicht anwendbar gewesen, weil im Augenblick der Verletzungshandlung noch kein Schuldverhältnis vorlag. Die Haftung des U folgt daher allein aus § 831 BGB. Bei der *Abwicklung* dagegen lag ein Schuldverhältnis vor, da U eine Verpflichtung gegenüber P hatte. Bedient er sich des G zur Bezahlung, muss er für dessen Verhalten gem. § 278 BGB einstehen. Wegen der verspäteten Zahlung kann P daher gem. §§ 280 II, 286 I, II Nr. 1, 288 BGB Zinsen verlangen. U hat die Verzögerung nach §§ 286 IV, 278 ff. BGB zu vertreten, obwohl er G rechtzeitig zu P schickte.

b. Erfüllungsgehilfe/gesetzlicher Vertreter

571 Die Verschuldenszurechnung kann beim schuldhaften Verhalten eines **Erfüllungsgehilfen** oder eines **gesetzlichen Vertreters** erfolgen. Beides sind Hilfspersonen i.S.d. § 278 BGB.

aa. Erfüllungsgehilfe

572 **Erfüllungsgehilfe** ist, wer nach den tatsächlichen Gegebenheiten des Falls mit dem Willen des Schuldners bei der Erfüllung einer diesem obliegenden Verbindlichkeit als seine Hilfsperson tätig wird.[589]

573 Wie sich bereits aus dem Wortlaut dieser Definition ergibt, ist es ausreichend, wenn die Hilfsperson mit dem *Willen* des Schuldners tätig wird. Es ist deswegen (anders als beim Verrichtungsgehilfen i.S.d. § 831 BGB) **nicht erforderlich**, dass der Erfüllungsgehilfe *weisungsgebunden*, also wirtschaftlich abhängig vom Schuldner ist (s.o.). Daher können auch selbstständige Unternehmer Erfüllungsgehilfen sein. Es ist nicht einmal nötig, dass

---

[588] Vgl. die Ausführungen zum Schuldverhältnis im Rahmen des § 280 BGB bei Rn 615.

[589] BGHZ 13, 111, 113; 100, 117, 122; BGH NJW 2007, 428; *Schaub*, in: BeckOGK, § 278 Rn 33. Vgl. auch BGH NJW 2014, 2183 ff.

zwischen dem Schuldner und der Hilfsperson überhaupt eine eigenständige schuldrechtliche Beziehung besteht, sodass die Nichtigkeit eines Vertrags zwischen diesen beiden nichts an der Eigenschaft als Erfüllungsgehilfen ändert. Kurz: Die Beziehung zwischen dem Schuldner und der Hilfsperson ist gleichgültig, solange die Person mit dem tatsächlichen Willen des Schuldners tätig ist. Dabei ist erforderlich, dass der Wille im Zeitpunkt der Hilfeleistung vorliegt; eine nachträgliche Genehmigung reicht ebenso wenig aus, wie der Rechtsschein einer Zustimmung.

Beispiele: Ein Geselle ist Erfüllungsgehilfe des Unternehmers. Auch ein selbstständiger Subunternehmer eines Bauunternehmers ist Erfüllungsgehilfe. Dies gilt sogar, wenn der Vertrag zwischen dem Bau- und Subunternehmer aus irgendwelchen Gründen (z.B. wegen Verstoßes gegen das SchwarzArbG) nichtig ist.[590] Auch, wenn ein Subunternehmer nicht weiß, dass er als Erfüllungsgehilfe eingesetzt wird (weil er z.B. glaubt, er baue das Haus für den Hauptunternehmer selbst), greift § 278 BGB, da es allein auf den Willen des *Schuldners* (Hauptunternehmers) ankommt. Ein Erfüllungsgehilfe kann dem Schuldner auch vom Gläubiger gestellt werden. So ist z.B. ein Arbeitnehmer des Käufers Erfüllungsgehilfe des Verkäufers, wenn er mit dessen Willen bei der Nachbesserung hilft.

Zieht der **Erfüllungsgehilfe** des Schuldners seinerseits **weitere Hilfspersonen** heran, 574
sind diese ebenfalls (mittelbare) Erfüllungsgehilfen des Schuldners, sofern sich dieser (der Schuldner) mit dem Einsatz weiterer Hilfskräfte **einverstanden** erklärt hat. Ein solches Einverständnis kann grundsätzlich auch konkludent erfolgen und wird i.d.R. anzunehmen sein, wenn die Beschäftigung weiterer Hilfspersonen üblich ist. So wird der Hauptunternehmer, der einen Subunternehmer für Maurerarbeiten bestellt, damit einverstanden sein, dass dieser die Arbeiten nicht allein, sondern mit seinen Hilfspersonen (z.B. Angestellten/Gesellen) verrichtet. Liegt indes kein Einverständnis vor, kann das Verschulden der mittelbaren Hilfsperson dem Schuldner nicht zugerechnet werden. Allerdings besteht dann die Möglichkeit, dass der Schuldner für das eigenmächtige Handeln der (ersten) Hilfsperson nach § 278 BGB einzustehen hat.[591]

Kein Erfüllungsgehilfe eines Verkäufers ist der Hersteller, da dieser nicht in den Pflich- 575
tenkreis des Verkäufers einbezogen ist.[592]

Beispiel[593]**:** Programmiert ein Hersteller von Diesel-Kfz die Elektronik zur Steuerung des Abgasverhaltens so, dass zu niedrige Abgaswerte angezeigt werden, und täuscht damit die Kunden über die Abgaswerte der Fahrzeuge, haftet der Vertragshändler des Herstellers seinen Kunden gegenüber, denen er die Fahrzeuge verkauft hat, zwar auf Nacherfüllung, Minderung oder Rücktritt (§§ 433, 434, 437 Nr. 1, Nr. 2 BGB), nicht aber auf Schadensersatz (§§ 437 Nr. 3, 280 ff. BGB), da der Händler weder selbst eine Pflichtverletzung begangen hat noch sich die Pflichtverletzung des Herstellers zurechnen lassen muss. Denn der Hersteller ist nicht in den Pflichtenkreis des Verkäufers einbezogen und damit nicht dessen Erfüllungsgehilfe. In diesem Fall kann der Kunde auch nicht wegen arglistiger Täuschung anfechten (§ 123 I Var. 1 BGB), da hier ebenso wenig eine Zurechnung erfolgen kann. Rechte des Käufers direkt gegen den Hersteller sind von vornherein ausgeschlossen, da Käufer und Hersteller kein Schuldverhältnis miteinander haben.

Hinweis: Etwas anderes kann allenfalls gelten, wenn der Verkäufer über die Abgasmanipulationen in Kenntnis gesetzt war (dann haftet er aus §§ 280 ff. BGB) oder es sich bei dem Verkäufer um eine Niederlassung des Herstellers handelt (dann kommt eine Zurechnung über § 278 BGB in Betracht). Auch wäre dann eine Anfechtung wegen arglistiger Täuschung möglich (entweder wegen eigenhändiger Täuschung oder wegen Zurechnung der Täuschung des Herstellers).

---

[590] Vgl. dazu etwa BGH NJW 2014, 1805, 1806, dazu näher *R. Schmidt*, BGB AT, Rn 1170.
[591] LG Frankfurt a.M. NJW-RR 1996, 1425, 1426; *Kupisch*, JuS 1983, 817, 825.
[592] BGH NJW 2014, 2183, 2185; OLG Koblenz 28.9.2017 – 1 U 302/17.
[593] Nach OLG Koblenz 28.9.2017 – 1 U 302/17.

bb. Gesetzlicher Vertreter

Der gesetzliche Vertreter ist in § 278 BGB gesondert erwähnt, weil er nicht unbedingt mit dem Wissen des Schuldners tätig werden muss, also von ihm nicht notwendig für die Erfüllung einer Verbindlichkeit *eingeschaltet* wurde.

576 **Gesetzlicher Vertreter** i.S.d. § 278 BGB ist, wer aufgrund einer gesetzlichen Vorschrift mit Wirkung für einen anderen handeln kann.

Beispiele: Eltern (§§ 1626 ff. BGB), Vormund (§§ 1793 ff. BGB), Betreuer (§§ 1896 ff. BGB), Pfleger (§§ 1909 ff. BGB). Weiterhin greift § 278 BGB beim Handeln eines Testamentsvollstreckers, Nachlass-, oder Insolvenzverwalters und beim Treuhänder. Ebenso gilt der Ehegatte, der gem. § 1357 BGB oder §§ 1422 ff. BGB für seinen Partner handeln kann, als gesetzlicher Vertreter.

Hinweis für die Fallbearbeitung: Bei einem verfassungsmäßig berufenen Vertreter einer juristischen Person (z.B. AG, GmbH) ist für § 278 BGB wegen § 31 BGB (analog) kein Raum. Denn wenn sich die Körperschaft bereits das schuldhafte Handeln der Person zurechnen lassen muss, bedarf es keiner weiteren Zurechnung. Das Gleiche gilt für Vereinigungen, bei denen § 31 BGB analog anwendbar ist (z.B. OHG, KG) – Rn 567b.

Zu beachten ist, dass die schuldhafte Handlung, die der gesetzliche Vertreter begangen haben muss, nicht unbedingt i.R. einer Stellvertretung i.S.d. §§ 164 ff. BGB (also bei der Abgabe einer Willenserklärung) erfolgt sein muss. Es genügt vielmehr, wenn der Vertreter im **Geschäftskreis des Schuldners eine *tatsächliche* Handlung** durchgeführt hat.

c. Handlung in Erfüllung einer Verbindlichkeit des Schuldners

577 Weiterhin ist erforderlich, dass die Hilfsperson **in Erfüllung einer Verbindlichkeit**, also im Bereich des geschuldeten Gesamtverhaltens gehandelt hat. Dieses Merkmal ist in zwei Schritten zu prüfen. Zuerst ist die **Verbindlichkeit** so genau wie möglich zu qualifizieren, um herauszufinden, ob die Hilfsperson überhaupt (noch) im Pflichtenkreis des Schuldners tätig ist, oder ob der Schuldner bereits alles seinerseits zur Leistung Erforderliche getan hat. Sodann ist zu fragen, ob die Hilfsperson die schuldhafte Handlung ***in* Erfüllung** dieser Verbindlichkeit und nicht nur *bei Gelegenheit* der Tätigkeit beging.

aa. Verbindlichkeit

578 Verbindlichkeiten sind zunächst alle **leistungsbezogenen Pflichten** des Schuldners (d.h. solche, auf die der Gläubiger einen durchsetzbaren Anspruch hat). Dabei ist zu prüfen, worauf sich die Pflicht genau erstreckt, also welcher konkrete Pflichtenkreis des Schuldners nach Art und Inhalt des Schuldverhältnisses festgelegt ist.

579 So ist unzweifelhaft derjenige Erfüllungsgehilfe eines Werkunternehmers, der bei der **Erstellung** des Werks (z.B. des Hausbaus) mitarbeitet (z.B. der Subunternehmer, der die Fliesen legt). Denn die Pflicht des Schuldners (Werkunternehmers) erstreckt sich auf die vollständige Errichtung des Hauses. Auch kann bei einer Pflicht zum **Unterlassen** § 278 BGB eingreifen.

Beispiel: G ist Geschäftsführer der Fa. „A-Autos" und wirbt regelmäßig in der Zeitschrift X mit dem Slogan „A-Autos sind die besten". H, Geschäftsführer der Konkurrenzfirma „A-Kfz", möchte diese Werbung unterbinden, da er nicht mit der Firma „A-Autos" in Verbindung gebracht werden will. Um einen Rechtsstreit, dessen Ausgang nicht einschätzbar ist, zu vermeiden, vereinbart H mit G per Vertrag, dass die Fa. „A-Autos" die Werbung zu unterlassen hat und bei Zuwiderhandlung eine Vertragsstrafe zahlen muss. Schaltet die Zeitschrift X schuldhaft (sie wurde von G über den Vertrag in Kenntnis gesetzt) in der nächsten Ausgabe diese Werbung, ist sie als Erfüllungsgehilfe bzgl. der Unterlassungspflicht anzusehen und „A-Autos" muss für ihr Verhalten einstehen. Freilich besteht ein Ausgleichsanspruch im Innenverhältnis.

Bei einer **Bringschuld** ist der Kraftfahrer, der den geschuldeten Gegenstand zum Haus des Gläubigers bringt, Erfüllungsgehilfe des Schuldners, da sich dessen Pflicht auf die Übergabe der Sache am Wohnsitz des Gläubigers erstreckt. Bei einer **Schickschuld** (Versendungskauf, § 447 BGB[594]) dagegen ist der Schuldner lediglich verpflichtet, die Sache an den Transportunternehmer auszuhändigen (und dort endet sein geschuldetes Verhalten). Wenn der Transporteur die Kaufsache auf dem Weg schuldhaft zerstört, muss der Verkäufer dafür nicht gem. § 278 BGB einstehen, weil die schädigende Handlung nicht mehr in der Erfüllung seiner Verbindlichkeit erfolgte. Hier soll etwas anderes nur gelten, wenn der Schuldner – obwohl er dazu nicht verpflichtet ist – seine ***eigenen*** Leute für die Versendung einsetzt (str.[595]). **580**

Hinweis für die Fallbearbeitung: Wird die Kaufsache bei einer Schickschuld vom Transporteur schuldhaft zerstört, gelangt man in den Problemkreis der Drittschadensliquidation (vgl. § 421 *HGB* beim Frachtführervertrag). Setzt der Verkäufer dagegen *eigene* Leute für den Transport ein, und vertritt man die Ansicht, dass § 278 BGB auch bei einer Schickschuld greift (obwohl sich die Verkäuferpflicht nur auf die Aushändigung an einen Transporteur erstreckte) ist die Drittschadensliquidation nicht relevant, weil sich bereits ein vertraglicher Anspruch des Käufers gegen den Verkäufer ergibt.

§ 278 BGB findet grundsätzlich **keine Anwendung** bei solchen Personen, die die **zu erbringende Leistung vorbereiten**. So ist nach der h.M. der Hersteller (Lieferant) einer Sache kein Erfüllungsgehilfe des Verkäufers.[596] Denn die Pflicht des Verkäufers bezieht sich zwar auf die Übereignung, nicht aber auf die Herstellung der Sache. Auch ein Werkunternehmer haftet nicht für ein Verschulden seines Zulieferers (der bspw. Dachziegel anliefert). Denn die Pflicht des Werkunternehmers beschränkt sich auf die Erstellung des Werkes, wobei von ihm nicht erwartet wird, dass er das gesamte Material auch selbst produziert. Die Herstellung dieser sog. **fremdbezogenen Vorprodukte** gehört damit nicht zu seinem geschuldeten Gesamtverhalten. **581**

Hinweis für die Fallbearbeitung: Wenn die vom Hersteller gelieferte Sache fehlerhaft ist, ergeben sich bei der Prüfung eines Schadensersatzanspruchs des Gläubigers also verschiedene Probleme: Ein vertraglicher **Anspruch gegen den Schuldner** aus §§ 280 ff. BGB könnte schon daran scheitern, dass eine Verschuldenszurechnung über § 278 BGB ausscheidet. Allerdings ist zu beachten, dass § 280 I S. 2 BGB eine Beweislastumkehr anordnet. Der Schuldner muss also nachweisen, dass ihm auch kein *eigenes* Verschulden zur Last fällt. Dies wird ihm nur gelingen, wenn er einen Beweis dafür erbringt, dass er die Sache ordentlich geprüft hat und den Mangel nicht entdecken *konnte*. Erbringt er den Beweis, ist der Gläubiger auf die verschuldensunabhängigen Gewährleistungsrechte (Minderung/Rücktritt) verwiesen. Ein deliktischer Anspruch wird i.d.R. nicht gegeben sein: Hinsichtlich des Sachmangels selbst greift § 823 I BGB schon deshalb nicht ein, weil keine Eigentumsverletzung vorliegt, sondern nur das Äquivalenzinteresse tangiert ist. Verursacht der Mangel allerdings eine Eigentumsverletzung (Mangelfolgeschaden), ist problematisch, ob ein Verschulden des Schuldners gegeben ist. Dabei ist zu beachten, dass die Beweislastumkehr des § 280 I S. 2 BGB beim Deliktsanspruch nicht gilt. **Gegen den Hersteller** hat der Gläubiger keinen vertraglichen Schadensersatzanspruch, weil kein Vertragsverhältnis vorliegt. Allerdings kann er wegen der Mangelfolgeschäden u.U. aus Delikt gegen ihn vorgehen. Dabei helfen ihm die Grundsätze der Produzentenhaftung, namentlich die Beweiserleichterung i.R. der Verschuldensprüfung. Darüber hinaus kann er auf Ansprüche aus dem ProdHaftG zurückgreifen.

[594] Zu den Besonderheiten beim Verbrauchsgüterkauf vgl. §§ 474 II, 475 II BGB – dazu Rn 76 ff./417/875.
[595] Für eine Anwendung von § 278 BGB *Grüneberg*, in: Palandt, § 278 Rn 15 m.w.N.; a.A. *Faust*, DB 1991, 1556.
[596] BGH NJW-RR 1989, 1190; BGHZ 48, 118, 120; *Kupisch*, JuS 1983, 817, 825; *Grüneberg*, in: Palandt, § 278 Rn 13; a.A. *E. Schmidt*, FS Heinrichs 1998, 511.

582 Von den Personen, die für die *Leistungs*vorbereitung eingeschaltet werden sind diejenigen zu unterscheiden, die bei der *Vertrags*vorbereitung (z.B. **Verhandlungsgehilfen**) mitwirken. Eine schuldhafte Handlung Letzterer kann dem Schuldner zugerechnet werden (das Schuldverhältnis liegt gem. § 311 II BGB auch schon vor Vertragsschluss vor, siehe Rn 569).

583 Zur **Verbindlichkeit** – also zum geschuldeten Gesamtverhalten – gehört auch die Wahrung der **Nebenpflichten** i.S.d. **§ 241 II BGB**. Der Schuldner hat also für die Verletzung von Schutz-, Sorgfalts-, Aufklärungs- oder Hinweispflichten gem. § 278 BGB einzustehen, wenn die verletzende Person mit seinem Wissen in seinen Pflichtenkreis eingetreten ist.

Beispiele:

(1) Der **Dachdecker** haftet gegenüber seinem Auftraggeber gem. §§ 280 ff., 278 BGB für seinen Gesellen, wenn dieser einen Dachziegel fallen lässt oder beim Betreten des Hauses einen Blumentopf umwirft. Auch haftet der **Autoverkäufer** für seinen Angestellten, wenn dieser dem Käufer bei den Vertragsverhandlungen aus Versehen das Jackett beschädigt oder über den Kaufgegenstand falsch informiert.

(2) Da es für § 278 BGB schon ausreicht, wenn der Schuldner der handelnden Person die Möglichkeit einer Einwirkung auf die Rechtsgüter des Gläubigers gibt, kommt eine Verschuldenszurechnung auch in Betracht, wenn der **Besucher eines Mieters** fahrlässig die Mietsache des Vermieters beschädigt (anders, wenn ungebetener Besuch kommt). Hier haftet der Mieter aus § 280 I BGB auf Schadensersatz, weil er sich das Verschulden seines Gastes zurechnen lassen muss. Ebenso greift § 278 BGB, wenn ein Möbellieferant bei der Lieferung zum Mieter das Treppenhaus des Vermieters beschädigt.

(3) Allerdings sind die **Mieter** keine Erfüllungsgehilfen des Vermieters. Wenn bspw. ein Mieter seine Waschmaschine nicht richtig anschließt und dadurch dem Mieter unter ihm Wasserschäden an seinen Sachen entstehen, muss der Vermieter nicht gem. § 278 BGB für das Verhalten des oberen Mieters einstehen. Der untere Mieter muss sich also an den oberen Mieter halten (§ 823 BGB).

584 Es können auch bloße **Obliegenheiten** als Verbindlichkeiten i.S.d. § 278 BGB angesehen werden. So ist § 278 BGB bspw. i.R. des § 254 I und II BGB anwendbar.[597] Die zum Gläubigerverzug führende Obliegenheitsverletzung einer Hilfsperson kann dem Gläubiger gem. § 278 BGB ebenso zugerechnet werden wie die nicht erfolgte Mangelrüge i.S.d. § 377 HGB.

Beispiel: H ist Hauseigentümer. Für einige Tage nimmt er seinen Freund G als Gast auf. G zündet das gegen Feuer versicherte Haus vorsätzlich an. ⇨ Verlangt H den Schaden von seiner Feuerversicherung ersetzt, kann sich die Versicherung nicht auf §§ 26 bzw. 81 VVG berufen und die Leistung verweigern. Der Versicherungsnehmer verliert seinen Schutz nur, wenn er selbst vorsätzlich oder grob fahrlässig den Versicherungsfall herbeiführt (Obliegenheitsverletzung). Eine Zurechnung der Handlung seines Gastes über § 278 BGB kommt nicht in Betracht. Eine Zurechnung ist nur ausnahmsweise möglich, wenn der Dritte, der den Versicherungsfall herbeiführt, als *Repräsentant* angesehen werden kann. Repräsentant ist, wer in dem Geschäftsbereich, zu dem das versicherte Risiko gehört, aufgrund eines Vertretungs- oder ähnlichen Verhältnisses an die Stelle des Versicherungsnehmers getreten ist.

bb. In Erfüllung

585 Erforderlich ist in allen Fällen, in denen eine Verbindlichkeit bejaht werden kann, dass die Hilfsperson **in Erfüllung** der Verbindlichkeit handelte. Damit ist gemeint, dass die

---

[597] Der Verweis des § 254 II S. 2 BGB bezieht sich trotz seiner systematischen Stellung nicht nur auf § 254 II S. 1 BGB, sondern auch auf § 254 I BGB.

Verletzungshandlung in einem inneren sachlichen Zusammenhang mit den Aufgaben stehen muss, die der Schuldner dem Erfüllungsgehilfen im Hinblick auf die Vertragserfüllung zugewiesen hatte.[598] § 278 BGB soll also **nicht** zur Anwendung kommen, wenn die schädigende Handlung der Hilfsperson **„nur bei Gelegenheit"** der Erfüllung vorgenommen wurde. Wann aber eine Verletzungshandlung „in Erfüllung" oder „nur bei Gelegenheit" erfolgte, lässt sich naturgemäß schwer ermitteln, weil jede Hilfsperson außerhalb der ihr zugewiesenen Aufgaben handelt, wenn sie Rechtsgüter des Gläubigers verletzt.

Nach h.M. ist eine Anwendung des § 278 BGB (und damit ein Handeln in Erfüllung) anzunehmen, wenn die Handlung des Erfüllungsgehilfen **in den allgemeinen Umkreis des Aufgabenbereichs gehört, zu dessen Wahrnehmung ihn der Schuldner bestellt hat**.[599] Der Zusammenhang zwischen der Handlung und dem Aufgabenkreis sei auch nicht unterbrochen, wenn die Hilfsperson von den Weisungen des Schuldners abweiche, in die eigene Tasche wirtschafte oder sogar strafbare Handlungen begehe.[600]

> **Beispiel**: § 278 BGB soll greifen, wenn die Hilfsperson im Zuge einer Reparaturarbeit die dem Schuldner anvertraute Sache mutwillig zerstört oder stiehlt. ⇨ Die Obhut bzw. die Bewachung und Verwahrung liegt im Aufgabenkreis des Schuldners.
>
> **Gegenbeispiel**: § 278 BGB greift nicht, wenn der Gehilfe den Gläubiger körperlich misshandelt. ⇨ Die Pflicht, Menschen nicht zu misshandeln, stellt keine besondere Aufgabe aus dem Schuldverhältnis dar, zu welcher der Schuldner den Gehilfen bestellt hat. Es handelt sich vielmehr um eine allgemeine, von jedermann zu wahrende Rechtspflicht.

d. Verschulden der Hilfsperson

Schließlich muss die Hilfsperson auch schuldhaft gehandelt haben. Dabei ist bzgl. der **Verschuldensfähigkeit** (vgl. dazu die Ausführungen zu § 276 BGB) grds. nicht auf den Schuldner, sondern **auf die Hilfsperson** abzustellen. **586**

> **Hinweis für die Fallbearbeitung**: Dabei ist aber zu beachten, dass derjenige, der eine verschuldensunfähige (z.B. völlig betrunkene) Hilfsperson einschaltet, schon selbst nicht die objektive Sorgfalt beachtet und daher schuldhaft handelt, § 276 BGB.

Hinsichtlich des **Sorgfalts- und Verschuldensmaßstabs** ist dagegen auf den **Schuldner** abzustellen. **587**

- Muss der Schuldner nur für **Vorsatz und grobe Fahrlässigkeit** einstehen, muss er sich ein leicht fahrlässiges Verhalten der Hilfsperson nicht zurechnen lassen.
- Hat der Schuldner nur für die **diligentia quam in suis** (§ 277 BGB) einzustehen, muss er nur für seinen Gehilfen haften, wenn dieser unsorgfältiger handelte, als der *Schuldner* es in eigenen Angelegenheiten zu tun pflegt.
- Werden an den Schuldner aufgrund einer besonderen Qualifikation besonders **strenge Sorgfaltsanforderungen** gestellt, muss er für ein *diesen* Anforderungen *nicht* entsprechendes Handeln seiner Hilfsperson einstehen. Dies gilt auch, wenn die Hilfsperson selbst nicht den strengen Anforderungen unterliegt, weil sie die Qualifikation nicht aufweist. Es kann also vorkommen, dass der Schuldner für das Verschulden seiner Hilfsperson haften muss, während der Hilfsperson selbst keine Sorgfaltspflichtverletzung vorgeworfen werden kann (weil sie z.B. die erforderliche Sorgfalt eines (nicht Fach-)Arztes hat walten lassen).

---

[598] BGHZ 114, 263, 270 ff.; BGH NJW 2001, 3190.
[599] BGHZ 61, 366; 84, 141, 145; BGH NJW-RR 1989, 725; NJW-RR 2005, 756. Vgl. auch BGH NJW 2014, 2183 ff.
[600] BGH NJW 1994, 3345; NJW 1997, 1360.

- Etwas **anderes** gilt, wenn die Hilfsperson ein besonderes Vertrauen als **Fachmann** in Anspruch nimmt. Dann ist der gesteigerte Sorgfaltsmaßstab des Erfüllungsgehilfen maßgeblich.

e. Rechtsfolgen

588 Liegen die Voraussetzungen des § 278 BGB vor, wird dem Schuldner das Verschulden der Hilfsperson zugerechnet. Es geht dabei nicht lediglich um eine Zurechnung des Verschuldens im engen Sinne, sondern auch um eine Zurechnung des Verhaltens als solches. Maßgeblich ist, ob das Verhalten des Erfüllungsgehilfen – gedacht als ein Verhalten des Schuldners – eine rechtswidrige und schuldhafte Pflichtverletzung darstellt.[601] Ist dies der Fall, haftet der Schuldner, ohne dass eine Exkulpationsmöglichkeit wie in § 831 I BGB existiert. Die Haftung der Hilfsperson (die mangels Schuldverhältnisses zum Gläubiger nur aus Delikt folgen kann[602]) bleibt unberührt und tritt neben die des Schuldners (Gesamtschuld). Der Schuldner erhält i.d.R. einen Regressanspruch (§§ 280, 426 BGB) gegen seine Hilfsperson und kann sich dadurch gegenüber dem Gläubiger schadlos halten.[603]

III. Schadensersatz neben der Leistung, § 280 I, II BGB

1. Einführung

589 Wie bereits bei Rn 532 erläutert, unterscheidet das Schadensrecht bzgl. der *Rechtsfolge* zwischen dem Schadensersatz statt der Leistung und dem Ersatz von Begleitschäden (Schadensersatz neben der Leistung).

590 Beim **Schadensersatz statt der Leistung** ist der Gläubiger (wirtschaftlich) so zu stellen, wie er stünde, wenn der Schuldner ordnungsgemäß erfüllt hätte (sog. Ersatz des **positiven Interesses**).[604] An die Stelle einer ordnungsgemäßen Erfüllung tritt Schadensersatz („statt" der Leistung), der den Vermögensverlust ersetzt, den der Gläubiger durch die nicht ordnungsgemäße Erfüllung erlitten hat. Der Schadensersatz statt der Leistung kann dem Gläubiger unter den Voraussetzungen der §§ 280 I, III, 281, 282, 283 oder § 311a II BGB zustehen (u.U. unter Beachtung spezieller Normen des Gewährleistungsrechts, vgl. bspw. §§ 437 Nr. 3, 440 BGB).

> **Beispiel:** Zu einem Preis von 10.000,- € hat V dem K ein Kfz verkauft und übereignet. Der von K gezahlte Kaufpreis entspräche auch dem Wert des Wagens, wenn dieser mangelfrei wäre. Drei Wochen später stellt sich jedoch heraus, dass der Wagen mangelbehaftet ist. Der Wagen hat unter Berücksichtigung des Mangels einen Wert von 8.000,- €. Weil V auf das Verlangen des K, den Wagen zu reparieren, nicht reagiert, setzt K ihm eine Frist, nach deren Ablauf er Schadensersatz verlangt. ⇨ Hier macht K Schadensersatz statt der Leistung geltend (§§ 280 I, III, 281 I S. 1 Var. 2 BGB). Der ersatzfähige Schaden beträgt 2.000,- €. Denn wenn V ordnungsgemäß erfüllt hätte, hätte K eine im Vergleich zum Kaufpreis äquivalente Leistung erhalten. Durch die nicht ordnungsgemäß erbrachte Leistung ist K ein Schaden i.H.v. 2.000,- € entstanden, den er von V ersetzt verlangen kann. „Statt der Leistung" (hier: ordnungsgemäße Vertragserfüllung) erhält K also einen Schadensersatz.[605]

---

[601] *Lorenz*, JuS 2007, 983, 984.
[602] Nur ausnahmsweise haftet der (Verhandlungs-)Gehilfe auch quasivertraglich, vgl. § 311 III BGB.
[603] Wobei bei einer schuldhaften Handlung durch einen Arbeitnehmer der Regress i.d.R. an den Grundsätzen über den innerbetrieblichen Schadensausgleich scheitern wird.
[604] BGH NJW 1998, 2901, 2902; *Gieseler*, JR 2004, 133, 134; *Katzenstein*, Jura 2005, 217, 218. Ähnlich nun auch *Benicke/ Hellwig*, NJW 2014, 1697, 1702; *Weiss*, NJW 2015, 3393.
[605] In der Praxis wäre K in einem solchen Fall der **Rücktritt** (§§ 437 Nr. 2, 323, 346 ff. BGB) zu empfehlen, weil dieser verschuldensunabhängig gewährt wird. Der Schadensersatz hängt dagegen (trotz Beweislastumkehr gem. § 280 I S. 2 BGB) vom Vertretenmüssen des Schuldners ab. Zum sog. **„großen Schadensersatz"** vgl. Rn 695 ff./735 ff.

Beim Schadensersatz **neben der Leistung** (**dem Ersatz von Begleitschäden**) dagegen verlangt der Gläubiger keinen Ausgleich dafür, dass er auf eine ordnungsgemäße Erfüllung verzichtet. Er begehrt vielmehr einen Ersatz für anderweitige Vermögenseinbußen, die nicht auf dem *endgültigen* Ausbleiben einer ordnungsgemäßen Erbringung der Leistung basieren. Für solche Schäden stellt § 280 I BGB die richtige Anspruchsnorm dar, wobei für Verzögerungsschäden wegen § 280 II BGB auch noch die weiteren Voraussetzungen des § 286 BGB erfüllt sein müssen. Ein Anspruch auf den Ersatz von Begleitschäden kann durch verschiedene Ursachen begründet werden. **591**

Zunächst kann die Verletzung einer **nichtleistungsbezogenen Nebenpflicht i.S.d. § 241 II BGB** zu einem Schadensersatz neben der Leistung führen. Bei Verletzung einer Nebenpflicht aus einem vorvertraglichen Schuldverhältnis ist die früher ungeschriebene, nach der Schuldrechtsreform 2002 positivrechtlich verankerte c.i.c.[606] (§§ 311 II, 241 II BGB) gemeint. Auch bei einer allgemeinen Pflichtverletzung aus dem Schuldverhältnis (vor 2002: pVV[607]) oder aus einem vertragsähnlichen Schuldverhältnis greift § 280 I BGB (vgl. § 241 II BGB). **592**

Beispiele:

(1) Der Malermeister M führt im Haus des B Malerarbeiten aus. Dabei läuft er unachtsam mehrfach über das Gartenbeet und zertrampelt die Blumen. ⇨ Die Leistung (das Anstreichen) ist ordnungsgemäß erbracht worden, aber M hat eine Schutzpflicht i.S.d. § 241 II BGB (nämlich im Rahmen der Vertragsdurchführung keine Rechtsgüter des Kunden zu beschädigen) verletzt. B hat einen Anspruch auf Ersatz der Blumen aus §§ 280 I, 241 II BGB (pVV).

(2) K möchte bei V einen neuen Wagen kaufen. Er trifft sich daher in dessen Geschäftsräumen, um über das Geschäft zu sprechen. Dabei bietet V dem K einen defekten Stuhl an. K setzt sich hin, stürzt und verletzt sich. ⇨ Hier hat K einen Anspruch aus §§ 280 I, 241 II, 311 II Nr. 1 BGB (c.i.c.) auf Ersatz der Arztkosten. Der Anspruch besteht unabhängig vom späteren Austausch der Leistungen (neben der Leistung).

Weiterhin kann ein Anspruch auf den Ersatz des Begleitschadens aus der **Verzögerung** der Leistung folgen (§§ 280 I, II, 286 BGB). Dies ist bspw. der Fall, wenn der Gläubiger wegen der verspäteten Lieferung seines neuen Geschäftswagens einen Mietwagen benutzt, um seine Termine weiterhin wahrzunehmen. Die Kosten für den Mietwagen kann er unter den Voraussetzungen der §§ 280 I, II, 286 BGB als Verzögerungsschaden geltend machen. **593**

Ein Schaden, der gem. § 280 I BGB (und nicht § 281 BGB) zu ersetzen ist, kann auch durch die schlechte Erbringung einer **leistungsbezogenen Pflicht** entstehen. Dies ist v.a. i.R. solcher Verträge von Relevanz, die keine besonderen Regelungen über die Mängelhaftung haben oder deren Leistungspflichten *nicht erfolgsbezogen* sind. Hauptfälle sind der Dienstvertrag im Allgemeinen, der Rechtsanwaltsvertrag („Geschäftsbesorgungsvertrag mit dienstvertraglichem Charakter", §§ 675, 611 BGB - dazu Rn 678), der Arbeitsvertrag (ebenfalls Rn 678) und der Behandlungsvertrag (§ 630a BGB) im Speziellen. **594**

Beispiel: Der Arzt begeht einen Behandlungsfehler, der zu einer Gesundheitsbeeinträchtigung des Patienten führt. ⇨ Hier folgt der Anspruch des Patienten aus § 280 I BGB. § 281 BGB würde keinen Sinn machen, weil der Arzt seine Leistung (nämlich die Behandlung) bereits vollständig erbracht hat. Da es sich bei dem Arztvertrag um einen Behandlungsvertrag handelt (§ 630a BGB), ist nicht der Erfolg (die Genesung) geschuldet, sondern die Behandlung. Eine Frist für einen weiteren Erfüllungsversuch (§ 281 BGB) kommt somit (ohnehin) nicht in Betracht.

---

[606] c.i.c. (culpa in contrahendo) = Verschulden bei Vertragsverhandlungen – vgl. dazu Rn 602 ff./620 ff.

[607] pVV = positive Vertragsverletzung. Dazu Rn 598 ff.

Aber auch i.R. der Verletzung *erfolgsbezogener* Leistungspflichten besteht die Möglichkeit, dass ein Schaden nach § 280 I BGB und nicht nach § 281 BGB liquidiert werden muss. Dies ist bei den sog. Begleit- bzw. Mangelfolgeschäden der Fall.[608]

> **Beispiel:** K hat einen Gebrauchtwagen erworben. Dieser gerät nach dem Abstellen in der Garage wegen einer defekten Kraftstoffleitung in Brand und beschädigt die Garage. ⇨ Hier hat K wegen der Beschädigung der Garage einen Begleitschaden, der nach § 280 I BGB zu ersetzen ist, da nicht das positive Interesse verletzt ist, sondern es sich vielmehr um einen Integritätsschaden handelt. Vgl. auch Rn 676 ff.

2. Schadensersatz bei Verletzung einer nichtleistungsbezogenen Nebenpflicht, §§ 280 I, 241 II BGB

595 Zunächst wird auf die Fälle der Verletzung nichtleistungsbezogener Nebenpflichten (**§ 241 II BGB**) eingegangen. Auf diese Pflichten hat der Gläubiger keinen durchsetzbaren Anspruch, aber der Schuldner muss sie trotzdem befolgen. Bei der Verletzung einer solchen Pflicht sind allein die Voraussetzungen des § 280 I BGB zu prüfen.

> **Hinweis für die Fallbearbeitung:** Neben den Voraussetzungen des § 280 I BGB ist für einen Schadensersatzanspruch erforderlich, dass § 280 I BGB nicht durch andere Normen verdrängt ist. Bewegt bspw. der Verkäufer den Käufer durch eine Täuschung zum Abschluss eines Vertrags, liegt darin eine Pflichtverletzung, die zu einem Schadensersatzanspruch – gerichtet auf die Vertragsaufhebung – führen könnte. Allerdings gibt es in § 123 BGB für genau diesen Fall eine Sonderregelung, sodass fraglich ist, ob § 280 I BGB zur Anwendung kommen kann. Bei der Prüfung eines Anspruchs aus §§ 280 I, 241 II BGB können sich also Konkurrenzprobleme ergeben (vgl. Rn 616 ff.).

596

Schadensersatz neben der Leistung bei Verletzung einer nichtleistungsbezogenen Nebenpflicht, §§ 280 I, 241 II BGB

Die Voraussetzungen für einen Schadensersatz neben der Leistung sind ein **Schuldverhältnis**, die Anwendbarkeit des § 280 I BGB (**Konkurrenzen**), eine **Pflichtverletzung**, die Rechtswidrigkeit, das **Vertretenmüssen** und ein kausaler **Schaden**.

I. Schuldverhältnis

Ein Schuldverhältnis kann durch verschiedene Umstände begründet werden.

1. Zunächst kommt ein **Schuldverhältnis mit Leistungspflichten** (§ 241 I BGB) in Betracht. Ein solches kann aus einem Vertrag oder aus dem Gesetz resultieren.

2. Daneben gibt es auch **Schuldverhältnisse ohne primäre Leistungspflichten**. Dazu gehören u.a. die vorvertraglichen Schuldverhältnisse i.S.d. § 311 II BGB. Solche Schuldverhältnisse liegen vor bei der Aufnahme von Vertragsverhandlungen (§ 311 II Nr. 1 BGB), bei der Vertragsanbahnung (§ 311 II Nr. 2 BGB) und bei den geschäftsähnlichen Kontakten (§ 311 II Nr. 3 BGB).

3. Gemäß § 311 III BGB kann ein **Schuldverhältnis auch mit dritten Personen** zustande kommen, die nicht selbst Vertragspartei werden sollen, aber in qualifizierter Weise an den Vertragsverhandlungen mitgewirkt haben. Erforderlich ist dafür entweder, dass die Verhandlungsperson ein besonderes Vertrauen in Anspruch genommen oder ein besonderes wirtschaftliches Interesse am Vertragsschluss hat. Bei diesen beiden Merkmalen ist zu beachten, dass das Vertrauen oder Interesse über das normale Maß einer an den Verhandlungen beteiligten Person hinausgehen muss. Nicht unter § 311 III BGB ist der **Ver-**

---

[608] Zur Frage, welche Schäden genau unter den Begleitschaden i.S.d. § 280 BGB fallen und welche gem. §§ 280, 281 BGB ersetzt werden müssen, vgl. die Ausführungen zu § 281 BGB (Mangel- und Mangelfolgeschäden) bei Rn 737.

trag mit Schutzwirkung zugunsten Dritter zu subsumieren. Hier ist auf die allgemeinen nicht kodifizierten und durch Richterrecht geprägten Voraussetzungen zurückzugreifen.

4. Auch *nach* der Vertragsabwicklung können sich noch Pflichten zwischen den Parteien ergeben. Dann liegt ein so genanntes **nachvertragliches Schuldverhältnis** vor.

5. Das nachbarschaftliche Gemeinschaftsverhältnis stellt hingegen nach der h.M. kein Schuldverhältnis dar.

II. Konkurrenzen
Wenn ein Schuldverhältnis bejaht werden kann, ist zu prüfen, ob ein möglicher Anspruch aus § 280 I BGB nicht durch andere Vorschriften verdrängt ist.

1. Bei einem **Schuldverhältnis mit Leistungspflichten** ist § 280 I BGB bei der Verletzung einer Nebenpflicht i.S.d. § 241 II BGB regelmäßig anwendbar. Probleme können sich aber ergeben, wenn eine mangelbezogene Nebenpflicht verletzt ist. Hier ist zu beachten, dass die speziellen Regelungen des **Gewährleistungsrechts** nicht durch eine Anwendung des § 280 I BGB unterlaufen werden dürfen.

2. Bei einem ***vor*vertraglichen Schuldverhältnis** i.S.d. § 311 II BGB ergeben sich Konkurrenzprobleme zu verschiedenen anderen Vorschriften. Eine **Anfechtung** aus § 123 BGB besteht grundsätzlich neben einem Anspruch aus §§ 280 I, 311 II, 241 II BGB (c.i.c.). Auch die Anfechtung aus § 119 BGB ist grundsätzlich nicht geeignet, einen Anspruch aus c.i.c. zu verdrängen. Erforderlich ist aber, dass der Gläubiger auch tatsächlich einen Vermögensschaden hat (str.). Hat der Schuldner im vorvertraglichen Bereich fahrlässig falsche Angaben über die Beschaffenheit eines Vertragsgegenstands gemacht, ist grundsätzlich von einem Vorrang des **Gewährleistungsrechts** auszugehen. Ausnahmen können sich hierbei nur ergeben, wenn der Schuldner auch auf eine Nachfrage ausdrückliche Falschangaben macht. Bei einer fahrlässigen Nichtaufklärung über ein anfängliches Leistungshindernis i.S.d. § 275 BGB ist ein Anspruch aus c.i.c. durch **§ 311a II BGB** verdrängt.

3. Bei einem **Schuldverhältnis mit Dritten** i.S.d. § 311 III BGB treten regelmäßig keine Konkurrenzprobleme auf. Lediglich wenn die Verhandlungsperson als Vertreter ohne Vertretungsmacht auftritt, ist eine Haftung aus § 179 BGB grundsätzlich vorrangig vor einer Haftung aus §§ 280 I, 311 III, 241 II BGB.

III. Pflichtverletzung
Voraussetzung für einen Anspruch aus § 280 I BGB ist weiterhin, dass der Schuldner eine Pflicht verletzt hat. Die in diesem Abschnitt behandelten Nebenpflichten i.S.d. § 241 II BGB lassen sich aufteilen in unterschiedliche Pflichtengruppen:

- Schutzpflichten
- Aufklärungs- und Hinweispflichten
- Abbruch von Vertragsverhandlungen
- Verhinderung der Wirksamkeit eines Vertrags
- Leistungstreuepflichten
- Mitwirkungspflichten

(IV. Rechtswidrigkeit)

V. Vertretenmüssen
Gemäß § 280 I S. 2 BGB muss der Schuldner die Pflichtverletzung auch zu vertreten haben (§§ 276 ff. BGB). Dabei wird das Vertretenmüssen vom Gesetz vermutet, sodass der Schuldner sein Nichtvertretenmüssen zu beweisen hat.

VI. Kausaler Schaden

VII. Verjährung

a. Schuldverhältnis

597 § 280 I BGB verlangt zunächst, dass zwischen dem Schuldner und Gläubiger ein Schuldverhältnis besteht. Dieses liegt vor, wenn zwischen den Parteien Leistungspflichten i.S.d. § 241 I BGB existieren. Gemäß § 311 II BGB kann ein Schuldverhältnis aber auch schon *vor* Vertragsschluss und gem. § 311 III BGB ausnahmsweise vorliegen, wenn die beteiligten Personen *keinen* Vertrag schließen und aus anderen Gründen eine Sonderverbindung zwischen ihnen besteht. Schließlich kann ein Schuldverhältnis auch noch *nach* der Abwicklung eines Vertrags bestehen (sog. nachvertragliches Schuldverhältnis).

aa. Schuldverhältnis mit Leistungspflichten

598 Ein **Schuldverhältnis** besteht zwischen den Parteien, wenn zumindest eine Partei von der anderen ein **Tun oder Unterlassen verlangen** kann, **§ 241 I BGB**. Dabei ist es unerheblich, *wie* diese Pflicht zu einem Tun oder Unterlassen begründet worden ist.

Der Schadensersatz aufgrund der Verletzung bloßer Nebenpflichten i.R. bestehender Schuldverhältnisse war vor der Schuldrechtsreform 2002 gesetzlich nicht geregelt. Denn die Verfasser des BGB gingen irrig davon aus, dass mit den Regelungen für die Nicht- oder Schlechtleistung und für den Verzug bereits alle möglichen Leistungsstörungen ausreichend berücksichtigt waren. Diese Lücke wurde erstmals von *Staub* (1902) entdeckt und später durch die Schaffung des Instituts der **positiven Vertragsverletzung** (**pVV**) geschlossen. Dabei ist die Bezeichnung positive *Vertrags*verletzung an sich ungenau, da es nicht erforderlich ist, dass die Leistungspflicht aus einem *Vertrag* resultiert. Genauer wäre es daher, von der positiven *Forderungs*verletzung zu sprechen. Seit 2002 findet die pVV ihre Grundlage in § 280 I BGB, der die Rechtsfolgen bei der Verletzung von Pflichten aus einem Schuldverhältnis normiert. Auch für Pflichtverletzungen im **vorvertraglichen Bereich** wurde im Rahmen der Schuldrechtsreform 2002 mit § 311 II BGB eine gesetzliche Grundlage geschaffen (dazu Rn 602 ff.).

599 Ein Pflichten gem. § 241 BGB auslösendes Schuldverhältnis liegt zunächst bei einem **Vertrag** oder einem **vorvertraglichen Schuldverhältnis** vor, wobei es unerheblich ist, ob ein synallagmatischer, ein einseitiger, ein zweiseitiger, ein entgeltlicher oder ein unentgeltlicher Vertrag gegeben ist.

600 Ebenso können auch **gesetzliche Schuldverhältnisse** Leistungspflichten zwischen den Parteien begründen. Darunter fallen bspw. die Rechtsbeziehungen zwischen dem Geschäftsherrn und dem -führer bei einer Geschäftsführung ohne Auftrag (§§ 677 ff.) oder zwischen dem Schuldner und Gläubiger einer Forderung aus dem Deliktsrecht (§§ 823 ff. BGB). Dies gilt aber erst, wenn die Forderung schon besteht, also bei der *Abwicklung* des deliktischen Schuldverhältnisses. Bei der Begründung liegt i.d.R. noch kein Schuldverhältnis vor (vgl. Rn 570). Als gesetzliche Schuldverhältnisse kommen auch die Beziehungen zwischen einem Erben und einem Vermächtnisnehmer (§ 2174 BGB), zwischen dem Nießbrauchnehmer und dem Grundstückseigentümer (§§ 1030 ff. BGB) oder zwischen dem Finder und Empfangsberechtigten in Betracht.

601 **Nicht** ausreichend ist es für ein Schuldverhältnis dagegen, wenn zwischen verschiedenen Personen lediglich allgemeine Verhaltens- oder Unterlassungspflichten bestehen wie z.B. die aus den Regeln der StVO resultierenden Verhaltensgebote.[609] Auch im Verhältnis zwischen einem Gericht und dem Zuhörer im Verhandlungsraum oder zwischen einem Strafgefangenen und der Strafanstalt wird ein Schuldverhältnis abgelehnt.

---

[609] *Huber/Faust*, S. 67.

bb. Vorvertragliche Schuldverhältnisse, § 311 II BGB (c.i.c.)

§§ 311 II, 241 II BGB stellen klar, dass ein **Schuldverhältnis auch** vorliegen kann, wenn (noch) ***keine*** primären Leistungspflichten zwischen zwei Parteien bestehen. 602

§ 311 II BGB beschreibt solche Schuldverhältnisse, in denen (noch) keine leistungsbezogenen Pflichten, wohl aber nichtleistungsbezogene **Nebenpflichten i.S.d. § 241 II BGB** existieren. Es handelt sich dabei v.a. um **vorvertragliche Schuldverhältnisse**.

Die Regelung des § 311 II BGB hat der Gesetzgeber im Rahmen der Schuldrechtsreform 2002 aufgenommen. Zuvor gab es für den vorvertraglichen Bereich keine gesetzliche Regelung, die eine Schadensersatzpflicht bei Verletzung von vertragsähnlichen/vorvertraglichen Pflichten anordnete. Deshalb wurde auf der Grundlage einer auf *Rudolf von Jhering*[610] zurückzuführenden Gesamtanalogie zu §§ 122, 179, 307 a.F., 309 a.F., 663 BGB richterrechtlich das Institut der **culpa in contrahendo** (**c.i.c.**) etabliert, das diese Lücke füllen sollte.[611] § 311 II BGB unterscheidet drei Fallgruppen, die im Folgenden erläutert werden.

> **Hinweis für die Fallbearbeitung:** Für die Frage, ob ein Anspruch aus **c.i.c.** oder **pVV** (Rn 598) vorliegt, ist der **Zeitpunkt** der **Pflichtverletzung** (und nicht des Schadenseintritts) maßgeblich. Ist die Pflichtverletzung *vor* Vertragsschluss erfolgt, kommt ein Anspruch aus c.i.c. (§§ 280 I i.V.m. 311 II, 241 II BGB) in Betracht. Wird die Pflicht dagegen *während* eines *Schuldverhältnisses mit Leistungspflichten* verletzt, greift die pVV (§§ 280 I, 241 II BGB). Die Möglichkeit der vertraglichen/quasivertraglichen Haftung des Schuldners hat für den Geschädigten im Vergleich zur deliktischen Haftung aus §§ 823 ff. BGB erhebliche Vorteile. Diese bestehen v.a. darin, dass § 280 I S. 2 BGB ein Verschulden des Schuldners vermutet (also eine Beweislastumkehr statuiert: Der Schuldner muss beweisen, dass er die Pflichtverletzung nicht zu vertreten hat), wohingegen bei § 823 BGB grds. der Geschädigte das Verschulden des Schädigers beweisen muss. Zudem muss sich beim vertraglichen/quasivertraglichen Schadensersatzanspruch der Anspruchsgegner das Verschulden seiner Erfüllungsgehilfen gem. § 278 BGB zurechnen lassen und haftet daher gem. §§ 280 I S. 1, 276, 278 BGB auch für fremdes Verschulden. Im Rahmen des Deliktsrechts haftet der Schuldner zwar auch für den Schaden, den seine Verrichtungsgehilfen in Ausführung der Verrichtung dem Gläubiger widerrechtlich zufügen (§ 831 I S. 1 BGB), allerdings kann der Schuldner das vermutete eigene Verschulden relativ leicht widerlegen (§ 831 I S. 2 BGB). Diese Schwächen des Deliktsrechts verdeutlichen die Vorzüge der vertraglichen/vorvertraglichen Haftung. Vgl. dazu auch Rn 566 ff.

a.) Aufnahme von Vertragsverhandlungen, § 311 II Nr. 1 BGB

In § 311 II Nr. 1 BGB ist geregelt, dass ein Schuldverhältnis mit Pflichten nach § 241 II BGB bereits durch die **Aufnahme von Vertragsverhandlungen** begründet wird. Die Vertragsverhandlungen beginnen mit der Maßnahme eines Vertragsteils, die den anderen Teil zum Abschluss des Vertrags veranlassen soll[612], und sie enden mit dem Abbruch der Verhandlungen oder dem Vertragsschluss. Erforderlich ist also, dass bereits eine Kommunikation zwischen den Parteien stattfindet. Für den Zeitraum *vor* der Kommunikationsaufnahme ist § 311 II Nr. 2 BGB einschlägig. 603

Beispiel: Der in München wohnende V hat im Internet sein 1 Jahr altes Motorrad zum Verkauf inseriert und dabei einen neuwertigen Zustand beschrieben. K, der in Hamburg wohnt und dies dem V auch mitteilt, ist interessiert und erkundigt sich telefonisch bei V über das Motorrad. V und K vereinbaren, dass K das Motorrad vor Ort besichtigen und

---

[610] *Rudolf von Jhering*, Culpa in contrahendo, in: Jahrbücher für die Dogmatik des heutigen römischen und deutschen Rechts, 4. Band, 1861.
[611] RGZ 95, 58; BGHZ 6, 330, 333; 66, 52, 54.
[612] Ausreichend sind auch unverbindliche Gespräche, wenn sie in einen Vertragsschluss münden können, vgl. *Gehrlein/Sutschet*, in: Bamberger/Roth, § 311 Rn 45.

Probe fahren solle. Daraufhin fährt K mit dem Zug nach München. Bei V angekommen, stellt sich heraus, dass das Motorrad starke Gebrauchsspuren aufweist. So ist der Hinterradreifen abgefahren und die rechte Seite des Motorrads ist stark zerkratzt, was ganz offensichtlich von einem Sturz herrührt. Zudem ist der 1. Service überfällig. V ist der Meinung, K solle sich nicht so anstellen, immerhin handele es sich um ein Gebrauchtfahrzeug.

Hier hat V den K von Hamburg nach München reisen lassen, obwohl ihm bewusst war, dass K die Reise nur deshalb antritt, weil er von einem neuwertigen Zustand des Motorrads ausging. Dies stellt eine vorvertragliche Pflichtverletzung dar: V und K standen in Vertragsverhandlungen und V hat bewusst einen Zustand beschrieben, der objektiv nicht zutraf. V ist daher dem K zum Schadensersatz (Ersatz der Reisekosten) verpflichtet, §§ 280 I, 311 II Nr. 1, 241 II BGB.

b.) Vertragsanbahnung, § 311 II Nr. 2 BGB

604 § 311 II Nr. 2 BGB normiert das Vorliegen eines Schuldverhältnisses bei der **Anbahnung eines Vertrags**, bei welcher der eine Teil im Hinblick auf eine rechtsgeschäftliche Beziehung dem anderen Teil die Möglichkeit zur Einwirkung auf seine Rechte, Rechtsgüter und Interessen gewährt oder ihm diese anvertraut. Damit sind v.a. solche Fälle gemeint, in denen eine Person das Geschäftslokal eines anderen betritt, um **dort einen Vertrag abzuschließen** (deswegen greift § 311 II BGB z.B. nicht bei einem *Dieb*). Die „Möglichkeit zur Einwirkung auf die Rechtsgüter" beginnt dabei mit dem Erreichen des Eingangsbereichs der Verkaufsräume.[613] Der Gesetzgeber hat die Regelung des § 311 II Nr. 2 BGB insb. im Hinblick auf einige von der Rspr. bereits entschiedene Sachverhalte aufgenommen, die die Gerichte auf der Grundlage des damals noch nicht normierten Instituts der c.i.c. gelöst hatten[614]:

Beispiele: Kunde K betritt in Kaufabsicht den Kundenbereich des Supermarktbetreibers V. Dabei rutscht er auf einem Salatblatt aus, welches das Personal beim Reinigen des Bodens nicht entfernt hatte. Kunde K wird im Kaufhaus des V von einer Linoleumrolle getroffen, die mangels ordentlicher Befestigung durch einen Angestellten umgefallen ist.

In beiden Fällen ist ein Anspruch aus § 280 I BGB i.V.m. §§ 311 II Nr. 2, 241 II BGB gegeben. Ein Schuldverhältnis liegt gem. §§ 311 II Nr. 2, 241 II BGB vor[615] und eine Schutzpflicht gegenüber K wurde verletzt. Auch liegt ein Vertretenmüssen des V vor, denn er muss sich das schuldhafte Verhalten seiner Angestellten gem. § 278 BGB zurechnen lassen, da eine vorvertragliche Sonderverbindung besteht.

Hinweis für die Fallbearbeitung: Insb. die Möglichkeit einer Verschuldenszurechnung gem. § 278 BGB war ausschlaggebend dafür, in diesen Fällen jeweils einen Anspruch aus c.i.c. anzunehmen. Ein deliktischer Anspruch gegen den Geschäftsinhaber (§ 831 I S. 1 BGB) wäre u.U. an der Exkulpationsmöglichkeit des § 831 I S. 2 BGB gescheitert (vgl. dazu bereits den Hinweis für die Fallbearbeitung bei Rn 602).

605 Ein weiterer Fall der Vertragsanbahnung liegt vor, wenn jemand einer anderen Person **unbestellte Ware** zusendet. Dies gilt allerdings nicht, wenn der Absender ein Unternehmer (§ 14 I BGB) und der Empfänger ein Verbraucher (§ 13 BGB) ist. In einem solchen Fall schließt § 241a I BGB das Vorliegen eines vorvertraglichen Schuldverhältnisses aus, es sei denn, es handelt sich für den Empfänger erkennbar um eine irrtümliche Leistung (§ 241a II BGB).[616]

---

[613] *Emmerich*, in: MüKo, § 311 Rn 70; BGH NJW 1962, 31,32.
[614] BT-Drs. 14/6040, S. 163. Vgl. zu den Beispielen RGZ 78, 239 ff. und BGHZ 66, 51 ff.
[615] Etwas anderes läge vor, wenn K die Geschäftsräume etwa nur deshalb betreten hätte, um sich aufzuwärmen.
[616] Zu § 241a BGB vgl. *R. Schmidt*, BGB AT, Rn 236 ff.

c.) Ähnliche geschäftliche Kontakte, § 311 II Nr. 3 BGB

Schließlich erwähnt § 311 II Nr. 3 BGB die **ähnlichen geschäftlichen Kontakte**. Damit sind z.B. solche Fälle gemeint, in denen ein Vertrag noch nicht konkret angebahnt, aber schon vorbereitet werden soll.[617] **606**

Beispiel: G betritt die Geschäftsräume der B-Bank, um sich über die Konditionen eines Darlehens zu erkundigen. Dabei wird er von der automatischen Schiebetür verletzt, weil diese in dem Moment, als G sie passiert, aufgrund eines technischen Defekts schließt.

In diesem Fall liegt weder die Aufnahme von Vertragsverhandlungen vor noch eine konkrete Vertragsanbahnung. Es ist aber ein vorvertragliches Schuldverhältnis gem. §§ 280 I, 311 II Nr. 3, 241 II BGB gegeben.

Hinweis für die Fallbearbeitung: Die Abgrenzung zwischen den Varianten des § 311 II BGB kann u.U. schwierig sein, weil die Phasen des Vertragsschlusses fließend ineinander übergehen. Das gilt insbesondere dann, wenn der Sachverhalt nur vage die Absichten der Parteien beschreibt. Wird ein Kunde bspw. durch eine Werbung veranlasst, ein Geschäftslokal zu betreten, könnte man daher Folgendes erwägen: Zunächst könnte aufgrund der Werbung eine Vertragsverhandlung i.S.d. § 311 II Nr. 1 BGB vorliegen, weil der Werbende bereits eine einseitige Maßnahme veranlasst hat, um den Kontakt mit dem Kunden zu schließen. Auch besteht die Möglichkeit, dass eine Vertragsanbahnung vorliegt, wenn der Kunde in der Absicht, einen Vertrag zu schließen, das Geschäftslokal aufsucht, § 311 II Nr. 2 BGB. Schließlich wäre es möglich, diesen Fall als Vertragsvorbereitung anzusehen, wenn noch keine konkrete Anbahnung erfolgt ist, § 311 II Nr. 3 BGB. Auch ist schwierig zu beurteilen, wenn der Kunde eine Ware *testet*. Darin könnte man sowohl eine Vertragsanbahnung als auch bereits eine konkrete Verhandlung sehen. In einer Fallbearbeitung muss jeweils anhand der Umstände des Einzelfalls ausgelegt werden, welche Variante des § 311 II BGB vorliegt. Sollte eine eindeutige Zuordnung nicht zweifelsfrei möglich sein, ist nach der hier vertretenen Auffassung eine Entscheidung entbehrlich, weil die Rechtsfolgen jeweils dieselben sind.

Wird eine vorvertragliche Pflichtverletzung festgestellt, greift die Rechtsfolge aus § 280 I S. 1 BGB (**Schadensersatz**, Rn 625). Hinsichtlich Art und Inhalt des Schadensersatzes greifen §§ 249 ff. BGB (dazu Rn 899 ff.). **606a**

cc. Schuldverhältnis mit Dritten, § 311 III BGB

Gemäß § 311 III BGB kann ein Schuldverhältnis mit Pflichten aus § 241 II BGB auch zu solchen Personen entstehen, die selbst gar **nicht Vertragspartei werden sollen**. Dies ist von Relevanz, wenn ein Gläubiger nicht etwa seinen (zukünftigen) Schuldner in Anspruch nehmen möchte, sondern bspw. denjenigen, der die **Verhandlungen für den Schuldner** geführt hat. Auch diese Fallgruppe wurde früher über die Grundsätze der c.i.c. gelöst und mit der Reform 2002 durch § 311 III BGB gesetzlich geregelt. **607**

Beispiel: A möchte einen Vertrag mit B schließen. Für die Verhandlungen setzt B den Fachmann C ein, der gegenüber A eine Pflicht verletzt, die zu einem Schaden führt.

Unproblematisch wäre ein Anspruch des A gegen B aus §§ 280 I, 311 II Nr. 1, 241 II BGB gegeben. Für das schuldhafte Verhalten des C muss B gem. § 278 BGB einstehen, da eine Sonderverbindung vorliegt. Wenn A aber gegen *C* vorgehen möchte (bspw. weil B illiquide ist), stellt sich die Frage, ob ihm dies möglich ist. Grundsätzlich könnte zunächst ein Anspruch aus § 823 I BGB bestehen. Wenn C aber mit seiner Pflichtverletzung kein *absolutes* Recht i.S.d. § 823 I BGB verletzt hat – bspw. weil eine fehlerhafte Beratung über den Vertragsgegenstand vorliegt, die lediglich zu einer Vermögensverletzung führte –, scheidet ein Anspruch aus § 823 I BGB aus. Nun stellt sich die Frage, ob ein Anspruch aus § 280 I

[617] *Brox/Walker*, SchuldR AT, § 5 Rn 7.

BGB gegeben ist. I.d.R. liegt das Schuldverhältnis nur zwischen den Parteien vor, die Vertragspartner sind oder werden wollen. Unter den Voraussetzungen des § 311 III BGB kann aber u.U. auch ein Schuldverhältnis mit Pflichten aus § 241 II BGB zwischen A und C vorliegen.

Bereits vor der Kodifikation des § 311 III BGB war anerkannt, dass auch ein Dritter unter strengen Voraussetzungen nach den Grundsätzen der c.i.c. haftet, obwohl er selbst nicht Vertragspartei werden sollte. Dies war insb. der Fall, wenn er am Vertragsschluss unmittelbar ein eigenes **wirtschaftliches Interesse oder** wenn er ein **besonderes Vertrauen** in Anspruch genommen und dadurch die Verhandlungen oder den Vertragsschluss erheblich beeinflusst hatte.[618] § 311 III BGB nennt nur eine dieser beiden Varianten (besonderes Vertrauen), was aber nichts daran ändert, dass beide Fälle unter § 311 III BGB subsumiert werden können. Denn der Gesetzgeber hat die Formulierung der Vorschrift bewusst offengelassen, damit die Haftung Dritter aus dem Institut der c.i.c. weiterentwickelt werden kann.[619]

a.) Inanspruchnahme eines besonderen Vertrauens

608 § 311 III S. 2 BGB spricht ausdrücklich die wichtigste Fallgruppe an, nämlich die Eigenhaftung von Vertretern und Verhandlungsgehilfen bei der Inanspruchnahme eines besonderen Vertrauens.

609 Für ein **besonderes Vertrauen** ist erforderlich, dass der Verhandlungsgehilfe eine über das normale Verhandlungsvertrauen hinausgehende **persönliche Gewähr** für die Seriosität und die Erfüllung des Vertrags übernommen hat.[620] Weiterhin verlangt § 311 III S. 2 BGB, dass gerade durch diese Inanspruchnahme des besonderen Vertrauens seitens des Dritten die Vertragsverhandlungen oder der Vertragsabschluss erheblich beeinflusst werden.

Ob ein solches Vertrauen begründet worden ist, hängt von den Umständen des Einzelfalls ab. In der Rspr. haben sich einige Kriterien herausgebildet, die *für* bzw. *gegen* ein gesteigertes Vertrauen sprechen. Kann das Vertrauen danach bejaht werden, ist i.d.R. auch zugleich davon auszugehen, dass der Dritte durch die Übernahme der Gewähr einen erheblichen Einfluss auf die Vertragsverhandlungen bzw. den Vertragsschluss genommen hat.

Ein besonderes Vertrauen wurde bei Verhandlungen mit einem Verwandten angenommen oder wenn der Verhandelnde angibt, er „verbürge" sich für die Seriosität des Geschäfts.[621]

Nicht dagegen reicht es aus, wenn der Vertreter oder Verhandlungsgehilfe lediglich auf seine Sachkunde verweist oder bei den Verhandlungen Wortführer ist.[622] Ebenso ist nicht ausreichend, wenn der Gläubiger den Gehilfen bereits aus längeren Geschäftsbeziehungen mit dem Schuldner kennt (wobei im Einzelfall beim Hinzutreten weiterer Umstände ein Vertrauen leicht begründet werden kann).

Von besonderer Bedeutung ist in diesem Zusammenhang die sog. **Sachwalterhaftung**. Ein Sachwalter ist, wer wegen seiner besonderen *Sachkunde* in hohem Maße das persönliche Vertrauen des anderen Teils in Anspruch nimmt und diesem dadurch die Gewähr für eine ordnungsgemäße Durchführung insb. eines riskanten Geschäfts gibt.[623] Solche Sachwalter kön-

---

[618] BGHZ 14, 313, 318; 88, 67, 68; BGH NJW 1990, 1907 ff.
[619] BT-Drs. 14/6040, S. 163.
[620] BGHZ 88, 67, 69; BGH NJW-RR 1991, 1241, 1242; BT-Drs. 14/6040, S. 163.
[621] BGHZ 87, 27, 33; OLG Hamm WM 1993, 241, 242; vgl. auch BT-Drs. 14/6040, 163.
[622] BGH ZIP 1993, 363, 363; BT-Drs. 14/6040, S. 163.
[623] BGHZ 13, 127, 131; 70, 337 ff.; BGH NJW 2010, 858; NJW-RR 2011, 462; *Grüneberg*, in: Palandt, § 311 Rn 66; *Schilken*, in: Staudinger, § 164 Rn 15.

nen z.B. der Kunstauktionator, der Versicherungsmakler, der Wirtschaftsprüfer oder der Rechtsanwalt sein. Ein typischer Fall eines Sachwalters ist auch der Kfz-Händler.

Beispiel: V gibt seinen Wagen beim Kfz-Händler H in Zahlung. Dabei soll V Eigentümer bleiben und H den Wagen für V verkaufen. Der Wagen hatte früher einen Unfall, was für einen Fachmann erkennbar ist. Da V aber angibt, dass der Wagen einwandfrei sei, hält H eine Überprüfung der Sache für entbehrlich. Bei den Verkaufsverhandlungen tritt H für V als Vertreter auf und erklärt dem Käufer K, dass der Wagen in Ordnung sei, woraufhin K sich zum Kauf entschließt.

Hier kann K zunächst Ansprüche aus dem Gewährleistungsrecht gegen *V* geltend machen. Es besteht aber auch die Möglichkeit, dass K gegen *H* aus § 280 I BGB i.V.m. §§ 311 III, 241 II BGB vorgeht. Wegen der überlegenen Sachkunde des H und der Tatsache, dass sich K auf dessen fachmännische Auskunft verlassen durfte, ist H als Sachwalter anzusehen, sodass ein **Schuldverhältnis** (§ 311 III BGB) zwischen K und H vorliegt. Fraglich ist, ob H auch **schuldhaft** eine **Pflicht** aus diesem Schuldverhältnis **verletzt** hat. Aufgrund seines Auftretens als Fachmann oblag es ihm, K über sämtliche Fehler der Kaufsache aufzuklären. Dabei kann von ihm sogar verlangt werden, dass er den Wagen vorher vollständig überprüft, obwohl ihm V die Unfallfreiheit des Wagens zusicherte.[624] Da H dem K ohne vorherige Überprüfung zusagte, dass der Wagen in Ordnung sei, liegt eine schuldhafte Pflichtverletzung vor.

Der Vorteil dieses Ergebnisses liegt darin, dass K einen *vertragsähnlichen* Anspruch hat und damit nicht mit den Nachteilen des Deliktsrechts konfrontiert wird. D.h., dass er auch einen Anspruch hat, wenn H kein absolutes Recht verletzt hat, was für § 823 I BGB erforderlich wäre. V.a. aber besteht i.R. der c.i.c. die Möglichkeit, § 278 BGB anzuwenden. Wenn nicht H die Pflicht verletzt hätte, sondern sein Angestellter A, hätte sich H dessen Verschulden gem. § 278 BGB zurechnen lassen müssen.

Hinweis für die Fallbearbeitung: In dem Beispielsfall hätte man auch erwägen können, dass H nicht als Sachwalter aus c.i.c. haftet, sondern dass zwischen K und H ein eigenständiger Beratungsvertrag zustande kam, dessen Verletzung zu einem Anspruch aus pVV geführt hätte. Für die Annahme eines Beratungsvertrags sind hier aber keine Hinweise gegeben. Dafür wäre nämlich erforderlich, dass H mit *erkennbarem Rechtsbindungswillen* einen Vertrag über eine Beratung hätte abschließen wollen.

b.) Besonderes wirtschaftliches Interesse

Nach der zweiten – nicht ausdrücklich genannten – Fallgruppe des § 311 III BGB entsteht ein Schuldverhältnis auch zu solchen Personen, die an den Vertragsverhandlungen mitwirken und ein **wirtschaftliches Interesse** am Vertragsschluss zwischen dem Schuldner und dem Gläubiger haben. 610

Für das **wirtschaftliche Interesse** ist erforderlich, dass der Dritte als wirtschaftlicher Herr des Geschäfts bzw. als eigentlicher wirtschaftlicher Interessenträger anzusehen ist.[625] 611

Er muss demzufolge bei den Vertragsverhandlungen als „Quasi-Partei" **gleichsam in eigener Sache tätig werden**. Etwaige **mittelbare Vorteile**, die ihm aus dem Geschäft erwachsen können, reichen für die Annahme eines wirtschaftlichen Interesses **nicht** aus. Deswegen ist das Interesse regelmäßig abzulehnen, wenn ein Reisebüro oder ein Makler durch die Vermittlung eines Geschäfts (oder einer Reise) eine Provision erhält.[626] Auch zählen keine mittelbaren Vorteile dazu, die der Gesellschafter einer Gesellschaft aus einem Geschäft zwischen der Gesellschaft und einem anderen zieht (etwas 612

---

[624] Vgl. OLG Düsseldorf VersR 1993, 1027, 1028.
[625] BGHZ 56, 84; BGH NJW 1986, 586, 587.
[626] *Althammer*, JA 2006, 321, 322.

anderes gilt nur, wenn der Gesellschafter *Allein*gesellschafter ist). Zu **bejahen** ist ein **Interesse** aber, wenn ein Autohändler ein Kfz erfüllungshalber von einer anderen Person in Zahlung nimmt und in *deren* Namen weiterveräußert. Dann ist zwar die andere Person Verkäufer, aber dem Händler steht das Recht zu, sich aus dem Verkaufserlös zu befriedigen. Daraus folgt, dass er praktisch in eigener Sache auftritt („Quasi-Verkäufer").[627] Dann hat der Geschäftsgegner einen Schadensersatzanspruch aus c.i.c. (§§ 311 III, 241 II, 280 I BGB) gegen den „Quasi-Verkäufer", sofern dieser eine Pflicht aus § 241 II BGB verletzt. Ebenso ist ein Interesse anzunehmen, wenn die Verhandlungsperson einen Vertrag nur zum *Schein* im Namen einer anderen Person schließt und dabei in Wirklichkeit selbst die wirtschaftlichen Konsequenzen des Geschäfts trägt.[628]

c.) Einbeziehung Dritter auf Gläubigerseite?

613 Weiterhin ist fraglich, ob § 311 III BGB auch Dritte in das Schuldverhältnis mit einbezieht, die nicht auf der Seite des Schuldners, sondern des Gläubigers stehen. Gemeint ist also die Frage, ob der Vertrag mit **Schutzwirkung zugunsten Dritter** von § 311 III BGB erfasst ist. Der Wortlaut des § 311 III S. 1 BGB ließe eine solche Auslegung zu, da er nur feststellt, dass auch zu einem (beliebigen) Dritten, der nicht Vertragspartei werden soll, ein Schuldverhältnis bestehen kann.[629] Allerdings ist bei der Auslegung des § 311 III S. 1 BGB zu beachten, dass dieser durch S. 2 konkretisiert wird. Dadurch können unter S. 1 auch nur solche „Dritte" fallen, die dem Sinn der Konkretisierung entsprechen. Dies dürfte bspw. bei einem Kind, welches seine Mutter zum Einkaufen begleitet und dort durch den Verkäufer verletzt wird, nicht der Fall sein. Denn § 311 III S. 2 BGB will gerade die Haftung *gegen* einen Dritten begründen, der in einer qualifizierten Weise am Vertragsschluss mitwirkt. Daraus ist nicht ersichtlich, dass ein Anspruch auch *für* einen Dritten (bspw. für das Kind) durch § 311 III BGB gewährt werden soll. Somit ist beim Vertrag mit Schutzwirkung zugunsten Dritter nicht auf § 311 III BGB, sondern auf die allgemeinen – gesetzlich nicht geregelten – Grundsätze zurückzugreifen (Rn 1079 ff.).

Hinweis für die Fallbearbeitung: Allerdings lassen sich in einer Klausur die Regelungen des § 311 II BGB mit den Grundsätzen des Vertrags mit Schutzwirkung zugunsten Dritter kombinieren.

Beispiel: Die Mutter M geht mit ihrem Kind K zum Einkaufen in den Supermarkt. Das Kind rutscht auf einem Gemüseblatt aus, das das Personal des Supermarktinhabers (S) fahrlässig nicht entfernt hat. K fragt nach seinen Ansprüchen gegen S.

1. Ein *vertraglicher* Anspruch aus § 280 I BGB (allein) scheidet mangels Vertrags zwischen K und S aus.

2. Auch ein Anspruch aus § 280 I BGB i.V.m. §§ 311 II Nr. 2, 241 II BGB (allein) kommt nicht in Betracht, weil K nicht in den Laden ging, um einen Vertrag zu schließen (das wollte nur die Mutter).

3. Es könnte aber ein Anspruch aus §§ 280 I, 311 II Nr. 2, 241 II BGB i.V.m. den Grundsätzen über den Vertrag mit Schutzwirkung zugunsten Dritter vorliegen. Dann müsste ein Schuldverhältnis zwischen M und S vorliegen, in dessen Schutzbereich K mit eingebunden wurde.

a. Ein Schuldverhältnis zwischen M und S liegt gem. § 311 II Nr. 2 BGB vor.

b. Auch ist das Kind in den Schutzbereich des Vertrags mit eingebunden, weil die Voraussetzungen für einen Vertrag mit Schutzwirkung vorliegen (*Leistungsnähe*, *Gläubigernähe* („Wohl und Wehe"), *Erkennbarkeit* für S, *Schutzbedürftigkeit* des K). Damit hat K dieselben Rechte, die M bei der Verletzung einer Nebenpflicht durch S hätte.

---

[627] Vgl. dazu auch BGH NJW 2010, 858; NJW-RR 2011, 462; *Grüneberg*, in: Palandt, § 311 Rn 66.
[628] BGH DB 2002, 1878, 1878. Zur Sachwalterhaftung in Form der Eigenhaftung des Vertreters vgl. auch *R. Schmidt*, BGB AT, Rn 914a.
[629] *Huber/Faust*, S. 71; *Canaris*, JZ 2001, 499, 520; *Schwab*, JuS 2002, 872, 873.

c. Eine Nebenpflicht wurde durch das unsachgemäße Reinigen des Bodens schuldhaft verletzt. S muss sich gem. § 278 BGB das Verschulden seines Personals zurechnen lassen.

d. K steht also ein Anspruch gegen S aus §§ 280 I, 311 II Nr. 2, 241 II BGB i.V.m. den Grundsätzen über den Vertrag mit Schutzwirkung zugunsten Dritter zu.

4. Daneben könnte ein Anspruch aus § 823 I BGB gegeben sein. Ein eigenes Verschulden des S ist jedoch zu verneinen. Zwar treffen ihn Verkehrssicherungs- und Organisationspflichten; es ist aber im vorliegenden Sachverhalt kein konkreter Hinweis für eine solche Pflichtverletzung und damit ein *eigenes* Verschulden i.S.d. § 276 BGB ersichtlich. Da § 278 BGB im Deliktsrecht unanwendbar ist, scheidet ein Anspruch aus § 823 BGB aus.

5. Ebenfalls kommt ein Anspruch aus § 831 BGB in Betracht, wobei sich S aber u.U. gem. § 831 I S. 2 BGB exkulpieren kann.

dd. Nachvertragliche Pflichten

Ein Schuldverhältnis kann auch aufgrund sog. nachvertraglicher Pflichten bestehen. Damit ist die Verpflichtung gemeint, nach der Vertragsabwicklung (Erfüllung) alles zu unterlassen, was den Vertragszweck gefährden und dem Gläubiger die vertraglichen Vorteile entziehen könnte. Darüber hinaus bestehen – wie auch *vor* dem Vertragsschluss – zwischen der Erfüllung und dem vollständigen Abschluss des geschäftlichen Kontakts die allgemeinen Obhutspflichten sowie Schutz- und Fürsorgepflichten. **614**

Beispiele:

(1) Rechtsanwälte müssen nach der Entziehung des Mandats die Handakten an ihre Mandanten aushändigen und sie auf die Gefahr einer drohenden Verjährung von Ansprüchen hinweisen.

(2) Vermieter V hat seine Geschäftsräume an den Kaufmann K vermietet. Nach dem Ablauf des Mietverhältnisses und dem Auszug des K, obliegt V die nachvertragliche Pflicht, für einige Zeit ein Schild an der Tür der Räume zu dulden, welches auf den Umzug und die neue Adresse des K hinweist.

(3) V verkauft K einen Computer. Nach der beiderseitigen Erfüllung und dem Ablauf der Gewährleistungsfrist erfährt V, dass bei dem Computer sog. Kriechströme auftreten, die dazu führen, dass der Benutzer einen Stromschlag erleiden kann. ⇨ Hier besteht für V die nachvertragliche Pflicht, K darüber aufzuklären.

(4) A hat im Laden des B einen Staubsauger gekauft. Beim Verlassen der Geschäftsräume rutscht er auf einer Bananenschale aus, welche vom Personal des B schuldhaft nicht entfernt wurde. ⇨ Hier hatte B die nachwirkende Pflicht, für die Sicherheit des A bis zum Verlassen der Räume zu sorgen. Aufgrund der Verletzung dieser Pflicht kann A einen Anspruch aus §§ 280 I, 241 II BGB geltend machen. Das Verschulden des Personals muss sich B gem. § 278 BGB zurechnen lassen.

(5) A und B haben sich zu einer GbR (§ 705 BGB) zusammengeschlossen, die ein kleines Softwareunternehmen betreibt. Die Geschäftsräume befinden sich im Haus des A. Weil die Geschäfte nicht gut laufen, lösen A und B die GbR wieder auf und die Gesellschaft wird liquidiert. B hat bei der Auflösung der Gesellschaft vergessen, seinen eigenen Laptop, welchen er immer bei der Arbeit benutzte, wieder mitzunehmen. Er steht bei A im Zimmer und wird dort von seiner Tochter an die Wand geschmissen, weil sie das Passwort nicht knacken kann. Dadurch wird der Laptop zerstört.

⇨ Hier kann B gegen A nicht aus § 823 I oder II BGB vorgehen, weil dieser nicht selbst den Laptop schuldhaft zerstört hat. Ein Anspruch aus § 831 BGB scheitert daran, dass die Tochter nicht Verrichtungsgehilfin des A ist.

B könnte aber einen Anspruch aus § 280 I, 241 II BGB gegen A haben. Problematisch ist, ob ein Schuldverhältnis vorliegt. Das Gesellschaftsverhältnis i.S.d. § 705 BGB ist bereits beendet und kommt daher nicht mehr als Sonderverbindung in Betracht. Allerdings könnte ein Schuldverhältnis aufgrund nachvertraglicher Pflichten vorliegen. Hier lag zwischen den Parteien ein besonderes Näheverhältnis vor, welches zur Obhut über die gegenseitigen Sachen verpflichtete. Dies muss auch nach der Vertragsabwicklung noch gelten, weil es ein vertragsspezifisches Risiko war, dass die Sachen des B bei A beschädigt werden. Ein Schuldverhältnis aufgrund nachvertraglicher Pflichten (§ 241 II BGB) ist mithin gegeben.

Eine solche Pflicht i.S.d. § 241 II BGB müsste auch schuldhaft verletzt worden sein. A selbst hat den Laptop nicht zerstört und damit nicht schuldhaft i.S.d. § 276 BGB gehandelt. Er könnte sich aber u.U. das schuldhafte Verhalten seiner Tochter gem. § 278 BGB zurechnen lassen müssen. Die T ist Erfüllungsgehilfin des A, sodass eine Zurechnung grundsätzlich in Betracht käme. Dabei ist auf den Verschuldensmaßstab des Schuldners (des A) abzustellen.[630] Dieser könnte hier – da ein verwahrungsähnliches Verhältnis vorliegt – analog § 690 BGB i.V.m. § 277 BGB haftungsprivilegiert sein. Doch auf diese Frage kommt es letztlich nicht an, weil T vorsätzlich gehandelt hat und § 277 BGB von diesem Verschuldensgrad ohnehin nicht befreit. Ein Anspruch ist damit gegeben.

ee. Nachbarschaftliches Schuldverhältnis?

615 Teilweise wird auch das nachbarschaftliche Gemeinschaftsverhältnis als Schuldverhältnis angesehen. Dies wird damit begründet, dass die Rechte und Pflichten der Nachbarn durch Bundes- und Landesrecht geregelt seien und somit ein gesetzliches Schuldverhältnis vorliege. Nach h.M.[631] stellt dieses Verhältnis dagegen **kein Schuldverhältnis** i.S.d. §§ 280 I, 241 II BGB dar (sodass auch § 278 BGB nicht anwendbar ist). Die Regelungen der §§ 903 ff.; 823 ff. BGB seien für eine Haftung der Nachbarn ausreichend und das bloße Nebeneinander begründe daher keine Sonderverbindung.

b. Konkurrenzen

616 Wie bereits eingangs erwähnt, waren die pVV und die c.i.c. als nicht kodifizierte Rechtsinstitute zur Schließung einer Gesetzeslücke entwickelt worden. Dabei war stets zu prüfen, ob im konkreten Fall auch tatsächlich eine Lücke im Gesetz vorlag oder ob eine spezielle Regelung die Anwendbarkeit des jeweiligen Instituts ausschloss. Diese Prüfung ist auch nach der Schuldrechtsreform erforderlich. Zwar stehen die pVV und c.i.c. nun im Gesetz, sie können aber gleichwohl durch vorrangige Spezialregelungen verdrängt sein.

aa. Schuldverhältnis mit Leistungspflichten

617 Wird eine nichtleistungsbezogene Nebenpflicht während des Bestehens eines Schuldverhältnisses mit Leistungspflichten verletzt, stellen sich i.d.R. noch keine Konkurrenzprobleme. Denn der Fall einer solchen Pflichtverletzung ist i.d.R. anderweitig nicht kodifiziert, sodass §§ 280 I, 241 II BGB (pVV) grundsätzlich anwendbar ist.

Beispiel: Verkäufer V liefert K den bestellten Schrank. Dabei beschädigt er die Tapete im Treppenhaus des K. ⇨ Hier folgt ein Anspruch unproblematisch aus § 280 I BGB (pVV) wegen der Verletzung einer Schutzpflicht i.S.d. § 241 II BGB. Daneben besteht ein Anspruch aus § 823 I BGB.

618 Schwieriger zu beantworten ist dagegen die Frage, wie der Fall zu behandeln ist, in dem eine *mangelbezogene* Nebenpflicht verletzt worden ist.

Beispiel: V verkauft K eine gebrauchte Maschine. *Nach* Abschluss des Kaufvertrags bekommt die Sache ohne ein Verschulden des V einen unbehebbaren Sachmangel. V sieht

---

[630] Vgl. die Ausführungen zu § 278 BGB in Rn 586 f.

[631] BGHZ 42, 374, 377; BGH NJW 1977, 375, 375; *Unberath*, in: Bamberger/Roth, § 278 Rn 6.

dieses und liefert die Maschine bei K ab. Dabei vergisst er, K auf den Mangel aufmerksam zu machen. Aufgrund des Mangels fällt die Maschine während des Betriebs um und beschädigt andere Einrichtungsgegenstände. Dadurch entdeckt K den Mangel und fragt nach seinen *vertraglichen* Ansprüchen.

Hier stehen K zunächst die verschuldensunabhängigen Gewährleistungsrechte (Minderung und Rücktritt) zu. Fraglich ist aber, ob er auch einen Schadensersatz aus dem Gewährleistungsrecht geltend machen kann (§§ 437 Nr. 3, 280 ff. bzw. 311a II BGB). Ein Anspruch aus §§ 437 Nr. 3, 311a II BGB kommt nicht in Betracht, weil der unbehebbare Mangel beim Vertragsschluss noch nicht vorlag (kein anfängliches Leistungshindernis). Aber auch ein Anspruch aus §§ 437 Nr. 3, 280 I, III, 283 BGB muss ausscheiden, weil V *den unbehebbaren Mangel* nicht verschuldet hat.

K könnte aber wegen der unterlassenen Aufklärung über den Mangel einen Anspruch aus § 280 I BGB (pVV) haben. Dies ist allerdings problematisch, weil der Sachmangel bei Gefahrübergang schon vorlag und das Gewährleistungsrecht damit im Grunde anwendbar ist. Man könnte daher erwägen, dass das speziellere Gewährleistungsrecht einen Rückgriff auf die allgemeinen Regelungen der §§ 280 I, 241 II BGB ausschließt. Dann wäre die pVV neben dem Gewährleistungsrecht nicht anwendbar und K müsste sich auf die ihm zustehenden Rechte aus § 437 BGB (Minderung/Rücktritt) beschränken. Für eine solche Lösung spricht grundsätzlich, dass das Gewährleistungsrecht für die Fälle einer mangelhaften Lieferung spezielle Sonderregelungen enthält, deren Wertungen nicht durch die Anwendung anderer Vorschriften unterlaufen werden dürfen.
Dagegen spricht allerdings *im vorliegenden Fall*, dass ein solcher Vorrang des Gewährleistungsrechts zu unbilligen Härten führte, weil man den Verkäufer von jedweder Aufklärungspflicht entbinden würde und K seinen (durch eine Aufklärung leicht vermeidbaren) Schaden an der Einrichtung trotz der Pflichtverletzung des V nicht im Wege eines vertraglichen Anspruchs ersetzt bekäme. Deswegen sprechen hier die besseren Argumente für die Anwendbarkeit der pVV (§§ 280 I, 241 II BGB) und V muss dem Grunde nach Schadensersatz wegen der schuldhaft unterlassenen Aufklärung leisten.

Um aber die Wertungen des Gewährleistungsrechts zu berücksichtigen, ist auf den Anspruch des K aus pVV (§ 280 I BGB) die **Verjährungsnorm des § 438 BGB analog anzuwenden.**[632] Denn es ist kein Grund ersichtlich, warum man K bzgl. der Verjährung bei diesem Anspruch besserstellen sollte, als wenn V die Schlechtleistung zu vertreten hätte. Wäre nämlich Letzteres der Fall, würde K ein Schadensersatzanspruch aus dem Gewährleistungsrecht zustehen, für den § 438 BGB direkte Anwendung fände.

Schließlich ist noch der Umfang des Anspruchs aus § 280 I BGB zu klären. Bzgl. des Minderwerts der Maschine wegen des unbehebbaren Mangels wird K mangels Kausalität der schuldhaften Pflichtverletzung keinen Ersatz bekommen. Denn der Minderwert beruhte auf dem ohne Verschulden des V eingetretenen unbehebbaren Mangel und nicht auf der unterlassenen Aufklärung. Hinsichtlich der beschädigten Einrichtung dagegen ist der Schaden zu ersetzen.

Hinweis für die Fallbearbeitung: Man kann hier auch einen Anspruch des K aus Delikt annehmen, weil V durch die unterlassene Aufklärung kausal die Einrichtung (das Eigentum) des K beschädigt hat. Wenn V aber *Hilfspersonen* eingesetzt hätte, wäre ein deliktischer Anspruch nicht unbedingt gegeben, weil dort § 278 BGB nicht gilt. Es würde lediglich § 831 BGB greifen, sodass sich V u.U. exkulpieren könnte.

Die im obigen Beispielsfall erwähnte Aufklärungspflichtverletzung ist allerdings nicht mit den allgemeinen Beratungs- und Aufklärungspflichten zu verwechseln, die der Verkäufer *unabhängig* von einem etwaigen Mangel hat. Wenn A bspw. dem B eine mangelfreie Maschine liefert und ihn dabei nicht über spezielle Besonderheiten bei der Anwendung **619**

632 *Derleder*, NJW 2004, 969, 975; *Gsell*, JZ 2002, 1089 ff.; *Köster*, Jura 2005, 145, 146; a.A. *Wagner*, JZ 2002, 475, 479; *ders.*, JZ 2002, 1092 ff., der § 438 BGB analog nur auf solche Schadensersatzansprüche anwenden will, die aus einer Verletzung des Äquivalenzinteresses und nicht aus einer Nebenpflichtverletzung resultieren.

informiert, stellt dies eine mangelunabhängige Nebenpflichtverletzung dar. Wenn B die Maschine aufgrund dieser mangelnden Aufklärung nicht ordnungsgemäß in Betrieb nimmt und dadurch einen Schaden erleidet, kann er Schadensersatz aus §§ 280 I, 241 II BGB verlangen, ohne dass § 438 BGB greift (sondern §§ 195, 199 BGB). Eine Nacherfüllung oder einen Schadensersatz statt der Leistung gem. § 281 BGB kann B allerdings nicht verlangen, weil die Sache bei Gefahrübergang mangelfrei war.

bb. Vorvertragliches Schuldverhältnis, § 311 II BGB (c.i.c.)

620 Auch im vorvertraglichen Bereich (§ 311 II Nr. 1, 2, 3 BGB, c.i.c. – dazu Rn 602 ff.) können Konkurrenzprobleme bei der Verletzung einer Nebenpflicht auftreten. Wie auch i.R. der pVV gibt es hier problematische und unproblematische Fälle. Ein unproblematischer Fall liegt bspw. vor, wenn eine Partei bei den Vertragsverhandlungen der anderen Partei fahrlässig einen wackeligen Stuhl anbietet, woraufhin diese mit dem Stuhl umfällt und sich verletzt. Hier greifen §§ 280 I, 311 II, 241 II BGB (c.i.c.) ein. Der damit zugleich erfüllte Deliktsanspruch aus § 823 I BGB besteht *daneben*.

a.) Anfechtung

621 Probleme können sich ergeben, wenn die Pflichtverletzung einer Partei dazu führt, dass der anderen Partei ein Anfechtungsrecht zusteht.[633] Klärt bspw. A den B über bestimmte *Umstände (Eigenschaften) des Vertragsgegenstands* nicht auf, führt dies u.U. dazu, dass letzterer einem Irrtum i.S.d. § 119 II BGB unterliegt. Hat A den B darüber hinaus sogar noch arglistig getäuscht, könnte B möglicherweise auch nach § 123 BGB anfechten. Für B stellt sich somit die Frage, ob er den Vertrag über den Weg einer Anfechtung vernichtet, oder ob er gegen A einen Anspruch aus c.i.c. geltend macht. Dieser Anspruch kann in der Rechtsfolge auch dazu führen, dass der Vertrag aufgehoben wird. Er ist nämlich gem. § 249 I BGB auf Naturalrestitution gerichtet. B ist danach so zu stellen, wie er stünde, wenn das schädigende Ereignis nicht eingetreten wäre. D.h., dass er von A die Willenserklärung zur Aufhebung des Vertrags verlangen kann.

> **Hinweis für die Fallbearbeitung:** Die Frage, über welchen Weg der Vertrag vernichtet wird, ist deswegen von Relevanz, weil B bei einer Anfechtung nach § 119 BGB u.U. Schadensersatz aus § 122 BGB leisten muss oder weil die Ausschlussfrist des § 121 BGB bereits abgelaufen ist. Dann hat er natürlich ein Interesse an der Anwendbarkeit der c.i.c. Andererseits besteht aber auch die Möglichkeit, dass der Anspruch aus c.i.c. schon verjährt ist (§§ 195, 199 BGB), während eine Anfechtung wegen einer arglistigen Täuschung noch möglich wäre (vgl. § 124 BGB).[634]

Mit der h.M. ist davon auszugehen, dass die Möglichkeit einer **Anfechtung** nach **§ 123 BGB** grundsätzlich *neben* einem Anspruch aus c.i.c. auf Vertragsaufhebung besteht.[635] Dieses Ergebnis ist sachgerecht, weil der arglistig Täuschende oder der Drohende gar nicht schutzbedürftig ist, sodass seinem Gegner *sämtliche* Rechte zustehen sollen (deswegen ist *§ 123 BGB* auch neben dem *Gewährleistungsrecht* anwendbar, wenn die eine Partei die andere über das Fehlen eines Sachmangels getäuscht hat).

Die h.M. nimmt darüber hinaus an, dass auch eine **Anfechtung** aus **§ 119 BGB** *neben* die Vertragsaufhebung aus c.i.c. treten kann.[636] Dieses Ergebnis wird darauf gestützt, dass die c.i.c. und die Anfechtung unterschiedliche Schutzrichtungen haben. Während §§ 119 ff. BGB die freie *Willensbildung* schützen, ist die c.i.c. ein Institut zum Schutz des *Vermögens*. Darüber hinaus ist die c.i.c. als verschuldensabhängiges Recht anders konzipiert als die verschul-

---

633 *Löhnig*, JA 2003, 553 ff.; *Derleder*, NJW 2004, 969 ff.; *Köster*, Jura 2005, 145, 146 ff.
634 Vgl. BGH NJW-RR 2002, 308 ff. für den Fall, dass die c.i.c. noch möglich und die Frist des § 124 BGB abgelaufen ist.
635 BGH NJW-RR 2002, 308 ff.; NJW 1979, 1983, 1983.
636 BGH NJW 1962, 1196, 1197; NJW 1998, 302, 303; *Köster*, Jura 2005, 145, 147.

dens**un**abhängige Anfechtung. Und schließlich soll die c.i.c. deswegen nicht verdrängt sein, weil mit ihr flexiblere Rechtsfolgen zu erzielen seien. Dies wird z.B. deutlich, wenn ein Vertragspartner einem von beiden Parteien fahrlässig herbeigeführten Irrtum unterliegt. Wenn er den Vertrag anficht, muss er wegen § 122 II BGB keinerlei Schadensersatz leisten. Wenn er dagegen den Weg über die c.i.c. wählt, kann beim Schadensumfang auf § 254 BGB zurückgegriffen werden.

Umstritten ist aber, ob für die Vertragsaufhebung über eine c.i.c. erforderlich ist, dass derjenige, der den Vertrag vernichten will, auch tatsächlich einen Schaden hat. Der BGH ist der Auffassung, dass die Rückgängigmachung nur möglich sei, wenn ein Schaden vorliege, die Partei also ein schlechtes Geschäft gemacht und dadurch eine tatsächliche *Vermögenseinbuße* erlitten habe.[637] Dagegen wird angeführt, dass ein Schaden bereits darin liege, dass die persönliche Entscheidungsfreiheit beeinträchtigt worden sei.[638] Vor dem Hintergrund, dass die c.i.c. zum Schutz des *Vermögens* konzipiert wurde, ist die Ansicht des BGH vorzugswürdig.

b.) Gewährleistungsrecht

Weiterhin ist fraglich, wie sich die c.i.c. zum Gewährleistungsrecht verhält.[639] Hier können Konkurrenzprobleme auftreten, wenn sich die **vorvertragliche Pflichtverletzung auf einen nach Vertragsschluss bestehenden Mangel** bezieht. Grundsätzlich ist in solchen Fällen von einem **Vorrang** des **Gewährleistungsrechts** (§§ 434 ff., 633 ff. BGB) auszugehen (str.[640]). **622**

> **Beispiel:** Unternehmer U will für B einen Wintergarten bauen. Dabei vergisst er, B darauf aufmerksam zu machen, dass die von ihm errichteten Wintergärten regelmäßig undicht sind. ⇨ Wenn der Wintergarten später tatsächlich undicht ist, greift nur das spezielle Werkgewährleistungsrecht; §§ 280 I, 311 II Nr. 1, 241 II BGB (c.i.c.) sind verdrängt. Denn würde die c.i.c. hier zum Tragen kommen und einen Schadensersatzanspruch begründen, wären die Spezialnormen des Gewährleistungsrechts insoweit überflüssig (vgl. z.B. § 439 BGB, § 442 I S. 2 BGB).[641]

Etwas anderes soll nur gelten, wenn neben der bloßen Auskunft ein **besonderes Beratungs- und Vertrauensverhältnis** bestand und die Partei auf eine Nachfrage ausdrücklich eine schuldhaft falsche Antwort gibt. Dann greift die c.i.c., wobei bei einer Beratung über die Beschaffenheit (Mangelfreiheit) der Sache jeweils die Verjährungsregelungen des einschlägigen Gewährleistungsrechts analog anwendbar sind. In besonderen Ausnahmefällen ist zu erwägen, dass durch eine Beratung sogar ein eigenständiger Beratungsvertrag (der aber einen erkennbaren Rechtsbindungswillen erfordert!) konkludent geschlossen wird. Dann kommt keine c.i.c., sondern eine Haftung aus pVV dieses Beratungsvertrags neben den Gewährleistungsrechten in Betracht.

c.) Anfängliche Unmöglichkeit

Auch die Nichtaufklärung über ein anfängliches unüberwindbares Leistungshindernis (anfängliche Unmöglichkeit) kann tatbestandlich eine c.i.c. darstellen. Allerdings ist genau dieser Fall von der Sonderregelung des § 311a II BGB erfasst, sodass für §§ 280 I, 311 II, 241 II BGB kein Raum ist. **623**

> **Hinweis für die Fallbearbeitung:** Wenn der Leistung ein anfängliches Leistungshindernis entgegensteht und der Schuldner dieses weiß oder fahrlässig nicht weiß, haftet er unproblematisch aus § 311a II BGB. Fraglich ist aber, ob er auch haften muss,

---

[637] BGH NJW 1998, 302, 302; NJW 1998, 898 ff.
[638] Vgl. *Lorenz*, ZIP 1998, 1053 ff.; *Wiedemann*, JZ 1998, 1176.
[639] Dazu *Faust*, JuS 2009, 757 f. m.w.N.; *Köster*, Jura 2005, 145, 147 ff.; *Derleder*, NJW 2004, 969, 975.
[640] BGH NJW 2009, 2120 f.; a.A. *Faust*, JuS 2009, 757, 760.
[641] BGH NJW 2009, 2120 f.

wenn er das Leistungshindernis nicht kannte und auch nicht kennen *konnte*. § 311a II BGB greift in diesem Fall nicht ein. Man könnte aber erwägen, **§ 122 BGB analog** anzuwenden.[642] Diese Norm ordnet eine verschuldens**un**abhängige Vertrauenshaftung einer wegen Irrtums anfechtenden Person an. Dieser Fall ist eigentlich mit dem der schuldlos unbekannten anfänglichen Unmöglichkeit vergleichbar, weil der Schuldner sein Leistungsversprechen abgibt und dabei schuldlos einem Irrtum über seine Leistungsfähigkeit unterliegt. Gegen eine Analogie des § 122 BGB spricht aber Folgendes: Der Schuldner kann aufgrund einer anfänglichen Unmöglichkeit das Rechtsgeschäft grundsätzlich nicht anfechten, da die Fehlvorstellung über die eigene Leistungsfähigkeit i.d.R. nur einen Motivirrtum darstellt und – sofern eine Anfechtung gem. § 119 II BGB wegen *qualitativer* Unmöglichkeit in Betracht kommt – die Anfechtungsrechte des Verkäufers ohnehin vom Gewährleistungsrecht des Käufers verdrängt sind. Es wäre aber widersprüchlich, dem Schuldner bei einer anfänglichen Unmöglichkeit einerseits die Möglichkeit einer Anfechtung abzusprechen und ihm andererseits die Pflichten des § 122 BGB aufzuerlegen. Auch wäre die Wertung des Gesetzes unterlaufen, das sich *ausdrücklich* für eine verschuldensabhängige Haftung – und damit gegen eine Garantiehaftung – entschieden hat (obwohl der Gesetzgeber die Analogie nicht ausschließt[643]).

cc. Schuldverhältnis mit Dritten, § 311 III BGB

624 Beim Schuldverhältnis zu Dritten i.S.d. § 311 III BGB ist regelmäßig allein die c.i.c. anwendbar, sodass sich keine Konkurrenzprobleme stellen. Problematisch ist lediglich die Frage, ob ein **Vertreter ohne Vertretungsmacht** aus c.i.c. haften kann. Hier ist grundsätzlich von einem Vorrang des § 179 BGB auszugehen. Soweit also ein Schaden dadurch entsteht, dass der Vertrag mit dem vermeintlich Vertretenen nicht zustande kommt, haftet der Vertreter ohne Vertretungsmacht nur aus dieser spezielleren Vorschrift. Allerdings war schon vor der Reform anerkannt, dass der falsus procurator auch aus c.i.c. haftet, wenn er *anderweitige* Pflichten verletzte und dabei ein besonderes Vertrauen in Anspruch nahm.[644] Dies muss auch nach der Reform gelten, wobei der Fall unter § 311 III BGB subsumiert werden kann.

c. Pflichtverletzung

625 Die zentrale Voraussetzung für einen Schadensersatzanspruch ist die Pflichtverletzung, § 280 I BGB. Sie liegt vor, wenn der Schuldner von seinem durch das Schuldverhältnis begründeten Pflichtenprogramm abweicht.[645] Eine solche Abweichung ist stets gegeben, wenn der Schuldner seine leistungsbezogene Pflicht (§ 241 I BGB) nicht oder nicht ordnungsgemäß erbringt. I.R. des hier erläuterten Bereichs (Schadensersatz *neben* der Leistung wegen einer *nichtleistungsbezogenen* Nebenpflichtverletzung) ist allerdings zunächst allein die Vorschrift des **§ 241 II BGB** relevant. Die Norm stellt fest, dass ein Schuldverhältnis jeden Teil zur Rücksicht auf die Rechte, Rechtsgüter und Interessen des anderen Teils verpflichtet. Vor der Schuldrechtsreform wurden solche nichtleistungsbezogenen Nebenpflichten aus dem Grundsatz von Treu und Glauben (§ 242 BGB) abgeleitet und in verschiedene Gruppen unterteilt, die auch noch heute ihre Geltung haben. Einige dieser Pflichtengruppen bestehen bei *allen* Schuldverhältnissen (z.B. Schutz- und Aufklärungspflichten), während andere aufgrund ihrer Natur nur bei *vorvertraglichen* Schuldverhältnissen bestehen können (z.B. die Pflicht, Vertragsschlüsse nicht pflichtwidrig zu vereiteln).

---

[642] *Canaris*, JZ 2001, 499, 507; *Gieseler*, JR 2004, 133, 133 f.
[643] BT-Drs. 14/6040, S. 165, 166.
[644] BGH NJW 1990, 389, 390; OLG Hamm NJW 1994, 666, 666.
[645] *Lorenz/Riehm*, Rn 172; *Katzenstein*, Jura 2005, 73 ff.; *Lorenz*, JuS 2007, 213 ff.

aa. Schutz- und Obhutspflichtverletzungen

Eine Schutzpflicht i.S.d. § 241 II BGB ist die Pflicht, sich bei der Abwicklung des Schuldverhältnisses so zu verhalten, dass Körper, Leben, Eigentum und sonstige Rechtsgüter des anderen Teils nicht verletzt werden. Die Obhutspflicht ist eine Unterart der Schutzpflicht und sie hält den Verpflichteten an, eine ihm i.R. eines Vertrags anvertraute Sache vor Schaden zu bewahren. 626

> **Beispiele:** Beschädigung einer Sache des Vermieters durch den Mieter, Verletzung einer Kundin durch eine umfallende Linoleumrolle, Unfälle von Kaufhauskunden durch nicht verkehrssichere Fußbodenbeschaffenheit, Beschädigung der zur Reparatur übergebenen Sache, Beschädigung eines Vorführwagens bei der Probefahrt, Beschädigung der Einrichtung beim Streichen der Wände des Bestellers

bb. Verletzung von Aufklärungs- und Hinweispflichten

Bei einem Schuldverhältnis besteht für die Beteiligten darüber hinaus eine Pflicht, den anderen über alle für das Zustandekommen und die Durchführung des Schuldverhältnisses maßgeblichen Umstände aufzuklären. Die Pflicht erstreckt sich dabei auf alle Umstände, über die der andere nach den Umständen des Einzelfalls und unter Berücksichtigung von Treu und Glauben redlicherweise eine Aufklärung erwarten durfte.[646] Das bedeutet, dass bspw. nicht *alle* Eigenschaften einer Kaufsache oder eines Werks der anderen Partei *unaufgefordert* detailliert mitzuteilen sind. Denn grundsätzlich hat jeder die Pflicht, sich selbst i.R. des Möglichen über den Vertragsgegenstand zu informieren. 627

Eine Aufklärungspflicht besteht aber bei **Abweichungen** des Vertragsgegenstands von der **Norm**, die für den anderen Teil nicht ersichtlich sind. Darüber hinaus ist eine Partei zur Aufklärung verpflichtet, wenn sie **erkennt**, dass die andere Partei **Fehlvorstellungen** über bestimmte, für den Vertrag maßgebliche, Umstände hat.[647] Wird in einem solchen Fall die Aufklärung *unterlassen*, kann dies zu einer Haftung führen. Gleiches gilt, wenn ein Teil dem anderen aktiv *falsche* Auskünfte erteilt, auch wenn bzgl. des Umstands keine Aufklärungspflicht bestand.

> **Beispiele:** Eine Auskunftspflichtverletzung liegt vor bei der Falschberatung über die Verwendbarkeit eines Kaufgegenstands oder bei unzureichender Risikoaufklärung über eine Kapitalanlage. Auch liegt eine Aufklärungspflichtverletzung vor, wenn der Werkunternehmer den Besteller nicht adäquat über die Wartung und Bedienung des hergestellten Werks informiert.

cc. Abbruch von Vertragsverhandlungen

Aufgrund der Privatautonomie steht es den Parteien grundsätzlich frei, sich nach den Vertragsverhandlungen zu entscheiden, ob sie den Vertrag schließen oder nicht. Der Abbruch von Vertragsverhandlungen stellt damit i.d.R. keine Pflichtverletzung dar und zwar selbst dann nicht, wenn die andere Partei in der Erwartung des Vertragsschlusses bereits Aufwendungen getätigt hat.[648] Etwas anderes gilt aber (und führt zu einer Haftung aus c.i.c., §§ 280 I, 311 II, 241 II BGB), wenn eine Partei in **zurechenbarer und pflichtwidriger (§ 276 BGB) Weise Vertrauen auf das Zustandekommen des Vertrags erweckt** und dann die Verhandlungen **ohne triftigen Grund abbricht**.[649] 628

Wann genau ein solches erwecktes **Vertrauen** vorliegt, ist anhand der Umstände des Einzelfalls zu ermitteln. Jedenfalls ist erforderlich, dass die Parteien bereits eine Einigung über den 629

---

[646] OLG Düsseldorf NJW-RR 2000, 165 ff.
[647] BGH NJW 1999, 2814, 2814.
[648] Vgl. dazu BGH NJW 2013, 928.
[649] BGHZ 71, 386, 395; 76, 343, 349; BGH ZIP 2001, 655; NJW 2013, 928.

wesentlichen Inhalt des Vertrags getroffen haben.[650] Auch kann für ein Vertrauen sprechen, dass eine der Parteien den Vertragsschluss schon als „sicher" darstellt und den anderen dadurch bereits zu ersten Vorleistungen im Hinblick auf den zukünftigen Vertrag veranlasst (z.B. eine erste Anzahlung) oder wenn die Parteien bereits gemeinsam mit der Durchführung des noch nicht geschlossenen Vertrags begonnen haben.

630 Wann kein **triftiger Grund** besteht, ist nicht isoliert, sondern in Abhängigkeit zum gesetzten Vertrauen zu beurteilen. Je höher das Vertrauen ist, desto weniger kann ein Grund als triftig angesehen werden. Ein triftiger Grund kann aber wohl regelmäßig bejaht werden, wenn der Verhandlungsabbruch auf wirtschaftlich vernünftigen Erwägungen beruht, bspw. wenn eine Partei ein günstigeres Angebot für den begehrten Vertragsschluss erhält.[651]

631 Eine **Besonderheit** besteht bei **formbedürftigen Verträgen**. Hier würde die Haftung aus c.i.c. der *Schutz-* und *Warnfunktion* der Formvorschrift widersprechen, da dadurch ein indirekter Zwang zum Vertragsschluss begründet wäre.[652] Eine Haftung wegen des Abbruchs von Vertragsverhandlungen soll daher nur in seltenen Ausnahmefällen begründet sein, wenn der Abbruch einen besonders schwerwiegenden Verstoß gegen die Verpflichtung zu redlichem Verhalten bei Vertragsverhandlungen darstellt, was regelmäßig **Vorsatz** erfordert.[653] Auch soll eine Haftung aus c.i.c. möglich sein, wenn sich der Abbrechende so unredlich verhalten hat, dass er sich auf einen etwaigen Formmangel ohnehin nicht hätte berufen können.[654]

Hinweis für die Fallbearbeitung: Der Ersatzanspruch wegen des Abbruchs von Vertragsverhandlungen ist grundsätzlich nur auf das negative Interesse gerichtet, sodass bspw. die vergeblichen Vermögensaufwendungen ersetzt verlangt werden können. Ein Anspruch auf das positive Interesse – namentlich auf den Abschluss des Vertrags – würde auf einen unzulässigen Kontrahierungszwang hinauslaufen.[655]

dd. Verhinderung der Wirksamkeit eines Vertrags

632 Auch wenn eine Partei den Vertragsschluss dadurch vereitelt, dass sie schuldhaft dessen Unwirksamkeit herbeiführt, besteht die Möglichkeit einer Haftung aus §§ 280 I, 311 II Nr. 1, 241 II BGB (c.i.c.).

Beispiele: Schuldhafte Herbeiführung eines Dissens wegen unklarer Ausdrucksweise, Verwendung sittenwidriger oder gegen §§ 307 ff. BGB verstoßender Vertragsbedingungen

633 Ebenfalls unter diese Fallgruppe fällt der Abschluss eines formunwirksamen Vertrags.

Beispiel: V möchte K sein Grundstück verkaufen. Da K geschäftsunerfahren ist, weiß er nicht, dass ein Kaufvertrag über ein Grundstück der Form des § 311b I BGB bedarf. V hingegen hat Zweifel an der Wirksamkeit eines formlosen Vertrags, weist K aber nicht darauf hin. Die beiden schließen den Vertrag, ohne die Form des § 311b I BGB zu beachten. K verlangt nun die Auflassung und Eintragung; V weigert sich.

Hier ist kein Vertrag zustande gekommen, §§ 125, 311b I BGB. Auch ist es V nicht gem. § 242 BGB verwehrt, sich auf die Formnichtigkeit zu berufen. K kann daher die Übereignung des Grundstücks nicht aus § 433 I BGB verlangen.

K könnte aber einen Anspruch aus §§ 280 I, 311 II Nr. 1, 241 II BGB (c.i.c.) haben. Ein Schuldverhältnis i.S.d. § 311 II Nr. 1 BGB liegt vor. Auch kann eine schuldhafte Pflichtverletzung des V bejaht werden, weil er den Vertrag abschloss und K nicht über seine Zweifel an der Wirksamkeit des Vertrags aufklärte, obwohl er *erkennen* konnte, dass dieser unerfahren ist und keine Kenntnis vom Formerfordernis hatte. Ein Anspruch aus c.i.c. ist daher

---

[650] OLG Düsseldorf NJW-RR 1988, 988, 988.
[651] *Emmerich*, in: MüKo, § 311 Rn 217; *Michalski*, Jura 1993, 22, 28.
[652] BGH NJW 1996, 1884, 1885; *Reinicke/Tiedtke*, ZIP 1989, 1093, 1101.
[653] BGH NJW 1996, 1884, 1885; vgl. (kritisch) *Kaiser*, JZ 1997, 448 ff.; *Gehrlein*, MDR 1998, 445, 447 ff.
[654] Zur Frage, wann dies der Fall ist, vgl. *Ellenberger*, in: Palandt, § 125 Rn 16 ff.
[655] Vgl. m.w.N. *Emmerich*, in: MüKo, § 311 Rn 225.

an sich gegeben. Fraglich ist, worauf der Schadensersatzanspruch gerichtet ist. K ist grundsätzlich gem. § 249 BGB im Wege der Naturalrestitution so zu stellen, wie er stünde, wenn das schädigende Ereignis nicht eingetreten wäre. Wenn V den K über seine Bedenken aufgeklärt hätte, hätte sich K kundig gemacht und die Parteien hätten den Kaufvertrag wirksam unter Wahrung der Form des § 311b I BGB geschlossen. Das bedeutet, dass der Schadensersatzanspruch eigentlich auf den Neuabschluss eines wirksamen Vertrags gerichtet sein müsste.

Allerdings würde ein solches Ergebnis dem Schutzzweck des § 311b I BGB widersprechen. Denn diese Norm soll unbedachte und ungewollte Verpflichtungen zur Übertragung von Grundstücken verhindern. Nähme man hier einen Anspruch auf den Vertragsschluss an, wäre dieser Zweck unterlaufen. Es kommt daher nur der Ersatz des negativen Interesses in Betracht. Wenn K z.B. nach dem unwirksamen Vertragsschluss schon einen teuren Kredit aufgenommen hätte, für den er Zinsen zahlen müsste, könnte er diese als Schaden geltend machen, freilich unter Anrechnung seines Verschuldensanteils (§ 254 BGB).

ee. Leistungstreuepflichten

Die Parteien haben die sog. Leistungstreuepflichten zu wahren. Diese halten die Parteien dazu an, den Vertragszweck nicht zu beeinträchtigen oder zu gefährden. 634

Beispiele: Eine Leistungstreuepflichtverletzung liegt vor, wenn eine Partei auf Barzahlung besteht, obwohl die Hingabe eines Wechsels vereinbart war. Auch liegt eine solche Pflichtverletzung vor, wenn eine Partei eine unbegründete Mängelrüge erhebt oder wenn sie eine unbegründete Kündigung eines Dauerschuldverhältnisses ausspricht.

Auch die **endgültige Erfüllungsverweigerung** *vor* der Fälligkeit einer Leistung stellt eine Leistungstreuepflichtverletzung dar. Dies ist insbesondere im Rahmen des Schadensersatzes statt der Leistung relevant, sodass auf die Ausführungen zu § 281 BGB (Rn 724) verwiesen wird.

ff. Mitwirkungspflichten

Schließlich können auch Mitwirkungspflichten i.R. eines Schuldverhältnisses verletzt werden. Solche Pflichten sind insb. bei bestehenden Verträgen von Relevanz und sie halten die eine Partei dazu an, die Voraussetzungen für die Durchführung des Vertrags zu schaffen und Leistungshindernisse der anderen Partei zu beseitigen. Probleme können sich ergeben, wenn die Leistung durch den Schuldner von einem in der Sphäre des Gläubigers liegenden Umstand abhängt. So besteht z.B. für den Grundstückseigentümer die Pflicht, an der Beschaffung einer Baugenehmigung mitzuwirken, damit der Werkunternehmer mit dem Bau eines Hauses beginnen kann, vgl. § 642 BGB. Auch können Pflichten für die unmittelbare Mitgestaltung am Vertragsgegenstand bestehen. 635

Beispiel: B hat bei U die Herstellung eines besonderen Computerprogramms bestellt, mit welchem er die Organisation seines Betriebs vereinfachen will. U nimmt das Angebot an und macht sich an die Arbeit. Um die Einzelheiten zu besprechen, ruft er mehrmals bei B an, der sich aber immer verleugnen lässt, weil er gerade keine Lust hat, sich mit U auseinanderzusetzen. U kann deswegen die Arbeiten nicht fortsetzen. In der Zeit der vergeblichen Kontaktaufnahme zu B hat U mehrere lukrative Angebote absagen müssen.

Hier besteht für U ein Anspruch aus §§ 280 I, 241 II BGB (pVV), weil B schuldhaft eine Mitwirkungspflicht aus dem Vertrag verletzt hat. Der Schaden richtet sich nach §§ 249 ff. BGB, sodass U gem. § 252 BGB den entgangenen Gewinn wegen der abgesagten Angebote geltend machen kann.

d. Rechtswidrigkeit der Pflichtverletzung

636 Die Rechtswidrigkeit der Pflichtverletzung wird in einer Klausur i.d.R. unproblematisch vorliegen, weil sie durch die Pflichtwidrigkeit des Verhaltens indiziert ist. Nur wenn sich besondere Hinweise im Sachverhalt ergeben, ist auf die Rechtswidrigkeit näher einzugehen (z.B. bei einer Pflichtverletzung aus Notwehr).

e. Vertretenmüssen

637 Weiterhin ist für einen Anspruch aus § 280 I BGB erforderlich, dass der Schuldner die **Pflichtverletzung zu vertreten** hat.

> **Hinweis für die Fallbearbeitung:** Der Begriff des Vertretenmüssens ist nicht auf ein eigenes Verschulden des Schuldners beschränkt. Vielmehr ist stets zu beachten:
>
> - Eigenes Verschulden des Schuldners gem. § 276 I S. 1 BGB (dabei ist v.a. auf etwaige Haftungsprivilegien zu achten: Hat der Schuldner *jede* Fahrlässigkeit zu vertreten oder muss er nur für die diligentia quam in suis (bspw. §§ 690, 708, 1359, 277 BGB) oder nur für Vorsatz und grobe Fahrlässigkeit (bspw. §§ 680, 300 I BGB) einstehen?
> - Strengere oder mildere Haftung gem. § 276 I S. 1 BGB
> - Zurechnung des Verschuldens eines Dritten, § 278 BGB

Aus der negativen Formulierung des § 280 I S. 2 BGB („Dies gilt nicht, *wenn* der Schuldner die Pflichtverletzung *nicht* zu vertreten hat.") ergibt sich, dass die Beweislast bzgl. des **Vertretenmüssens** den Schuldner trifft (anders nur bei § 619a BGB). Es handelt sich also um eine **Beweislastumkehr**, die eine *Ausnahme* von dem Grundsatz darstellt, dass der Gläubiger grundsätzlich *alle* anspruchsbegründenden Tatsachen vortragen und beweisen muss (dazu Rn 160). Die Beweislast hinsichtlich der anderen Tatsachen (Schuldverhältnis, Pflichtverletzung, kausaler Schaden) bleibt beim Gläubiger.

> **Hinweis für die Fallbearbeitung:** Soweit keine Hinweise über die Schuldhaftigkeit des Verhaltens gegeben sind, kann auf die Verschuldensvermutung des § 280 I S. 2 BGB verwiesen werden. Ist das Verhalten allerdings genau beschrieben, ist auf die Verschuldensfrage einzugehen. Denn der Sachverhalt stellt den zwischen den Parteien *unstreitigen* Tatbestand dar, der umfassend rechtlich zu würdigen ist. Eine Beweislastumkehr entbindet nicht von einer rechtlichen Bewertung. Nur wenn Streitfragen in *tatsächlicher* Hinsicht zwischen den Parteien bestehen (oder eben gar keine Hinweise gegeben sind), ist eine sog. Beweislastentscheidung zu Lasten des Schuldners geboten.

f. Schaden

638 Schließlich ist erforderlich, dass dem Gläubiger durch die schuldhafte Pflichtverletzung ein kausaler Schaden entstanden ist. Gemäß § 249 BGB hat der Schuldner den Gläubiger so zu stellen, als hätte er die relevante Pflichtverletzung nicht begangen, sich also ordnungsgemäß verhalten.[656]

Die **Schadensberechnung** erfolgt nach der **Differenzhypothese**. Zu vergleichen ist danach die Vermögenslage, wie sie sich nach der Pflichtverletzung darstellt, mit der Vermögenslage, wie sie sich ohne das schädigende Ereignis darstellen *würde*. Entscheidend ist also, dass die *negative Abweichung* der tatsächlichen Vermögenslage von der hypothetischen Vermögenslage in kausaler und zurechenbarer Weise durch die zu vertretene Pflichtverletzung herbeigeführt wurde (vgl. dazu Rn 869 ff.).

---

[656] Vgl. dazu BGH JR 2007, 370, 372.

g. Verjährung

Die Ansprüche auf Schadensersatz wegen der Verletzung einer nichtleistungsbezogenen Nebenpflicht verjähren gem. §§ 195, 199 BGB grundsätzlich nach der regelmäßigen Verjährungsfrist. Etwas anderes kann aber, wie bereits erläutert, gelten, wenn es sich um eine mangelbezogene Nebenpflichtverletzung handelt. **639**

3. Schadensersatz bei Verzug, §§ 280 I, II, 286 BGB

Eine Pflichtverletzung i.S.d. § 280 I S. 1 BGB stellt es auch dar, wenn der Schuldner die Leistung nicht rechtzeitig erbringt (**Schuldnerverzug** – mora debitoris). Allein die Verzögerung der (noch möglichen!) Leistung stellt die Pflichtverletzung i.S.d. § 280 I S. 1 BGB dar.[657] Wie bereits bei Rn 532 erläutert, stellt § 280 II BGB aber klar, dass ein Schaden, der wegen der *Verzögerung* einer Leistung eintritt, nicht allein nach § 280 I BGB, sondern nur unter den zusätzlichen Voraussetzungen des § 286 BGB zu ersetzen ist. Daraus ergibt sich folgendes Prüfprogramm: **640**

641

Schadensersatz bei Verzug, §§ 280 I, II, 286 BGB

Gemäß §§ 280 I, II, 286 BGB kann der Gläubiger den Schaden, den er durch die Verzögerung einer Leistung erlitten hat, ersetzt verlangen.

I. Voraussetzungen

1. Wirksamer Anspruch

Zunächst muss ein wirksamer Anspruch des Gläubigers bestehen. Dabei ist es grundsätzlich unerheblich, ob dieser aus einem Vertrag oder aus dem Gesetz resultiert. Sobald aber eine Unmöglichkeit der Leistung (§ 275 BGB) vorliegt, ist ein Verzug ab dem Zeitpunkt des Leistungshindernisses ausgeschlossen.

2. Fälligkeit der Leistung, § 271 BGB

Der Anspruch des Gläubigers muss fällig sein (§ 286 I S. 1 BGB). Fälligkeit ist der Zeitpunkt, in dem der Schuldner spätestens leisten muss, § 271 BGB.

3. Einredefreiheit des Anspruchs

Dem wirksamen und fälligen Anspruch des Gläubigers darf keine Einrede entgegenstehen, z.B. nach § 214 BGB. Grundsätzlich ist ein Verzug ab dem Zeitpunkt ausgeschlossen, in dem die objektiven Voraussetzungen einer Einrede gegeben sind. Der Schuldner muss sich allerdings spätestens im Prozess auf die Einrede berufen. Beim Zurückbehaltungsrecht gem. § 273 BGB gilt die Besonderheit, dass der Verzug erst ab dem Zeitpunkt ausgeschlossen ist, in dem die Einrede erhoben wird (Wirkung ex nunc). Bei der Einrede des § 320 BGB gilt die Besonderheit, dass das Vorliegen der Voraussetzungen den Verzug ausschließt und sich der Schuldner nicht – auch nicht im Prozess – darauf berufen muss.

4. Mahnung

Gemäß § 286 I BGB muss für den Verzug grundsätzlich eine Mahnung vorliegen. Sie ist eine rechtsgeschäftsähnliche Handlung, auf die die Vorschriften über Willenserklärungen teilweise analog anzuwenden sind (z.B. §§ 105, 130, 164 BGB).

a. Voraussetzungen

Die Mahnung muss nach der Fälligkeit erklärt werden, wobei eine bestimmte Form nicht verlangt wird. Sie muss eindeutig, bestimmt und unbedingt erfolgen. Auch muss sie den geschuldeten Leistungsgegenstand genau beschreiben. Gemäß § 286 I S. 2 BGB wird die Klageerhebung und die Zustellung eines Mahnbescheids der Mahnung gleichgestellt.

---

[657] *Medicus*, JuS 2003, 521, 523; *Reichenbach*, Jura 2003, 512, 516.

b. Entbehrlichkeit der Mahnung gem. § 286 II BGB
Gemäß § 286 II Nr. 1 BGB ist die Mahnung entbehrlich, wenn die Leistungszeit nach dem Kalender bestimmt oder bestimmbar ist. Wird für die Bestimmung der Leistungszeit auf ein noch ungewisses zukünftiges Ereignis abgestellt, ist eine Mahnung gem. § 286 II Nr. 2 BGB entbehrlich, wenn von diesem Zeitpunkt an noch eine angemessene Frist zur Leistung bestimmt ist („drei Wochen nach Lieferung"). Gemäß § 286 II Nr. 3 BGB ist die Mahnung bei einer endgültigen Erfüllungsverweigerung des Schuldners entbehrlich. § 286 II Nr. 4 BGB sieht eine Entbehrlichkeit beim Vorliegen besonderer Gründe vor, wenn unter Abwägung der beiderseitigen Interessen der sofortige Verzugseintritt gerechtfertigt ist. Das ist z.B. der Fall, wenn sich der Schuldner vorsätzlich der Mahnung entzieht oder die Leistung besonders eilig ist.

c. Entbehrlichkeit der Mahnung gem. § 286 III BGB
Nach § 286 III BGB ist die Mahnung bei einer Entgeltforderung entbehrlich, wenn der Schuldner nicht innerhalb von 30 Tagen nach der Fälligkeit und dem Zugang einer Rechnung oder gleichwertigen Zahlungserteilung leistet. Eine Entgeltforderung ist eine Geldforderung als Gegenleistung für eine synallagmatische Leistung. Die Rechnungserteilung stellt – wie auch die Mahnung – eine rechtsgeschäftsähnliche Handlung dar. Die 30-Tage-Frist beginnt erst zu laufen, wenn die Forderung fällig und durchsetzbar und die Rechnung (oder Zahlungsaufstellung) zugegangen ist. Sie berechnet sich nach §§ 187 I, 188 I, 193 BGB. Schließlich sind i.R. des § 286 III BGB noch die verbraucherschützenden Regelungen des III S. 1 Hs. 2 und III S. 2 zu beachten.

5. Nichtleistung trotz Möglichkeit der Leistungshandlung
§ 286 BGB verlangt, dass der Schuldner nicht leistet. Damit ist die Nichtvornahme der Leistungs*handlung* gemeint. Deshalb reicht bspw. bei einer Schickschuld die Absendung der Ware aus, um einen Verzug zu vermeiden.

6. Vertretenmüssen
Gemäß § 286 IV BGB ist erforderlich, dass der Schuldner die Nichtleistung zu vertreten hat, §§ 276 ff. BGB. Infolge der Negativformulierung in § 284 IV BGB liegt die Beweislast hinsichtlich des (Nicht-)Vertretenmüssens beim Schuldner.

7. Beginn und Ende des Verzugs
Der Verzug beginnt mit dem Zugang der Mahnung, bei kalendarisch festgelegten Zeitpunkten mit Ablauf des maßgeblichen Tages und im Fall des § 286 II Nr. 3 und 4 BGB in dem Augenblick, in dem die Verweigerung oder der besondere Umstand vorliegt. Im Fall des § 286 III BGB tritt der Verzug mit Ablauf des letzten Tages der Frist ein. Der Verzug endet ex nunc, wenn eine seiner Voraussetzungen entfällt.

II. Rechtsfolgen
Der Gläubiger kann vom Schuldner die durch die Leistungsverzögerung entstandenen Schäden ersetzt verlangen. Dazu gehören bspw. die entgangenen Gebrauchsvorteile, der entgangene Gewinn und etwaige Rechtsverfolgungskosten. Darüber hinaus finden sich in §§ 288 ff. BGB besondere Regelungen für Verzugszinsen.

a. Wirksamer Anspruch

642 Zunächst ergibt sich aus § 286 BGB, dass der Gläubiger einen **wirksamen Leistungsanspruch** gegen den Schuldner haben muss. Denn nur wer tatsächlich leisten muss, kann auch in Verzug geraten. Deswegen ist diese Voraussetzung bspw. bei Naturalobligationen (§§ 762, 656 BGB) und formnichtigen (125 BGB), aber auch bei schwebend unwirksamen Verträgen (noch) nicht gegeben. Unerheblich ist, *woraus* sich die Leistungspflicht ergibt. Der Anspruch kann aus einem **Vertrag oder aus dem Gesetz** (bspw. aus § 823 BGB) resultieren. Etwas anderes gilt nur für die dinglichen Herausgabeansprüche aus §§ 985, 1007, 861 BGB. Auf diese Ansprüche sind die Verzugsregelun-

gen durch das vorrangige Sonderrecht der §§ 987 ff. BGB verdrängt. In diesem Zusammenhang darf auf §§ 280, 286 BGB nur zurückgegriffen werden, wenn die Voraussetzungen der Verweisungsnorm des § 990 II BGB erfüllt sind. Danach haftet der Herausgabeschuldner für Verzugsschäden nur, wenn er bösgläubig i.S.d. § 990 I BGB ist. Das Gleiche gilt für den Schuldner eines Grundbuchberichtigungsanspruchs aus § 894 BGB, da dieser Anspruch mit dem Vindikationsanspruch aus § 985 BGB vergleichbar ist.

Der wirksame Anspruch darf nicht wegen einer **Unmöglichkeit** der Leistung ausgeschlossen sein. Unmöglichkeit und Verzug schließen sich aus. Ein Verzug kann also nicht eintreten, wenn der Schuldner gem. § 275 BGB von seiner Pflicht zur Erbringung der Leistung frei geworden ist. Mit „frei geworden" ist dabei gemeint, dass entweder ein Fall des § 275 I BGB vorliegen muss oder ein Fall des § 275 II oder III BGB, sofern der Schuldner die Einrede erhoben hat. Erst in diesem Zeitpunkt geht bei den Absätzen II und III der Anspruch des Gläubigers unter (der Schuldner hat vorher noch die Wahl, durch überobligationsmäßige Anstrengungen den Erfolg trotz des Leistungshindernisses herbeizuführen oder nicht). In dem Zeitraum ***vor* Eintritt eines Leistungshindernisses** i.S.d. § 275 BGB und bei der sog. **vorübergehenden Unmöglichkeit** (Rn 393) ist also ein **Verzug** möglich. Kann die Leistung also zunächst noch erbracht werden, können den Schuldner *bis zum Eintritt der Unmöglichkeit* die Rechtsfolgen des § 286 BGB treffen. 643

Beispiel: Hat V dem K einen Gegenstand verkauft, kann er im Falle einer Nichtleistung zunächst in Verzug geraten. Geht die Sache später durch ein Ereignis unter und tritt Unmöglichkeit ein, sind dem K die bis zu diesem Zeitpunkt entstandenen Verzögerungsschäden nach §§ 280 I, II, 286 BGB zu ersetzen.

b. Fälligkeit

Weiterhin muss der Anspruch des Gläubigers auch fällig sein (§ 286 I S. 1 BGB). 644

Die **Fälligkeit** ist der Zeitpunkt, in dem der Schuldner spätestens leisten muss.

Dieser Zeitpunkt kann grundsätzlich **durch die Parteien bestimmt** werden. Dabei ist die Fälligkeit von der Erfüllbarkeit zu unterscheiden. Gemäß § 271 II BGB kann der Schuldner die Leistung nämlich auch schon *vor* dem vereinbarten Zeitpunkt erbringen (Erfüllbarkeit), während der Gläubiger sie nicht davor verlangen kann (Fälligkeit). Die Erfüllbarkeit ist für den Verzug ohne Relevanz, weil es allein auf die Fälligkeit ankommt. Ergibt sich der Fälligkeitszeitpunkt weder aus einer Abrede der Parteien noch aus den sonstigen Umständen, ist der Anspruch gem. **§ 271 I BGB sofort fällig**. Bei vertraglichen Ansprüchen ist auf den Abschluss des Vertrags und bei gesetzlichen auf den Entstehungszeitpunkt abzustellen.

Hinweis für die Fallbearbeitung: Auch durch gesetzliche Regelungen kann ein bestimmter Zeitpunkt für die Fälligkeit festgelegt werden wie z.B. in §§ 556b, 579, 604, 614, 641 BGB.

c. Einredefreiheit des Anspruchs

Als weitere Voraussetzung ist erforderlich, dass dem Anspruch des Gläubigers keine Einreden des Schuldners entgegenstehen, die diesen zur Verweigerung der Leistung berechtigen. An diesem Punkt werden in einer Fallbearbeitung Einreden gegen den fälligen Anspruch geprüft. 645

Beispiele: Als Einreden kommen u.a. in Betracht: §§ 273, 275 II und III, 214, 320, 379, 438 IV S. 2, 634a IV S. 2, 771, 821, 853 BGB.

646 Liegt eine Einrede vor, ist zwischen verschiedenen Zeiträumen zu differenzieren. Entsteht die Einrede *nach* der Fälligkeit, liegt der erste Zeitraum zwischen dem **Fälligkeitszeitpunkt** und dem **Entstehen der Einredevoraussetzungen** (bspw. Verjährungseintritt). In diesem Zeitraum kommt ein Verzug i.d.R. in Betracht, weil dem Schuldner zwischen der Fälligkeit und dem Eintritt der Einredevoraussetzungen kein Recht zusteht, die Leistung zu verweigern.

647 Ebenfalls unproblematisch ist der Zeitraum **nach der Erhebung** der Einrede. Hier braucht der Schuldner nicht mehr zu leisten und kann daher auch nicht mit den Folgen eines Verzugs belastet werden.

648 Problematischer ist hingegen der Zeitraum zwischen dem Eintritt der **Einredevoraussetzungen** und der **Erhebung** der Einrede. Hier geht die h.M.[658] überzeugend davon aus, dass bereits das bloße Bestehen einer Einrede den Verzug verhindert, obwohl sich der Schuldner zunächst nicht auf sie beruft. Damit schließt das **objektive Vorliegen der Einrede** den Verzug grundsätzlich aus. Erforderlich ist allerdings, dass der Schuldner die Einrede überhaupt irgendwann – spätestens im Prozess – erhebt. Tut er dies nicht, hindert auch das Vorliegen der Einredevoraussetzungen den Verzugseintritt nicht.

Beispiel: K schuldet V aus einem Kaufvertrag 500,- €. Die Forderung ist fällig, weswegen K am 4.8.2014 von V gemahnt wird. Am 1.1.2018 ist die Forderung des V verjährt und K meint, er müsse nun nichts mehr an V bezahlen.

Ein Anspruch des V auf **Zahlung** von 500,- € ist gem. § 433 II BGB entstanden und nicht untergegangen. Allerdings ist er nicht durchsetzbar, wenn K die Einrede der Verjährung (§ 214 BGB) erhebt. V hat deshalb keine Aussicht darauf, den Betrag zu erhalten.

Fraglich ist, ob gem. §§ 280 I, II, 286, 288 BGB ein Anspruch auf **Zinszahlung** entstanden ist. Jedenfalls für den Zeitraum zwischen dem 4.8.2014 und dem 1.1.2018 ist ein Zinsanspruch entstanden. Dieser Anspruch ist allerdings wegen § 217 BGB nicht durchsetzbar, wenn K im Prozess die Einrede der Verjährung erhebt.

Für die Zeit ab dem 1.1.2018 entsteht hingegen mangels Verzugs schon gar kein Zinsanspruch, wenn sich K spätestens im Prozess auf die Einrede beruft. Auf § 217 BGB kommt es daher insoweit nicht an.

649 Diese Grundsätze gelten auch für die Einreden aus **§ 275 II und III BGB**. *Vor* dem Vorliegen der Voraussetzungen dieser Vorschriften kann ein Verzug begründet sein. Sobald aber ein Leistungshindernis auftritt, ist der Verzug ausgeschlossen, wenn sich der Schuldner irgendwann (spätestens im Prozess) darauf beruft.

650 Eine Besonderheit gilt dagegen für das **Zurückbehaltungsrecht** (ZBR) aus § 273 BGB. Hier führt allein die Erhebung der Einrede zum Ausschluss des Verzugs, und zwar nur *für die Zukunft*.[659] Wenn sich der Schuldner also erst einige Zeit nach dem Entstehen des ZBR darauf beruft, nicht leisten zu müssen, scheiden die Verzugsfolgen erst ab diesem Zeitpunkt aus (und nicht wie bei den anderen Einreden rückwirkend, also ab dem Zeitpunkt der Entstehung des Verweigerungsrechts). Der Sinn liegt darin, dass der Gläubiger die Wirkungen eines Zurückbehaltungsrechts nach § 273 III BGB durch eine Sicherheitsleistung abwenden kann. Es wäre daher unbillig, wenn sich der Schuldner nach längerer Zeit auf ein ZBR mit Ex- tunc-Wirkung berufen könnte und dem Gläubiger dadurch die Möglichkeit nähme, die Verzugsfolgen auch schon früher herbeizuführen. Deshalb wirkt die Ausübung des ZBR grundsätzlich ex nunc (das Gleiche gilt für das ZBR aus § 1000 BGB). Erkennt der Gläubiger das ZBR des Schuldners allerdings an und verklagt ihn auf

---

[658] BGH WM 1999, 1529, 1529 m.w.N.; *Grüneberg*, in: Palandt, § 286 Rn 10; *Walchshöfer*, JuS 1983, 598, 599; a.A. *Diederichsen*, JuS 1985, 825, 829; *Medicus/Lorenz*, SchuldR AT, Rn 395.
[659] RGZ 77, 436, 438; BGH WM 1971, 1020, 1021.

Zug-um-Zug-Leistung, kann er ihm dadurch die verzugshindernde (Ex-nunc-)Wirkung entziehen.

Eine weitere Besonderheit gilt für die **Einrede des nicht erfüllten Vertrags** aus § 320 BGB. Hier ist grundsätzlich bereits das Vorliegen der objektiven Einredevoraussetzungen maßgeblich. Allerdings muss der Schuldner diese Einrede nicht – nicht einmal im Prozess! – erheben. Vielmehr wird hier vom Gläubiger verlangt, dass er dem Schuldner die Leistung ordnungsgemäß in einer den Annahmeverzug begründenden Weise angeboten hat und dass er dies auch im Prozess darlegen kann. Gelingt ihm das nicht, kommt der Schuldner nicht in Verzug, auch wenn er sich nicht auf sein Verweigerungsrecht aus § 320 BGB beruft. 651

d. Mahnung

Der Gläubiger muss den Schuldner gem. § 286 I BGB gemahnt haben.

Eine **Mahnung** ist eine einseitige empfangsbedürftige, an den Schuldner gerichtete eindeutige und bestimmte Aufforderung, mit der der Gläubiger unzweideutig zum Ausdruck bringt, dass er die geschuldete Leistung verlangt.[660] Sie stellt eine rechtsgeschäftsähnliche Handlung dar. 652

Die Mahnung ist eine rechtsgeschäfts*ähnliche* Handlung, weil sich die Rechtsfolgen nicht unmittelbar aus der Mahnung, sondern aus dem Gesetz ergeben. Wegen der Nähe zu den Willenserklärungen und damit zu den Rechtsgeschäften können nach h.M.[661] aber einige Regeln über die Rechtsgeschäfte analog angewendet werden. Deswegen kann bspw. ein Minderjähriger gem. § 107 BGB eine wirksame Mahnung erklären, weil sie für ihn vorteilhafte Rechtsfolgen mit sich bringt. Ein Geschäftsunfähiger hingegen kann wegen § 105 BGB nicht wirksam mahnen. Bzgl. der Wirksamkeit – namentlich des Zugangs – sind §§ 130 ff. BGB entsprechend anwendbar und bei der Mahnung durch eine Hilfsperson greifen §§ 164 ff. BGB analog.

aa. Voraussetzungen für die Mahnung

An die Mahnung werden folgende Anforderungen gestellt: 653

- Zunächst muss die Leistung **fällig** sein. Eine *vorher* erklärte Mahnung ist nicht wirksam, es genügt aber, wenn sie mit dem die Fälligkeit auslösenden Ereignis erfolgt.[662]
- Weiterhin muss die Mahnung der anderen Partei ausdrücklich oder konkludent **erklärt** werden, wobei die Einhaltung einer bestimmten Form nicht verlangt wird. Auch ist nicht erforderlich, dass die Mahnung ausdrücklich als „Mahnung" betitelt wird; es kann daher bspw. die Übersendung einer zweiten Rechnung ausreichen. Die *erste* Rechnung stellt noch keine Mahnung dar, wie sich bereits aus § 286 III BGB ergibt, der neben einer Rechnung (die also allein keine Mahnung darstellt) noch weitere Anforderungen an den Verzug stellt.
- Die Mahnung muss **eindeutig**, **bestimmt** und **unbedingt** sein. Die Eindeutigkeit und Bestimmtheit ist gegeben, wenn der geforderte Gegenstand so beschrieben ist, dass der Schuldner der Aufforderung deutlich entnehmen kann, welche konkrete Leistung von ihm verlangt wird. Dieses Kriterium wird v.a. relevant, wenn mehrere Verbindlichkeiten gegenüber dem Gläubiger bestehen. Darüber hinaus muss der Schuldner erkennen können, dass das Ausbleiben der Leistung negative rechtliche Folgen nach sich ziehen wird. Die Androhung *bestimmter* Rechtsfolgen ist dagegen ebenso wenig erforderlich wie ein drohender und unhöflicher Ton. Das Schreiben darf aber keine Bedingung enthalten.

---

[660] BGH NJW 1998, 2132, 2133.

[661] BGHZ 47, 352, 357; 145, 343, 346 f.; *Ellenberger*, in: Palandt, Überbl v § 104 Rn 7; *Medicus*, BGB AT, Rn 198; *Brox/Walker*, BGB AT, Rn 95; *Brehm*, BGB AT, Rn 96; *Wolf/Neuner*, BGB AT, § 28 Rn 10; *Boecken*, BGB AT, Rn 209.

[662] BGH NJW-RR 1997, 622, 623; *Schreiber*, Jura 1990, 193, 195.

- Weiterhin ist erforderlich, dass nur **die geschuldete Leistung** in der Mahnung gefordert wird. Das bedeutet, dass die Leistung am rechten Ort und in der richtigen Art und Weise zu verlangen ist. Eine **Zuvielforderung** führt nur zu einer wirksamen Mahnung, wenn der Schuldner nach Treu und Glauben davon ausgehen muss, dass in Wirklichkeit nur die geschuldete Leistung gefordert wird und wenn der Gläubiger auch zur Annahme dieser Leistung bereit ist.[663] Bei einer **Zuwenigforderung** kommt der Schuldner nur bzgl. des angemahnten Betrags in Verzug.
- Soweit eine **Mitwirkung** des Gläubigers zur Leistungserbringung nötig ist (z.B. bei einer Holschuld), kommt der Schuldner nur in Verzug, wenn der Gläubiger die Mitwirkungshandlung vornimmt oder anbietet. Das gilt natürlich nicht, wenn der Schuldner die Leistung von vornherein verweigert.
- Einer Mahnung gleichgestellt werden nach § 286 I S. 2 BGB die Erhebung einer **Klage** (§ 253 I ZPO: Zustellung der Klageschrift beim Schuldner) und die Zustellung eines Mahnbescheids im **Mahnverfahren** (§ 693 ZPO).

bb. Entbehrlichkeit der Mahnung gem. § 286 II BGB

654 Unter den Voraussetzungen des § 286 II BGB kann eine Mahnung ausnahmsweise entbehrlich sein.

> **Hinweis für die Fallbearbeitung:** Die Mahnung kann auch durch eine Vereinbarung zwischen den Parteien entbehrlich gemacht werden. Dies ist aber im Wege einer AGB wegen § 309 Nr. 4 BGB nicht möglich.

655 Gemäß **§ 286 II Nr. 1 BGB** ist die Mahnung entbehrlich, wenn die Leistungszeit nach dem **Kalender bestimmt** ist. Dafür muss die Zeit im Vertrag expressis verbis festgelegt werden („Lieferung am 2.1.2018", „Zahlung in der 1. Kalenderwoche") oder sich jedenfalls **mittelbar** daraus ergeben („in der Woche nach Neujahr", „zwei Wochen nach Vertragsschluss"). Wenn ein im Zeitpunkt des Vertragsschlusses noch *ungewisses* Ereignis festgelegt wird, von dessen Eintritt an die Leistungszeit nach dem Kalender bestimmt werden kann, greift dagegen nicht § 286 II Nr. 1 BGB, sondern **§ 286 II Nr. 2 BGB** ein („drei Wochen nach Lieferung").

656 Für **§ 286 II Nr. 2 BGB** ist neben der Festlegung eines **ungewissen Ereignisses** noch erforderlich, dass eine **angemessene Zeit bis zur Leistung** bestimmt ist („*drei Wochen* nach Lieferung", „*drei Wochen* nach Rechnungserhalt"). Eine solche Regelung ist notwendig, weil der Schuldner erst in dem Augenblick des Ereignisses erfährt, dass er demnächst leisten muss. Darauf soll er sich einstellen können und gegebenenfalls noch Zeit für die Prüfung der erhaltenen Leistung haben. Es reicht daher nicht aus, wenn die Parteien eine „Zahlung *sofort* bei Lieferung" oder eine „Leistung *zehn Stunden* nach Lieferung" vereinbaren. Wann eine Zeit angemessen ist, bestimmt sich nach den Umständen des Einzelfalls, insb. nach dem Inhalt der Leistung (eine Geldzahlung kann schneller erfolgen als die Erstellung eines Werks).

> **Hinweis für die Fallbearbeitung:** Die in § 286 II Nr. 1 und 2 BGB gewählte Formulierung „...bestimmt ist", bedeutet nicht, dass der Kalendertag oder das ungewisse Ereignis einseitig durch den Gläubiger festgelegt werden kann. Erhält also bspw. der Schuldner eine Rechnung, in der er zur Zahlung in zwei Wochen nach dem Erhalt der Rechnung aufgefordert wird, gerät er nach Ablauf dieser Frist nicht in Verzug.

657 **§ 286 II Nr. 3 BGB** ordnet an, dass eine Mahnung entbehrlich ist, wenn der Schuldner die **Leistung ernsthaft und endgültig verweigert**. Eine Mahnung würde nämlich

[663] Vgl. BGH NJW 2006, 3271 f.

keinen Sinn machen, wenn der Schuldner bereits zu erkennen gibt, dass er die Leistung auf keinen Fall erbringen werde und dass dies als „sein letztes Wort" aufzufassen sei.

Schließlich ist die Mahnung gem. **§ 286 II Nr. 4 BGB** entbehrlich, wenn **besondere** 658
Gründe vorliegen, die unter **Abwägung der beiderseitigen Interessen** den sofortigen Eintritt des Verzugs rechtfertigen. Darunter fallen solche Fälle, in denen sich der Schuldner durch eine Zugangsvereitelung der Mahnung entzieht oder seine Leistung selbst angekündigt hat und der Gläubiger die Mahnung daher für entbehrlich hielt. Auch darunter fallen Leistungspflichten, die aus der Natur der Sache besonders eilig sind wie die Reparatur eines Wasserrohrbruchs oder die Erfüllung von Aufklärungs- und Warnpflichten. Schließlich ist eine Mahnung entbehrlich, wenn der Anspruch des Gläubigers auf die Herausgabe einer vom Schuldner durch eine unerlaubte Handlung entzogenen Sache gerichtet ist. In einem solchen Fall ist der Schuldner nicht schutzwürdig.

cc. Entbehrlichkeit der Mahnung gem. § 286 III BGB

Auch nach § 286 III BGB kann eine Mahnung unter bestimmten Voraussetzungen ent- 659
behrlich sein. Das ist der Fall, wenn der Schuldner einer auf die Lieferung von Gütern oder die Erbringung von Dienstleistungen gerichteten[664] **Entgeltforderung** nicht innerhalb von **30 Tagen** nach der **Fälligkeit** und dem **Zugang einer Rechnung** oder **gleichwertigen Zahlungsaufforderung** leistet. Wie sich aus dem Wortlaut ergibt („kommt *spätestens* in Verzug"), schließt die Norm aber nicht aus, dass *vor* diesem Zeitpunkt schon ein Verzug auf andere Weise begründet worden sein kann, bspw. durch eine Mahnung.

Handelt es sich beim Schuldner um einen **Verbraucher** i.S.d. § 13 BGB, ist die Besonderheit zu beachten, dass er gem. § 286 III BGB nur dann in Verzug gerät, wenn er auf den Verzugseintritt nach Ablauf einer 30-Tage-Frist ***in der Rechnung* oder gleichwertigen Zahlungsaufstellung gesondert hingewiesen wurde**. Ein früherer oder späterer Hinweis reicht nicht aus.

> **Hinweis für die Fallbearbeitung:** § 286 III BGB ist – auch wenn der Wortlaut etwas anderes vermuten lässt – nur ein Mahnungssurrogat. Außer der Mahnung müssen alle anderen Voraussetzungen des Verzugs (auch das Vertretenmüssen) vorliegen.

Zunächst muss gem. § 286 III BGB eine Forderung vorliegen, die das **Entgelt** für eine 660
andere Leistung darstellt. Ein Entgelt ist die *Gegenleistung* für eine *synallagmatische* Leistung des anderen Teils. Nicht erfasst von § 286 III BGB werden daher bspw. Ansprüche aus Delikt, Unterhaltszahlungen, Aufwendungsersatzansprüche (§ 670 BGB), Bereicherungsansprüche und *Sekundär*ansprüche aus einem Vertrag. Weiterhin sind von § 286 III BGB nur **Geldforderungen** erfasst, was sich zwar nicht aus dem Wort „Entgelt", wohl aber aus der Tatsache ergibt, dass die Norm eine *Rechnung* und *Zahlungsaufstellung* erwähnt.

Die Rechnung bzw. gleichwertige Zahlungsaufstellung ist ebenso wie die Mahnung eine 661
rechtsgeschäftsähnliche Handlung (auf die Ausführungen zur Mahnung wird verwiesen). Es sind also ebenfalls die Vorschriften über Willenserklärungen, insb. §§ 130 ff. BGB, analog anwendbar. Auch wird die Problematik der Zuviel- und Zuweniglieferung genau wie bei der Mahnung behandelt. Die **Rechnung** ist eine gegliederte Aufstellung über eine Entgeltforderung für eine Warenlieferung oder eine sonstige Leistung. Da sie dem Schuldner eine Überprüfung ermöglichen soll, muss sie schriftlich oder in einer anderen, dem § 126b BGB entsprechenden Weise erteilt werden, wobei eine Unterschrift

---

[664] Vgl. dazu BGH NJW 2010, 1872 und 3226.

entbehrlich ist. Der Terminus der gleichwertigen **Zahlungsaufstellung** hat keine besondere Bedeutung, da er überwiegend kongruent mit dem der Rechnung ist. Es handelt sich um eine „Aufstellung dessen, was der Gläubiger verlangt".

662 Weiterhin ist erforderlich, dass der Schuldner **30 Tage** nach der **Fälligkeit** und dem **Zugang** der Rechnung/Zahlungsaufstellung nicht geleistet hat. Dabei ist – anders als bei der Mahnung – für die Wirksamkeit der Rechnung/Zahlungsaufstellung *nicht* erforderlich, dass sie erst *nach* der Fälligkeit zugeht. Das folgt aus dem Wortlaut des § 286 I und III BGB. Während § 286 I BGB ausdrücklich vorsieht, dass die Mahnung *„nach* dem Eintritt der *Fälligkeit"* erfolgt, enthält § 286 III BGB eine solche Anordnung nicht.

> **Beispiel:** U hat für B eine Werkleistung im Wert von 100,- € erbracht. Bevor B das Werk abnimmt, schickt U ihm eine Rechnung zu. Danach nimmt B das Werk ab (§ 640 I BGB).
>
> Zahlt B nicht, könnte er nach § 286 III BGB in Verzug geraten. Die Forderung ist fällig und es handelt sich um eine Entgeltforderung. Dass die Rechnung bereits *vor* der Fälligkeit (Abnahme, §§ 640 I, II, 641 BGB) zugegangen ist, ist unerheblich. Die Frist beginnt aber erst zu laufen, wenn die Forderung fällig *und* die Rechnung zugegangen ist. Die 30-Tage-Frist beginnt damit erst mit der späteren Abnahme. Es kommt U also nicht zugute, dass er die Rechnung schon vorzeitig an B geschickt hat.

Durch § 286 III BGB wird nur die Mahnung als Verzugsvoraussetzung ersetzt. Deswegen kann ein Verzug nur eintreten, wenn die Forderung wirksam, fällig und durchsetzbar ist. Problematisch ist die Frage, ob die Frist auch mit dem **Zugang** der Rechnung zu laufen beginnt, wenn die Forderung erst *nach* diesem Zeitpunkt **durchsetzbar** wird.

> **Beispiel:** A schuldet B 500,- €, die B noch nicht verlangen kann, weil A eine Einrede gegen die Forderung zusteht. Am 3.1.2018 schickt B dem A eine Rechnung. Am 2.2.2018 erlischt die Einrede und die Forderung wird durchsetzbar. Ab wann ist A in Verzug?
>
> Für die Klärung dieser Frage ist maßgeblich, wann die 30-Tage-Frist zu laufen beginnt: am Tag nach dem Zugang der Rechnung oder am Tag nach der Durchsetzbarkeit.
>
> Für die *Fälligkeit* sieht § 286 III BGB eine klare Regelung vor. Danach ist der jeweils spätere Zeitpunkt maßgeblich, weil die Vorschrift anordnet, dass ein Verzug erst 30 Tage nach der Fälligkeit *und* dem Zugang beginnt. Für die *Durchsetzbarkeit* hingegen ist keine klare Regelung vorhanden. Man könnte erwägen, dass hier bereits der Zugang der Rechnung maßgeblich für den Fristbeginn ist. Dafür spricht, dass der Schuldner dann jedenfalls genügend Zeit hätte, die *Rechnung* zu prüfen, sodass es nicht unsachgerecht erscheint, wenn die Frist schon mit dem Erhalt der Rechnung beginnen würde. Auf der anderen Seite ist es interessengerechter, wenn der Schuldner nicht nur genügend Zeit hat, die *Rechnung* zu prüfen, sondern auch die *anderen* Umstände, die die *durchsetzbare* Forderung des Gläubigers begründen. Er muss sich Gewissheit über das Bestehen und den Wegfall seiner Einreden verschaffen können, z.B. darüber, ob die erhaltene Ware ordnungsgemäß ist und er dadurch seine Einrede aus § 320 BGB verliert. Somit ist es überzeugender – wie auch bei der Fälligkeit – den Fristbeginn erst in dem Zeitpunkt anzunehmen, in dem die Rechnung zugegangen *und* die Einrede weggefallen ist.[665] Im vorliegenden Fall liegen diese Voraussetzungen erst am 2.2.2018 kumulativ vor, sodass die Frist am 3.2.2018 beginnt und A ab dann in Verzug ist.

663 Die Frist **berechnet** sich nach **§§ 187 I, 188 I BGB**. Geht bspw. die Rechnung für die fällige und durchsetzbare Forderung am 8.1.2018 zu, fällt das Ereignis i.S.d. § 187 I BGB auf diesen Tag. Die Frist beginnt daher am 9.1.2018 und endet gem. § 188 I BGB am 8.2.2017 um 24.00 Uhr. Am 9.2.2018 gerät der Schuldner in Verzug.

---

[665] Vgl. dazu *U. Huber*, JZ 2000, 743, 746; kritisch *Huber/Faust*, S. 97 f.

Hinweis für die Fallbearbeitung: Hier liegt eine nach Tagen (!) zu berechnende Frist vor, sodass **nicht** § 188 II BGB einschlägig ist. U.U. ist § 193 BGB zu beachten.

Schließlich enthält § 286 III BGB noch zwei Sondervorschriften. Die erste (**§ 286 III S. 1 Hs. 2 BGB**) ordnet an, dass die Folgen des Abs. III nur eintreten, wenn der Schuldner, der Verbraucher ist (§ 13 BGB), in der *Rechnung oder Zahlungsaufstellung* darauf besonders hingewiesen wurde. Ein Hinweis an einer anderen Stelle, bspw. in AGB, reicht also nicht aus. Gemäß **§ 286 III S. 2 BGB** soll der Nichtverbraucher bei Streitigkeit über den Zeitpunkt des Zugangs spätestens 30 Tage nach Fälligkeit und *Erhalt der Gegenleistung* in Verzug geraten. **664**

Von § 286 I-III BGB abweichende Vereinbarungen sind zwar möglich, allerdings ist hierbei § 271a BGB zu beachten. Die dort genannten Höchstfristen dürfen nicht dadurch unterlaufen werden, dass die Parteien einen späteren Verzugseintritt vereinbaren.[666] **664a**

e. Nichtleistung trotz Möglichkeit

§ 286 BGB verlangt weiter, dass der Schuldner bei einer fälligen und durchsetzbaren Leistungspflicht auf eine Mahnung (die u.U. entbehrlich sein kann) des Gläubigers nicht leistet. Damit ist nicht die Herbeiführung des Leistungserfolgs, sondern die Vornahme der nach dem Inhalt des Schuldverhältnisses gebotenen **Leistungshandlung** gemeint. **665**

Beispiele: Deswegen reicht bei einer **Schickschuld** die Absendung der Ware aus, um einen Verzug zu verhindern. Bei einer **Bringschuld** ist erforderlich, dass der Schuldner dem Gläubiger die Ware an dessen Wohnsitz oder am Niederlassungsort so wie vereinbart in einer den Annahmeverzug begründenden Weise (§ 294 BGB) tatsächlich anbietet. Entsprechendes gilt bei einer **Geldschuld**, weil auch hier der *Schuldner* die Verzögerungsgefahr trägt, vgl. dazu Rn 111. Bei Geldschulden kommt es also auf die Rechtzeitigkeit des Eingangs beim Gläubiger (d.h. bei Überweisung auf den Zahlungseingang auf dem Bankkonto) an.[667]

Scheitert die Erfüllung an der Abnahme durch den Gläubiger, hat der Schuldner seine Handlung erbracht, sodass kein Schuldnerverzug eintritt.

Da für einen Verzug erforderlich ist, dass die Leistung noch möglich ist, kann es vorkommen, dass zwar auf eine fällige, durchsetzbare und kalendarisch bestimmte Forderung nicht geleistet wird, aber gleichwohl kein Verzug eintritt. Das ist der Fall, wenn ein **absolutes Fixgeschäft** vorliegt. Denn dabei geht die Verbindlichkeit im Augenblick der Nichtleistung zum Fälligkeitstermin automatisch unter, sodass ein Verzug ausgeschlossen wird. **666**

Beispiel: K hat bei V zum 23.12. zwanzig Tannenbäume bestellt, die er als Weihnachtsbäume noch am selben Tag weiterveräußern will. Wenn V nicht leistet, gerät er am vereinbarten Termin nicht in Verzug, sondern muss Schadensersatz statt der Leistung gem. §§ 280 I, III, 283 BGB leisten. Denn die Leistungszeit war maßgeblicher Vertragsbestandteil und nach dem Inhalt des Geschäfts von solcher Bedeutung, dass eine *verspätete* Lieferung *keine* Erfüllung mehr darstellen kann. Es handelt sich also um ein absolutes Fixgeschäft, bei welchem die verspätete Leistung zur Unmöglichkeit führt.

Ein weiteres Problem stellt sich, wenn die Leistungshandlung zwar vorgenommen wird, aber der Leistungsgegenstand **mangelhaft** ist. Sofern – wie im Kauf- und Werkrecht – die Mangelfreiheit der Sache zum Vertragsinhalt gehört, hat der Mangel des Leistungsgegenstands zur Folge, dass der Schuldner seine *Leistungshandlung nicht ordnungsge-* **667**

---

[666] *Brox/Walker*, SchuldR AT, § 23 Rn 27a.
[667] *Grüneberg*, in: Palandt, § 270 Rn 5.

mäß erbracht hat. Denn zur Leistungshandlung gehört das Angebot der *richtigen* Leistung zur rechten Zeit und am rechten Ort (Rn 759 ff.). Wird keine vertragsgemäße Sache angeboten, ist die Leistungshandlung nicht dem vertraglichen Pflichtenprogramm entsprechend erbracht worden. Der Gläubiger kann die Leistung daher zurückweisen und den Schuldner durch eine Mahnung unverzüglich in Verzug setzen. Wenn schon *vorher* ein Verzug bestand und der Schuldner eine mangelhafte Leistung anbietet, bleibt der Verzug ohne weiteres mit der Ablehnung durch den Gläubiger bestehen.

668 Etwas anderes gilt aber, wenn der Mangel **unbehebbar** ist. Dann ist der Schuldner wegen **§ 275 I BGB** von seiner Pflicht zur Nacherfüllung befreit, sodass er auch nicht in Verzug geraten kann. Es kommt dann **Schadensersatz statt der Leistung** in Betracht (dazu Rn 679 ff.). Ebenfalls etwas anderes gilt, wenn der Gläubiger die mangelhafte Sache (zunächst) annimmt. Dann gehört es zwar zum geschuldeten Gesamtverhalten des Schuldners, die Sache nachzubessern oder eine neue Sache zu liefern. Es besteht aber die Möglichkeit, dass sich der Gläubiger mit dem mangelhaften Gegenstand zufrieden gibt und eine Nacherfüllung gar nicht verlangt. Es ist daher sachgerecht, wenn man den Verzug so lange als unterbrochen ansieht, bis der Gläubiger sein Recht auf Nacherfüllung ausübt. Bis zu diesem Zeitpunkt ist die Appellfunktion der Mahnung (oder des Mahnungssurrogats) aufgehoben und lebt erst wieder auf, wenn der Gläubiger zu erkennen gibt, dass er die Mangelware nicht so akzeptiert, wie sie ist.

f. Vertretenmüssen/Beweislast

669 Schließlich ordnet § 286 IV BGB an, dass ein Verzug *nicht* eintritt, wenn die Leistung infolge eines Umstands unterbleibt, die der Schuldner *nicht* zu vertreten hat. Diese Negativformulierung bedeutet, dass entgegen der allgemeinen Beweislastregelung (dazu Rn 160) die Beweislast beim Schuldner liegt (Beweislastumkehr). Der Schuldner hat grundsätzlich Vorsatz und jede Fahrlässigkeit zu vertreten, wenn nicht eine strengere oder mildere Haftung bestimmt ist (§ 276 I BGB). Auch besteht die Möglichkeit, dass er sich gem. § 278 BGB das Verschulden eines Dritten zurechnen lassen muss (vgl. Rn 536 ff.). Gründe, die das Vertretenmüssen beseitigen, können bspw. sein:

- Unverschuldete *tatsächliche* Leistungshindernisse (etwa schwere Krankheit oder Betriebsstörungen wegen eines Unwetters)
- Unverschuldete *rechtliche* Hindernisse (etwa nicht vorhersehbare Verzögerung einer behördlichen Genehmigung, die für die Leistung erforderlich ist)
- (In seltenen Fällen) unverschuldeter *Rechtsirrtum* über den genauen Umfang der geschuldeten Leistungshandlung oder andere Umstände (z.B. wenn der Schuldner unverschuldet annimmt, er habe eine Einrede, oder wenn er sich über den Umfang der Leistungspflicht irrt[668])

g. Beginn und Ende des Verzugs

670 Der Verzug **beginnt** mit dem Zugang der Mahnung und bei einem kalendermäßig festgelegten Zeitpunkt (§ 286 II Nr. 1 und 2 BGB) mit Ablauf des Tages, an dem der Schuldner spätestens leisten musste. Im Fall des § 286 II Nr. 3 und 4 BGB tritt der Verzug in dem Zeitpunkt ein, in dem das die Mahnung entbehrlich machende Ereignis (Verweigerung/besonderer Umstand) eintritt. Im Fall des § 286 III BGB tritt der Verzug mit Ablauf des letzten Tags der Frist ein (s.o.).

671 Der **Verzug endet** für die Zukunft (ex nunc), wenn eine der Voraussetzungen entfällt. Das ist bspw. der Fall:

---

[668] Vgl. dazu OLG Karlsruhe NJW 2013, 473 (mit Bespr. v. *Schwab*, JuS 2013, 742).

- bei der Vornahme der gebotenen Leistungshandlung,
- bei einer Stundung der Forderung durch den Gläubiger,
- bei einer Unmöglichkeit der Leistung oder einem Rücktritt durch den Schuldner,
- wenn der Gläubiger bei Vorliegen der entsprechenden Voraussetzungen Schadensersatz statt der Leistung begehrt, vgl. § 281 IV BGB,
- wenn der Gläubiger bei einem Fixhandelskauf (§ 376 I S. 2 HGB) nicht sofort anzeigt, dass er auf die Erfüllung besteht,
- beim *Entstehen* einer Einrede (z.B. Verjährung),
- bei der Rücknahme der Mahnung oder Klage,
- bei einer Anfechtung des Rechtsgeschäfts (der Verzug entfällt ausnahmsweise ex *tunc*).

h. Rechtsfolgen

Die Verzugsfolgen werden durch §§ 280 I, II, 286 ff. BGB bestimmt. Danach muss der Schuldner den durch den Verzug entstandenen Schaden (**Verzögerungsschaden**) ersetzen. Dieser ist nicht mit dem Schadensersatz statt der Leistung zu verwechseln, der erst verlangt werden kann, wenn der Gläubiger endgültig auf die Erbringung der Leistung verzichtet. Es handelt sich also beim Verzögerungsschaden um den Schadensersatz *neben* der Leistung. 672

aa. Verzögerungsschaden

Der **Verzögerungsschaden** ist der Schaden, der dem Gläubiger dadurch entstanden ist, dass der Schuldner nicht rechtzeitig geleistet hat.[669] 673

Der Gläubiger ist so zu stellen, wie er bei rechtzeitiger Leistung stehen würde. Der Verzögerungsschaden muss äquivalent und adäquat kausal und in zurechenbarer Weise durch den Verzug begründet worden sein. Es ist also zu ermitteln, in welchem Verhältnis die tatsächliche zur hypothetischen Vermögenslage steht, die ohne den Eintritt des Verzugs bestehen würde. Ergibt sich hierbei ein negativer Saldo, kann ein Verzögerungsschaden bejaht werden.

> **Beispiel:** V hat K einen Wagen verkauft, den K für seine Geschäftstermine benötigt. Weil V aber nicht rechtzeitig liefert, gerät er nach einer Mahnung durch K in Verzug. Erst einen Monat später liefert V. K musste seine Geschäftstermine bis zu diesem Zeitpunkt mit einem Mietwagen wahrnehmen.
>
> Die Kosten des Mietwagens ab Verzugseintritt kann K als Verzögerungsschaden geltend machen, da sie kausal und in zurechenbarer Weise durch den Verzug begründet wurden und zu einem negativen Vermögenssaldo führten. Allerdings muss sich K das anrechnen lassen, was er sich durch die Nutzung des Mietwagens erspart hat, bspw. den ersparten Wertverlust des gekauften Wagens, den er ansonsten in dieser Zeit schon benutzt hätte.
>
> Hätte sich K in der Zeit des Verzugs *keinen* Mietwagen genommen, wäre fraglich, ob er den Schaden als Vermögensschaden geltend machen könnte. Dann hätte er nämlich keine Kosten gehabt, sondern nur die entgangenen Gebrauchsvorteile als Einbuße erlitten. Würde man die Differenzhypothese in diesem Fall streng anwenden, läge darin kein Schaden, weil die tatsächliche Vermögenslage nicht in negativer Weise von der hypothetischen abweicht. Allerdings ist bei den entgangenen Gebrauchsvorteilen eines Kfz von der h.M. anerkannt, dass diese auch als Vermögensschaden gelten.[670]

Weitere **typische Verzögerungsschäden** sind: 674

- Die durch den Verzug entstandenen **Mehraufwendungen**, z.B. die Miete für eine Ersatzwohnung bei verzögerter Hauserstellung oder die Belastung mit einer eigenen Verbind-

---

[669] Vgl. *Grüneberg*, in: Palandt, § 286 Rn 42; *Medicus*, JuS 2003, 521, 523.
[670] Vgl. dazu die Ausführungen zum Inhalt des Schadensersatzes bei Rn 933 ff.

lichkeit gegenüber einem weiteren Abnehmer. Auch die Kosten eines **Kredits**, dessen Aufnahme infolge der Verzögerung notwendig wird, fallen unter den Begriff des Verzögerungsschadens.

- Der **entgangene Gewinn**, wenn der Gläubiger die Sache hätte weiterverkaufen können, der Abnehmer der Leistung aber wegen der Verzögerung „abgesprungen" ist. Das Gleiche gilt, wenn der Käufer eines Hausgrundstücks seine geplanten Mietzinsen nicht einnehmen kann, weil das Gebäude verspätet fertiggestellt wird.
- Auch die Kosten der **Rechtsverfolgung** wie z.B. die Hinzuziehung eines Rechtsanwalts (oder eines Inkassobüros) können als Verzugsschäden geltend gemacht werden. Hier ist allerdings § 254 II BGB zu beachten. Wenn der Gläubiger einen teuren Anwalt (oder ein Inkassobüro) beauftragt, muss er den Betrag, der über die Standardsätze des RVG hinausgeht, selbst tragen. Für die Geltendmachung der Rechtsverfolgungskosten ist erforderlich, dass der Verzug bereits bestand. Deshalb stellen die Kosten einer verzugsbegründenden Erstmahnung keinen Verzugsschaden dar.
- **Nicht** aber als Verzögerungsschaden anerkannt sind die Mehraufwendungen für einen **Deckungskauf** (dazu Rn 694 und 737). Denn hierbei handelt es sich um einen an die Stelle der Leistung tretenden Schaden, den der Gläubiger nur unter den Voraussetzungen von §§ 280 I, III, 281 BGB statt der Leistung und somit nicht (wie Verzögerungsschäden) neben der Leistung (d.h. Vertragserfüllung) beanspruchen kann.[671]

Hinweis für die Fallbearbeitung: Der Anspruch auf den Ersatz des Verzögerungsschadens verjährt gem. § 217 BGB mit dem Anspruch auf die Primärleistung.

bb. Verzugszinsen und sonstiger Verzugsschaden, §§ 288 ff. BGB

675 Gemäß § 288 I BGB muss der Schuldner dem Gläubiger bei einer **Geldschuld** Zinsen i.H.v. 5 Prozentpunkten über dem Basiszinssatz (vgl. § 247 BGB[672]) ab Beginn des Verzugs zahlen. Die Vorschrift regelt damit einen **Mindestersatz**, den der Gläubiger selbst dann erhält, wenn er in Wirklichkeit gar keinen Schaden hat. Es besteht somit für den Gläubiger einerseits keine Pflicht, einen Schaden zu beweisen, und der Schuldner hat andererseits auch keine Möglichkeit, einen geringeren Schaden des Gläubigers nachzuweisen. Die Zinspflicht **beginnt** gem. § 187 I BGB am Tage nach dem Verzugseintritt und sie **endet** mit dem Ablauf des Tages, an dem geleistet wird. Es ist zu differenzieren:

- Ist am Geschäft kein Verbraucher (§ 13 BGB) beteiligt, beträgt der Zinssatz nicht 5, sondern 9 Prozentpunkte über dem Basiszinssatz, **§ 288 II BGB**. Dies gilt allerdings ausweislich des klaren Wortlauts der Vorschrift nur bei *Entgeltforderungen*. Bei anderen Forderungen, greift auch bei Geschäften, an denen kein Verbraucher beteiligt ist, § 288 I BGB.
- Aus **§ 288 III BGB** ergibt sich, dass der Gläubiger die Möglichkeit behält, aus einem *anderen Rechtsgrund* höhere Zinsen zu verlangen. Dabei ist mit dem „anderen Rechtsgrund" die *vertragliche Abrede* der Parteien gemeint.
- In **§ 288 IV BGB** wird darüber hinaus klargestellt, dass der Gläubiger über den gesetzlichen Mindestersatz hinaus weitere Verzugsschäden geltend machen kann. Nimmt er bspw. laufend einen Kredit in Anspruch, den er mit der vom Schuldner zu bezahlenden Summe tilgen könnte, stellen die an die Bank gezahlten Zinsen einen Schaden dar. Sollte dieser den in § 288 I BGB genannten Zinssatz übersteigen, handelt es sich um einen weiteren Schaden, der liquidiert werden kann.
- Der Gläubiger einer Entgeltforderung hat zudem gem. **§ 288 V S. 1 BGB** gegenüber dem Schuldner, sofern dieser kein Verbraucher ist, einen Anspruch auf Zahlung einer Pauschale i.H.v. 40 €. Weitere Modalitäten enthält § 288 V S. 2 und 3 BGB.

---

[671] So auch BGH NJW 2013, 2959 (mit Bespr. v. *Schwab*, JuS 2014, 167; ablehnend *Nietsch*, NJW 2014, 2385 ff.).
[672] Der Basiszinssatz beträgt zurzeit (d.h. seit dem 1.7.2017) -0,88% (Quelle: Deutsche Bundesbank, 1.11.2017).

- **§ 288 VI BGB** enthält weitere Beschränkungen. So ist gem. § 288 VI S. 1 BGB eine im Voraus getroffene Vereinbarung, die den Anspruch des Gläubigers einer Entgeltforderung auf Verzugszinsen ausschließt, unwirksam. Weitere Beschränkungen und Ausnahmen sind in § 288 VI S. 2 bis 4 BGB enthalten.
- Auch aus **§ 291 BGB** kann sich die Pflicht zur Zahlung von Zinsen ergeben, wenn Rechtshängigkeit eingetreten ist. Die Bedeutung dieser Vorschrift ist allerdings gering, weil die Rechtshängigkeit mit der Klagezustellung eintritt, weswegen regelmäßig auch schon ein Verzug gem. § 286 I BGB begründet sein wird (Klage ersetzt Mahnung). § 291 BGB ist bspw. relevant, wenn der Schuldner die verspätete Leistung wegen eines entschuldbaren Irrtums nicht zu vertreten hat. Dann gerät er bei der Klagezustellung allein wegen § 291 BGB in Verzug, da diese Norm kein Verschulden voraussetzt.
- Gemäß **§ 289 BGB** sind die Verzugszinsen nicht erneut verzinsbar.

> **Hinweis für die Fallbearbeitung:** Weitere Folge des Verzugs ist die verschärfte Haftung des Schuldners auch für Zufall und jede Fahrlässigkeit gem. § 287 BGB.

4. Schadensersatz bei Schlechterfüllung einer leistungsbezogenen Pflicht, § 280 I BGB

Wird eine **leistungsbezogene Pflicht** verletzt, hat die Vorschrift des § 280 I BGB bei einem **Schadensersatz *neben* der Leistung** v.a. in zwei Fällen Relevanz. 676

- Bei Verträgen, die ein eigenes Gewährleistungsrecht aufweisen, ist § 280 I BGB im Zusammenspiel mit den jeweiligen Gewährleistungsnormen von Bedeutung (vgl. §§ 434 ff., 634 ff. BGB). Dabei ist insb. problematisch, für *welche* Schäden die Vorschrift noch einen eigenen Anwendungsbereich hat und welche Schäden bereits von § 281 BGB erfasst sind. Vgl. dazu Rn 737.
- Für die *alleinige* Anwendung des § 280 I BGB bei der Verletzung leistungsbezogener Pflichten ist daher v.a. Raum, wenn es sich um einen Vertragstyp handelt, für den das BGB *kein* Gewährleistungsrecht vorsieht. Hier sind insb. der Dienstvertrag (§ 611 BGB), der Behandlungsvertrag (§ 630a BGB) und der Geschäftsbesorgungsvertrag mit dienstvertraglichem Charakter (§§ 675 I, 611 BGB) von Bedeutung.

  Beispiele: Verträge mit Anlageberatern und Steuerberatern, Arztverträge, Anwaltsverträge und Arbeitsverträge

677

> **Schadensersatz bei Schlechterfüllung einer leistungsbezogenen Pflicht, § 280 I BGB**
>
> 1. **Wirksames Schuldverhältnis, vgl. § 241 I BGB**
> 2. **Pflichtverletzung, § 280 I S. 1 BGB**
> 3. **Vertretenmüssen** (Beweislast beim Schuldner, § 280 I S. 2 BGB)
> 4. **Kausaler Schaden**

Die Problematik bei Pflichtverletzungen i.R. von Verträgen ohne Gewährleistungsrecht kann unterschiedlich gelagert sein. Zunächst ist es möglich, dass der Schwerpunkt schon bei der Frage nach dem Schuldverhältnis, bspw. bei der Abgrenzung zwischen einem Dienst- und Werkvertrag, liegt. Es kann aber auch sein, dass i.R. der Pflichtverletzung inzident andere Vertragstypen geprüft werden müssen, z.B. wenn ein Rechtsanwalt seinem Mandanten eine (u.U. pflichtwidrige Falsch-)Auskunft über ein Rechtsverhältnis gibt. Ebenso ist es denkbar, dass sich die Probleme im Verschulden, namentlich bei der Verschuldenszurechnung oder dem Haftungsmaßstab, befinden. 678

Beispiel 1: A arbeitet für U an der Kasse eines Warenhauses. Dort kassiert er eines Tages für den Trickbetrüger T eine Stereoanlage ab. T gelingt es, A so zu täuschen, dass dieser ihm ein zu hohes Wechselgeld herausgibt. U behauptet, A habe sich grob fahrlässig verhalten und er verlangt deswegen Schadensersatz in Höhe des fälschlicherweise herausgegebenen Wechselgelds. A wiederum behauptet, er habe allenfalls leicht fahrlässig gehandelt und er sehe sich daher nicht veranlasst, den Schaden zu ersetzen.

U könnte einen Anspruch gegen A auf Schadensersatz gem. § 280 I BGB (pVV) haben. Ein Schuldverhältnis liegt in Form eines Arbeitsvertrags vor, § 611 BGB. Insoweit existiert auch kein besonderes Gewährleistungsrecht, welches die isolierte Anwendung des § 280 I BGB ausschließen würde. Darüber hinaus hat A auch eine leistungsbezogene Pflicht verletzt, weil er seine Arbeit – das ordnungsgemäße Kassieren – nicht nach den objektiv erforderlichen Maßstäben erfüllt hat, indem er sich durch T täuschen ließ und daher zu viel Wechselgeld herausgab.

Fraglich ist aber, ob A die Pflichtverletzung auch zu vertreten hat, §§ 280 I S. 2, 276 ff. BGB. Fahrlässig i.S.d. § 276 BGB handelt, wer die im Verkehr erforderliche Sorgfalt außer Acht lässt. A hat, obwohl ihm die Geldmittel seines Arbeitgebers anvertraut wurden, nicht darauf geachtet, dass er seinen Kunden ordnungsgemäß abkassiert. Er hat sich vielmehr nachlässig verhalten und die objektive Sorgfalt nicht walten lassen. Somit liegt ein Verschulden vor, wobei mindestens von einer leichten Fahrlässigkeit ausgegangen werden kann. Fraglich ist aber, welcher Haftungsmaßstab bei A anzusetzen ist. Hier handelt es sich um den Anspruch eines Arbeitgebers gegen seinen Arbeitnehmer, sodass auf die Grundsätze zum *innerbetrieblichen Schadensausgleich* (Rn 563) zurückzugreifen ist. Danach haftet ein Arbeitnehmer für nur leicht fahrlässiges Verhalten gegenüber seinem Arbeitgeber grundsätzlich nicht. Ein Anspruch des U käme also nur in Betracht, wenn A eine über die leichte Fahrlässigkeit hinausgehende Verantwortlichkeit träfe. Eine solche ist dem Sachverhalt aber nicht eindeutig zu entnehmen, sodass es auf die Frage der Beweislast ankommt. Grundsätzlich trägt der Schuldner die Beweislast für sein Nichtverschulden, da § 280 I S. 2 BGB eine Beweislastumkehr anordnet. Allerdings sieht § 619a BGB hiervon eine Ausnahme für Arbeitsverträge vor, sodass U die Beweislast für das Vertretenmüssen des A trifft. Sofern der Arbeitgeber U dem A kein mehr als nur leicht fahrlässiges Verhalten nachweisen kann, fällt die Entscheidung zu seinen Lasten aus. Er hat daher keinen Anspruch auf Schadensersatz gegen A aus § 280 I BGB.

Beispiel 2: A geht zu Rechtsanwalt R und bittet ihn um Rat. Er ist erzürnt, weil ihm der Bauunternehmer B vor anderthalb Jahren ein Reklameschild an sein Geschäftshaus montiert hat, das sich nunmehr als mangelhaft erwiesen hat. Da R gerade viel zu tun hat, sagt er zu A, dass er sich um die Sache kümmern werde, dieses aber noch etwas dauern könne. Außerdem sei es wegen der fünfjährigen Verjährungsfrist bei diesem Werk ohnehin nicht eilig. Nach einem weiteren Jahr hat R immer noch keine Schritte gegen B eingeleitet. A entzieht R das Mandat. Dann wendet er sich selbstständig an B und begehrt die Nachbesserung des mangelhaften Schildes. B beruft sich aber auf Verjährung, weswegen A das Schild selbst nachbessert und die Kosten von R ersetzt haben möchte.

A könnte gegen R einen Schadensersatzanspruch auf Ersatz der Kosten aus § 280 I BGB haben. Ein Schuldverhältnis liegt in Form eines Geschäftsbesorgungsvertrags mit dienstvertraglichem Charakter vor, §§ 675, 611 BGB. Ein Gewährleistungsrecht ist nicht gegeben, sodass § 280 I BGB *allein* die taugliche Anspruchsgrundlage darstellt.

Hinweis für die Fallbearbeitung: Hier lag kein Werkvertrag vor, da die Verpflichtung des R nicht darauf gerichtet war, A mit *Erfolg* zu vertreten (also einen Prozess zu führen und zu gewinnen), sondern lediglich darin bestand, das Mandat ordnungsgemäß zu bearbeiten und alles zu unternehmen, was zur Wahrung der Rechte des A erforderlich war.

Fraglich ist, ob R eine Pflicht verletzt hat. Eine Pflichtverletzung könnte gegeben sein, da R nicht sofort gegen B vorging. Problematisch ist aber, dass er A darauf hinwies, dass es „noch etwas dauern könne" und A nicht widersprochen hat. R könnte mithin nicht zur sofortigen Durchsetzung der Rechte des A verpflichtet gewesen sein. Dabei ist allerdings zu beachten, dass sich R bzgl. der Verjährung der Rechte des A gegen B geirrt hat. Denn die Errichtung eines Reklameschildes an einem Haus stellt kein Bauwerk i.S.d. § 634a I Nr. 2 BGB dar, sodass die lange Verjährung von fünf Jahren nicht eingreift. Vielmehr lief die Frist gem. § 634a I Nr. 1 BGB schon nach zwei Jahren ab. R hätte A darauf aufmerksam machen und alsbald eine Maßnahme zur Verjährungsunterbrechung einleiten müssen. Da er dies nicht tat, hat er eine aus dem Vertrag resultierende Pflicht verletzt. Mangels gegenteiliger Hinweise kann darüber hinaus davon ausgegangen werden, dass dies auch schuldhaft erfolgte, §§ 280 I S. 2, 276 BGB. Die schuldhafte Pflichtverletzung führte auch zu einem kausalen Schaden. Hätte sich R ordnungsgemäß verhalten, wäre die Verjährungsfrist nicht abgelaufen und A hätte noch mit Erfolg gegen B vorgehen können. Ein Anspruch des A gegen R aus § 280 I BGB auf Zahlung der Reparaturkosten ist damit gegeben.

IV. Schadensersatz statt der Leistung

1. Einführung

Wie bereits einführend bei Rn 532/590 erläutert, stellt der Schadensersatz statt der Leistung den Ersatz des Gläubigers dafür dar, dass er eine geschuldete Leistung nicht oder nicht wie geschuldet erhält und auf die ordnungsgemäße Erfüllung endgültig verzichtet bzw. verzichten muss. Der Ersatz ist also auf das sog. positive Interesse gerichtet, d.h. der Gläubiger ist (wirtschaftlich) so zu stellen, wie er stünde, wenn der Schuldner ordnungsgemäß erfüllt hätte.[673] „Statt der Leistung" (ordnungsgemäße Vertragserfüllung) erhält der Gläubiger also Schadensersatz. **679**

Ein Schadensersatz statt der Leistung kann zunächst durch **§§ 280 I, III, 281-283 BGB** gewährt werden. Dabei stellt § 280 I BGB die zentrale Anspruchsnorm dar, wobei in § 280 III BGB angeordnet wird, dass für den Schadensersatz *statt der Leistung* die *weiteren* Voraussetzungen des § 281 BGB *oder* § 282 BGB *oder* § 283 BGB erfüllt sein müssen. Die für § 280 I BGB erforderliche Pflichtverletzung wird in diesen Normen näher konkretisiert. Bei einem Anspruch aus §§ 280 I, III, 283 BGB bspw. wird die erforderliche Pflichtverletzung von § 283 BGB als Unmöglichkeit der Leistung beschrieben. Die Pflichtverletzung stellt also in diesem Fall die Nichterbringung des Leistungserfolgs wegen eines Leistungshindernisses dar. **680**

Für den Anspruch auf das positive Interesse ist es unerheblich, ob die Leistungspflicht des Schuldners aus einem **Vertrag** oder aus dem **Gesetz** resultiert. So kann ein Anspruch auf Schadensersatz statt der Leistung z.B. auch vorliegen, wenn dem Gläubiger ein Anspruch aus § 812 BGB zusteht und die entsprechenden Voraussetzungen der §§ 280-283 BGB vorliegen. Auch greifen die Vorschriften der §§ 280-283 BGB bei der *Rückabwicklung* von Verträgen, vgl. § 346 IV BGB.

Das Gesetz unterscheidet drei verschiedene Konstellationen, bei denen ein Anspruch auf das positive Interesse gem. §§ 280-283 BGB gegeben sein kann.

- ⇨ **Schadensersatz bei nachträglicher Unmöglichkeit:** Im Fall des **§ 283 BGB** wird der Schadensersatz bei einer vom Schuldner zu vertretenden nachträglichen Unmöglichkeit gewährt. Der Anspruch auf das positive Interesse ergibt sich aus §§ 280 I, III, 283 BGB. Vgl. dazu Rn 703 ff.
- ⇨ **Schadensersatz bei Verzögerung oder Mangelhaftigkeit:** Hat der Gläubiger infolge einer Leistungsverzögerung oder einer Schlechtleistung (i.d.R. Mangelhaftigkeit der Leistung) sein Interesse an der Leistung verloren, gewährt ihm **§ 281 BGB** (i.V.m. § 280 I

[673] BGH NJW 1998, 2901; *Medicus*, JuS 2003, 521, 522; *Lorenz*, NJW 2004, 26, 28; später auch *Benicke/Hellwig*, NJW 2014, 1697, 1702; *Weiss*, NJW 2015, 3393.

BGB) einen Anspruch auf Schadensersatz statt der Leistung. § 281 BGB setzt also (anders als § 283 BGB) eine noch bestehende Möglichkeit der Leistung voraus. Der Anspruch auf das positive Interesse ergibt sich hier aus §§ 280 I, III, 281 BGB. Vgl. dazu Rn 712 ff.

⇨ Schließlich gewährt **§ 282 BGB** (i.V.m. § 280 I BGB) das positive Interesse ausnahmsweise auch bei einer bloßen Nebenpflichtverletzung. Vgl. dazu Rn 739 ff.

681 Darüber hinaus kann ein Anspruch auf den Schadensersatz statt der Leistung auch nach **§ 311a II BGB** gegeben sein. Diese Norm greift **bei einer *anfänglichen* Unmöglichkeit** und gewährt dem Gläubiger einen Schadensersatzanspruch, wenn der Schuldner das Leistungshindernis kannte oder fahrlässig nicht kannte. Der Haftungsgrund bei dieser Vorschrift ist ein anderer als bei §§ 280-283 BGB. Während letztere Normen die Ersatzpflicht an eine *Pflichtverletzung* knüpfen, ist dies bei § 311a II BGB nicht der Fall. Dort ist nämlich die *Abgabe* des *Leistungsversprechens trotz* eines *Leistungshindernisses* der die Ersatzpflicht auslösende Umstand, wobei den Schuldner zumindest Fahrlässigkeit bzgl. seiner Unkenntnis ob des Umstands treffen muss. Daraus erschließt sich auch die Logik, dass § 311a II BGB im Abschnitt über die „Verträge" (§§ 311 ff. BGB) normiert ist. Denn die *Abgabe* eines *Leistungsversprechens* ist naturgemäß dem Vertragsrecht zuzuordnen. § 311a II BGB gilt daher nur für **Verträge**, die eine *Leistungspflicht* begründen.[674]

682 Hinweis: Ist ein Schadensersatzanspruch wegen anfänglicher Unmöglichkeit aus § 311a II BGB gegeben, bleibt für die anderen Vorschriften (§§ 281-283 BGB) kein Raum (BT-Drs. 14/6040, S. 166). Aus diesem Grund wird auch vorliegend § 311a II BGB vor §§ 281-283 BGB erläutert.

2. Schadensersatz statt der Leistung gem. § 311a II BGB

683

Schadensersatz statt der Leistung bei anfänglicher Unmöglichkeit, § 311a II BGB

I. Voraussetzungen

1. Vertrag

Für einen Anspruch aus § 311a II BGB ist zunächst ein Vertrag zwischen den Parteien erforderlich. Dabei ist zu beachten, dass es dem Schuldner nicht gestattet ist, den Vertrag wegen eines Irrtums über seine Leistungsfähigkeit anzufechten, weil er sich damit seiner Schadensersatzpflicht aus § 311a II BGB entziehen würde.

2. Freiwerden von der Leistungspflicht, § 275 BGB

Der Schuldner muss wegen eines anfänglichen Leistungshindernisses von seiner Leistungspflicht gem. § 275 BGB frei geworden sein.

3. Zu vertretende Unkenntnis

Gemäß § 311a II S. 2 BGB greift die Schadensersatzpflicht nicht ein, wenn der Schuldner das Leistungshindernis bei Vertragsschluss nicht kannte und seine Unkenntnis auch nicht zu vertreten hatte. Für das Vertretenmüssen sind §§ 276 ff. BGB heranzuziehen. Falls eine unverschuldete Unkenntnis angenommen wird, ergibt sich auch kein Anspruch des Gläubigers aus § 122 BGB analog (str.).

II. Rechtsfolgen

1. Schadensersatz statt der Leistung

Gemäß § 311a II BGB hat der Schuldner Schadensersatz statt der Leistung zu leisten. Er

[674] Vgl. *Gieseler*, JR 2004, 133, 135 ff.; *Windel*, JR 2004, 265 ff.; *Katzenstein*, Jura 2005, 73, 77 f. Vgl. auch BGH NJW 2014, 3365, 3366 f. und *Looschelders*, JA 2014, 942, 943.

muss den Gläubiger dabei so stellen, wie dieser stünde, wenn die Leistung ordnungsgemäß erbracht worden wäre (positives Interesse). Nach h.M. sind auch Folgeschäden ersatzfähig. Die Schadensberechnung selbst erfolgt nach der Differenzhypothese. Bei gegenseitigen Verträgen ist vor der Schadensberechnung die Art der Schadensermittlung zu klären. Dabei hat der Gläubiger das Wahlrecht zwischen der Surrogations- und Differenztheorie.

2. Schadensersatz statt der ganzen Leistung
Sofern dem Schuldner nicht die gesamte Leistung unmöglich ist, kann der Gläubiger zunächst nur Schadensersatz statt der Leistung bzgl. des nicht erbrachten Teils verlangen. Unter den Voraussetzungen der §§ 311a II S. 3, 281 I S. 2 und 3 BGB kann er auch Schadensersatz statt der ganzen Leistung begehren („großer Schadensersatz").

3. Herausgabe des Ersatzes, § 285 BGB
Der Gläubiger kann gem. § 285 BGB vom Schuldner auch die Herausgabe des Ersatzes verlangen, der an die Stelle der unmöglich gewordenen Leistung getreten ist (z.B. die Versicherungssumme). Sofern der Gläubiger dieses Recht ausübt, muss er sich den Wert des Surrogats auf seinen Schadensersatzanspruch anrechnen lassen.

4. Ersatz vergeblicher Aufwendungen, § 284 BGB
Gemäß §§ 311a II S. 1, 284 BGB kann der Gläubiger *anstelle* des Schadensersatzes statt der Leistung auch die Aufwendungen ersetzt verlangen, die er im Vertrauen auf den Erhalt der Leistung gemacht hat und billigerweise machen durfte, es sei denn, deren Zweck wäre auch ohne die Nichtleistung des Schuldners nicht erreicht worden.

a. Wirksamer Vertrag

Gemäß § 311a II BGB ist für einen Anspruch auf Schadensersatz statt der Leistung zu- 684
nächst erforderlich, dass zwischen den Parteien ein **wirksamer Vertrag** vorliegt. Das folgt unmittelbar aus der systematischen Stellung der Norm und der Tatsache, dass § 311a II BGB auf § 311a I BGB Bezug nimmt. Diese Regelung stellt fest, dass ein *Vertrag* über eine anfänglich unmögliche Leistung grundsätzlich wirksam ist, obwohl wegen der Unmöglichkeit gar keine Primärpflicht entstehen kann.[675]

Zu beachten ist, dass § 311a BGB zwar ausschließlich die anfängliche Unmöglichkeit erfasst, nicht aber zwischen objektiver und subjektiver Unmöglichkeit unterscheidet. Daher ist immer das positive Interesse („Schadensersatz statt der Leistung") zu ersetzen, *sofern* den Schuldner eine Verantwortlichkeit bzgl. seiner Unkenntnis trifft.

Hinweis für die Fallbearbeitung: Wegen des Erfordernisses eines wirksamen Vertrags ist an dieser Stelle gegebenenfalls auf etwaige **Nichtigkeitsgründe** einzugehen, z.B. auf **§§ 104, 125, 134, 138 BGB**.

Eine Besonderheit ist hier bzgl. der **Anfechtung** durch den Schuldner zu beachten: Der Schuldner könnte – wenn er seine Unkenntnis bzgl. des Leistungshindernisses zu vertreten hat – geneigt sein, den Vertrag wegen eines Irrtums über seine Leistungsfähigkeit anzufechten und dadurch zu vernichten. Dann müsste er nicht mehr auf das positive, sondern nur auf das negative Interesse haften, § 122 BGB. Allerdings stellt der Irrtum über die eigene Leistungsfähigkeit regelmäßig einen unbeachtlichen Motivirrtum dar, sodass eine Anfechtung i.d.R. schon *tatbestandlich* ausscheiden wird (z.B. wenn der Kaufgegenstand vor Vertragsschluss gestohlen wurde).

Es gibt aber auch Konstellationen, in denen der Irrtum über die Leistungsfähigkeit durchaus einen Irrtum i.S.d. § 119 II BGB darstellen kann. Das ist z.B. der Fall, wenn sich der Schuldner über einen anfänglichen unbehebbaren Sachmangel irrt (anfängliche (Teil-)Unmöglichkeit). Dann liegt ein Eigenschaftsirrtum vor und eine Anfechtung

[675] Vgl. BT-Drs. 14/6040, S. 164 ff.; *Canaris*, JZ 2001, 499, 506; *Windel*, JR 2004, 265 ff.

wäre – jedenfalls tatbestandlich – möglich. Dennoch bleibt dem Schuldner die Anfechtung in diesem Fall verwehrt, weil er dadurch *treuwidrig* seine Schadensersatzpflicht aus § 311a II BGB umgehen würde.[676]

Etwas anderes gilt aber, wenn sich der Anfechtungsgrund nicht auf eine Fehlvorstellung über das Leistungshindernis stützt, z.B. wenn sich der Schuldner schlicht versprochen hat und nach § 119 I BGB anfechten möchte. Dieses Vorgehen muss ihm weiterhin möglich bleiben.

b. Freiwerden von der Leistungspflicht (§ 275 BGB); Leistungshindernis bei Vertragsschluss

685 Weiterhin ist erforderlich, dass der Schuldner nicht zu leisten braucht und das Leistungshindernis schon bei Vertragsschluss vorlag.

Diese Voraussetzungen implizieren, dass es sich bei der Pflicht, der ein Leistungshindernis entgegensteht, um eine **leistungsbezogene Pflicht** handeln muss, auf deren Erbringung der Gläubiger – wenn ihr kein Hindernis entgegenstünde – einen Anspruch hätte. Denn nur wenn eine solche Pflicht unmöglich wird, ist es sinnvoll, dem Gläubiger einen Schadensersatz *statt* der Leistung zu gewähren.

Mit „**Leistungshindernis**" sind alle Fälle des § 275 I-III BGB gemeint[677], d.h. die Einwendung nach § 275 I BGB und die Einreden nach § 275 II und III BGB (Rn 364 ff.).

Hinweis für die Fallbearbeitung: An dieser Stelle sind also inzident die Voraussetzungen des § 275 BGB zu prüfen. Dabei können sich alle Probleme stellen, die im Abschnitt über die Unmöglichkeit erläutert wurden, z.B. die Frage, ab wann ein vorübergehendes Hindernis als Unmöglichkeit gilt oder in welchem Verhältnis der Aufwand des Schuldners zum Gläubigerinteresse bei § 275 II BGB stehen muss.

Das Leistungshindernis muss **bereits bei Vertragsschluss** vorliegen (anfängliches Leistungshindernis). Wird ein Vertrag rückdatiert, ist nicht das vereinbarte Datum, sondern der **Zeitpunkt des tatsächlichen Vertragsschlusses maßgeblich**.

Schließlich ist erforderlich, dass der Schuldner wegen des Hindernisses **nicht zu leisten *braucht***. Das ist bei Unmöglichkeit i.S.d. § 275 I BGB stets der Fall, da bei Vorliegen eines Hindernisses i.S.d. Vorschrift der Schuldner per se von seiner Pflicht frei wird und nicht leisten muss. Liegt dagegen ein anfängliches Leistungshindernis i.S.d. **§ 275 II oder III BGB** vor, hat der Schuldner die Wahl, durch überobligationsmäßige Anstrengungen den Erfolg herbeizuführen. Erbringt er die Leistung, besteht kein Anspruch aus § 311a II BGB; erhebt er die **Einrede** aus § 275 II, III BGB, *braucht* er nicht zu leisten.

c. Zu vertretende Unkenntnis

686 Gemäß § 311a II S. 2 BGB greift die Schadensersatzpflicht nicht ein, wenn der Schuldner das Leistungshindernis bei Vertragsschluss nicht kannte und seine Unkenntnis nicht zu vertreten hatte. Auch bei § 311a II BGB ist also erforderlich, dass dem Schuldner ein Vertretenmüssen vorgeworfen werden kann. Durch die negative Formulierung („gilt *nicht*, wenn ...") wird eine **Beweislastumkehr** zu seinen Lasten angeordnet.

687 Als Anknüpfungspunkt für das **Vertretenmüssen** stellt § 311a II BGB (anders als §§ 280 ff. BGB) nicht auf den Umstand ab, der das Leistungshindernis begründete, son-

[676] *Lorenz/Riehm*, Rn 330; *Canaris*, JZ 2001, 499, 506.
[677] Vgl. auch den Fall BGH NJW 2014, 3365, 3366 f.

dern darauf, ob der Schuldner das Hindernis **kannte oder kennen musste.**[678] Ob der Schuldner seine Unkenntnis zu vertreten hat, richtet sich nach § 276 BGB.

Anknüpfungspunkt ist regelmäßig der Umstand, dass der Pflichtige einen Vertrag schließt, ohne sich zuvor von seiner Leistungsfähigkeit überzeugt zu haben. Er hat gem. § 276 BGB Vorsatz und Fahrlässigkeit zu vertreten, wenn eine strengere oder mildere Haftung weder bestimmt ist noch aus dem sonstigen Inhalt des Schuldverhältnisses, wie aus der Übernahme einer Garantie oder eines Beschaffungsrisikos, zu entnehmen ist.

Hinweis für die Fallbearbeitung: Bedient sich der Schuldner eines Vertreters, ist § 166 BGB einschlägig, da es sich hier um das Vertretenmüssen einer *Kenntnis* handelt. Bedient er sich hingegen zur *Vorbereitung* des Vertrags einer Hilfsperson, muss er sich dessen fahrlässige Unkenntnis gem. § 278 BGB zuzurechnen lassen.[679]

Welche Sorgfaltsanforderungen i.R. des § 276 BGB an den Schuldner zu stellen sind, hängt von den Umständen des Einzelfalls ab. So kann bspw. bei Sachen, die besonders einem Diebstahlrisiko ausgesetzt sind, die Pflicht bestehen, sich kurz vor dem Vertragsschluss über deren Vorhandensein zu erkundigen.[680] Auch muss ein Gebrauchtwagenhändler vor Verkauf eines zuvor angekauften Kfz die in der Zulassungsbescheinigung angegebene Fahrzeugidentifikationsnummer (FIN) mit der am Fahrzeug eingestanzten vergleichen.[681] Ein Kfz-Verkäufer, der einen Wagen als unfallfrei verkauft, muss sich zuvor auch über die Unfalleigenschaft erkundigen bzw. das Kfz untersuchen (lassen).

Hat der Schuldner seine Unkenntnis **nicht zu vertreten** und kann er dies auch beweisen, liegt ein Anspruch aus § 311a II BGB demzufolge nicht vor. **688**

Hinweis für die Fallbearbeitung: Hat der Schuldner von einem anfänglichen Leistungshindernis unverschuldet keine Kenntnis, kommt auch ein Anspruch aus §§ 311 II, 241 II, 280 I BGB (c.i.c.) nicht in Betracht, weil dafür ebenfalls ein Verschulden erforderlich wäre. Liegt dagegen ein Verschulden des Schuldners vor, tritt die c.i.c.-Haftung aus §§ 311 II, 241 II, 280 I BGB hinter § 311a II BGB zurück.[682]

Liegt ein Verschulden des Schuldners vor und wusste auch der Gläubiger fahrlässig nicht, dass die Leistung nicht mehr erbracht werden kann, ist an eine Anwendung des § 254 I BGB zu denken, wodurch der Schadensumfang verringert werden kann.

d. Rechtsfolgen

Liegen die Voraussetzungen des § 311a II BGB vor, kann der Gläubiger Schadensersatz statt der Leistung, u.U. Schadensersatz statt der *ganzen* Leistung (Rn 695 ff./735 ff.), die Herausgabe des Surrogats (§ 285 BGB) oder den Ersatz vergeblicher Aufwendungen (§ 284 BGB) verlangen. **689**

aa. Schadensersatz statt der Leistung

Gemäß § 311a II BGB hat der Schuldner bei Vorliegen der Voraussetzungen Schadensersatz statt der Leistung zu erbringen. Er hat den Gläubiger so zu stellen, wie dieser stünde, wenn die Leistung ordnungsgemäß erbracht worden wäre (**positives Interesse**). Der Inhalt der Ersatzpflicht richtet sich nach §§ 249 ff. BGB, wobei zu beachten ist, dass eine Naturalrestitution bei einem Schadensersatz *statt* der Leistung gerade nicht möglich ist. Der Ersatz kann lediglich gem. § 251 BGB in Geld verlangt werden. **690**

---

[678] Vgl. etwa BGH NJW 2014, 3365, 3366.
[679] *Grüneberg*, in: Palandt, § 311a Rn 9.
[680] *Grüneberg*, in: Palandt, § 311a Rn 9.
[681] *Grüneberg*, in: Palandt, § 311a Rn 9.
[682] Wie hier *Kindl*, in: Erman, § 311a Rn 12; *Stadler*, in: Jauernig, § 311a Rn 11; *Grüneberg*, in: Palandt, § 311a Rn 14.

691 Die **Schadensberechnung** erfolgt nach der Differenzhypothese. Dabei wird die tatsächliche Vermögenslage mit der hypothetischen Lage verglichen, die bei einer ordnungsgemäßen Erfüllung bestünde. Bei gegenseitigen Verträgen ist allerdings *vor* der konkreten Berechnung des Schadens zu klären, wie die Schadensermittlung zu erfolgen hat. Damit ist die Frage gemeint, was bei der Abwicklung des Verhältnisses zwischen dem Gläubiger und dem Schuldner mit der *Gegenleistung* passiert.

692 Bei der **Schadensermittlung** gibt es (generell) zwei Vorgehensweisen. Nach der sog. **Surrogationsmethode** (Austauschtheorie) erbringt der Gläubiger nach wie vor seine Gegenleistung und verlangt vom Schuldner den vollen Ersatz für die ausgebliebene Leistung. Bei der **Differenztheorie** dagegen behält der Gläubiger seine Gegenleistung und verlangt lediglich die Differenz zwischen dem Wert seiner behaltenen Gegenleistung und dem Wert der Leistung. Wenn die Gegenleistung des Gläubigers in Geld besteht, ergibt sich praktisch kein Unterschied zwischen den beiden Ermittlungsmethoden.

Beispiel: B ist Eigentümer eines Ford Mustangs (Wert: 22.000 €). Diesen verkauft er an A für 20.500 €. Der Mustang ist allerdings bereits vor dem Vertragsschluss gestohlen worden (daher Annahme einer anfänglichen Unmöglichkeit), was B nicht wusste.

Nach der <u>Surrogationsmethode</u> darf (und muss) Gläubiger A nach wie vor seine Gegenleistung (Zahlung von 20.500 €) erbringen und kann von Schuldner B den vollen Ersatz für die ausgebliebene Leistung (22.000 €) verlangen. Im Ergebnis hat A also einen Positivsaldo von <u>1.500 €</u>.

Nach der <u>Differenztheorie</u> behält Gläubiger A seine Gegenleistung (Zahlung von 20.500 €), kann aber die Differenz zwischen dem Wert seiner behaltenen Gegenleistung und dem Wert der Leistung (22.000 €) verlangen, erhält i.E. also <u>1.500 €</u>.

692a Ist die Gegenleistung aber ebenfalls eine Sache, kann es zu verschiedenen Ergebnissen kommen.

Beispiel: A ist Eigentümer eines Chevrolet Camaros (Wert: 20.500 €), B Eigentümer eines Ford Mustangs (Wert: 22.000 €). Da beide Interesse an dem Wagen des jeweils anderen haben, vereinbaren sie ein Tauschgeschäft (§ 480 BGB) ohne Wertausgleich. Der Ford Mustang ist allerdings bereits vor dem Vertragsschluss gestohlen worden, was B nicht wusste.

Hier ist die Leistungserbringung durch B unmöglich. A hat daher gem. § 311a BGB einen Anspruch auf Schadensersatz statt der Leistung. Fraglich ist allein die Schadensermittlung.

Nach der <u>Surrogationsmethode</u> darf (und muss) A seine Leistung nach wie vor erbringen und kann von B den Wert des Mustangs ersetzt verlangen. Er kann also von B die Zahlung von 22.000 € verlangen, Zug um Zug gegen Übereignung und Übergabe des Camaros.

Nach der <u>Differenztheorie</u> behält A seinen Camaro, kann aber von B die Differenz zwischen dem Wert der Autos verlangen, vorliegend also 1.500 €.

Fraglich ist, welche Art der Schadensermittlung vorzugswürdig ist. Grundsätzlich könnte man erwägen, dass der Gläubiger zwischen beiden Methoden wählen könnte.[683] Das erscheint nachvollziehbar, denn immerhin hat es ja der Schuldner (hier: B) zu verantworten, dass das Geschäft nicht wie vereinbart vollzogen werden kann. Allerdings stellt sich dabei folgendes Problem[684]: Bei einer Unmöglichkeit der Leistung ordnet § 326 I BGB an, dass der Gläubiger von seiner Pflicht zur Gegenleistung *automatisch* frei wird. Entscheidet er sich für die Surrogationsmethode, kann er den vollen Wert der Gegenleistung verlangen. Da er aber selbst nicht zur Leistung verpflichtet ist (§ 326 I BGB), kann er die ihm obliegende Gegenleistung verweigern oder – wenn er schon geleistet hat – nach §§ 326 IV, 346 BGB zurückverlangen. Dieses Ergebnis ist unbillig, sodass man erwägen könnte, die

---

683 So *Reischl*, JuS 2003, 453, 459; *Kaiser*, NJW 2001, 2425, 2428.
684 Vgl. dazu *Lorenz/Riehm*, Rn 332; *Füssenich*, JA 2004, 403, 404.

Surrogationsmethode für unanwendbar zu erklären. Allerdings wäre das wiederum unbillig für den Gläubiger, wenn er seine Leistung weiterhin erbringen *möchte* und stattdessen den vollen Ersatz vom Schuldner begehrt. Der Schuldner hat auch kein schutzwürdiges Interesse an einem Ausschluss der Surrogationsmethode, sofern er darauf vertrauen kann, dass er die Gegenleistung des Gläubigers bekommt und behalten darf.

Um dieses Ergebnis zu erreichen, ist es erforderlich, dass – wenn der Gläubiger seine Leistung erbringen *möchte* – die Regelungen des § 326 I und IV BGB ausnahmsweise teleologisch reduziert werden. Dann besteht die Möglichkeit, dass der Gläubiger seine (Gegen-)Leistung erbringt und der Schuldner sie auch behalten darf, weil § 326 IV BGB nicht greift. Der Gläubiger erhält den vollen Ersatz für die ausgebliebene Leistung, ohne dass es zu etwaigen Unbilligkeiten kommt. Bei einer teleologischen Reduktion des § 326 BGB führt damit auch die Surrogationsmethode zu einem ausgewogenen Ergebnis, sodass ein Wahlrecht des Gläubigers zwischen den beiden Methoden besteht.

Hinweis für die Fallbearbeitung: § 326 BGB steht also einer Anwendung der Surrogationsmethode nicht entgegen, weil diese Vorschrift lediglich anordnet, dass der Gläubiger seine Gegenleistung nicht mehr erbringen *muss*, aber noch erbringen *darf*.

Entscheidet sich der Gläubiger für die Differenztheorie, entstehen keine Probleme. Er kann seine Leistung behalten und nur die Differenz vom Schuldner verlangen. Hat er schon geleistet, kann er nach §§ 326 IV, 346 BGB das Geleistete zurückfordern.

Von dem bei Rn 690 dargestellten positiven Interesse, wonach der Gläubiger so zu stellen ist, wie er stünde, wenn die Leistung ordnungsgemäß erbracht worden wäre, zu unterscheiden ist die Möglichkeit des Gläubigers, alternativ – jedenfalls, sofern es um einen kaufrechtlichen Schadensersatzanspruch bzgl. einer mangelbehafteten Sache geht – auch die **Kosten für die Mangelbeseitigung zu verlangen**, es sei denn, dies wäre unverhältnismäßig.[685] Nach dem BGH ist es (unter Zugrundelegung des Rechtsgedankens aus § 439 IV BGB) insbesondere unverhältnismäßig, wenn die Kosten der Mangelbeseitigung den Verkehrswert der Sache in mangelfreiem Zustand übersteigen.[686] **692b**

Beispiel[687]**:** Verkauft und übereignet wurde ein Hausgrundstück zum Preis von 260.000,- €. Später stellt sich heraus, dass das Haus mit Hausschwamm befallen ist. Die Beseitigung des Mangels kostet 160.000,- €. Der Verkehrswert des Hausgrundstücks betrüge im mangelfreien Zustand 300.000,- €.

Hier übersteigen die Kosten der Mangelbeseitigung (160.000,- €) nicht den Verkehrswert im mangelfreien Zustand (300.000,- €). Der Käufer kann also die Kosten für die Mangelbeseitigung verlangen, da dies nicht unverhältnismäßig für den Verkäufer wäre. Im Ergebnis kann der Käufer also 160.000,- € verlangen, er darf (und muss) aber die Sache behalten. Selbstverständlich ist es ihm unbenommen, alternativ vom Vertrag zurückzutreten.

Etwas anderes gilt beim sog. **„großen Schadensersatz"** (Schadensersatz statt der „ganzen" Leistung), bei dem der Gläubiger die Sache an den Schuldner zurückgeben muss, vgl. Rn 695 ff./735 ff. **692c**

Von der **Schadensermittlung** ist die Frage der **Schadensberechnung** zu trennen. Diese erfolgt nach der Differenzhypothese (nicht: Differenztheorie!). Es ist danach die tatsächliche Vermögenslage mit der hypothetischen Lage zu vergleichen, die bei einer ordentlichen Erfüllung vorliegen würde. **693**

[685] BGH NJW 2015, 468, 469 ff.
[686] BGH NJW 2015, 468, 472.
[687] In Anlehnung an BGH NJW 2015, 468 ff.

Beispiel: Im Beispiel von Rn 692a kann A die Übereignung des Ford Mustangs (Wert: 22.000 €) wegen § 275 I BGB nicht mehr von B verlangen.

Wählt A die *Schadensermittlung* im Wege der *Surrogationsmethode*, ist sein Schaden nach der Differenzhypothese wie folgt zu berechnen: Er erbringt seine Leistung im Wert von 20.500 € (Chevrolet Camaro). Damit ergibt sich zunächst ein Negativsaldo von 1.500 €. Wenn er aber den Ford Mustang als Gegenleistung bekommen hätte, wäre sein Vermögen wieder um 1.500 € gewachsen. Daher bekommt er 1.500 € Zug um Zug gegen Übereignung und Übergabe des Camaros.

Wähl A die *Schadensermittlung* im Wege der Differenztheorie, ergibt sich der durch die Differenzhypothese ermittelte Saldo aus der Differenz zwischen dem Wert des Mustangs und dem Wert des Camaros, den er behält. Er kann also den Camaro behalten und von B 1.500 € verlangen.

Hinweis für die Fallbearbeitung: Die Differenztheorie entspricht i.E. also einer Kombination aus Rücktritt und Schadensersatz. Denn auch beim Rücktritt behält der Gläubiger seine Sache oder kann sie – wenn er bereits geleistet hat – zurückverlangen. Wie § 325 BGB anordnet, steht es dem Gläubiger *frei*, Schadensersatz und Rücktritt zu kombinieren. Daraus folgt, dass er auch die freie Wahl zwischen den beiden Ermittlungsmethoden hat. Der Gläubiger kann auf die Differenztheorie sogar noch zurückgreifen, wenn er seine Gegenleistung schon erbracht hat.

694 Typische **Schäden**, die bei einem Schadensersatz statt der Leistung liquidiert werden, sind – neben dem Ausgleich für den verlorenen Wertzuwachs durch das Ausbleiben der Leistung – die Kosten für ein **Deckungsgeschäft**[688], das der Käufer tätigen musste, weil er die Sache vom Verkäufer nicht ordnungsgemäß erhalten hat. Weiterhin kann der Schaden im **entgangenen Gewinn (§ 252 BGB)** wegen eines gescheiterten Weiterverkaufs der Sache liegen. Schließlich ist auch die **eigene Belastung** des Gläubigers mit einer Schadensersatzpflicht ein typischer Nichterfüllungsschaden, wenn er die Sache an seine Kunden weiterverkaufen wollte und diese nun ihrerseits ihre Schäden ersetzt verlangen. Sofern der Gläubiger auch *Vorteile* aus der Nichtleistung zieht, sind diese vom Ersatzanspruch abzuziehen. Vorteile sind z.B. Aufwendungen, die der Gläubiger dadurch erspart, dass er die Sache beim Weiterverkauf auf eigene Kosten hätte verschicken müssen. Nach h.M.[689] sind schließlich auch **Folgeschäden** vom Anspruch nach § 311a II S. 1 BGB erfasst.

Beispiel[690]**:** U verbaute außen am Bürogebäudekomplex der B eine Glasfassade. Vereinbart war uneingeschränkte Bruchsicherheit. Tatsächlich kam es kurze Zeit später zu Rissen; auch fielen Glassplitter herab. Ein Sachverständigengutachten ergab, dass die vereinbarte uneingeschränkte Bruchsicherheit technisch nicht möglich sei. B begehrt Schadensersatz in Form von Mängelbeseitigungskosten (Austausch sämtlicher Glaselemente) und Ersatz für die Kosten der Beseitigung der infolge des Glasbruchs aufgetretenen Schäden (Personenschäden, Sachschäden an unten stehenden Fahrzeugen).

Klar ist, dass das Werk mangelhaft i.S.v. § 633 II S. 1 BGB ist. Da die Mangelfreiheit auch nicht hergestellt werden kann, liegt eine objektive Unmöglichkeit gem. § 275 I Var. 2 BGB vor. Folge ist, dass Nacherfüllung (§§ 634 Nr. 1, 635 BGB) und Selbstvornahme (§§ 634 Nr. 2, 637 BGB) nicht in Betracht kommen. B kann aber Schadensersatz gem. §§ 634 Nr. 4, 311a II S. 1 BGB verlangen, und zwar nicht nur bzgl. der unmittelbaren Mangelbeseitigung, sondern auch bzgl. der Folgeschäden, die durch die mangelhaften Glaselemente entstanden sind.[691]

---

[688] BGH NJW-RR 1997, 654, 654. Vgl. auch BGH NJW 2013, 2959; *Schwab*, JuS 2014, 167, 168 sowie unten Rn 737.
[689] BGH NJW 2014, 3365, 3366 f.; zuvor schon *Ernst*, in: MüKo, § 311a Rn 65; *Gsell*, in: Soergel, § 311a Rn 54; *Kindl*, in: Erman, § 311a Rn 8; *Grüneberg*, in: Palandt, § 311a Rn 7.
[690] In Anlehnung an BGH NJW 2014, 3365.
[691] BGH NJW 2014, 3365, 3366. Für eine Hereinnahme von Folgeschäden in die Rechtsfolge des § 311a II BGB auch *Ernst*, in: MüKo, § 311a Rn 65; *Gsell*, in: Soergel, § 311a Rn 54; *Kindl*, in: Erman, § 311a Rn 8. Nach der Gegenauffassung

bb. Schadensersatz statt der *ganzen* Leistung

Wie sich aus dem Verweis des § 311a II S. 3 BGB ergibt, findet § 281 I S. 2, 3 BGB auch beim Schadensersatz wegen anfänglich bestehendem Leistungshindernis entsprechende Anwendung.[692] Dies umfasst die Frage nach dem großen bzw. kleinen Schadensersatz. **695**

Leistet also der Schuldner **gar nicht**, kann der Gläubiger unproblematisch Schadensersatz für den Ausfall der gesamten Leistung verlangen. Erbringt der Schuldner dagegen eine **schlechte** oder **teilweise** Leistung, kann der Gläubiger einen Schadensersatz *statt der Leistung* nur *insoweit* verlangen, als die Leistung nicht ordnungsgemäß erbracht wurde. D.h., dass er die fehlerhafte Leistung beim „normalen" Schadensersatz statt der Leistung behält und nur bzgl. des nicht ordnungsgemäß erbrachten Teils der Leistung Ersatz verlangen kann. Er hat aber u.U. kein Interesse daran, eine Mangel- oder Teilleistung zu behalten, sodass er sie lieber zurückweisen und stattdessen Schadensersatz statt der ***ganzen*** Leistung haben möchte. Der **Schadensersatz statt der ganzen Leistung** greift in seiner Rechtsfolge also weiter als der „normale" Schadensersatz statt der Leistung. Denn der Gläubiger kann (und muss) dabei die erhaltene Teil- oder Mangelleistung zurückgeben und vom Schuldner verlangen, durch einen Geldersatz so gestellt zu werden, als hätte dieser vollständig ordnungsgemäß erfüllt. Dieses Begehren kann für den Schuldner aber unbillig sein, wenn die *erbrachte* Leistung nur in geringem Maße von der *geschuldeten* abweicht. Deshalb begrenzt § 281 I S. 2 und 3 BGB die Möglichkeit des Gläubigers, die gesamte Leistung zurückzuweisen und Schadensersatz statt der *ganzen* Leistung zu verlangen.

- Gemäß **§ 281 I S. 2 BGB** kann der Gläubiger Schadensersatz statt der *ganzen* Leistung (**großer Schadensersatz**) bei einer **Teilleistung** (**Mankoleistung**) nur verlangen, wenn er an der Teilleistung **kein Interesse** mehr hat.
- Gemäß **§ 281 I S. 3 BGB** kann er bei einer **Mangelleistung** („Leistung nicht wie geschuldet") Schadensersatz statt der *ganzen* Leistung (**großer Schadensersatz**) verlangen, *es sei denn*, es handelt sich nur um eine **unerhebliche Pflichtverletzung**.

Im Folgenden wird zunächst auf die Vorschrift des § 281 I S. 3 BGB eingegangen. Anknüpfungspunkt der Frage nach dem Schadensersatz statt der ganzen Leistung ist hierbei, dass der Schuldner seine Leistung nicht wie geschuldet erbringt (Mangelleistung). **696**

Beispiel: V hat K ein Kfz verkauft. Dabei hat er fahrlässig nicht gewusst, dass das Auto ein Unfallwagen ist.

K könnte hier einen Anspruch auf Schadensersatz aus § 311a II BGB haben. Die Eigenschaft des Wagens als Unfallwagen stellt einen Mangel dar. Zwar ist der bloße Blechschaden u.U. ordnungsgemäß behoben worden, aber allein die Tatsache, dass es sich um einen *Unfallwagen* handelt, reicht für das Vorliegen eines Mangels aus. Der Mangel ist auch nicht mehr behebbar, weil dem Kfz diese Eigenschaft nicht mehr genommen werden kann. Es liegt damit ein unbehebbarer Mangel vor, d.h. es ist eine **qualitative Teilunmöglichkeit, § 275 I BGB** gegeben.[693] Ein Anspruch aus §§ 437 Nr. 3, 311a II BGB liegt daher vor, weil V bereits bei Vertragsschluss nicht in der Lage war, ein mangelfreies Kfz zu leisten, und dies fahrlässig verkannt hat.

---

werden Folgeschäden allein über § 280 I BGB erfasst (vgl. etwa *Stadler*, in: Jauernig, § 311a Rn 13; *Otto*, in: Staudinger, § 280 Rn C 39), da § 311a II BGB anderenfalls weiter reichte als §§ 281, 283 BGB, die lediglich unmittelbare Schäden erfassten. Vgl. dazu auch *Looschelders*, JA 2014, 942, 943.

[692] Dadurch, dass § 311a II S. 3 BGB lediglich auf § 281 I S. 2 und 3 BGB, nicht auch auf § 281 I S. 1 BGB verweist, ist also eine Fristsetzung von vornherein nicht erforderlich. Das ist konsequent, denn bei einem Leistungshindernis würde eine Fristsetzung ohnehin keinen Sinn machen.

[693] Zur Teilunmöglichkeit vgl. die Ausführungen zu § 275 BGB bei Rn 389 f. und 440 ff.

> **Hinweis für die Fallbearbeitung:** Der (anfängliche) *unbehebbare* Sachmangel ist ein Fall der (anfänglichen) qualitativen Teilunmöglichkeit. Wenn der Mangel dagegen behoben werden kann, ist nicht § 311a II BGB, sondern § 281 BGB einschlägig.

K kann daher zunächst Schadensersatz *statt der Leistung* verlangen. Anders als beim Schadensersatz statt der *ganzen* Leistung behält er dabei die mangelhafte Leistung und kann lediglich den Ersatz des Mangelschadens begehren und gegebenenfalls etwaige Mangelfolgeschäden liquidieren. Da seine Gegenleistung in Form von Geld erbracht wurde, wird er bei der Schadensermittlung auf die Differenztheorie zurückgreifen und sich in Höhe des Minderwerts des Wagens auf das Freiwerden von der Gegenleistung berufen.

> **Hinweis für die Fallbearbeitung:** Der große und kleine Schadensersatz ist nicht mit der Frage der Differenztheorie und Surrogationsmethode zu verwechseln. Bei letzterer geht es darum, was mit der *Gegenleistung* passiert. Beim großen und kleinen Schadensersatz geht es um das Schicksal der *mangelhaften Leistung*.

Will K den Wagen nicht behalten und verlangt stattdessen **Schadensersatz statt der ganzen Leistung**, kann er dies im Falle einer mangelhaften Leistung nur unter den Voraussetzungen des § 281 I S. 3 BGB. Danach kann ein Schadensersatz statt der ganzen Leistung **nicht** verlangt werden, wenn die Pflichtverletzung **unerheblich** ist.

Umstritten ist, was unter dem Begriff der „unerheblichen Pflichtverletzung" in § 281 I S. 3 BGB zu verstehen ist (vgl. zum Parallelproblem beim Rücktritt bereits Rn 475). Die h.L.[694] geht davon aus, dass eine erhebliche Pflichtverletzung nur vorliege, wenn der Schuldner seine **Leistungspflicht** in erheblichem Maße verletzt habe. Hingegen genügt es nach dem BGH[695], wenn der Schuldner seine **vorvertraglichen Pflichten** erheblich verletzt hat. So soll es für einen Rücktritt nach § 323 V S. 2 BGB (als Parallelvorschrift zu § 281 I S. 3 BGB) ausreichen, wenn ein Verkäufer eine zwar nur unerheblich mangelhafte Ware geliefert habe, er aber im vorvertraglichen Bereich eine erhebliche Pflichtverletzung dadurch begangen habe, dass er diesen Mangel nicht offengelegt habe. Gegen die Auffassung des BGH spricht, dass §§ 323 V S. 2, 281 I S. 3 BGB nur *eine* Pflichtverletzung – nämlich die nicht vertragsgemäße *Leistungserbringung* – nennen und demzufolge nur diese Anknüpfungspunkt für die Frage der Erheblichkeit sein kann. Eine „nicht unerhebliche Pflichtverletzung" ist also nur dann gegeben, wenn ein nicht unerheblicher Mangel vorliegt.

> **Hinweis für die Fallbearbeitung:** Eine weitere Besonderheit ist im Rahmen des § 311a II BGB zu beachten: § 281 I S. 3 BGB stellt auf die Erheblichkeit der *Pflichtverletzung* ab. Im Rahmen des § 311a II BGB ist Anknüpfungspunkt für die Haftung des Gläubigers aber keine Pflichtverletzung, sondern das Leistungsversprechen trotz Unmöglichkeit. Eine erhebliche oder unerhebliche Pflichtverletzung kann daher als Haftungsgrund gar nicht vorliegen. Deswegen ist § 281 I S. 2 und 3 BGB gem. § 311a II S. 3 BGB auch nur *entsprechend* anwendbar. § 281 I S. 3 BGB ist also auch im Fall der anfänglichen Unmöglichkeit so zu verstehen, dass der Schadensersatz statt der ganzen Leistung nicht verlangt werden kann, wenn der *Mangel* der Leistung unerheblich ist.

Ein unerheblicher Mangel liegt vor, wenn das Leistungsinteresse des Gläubigers im Grunde nicht gestört ist bzw. es sich um abgrenzbare Mängel handelt, die ohne Schwierigkeiten behoben werden können.[696] Um zu klären, ob dies der Fall ist, sind alle Umstände des Einzelfalls heranzuziehen (Wert der Sache, Kaufpreis, typischer Verwendungszweck der Sache, Beeinträchtigung der Gebrauchstauglichkeit durch den Mangel etc.). Darüber hinaus ist zu beachten, dass das Gesetz eine **Regelvermutung zugunsten des Gläubigers** aufstellt: Aufgrund der negativen Formulierung der Vorschrift ist

---

[694] Vgl. zum Rücktritt *Lorenz*, NJW 2006, 1925, 1926, 1927 m.w.N. für beide Ansichten in Fn 20.
[695] BGH NJW 2006 1960 ff.; JR 2007, 332 ff. (zum Parallelproblem beim Rücktritt).
[696] BT-Drs. 14/6040, S. 187, 140.

grundsätzlich davon auszugehen, dass der große Schadensersatz (statt der *ganzen* Leistung) zu gewähren ist. Die Vorschrift ist also so zu lesen, dass der Schadensersatz statt der Leistung *ausnahmsweise* nicht zu gewähren ist, wenn die Pflichtverletzung *ausnahmsweise* unerheblich ist. Vor diesem Hintergrund ist hier mangels gegenteiliger Hinweise davon auszugehen, dass die Eigenschaft des Kfz als Unfallwagen einen erheblichen Mangel darstellt. K kann daher Schadensersatz statt der ganzen Leistung verlangen.

Schließlich stellt sich die Frage, was V unternehmen kann, wenn er den Wagen schon geliefert hat und zurückhaben möchte. Dafür befindet sich in § 311a II S. 3 BGB der Verweis auf § 281 V BGB, wonach der Schuldner das Geleistete nach den Vorschriften der §§ 346 bis 348 BGB herausverlangen kann.

Erbringt der Schuldner keine Mangelleistung, sondern eine **Teilleistung** (Mankoleistung), erfolgt die Lösung anhand von § 281 I S. 2 BGB. Während S. 3 eine Regelvermutung *für* den Schadensersatz statt der *ganzen* Leistung aufstellt, stellt S. 2 eine Vermutung für den sog. *kleinen* Schadensersatz auf. Das folgt aus der Formulierung der Norm, wonach der Gläubiger den großen Schadensersatz *nur* verlangen kann, wenn er an der Teilleistung kein Interesse mehr hat. Mit dieser Formulierung geht das Gesetz also davon aus, dass der Gläubiger grundsätzlich ein Interesse an der Teilleistung hat und Schadensersatz nur hinsichtlich des ausbleibenden Teils geltend machen soll, also keinen Anspruch auf den Schadensersatz statt der ganzen Leistung hat. Möchte der Gläubiger diese gesetzliche Vermutung widerlegen, muss er darlegen und beweisen, dass die **Teilleistung für ihn objektiv nutzlos** ist. Dabei ist problematisch, dass bei **Werk- und Kaufverträgen** gem. §§ 434 III, 633 II S. 3 BGB die **Mankoleistung** der **Schlechtleistung** gleichgestellt wird. Es ist also fraglich, ob bei einem Kauf- oder Werkvertrag eine Zuweniglieferung als Fall des § 281 I S. 2 (Teilleistung) oder S. 3 (Schlechtleistung) BGB zu behandeln ist. 697

Beispiel[697]**:** V hat K zehn Flaschen eines Backsberg Chardonnay Jahrgang 2011 verkauft, von denen V die letzten existierenden Exemplare in seinem Lager hat. V hat aber beim Vertragsschluss fahrlässig verkannt, dass sich dort nur noch fünf Flaschen befinden. Er liefert die fünf Flaschen an K. Dieser fragt nach seinen Rechten.

Hier liegt eine Teilleistung vor und im Übrigen ist V die Leistung anfänglich unmöglich gewesen, weil keine anderen Weinflaschen dieser Art existieren. Es ist also ein Fall der **quantitativen Teilunmöglichkeit** (§ 275 I BGB) gegeben. Bzgl. der fehlenden fünf Flaschen kann K unproblematisch Schadensersatz statt der Leistung gem. § 311a II BGB verlangen, weil V das Leistungshindernis fahrlässig nicht gekannt hat.

Fraglich ist, ob K auch einen Schadensersatz statt der *ganzen* Leistung verlangen kann und nach welcher Regelung diese Frage zu beantworten ist. Einerseits müsste wegen der teilweisen Unmöglichkeit § 281 I S. 2 BGB einschlägig sein. Andererseits stellt § 434 III BGB bei einem Kaufvertrag die **Mankoleistung** einer **Mangelleistung** gleich, sodass auch die Anwendbarkeit des § 281 I S. 3 BGB in Betracht kommt.
Der Gesetzgeber ging davon aus, dass die Gleichstellung der Manko- und Mangelleistung im Kaufrecht konsequent durchgehalten werden müsse. Damit sei die Zuweniglieferung als ein Fall der Schlechtleistung i.S.d. § 281 I S. 3 BGB zu behandeln.[698] Für die Frage, ob ein großer oder kleiner Schadensersatz verlangt werden könne, komme es also darauf an, ob der Mangel (das Manko) erheblich oder unerheblich sei. Vorliegend hat V nur 50% der geschuldeten Ware geliefert, weswegen von einer Erheblichkeit ausgegangen werden kann.[699] Selbst wenn V mehr Flaschen geliefert hätte (bspw. 7 oder 8), wäre wegen der Regelvermutung des § 281 I S. 3 BGB *im Zweifel* ein erheblicher Mangel anzunehmen gewesen.

---

[697] Angelehnt an *Lorenz/Riehm*, Rn 220.
[698] BT-Drs. 14/6040, S. 187 (zu dem Parallelproblem beim Rücktritt, § 323 V BGB).
[699] *Lorenz/Riehm* (Rn 220) gehen schon bei einem Manko von 10% von einem erheblichen Mangel aus.

Dieses Ergebnis kann aber nicht überzeugen. Zunächst ist es unbillig, dass K den großen Schadensersatz verlangen kann, wenn man davon ausgeht, dass die gelieferten fünf Flaschen durchaus einen Verwendungszweck bei ihm finden könnten. Es scheint daher sachgerechter, wenn er die Leistung nur zurückweisen dürfte, wenn er darlegen kann, dass er auch tatsächlich kein Interesse an der teilweisen Leistungserbringung hat. Um dieses Ergebnis zu erreichen, müsste aber nicht § 281 I S. 3 BGB, sondern S. 2 BGB einschlägig sein. Hierfür spricht neben dem sachgerechteren Ergebnis, dass der Gesetzgeber ansonsten mit § 281 I S. 2 BGB eine nahezu bedeutungslose Vorschrift geschaffen hätte.[700] Denn die Frage nach einem großen oder kleinen Schadensersatz wird sich praktisch nur bei Kauf- und Werkverträgen stellen. Wendete man bei diesen Vertragstypen im Falle einer Teilleistung immer § 281 I S. 3 BGB an, würde S. 2 leerlaufen. Auch ist die Auffassung des Gesetzgebers nicht zwingend, dass bei einer Zuweniglieferung wegen § 434 III BGB stets § 281 I S. 3 BGB angewendet werden muss. Denn § 281 I S. 3 BGB stellt seinem Wortlaut nach nicht auf einen „Sachmangel" ab, sondern auf eine Leistung, die „nicht wie geschuldet" erbracht wird. Der Wortlaut zwingt daher nicht, im vorliegenden Fall § 281 I S. 3 BGB anzuwenden.

Mithin ist hier davon auszugehen, dass die Mankolieferung als Fall der Teilleistung i.S.d. § 281 I S. 2 BGB zu behandeln ist. K kann einen Schadensersatz statt der ganzen Leistung daher nur verlangen, wenn er kein Interesse an der Teilleistung hat. Ein **Interessenfortfall** liegt vor, wenn die Teilleistung zusammen mit dem nach § 311a II BGB für die fehlende Teilleistung geschuldeten kleinen Schadensersatz nicht ausreicht, um das Leistungsinteresse des Gläubigers zu decken. K hat nicht vorgetragen, dass er unbedingt zehn Flaschen benötigt, und dass er an einer geringeren Menge kein Interesse hat. Ein großer Schadensersatz kommt daher nicht in Betracht.

Anmerkung: Gelänge K aber der Beweis, dass er an einer geringeren Menge kein Interesse hat, und verlangte er den großen Schadensersatz, wäre er zur Zurückgabe der bereits erhaltenen Flaschen verpflichtet (§§ 283 S. 2, 281 V, 346 ff. BGB).

cc. Herausgabe des Ersatzes, § 285 BGB

698 Erhält der Schuldner wegen eines Umstands, der ihm die Leistung unmöglich machte, einen Ersatz, kann der Gläubiger diesen Ersatz nach § 285 I BGB herausverlangen (Herausgabeanspruch auf das **Surrogat** bzw. das sog. **stellvertretende commodum**). Dies gilt bei anfänglicher und bei nachträglicher Unmöglichkeit der Leistung gleichermaßen. Die Vorschrift des § 285 I BGB beruht auf dem Gedanken, dass dem Gläubiger, der wegen § 275 BGB seinen Anspruch auf die Leistung verloren hat, als Ausgleich das *stellvertretende commodum* gebührt, welches im Vermögen des Schuldners an die Stelle der nach § 275 BGB nicht mehr zu erbringenden Leistung getreten ist. Sie hat den Zweck, eine in der Sache unrichtige Verteilung von Vermögenswerten auszugleichen, weshalb auch im Fall des § 346 II, III nichts gegen eine Anwendung des § 285 BGB spricht[701]. Vgl. dazu bereits Rn 403/521.

dd. Ersatz vergeblicher Aufwendungen, §§ 311a II S. 1, 284 BGB

a.) Aufwendungsersatzanspruch nach Allgemeinem Schuldrecht

699 Gemäß § 284 BGB kann der Gläubiger *anstelle* eines Schadensersatzes statt der Leistung auch den Ersatz seiner Aufwendungen verlangen, die er im Vertrauen auf den Erhalt der Leistung gemacht hat und billigerweise machen durfte, es sei denn, deren Zweck wäre auch ohne die Pflichtverletzung des Schuldners nicht erreicht worden. Aufgrund ihrer systematischen Stellung im Gesetz könnte man annehmen, dass sich § 284 BGB nur auf Ansprüche aus §§ 280 ff. BGB bezieht. Deswegen stellt § 311a II S. 1 BGB ausdrücklich

---

[700] *Reischl*, JuS 2003, 453, 458; *Grigoleit/Riehm*, ZGS 2002, 115; *Canaris*, ZRP 2001, 335 ff.; i.E. auch *Lorenz*, NJW 2006, 1925, 1926 Fn 10.

[701] Wie hier *Lorenz*, NJW 2015, 1725 ff.

klar, dass der Aufwendungsersatz auch anstelle des Schadensersatzes statt der Leistung bei einer anfänglichen Unmöglichkeit verlangt werden kann.

§ 284 BGB stellt darauf ab, ob vergebliche Aufwendungen gemacht wurden. Dabei enthält sie zwei Einschränkungen, die eine ausufernde und unbillige Haftung des Schuldners vermeiden sollen. So sind einerseits nur solche Aufwendungen erstattungsfähig, die der Gläubiger *billigerweise* machen durfte, und andererseits auch nur solche, deren *Zweck* bei einer ordentlichen Erfüllung durch den Schuldner *erreicht worden wäre*. **700**

Die Voraussetzungen für einen Anspruch aus § 284 BGB sind: **701**

Zunächst müssen die **Voraussetzungen für einen Anspruch auf Schadensersatz statt der Leistung** vorliegen. Das folgt aus dem Wortlaut des § 284 BGB („*Anstelle* eines Schadensersatzes statt der Leistung ..."). Scheitert also ein Schadensersatzanspruch am Verschulden, scheidet auch ein Aufwendungsersatzanspruch gem. § 284 BGB aus. Es ist dabei unerheblich, ob der Schadensersatzanspruch aus §§ 280 I, III, 281 ff. BGB oder aus § 311a II BGB resultieren würde.

Weiterhin muss der Gläubiger **Aufwendungen** gemacht haben. Aufwendungen sind freiwillige Vermögensopfer; sie unterscheiden sich von Schäden dadurch, dass diese *unfreiwillige* Vermögensopfer darstellen.

> **Beispiele:** Zu ersatzfähigen Aufwendungen gehören etwaige Maklerkosten, Notar- und Grundbuchgebühren, Transportkosten und Schuldzinsen für die Finanzierung des Kaufpreises, wenn der Schuldner nicht erfüllungstauglich leistet. Auch die Kosten einer Hotelbuchung wegen einer Konzertveranstaltung in Mailand, die nicht wahrgenommen werden kann, weil der Kartenverkäufer nicht leistet, sind ersatzfähig.

Die Aufwendungen müssen **im Vertrauen auf die Leistung** gemacht worden sein, also im Zusammenhang und im Hinblick auf den Erhalt des Vertragsgegenstands. Aus diesem Erfordernis folgt denklogisch, dass nur solche Aufwendungen ersetzbar sind, die erst nach dem Vertragsschluss gemacht wurden; vorher kann der Gläubiger noch gar kein schutzwürdiges Vertrauen auf die Erbringung der Leistung haben.[702] Nur ausnahmsweise hat der Gläubiger schon vor dem Vertragsschluss ein schutzwürdiges Vertrauen auf die Leistungserbringung. Das ist beim pflichtwidrigen Abbruch von Vertragsverhandlungen der Fall. Dann folgt der Anspruch auf Ersatz der Verwendungen aber nicht aus § 284 BGB, sondern in Form eines Schadensersatzanspruchs aus c.i.c. (§§ 311 II, 241 II, 280 I BGB).

Nach der Einschränkung des § 284 BGB sind nur solche Aufwendungen zu erstatten, die der Gläubiger **billigerweise machen durfte**. Damit ist die Pflicht des Gläubigers gemeint, nur solche Aufwendungen zu tätigen, die objektiv vernünftig sind und mit denen der Schuldner daher rechnen musste.[703] Auf ein bestimmtes Wertverhältnis zwischen den Aufwendungen und dem Vertragsgegenstand kann es allerdings nicht ankommen, solange sich die Aufwendungen i.R. des Vernünftigen halten. Unvernünftig sind bspw. Aufwendungen, die der Gläubiger macht, obwohl er sie noch leicht hinausschieben könnte, oder wenn er bereits Anzeichen für das Scheitern der Leistung erkennt. Letztlich findet sich in dieser einschränkenden Vorschrift der Rechtsgedanke des § 254 BGB wieder. Die unmittelbare Anwendbarkeit dieser Vorschrift auf § 284 BGB ist allerdings fraglich, weil es sich bei dem Aufwendungsersatzanspruch nicht um einen *Schadensersatzanspruch* handelt und § 254 BGB seiner Konzeption nach nur für Schadensersatzansprü-

[702] *Lorenz*, NJW 2004, 26, 27 f.; *Huber/Faust*, S. 162.
[703] *Lorenz/Riehm*, Rn 228; *Derleder*, NJW 2004, 969, 973.

che gilt. Aus diesem Grund ist eine eigene Einschränkung des Aufwendungsersatzanspruchs in § 284 BGB erforderlich gewesen.[704]

Die Erstattungsfähigkeit der Aufwendungen ist jedoch **ausgeschlossen**, wenn ihr Zweck auch bei ordnungsgemäßer Leistung nicht erreicht worden wäre. Dieses einschränkende Kriterium ergibt sich aus der Natur der Sache. Wenn die Pflichtverletzung, also die nicht ordnungsgemäße Leistung, gar nicht kausal für die Vergeblichkeit der Aufwendungen ist, sind diese auch nicht erstattungsfähig.

In der **Rechtsfolge** hat der Schuldner dem Gläubiger die Aufwendungen anstelle eines Schadensersatzes statt der Leistung zu erstatten. D.h., dass sich der Gläubiger zwischen einer der beiden Varianten entscheiden muss. Wenn man ihm beide Möglichkeiten kumulativ zugestehen würde, wäre der Gläubiger nämlich doppelt entschädigt. Er würde einerseits so gestellt werden, als hätte der Schuldner ordnungsgemäß erfüllt, und andererseits müsste er keinerlei Aufwendungen tragen, die er auch bei einer ordentlichen Erfüllung auch getätigt hätte.

b.) Aufwendungsersatzanspruch nach Besonderem Schuldrecht

702 Ein Aufwendungsersatzanspruch findet sich auch im **Besonderen Schuldrecht**, konkret im Werkvertragsrecht und im Kaufvertragsrecht. Hierbei stellt sich aber die Frage, was unter Aufwendungsersatzanspruch zu verstehen ist. Während das Werkvertragsrecht in § 634 Nr. 2 BGB explizit dem Besteller das Recht einräumt, nach § 637 BGB den Mangel selbst zu beseitigen („Selbstvornahme") und Ersatz der dafür erforderlichen Aufwendungen zu verlangen, hat der Gesetzgeber im Kaufrecht ein Recht zur Selbstvornahme bzgl. der Mängelbeseitigung nicht vorgesehen (vgl. den Kanon in § 437 BGB). Dementsprechend bezieht sich der in § 437 Nr. 1 i.V.m. § 439 II BGB genannte Aufwendungsersatzanspruch auch nicht auf eine selbst vorgenommene Mängelbeseitigung. Unklar ist, ob das auch für den Aufwendungsersatzanspruch nach § 437 Nr. 3 Var. 2 i.V.m. § 284 BGB gilt.

> **Beispiel:** K kauft im Autohaus des V einen Gebrauchtwagen. 2 Monate nach Übergabe zeigt sich ein Defekt an der hinteren rechten LED-Leuchte, der bereits zum Zeitpunkt der Übergabe angelegt war. V weigert sich, den Mangel zu beseitigen, woraufhin K den Mangel in der Werkstatt des D beheben lässt. Die Reparaturrechnung i.H.v. 800,- € verlangt er von V erstattet.
>
> In Betracht kommt ein Aufwendungsersatzanspruch gem. § 437 Nr. 1 i.V.m. § 439 II BGB. Dazu müssten jedoch die Kosten für die Fremdreparatur „zum Zwecke der Nacherfüllung erforderliche Aufwendungen" sein. Zwar ist es richtig, dass gem. § 437 Nr. 1 i.V.m. § 439 BGB der Verkäufer zur Nacherfüllung verpflichtet ist und er die dafür erforderlichen Kosten trägt (vgl. § 439 II BGB). Allerdings sind damit Kosten einzelner Nacherfüllungshandlungen (etwa der Transport der mangelhaften Sache zum Verkäufer) gemeint, die der Käufer in Absprache mit dem Verkäufer vornimmt. Kosten, die durch eine eigenmächtige Mangelbeseitigung durch den Käufer entstehen, sind aber nicht ersatzfähig i.S.v. § 439 II BGB. Anderenfalls wäre die Vorschrift des § 634 Nr. 2 BGB, die im Werkvertragsrecht explizit dem Besteller das Recht einräumt, nach § 637 BGB den Mangel selbst zu beseitigen („Selbstvornahme") und Ersatz der dafür erforderlichen Aufwendungen zu verlangen, überflüssig. Hätte also der Gesetzgeber einen solchen – verschuldensunabhängigen – Aufwendungsersatzanspruch nach erfolgter Selbstvornahme auch für das Kaufrecht gewollt, hätte er dies entsprechend vorgesehen.
>
> Es könnte aber ein Aufwendungsersatzanspruch gem. § 437 Nr. 3 Var. 2 i.V.m. § 284 BGB bestehen. Allerdings kann dieser Aufwendungsersatzanspruch lediglich „anstelle" (vgl. §

[704] *Canaris* (JZ 2001, 499, 517) sieht hingegen in der Beschränkung auf die Aufwendungen, die der Gläubiger machen durfte, einen Hinweis darauf, dass § 254 BGB besonders strikt zu handhaben sei.

284 BGB) des Schadensersatzes statt der Leistung geltend gemacht werden. Daher unterliegt er denselben Voraussetzungen wie der Schadensersatz statt der Leistung gem. §§ 437 Nr. 3 Var. 1, 281, 280 I BGB. Daraus folgt: Scheitert der Schadensersatzanspruch i.S.d. §§ 437 Nr. 3 Var. 1, 281, 280 I BGB am Verschulden, scheidet auch ein Aufwendungsersatzanspruch i.S.d. § 437 Nr. 3 Var. 2 i.V.m. § 284 BGB aus. Immerhin gilt die Beweislastregel des § 280 I S. 2 BGB, wonach widerleglich vermutet wird, dass der Verkäufer die Schlechtleistung zu vertreten hat (zum Maßstab siehe § 276 BGB), und dieser den Gegenbeweis führen muss (siehe dazu Rn 705).

Da es V aber theoretisch gelingen könnte, die Verschuldensvermutung zu widerlegen, ist K daher zu empfehlen, den Kaufpreis zu mindern (§ 437 Nr. 2 Var. 2 i.V.m. § 441 BGB) und den in Folge des Mangels zu viel gezahlten Kaufpreisanteil zurückzuverlangen. Hierbei kommt es auch auf kein Vertretenmüssen des V an.

Von dem soeben behandelten Aufwendungsersatzanspruch nach § 439 II BGB ist derjenige nach § 439 III BGB unterscheiden. Gemäß dieser mit Wirkung zum 1.1.2018 in das BGB eingefügten Vorschrift[705] ist der Verkäufer im Rahmen der Nacherfüllung verpflichtet, dem Käufer die erforderlichen Aufwendungen für das Entfernen der mangelhaften und den Einbau oder das Anbringen der nachgebesserten oder gelieferten mangelfreien Sache zu ersetzen, wenn der Käufer die mangelhafte Sache gemäß ihrer Art und ihrem Verwendungszweck in eine andere Sache eingebaut oder an eine andere Sache angebracht hat. Es geht also um die sog. Einbau- und Ausbaufälle, die nach bisheriger Gesetzeslage strittig waren, weil sie nach der Systematik des § 439 BGB nicht vorgesehen, jedoch von Art. 3 III der Verbrauchsgüterkaufrichtlinie 1999/44/EG erfasst waren.[706]

Beispiel: K kauft beim Ersatzteilehändler V ein generalüberholtes Getriebe für sein gewerblich genutztes Auto. Das Getriebe lässt er von einer Werkstatt ordnungsgemäß einbauen. Drei Wochen später weist das Getriebe einen kapitalen Schaden auf. K fordert V unter Setzung einer Frist zur Mängelbeseitigung auf. V ist der Meinung, K müsse das Getriebe ausbauen (lassen) und zu ihm bringen, damit er es repariere.

Bei einem Austauschgetriebe handelt es sich um eine Sache, die gemäß ihrer Art und ihrem Verwendungszweck in eine andere Sache (hier: in das Auto) eingebaut wird. Dass K das Getriebe nur deshalb kaufte, um es in sein Auto einzubauen, steht außer Zweifel. Daher muss gem. § 439 III BGB V die Kosten für den Ausbau des Getriebes und dessen Versand zu V übernehmen. Ihm bleibt aber die Einwendung des § 439 IV S. 1 BGB, wonach er die Nacherfüllung (und damit auch die Übernahme der Kosten für den Ausbau des defekten Getriebes und den Einbau des reparierten Getriebes bzw. eines mangelfreien Getriebes) verweigern kann, wenn dies nur mit unverhältnismäßigen Kosten möglich ist. In diesem Fall blieben K „nur" das Minderungsrecht und das Rücktrittsrecht. Lediglich bei Verschulden des V hätte K auch einen Anspruch auf Schadensersatz.

Im Rahmen eines **Verbrauchsgüterkaufs**, also eines Kaufs, bei dem ein Verbraucher von einem Unternehmer eine bewegliche Sache kauft (siehe § 474 I S. 1 BGB), gilt ergänzend bzw. abweichend die Regelung des § 475 IV S. 2 BGB. Sind die Kosten für den Ausbau der mangelhaften Sache und den Einbau der reparierten bzw. nachgelieferten mangelfreien Sache unverhältnismäßig, kann der Unternehmer den Aufwendungsersatz auf einen angemessenen Betrag beschränken. Bei der Bemessung dieses Betrags sind gem. § 475 IV S. 3 BGB insbesondere der Wert der Sache in mangelfreiem Zustand und

---

[705] Gesetz zur Reform u.a. des Bauvertragsrechts und der kaufrechtlichen Mängelhaftung v. 28.4.2017 (BGBl I 2017, 969).

[706] Art. 3 III der RL geht von der grundsätzlichen Unentgeltlichkeit der Nacherfüllung aus. Grundsätzlich soll der Verbraucher nicht mit Kosten belastet werden, die bei ordnungsgemäßer Erfüllung nicht angefallen wären. Müsste der Verbraucher also die Kosten für den Ausbau einer mangelhaften Sache und den Einbau der reparierten Sache bzw. gelieferten mangelfreien Ersatzsache tragen, hätte er Kosten, die bei ordnungsgemäßer Erfüllung nicht angefallen wären. Er wäre also im Fall der Mangelhaftigkeit der Sache belastet. Das möchte Art. 3 III der RL im Grundsatz verhindern.

die Bedeutung des Mangels zu berücksichtigen. Das entspricht der im Lichte des Art. 3 III S. 2 der RL ergangenen Rechtsprechung des BGH zur bisherigen Gesetzesfassung.[707]

Beispiel: Wäre K des obigen Beispiels Verbraucher, müsste V gem. § 439 III S. 1 BGB die Kosten für den Ausbau des Getriebes und dessen Versand zu ihm übernehmen. Sollte dies den V unverhältnismäßig belasten, kann er nicht die Einwendung des § 439 IV S. 1 BGB, sondern wegen § 474 II BGB „nur" die Einwendung des § 475 IV S. 2 BGB geltend machen und den Aufwendungsersatz auf einen angemessenen Betrag beschränken, der sich nach der Art und der Schwere des Mangels im Vergleich zur mangelfreien Sache unter Berücksichtigung der Bedeutung der Vertragswidrigkeit bemisst.

Fazit: Bei einem Kauf, der kein Verbrauchsgüterkauf ist, kann der Verkäufer die Nacherfüllung (und damit die Kostenübernahme bzgl. des Ausbaus der defekten Sache und des Einbaus der reparierten bzw. nachgelieferten Ersatzsache) wegen Unverhältnismäßigkeit gänzlich verweigern. Demgegenüber reduzieren sich beim Verbrauchsgüterkauf auf Einwendung des Verkäufers hin die Kosten für den Ausbau der mangelhaften Sache und den Einbau der reparierten bzw. nachgelieferten mangelfreien Sache immerhin auf einen „angemessenen" Betrag, wenn die volle Inanspruchnahme des Verkäufers diesen unangemessen belastete. Das folgt aus der Gesetzessystematik, die die Beschränkung des Aufwendungsersatzes nur in § 475 IV S. 2 BGB enthält, nicht aber in § 439 III und IV BGB.

3. Schadensersatz statt der Leistung gem. §§ 280 I, III, 283 BGB

703 Ein Anspruch auf den Schadensersatz statt der Leistung kann auch im Falle der zu vertretenden **nachträglichen Unmöglichkeit** gegeben sein (vgl. bereits Rn 680). § 280 III BGB stellt dazu fest, dass dieses nur unter den *weiteren* Voraussetzungen des § 283 BGB möglich ist und § 283 S. 1 BGB stellt wiederum fest, dass die Voraussetzungen des § 280 I BGB erfüllt sein müssen. Zu prüfen sind also kumulativ die Voraussetzungen des § 280 I BGB und des § 283 BGB. Dabei wird die für § 280 I BGB erforderliche Pflichtverletzung dahingehend konkretisiert, dass die Unmöglichkeit der Leistung – also die Nichterbringung des Leistungserfolgs wegen eines Leistungshindernisses i.S.d. § 275 BGB – die Verletzung der Pflicht darstellt.

Schadensersatz statt der Leistung bei nachträglicher Unmöglichkeit, §§ 280 I, III, 283, 275 BGB

I. Voraussetzungen

1. Wirksames Schuldverhältnis

2. Freiwerden von der Leistungspflicht, § 275 BGB

Im Gegensatz zu § 311a II BGB ist für einen Schadensersatz nach §§ 280 I, III, 283 BGB erforderlich, dass der Schuldner von seiner Leistungspflicht wegen eines nachträglichen Leistungshindernisses frei geworden ist. Dabei stellt die bloße Unmöglichkeit zugleich die Pflichtverletzung i.S.d. § 280 I BGB dar.

3. Vertretenmüssen

Gemäß § 280 I S. 2 BGB tritt die Schadensersatzpflicht nicht ein, wenn der Schuldner die Pflichtverletzung nicht zu vertreten hat. Bzgl. des Vertretenmüssens ist auf §§ 276 ff. BGB zurückzugreifen.

II. Rechtsfolgen

Die Rechtsfolgen bei nachträglicher Unmöglichkeit sind weitgehend kongruent mit denen bei der anfänglichen Unmöglichkeit.

[707] Siehe dazu BGH NJW 2012, 1073 ff.

1. Schadensersatz statt der Leistung
Grundsätzlich kann der Gläubiger Schadensersatz statt der Leistung verlangen. Bei gegenseitigen Verträgen hat er bei der Schadensermittlung die Wahl zwischen der Differenztheorie und Surrogationsmethode.

2. Schadensersatz statt der *ganzen* Leistung
Gemäß § 283 S. 2 BGB, der § 281 I S. 2 und 3 BGB für entsprechend anwendbar erklärt, kann der Gläubiger auch einen Schadensersatz statt der ganzen Leistung geltend machen („großer Schadensersatz" – dazu bereits Rn 695 f.).

3. Herausgabe des Ersatzes, § 285 BGB

4. Ersatz vergeblicher Aufwendungen, § 284 BGB

a. Freiwerden von der Leistungspflicht, § 275 BGB

Zunächst ist für einen Anspruch aus §§ 280 I, III, 283 BGB erforderlich, dass der Schuldner von einer **leistungsbezogenen Pflicht** wegen eines **nachträglichen Leistungshindernisses** frei wird, § 275 BGB (dazu Rn 364 ff.). **704**

Bei der **Leistungspflicht** ist es unerheblich, ob sie aus einem Vertrag oder aus einem gesetzlichen Schuldverhältnis stammt.[708] Erforderlich ist aber, dass es sich um eine leistungsbezogene Pflicht handelt, also eine solche, auf die der Gläubiger einen *durchsetzbaren Anspruch* hat.

Das **Hindernis**, welches zum Wegfall der Leistungspflicht führt, muss nachträglich aufgetreten sein, d.h. nach der Begründung des Schuldverhältnisses.

Schließlich muss der Schuldner auch tatsächlich von seiner Leistungspflicht **befreit** sein. Im Fall des § 275 I BGB ist dies stets der Fall, wenn das Leistungshindernis auftritt. Im Fall des § 275 BGB II und III BGB ist darüber hinaus erforderlich, dass der Schuldner die entsprechende Einrede auch erhebt, weil er nur dann nicht zu leisten *braucht*. Wenn der Schuldner die Einrede nicht erhebt, kann der Gläubiger einen Schadensersatz statt der Leistung nur unter den Voraussetzungen des § 281 BGB verlangen.

Das durch die Unmöglichkeit begründete **Ausbleiben des Leistungserfolgs** stellt im Fall der §§ 280 I, III, 283 BGB die von § 280 I BGB geforderte **Verletzung einer Pflicht aus dem Schuldverhältnis** dar. Dabei ist unerheblich, ob der Schuldner die Unmöglichkeit pflichtwidrig herbeigeführt hat. Diese Frage stellt sich erst i.R. der Verschuldensprüfung.

b. Vertretenmüssen

Gemäß § 280 I BGB wird als zweite Voraussetzung verlangt, dass der Schuldner die Pflichtverletzung **zu vertreten hat**. Dabei ist durch die negative Formulierung in S. 2 der Vorschrift eine **Beweislastumkehr** zu Lasten des Schuldners angeordnet. Wenn also in *tatsächlicher* Hinsicht Unklarheit besteht, ist von einem Vertretenmüssen des Schuldners auszugehen. Den **Anknüpfungspunkt** für das Vertretenmüssen stellt i.R. der §§ 280 I, III, 283 BGB das **Leistungshindernis** dar. Es kommt also darauf an, ob der Schuldner den Umstand, der zur Unmöglichkeit i.S.d. § 275 I bis III BGB führte, zu vertreten hat. Dabei sind erneut §§ 276 ff. BGB heranzuziehen, sodass auf die Ausführungen zur Verantwortlichkeit des Schuldners (Rn 536 ff.) verwiesen werden kann. **705**

[708] Zu beachten ist aber, dass § 283 BGB nicht auf die Ansprüche aus §§ 1007, 985 BGB anwendbar ist. Denn für diese Ansprüche finden sich in §§ 987 ff. BGB Sonderregelungen, die eine Anwendung des § 283 BGB – nicht aber des § 281 BGB – ausschließen.

> **Hinweis für die Fallbearbeitung:** An dieser Stelle können alle Probleme, die i.R. der Verantwortlichkeit des Schuldners angesprochen wurden, relevant werden (§§ 276, 277, 278 BGB). Es ist daher bspw. möglich, dass der Schuldner ein Beschaffungsrisiko oder eine Garantie übernommen hat. Anders als beim anfänglichen kann beim nachträglichen Leistungshindernis auch die Haftung des Schuldners während des **Verzugs** von Bedeutung sein. Wenn der Vertragsgegenstand bspw. nach dem Eintritt des Verzugs untergeht, haftet der Schuldner gem. § 287 S. 2 BGB auch für Zufall, es sei denn, der Schaden wäre auch bei rechtzeitiger Leistung eingetreten.

c. Rechtsfolgen

706 Die Rechtsfolgen bei der nachträglichen Unmöglichkeit sind weitgehend kongruent mit denen bei der anfänglichen Unmöglichkeit. Auf die dortigen Ausführungen (Rn 689 ff.) wird daher verwiesen.

aa. Schadensersatz statt der Leistung

707 Der Gläubiger kann beim Vorliegen der Voraussetzungen der §§ 280 I, III, 283 BGB zunächst **Schadensersatz statt der Leistung** verlangen. Der Ersatz ist auf das positive Interesse gerichtet und der Gläubiger ist so zu stellen, wie er stünde, wenn der Schuldner ordnungsgemäß geleistet hätte. Bei der **Schadensberechnung** ist auf die **Differenzhypothese** abzustellen (dazu Rn 692 ff.). Es ist also die tatsächliche mit der hypothetischen Vermögenslage zu vergleichen, die bei einer ordentlichen Erfüllung vorläge. Der Schadensinhalt richtet sich nach §§ 249 ff. BGB, wobei eine Naturalrestitution nicht verlangt werden kann.

Bei **gegenseitigen Verträgen** ist vor der Schadensberechnung zunächst die Frage der **Schadensermittlung** zu klären. Im Wege der **Differenztheorie** kann der Gläubiger seine *Gegenleistung* behalten (bzw. zurückverlangen) und die ihm durch die nicht ordnungsgemäße Leistung entstandenen Schäden (die im Wege der Differenz*hypothese* berechnet werden) ersetzt verlangen. Im Wege der **Surrogationsmethode** kann er seine *Gegenleistung* nach wie vor erbringen (oder, wenn er schon geleistet hat, beim Schuldner belassen) und den vollen Vermögensverlust (der ebenfalls im Wege der Differenz*hypothese* berechnet wird) für das Ausbleiben der Leistung ersetzt verlangen. Zwischen beiden Ermittlungsmethoden hat der Gläubiger die freie Wahl.

bb. Schadensersatz statt der ganzen Leistung

708 Hat der Schuldner einen Teil geleistet und ist ihm der andere Teil der Leistung nicht möglich, stellt sich die Frage, ob der Gläubiger diese Teilleistung behalten muss oder ob er sie zurückweisen (bzw. zurückgeben) und Schadensersatz statt der *ganzen* Leistung verlangen kann. Dabei gibt es zwei Möglichkeiten: Zunächst kann ein unbehebbarer Mangel der Leistung vorliegen, womit eine **qualitative Unmöglichkeit** besteht. Konnte hingegen nur eine Mankoleistung erbracht werden, liegt eine **quantitative Unmöglichkeit** vor.

> **Beispiel:** V kann statt der bestellten vier Dodge Caliber nur noch zwei liefern, weil diese Wagen nicht mehr hergestellt werden und er nur noch zwei Stück zur Verfügung hat.
>
> Hier liegt eine quantitative Teilunmöglichkeit vor. Wenn V *bei Vertragsschluss* noch vier Wagen hatte, liegt auch eine *nachträgliche* quantitative Teilunmöglichkeit vor, sodass §§ 280 I, III, 283 BGB (und nicht § 311a II BGB) einschlägig sind.
>
> Kann V dagegen die Wagen noch liefern, wurden diese aber (nach Vertragsschluss) beschädigt und können nicht mehr in den vertragsgemäßen Zustand gebracht werden, liegt eine qualitative Teilunmöglichkeit vor.

§ 283 S. 2 BGB verweist auf **§ 281 I S. 2 und 3 BGB**. Diese Regelungen ordnen an, unter welchen Voraussetzungen der Gläubiger die erhaltene Leistung zurückweisen darf und Schadensersatz statt der ganzen Leistung verlangen kann („**großer Schadensersatz**“). 709

- Bei einer **qualitativen** Teilunmöglichkeit (Mangelleistung) ist § 281 I **S. 3** BGB einschlägig. Danach kann der Gläubiger den großen Schadensersatz nicht verlangen, wenn die Pflichtverletzung (hier: der wegen § 275 BGB unbehebbare Mangel) unerheblich ist. Unerheblichkeit liegt vor, wenn das Leistungsinteresse des Gläubigers im Grunde nicht gestört ist. Dabei gibt das Gesetz aber eine Vermutung für die Erheblichkeit der Pflichtverletzung vor, sodass i.d.R. Schadensersatz statt der *ganzen* Leistung erbracht werden muss.
- Bei einer **quantitativen** Teilunmöglichkeit (Mankoleistung) greift § 281 I **S. 2** BGB. Der Schadensersatz statt der ganzen Leistung kann danach nur verlangt werden, wenn der Gläubiger an der erbrachten Teilleistung kein Interesse mehr hat. Ein Interessenfortfall liegt aber nur vor, wenn die Teilleistung zusammen mit dem nach §§ 280 I, III, 283 BGB für die fehlenden Teile gewährten kleinen Schadensersatz nicht ausreicht, um das Interesse des Gläubigers zu decken. Hier gibt das Gesetz eine Vermutung gegen einen Interessenfortfall, also gegen den Schadensersatz statt der ganzen Leistung, vor (dazu Rn 697).
- **Problematisch** ist, dass §§ 434 III, 633 II S. 3 BGB die Mankoleistung der Schlechtleistung gleichstellen. Man könnte daher erwägen, dass eine Teilleistung bei **Kauf**- und **Werkverträgen** immer unter § 281 I S. 3 BGB zu subsumieren ist. Dagegen spricht aber, dass es dann zu unsachgemäßen Ergebnissen kommen kann und § 281 I S. 2 BGB praktisch leerlaufen würde.
- Macht der Gläubiger den Schadensersatz statt der ganzen Leistung geltend, kann der Schuldner das Geleistete gem. §§ 283 S. 2, 281 V, 346 ff. BGB zurückverlangen.

cc. Herausgabe des Ersatzes, § 285 BGB

Wie auch bei § 311a II BGB kann der Gläubiger vom Schuldner auch bei einer nachträglichen Unmöglichkeit das verlangen, was dieser durch die Unmöglichkeit als Ersatz erhält (bspw. Versicherungssumme). Dieser Anspruch ist verschuldensunabhängig. Wenn der Gläubiger ihn geltend macht, muss er sich den Wert dessen, was er erhält, auf den Schadensersatzanspruch anrechnen lassen. 710

dd. Ersatz vergeblicher Aufwendungen, § 284 BGB

Schließlich kann der Gläubiger bei der nachträglichen Unmöglichkeit anstelle des Schadensersatzes statt der Leistung die vergeblichen Aufwendungen nach § 284 BGB ersetzt verlangen. Auf die Ausführungen zu § 311a II BGB (Rn 699 ff.) wird insoweit verwiesen. 711

4. Schadensersatz statt der Leistung gem. §§ 280 I, III, 281 I S. 1 BGB

Erbringt der Schuldner seine Leistung nicht ordnungsgemäß, obwohl ihm dies möglich wäre, sind §§ 280 I, III, 281 I S. 1 BGB einschlägig (vgl. bereits Rn 532/590/680). Die zentrale Anspruchsnorm stellt auch hier § 280 I BGB dar[709], wobei dessen III feststellt, dass für den Schadensersatz statt der Leistung die weiteren Voraussetzungen des § 281 BGB erfüllt sein müssen. 712

Nach § 281 I S. 1 BGB kann der Gläubiger Schadensersatz statt der Leistung *unter den Voraussetzungen des § 280 I BGB* verlangen, wenn der Schuldner die Leistung nicht oder nicht wie geschuldet erbringt und er ihm erfolglos eine angemessene Frist zur Erfüllung oder Nacherfüllung bestimmt hat. Da § 281 BGB auf § 280 I BGB verweist, sind also eine **Pflichtverletzung** und ein Verschulden erforderlich. Es stellt sich damit das glei-

[709] BT-Drs. 14/6040, S. 137; *Gieseler*, JR 2004, 133 ff.; *Katzenstein*, Jura 2005, 217 ff.

che Problem wie bei § 283 BGB: Ist nur die *pflichtwidrige* Nicht- oder Schlechtleistung eine Pflichtverletzung, oder reicht es einfach aus, wenn die Leistung nicht oder nicht wie geschuldet erbracht wurde? Wie bei § 283 BGB ist davon auszugehen, dass bereits das bloße **Ausbleiben der geschuldeten Leistung die Pflichtverletzung** darstellt (obwohl der Wortsinn eigentlich etwas anderes verlangt). Wenn man also die Merkmale des § 281 I BGB „***Leistung nicht oder nicht wie geschuldet***" bejaht hat, ist die für § 280 I BGB erforderliche **Pflichtverletzung** gegeben. Die Frage, ob der Schuldner „etwas dafür kann", dass er nicht ordnungsgemäß leistete, ist eine Frage des Verschuldens und nicht der Pflichtverletzung. Kurz: Der Gläubiger muss nur das Ausbleiben der geschuldeten Leistung darlegen und beweisen. Wenn ihm dies gelingt, kann eine Pflichtverletzung bejaht werden. Der Schuldner muss dann beweisen, dass er die Pflichtverletzung nicht zu vertreten hat, also nicht pflichtwidrig handelte (§§ 280 I S. 2, 276 ff. BGB).

713

Schadensersatz statt der Leistung gem. §§ 280 I, III, 281 I S. 1 BGB

I. Voraussetzungen

1. Wirksamer Anspruch

Für einen Schadensersatz statt der Leistung gem. §§ 280 I, III, 281 I S. 1 BGB ist zunächst erforderlich, dass der Gläubiger einen wirksamen Anspruch auf die Erbringung der Leistung hat. Sobald die Leistung vom Schuldner gem. § 275 BGB nicht mehr erbracht werden muss, sind §§ 280 I, III, 283 BGB oder § 311a II BGB vorrangig.

2. Fälligkeit des Anspruchs, §§ 281 I S. 1, 271 BGB

Die Leistung muss auch fällig sein. Ob ein Schadensersatz statt der Leistung verlangt werden kann, wenn der Schuldner die Leistung vor der Fälligkeit ernsthaft und endgültig verweigert, ist umstritten. I.E. ist die Anwendung von § 282 BGB vorzugswürdig.

3. Durchsetzbarkeit des Anspruchs

Dem Anspruch dürfen keine Einreden entgegenstehen. Dabei reicht grundsätzlich das Vorliegen der objektiven Einredevoraussetzungen aus, um die Durchsetzbarkeit zu verhindern, wenn der Schuldner sich spätestens im Prozess darauf beruft.

4. Leistung nicht oder nicht wie geschuldet

Weiterhin ist erforderlich, dass der Schuldner nicht oder nicht wie geschuldet leistet. Dabei kommt es auf die Vornahme der Leistungshandlung an.

5. Fristsetzung, § 281 I S. 1 BGB

Der Gläubiger muss dem Schuldner nach der Fälligkeit der Leistung eine angemessene Frist gesetzt haben. Dies erfolgt durch eine formlose, einseitige und zugangsbedürftige Erklärung. Die Erklärung stellt eine rechtsgeschäftsähnliche Handlung dar, auf die die Vorschriften über Willenserklärungen teilweise entsprechende Anwendung finden. Mit der Fristsetzung muss der Gläubiger den Schuldner ernsthaft und hinreichend bestimmt zur Leistung innerhalb einer angemessenen Frist auffordern. Eine zu kurze Frist setzt eine angemessene Frist in Lauf (Ausnahme: AGB).

6. Entbehrlichkeit der Fristsetzung, § 281 II BGB

Gemäß § 281 II BGB ist die Fristsetzung entbehrlich, wenn der Schuldner die Leistung ernsthaft und endgültig verweigert oder besondere Umstände vorliegen, die unter Abwägung der beiderseitigen Interessen die sofortige Geltendmachung des Schadensersatzanspruchs rechtfertigen. Letzteres ist bspw. bei Just-in-time-Verträgen der Fall.

7. Abmahnung, § 281 III BGB

Gemäß § 281 III BGB kann an die Stelle der Fristsetzung eine Abmahnung treten, wenn nach der Art der Pflichtverletzung eine Fristsetzung nicht in Betracht kommt. Die Vorschrift ist für Unterlassungspflichten konzipiert, hat aber keine praktische Relevanz.

8. Erfolgloser Fristablauf
Wenn die Fristsetzung nicht ausnahmsweise entbehrlich ist, ist für einen Schadensersatzanspruch erforderlich, dass sie erfolglos abgelaufen ist. Dabei kommt es auf die Vornahme der gebotenen Leistungshandlung an.

9. Vertretenmüssen
Der Schuldner muss die nicht ordnungsgemäße Leistungserbringung gem. § 280 I S. 2 BGB zu vertreten haben. Dabei ist maßgeblich, ob ihn im Zeitpunkt des Ablaufs der gesetzten Frist eine Verantwortlichkeit trifft.

10. Eigene Vertragstreue

II. Rechtsfolgen
Zunächst hat der Gläubiger auch nach Ablauf der gesetzten Frist noch ein Wahlrecht zwischen der ursprünglichen Leistung und dem Schadensersatz statt der Leistung. Verlangt er Schadensersatz, ist er wegen § 281 IV BGB an seine Wahl gebunden.

Begehrt er Schadensersatz, kann er bei einer Mangel- oder Mankoleistung einen Schadensersatz statt der ganzen Leistung nur unter den weiteren Voraussetzungen des § 281 I S. 2 und 3 BGB fordern.

Alternativ zum Schadensersatz steht dem Gläubiger das Recht zu, den Ersatz vergeblicher Aufwendungen nach § 284 BGB zu verlangen.

a. Wirksamer Anspruch

Für einen Schadensersatz statt der Leistung ist – wie auch beim Verzug – zunächst erforderlich, dass der Gläubiger gegen den Schuldner einen wirksamen Anspruch hat. Es muss sich dabei um eine **leistungsbezogene Pflicht** des Schuldners handeln, also um eine solche, die der Gläubiger gegebenenfalls gerichtlich durchsetzen kann. **714**

Hinweis für die Fallbearbeitung: Hierin liegt der Unterschied zu § 283 BGB. Beim Schadensersatz statt der Leistung nach §§ 280 I, III, 283 BGB muss der Schuldner von seiner leistungsbezogenen Pflicht wegen einer Unmöglichkeit nachträglich *frei* geworden sein. § 281 BGB dagegen verlangt das Bestehen eines Anspruchs. Liegt also ein Fall der Unmöglichkeit vor, ist § 281 BGB nicht anwendbar.[710] Die *Art* der Pflicht ist aber bei beiden Anspruchsnormen (§§ 281 und 283 BGB) gleich. Hier wie dort kommt es auf eine (bestehende/untergegangene) leistungsbezogene Pflicht an.

§ 283 BGB geht also einem Anspruch aus § 281 BGB grundsätzlich vor. Das gilt jedenfalls unproblematisch für den Zeitraum bis zum Ablauf der gesetzten Frist. Tritt bis zu diesem Zeitpunkt Unmöglichkeit ein, können die Voraussetzungen von § 281 BGB nicht mehr erfüllt sein, da der Leistungsanspruch auch beim Ablauf der gesetzten Frist noch bestehen muss.

Fraglich ist aber, welche Norm einschlägig ist, wenn die Unmöglichkeit erst *nach* Ablauf der für § 281 BGB erforderlichen Frist eintritt. Man könnte erwägen, dass hier §§ 280 I, III, *281* BGB als Anspruchsgrundlage in Betracht kommen. Denn die Voraussetzungen dieser Vorschriften für einen Anspruch auf Schadensersatz sind mit dem Ablauf der Frist schon erfüllt, sodass es naheliegt, dem Gläubiger hier einen Anspruch aus §§ 280 I, III, 281 BGB zu gewähren, selbst wenn *danach* eine Unmöglichkeit eintritt. Dagegen spricht aber, dass der Anspruch auf die Leistung gem. § 281 IV BGB noch nicht mit dem *Bestehen* der Voraussetzungen der §§ 280 I, III, 281 BGB erlischt, sondern dass der Gläubiger auch danach noch die Leistung verlangen kann. Erst wenn er den Schadensersatzanspruch geltend macht, geht der Anspruch nach der Konzeption dieser Vorschrift unter (§ 281 IV BGB). Daraus folgt, dass § 281 BGB verlangt, dass

[710] Handelt es sich um ein vorübergehendes Leistungshindernis, muss der Gläubiger hingegen nach §§ 280 I, III, 281 BGB vorgehen, vgl. *Reischl*, JuS 2003, 453, 454; *Katzenstein*, Jura 2005, 217, 220.

der Leistungsanspruch auch in dem Moment noch bestehen muss, in dem der Gläubiger den Schadensersatz geltend macht. Denn im Falle des § 281 BGB wird erst *durch die Ausübung des Rechts* der *Leistungsanspruch* in einen *Schadensersatzanspruch umgewandelt*. Wenn also *nach* dem Fristablauf, aber *vor* der Ausübung des Schadensersatzanspruchs eine Unmöglichkeit eintritt, ist § 283 BGB vorrangig.

Kurz: § 283 BGB geht dem § 281 BGB bei einer Unmöglichkeit vor, und zwar auch dann, wenn die Unmöglichkeit der Leistung *nach Ablauf der gesetzten Frist*, aber noch *vor der Geltendmachung* des nach § 281 BGB zu gewährenden Schadensersatzanspruchs eintritt.

Geht der Leistungsgegenstand erst nach der Geltendmachung des nach §§ 280 I, III, 281 BGB gegebenen Schadensersatzanspruchs unter, können §§ 280 I, III, 283 BGB nicht mehr greifen, da der Anspruch auf die Leistung gem. § 281 IV BGB erloschen ist.

Unerheblich ist, ob sich die Pflicht aus einem Vertrag oder aus dem Gesetz ergibt. Erforderlich ist, dass der Anspruch **wirksam** ist. Er darf nicht wegen § 275 BGB untergegangen oder wegen Formnichtigkeit (§ 125 BGB), Sittenwidrigkeit (§ 138 BGB), Gesetzesverstoß (§ 134 BGB) oder aus anderen Gründen (§§ 104 ff. BGB) nicht erst entstanden sein.

Beispiele: Leistungsbezogene Pflichten sind zunächst die aus einem Vertrag resultierenden synallagmatischen Primärpflichten (z.B. aus §§ 433 BGB, 631 BGB etc.). Doch auch die nicht synallagmatischen Leistungspflichten kommen in Betracht, wie die Pflicht zur Rückgabe einer Mietsache (§ 546 BGB) oder eines geliehenen Gegenstands (§ 604 BGB). Schließlich sind die Herausgabepflicht beim Auftrag (§ 667 BGB), sowie die Pflicht zur Beseitigung (§ 1004 BGB) oder zur Herausgabe gem. § 985 BGB und § 812 BGB leistungsbezogene Pflichten.

Gegenbeispiele: *Nicht* zu den leistungsbezogenen Pflichten gehören die bloßen Schutz- oder die allgemeinen Aufklärungspflichten. Bei einem Verstoß gegen solche Pflichten kommen lediglich ein Anspruch neben der Leistung aus § 280 I BGB oder ein Schadensersatzanspruch statt der Leistung aus §§ 280, 282 BGB in Betracht.

b. Fälligkeit

715 Aus § 281 I S. 1 BGB ergibt sich, dass die Leistung auch fällig sein muss. Die Fälligkeit ist der Zeitpunkt, in dem der Schuldner spätestens zu leisten hat. Dabei kommt es in erster Linie auf die ausdrückliche oder konkludente Parteivereinbarung an. Ist eine solche nicht ersichtlich und die Leistungszeit auch nicht aus den sonstigen Umständen zu entnehmen, kann der Gläubiger die Leistung sofort verlangen (§ 271 BGB).

Hinweis für die Fallbearbeitung: Gemäß § 323 IV BGB kann der Gläubiger auch schon *vor* der Fälligkeit zurücktreten, wenn offensichtlich ist, dass die Voraussetzungen für einen Rücktritt eintreten werden. Eine solche Regelung sieht § 281 BGB nicht vor. Wenn der Schuldner also *vor* der Fälligkeit bereits klar aussagt, dass er niemals leisten werde, ist ein Rücktritt möglich (ernsthafte und endgültige Erfüllungsverweigerung, vgl. § 323 II Nr. 1 i.V.m. IV BGB). Fraglich ist aber, ob dann auch ein Schadensersatzbegehren gerechtfertigt ist. Dies kann unterschiedlich beurteilt werden:

1. Nach § 281 II BGB kann – wie auch bei § 323 II Nr. 1 BGB – eine Fristsetzung entbehrlich sein, wenn der Schuldner die Leistung ernsthaft und endgültig verweigert. Da die Norm aber keine dem § 323 IV BGB entsprechende Vorschrift enthält, ist vertretbar, dass zwar ein Rücktritt, nicht aber ein Schadensersatzbegehren i.S.d. §§ 280 I, III, 281 BGB vor der Fälligkeit begründet ist. Dies lässt sich e contrario aus § 323 IV BGB schließen: Wenn der Gesetzgeber gewollt hätte, dass man auch schon vor der Fälligkeit einen solchen Schadensersatzanspruch geltend machen könnte, hätte er eine entsprechende Vorschrift in § 281 BGB aufgenommen.

2. Dagegen ließe sich erwägen, dass die Fälligkeit lediglich eine Voraussetzung für die *Fristsetzung*, nicht aber für den Schadensersatz statt der Leistung ist. Ist aber die Fristsetzung wegen § 281 II BGB ohnehin entbehrlich, könnte man einen Anspruch aus §§ 280 I, III, 281 BGB annehmen. Problematisch ist daran aber, dass der Schuldner vor der Fälligkeit noch gar nicht leisten muss, sodass er seine Leistungspflicht aus dem Schuldverhältnis eigentlich auch noch nicht verletzt haben kann. Dieser Einwand ließe sich dadurch entkräften, dass man in der *Verweigerung vor* der Fälligkeit bereits eine – quasi antizipierte – *Verletzung* der *Leistungspflicht* sieht[711] (obwohl die Leistung noch nicht erbracht werden muss).

3. I.E. überzeugt die zweite Ansicht, weil es unsinnig wäre, wenn der Gläubiger die Frist bis zur Fälligkeit abwarten müsste, obwohl es völlig klar ist, dass er dann einen Schadensersatz statt der Leistung verlangen kann. Allerdings ist die Annahme, dass die Erfüllungsverweigerung *vor* der Fälligkeit bereits eine Verletzung der *Leistungspflicht* darstellt, nur schwer nachvollziehbar. Eine Pflicht wird man nicht schon verletzen können, wenn man sie noch gar nicht befolgen muss. Vertretbar ist daher auch, dass man in der Erfüllungsverweigerung vor der Fälligkeit eine Nebenpflichtverletzung sieht.[712] Dann folgt der Anspruch nicht aus §§ 280 I, III, 281 BGB, sondern aus §§ 280 I, III, 282 BGB. Die Voraussetzungen für einen solchen Anspruch lägen vor, weil die ernsthafte und endgültige Erfüllungsverweigerung eine Pflichtverletzung (nicht aber Leistungspflichtverletzung) darstellt und dem Gläubiger die Leistung daher nicht mehr zumutbar ist.

c. Durchsetzbarkeit

Weiterhin ist erforderlich, dass der Anspruch auch durchsetzbar ist. Dieses Kriterium wird **716**
zwar nicht ausdrücklich von §§ 280 I, III, 281 BGB verlangt; es ergibt sich aber aus der Natur der Sache, dass niemand mit den Schadensersatzfolgen seiner Nichtleistung belastet werden darf, wenn er nicht leisten muss. Es gilt das Gleiche wie beim Verzug. Daher kann auf die dortigen Ausführungen (Rn 645 ff.) verwiesen werden.

Hinweis für die Fallbearbeitung: Zur Wiederholung: Bereits das bloße Bestehen einer Einrede schließt die Durchsetzbarkeit des Anspruchs aus, wenn sich der Schuldner irgendwann – spätestens im Prozess – darauf beruft. Das Zurückbehaltungsrecht gem. § 273 BGB muss er allerdings schon vorher geltend machen. Die Einrede aus § 320 BGB dagegen braucht er nicht geltend zu machen; es ist vielmehr Sache des Gläubigers zu beweisen, dass er dem Schuldner seine Gegenleistung ordnungsgemäß angeboten hat.

Wenn der Schuldner eine Einrede aus § 275 II oder III BGB erhebt, ist zu beachten, dass die Durchsetzbarkeit des Anspruchs dann nicht nur gehemmt wird, sondern dass die Leistungspflicht vollständig untergeht. Dann ist nicht mehr § 281 BGB, sondern entweder § 283 BGB oder § 311a II BGB einschlägig. Welche dieser Normen im konkreten Fall eingreift, hängt davon ab, in welchem Zeitpunkt das Leistungshindernis aufgetreten ist.

Im Fall des § 275 I BGB dagegen ist eine Erhebung der Einwendung nicht notwendig. Vom Eintritt des Leistungshindernisses an ist § 281 BGB per se ausgeschlossen, da kein wirksamer Anspruch (mehr) besteht. Es greift also auch hier § 283 BGB oder § 311a II BGB.

---

[711] *Huber/Faust*, S. 120, 125; vgl. auch *Katzenstein*, Jura 2005, 217, 221.

[712] *Ramming*, ZGS 2002, 412, 415 f. (für die Abgrenzung zwischen § 323 IV BGB und § 324 BGB).

d. Leistung nicht oder nicht wie geschuldet

717 § 281 I S. 1 BGB setzt voraus, dass der Schuldner die Leistung nicht oder nicht wie geschuldet erbringt. Wie bereits eingangs erläutert, stellt diese Voraussetzung zugleich die für § 280 I BGB erforderliche Pflichtverletzung dar.

aa. Nichtleistung/teilweise Nichtleistung (Mankoleistung)

718 Mit Nichtleistung ist gemeint, dass der Schuldner die Leistung **überhaupt nicht** oder **teilweise nicht** erbringt. Das folgt aus dem Wortlaut des § 281 I S. 1 BGB („*soweit* der Schuldner ..."). Maßgeblich ist dabei, wie auch beim Verzug, dass der Schuldner die **Leistungshandlung** nicht ordnungsgemäß vorgenommen hat, obwohl es ihm möglich wäre.[713] Es kommt also auf das vertraglich geschuldete Gesamtverhalten an. Bei einer Schickschuld (§ 447 BGB) bspw. ist für die Leistung, die der Schuldner zu erbringen hat, die Übergabe des ordnungsgemäßen Leistungsgegenstands in ordnungsgemäßer Menge an den Transportunternehmer erforderlich. Wenn der Schuldner dies getan hat, kann der Gläubiger keinen Anspruch aus § 281 BGB mehr geltend machen.[714]

Im Falle einer Zuweniglieferung bei einem **Kauf- oder Werkvertrag** ist fraglich, ob die Leistung „teilweise nicht" (Mankoleistung) oder ob sie „nicht wie geschuldet" (Mangelleistung) erbracht wurde. Es drängt sich zunächst auf, eine Zuweniglieferung als Mankoleistung, also als teilweise Nichtleistung anzusehen. Zweifel ergeben sich aber aufgrund der Tatsache, dass §§ 434 III, 633 II S. 3 BGB die Mankoleistung einem Mangel gleichstellen. Bei der Frage, ob ein Anspruch auf Schadensersatz statt der Leistung gegeben ist, ist diese Frage nicht relevant, da § 281 I BGB sowohl die Manko- als auch die Mangelleistung ausreichen lässt. Wie aber bereits i.R. der §§ 311a II und 283 BGB erwähnt, kann es für den Schadensersatz statt der **ganzen** Leistung erheblich sein, wie man die Zuweniglieferung qualifiziert. Nach der hier vertretenen Ansicht ist die **Zuweniglieferung als Mankoleistung anzusehen**, weswegen für die Frage des großen Schadensersatzes § 281 I S. 2 BGB einschlägig ist.

bb. Leistung nicht wie geschuldet

719 Die Leistung ist nicht wie geschuldet, wenn sie einen Mangel aufweist. Die größte Relevanz hat dieses Merkmal i.R. des Kauf- und Werkrechts, wo das Tatbestandsmerkmal „nicht wie geschuldet" durch §§ 434, 633 BGB konkretisiert wird. Dabei ist zu beachten, dass auch ein aliud als Mangelleistung qualifiziert wird, §§ 434 III, 633 II S. 3 BGB.

> **Hinweis für die Fallbearbeitung:** Handelt es sich um einen unbehebbaren Mangel, ist nicht § 281 BGB einschlägig, sondern § 283 BGB oder § 311a II BGB, weil dann ein Fall der Unmöglichkeit vorliegt. Ist der Mangel behebbar, muss der Schuldner nacherfüllen (§§ 439, 635 BGB). Auf diesen Nacherfüllungsanspruch bezieht sich die Frist.

e. Fristsetzung

720 Grundsätzlich muss der Gläubiger dem Schuldner eine angemessene Frist zur Nacherfüllung setzen (§ 281 I S. 1 BGB). Dadurch soll dieser noch eine letzte Chance bekommen, seine Leistung ordnungsgemäß zu erfüllen („Recht zur zweiten Andienung"). Worauf sich die Frist bezieht, hängt davon ab, was der Schuldner bereits geleistet hat. Hat er bspw. noch gar nicht geleistet, ist die Frist für die gesamte Erfüllung bestimmt. Wenn er dagegen mangelhaft geleistet hat, gilt die Frist für die Nacherfüllung. Die Setzung einer Frist

---

[713] § 281 BGB greift damit also auch beim **Verzug**. Anders als § 286 BGB, der ein nach wie vor bestehendes Leistungsinteresse des Gläubigers voraussetzt und lediglich den Verzögerungsschaden gewährt, knüpft § 281 BGB an den Umstand an, dass der Gläubiger kein Interesse mehr an der Leistung hat. § 281 BGB schützt daher das positive Interesse: Der Gläubiger soll (wirtschaftlich) so gestellt werden, als hätte der Schuldner ordnungsgemäß geleistet.

[714] Vgl. die Ausführungen zur Nichtleistung beim Verzug, Rn 665 ff.

ist eine formlose einseitige und zugangsbedürftige Erklärung, und sie stellt (wie auch die Mahnung) eine geschäftsähnliche Handlung dar. Deswegen sind auch die Vorschriften über Willenserklärungen teilweise entsprechend anwendbar. Ein beschränkt Geschäftsfähiger kann bspw. wirksam eine Frist setzen (§ 109 BGB), während ein Geschäftsunfähiger dies nicht kann (§ 104 BGB). Ebenso greifen §§ 130 ff. BGB und §§ 164 ff. BGB analog.

aa. Anforderungen an die Fristsetzung

An die Fristsetzung sind ähnliche Anforderungen wie an die Mahnung zu stellen. Zu- 721
nächst ist erforderlich, dass der Gläubiger dem Schuldner die geforderte Leistung hinreichend bestimmt mitteilt, damit dieser das von ihm verlangte Verhalten einschätzen kann. Es kann z.B. für den Schuldner einer Kaufsache notwendig sein zu wissen, welche Form der Nacherfüllung der Käufer geltend macht (§ 439 I BGB). Dabei muss der Gläubiger sein Begehren allerdings nicht ausdrücklich formulieren. Vielmehr reicht es aus, wenn seine Erklärung gem. §§ 133, 157 BGB sein tatsächliches Begehren erkennen lässt.

Der Gläubiger muss zu erkennen geben, dass es ihm **ernst** ist, weswegen eine bloße „Erinnerung" nicht ausreichen dürfte. Ebenso mangelt es an der nötigen Ernsthaftigkeit, wenn dem Gläubiger eine sehr unpräzise Zeitangabe für die Leistung gemacht wird („bitte demnächst leisten").

Weiterhin muss die Frist **angemessen** sein. Das ist der Fall, wenn sie einem im Prinzip leistungsfähigen Schuldner die Möglichkeit gibt, die Leistung auch tatsächlich zu erbringen. Nicht erforderlich ist dabei, dass einem Schuldner, der die Leistung *noch gar nicht begonnen hat*, die Zeit zur Erstellung der vollständigen Leistung gegeben wird. Er soll lediglich in die Lage versetzt werden, eine bereits in Angriff genommene Leistung zu vollenden. Wenn der Gläubiger eine **zu kurze Frist** setzt, wird dadurch automatisch eine **angemessene Frist** in Lauf gebracht.[715] Eine Besonderheit ist allerdings bei AGB zu beachten. Wenn die Geschäftsbedingungen des Gläubigers eine zu kurze Frist vorsehen, wird dadurch ausnahmsweise keine angemessene Frist in Lauf gesetzt. Dies würde nämlich eine geltungserhaltende Reduktion darstellen, was bei AGB nicht zulässig ist.

> **Hinweis für die Fallbearbeitung:** Für die Frage der Angemessenheit sind die Parteiinteressen und alle Umstände des Einzelfalls heranzuziehen.[716] Es ist also zugunsten des Schuldners bspw. die Materialbeschaffung für die Vollendung der Leistung zu berücksichtigen. Auch ist von Belang, um welche Art der Leistung es sich handelt. So wird man bei einem Hausbau eine längere Frist setzen müssen als bei der Nachbesserung an einem Fahrrad. Andererseits können die Gläubigerinteressen eine kürzere Frist notwendig machen. Wenn der Bauherr bspw. einen Estrichleger bestellt hat und eine Woche später den Teppichleger erwartet, muss er die Möglichkeit haben, dem Estrichleger eine kurze Frist zu setzen, damit der Teppichleger seine Arbeiten auf dem fertigen Estrich beginnen kann.

bb. Zeitpunkt für die Fristsetzung

Aus § 281 I BGB ergibt sich, dass die Fristsetzung erst **nach Fälligkeit** der Leistung 722
erfolgen kann. Denn wenn das Erfordernis der Fristsetzung dem Schuldner noch eine letzte Chance – ein Recht zur zweiten Andienung – geben soll, wäre es sinnwidrig, wenn die Frist schon vorher zu laufen beginnen dürfte. Das Gleiche muss auch für die **Durchsetzbarkeit** der Forderung **gelten**. Auch hier macht die Regelung des § 281 I BGB nur

[715] BT-Drs. 14/6040, S. 138; *Grüneberg*, in: Palandt, § 281 Rn 10; *Dauner-Lieb*, in: Nomos-Kommentar, § 281 Rn 23; a.A. *Canaris*, JZ 2001, 499, 510; *Dubovitskaya*, JZ 2012, 328.
[716] *Münch*, Jura 2002, 361, 366.

Sinn, wenn dem Schuldner eine Frist nur gesetzt werden kann, wenn er auch tatsächlich zur Leistung verpflichtet ist. Solange ihm aber noch eine Einrede zusteht, ist er noch nicht einmal zur „ersten Andienung" verpflichtet. Aus diesem Grund darf der Gläubiger ihm auch noch keine Frist zur „zweiten Andienung" setzen.

f. Entbehrlichkeit der Fristsetzung, § 281 II BGB

723 § 281 II BGB sieht vor, dass die nach § 281 I S. 1 BGB erforderliche Fristsetzung entbehrlich sein kann, wenn der Schuldner die Leistung ernsthaft und endgültig verweigert oder wenn bestimmte Umstände vorliegen, die unter Abwägung der beiderseitigen Interessen die sofortige Geltendmachung des Schadensersatzanspruchs rechtfertigen. § 281 II BGB nennt also zwei Fallgruppen bzw. Varianten:

- Erfüllungsverweigerung
- Besondere Umstände

aa. Ernsthafte und endgültige Erfüllungsverweigerung

724 Eine **ernsthafte und endgültige Erfüllungsverweigerung** liegt vor, wenn der Schuldner insbesondere durch sein Verhalten eindeutig zum Ausdruck bringt, er werde seinen Verpflichtungen nicht nachkommen, und es damit ausgeschlossen erscheint, dass er sich durch eine Aufforderung zur Leistung umstimmen ließe.[717]

Der Grund für die Entbehrlichkeit der Fristsetzung liegt darin, dass sie bei der Erfüllungsverweigerung des Schuldners ohnehin nicht mehr als eine sinnlose Formalität darstellen würde. An die Ernsthaftigkeit und Endgültigkeit sind dabei **strenge Anforderungen** zu stellen. Deswegen **reicht es nicht aus**, wenn[718]

- der Schuldner bloß rechtliche Zweifel an seiner Verpflichtung äußert,
- der Schuldner zweimal einen Leistungstermin nicht einhält,
- Meinungsverschiedenheiten zwischen den Parteien bestehen,
- der Schuldner die Arbeit niederlegt, um über Streitpunkte zu verhandeln,
- oder der Schuldner nicht weiß, wann er die Leistung von seinem Lieferanten erhält.

Es reicht dagegen regelmäßig aus, wenn

- der Schuldner keinen Zweifel daran lässt, nicht leisten zu wollen[719],
- der Schuldner zu Unrecht die Mängelbeseitigung verweigert[720] oder
- der Schuldner – der Mieter ist – auszieht, ohne die erforderlichen Schönheitsreparaturen ausgeführt oder das Grundstück von Reststoffen befreit zu haben[721].

bb. Besondere Umstände/Interessenabwägung

725 Daneben ist nach § 281 II BGB die Fristsetzung auch entbehrlich, wenn **besondere Umstände** vorliegen, die unter **Abwägung der beiderseitigen Interessen** die sofortige Geltendmachung des Schadensersatzanspruchs rechtfertigen. Der Gesetzgeber hat dieses Merkmal anhand der sog. Just-in-time-Verträge verdeutlicht[722]: Wenn ein Unternehmer seine Ware nur in sehr geringen Mengen lagert, ist er auf die genaue Pünktlichkeit der Lieferung angewiesen. Die Ware wird dann vom Lieferfahrzeug direkt in den Produktionsvorgang eingebracht (das spart Lagerkosten). Kommt eine solche Lieferung zu spät, haben beide Parteien ein Interesse daran, dass die Frist entbehrlich ist. Der

---

[717] BGH NJW 2009, 1813, 1816; NJW 2013, 1431, 1432.
[718] Vgl. *Grüneberg*, in: Palandt, § 281 Rn 14.
[719] BGH NJW 2012, 3714.
[720] BGH NJW 2013, 1431, 1432.
[721] BGH NJW 1998, 1303, 1304; BGHZ 184, 288, 292 f.
[722] BT-Drs. 14/6040, S. 140.

Gläubiger kann dann nämlich Schadensersatz wegen der Mehrkosten für eine anderweitige Eindeckung mit Ware verlangen und der Schuldner kann sich durch eine sofortige Geldentschädigung etwaigen Verzögerungsschäden entziehen. Daneben kann ein Interessenfortfall angenommen werden[723], wenn

- dem Gläubiger wegen der nicht ordnungsgemäßen Leistung sein Kunde, an den er die Ware weiterveräußern wollte, abgesprungen ist (z.B. bei Saisonware)
- der Schuldner ohnehin nicht (nach-)erfüllen kann[724]
- der Verkäufer einer mangelhaften Sache den Mangel arglistig verschwiegen hat[725]
- der Käufer eines kranken Tieres eine unaufschiebbare tierärztliche Behandlung in Anspruch nehmen muss[726]

726 **Hinweis für die Fallbearbeitung:** Nicht von § 281 II BGB erfasst sind die Fälle der Unmöglichkeit der Leistungserbringung bzw. des (sonstigen) Ausschlusses der Leistungspflicht sowie die Fälle des absoluten und relativen Fixgeschäfts. Bei Ausschluss der Leistungspflicht (§ 275 I-III BGB) versteht es sich von selbst, dass eine Fristsetzung keinen Sinn macht und daher entbehrlich ist. Dass das Schadensersatzrecht diesbezüglich keine § 326 V BGB entsprechende Regelung hat, ist insoweit unschädlich. Bei einem absoluten Fixgeschäft wird die Leistung mit der Nichteinhaltung des Liefertermins (ebenfalls) unmöglich (vgl. Rn 373). Auch bei einem relativen Fixgeschäft kann man einen Interessenfortfall an sich annehmen. Dafür spricht ein Blick auf das Rücktrittsrecht, wo in § 323 II Nr. 2 BGB das relative Fixgeschäft als Entbehrlichkeitsgrund für die Fristsetzung aufgenommen ist. Zwar stehen Rücktritt und Schadensersatz grds. selbstständig nebeneinander, dennoch spricht in beiden Fällen eine einheitliche Wertung für die Entbehrlichkeit der Fristsetzung auch beim Schadensersatz. Daher sollte das relative Fixgeschäft auch unter § 281 II Var. 2 BGB subsumiert werden.[727]

g. Abmahnung, § 281 III BGB

727 Nach § 281 III BGB kann anstelle der Fristsetzung eine Abmahnung treten, wenn nach der Art der Pflichtverletzung eine Fristsetzung nicht in Betracht kommt, was insbesondere für Unterlassungspflichten in Frage kommt, weil bei diesen eine Fristsetzung keinen Sinn machen würde.

h. Erfolgloser Fristablauf

728 Ist die Frist nicht ausnahmsweise entbehrlich, ist für einen Schadensersatzanspruch erforderlich, dass die Frist erfolglos abgelaufen ist. Das ist der Fall, wenn der Schuldner nicht innerhalb der Frist die ihm gebotene Leistungshandlung vornimmt. Worin diese liegen muss, bestimmt sich nach dem Inhalt des Schuldverhältnisses. Hat der Schuldner bspw. nur noch eine Teilleistung zu erbringen, beschränkt sich seine Pflicht auf die Teilleistung. Zu beachten ist dabei, dass es – wie auch beim Verzug – auf das geschuldete *Verhalten* ankommt. Deswegen reicht es bspw. bei einer Schickschuld aus, wenn der Schuldner die richtige Leistung zur richtigen Zeit an einen geeigneten Transportunternehmer aushändigt.

i. Vertretenmüssen

729 Da ein Schadensersatzanspruch aus § 281 I BGB nur unter den Voraussetzungen des § 280 I BGB gewährt wird, ist weiterhin erforderlich, dass der Schuldner die Pflichtverletzung – also die nicht ordnungsgemäße Leistung – auch zu vertreten hat (§§ 276 ff.

[723] Vgl. *Grüneberg*, in: Palandt, § 281 Rn 15.
[724] Vgl. BGH NJW-RR 2012, 268.
[725] BGH NJW 2007, 835.
[726] BGH NJW 2005, 3211.
[727] Dem stehen auch keine europarechtlichen Gesichtspunkte entgegen, vgl. Rn 462 ff.

BGB). Dabei trifft ihn wegen der negativen Formulierung des § 280 I S. 2 BGB die Last, sein Nichtvertretenmüssen vorzutragen und zu beweisen.

730 Fraglich ist, *woran* das Verschuldenserfordernis genau anknüpft.[728] Man könnte erwägen, dass bereits das Nichterbringen der geschuldeten und durchsetzbaren Leistung im Zeitpunkt der Fälligkeit die Pflichtverletzung ist, die der Schuldner zu vertreten haben muss. Das würde allerdings zu Wertungswidersprüchen führen, wenn er zunächst entschuldigt nicht leistet und später – wenn der Entschuldigungsgrund weggefallen ist – die Leistungserbringung weiterhin verweigert. Würde man nämlich auf den Zeitpunkt der Fälligkeit der Leistung abstellen, könnte der Gläubiger keinen Schadensersatz verlangen, wenn der Schuldner in diesem Zeitpunkt unverschuldet nicht geleistet hat. Das wäre aber unbillig, wenn der Entschuldigungsgrund später wegfällt und der Schuldner seine Leistung dennoch nicht erbringt. Deswegen ist maßgeblich, ob der Schuldner die nicht ordnungsgemäße Leistung ***im Zeitpunkt des Ablaufs der gesetzten Frist*** **zu vertreten hat**.

Beispiel: S betreibt ein kleines Möbelgeschäft. Er hat mit G vereinbart, dass er diesem eine Lampe anfertigt und sie selbst bei G zu Hause montiert. Zum vereinbarten Zeitpunkt ist S aber krank, woraufhin ihm G eine Frist von einer Woche setzt. Nach Ablauf der Woche ist S wieder gesund und leistet dennoch nicht, weil er lieber Urlaub machen möchte. Da die Frist abgelaufen ist, verlangt G Schadensersatz statt der Leistung.

G könnte einen Anspruch auf Schadensersatz statt der Leistung gem. §§ 280 I, III, 281 I BGB haben. S hat eine fällige und durchsetzbare Leistung auch nach Ablauf einer angemessenen Frist nicht erbracht. Fraglich ist, ob S auch ein Verschulden trifft, § 276 BGB. Er hat seine Nichtleistung *im Fälligkeitszeitpunkt nicht* zu vertreten, weil er zu diesem Zeitpunkt krank war. Wenn man also die Fälligkeit als Anknüpfungspunkt nähme, müsste ein Schadensersatzanspruch ausscheiden.

Allerdings verlangen die Vorschriften der §§ 280 I, III, 281 I BGB, dass der Schuldner nach Ablauf einer angemessenen Frist nicht leistet. Der Tatbestand des § 281 BGB ist also erst in *diesem* Zeitpunkt erfüllt, sodass auch dies der maßgebliche Anknüpfungspunkt für das Vertretenmüssen sein muss.[729] Da S beim Ablauf der Frist wieder gesund war, gab es für ihn keinen Grund mehr, die Leistung nicht zu erbringen. Daher hat er schuldhaft gehandelt und ein Anspruch des G auf Schadensersatz ist gegeben.

Hinweis für die Fallbearbeitung: Dass der Schuldner die nicht oder nicht ordnungsgemäße Leistungserbringung (die Pflichtverletzung) im Zeitpunkt des Fristablaufs zu vertreten haben muss, gilt ausnahmsweise nicht, wenn die Fristsetzung gem. § 281 II BGB entbehrlich ist. In diesem Fall tritt an die Stelle des Fristablaufs der Zeitpunkt, in dem das Ereignis, welches die Frist entbehrlich machte, eingetreten ist.

731 Problematisch ist auch der umgekehrte Fall, in dem der Schuldner *zunächst schuldhaft* nicht ordnungsgemäß leistet und es *später*, nachdem der Gläubiger ihm eine Frist gesetzt hat, zu einer *unverschuldeten* Leistungsstörung kommt.

Beispiel[730]**:** S und G haben vereinbart, dass S einen Stuhl für G anfertigt und liefert. Obwohl G schon bezahlt hat, unterlässt es S schuldhaft, den Stuhl zu G zu bringen, weil er lieber Urlaub macht. G ist deshalb aufgebracht und schickt S einen Brief mit der Aufforderung, den Stuhl so schnell wie möglich, spätestens aber in zwei Wochen, zu liefern. Kurz vor dem Ablauf der Frist wird bei S eingebrochen und der Stuhl gestohlen. Allerdings ist es S möglich, den Dieb sofort zu ermitteln. Da sich der Dieb aber weigert, den Stuhl herauszugeben, muss S die Herausgabe gerichtlich durchsetzen, was ihn noch vier weitere Wo-

[728] Diese Frage ist in der Lit. umstritten. Eine übersichtliche Darstellung findet sich bei *Harke*, ZGS 2006, 9 ff.
[729] *Reischl*, JuS 2003, 453, 455 f.; *Katzenstein*, Jura 2005, 217, 221 f.
[730] Angelehnt an *Brors*, JuS 2002, 355 ff.; vgl. dazu auch *Katzenstein*, Jura 2005, 217, 221 f.

chen kosten würde. G will nicht so lange warten und verlangt Schadensersatz statt der Leistung.

Ein Anspruch könnte aus §§ 280 I, III, 281 BGB folgen, weil S eine fällige und durchsetzbare Pflicht trotz des Ablaufs einer angemessenen Frist nicht erbracht hat.[731]

Fraglich ist aber, ob ihn auch ein Verschulden trifft. S hat die Leistung zwar *zunächst* schuldhaft nicht erbracht. Stellt man allerdings auf den Zeitpunkt des Ablaufs der Frist ab, ist die Annahme eines Verschuldens nicht unproblematisch. Denn es ist nicht ersichtlich, dass S den Diebstahl (etwa durch eine offene Haustür) zu vertreten hat. Damit trifft ihn eigentlich kein Verschulden dafür, dass er *nach Ablauf der Frist* nicht ordnungsgemäß leistete, zumal er den Dieb rasch ermittelt hat und ein gerichtliches Vorgehen anstrebt.

Man könnte gleichwohl ein Vertretenmüssen bejahen, wenn man das Verschulden bei der ersten Nichtlieferung als *kausal* für die spätere Nichtlieferung (nach Fristablauf) ansähe. Allerdings würde ein solches Vorgehen dazu führen, dass jeder Schuldner, der verspätet leistet, einer Zufallshaftung unterläge. Dies soll aber nach der Konzeption des Gesetzes nur der Fall sein, wenn sich der Schuldner im Verzug befindet (§ 287 S. 2 BGB) oder eine Garantie übernommen hat.[732]

Fraglich ist daher, ob S auch für Zufall haftet, namentlich, ob er sich im Zeitpunkt des Diebstahls im Verzug befand, §§ 280, I, II, 286, 287 S. 2 BGB. Eine fällige und durchsetzbare Forderung lag in diesem Moment ebenso vor, wie ein Verschulden bzgl. der Verzögerung der Leistung. Problematisch ist aber, ob in dem Schreiben des G nicht nur eine Fristsetzung, sondern zugleich auch eine Mahnung erblickt werden kann. Eine Mahnung stellt eine ernst gemeinte und unmissverständliche Aufforderung des Gläubigers an den Schuldner dar, die Leistung zu erbringen. G hat S aufgefordert, so schnell wie möglich, spätestens aber in zwei Wochen zu liefern. Vor diesem Hintergrund könnte man annehmen, dass er die Leistung nicht unbedingt und unverzüglich verlangte, sondern dass das Schreiben erst nach dem Fristablauf die Verzugsfolgen herbeiführen sollte (sog. befristete Mahnung)[733]. Dann wäre ein Verzug und damit eine Zufallshaftung des S abzulehnen.

Diese Annahme kann indessen nicht überzeugen. Verlangt man nämlich vom Gläubiger, dass er für die Begründung eines Schuldnerverzugs neben der Fristsetzung noch zusätzlich eine *gesonderte* und unbefristete Mahnung aussprechen muss, würde Letztere eine überflüssige Formalität darstellen. Es ist vielmehr sachgerecht, in einer Fristsetzung stets zugleich eine Mahnung zu erblicken, sofern dem Gläubigerbegehren deutlich entnommen werden kann, dass eine sofortige Leistung gewollt ist und die Frist allein im Hinblick auf einen späteren Schadensersatz statt der Leistung gesetzt wird. Dies ist hier der Fall, da G die Leistung unmissverständlich „so schnell wie möglich" haben wollte und die Frist nur deshalb setzte, damit er später gegebenenfalls einen Anspruch aus §§ 280 I, III, 281 BGB geltend machen kann.

Somit befand sich S im Verzug und unterlag gem. § 287 S. 2 BGB der Zufallshaftung. Er hat daher die Nichtleistung nach Ablauf der Frist zu vertreten, obwohl er den Diebstahl und die dadurch begründete Nichtleistung nicht verschuldet hat. G hat damit einen Anspruch auf Schadensersatz statt der Leistung gem. §§ 280 I, III, 281 BGB.

Hinweis für die Fallbearbeitung: Nach einer anderen Ansicht stellt die Fristsetzung lediglich eine befristete Mahnung dar, die erst nach dem Ablauf der Frist wirksam wird.[734] Eine solche Annahme würde aber in der Praxis dazu führen, dass jeder Gläubiger gar keine Frist mehr setzen, sondern stets die sofortige Leistung verlangen würde.

---

[731] Man hätte auch einen Anspruch aus §§ 281 I, III, 283 BGB erwägen können. Allerdings ist eine Unmöglichkeit abzulehnen, da S den Dieb ausfindig machen konnte und es ihm daher möglich ist, seine Leistungsfähigkeit wiederherzustellen. Diese Wiederherstellung ist auch nicht mit einem solchen Aufwand verbunden, dass man einen Fall des § 275 II BGB annehmen könnte.

[732] *Brors*, JuS 2002, 355, 358; vgl. *Katzenstein*, Jura 2005, 217, 222, nach dem eine Haftung gem. §§ 280 I, III, 281 BGB auch an eine vor Fristablauf zu vertretende Pflichtverletzung geknüpft werden kann.

[733] So *Canaris*, JZ 2001, 499, 515.

[734] *Canaris*, JZ 2001, 499, 515.

Dann hätte er den Schuldner in Verzug gesetzt *und* es würde – da eine zu kurze Frist gesetzt wurde – eine angemessene Frist automatisch zu laufen beginnen (vgl. die Ausführungen zur Fristsetzung). Es erscheint daher überzeugender, in der Fristsetzung auch eine Mahnung zu sehen, wenn sie die entsprechenden Voraussetzungen erfüllt. Sie muss also ernsthaft und unzweideutig sein und das Verlangen des Gläubigers nach der sofortigen Leistung klar zum Ausdruck bringen. Dass der Gläubiger dem Schuldner dabei eine Frist setzt, steht der Annahme eines unbedingten Leistungsbegehrens nicht zwingend entgegen. Denn die Frist wird i.d.R. nicht deshalb gesetzt, weil der Gläubiger die Leistung noch nicht haben möchte, sondern allein deshalb, weil er sich eine Option auf einen Schadensersatz aus §§ 280 I, III, 281 BGB verschaffen will.

j. Eigene Vertragstreue

732 Der Gläubiger muss bei einem gegenseitigen Vertrag die eigene Vertragstreue wahren, um einen Anspruch aus §§ 280 I, III, 281 BGB geltend machen zu können. Dieses Merkmal ist ohne besondere Relevanz, weil ein vertragsuntreues Verhalten i.d.R. bereits ein anderes Tatbestandsmerkmal der §§ 280 I, III, 281 BGB ausschließt. Bietet der Gläubiger bspw. seine eigene Gegenleistung nicht an, führt dieses vertragsuntreue Verhalten bereits dazu, dass die Leistung des Schuldners wegen § 320 BGB nicht durchsetzbar ist. Auf den Prüfungspunkt der eigenen Vertragstreue kommt es dann also nicht an. Etwas anderes kann sich aber ergeben, wenn die Parteien eine *Vorleistungspflicht* des Schuldners vereinbart haben. Dann kann er (der Schuldner) dem Gläubiger keine Einrede aus § 320 BGB entgegenhalten. Kündigt Letzterer an, dass er seine Gegenleistung nicht erbringen wird und der Schuldner deshalb nicht leistet, sind die Voraussetzungen für einen Anspruch des Gläubigers aus §§ 280 I, III, 281 BGB an sich erfüllt, da wegen der Vorleistungspflicht des Schuldners bereits ein fälliger und *durchsetzbarer* Anspruch vorliegt. Weil der Gläubiger aber ankündigte, seinerseits niemals leisten zu wollen, kann er mangels eigener Vertragstreue keinen Schadensersatzanspruch geltend machen.

k. Rechtsfolgen

aa. Wahlrecht des Gläubigers (Erfüllung oder Schadensersatz)

733 Liegen die Voraussetzungen der §§ 280 I, III, 281 BGB vor, hat der Gläubiger die Möglichkeit, zwischen der **ursprünglichen Leistung** und dem **Schadensersatz statt der Leistung zu wählen**. Das folgt aus § 281 IV BGB, wonach der Erfüllungsanspruch des Gläubigers erst untergeht, wenn er den Schadensersatz verlangt. Hat er von seinem Wahlrecht Gebrauch gemacht und den Ersatzanspruch geltend gemacht, ist er an seine **Wahl gebunden** ist. Der Leistungsanspruch lebt also nicht wieder auf, wenn sich der Gläubiger später doch wieder für die ordnungsgemäße Erfüllung entscheiden sollte.

Aus diesem Grund ist es wichtig, dass etwaige Erklärungen des Gläubigers dahingehend genau überprüft werden, ob er tatsächlich Schadensersatz begehrt und damit sein Wahlrecht aufgibt. Der Gesetzgeber hat festgestellt, dass eine *Klage* auf Schadensersatz ein eindeutiges Verlangen nach dem Schadensersatz darstellt.[735] Soweit der Gläubiger aber keine Klage erhebt, sind seine Erklärungen gem. §§ 133, 157 BGB exakt auszulegen. Für die Annahme eines Verzichts auf die Leistung ist erforderlich, dass er **unzweideutig** zu erkennen gibt, dass er Schadensersatz *statt* der Leistung verlangt. Dabei muss er die gesetzliche Terminologie nicht verwenden. Entscheidend ist vielmehr, dass er dem Schuldner Klarheit darüber verschafft, ob er einen Schadensersatz *statt* der Leistung *oder* einen *anderen* Schadensersatzanspruch – etwa einen **Verzugsschaden** oder einen **sonstigen Begleitschaden** aus pVV – **geltend macht**. Verlangt er bloße Begleitschäden ersetzt, liegt darin noch kein Verzicht auf die Leistungserbringung. Auch die Äußerung des Gläubigers, er werde weitere Rechte „bis hin zum

[735] BT-Drs. 14/6040, S. 141.

Schadensersatz" geltend machen, kann nicht als ernsthaftes Verlangen i.S.d. § 281 IV BGB verstanden werden.

Die Tatsache, dass der Gläubiger zunächst ein Wahlrecht hat, kann für den Schuldner eine ungünstige Lage bewirken. Er muss nämlich einerseits noch leistungsbereit bleiben und sich andererseits auch schon auf einen Schadensersatz in Geld vorbereiten. Deswegen soll es ihm möglich sein, seine Leistung auch noch nach Fristablauf zu erbringen, sofern der Gläubiger noch keinen Schadensersatz verlangt hat.

bb. Schadensersatz statt der Leistung

Hat der Gläubiger sein Wahlrecht ausgeübt und verlangt Schadensersatz statt der Leistung, erlischt gem. § 281 IV BGB sein Anspruch auf die Leistung (s.o.). Insoweit ergeben sich keine Unterschiede zu einem Schadensersatz aus § 311a II BGB oder §§ 280 I, III, 283 BGB. Vgl. dazu Rn 689 ff. **734**

Beim Schadensersatz statt der Leistung ist der Gläubiger so zu stellen, wie er stünde, wenn der Schuldner ordnungsgemäß geleistet hätte (positives Interesse in Form der **Wertdifferenz** zwischen dem hypothetischen Vermögensstand, der gegeben wäre, wenn die Sache bei Gefahrübergang mangelfrei gewesen wäre, und dem Vermögensstand, wie er sich infolge des Sachmangels tatsächlich darstellt) - Differenzhypothese. Der Gläubiger darf (und muss) die Sache aber in jedem Fall behalten.

Bei gegenseitigen Verträgen (insbesondere Kaufvertrag, Werkvertrag) sind für die Schadensberechnung auf der Grundlage der Differenzhypothese zwei Möglichkeiten anerkannt. Nach der *Differenztheorie* kann der Gläubiger seine Gegenleistung behalten oder, wenn er schon geleistet hat, wieder zurückverlangen und die ihm durch die nicht ordnungsgemäße Leistung entstandenen Schäden ersetzt verlangen. Im Wege der *Surrogationsmethode* kann der Gläubiger seine Gegenleistung nach wie vor erbringen oder, wenn er sie schon erbracht hat, beim Schuldner belassen und den vollen Vermögensverlust für das Ausbleiben der Leistung ersetzt verlangen. Bei beiden Vorgehensweisen wird der Schaden anhand der Differenzhypothese berechnet. Vgl. dazu auch das Beispiel bei Rn 590.

> **Hinweis für die Fallbearbeitung:** In § 281 IV BGB wird angeordnet, dass der Gläubiger seinen Anspruch auf die *Leistung* in dem Augenblick verliert, in dem er den Schadensersatz statt der Leistung geltend macht. Diese Vorschrift bedeutet nicht, dass er auch seine *Gegen*leistung nicht mehr erbringen darf. Es bleibt ihm also auch i.R. des § 281 BGB bei der Schadensermittlung die Möglichkeit, zwischen der Surrogationsmethode und der Differenztheorie zu wählen.

Alternativ zur Wertdifferenz kann der Gläubiger auch die **Kosten für die Mangelbeseitigung** verlangen, es sei denn, dies wäre unverhältnismäßig für den Verkäufer[736] (vgl. dazu ausführlich nebst Beispiel Rn 692b).

cc. Schadensersatz statt der ganzen Leistung

Wie bei den Ansprüchen aus § 311a II BGB und § 283 BGB kann der Gläubiger – wenn der Schuldner nur eine Mangel- oder Mankoleistung erbracht hat – zunächst nur für den nicht ordnungsgemäßen Teil der Leistung Schadensersatz statt der Leistung verlangen. Die erhaltene Leistung darf er nur dann zurückgeben und einen Schadensersatz statt der **ganzen** Leistung („**großer Schadensersatz**") geltend machen, wenn die Voraussetzungen des § 281 I S. 2 oder 3 BGB erfüllt sind (vgl. Rn 695 ff.). **735**

[736] BGH NJW 2015, 468, 469 ff.

Bei einer **Mangelleistung** ist **§ 281 I S. 3 BGB** einschlägig. Danach kann der Gläubiger den großen Schadensersatz *nicht* verlangen, wenn die Pflichtverletzung (= die Mangelleistung/die Leistung „nicht wie geschuldet") *unerheblich* ist. Das Gesetz gibt aufgrund der negativen Formulierung eine Vermutung dafür vor, dass grundsätzlich eine erhebliche Pflichtverletzung vorliegt, also Schadensersatz statt der ganzen Leistung verlangt werden kann (Rn 696/709).

Bei einer **Mankoleistung** (Zuwenigleistung; Teilleistung) kann der Gläubiger Schadensersatz statt der ganzen Leistung nur verlangen, wenn er an der Teilleistung kein Interesse mehr hat (**§ 281 I S. 2 BGB**). Hierbei geht das Gesetz davon aus, dass der Gläubiger grundsätzlich ein Interesse an der Teilleistung hat und Schadensersatz nur hinsichtlich des ausbleibenden Teils geltend machen soll, also keinen Anspruch auf den Schadensersatz statt der ganzen Leistung hat. Möchte der Gläubiger diese gesetzliche Vermutung widerlegen, muss er darlegen und beweisen, dass die Teilleistung für ihn objektiv nutzlos ist (Rn 697/709).

Problematisch ist, dass §§ 434 III, 633 II S. 3 BGB die Mankoleistung einer Mangelleistung gleichstellen. Man könnte deswegen annehmen, dass eine Mankoleistung i.R. dieser Verträge unter § 281 I S. 3 BGB zu subsumieren ist. Dagegen spricht aber, dass dies zu unsachgemäßen Ergebnissen führen kann und die Vorschrift des § 281 I S. 2 BGB praktisch bedeutungslos wäre (str., vgl. Rn 697).

Verlangt der Gläubiger Schadensersatz statt der ganzen Leistung (macht also den „großen Schadensersatz" geltend), muss er – anders als bei dem „kleinen Schadensersatz" – dem Schuldner gem. § 281 V BGB die bereits erhaltene Mangel- oder Mankoleistung nach den §§ 346 bis 348 BGB zurückgewähren.

dd. Ersatz vergeblicher Aufwendungen, § 284 BGB

736 Auch i.R. des § 281 BGB kann der Gläubiger anstelle des Schadensersatzes statt der Leistung den Ersatz seiner vergeblichen Aufwendungen ersetzt verlangen (Rn 700 f.).

> **Hinweis für die Fallbearbeitung:** Einen Anspruch auf das Surrogat (§ 285 BGB) kann der Gläubiger aber nicht geltend machen, weil dieser die *Unmöglichkeit* der Leistung i.S.d. § 275 BGB voraussetzt.

ee. Mangel und Mangelfolgeschäden

737 Erbringt der Schuldner eine nicht ordnungsgemäße Leistung, kann dies u.U. zu einer Mehrzahl von Schäden führen. So ist es möglich, dass eine mangelhafte Sache nicht nur einen Minderwert aufweist (sog. Mangelschaden), sondern aufgrund des Mangels weitere Schäden am Eigentum des Gläubigers (sog. Mangelfolgeschäden) auftreten und er darüber hinaus auch noch seinen Kunden verliert, an den er die Sache weiterverkaufen wollte. Wenn eine solche Mehrzahl von Schäden auftritt, ist zwischen den verschiedenen **Schadensarten** zu differenzieren. Denn es gibt einige Schäden, die unter § 280 BGB fallen, und einige, die dem Anwendungsbereich der §§ 280 I, III, 281 BGB (und ggf. des § 311a II BGB) zuzuordnen sind. Das liegt an der unterschiedlichen Schutzrichtung der jeweiligen Anspruchsgrundlage: Während § 280 I BGB für sich allein genommen nur den Ersatz für die Schäden **neben** der Leistung gewährt, sind §§ 280 I, III, 281 BGB (und § 311a II BGB) für den Schadensersatz **statt** der Leistung konzipiert.[737]

Beispiel: V hat K eine Maschine verkauft und übereignet. Die Maschine ist mangelhaft. Deswegen fällt sie im Betrieb des K um und ihm auf den Fuß. Zugleich wird dadurch ein Regal beschädigt. K verlangt Nacherfüllung und setzt V eine zweiwöchige Frist. Während dieser Frist ruft X an, dem K die Maschine mit einem Gewinn von 100,- € weiterverkaufen wollte. X sagt, dass ihm ein weiteres Abwarten nicht zumutbar sei und er sich deshalb

[737] *Heßeler/Kleinhenz*, JuS 2007, 706, 707.

woanders eine Maschine kaufen müsse. Die Frist läuft erfolglos ab, weil V keine Lust hat, die Maschine zu reparieren oder eine neue zu besorgen.

Die Anspruchsvoraussetzungen der §§ 437 Nr. 3, 280 I, III, 281 BGB sind erfüllt, weil V eine mangelhafte Ware geliefert hat und seiner Pflicht zur Nacherfüllung (§ 439 BGB) auch nach Ablauf einer angemessenen Frist schuldhaft nicht nachgekommen ist. Fraglich ist, für welche Schäden welche Normen (§§ 437 Nr. 3, 280 I BGB oder §§ 437 Nr. 3, 280 I, III, 281 BGB) als Anspruchsgrundlage in Betracht kommen.

Hinweis für die Fallbearbeitung: Die Unterscheidung zwischen den verschiedenen Schadensarten – namentlich zwischen den Mangel- und Mangelfolgeschäden – hat für die heutige Praxis keine Relevanz mehr. Mit der Schuldrechtsreform 2002 hat der Gesetzgeber die Verjährung für alle mangelbedingten Schäden einheitlich geregelt (§§ 438, 634a BGB), sodass es (für die Praxis) letztlich dahinstehen kann, auf welche Norm der Anspruch gestützt wird.

Bei der Frage, welche Schäden unter § 280 I BGB und welche unter §§ 280 I, III, 281 BGB fallen, kann man zunächst danach unterscheiden, welche Schäden noch durch eine Nacherfüllung behebbar sind und welche nicht.[738] Unter § 280 I BGB sollen alle Schäden fallen, die nicht durch Nacherfüllung behoben werden können. Dazu gehören bspw. sämtliche Verletzungen an anderen Rechtsgütern des Gläubigers (Eigentum/Gesundheit) sowie Nutzungsausfallschäden[739] und etwaige Gutachterkosten. Das Gleiche gilt für den im obigen Beispiel angesprochenen entgangenen Gewinn. Denn der Käufer X ist bereits vor Ablauf der Frist „abgesprungen“, sodass eine Nacherfüllung den Verlust des Verkaufsgewinns nicht mehr beseitigen könnte. Dagegen sollen Schäden, die noch durch eine Nacherfüllung geheilt werden könnten, unter § 281 BGB (bzw. § 283 BGB) fallen, wie z.B. der Minderwert der Sache und die Kosten für eine Reparatur.[740]

Im obigen **Beispielsfall** ist bzgl. der Schäden an der Gesundheit und dem Regal (Körper- und Eigentumsschäden) jedenfalls § 280 I BGB taugliche Anspruchsgrundlage. Hinsichtlich des entgangenen Gewinns ist ebenfalls § 280 I BGB einschlägig, wenn man darauf abstellt, dass eine Nacherfüllung dem Gläubiger (K) keine neue Möglichkeit verschaffen würde, die Maschine an X zu verkaufen. Man kann den entgangenen Gewinn aber auch unter §§ 280 I, III, 281 BGB fassen. Problematisch ist daran, dass X bereits vor dem Ablauf der Frist „abgesprungen“ ist. Man könnte daher erwägen, K den Schadensersatz für den entgangenen Gewinn nicht zu gewähren, weil die Tatbestandsvoraussetzungen des § 281 BGB im Zeitpunkt des Schadenseintritts noch gar nicht vorlagen. Hier hilft aber § 281 II BGB, weil der Verlust der Veräußerungsmöglichkeit einen Interessenfortfall darstellt und damit die Fristsetzung entbehrlich war. Der Tatbestand des § 281 BGB war also doch erfüllt, als der Schaden durch den Absprung des X eintrat.

Es kann also dahinstehen, ob der entgangene Gewinn über § 280 I BGB oder über §§ 280 I, III, 281 BGB zu gewähren ist.[741]

ff. Schadensersatz statt der Leistung und Verzug

Im Beispiel von Rn 737 wurde das Verhältnis zwischen § 280 BGB und § 281 BGB dargestellt. **738** Zu diesem Problem kann das Spannungsverhältnis dieser Vorschriften zu § 286 BGB hinzutreten. Macht nämlich der Gläubiger einige Vermögensverluste geltend, die ihrer Natur nach als *Verzögerungsschäden* zu qualifizieren sind, ist fraglich, ob nicht auch noch die Voraussetzungen des § 286 BGB – insbesondere eine Mahnung – vorliegen müssen.

[738] *Lorenz*, NJW 2002, 2497, 2500; BT-Drs. 14/6040, S. 224, 225.
[739] Vgl. dazu etwa BGH NJW 2014, 1374 f.
[740] Vgl. dazu etwa *Stadler*, in: Jauernig, § 311a Rn 13; *Otto*, in: Staudinger, § 280 Rn C 39. Vgl. auch *Looschelders*, JA 2014, 942, 943.
[741] Zur Frage, wie bei anfänglicher Unmöglichkeit (Schadensersatz gem. § 311a II BGB) zu verfahren ist, vgl. Rn 694.

Beispiel: Gastronom G hat von S eine Küchenmaschine gekauft und liefern lassen. Nach zwei Tagen muss G feststellen, dass die Maschine nicht ordnungsgemäß funktioniert. Er setzt S deswegen sofort eine Frist, die erfolglos abläuft. G möchte den *Nutzungsausfallschaden* ersetzt bekommen.

Hier lässt sich vertreten, dass der Nutzungsausfallschaden als typischer Verzögerungsschaden nur unter den Voraussetzungen der §§ 280 I, II, 286 BGB zu gewähren ist. Dafür spricht, dass man die Pflichtverletzung des S nicht in der Lieferung einer mangelhaften Sache, sondern vielmehr in der Nichtlieferung einer mangelfreien Maschine sehen könnte. Dann stellt sich der Schaden als Verzugsschaden dar, sodass die Mahnung erforderlich ist.[742] Diese Mahnung könnte in der Fristsetzung zu sehen sein, wenn der Schuldner darin ernsthaft und unbedingt zur Leistung aufgefordert wurde.

Man könnte den Nutzungsausfallschaden aber auch unter § 280 I BGB subsumieren. Die Pflichtverletzung wäre dann die *Lieferung* einer *mangelhaften* Maschine, die kausal zum Nutzungsausfallschaden geführt hätte.[743] Für diese Ansicht spricht, dass das Gewährleistungsrecht, welches im vorliegenden Fall seit der Übergabe der Maschine anwendbar ist, zwar auf §§ 280 und 281 BGB, nicht aber auf § 286 BGB verweist. Daraus könnte man folgern, dass die Verzögerungsschäden bei einer mangelhaften Leistung stets unter § 280 I BGB fallen sollen. Diese Ansicht hätte aber zur Konsequenz, dass derjenige, der überhaupt nicht leistet, erst gemahnt werden müsste, damit von ihm die Verzögerungsschäden verlangt werden können, während derjenige, der nur schlecht leistet, diese Schäden auch ohne Mahnung ersetzen müsste.

Der BGH[744] hat sich der Ansicht angeschlossen, nach welcher hier allein § 280 I BGB einschlägig ist. In der Entscheidung ging es um einen Fall, in dem ein Käufer ein Grundstück mit einem Bürogebäude erwarb. Da für das Gebäude entgegen der Kaufvereinbarung keine Baugenehmigung für die Nutzung als Bürogebäude bestand, sprang dem Käufer ein Mieter ab. Der Verkäufer beschaffte zwar kurz danach die erforderliche Baugenehmigung; der Schaden für die entgangenen Mieteinnahmen war zu diesem Zeitpunkt aber schon entstanden. Hier hat der BGH keinen Verzug – also keine verspätete Lieferung einer mangelfreien Sache – angenommen, sondern die zeitgerechte Lieferung einer mangelhaften Sache, sodass § 280 I BGB und nicht § 286 BGB eingriff. Damit konnte er das Erfordernis der Mahnung umgehen.[745]

Der Weg über § 280 I BGB überzeugt. Gleichwohl kann im vorliegenden Fall eine Entscheidung dahinstehen, weil beide Wege zum Schadensersatz wegen des Nutzungsausfalls führen, nach der zuerst genannten Auffassung aber erst nach der Mahnung, die in der Fristsetzung zu sehen ist.

5. Schadensersatz statt der Leistung gem. §§ 280 I, III, 282 BGB

739 Ein Anspruch auf Schadensersatz statt der Leistung kann unter den Voraussetzungen der §§ 280 I, III, 282 BGB auch zu gewähren sein, wenn der Schuldner keine leistungsbezogene, sondern eine bloße **nichtleistungsbezogene Nebenpflicht i.S.d. § 241 II BGB** verletzt hat (vgl. dazu bereits Rn 680).

Da der Schuldner bei der schuldhaften Verletzung von Nebenpflichten ohnehin immer einen Schadensersatz *neben* der Leistung erbringen muss, könnte es für ihn eine unbillige Härte darstellen, wenn der Gläubiger darüber hinaus auch noch einen Ersatz auf das positive Interesse verlangen dürfte. Deshalb fordert der Gesetzgeber für einen auf das

---

[742] *Huber/Faust*, S. 155.

[743] BT-Drs. 14/6040, S. 225.

[744] BGH NJW 2009, 2674 f.; vgl. auch *Faust*, JuS 2009, 863 f.

[745] Vgl. aber BGH NJW 2014, 1374 f., wo der BGH den Weg über § 286 BGB wählte für den Fall, dass eine Eigentumswohnung verspätet hergestellt wurde. Das war insofern unproblematisch, als ein klarer Fall der Zuspätlieferung vorlag sowie die Voraussetzungen für den verzugsbedingten Schadensersatz gegeben waren. Zugleich hat der BGH entschieden, dass der Besteller (der Erwerber) einen Nutzungsausfallschaden geltend machen kann, sofern der Bauträger für die Zeit des Verzugs keinen gleichwertigen Ersatzwohnraum zur Verfügung stellen kann.

positive Interesse gerichteten Schadensersatzanspruch („großer Schadensersatz") eine Nebenpflichtverletzung, die ihrer Art nach so schwerwiegend ist, dass dem Gläubiger ein Festhalten am Vertrag unter Berücksichtigung von Treu und Glauben nicht mehr zugemutet werden kann.[746]

Beispiel[747]: Maler M führt zwar die von ihm übernommenen Malerarbeiten am Haus des E ordentlich aus, beschädigt jedoch immer wieder schuldhaft während der einige Zeit in Anspruch nehmenden Arbeiten die Eingangstür und Einrichtungsgegenstände im Haus des E.

Die Schadensersatzansprüche wegen der Sachbeschädigungen kann E ohne weiteres aus §§ 280 I, 241 II BGB (pVV) geltend machen.

Fraglich ist, ob E noch vor Abschluss der Arbeiten einen anderen Maler mit der Beendigung der Arbeiten beauftragen und die hierfür entstandenen Mehrkosten dem M in Rechnung stellen kann. § 282 BGB gewährt in besonderen Fällen der Nebenpflichtverletzung ausnahmsweise auch einen Anspruch auf das positive Interesse (Schadensersatz statt der Leistung). Dazu müsste das Verhalten des M ein solches Ausmaß angenommen haben, dass dessen Weiterbeschäftigung dem E nicht mehr zuzumuten ist. Bejaht man dies, ermöglicht § 282 BGB den gewünschten Anspruch.

Schadensersatz statt der Leistung gem. §§ 280 I, III, 282 BGB 740

1. Schuldverhältnis
2. Verletzung einer Pflicht i.S.d. § 241 II BGB
3. Vertretenmüssen, §§ 282, 280 I S. 2, 276, 278 BGB
4. Unzumutbarkeit
5. Rechtsfolgen

a. Schuldverhältnis

Erste Voraussetzung für einen Anspruch aus §§ 280 I, III, 282 BGB ist ein Schuldverhältnis. 741

b. Verletzung einer Pflicht i.S.d. § 241 II BGB

Weiterhin muss der Schuldner eine nicht leistungsbezogene Nebenpflicht i.S.d. § 241 II BGB verletzt haben. Zur Frage, welche Pflichten hier in Betracht kommen, wird auf die Ausführungen zum Schadensersatz neben der Leistung (Rn 595 ff.) verwiesen. 742

Hinweis für die Fallbearbeitung: Eine besondere Art der Nebenpflichtverletzung stellt die endgültige Erfüllungsverweigerung vor der Fälligkeit der Leistung dar. Hier ist es sachgerecht, dem Gläubiger einen Anspruch aus §§ 280 I, III, 282 BGB zu gewähren (str., vgl. Rn 715).

c. Vertretenmüssen

Da § 282 BGB den Schadensersatz nur „unter den Voraussetzungen des § 280 BGB" gewährt, ist darüber hinaus erforderlich, dass der Schuldner die Pflichtverletzung(en) auch zu vertreten hat, §§ 280 I S. 2, 276, 278 BGB. 743

d. Unzumutbarkeit

Damit der Gläubiger nicht bei jeder Pflichtverletzung die Möglichkeit hat, die Leistung des Schuldners abzulehnen und Schadensersatz *statt* der Leistung zu verlangen, muss die Pflichtverletzung so geartet sein, dass dem Gläubiger die Leistung **nicht mehr zu-** 744

[746] BT-Drs. 14/6040, S. 140 f.; bereits zuvor BGHZ 11, 80, 84.
[747] BT-Drs. 14/6040, S. 141.

zumuten ist. Es ist Aufgabe des Gläubigers, diese Unzumutbarkeit darzulegen und zu beweisen. Erforderlich ist, dass die Unzumutbarkeit gerade auf der Pflichtverletzung beruht.

Fraglich ist aber, wann eine Nebenpflichtverletzung zur Unzumutbarkeit führt. Hierüber gibt das Gesetz keinen Aufschluss, sodass alle Umstände des Einzelfalls heranzuziehen sind. Dabei ist zu beachten, dass § 282 BGB eine *Ausnahmevorschrift* darstellt, die restriktiv zu handhaben ist. Es können folgende Kriterien für die Frage der Unzumutbarkeit von Belang sein:

Zunächst ist die **Intensität** der **Pflichtverletzung** entscheidend. Wenn der Schuldner überragend wichtige Rechtsgüter (Körper oder Gesundheit) des Gläubigers verletzt, *kann* bereits darin ein solcher Vertrauensbruch liegen, dass eine Unzumutbarkeit vorliegt.

Auch kann die **Verschuldensform** von Bedeutung sein. Wenn der Schuldner die Pflicht **absichtlich** verletzt, ist darin ein Indiz für die Unzumutbarkeit gegeben. Handelt es sich dagegen um einen versehentlichen „Ausrutscher", ist dies nicht der Fall.

Liegt die Pflichtverletzung in der **Vergangenheit**, ist zu differenzieren: Zunächst kann man u.U. aus der Vergangenheit Rückschlüsse darauf ziehen, wie sich der Schuldner in der Zukunft verhält. Ist davon auszugehen, dass er sich auch weiterhin nicht ordnungsgemäß verhalten wird, *kann* die Unzumutbarkeit angenommen werden. Werden für die Zukunft dagegen keine weiteren Pflichtverstöße erwartet, ist sie i.d.R. abzulehnen. Doch auch dann kommt es auf die Pflichtverletzung im Einzelfall an, weil auch eine schon abgeschlossene Verletzung das Vertrauensverhältnis zwischen den Parteien zerstören kann, bspw. wenn der Gläubiger später erfährt, dass der Schuldner versucht hat, ihm Wertgegenstände zu stehlen.

Als weiteres Kriterium kann die **Häufigkeit** der Pflichtverletzung herangezogen werden. Dabei ist insb. zu berücksichtigen, ob dem Schuldner die Möglichkeit der Besserung eingeräumt wurde. Es kann also bspw. zunächst eine **Abmahnung** erforderlich sein, um einen Schadensersatz statt der Leistung bejahen zu dürfen (Rechtsgedanke aus § 281 III BGB). Allerdings kann **nicht jede** weitere Pflichtverletzung nach der Abmahnung zur Unzumutbarkeit führen. Auch hier ist wiederum die Intensität der Verletzung von Bedeutung.

e. Rechtsfolgen

745 In der Rechtsfolge hat der Gläubiger einen Schadensersatz **statt** der Leistung. Er kann also die weitere Leistung des Schuldners zurückweisen und stattdessen Geldersatz verlangen. Sein Primäranspruch geht durch dieses Begehren unter. Zwar sieht § 282 BGB den Untergang der Leistungspflicht nicht ausdrücklich vor, es ist allerdings auf den Rechtsgedanken des § 281 IV BGB zurückzugreifen. Auch spricht der Wortlaut des § 282 BGB „Schadensersatz *statt* der Leistung" dafür, dass sich die Leistungspflicht des Schuldners in eine Schadensersatzpflicht umwandelt. Sofern der Gläubiger sein Recht zum Schadensersatz ausübt, stehen ihm die gleichen Rechte wie im Falle des § 281 BGB zu. D.h., dass er bei einer bereits teilweisen erbrachten Leistung einen Schadensersatz statt der ganzen Leistung nur unter den Voraussetzungen des § 281 I S. 2 und 3 BGB geltend machen kann. Anstelle eines Schadensersatzanspruchs steht ihm auch ein Aufwendungsersatzanspruch aus § 284 BGB zu. Im Übrigen wird auf die Ausführungen zu § 311a II BGB, § 283 BGB und § 281 BGB verwiesen.

E. Gläubigerverzug, §§ 293 ff. BGB

I. Einführung

Der Schuldnerverzug („mora debitoris") mit der Rechtsfolge der Gewährung von Schadensersatz wurde bei Rn 640 ff. dargestellt. Auch beim Gläubigerverzug (**Annahmeverzug**) handelt es sich eine Leistungsstörung. In seinen Rechtsfolgen unterscheidet er sich aber wesentlich von denen der Unmöglichkeit oder des Schuldnerverzugs. Durch den Gläubigerverzug kommt es nicht zum Erlöschen von Primärleistungspflichten und auch zu keinen Schadensersatzansprüchen für den anderen Teil. Als Rechtsfolgen ergeben sich vielmehr eine **Haftungsmilderung** für den Schuldner, § 300 I BGB, der **Übergang der Leistungsgefahr** auf den Gläubiger, § 300 II BGB, und ein **Ersatzanspruch** des Schuldners **für** seine **Mehraufwendungen**, § 304 BGB. Dafür ist ein Vertretenmüssen des Gläubigers nicht erforderlich. 746

Ein **Gläubigerverzug** liegt vor, wenn die Erfüllung des Schuldverhältnisses dadurch verzögert wird, dass der Gläubiger die ihm ordnungsgemäß angebotene Leistung nicht annimmt oder eine seinerseits zur Erfüllung erforderliche Mitwirkungshandlung unterlässt.[748] 747

Dabei stellt der Gläubigerverzug keine Verletzung einer Rechtspflicht, sondern lediglich einen **Verstoß gegen eine Obliegenheit** dar.[749] Dies ergibt sich daraus, dass der Gläubiger grundsätzlich zur Annahme der Leistung nur berechtigt, nicht aber verpflichtet ist. Der Annahmeverzug stellt damit keine Pflichtverletzung i.S.d. § 280 I BGB dar, sondern nur die Nichtausübung einer Obliegenheit. Deswegen ist auch für die Begründung des Annahmeverzugs kein Verschulden des Gläubigers erforderlich.

Hinweis für die Fallbearbeitung: Zu beachten ist, dass den Gläubiger aber auch eine echte Verpflichtung zur Annahme der Leistung treffen kann. Eine echte Leistungsverpflichtung stellt bspw. die Abnahmeverpflichtung des Käufers dar, § 433 II BGB a.E. Ebenso ist auch die Abnahmepflicht des Bestellers in § 640 I, II BGB eine Schuldnerpflicht. Trifft den Gläubiger eine solche echte Leistungsverpflichtung, ist er gleichzeitig Schuldner der Abnahmepflicht. Soweit er den Gegenstand dann nicht rechtzeitig abnimmt, gerät er nicht nur in einen Annahmeverzug, sondern zugleich auch in einen **Schuldnerverzug**, sofern die Voraussetzungen der §§ 280 I, II, 286 BGB erfüllt sind. Das bedeutet, dass *neben* den Rechtsfolgen des Gläubigerverzugs, §§ 300-304 BGB, auch die des Schuldnerverzugs nach § 286 BGB eintreten.

§§ 293 ff. BGB gelten grundsätzlich für alle Leistungspflichten, zu deren Erfüllung eine Mitwirkung des Gläubigers erforderlich ist.

Beispiele: Abnahmepflicht des Käufers gem. § 433 II BGB und des Bestellers gem. § 640 I, II BGB; Lieferung durch den Besteller von für die Werkerstellung erforderlichen Materialien; persönliche Mitwirkung, wenn dies zur Werkerstellung erforderlich ist, bspw. beim Friseurtermin

Soweit zur Leistungserfüllung die Mitwirkung des Gläubigers nicht erforderlich ist, finden §§ 293 ff. BGB i.d.R. auch keine Anwendung. Sie sind daher bspw. auf die Pflicht zum Unterlassen, die Pflicht zur Abgabe einer Willenserklärung und die Pflicht zu einer Geschäftsbesorgung nicht anwendbar.[750] In diesen Fällen kann der Schuldner den Leistungserfolg ohne Mitwirkung des Gläubigers herbeiführen. Die Rechtsfolgen des Gläubigerverzugs, §§ 300-304 BGB, finden darüber hinaus bei solchen Schuldverträgen keine Anwendung, bei denen die

---

[748] Vgl. *Grüneberg*, in: Palandt, § 293 Rn 1.
[749] *Ernst*, in: MüKo, § 293 Rn 1.
[750] *Löwisch*, in: Staudinger, Vorbem zu §§ 293-304 Rn 2; *Schubel*, in: Soergel, vor § 293 Rn 4.

vom Gläubiger verursachte Leistungsverzögerung unmittelbar die Unmöglichkeit der Leistung zur Folge hat wie beim absoluten Fixgeschäft.

748

Gläubigerverzug, §§ 293 ff. BGB

Gläubigerverzug liegt vor, wenn die Erfüllung des Schuldverhältnisses dadurch verzögert wird, dass der Gläubiger die ihm ordnungsgemäß angebotene Leistung nicht annimmt oder eine seinerseits zur Erfüllung erforderliche Mitwirkungshandlung unterlässt.

I. Voraussetzungen
Für den Annahmeverzug sind folgende Voraussetzungen gegeben:

1. Wirksamer und erfüllbarer Anspruch
Es muss ein Leistungsanspruch vorliegen, den der Schuldner bereits erfüllen *darf*. Dies ist im Zweifel auch schon vor der Fälligkeit möglich, § 271 II BGB.

2. Leistungsvermögen des Schuldners
Ein Annahmeverzug ist ausgeschlossen, wenn der Schuldner im maßgeblichen Zeitpunkt nicht leistungsfähig ist. Dieser **Zeitpunkt** ist bei einem tatsächlichen Angebot (§ 294 BGB) dessen Vornahme, beim wörtlichen Angebot (§ 295 BGB) dessen Zugang und bei Entbehrlichkeit des wörtlichen Angebots (§ 296 BGB) der Termin, an dem die Gläubigerhandlung vorzunehmen ist. Das Leistungsvermögen ist ausgeschlossen, wenn die Leistung unmöglich geworden ist, § 275 BGB. Wenn die Leistung dagegen nachholbar ist, greifen die Vorschriften der §§ 293 ff. BGB ein (bei Dienstverträgen ist § 615 BGB zu beachten).
Bei einer vorübergehenden Unmöglichkeit (die nicht einer dauernden gleichgestellt wird) gerät der Gläubiger nicht in Annahmeverzug, wenn er die Leistung im maßgeblichen Zeitpunkt nicht annehmen will, der Schuldner sie aber in diesem Zeitpunkt (aber durchaus später) nicht erbringen kann.

3. Angebot durch den Schuldner

a. Tatsächliches Angebot, § 294 BGB
Gemäß **§ 294 BGB** ist für den Annahmeverzug erforderlich, dass der Schuldner die Leistung – wie sie zu bewirken ist – **tatsächlich angeboten** hat. Dafür muss er die Leistung dem **richtigen Empfänger** – also z.B. auch einem empfangsberechtigten (!) Vertreter – angeboten haben. Weiterhin muss es sich bei der Leistung um den **richtigen Leistungsgegenstand** (also keine aliud- oder Schlechtleistung) handeln. Das Angebot muss darüber hinaus am **richtigen Ort** (Erfolgsort) erfolgt sein. Dieser ist bei einer Bring- und Schickschuld der Wohnsitz des Gläubigers. Schließlich muss die Leistung zur **rechten Zeit** angeboten worden sein.

b. Wörtliches Angebot, § 295 BGB
Gemäß **§ 295 BGB** kann statt eines tatsächlichen auch ein **wörtliches Angebot** genügen. Dies kann zunächst der Fall sein, wenn der Gläubiger (vor dem wörtlichen Angebot) die Annahme der **Leistung abgelehnt** hat. Dabei ist zu beachten, dass das Nicht*anbieten* einer Zug um Zug zu erbringenden Gegenleistung der Annahme*verweigerung* gleichsteht, § 298 BGB. Weiterhin reicht ein wörtliches Angebot gem. § 295 BGB aus, wenn der Gläubiger eine **erforderliche Mitwirkungshandlung** (z.B. Nichtabholen des Leistungsgegenstands) unterlässt. Dabei ist zu beachten, dass das wörtliche Angebot durch eine Aufforderung zur Mitwirkung ersetzt werden kann, § 295 II BGB.

c. Entbehrlichkeit des Angebots, § 296 BGB
Gemäß § 296 BGB ist ein Angebot sogar ganz entbehrlich, wenn eine Mitwirkungshandlung des Gläubigers kalendarisch bestimmt (bzw. bestimmbar) ist und er die Handlung nicht vornimmt.

4. Nichtannahme der Leistung durch den Gläubiger
Schließlich darf der Gläubiger die Leistung nicht angenommen haben. Der Nichtannahme stehen das Unterlassen einer Mitwirkungshandlung bzw. die Verweigerung einer Zug um

Zug zu erbringenden Gegenleistung gleich. Wenn der Gläubiger mit einer Leistung allerdings noch gar nicht rechnen muss und nur **vorübergehend verhindert** ist, die Leistung anzunehmen, tritt kein Gläubigerverzug ein, § 299 BGB.

II. Rechtsfolgen

1. Haftungsmilderung, § 300 I BGB

Während des Annahmeverzugs hat der Schuldner bzgl. des *Leistungsgegenstands* nur Vorsatz und grobe Fahrlässigkeit zu vertreten, § 300 I BGB. Dieses Privileg gilt auch für konkurrierende Ansprüche (z.B. § 823 BGB).

2. Übergang der Leistungsgefahr, § 300 II BGB

§ 300 II BGB regelt den Übergang der Leistungsgefahr – also die Konkretisierung – bei Gattungsschulden. Da hier vorrangig § 243 II BGB greift, ist der Anwendungsbereich aber gering (z.B. Gefahrübergang gem. § 300 II BGB analog bei Geldschulden).

3. Übergang der Preisgefahr, § 326 II S. 1 Var. 2 BGB

§ 326 II S. 1 Var. 2 BGB ordnet den Übergang der Preisgefahr bei einem Annahmeverzug des Gläubigers an. Der Schuldner verliert – jedenfalls regelmäßig – daher nicht seinen Anspruch auf die Gegenleistung, wenn er selbst gem. § 275 BGB von seiner Leistungspflicht befreit ist.

4. Sonstige Rechtsfolgen

Aus §§ 301, 302, 304 und 372 ff. BGB ergeben sich weitere Rechtsfolgen.

II. Voraussetzungen

Die Voraussetzungen des Gläubigerverzugs ergeben sich aus §§ 293-299 BGB. In **749** §§ 300-304 BGB sind die Rechtsfolgen geregelt. Nach § 293 BGB setzt der Gläubigerverzug ein Angebot der Leistung und die Nichtannahme durch den Gläubiger voraus. Weiter muss der Schuldner gem. § 297 BGB zur Leistung imstande und bereit sein.

1. Wirksamer und erfüllbarer Anspruch

Der Leistungsanspruch muss zunächst **wirksam** und **erfüllbar** sein. Der Schuldner **750** muss also bereits *leisten dürfen*. Ist dies nicht der Fall, kann der Gläubiger bei Nichtannahme der Leistung auch nicht in Annahmeverzug geraten. Wann die Leistung erfüllbar ist, bestimmt sich in erster Linie nach der vertraglichen Vereinbarung. Fehlt eine solche Parteivereinbarung über die Erfüllbarkeit der Leistung, ist die Schuld **grundsätzlich sofort erfüllbar**, § 271 I BGB. Dies gilt im Zweifel **sogar dann**, **wenn** die Schuld **noch nicht fällig** ist, § 271 II BGB. Ist die Leistung hingegen noch von einer öffentlich-rechtlichen Genehmigung abhängig, begründet ein Angebot vor erteilter Genehmigung keinen Annahmeverzug, weil die Leistung wegen der öffentlich-rechtlichen Vorschriften noch nicht angeboten werden darf.[751]

2. Leistungsvermögen des Schuldners

Ist die Leistung nicht mehr möglich, kann kein Gläubigerverzug eintreten. Dies ergibt **751** sich beim tatsächlichen Angebot daraus, dass der Schuldner, wenn die Leistung nicht möglich ist, diese dem Gläubiger auch nicht anbieten kann. Muss der Schuldner dem Gläubiger nur ein wörtliches Angebot (§ 295 BGB) machen oder ist dieses sogar entbehrlich (§ 296 BGB), muss die Leistungsfähigkeit des Schuldners bestehen.

Der maßgebliche Zeitpunkt für die Leistungsfähigkeit und Leistungsbereitschaft ist beim **tatsächlichen Angebot** (§ 294 BGB) dessen Vornahme, beim **wörtlichen Angebot** (§ 295

[751] BGHZ 13, 324, 329; BGH NJW 1952, 742, 743.

BGB) dessen Zugang und bei **Entbehrlichkeit des wörtlichen Angebots** (§ 296 BGB) der Termin, an dem die Gläubigerhandlung vorzunehmen ist. Der Gläubigerverzug kann also nur eintreten, wenn zu diesem Zeitpunkt die Leistungserbringung durch den Schuldner **möglich** ist. Soweit die Leistung i.S.d. § 275 I BGB unmöglich ist und auch nicht nachgeholt werden kann, sind nicht §§ 293 ff. BGB, sondern § 283 BGB und § 326 BGB anwendbar, denn dann ist der Schuldner zur Erbringung der Leistung nicht mehr verpflichtet.

752 **Gläubigerverzug** und **Unmöglichkeit** (§ 275 BGB) **schließen sich also gegenseitig aus**. Soweit die Leistung **dauernd unmöglich** ist, gelten nur die Vorschriften des Unmöglichkeitsrechts und zwar auch, wenn die Ursache der Unmöglichkeit aus der Sphäre des Gläubigers stammt.[752]

Beispiel: K kauft bei V – einem Kfz-Händler – einen Mercedes. Die Parteien vereinbaren, dass K den Wagen am nächsten Samstag abholen soll (Holschuld!). Noch am Freitag davor macht K eine weitere Probefahrt, um noch einmal zu überprüfen, ob der Wagen in Ordnung ist. Als er das Auto auf dem Gelände des V wieder abstellt, vergisst er, es zu verriegeln. Er gibt den Autoschlüssel V und verabschiedet sich bis zum nächsten Tag. In der Nacht wird der Wagen gestohlen. Am Tag darauf (dem vereinbarten Samstag) vergisst K, den Wagen bei V abzuholen. ⇨ Obwohl er die Obliegenheit dazu hatte, gerät er nicht in Annahmeverzug, weil die Übereignung des Wagens nach § 275 I BGB unmöglich ist.

Im Rahmen des § 275 II und III BGB kommt es für die Frage, ob die Regeln über den Gläubigerverzug oder die der Unmöglichkeit anwendbar sind, darauf an, ob der Schuldner von seinem Leistungsverweigerungsrecht Gebrauch gemacht hat. Hat sich der Schuldner entschlossen, trotz des bestehenden Leistungshindernisses i.S.d. § 275 II oder III BGB zu leisten, besteht für den Gläubiger die Gefahr, in Annahmeverzug zu geraten. Erhebt hingegen der Schuldner die Einrede der Unzumutbarkeit (§ 275 II, III BGB), finden nur noch die Unmöglichkeitsregeln Anwendung. Ein Annahmeverzug ist dann ausgeschlossen.

753 Für die Frage, ob **Unmöglichkeit** gegeben ist **oder** ob ein **Annahmeverzug** in Betracht kommt, muss darauf abgestellt werden, inwiefern die Leistung ***nachholbar*** ist. Dafür ist die Feststellung erforderlich, ob die Herbeiführung des Leistungserfolgs durch das Verhalten des Gläubigers endgültig nicht mehr möglich ist oder nur verzögert wurde.

Beispiel: A nimmt bei der Reitlehrerin R auf ihrem eigenen Pony jeden Montag um 10.00 Uhr Reitunterricht. Eines Montags geht A um 10.00 Uhr lieber zu einem Brunch.

Grundsätzlich ist die Reitstunde nachholbar, da die Herbeiführung des Leistungserfolgs – das Unterrichten der A auf ihrem Pony – noch möglich ist. Demnach greifen nicht die Regeln über die Unmöglichkeit, §§ 275, 326 BGB. Es liegt vielmehr ein Annahmeverzug der A hinsichtlich der Leistung von R vor, §§ 293 ff. BGB. R wäre also eigentlich weiterhin zur Leistung verpflichtet und könnte erst dann eine Vergütung verlangen, wenn sie die Stunde nachholt. Etwas anderes könnte nur gelten, wenn es sich bei der zwischen R und A geschlossenen Vereinbarung um einen Dienstvertrag i.S.d. § 611 BGB handelt. Dann nämlich würde zugunsten der R die Regelung des § 615 S. 1 BGB eingreifen, nach der sie trotz Nachholbarkeit der Leistung bei Annahmeverzug des Dienstberechtigten (A) ihren Vergütungsanspruch behielte. R schuldet A lediglich die Tätigkeit – das Unterrichten auf dem Pony – als solche und nicht einen bestimmten Erfolg. Es ist mithin von einem Dienstvertrag gem. § 611 BGB auszugehen. Damit greift die Regelung des § 615 S. 1 BGB ein, sodass R gem. §§ 611, 615 i.V.m. § 296 BGB die Vergütung für die ausgefallene Unterrichtsstunde verlangen kann, ohne dass sie die von A versäumte Stunde nachholen muss. R muss sich jedoch gem. § 615 S. 2 BGB diejenigen Ersparnisse wie z.B. Fahrtkosten oder

---

[752] Früher wurde beim Leistungshindernis aus der Sphäre des Gläubigers vertreten, dass dann ein Gläubigerverzug vorläge und nicht die Regeln über die Unmöglichkeit griffen, vgl. BGHZ 24, 91, 96.

böswillig unterlassene Verdienste anrechnen lassen, die ihr durch den Annahmeverzug der A ermöglicht wurden.

Kann hingegen die Mitwirkungshandlung des Gläubigers nicht mehr nachgeholt werden, liegt Unmöglichkeit i.S.d. § 275 BGB vor, da der geschuldete Erfolg nicht mehr herbeigeführt werden kann. Dies ist anzunehmen, wenn der Gläubiger durch einen Umstand endgültig daran gehindert ist, die Leistung des Schuldners anzunehmen oder die erforderliche Mitwirkungshandlung zu erbringen. **754**

Beispiel: So ist in dem Beispiel von Rn 753 Unmöglichkeit gegeben, wenn sich A durch einen Unfall so verletzt hat, dass sie nicht mehr in der Lage ist, Reitstunden zu nehmen. Unmöglichkeit i.S.d. § 275 BGB liegt hier vor, weil die an sich mögliche Leistungs*handlung* wegen Hindernissen aus der Sphäre des Gläubigers nicht mehr den Leistungs*erfolg* herbeiführen kann (sog. Zweckfortfall).

Hinweis für die Fallbearbeitung: Zu beachten ist bei den Fällen, in denen das Unmöglichwerden der Leistung gerade auf der Nichtannahme der Leistung durch den Gläubiger beruht, dass bis zum Eintritt der Unmöglichkeit Gläubigerverzug vorliegen *kann*. Als Rechtsfolge daraus bleibt dem Schuldner gem. § 326 II S. 1 Var. 2 BGB der Anspruch auf die Gegenleistung erhalten. Tritt die Unmöglichkeit (§ 275 BGB) hingegen bereits schon *vor* dem Annahmeverzug des Gläubigers ein, verliert der Schuldner nach § 326 I BGB seinen Anspruch auf die Gegenleistung.

Hat die vom Schuldner zu erbringende Leistung ***Fixcharakter* i.S. einer absoluten Fixschuld**, wird die Leistungserbringung mit dem Verstreichen der Leistungszeit unmöglich, § 275 I BGB. Die Leistungshandlung des Schuldners ist zwar noch nachholbar, aber der geschuldete Erfolg kann nicht mehr erbracht werden. Ein Annahmeverzug gem. §§ 293 ff. BGB kommt also bei Verstreichen der Leistungszeit nicht mehr in Betracht. **755**

Beispiel: Das Taxiunternehmen T hat sich B gegenüber verpflichtet, diesen um 15.00 Uhr zum Flughafen zu fahren, damit B dort um 15.46 Uhr seine Maschine nach London erreichen kann. Doch der Disponent hat sich vertan und schickt das Taxi um 16.00 Uhr zum Haus des B ⇨ Nach Verstreichen der Leistungszeit ist die Handlung des T zwar noch nachholbar – B kann immer noch zum Flughafen gefahren werden –, der geschuldete Leistungserfolg, nämlich das *termingerechte* Hinfahren des B um 15.00 Uhr an diesem bestimmten Tag, ist jedoch nicht mehr erbringbar. Damit befindet sich B auch nicht nach §§ 293 ff. BGB in Annahmeverzug, wenn er erst um 15.10 Uhr vor seiner Tür steht. Vielmehr ist Unmöglichkeit i.S.d. § 275 I BGB gegeben. Folgen: T hat keinen Anspruch auf Bezahlung (§ 326 I S. 1 Hs. 1 BGB). B hat einen Anspruch auf Schadensersatz, sofern er einen Schaden geltend machen kann und T die Pflichtverletzung zu vertreten hat.

Liegt hingegen eine **relative Fixschuld** vor, tritt mit der Nichtannahme der Schuldnerleistung durch den Gläubiger keine Unmöglichkeit ein. Damit entsteht auch kein Abgrenzungsproblem zwischen Unmöglichkeit und Gläubigerverzug. **755a**

Beispiel: B ist nach Oberammergau gereist, um ein Wochenende in den Alpen zu verbringen. Er möchte mit einem Jeep Grand Cherokee 4x4 eine Alpentour durchführen. Dazu bestellt er bei der Autovermietung V einen Mietwagen dieses Modells. V und B vereinbaren verbindlich, dass der Wagen am 5.1.2018 (Freitag) verfügbar sein soll, damit B seine Tour antreten kann. ⇨ In diesem Fall sollte der Vertrag mit der Einhaltung des Termins „stehen und fallen", was auch V bewusst war. Die Vermietung des Fahrzeugs wäre zwar nachholbar, V könnte aber nicht vollständig erfüllen. Damit liegt eine relative Fixschuld vor. Zwar ist in diesem Fall keine Unmöglichkeit i.S.d. § 275 I BGB gegeben, B kann jedoch, ohne eine Frist setzen zu müssen, vom Vertrag zurücktreten (§ 323 I, II Nr. 2 BGB) und Schadensersatz statt der Leistung (§ 281 BGB) verlangen, etwa, weil er bei Vermieter D ein entsprechendes Fahrzeug (zu einem höheren Mietpreis) gemietet hat.

756 Ist die Leistung zwar noch möglich, aber ist aufgrund eines äußeren Ereignisses eine Zweckerreichung oder ein Zweckfortfall eingetreten, finden die Vorschriften über den Annahmeverzug keine Anwendung. Bei der **Zweckerreichung** tritt der geschuldete Leistungserfolg ohne eine Handlung des Schuldners ein. Der Leistungserfolg kann also nicht mehr durch den Schuldner erbracht werden. Die Rechtsfolgen richten sich also nach den Regeln über die Unmöglichkeit (Rn 382). Bei der **Zweckstörung** hat der Gläubiger aufgrund eines von außen hinzutretenden Ereignisses kein Interesse mehr an der Leistungserbringung durch den Schuldner. Verweigert er daraufhin die Leistungsannahme, gerät er nicht in Annahmeverzug nach §§ 293 ff. BGB. Vielmehr richten sich die Rechtsfolgen nach denen bei einer Störung der Geschäftsgrundlage i.S.d. § 313 BGB (Rn 384, 820 ff.).

757 Vor dem Hintergrund, dass die Unmöglichkeit das Leistungsvermögen und damit einen Annahmeverzug per se ausscheiden lässt, stellt sich die Frage, für welche Fallkonstellationen **§ 297 BGB** konzipiert wurde. § 297 BGB betrifft v.a. den Fall der **vorübergehenden Unmöglichkeit**, soweit diese nicht der dauernden Unmöglichkeit gleichgestellt wird. Ist Letzteres nämlich der Fall, würde dies wieder zu einer Anwendung der §§ 275, 326, 283 BGB und damit zu einem Ausschluss der Regeln über den Annahmeverzug führen. Liegt hingegen nur eine vorübergehende Unmöglichkeit aufseiten des Schuldners vor, kommt es zur Anwendung des § 297 BGB.

758 **Vorübergehende Unmöglichkeit** ist gegeben, wenn dem Schuldner die Leistungserbringung zeitweilig unmöglich und damit zu rechnen ist, dass das Leistungshindernis später wieder wegfällt (Rn 393).

Nach § 297 BGB tritt bei unterlassener Mitwirkungshandlung des Gläubigers ein Annahmeverzug nicht ein, wenn der Schuldner infolge vorübergehender Unmöglichkeit die Leistung ohnehin nicht hätte erbringen können.

> **Beispiel**[753]**:** War im Beispiel von Rn 753 R an dem Montag, an dem A zum Brunch ging, krank und konnte sie deswegen die Reitstunde nicht abhalten, scheidet ein Annahmeverzug der A wegen § 297 BGB aus. R hätte die Leistung in dem nach § 296 S. 1 BGB relevanten Zeitpunkt auch nicht erbringen können, wenn A nicht zum Brunch gegangen wäre. Es lag also kein Gläubigerverzug der A vor, sodass ein Anspruch der R auf Vergütung (§§ 611, 615 S. 1 i.V.m. 296 BGB) für die ausgefallene Reitstunde ausscheidet.

Ebenso tritt nach § 297 BGB ein Annahmeverzug des Gläubigers bei unterlassener Mitwirkungshandlung nicht ein, wenn der Schuldner zur Leistung nicht bereit war. Haben bspw. die Parteien eine Holschuld vereinbart und kommt der Gläubiger dem nicht nach, gerät er nicht in einen Annahmeverzug, wenn der Schuldner am vereinbarten Termin im Urlaub ist.

3. Angebot durch den Schuldner

759 Der Gläubiger kann nur in Annahmeverzug geraten, wenn ihm die Leistung durch den Schuldner angeboten wurde, § 293 BGB. Grundsätzlich ist dafür erforderlich, dass der Schuldner dem Gläubiger die Leistung *tatsächlich* angeboten hat und dieser die Annahme verweigert. Ausnahmsweise kann aber auch ein *wörtliches* Angebot nach § 295 BGB ausreichen oder nach § 296 BGB sogar vollkommen *entbehrlich* sein.

---

[753] Vgl. *Larenz*, SchuldR AT, § 25 I c.

a. Tatsächliches Angebot, § 294 BGB

Nach § 294 BGB muss der Schuldner dem Gläubiger die geschuldete Leistung tatsächlich anbieten. Das tatsächliche Angebot ist dabei keine zusätzlich zur Leistung vorzunehmende Handlung, sondern vielmehr der **Beginn der Leistung**. Dafür muss der Schuldner alle ihm obliegenden Leistungshandlungen so weit erbracht haben, dass es allein am Gläubiger liegt, die Erfüllung herbeizuführen. Das tatsächliche Angebot muss also so vorgenommen werden, dass der Gläubiger nichts weiter zu tun braucht, als zuzugreifen und die Leistung anzunehmen. Es genügt mithin nicht, wenn der Schuldner zwar leistungsbereit ist, dem Gläubiger gegenüber aber nicht zu erkennen gibt, dass er diesem den Leistungsgegenstand auch aushändigen will. Bei einer Gattungsschuld ist also nicht ausreichend, wenn der Schuldner die zu leistende Ware noch beschaffen muss. 760

Beispiele: Ebenso wenig genügt es, wenn der Schuldner das geschuldete Geld bei der Bank bereithält oder es beim Antreffen des Gläubigers bei sich trägt, diesem durch sein Verhalten aber nicht deutlich macht, dass er es auch übergeben wird.

Die Leistung muss so, *wie sie zu bewirken ist*, angeboten werden, § 294 BGB. D.h., dass der Schuldner die Leistung am **rechten Ort**, zur **rechten Zeit** und in **rechter Art und Weise** anbieten muss. 761

Das Angebot kann auch durch einen Erfüllungsgehilfen des Schuldners, bspw. den Postboten, erfolgen. Zu beachten ist, dass die Leistung gegenüber dem *richtigen Empfänger* – der z.B. auch ein empfangsberechtigter Vertreter sein kann – angeboten werden muss.

Beispiel: A hat Geburtstag. Sein bester Freund B möchte ihm deshalb eine Freude bereiten und bestellt beim Partyservice des C 50 Canapés, die C am Geburtstag bei A um 18.00 Uhr liefern soll. Als C pünktlich bei A vor der Tür steht, trifft er niemanden an. Er hinterlässt daraufhin die Canapés beim Nachbarn O. O stellt die Canapés an einen ungeeigneten Ort, sodass diese verderben. B fragt, ob er gegen C einen Anspruch auf Lieferung neuer Canapés hat.

Der Anspruch ist wirksam entstanden, § 433 I BGB (i.V.m. § 651 S. 1 BGB!).

Möglicherweise ist der Anspruch aber erloschen. Zunächst kommt als Erlöschensgrund die Erfüllung gem. § 362 II BGB in Betracht. § 362 II BGB könnte einschlägig sein, weil C aufgrund seiner Vereinbarung mit B auch befreiend an A leisten kann. C hat die Canapés jedoch O ausgehändigt. Der Leistungserfolg könnte also nur eingetreten sein, wenn O empfangszuständig war. O war aber weder Vertreter noch Empfangsbote des A. Auch ist keine spätere Genehmigung gem. §§ 184, 185 II BGB i.V.m. § 362 II BGB erfolgt. Damit ist der Anspruch nicht durch Erfüllung erloschen.

C könnte aber gem. § 275 I BGB von seiner Leistungspflicht frei geworden sein. Dafür müsste die Leistungserbringung nachträglich unmöglich geworden sein. Bei den Canapés handelt es sich wohl um eine Gattungsschuld, wenn man davon ausgeht, dass sie nur nach generellen, also allgemeinen, aber bestimmbaren Merkmalen (Typ, Sorte, Gewicht, Belag) vereinbart wurden. Solange die Leistung aus der Gattung noch möglich ist (wovon vorliegend ausgegangen wird), tritt Unmöglichkeit nur ein, wenn sich die Leistungspflicht des C auf genau die gelieferten Canapés konkretisiert hat, § 243 II BGB. Dafür müsste C das zur Lieferung von Canapés von mittlerer Art und Güte seinerseits Erforderliche getan haben. Ob dies der Fall ist, ist anhand der Frage zu klären, ob eine Hol-, Bring- oder Schickschuld vereinbart war. B und C haben vereinbart, dass C die Canapés direkt zu A bringen soll. Damit ist davon auszugehen, dass eine Bringschuld vereinbart war. Bei einer Bringschuld hat der Schuldner erst dann alles Erforderliche zur Leistungserbringung getan, wenn er die Leistung dem Gläubiger an dessen Wohnsitz oder am Niederlassungsort so wie vereinbart in einer den Annahmeverzug begründenden Weise (§ 294 BGB) tatsächlich angeboten hat.

Weil B als Lieferadresse den Wohnsitz des A angegeben und diesen damit gegenüber C als „empfangsermächtigt" ausgegeben hat, hat C der richtigen Person am rechten Ort zur rechten Zeit und in rechter Art und Weise die Sache angeboten. Damit ist ein tatsächliches Angebot des C gegeben, § 294 BGB. Dass niemand die Tür öffnete, ist für das Vorliegen eines *Angebots* unerheblich. Daraus folgt, dass B in Annahmeverzug geraten ist.

Im Fall des Annahmeverzugs haftet der Schuldner (C) nur für Vorsatz und grobe Fahrlässigkeit (§ 300 I BGB).

Ergebnis: Da sich die Leistungspflicht des C somit auf die gelieferten Canapés konkretisiert hat, ist C nach dem Untergang der Sache (Verderb) gem. § 275 I BGB von seiner Leistungspflicht frei geworden. B hat also keinen Anspruch auf Lieferung neuer Canapés, muss aber die verdorbenen bezahlen (§ 326 II S. 1 Var. 2 BGB), da C weder Vorsatz noch grobe Fahrlässigkeit trifft.

Hinweis für die Fallbearbeitung: An diesem Beispielsfall ist zu sehen, dass der Gläubigerverzug in der Klausurbearbeitung meistens *inzident* i.R. anderer Leistungsstörungstatbestände relevant wird. Insb. i.R. der Unmöglichkeit, §§ 275, 326, 283 BGB, kann es zu einer inzidenten Prüfung der Voraussetzungen der §§ 293 ff. BGB kommen:

- Befindet sich der Gläubiger im Annahmeverzug und hat der Schuldner die Sache leicht fahrlässig zerstört (oder ist sie durch Zufall untergegangen), sodass die Leistung wegen § 275 BGB nicht mehr erbracht werden kann, behält der Schuldner trotzdem seinen Anspruch auf die Gegenleistung, § 326 II S. 1 Var. 2 BGB.
- Liegt hingegen kein Annahmeverzug des Gläubigers vor, geht gem. § 326 I BGB der Anspruch auf die Gegenleistung des Schuldners mit Unmöglichwerden seiner eigenen Leistung unter.
- Auch kann die Prüfung des Annahmeverzugs (wie im obigen Beispiel) für die Frage relevant sein, ob bei Zerstörung einer Gattungssache der Schuldner noch einmal leisten muss oder nach § 275 BGB von seiner Leistungspflicht frei geworden ist. Soweit nämlich die Parteien eine Gattungsschuld vereinbart haben, der Schuldner aber mit Erfüllung der Voraussetzungen des § 243 II BGB oder des § 300 II BGB die Gattungsschuld in eine Stückschuld umgewandelt hat, beschränkt sich das Schuldverhältnis auf eine Sache. Bei Zerstörung dieser Sache ist der Schuldner dann von seiner Leistungspflicht befreit.

aa. Richtiger Leistungsgegenstand

762 Voraussetzung für ein tatsächliches Angebot ist, dass der **richtige Leistungsgegenstand** angeboten wird. Das bedeutet, dass eine ***aliud***-*Lieferung* des Schuldners den Gläubiger nicht in Annahmeverzug setzen kann. Vielmehr muss die angebotene Leistung nach Art, Güte und Menge der vertraglichen Vereinbarung entsprechen. Es tritt also auch kein Annahmeverzug ein, wenn die *Leistung* ***mangelhaft*** ist.

Beispiel: A hat B sein Auto verkauft, wobei das Auto bei der Besichtigung vier neue Reifen hatte. Als B das Auto am vereinbarten Tag bei A abholen will, bemerkt er, dass die Reifen derart abgefahren sind, dass das Profil kaum noch zu erkennen ist. ⇨ Nimmt B das Auto nicht an, gerät er nicht in Gläubigerverzug. Denn weist der Gläubiger eine nicht mangelfreie Sache zurück, treten die Rechtsfolgen der §§ 300-304 BGB nicht ein.

Das Zurückweisen einer mangelhaften Leistung begründet keinen Annahmeverzug, wenn der Gläubiger sich nicht auf den Mangel beruft oder diesen nicht erkannt hat. Ebenso kann der Gläubiger die Leistung zurückweisen, ohne dass die Rechtsfolgen der §§ 300-304 BGB eintreten, wenn die vom Schuldner angebotene Gattungssache nicht mittlerer Art und Güte i.S.d. § 243 I BGB oder die Sache nicht ordnungsgemäß verpackt ist.

> **Hinweis für die Fallbearbeitung:** Der Gläubiger handelt bei Zurückweisen der Leistung aufgrund eines von ihm unerkannten oder vermeintlichen Mangels auf *eigene Gefahr*. Ist die angebotene Leistung in Wahrheit mangelfrei, tritt der Annahmeverzug ein.[754]

Weist das Angebot nur einen **geringfügigen** Mangel auf, kann die Zurückweisung durch den Gläubiger im Einzelfall dem Grundsatz von Treu und Glauben (§ 242 BGB) widersprechen.[755] Dies hat zur Folge, dass der Annahmeverzug trotz (geringfügigen) Mangels eintritt. Darüber hinaus gerät der Gläubiger bei Zurückweisen einer mangelhaften Sache in Annahmeverzug, wenn er zur Annahme der Sache auch bei Mangelhaftigkeit verpflichtet ist. Dies kann bspw. der Fall sein, wenn dem Gläubiger keine Gewährleistungsrechte zustehen oder wenn das Gesetz dem Gläubiger im Hinblick auf den Mangel nur Schadensersatzansprüche gewährt.

> **Beispiel:** So stehen dem Vermieter oder Verpächter bei Rückgabe der Miet- bzw. Pachtsache in beschädigtem oder vernachlässigtem Zustand nur Schadensersatzansprüche zu, §§ 535, 581, 280 I BGB.

bb. Am richtigen Ort

Die Leistung muss auch am **richtigen Ort** angeboten werden. Der richtige Ort für den Leistungserfolg ist der **Erfolgsort**, also der Ort, an dem gem. § 362 BGB die Erfüllung eintritt. Wo dieser ist, bestimmt sich nach der Parteivereinbarung. Soweit sich die Bestimmung des Erfolgsorts nicht aus der Parteivereinbarung ergibt, ist dies gem. § 269 I BGB den Umständen, insb. der Natur des Schuldverhältnisses, zu entnehmen. Dabei sind die Verkehrssitte und die handelsüblichen Bräuche von Bedeutung. **763**

So hat der Schuldner bei einer **Bringschuld** die geschuldete Sache dem Gläubiger an dessen Wohnsitz oder am Niederlassungsort so wie geschuldet anzubieten. Eine Bringschuld ist anzunehmen, wenn die Zusendung der Sache durch den Schuldner *persönlich* üblich ist. Der Schuldner muss die Leistung „tatsächlich" anbieten, d.h. er muss die Sache bei sich haben und übergeben können. Nicht ausreichend ist die bloße Leistungsbereitschaft. **764**

> **Beispiel:** Bestellt A beim Pizzalieferdienst B eine Pizza innerhalb von dessen „Liefergebiet", bestimmt sich nach der Verkehrssitte und den handelsüblichen Bräuchen, dass B die Pizza innerhalb einer angemessenen Zeit zum Wohnsitz des A bringen muss. Erst wenn B erfolglos versucht hat, die Pizza bei A abzuliefern, gerät A in Annahmeverzug nach §§ 293 ff. BGB.

Bei der **Schickschuld** muss der Schuldner die Sache in der geforderten Qualität ordentlich – d.h. richtig adressiert und frankiert – an eine geeignete Transportperson übergeben. Dabei muss die Transportperson die Leistung am Wohnsitz oder Niederlassungsort des Gläubigers tatsächlich anbieten. Es ist also für das tatsächliche Angebot i.S.d. § 294 BGB unerheblich, dass der Schuldner mit Absenden der Ware bereits seine Leistungshandlung erbracht hat und nach § 447 BGB die Gefahr übergegangen ist. Im Vordergrund steht, dass der Gläubiger im Zeitpunkt des Absendens noch nicht zugreifen und die Sache nicht annehmen kann. **765**

Bei der **Holschuld** hingegen muss der Schuldner kein tatsächliches Leistungsangebot i.S.d. § 294 BGB machen. Dies ergibt sich daraus, dass noch eine Mitwirkungshandlung des Gläubigers, nämlich das Abholen der Ware beim Schuldner, zu erfolgen hat. Deswe- **766**

---

[754] BAG NJW 1973, 1949, 1949; *Ernst*, in: MüKo, § 294 Rn 6.
[755] BGH NJW 1983, 1049, 1050.

gen genügt bei einer Holschuld, dass der Schuldner dem Gläubiger ein wörtliches Angebot, § 295 BGB, gemacht hat und der Gläubiger seine Mitwirkungshandlung unterlässt.

cc. Zur rechten Zeit

767 Schließlich muss die Leistung zur **rechten Zeit** angeboten werden. Dies setzt die bereits oben geprüfte Erfüllbarkeit der Leistung voraus.

> **Hinweis für die Fallbearbeitung:** Soweit die Erfüllbarkeit der Leistung wie nach diesem Schema bereits am Anfang geprüft wurde, braucht das Anbieten der Leistung zur rechten Zeit i.R. des § 294 BGB nicht mehr erwähnt zu werden.

Das tatsächliche Angebot i.S.d. § 294 BGB stellt einen **Realakt** dar, für den die Vorschriften über Willenserklärungen, insb. § 130 BGB, keine Anwendung finden. Gleichwohl wird vorausgesetzt, dass der Gläubiger grundsätzlich von dem Angebot Kenntnis haben muss, um in Annahmeverzug zu geraten, **§ 299 BGB**. Etwas anderes gilt nur, wenn ein bestimmter Zeitpunkt für die Leistung vereinbart wurde.

b. Wörtliches Angebot, § 295 BGB

768 Gemäß § 295 BGB genügt ein wörtliches Angebot des Schuldners, wenn der Gläubiger bereits die Annahme der Leistung verweigert oder eine erforderliche Mitwirkungshandlung vorzunehmen hat. Diese Vorschrift beruht auf dem Gedanken, dass bei einem ablehnenden Verhalten des Gläubigers ein tatsächliches Angebot überflüssig erscheint und ein wörtliches Angebot genügt.[756] Wie beim tatsächlichen Angebot darf beim wörtlichen Angebot i.S.d. § 295 BGB die Leistung nicht unmöglich i.S.d. § 275 BGB sein.

769 Das wörtliche Angebot stellt – anders als das tatsächliche Angebot – eine **rechtsgeschäftsähnliche Handlung** dar.[757] Das bedeutet, dass §§ 104 ff. BGB analog gelten und ein Zugang i.S.d. § 130 BGB erforderlich ist.

- Kann der Schuldner die Leistung zur Zeit des wörtlichen Angebots nicht erbringen und kann diese auch nicht nachgeholt werden, liegt kein Annahmeverzug, sondern *Unmöglichkeit* gem. § 275 BGB vor.
- Ist es dem Schuldner nur *vorübergehend* im Zeitpunkt des Angebots unmöglich, die Leistung zu erbringen, ist ein Annahmeverzug wegen *§ 297 BGB* ausgeschlossen.
- Auch ist ein Annahmeverzug ausgeschlossen, wenn der Schuldner zwar zur Leistung imstande ist, jedoch nicht leisten will und ein nicht ernst gemeintes Angebot macht.
- Schließlich gerät der Gläubiger bei Nichtvornahme der erforderlichen Mitwirkungshandlung nicht in Annahmeverzug, wenn der Schuldner einen *mangelhaften* Leistungsgegenstand für den Gläubiger bereithält und ein wörtliches Angebot gem. § 295 BGB macht.

770 **Annahmeverzug** liegt hingegen vor, wenn der Schuldner leistungsfähig und leistungsbereit ist. Ausreichend ist, dass sich der Schuldner (bei einer Beschaffungsschuld) die Ware jederzeit beschaffen kann.[758] Er muss also zum Zeitpunkt des wörtlichen Angebots die Ware nicht bei sich vorrätig haben, um sein Leistungsvermögen vorzuweisen. Ebenso wenig muss er die Ware bereits zum Zeitpunkt des wörtlichen Angebots konkretisiert haben. § 295 BGB erfasst zwei Fallkonstellationen, in denen der Grundsatz des tatsächlichen Angebots entbehrlich gemacht wird, um den Schuldner von der Pflicht zur Vornahme einer überflüssigen Handlung zu befreien.

---

[756] *Ernst*, in: MüKo, § 295 Rn 1.
[757] BGH ZIP 1999, 441, 445.
[758] RGZ 50, 255, 260; BGH MDR 1958, 335, 335; *Ernst*, in: MüKo, § 295 Rn 4.

aa. Ablehnungserklärung des Gläubigers

Dies ist zunächst der Fall, wenn der Gläubiger dem Schuldner erklärt hat, dass er die **Annahme** der Leistung **ablehnen** werde, § 295 S. 1 Var. 1 BGB. Dabei muss die Ablehnung des Gläubigers bestimmt und eindeutig sowie *vor* dem wörtlichen Angebot des Schuldners erklärt worden sein.[759] 771

> **Beispiele:** Bestimmt genug ist eine Ablehnung der Annahme nicht schon dann, wenn der Gläubiger auf die Anzeige der Leistungsbereitschaft des Schuldners lediglich schweigt oder sich die Annahme vorbehält. Hingegen genügt es, wenn der Gläubiger einen Rücktritt oder eine Kündigung erklärt hat oder behauptet, dass der Vertrag nicht zustande gekommen oder mittlerweile nichtig sei.

Ebenso wie das wörtliche Angebot ist auch die Ablehnung durch den Gläubiger eine *zugangsbedürftige rechtsgeschäftsähnliche Handlung*. Widerruft der Gläubiger seine Ablehnungserklärung, muss ihm der Schuldner die Leistung gem. § 294 BGB tatsächlich anbieten. Die Ablehnung kann sogar im Extremfall das wörtliche Angebot **entbehrlich** machen. Dies ist der Fall, wenn eindeutig erkennbar ist, dass der Gläubiger auf jeden Fall bei seiner Weigerung bleiben wird. Ein wörtliches Angebot würde dann als sinnlose Formalität erscheinen, sodass der Schuldner wegen Treu und Glauben (§ 242 BGB) darauf verzichten kann (str.).[760]

> **Hinweis für die Fallbearbeitung:** Nach § 298 BGB steht das Nichtanbieten der Gegenleistung durch den Gläubiger bei einer geschuldeten Zug-um-Zug-Leistung der Nichtannahme der Leistung des Schuldners gleich. Da das Verlangen des Schuldners nach der Gegenleistung gleichzeitig eine Mahnung darstellt, tritt neben dem Annahmeverzug auch ein **Schuldnerverzug** ein.

bb. Unterlassene Mitwirkungshandlung des Gläubigers

Auch genügt ein wörtliches Angebot i.S.d. § 295 BGB, wenn eine zur Bewirkung der Leistung des Schuldners **erforderliche Mitwirkungshandlung** des Gläubigers **unterblieben** ist, **§ 295 S. 1 Var. 2 BGB**. Als solche Mitwirkungshandlungen kommen das Abholen des Leistungsgegenstands bei der Holschuld, die Abnahmeverpflichtung beim Werkvertrag oder auch der Abruf von Waren in Betracht. Auch genügt ein wörtliches Angebot, wenn der Zug um Zug leistungspflichtige Gläubiger (§ 298 BGB) erklärt, dass er die Gegenleistung nicht erbringt. 772

> **Hinweis für die Fallbearbeitung:** Zu beachten ist in diesem Zusammenhang auch **§ 295 S. 2 BGB**. Danach steht die Aufforderung zur Vornahme einer Mitwirkungshandlung dem wörtlichen Angebot gleich. Dies ist insb. bei einer Holschuld relevant. In einem solchen Fall reicht zur Begründung eines Gläubigerverzugs bereits die Aufforderung des Schuldners aus, dass der Gläubiger die Ware abholen solle.

Eine erforderliche Mitwirkungshandlung des Gläubigers stellt auch die Ausübung des Wahlrechts nach §§ 262 ff. BGB dar.

> **Beispiel:** A steht bei B im Geschäft und kann sich nicht entscheiden, ob er den Teppich „Sahara" oder doch lieber „Steppe" nehmen will. Einen von beiden möchte er aber auf jeden Fall haben. Beide Teppiche sollen jeweils 4.000,- € kosten. Da es schon kurz vor Ladenschluss ist, vereinbaren A und B einen Kaufvertrag über einen der beiden Teppiche und gleichzeitig, dass A bis zum Mittag des nächsten Tages B mitteilt, welchen Teppich er haben möchte. ⇨ Damit liegt eine Wahlschuld gem. § 262 BGB vor mit der Maßgabe, dass

---

[759] BGH NJW 1988, 1201, 1201; OLG Hamm NJW-RR 1992, 667, 668.

[760] BGH NJW 2001, 287 f.; *Grüneberg*, in: Palandt, § 295 Rn 4; a.A. *Löwisch*, in: Staudinger, § 295 Rn 2.

dem *Gläubiger* das Wahlrecht zusteht. Meldet sich A den ganzen nächsten Tag nicht, wäre es unbillig, wenn ihm B ein tatsächliches Angebot machen müsste. In diesem Fall genügt mithin, wenn B dem A ein wörtliches Angebot gem. § 295 BGB macht bzw. A zur Ausübung seines Wahlrechts auffordert (§ 295 S. 2 BGB).

Nimmt der Gläubiger die notwendige Mitwirkungshandlung vor, **endet** der Annahmeverzug. Der Schuldner muss, um den Gläubiger weiterhin in Annahmeverzug zu setzen, dem Gläubiger die Leistung tatsächlich i.S.d. § 294 BGB anbieten. Unterlässt der Schuldner indessen dieses tatsächliche Angebot, ist der Gläubigerverzug beendet.

c. Entbehrlichkeit des Angebots, § 296 BGB

773 Nach § 296 BGB ist unter bestimmten Voraussetzungen sogar das wörtliche Angebot entbehrlich. Dies ist der Fall, wenn für die Mitwirkungshandlung des Gläubigers eine **Zeit nach dem Kalender bestimmt** ist oder sich von einem **Ereignis** an nach dem Kalender berechnen lässt und der Gläubiger die Handlung nicht vorgenommen hat. Diese Vorschrift ergänzt den § 295 S. 1 Var. 2 BGB insofern, als beim Eintritt der kalendermäßig bestimmten oder berechenbaren Zeit der Gläubiger ohne weitere Handlungen des Schuldners in Annahmeverzug gerät. Der kalendermäßig festgesetzte Termin für die Mitwirkungshandlung des Gläubigers ersetzt also die Benachrichtigung des Gläubigers nach § 295 S. 2 BGB.

4. Nichtannahme der Leistung durch den Gläubiger

774 Weiterhin muss der Gläubiger die Leistung des Schuldners **nicht angenommen** oder die **erforderliche Mitwirkungshandlung unterlassen** haben. Dafür ist ein richtiges *Zurückweisen* des Schuldners durch den Gläubiger nicht erforderlich. Ausreichend ist bereits, wenn der Gläubiger es dem Schuldner nicht ermöglicht, den geschuldeten Leistungserfolg zu erbringen, indem er bspw. die Tür nicht öffnet. Unerheblich ist, aus welchem Grund der Gläubiger die Leistung nicht annimmt. Für den Gläubigerverzug ist ein **Vertretenmüssen nicht erforderlich**. Dies ergibt sich daraus, dass es sich nicht um eine Pflichtverletzung, sondern um eine Obliegenheitsverletzung handelt.

775 Nach § 298 BGB kommt der Gläubiger einer **Zug um Zug** zu erbringenden Leistung trotz Annahmebereitschaft auch in Verzug, wenn er die verlangte Gegenleistung nicht anbietet. Der Nichtannahme steht es also gleich, wenn der Gläubiger zwar die Leistung des Schuldners annehmen will, eine eigene Gegenleistung aber verweigert. Dabei ist der Begriff der Gegenleistung nicht so streng wie in §§ 320 ff. BGB zu verstehen. Es genügt vielmehr jede beliebige Zug um Zug zu erbringende Leistungspflicht.

Beispiel: Dazu gehören auch solche Leistungspflichten, die nicht im Gegenseitigkeitsverhältnis stehen wie bspw. der Aufwendungsersatz beim Auftrag, §§ 670, 273 BGB.

776 Nach § 299 BGB tritt der Gläubigerverzug bei **vorübergehender Annahmeverhinderung** des Gläubigers nicht ein, wenn eine **Leistungszeit nicht** bestimmt ist und der Schuldner **unangekündigt** leistet. Auch scheidet ein Gläubigerverzug aus, wenn eine Leistungszeit **zwar bestimmt ist**, der Schuldner aber berechtigt ist, vor der bestimmten Zeit zu leisten, und er unangekündigt leistet. Diese Vorschrift verhindert unbillige Ergebnisse, die durch den Grundsatz, dass der Annahmeverzug verschuldensunabhängig eintritt, entstünden. Der Gläubiger müsste sonst ständig annahmebereit sein. Etwas anderes gilt nur, wenn die Leistung eine angemessene Zeit vorher angekündigt wurde, § 299 Hs. 2 BGB.

Beispiel: V hat K einen gebrauchten Computer verkauft und mit K vereinbart, dass V das Gerät liefere. Über die genaue Zeit wird nicht gesprochen. Als V den Computer bei K vorbeibringen will, öffnet bei K trotz mehrfachen Klingelns niemand die Haustür. V macht sich daraufhin wieder auf den Rückweg, auf dem durch einen von V nicht verschuldeten Auffahrunfall der Computer im Kofferraum des Wagens zerstört wird. V will von K die Bezahlung des Computers. K erwidert, dass er nur kurz joggen gewesen sei, da er ja nicht habe wissen können, dass V gerade an diesem Nachmittag habe vorbeikommen wollen. Besteht ein Anspruch des V gegen K auf Zahlung des Computers?

Zunächst ist der Anspruch des V gegen K gem. § 433 II BGB mit dem wirksamen Vertragsschluss entstanden. Fraglich ist, ob der Anspruch gem. § 326 I S. 1 BGB erloschen ist. Grundsätzlich erlischt der Anspruch des Schuldners auf die Gegenleistung nach § 326 I S. 1 BGB, wenn er seine eigene Primärleistung wegen § 275 BGB nicht mehr zu erbringen braucht. Die Leistungspflicht des V ist durch den Unfall i.S.d. § 275 I BGB unmöglich geworden. Demnach könnte auch sein Anspruch auf die Bezahlung entfallen sein.

Nach § 326 II S. 1 Var. 2 BGB bleibt der Anspruch auf die Gegenleistung jedoch erhalten, soweit sich der Gläubiger im Zeitpunkt des Unmöglichwerdens der Leistung des Schuldners im Annahmeverzug befand. Fraglich ist also, ob K im Zeitpunkt des Unfalls im Annahmeverzug, §§ 293 ff. BGB, war.

1. Der Anspruch des V war wirksam und erfüllbar.
2. Auch war V leistungsfähig und leistungsbereit.
3. Es liegt ein tatsächliches Angebot des V vor, § 294 BGB.
4. Jedoch könnte der Annahmeverzug gem. § 299 BGB ausscheiden, weil K nur vorübergehend an der Annahme verhindert war. Aus dem Sachverhalt ist nicht zu entnehmen, dass eine Leistungszeit bestimmt war. Mithin greift § 299 BGB, wenn der Schuldner (V) unangekündigt oder außerhalb eines anvisierten Zeitraums die Leistung angeboten hat. Dem ist der Fall gleichzusetzen, in dem der Schuldner ohne vorherige Terminabsprache die vereinbarte Auslieferung vornimmt. Dies ist hier der Fall, sodass ein Annahmeverzug des K ausscheidet.

Damit liegt kein Fall des § 326 II S. 1 Var. 2 BGB vor. Der Anspruch des V gegen K auf Bezahlung des Kaufpreises ist also nach § 326 I S. 1 BGB erloschen.

III. Rechtsfolgen des Gläubigerverzugs

Die Rechtsfolgen des Gläubigerverzugs finden sich in §§ 300-304 BGB. Der Gläubiger **777** wird durch den Annahmeverzug – ebenso wie beim Schuldnerverzug – grundsätzlich nicht von seiner (Gegen-) Leistungspflicht befreit.[761] Im Gegensatz zum Schuldnerverzug begründet der Annahmeverzug keine Schadensersatzpflicht und auch kein Rücktrittsrecht. Diese Rechtsfolgen können nur eintreten, wenn *neben* dem Gläubigerverzug auch die Voraussetzungen des Schuldnerverzugs vorliegen. Durch den Annahmeverzug entstehen nur bloße **rechtliche Nachteile** für den Gläubiger, die sich aber nicht in einem *unmittelbaren* Anspruch gegen den Gläubiger niederschlagen.

1. Haftungsmilderung, § 300 I BGB

Während des Annahmeverzugs hat der **Schuldner** nur **Vorsatz** und **grobe Fahrlässigkeit** zu vertreten, § 300 I BGB. **778** Wird also der geschuldete Gegenstand infolge eines Zufalls oder leichter/mittlerer Fahrlässigkeit des Schuldners so beschädigt, dass die Leistungserbringung nach § 275 BGB nicht mehr möglich ist, behält der Schuldner gem. § 326 II S. 1 Var. 2 BGB seinen Anspruch auf die Gegenleistung. Dabei bezieht sich nach h.M. die Haftungserleichterung des § 300 I BGB **nur** auf die **Haftung für den Leistungsgegenstand**.[762] Die Haftung für die Verletzung sonstiger Pflichten aus dem Schuldverhältnis richtet sich nach dem allgemeinen Verschuldensmaßstab.[763]

---

[761] § 615 BGB stellt zu diesem Grundsatz eine Ausnahme dar, nach der der Dienstverpflichtete für die infolge des Verzugs nicht geleisteten Dienste die Vergütung verlangen kann, ohne zur Nachholung der Dienste verpflichtet zu sein.

[762] LG Saarbrücken NJW-RR 2002, 528, 529; *Kreuzer/Stehle*, JA 1984, 69, 73.

[763] *Ernst*, in: MüKo, § 300 Rn 2.

Beispiel: Zwischen U und B besteht ein Vertrag über einen für das Wohnzimmer des B angefertigten Esstisch. Als U am vereinbarten Termin bei B vor der Tür steht, um den Esstisch abzuliefern, öffnet niemand die Tür, da B verreist ist. ⇨ Hinsichtlich des Leistungsgegenstands – des Esstisches – hat U wegen des Annahmeverzugs des B gem. § 300 I BGB nur Vorsatz und grobe Fahrlässigkeit zu vertreten. Wird ihm also der Esstisch auf dem Rückweg wegen leichter Fahrlässigkeit gestohlen, behält U wegen § 326 II S. 1 Var. 2 BGB seinen Anspruch auf die Gegenleistung.

Hat U beim Haus des B noch einmal ins Fenster geschaut, um festzustellen, ob B wirklich nicht da ist, und zertrampelt er dabei die Blumen im Beet vor dem Fenster, haftet er nach dem allgemeinen Verschuldensmaßstab, also auch für leichte Fahrlässigkeit. Dafür ist es unerheblich, ob U die Blumen während des Annahmeverzugs des B oder davor zerstörte. B hat dann einen Schadensersatzanspruch gegen U aus §§ 280 I, 241 II BGB.

Zu beachten ist, dass der **Haftungsmaßstab** auch für **konkurrierende Ansprüche** aus unerlaubter Handlung (§§ 823 ff. BGB) gilt.[764] Dies ergibt sich daraus, dass ansonsten die Wertung des Gläubigerverzugs mit den rechtlichen Nachteilen für den Gläubiger durch gegebenenfalls bestehende Ansprüche aus §§ 823 ff. BGB unterlaufen wäre.

2. Übergang der Leistungsgefahr, § 300 II BGB

779 Nach § 300 II BGB geht bei **Gattungsschulden** die Leistungsgefahr in dem Zeitpunkt auf den Gläubiger über, in dem er dadurch in Verzug gerät, dass er die angebotene Sache nicht annimmt. Dieser Gefahrübergang hat zur Folge, dass sich die Schuld auf eine bestimmte Sache beschränkt. Grundsätzlich hat der Schuldner bei einer Gattungsschuld so lange aus der Gattung zu leisten, bis die ganze Gattung untergegangen ist. Die Schuld ist nur auf eine bestimmte Sache beschränkt, wenn eine Konkretisierung gem. § 243 II BGB eingetreten ist oder sich der Gläubiger im Annahmeverzug befindet, § 300 II BGB. § 300 II BGB betrifft also ausschließlich die **Leistungsgefahr**. Die Preisgefahr, d.h. die Frage, ob der Schuldner trotz des Untergangs der von ihm geschuldeten Sache den Anspruch auf die Gegenleistung behält, ist in § 326 II BGB geregelt.

Hinweis für die Fallbearbeitung: Unanwendbar ist § 300 II BGB, wenn die gesamte Gattung oder bei einer beschränkten Gattungsschuld der gesamte Vorrat untergegangen ist. In einem solchen Fall wird der Schuldner sowieso nach § 275 I BGB von seiner Leistungspflicht frei.

780 **Voraussetzungen** für den Gefahrübergang nach **§ 300 II BGB** sind,

- dass der Gläubiger in **Annahmeverzug** geraten ist.
- Darüber hinaus ist anerkannt, dass der Schuldner die **Sache** auch **ausgesondert** haben muss (auch wenn dies, wie in den Fällen der §§ 295, 296 BGB für den Eintritt des Annahmeverzugs nicht erforderlich ist[765]).
- Dagegen ist nicht erforderlich, dass der Schuldner dem Gläubiger die Aussonderung auch mitteilt.[766]

781 Beim Übergang der Leistungsgefahr nach § 300 II BGB ist zu beachten, dass in den Fällen, in denen der Schuldner bereits *alles* zu seiner Leistung Erforderliche getan hat, bereits eine Konkretisierung nach § 243 II BGB eingetreten ist. Wenn § 243 II BGB erfüllt ist, bleibt also für § 300 II BGB kein Raum mehr. Dementsprechend ist der praktische Anwendungsbereich des § 300 II BGB sehr gering.

---

[764] *Schubel*, in: Soergel, § 300 Rn 10; *Löwisch*, in: Staudinger, § 300 Rn 10.
[765] BGH WM 1975, 917, 920; *Wertheimer*, JuS 1993, 646, 647; *Grüneberg*, in: Palandt, § 300 Rn 4.
[766] *Löwisch*, in: Staudinger, § 300 Rn 20; *Grüneberg*, in: Palandt, § 300 Rn 4.

Beispiele:

(1) V und K haben einen Kaufvertrag über einen alten rustikalen Schrank geschlossen, wobei zugleich vereinbart wurde, dass V den Schrank persönlich bei K abliefern soll. Eine Woche vor dem vereinbarten Lieferungstermin ruft K bei V an und sagt, dass dieser seinen Schrank behalten solle, er jedenfalls habe kein Interesse mehr daran und werde V auch nicht die Tür öffnen. ⇨ Macht in diesem Fall V dem K ein wörtliches Angebot nach § 295 BGB – dahinstehen soll hier, ob nicht sogar dieses entbehrlich wäre, s.o. –, gerät K in Annahmeverzug. Sondert V den Schrank aus, indem er diesen in den vorderen Bereich seines Lagers schafft, liegt ein Gefahrübergang nach § 300 II BGB vor, ohne dass bereits eine Konkretisierung nach § 243 II BGB eingetreten ist. Die Voraussetzungen des § 243 II BGB sind deswegen noch nicht erfüllt, da die Übermittlung der Leistung an den Gläubiger (Bringschuld) noch aussteht.

(2) Der in Beispiel (1) dargestellte Gefahrübergang nach § 300 II BGB ist auch gegeben, wenn es sich nicht um eine Bringschuld, sondern um eine **Schickschuld** handelt. In diesem Fall sind die Voraussetzungen des § 243 II BGB nicht alle erfüllt, weil die Absendung der Ware noch aussteht.

(3) Ein Gefahrübergang nach § 300 II BGB *analog* und nicht nach § 243 II BGB kann auch vorliegen, wenn der dem Gläubiger erfolglos angebotene **Geldbetrag** dem Schuldner auf dem Rückweg gestohlen wird. Nach § 270 I BGB trägt nämlich der Geldschuldner die Leistungsgefahr bis zur Empfangnahme des Geldes durch den Gläubiger. Die Geldschuld stellt somit eine **Bringschuld** dar (Rn 111).

(4) Auch kann § 300 II BGB zur Anwendung kommen, wenn die Parteien eine von § 243 II BGB abweichende Vereinbarung getroffen, § 243 II BGB also **abbedungen** haben.

Hinweis für die Fallbearbeitung: Wegen des Erfordernisses der Aussonderung hat der Gefahrübergang nach § 300 II BGB für die **Holschuld** überhaupt keine Bedeutung. Dies ergibt sich daraus, dass bei der Holschuld die Aussonderung immer schon zur Konkretisierung i.S.d. § 243 II BGB führt.

3. Übergang der Preisgefahr, § 326 II S. 1 Var. 2 BGB

Nach § 326 II S. 1 Var. 2 BGB behält der Schuldner den Anspruch auf die Gegenleistung, **782** wenn ihm die Leistung durch einen von ihm nicht zu vertretenden Umstand zu einer Zeit unmöglich geworden ist, zu der sich der Gläubiger in Annahmeverzug befand. Dabei ist nicht erforderlich, dass eine Kausalität zwischen dem Annahmeverzug und dem Unmöglichwerden der Leistung besteht.

Voraussetzungen für den Übergang der Preisgefahr sind,

- dass dem Schuldner die Erbringung einer **synallagmatischen Hauptleistungspflicht unmöglich** geworden ist
- und der zur Unmöglichkeit führende **nicht vom Schuldner zu vertretende** Umstand während des **Annahmeverzugs** eintrat.

Hinsichtlich des Vertretenmüssens des Schuldners ist die Haftungserleichterung des § 300 I BGB zu beachten. Danach muss er während des Gläubigerverzugs nur Vorsatz und grobe Fahrlässigkeit vertreten. Behält der Schuldner seinen Anspruch auf die Gegenleistung, muss er sich gem. § 326 II S. 2 BGB dasjenige anrechnen lassen, was er sich infolge seiner Leistungsbefreiung erspart hat oder was er durch anderweitige Verwendung seiner Arbeitskraft erwirbt bzw. böswillig zu erwerben unterlässt. Diese Vorteile des Schuldners kürzen seinen Anspruch auf die Gegenleistung.

4. Ersatz für die Mehraufwendungen, § 304 BGB

783 Nach § 304 BGB schließlich kann der Schuldner den Ersatz der Mehraufwendungen verlangen, die er für das erfolglose Angebot und die Aufbewahrung und Erhaltung des geschuldeten Gegenstands machen musste.

> **Beispiele:** Reise-, Transport-, Lager- und Versicherungskosten und auch die Kosten einer Mahnung oder Androhung gem. § 303 BGB

Dabei sind nur die **tatsächlich aufgewendeten** Kosten zu ersetzen. Soweit der Schuldner Ersatz für den Einsatz seiner Arbeitskraft verlangt, steht ihm ein Anspruch aus § 304 BGB nur zu, wenn die Leistung in seinen beruflichen oder gewerblichen Tätigkeitskreis fällt. Von den Mehraufwendungen nicht erfasst sind Schadensersatzansprüche. So erhält der Schuldner bspw. nicht seinen entgangenen Gewinn ersetzt, wenn er die zur Lagerung des Leistungsgegenstands benötigten Räume hätte vermieten können. Schadensersatzansprüche gegen den Gläubiger bestehen nur, wenn neben dem Gläubigerverzug auch die Voraussetzungen des Schuldnerverzugs erfüllt sind.

5. Sonstige Rechtsfolgen

784 Neben den genannten Rechtsfolgen ergeben sich noch weitere Rechte für den Schuldner aus dem Gläubigerverzug.

Der Gläubigerverzug führt grundsätzlich nicht zur Befreiung des Schuldners von der Leistungspflicht. Er bekommt aber das Recht zur Hinterlegung. So kann er gem. **§§ 372 ff. BGB** die geschuldete Sache hinterlegen bzw. nicht hinterlegungsfähige Gegenstände öffentlich versteigern lassen und den Erlös hieraus hinterlegen. Durch die **Hinterlegung des Schuldgegenstands** oder des Erlöses aus dem **Selbsthilfeverkauf**, §§ 383 ff. BGB, § 373 HGB, kann sich der Schuldner von seiner Leistungspflicht befreien

Bei nicht hinterlegungsfähigen Sachen kann sich der Schuldner durch einen **Selbsthilfeverkauf** i.S.d. §§ 383 ff. BGB behelfen. Erfolgte der Verkauf aber rechtswidrig, können Schadensersatzansprüche gem. §§ 280, 283 BGB einstehen, sofern deren Voraussetzungen vorliegen. Bei der Beurteilung des Verschuldens i.S.d. §§ 276, 278 BGB ist die Haftungserleichterung des § 300 I BGB zu berücksichtigen. Eine eigenmächtige **Entsorgung** der Sache ist von der Rechtsordnung von vornherein **nicht** vorgesehen.

Ist der Schuldner zur Herausgabe oder zum Ersatz von Nutzungen verpflichtet, beschränkt sich diese Verpflichtung nach **§ 302 BGB** während des Gläubigerverzugs auf die tatsächlich gezogenen Nutzungen. Der Schuldner haftet also über § 300 I BGB selbst dann nicht, wenn er die Nutzungsziehung vorsätzlich oder grob fahrlässig unterlassen hat. § 302 BGB will den Schuldner bei Annahmeverzug des Gläubigers nur begünstigen und nicht belasten. Deswegen muss der Schuldner auch nur dann die Nutzungen herausgeben, wenn er durch das Schuldverhältnis dazu verpflichtet ist.[767] Zieht der Schuldner hingegen Nutzungen, zu deren Herausgabe er nicht verpflichtet ist, verbleiben ihm diese Nutzungen.

Nach **§ 301 BGB** hat der Schuldner einer verzinslichen Geldschuld während des Annahmeverzugs keine Zinsen zu entrichten. Hat aber der Schuldner während der Dauer des Annahmeverzugs durch entsprechende Verwendung des Geldes Zinsen erhalten, muss er diese gem. § 302 BGB herausgeben, wenn er aufgrund des Schuldverhältnisses dazu verpflichtet ist.[768]

---

[767] *Ernst*, in: MüKo, § 302 Rn 1; *Löwisch*, in: Staudinger, § 302 Rn 2.
[768] BGH NJW 1958, 137, 138.

F. Störung der Geschäftsgrundlage, § 313 BGB

I. Einführung

Die Störung der Geschäftsgrundlage nach § 313 BGB stellt zwar keine Pflichtverletzung i.S.d. § 280 I BGB dar, gleichwohl wird sie dem Kapitel „Leistungsstörungen" zugeordnet, da es wie bei den Leistungsstörungen um die Beeinträchtigung oder Gefährdung der Interessen einer Vertragspartei geht. **785**

Grundaussage des Instituts der Störung der Geschäftsgrundlage ist, dass eine vertragliche Vereinbarung korrigiert werden muss, wenn sich Umstände, die zur Grundlage des Vertrags geworden sind, nach Vertragsschluss schwerwiegend verändert haben und die Parteien den Vertrag nicht oder mit anderem Inhalt geschlossen hätten, wenn sie diese Veränderung vorausgesehen hätten. Dann kann in erster Linie Anpassung des Vertrags verlangt werden, soweit einem Teil unter Berücksichtigung aller Umstände des Einzelfalls, insbesondere der vertraglichen oder gesetzlichen Risikoverteilung, das Festhalten am unveränderten Vertrag nicht zugemutet werden kann (Wortlaut § 313 I BGB).

Primäre Rechtsfolge ist also **Vertragsanpassung** (§ 313 I BGB). Ist eine Anpassung des Vertrags nicht möglich oder einem Teil nicht zumutbar, kann der benachteiligte Teil vom Vertrag **zurücktreten** (§ 313 III S. 1 BGB) oder (bei einem Dauerschuldverhältnis) **kündigen** (§ 313 III S. 2 BGB).[769]

Der Rücktritt, der nach seiner Ausübung zur Befreiung des benachteiligten Schuldners von der Primärleistungspflicht führt, ist *Ultima Ratio* (das gilt auch für die Kündigung). Das folgt aus dem Grundsatz *pacta sunt servanda* (= Verträge sind einzuhalten), der zwar auch bei § 313 I BGB berührt wird, aber nicht so stark wie bei § 313 III S. 1 BGB.

Gründe für Änderungen im Vertragsumfeld sind bspw. Sozialkatastrophen wie Krieg, Währungsverfall oder Umweltkatastrophen, die sich auf eine Vielzahl von Verträgen auswirken. Die Lehre vom Fehlen oder Wegfall der Geschäftsgrundlage wurde demnach auch v.a. in der Zeit nach dem Ersten Weltkrieg entwickelt, um die damals bestehenden Vertragsverhältnisse den einschneidenden wirtschaftlichen Veränderungen der Inflationszeit anpassen zu können.[770] Es können auch Umstände fehlen oder später wegfallen, die nur einen einzelnen Vertrag oder eine begrenzte Zahl von Verträgen betreffen.[771] Das ist z.B. der Fall, wenn sich das Erbringen der Sachleistung als viel schwieriger und kostspieliger erweist, als es vom Schuldner erwartet wurde. Dies würde für ihn einen schweren wirtschaftlichen Verlust darstellen. Ebenso sind Fälle denkbar, bei denen der mit der Leistung vom Gläubiger beabsichtigte Zweck bereits vor der Leistungserbringung sinnlos geworden ist. In allen diesen Konstellationen kann die Regelung des § 313 BGB eingreifen und den Parteien helfen, zu einem Vertrag oder einem ungebundenen Zustand zu gelangen, den sie bei Kenntnis der wahren Umstände von vornherein gewählt hätten. Dies gilt auch, wenn nur eine von beiden Vertragsparteien betroffen ist.

Vor der Schuldrechtsreform 2002 war die Störung der Geschäftsgrundlage als besonderer Anwendungsbereich des Grundsatzes von Treu und Glauben (§ 242 BGB) **gewohnheitsrechtlich** anerkannt. Heute ist sie in § 313 BGB positivrechtlich geregelt. Die Regelungen der Störung der Geschäftsgrundlage sind nur bei **vertraglichen Schuldverhältnissen** anwendbar. Dies ergibt sich daraus, dass es bei gesetzlichen Schuldverhältnissen keine „Geschäftsgrundlage" geben kann, da diese auf einer privatautonomen Parteivereinbarung beruht. Auch kann dies der systematischen Stellung des § 313 BGB im 3. Untertitel: „Anpassung und Beendigung von Verträgen" entnommen werden.

---

[769] Zur innertatbestandlichen Subsidiarität des Rücktritts zur Vertragsanpassung vgl. BGH NJW 2012, 373, 375.
[770] RGZ 94, 45, 47; 100, 129 ff.; 106, 422 ff.; 107, 21 ff.
[771] BT-Drs. 14/6040, S. 174.

786

Störung der Geschäftsgrundlage, § 313 BGB

Die Störung der Geschäftsgrundlage i.S.d. § 313 BGB ermöglicht den Parteien die **Anpassung oder Aufhebung eines Vertrags**, wenn bestimmte dem Vertrag zugrunde liegende Umstände von Anfang an gar nicht vorlagen oder sich nachträglich verändert haben.

I. Subsidiäre Anwendbarkeit

Das Institut der Störung der Geschäftsgrundlage ist in § 313 BGB normiert. Anderweitige gesetzliche Regelungen und die vertraglichen Vereinbarungen sind vorrangig.

- Zunächst gibt es **gesetzliche Sonderregelungen**, die eine Störung der Geschäftsgrundlage speziell kodifizieren (§§ 321; 490; 530, 531; 650c BGB).
- Bevor § 313 BGB einschlägig sein kann, ist zu überprüfen, ob die Parteien **vertragliche Regelungen** für den Fall der Störung (Wegfall/Änderung der zugrunde liegenden Umstände) getroffen haben. Dabei ist eine **ergänzende Vertragsauslegung** vorzunehmen.
- Soweit eine der Parteien zu einer **Anfechtung** (bspw. wegen eines Eigenschaftsirrtums) berechtigt ist, gehen §§ 119 ff, 812 ff. BGB grundsätzlich vor. Umstritten ist der Fall eines beiderseitig zur Anfechtung berechtigenden Irrtums.
- Ist eine Leistung **unmöglich** (§ 275 BGB), bleibt für § 313 BGB kein Raum. Relevant ist die Abgrenzung zwischen § 275 II BGB und § 313 BGB. Der Unterschied liegt darin, dass § 275 II BGB greift, wenn nicht nur der Schuldneraufwand erhöht ist, sondern das Verhältnis zum Gläubigerinteresse im groben Missverhältnis steht. Bei § 313 BGB dagegen steht der Schuldneraufwand im Vordergrund (Opfergrenze).
- Soweit ein spezielles **Gewährleistungsrecht** eingreift, ist § 313 BGB verdrängt.
- Auch die **Zweckkondiktion** (§ 812 I S. 2 Var. 2 BGB) geht den Grundsätzen über die Störung der Geschäftsgrundlage vor. Bei der Zweckkondiktion tritt der mit dem Geschäft bezweckte Erfolg nicht ein. Der Unterschied zur Störung der Geschäftsgrundlage liegt darin, dass bei der Zweckkondiktion der Zweck *vereinbart* wurde, während die Geschäftsgrundlage bei § 313 BGB dem Vertrag lediglich *zugrunde liegt*.

II. Voraussetzungen

Die Voraussetzungen für die Störung der Geschäftsgrundlage sind:

- Das **reale Element** ist ein Umstand, dessen (Fort-) Bestehen oder Eintritt von mindestens einer Partei bei Abgabe der Vertragserklärung vorausgesetzt wird. Es kann zwischen der objektiven (§ 313 I BGB) und subjektiven (§ 313 II BGB) Geschäftsgrundlage differenziert werden, wobei die Rechtsfolgen insoweit gleich bleiben.
- Dieser Umstand, der das reale Element darstellt, muss bei Vertragsschluss **gefehlt**, sich schwerwiegend **verändert** haben oder später ganz **weggefallen** sein.
- Weiterhin muss das **hypothetische Element** vorliegen. Dieses erfordert, dass das reale Element für die Partei, die es vorausgesetzt hat, so wichtig war, dass die Partei den Vertrag bei Kenntnis der wahren Sachlage nicht oder nicht so geschlossen hätte.
- Schließlich muss auch das **normative Element** gegeben sein. Bei diesem Merkmal ist i.R. einer wertenden Betrachtung zu erwägen, ob (und in welcher Art) eine Rechtsfolge des § 313 BGB eingreifen kann. Dabei ist zu fragen, ob der betroffenen Partei ein Festhalten am unveränderten Vertrag unter Abwägung aller Umstände des Einzelfalls nicht mehr zugemutet werden kann. Zugleich ist zu prüfen, ob der Gegenpartei eine Aufhebung oder Anpassung des Vertrags zugemutet werden kann. Dabei ist insb. die gesetzliche oder vertragliche Risikoverteilung zu berücksichtigen.

III. Rechtsfolgen

- Gemäß § 313 I BGB kann zunächst eine **Vertragsanpassung** vorgenommen werden. Dabei erhält die betroffene Partei einen Anspruch auf die Vertragsanpassung. Es kann aber sofort auf die begehrte Rechtsfolge (bspw. Nachzahlung eines anteiligen Kaufpreises) geklagt werden. Das Gericht nimmt dann einen Gestaltungsakt vor und spricht der Partei die begehrte Rechtsfolge zu. Die Anpassung erfolgt grundsätzlich nur insoweit, als die Umstände sich *über das Maß* der (vertraglichen oder gesetzlichen) *Risikoverteilung* geändert haben.

- Ist eine Vertragsanpassung unmöglich oder einer Partei unzumutbar, sieht § 313 III S. 1 BGB den **Rücktritt** vom Vertrag vor. Bei Dauerschuldverhältnissen ist **Kündigung** möglich (§ 313 III S. 2 BGB).

IV. Wichtige Fallgruppen

Aufgrund des Korrektivs des normativen Elements ist bei Anwendung des § 313 BGB restriktiv vorzugehen. Es gibt einige typische Fallkonstellationen, in denen § 313 BGB greift.

- Bei einer **Äquivalenzstörung** kann eine Störung der Geschäftsgrundlage vorliegen, wenn das einem *gegenseitigen Vertrag* innewohnende *angemessene Verhältnis* von Leistung und Gegenleistung so *stark gestört* ist, dass die Grenze des übernommenen Risikos überschritten und das Interesse der benachteiligten Partei nicht mehr gewahrt ist.
- Auch kann § 313 BGB bei einer **Zweckstörung** greifen. Eine solche liegt vor, wenn der Gläubiger an der Leistung kein Interesse mehr hat, weil ein bestimmtes Ereignis nicht oder anders als erwartet eingetreten ist. Dabei ist zu beachten, dass der Gläubiger grundsätzlich das Risiko dafür trägt, dass er den (ursprünglich) gewünschten Gegenstand auch verwenden kann. Wenn aber auch der Schuldner ein wirtschaftliches Interesse an der Verwendung seiner Leistung durch den Gläubiger hat, ist ein Fall des § 313 BGB gegeben.
- Bei einem **beiderseitigen unbeachtlichen Motivirrtum** kann § 313 BGB ebenfalls eingreifen.
- Problematisch ist, ob auch bei einem **beiderseitigen Eigenschaftsirrtum** i.S.d. § 119 II BGB eine Störung der Geschäftsgrundlage anzunehmen ist. Nach einer Ansicht ist dies der Fall (wegen § 122 BGB und der Flexibilität des § 313 BGB). Nach einer anderen Ansicht gehen hier die Anfechtungsregelungen vor.
- Ebenfalls ist die Behandlung des **offenen Kalkulationsirrtums** problematisch. Während die frühere Rspr. darin einen Anfechtungsgrund nach § 119 I BGB sah, geht die heutige h.M. wie folgt vor:
  - ⇨ Zunächst ist im Wege der **ergänzenden Vertragsauslegung** die Möglichkeit einer Vertragsanpassung zu ermitteln. Liegt bspw. eine *falsa demonstratio* vor, gilt das subjektiv gewollte Ergebnis. Bei einer *Perplexität* dagegen ist die Willenserklärung schon per se nichtig.
  - ⇨ Führt die ergänzende Auslegung nicht zum Erfolg, sind danach die Voraussetzungen des **§ 313 BGB** zu prüfen.

II. Subsidiäre Anwendbarkeit

Aus dem Grundsatz *pacta sunt servanda* (Rn 785) folgt, dass eine Anpassung des Ver- **787**
trags (§ 313 I BGB nur ausnahmsweise möglich sein kann. Das gilt erst recht für den Rücktritt (§ 313 III S. 1 BGB) und die Kündigung (§ 313 III S. 2 BGB). Daher ist eine einschränkende Handhabung des § 313 BGB geboten.

1. Gesetzliche Sonderregelungen

Im Gesetz existieren spezielle Normen, die die Folgen des Fehlens oder des Wegfalls **788**
eines vertragswesentlichen Umstands regeln. Soweit solche Regelungen vorhanden sind, tritt § 313 BGB subsidiär zurück.

Beispiele: Unsicherheitseinrede, § 321 BGB; Vermögensverschlechterungen des Darlehensnehmers, § 490 BGB; Widerruf der Schenkung, §§ 530, 531 BGB, Vergütungsanpassung beim Bauvertrag, § 650c BGB

2. Vertragliche Vereinbarungen

789 Zudem ist vorrangig zu prüfen, ob die Parteien nicht doch eine vertragliche Regelung hinsichtlich der Veränderung, des Fehlens oder des Wegfalls bestimmter Umstände getroffen haben. Soweit dies der Fall ist, scheidet die Anwendung des § 313 BGB aus. Dies ergibt sich daraus, dass das, was schon Vertragsinhalt geworden ist, keine nicht konsensuale Geschäftsgrundlage sein kann. Bei § 313 BGB geht es nämlich um Umstände, die Grundlage des Vertrags, nicht aber Vertrags*inhalt* geworden sind. Daher muss zunächst der genaue Vertragsinhalt nach §§ 133, 157 BGB ermittelt werden.

Beispiele: Die Parteien können die veränderten Umstände durch eine Vereinbarung, bspw. eine Bedingung, § 158 BGB, ein vertragliches Rücktrittsrecht, eine Garantie oder eine Anpassungsklausel geregelt haben.

790 Auch wenn die Parteien bei Vertragsvereinbarung für den Umstand, der unter dem Gesichtspunkt der Störung der Geschäftsgrundlage berücksichtigt werden soll, keine Regelung getroffen haben, muss zunächst durch (ergänzende) Vertragsauslegung ermittelt werden, ob der Vertrag angepasst werden kann. Kann nämlich bereits dadurch eine Rechtsfolge bestimmt werden, die den Interessen der Parteien gerecht wird, besteht für die Anwendung der Grundsätze der Störung der Geschäftsgrundlage kein Bedürfnis. Erst wenn sich die Verhältnisse so grundlegend geändert haben, dass eine Auslegung nach dem Parteiwillen nicht mehr in Betracht kommt, kann eine Anpassung nach § 313 BGB erfolgen.

3. Anfechtung

791 Soweit ein Irrtum in den Anwendungsbereich der §§ 119 ff. BGB fällt, ist § 313 BGB nicht anwendbar. Die Regeln über die Störung der Geschäftsgrundlage greifen nur dann, wenn ein Motivirrtum vorliegt, der nicht zur Anfechtung berechtigt, aber gleichwohl im Parteiwillen bei Vertragsschluss enthalten war. Die subjektive Geschäftsgrundlage in § 313 II BGB erweitert also den Kreis der rechtlich relevanten Irrtumsfälle über denjenigen der Irrtumsanfechtung nach § 119 BGB hinaus. Dabei ist bei einem *beidseitigen* Eigenschaftsirrtum umstritten, ob die Regeln der Anfechtung vor denen des § 313 BGB Vorrang haben sollen (siehe dazu Rn 824 ff.)

4. Unmöglichkeit, § 275 BGB

792 Liegt ein Umstand vor, der der Leistungserbringung als Hindernis i.S.d. § 275 I bis III BGB entgegensteht, müsste der Vertrag grundsätzlich angepasst oder aufgehoben werden, da für den Schuldner ein Festhalten am Vertrag nicht mehr zumutbar ist. Die Unmöglichkeit mit ihren Rechtsfolgen ist aber in §§ 275, 283, 311a II, 326 BGB spezialgesetzlich geregelt, sodass § 313 BGB nicht anwendbar ist.

a. Verhältnis von § 313 BGB zu § 275 I BGB

793 Dabei ist § 313 BGB nicht nur in den „klassischen" Fällen des § 275 I BGB, bspw. bei Zerstörung der Kaufsache, subsidiär, sondern in allen von § 275 I BGB erfassten Fallkonstellationen.

- So werden auch die Fälle der **Zweckerreichung** von der absoluten Unmöglichkeit in **§ 275 I BGB** erfasst. Bei der Zweckerreichung tritt der geschuldete Leistungserfolg zwar ein, dieser wird jedoch nicht durch die Leistungshandlung des Schuldners herbeigeführt. Damit kann der Leistungserfolg durch den Schuldner nicht mehr erbracht werden, sodass die objektive Unmöglichkeit der Leistungserbringung vorliegt.

  Beispiel: Das Kind des K ist krank. K ruft einen Arzt an. Als der Arzt eintrifft, ist das Kind wider Erwarten wieder gesund. Der Arzt kann also den Leistungserfolg – hier die Genesung des Kindes – nicht mehr herbeiführen, obwohl er seine Leistungshandlung – Untersuchung und Behandlung des Kindes – noch erbringen könnte.

- Absolute Unmöglichkeit i.S.d. **§ 275 I BGB** liegt auch vor, wenn sich der geschuldete Leistungserfolg auf ein bestimmtes Leistungssubstrat bezieht und dieses wegfällt oder untauglich ist, sog. **Zweckfortfall**. Der Leistungserfolg kann dann nicht mehr erbracht werden.

  Beispiel: Das Kind des K ist krank. K ruft einen Arzt an. Bei Eintreffen des Arztes ist das Kind bereits gestorben.

- Im Falle der **Zweckstörung** ist die Leistung regelmäßig nicht unmöglich i.S.d. § 275 BGB. Eine Zweckstörung liegt vor, wenn der Gläubiger an der Leistung durch den Schuldner kein Interesse mehr hat, weil ein bestimmtes Ereignis nicht oder anders als erwartet eingetreten ist. Der Schuldner kann also grundsätzlich die Leistung noch erbringen. Solche Fälle werden regelmäßig über die Störung der Geschäftsgrundlage gem. **§ 313 BGB** gelöst (Rn 820 f.).

b. Verhältnis von § 313 BGB zu § 275 II BGB

Fraglich ist, wie sich die praktische Unmöglichkeit des § 275 II BGB zu § 313 BGB verhält.[772] Zu unterscheiden ist dabei zwischen der faktischen Unmöglichkeit, die ohne Zweifel unter § 275 II BGB fällt, und der wirtschaftlichen Unmöglichkeit. **794**

Wirtschaftliche Unmöglichkeit liegt vor, wenn die Leistung zwar an sich noch möglich ist, ihr aber solche Schwierigkeiten entgegenstehen, dass sie dem Schuldner wegen einer Überschreitung der „Opfergrenze" nicht zugemutet werden kann. **795**

Aufgrund der weit gefassten Formulierung des § 275 II BGB könnte der Eindruck entstehen, dass auch sämtliche Fälle der wirtschaftlichen Unmöglichkeit von § 275 II BGB erfasst werden.[773] Nach dem Willen des Gesetzgebers sollen die Fälle der wirtschaftlichen Unmöglichkeit aber aus dem § 275 II BGB ausgegliedert und den Regeln über die Störung der Geschäftsgrundlage, § 313 BGB, unterstellt werden.[774]

> **Beispiel:** A hat sich gegenüber B verpflichtet, dessen altes Fachwerkhaus von Grund auf zu renovieren. Im Zuge der Renovierungsarbeiten stellt A fest, dass das gesamte Gebälk des Hauses vom Holzwurm befallen ist. Er muss deswegen fast den ganzen Dachstuhl durch neues Holz ersetzen. Dadurch entstehen A wesentlich höhere Kosten, als nach seiner anfänglichen Kalkulation für den vereinbarten Festpreis vorgesehen wurde. ⇨ Liegt ein solcher Fall der Leistungserschwerung aufgrund unerwartet hoher Kosten für die Leistungserbringung vor, ist § 275 BGB nicht einschlägig. Es kann vielmehr eine Anpassung nach § 313 BGB vorgenommen werden.

Sofern also ein Leistungsaustausch ökonomisch *krass ineffizient* ist, weil die Leistungskosten den Leistungsnutzen weit übersteigen, soll ein Leistungsverweigerungsrecht nach § 275 II BGB bestehen. Ist hingegen der Leistungsaustausch *krass ungerecht*, weil der Leistungspreis deutlich niedriger ist als die Leistungskosten, soll allenfalls Raum für ein Eingreifen der Regeln über die Störung der Geschäftsgrundlage bestehen.[775]

Hinweis für die Fallbearbeitung: Es kann Fallkonstellationen geben, in denen auf den ersten Blick nicht klar ist, ob ein Fall des § 275 II BGB oder des § 313 BGB gegeben ist. Dann bietet sich folgende gedankliche **Reihenfolge** an:

---

[772] Siehe dazu ausführlich *Schwarze*, Jura 2002, 73, 78; *Picker*, JZ 2003, 1035, 1045 ff.
[773] *Fischer*, DB 2001, 1923, 1924.
[774] BT-Drs. 14/6040, S. 130.
[775] *Eidenmüller*, Jura 2001, 824, 832; *Reischl*, JuS 2003, 453, 454; *Schwarze*, Jura 2002, 73, 78.

Zunächst ist i.R. von **§ 275 II BGB** das Interesse des Gläubigers an der Leistung festzustellen. Liegt zwischen dem Gläubigerinteresse und dem zur Leistung erforderlichen Aufwand ein Missverhältnis von krassem, untragbarem Ausmaß vor, erübrigt es sich, danach § 313 BGB zu prüfen, da der Schuldner ja ohnehin von seiner Leistungspflicht frei werden kann (wenn er die Einrede erhebt). Eine krasse Ungerechtigkeit[776] kann ihn insofern nicht mehr treffen. In den meisten Fällen wird jedoch ein Missverhältnis von krassem, untragbarem Ausmaß zu verneinen sein. Dies ergibt sich schon aus dem Grundsatz *pacta sunt servanda*, der den Schuldner nicht so leicht aus seiner Verpflichtung zur Leistung entlassen will.

Wird im Rahmen der Prüfung von § 275 II BGB mithin ein Missverhältnis von krassem, untragbarem Ausmaß verneint, muss im Weiteren festgestellt werden, ob dieses Ergebnis die Opfergrenze des Schuldners überschreitet. Im zweiten Schritt wird also **§ 313 BGB** zu prüfen sein. Gelangt man i.R. dieser Prüfung dazu, dass die Leistungserbringung für den Schuldner „krass ungerecht" ist, ist der Vertrag anzupassen. Dadurch werden sowohl die Interessen des Gläubigers als auch die des Schuldners berücksichtigt. Dies erfolgt auch in der richtigen Reihenfolge, da zunächst darauf abzustellen ist, wie hoch das Interesse des Gläubigers an der Leistung ist.

c. Verhältnis von § 313 BGB zu § 275 III BGB

796 Liegt ein Leistungshindernis i.S.d. § 275 III BGB vor, sind die Regeln über die Störung der Geschäftsgrundlage nicht anwendbar. Dies gilt auch, wenn der Schuldner sein Leistungsverweigerungsrecht noch nicht geltend gemacht hat und demnach seine Leistungspflicht noch besteht. Auch ist bei § 275 III BGB ein Rückgriff auf § 313 BGB – wie er bei § 275 II BGB nach Verneinen eines groben Missverhältnisses vorgenommen wird – überflüssig. Zwar könnte angenommen werden, dass regelmäßig auch eine Störung der Geschäftsgrundlage vorliegt[777], da § 275 III BGB aber maßgeblich auf die Schuldnerinteressen abstellt, ist es nicht erforderlich, § 313 BGB hinzuzuziehen. Darüber hinaus wäre es auch systemwidrig, auf den allgemein formulierten § 313 BGB zurückzugreifen, während § 275 III BGB genau diesen Fall erfassen soll.

5. Mängelrechte

797 Die bei Sach- oder Rechtsmängeln eingreifenden Mängelrechte (vgl. §§ 437 ff. BGB beim Kaufvertrag und §§ 634 ff. BGB beim Werkvertrag) sind ebenfalls vorrangig.[778] Das hat seinen Grund darin, dass die Mängelrechte speziell und abschließend die Rechtsfolgen von Sach- und Rechtsmängeln regeln; diese Rechtsfolgenanordnung soll nicht durch das Institut der Störung der Geschäftsgrundlage mit seinen flexiblen „Anpassungsmöglichkeiten" unterlaufen werden. Gleichwohl ist ein Konkurrenzverhältnis möglich: Bezieht sich die Fehlvorstellung einer Partei auf die Beschaffenheit der Sache, sind nur die Mängelrechte anwendbar. Bezieht sich die Fehlvorstellung hingegen nicht auf die gegenwärtige Beschaffenheit der Sache, sondern z.B. auf künftige Entwicklungen oder auf gegenwärtige Gegebenheiten, die nicht zur Beschaffenheit der Sache gehören, kann eine Störung der Geschäftsgrundlage vorliegen.[779]

Hinweis für die Fallbearbeitung: Zu beachten ist, dass die Parteien die Mängelrechte grds. abbedingen können. Dies ist – außerhalb des Verbrauchsgüterkaufs (§§ 474 II, 476 BGB) – in der Praxis bei Sachen mit herabgesetzten Preisen denkbar.

---

[776] *Eidenmüller*, Jura 2001, 824, 832; *Reischl*, JuS 2003, 453, 454; *Schwarze*, Jura 2002, 73, 78.

[777] So könnte in dem Beispiel der Regierungsbegründung (BT-Drs. 14/6040, S. 130) von dem türkischen Arbeitnehmer, der zum Wehrdienst eingezogen wird, als objektive Geschäftsgrundlage angesehen werden, dass beide Parteien, also Arbeitnehmer und Arbeitgeber, von den bei Vertragsschluss bestehenden Verhältnissen (als der Arbeitnehmer noch nicht eingezogen war) auch für die Zukunft ausgingen.

[778] BGHZ 98, 100, 103; *Finkenauer*, in MüKo, § 313 Rn 134.

[779] *Lorenz/Riehm*, Rn 410; *Johlen*, NJW 1979, 1531 f.

Ist dies i.R. eines Kaufvertrags der Fall (beachte aber § 444 BGB), hat der Käufer das Risiko eines Sachmangels übernommen, sodass für die Anwendung der Störung der Geschäftsgrundlage in den Grenzen dieser Risikoübernahme kein Raum bleibt.[780]

6. Zweckverfehlungskondiktion, § 812 I S. 2 Var. 2 BGB

Haben die Parteien einen über den Primärzweck der Erfüllung hinausgehenden weiteren Zweck vorausgesetzt und tritt dieser nicht ein, sind die Grundsätze über die Störung der Geschäftsgrundlage nicht anwendbar. In einem solchen Fall geht § 812 I S. 2 Var. 2 BGB als lex specialis für einen fehlgeschlagenen Vertragszweck vor (str.)[781]. Eine Zweckverfehlungskondiktion nach § 812 I S. 2 Var. 2 BGB liegt jedoch nur vor, wenn die Parteien einen bestimmten Zweck *vereinbart* haben. Denn nur dann ist der Erfolgseintritt Inhalt des Rechtsgeschäfts geworden. **798**

Beispiel: A erblickt im Garten des Nachbarn N eine Statue, von der er annimmt, dass sie einzigartig sei. Er kauft deswegen N die Statue ab. Motiv ist, dass er die vermeintlich einzigartige Statue in seinem Garten stehen haben möchte, was er N auch so vermittelt. Kauft N am nächsten Tag die gleiche Statue, liegt ein Fall der Zweckverfehlung nach § 812 I S. 2 Var. 2 BGB vor. Für eine Anwendung des § 313 BGB ist dann kein Raum.

7. Eherechtliche Sonderregeln

Die Regeln über die Störung der Geschäftsgrundlage können hingegen in solchen Fällen greifen, in denen eine Zweckvereinbarung fehlt, etwa wenn Zuwendungen im Vertrauen auf den Bestand der Ehe erbracht werden. Diese Leistungen können nach Scheitern der Ehe daher nicht nach § 812 I S. 2 Var. 2 BGB zurückgefordert werden, sondern ggf. nach § 313 BGB oder nach den familienrechtlichen Vorschriften über den Zugewinnausgleich. **798a**

Meist erfolgt eine unentgeltliche Zuwendung unter Ehegatten im Hinblick auf den Fortbestand der ehelichen Lebensgemeinschaft. Damit liegt keine „freigiebige" und ohne Erwartung einer „Gegenleistung" gemachte Schenkung i.S.d. § 516 BGB vor, sondern eine sog. **ehebedingte** bzw. **unbenannte Zuwendung**, für die nicht das Schenkungsrecht gilt, sondern Sonderregeln gelten[782] („familienrechtlicher Vertrag sui generis", bei dem der Fortbestand der Ehe die Geschäftsgrundlage darstellt). So wäre etwa die Übertragung des halben Miteigentumsanteils an einem Grundstück nach der Eheschließung, auf dem dann ein Familienheim errichtet wird, eine Zuwendung in diesem Sinne. Solche Zuwendungen erfolgen mit der Hoffnung, dass die Ehe dadurch gefördert bzw. erhalten wird. Bleibt diese Erwartung aus, kann kein Widerruf gem. § 530 BGB erfolgen, da gerade keine Schenkung i.S.d. § 516 BGB vorliegt. Die Rechtsprechung[783] wendet vielmehr – wenn auch eingeschränkt – die Grundsätze über die Störung der Geschäftsgrundlage (§ 313 I BGB) an bzw. nimmt (vorrangig) einen Ausgleich nach den Regeln über den Zugewinnausgleich vor.[784]

§ 313 BGB ist aber einschlägig, wenn es um Ausgleichsansprüche von Ehegatten für geleistete Mitarbeit im ehelichen Gewerbebetrieb geht, oder bei der Rückforderung schwiegerelterlicher Zuwendungen, die im Vertrauen auf den Bestand der Ehe gemacht wurden.[785]

---

[780] BGHZ 98, 100, 103; *Lorenz/Riehm*, Rn 410; *Lieb*, JZ 1979, 441 ff.

[781] *Finkenauer*, in: MüKo, § 313 Rn 135; a.A. BGHZ 84, 1, 10; *Unberath*, in: Bamberger/Roth, § 313 Rn 24.

[782] BGHZ 82, 227, 232 ff.; 115, 132, 136; 127, 48, 51; BGH NJW 1992, 2155; FamRZ 1999, 1580, 1582 f.; FamRZ 2006, 1022; OLG Braunschweig MDR 2001, 1242 f.

[783] BGHZ 127, 48, 51.

[784] *R. Schmidt*, FamR, 9. Aufl. 2018, Rn 222 ff.

[785] BGHZ 184, 190 ff. (bestätigt in BGH NJW 2015, 690, 691 und in BGH NJW 2015, 1014). Vgl. auch hierzu *R. Schmidt*, FamR, 9. Aufl. 2018, Rn 226 ff.

8. Rücktritt nach § 323 I BGB

798b Im Verhältnis zum Rücktrittsrecht nach § 323 I BGB entfaltet § 313 III BGB eine Sperrwirkung. Das hat seinen Grund darin, dass die qualifizierenden Voraussetzungen des § 313 III S. 1 BGB nicht durch § 323 BGB unterlaufen werden sollen.[786]

III. Voraussetzungen

799 Soweit die Wirklichkeit von den Vorstellungen oder Erwartungen mindestens einer Vertragspartei abweicht, ist – sofern keine Sonderregelungen bestehen – gem. § 313 BGB zu prüfen, ob der Vertrag angepasst oder aufgehoben werden kann. Zu beachten ist dabei, dass nur eine schwerwiegende Veränderung von Umständen eine Vertragsänderung rechtfertigt. Dabei hat die Veränderung darüber hinaus die **Grenzen der Risikozuweisung** zu **überschreiten** und ein Festhalten am unveränderten Vertrag muss für die betroffene Partei **unzumutbar** sein.

Hinweis für die Fallbearbeitung: Anspruchsgrundlage für einen Ausgleichsanspruch nach den Grundsätzen der Störung bzw. des Wegfalls der Geschäftsgrundlage ist § 313 I, II oder III BGB. Die Voraussetzungen eines solchen Anspruchs ergeben sich direkt aus § 313 I BGB:

- **Vorliegen eines Vertrags:** Ein Vertrag i.S.d. § 313 BGB ist sowohl bei gegenseitigen als auch bei einseitigen Verträgen gegeben.
- **Reales Element:** Es muss ein Umstand vorhanden sein, dessen (Fort-)Bestehen oder Eintritt von mindestens einer Partei bei Abgabe der (konkludenten) Vertragserklärung vorausgesetzt wird.
- Dieser Umstand muss bei Vertragsschluss **gefehlt**, sich schwerwiegend **verändert** haben oder später ganz **weggefallen** sein.
- **Hypothetisches Element**. Das reale Element muss für die Partei, die es vorausgesetzt hat, so wichtig gewesen sein, dass die Partei den Vertrag bei Kenntnis der wahren Sachlage nicht oder nicht so geschlossen hätte.
- **Normatives Element**. Bei diesem Merkmal ist im Rahmen einer wertenden Betrachtung zu erwägen, ob (und in welcher Art) eine Rechtsfolge des § 313 BGB eingreifen kann. Dabei ist zu fragen, ob der betroffenen Partei ein Festhalten am unveränderten Vertrag unter Abwägung aller Umstände des Einzelfalls nicht mehr zugemutet werden kann. Zugleich ist zu prüfen, ob der Gegenpartei eine Aufhebung oder Anpassung des Vertrags zugemutet werden kann. Dabei ist insb. die gesetzliche oder vertragliche Risikoverteilung zu berücksichtigen.

Rechtsfolge ist gem. § 313 I BGB (Anspruchsgrundlage) die „Anpassung" des Vertrags, d.h. die Gewährung eines Ausgleichsanspruchs nach Billigkeitsgrundsätzen. Ist eine Anpassung des Vertrags nicht möglich oder einem Teil nicht zumutbar, kann der benachteiligte Teil vom Vertrag zurücktreten (§ 313 III S. 1 BGB – Anspruchsgrundlage). Bei Dauerschuldverhältnisses greift das Recht der Kündigung (§ 313 III S. 2 BGB).

1. Vorliegen eines vertraglichen Schuldverhältnisses

800 Zunächst muss für eine Anwendung des § 313 BGB ein vertragliches Schuldverhältnis vorliegen. Ein solches ist sowohl bei gegenseitigen als auch bei einseitigen Verträgen gegeben. So gilt § 313 BGB auch für die Schenkung, das Darlehen, die Bürgschaft und das abstrakte Schuldversprechen. Vertragliche Schuldverhältnisse können sich auch aus dem Bereich des Familien- und Erbrechts und aus dem Sachenrecht ergeben.

---

[786] *Grüneberg*, in: Palandt, § 313 Rn 41.

Dabei muss das Schuldverhältnis grundsätzlich im Zeitpunkt der Störung bestehen. Eine Anpassung oder Aufhebung des Vertrags kommt grundsätzlich nur bei noch nicht abgewickelten Vertragsverhältnissen und nur für die Zukunft in Betracht. § 313 BGB ist dagegen nicht anwendbar, wenn noch kein Vertrag zustande gekommen ist, da es dann an der erforderlichen Geschäftsgrundlage fehlt. In besonderen Ausnahmefällen kann § 313 BGB allerdings dann in Betracht kommen, wenn die Hauptleistungspflichten bereits vollständig abgewickelt sind. Hierfür ist eine im Einzelfall vorzunehmende Interessenabwägung erforderlich.

Soweit ein entsprechendes Schuldverhältnis bejaht wurde, sind weitere Voraussetzungen gem. § 313 BGB zu prüfen:

2. Reales Element der Geschäftsgrundlage

In § 313 I BGB ist die Rede von Umständen, die zur Grundlage des Vertrags geworden sind. Erste Voraussetzung ist also eine Geschäftsgrundlage. **801**

Das reale Element der **Geschäftsgrundlage** ist ein Umstand, dessen (Fort-)Bestehen oder Eintritt von mindestens einer Vertragspartei bei Abgabe der Vertragserklärung vorausgesetzt wird.[787] **802**

Nach ständiger Rspr. wird die Geschäftsgrundlage aus den nicht zum eigentlichen Vertragsinhalt erhobenen, beim Vertragsschluss aber zutage getretenen, dem anderen Teil erkennbar gewordenen und von ihm nicht beanstandeten Vorstellungen der einen Partei oder den gemeinsamen **Vorstellungen** beider Parteien von dem Vorhandensein oder dem künftigen Eintritt bestimmter Umstände gebildet.[788] Es geht also um Umstände, die Grundlage des Vertrags geworden sind. Keinesfalls dürfen die Umstände zum Vertrags*inhalt* geworden sein (!), da dann die vertragliche Vereinbarung vorrangig ist. Dabei kann sich die Störung aus einer **objektiven** Bewertung des Vertragsgleichgewichts ergeben (§ 313 I BGB) wie auch aus Störungen im **subjektiven** Vorstellungsbild der Parteien (§ 313 II BGB).

Die **objektive Geschäftsgrundlage** i.S.d. § 313 I BGB bilden diejenigen Umstände und allgemeinen Verhältnisse, deren Vorhandensein oder Fortdauer objektiv erforderlich sind, damit der Vertrag im Sinn der Intentionen beider Parteien noch als sinnvolle Regelung bestehen kann. Dabei genügt es, wenn die Parteien das Bestehenbleiben der Umstände als selbstverständlich ansahen, ohne dass sie sich dies ausdrücklich bewusst machten. Solche sich verändernden Verhältnisse sind bspw. eine Geldentwertung oder andere wirtschaftliche Veränderungen. Soweit jedoch die Parteien das Wertungleichgewicht gekannt haben oder voraussahen, scheidet eine Anwendung des § 313 BGB aus. **803**

Beispiel („Rotweinfall"): V hat sich gegenüber K verpflichtet, diesem 100 Kisten mit je 12 Flaschen Rotwein aus einem Weinanbaugebiet in Château-Chinon (Bourgogne) zu beschaffen. Als Preis wird vereinbart, dass dieser maximal 10% über dem der Vorjahreslieferung liegen dürfe. Durch ein Unwetter in dieser französischen Region wurde jedoch fast die gesamte Traubenernte in Château-Chinon zerstört. V kann aber den Weinhändler W ausfindig machen, der bereit ist, ihm 100 Kisten dieses Weines zu verkaufen, allerdings zu einem Preis, der das 20-Fache des mit K vereinbarten Preises beträgt. Muss V den Wein von W kaufen und an K liefern? **804**

Geht man von der Anwendbarkeit des deutschen Rechts aus, könnte sich der Anspruch des K gegen V auf Lieferung des Weines aus § 433 I BGB ergeben. Ein Kaufvertragsschluss liegt vor.

Dem Anspruch des K gegen V steht auch nicht § 275 I BGB entgegen, da W bereit ist, V 100 Weinkisten zur Verfügung zu stellen. Dass W dabei das 20-Fache des zwischen V und K vereinbarten Preises verlangt, ist für die Frage der absoluten Unmöglichkeit des § 275 I

---

[787] BGHZ 128, 230, 236; KG NJW-RR 1998, 663, 664.
[788] BGHZ 131, 209, 214; BGH NJW 1997, 320, 323; *Rösler*, JuS 2005, 120, 122.

BGB irrelevant. Dafür ist allein entscheidend, ob der Schuldner tatsächlich noch leisten kann oder nicht. Im vorliegenden Fall könnte V noch leisten, wenn er das Angebot des W annähme. Der Anspruch scheitert also nicht an § 275 I BGB.

Auch kann V dem K nicht die Einrede des § 275 II BGB entgegenhalten. Nach § 275 II BGB wird der Schuldner erst von seiner Leistungspflicht frei, wenn das Leistungsinteresse des Gläubigers zu dem vom Schuldner zu erbringenden Aufwand in einem groben Missverhältnis steht. Vorliegend müsste V einen finanziell hohen Aufwand leisten, um seine Leistungspflicht gegenüber K zu erfüllen. Da der Wein aus dieser Region in diesem Jahr eine Rarität ist und sich wahrscheinlich gut verkaufen lässt, ist auch das Interesse des Gläubigers K an der Lieferung durch V gestiegen. Wenn aber das Leistungsinteresse des Gläubigers in gleichem Maße ansteigt wie der Aufwand des Schuldners, liegt kein grobes Missverhältnis zwischen Aufwand und Interesse i.S.v. § 275 II BGB vor. Demnach kann V nicht die Einrede des § 275 II BGB erheben.

Fraglich ist aber, ob V von K nach § 313 BGB eine Anpassung des Vertrags verlangen kann. Dafür müsste er bei Vertragsschluss das (Fort-)Bestehen eines Umstands vorausgesetzt haben (*reales Element*). Als V seine Vertragserklärung abgab, ging er davon aus, dass die Traubenernte in Château-Chinon wie jedes Jahr üppig sein werde. In seiner Vorstellung gab es also kein Unwetter über der Bourgogne, das einen Großteil der Ernte zerstörte. Diese Vorstellung war auch für K erkennbar. Auch wurde dieser Umstand nicht zum Vertragsinhalt, weil die Parteien keine Vereinbarung für den Fall des Ernteausfalls getroffen hatten. Dass es – wie jedes Jahr – eine üppige Traubenernte in der Bourgogne geben würde, wurde also Geschäftsgrundlage für den zwischen V und K geschlossenen Vertrag. Das reale Element ist damit gegeben.

805 Die **subjektive Geschäftsgrundlage** i.S.d. § 313 II BGB sind die bei Abschluss des Vertrags zutage getretenen, dem anderen Teil erkennbar gewordenen und von ihm nicht beanstandeten Vorstellungen einer Partei oder die gemeinsamen Vorstellungen beider Parteien von dem Vorhandensein oder dem Eintritt bestimmter Umstände.[789] Dabei ist zu beachten, dass einseitige Erwartungen einer Partei nur dann zur Geschäftsgrundlage gehören, soweit sie in den dem Vertrag zugrunde liegenden gemeinschaftlichen Geschäftswillen beider Parteien aufgenommen worden sind. Dafür ist es nicht ausreichend, wenn eine Partei der anderen Partei ihre Vorstellungen bei Vertragsschluss mitgeteilt hat. Vielmehr ist erforderlich, dass das Verhalten des anderen Teils nach Treu und Glauben als Einverständnis und Aufnahme der Erwartungen in die gemeinsame Geschäftsgrundlage gewertet werden kann. Die Störungen im subjektiven Vorstellungsbild können z.B. auftreten, wenn der von einer Partei mit dem Vertragsgegenstand verfolgte Zweck entfällt oder vereitelt wird oder sonstige Annahmen – wie das Bestehen einer Partnerschaft auf Lebenszeit – sich als falsch herausstellen.

Hinweis für die Fallbearbeitung: Neben der Differenzierung zwischen subjektiver und objektiver Geschäftsgrundlage besteht auch die Einordnung in **große** und **kleine Geschäftsgrundlage**. Dabei wird unter der großen Geschäftsgrundlage die dem Vertrag zugrunde liegende Erwartung in die Stabilität der politischen und wirtschaftlichen Verhältnisse verstanden, während alle sonstigen Erwartungen unter die kleine Geschäftsgrundlage zu fassen sind. Diese Unterscheidung hat jedoch für die Fallbearbeitung keine Relevanz und wird hier nur vollständigkeitshalber erwähnt.

3. Fehlen/Wegfall des die Geschäftsgrundlage ausmachenden Umstands

806 Dieser die Geschäftsgrundlage bildende Umstand muss entweder schon bei Vertragsschluss gefehlt, sich schwerwiegend verändert haben oder später weggefallen sein. In § 313 I BGB wird auf die „schwerwiegende Veränderung" abgestellt, wohingegen § 313 II BGB das Fehlen von Anfang an umfasst.

[789] BGH NJW 2001, 1204, 1205; BGHZ 25, 390, 392; *Rösler*, JuS 2005, 120, 122.

Im **Rotweinfall** (Rn 804) fiel die Geschäftsgrundlage aufgrund der unwetterbedingten weitgehenden Zerstörung der Traubenernte in Château-Chinon nach Vertragsschluss weg bzw. hat sich nach Vertragsschluss schwerwiegend verändert, § 313 I BGB.

4. Hypothetisches Element der Geschäftsgrundlage

Das zweite Element der Geschäftsgrundlage ist ein hypothetisches.

Das **hypothetische Element** liegt vor, wenn der Umstand für die Partei, die ihn vorausgesetzt hat, so wichtig gewesen ist, dass sie bei Kenntnis der wahren Sachlage den Vertrag nicht oder nicht so abgeschlossen hätte. 807

Entgegen dem Wortlaut des § 313 I BGB genügt es, wenn bzgl. des hypothetischen Elements nur auf eine der beiden Parteien abgestellt wird. Denn wenn bereits *eine Partei* sich bei Kenntnis der Umstände nicht auf einen Vertrag eingelassen hätte, „hätten *die Parteien* den Vertrag nicht oder nicht so abgeschlossen".

Hätte V im **Rotweinfall** (Rn 804) gewusst, dass nahezu die gesamte Traubenernte durch ein Unwetter zerstört wird, hätte er wohl keinen Vertrag über die Lieferung von Wein von genau diesen Trauben abgeschlossen bzw. hätte er für eine solche Lieferung eine höhere Gegenleistung verlangt. Bei Kenntnis der wahren Sachlage hätte V den Vertrag also nicht mit diesem Inhalt abgeschlossen. Damit ist auch das hypothetische Element gegeben.

5. Normatives Element der Geschäftsgrundlage

Schließlich muss i.R. des normativen Elements gefragt werden, ob ein Festhalten am unveränderten Vertrag für die betroffene Partei **unzumutbar** ist.

Beim **normativen Element** muss in einer wertenden Abwägung auf alle Umstände des Einzelfalls eingegangen werden. Dabei muss die Frage nach der Zumutbarkeit in beide Richtungen gestellt werden. Zunächst ist festzustellen, ob der benachteiligten Partei das Festhalten am unveränderten Vertrag unzumutbar ist und danach inwieweit der anderen Partei eine Anpassung zugemutet werden kann. 808

Nach § 313 I BGB ist insb. die **vertragliche oder gesetzliche Risikoverteilung** zu berücksichtigen. Daraus ergibt sich, dass bei ausdrücklicher vertraglicher Risikoübernahme die Rechte aus § 313 BGB ausgeschlossen sind.[790] Ebenso scheidet eine Anwendung des § 313 BGB aus, wenn sich das Risiko typischerweise aus dem Vertrag ergibt.

Beispiel: So scheidet die Anwendung des § 313 BGB beim Bürgschaftsvertrag aus, wenn sich der Bürge über die Vermögensverhältnisse des Hauptschuldners geirrt hat. Der Bürge trägt nämlich gerade das Risiko fehlender Zahlungsfähigkeit des Schuldners. Aus diesem Grund wird der Bürgschaftsvertrag überhaupt geschlossen.

Trotz eindeutiger Risikozuweisung kann in Ausnahmefällen eine Anpassung nach § 313 BGB erforderlich sein. Die Rechtsprechung des BGH verlangt aber einschränkend, dass ein Festhalten am Vertrag zu untragbaren, mit Recht und Gerechtigkeit nicht zu vereinbarenden Ergebnissen führen würde.[791] Das ist richtig, denn die Übernahme des Risikos ist ja gerade vertraglich vereinbart und die das Risiko übernehmende Partei muss sich daher auch grds. daran festhalten lassen.

So trägt grds. der Schuldner einer Sachleistung das **Beschaffungsrisiko** für den Leistungsgegenstand. Entsteht durch Umstände außerhalb des Einfluss- und Risikobereichs des Schuld- 809

[790] Vgl. nur BGH NJW 2006, 899, 901.
[791] BGHZ 128, 230, 238; BGH NJW 2012, 1718 f.

ners aber ein so krasses Missverhältnis zwischen Leistung und Gegenleistung, dass das Festhalten am Vertrag zu untragbaren, mit Recht und Gerechtigkeit nicht zu vereinbarenden Ergebnissen führen würde (s.o.), kann der Vertrag angepasst werden. Diese Fälle werden als solche der wirtschaftlichen Unmöglichkeit benannt (Rn 818).

Auch im **Rotweinfall** (Rn 804) stellt sich i.R. des normativen Elements die Frage, ob die für eine Vertragsanpassung erforderliche Unzumutbarkeit festgestellt werden kann. Da V aufgrund der vertraglichen Vereinbarung mit K das Beschaffungsrisiko trägt, müssen auch hier Umstände außerhalb des Einfluss- und Risikobereichs des V vorgelegen haben, die ein so krasses Missverhältnis zwischen Leistung und Gegenleistung mit sich gebracht haben, dass ein Festhalten am Vertrag zu untragbaren, mit Recht und Gerechtigkeit nicht zu vereinbarenden Ergebnissen führen würde (s.o.). Ein solch krasses Missverhältnis kann bei dem 20-Fachen des anvisierten Preises angenommen werden. Nur mit der Annahme des Angebots von W kann V seine Leistungspflicht gegenüber K noch erfüllen. Daher ist es richtig, eine Störung der Geschäftsgrundlage anzunehmen. Dieses Ergebnis ist aufgrund der gegebenen Sachlage auch K zumutbar.

810 Auch bei einer Geldentwertung kann eine Anpassung des Vertrags trotz eindeutiger Risikozuweisung vorgenommen werden. Grundsätzlich trägt nämlich der Geldgläubiger das **Geldentwertungsrisiko**. Deswegen begründet auch i.d.R. das Sinken der Kaufkraft des Geldes keine Rechte aus § 313 BGB.[792] Eine Anpassung des Vertrags kann nur geboten sein, wenn das Gleichgewicht von Leistung und Gegenleistung so stark gestört ist, dass die Grenze des übernommenen Risikos überschritten und das Interesse der benachteiligten Partei auch nicht mehr annähernd gewahrt ist.

811 Ebenso kann die vom Gläubiger beabsichtigte **Verwendung** ausnahmsweise Geschäftsgrundlage sein. Grundsätzlich fällt zwar die Verwendbarkeit in den Risikobereich des Empfängers. Hat sich aber der andere Teil die geplante Verwendung so weit zu eigen gemacht, dass auch er sie als wesentliche Grundlage des Vertrags ansieht, kann es zu einer Anwendung des § 313 BGB kommen. Dies ist insb. anzunehmen, wenn die geplante Verwendung bei der Preisbemessung berücksichtigt worden ist (siehe dazu Rn 820 – Zweckstörung).

812 Eine Unzumutbarkeit des Festhaltens am unveränderten Vertrag muss hingegen grundsätzlich abgelehnt werden, wenn der Schuldner die Änderung **verschuldet** hat oder diese auf sein eigenes Tun zurückgeht. Ebenso sind dem Schuldner die Rechte aus § 313 BGB verwehrt, wenn er sich bei Eintritt der Änderung im Verzug befand. Ähnlich zu behandeln sind die Fälle, in denen es für den Schuldner **vorhersehbar** war, dass eine solche Änderung der Umstände eintreten würde. Vorhersehbare Änderungen begründen nämlich i.d.R. keine Rechte aus § 313 BGB. Etwas anderes kann nur gelten, wenn beide Parteien auf den Nichteintritt der objektiv vorhersehbaren Entwicklung vertrauten oder wenn sie keine Vorsorgemaßnahmen treffen konnten.

IV. Rechtsfolgen

813 Als Rechtsfolge der Störung der Geschäftsgrundlage wird der Vertrag angepasst oder – als Ultima Ratio – aufgehoben. Dabei ist es das Ziel des § 313 BGB, eine möglichst interessengerechte Verteilung des verwirklichten Risikos bei möglichst geringem Eingriff in die ursprüngliche Regelung vorzunehmen.[793] Daraus ergibt sich, dass die Anwendung des § 313 BGB nur in Ausnahmefällen zur Beseitigung des Vertrags führt.

1. Vertragsanpassung, § 313 I BGB

814 Durch die Anpassung des Vertragsinhalts an die veränderten Verhältnisse soll die beim normativen Element festgestellte Unzumutbarkeit beseitigt werden. Die Zumutbarkeit ist

[792] BGH NJW 1981, 1668; NJW-RR 1993, 272; BGHZ 86, 167, 168.
[793] BGH DStZ 1996, 23 f.; *Finkenauer*, in: MüKo, § 313 Rn 102.

damit sowohl auf der tatbestandlichen Ebene (beim normativen Element) als auch auf der Rechtsfolgenseite (bei der Vertragsanpassung) von großer Bedeutung.

Beispiele: I.R. der Vertragsanpassung kann es zur Herabsetzung oder Aufhebung einer Verbindlichkeit, zur Stundung, zur Gewährung von Teilzahlungen, zur Einräumung eines Ausgleichsanspruchs, zum Ersatz von Aufwendungen für eine zwecklos gewordene Leistung etc. kommen.

§ 313 gibt der Partei, für die ein Festhalten am unveränderten Vertrag unzumutbar ist, in erster Linie einen **Anspruch auf Vertragsanpassung**.[794] **815**

Grundsätzlich haben die Parteien zunächst über die Vertragsanpassung zu verhandeln. Dabei hat eine Vertragsanpassung grundsätzlich Vorrang vor einer Vertragsauflösung. Erst wenn eine Anpassung nicht möglich oder für den einen Teil unzumutbar ist, darf der Vertrag als Ultima Ratio aufgelöst werden. § 313 BGB stellt strenge Anforderungen an eine Auflösung des Vertrags auf. Diese sind nicht schon dann erfüllt, wenn sich eine Partei weigert, Verhandlungen über eine Vertragsanpassung zu führen. Denn es ist zu diesem Zeitpunkt noch nicht abschließend geklärt, ob eine Vertragsanpassung möglich ist. Die Partei, die eine Anpassung des Vertrags anstrebt, muss nötigenfalls das Gericht anrufen, um eine solche herbeizuführen.

Ebenso muss das Gericht angerufen werden, wenn zwar die Verhandlungen vorgenommen werden, diese aber zu keiner Einigung führen. Vor Gericht müsste eigentlich – dem Wortlaut des § 313 I BGB entsprechend („kann Anpassung des Vertrags verlangt werden") – zunächst auf Anpassung geklagt werden, ehe aus dem geänderten Vertrag vorgegangen werden darf. Eine solche Vorgehensweise widerspricht jedoch der Intention des Gesetzgebers. Die Klage ist also auf die nach dem veränderten Vertragsinhalt geschuldete Leistung zu richten und nicht auf die Zustimmung zur Anpassung.[795]

Im **Rotweinfall** (Rn 804) kann V von K verlangen, dass der Kaufpreis an den erhöhten Beschaffungspreis angenähert wird. Auch kann sich infolge dieser Verhandlungen ergeben, dass sich V und K darüber einigen, dass V dem K einen Wein aus einer anderen französischen Region beschafft. Weigert sich K, irgendwelche Verhandlungen mit V einzugehen, und beharrt auf die vereinbarte Leistungserbringung zum anvisierten Preis, kann V einen geänderten Vertragsinhalt einklagen.

2. Vertragsauflösung, § 313 III BGB

Eine Vertragsauflösung kommt nach § 313 III BGB in Betracht, wenn entweder eine Anpassung nicht möglich oder die Fortsetzung des Vertrags einem Teil unzumutbar ist. Zur Auflösung des Vertrags bedarf es einer rechtsgestaltenden Rücktritts- oder Kündigungserklärung.[796] § 313 III BGB gibt der einen Partei also nur ein **Recht** zum Rücktritt (§ 313 III S. 1 BGB) oder bei Dauerschuldverhältnissen ein Recht zur Kündigung (§ 313 III S. 2 BGB). Die Rückabwicklung des Vertrags nach einem ausgeübten Rücktritt erfolgt nach §§ 346 ff. BGB (vgl. Rn 497 ff.). **816**

V. Wichtige Fallgruppen

Der Anwendungsbereich der Störung der Geschäftsgrundlage ist aufgrund der im Rahmen des normativen Elements vorzunehmenden Abwägung stark wertungs- und einzelfallabhängig. Wegen der Vielgestaltigkeit der Fallkonstellationen sollen im Folgenden nur die wichtigsten, allgemein anerkannten Fallgruppen dargestellt werden. **817**

---

[794] Vgl. nur BGH NJW 2012, 373, 375.
[795] BGHZ 91, 32, 33; *Schmidt-Kessel/Baldus*, NJW 2002, 2076, 2077.
[796] BGHZ 133, 316, 328.

1. Äquivalenzstörung

Zur Geschäftsgrundlage eines gegenseitigen Vertrags gehört die Gleichwertigkeit (***Äquivalenz***) von Leistung und Gegenleistung.

818 Eine **Störung der Äquivalenz** ist gegeben, wenn das dem gegenseitigen Vertrag innewohnende angemessene Verhältnis von Leistung und Gegenleistung gestört ist.

Die Äquivalenzstörung beruht dabei nicht auf einseitigen Erschwerungen der vom Schuldner zu erbringenden Leistung, sondern auf unvorhergesehenen Umständen wie bspw. einer Geldentwertung. Grundsätzlich trägt der ***Gläubiger*** das **Risiko** der Entwertung einer Geld- oder Sachleistung und das Verwendungs- und Absatzrisiko der Sache.

819 Demnach begründen sowohl das Sinken der Kaufkraft als auch die Entwertung der Sachleistungsschuld i.d.R. keine Rechte aus § 313 BGB.[797] Nur ausnahmsweise ist eine Anpassung des Vertrags nach § 313 BGB geboten, wenn das **Gleichgewicht von Leistung und Gegenleistung so stark gestört** ist, dass die Grenze des übernommenen Risikos überschritten und das Interesse der benachteiligten Partei auch nicht mehr annähernd gewahrt ist. Der Vertrag ist dabei so an die veränderten Umstände anzupassen, wie das von der benachteiligten Partei zu tragende Risiko durch die Störung überschritten ist.

> **Beispiel:** V und K haben im Jahre 1922 einen Kaufvertrag abgeschlossen, bei dem sich V gegenüber K verpflichtete, diesem seine zwei Esel zum Preis von 100 Reichsmark zu überlassen. Ehe der Vertrag abgewickelt werden konnte, kam es zur großen Inflation der Jahre 1922/23. Für 200 Reichsmark bekam man zu dieser Zeit gerade noch ein Brot.
>
> In diesem Fall ist das von V übernommene Geldentwertungsrisiko weit überschritten. Er hat demnach auch kein Interesse mehr an dem Geschäft mit K. Der Vertrag muss mithin so angepasst werden, dass wieder eine dem Wert nach angemessene Gegenleistung dem Wert der zwei Esel gegenübersteht.

820 Bei Verträgen mit Versorgungscharakter sind die Voraussetzungen für eine Anpassung weniger streng, da die Empfänger für ihren Lebensunterhalt auf diese Zahlungen angewiesen sind. Ein Überschreiten ihrer Opfergrenze wird deswegen relativ früh angenommen.

> **Beispiele:** So wird von der Rspr. eine Störung der Geschäftsgrundlage bereits angenommen, wenn eine Entwertung der Unterhaltszahlung um 10% eingetreten ist.[798] Bei Ruhegeldvereinbarungen rechtfertigt eine Abweichung von 40% die Anpassung des Vertrags.[799]

821 Die Gleichwertigkeit von Leistung und Gegenleistung kann auch gestört sein, wenn den ***Schuldner*** das **Risiko** hinsichtlich der „gestörten" Leistung trifft. Der Geldleistungsschuldner trägt grundsätzlich das Risiko der Geld*beschaffung* und der Sachleistungsschuldner das Beschaffungs- bzw. Herstellungsrisiko. Ist seine Leistungserbringung erschwert, kann eine Anpassung des Vertrags nach § 313 BGB geboten sein. Eine Anpassung kommt jedoch nur in Betracht, wenn durch außerhalb seines Einfluss- und Risikobereichs eintretende Umstände ein so krasses Missverhältnis zwischen Leistung und Gegenleistung entsteht, dass ihm ein Festhalten am unveränderten Vertrag nicht mehr zuzumuten ist.[800] Liegt ein solcher Fall vor, spricht man von der **wirtschaftlichen Unmöglichkeit** (Rn 795). Wann dem Schuldner ein Festhalten am Vertrag nicht mehr

---

[797] BGH NJW-RR 1993, 271, 272; BGHZ 86, 167, 168.
[798] OLG Düsseldorf Rechtspfleger 1983, 461, 462.
[799] BAG NJW 1973, 959, 959; BGHZ 61, 31, 38.
[800] BGH BB 1956, 254; NJW 1989, 289, 290. Vgl. auch BGH NJW 2012, 373, 375.

zumutbar ist, wird i.R. des normativen Elements an den Umständen des Einzelfalls ermittelt.

Beispiele[801]**:** Die Voraussetzungen des § 313 BGB können vorliegen: beim übermäßigen Ansteigen der Herstellungskosten auf das 15fache; beim Brand im Fertigungshaus; beim Ansteigen der Kosten um das 60fache; bei schwerwiegenden Störungen durch Maßnahmen staatlicher Wirtschaftslenkung.

Soweit eine Anpassung des Vertrags das Ungleichgewicht nicht aufzuheben vermag, kann der Vertrag auch nach § 313 III S. 1 BGB aufgelöst werden.[802] **822**

Hinweis für die Fallbearbeitung: Umstritten ist, ob bei wirtschaftlicher Unmöglichkeit die Auflösung des Vertrags nach § 313 III BGB oder nach § 275 II BGB erfolgen soll. Nach richtiger Ansicht muss § 313 III BGB angewendet werden, da § 275 II BGB weit überwiegend auf die Gläubigerinteressen abstellt. Auch nach der Gesetzesbegründung soll § 275 II BGB nicht den Fall der wirtschaftlichen Unmöglichkeit erfassen.[803] Dieser Streit hat jedoch keine großen Auswirkungen, da der Beurteilungsmaßstab identisch ist. Es macht also keinen Unterschied, ob § 313 III BGB oder § 275 II BGB zur Auflösung des Vertrags bei Unzumutbarkeit des Schuldners herangezogen wird.

2. Zweckstörung

Soweit der Leistungserfolg ohne Zutun des Schuldners eintritt (**Zweckerreichung**) oder der Leistungserfolg wegen Wegfalls des Leistungssubstrats nicht mehr erreicht werden kann (**Zweckfortfall**), greifen ausschließlich die Regeln über die Unmöglichkeit. **823**

Im Falle der **Zweckstörung** ist die Leistung hingegen nicht unmöglich i.S.d. § 275 BGB. Vielmehr ist dann der Anwendungsbereich des § 313 BGB eröffnet. **824**

Eine **Zweckstörung** liegt vor, wenn der Gläubiger an der Leistung durch den Schuldner kein Interesse mehr hat, weil ein bestimmtes Ereignis nicht oder anders als erwartet eingetreten ist. Die geschuldete Leistungshandlung kann vom Schuldner zwar noch vorgenommen, jedoch kann der vertragsgemäße Erfolg nicht mehr erreicht werden. **825**

Beispiele für eine Störung der Geschäftsgrundlage: Kauf von Fertighäusern, wenn die Baugenehmigung versagt wird; Kauf von Gaststätteninventar, wenn der vom Verkäufer vermittelte Pachtvertrag ohne Verschulden des Käufers nicht zustande kommt; Vertrag über Lieferung von Whiskey in den Iran, für das der Käufer wegen der islamischen Revolution keine Abnehmer findet; Engagement von Musikern für eine Veranstaltung, die wegen eines Brandes im Konzertsaal ausfällt.

Gegenbeispiele: Der Käufer kann keine Rechte aus § 313 BGB herleiten, wenn er wegen Umsatzrückgangs für die gekaufte Ware keine Verwendung hat oder wenn ihm die Gaststätte, für die er Bier gekauft hat, gekündigt wird; auch scheidet eine Anwendung des § 313 BGB aus, wenn ein Grundstück gekauft wurde, um darauf eine Parkfläche anzulegen und sich später herausstellt, dass diese nicht benötigt wird; ebenso bleibt der Mieter an den Vertrag gebunden, wenn er bei Anmietung eines Ladens statt der zu erwartenden Gewinne Verluste macht; und auch der Schwiegervater kann nicht die Hochzeitskosten zurückverlangen, wenn die Ehe alsbald scheitert.

Grundsätzlich fällt die **Verwendbarkeit** des **Vertragsgegenstands** in den **Risikobereich des Empfängers**. Erst wenn sich der andere Teil die geplante Verwendung so weit zu eigen gemacht hat, dass sein Verlangen, den Vertrag trotz der aufgetretenen **826**

---

[801] Vgl. *Grüneberg*, in: Palandt, § 313 Rn 32 m.w.N.
[802] BGH NJW 2012, 373; *Canaris*, JZ 2001, 499, 502; *Grüneberg*, in: Palandt, § 313 Rn 42.
[803] BT-Drs. 14/6040, S.130.

Störung unverändert durchzuführen, gegen das Verbot widersprüchlichen Verhaltens verstößt, wird die **Verwendung** zur **Geschäftsgrundlage**. Dies ist insb. anzunehmen, wenn die beabsichtigte Verwendung bei der *Preisbemessung* berücksichtigt worden ist.[804] Der andere Teil hat dann ein **eigenes wirtschaftliches Interesse** an der geplanten Verwendung und der Verwendungszweck eröffnet ihm die Möglichkeit, eine höhere (oder überhaupt eine) Gegenleistung zu fordern. Hingegen genügt es nicht, wenn der eine Teil dem anderen Teil die geplante Verwendung lediglich mitgeteilt hat oder diese im Vertrag erwähnt wird.

Beispiel[805]: An der Wohnung des V führt die Route für den Krönungszug der englischen Königin vorbei. M möchte den Umzug gern direkt miterleben und die Queen auf jeden Fall auch sehen. Geschäftstüchtig vermietet V dem M seinen Balkon für diesen Tag für 200,- €. Wegen einer Erkrankung der Königin fällt der Krönungszug jedoch aus. V verlangt trotzdem von M die Bezahlung der 200,- €.

Da V den vereinbarten Leistungserfolg, nämlich die mietweise Überlassung des Balkons, noch herbeiführen kann, ist ihm seine Leistungspflicht nicht unmöglich i.S.d. § 275 BGB geworden. Das bedeutet, dass auch M nicht nach § 326 I BGB von seiner Verpflichtung zur Zahlung frei geworden ist.

Der Anspruch des V gegen M könnte aber nach den Grundsätzen der Störung der Geschäftsgrundlage, § 313 BGB, erloschen sein. Das *reale* Element und der *Wegfall* dieses Umstands (Ausfall des Krönungszugs) können unproblematisch bejaht werden. Auch das *hypothetische* Element liegt vor, weil M den Vertrag natürlich bei Kenntnis des Wegfalls nicht geschlossen hätte. Fraglich ist aber, ob auch das *normative* Element vorliegt. Dafür stellt sich zunächst die Frage, wer das Risiko der Verwendbarkeit des Leistungsgegenstands trägt. Dies ist grundsätzlich M. Nur wenn V auch ein wirtschaftliches Interesse an dem Stattfinden des Umzugs hatte, muss M dieses Risiko nicht alleine tragen. Vorliegend konnte V seinen Balkon nur aufgrund des Umzugs vermieten. Damit hatte auch V ein wirtschaftliches Interesse an dem Stattfinden des Umzugs, sodass M nicht allein das Risiko der Verwendbarkeit des Leistungsgegenstands zu tragen hat. Darüber hinaus ist es M unzumutbar, den Vertrag unverändert durchzuführen. Die Voraussetzungen des § 313 BGB sind also erfüllt. Eine Vertragsanpassung, als primäre Rechtsfolge des § 313 BGB, kommt in der vorliegenden Fallkonstellation nicht in Betracht. M steht damit nach § 313 III BGB ein Rücktrittsrecht zu.

3. Gemeinsamer Irrtum

827 In den vorgenannten Fallgruppen handelte es sich um solche mit einer objektiven Geschäftsgrundlage, da die Störungen von außen auf den Vertrag einwirkten. Soweit die Parteien einem gemeinsamen Irrtum unterliegen, liegt ein Fall der **subjektiven Geschäftsgrundlage** vor, die in § 313 II BGB geregelt ist. Von § 313 II BGB sind sowohl die Fälle des gemeinschaftlichen Irrtums über einen für die Willensbildung wesentlichen Umstand erfasst als auch die des gemeinschaftlichen Motivirrtums[806]. Dem steht es gleich, wenn die falsche Vorstellung *einer* Partei in den dem Vertrag zugrunde liegenden gemeinsamen Geschäftswillen aufgenommen worden ist.

Hinweis für die Fallbearbeitung: Dabei ist das Fehlen der Geschäftsgrundlage nach § 313 II BGB genauso zu behandeln wie der Wegfall der Geschäftsgrundlage nach § 313 I BGB. Rechte aus § 313 BGB scheiden demnach aus, wenn die Störung der Motivation ausschließlich in die Risikosphäre einer Partei fällt oder wenn die Vertragsdurchführung trotz des Irrtums zumutbar ist.

---

[804] BGH LM § 242 (Bb) Nr. 83; WM 1967, 561 f.; *Rösler*, JuS 2005, 27 ff.
[805] Vgl. „Krönungszugfall" BGH LM § 242 (Bb) Nr. 83.
[806] BGH NJW 2002, 292, 294; *Rösler*, JuS 2005, 120, 122.

a. Beidseitiger Eigenschaftsirrtum

Grundsätzlich ist der Anwendungsbereich des § 313 BGB gegeben, wenn sich bei Vertragsschluss beide Parteien über ein dem Vertrag zugrunde liegendes Motiv irren.[807] Die Parteien hätten ohne den Motivirrtum den Vertrag überhaupt nicht oder jedenfalls nicht zu den vereinbarten Bedingungen geschlossen. Dabei sind etwaige Subsidiaritätsprobleme zu § 119 II BGB nicht relevant, weil der bloße (unbeachtliche) Motivirrtum ohnehin nicht zu einer Anfechtung berechtigt. **Probleme** ergeben sich aber, wenn sich der gemeinschaftliche Irrtum auf eine **Eigenschaft** der Sache bezieht. Ein Eigenschaftsirrtum berechtigt nämlich grundsätzlich zur Anfechtung nach § 119 II BGB. **828**

Beispiel[808]**:** V und K haben sich über den Verkauf eines alten Schiffskompasses zum Preis von 500,- € geeinigt. Dabei gingen beide davon aus, dass der Schiffskompass aus einem alten Schiff der Handelsmarine stamme und der Preis daher angemessen sei. In Wirklichkeit handelt es sich jedoch um einen Kompass der Bismarck, einem Schlachtschiff der deutschen Kriegsmarine. Der Wert des Kompasses der Bismarck wird in Fachkreisen auf einen Wert von 10.000,- € taxiert. Vor der Übergabe des Kompasses an K erfährt V von diesem Umstand und möchte den Vertrag nicht mehr gelten lassen; zudem verweigert er die Herausgabe.

Dass V den Vertrag nicht mehr gelten lassen möchte sowie seine Weigerung, den Kompass herauszugeben, stellen eine konkludente Anfechtungserklärung i.S.d. § 143 I BGB dar. V müsste aber auch ein Anfechtungsrecht zustehen. Ein Anfechtungsgrund nach § 119 I BGB oder § 123 BGB ist nicht ersichtlich. V könnte sich aber bei der Abgabe seiner Willenserklärung über eine verkehrswesentliche Eigenschaft geirrt haben. Dann würde ihm ein Anfechtungsrecht nach § 119 II BGB zustehen. Der Wert des Kompasses selbst stellt keine verkehrswesentliche Eigenschaft dar. Ein wertbildender Faktor liegt jedoch in der Herkunft und der damaligen Verwendung des Kompasses. V stünde also eigentlich ein Anfechtungsrecht nach § 119 II BGB zu.

Allerdings hat sich auch K über diese Eigenschaft i.S.d. § 119 II BGB geirrt. Da sich eine solche Situation des beiderseitigen Eigenschaftsirrtums wohl nicht über eine ergänzende Vertragsauslegung lösen lässt, ist ihre Behandlung im Einzelnen umstritten.

⇨ Nach h.M.[809] sollen die Fälle des beidseitigen Eigenschaftsirrtums über die Grundsätze der Störung der Geschäftsgrundlage gelöst werden. § 119 II BGB regele nur den *einseitigen* Eigenschaftsirrtum. Begründet wird diese Ansicht damit, dass es unbillig sei, denjenigen, der zufällig als Erster seine Willenserklärung anficht, mit der Ersatzpflicht des § 122 BGB zu belasten. Darüber hinaus sei eine Anwendung der Grundsätze der Störung der Geschäftsgrundlage, **§ 313 BGB**, im Falle eines beidseitigen Eigenschaftsirrtums flexibler. Dadurch werde eine Vertragsanpassung an die wirklichen Umstände ermöglicht. Eine Anfechtung hingegen führe auf jeden Fall zur Beseitigung des Vertrags.

Nach dieser Ansicht könnte V den Vertrag nicht durch eine Anfechtung beseitigen. Es stünde ihm jedoch eventuell nach § 313 III BGB ein Rücktrittsrecht zu.

⇨ Nach der Gegenauffassung[810] sind die Anfechtungsregelungen der **§§ 119 ff. BGB** auch bei beidseitigem Eigenschaftsirrtum anwendbar. Diese Ansicht wird damit begründet, dass beim Doppelirrtum immer nur derjenige anfechten werde, für den das Geschäft nachteilig sei. Dementsprechend hänge es auch nicht vom Zufall ab, welche Partei anfechten werde. Das werde nur derjenige tun, zu dessen Nachteil die Wirklichkeit von der gemeinsamen Vorstellung abweiche, weil nur er an einer Beseitigung des

---

[807] RGZ 122, 200, 203 ff.; BGHZ 25, 390, 392; *Rösler*, JuS 2005, 120, 122.
[808] *R. Schmidt*, BGB AT, Rn 1363.
[809] So BGH NJW 2002, 2312 f.; BGHZ 139, 177, 181 ff. (dazu *Waas* JuS 2001, 14 ff.); BGHZ 25, 390, 392 ff.; BayObLG NJW 2003, 367; *Stadler*, BGB AT, § 25 Rn 95 ff.; *Köhler*, BGB AT, § 7 Rn 26; *Wolf/Neuner*, BGB AT, § 41 Rn 76; *Hefermehl*, in: Soergel, § 119 Rn 85.
[810] *Medicus/Petersen*, BR, Rn 162.

Vertrags nach § 142 I BGB interessiert sei. Daher sei es auch nicht unbillig, der anfechtenden Partei die Pflicht zum Schadensersatz nach § 122 BGB aufzuerlegen.

Nach dieser Ansicht könnte V den Kaufvertrag mit K nach § 119 II BGB anfechten.

⇨ Stellungnahme: Für die zweite Ansicht spricht, dass letztlich immer nur der anfechten wird, der aus dem Geschäft einen Nachteil zieht. Auch ist schwer einzusehen, dass der benachteiligten Partei das Anfechtungsrecht versagt werden sollte, nur weil sich zufällig auch ihr Vertragspartner irrte. Auf der anderen Seite darf jedoch nicht verkannt werden, dass letztlich ein gemeinsamer Irrtum der Parteien vorliegt und § 313 BGB es aufgrund seiner vorrangigen Rechtsfolge „Vertragsanpassung statt Vertragsvernichtung" vermeidet, den zufällig Benachteiligten mit dem Vertrauensschaden zu belasten. § 313 BGB ermöglicht in solchen Fällen eine flexiblere Handhabung als die Anfechtung.

Der h.M. ist damit zu folgen. Danach ist eine Anpassung des Vertrags nach den Grundsätzen der **Störung der Geschäftsgrundlage** (§ 313 BGB) vorzunehmen. Es ist danach zu fragen, was die Parteien redlicherweise vereinbart hätten, wenn ihnen die wahre Herkunft des Kompasses bekannt gewesen wäre. An diese Vereinbarung wird die ursprüngliche Vereinbarung angepasst. Sollte eine Anpassung für V unbillig sein, kann er nach § 313 III BGB den Rücktritt erklären.

b. Offener Kalkulationsirrtum

829 Ein **offener Kalkulationsirrtum** liegt vor, wenn die Kalkulationsgrundlage dem anderen Teil offengelegt wird und damit **beide Parteien gemeinsam** von einer bestimmten Kalkulationsgrundlage ausgehen und diese zur **Grundlage ihrer Verhandlungen** gemacht haben.[811]

830 Auch bei einem offenen Kalkulationsirrtum können sich Rechte aus § 313 BGB ergeben. Jedoch ist zu beachten, dass die Lösung der Fälle des offenen Kalkulationsirrtums zunächst im Wege der Auslegung zu suchen ist. So kann eine **ergänzende Vertragsauslegung** (§§ 133, 157 BGB) ergeben, dass die Parteien als Preis nicht den bezifferten Endbetrag, sondern die falsch addierten Einzelbeträge vereinbart haben. Diese Vorgehensweise bietet sich an, wenn die Berechnungsgrundlage in die Vertragsvereinbarungen mit einbezogen worden und der falsch errechnete Endbetrag durch einen Rechenfehler zustande gekommen ist. In einem solchen Fall ist die Angabe des falschen Gesamtpreises lediglich eine unschädliche *„falsa demonstratio"*. Als vereinbart gilt dann der Betrag, der sich bei richtiger Berechnung ergibt.

Beispiel: X bietet Bierkrüge zu einem Stückpreis von 2,- € an. Auf Bestellung des Y schickt X dem Y ein Angebot über 300 Bierkrüge zu einem Stückpreis von 2,- € = 400,- € (!). Das Angebot wird von Y angenommen.

Hier haben sich X und Y über den Verkauf von 300 Bierkrügen zu einem Stückpreis von 2,- € geeinigt. Die falsch bezifferte Gesamtsumme ist als *„falsa demonstratio"* unbeachtlich. Y muss also 600,- € an X bezahlen.

831 Die ergänzende Vertragsauslegung stößt an ihre Grenzen, wenn keine Möglichkeit besteht, das zu Ergänzende als sinngemäß miterklärt anzusehen. Auch scheidet eine Auslegung aus, wenn der bezifferte Endbetrag und die Berechnungsgrundlage den gleichen Stellenwert haben. Dann liegt ein Widerspruch vor und die Erklärung ist wegen *Perplexität* nichtig.

---

[811] *Wolf/Neuner*, AT, § 41 Rn 79; *Ellenberger*, in: Palandt, § 119 Rn 19; *Boecken*, AT, Rn 507.

Beispiel[812]**:** X bietet Y an, ihm eine Baugrube auszuheben. Das Angebot des X lautet: „Um die Baugrube auszuheben, müssen 100 m³ Erdreich bewegt werden. Jeder m³ kostet 100,- €. Ich mache Ihnen ein diesbezügliches Angebot zum Preis von 1.000,- €."

Anders als im obigen Fall („Bierkrüge") ist hier gar nicht ersichtlich, welcher Preis tatsächlich stimmt. Während bei den Bierkrügen ein eindeutiger Stückpreis vorlag und lediglich ein Rechenfehler auftrat, ist bei der Baugrube gar nicht ersichtlich, ob der Endbetrag von 1.000,- € gewollt ist oder der Preis pro m³ i.H.v. 100,- € (womit ein Gesamtpreis von 10.000,- € gemeint wäre).

Sollte die (u.U. auch ergänzende) Vertragsauslegung also nicht zum Ziele führen, kommt **832-837** – soweit die Kalkulation der anderen Partei mitgeteilt wurde und damit Geschäftsgrundlage geworden ist – eine Anpassung des Vertrags nach den Grundsätzen der **Störung der Geschäftsgrundlage** (§ 313 BGB) in Betracht.[813] Diese Lösung überzeugt und ist derjenigen, die die Anfechtung nach § 119 I BGB (wegen „erweiterten" Inhaltsirrtums) zulässt, vorzuziehen, weil letztlich ein **gemeinsamer Irrtum** der Parteien vorliegt und § 313 BGB es aufgrund seiner vorrangigen Rechtsfolge **„Vertragsanpassung statt Vertragsvernichtung"** vermeidet, den zufällig Benachteiligten mit dem Vertrauensschaden zu belasten.[814]

Beispiel: A will sein Mietshaus an B verkaufen. Sie einigen sich darüber, dass der Kaufpreis nach der 11fachen Jahresmiete des Hauses berechnet werden soll. Dafür setzen sich beide zusammen und errechnen einen Kaufpreis von 528.000,- € (11 x 48.000,- €). Vor dem Verkaufsgespräch hatte A dem B bereits Unterlagen über die Mietabrechnungen gegeben, aufgrund derer sie auch den Kaufpreis gemeinsam errechneten. In den Abrechnungen waren in einer Spalte die Monatsmieten angegeben, die zusammen 4.000,- € betrugen. In einer anderen Spalte waren die von den Mietern zusätzlich gezahlten Zuschläge, die sich auf einen Betrag von zusammen 1.000,- € beliefen, aufgeführt. A und B stellten eine Jahresmiete von 48.000,- € (4.000,- € x 12) fest. Sie kamen damit auf einen Kaufpreis von 528.000,- €. Dabei übersahen sie die Zuschläge i.H.v. 1.000,- € monatlich, sodass der Preis eigentlich um 132.000,- € (12 x 1.000,- € x 11) hätte höher sein müssen.

Nach Beurkundung des Kaufvertrags, Auflassung und Eintragung des B im Grundbuch entdeckt A das Versehen. Da er darüber hinaus einen anderen Käufer gefunden hat, der weit mehr als B zu zahlen bereit ist, verlangt er sein Mietshaus unter Hinweis auf die falsche Berechnung zurück. Wenigstens möchte er, dass ihm B den fehlenden Betrag von 132.000,- € nachzahlt.

Ein Anspruch auf Herausgabe des Hauses könnte sich aus **§ 985 BGB** ergeben. Dafür müssten A der Eigentümer und B der Besitzer des Hauses ohne ein Besitzrecht sein. B befindet sich im Besitz des Hauses. Fraglich ist, ob A auch der Eigentümer ist. Durch die Auflassung und Eintragung, §§ 873, 925 BGB, hat A zunächst das Eigentum an B verloren. Fraglich ist, ob ihm ein Anfechtungsgrund zusteht, der auch die *dingliche* Einigung rückwirkend zum Erlöschen bringen würde. Dies ist jedoch zu verneinen, da A das Haus an B übereignen wollte. Ob er sich über den Preis irrte, ist für die Übereignung irrelevant (keine Fehleridentität). Ein Herausgabeanspruch aus § 985 BGB scheidet damit aus.

A könnte gegen B einen Anspruch auf Herausgabe des Hauses aus **§ 812 I S. 1 Var. 1 BGB** haben. B hat das Eigentum und den Besitz am Haus durch eine Leistung des A erlangt. Fraglich ist, ob B dies ohne rechtlichen Grund erlangt hat. Dafür müsste der Kaufvertrag zwischen A und B über das Mietshaus durch Anfechtung rückwirkend vernichtet werden können. Dazu müsste A einen Anfechtungsgrund haben. In Betracht kommt § 119 I Var. 1 BGB. Allerdings liegt bei A kein Erklärungsirrtum vor. Wille und Erklärung stimmten vielmehr überein. A erklärte nicht etwas anderes, als er erklären wollte. Die Diskre-

---

[812] Vgl. *Medicus/Petersen*, BR, Rn 134.
[813] So BGH NJW 2002, 2312 f.; BGHZ 139, 177, 181 ff. (dazu *Waas* JuS 2001, 14 ff.); BayObLG NJW 2003, 367; *Köhler*, BGB AT, § 7 Rn 26; *Stadler*, BGB AT, § 25 Rn 43; *Brox/Walker*, BGB AT, Rn 426; *Wolf/Neuner*, AT, § 41 Rn 76. Vgl. nun auch *Emmerich*, JuS 2006, 1021 ff.
[814] *R. Schmidt*, BGB AT, Rn 1335.

panz besteht lediglich zwischen dem gewollt Erklärten und dem richtigen Rechenergebnis. Der damit angesprochene offene Kalkulationsirrtum betrifft vielmehr die Willensbildung und ist demnach als unbeachtlicher Motivirrtum einzustufen, der grundsätzlich nicht zur Anfechtung berechtigt.[815]

Demnach steht A kein Anfechtungsrecht zu. Ein Anspruch aus § 812 I S. 1 Var. 1 BGB auf Herausgabe des Hauses scheidet damit aus.

Fraglich ist somit, ob A von B Nachzahlung der restlichen 132.000,- € verlangen kann. Ein solcher Anspruch ergibt sich nicht direkt aus dem Kaufvertrag, da dieser zu einem Betrag von 528.000,- € zustande gekommen ist.

Zu prüfen ist daher, ob A im Wege der **ergänzenden Vertragsauslegung** ein Anspruch auf die fehlenden 132.000,- € zusteht. Die Parteien einigten sich darüber, dass der Kaufpreis das 11fache der Jahresmiete betragen sollte. Dieser Einigung ist nicht eindeutig zu entnehmen, ob auch die zusätzlich von den Mietern gezahlten Zuschläge eingerechnet werden sollten. Auch haben sich A und B nicht bei der Berechnung der einzelnen Ziffern vertan, sondern vielmehr einen weiteren Posten übersehen. Eine ergänzende Vertragsauslegung hilft A insofern nicht weiter.

A könnte aber über **§ 313 BGB** einen Anspruch auf Vertragsanpassung über eine Nachzahlung von 132.000,- € haben. Dafür ist zunächst fraglich, ob es sich um einen gemeinsamen oder nur um einen einseitigen Irrtum des A handelt. A und B haben den Kaufpreis gemeinsam errechnet. Dabei bezogen sie beide irrtümlicherweise die Zuschläge nicht mit in den Kaufpreis ein. Damit liegt ein gemeinsamer Irrtum vor.

Es müssten die Voraussetzungen der Störung der Geschäftsgrundlage gegeben sein.

1. Ein **Schuldverhältnis** liegt in dem Kaufvertrag gem. § 433 II BGB zwischen A und B vor.

2. Das **reale Element** ist gegeben. A hat darauf vertraut, dass die von ihm und B angestellten Berechnungen über den Kaufpreis des Mietshauses richtig sind. Er hat mithin darauf vertraut, dass auch die Zuschläge mit im Kaufpreis eingerechnet waren. Dadurch, dass auch B Einblick in die Unterlagen hatte, wurde die Vorstellung von der richtigen Preisberechnung auch zur Grundlage des Vertrags.

3. Es hat sich im Nachhinein herausgestellt, dass die Zuschläge nicht mit in den Kaufpreis eingerechnet waren. Damit stellte sich gem. § 313 II BGB die Vorstellung des A als falsch heraus.

4. Auch das **hypothetische Element** ist gegeben. A hätte sich bei Erkennen seiner Fehlvorstellung nicht oder nicht mit dieser Preisvereinbarung auf den Vertrag mit B eingelassen.

5. Schließlich müsste auch das **normative Element** vorliegen. Grundsätzlich trägt der Verkäufer das Risiko der richtigen Preisberechnung. In diesem Fall hatte jedoch auch B Einblick in die Unterlagen und konnte diesen und den Verhandlungen entnehmen, dass A den Vertrag unter Berücksichtigung der Zuschläge schließen wollte. Unter diesem Aspekt ist danach zu fragen, ob es A zumutbar ist, auf die Nachzahlung zu verzichten. Dabei ist davon auszugehen, dass der zwischen A und B vereinbarte Kaufpreis nicht zu hoch ist, wenn es Interessenten für das Haus gibt, die einen weit höheren Preis bezahlen würden. Es kann also mit guten Gründen angenommen werden, dass eine Anpassung in diesem Einzelfall geboten ist.

---

[815] BGH NJW 2002, 2312 f.; 1998, 3192, 3193 f; BGHZ 139, 177, 181; *R. Schmidt*, BGB AT, Rn 1333 m.w.N.; *Rösler*, JuS 2005, 120, 123.

G. Kündigung von Dauerschuldverhältnissen aus wichtigem Grund, § 314 BGB

I. Einführung

Dauerschuldverhältnisse sind dadurch gekennzeichnet, dass sich das Schuldverhältnis nicht in einer einmaligen Leistungserbringung erschöpft, sondern eine länger andauernde oder zumindest wiederkehrende Leistungserbringung zum Gegenstand hat. Typische Beispiele sind Mietverträge, Leihverträge, Dienstverträge (inkl. Arbeitsverträge, aber auch Energielieferungsverträge – vgl. dazu im Einzelnen Rn 841 ff.). Wesen eines Dauerschuldverhältnisses ist die Möglichkeit der Beendigung durch Kündigung. Denn es leuchtet ein, dass wegen der mit einem jedenfalls unbefristeten Dauerschuldverhältnis verbundenen Rechtswirkungen eine „Bindung auf ewig" nicht in Betracht kommen kann. Die Möglichkeit der „ordentlichen" Kündigung ist folgerichtig in den Normengefügen der jeweiligen Vertragstypen positivrechtlich geregelt (vgl. exemplarisch §§ 542 I, 568, 573 ff. BGB für den Mietvertrag). Daneben ist es gewohnheitsrechtlich anerkannt, dass jedes Dauerschuldverhältnis auch aus wichtigem Grund „außerordentlich" gekündigt werden kann. In einigen Bereichen hat der Gesetzgeber diese Art der Beendigung von Dauerschuldverhältnissen auch spezialgesetzlich geregelt. So existieren einige Normen, die es erlauben, bestimmte Dauerschuldverhältnisse aus wichtigem Grund zu kündigen. 838

Das Kündigungsrecht aus wichtigem Grund ist in zahlreichen **Sondervorschriften** des BGB und in anderen Gesetzen für bestimmte Schuldverhältnisse geregelt. So finden sich v.a. für die echten Dauerschuldverhältnisse besondere Vorschriften für die Kündigung wegen Pflichtverletzung wie z.B. in §§ 543, 569, 581 II BGB für die Miete und die Pacht, in § 490 BGB für den Darlehensvertrag, in § 723 BGB für den Gesellschaftsvertrag, in §§ 626 ff. BGB für den Dienstvertrag, in § 648a BGB für den Werkvertrag, in § 89a HGB für den Handelsvertretervertrag und in § 297 AktG für Unternehmensverträge. Vor der Einführung des § 314 BGB im Jahre 2002 wurde für andere als die genannten Dauerschuldverhältnisse in Gesamtanalogie zu diesen Vorschriften ein allgemeines Recht zur Kündigung aus wichtigem Grund angenommen. Mit Wirkung zum 1.1.2002 hat der Gesetzgeber in **§ 314 BGB** kodifiziert, dass jedes Dauerschuldverhältnis bei Vorliegen eines wichtigen Grunds von beiden Seiten gekündigt werden kann. Zu beachten ist dabei, dass die speziellen gesetzlichen Regelungen dem § 314 BGB vorgehen. Sofern also ein Dauerschuldverhältnis vorliegt, bei dem der Gesetzgeber auch die Möglichkeit der Beendigung durch Kündigung aus wichtigem Grund vorgesehen hat, sind die diesbezüglichen Vorschriften als *leges speciales* anzuwenden. Daraus ergibt sich, dass § 314 BGB nur Bedeutung für solche Dauerschuldverhältnisse haben kann, die nicht von den gesetzlichen Sonderregelungen erfasst sind. Die Vorschrift gilt daher bspw. für Franchiseverträge, Bierbezugsverträge, Wärmelieferungsverträge, Darlehensverträge, „Fitnessstudioverträge", aber auch für Schuldübernahmen und Bürgschaftsverträge, soweit sich diese auf künftige Ansprüche beziehen.

§ 314 BGB ist **im Kern zwingendes Recht**. Es kann also zwar individualvertraglich, nicht aber in AGB eingeschränkt oder abbedungen werden.[816]

Kündigung von Dauerschuldverhältnissen aus wichtigem Grund, § 314 BGB 839

§ 314 BGB regelt die Kündigung von Dauerschuldverhältnissen aus wichtigem Grund. Als allgemeine Vorschrift ist § 341 BGB jedoch nur einschlägig, wenn sich für einen bestimmten Vertragstyp keine Sonderregelungen (wie bspw. §§ 543, 569, 626 BGB) finden. § 314 BGB greift bspw. bei Franchiseverträgen oder Bierbezugsverträgen. Die Kündigung ist ein Gestaltungsrecht und ihre Rechtsfolgen treten erst mit der Ausübung des Rechts (Kündigungserklärung – einseitige empfangsbedürftige Willenserklärung) ein.

---

[816] BGH NJW 2012, 1431 f. (Kündigung eines Fitnessstudio-Vertrags wegen Schwangerschaft) – dazu Rn 849.

I. Voraussetzungen

1. Dauerschuldverhältnis

Für § 314 BGB muss zunächst ein wirksames Dauerschuldverhältnis bestehen. Ein solches liegt vor, wenn die Leistungspflicht mindestens einer Partei in einem dauernden Verhalten oder in regelmäßig wiederkehrenden Leistungen besteht und der Gesamtumfang der von den Parteien zu erbringenden (Haupt-) Leistungen von der Dauer der Zeit abhängt, während die Leistungen des Schuldners fortlaufend zu erbringen sind. Ein solches Dauerschuldverhältnis liegt *nicht* vor, wenn lediglich eine festbestimmte Gesamtmenge in Raten erbracht wird.

2. Vorliegen eines wichtigen Grunds

Ein wichtiger Grund i.S.d. § 314 BGB ist gegeben, wenn Tatsachen vorliegen, die unter Berücksichtigung aller Umstände und unter Abwägung der beiderseitigen Interessen die Fortsetzung des Vertrags für den Kündigenden unzumutbar machen. Dieser Grund kann in der Verletzung einer Haupt- oder Nebenpflicht der Gegenseite liegen oder sich aus sonstigen Gründen ergeben.

3. Interessenabwägung

Bei der von § 314 I S. 2 BGB geforderten Interessenabwägung sind alle Umstände des Einzelfalls zu berücksichtigen. In die Bewertung fließen dabei die Schwere der Pflichtverletzung, die Beeinträchtigung des Vertrauensverhältnisses oder das Verschulden einer Partei mit ein.

4. Abhilfefrist oder Abmahnung, § 314 II S. 1 BGB

Wenn der wichtige Grund in einer Pflichtverletzung besteht, muss die verletzende Partei zunächst abgemahnt oder es muss – wenn es sich um eine leistungsbezogene Pflichtverletzung handelt – eine Frist gesetzt werden. Die Abmahnung oder Fristsetzung kann gem. §§ 314 II S. 2, 323 II Nr. 1 oder 2 BGB entbehrlich sein.

5. Kündigung innerhalb einer angemessenen Frist

Schließlich muss eine wirksame Kündigung innerhalb einer angemessenen Frist erfolgen, § 314 III BGB. Dadurch soll der Gegenseite Klarheit darüber verschafft werden, ob von dem Kündigungsrecht Gebrauch gemacht wird.

II. Rechtsfolgen

Eine wirksame Kündigung beendet das Vertragsverhältnis für die Zukunft (ex nunc).

III. Verhältnis von § 314 BGB zu anderen Regelungen

Die Kündigung ist bei Dauerschuldverhältnissen grundsätzlich vorrangig zu den Regelungen der §§ 323 ff. BGB. Zu beachten ist beim Bezugsvertrag, dass dieser einerseits ein Dauerschuldverhältnis darstellt und andererseits aus einzelnen Kauf-, Werk- oder ähnlichen Verträgen besteht. Während für den Rahmenvertrag § 314 BGB gilt, sind für die einzelnen Verträge (z.B. eine einzelne Bierlieferung) die allgemeinen Vorschriften der §§ 323 ff. BGB anwendbar.

§ 314 IV BGB stellt klar, dass durch die Kündigung die nach anderen Vorschriften bestehende Möglichkeit, Schadensersatz zu verlangen, nicht ausgeschlossen wird.

Wegen § 313 III BGB ist – sofern eine Störung der Geschäftsgrundlage vorliegt – grundsätzlich zunächst eine Vertragsanpassung vorzunehmen.

II. Voraussetzungen

840 Voraussetzung für ein Kündigungsrecht nach § 314 BGB ist das Vorliegen eines wichtigen Grunds, der die Fortsetzung des Schuldverhältnisses bis zum Ablauf der vereinbarten Zeit oder der Frist für eine ordentliche Kündigung unter Berücksichtigung aller Umstände und unter Abwägung der beiderseitigen Interessen für den Gläubiger unzumutbar macht.

Zu beachten ist, dass das Kündigungsrecht in § 314 BGB ein ***Gestaltungsrecht*** ist. Eine wirksame Kündigung bedarf also neben dem Kündigungsgrund in § 314 BGB einer wirksamen Kündigungserklärung. Hierbei handelt es sich um eine einseitige empfangsbedürftige Willenserklärung (§ 130 BGB), wobei die Kündigungserklärung den Kündigungsgrund nicht angeben muss. Der Kündigende muss dem anderen Teil aber auf Verlangen den Kündigungsgrund unverzüglich mitteilen, § 626 II S. 2 BGB analog.

1. Bestehen eines Dauerschuldverhältnisses

Zunächst muss für § 314 BGB ein wirksames Dauerschuldverhältnis bestehen.

Ein **Dauerschuldverhältnis** liegt vor, wenn die Leistungspflicht mindestens einer Partei in einem dauernden Verhalten oder in regelmäßig wiederkehrenden Leistungen besteht und der Gesamtumfang der zu erbringenden (Haupt-)Leistungen von der Dauer der Zeit abhängt, während die Leistungen des Schuldners fortlaufend zu erbringen sind. 841

Zu den Dauerschuldverhältnissen zählen etwa Miete, Pacht, Dienst- bzw. Arbeitsverträge, Gesellschaftsverträge, Leasing[817], Franchising, Darlehen, Leihe, „Fitnessstudioverträge", Verwahrungs- und Versicherungsverträge. Bei den Sukzessivlieferungsverträgen ist zu unterscheiden. Lediglich der Dauerbezugsvertrag (unechter Sukzessivlieferungsvertrag) stellt ein Dauerschuldverhältnis dar. Der Ratenlieferungsvertrag hingegen ist kein Dauerschuldverhältnis.

- Beim „echten" Sukzessivlieferungsvertrag (***Ratenlieferungsvertrag***) wird eine von vornherein fest bestimmte Gesamtmenge geschuldet, die ratenweise zu verschiedenen Zeitpunkten zu liefern ist. Das Zeitmoment hat also nur auf die Art und Weise der Leistung, nicht aber auf den Inhalt und Umfang Einfluss. Damit handelt es sich bei den echten Sukzessivlieferungsverträgen um zeitlich gestreckte Austauschverträge, die zumeist Kauf- oder Werkverträge sind. Vom Ratenlieferungsvertrag können sich die Vertragsparteien nicht durch eine Kündigung, sondern **nur durch den Rücktritt** lösen. Bei auftretenden Leistungsstörungen wie Leistungsverzögerungen oder Schlechtleistungen gelten keine Besonderheiten hinsichtlich der Rechtsbehelfe des Gläubigers. Dieser kann bzgl. der verschiedenen gestörten Teilleistungen unterschiedliche Rechtsbehelfe geltend machen. So kann er z.B. hinsichtlich einer gestörten Teilleistung auf Erfüllung bestehen und den Verzögerungsschaden nach §§ 280 II, 286 BGB verlangen. Hinsichtlich einer anderen Teilleistung steht ihm das Recht zu, über §§ 280 I, III, 281 BGB nach Fristsetzung Schadensersatz statt der Leistung zu fordern.
- Der Dauerlieferungsvertrag (***Bezugsvertrag***) wird auf unbestimmte Zeit ohne Festlegung einer bestimmten Leistungsmenge geschlossen. Die Leistungsmenge richtet sich nach dem Bedarf des Abnehmers und steht dementsprechend nicht von vornherein fest. Der Bezugsvertrag – bspw. ein Bierlieferungs- oder Energieversorgungsvertrag – erfordert ständige Leistungsbereitschaft und gilt als echtes **Dauerschuldverhältnis**. Damit kann der Bezugsvertrag nur gem. **§ 314 BGB** mit Wirkung für die Zukunft, d.h. mit Wirkung für den noch nicht abgewickelten Vertragsteil, beendet werden.

Zu beachten ist, dass § 314 BGB nur für vertragliche Dauerschuldverhältnisse gilt. Dies ergibt sich sowohl aus der systematischen Stellung des § 314 BGB unter dem Untertitel „Anpassung und Beendigung von Verträgen" als auch aus dem Wortlaut der Norm.

[817] Zu aktuellen Entwicklungen im Leasingrecht vgl. *Harriehausen*, NJW 2015, 1422 ff.

2. Vorliegen eines wichtigen Grunds

842 Für das Kündigungsrecht nach § 314 BGB muss zunächst ein wichtiger Grund vorliegen.

843 Ein **wichtiger Grund** i.S.d. § 314 BGB ist gegeben, wenn Tatsachen vorliegen, die unter Berücksichtigung aller Umstände und unter Abwägung der beiderseitigen Interessen die Fortsetzung des Vertrags für den Kündigenden unzumutbar machen.[818]

Dabei kann der wichtige Grund in der Verletzung einer Haupt- oder Nebenpflicht des Vertrags liegen oder in anderen Umständen wie z.B. einer wesentlichen Veränderung der Verhältnisse begründet sein.

844 Erbringt der Schuldner i.R. eines Dauerschuldverhältnisses seine **Hauptleistung nicht oder nicht vertragsgemäß**, ist ein Kündigungsgrund gegeben. Dies ergibt sich aus dem – dem Leistungsstörungsrecht zugrunde liegenden – Gedanken, dass derjenige, der nicht leisten will oder dazu nicht in der Lage ist, auch nicht erwarten kann, dass der andere Teil an dem Vertrag festgehalten wird. Dabei muss jedoch in Ausnahmefällen von einem Kündigungsgrund abgesehen werden, wenn die Pflichtverletzung nur unerheblich war (vgl. den Rechtsgedanken des § 323 V BGB).

845 Ein Kündigungsgrund kann sich auch aus der **Verletzung von Nebenpflichten** i.S.d. § 241 II BGB ergeben. Verletzt der Schuldner Schutzpflichten gegenüber dem Gläubiger, steht Letzterem ein Kündigungsgrund nach § 314 BGB zu. Eine solche Schutzpflichtverletzung ist v.a. gegeben, wenn der eine Vertragspartner vorsätzlich eine Straftat gegen den anderen Vertragspartner begeht. Typische Beispiele sind Körperverletzung (§ 223 StGB), Diebstahl (§ 242 StGB), Unterschlagung (§ 246 StGB), Untreue (§ 266 StGB), aber auch Beleidigung (§ 185), Verleumdung (§ 187 StGB) und Verrat von Geschäfts- und Betriebsgeheimnissen (§ 17 UWG).

Hinweis für die Fallbearbeitung: Zu beachten ist, dass für ein Kündigungsrecht nach § 314 BGB ein **Verschulden** des anderen Teils nicht erforderlich ist, was sich allerdings nicht weiter auswirkt, wenn der Kündigungsgrund in einer vorsätzlichen Straftat liegt. Auf der anderen Seite schließt das Vorliegen eines pflichtwidrigen Verhaltens des Kündigenden den Kündigungsgrund nicht von vornherein aus. Alle diese Umstände werden jedoch bei der Gesamtwürdigung aller Einzelheiten berücksichtigt.

846 Ein außerordentliches Kündigungsrecht kann sich auch aus **sonstigen Gründen** ergeben, die keine Leistungsstörung darstellen. Gerade bei Dauerschuldverhältnissen, die eine enge Zusammenarbeit auf der Grundlage eines gegenseitigen Vertrauens voraussetzen, kann auch die Zerstörung des erforderlichen Vertrauensverhältnisses Grund für eine außerordentliche Kündigung sein. Dabei müssen u.a. der Zweck und die Art des Vertrags, das Ausmaß an persönlicher Bindung und auch die Möglichkeit von Kontrollen berücksichtigt werden.[819] Wurde die Vertrauensgrundlage durch einen dringenden Verdacht einer schwerwiegenden Pflichtverletzung entzogen, der sich im Nachhinein nicht bestätigte, ändert sich an der Wirksamkeit der Kündigung nichts. Aus dem Grundsatz von Treu und Glauben (§ 242 BGB) kann dann die Pflicht des Kündigenden bestehen, erneut ein Dauerschuldverhältnis einzugehen.

847 Schließlich kann ein außerordentlicher Kündigungsgrund auch gegeben sein, wenn sich im Laufe des Vollzugs des Dauerschuldverhältnisses **außerhalb des Vertrags liegende Umstände** schwerwiegend verändert haben, was etwa bei Krankheit des Kündigungswilligen denkbar ist. In diesen Fällen scheidet ein Kündigungsrecht jedoch aus, wenn sich die Störung durch Anpassung des Vertrags an die veränderten Umstände beseitigen lässt und den Parteien eine Fortsetzung des Vertrags zuzumuten ist. Hier wird demnach das Verhältnis von § 314 BGB zu § 313 BGB relevant (siehe dazu Rn 856 ff.)

---

[818] Vgl. nur BGH NJW 2012, 376; NJW 2012, 1341 f.
[819] BGH NJW 2000, 202; NJW 1977, 1777, 1778; BAG NJW 1995, 1110, 1111.

3. Interessenabwägung, § 314 I S. 2 BGB

Die eigentliche Prüfung des wichtigen Grunds erfolgt in einer umfassenden Interessenabwägung auf einer zweiten Stufe. Dem Kündigenden darf die Fortsetzung des Vertragsverhältnisses bis zum vereinbarten Vertragsende unter Berücksichtigung aller Umstände des Einzelfalls und unter Abwägung der beiderseitigen Interessen nicht zugemutet werden können (§ 314 I S. 2 BGB).[820] **848**

> **Hinweis für die Fallbearbeitung:** Zunächst sind also alle Umstände des Einzelfalls zu ermitteln. Anschließend sind die ermittelten Umstände gegeneinander und untereinander abzuwägen.

Da die Parteien eigenverantwortlich einen Vertrag geschlossen haben und grundsätzlich daran gebunden bleiben sollen (*pacta sunt servanda* - Rn 785), fällt im Allgemeinen die Abwägung nur dann zugunsten des Kündigenden aus, wenn Gründe, auf die die Kündigung gestützt werden kann, im Risikobereich des Kündigungsgegners liegen. Denn dann ist dessen Vertrauen in den Fortbestand des Vertrags nicht schutzbedürftig. Wird der Kündigungsgrund hingegen aus Vorgängen hergeleitet, die dem Einfluss des Kündigungsgegners entzogen sind bzw. aus der eigenen Interessensphäre des Kündigenden herrühren, rechtfertigt dies grds. keine außerordentliche Kündigung.[821] **849**

Beispiel: K ist Kriminalbeamtin. Sie hat mit F einen Fitnessstudiovertrag[822] über die Dauer von 24 Monaten[823] geschlossen. Eine ordentliche Kündigung vor Ablauf der Vertragsdauer ist nach den (wirksamen) AGB ausgeschlossen. Nach ca. 1 Jahr wird sie in eine andere, ca. 70 km entfernte Stadt versetzt. Sie möchte daher den Vertrag kündigen.

Da eine spezielle gesetzliche Kündigungsmöglichkeit nicht besteht und auch eine an sich vorrangige Anpassung des Vertrags gem. § 313 I BGB (dazu Rn 860) nicht zielführend wäre, kommt eine außerordentliche Kündigung aus wichtigem Grund gem. § 314 I S. 1 BGB in Betracht. Da aber Dauerschuldverhältnisse gerade darauf angelegt sind, für eine längere Zeit zu gelten, kann eine außerordentliche Kündigung nicht ohne weiteres möglich sein. Auch der Inhaber eines Fitnessstudios hat ein berechtigtes Interesse an der Einhaltung der Vertragspflichten. Derjenige, der bewusst einen längerfristigen Vertrag über die Nutzung eines Fitnessstudios abschließt und sich dafür im Gegenzug einen günstigeren Monatsbeitrag erkauft, muss daher grds. das Risiko tragen, die angebotenen Leistungen aufgrund einer Veränderung seiner persönlichen Verhältnisse während der dann längeren Laufzeit nicht mehr nutzen zu können.[824]

Allerdings ist es auch gefestigte Rspr., dass dem Nutzer eines Fitnessstudios bei Umständen, die nicht in seinem Risiko- und Verantwortungsbereich liegen, die weitere Nutzung der Leistungen des Studiobetreibers bis zum Ende der vereinbarten Vertragslaufzeit unzumutbar sein kann.[825] Das ist etwa bei Vorliegen einer Erkrankung der Fall, die ihm für die restliche Vertragslaufzeit die Nutzung der Einrichtungen des Fitnessstudios nicht ermöglicht.[826] Auch K hat als Nutzerin eines Fitnessstudios, die das Trainingsangebot infolge eines Wohnsitzwechsels wegen der Entfernung nicht mehr in Anspruch nehmen kann, ein nachvollziehbares Interesse daran, dem Leistungsanbieter kein Entgelt mehr entrichten zu müssen. Der Umstand, dass K aufgrund ihres Umzugs die Leistungen des Fitnessstudios nicht mehr in Anspruch nehmen kann, ist nach der Rspr. aber allein ihrem Risikobereich zuzuordnen. Das gilt auch dann, wenn der Wohnsitzwechsel beruflich veranlasst ist. Denn

---

[820] Vgl. dazu auch BT-Drs. 14/6040, S. 178; BGH NJW 2012, 1341 f.; *Gaier*, in: MüKo, § 314 Rn 10.
[821] Vgl. AG Bremen 16.10.2014 - 10 C 47/14; AG Freiburg 23.1.2013 - 1 C 2951/12; LG Gießen 15.2.2012 - 1 S 338/11.
[822] Dabei handelt es sich wohl um einen gemischttypischen Vertrag mit Dienst-, Miet- und Werkvertragselementen.
[823] Die Erstlaufzeit von 24 Monaten ist vom BGH (NJW 2012, 1431 f.) nicht beanstandet worden. Gleichwohl ist eine solch lange Laufzeit heute – in Anbetracht der Konkurrenzsituation – eher unüblich.
[824] Vgl. AG Bremen 16.10.2014 - 10 C 47/14 mit Verweis auf BGH NJW-RR 2011, 916.
[825] BGH NJW 2012, 1341 f.
[826] BGH NJW 2012, 1341 f.

auch in diesem Fall ist der Umstand, dass K das Leistungsangebot des F nicht mehr in zumutbarer Weise nutzen kann, nicht von F beeinflussbar.[827]

K hat daher kein Recht zur außerordentlichen Kündigung.[828]

850 Bei der Interessenabwägung muss ferner beachtet werden, ob einer Partei ein schuldhaftes Verhalten vorwerfbar ist. Grundsätzlich ist für ein Kündigungsrecht nach § 314 BGB ein **Verschulden** des anderen Teils weder erforderlich noch ausreichend (s.o.).[829] Allerdings wird eine vom Schuldner nicht zu vertretende Pflichtverletzung nur in seltenen Fällen zu einer Unzumutbarkeit beim Gläubiger führen, es sei denn, dem Gläubiger sind durch die Pflichtverletzung schwerwiegende Schäden entstanden. Auf der anderen Seite schließt das Vorliegen eines pflichtwidrigen Verhaltens des Kündigenden den Kündigungsgrund nicht von vornherein aus. Diesem Umstand kommt jedoch auf der zweiten Stufe, bei der Gesamtwürdigung aller Einzelheiten, eine erhebliche Rolle zu. Im Ergebnis wird demnach der sich selbst pflichtwidrig verhaltende Teil keine wirksame Kündigung aussprechen können. Trifft beide Parteien ein Verschulden, muss bei der Interessenabwägung ermittelt werden, ob einer Partei ein überwiegendes schuldhaftes Verhalten vorzuwerfen ist. Wenn dies feststellbar ist, muss dieser Partei ein Kündigungsrecht versagt sein.

4. Abhilfefrist oder Abmahnung, § 314 II S. 1 BGB

851 Besteht der wichtige Grund in einer Verletzung einer Pflicht aus dem Vertrag, bestimmt § 314 II S. 1 BGB, dass die Kündigung erst nach erfolglosem Ablauf einer zur Abhilfe bestimmten Frist oder nach erfolgloser Abmahnung zulässig ist. Im Rahmen der Abhilfeaufforderung bzw. der Abmahnung muss der Gläubiger den Schuldner auf die konkrete Pflichtverletzung hinweisen (Hinweis- bzw. Rügepflicht), ihn für die Zukunft zu einem vertragsgerechten Verhalten auffordern (Ermahnungsfunktion) und für den Fall der weiteren Pflichtverletzung auf die Konsequenzen hinweisen (Warnfunktion).[830]

852 Ob eine Abmahnung oder eine Fristsetzung zu erfolgen hat, hängt vom Inhalt des Schuldverhältnisses bzw. von der Art der Pflichtverletzung ab. Sowohl bei der Abhilfeaufforderung als auch bei der Abmahnung gilt aber, dass wegen des Verweises in § 314 II S. 2 BGB auf § 323 II Nr. 1 und 2 BGB[831] eine Frist zur Abhilfe unter den dort genannten Voraussetzungen entbehrlich ist. Die Bestimmung einer Frist zur Abhilfe und eine Abmahnung sind auch entbehrlich, wenn besondere Umstände vorliegen, die unter Abwägung der beiderseitigen Interessen die sofortige Kündigung rechtfertigen (§ 314 II S. 3 BGB). § 314 II BGB bringt mithin zum Ausdruck, dass die Kündigung nur als *Ultima Ratio* erfolgen soll. Der Gläubiger soll dem Schuldner also erst im Wege eines milderen Mittels die Chance geben, sich in Zukunft pflichtgemäß zu verhalten.

853 Zu beachten ist: Hat der Gläubiger den Schuldner aufgrund einer Pflichtverletzung abgemahnt, kann er den Kündigungsgrund nicht mehr auf diesen Sachverhalt stützen. Ein Kündigungsrecht steht ihm erst zu, wenn der Schuldner wiederholt – nach der Abmahnung – eine vergleichbare Pflichtverletzung begeht. Dies gilt nicht bei der Fristsetzung. Soweit die Frist erfolglos abgelaufen ist, steht dem Gläubiger ein Kündigungsrecht zu.

---

[827] Vgl. AG Bremen 16.10.2014 - 10 C 47/14; AG Freiburg 23.1.2013 - 1 C 2951/12; LG Gießen 15.2.2012 - 1 S 338/11.

[828] Nichts anderes ergäbe sich, wenn man § 313 III S. 2 BGB anwendete (dazu Rn 860).

[829] BGH DB 1972, 2054, 2055; BT-Drs. 14/6040, S. 177.

[830] Siehe BGH NJW 2012, 53 f.

[831] Die Beschränkung auf § 323 II Nr. 1 und 2 BGB gilt seit der am 13.6.2014 in Kraft getretenen Gesetzesänderung und war erforderlich, weil § 323 II Nr. 3 BGB n.F. nach seiner Beschränkung auf nicht vertragsgemäß erbrachte Leistungen die Möglichkeit der fristlosen Kündigung aus besonderem Grund kaum noch zulässt (vgl. BT-Drs. 17/13951, S. 64). Zudem wird die Beschränkung auf § 323 II Nr. 1 und 2 BGB durch den neuen (mit § 323 II Nr. 3 BGB a.F. praktisch wortgleichen) § 314 II S. 3 BGB ausgeglichen.

Beispiele:

(1) Bierlieferant B hat den Kneipenwirt K beim Ausliefern des Bieres heftig angepöbelt und übel beleidigt. B möchte kündigen. ⇨ In diesem Fall würde eine Fristsetzung keinen Sinn machen. K müsste aber zunächst i.S.d. § 314 II S. 1 BGB eine Abmahnung aussprechen, ehe er kündigen kann.

(2) Das von B gelieferte Bier ist verdorben. ⇨ In dieser Konstellation muss K dem B grds. eine Frist setzen, den Mangel der letzten Lieferung zu beseitigen. K kann daneben auch eine Mahnung aussprechen, dass er den Vertrag kündigen werde, wenn ein solcher Mangel noch einmal auftreten werde.

Für die Voraussetzungen, unter denen es einer Fristbestimmung oder Abmahnung nicht bedarf, wird durch die Bezugnahme auf § 323 II Nr. 1 und 2 BGB die gleiche Regelung wie beim Rücktritt getroffen. So ist eine Abmahnung nach § 314 II S. 2 i.V.m. § 323 II Nr. 1 BGB nicht erforderlich, wenn der Schuldner die Leistung ernsthaft und endgültig verweigert, sodass der Gläubiger zur sofortigen Kündigung berechtigt ist.

5. Kündigung innerhalb einer angemessenen Frist, § 314 III BGB

Nach § 314 III BGB kann die Kündigung nur innerhalb einer angemessenen Frist seit Kenntnis vom Kündigungsgrund erfolgen. Diese Vorschrift dient zum einen dem anderen Teil, der darüber Klarheit haben soll, ob von der Kündigungsmöglichkeit Gebrauch gemacht wird. Zum anderen kann nach längerem Abwarten des Gläubigers nicht mehr davon ausgegangen werden, dass die Fortsetzung des Vertragsverhältnisses unzumutbar ist. Der Gesetzgeber hat bei § 314 BGB ausdrücklich auf die Festlegung einer bestimmten Frist verzichtet. Dies hat seinen Grund darin, dass Dauerschuldverhältnisse zu vielgestaltig sind, um für alle Arten die gleiche Frist vorschreiben zu können.[832] **854**

III. Rechtsfolgen

Als Rechtsfolge der Kündigung wird der Vertrag *ex nunc* beseitigt. Im Unterschied zum Rücktritt entsteht also kein Rückgewährschuldverhältnis nach §§ 346 ff. BGB, sondern die Abwicklung geschieht ausschließlich mit Wirkung für die Zukunft. Die in der Vergangenheit ausgetauschten Leistungen werden demnach nicht zurückgewährt, sondern bleiben ausgetauscht. Weitere Folge der Ex-nunc-Wirkung ist, dass das gekündigte Vertragsverhältnis den Rechtsgrund i.S.d. § 812 BGB für das Behaltendürfen der in der Vergangenheit ausgetauschten Leistungen darstellt.[833] Grund dafür ist, dass es – insb. bei bereits länger bestehenden Dauerschuldverhältnissen – zu Rückabwicklungsschwierigkeiten kommen würde. Ausnahmsweise kann jedoch ein Rücktritt mit Rückabwicklungspflichten in Betracht kommen, wenn – insbesondere bei Leistungsstörungen in der Anfangsphase eines Dauerschuldverhältnisses – die vollständige Rückabwicklung problemlos möglich und sachgerecht ist.[834] **855**

IV. Verhältnis von § 314 BGB zu anderen Regelungen

In § 314 IV BGB wird das Verhältnis zu den Schadensersatzansprüchen, §§ 280 I, III, 281, 283 BGB oder auch § 311a II BGB, klargestellt. Ebenso enthält § 313 III S. 2 BGB eine Anordnung darüber, dass bei Dauerschuldverhältnissen der Rücktritt i.R. des § 313 BGB verdrängt ist. Das Verhältnis der §§ 323 ff. BGB zu § 314 BGB ist hingegen nicht ausdrücklich im Gesetz klargestellt. **856**

---

[832] BT-Drs. 14/6040, S. 178.
[833] BGH NJW 1982, 2553, 2554.
[834] BGH NJW 2002, 1870 ff.

1. Verhältnis zu §§ 323 ff. BGB

857 Grundsätzlich gilt, dass bei Dauerschuldverhältnissen ein Rücktritt vom *gesamten* Vertrag nicht möglich ist. Die Parteien können also nur kündigen, aber nicht zurücktreten. Dies hat seinen Grund darin, dass Rückabwicklungsprobleme, die bei einem Rücktritt auftreten können, vermieden werden sollen (s.o.). Die Kündigung wirkt hingegen nur für die Zukunft. § 314 BGB verdrängt insoweit §§ 323 ff. BGB.

2. Verhältnis zu §§ 280 ff., 311a II BGB

858 § 314 IV BGB stellt klar, dass durch die Kündigung die nach anderen Vorschriften bestehenden Möglichkeiten, Schadensersatz zu verlangen, nicht ausgeschlossen werden. Bei Nichterfüllung oder Schlechtleistung der Einzelleistungen gelten hinsichtlich dieser die allgemeinen Vorschriften. So kann der Gläubiger, sofern die Voraussetzungen der §§ 280 I, III, 281 I S. 1, 283 BGB oder des § 311a II BGB vorliegen, Schadensersatz statt der Leistung hinsichtlich einer Teilleistung verlangen. Darüber hinaus steht ihm das Recht zu, neben dem Erfüllungsbegehren den Verzögerungsschaden nach §§ 280 I, II, 286 BGB geltend zu machen.

859 Der Schadensersatzanspruch besteht nach § 314 IV BGB auch, wenn dem einen Teil wegen des pflichtwidrigen Verhaltens des anderen Teils ein Kündigungsrecht zusteht. Darüber hinaus wird diesem Teil der Anspruch auch nicht genommen, wenn er sich mit einer Aufhebung des Vertrags einverstanden erklärt hat. Hingegen entfällt ein Schadensersatzanspruch, wenn auch der andere Teil wegen eines wichtigen Grunds zur Kündigung berechtigt wäre.[835]

3. Verhältnis zu § 313 BGB

860 Bei Dauerschuldverhältnissen kommen beim Eintreten von Umständen, die die Fortsetzung des Vertrags für eine Partei unzumutbar machen, sowohl ein Kündigungsrecht nach § 314 BGB als auch Rechte aus § 313 BGB in Betracht. Es stellt sich damit die Frage, welche Norm anzuwenden ist. Nach der Gesetzesbegründung soll dieses Verhältnis § 313 III BGB klären.[836] Soweit es um die Auflösung des Vertrags bei Dauerschuldverhältnissen geht, verdrängt ein bestehendes Kündigungsrecht aus wichtigem Grund nach § 314 BGB das Rücktrittsrecht aus § 313 BGB.[837] Dabei darf aber nicht verkannt werde, dass wegen des Grundsatzes *pacta sunt servanda* (Rn 849) eine **Vertragsanpassung** nach § 313 BGB grundsätzlich Vorrang vor der Kündigung aus wichtigem Grund, § 314 BGB, haben muss. Eine Kündigung ist also ausgeschlossen, wenn sich die Störung durch Anpassung des Vertrags an die veränderten Umstände ausgleichen lässt und beiden Parteien die Fortsetzung des Vertrags zuzumuten ist. Die Regelung über die Störung der Geschäftsgrundlage geht mithin grundsätzlich der Kündigung aus wichtigem Grund vor.

861 **Hinweis für die Fallbearbeitung:** Soweit bei einem Dauerschuldverhältnis Umstände eingetreten sind, die die Fortsetzung des Vertrags für eine Partei unter Abwägung der Interessen unzumutbar machen, kämen als Rechte sowohl die des § 313 BGB als auch das Recht des § 314 BGB in Betracht. Dabei ist zu beachten, dass § 313 BGB nur anzuwenden ist, wenn die Umstände nicht Vertragsinhalt geworden sind. Liefert also bspw. ein Lieferant mehrmals mangelhaft, scheidet eine Anwendung des § 313 BGB schon von vornherein aus, da die mangelfreie Leistung zum Inhalt des Vertrags gehört. Liegen hingegen Umstände vor, die nicht Vertragsinhalt geworden sind und sowohl ein Recht aus § 313 BGB als auch aus § 314 BGB ergeben, bietet sich folgende Vorgehensweise an:

[835] BGHZ 44, 271, 277; BGH NJW 1981, 1264, 1265.
[836] BT-Drs. 14/6040, S. 177.
[837] Vgl. auch BGH ZIP 1997, 257, 259.

- ⇨ Zunächst muss im Rahmen des **§ 313 BGB** versucht werden, durch eine Vertragsanpassung die Störung an die veränderten Umstände so auszugleichen, dass beiden Parteien die Fortsetzung des Vertrags zuzumuten ist.
- ⇨ Soweit dies nicht möglich ist, greift **§ 314 BGB** ein, der dem jeweiligen Vertragsteil ein Kündigungsrecht gewährt. Dabei ist zu beachten, dass an die Unzumutbarkeit der Fortsetzung des Vertrags beim Kündigungsrecht weniger strenge Anforderungen zu stellen sind als bei der Störung der Geschäftsgrundlage.[838] Liegen die Voraussetzungen des § 313 III BGB vor, ist damit grundsätzlich auch ein wichtiger Grund i.S.d. § 314 I S. 2 BGB gegeben.

[838] BGH NJW 1997, 1702, 1703.

10. Kapitel – Inhalt von Schadensersatzansprüchen

A. Einführung

I. Haftungsbegründung und Haftungsausfüllung

862 Ist in einer Fallbearbeitung die Prüfung eines Schadensersatzanspruchs verlangt, ist grundsätzlich in zwei Schritten vorzugehen.

863 Zunächst ist die Frage der **Haftungsbegründung** zu klären. Hierbei geht es um die Prüfung, ob die Tatbestandsvoraussetzungen einer Anspruchsgrundlage erfüllt sind, deren Rechtsfolge einen Schadensersatz gewährt. Solche Anspruchsgrundlagen finden sich bspw. im allgemeinen Schuldrecht (§§ 280 ff. BGB), im besonderen Schuldrecht (§§ 823 ff. BGB) oder im Sachenrecht (§§ 989, 990 BGB). Aber auch in anderen Gesetzen gibt es Normen, deren Rechtsfolgen auf einen Schadensersatz gerichtet sind wie z.B. §§ 7, 18 StVG. Je nachdem, wie der konkrete Sachverhalt ausgestaltet ist, kann eine oder können mehrere Anspruchsgrundlagen erfüllt sein, und dem Gläubiger dem Grunde nach einen Schadensersatzanspruch gegen den Schuldner gewähren. Ist dies der Fall, kann der haftungsbegründende Tatbestand bejaht werden. Damit ist aber noch gesagt, ob und in welchem Umfang ein Schaden entstanden ist und v.a. ob und wie dieser Schaden zu ersetzen ist. Dies ist vielmehr eine Frage des haftungsausfüllenden Tatbestands.

864 Gegenstand der **Haftungsausfüllung** ist also die Frage, ob durch die Rechtsgutverletzung ein Schaden eingetreten ist, ob dies auch kausal durch den haftungsbegründenden Tatbestand erfolgt ist und ob und wie, also in welchem Umfang der Schaden zu ersetzen ist. Dies wird u.a. durch §§ 249 ff. BGB geregelt, die keine eigenen Anspruchsgrundlagen normieren, sondern allein die Haftungsausfüllung zum Regelungsgegenstand haben.

> **Beispiel:** A sitzt in einer Kneipe am Tresen und trinkt Bier. Als er merkt, dass er langsam müde wird, steht er auf und gerät aufgrund seines Alkoholpegels ins Schwanken. Damit er nicht umfällt, hält er sich am Jackett seines Sitznachbarn B fest und reißt diesem dabei den Ärmel der Jacke ein.
>
> Im Rahmen der **Haftungsbegründung** ist zu klären, welche Anspruchsgrundlage B gegen A einen Anspruch auf Schadensersatz gewähren könnte. Dabei kommt vorliegend § 823 I BGB in Betracht. Dessen Tatbestandsvoraussetzungen liegen vor, weil B durch eine Handlung das Eigentum des B rechtswidrig und schuldhaft verletzt hat.
>
> Beim **haftungsausfüllenden** Tatbestand ist zu klären, wie und in welchem Umfang der Schadensersatz zu gewähren ist. Dabei stellt sich zunächst die Frage, ob die Verletzungshandlung kausal für den Schaden war. Sodann ist der Inhalt und Umfang der Ersatzpflicht anhand der §§ 249 ff. BGB zu prüfen. Vorliegend muss A gem. § 249 I BGB im Wege der Naturalrestitution den Schaden beheben, d.h. die Sache reparieren (lassen). Es besteht aber auch gem. § 249 II BGB die Möglichkeit, dass B sich lediglich den für die Reparatur erforderlichen Geldbetrag auszahlen lässt.

II. Anwendungsbereich und Grundgedanken der §§ 249 ff. BGB

865 Obwohl §§ 249 ff. BGB im allgemeinen Schuldrecht normiert sind, gelten sie nicht nur für Schadensersatzansprüche aus dem allgemeinen und besonderen Schuldrecht, sondern haben einen weitaus größeren **Anwendungsbereich**. Sie sind auch bei Schadensersatzansprüchen aus den *anderen Büchern des BGB* (z.B. §§ 122, 179, 989, 990 BGB) sowie bei solchen Ansprüchen anwendbar, die aus anderen *Gesetzen* resultieren (z.B. §§ 7, 18 StVG, § 1 ProdHaftG, §§ 25 ff. AtomG). Dabei sind §§ 249 ff. BGB regelmäßig einheitlich anzuwenden, wobei im Einzelfall besondere Regelungen i.R. der jeweiligen haftungsbegründenden Normen vorrangig anwendbar sein können. So finden sich bspw. im Deliktsrecht einige Vorschriften, die den Umfang des Schadensersatzes bei unerlaub-

ten Handlungen i.S.d. § 823 BGB differenzierter regeln als §§ 249 ff. BGB (vgl. dazu §§ 842 ff. BGB). Auch in § 651f II BGB befindet sich eine besondere Regelung über den Inhalt von Schadensersatzansprüchen. Dort ist abweichend von § 253 BGB normiert, dass ein Nichtvermögensschaden auch zu ersetzen ist, wenn der Gläubiger seine Urlaubszeit nutzlos aufgewendet hat. Und schließlich finden sich bei Ansprüchen aus der Gefährdungshaftung teilweise summenmäßige Haftungsbeschränkungen (z.B. § 10 ProdHaftG, § 12 StVG).

§§ 249 ff. BGB verfolgen folgende **Grundgedanken**[839]: **866**

- Zunächst dient die Schadensersatzleistung der Wiedergutmachung der dem Gläubiger entstandenen Nachteile (**Ausgleichsfunktion**). Diese Wiedergutmachung erfolgt dadurch, dass der Schuldner den Gläubiger so zu stellen hat, wie dieser stünde, wenn das zum Schadensersatz verpflichtende Ereignis nicht eingetreten wäre, § 249 I BGB. Die Wiedergutmachung im Wege der Wiederherstellung nennt man **Naturalrestitution**.
- Weiterhin liegt §§ 249 ff. BGB der Gedanke der **Totalreparation** zugrunde. Das bedeutet, dass der Gläubiger sämtliche Einbußen ungeachtet ihrer Höhe ersetzt bekommt. Es ist dabei unerheblich, ob der Schuldner vorsätzlich oder nur fahrlässig oder gar leicht fahrlässig handelte. Seine Ersatzpflicht erstreckt sich i.d.R. auf alle durch sein Verhalten kausal entstandenen Schäden. Eine Ausnahme von diesem Prinzip gibt es, wie bereits erwähnt, bei einigen Ansprüchen aus der Gefährdungshaftung, für die eine Haftungshöchstgrenze normiert wurde (§ 10 ProdHaftG, § 12 StVG).
- §§ 249 ff. BGB liegt zwar in gewisser Weise ein präventiver Zweck zugrunde, ein **Bestrafungscharakter** ist den Vorschriften aber **nicht** immanent. D.h., dass die sog. **punitiv damages** (Bestrafungsschadensersatz)[840] mit dem deutschen Recht nicht vereinbar sind.

III. Prüfungsreihenfolge des haftungsausfüllenden Tatbestands

Im Rahmen des haftungsausfüllenden Tatbestands ist zu beachten, dass §§ 249 ff. BGB **867** nur regeln, *wie* ein Schaden zu beheben ist. Die Vorschriften sagen indes nichts darüber aus, wie ein Schaden genau zu *definieren* und unter welchen Umständen ein *Kausalzusammenhang* zwischen der Haftungsbegründung und einem Schaden anzunehmen ist. Deshalb ist das Gebiet des Schadensrechts durch eine Vielzahl nicht kodifizierter Grundsätze, aber auch durch eine Vielzahl von Einzelfallentscheidungen geprägt. Bei der Prüfung der Haftungsausfüllung ist somit nicht als erstes auf die Regelungen der §§ 249 ff. BGB einzugehen, weil sich bereits vor der Frage, wie der Schaden zu beheben ist, Probleme stellen können, die eine Wiedergutmachungspflicht des Schuldners vollständig in Frage stellen. Vorab wird auf die Ausführungen von *R. Schmidt*, Schuldrecht BT II zum Inhalt von Schadensersatzansprüchen verwiesen.[841] Die nachstehenden Erörterungen sollen insbesondere die systematische Vorgehensweise im Rahmen der Haftungsausfüllung in einer Fallbearbeitung, da diese nicht nur gesetzliche, sondern auch vertragliche Schadensersatzansprüche zum Gegenstand haben kann, darlegen und sie anhand einiger typischer Problemkonstellationen verdeutlichen.

---

[839] Vgl. *Grüneberg*, in: Palandt, Vorb v § 249 Rn 2 ff.
[840] Vgl. dazu *R. Schmidt*, SchuldR BT II, Rn 947.
[841] *R. Schmidt*, SchuldR BT II, Rn 1062 ff.

868

Prüfungsreihenfolge beim Schadensersatz

I. Haftungsbegründender Tatbestand
An dieser Stelle sind die Voraussetzungen der in Frage kommenden Schadensersatzanspruchsnormen (§§ 280 ff., 823 ff., 989, 990 BGB; §§ 7, 18 StVG, etc.) zu prüfen.

II. Haftungsausfüllender Tatbestand

1. Schadensbegriff
Ein **Schaden** ist jede unfreiwillige Einbuße, die jemand infolge eines bestimmten Umstands an seinen Rechtsgütern erleidet. Unterschieden werden Vermögens-, Nichtvermögens- und normativen Schäden.

2. Schadenszurechnung
Der Schaden muss in kausaler und zurechenbarer Weise durch die Handlung des Schädigers herbeigeführt worden sein. Die Zurechnung erfolgt anhand der **Äquivalenztheorie**, **Adäquanztheorie** und der Lehre vom **Schutzzweck der Norm**.

3. Art und Inhalt des Schadensersatzes, §§ 249 ff. BGB
Wurde ein kausaler und zurechenbarer Schaden herbeigeführt, sind §§ 249 ff. BGB relevant. Sie regeln die Art und den Inhalt der Schadensersatzpflicht und differenzieren zwischen der Naturalrestitution und der Schadenskompensation.

a. Grundsätzlich ist die **Naturalrestitution** (Wiederherstellung in Natur) vorrangig, **§ 249 I BGB**. Bei einer Sach- oder Personenbeschädigung kann der Geschädigte anstelle der Restitution Geldersatz verlangen, § 249 II BGB (Ersetzungsbefugnis).

b. Erst wenn eine Restitution wegen § 251 BGB nicht mehr erbracht werden kann oder muss, kommt eine **Schadenskompensation** in Betracht. Darunter ist gem. § 251 BGB eine Entschädigung in Geld zu verstehen. Wegen § 253 I BGB ist eine solche Entschädigung aber grundsätzlich nur bei Vermögensschäden möglich, es sei denn, es findet sich ausnahmsweise eine anderweitige Regelung im Gesetz. Aus diesem Grund gewinnt die Unterscheidung von **Vermögens- und Nichtvermögensschäden** an dieser Stelle erhebliche Relevanz. Ein Vermögensschaden liegt nach der **Differenzhypothese** vor, wenn sich bei einem Vergleich der aktuellen Vermögenslage mit der hypothetischen Vermögenslage, wie sie sich unter gedanklichem Ausschluss des Schadensereignisses darstellen würde, ein Negativsaldo ergäbe. Aus Billigkeitsgründen wird unter Hinzuziehung des sog. Kommerzialisierungsgedankens bei einigen Schadensarten ein Vermögensschaden angenommen, obgleich sich unter strenger Anwendung der Differenzhypothese eigentlich kein Negativsaldo ergibt (z.B. entgangene Gebrauchsvorteile eines Kfz; nicht aber vertane Freizeit). Gesetzliche Ausnahmen zu § 253 I BGB finden sich in § 651f II BGB, § 253 II BGB und § 823 BGB i.V.m. Art. 1 I und 2 I GG.

4. Schadensminderung
Unter bestimmten Umständen kann eine Schadensminderung eintreten. Die schadensmindernden Faktoren sind das Institut der Vorteilsanrechnung, das Mitverschulden (§ 254 BGB), die Reserveursachen und das Institut der gestörten Gesamtschuld.

B. Schadensbegriff

Zunächst ist festzustellen, ob ein Schaden vorliegt. Das BGB enthält keine Definition des Begriffs „Schaden". Dieser wird aber allgemein wie folgt definiert:

869 Ein **Schaden** (im natürlichen Sinne) ist jede unfreiwillige Einbuße, die jemand infolge eines bestimmten Umstands an seinen Lebensgütern wie z.B. Gesundheit, Ehre, Eigentum und Vermögen erleidet.[842]

---

[842] Vgl. nur *Grüneberg*, in: Palandt, Vorb v § 249 Rn 9.

Im Weiteren muss zwischen einem Vermögensschaden, Nichtvermögensschaden und dem sog. normativen Schaden differenziert werden.

I. Vermögensschaden

Ein Vermögensschaden liegt vor, wenn der Geschädigte eine in Geld bezifferbare Vermögenseinbuße an seinen Rechtsgütern erlitten hat. Ausgangspunkt für die Ermittlung eines Vermögensschadens ist die sog. Differenzhypothese. **870**

Nach der **Differenzhypothese** ist ein Vermögensschaden zu bejahen, wenn die tatsächliche Vermögenslage, wie sie sich nach dem schädigenden Ereignis darstellt, negativ von der hypothetischen Lage abweicht, wie sie sich ohne den Eintritt des schädigenden Ereignisses darstellen würde.[843] **871**

Hinweis für die Fallbearbeitung: Nicht korrekt wäre die Feststellung, dass ein Vermögensschaden vorliegt, wenn die Vermögenslage nach dem schädigenden Ereignis geringer ist als vorher. Denn das Vermögen des Geschädigten kann sich auch ohne den Einfluss des schädigenden Ereignisses verringert haben, sodass man insoweit zu fehlerhaften Ergebnissen kommen könnte. Es ist daher exakt darauf zu achten, dass die *aktuelle* Lage mit der hypothetischen Lage, wie sie sich im selben *aktuellen* Zeitpunkt unter einem gedanklichen Ausschluss des schädigenden Ereignisses darstellen würde, verglichen wird.

Die Differenzhypothese ist nicht mit der Differenztheorie zu verwechseln. Letztere beschreibt eine Vorgehensweise bei der *Schadensermittlung* i.R. des Schadensersatzes statt der Leistung (vgl. Rn 690 ff.).

II. Nichtvermögensschaden

Ein **Nichtvermögensschaden** (immaterieller Schaden) liegt vor, wenn der Geschädigte durch die Verletzung seines Körpers oder seiner Psyche Schmerzen oder Aufregungen erlitten hat. **872**

Die Unterscheidung von materiellen (Vermögens-) und immateriellen (Nichtvermögens-) Schäden ist bei der Schadensfeststellung und bei der Frage, ob ein Schadensersatz im Wege der tatsächlichen Wiederherstellung (Naturalrestitution) behoben werden muss, noch nicht von großer Relevanz. Denn auch immaterielle Schäden müssen – sofern dies möglich ist – durch eine Naturalrestitution beseitigt werden. Von entscheidender Bedeutung ist die Differenzierung aber, wenn eine Naturalrestitution nicht (mehr) möglich ist. Dann folgen nämlich die Vermögens- und Nichtvermögensschäden unterschiedlichen Regelungen. Während Vermögensschäden, die nicht durch eine Naturalrestitution behoben werden können, gem. § 251 BGB in Geld zu ersetzen sind, gilt bei nicht behebbaren Nichtvermögensschäden § 253 BGB, der die Ersatzfähigkeit des Schadens in Geld erheblich einschränkt (Rn 944 ff.).

III. Normativer Schaden

Da die Differenzhypothese bei der Ermittlung eines Vermögensschadens nicht immer zu sachgerechten Ergebnissen führt, ist sie durch die Lehre vom normativen Schaden zu korrigieren und ergänzen.[844] Der **normative Schaden** ist also ein Unterfall des Vermögensschadens, der als Schaden im rechtlichen Sinn gilt, obwohl eine strenge Anwendung der Differenzhypothese eigentlich nicht zu einem negativen Saldo führen würde. Er ist nur anzunehmen, wenn ein schädigendes Ereignis trotz mangelnden Negativsaldos bei *wertender Betrachtung* nicht ohne Ausgleich bleiben darf. **873**

---

[843] *Grüneberg*, in: Palandt, Vorb v § 249 Rn 10.
[844] BGHZ 43, 378, 381; 98, 212, 217.

Beispiel[845]**:** K ist Arbeitnehmer bei der A-GmbH, in seiner Freizeit ist er zudem freiwilliger Feuerwehrhelfer bei der Gemeinde G. An einem Samstagmorgen verletzte er sich bei Arbeiten am Feuerwehrgerätehaus und musste sich einer Heilbehandlung unterziehen; er war 3 Wochen lang arbeitsunfähig. Ein Sachverständigengutachten ergab, dass die Gemeinde es unterlassen hatte, das Gebäude hinreichend vor Gefahren für ehrenamtliche Helfer abzusichern. Die Kosten der Heilbehandlung übernahm die kommunale Unfallversicherung. K fragt sich allerdings, ob die Gemeinde nicht auch die Kosten für seinen Arbeitsausfall bei der A-GmbH übernehmen müsste. Diese beziffert er mit 2.900,- €.

Die Tatbestandsvoraussetzungen für einen Anspruch K gegen G aus § 823 I BGB sind erfüllt (Haftungsbegründung): G hat eine Verkehrssicherungspflicht verletzt. Fraglich ist aber, welche Schäden K von G ersetzt verlangen kann (Haftungsausfüllung). Konkret geht es um die Frage, ob G für Vermögensschäden haften muss, die K wegen des Arbeitsausfalls erleidet. Eigentlich hat K keinen Vermögensschaden, da er wegen § 3 EntGFortzG gegenüber seinem Arbeitgeber, der A-GmbH, einen Anspruch auf Fortzahlung des Arbeitsentgelts hat (sog. Entgeltfortzahlungsanspruch im Krankheitsfall). Wendete man streng die Differenzhypothese an, würden Vermögensschäden dieser Art ausscheiden und G müsste insoweit keinen Schadensersatz leisten, da bei K wegen des Entgeltfortzahlungsanspruchs gegen seinen Arbeitgeber ja an sich kein Schaden entstanden ist.

Ein solches Ergebnis würde die G als Schädiger allerdings unbillig entlasten, weil es ihr nicht zugutekommen kann, dass K von seinem Arbeitgeber das Entgelt erhält. Aus normativer (wertender) Sicht ist daher ein Vermögensschaden zu bejahen. Der Gesetzgeber hat daran angeknüpft und in § 6 I EntGFortzG angeordnet, dass Ansprüche des Arbeitnehmers gegen den Schädiger auf den Arbeitgeber übergehen, soweit dieser die Schäden durch eine Entgeltfortzahlung kompensiert. Kann nämlich ein Arbeitnehmer aufgrund gesetzlicher Vorschriften (hier: § 823 I BGB) von einem Dritten (hier: G) Schadensersatz wegen des Verdienstausfalls beanspruchen, der ihm durch die Arbeitsunfähigkeit entstanden ist, geht gem. § 6 I EntGFortzG dieser Anspruch insoweit auf den Arbeitgeber über, als dieser dem Arbeitnehmer nach dem EntGFortzG Arbeitsentgelt fortgezahlt hat (gesetzlicher Forderungsübergang – cessio legis).

Auf der Grundlage der Lehre vom normativen Schaden ist daher ein Vermögensschaden zu bejahen.

Die Höhe des Schadens beläuft sich nicht nur auf die Höhe des Nettolohns, sondern umfasst gem. § 6 I Halbs. 2 EntGFortzG auch die vom Arbeitgeber zu tragenden Beiträge zur gesetzlichen Sozialversicherung.

IV. Einzelfälle

1. „Kind als Schaden"?

874 Im Rahmen der Schadensfeststellung ist problematisch, ob die ungewollte Geburt eines Kindes oder die ungewollte Geburt eines behinderten Kindes einen Schaden darstellen kann. Solche Probleme ergeben sich bspw., wenn ein Arzt bei seiner Patientin eine ungewollte Schwangerschaft nicht erkennt bzw. eine Sterilisation fehlerhaft durchführt und es dadurch zu einer ungewollten Schwangerschaft kommt. Die Haftungsbegründung folgt dabei regelmäßig aus einer pVV des Behandlungsvertrags (§§ 280 I, 630a ff. BGB). Voraussetzung dafür ist, dass schuldhaft eine Pflicht aus dem Vertrag verletzt wurde und dass Gegenstand des Vertrags der Schutz vor der Geburt eines ungewollten Kindes und der dadurch begründeten Unterhaltspflicht war.

In solchen Fällen ist nicht davon auszugehen, dass das Kind selbst den Schaden darstellt. Aufgrund der **Menschenwürde** verbietet sich eine solche Annahme per se, sodass lediglich der Bedarf, namentlich die Unterhaltszahlungen, als Schaden betrachtet werden können. So

[845] Angelehnt an VG Gießen 25.2.2016 – 4 K 2446/15.GI.

hat der BGH[846] festgestellt, dass die **Unterhaltszahlungen** im Wege einer strikten Anwendung der **Differenzhypothese** als **Schäden** qualifiziert werden könnten. Dies stelle auch keinen herabwürdigenden Vergleich zwischen der Existenz oder Nichtexistenz des Kindes dar. Zwar setze die Unterhaltspflicht für ein Kind dessen Existenz voraus, hierbei handle es sich aber lediglich um einen wertfreien naturwissenschaftlichen Zusammenhang, der eine untrennbare Einheit zwischen dem Unterhaltsanspruch des Kindes und seiner Menschenwürde nicht zu begründen vermöge.[847] Damit ist es grundsätzlich möglich, die Unterhaltszahlungen als Schaden im rechtlichen Sinn anzusehen. Der Anspruch ist gem. § 249 BGB auf die Freistellung von der Unterhaltspflicht gerichtet.[848]

Hinweis für die Fallbearbeitung: Der BGH hat u.a. in folgenden Fällen einen Schadensersatzanspruch gewährt:

- bei einer misslungenen Sterilisation[849]
- bei einem fehlgeschlagenen erlaubten Schwangerschaftsabbruch[850]
- bei einer fehlerhaften genetischen Beratung zur Vermeidung eines vorgeburtlich geschädigten Kindes[851]

Die Höhe des Anspruchs richtet sich dabei nicht nach den Unterhaltszahlungen, die dem jeweiligen Familienstandard entsprechen, sondern ist durch die Sätze nach § 23 SGB II begrenzt. Etwaige Verdienstausfälle der Eltern wegen der Betreuung ihres Kindes können nicht geltend gemacht werden.[852]

2. Versendungskäufe

Problematisch ist auch die Frage, ob beim Untergang einer Sache bei einem Versendungskauf ein Schaden entstanden ist. **875**

Beispiel: Unternehmer U hat Verbraucher V eine Waschmaschine verkauft. Dabei haben die Parteien eine Schickschuld vereinbart. Nachdem U die Kaufsache an den Transporteur T übergeben hat, macht sich dieser auf den Weg zu V. Unterwegs ist T sehr unaufmerksam und verursacht einen Unfall, bei dem die Maschine zerstört wird. U möchte Schadensersatz von T.

Die Tatbestandsvoraussetzungen für einen Schadensersatzanspruch aus § 823 I BGB sind gegeben, weil T fahrlässig die Waschmaschine zerstörte, die (noch) im Eigentum des U stand. Fraglich ist aber, ob U dadurch auch tatsächlichen einen Schaden erlitten hat. Hier kommt allein ein Vermögensschaden in Betracht, der nach der Differenzhypothese vorläge, wenn die tatsächliche Vermögenslage im Verhältnis zur hypothetischen Vermögenslage, wie sie sich ohne das schädigende Ereignis darstellen würde, einen Negativsaldo aufweisen würde.

Ein solcher Negativsaldo könnte zunächst dadurch entstanden sein, dass U seines Eigentums verlustig geworden ist, als die Maschine zerstört wurde. Allerdings hat er die Maschine ohnehin an V übereignen müssen, und ist nunmehr gem. § 275 I BGB von seiner Leistungspflicht frei geworden. Ein Negativsaldo scheidet daher insoweit aus.

Der Übereignungspflicht des U stand darüber hinaus ein Anspruch auf die Zahlung des Kaufpreises gegenüber. Wenn dieser durch den Untergang der Maschine ebenfalls untergegangen wäre, würde in dem Verlust des Kaufpreiszahlungsanspruchs ein Schaden liegen. Grundsätzlich ist V von seiner Pflicht zur Zahlung gem. § 326 I BGB frei geworden, sodass ein Schaden des U angenommen werden könnte. Fraglich ist aber, ob eine Ausnahme von § 326 I BGB vorliegt. Das könnte der Fall sein, weil ein Versendungskauf i.S.d.

---

[846] BGH NJW 2002, 886, 887; NJW 2000, 1782, 1783.
[847] Vgl. diesbezüglich ausführlich *R. Schmidt*, SchuldR BT II, Rn 1127 ff.
[848] BGHZ 129, 178, 185; BGH NJW 2002, 886, 887.
[849] BGH NJW 1995, 2407, 2409.
[850] BGHZ 95, 199, 207; 124, 128, 137.
[851] BGH NJW 2002, 2636 ff.; NJW 1994, 788.
[852] BGHZ 76, 259, 265; 124, 128, 145; BGH NJW 1997, 1638, 1640.

§ 447 BGB vorlag, wonach der Käufer (V) die Gefahr des Untergangs zu tragen hat. D.h., dass V dennoch zur Zahlung verpflichtet wäre und damit kein Negativsaldo im Vermögen des U festgestellt werden könnte. Allerdings ist hier zu beachten, dass ein Verbrauchsgüterkauf i.S.d. § 474 BGB vorliegt und die Gefahrtragungsregel des § 447 BGB i.d.R. nicht anwendbar ist, § 475 II BGB (dazu Rn 76). Das bedeutet, dass V doch von seiner Kaufpreiszahlungspflicht gem. § 326 I BGB frei geworden ist und U daher einen Schaden hat.

Hinweis für die Fallbearbeitung: Hätte *kein* Verbrauchsgüterkauf vorgelegen, wäre ein Schaden des U abzulehnen, da V die Gegenleistungsgefahr gem. § 447 BGB getragen hätte. Es hätte ein Fall der Drittschadensliquidation (vgl. Rn 1089 ff.) vorgelegen.

3. Vorsorgekosten

876 Fraglich ist auch, ob etwaige Vorsorgekosten (Vorhaltekosten) als Schaden qualifiziert werden können. Vorsorgekosten liegen vor, wenn jemand im Hinblick auf zukünftige Schäden Maßnahmen ergreift, um im Schadensfalle einen schnellen Ausgleich herbeischaffen zu können.

Beispiel: Die städtischen Verkehrsbetriebe unterhalten mehrere Ersatzfahrzeuge, um diese bei unfallbedingten Ausfällen anderer Fahrzeuge einsetzen zu können.

Die Fälle der Vorsorgekosten werden insb. i.R. der Schadenszurechnung diskutiert (Äquivalenztheorie). Doch auch bei der Schadensfeststellung ergeben sich insoweit Probleme, weil umstritten ist, ob solche Maßnahmen als Schäden, namentlich als **unfreiwillige** Einbußen angesehen werden können. Aus Gründen der einheitlichen Darstellung soll auf dieses Problem i.R. der Zurechnung eingegangen werden.

C. Schadenszurechnung

877 Kann das Vorliegen eines Vermögens- oder Nichtvermögensschadens bejaht werden, ist zu prüfen, ob er auch kausal durch das schädigende Ereignis verursacht wurde (**haftungsausfüllende Kausalität**). Damit ist die Frage der Schadenszurechnung angesprochen. Die Zurechnung erfolgt zunächst im Wege der sehr weiten Äquivalenztheorie. Da nach dieser Kausalitätsformel allerdings nahezu alle Schäden als kausal angesehen werden können, haben die Rspr. und Literatur weitere Kriterien entwickelt, die die Zurechnung einschränken sollen. Diese weiteren Zurechnungskriterien sind die Adäquanztheorie und die Lehre vom Schutzzweck der Norm.

I. Äquivalenztheorie

1. Definition

878 Mit der **Äquivalenztheorie** wird die Kausalität im naturwissenschaftlichen Sinn beschrieben. Danach ist jede Tatsache für den Schadenseintritt ursächlich, die nicht hinweggedacht werden kann, ohne dass der Schaden in seiner konkreten Gestalt entfiele (*conditio sine qua non*).[853]

Alle Faktoren, die zum Schadenseintritt führten, sind „äquivalent", also gleichwertig kausal. Es wird somit nicht zwischen wichtigeren und weniger wichtigeren Ursachen unterschieden, sondern auch sehr weit entfernte Faktoren können noch als ursächlich für einen Schaden gewertet werden. Wenn bspw. A den B verletzt und dieser auf dem Weg ins Krankenhaus an einem Haus vorbeifährt, in welchem sich gerade eine Gasexplosion ereignet, wodurch B noch schwerer verletzt wird, ist das Verhalten des A auch für diese weitere Verletzung äquivalent kausal. Um die Haftung eines Schädigers in solchen Fällen nicht ausufern zu lassen, wird im

[853] Allgemeine Auffassung, vgl. nur BGH NJW-RR 2011, 1413.

Zivilrecht daher eine Einschränkung der Äquivalenztheorie vorgenommen. Diese Einschränkung erfolgt durch die Adäquanztheorie und die Lehre vom Schutzzweck der Norm.

2. Einzelfälle

a. Mehrere Verursacher/Doppelkausalität

Eine Besonderheit gilt, wenn zwei Umstände einen Schaden verursachen, wobei jeder für sich allein ausgereicht hätte, den ganzen Schaden zu verursachen. Dann sind beide Umstände als ursächlich anzusehen (sog. Doppelkausalität).[854] **879**

Beispiel: A besitzt einen Zuchthengst, der bei den örtlichen Pferderennen regelmäßig den ersten Platz belegt. B und C sind deshalb verärgert und beschließen unabhängig voneinander, das Tier des A zu vergiften. In einer Nacht versetzt zunächst B und danach C das Trinkwasser des Pferdes mit einer jeweils tödlichen Dosis Gift. Am nächsten Morgen trinkt das Tier aus seinem Wasserbehälter und stirbt. Nachdem die Sache aufgedeckt wurde, verlangt A von B Schadensersatz.

Fraglich ist, ob das Verhalten des B kausal zum Tod des Pferdes führte. Nach der Äquivalenztheorie ist dies der Fall, wenn die Handlung nicht hinweggedacht werden könnte, ohne dass der Schaden entfiele. Dabei stellt hier sich das Problem, dass das Pferd auch *ohne* die Handlung des B gestorben wäre. Ein Kausalzusammenhang müsste daher an sich abgelehnt werden. Das Gleiche würde auch für das Verhalten des C gelten. Da dieses Ergebnis unbillig ist, nimmt die h.M. in einem solchen Fall eine **normative Korrektur der Äquivalenztheorie** vor: Wenn zwei Ereignisse den Schaden herbeigeführt haben, von denen jedes auch allein den Schaden verursacht hätte, sind **beide im Rechtssinn ursächlich**, also äquivalent kausal.

b. Vorsorgekosten

Wie bereits bei Rn 876 angesprochen, ergeben sich i.R. der Äquivalenztheorie Probleme bei den sog. Vorsorgekosten (Vorhaltekosten). **880**

Hat eine Person vorausschauende Maßnahmen für die Schadensminderung getroffen, ist fraglich, ob diese die Anforderungen des haftungsausfüllenden Tatbestands erfüllen und gegebenenfalls als Schadensersatz geltend gemacht werden können. **881**

Beispiel: U betreibt ein Unternehmen für Personenbeförderungen. Da er im Falle eines Unfalls keine unnötigen Kosten und Aufwendungen haben möchte, hat er immer einige einsatzbereite Ersatzfahrzeuge, die stets gewartet und gepflegt werden. Als U mit einem seiner Wagen gerade Personen befördert, fährt ihm der unachtsame S in das Kfz und beschädigt dieses so, dass es zur Reparatur in die Werkstatt muss. U benutzt während der Reparaturzeit einen der Ersatzwagen und möchte seine Kosten für dessen Bereithaltung (Abschreibung, Wartung etc.) erstattet bekommen.

Unproblematisch kann U Ersatz für die Beschädigung seines Wagens verlangen, §§ 823 I BGB, 7, 18 StVG, 249 BGB. Fraglich ist aber, ob auch die Kosten für die Bereithaltung der Ersatzwagen vom haftungsausfüllenden Tatbestand erfasst werden.

Dagegen spricht zunächst, dass die Vorsorgemaßnahmen freiwillig getroffen wurden und damit streng betrachtet schon begrifflich nicht als Schaden eingeordnet werden können. Denn anders als Aufwendungen, die *freiwillige* Vermögensopfer darstellen, sind Schäden *unfreiwillige* Einbußen, die bzgl. der Bereitstellung von Ersatzfahrzeugen nicht anzunehmen sind. Darüber hinaus mangelt es bei einer strengen Anwendung der Äquivalenzformel vorliegend an der Kausalität im naturwissenschaftlichen Sinn. Denn wenn S das Fahrzeug des U nicht beschädigt hätte, wären die Kosten für die Vorsorgemaßnahmen – namentlich der Erwerb und die Wartung der Ersatzfahrzeuge – *ebenfalls* entstanden. Auch spricht ge-

---

[854] BGH NJW 2015, 468, 470; NJW 2013, 2018, 2019; NJW-RR 2012, 728, 730; NJW 2004, 2526, 2528.

gen die Ersatzfähigkeit solcher Vorsorgemaßnahmen, dass – wenn man sie als Schaden ansähe – eine erhebliche Rechtsunsicherheit geschaffen würde, weil man die Handlungen nur schwer von der *allgemeinen* Betriebsvorsorge (Feuerlöscher, Sanitätseinrichtungen) unterscheiden kann. Aus diesen Gründen werden die Vorsorgekosten daher teilweise nicht als ersatzfähige Schäden eingestuft.[855]

Hinweis für die Fallbearbeitung: Folgte man dieser Ansicht, käme eine Ersatzpflicht des Schädigers nur in Betracht, wenn man in den Vorsorgemaßnahmen eine Geschäftsführung ohne Auftrag des Geschädigten sähe.

Die Rspr.[856] hingegen nimmt an, dass solche Vorsorgemaßnahmen kausale Schäden darstellen. Das wird insb. mit dem Rechtsgedanken des § 254 II BGB begründet. Denn wer wegen dieser Vorschrift zur Geringhaltung des Schadens verpflichtet sei, dürfe nicht deswegen Nachteile erleiden, weil er die Schadensminderungspflicht bereits *vor* dem Eintritt des schädigenden Ereignisses wahrnehme. Sofern der Geschädigte *keine* Vorsorgemaßnahmen treffe, könne sich der zu ersetzende Schaden u.U. sogar noch vergrößern, weil sich der Geschädigte dann mit einem *gemieteten* Ersatzfahrzeug schadlos halten dürfe. Voraussetzung für einen Ersatz sei jedoch, dass die Reservehaltung mit Rücksicht auf *fremdverschuldete* Ausfälle messbar erhöht sei, und dass nur solche Aufwendungen getätigt wurden, die ein wirtschaftlich denkender Mensch in der Lage des Geschädigten bei einer Ex-ante-Betrachtung für erforderlich halten durfte. Die Ersatzpflicht solle maximal bis zur Höhe desjenigen Schadens eintreten, der ohne die Vorsorgemaßnahmen entstanden wäre. Er könne gem. § 287 ZPO vom Gericht geschätzt werden.[857]

Aufgrund des sachgerechteren Ergebnisses ist der zweiten Ansicht zu folgen, weil es einen Widerspruch in sich bergen würde, denjenigen, der bemüht ist, den Schaden gering zu halten, dafür zu sanktionieren.

882 Keine ersetzbaren Schäden sind allerdings die Kosten, die durch das Personal verursacht werden, welches zur Bearbeitung von typischen Schadensfällen angestellt worden ist.[858] Da die Müheverwaltung bei der Feststellung und Abwicklung eines Schadens zum eigenen Pflichtenkreis des Geschädigten gehört, besteht kein Anspruch auf den Ersatz der Bearbeitungskosten.[859]

883 Ebenso sind solche Kosten nicht als kausale Schäden anzusehen, die für Maßnahmen zur Überführung von Tätern entstanden sind wie z.B. die Aufwendungen für Kameras in einem Supermarkt.[860] Dies lässt sich zunächst mit dem Argument begründen, dass die Überführungskosten freiwillig erfolgen und damit keine unfreiwilligen Einbußen, mithin keine Schäden darstellen. Darüber hinaus scheitert die Haftungsausfüllung an der äquivalenten Kausalität. Denn die Kosten für die Überführung eines Täters (z.B. eines Ladendiebs) sind bereits *vor* dem Eintritt des schädigenden Ereignisses entstanden und können daher nicht kausal durch die Tat des Schädigers herbeigeführt worden sein. Anders als bei der Bereithaltung von Kfz (s.o.) kann man hier auch nicht mit dem Rechtsgedanken des § 254 BGB argumentieren. Denn die Kosten sind zur Abwehr bzw. zur Überführung von Tätern und nicht zur Schadensminderung aufgewendet worden.

c. Fangprämien

884 Die sog. Fangprämien hingegen stellen einen kausalen Schaden dar.[861] Fangprämien sind Entgelte, die sich eine Person an eine andere zu zahlen verpflichtet, wenn Letztere

[855] Vgl. (teilweise differenzierend) *Larenz*, SchuldR AT, § 29 II f; *Esser/Schmidt*, SchuldR AT, § 32, III 2b.
[856] BGHZ 32, 280, 284; 70, 199, 201
[857] BGH VersR 78, 811, 812.
[858] BGHZ 66, 112; 75, 231, 234.
[859] BGHZ 75, 231, 234; *Grüneberg*, in: Palandt, Vorb. v. § 249 Rn 44.
[860] BGHZ 75, 231, 237; 59, 286, 288.
[861] AG Dülmen, NJW-RR 2002, 91, 91; BGHZ 75, 232, 238; vgl. auch *Deutsch*, JZ 1980, 101, 102.

einen Täter ergreift. Voraussetzung für die Ersatzfähigkeit ist aber, dass die Fangprämie in einem angemessenen Verhältnis zum wahren Wert der Diebesbeute steht. Angemessen ist eine Prämie nach dem BGH immer dann, wenn sie 25,- € nicht überschreitet. Ansonsten bildet der Wert der gestohlenen (oder beschädigten) Sache den Höchstwert der Prämie.[862]

> **Beispiel:** Supermarktbesitzer S hat einen Ladendetektiv L angestellt, der für die Ergreifung von Ladendieben 20,- € erhält. Als der Dieb D gerade eine CD stehlen will, wird er von L erfasst und an S übergeben. S möchte von D die 20,- € ersetzt bekommen.
>
> Die Tatbestandsvoraussetzungen für einen Anspruch des S gegen D aus § 823 I BGB und § 823 II BGB i.V.m. § 242 StGB sind erfüllt. Fraglich ist aber, ob S auch einen ersatzfähigen Schaden wegen der an L gezahlten 20,- € hat. Ein Schaden ist jede unfreiwillige Einbuße, die jemand an seinen Rechtsgütern erleidet. Zwar hat sich S freiwillig gegenüber L verpflichtet, ihm gegebenenfalls Fangprämien zu bezahlen; allerdings erfolgte der Diebstahl und damit das die Zahlungspflicht unmittelbar auslösende Ereignis nicht freiwillig. Eine unfreiwillige Einbuße liegt mithin vor. Nach der Differenzhypothese beträgt der Schaden 20,- €. Er ist auch äquivalent kausal entstanden, denn wenn D die CD nicht hätte stehlen wollen, wäre der Fangprämienanspruch des L nicht entstanden.

II. Adäquanztheorie

1. Definition

Die Äquivalenztheorie wird von der Rspr. und Lehre durch die sog. Adäquanztheorie eingeschränkt, damit nicht jede noch so entfernte Ursache als kausal im rechtlichen Sinn angesehen werden muss. Ersatzfähig sind somit nur solche Schäden, die in adäquatem Zusammenhang mit der Rechtsgutverletzung stehen.[863]

Nach der **Adäquanztheorie** ist eine Ursache kausal, wenn sie nach der Lebenserfahrung die objektive Möglichkeit eines Erfolgs generell in nicht unerheblicher Weise erhöht hat oder (negativ formuliert) **wenn der Erfolg nach der allgemeinen Lebenserfahrung nicht außerhalb aller Wahrscheinlichkeit lag.**[864] **885**

Bei der Beurteilung der Adäquanz kommt es – anders als beim Verschulden – nicht auf die individuelle Einsicht und Voraussicht des Schädigers an, sondern auf eine objektive nachträgliche Prognose: Alle einem optimalen Betrachter zur Zeit des Eintritts des Schadens erkennbaren Umstände sind dabei zu berücksichtigen.[865] Wenn auf dieser Grundlage angenommen werden kann, dass der Schadenseintritt nicht außerhalb aller Wahrscheinlichkeit lag, ist die adäquate Kausalität zu bejahen.

2. Einzelfälle

Probleme i.R. der Adäquanztheorie können sich ergeben, wenn jemand eine Person **886**
verletzt, die eine **zum Schaden neigende Konstitution** aufweist.

> **Beispiel:** A fügt B aus Versehen eine Schnittverletzung zu. Weil B an der seltenen Bluterkrankheit leidet, erleidet er einen sehr großen Blutverlust, muss mehrere Tage im Krankenhaus verbringen und trägt aufgrund mangelnder Blutversorgung Gehirnschäden davon. Wäre B gesund gewesen, hätte er die Wunde folgenlos mit einem kleinen Verband versorgen können.

---

[862] BGHZ 75, 231, 238; krit. *Grüneberg*, in: Palandt, Vorb. v. § 249 Rn 44.
[863] Vgl. nur BGH NJW 2014, 3727.
[864] BGHZ 3, 261, 266; RGZ 78, 270, 272; 152, 397, 401.
[865] OLG Hamm NJW-RR 2013, 349; *Grüneberg*, in: Palandt, Vorb. v. § 249 Rn 27.

Die Rspr. geht in solchen Fällen davon aus, dass die Adäquanz i.d.R. zu bejahen ist. Wer einen Kranken oder Geschwächten verletze, könne nicht verlangen, so gestellt zu werden als habe er einen Gesunden geschädigt.[866] Sogar etwaige psychische Reaktionen werden als kausal angesehen, auch wenn der Geschädigte eine erhebliche psychische Labilität aufweist.[867] Im obigen Fall können A die Schäden des B daher zugerechnet werden. Eine andere Beurteilung kann sich nur ergeben, wenn es sich um *ganz ungewöhnliche, keinesfalls zu erwartende* Kausalverläufe handelt.

Beispiele:

(1) A hat fahrlässig beinahe einen Verkehrsunfall mit B verursacht. Aufgrund des Schreckens erleidet B vierzig Minuten später einen Herzinfarkt. ⇨ Hier ist eine adäquate Herbeiführung des Schadens abzulehnen.

(2) A beleidigt B in geringem Maße. B wird davon so beeinträchtigt, dass er vor Aufregung eine Hirnblutung erleidet. ⇨ Auch hier ist kein kausaler Schaden gegeben.

III. Schutzzweck der Norm

1. Definition

Durch die Adäquanztheorie wird die durch die Äquivalenztheorie sehr weit gefasste Schadenszurechnung bereits in gewissem Maße eingeschränkt. Als weiteres Korrektiv bei der Zurechnung wird der Schutzzweck der Norm herangezogen.[868] Danach ist entscheidend, ob die jeweils verletzte Schutznorm den Sinn und Zweck hat, gerade die eingetretene Schädigung zu verhindern. Letztlich geht es also um eine teleologische Auslegung der verletzten Verhaltensregel[869] und um eine Schadenszurechnung nach wertenden normativen Kriterien.

887 Nach dem Kriterium des **Schutzzwecks der Norm** ist ein Schaden zurechenbar, wenn er nach Art und Entstehungsweise unter den Schutzzweck der verletzten Handlungsnorm fällt. Es muss sich also um Nachteile handeln, die aus dem Bereich der Gefahren stammen, zu deren Abwendung die verletzte Norm erlassen oder die verletzte vertragliche oder vorvertragliche Pflicht übernommen worden ist.[870] Ein Schaden fällt daher nicht unter den Schutzzweck der verletzten Norm, wenn er in keinem inneren Zusammenhang mit der vom Schädiger geschaffenen Gefahrenlage steht.

Die Lehre vom Schutzzweck der Norm ist ursprünglich anhand von § 823 II BGB entwickelt worden. Danach sollten nur solche Schäden zugerechnet werden, die unter den Schutzzweck des verletzten Schutzgesetzes im Sinn dieser Vorschrift fielen. Später wurde die Lehre auch auf deliktische Handlungen i.S.d. § 823 I BGB und auf die Verletzungen von vertraglichen und vorvertraglichen Pflichten ausgedehnt.[871] Teilweise wird insoweit auch von einem **Rechtswidrigkeitszusammenhang** gesprochen, wobei sich dieser Terminus inhaltlich nicht von dem Schutzzweck der Norm unterscheidet.[872] Es sind nur solche Schäden zurechenbar, vor deren Eintritt die rechtswidrig verletzte Norm schützen soll.

---

[866] BGH NJW 1996, 2425, 2426 f.; NJW 2012, 2964, 2965 f.; *Grüneberg*, in: Palandt, Vorb. v. § 249 Rn 35.
[867] BGHZ 20, 137, 139; 39, 313, 315.
[868] Vgl. nur BGH NJW 2014, 3727 (mit Verweis auf BGH NJW 2012, 528).
[869] *Medicus/Lorenz*, SchuldR AT, Rn 599.
[870] BGHZ 27, 137, 140; 57, 245, 256; BGH NJW 1999, 3203, 3204; NJW 2012, 2024, 2015; NJW 2013, 1679 f.
[871] BGH NJW 1990, 2057; NJW 1997, 2946 ff.
[872] *Grüneberg*, in: Palandt, Vorb v § 249 Rn 29.

2. Einzelfälle

a. Allgemeines Lebensrisiko

Verwirklicht sich durch eine schädigende Handlung lediglich das allgemeine Lebensrisiko, steht der dadurch eingetretene Schaden nicht in einem inneren Zusammenhang mit der vom Schädiger geschaffenen Gefahrenlage. Daher ist in solchen Fällen die Zurechnung abzulehnen. Fraglich ist aber, wann sich die spezifische Gefahrenlage und wann das allgemeine Lebensrisiko verwirklicht hat. Dies ist grundsätzlich anhand der im *konkreten Einzelfall verletzten Norm und dem jeweiligen Schaden* zu ermitteln. **888**

> **Beispiele:** Eine Schadenszurechnung scheidet aus, wenn der Verletzte durch einen anlässlich der Unfalloperation vorgenommenen, durch diesen aber nicht indizierten zusätzlichen Eingriff oder durch eine der allgemeinen Vorbeugung dienenden Impfung geschädigt wird.[873]

Eine besondere Fallgruppe stellen insoweit die **Schockschäden** dar. Das sind (psychische) Gesundheitsbeeinträchtigungen als Folge einer **akuten Belastungsreaktion**[874], die eine Person aufgrund des Miterlebens der Verletzung oder Tötung einer anderen Person erleidet. Sie fallen grundsätzlich unter das allgemeine Lebensrisiko und sind daher nicht als ersatzfähige Schäden anzusehen.[875] **889**

> **Beispiel:** A fährt mit seinem Auto auf der Autobahn und sieht, wie ein Lkw vor ihm unvermittelt die Spur wechselt und ein anderes Kfz rammt, welches sich daraufhin überschlägt. Als A die Unfallstelle erreicht, bekommt er durch den Anblick der im Wagen getöteten und verletzten Personen einen Schock und muss sich in psychische Behandlung begeben. Die Kosten dafür möchte er ersetzt haben.
>
> Hier liegt ein sog. Schockschaden vor, der aber lediglich durch die Verwirklichung des allgemeinen Lebensrisikos aufgetreten und somit nicht ersatzfähig ist. Zwar ist die psychische Beeinträchtigung des A äquivalent und adäquat kausal durch den Lkw-Fahrer herbeigeführt worden, es mangelt aber an einer Zurechenbarkeit, weil der Schaden nicht vom Schutzzweck der Norm erfasst wird. Es unterliegt vielmehr dem allgemeinen Lebensrisiko, dass man auf einer Autobahn einen Unfall und die durch den Unfall verletzten oder getöteten Menschen sieht, sodass nicht davon auszugehen ist, dass sich das spezifische Risiko der verletzten Vorschriften niedergeschlagen hat.

Die Schockschäden sind aber unter engen Voraussetzungen gleichwohl **ersetzbar**.[876] So können nach der Rechtsprechung des BGH **nahe Angehörige, der Verlobte oder der Lebenspartner** des verletzten oder getöteten Menschen einen Schockschaden geltend machen, wenn die psychische Beeinträchtigung sowohl pathologisch fassbar sei als auch über die gesundheitlichen Beeinträchtigungen hinausgehe, denen Hinterbliebene bei der Benachrichtigung vom tödlichen Unfall eines Angehörigen erfahrungsgemäß ausgesetzt seien.[877] Damit sind akute Belastungsreaktionen, seien sie auch noch so stark ausgeprägt, offenbar nicht entschädigungsfähig, wenn der die akute Belastungsreaktion Erleidende den Unfall nicht selbst miterlebt hat, sondern die akute Belastungsreaktion lediglich im Rahmen der Entgegennahme der Todesnachricht erlitten hat.

---

[873] BGHZ 25, 86 ff.; BGH NJW 1963, 1671.

[874] Medizinisch korrekt ausgedrückt handelt es sich um eine akute Belastungsreaktion gemäß ICD (International Statistical Classification of Diseases and Related Health Problems) F43.9 G, d.h. um neurotische, Belastungs- und somatoforme Störungen, die zu massiven psychischen Beeinträchtigungen führen, die sich ihrerseits in Form von Wutanfällen, Weinkrämpfen, depressiven Stimmungslagen, Erschöpfungszuständen und anderen psychischen und physischen Symptomen zeigen.

[875] Vgl. auch BGH NJW 2015, 1451 f.

[876] Vgl. BGH NJW 2015, 1451 f.; *Grüneberg*, in: Palandt, Vorb. v. § 249 Rn 40.

[877] BGH NJW 2015, 1451, 1452.

Beispiel: A geht mit seinem Kollegen B zum Mittagessen in die Gerichtskantine. Auf dem Weg überqueren die beiden eine Straße, auf der B von einem Kfz erfasst und getötet wird. A erleidet aufgrund dieses Ereignisses einen Schock, d.h. eine akute Belastungsreaktion. Auch die Ehefrau des B erleidet eine akute Belastungsreaktion, als sie eine halbe Stunde später von der Polizei über den Tod ihres Mannes informiert wird.

A kann in diesem Fall von vornherein keinen Ersatz für seinen Schockschaden vom Fahrer des Kfz verlangen, da er nicht zu dem geschützten Personenkreis gehört. Für ihn hat sich das allgemeine Lebensrisiko verwirklicht.[878] Aber auch der Ehefrau steht wohl kein Ersatzanspruch zu, da sie bei dem Unfall nicht anwesend war. Es ist nach der aktuellen Rechtsprechung des BGH entscheidungserheblich, ob der schockgeschädigte nahe Angehörige den Unfall selbst miterlebt hat oder (lediglich) hierüber informiert wurde.[879]

Ein Schadensersatzanspruch unter dem Aspekt der akuten Belastungsreaktion steht u.U. auch dem **Unfallgegner** oder dem **Führer einer Bahn**, vor die sich ein Suizidwilliger geworfen hat, zu. Zeigen sich beim Unfallgegner bzw. beim Zugführer aufgrund dieses Erlebnisses Symptome einer akuten Belastungsreaktion oder leidet er anschließend an einer posttraumatischen Belastungsstörung, ist ein Schadensersatzanspruch gegeben.[880] Die unterschiedliche Behandlung im Vergleich zum bloß anwesenden Fahrgast oder Fußgänger kann damit begründet werden, dass der Unfallgegner bzw. Bahnführer unmittelbar am Unfall beteiligt war, mitunter den Tod verursacht hat und *deswegen* eine akute Belastungsstörung erleidet.

Einen Schockschaden hat der BGH aber verneint im Zusammenhang mit der Verletzung oder Tötung eines **Tieres**.[881]

b. Hypothetische Kausalität/Reserveursachen

890 Wenn eine Rechtsgutverletzung durch eine Person eingetreten ist, diese Schädigung aber zu einem späteren Zeitpunkt durch ein anderes Ereignis (sog. **Reserveursache**) ebenfalls eingetreten wäre, ist fraglich, ob und in welchem Umfang der Schädiger zum Ersatz verpflichtet ist.

Beispiel: A wirft eine Fensterscheibe im Haus seines Nachbarn N ein. In der Nacht darauf wird das Haus infolge eines blitzschlagbedingten Brands vollständig zerstört.

Diese Fallgruppe wird unter dem Stichwort **„hypothetische Kausalität"** diskutiert, wobei die Terminologie an sich ungenau ist. Denn es handelt sich hierbei nach überzeugender Auffassung nicht um eine Frage der Kausalität, sondern der normativen Zurechnung, da die *Ursächlichkeit* der schädigenden Handlung unzweifelhaft gegeben ist. So hat im obigen Beispiel A die Eigentumsbeschädigung äquivalent und adäquat kausal verursacht. Fraglich ist lediglich, ob ihm der Schaden **normativ zuzurechnen** ist, also ob A auch für solche Schäden aufkommen soll, die ohnehin kurz danach durch eine andere Ursache eingetreten wären.

> **Hinweis für die Fallbearbeitung:** Da die hypothetische Kausalität auch zu einer Schadens*begrenzung* führen kann, wäre es möglich, sie erst i.R. des Umfangs des Schadensersatzes zu erörtern. Aufgrund der Sachnähe zur normativen Schadenszurechnung wird an dieser Stelle auf den Problemkreis eingegangen.

---

[878] Vgl. BGH NJW 2007, 2764, 2765.

[879] BGH NJW 2015, 1451, 1452: „Rechtsfehlerhaft hat das Berufungsgericht auch nicht berücksichtigt, dass der Senat stets dem Umstand maßgebliche Bedeutung beigemessen hat, ob die von dem „Schockgeschädigten" geltend gemachten psychischen Beeinträchtigungen auf seine direkte Beteiligung an einem Unfall oder das Miterleben eines Unfalls zurückzuführen oder ob sie durch den Erhalt einer Unfallnachricht ausgelöst worden sind".

[880] AG München 27.6.2014 – 122 C 4607/14 (Gewährung von Schmerzensgeld nach Suizidversuch).

[881] BGH NJW 2012, 1730.

Es ist im Einzelnen umstritten, ob die Reserveursachen beachtlich oder unbeachtlich sind.[882] Die h.M. vertritt eine vermittelnde Ansicht und differenziert nach folgenden Fallgruppen[883]:

- Eine Schadensersatzpflicht des Schädigers soll grundsätzlich bestehen bleiben, wenn die **Reserveursache eine Schadensersatzpflicht eines Dritten begründet hätte**.[884] Wenn im obigen Beispiel das Haus des Nachbarn N durch eine Brandstiftung des B zerstört worden wäre, würde dies den A also nicht entlasten. Er müsste nach wie vor für die zerstörte Scheibe aufkommen, obwohl sie später ohnehin untergegangen wäre. Das folgt daraus, dass B für die Scheibe nicht haftbar gemacht werden kann, weil er diese gar nicht beschädigt hat (bzw. gar nicht mehr beschädigen konnte). 891

- Bei einem **unmittelbaren Objektschaden** kann eine Reserveursache die Schadenszurechnung ebenfalls nicht mehr unterbrechen. Im obigen Beispielsfall ist A daher auch dann zum Schadensersatz verpflichtet, wenn das Haus nicht durch den Brandstifter B, sondern durch einen Blitzschlag zerstört wurde. Denn der Anspruch des N ist im Augenblick der Beschädigung entstanden und gehört von dort an fest zu seinem Vermögen. Bei einer anderen Betrachtungsweise würde die spätere Zerstörung des Hauses eine schuldtilgende Wirkung haben, was i.E. freilich nicht überzeugen kann.[885] 892

- Bei den sog. **Vermögensfolgeschäden** hingegen werden Reserveursachen grundsätzlich berücksichtigt. Vermögensfolgeschäden sind bspw. entgangene Nutzungen, der Erwerbsausfall und der entgangene Gewinn. 893

  Beispiel: A zerstört die Einrichtung im Arbeitszimmer des N. Deswegen kann N seiner freiberuflichen Tätigkeit vorübergehend nicht nachgehen. Wenn das Haus des N eine Woche später abbrennt, kann er den entgangenen Gewinn (§ 252 BGB) nur für diese Woche, also bis zu dem Zeitpunkt geltend machen, in dem das Haus – und damit die Büroeinrichtung – ohnehin zerstört wurde.

- Im Falle einer sog. **Schadenslage** (Anlagefälle) führt die Reserveursache zur Kürzung des Schadensersatzanspruchs. Ein solcher Fall liegt vor, wenn bereits beim Eintritt des schädigenden Ereignisses eine der geschädigten Person oder Sache innewohnende Schadenslage bestand, welche in Kürze denselben Schaden herbeigeführt hätte. Die Ersatzpflicht ist bspw. zu kürzen oder fällt vollständig fort, wenn eine Sache beschädigt wird, die aufgrund ihrer Anlage kurz vor der Vernichtung stand.[886] Gleiches gilt, wenn ein ärztlicher Behandlungsfehler zu einer Knieversteifung führt, die aufgrund einer Arthrose des Patienten ohnehin wenig später eingetreten wäre.[887] Die Ersatzpflicht beschränkt sich dabei auf die durch den früheren Schadenseintritt bedingten Nachteile. 894

c. Rechtmäßiges Alternativverhalten

Die Pflicht zum Schadensersatz knüpft grundsätzlich an ein rechtswidriges Verhalten an. 895 Es kann aber vorkommen, dass der gleiche Schaden auch eingetreten wäre, wenn sich der Schädiger im konkreten Fall normkonform verhalten hätte (rechtmäßiges Alternativverhalten).

Beispiel: Kraftfahrer K überholt den angetrunkenen Fußgänger A mit einem zu geringen Abstand. Bei dem Überholvorgang gerät A unter das Kfz. Aber auch wenn K den vorgeschriebenen Abstand eingehalten hätte, wäre der Unfall in gleicher Weise passiert.

---

882 Für Beachtlichkeit *Esser/Schmidt*, SchuldR AT, § 33 IV 1; für Unbeachtlichkeit RGZ 141, 365; 169, 117.
883 *Grüneberg*, in: Palandt, Vorb. v. § 249 Rn 56 ff.
884 BGH NJW 1958, 705, 705; NJW 1967, 551.
885 BGHZ 29, 207, 215; 125, 56, 61.
886 BGHZ 20, 275, 280; *Grüneberg*, in: Palandt, Vorb. v. § 249 Rn 57.
887 BGH NJW 1985, 676, 677; *Grüneberg*, in: Palandt, Vorb. v. § 249 Rn 57.

Schäden, die auch bei rechtmäßigem Alternativverhalten entstanden wären, werden vom Schutzzweck der Norm *regelmäßig* nicht erfasst.[888] Das rechtmäßige Alternativverhalten ist daher grds. beachtlich.[889] Etwas anderes soll aber gelten, wenn die verletzte Norm den Schaden generell und nicht nur seine Herbeiführung auf einem bestimmten Weg verhindern will.[890]

Beispiele für die Entlastung bei rechtmäßigem Alternativverhalten:

(1) Pfandgläubiger P hat die Sache des Verpfänders V unter Verstoß gegen die Vorschriften über den Pfandverkauf veräußert. ⇨ Hier scheidet ein Schadensersatzanspruch des V aus, wenn der Verkaufserlös auch bei einem rechtmäßigen Verkauf nicht höher gewesen wäre.

(2) A hat an B eine Wohnung vermietet. Weil B den Mietzins nicht entrichtet und den Hausfrieden nachhaltig stört, spricht A nach kurzer Zeit eine fristlose Kündigung (§ 543 BGB) aus und verlangt von B die Inseratskosten für die Suche nach einem neuen Mieter ersetzt. ⇨ Hier kann sich B darauf berufen, dass er die Wohnung auch ordentlich hätte kündigen können und A die Inseratskosten auch dann entstanden wären (rechtmäßiges Alternativverhalten). Denn die von B verletzte Pflicht soll ihrem Sinn und Zweck nach nicht verhindern, dass dem Vermieter nach der Beendigung des Mietverhältnisses Inseratskosten entstehen.

d. Willensentschluss des Geschädigten oder eines Dritten

896 Problematisch ist, ob der Schädiger auch für solche Schäden einzustehen hat, die durch einen eigenen Willensentschluss des Verletzten oder eines Dritten hervorgerufen wurden (psychisch vermittelte Kausalität). In solchen Konstellationen kann eine Zurechnung zum Schädiger erfolgen,

- wenn die Handlung des Verletzten oder Dritten durch sein Verhalten **herausgefordert** wurde[891],
- die Reaktion **keine ungewöhnliche Reaktion** darstellte
- und sich im Schaden das **typische Risiko des herausgeforderten Verhaltens** (und nicht nur das allgemeine Lebensrisiko) verwirklicht hat.[892]

Beispiel: A hat B eine Taschenuhr gestohlen und läuft davon. B nimmt sofort die Verfolgung auf. Auf dem Weg springt A über einen Zaun. B versucht dies auch, verletzt sich dabei aber am Schienbein. Bei der weiteren Verfolgung rutscht B auch noch auf einer Bananenschale aus und fällt hin, wodurch seine Jacke beschädigt wird.

Fraglich ist, ob B einen Ersatz der Kosten für die Behandlung seiner Wunde und für die Reparatur der beschädigten Jacke aus § 823 I BGB verlangen kann. Dabei ist problematisch, ob die Körperverletzung und Sachbeschädigung dem Schutzzweck dieser Norm unterfallen, oder ob die Zurechnung an dem willentlichen Handeln des Geschädigten scheitert.

Das Verfolgerverhalten wurde von A herausgefordert und es stellt auch keine ungewöhnliche Reaktion des B dar, die Verfolgung sofort aufzunehmen. B „durfte sich also herausgefordert fühlen". Fraglich ist aber, ob sich in den Schäden auch das verfolgungstypische Risiko niedergeschlagen hat. Bzgl. der Wunde am Knie wird man dies noch bejahen können, weil die Verfolgung über den Zaun eine über das normale allgemeine Lebensrisiko hinausgehende Gefahr in sich barg. Bei der Beschädigung der Jacke hingegen dürfte sich nur das allgemeine Lebensrisiko verwirklicht haben, sodass eine Ersatzpflicht des A ausschei-

---

[888] BGHZ 96, 157, 173; BGH NJW 2000, 661; *Larenz*, SchuldR AT § 30 I; *Teichmann*, in: Jauernig, Vor §§ 249-253 Rn 48; *Grüneberg*, in: Palandt, Vorb v § 249 Rn 64.

[889] BGH NJW 2000, 661, 663; *Grüneberg*, in: Palandt, Vorb v § 249 Rn 64.

[890] *Medicus/Lorenz*, SchuldR AT, Rn 605.

[891] Vgl. dazu BGH NJW 2002, 2232 ff.: Zurechnung ist gegeben, wenn die durch den Täter verängstigte Person aus dem Fenster springt, um weiteren Tätlichkeiten zu entgehen. Vgl. auch BGH NJW 2012, 1951 f.

[892] BGHZ 57, 25 ff.; 63, 189 ff.

den muss (a.A. mit dem Argument vertretbar, dass gerade die *schnelle* Verfolgung den Sturz verursacht hat und B bei normalem Tempo nicht hingefallen wäre).

Auch wenn Dritte in ein Geschehen helfend eingreifen und sich dabei verletzen, können dem Schädiger die unfreiwilligen Einbußen des Helfers unter engen Voraussetzungen zugerechnet werden. Dafür ist ebenfalls erforderlich, dass das Verhalten herausgefordert wurde, keine ungewöhnliche Reaktion darstellt und sich das spezifische Risiko des herausgeforderten Verhaltens verwirklicht hat.[893] **897**

Beispiel: So ist der Schädiger für den Schaden verantwortlich, den jemand dadurch erleidet, dass er eine Person aus einem Wagen rettet, der durch einen vom Schuldner verursachten Unfall in Brand geriet.

e. Dazwischentreten Dritter

Wurde ein Schaden verursacht, ist dem Schädiger grundsätzlich auch ein Verhalten Dritter zuzurechnen, die durch ihr Verhalten auf den Schadensverlauf Einfluss nehmen. **898**

Beispiele[894]**:** Ärztlicher Kunstfehler bei der Behandlung der durch den Schädiger herbeigeführten Verletzung, Folgeschäden bei der fehlerhaften Reparatur durch eine Kfz-Werkstatt, Kettenunfall wegen eines Auffahrunfalls des Schädigers.

Das gilt sogar, wenn der Dritte vorsätzlich in den Schadensverlauf eingreift. Voraussetzung ist nur, dass der entstandene Schaden vom Schutzzweck miterfasst wird.[895]

Beispiele: Wer den Geschädigten mit Gift in einen wehrlosen Zustand versetzt, haftet auch für vorsätzliche Misshandlungen der Person durch einen Dritten[896]; wer einen Weidezaun beschädigt haftet auch für die spätere Entwendung der Weidetiere durch einen Dritten. Anders dagegen hat sich der BGH[897] im sog. Grünstreifenfall entschieden: Wer einen Unfall verursacht und dadurch die Straße blockiert, haftet nicht für die Schäden, die dadurch entstehen, dass die nachfolgenden Autofahrer auf den Grünstreifen ausweichen.

D. Art und Inhalt des Schadensersatzes, §§ 249 ff. BGB

I. Einführung

Ist ein durch das Schadensersatzrecht geschütztes Rechtsgut verletzt, hat der Geschädigte gegen den Schädiger dem Grunde nach einen Anspruch auf Schadensersatz. Art und Umfang des Schadensersatzes richten sich – gemäß der gesetzlichen Systematik – jedoch nicht nach der jeweiligen haftungsbegründenden Norm, sondern nach den allgemeinen Vorschriften der §§ 249 ff. BGB. Diese regeln die Art und Weise und den Umfang des Schadensersatzes. Wie bereits eingangs erwähnt, ist dabei zu beachten, dass die Vorschriften in einigen Fällen durch spezielle Normen verdrängt oder modifiziert werden. Dies ist z.B. bei § 651f II BGB der Fall, nach dem ein besonderer Ersatz für immaterielle Schäden verlangt werden kann. Gemäß §§ 281, 282, 283, 311a II BGB werden die §§ 249 ff. BGB insofern modifiziert, als beim Schadensersatz statt der Leistung eine Naturalrestitution regelmäßig ausscheidet, weil der Schaden gerade *anstatt* der Leistung verlangt wird und eine tatsächliche Wiederherstellung damit nicht in Betracht kommt. **899**

Ersatzfähig sind alle Schäden, die in adäquatem Zusammenhang mit der Rechtsgutverletzung stehen[898] (s.o.). Die Vorschriften der §§ 249 ff. BGB basieren dabei auf dem Grundgedanken,

---

[893] Vgl. OLG Köln NJW-RR 1990, 669, 669.
[894] BGHZ 3, 261, 268; 43, 178, 181; BGH NJW 1989, 768.
[895] BGH NJW-RR 2012, 567; NJW 2013, 333; *Grüneberg*, in: Palandt, Vorb. v. § 249 Rn 49.
[896] BGH NJW 1992, 1381, 1382.
[897] BGHZ 58, 162, 167.
[898] Vgl. nur BGH NJW 2014, 3727.

dass der Schuldner den Schaden vorrangig durch **Naturalrestitution** zu beheben hat, § 249 I BGB. Naturalrestitution bedeutet die Herstellung des gleichen (wirtschaftlichen) Zustands, der ohne das schädigende Ereignis bestehen würde.[899] Bei Verletzung einer Person oder Beschädigung einer Sache kann der Geschädigte statt der Naturalrestitution **Geldersatz** verlangen (§ 249 II S. 1 BGB). Zu ersetzen ist das Integritätsinteresse. Zu leisten ist der Geldbetrag, der zur Herstellung eines (wirtschaftlich) gleichwertigen Zustands erforderlich ist, der ohne das schädigende Ereignis bestehen würde.[900] Insoweit besteht eine Ersetzungsbefugnis, die (bei Sachschäden) an die grds. noch bestehende Möglichkeit der Naturalrestitution anknüpft. Gemäß § 250 BGB kann der Gläubiger auch ohne Vorliegen der Voraussetzungen des § 249 II BGB einen Ersatz in Geld verlangen, wenn er dem Schuldner zur Naturalrestitution eine angemessene Frist gesetzt hat und diese Frist erfolglos verstrichen ist.

Ist die Naturalrestitution nicht möglich bzw. ist die Entschädigung des Gläubigers ungenügend (§ 251 I BGB) oder kann sie nur mit unverhältnismäßigem Aufwand erfolgen (§ 251 II BGB), kommt eine **Schadenskompensation** gem. §§ 251, 253 BGB in Betracht.

> **Hinweis für die Fallbearbeitung:** Der statt der Naturalrestitution zu gewährende Ersatz gem. § 249 II BGB ist – wie auch die Schadenskompensation gem. § 251 BGB – auf Geld gerichtet. Dennoch ist zwischen den beiden Arten des Schadensersatzes zu differenzieren: Die Kompensation kommt nur in Betracht, wenn die Naturalrestitution bzw. der Ausgleich nach § 249 II BGB aus den in § 251 BGB genannten Gründen nicht zu erfolgen hat. Die Unterscheidung ist von besonderer Bedeutung, weil eine *Naturalrestitution* auch bei Nichtvermögensschäden möglich ist, während im Rahmen der *Kompensation* die Regelung des § 253 BGB eine Ersatzpflicht des Schädigers erheblich einschränkt.

II. Herstellung eines gleichwertigen Zustands, § 249 I BGB

900 „Herstellung eines gleichwertigen Zustands" bedeutet, dass der Zustand (in wirtschaftlicher Hinsicht) wiederhergestellt werden muss, der ohne das schädigende Ereignis bestehen würde (s.o.). Es handelt sich also um eine Schadenswiedergutmachung in Natur, z.B. dadurch, dass der Schuldner die Sache des Gläubigers repariert. Auch bei Ehrverletzungen durch falsche Behauptungen kann eine Naturalrestitution in Form eines Widerrufs verlangt werden.

> **Hinweis für die Fallbearbeitung:** Entscheidend ist, dass die Naturalrestitution auch noch möglich ist, da ansonsten ein Fall der Schadenskompensation vorliegt. Dann greift nicht mehr § 249 BGB, sondern es greifen §§ 251, 253 BGB. Daraus folgt, dass die Beeinträchtigungen wegen einer Ehrverletzung, die *nicht* mehr behoben werden können, als immaterielle Schäden wegen § 253 BGB nur ersetzt verlangt werden könnten, wenn sich die Ehrverletzung unter diese Vorschrift subsumieren ließe. Allerdings ist bei Verletzungen des allgemeinen Persönlichkeitsrechts zu beachten, dass die Rspr. eine Ausnahme von § 253 I BGB macht: Nichtvermögensschäden wegen Ehrkränkungen sind danach in Abweichung von § 253 BGB direkt aus § 823 BGB i.V.m. Art. 1 und 2 GG ersatzfähig.

Im Übrigen ist zu unterscheiden[901]:

- Soweit eine Naturalrestitution i.S.d. § 249 I BGB technisch oder rechtlich **möglich** ist, kann der Gläubiger sie vom Schuldner stets fordern. In diesem Fall kann der Schuldner nicht einfach Geldersatz leisten.

---

[899] BGH NJW 2004, 1943, 1944; BGHZ 154, 395, 397 f.; *Grüneberg*, in: Palandt, § 249 Rn 1.
[900] *Grüneberg*, in: Palandt, § 249 Rn 1.
[901] *R. Schmidt*, SchuldR BT II, Rn 1096.

- Lediglich für den Fall, dass die Wiederherstellung nur mit **unverhältnismäßigen** Aufwendungen durchführbar ist, hat der Schuldner das Recht, den Gläubiger allein in Geld zu entschädigen (**§ 251 II BGB** – Ersetzungsbefugnis des Schuldners). Die Frage, ob die zur Herstellung erforderlichen Aufwendungen unverhältnismäßig sind, beantwortet sich nach dem Wert des beeinträchtigten Rechtsguts, wobei die Kosten diesen Wert durchaus in einem angemessenen Rahmen übersteigen können, um dem Integritätsinteresse gerecht zu werden. Vgl. dazu zusammenfassend Rn 1100.
- Hiervon zu unterscheiden ist der Fall, dass die Naturalrestitution **unmöglich** ist (Verlust, Diebstahl etc.) oder zur Entschädigung des Gläubigers nicht genügt. Hier kann der Gläubiger vom Schuldner nach **§ 251 I BGB** ausschließlich Geldersatz verlangen. Sollte die Naturalrestitution nur teilweise unmöglich sein, ergibt sich aus dem Wort „soweit" in § 251 I BGB, dass diese geschuldet wird und nur im Übrigen gem. § 251 I BGB Ersatz in Geld zu leisten ist.

III. Geld für Herstellung, § 249 II BGB

§ 249 II BGB gibt dem Gläubiger bei der Beschädigung einer Person oder einer Sache eine **Ersetzungsbefugnis**. Das bedeutet, dass er anstelle der Herstellung in Natur den dazu erforderlichen Geldbetrag verlangen kann. Wie bereits im Rahmen der Darstellung der Ersetzungsbefugnis bei Rn 108 ff. erläutert, ist für sie erforderlich, dass der eigentlich geschuldete Gegenstand noch erbracht werden kann, d.h., dass der Geldersatz i.S.d. § 249 II BGB nur geleistet werden muss, wenn eine Naturalrestitution der Sache nach noch möglich ist. Das folgt auch bereits aus dem Wortlaut der Vorschrift, wonach der „dazu erforderliche" Betrag verlangt werden kann, also der Betrag, der für die Wiederherstellung aufgewendet werden muss (vgl. § 249 II S. 1 BGB). 901

> **Hinweis für die Fallbearbeitung:** Macht der Gläubiger von seiner Ersetzungsbefugnis Gebrauch, ist er an die Entscheidung grundsätzlich gebunden. Hat er sich bspw. für die Naturalrestitution entschieden, ist ihm ein Geldersatz nach § 249 II BGB verwehrt. Bereut er später seine Wahl und möchte lieber Geld statt einer Wiederherstellung in Natur haben, kann er dieses nur unter den Voraussetzungen des § 250 BGB verlangen.

1. Sachschäden

a. Ersatz erforderlicher Kosten, § 249 II S. 1 BGB

Sofern der Schädiger eine Sache des Gläubigers beschädigt, kann dieser gem. § 249 II S. 1 BGB die für die Herstellung erforderlichen Kosten ersetzt verlangen. Der Sinn dieser Vorschrift liegt darin, dass der Geschädigte die Sache dem Schädiger für eine Wiederherstellung in Natur erneut anvertrauen müsste, was ihm angesichts der vorherigen Beeinträchtigung durch den Täter nicht immer zuzumuten ist. Er soll daher die Möglichkeit erhalten, die Restitution selbst in die Hand zu nehmen. Zu den erforderlichen Kosten i.S.d. § 249 II BGB gehören bspw. die Reparaturkosten oder die Aufwendungen für die Beschaffung einer gleichwertigen Sache. Bei der Frage, welche Kosten der Geschädigte in Ansatz bringt, kann er sich grundsätzlich frei entscheiden. Er ist allerdings unter Berücksichtigung des Rechtsgedankens aus § 254 BGB dazu verpflichtet, keine unnötig hohen, sondern nur *erforderliche* Kosten einzufordern. **Erforderliche Kosten** sind die Aufwendungen, die ein **verständiger, wirtschaftlich denkender Mensch** in der Lage des Geschädigten für zweckmäßig und notwendig halten durfte (**Wirtschaftlichkeitsgebot**; vgl. auch Rn 904).[902] 902

> **Hinweis für die Fallbearbeitung:** Zu beachten ist, dass ein etwaiger merkantiler Minderwert nicht unter § 249 II BGB fällt. Denn der einem Kfz aufgrund seiner Eigen-

[902] BGHZ 115, 364, 368; BGH NJW 2014, 3737, 3728; NJW 2015, 468, 470. Vgl. auch BGH NJW 2017, 1664.

schaft als Unfallwagen innewohnende Minderwert ist nicht durch eine Naturalrestitution behebbar. Deshalb kann auch keine Ersetzungsbefugnis i.S.d. § 249 II BGB in Betracht kommen, sondern nur eine Kompensation gem. § 251 BGB.

903 Gemäß § 249 II S. 2 BGB kann der Geschädigte die in einer Reparatur oder Neubeschaffung **enthaltene Umsatzsteuer** („Mehrwertsteuer") nur verlangen, wenn sie auch tatsächlich angefallen ist.[903]

Beispiel: A hat das Kfz von B beschädigt. B lässt sich einen Kostenvoranschlag erstellen, nach dem die Reparatur 600,- € kostet. Darin enthalten ist ein Betrag von 95,80 € Umsatzsteuer. B entschließt sich, einen Ersatz nach § 249 II BGB zu verlangen, er hat aber nicht die Absicht, den Wagen tatsächlich reparieren zu lassen. Er kann daher nur 504,20 € verlangen, da die Umsatzsteuer nicht angefallen ist, § 249 II S. 2 BGB.

b. Dispositionsfreiheit

904 Der Geschädigte hat die **freie Wahl**, wie er das wegen der Sachbeschädigung erhaltene Geld verwendet. § 249 II BGB gewährt zwar nur die „für die *Herstellung* erforderlichen" Kosten, daraus kann aber nicht geschlossen werden, dass die Wiederherstellung auch tatsächlich vorgenommen werden muss.[904] Das hat zur Folge, dass grds. auch die rein **fiktiven Reparaturkosten** verlangt werden können.[905]

Hinweis für die Fallbearbeitung: Anders verhält es sich bei Körperschäden. Nimmt eine verletzte Person eine ihr zu ersetzende Schönheitsoperation nicht vor, sind die fiktiven Operationskosten nicht ersetzbar, weil dieses Ergebnis der Wertung des § 253 BGB widerspräche: Aus immateriellen Schäden soll der Geschädigte kein Geschäft machen dürfen.[906]

Zwar ist die Ersatzfähigkeit der fiktiven Umsatzsteuer durch § 249 II S. 2 BGB ausgeschlossen; die Dispositionsfreiheit bleibt davon im Übrigen aber unberührt. Diesbezüglich ist aber das sich aus dem Tatbestandsmerkmal der **Erforderlichkeit** des § 249 II S. 1 BGB ergebende **schadensrechtliche Bereicherungsverbot** bzw. das **Wirtschaftlichkeitspostulat** zu beachten: Danach sind dem Geschädigten nur diejenigen Aufwendungen vom Schädiger abzunehmen, die vom Standpunkt eines verständigen, wirtschaftlich denkenden Menschen in der Lage des Geschädigten zur Behebung des Schadens zweckmäßig und angemessen erscheinen.[907] Daher sind bei einem Schaden, der durch die Lieferung einer mangelhaften Sache verursacht wird, diejenigen Aufwendungen nicht zu erstatten, die auch bei Lieferung einer mangelfreien Sache aufzubringen gewesen wären.[908]

Kommen mehrere Möglichkeiten der Naturalrestitution in Betracht, hat der Geschädigte grundsätzlich diejenige zu wählen, die **den geringsten wirtschaftlichen Aufwand** erfordert.[909] Da das Schadensersatzrecht aber auch das Interesse des Geschädigten am Erhalt der Sache (**sog. Integritätsinteresse**) schützt, wird dem Geschädigten eines **Kfz** zugebilligt, dass er seinen Wagen auch dann reparieren lassen kann, wenn die Kosten höher liegen als beim Kauf eines gleichwertigen Ersatzfahrzeugs. Da das Integritätsinteresse allerdings auch das Bereicherungsverbot bzw. das Wirtschaftlichkeitspostulat zu beachten hat und daher nicht grenzenlos geschützt ist, ist die von der Rechtspre-

---

[903] Vgl. dazu BGH NJW 2009, 155 ff. und *R. Schmidt*, SchuldR BT II, Rn 1138 ff. m.w.Nachw.
[904] BGHZ 61, 56, 58; 66, 239, 241; BGH NJW 1997, 520, 520; krit. *Haug*, VersR 2000, 1471 ff.
[905] St. Rspr., vgl. nur BGH NJW 2017, 1664 ff. – dazu ausführlich *R. Schmidt*, SchuldR BT II, Rn 1133 ff.
[906] BGHZ 97, 14, 15; OLG Köln VersR 2000, 1021, 1022.
[907] BGHZ 115, 364, 368; BGH NJW 2014, 3737, 3728; NJW 2015, 468, 470.
[908] BGH NJW 2015, 468, 470.
[909] BGHZ 154, 395, 397 f.; 115, 364, 368.

chung[910] entwickelte **130%-Grenze** zu beachten: Übersteigen die Reparaturkosten den Wiederbeschaffungswert um mehr als 30%, kann der Geschädigte nicht mehr sein Integritätsinteresse durchsetzen, sondern muss sich auf den Wiederbeschaffungswert verweisen lassen (sog. wirtschaftlicher Totalschaden).[911] Liegen die Reparaturkosten hingegen unterhalb der 130%-Grenze, kann der Geschädigte die Reparaturkosten und den Ersatz des merkantilen Minderwerts verlangen.[912]

Schließlich sieht § 251 II BGB vor, dass der Schädiger einen Geldersatz im Wege der Kompensation leisten darf, wenn die Naturalrestitution nur mit einem unverhältnismäßigen Aufwand erfolgen kann.

c. Einzelfälle zum Inhalt des Ersatzes

Unter den Ersatzanspruch aus § 249 II BGB können u.a. folgende Positionen fallen: 905

- Zunächst sind die (**fiktiven Netto-**) **Reparaturkosten** ersatzfähig (s.o.). Sofern bei einer durchgeführten Reparatur weitere Schäden durch unsachgemäßes Verhalten des Werkstattpersonals auftreten, sind diese ebenfalls vom Schuldner zu bezahlen. Zu den erstattungsfähigen (fiktiven Netto-) Reparaturkosten bei Kfz vgl. i.Ü. die abschließende Darstellung bei *R. Schmidt*, SchuldR BT II, Rn 1133 ff. 906

- Auch kann der Gläubiger die weiteren für die Behebung des Schadens erforderlichen Aufwendungen ersetzt verlangen. Dazu gehören bspw. die Kosten für ein **Sachverständigengutachen**, sofern dieses für die entsprechende Schadensermittlung notwendig ist.[913] Da dies jedenfalls bei Straßenverkehrsunfällen regelmäßig der Fall ist, ist es allgemein anerkannt, dass der Geschädigte bei einem Unfall jedenfalls dann einen Sachverständigen heranziehen darf, wenn der Schaden eine Bagatellgrenze von 700-750 € übersteigt[914] und der Geschädigte die Einholung eines Gutachtens im Zeitpunkt der Beauftragung zur Rechtsverfolgung auch im Übrigen für erforderlich halten durfte[915]. Die Kosten für die Erstellung eines Sachverständigengutachtens sind dann als Kosten der Rechtsverfolgung erstattungsfähig.[916] Weiterhin sind die zur Rechtsverfolgung aufgewendeten **Rechtsanwaltskosten** ersatzfähig, wenn die Inanspruchnahme des Rechtsbeistands (was bei Verkehrsunfällen regelmäßig der Fall ist) erforderlich war.[917] 907

- **Mietwagenkosten** (oder Mietkosten für den vorübergehenden Ersatz anderer Sachen) sind im Wege des Ersatzes gem. § 249 II BGB erstattungsfähig.[918] Dabei muss sich der Gläubiger allerdings dasjenige anrechnen lassen, was er infolge der Ingebrauchnahme einer Mietsache erspart hat, z.B. die nicht erfolgte Abnutzung seines eigenen Kfz, welches er bei der Nutzung der Mietsache nicht gebraucht hat (Abzug von etwa 15-20% der Mietwagenkosten). Ein Abzug findet nicht statt, wenn der Geschädigte einen günstigeren Mietwagen nimmt, als ihm an sich zustünde. 908

---

[910] Grundlegend BGHZ 115, 364 ff.

[911] BGHZ 154, 395, 397 f.; 115, 364, 371; 115, 375, 380; BGH MDR 1999, 293; OLG Hamm VersR 2001, 257; OLG Koblenz VersR 2001, 997; OLG Dresden OLG Report 2001, 341; OLG Frankfurt OLG Report 2002, 81. Keine Rolle spielt es, ob es sich um ein privat oder gewerblich genutztes Fahrzeug handelt (BGH MDR 1999, 293; OLG Dresden OLG Report 2001, 341; OLG Hamm VersR 2001, 257). Vgl. auch *Wagner*, NJW 2002, 2049, 2057 f.; *Garbe/Hagedorn*, JuS 2004, 287, 294; *Wittschier*, NJW 2008, 898 ff.

[912] Lässt der Geschädigte den Wagen reparieren, darf er die 130%-Grenze nicht durch „Trickserei" unterlaufen, indem er teilweise Gebrauchtteile verbauen lässt, v.a. aber auf den Anbau von Teilen verzichtet. Maßgeblich ist allein die Berechnung im Sachverständigengutachten. Liegen dort die Kosten einer ordnungsgemäßen Reparatur oberhalb von 130% des Wiederbeschaffungswerts, kommt eine Reparatur nicht in Betracht (BGH NJW 2015, 2958 f.), näher dazu *R. Schmidt*, SchuldR BT II, Rn 1142.

[913] *Grüneberg*, in: Palandt, § 249 Rn 58.

[914] Unterhalb dieser Bagatellgrenze werden von den Versicherungen i.d.R. Reparaturrechnungen oder Kostenvoranschläge akzeptiert.

[915] Vgl. dazu *Vuia*, NJW 2013, 1197, 1200.

[916] BGH NJW 2005, 356; *Grüneberg*, in: Palandt, § 249 Rn 58; *Dresenkamp*, JA 2012, 527, 532; *Vuia*, NJW 2013, 1197, 1200.

[917] BGHZ 30, 154 ff.

[918] BGH NJW 1985, 2637, 2638; *Oetker*, in: MüKo, § 249 Rn 428; *Zwirlein*, JuS 2013, 487, 488.

> **Hinweis für die Fallbearbeitung:** Zu beachten ist, dass **fiktive Mietwagenkosten** – anders als fiktive Reparaturkosten – nicht über § 249 II BGB erstattungsfähig sind. Nimmt der Gläubiger den Mietwagen nicht in Anspruch, ist nach Ablauf der Reparaturzeit keine Möglichkeit der Wiederherstellung nach § 249 I BGB mehr gegeben. Damit kommt kein Ersatz nach § 249 II BGB in Betracht, da dieser die Möglichkeit einer Naturalrestitution verlangt. Es könnte allenfalls eine **Kompensation** nach § 251 BGB erwogen werden. Dafür ist erforderlich (§ 253 I BGB), dass es sich bei den entgangenen Gebrauchsvorteilen um einen Vermögensschaden handelt. Dies wird bei entgangenen Gebrauchsvorteilen *eines Kfz* von der h.M. bejaht (weiter unten).

909 ▪ Sofern die Beschaffung einer **Ersatzsache** erforderlich ist, sind die Kosten für die Beschaffung eines *adäquaten* Gegenstands ersatzfähig. Voraussetzung für die **Erforderlichkeit** einer Neubeschaffung ist, dass der alte Gegenstand zerstört wurde oder verloren gegangen ist. Der Zerstörung steht dabei der Fall gleich, in dem eine Reparatur nicht möglich oder unwirtschaftlich ist.

910 **Nicht ersatzfähig** sind Kosten für die Bearbeitung (Zeitaufwand) und außergerichtliche Abwicklung des Schadensersatzanspruchs.[919] Diese sog. Müheverwaltung fällt nach h.M. allein in den Pflichtenkreis des Geschädigten und muss auch dann nicht ersetzt werden, wenn er sich dafür eigens Personal anstellt. Etwas anderes gilt aber für die bei der Schadensabwicklung getätigten notwendigen *Vermögensaufwendungen* wie z.B. die erforderlichen Telefon- oder Rechtsanwaltskosten (s.o.).

d. Grenzen des Ersatzes

911 Die Grenzen des Ersatzanspruchs i.S.d. § 249 II BGB finden sich in § 251 BGB. In dieser Vorschrift wird festgelegt, wann ein Anspruch auf Naturalrestitution – und damit zugleich der Ersatzanspruch aus § 249 II BGB – ausscheidet. Sofern ein Ausschluss des Ersatzanspruchs vorliegt, ist nicht mehr § 249 BGB einschlägig, sondern der Anwendungsbereich der §§ 251, 253 BGB eröffnet.

aa. Unmöglichkeit der Restitution

912 Eine Naturalrestitution und damit ein Ersatzanspruch i.S.d. § 249 II BGB ist zunächst ausgeschlossen, wenn die **Wiederherstellung in Natur nicht (mehr) möglich** ist, vgl. § 251 I BGB. Dabei gelten für die Unmöglichkeit i.S.d. § 251 I BGB die Maßgaben des § 275 BGB. Es ist somit unerheblich, ob die Restitution anfänglich, nachträglich, subjektiv, objektiv, verschuldet oder unverschuldet unmöglich geworden ist.

913 Die Unmöglichkeit kann in tatsächlicher und rechtlicher Hinsicht bestehen. Eine **rechtliche Unmöglichkeit** liegt z.B. im Falle eines Anspruchs aus §§ 280, *281* BGB vor, weil nach dem Sinn und Zweck des § 281 BGB (Schadensersatz *statt* der Leistung) nur ein Geldersatz im Wege der Kompensation in Betracht kommt. Eine **tatsächliche Unmöglichkeit** ist bspw. anzunehmen, wenn der zu reparierende Gegenstand später untergeht oder die Naturalrestitution wegen Zeitablaufs nicht mehr erfolgen kann. Das ist der Fall, wenn der Schädiger eine Sache beschädigt und sich der Gläubiger während der Reparaturzeit keine Ersatzsache mietet. Denn nach dem Ablauf dieser Zeit können die entgangenen Gebrauchsvorteile nicht mehr durch eine Naturalleistung i.S.d. § 249 I BGB behoben werden. Es ist somit nur noch eine Kompensation denkbar, wobei sich dann die Frage stellt, ob es sich um einen gem. § 251 I BGB ersetzbaren *Vermögens*schaden handelt (vgl. § 253 BGB).

> **Hinweis für die Fallbearbeitung:** Der Fall, in dem die zu reparierende Sache später untergeht und die Restitution deswegen unmöglich wird, ist nicht mit dem Fall zu verwechseln, in welchem der Schädiger eine Sache von vornherein gänzlich zerstört.

---

[919] BGH NJW 2014, 3727, 3728.

Beim **nachträglichen Untergang einer zu reparierenden Sache** wird die Wiederherstellung unmöglich, weil sich die Pflicht des Schädigers auf die Reparatur beschränkt hat. Fällt das Leistungssubstrat nach der schädigenden Handlung weg, kann keine Restitution und damit auch kein Ersatz i.S.d. § 249 II BGB mehr verlangt werden. Es kommt dann nur noch eine Kompensation nach § 251 BGB in Betracht.

Zerstört der Schädiger allerdings die **Sache von vornherein vollständig**, schuldet er von diesem Zeitpunkt an grundsätzlich eine Restitution durch die Beschaffung einer Ersatzsache. Dies soll, wie oben dargelegt, nach der Rspr. auch gelten, wenn es sich um eine unvertretbare Sache handelt. Folgt man diesem Ansatz kann der Gläubiger dann auf § 249 II BGB zurückgreifen und einen Geldersatz verlangen. Ansonsten ist der Ersatz bei der Zerstörung einer *unvertretbaren* Sache *immer* gem. § 251 BGB zu leisten.

Geht es um den Ausgleich von **Kfz-Sachschäden**, stehen dem Geschädigten gem. **914**
§ 249 II S. 1 BGB i.d.R. mehrere Wege der Naturalrestitution zur Verfügung, die (wegen der in § 823 I BGB fußenden Haftungsbegründung) ausführlich bei *R. Schmidt*, Schuldrecht Besonderer Teil II, Rn 1135 ff. dargestellt sind.

bb. Ungenügende Restitution

Gemäß § 251 I BGB ist Schadensersatz in Geld zu leisten, Soweit die Herstellung nicht **915**
möglich oder sie zur Entschädigung des Gläubigers „nicht genügend" ist. Das ist z.B. der Fall, wenn dem Geschädigten eine Reparatur wegen des Schadensumfangs nicht zugemutet werden kann, die technisch mögliche Wiederherstellung unzumutbar lange dauert oder wenn trotz der technischen Reparatur ein merkantiler Minderwert verbleibt.

Insbesondere bei Kfz-Schäden ist der **merkantile Minderwert** zu ersetzen, der dadurch entsteht, dass es sich bei dem reparierten Fahrzeug nun um einen (wenn auch wiederhergestellten) Unfallwagen handelt, der am Markt weniger wert ist als ein entsprechendes unfallfreies Fahrzeug. Denn bei einem wiederhergestellten Unfallwagen sind verborgene Mängel nicht auszuschließen. Außerdem besteht das Risiko höherer Schadensanfälligkeit infolge nicht fachgerechter Reparatur. Schließlich haftet dem Wagen der (psychologisch wirkende) Makel an, ein Unfallwagen zu sein, was sich in der Höhe des Wiederverkaufswerts niederschlägt. Dieser merkantile Minderwert ist in Geld zu entschädigen.[920]

cc. Unverhältnismäßige Aufwendungen

Schließlich sieht § 251 II S. 1 BGB vor, dass der Schädiger einen Geldersatz im Wege der **916**
Kompensation leisten darf, wenn die Naturalrestitution nur mit einem unverhältnismäßigen Aufwand erfolgen kann. Die Vorschrift dient den Schuldnerinteressen und räumt ihm eine Ersetzungsbefugnis ein. Entscheidet er sich für die Kompensation, sind sowohl die Wiederherstellung in Natur als auch der Ersatzanspruch i.S.d. § 249 II BGB ausgeschlossen.

Die **Unverhältnismäßigkeit** ergibt sich aus einem Vergleich zwischen den Herstel- **917**
lungskosten und dem nach § 251 II BGB geschuldeten Wertersatz. Dabei sind die Interessen der Parteien gegeneinander abzuwägen, wobei der Verschuldensgrad des Schädigers sowie ein etwaiges immaterielles Interesse des Geschädigten zu berücksichtigen sind.[921] Bei **Kfz** hat sich insoweit die Faustformel entwickelt, dass eine Unverhältnismäßigkeit vorliegt, wenn die Reparaturkosten mehr als **30%** über dem tatsächlichen Sachwert vor dem Unfall liegen (vgl. bereits Rn 904).

---

[920] St. Rspr. seit BGHZ 27, 181, 182 ff.; vgl. aus jüngerer BGH NJW 2005, 277, 279; NJW 2005, 1044 f.; NJW 2006, 2179, 2180; BGHZ 181, 242, 247. Vgl. dazu auch unten Rn 931 sowie *R. Schmidt*, SchuldR BT II, Rn 1097

[921] BGH NJW 1970, 1180, 1181; *Oetker*, NJW 1985, 345, 347.

918 Sollten die geschätzten Kosten zunächst innerhalb der 130%-Bereichs liegen und sollte sich später bei der Reparatur herausstellt, dass doch ein über dieser Grenze liegender Betrag vonnöten ist, geht die h.M. davon aus, dass dem Schädiger das Prognoserisiko, also die Gefahr unvorhergesehener Kostensteigerungen, aufzubürden ist.[922] Eine nachträgliche Kostensteigerung geht also jedenfalls dann zulasten des Schädigers, wenn sie nicht vom Schädiger zu vertreten ist.

919 Handelt es sich bei dem beschädigten Gut um ein **Tier**, ist § 251 II S. 2 BGB zu beachten. Diese Vorschrift bestimmt, dass die Kosten für die Heilbehandlung nicht schon dann unverhältnismäßig sind, wenn sie den Wert des Tieres erheblich übersteigen. Damit trägt das Gesetz zum einen dem Umstand Rechnung, dass es sich bei Tieren nicht um Sachen, sondern um Mitgeschöpfe und schmerzempfindliche Lebewesen handelt[923], die zudem den Schutz der Verfassung (Art. 20a GG) genießen, und zum anderen berücksichtigt es das gesteigerte ideelle Interesse des Tierhalters an der Existenz seines Tieres. Wann die Heilbehandlungskosten den Wert des Tieres erheblich übersteigen und wann die (den Wert des Tieres erheblich übersteigenden) Heilbehandlungskosten unverhältnismäßig sind, ist allerdings höchstrichterlich bislang noch nicht geklärt. Der BGH hat lediglich entschieden, dass es zur Ermittlung der noch verhältnismäßigen Heilbehandlungskosten stets einer wertenden Gesamtbetrachtung aller Umstände des konkreten Einzelfalls seitens des Tatrichters bedürfe. Dabei könne auch das individuelle Verhältnis zwischen dem Geschädigten und dem verletzten Tier von Bedeutung sein.[924] Als unverhältnismäßig hat der BGH aber die (durch Hundebiss entstandenen) Heilbehandlungskosten von rund 4.200 € bei einem Hund angesehen, dessen Wert im unteren dreistelligen Bereich lag.[925] Demgegenüber hat das LG Hildesheim der Eigentümerin eines 14 Jahre alten Katers Schadensersatz i.H.v. der Heilbehandlungskosten von über 4.000 € wegen der Bissverletzung durch einen Polizeihund zugesprochen.[926] Zu Recht weist das LG darauf hin, dass sich eine streng wirtschaftliche Betrachtungsweise verbiete und überdies der Schädiger das Risiko trage, die Behandlungskosten vorab nicht genau bestimmen zu können.[927]

2. Personenschäden

a. Ersatz erforderlicher Kosten/Einzelfälle

920 Bei der Beschädigung einer Person sind alle Schäden in Natur zu beheben, die durch eine Naturalrestitution behebbar sind. Der Geschädigte hat auch hier gem. § 249 II BGB die Wahl, ob er eine Wiederherstellung oder einen Ersatz in Geld verlangt. Ein Personenschaden kann bei der Verletzung oder Tötung eines Menschen entstehen, wobei im letzteren Fall die Erben den Anspruch des Verstorbenen wegen § 1922 BGB geltend machen können. Darunter fallen die Schäden, die dem getöteten Menschen *zwischen* der Verletzung und dem Todeseintritt entstanden sind, z.B. die Behandlungskosten.

> **Hinweis für die Fallbearbeitung:** Für den Fall der Personenbeschädigung finden sich im Deliktsrecht weitere Vorschriften, die die Schadensersatzpflicht des Schädigers regeln. So hat bspw. der Unterhaltsberechtigte der verstorbenen Person einen Anspruch auf Schadensersatz in Form einer Rente. Bzgl. der deliktsrechtlichen Besonderheiten bei Personenbeschädigungen sei auf *R. Schmidt*, Schuldrecht BT II, Rn 1062 ff. verwiesen.

[922] Vgl. dazu ausführlich *R. Schmidt*, SchuldR BT II, Rn 1133 ff. (insb. Rn 1142).
[923] So in erfreulicher Weise BGH NJW 2016, 1589, 1590.
[924] BGH NJW 2016, 1589, 1590 f.
[925] BGH NJW 2016, 1589, 1590 f. Vgl. dazu ausführlich *R. Schmidt*, SchuldR BT II, Rn 883i.
[926] LG Hildesheim 10.2.2017 – 7 S 144/16.
[927] LG Hildesheim 10.2.2017 – 7 S 144/16.

Zunächst sind die **Behandlungskosten** ersetzbar, die für die Heilung der Person *erforderlich* waren. Dabei muss sich der Geschädigte bei der Auswahl seiner Behandlung im Rahmen des Angemessenen halten. Er kann somit die Aufwendungen für sog. medizinische „Außenseitermethoden" nur ersetzt verlangen, wenn diese bei wissenschaftlicher Betrachtung jedenfalls eine **Heilungschance** mit sich bringen.[928] Grundsätzlich ist der Verletzte aber nicht darauf angewiesen, besonders sparsam zu verfahren; er muss also auf seinen üblichen Behandlungsstandard nicht verzichten. **921**

Auch die nicht unmittelbar der Heilung dienenden Aufwendungen sind zu ersetzen wie z.B. die **Fahrtkosten** zur Apotheke[929] oder der sonstige Mehrbedarf bspw. für orthopädische Spezialschuhe oder andere Hilfsmittel (Gehhilfen). Sofern medizinisch gebotene Nahrung ersetzt wird, muss sich der Geschädigte die ersparten Aufwendungen für seine übliche Ernährung abziehen lassen. Nicht zu den mittelbaren Heilungsaufwendungen gehört der krankheitsbedingte Mehrbedarf an Lesestoff.[930] **922**

Ist eine Person durch eine Verletzung entstellt worden, sind auch die Kosten für eine **kosmetische Operation** zu ersetzen. Dabei ist ebenfalls lediglich erforderlich, dass eine gewisse Chance für einen Eingriffserfolg besteht. Die Kosten für die Operation können aufgrund des überragenden Werts der Gesundheit und des in § 251 II BGB zu berücksichtigenden immateriellen Interesses sehr hoch sein, bevor man von „unverhältnismäßigen Aufwendungen" im Sinn dieser Norm ausgehen kann. Eine Schönheitsoperation scheidet aber aus, wenn dafür kein ausreichender Grund vorliegt.[931] **923**

Auch die **Besuchskosten nächster Angehöriger** kann der Geschädigte als einen eigenen Schaden geltend machen, *sofern* diese zur Genesung beitragen, also nach seiner aktuellen Befindlichkeit notwendig sind.[932] Eine solche Notwendigkeit besteht auch, wenn der Verletzte im Koma liegt. Zu den jeweiligen Kosten gehören Fahrt-, Übernachtungs-, Babysitter- und erhöhte Verpflegungskosten, die den Angehörigen aufgrund des Besuchs entstehen. Aus dem Rechtsgedanken des § 254 BGB lässt sich aber ableiten, dass sie die möglichst wirtschaftlichsten Mittel zu nutzen haben. So ist bspw. die Fahrt mit einem Taxi nicht ersetzbar, wenn auch ein Bus oder eine Bahn zum Krankenhaus fahren würde oder ein eigenes Kfz zur Verfügung steht. **924**

Die Ersatzfähigkeit solcher Kosten ist nicht unproblematisch, weil sich aus dem Rechtsgedanken der §§ 844, 845 BGB entnehmen lässt, dass mittelbare Drittschädigungen grundsätzlich nur in wenigen Ausnahmefällen ersatzfähig sein sollen. Dennoch sind die Besuchskosten als Schadensposten anerkannt, wobei an die Voraussetzungen strenge Anforderungen zu stellen sind: Bei den Besuchern muss es sich um „nächste" Angehörige handeln, der Besuch muss notwendig - also medizinisch angezeigt - sein, und die Kosten müssen so gering wie möglich gehalten werden. Ein Verdienst- oder Haushaltsausfallschaden kann nur geltend gemacht werden, wenn er nicht durch Vor- oder Nacharbeit verhindert werden kann.[933]

b. Keine Dispositionsfreiheit bei Personenschäden

Anders als bei Sachschäden hat der Gläubiger bei der Beschädigung seiner Person nicht die Dispositionsfreiheit, mit dem Geldersatz nach § 249 II BGB nach freiem Belieben zu verfahren. Es besteht vielmehr eine Zweckbindung, sodass der erhaltene Ersatz auch tatsächlich für die Behandlung aufgewendet werden muss.[934] **Fiktive Behandlungskosten** sind also **nicht** ersatzfähig. Das beruht auf der Erwägung, dass der Geschädigte wegen der **Wertung des § 253 BGB** kein Geschäft mit seinen nichtvermögenswerten Rechtsgütern machen soll. **925**

---

[928] BGH NJW 1993, 2369, 2370 f.; *Grüneberg*, in: Palandt, § 249 Rn 8.
[929] OLG Nürnberg VersR 2002, 245, 246.
[930] OLG Köln VersR 1989, 1309, 1309.
[931] Vgl. *Grunsky*, JuS 1987, 441 ff.; BGHZ 63, 295 ff.
[932] BGH NJW 1985, 2757, 2758; NJW 1989, 766, 767.
[933] *R. Schmidt*, SchuldR BT II, Rn 1077.
[934] BGHZ 97, 14, 15; OLG Köln VersR 2000, 1021, 1022; *Steffen*, NJW 1995, 2057, 2060.

Bei einer Sachbeschädigung folgt die Dispositionsfreiheit daraus, dass das Vermögen durch die Eigentumsverletzung gemindert ist und nach der Ausgleichszahlung im Wege einer Saldierung als ausgeglichen betrachtet werden kann. Verlangt der Geschädigte die fiktiven Reparaturkosten und verwendet er das Geld anderweitig, ändert sich daran nichts. Denn dem Vermögenszuwachs durch das geleistete Geld steht der durch die Beschädigung hervorgerufene Negativposten gegenüber. Wenn eine Person allerdings die fiktiven Behandlungskosten verlangen und anderweitig verwenden würde, stünde dem kein Negativposten gegenüber, weil die Gesundheit nicht als Vermögen messbar ist. Es handelt sich bei der nicht wahrgenommen Gesundheitspflege vielmehr um ein immaterielles Gut, welches gem. § 253 BGB nur unter bestimmten Voraussetzungen und in bestimmten Maße ersatzfähig ist. Sofern der Geschädigte diese immateriellen Einbußen nicht durch eine tatsächliche Behandlung in eine vermögenswerte Einbuße umwandelt, kann er nach § 249 BGB nicht entschädigt werden.

c. Grenzen

926 Die Grenzen des Ersatzanspruchs i.S.d. § 249 II BGB finden sich bei der Personenbeschädigung ebenso wie bei der Sachbeschädigung in § 251 BGB. Danach ist der Anspruch zunächst bei einer **Unmöglichkeit** ausgeschlossen. Eine Unmöglichkeit liegt z.B. bzgl. der durch die Verletzung verursachten Schmerzen vor. Diese waren von vornherein objektiv nicht behebbar, sodass deshalb allenfalls eine Kompensation, nicht aber Restitution in Betracht kommt (der Wortlaut des § 251 BGB würde es auch zulassen, die Schmerzen als **„nicht genügend“** entschädigungsfähig anzusehen). Darüber hinaus kommt eine Naturalrestitution nicht in Betracht, wenn sie unverhältnismäßig ist, § 251 II BGB. Die Annahme einer **Unverhältnismäßigkeit** verbietet sich aber i.d.R. aufgrund des überragenden Stellenwerts des Rechtsguts der Gesundheit.

IV. Schadenskompensation, §§ 251, 252, 253 BGB

1. Einführung

927 Hat eine Verletzungshandlung zu Schäden an den Rechtsgütern einer Person geführt, ist grundsätzlich eine **Wiederherstellung** nach § 249 I BGB bzw. ein **Ausgleichsanspruch** nach § 249 II BGB vorrangig. Nur wenn diese Instrumentarien der Schadenswiedergutmachung nicht (mehr) in Betracht kommen, ist auf die **Schadenskompensation** zurückzugreifen. Das folgt aus § 251 BGB, wonach eine „Entschädigung in Geld“ (= Kompensation) nur verlangt werden kann, wenn die Herstellung gem. § 249 I BGB – und damit zugleich der Ausgleich nach § 249 II BGB – nicht erfolgen kann oder muss.

928 Die Schadenskompensation ist nach § 251 BGB in Geld zu leisten. Allerdings wird die Kompensationsfähigkeit von Schäden durch § 253 I BGB erheblich eingeschränkt. Diese Vorschrift stellt fest, dass ein Schadensersatz „in Geld“ (= Kompensation!) grundsätzlich nur bei Vermögensschäden in Betracht kommt, es sei denn, es ist ausnahmsweise im Gesetz etwas anderes bestimmt. Daraus folgt, dass ein Schaden, der nicht mehr im Wege der Naturalrestitution behoben werden kann (§ 251 I BGB) oder muss (§ 251 II S. 1 BGB), i.d.R. nur kompensationsfähig ist, wenn er als Vermögensschaden qualifiziert werden kann.

> **Hinweis für die Fallbearbeitung:** § 253 BGB schränkt hingegen *nicht* die *Naturalrestitution* ein: Auch bei immateriellen Einbußen kann der Geschädigte grundsätzlich einen Ersatz in Natur oder einen Geldersatz nach § 249 II BGB verlangen. Das Problem ist aber, dass es oftmals gar nicht möglich ist, immaterielle Vermögenseinbußen (z.B. Schmerzen) im Wege einer Naturalrestitution zu ersetzten. Deswegen kommt – wenn überhaupt – nur eine Kompensation in Betracht.

Da die Kompensation grundsätzlich nur bei Vermögensschäden zu erfolgen hat, gewinnt die **Abgrenzung von Vermögens- und Nichtvermögensschäden** an dieser Stelle an Bedeutung. Im Folgenden soll zunächst auf die Kompensation bei Vermögensschäden eingegangen werden und im Anschluss daran werden die Fälle behandelt, in denen das Gesetz ausnahmsweise auch bei immateriellen Schäden eine Kompensation vorsieht. 929

Hinweis für die Fallbearbeitung: Durch die Novellierung des Schadensrechts 2002 hat der Gesetzgeber den Grundsatz beibehalten, dass Nichtvermögensschäden i.d.R. nicht kompensationsfähig sind. Allerdings wurde mit der Einführung des § 253 II BGB – der eine Ausnahme zu § 253 I BGB darstellt – die Ersatzfähigkeit von immateriellen Schäden im Wege der Kompensation erheblich erweitert. Vor der Einführung dieser Norm konnte der Geschädigte ein Schmerzensgeld, also eine „billige Entschädigung für nichtvermögensrechtliche Einbußen bei der Körperverletzung" nur verlangen, wenn der Täter eine deliktische Handlung i.S.d. §§ 823 ff. BGB begangen hatte (§ 847 BGB a.F.). Nunmehr kann das Schmerzensgeld auch bei Ansprüchen aus der pVV, der c.i.c. oder aus den Gefährdungshaftungstatbeständen verlangt werden.

2. Vermögensschäden

Voraussetzung für eine Kompensation nach § 251 BGB ist also grundsätzlich, dass die Naturalrestitution nicht (mehr) erbracht werden kann oder muss und dass es sich um einen Vermögensschaden handelt. Hinsichtlich der ersten Anforderung – namentlich der Grenzen der Restitution gem. § 249 I und II BGB durch die Regelungen des § 251 I und II BGB – wird auf die obigen Ausführungen verwiesen. Zu klären ist daher noch, welche Schäden als Vermögensschäden anzusehen sind und welche nicht. Ausgangspunkt ist hierbei die **Differenzhypothese**, wonach ein Vermögensschaden vorliegt, wenn der aktuelle tatsächliche Wert des Vermögens des Geschädigten geringer ist, als der Wert, den das Vermögen ohne das schädigende Ereignis haben würde.[935] 930

a. Merkantiler Minderwert

Noch unproblematisch kann der sog. merkantile Minderwert als **Vermögensschaden** angesehen werden. Der merkantile Minderwert ist die Vermögensminderung, die einer Sache allein aufgrund der Tatsache anhaftet, dass sie mal beschädigt *war*. Relevant ist diese Fallgruppe insb. bei Kfz. Der Minderwert beruht auf dem Gedanken, dass ein Kfz, das einen Unfallschaden von einigem Gewicht erlitten hat, im Verkehr i.d.R. trotz ordnungsgemäßer Reparatur geringer bewertet wird als ein unfallfreies Fahrzeug.[936] Nach der Differenzhypothese liegt daher ein Vermögensschaden vor, weil ein Vergleich zwischen den beiden Vermögenslagen einen Negativsaldo aufweist. Dies ist auch der Fall, wenn der Geschädigte nicht die Absicht hat, die Sache weiterzuveräußern und sich der Minderwert damit faktisch nicht realisiert. Dies ist eine Folge der konsequenten Anwendung der Differenzhypothese: Wurde das Vermögen verringert, ist nicht erforderlich, dass der Geschädigte dies auch „zu spüren bekommt". Es reicht vielmehr ein mathematischer Vergleich, der zu einer messbaren Verringerung der Aktiva führt. Voraussetzung für das Vorliegen eines merkantilen Minderwerts ist daher, dass es auch einen Markt für die beschädigte Sache gibt, der die Verringerung des Vermögens messbar macht (z.B. bei Kfz, restaurierten Bildern, Motorrädern und Gebäuden). 931

Bei Kfz findet sich zu diesem Problemkreis eine umfangreiche und uneinheitliche gerichtliche Kasuistik. Eine Übersicht über die Entscheidungen und Berechnungsmethoden findet sich bei *R. Schmidt*, SchuldR BT II, Rn 1097

[935] BGHZ 27, 181, 183; 75, 366, 371.
[936] Vgl. dazu bereits Rn 915.

b. Entgangener Gewinn, § 252 BGB

932 Auch der entgangene Gewinn stellt einen Vermögensschaden dar. Ein entgangener Gewinn liegt vor, wenn dem Geschädigten aufgrund des schädigenden Ereignisses Vermögensvorteile nicht zugeflossen sind, die er unter normalen Umständen erhalten hätte. Es handelt sich also um Vorteile, die im Zeitpunkt des Ereignisses noch nicht zum Vermögen des Geschädigten gehörten, ihm aber nunmehr gehören würden.[937]

Hinweis für die Fallbearbeitung: Daran wird deutlich, warum die **Differenzhypothese** nicht so verstanden werden darf, dass ein Vermögensschaden aus dem Vergleich des Vermögens vor und nach dem Schadensereignis folgt. Dann nämlich wäre der entgangene Gewinn nicht liquidierbar, weil er unmittelbar nach dem Ereignis ohnehin noch nicht erwirtschaftet werden konnte. Es ist daher vielmehr die jetzige *aktuelle* Vermögenslage mit der **hypothetischen** Vermögenslage ohne das schädigende Ereignis zu vergleichen, wie sie sich im jetzigen *aktuellen* Zustand darstellen würde.

Die Regelung des § 252 S. 2 BGB verleiht dem Geschädigten insoweit eine **Beweiserleichterung**. Denn es kann u.U. nur schwer darzulegen sein, welche konkreten Gewinne er in der maßgeblichen Zeit erwirtschaftet hätte und welche nicht.[938]

Beispiel: A ist selbstständiger Personenbeförderer. Durch eine von B zugeführte Verletzung kann er eine Woche nicht arbeiten.

A wird i.d.R. nicht die konkreten Fahrten beweisen können, die er während der Woche wahrgenommen hätte. Deswegen muss er gem. § 252 S. 2 BGB nur die Umstände darlegen und beweisen, aus denen sich nach dem gewöhnlichen Lauf der Dinge oder nach den besonderen Umständen des Falles die Wahrscheinlichkeit des Gewinneintritts ergibt.[939] Er kann bspw. die Abrechnungen aus den Vormonaten vorlegen, woraus sein gewöhnlicher wöchentlicher Erwerb hervorgeht. Auch besteht die Möglichkeit, dass er anderweitige Tatsachen darlegt, die eine erhöhte Gewinnerzielung vermuten lassen. Wenn er sich bspw. gerade ein unterhaltsgünstigeres Beförderungsfahrzeug gekauft hätte, würde dieser Umstand den erwarteten Nettogewinn erhöhen.

Allerdings gibt § 252 S. 2 BGB nur eine widerlegbare Vermutung. Wenn der Schädiger beweisen kann, dass der „gewöhnliche" Erwerb gerade in dem maßgeblichen Zeitraum aus bestimmten Umständen geringer wäre, führt dies zu einer Kürzung des Anspruchs. Aber auch für den Geschädigten besteht die Möglichkeit, eine Abweichung von den gewöhnlichen Umständen darzulegen und zu beweisen. Er kann also über die Vermutung des § 252 S. 2 BGB hinaus alle ersetzbaren Schäden geltend machen, die dem Verletzer zuzurechnen sind und die er (der Geschädigte) beweisen kann.[940]

c. Entgangene Gebrauchsvorteile?

933 Wurde eine Sache beschädigt und hat sich der Geschädigte deswegen eine Mietsache für die Reparaturzeit beschafft, sind die Kosten im Wege der Naturalrestitution bzw. des Ersatzanspruchs aus § 249 II S. 1 BGB unproblematisch liquidierbar. Problematisch ist aber, wenn der Geschädigte auf die Inanspruchnahme der Mietsache verzichtet. Eine Naturalrestitution ist dann nicht mehr möglich, weil die Stellung einer Ersatzsache nach dem Erhalt des reparierten Gegenstands keine Wiederherstellung in Natur mehr darstellt. Es kann auch keine Ersatzpflicht aus § 249 II S. 1 BGB mehr bestehen, da keine Restitution nach § 249 I BGB mehr erfolgen kann.

---

[937] BGH NJW 2000, 2670, 2670.
[938] Vgl. auch BGH NJW 2012, 2266 f.
[939] BGHZ 54, 45, 55; BGH NJW 2000, 3287.
[940] Vgl. BGH NJW 2012, 2266 f.

Der Anwendungsbereich der Kompensation, §§ 251, 253 BGB, ist eröffnet. Da wegen § 253 I BGB grundsätzlich nur Vermögensschäden zu kompensieren sind und eine Ausnahme von diesem Grundsatz nicht ersichtlich ist, müssten die entgangenen Gebrauchsvorteile eine Vermögenseinbuße darstellen. Nach der Differenzhypothese liegt ein Vermögensschaden vor, wenn die tatsächliche Vermögenslage negativ von derjenigen abweicht, die bestünde, wenn das schädigende Ereignis nicht eingetreten wäre.[941] Wäre aber die Beschädigung nicht eingetreten, hätte der Geschädigte im Hinblick auf die Benutzung seiner Sache kein höheres Vermögen, weil der bloße Nichtgebrauch eines Gegenstands sein aktuelles Vermögen nicht verringert. Bei einer strengen Anwendung der Differenzhypothese liegt mithin kein Vermögensschaden vor. 934

Da dieses Ergebnis unsachgerecht erscheint, wurde mit dem sog. Frustrationsgedanken argumentiert, um einen Vermögensschaden und einen Kompensationsanspruch annehmen zu können. Der Frustrationsgedanke beinhaltet, dass der Geschädigte einen Vermögensschaden hat, weil er Aufwendungen auf die Sache tätigte, deren Ziele wegen der Nichtbenutzbarkeit des Gegenstands fehlgeschlagen sind, wodurch die Aufwendungen *frustriert wurden*. 935

> **Beispiel:** Der Kfz-Halter hat sich mit seinen Aufwendungen auf den Wagen – wie etwa die Anschaffungskosten, die Steuern und Versicherungsbeiträge – die Nutzungsmöglichkeit des PKW „erkauft“. Diese Aufwendungen sind vergeblich, wenn er den Wagen infolge eines Unfallschadens vorübergehend nicht nutzen kann. Die *anteiligen Aufwendungen* für die Zeit der Unbenutzbarkeit würden daher nach dem Frustrationsgedanken einen Vermögensschaden darstellen.

Der Frustrationsgedanke wird allerdings von der h.M.[942] abgelehnt, weil er zu einer ausufernden Ersatzfähigkeit von vereitelten Nutzungsmöglichkeiten führt. Wenn nämlich die bloße vereitelte Gebrauchsmöglichkeit stets einen Vermögensschaden darstellte, läge auch eine Ersatzpflicht des Schädigers vor, wenn er nicht die *Sache*, sondern die *Person* verletzt hätte. So bestünde die Möglichkeit, dass jemand, der drei Wochen im Krankenhaus liegt, einen Frustrationsschaden wegen der entgangenen Nutzung seiner Wohnung, seines Hauses, seines Kfz, seines Tennisschlägers, seines Surfbretts etc. als Schaden geltend mache könnte. Dies kann freilich nicht überzeugen, weswegen die Frustrationstheorie abzulehnen ist.

Um den entgangen Gebrauchsvorteilen die Ersatzfähigkeit aber nicht gänzlich abzusprechen, wird teilweise der sog. **Kommerzialisierungsgedanke** herangezogen.[943] Danach soll ein Vermögensschaden vorliegen, wenn der Gebrauch der Sache einen vermögensmäßig messbaren Wert hat, es sich also um einen kommerzialisierten Nutzungsvorteil handelt. Dafür ist Voraussetzung, dass der Gegenstand einen eigenständigen objektiven Marktwert hat, sodass bei wertender Betrachtung bereits die ständige Verfügbarkeit der Sache für sich genommen einen Vermögenswert darstellt. Aber auch dieser Ansatz ist dem Grunde nach zu weit gefasst, weil in der heutigen Zeit letztlich alles für Geld zu haben ist, wodurch eine Kommerzialisierung bei sämtlichen Gegenständen möglich wäre. Aus diesem Grund ist der Kommerzialisierungsgedanke restriktiv zu handhaben[944]: 936

- Erforderlich ist zunächst ein **Eingriff in den Gegenstand des Gebrauchs**, d.h., dass die Sache selbst beschädigt oder entzogen worden sein muss.
- Weiterhin muss dieser Eingriff in eine Sache erfolgt sein, die als „**Lebensgut**“ anzusehen ist, dessen ständige Verfügbarkeit für die eigenwirtschaftliche Lebenserhaltung von zentraler Bedeutung ist (z.B. Kfz[945], Wohnung[946], Motorrad, Fernseher, bei Bedarf: Elektroroll-

---

[941] Vgl. etwa BGH NJW 2011, 1962 f.; BAG NJW 2013, 331 f.
[942] BGHZ 55, 146, 151; 114, 193, 196; BGH NJW 2000, 2342, 2343; *Oetker*, in: MüKo, § 249 Rn 47.
[943] BGH NJW 1956, 1234, 1235; BGHZ 98, 212, 214.
[944] Zu den einzelnen Voraussetzungen vgl. *Grüneberg*, in: Palandt, Vorb. v. § 249 Rn 11 ff.
[945] Vgl. dazu näher *R. Schmidt*, SchuldR BT II, Rn 1083 ff.

stuhl, nicht aber: Teile der Wohnung, privates Schwimmbad, Pelzmantel, Reitpferd, Motorboot). Beim Ausfall von Telefon, Fax und Internet ist die Ersatzfähigkeit gegeben, wenn das Kommunikationsmittel ein für die Lebenshaltung signifikantes Mittel darstellt, was sich nach der Verkehrsauffassung beurteilt.[947]

- Die Beeinträchtigung muss für den Geschädigten auch **fühlbar** sein. Er muss während der Zeit, in der ihm die Nutzung verwehrt ist, einen Nutzungswillen und eine Nutzungsmöglichkeit gehabt haben. Das ist bspw. nicht der Fall, wenn er den Gegenstand wegen einer Krankheit nicht nutzen konnte. Es reicht aber aus, wenn stattdessen ein naher Angehöriger die Nutzung hat wahrnehmen wollen. *Keine* fühlbare Beeinträchtigung liegt vor, wenn der Geschädigte bei einem beschädigten Kfz einen Zweitwagen nutzen kann.
- Liegen diese Voraussetzungen **kumulativ** vor, sind die entgangenen Gebrauchsvorteile i.H.v. ca. 40% der fiktiven Mietsachekosten zu ersetzen[948], obwohl sich unter einer strengen Anwendung der Differenzhypothese kein Negativsaldo feststellen ließ.

937 Mitunter wird die Ersatzfähigkeit entgangener Gebrauchsvorteile nicht auf den Kommerzialisierungsgedanken, sondern auf eine durch Richterrecht entwickelte **Rechtsfortbildung** gestützt. I.E. ergeben sich keine Unterschiede, da auch bei diesem dogmatischen Ansatz die soeben dargestellten Voraussetzungen erfüllt sein müssen.

d. Vertane Freizeit?

938 Wird wegen eines schädigenden Ereignisses die Freizeit eingebüßt, kommt eine Naturalrestitution und damit ein Ersatzanspruch aus § 249 II BGB wegen Zeitablaufs nicht in Betracht. Daher ist fraglich, ob eine Kompensation möglich ist, namentlich, ob die vertane Freizeit als Vermögensschaden qualifiziert werden kann.

Bei einer strengen Anwendung der Differenzhypothese ergibt sich kein Negativsaldo, da sich die aktuelle Vermögenslage nicht positiver darstellte, wenn die Freizeit nicht nutzlos aufgewendet worden wäre. Fraglich ist daher, ob die Freizeit als vermögenswertes Lebensgut kommerzialisierbar ist („time is money"). Man könnte insoweit annehmen, dass die verlorene Freizeit zugleich den Verlust einer etwaigen Erwerbsmöglichkeit darstellt und daher eine Vermögenseinbuße vorliegt. Dagegen spricht aber zweierlei: Zunächst werden die entgangenen *Gewinne* bereits unproblematisch vom Schadensersatz erfasst (§ 252 BGB, s.o.), sodass die Freizeit in Abgrenzung dazu gerade keine Vermögenseinbuße darstellen kann. Darüber hinaus hat nahezu jede Verletzungshandlung zugleich einen Freizeitverlust zur Folge, weswegen die Haftung des Schädigers unübersehbar ausufern würde, wenn man die vertane Freizeit als kommerzialisierbares Gut betrachtete. Damit ist die nutzlos aufgewendete Freizeit als Nichtvermögensschaden nicht kompensationsfähig.[949]

e. Verlust der Arbeitskraft?

939 Auch der vorübergehende Verlust der Arbeitskraft ist nicht als Vermögensschaden einzuordnen. Der Grund liegt – wie bei der vertanen Freizeit – darin, dass für eine Vermögenseinbuße ein tatsächlich entgangener Gewinn (§ 252 BGB) erforderlich ist. Anderenfalls wäre eine Abgrenzung zwischen Vermögens- und Nichtvermögensschäden nicht möglich.

---

[946] Beim Nutzungsausfall von Wohnraum hat der BGH z.B. entschieden, dass der Erwerber einer Eigentumswohnung bei verspäteter Übergabe aufgrund einer Verzögerung bei der Errichtung des Gebäudes/der Wohnung einen Nutzungsausfallschaden jedenfalls dann geltend machen kann, wenn der Bauträger für die Zeit des Verzugs keinen gleichwertigen Ersatzwohnraum zur Verfügung stellen kann (BGH NJW 2014, 1374 f.).

[947] BGH NJW 2013, 1072 ff. (vgl. dazu *Jaeger*, NJW 2013, 1031 ff.; *Zwirlein*, JuS 2013, 487 ff.; *Exner*, JuS 2015, 680 ff.).

[948] BGH NJW 2005, 277, 278 mit Verweis auf die Tabelle von *Danner/Küppersbusch*, NJW 2005, 32.

[949] BGHZ 106, 31, 32; vgl. im Übrigen ausführlich *R. Schmidt*, SchuldR BT II, Rn 1090 ff.

f. Vertaner Urlaub?

Problematisch ist die Frage, ob vertane Urlaubszeit als Vermögensschaden qualifiziert werden kann. Vermag eine Person aufgrund eines schädigenden Ereignisses seinen Urlaub nicht oder nur unter einer Beeinträchtigung wahrnehmen oder fortführen, liegt darin eine unfreiwillige Beeinträchtigung von Rechtsgütern, also ein Schaden. Allerdings kann dieser Schaden nicht im Wege der Naturalrestitution behoben werden, weil die entgangene Erholung und die Urlaubsfreuden nicht zurückgeholt werden können. Ist aber eine Wiederherstellung in Natur ausgeschlossen (§ 249 I BGB), kann kein Ersatzanspruch in Geld aus § 249 II BGB verlangt werden. Damit kommt nur noch eine Kompensation in Betracht. Wegen § 253 I BGB ist dies i.d.R. nur bei Vermögensschäden möglich, außer es findet sich im Gesetz eine andere Bestimmung. Eine solche Ausnahmebestimmung stellt § 651f II BGB dar, wonach der Reisende vom Reiseveranstalter bei einer Vereitelung oder erheblichen Beeinträchtigung einer Reise einen immateriellen Schaden wegen nutzlos aufgewendeter Urlaubszeit durch eine angemessene Geldentschädigung ersetzt verlangen kann. 940

g. Entgangene Genussmöglichkeiten

Kann eine Person einen erkauften Genuss, z.B. einen Konzert-, Theater- oder Kinobesuch wegen eines schädigenden Ereignisses nicht wahrnehmen, ist fraglich, ob der dadurch entgangene Schaden kompensationsfähig ist. Eine Naturalrestitution kommt nicht in Betracht, da die konkrete Aufführung nach ihrer Beendigung nicht zurückgeholt werden kann, Es kommt aber eine Kompensation unter dem Gesichtspunkt des Kommerzialisierungsgedankens in Betracht: Der Wert des Genusses ist durch seinen (Eintritts-)Preis kommerzialisiert und kann daher als ersatzfähig angesehen werden. Dem stehen auch keine Bedenken bzgl. der restriktiven Anwendbarkeit des Kommerzialisierungsgedankens entgegen. Denn es besteht keine Gefahr, dass eine ausufernde und unsichere Haftung geschaffen wird. Vielmehr steht die Höhe des Schadensersatzes durch den Preis fest. Entgangene Genussmöglichkeiten können somit als Vermögensschaden geltend gemacht werden.[950] 941

3. Nichtvermögensschäden

Die Nichtvermögensschäden können im Wege der Kompensation nur ersetzt werden, wenn sich im Gesetz eine Ausnahme zu § 253 I BGB befindet. 942

> **Hinweis für die Fallbearbeitung:** Zu beachten ist aber, dass sich die Einschränkung des § 253 I BGB nur auf die Kompensation und nicht auf die Naturalrestitution und damit auch nicht auf den Geldanspruch gem. *§ 249 II BGB* bezieht. Wird also ein immaterielles Gut beschädigt, kann eine Wiederherstellung oder das Geld dafür verlangt werden, z.B. wenn nach einer Ehrkränkung ein Widerruf zu erfolgen hat. Dieser Anspruch hat aber wegen des verschuldensunabhängigen Beseitigungsanspruchs aus § 1004 BGB (sog. quasinegatorischer Beseitigungsanspruch) keine besondere Relevanz. 943

a. § 651f II BGB

Eine dieser Ausnahmen zu § 253 I BGB stellt § 651 f II BGB dar (vgl. Rn 941). 944

b. Schmerzensgeld, § 253 II BGB

Eine weitere Ausnahme begründet § 253 II BGB. Nach dieser Vorschrift kann auch wegen des Schadens, der nicht Vermögensschaden ist, eine billige Entschädigung in Geld 945

---

[950] Vgl. *Grüneberg*, in: Palandt, Vorb v. § 249 Rn 11 f.

gefordert werden, wenn wegen der Verletzung des Körpers, der Gesundheit, der Freiheit oder der sexuellen Selbstbestimmung Schadensersatz zu leisten ist.

946 Nicht erwähnt wird das Rechtsgut „Leben". Dies führt dazu, dass bei tödlichen Unfällen nur das Leiden in der Zeit zwischen der Verletzung und dem Tod „ausgleichsfähig" ist, wobei die Gerichte zu sehr unterschiedlichen Beträgen kommen. Der entstandene Schmerzensgeldanspruch geht nach dem Tod des Verletzten auf die Erben über (§ 1922 BGB) und kann von diesen geltend gemacht werden.[951]

aa. Anwendungsbereich

947 Wie bereits erläutert, ist § 253 II BGB für alle **Schadensersatzansprüche** anwendbar. Neben die des **Deliktsrechts** tritt dabei zunächst die Schadensersatzhaftung aus **Vertrag**. Dabei ist es unerheblich, ob die Haftung aus §§ 280 I, 241 II, 311 II BGB oder aus dem Gewährleistungsrecht folgt. Sogar die (vertragliche) Garantiehaftung kann dazu führen, dass neben den Vermögensschäden auch die Nichtvermögensschäden zu ersetzen sind. Ein wichtiges Beispiel ist hier die verschuldensunabhängige Haftung des Vermieters aus § 536a I Var. 1 BGB. Die besondere Relevanz der Ausdehnung des Schmerzensgelds auf vertragliche Ansprüche liegt darin, dass der Geschädigte das Verschulden seines (zukünftigen) Vertragspartners nicht beweisen muss. Denn für einen Anspruch auf Nichtvermögensschäden kann er auf die Beweislastumkehr der §§ 280 I S. 2, 311a II S. 2 BGB und auf die Verschuldenszurechnungsnorm des § 278 BGB zurückgreifen.[952] Schmerzensgeld kann gem. § 253 II BGB auch bei Schadensersatzansprüchen aus der (gesetzlichen) **Gefährdungshaftung** verlangt werden, vgl. bspw. § 11 S. 2 StVG, § 6 S. 2 HaftpflG, § 36 S. 2 LuftVG, § 8 S. 2 ProdHaftG.

bb. Verletzte Rechtsgüter

948 Für den Ersatz des Schmerzensgelds ist neben einem Schadensersatzanspruch erforderlich, dass eines der in § 253 II BGB bezeichneten Rechtsgüter verletzt ist.

- Eine Körper- und Gesundheitsbeschädigung ist jeder Eingriff in die körperliche Befindlichkeit. Dazu gehört jede Störung der körperlichen, geistigen oder seelischen Lebensvorgänge, also auch die ungewollte Schwangerschaft.
- Ein Eingriff in die Freiheit ist jede Entziehung der körperlichen Bewegungsfreiheit oder Nötigung zu einer Handlung durch Drohung, Zwang oder Täuschung.
- Die Beeinträchtigung der sexuellen Selbstbestimmung wird in § 825 BGB näher erläutert. Danach liegt ein Eingriff vor, wenn jemand durch Hinterlist, Drohung oder Missbrauch eines Abhängigkeitsverhältnisses zur Vornahme oder Duldung sexueller Handlungen bestimmt wird.

cc. Rechtsfolge: Schmerzensgeld

949 In der Rechtsfolge gibt § 253 II BGB eine „billige Entschädigung in Geld". Für die **Berechnung** dieser Entschädigung ist aufgrund der **Ausgleichsfunktion** der Vorschrift die **Intensität** der Verletzung maßgeblich. Denn der Geschädigte soll sich für die erlittenen Einbußen geldwerte Annehmlichkeiten verschaffen können, die die konkrete Verletzung in gewissem Maße auszugleichen geeignet sind.

950 Fraglich ist jedoch, ob auch der Verschuldensgrad für das Maß der Entschädigung herangezogen werden kann. Zwar folgt im Rahmen der Gefährdungshaftung die grundsätzliche Gewährung von Schmerzensgeld verschuldensunabhängig, nach der hier vertrete-

---

[951] Vgl. BGHZ 138, 388, 391; *R. Schmidt*, SchuldR BT II, Rn 1105.
[952] *Wagner*, NJW 2002, 2049, 2056.

nen Auffassung hängt die Höhe des zu gewährenden Schmerzensgeldes aber durchaus davon ab, ob der Schädiger vorsätzlich, grob fahrlässig oder nur leicht fahrlässig gehandelt hat. Denn die Gewährung von Schmerzensgeld dient dem Ausgleich für erlittenes Leid und der **Genugtuung**.[953] Gerade die Genugtuung bedeutet, dass erlittenes Leid, das aus der Verletzung des Rechtsguts entstand, „ausgeglichen" werden soll. So ist etwa für den Fall, dass ein Arzt sich tagelang nicht um das Ergebnis einer histologischen Untersuchung kümmert und daher die Operation einer Bauchfellentzündung und Öffnung der Naht nach einem zweiten Kaiserschnitt viel zu spät erfolgt, ein (erhöhtes) Schmerzensgeld unter dem Aspekt der Genugtuung angezeigt.[954] Wenn aber jemand im Straßenverkehr verletzt wird, ohne dass den Schädiger ein Verschulden trifft (bspw. weil unvorhersehbar ein Reifen platzt), wird der Verletzte mit Erhalt eines Schmerzensgeldes zwar einen Ausgleich für erlittenes Leid verspüren, kaum aber Genugtuung. Muss man also auch bei der Gefährdungshaftung ein Schmerzensgeld gewähren, kommt man nicht umhin, bei der Bemessung der Höhe des Ausgleichs den Grad des Verschuldens des Schädigers zu ermitteln.

Beispiel[955]**:** Bei einer vom Vater veranlassten rechtswidrigen (weil nicht von der Einwilligung der Mutter gedeckten) und zudem weder medizinisch indizierten noch nach den Regeln der ärztlichen Kunst durchgeführten Beschneidung erleidet O massive Schmerzen und psychische Beeinträchtigungen. Er macht einen Schmerzensgeldanspruch auf der Grundlage der §§ 1664 I, 253 II BGB sowie der §§ 823 I, 253 II BGB geltend.

In diesem Fall hat das OLG Karlsruhe dem Grunde nach einen Schmerzensgeldanspruch bejaht. Hinsichtlich der Bestimmung der Höhe hat es dem vom Verletzten geltend gemachten Betrag von 12.000 € nicht die Erfolgsaussicht abgesprochen, zur näheren Bestimmung aber an das Familiengericht zurückverwiesen.

c. Verletzung des allgemeinen Persönlichkeitsrechts

Verletzungen des allgemeinen Persönlichkeitsrechts[956] sind von § 253 II BGB nicht erfasst. **951** Es war aber bereits vor der Schadensrechtsnovelle 2002 anerkannt, dass solche Beeinträchtigungen einen angemessenen Ausgleich in Geld zur Folge haben können.[957]

Beispiele:

(1) A beteiligte sich als Herrenreiter auf Reitturnieren. Sein Foto, das ihn auf einem Pferd sitzend zeigte, wurde in der Plakat-Werbung für ein Potenzmittel verwendet. A war beeinträchtigt, weil er glaubte, dass ihn jedermann für potenzgestört hielt.

(2) In einer Zeitschrift war ein erfundenes Interview unter der Überschrift „Soraya: Der Schah schreibt mir nicht mehr!" abgedruckt. Soraya fühlte sich dadurch in ihrem allgemeinen Persönlichkeitsrecht verletzt.

(3) Der Grazer Völkerrechtler V hatte aus Korea Ginsengwurzeln mitgebracht und war in einem populärwissenschaftlichen Aufsatz und später in der Werbung als bekannter Ginsengwurzel-Forscher bezeichnet worden. V fühlte sich dadurch ebenfalls in seinem allgemeinen Persönlichkeitsrecht verletzt.

In diesen Fällen wurde den Verletzten jeweils ein Schmerzensgeld gewährt. Dabei hatte die Rspr. zunächst auf eine analoge Anwendung des § 847 BGB a.F. (jetzt: § 253 II BGB) zurückgegriffen. Später wurde der Anspruch auf Schmerzensgeld in Abweichung von § 253 I BGB unmittelbar aus § 823 I BGB i.V.m. Art. 2 I i.V.m. 1 I GG abgeleitet. Der Schutz des § 823 BGB sei zu gering, wenn man für die Verletzungen des allgemeinen Persönlichkeitsrechts keinen Ausgleich immaterieller Einbußen verlangen könne. Deshalb sei dem Schutzauftrag der

---

[953] BGHZ 18, 149, 157 f. – *Großer Senat.*
[954] OLG Koblenz MedR 1994, 405; *Deutsch/Ahrens*, Rn 475.
[955] OLG Karlsruhe NJW 2015, 257 f.
[956] Vgl. dazu ausführlich *R. Schmidt*, SchuldR BT II, Rn 655, 1120, 1159 f., 1163 ff.
[957] BGHZ 26, 349 ff. (Herrenreiter); BGHZ 35, 363 ff. (Ginsengwurzel); BVerfGE 34, 269, 279 ff. (Soraya).

Art. 1 I und 2 I GG die Wertung zu entnehmen, dass ein Schmerzensgeld auch gewährt werden müsse, wenn sich keine dem § 253 II BGB entsprechende Regelung finde. Der Anspruch auf Schmerzensgeld folgt damit unmittelbar aus § 823 I BGB i.V.m. Art. 2 I i.V.m. 1 I GG. Die Gewährung des Schmerzensgelds aus § 823 I BGB i.V.m. Art. 1 I und 2 I GG wegen der Verletzung des Persönlichkeitsrechts stellt damit eine weitere Ausnahme zu § 253 I BGB dar.[958]

E. Schadensminderung

952 Ein Schadensersatzanspruch kann im Einzelfall durch unterschiedliche Faktoren begrenzt werden. Diese Faktoren beruhen darauf, dass der Geschädigte durch eine Rechtsgutverletzung zwar einen Ausgleich, aber **keine Besserstellung** erhalten soll.

I. Vorteilsanrechnung

1. Voraussetzungen

953 Einer dieser schadensmindernden Faktoren ist die sog. Vorteilsanrechnung. Davon spricht man, wenn das zum Schadensersatz verpflichtende Ereignis neben Nachteilen auch Vorteile mit sich bringt. Dabei könnte man erwägen, dass es für die aus einer Verletzungshandlung resultierenden Vorteile keines eigenen Rechtsinstituts bedarf, weil bereits im Wege der Differenzhypothese eine Saldierung der Vermögensmassen mit bzw. ohne das schädigende Ereignis vorgenommen wird, sodass an sich auch schon die Vorteile berücksichtigt werden müssten. Dies ist allerdings nicht der Fall. Denn ob ein aus der Verletzungshandlung resultierender **Vorteil** zu Lasten des Geschädigten von seinem Ersatzanspruch abgezogen wird oder nicht, ist anhand einer **wertenden Betrachtung** zu beurteilen. Wenn bspw. ein Geschädigter auf dem Weg ins Krankenhaus Geld auf der Straße findet, ist dieser Vorteil zwar äquivalent kausal durch die Schädigungshandlung erfolgt, aber es drängt sich auf, dass dies bei einer wertenden Betrachtung nicht zu einer Schadenskürzung führen kann. Es haben sich deswegen in der Rspr. verschiedene Kriterien herausgebildet, die für die Anrechnung eines Vorteils – und damit für die Schadenskürzung – erforderlich sind.[959]

- Zunächst muss der Vorteil des Gläubigers äquivalent und adäquat kausal durch das schädigende Ereignis herbeigeführt worden sein.[960]
- Weiterhin muss die Anrechnung des Vorteils dem Geschädigten zumutbar sein,
- dem Zweck des Schadensersatzes entsprechen
- und den Schädiger nicht unbillig entlasten.

2. Fallgruppen

954 Die Rspr. hat zu der Frage, wann die allgemeinen Voraussetzungen im Einzelfall erfüllt sind, verschiedene Fallgruppen herausgearbeitet.

a. Leistungen Dritter?

955 Erhält der Geschädigte aufgrund des Schadenseintritts Leistungen Dritter, ist der Vorteil i.d.R. **nicht anrechenbar**, da dadurch der Schädiger unbillig entlastet wäre.

- Handelt es sich um Leistungen einer **Schadensversicherung**, ist eine Vorteilsanrechnung abzulehnen, weil der Anspruch des Gläubigers gegen den Schuldner durch § 86 VVG auf die Versicherung übergeht. Das Gleiche gilt für Leistungen des **Arbeitgebers**, wenn dieser wegen des EntGFortzG zur Fortzahlung des Arbeitsentgelts verpflichtet ist. Hier ist in

---

[958] *R. Schmidt*, SchuldR BT II, Rn 655 ff.; *Wagner*, NJW 2002, 2049, 2056; *Däubler*, JuS 2002, 625, 627.
[959] Vgl. dazu zusammenfassend *Schur*, JuS 2006, 673, 676 m.w.N. aus der Rspr.
[960] BGH JR 2003, 195, 196; BGHZ 49, 61; 81, 275.

§ 6 EntGFortzG eine cessio legis zugunsten des Arbeitgebers angeordnet, der sich wegen der Entgeltfortzahlung an den Schädiger halten kann (vgl. auch Rn 873).

- Auch **freiwillige Leistungen Dritter** (Beispiel: Großmutter macht dem geschädigten Enkel ein Geldgeschenk, weil dessen Fahrrad beschädigt wurde) stellen keinen Abzugsposten bei der Schadensberechnung dar. Der Grund liegt darin, dass solche Leistungen nur von der Intention geleitet sind, dem Geschädigten Vorteile zu verschaffen, nicht aber, den Schädiger zu entlasten.[961]

b. Leistungen des Geschädigten

Behebt der Geschädigte selbst den Schaden ganz oder teilweise, ist die Anrechenbarkeit nach Maßgabe des **§ 254 II BGB** zu beurteilen. Handelt es sich um Handlungen des Geschädigten, die er wegen seiner Schadensminderungspflicht ohnehin hätte wahrnehmen müssen, ist die dadurch entstandene Schadensminderung zugunsten des Schädigers zu berücksichtigen. Unternimmt er aber überobligationsmäßige Anstrengungen zur Schadensminderung bzw. -abwehr, sollen diese dem Schädiger nicht zugutekommen. **956**

Beispiel: Die Reitlehrerin R holt die Reitstunden nach, die sie wegen einer Verletzung zunächst nicht wahrnehmen konnte. Dabei war sie unter Zumutbarkeitsgesichtspunkten zu dieser überobligationsmäßigen Anstrengung nicht verpflichtet. Eine Vorteilsanrechnung scheidet aus, sodass der Verdienst, zu dem die Reitlehrerin nach § 254 II BGB nicht verpflichtet war, dem Schädiger nicht zugutekommt.

c. Ersparte Aufwendungen

Erspart der Geschädigte durch den Schadenseintritt Aufwendungen, sind diese wegen ihres engen Zusammenhangs mit den entstandenen Nachteilen nach der Differenzhypothese **grundsätzlich anzurechnen** und wirken sich anspruchsmindernd aus.[962] **957**

Beispiele: Ersparte Fahrtkosten für Fahrten zur Arbeitsstelle, ersparte häusliche Verpflegungskosten während eines Krankenhausaufenthaltes, ersparte Zinsen bei verspäteter Hauserstellung, ersparte Eigenkosten bei der Ingebrauchnahme eines Mietwagens.

In die Gruppe der ersparten Aufwendungen dürfte auch die Konstellation fallen, in der eine **Regresskette** aufgrund eines Verjährungseintritts unterbrochen wird:

Beispiel: Bauherr B beauftragt den Generalunternehmer G mit der Erstellung eines Wohnhauses. G wiederum beauftragt den Nachunternehmer N mit dem Einbau der Fenster. N wiederum bestellt die Fenster bei F und baut sie ein. Da die Fenster mangelhaft sind, fordert N Schadensersatz von F. Dieser verweigert den Schadensersatz, weil weder B noch G wegen Verjährungseintritts Ansprüche gegen N geltend machen können und N daher keinen Schaden habe. ⇨ Hier gibt der BGH dem F Recht. Es sei nicht sachgerecht, wenn N wegen der Fenstermängel Ersatz verlangen könne, obgleich er selber gar nicht in Anspruch genommen werden könne und der Schaden damit letztlich beim Bauherrn verbleibe (str.)[963].

d. Erträge aus der Erbschaft

Bei der Tötung eines Menschen müssen sich die Hinterbliebenen auf ihren Anspruch aus § 844 II BGB die laufenden Erträge aus der Erbschaft anrechnen lassen. Die Erbschaft **958**

---

[961] BGH NJW 2000, 3062, 3063; NJW 2010, 675; *Grüneberg*, in: Palandt, Vorb. v. § 249 Rn 82.

[962] BGH NJW 2015, 468, 470.

[963] BGH JR 2008, 195, 196; a.A. *Peters* (JR 2008, 177, 178), der zudem daran erinnert, dass dem N aber jedenfalls das Minderungsrecht bleibt. Zu erörtern wäre hier, ob man unter entsprechender Anwendung der Grundsätze des Vorteilsausgleichs auch das Minderungsrecht des N ausschließt. Hierzu hat sich der BGH nicht geäußert. Im Ergebnis scheint eine Begrenzung des Minderungsrechts nicht sachgerecht.

selbst, also ihr Stammwert, ist hingegen nicht als Abzugsposten bei der Schadensermittlung zu berücksichtigen, weil diese dem Erben ohnehin zugefallen wäre.

e. Abzug neu für alt

959 Wird eine gebrauchte Sache durch eine neue ersetzt oder durch den Einbau von Neuteilen repariert, führt dies sehr häufig zu einer Werterhöhung des Gegenstands, was wegen des **schadensrechtlichen Bereicherungsverbots**, wonach der Geschädigte nicht besser stehen darf, wie er ohne das schadensbegründende Ereignis stehen würde[964], die Frage nach einem Vorteilsausgleich aufwirft. Eine Werterhöhung ist allerdings nicht stets als Vorteil des Gläubigers anzurechnen, sondern nur unter folgenden Voraussetzungen:

- Zunächst muss durch die Schadensbehebung eine dauerhafte, messbare Vermögensmehrung eingetreten sein. Das ist z.B. der Fall beim Einbau eines generalüberholten Motors in ein Kfz.
- Weiterhin muss sich die Werterhöhung für den Geschädigten günstig auswirken. Das ist der Fall, wenn sich die Lebensdauer der Sache aufgrund der Naturalrestitution verlängert. Wenn der Geschädigte die Sache indes ohnehin nur noch für eine kurze Zeit benötigt, kann keine günstige Auswirkung angenommen werden.
- Schließlich muss der Abzug für den Geschädigten zumutbar sein und darf für den Schädiger keine unbillige Härte darstellen.[965] An diesem Merkmal soll es fehlen, wenn wenig getragene Kleidung einer Unterstützungsempfängerin beschädigt wird oder eine Baufirma Nachbesserungsarbeiten mit erheblicher Verspätung ausführt. In diesen Fällen ist eine Vorteilsanrechnung selbst dann ausgeschlossen, wenn eine dauerhafte Vermögensmehrung eintritt, die sich für den Gläubiger günstig auswirkt.

Der BGH entscheidet stets einzelfallbezogen. So seien die vom Geschädigten ersparten Aufwendungen (etwa ersparte häusliche Verpflegungskosten oder ersparte Fahrtkosten zur Arbeitsstätte, wenn er sich in stationäre Heilbehandlung begeben muss) diesem anzurechnen. Dagegen komme eine Anrechnung nicht in Betracht, wenn bspw. Dritte freiwillig Vermögensopfer erbrächten, um dem Geschädigten zu helfen, oder wenn der Geschädigte Versicherungsleistungen erhalte. Zweck der erbrachten Leistungen ist nicht die Entlastung des Schädigers.[966] Ein sehr praktisches Problem des Vorteilsausgleichs ergibt sich beim **gemieteten Ersatzwagen** nach einem Unfall, wenn der eigene Wagen zur Reparatur in der Werkstatt ist. Vgl. dazu *R. Schmidt*, SchuldR BT II, Rn 1087/1102.

II. Mitverschulden

960 Gemäß **§ 254 I BGB** kann ein Schadensersatzanspruch gemindert oder ausgeschlossen sein, wenn auch den Geschädigten ein Verschulden am **Eintritt des Verletzungserfolgs** trifft. Dies gilt nach **§ 254 II BGB** auch, wenn er seiner **Schadensabwendungs- und -minderungspflicht** schuldhaft nicht nachkommt.[967]

1. Begriff

Mit dem Begriff „Verschulden" ist kein Verschulden im technischen Sinn gemeint. Das folgt daraus, dass ein schuldhaftes Handeln nach der Konzeption des Gesetzes nur vorliegt, wenn eine Sorgfaltspflicht verletzt wurde. Allerdings verbietet die Rechtsordnung keine Selbstschädigung, sodass auch die „schuldhafte" Mitverursachung einer Selbstverletzung nicht als Verschulden im technischen Sinn angesehen werden kann.

---

[964] Vgl. etwa BGH NJW 2015, 468 f.
[965] Vgl. etwa BGH NJW 2015, 468, 469.
[966] Vgl. BGHZ 55, 329, 334; *Oetker*, in: MüKo, vor § 249 Rn 97 ff.; *Medicus/Petersen*, BR, Rn 854 ff.
[967] Vgl. BGHZ 55, 329, 334; *Oetker*, in: MüKo, vor § 249 Rn 97 ff.; *Medicus/Petersen*, BR, Rn 854 ff.

Als **Verschulden i.S.d. § 254 BGB** ist ein vorwerfbarer Verstoß gegen Gebote des eigenen Interesses (**Obliegenheiten**), also ein **„Verschulden gegen sich selbst"** zu verstehen.[968] **961**

Eine Besonderheit gilt insoweit bei einer im Rahmen der Gefährdungstatbestände vom Geschädigten gesetzten **Betriebsgefahr**. Diese wird ihm (sofern nicht spezialgesetzlich normiert) unter analoger Anwendung des § 254 BGB auch zugerechnet, wenn er selbst keinerlei Gebote des eigenen Interesses verletzt hat. Der Grund hierfür liegt darin, dass der Geschädigte, wenn er bspw. eine Betriebsgefahr durch die Inbetriebnahme eines Kfz gesetzt hat, auch verschuldensunabhängig für einen von ihm verursachten Schaden haften müsste, § 7 StVG (**Gefährdungshaftung**). Deswegen ist es auch sachgerecht, dass ihm ein etwaiger Schadensersatzanspruch gekürzt wird, wenn er zwar schuldlos handelte, die Betriebsgefahr sich aber in der Schädigung verwirklicht hat. Eine Ausnahme liegt nur vor, wenn ein die Haftung ausschließendes Ereignis i.S.d. § 7 II oder III StVG eingetreten ist.[969] Die Anrechnung der Betriebsgefahr erfolgt nicht nur bei den Gefährdungstatbeständen des StVG, sondern auch bei solchen anderer Gesetze, z.B. bei der Tierhalterhaftung, § 833 S. 1 BGB.[970] Vgl. dazu ausführlich *R. Schmidt*, SchuldR BT II, Rn 883h (mit Beispiel).

2. Verschuldensfähigkeit

Obgleich § 254 BGB kein Verschulden im technischen Sinn meint, sind die Vorschriften über die Verschuldensfähigkeit (§§ 827, 828 BGB) i.R. des Mitverschuldens anwendbar. Vgl. dazu Rn 536 ff. **962**

3. Kausalität

Das sog. „untechnische Verschulden" i.S.d. § 254 BGB beruht auf dem Gedanken, dass derjenige, der die Sorgfalt außer Acht lässt, die nach der Lage der Sache erforderlich erscheint, um sich selbst vor Schaden zu bewahren, einen Verlust oder die Verkürzung seines Ersatzanspruchs hinnehmen muss. Erforderlich ist allerdings, dass das „Verschulden gegen sich selbst" bei der Mitverursachung der Verletzung **äquivalent und adäquat kausal** war. Darüber hinaus muss für eine Schadensminderung nach § 254 BGB die vom Geschädigten verletzte „Pflicht" gerade den Zweck gehabt haben, den konkret eingetretenen Schaden zu vermeiden (**Schutzzweck der Norm**).[971] 963

Beispiele: Der Arzt kann bei einem Behandlungsfehler[972] nicht vorbringen, der Patient habe die Behandlungsbedürftigkeit selbst (etwa durch einen Unfall bei einer Trunkenheitsfahrt) verschuldet. Der Abschleppunternehmer kann bei einer Beschädigung des abgeschleppten Wagens nicht geltend machen, dass der Eigentümer rechtswidrig geparkt habe. In diesen Fällen hat der Geschädigte zwar jeweils äquivalent und adäquat kausal zur Verletzungshandlung beigetragen, allerdings hatte seine Obliegenheitsverletzung nicht den Zweck, die konkrete Schädigung abzuwenden: Das Gebot, nicht betrunken Auto zu fahren, soll nicht vor Behandlungsfehlern schützen und ein Parkverbotsschild hat nicht den Sinn, Beschädigungen durch Abschleppunternehmer abzuwehren.

Hinweis für die Fallbearbeitung: Die Vorgehensweise beim Mitverschulden verläuft somit ähnlich wie die bei der *Ermittlung* eines Schadensersatzanspruchs:

- Zunächst ist eine „Haftungsbegründung" zu prüfen, also die „schuldhafte" Verletzung einer Obliegenheit.

[968] Handelt es sich um ein Ereignis im Straßenverkehr, sind speziell die Regelungen der §§ 9, 17 II StVG zu beachten.
[969] Vgl. dazu ausführlich *R. Schmidt*, SchuldR BT II, Rn 989 ff./998 ff.
[970] Vgl. BGH NJW 2016, 1589, 1590 f.
[971] BGHZ 3, 47; BGH NJW 2002, 2232 f.; NJW 2000, 2905, 2906.
[972] Zur Bewertung von Behandlungsfehlern vgl. BGH NJW 2012, 227 ff.

- Wenn dies unter Berücksichtigung der „Verschuldensfähigkeit" erfolgt ist, kann auf die Frage der „Haftungsausfüllung" eingegangen werden, womit die Zurechnung der Mitverantwortlichkeit für den Schadenseintritt gemeint ist.
- Kann auch die Zurechnung unter Berücksichtigung der drei Kriterien (Äquivalenz/Adäquanz/Schutzzweck der Norm) bejaht werden, ist abschließend auf den Inhalt, namentlich auf den Umfang der Mitverantwortlichkeit, einzugehen.

4. Umfang der Mitverantwortlichkeit

964 Trifft den Geschädigten ein Mitverschulden oder ist ihm eine Betriebsgefahr zuzurechnen, hängt der Umfang der Ersatzpflicht von einer **Würdigung aller Umstände des Einzelfalls** ab. Dabei ist in zwei Schritten vorzugehen:

- Zunächst ist auf den **Verursachungsbeitrag** abzustellen (vgl. § 254 I BGB: „hängt *insbesondere* davon ab"). Entscheidend ist dabei, mit welchem Grad der Wahrscheinlichkeit die beiderseitigen Beiträge zur Herbeiführung des Verletzungserfolgs geeignet waren.
- In zweiter Linie ist das **Maß des beiderseitigen Verschuldens** abzuwägen. Dabei ist bspw. das Verschulden von Jugendlichen (sofern die Verschuldensfähigkeit nicht ohnehin ausgeschlossen ist) i.d.R. geringer zu bewerten.

Beispiele:

(1) A ist leidenschaftlicher Jogger. B, der ihn nicht leiden kann, wartet eines Abends hinter einer Häuserecke, um die A regelmäßig und zur gleichen Zeit gelaufen kommt. Als A mit einem MP3-Player auf den Ohren unaufmerksam um die Ecke biegt, verursacht B eine Kollision. A möchte wegen der Verletzungen Schadensersatz aus § 823 I BGB und § 823 II BGB i.V.m. § 223 StGB.

Der Anspruch ist dem Grunde nach gegeben. Fraglich ist aber, ob sich A ein etwaiges Mitverschulden anrechnen lassen muss, § 254 I BGB. Indem er unachtsam mit einem Walkman und laufender Weise um die Ecke bog, hat er ein hohes Maß an Wahrscheinlichkeit für Kollisionen mit anderen Menschen gelegt. B allerdings hat durch sein *vorsätzliches* Handeln eine weitaus höhere Verletzungswahrscheinlichkeit gesetzt, sodass der Verursachungsbeitrag des A *vergleichsweise* gering ausfällt. Auch beim Verschulden überwiegt der Anteil des B, weil A lediglich fahrlässig handelte, während B Vorsatz zu Lasten fällt. Aus diesem Grund ist der Mitverschuldensanteil des A auf wenige Prozent zu reduzieren. Nach der Rspr. werden solche Anteile, die unter 10% liegen, als marginal unberücksichtigt gelassen. A kann daher den vollen Ersatz verlangen, ohne dass eine Schadenskürzung angezeigt ist.

(2) A hat den Wagen des B so stark beschädigt, dass dieser nicht mehr benutzt werden kann. B nimmt sich einen Mietwagen und bringt sein Kfz erst nach zwei Wochen in die Werkstatt. Zwei Tage später ist der Wagen repariert und B verlangt neben den Reparaturkosten auch die Mietwagenkosten für zwei Wochen und zwei Tage.

Fraglich ist, ob der Schadensersatzanspruch des B wegen eines Mitverschuldens zu kürzen ist. Ein „Verschulden" bei der Entstehung des Schadens ist nicht ersichtlich. Allerdings könnte B seine Schadensminderungspflicht aus § 254 II BGB verletzt haben. Dann müsste ihm ein „Verschulden gegen sich selbst", also eine Obliegenheitsverletzung, vorgeworfen werden können. Das wäre der Fall, wenn er solche Maßnahmen unterlassen hätte, die ein ordentlicher und verständiger Mensch zur Schadensminderung ergreifen würde. Da er den Wagen ohne ersichtlichen Grund erst nach zwei Wochen in die Werkstatt brachte, kann von einer Obliegenheitsverletzung ausgegangen werden. Bei einer Abwägung der beiderseitigen Verursachungsbeiträge und des beiderseitigen Verschuldens können die Kosten daher gequotelt werden. Geht man davon aus, dass ein Wagen spätestens nach einer Woche in die Werkstatt gegeben werden sollte, sind die Kosten für den Ersatzwagen nur für eine Woche und zwei Tage zu ersetzen.

Kommen ein Verschulden und eine Gefährdungshaftung auf einer Seite oder auf beiden Seiten zusammen, werden sie miteinander verrechnet oder saldiert.[973]

> **Beispiel:** Kfz-Fahrer A fährt leicht fahrlässig den Fahrradfahrer B an, der trunkenheitsbedingt Schlangenlinien fuhr. ⇨ Hier muss sich B sein Mitverschulden gem. § 254 I BGB anrechnen lassen. Allerdings ist bei der Abwägung zu seinen Gunsten zu berücksichtigen, dass A nicht nur leicht fahrlässig handelte, sondern auch noch für die Betriebsgefahr für seinen Wagen einzustehen hat.

5. Verschuldenszurechnung, § 254 II S. 2 BGB

Gemäß. § 254 II S. 2 BGB findet die Vorschrift des § 278 BGB entsprechende Anwendung. Das bedeutet, dass der Geschädigte i.R. seiner Schadensabwendungs- und -minderungspflicht auch für ein Fehlverhalten seiner Hilfspersonen einzustehen hat. Zu beachten ist allerdings, dass die Personen, die er mit der *Schadensbehebung* beauftragt, nicht als seine Erfüllungsgehilfen anzusehen sind, weil diese nicht in Erfüllung *seiner* Verbindlichkeit, sondern vielmehr der des Schädigers tätig werden. Wenn bspw. der Werkunternehmer bei der Reparatur des Wagens eine Pflicht verletzt, ist diese als zurechenbarer Schaden zu ersetzen und nicht etwa als Schadensminderungsposten gem. §§ 254 II S. 1 und 2, 278 BGB zu berücksichtigen. **965**

Trotz seiner Stellung innerhalb der Norm ist § 254 II S. 2 BGB auch bei der Entstehung des Schadens – also auch auf § 254 I BGB – anwendbar. Die Vorschrift ist somit wie ein dritter Absatz des § 254 BGB zu lesen.[974] D.h., dass sich der Geschädigte bereits das Verschulden seiner Hilfsperson bei der Verletzungshandlung zurechnen lassen muss. Umstritten ist allerdings, unter welchen konkreten Voraussetzungen diese Verschuldenszurechnung in Betracht kommt. **966**

> **Beispiel**[975]**:** Mutter M geht mit ihrem vierjährigen Kind K in den Baumarkt. Dort ist M kurz unachtsam und bemerkt deswegen nicht, dass K gegen eine nur locker befestigte Linoleumrolle tritt. Die Rolle fällt um und verletzt das Kind. K verlangt (vertreten durch seine Eltern, §§ 1626 I, 1629 BGB) Schadensersatz vom Supermarktinhaber S. **967**
>
> Ein Anspruch ist hier dem Grunde nach aus §§ 280 I, 311 II Nr. 2, 241 II BGB i.V.m. den Grundsätzen über den Vertrag mit Schutzwirkung zugunsten Dritter gegeben (vgl. Rn 602 ff./1078). Zwischen M und dem Supermarktbesitzer besteht ein vorvertragliches Verhältnis, in dessen Schutzbereich K eingebunden ist und daher Schäden, die ihm durch etwaige Pflichtverletzungen zugeführt werden, geltend machen kann. S hat die Verletzung auch zu vertreten, weil er für die unordentliche Befestigung der Linoleumrolle durch seine Angestellten gem. § 278 BGB einstehen muss.
>
> Fraglich ist aber, ob sich K ein Mitverschulden anrechnen lassen muss. Ein eigenes Mitverschulden kommt hier nicht in Betracht, weil K mit vier Jahren noch nicht verschuldensfähig ist, § 828 I BGB. Daher kommt allenfalls gem. §§ 254 I, II S. 2, 278 BGB ein zugerechnetes Mitverschulden in Betracht, wenn M ihre Aufsichtspflicht schuldhaft verletzt hat. § 254 II S. 2 BGB ist wie ein dritter Absatz zu lesen und damit auch für den Fall der Schadensentstehung anzuwenden.
>
> Bei § 254 II S. 2 BGB handelt es sich um eine Rechtsgrundverweisung.[976] Das K muss sich demnach eine Aufsichtspflichtverletzung nur zurechnen lassen, wenn bereits vor der Schädigung zwischen ihm und dem Schädiger eine *Sonderverbindung* bestand.
>
> Vorliegend bestand zwischen K und S aufgrund des § 311 II BGB i.V.m. den Grundsätzen über den Vertrag mit Schutzwirkung zugunsten Dritter eine Sonderverbindung. Der An-

---

[973] *R. Schmidt*, SchuldR BT II, Rn 1172 ff.
[974] St. Rspr., RGZ 62, 107; BGHZ 1, 248; 3, 46, 48.
[975] In Anlehnung an den sog. Linoleumrollenfall RGZ 78, 239 ff.
[976] RGZ 121, 114, 117; BGHZ 1, 248, 251; *Grüneberg*, in: Palandt, § 254 Rn 48.

wendungsbereich des § 278 BGB ist mithin eröffnet. Auch liegen die Tatbestandsvoraussetzungen vor: Da M gem. §§ 1626, 1629 BGB gesetzlicher Vertreter des K ist und aufgrund der Unachtsamkeit bei der Beaufsichtigung fahrlässig handelte, muss sich K seinen Anspruch hier gem. §§ 254 I, II S. 2, 278 BGB kürzen lassen.

11. Kapitel – Verbraucherschützende Widerrufsrechte

A. Einführung

Die Zivilrechtsordnung geht im Grundsatz davon aus, dass Verträge einzuhalten sind und eine Lösung vom Vertrag nur unter bestimmten Voraussetzungen möglich ist. Eine Art der Lösung vom Vertrag besteht in der Ausübung eines verbraucherschützenden Widerrufsrechts. Verbraucherschützende Widerrufsrechte hat der Gesetzgeber insbesondere aufgrund europarechtlicher Vorgaben in die nationale Rechtsordnung aufgenommen. Sie verhindern zwar nicht das Zustandekommen des Rechtsgeschäfts, räumen aber im Rahmen eines Verbrauchervertrags dem Verbraucher die Möglichkeit ein, sich durch Widerruf von einem bereits geschlossenen Vertrag einseitig zu lösen. Man kann in diesem Zusammenhang daher von **schwebender Wirksamkeit** des Vertrags und einem **einseitigen Auflösungsrecht des Verbrauchers** sprechen.[977] 968

Das Verbraucherschutzrecht ist im Rahmen der Schuldrechtsmodernisierung 2002 umfassend neu gestaltet worden, um die **Verbrauchsgüterkaufrichtlinie** der EU (RL 1999/44/ EG) in nationales Recht umzusetzen. Mit Wirkung zum 13.6.2014 ist das Verbraucherschutzrecht in Umsetzung der **Verbraucherrechterichtlinie** 2011/83/EU dann erneut umfangreich geändert worden. Während die Verbrauchsgüterkaufrichtlinie einen Mindestschutz gewährt (d.h. eine Mindestharmonisierung bewirkt[978]), ordnet die Verbraucherrechterichtlinie – die im Übrigen nicht auf den Verbrauchsgüterkauf beschränkt ist – eine Vollharmonisierung auf EU-Ebene insbesondere im Fernabsatzrecht an[979], da die bisherigen nationalen Rechtsordnungen trotz der durch die Verbrauchsgüterkaufrichtlinie erfolgten Mindestharmonisierung zum Teil erheblich voneinander abwichen und der EU-Gesetzgeber – wie noch aufzuzeigen sein wird – den Verbraucherschutz über den Bereich des Verbrauchsgüterkaufs ausweiten wollte. Vollharmonisierung bedeutet, dass nationale Gesetzgeber keine abweichenden Vorschriften erlassen und auch keine zusätzlichen Rechte und Pflichten einführen dürfen. Das nimmt den EU-Mitgliedstaaten im Anwendungsbereich der Verbraucherrechterichtline jegliche Gestaltungsmöglichkeit und stellt somit einen besonders starken Eingriff in deren Regelungskompetenz dar, lässt sich also nur durch überragend wichtige Belange rechtfertigen. Ziel der Richtlinie 2011/83/EU (und deren Umsetzung) ist der Formulierung der amtlichen Begründung zufolge, zu einem hohen Verbraucherschutzniveau und zum besseren Funktionieren des Binnenmarktes für Geschäfte zwischen Unternehmen und Verbrauchern beizutragen. Ferner soll die Richtlinie dazu dienen, Unstimmigkeiten im zivilrechtlichen Verbraucherschutz zu beseitigen und Regelungslücken zu schließen.[980] Der deutsche Gesetzgeber ist dem durch Schaffung eines neuen Verbraucherschutzrechts nachgekommen. Nachdem das Gesetz in der seit 13.6.2014 geltenden Fassung in §§ 312, 312a BGB zunächst die Grundsätze bei Verbraucherverträgen und besonderen Vertriebsformen regelt und den Anwendungsbereich der Vorschriften über Verbraucherverträge normiert, unterteilt es anschließend die Verbraucherverträge in zwei Schutzkategorien: 969

- Außerhalb von Geschäftsräumen geschlossene Verträge und Fernabsatzverträge (§§ 312b-312h BGB)
- Verträge im elektronischen Geschäftsverkehr (§§ 312i-312j BGB)

---

[977] BT-Drs. 14/2658, S. 47, 60; *Grüneberg*, in: Palandt, § 3545 Rn 3; *Hager*, JA 2011, 721, 722; abl. *Kaiser*, in: Staudinger, § 355 Rn 18.

[978] Siehe Erwägungsgründe 2 und 4 sowie Art. 1 I der Richtlinie 1999/44/EG.

[979] Siehe Erwägungsgründe 2, 4, 5, 7 und 9 sowie Art. 4 der Richtlinie 2011/83/EU.

[980] BT-Drs. 17/12637, S. 1. Leider ist das Ziel, „Unstimmigkeiten zu beseitigen und Regelungslücken zu schließen", m.E. nicht gelungen. So ist zunächst schwer nachvollziehbar, warum der Gesetzgeber das Verbot der Verwendung von kostenpflichtigen Servicenummern, d.h. teurer Hotlines (§ 312a V BGB), vom Anwendungsbereich (§ 312 II BGB) ausgenommen hat. Nicht nachvollziehbar ist auch die Differenzierung in § 312 II Nr. 4 BGB, wonach die Informationspflichten nach § 312a II BGB sowie das Verbot der Verwendung von teuren Kundenhotlines zwar bei im Reisebüro geschlossenen Verträgen gelten, nicht aber bei Reiseverträgen, die in einer Haustür- oder Fernabsatzsituation geschlossen wurden (vgl. *Wendehorst*, NJW 2014, 577, 580). Gerade Kunden, die einen Vertrag in einer Haustür- oder Fernabsatzsituation schließen, sind doch besonders schutzwürdig.

Bestimmungen über (unzulässige) abweichende Vereinbarungen und die Beweislast folgen in § 312k BGB. Hinsichtlich der Rechtsfolgen nach ausgeübtem Widerrufsrecht beinhalten die §§ 355 ff. BGB neue Regelungen.

In Umsetzung der **Wohnimmobilienrichtlinie** 2014/17/EU[981] erfolgte mit Wirkung zum 21.3.2016 dann abermals eine umfangreiche Neugestaltung des Verbraucherschutzrechts, speziell im Verbraucherdarlehensrecht gem. §§ 488-515 und 655a-655e BGB, die das Ergebnis eines neuen gesetzgeberischen Regelungskonzepts ist. So ist nunmehr der Verbraucherdarlehensvertrag als Oberbegriff zu verstehen. Gemäß § 491 I S. 2 BGB fallen darunter der Allgemein-Verbraucherdarlehensvertrag und der Immobiliar-Verbraucherdarlehensvertrag, wobei der Allgemein-Verbraucherdarlehensvertrag Verbraucherdarlehen erfasst, die der Verbraucherkreditrichtlinie 2008/48/EG unterfallen, die bereits 2009 durch Änderungen im Finanzierungsrecht umgesetzt wurde. Inhaltlich neu sind also im Wesentlichen nur die Regelungen über den Immobiliar-Verbraucherdarlehensvertrag, wobei – wie ein kurzer Blick ins Gesetz verrät – insgesamt ein hochkomplexes, mehrschichtiges und infolge ausgeprägter Verweistechnik kaum überschaubares Regelungssystem entstanden ist. Dem rechtsstaatlich veranlassten Gebot von Normklarheit und Normverständnis ist damit keinesfalls Rechnung getragen.

Davon unbeschadet sind nach der Legaldefinition des § 491 II S. 1 BGB unter Allgemein-Verbraucherdarlehensvertrag entgeltliche Darlehensverträge zwischen einem Unternehmer als Darlehensgeber und einem Verbraucher als Darlehensnehmer zu verstehen. Und gem. § 491 III S. 1 BGB sind Immobiliar-Verbraucherdarlehensverträge entgeltliche Darlehensverträge zwischen einem Unternehmer als Darlehensgeber und einem Verbraucher als Darlehensnehmer, die 1. durch ein Grundpfandrecht oder eine Reallast besichert sind oder 2. für den Erwerb oder die Erhaltung des Eigentumsrechts an Grundstücken, an bestehenden oder zu errichtenden Gebäuden oder für den Erwerb oder die Erhaltung von grundstücksgleichen Rechten bestimmt sind.

Im Rahmen der genannten Neugestaltung des Verbraucherdarlehensrechts hat der Gesetzgeber des Weiteren mit § 514 BGB **unentgeltliche Darlehensverträge** einer eigenständigen Regelung zugeführt und ein Widerrufsrecht nach § 355 BGB angeordnet, sofern ein Widerrufsrecht nicht schon nach § 312g I BGB besteht (§ 514 II S. 1, S. 2 BGB). Bei einem nunmehr in § 515 BGB explizit geregelten unentgeltlichen Zahlungsaufschub oder einer unentgeltlichen Finanzierungshilfe gelten §§ 514 und 358-360 BGB entsprechend (§ 515 BGB). Damit gelten also insbesondere das Widerrufsrecht und der Einwendungsdurchgriff bei verbundenen Geschäften (vgl. dazu Rn 1049 ff.) speziell bei unentgeltlichem Zahlungsaufschub oder unentgeltlicher Finanzierungshilfe. Nach vorheriger Rechtslage galt § 359 BGB diesbezüglich nicht, was zur Folge hatte, dass auf *zinslose* Verbraucherdarlehensverträge (zu denen insbesondere sog. Null-Prozent-Finanzierungen gehören[982]) Verbraucherdarlehensrecht weitgehend nicht anwendbar war. Es bestand also weder ein Widerrufsrecht (nach § 495 BGB), noch war ein Einwendungsdurchgriff möglich. Übte der Verbraucher demnach sein in Bezug auf den Kaufvertrag bestehendes Widerrufsrecht aus bzw. machte von seinem Rücktrittsrecht nach § 437 Nr. 2 Var. 1 BGB Gebrauch, blieben der verbundene (zinslose!) Darlehensvertrag und damit die „Null-Prozent-Finanzierung" bestehen. Das war aus Sicht des Darlehensnehmers zwar prinzipiell vorteilhaft, stellte aber einen Systembruch im Normengefüge dar, der nunmehr vom Gesetzgeber korrigiert wurde.

Auch **Verbraucherbauverträge** (§ 650i BGB)[983] unterstehen Spezialregelungen. Gemäß § 312 II Nr. 3 BGB sind sie aus den Schutzvorschriften der §§ 312a ff. BGB ausgenommen. Es gilt vielmehr das Widerrufsrecht nach § 650l BGB i.V.m. § 355 BGB und Art. 249 § 3 EGBGB. Zudem sind die Vorschriften der §§ 356e und 357d BGB zu beachten, die das Widerrufsrecht

[981] Richtlinie des Europäischen Parlaments und des Rates vom 4.2.2014 über Wohnimmobilienkreditverträge für Verbraucher und zur Änderung der Richtlinien 2008/48/EG und 2013/36/EU und der Verordnung (EU) Nr. 1093/2010, die bis zum 21.3.2016 in nationales Recht umzusetzen war.
[982] Das ist die Kernaussage von BGH NJW 2014, 3719, 3720.
[983] Eigenständiger Vertragstyp, der mit Wirkung zum 1.1.2018 eingeführt wurde (BGBl I 2017, S. 696).

und die Rechtsfolgen des Widerrufs bei Verbraucherbauverträgen regeln. Wurde der Vertrag aber notariell beurkundet, ist ein Widerrufsrecht ausgeschlossen (§ 650l S. 1 Halbs. 2 BGB).

Verbraucherinformationsrechte und Widerrufsrechte in Bezug auf die vorstehend erläuterten Neuregelungen finden sich u.a. in §§ 356b, 491a, 492 II, 495, 510, 514 II, 650l BGB, auf die im Folgenden an entsprechender Stelle eingegangen wird.

Wie aus den vorstehenden Angaben deutlich geworden sein sollte, lassen sich verbraucherschützende Widerrufsrechte an verschiedenen Stellen des BGB finden. Besteht ein solches Widerrufsrecht, verweist es meist auf **§ 355 BGB**, der in seiner Rechtsfolge die Bindung an eine zuvor wirksam abgegebene Erklärung nachträglich aufhebt. Damit ist klargestellt, dass § 355 BGB nicht eigenständig ein Widerrufsrecht begründet, sondern voraussetzt, dass eine andere Rechtsnorm ausdrücklich ein Widerrufsrecht „nach" bzw. „gemäß" § 355 BGB einräumt (vgl. etwa §§ 312g I, 485, 495 I, 510 II, 514 II, 650l S. 1 BGB). § 355 BGB regelt mithin nicht die Voraussetzungen eines Widerrufsrechts, sondern vielmehr (i.V.m. §§ 356-357 BGB) nur die **Ausübung** und die **Rechtsfolgen** der sich aus anderen Normen ergebenden Widerrufsrechte. Es kann auch vorkommen, dass widerrufsbegründende, aber auch Rechtsfolgen regelnde Normen als Spezialregelungen gegenüber § 355 BGB vorrangige Sonderregelungen enthalten (namentlich § 357 II BGB). Die **weiteren Folgen** des ausgeübten Widerrufsrechts sind in § 357 BGB geregelt, etwa die Pflicht zur Rückgewähr der empfangenen Leistungen und die Pflicht zum Wertersatz bei gebrauchsbedingter Wertminderung. 970

Bei dem Versuch, die verbraucherschützenden Widerrufsrechte einer der drei Stufen des allgemeinen Prüfungsaufbaus *Anspruch entstanden*, *Anspruch nicht untergegangen* und *Anspruch durchsetzbar* (dazu *R. Schmidt*, BGB AT, Rn 1629) zuzuordnen, müsste man sich für die Stufe *Anspruch nicht untergegangen* entscheiden, weil sich verbraucherschützende Widerrufsrechte wohl am ehesten als **rechtsvernichtende Einwendungen** („nachträgliche Vernichtung eines zuvor wirksam zustande gekommenen Rechtsgeschäfts") einordnen lassen.[984] 971

> **Beispiel:** Verbraucher K bestellt bei Unternehmer V über das Internet eine Digitalkamera zum Preis von 185,- € und leistet Vorkasse durch sofortige Banküberweisung. Zwei Tage später wird K das Gerät zugeschickt. Am darauffolgenden Tag entdeckt K auf der Internetseite des Elektronikfachmarkts E das gleiche Gerät, jedoch ist dieses dort 3,- € günstiger als bei V. Daher widerruft K seine Vertragserklärung gegenüber V und schickt die Digitalkamera an V zurück. Gleichzeitig gibt er die Bestellung bei E auf und freut sich über das „Schnäppchen".
>
> K konnte den zuvor mit V geschlossenen Vertrag gem. § 312g I i.V.m. § 355 BGB widerrufen. Widerruft der Verbraucher aufgrund eines ihm durch Gesetz nach Maßgabe des § 355 BGB eingeräumten Widerrufsrechts fristgerecht seine auf den Abschluss eines Vertrags mit einem Unternehmer gerichtete Willenserklärung, ist er an diese nicht mehr gebunden (§ 355 I S. 1 BGB). Dies hat die Rückabwicklung nach Maßgabe des § 357 BGB zur Folge. Daher konnte und musste K die Digitalkamera an V zurückschicken (§ 357 I BGB). V ist verpflichtet, den Kaufpreis zu erstatten (§ 357 I BGB). Die Frage ist nunmehr allein, wer die Kosten der Rücksendung zu tragen hat. Es greift die Regelung des § 357 VI S. 1 BGB, wonach der Verbraucher die Kosten zu tragen hat, sofern der Unternehmer auf diese Folge hingewiesen hat. Unterstellt, V hat den K über diese Folge vor Vertragsschluss (vgl. Art. 246a § 4 I EGBGB) unterrichtet, musste K das Gerät auf seine Kosten an V zurückschicken.

[984] Wie hier später auch *Lettl*, JA 2011, 9; vgl. auch *Alexander/Endler/Sauer*, JA 2017, 172, 173.

B. Begriff des Verbrauchers und des Unternehmers

972 Obwohl der Gesetzgeber die Verbraucherschutzrechte im allgemeinen Schuldrecht verortet hat (vgl. § 310 III BGB, der den Verbrauchervertrag als einen Vertrag definiert, der zwischen einem Unternehmer und einem Verbraucher geschlossen wurde, und kraft Verweisung in § 312 I BGB auch bei den Verträgen nach §§ 312b ff. BGB maßgeblich ist), hat er die Begriffe „Verbraucher" und „Unternehmer", die i.Ü. aus dem EU-Recht stammen[985], entsprechend der dem BGB zugrunde liegenden Ausklammerungsmethode im BGB AT, namentlich in §§ 13 und 14 I BGB, legaldefiniert.

I. Verbraucher (§ 13 BGB)

973 **Verbraucher** ist gem. § 13 BGB jede natürliche Person, die ein Rechtsgeschäft überwiegend zu einem Zweck abschließt, der weder ihrer gewerblichen noch ihrer selbstständigen beruflichen Tätigkeit zugerechnet werden kann.

Mit dem mit Wirkung zum 13.6.2014 eingefügten Definitionsbestandteil „überwiegend" in § 13 BGB hat der Gesetzgeber im Hinblick auf die Erwägungsgründe der Verbraucherrechterichtlinie eine Klarstellung vorgenommen (BT-Drs. 17/13951, S. 61). Er hat klargestellt, dass der Verbraucherbegriff objektiv zu bestimmen ist und es hinsichtlich der Verbrauchereigenschaft nicht schadet, wenn z.B. die Kaufsache *auch* der gewerblichen oder selbstständigen beruflichen Tätigkeit zugerechnet werden kann („dual use").[986] Es kommt lediglich auf den überwiegenden Zweck des Rechtsgeschäfts an.

974 In den Schutzbereich fallen jedenfalls keine juristischen Personen, auch keine Gesellschaften bürgerlichen Rechts (GbR)[987], Idealvereine und keine gemeinnützigen Stiftungen. Bei natürlichen Personen liegt ein Verbrauchergeschäft vor, wenn das von ihnen abgeschlossene Rechtsgeschäft überwiegend zu ihrem privaten Bereich und nicht zu ihrer gewerblichen oder (frei-)beruflichen Tätigkeit gehört (s.o.). Daher können auch Unternehmer Verbraucher sein, solange das abgeschlossene Rechtsgeschäft mit einem anderen Unternehmer überwiegend ihrem privaten Bereich zuzuordnen ist.

Beispiele:

(1) Kauft Kaufmann K über das Internet für seine Tochter T ein Fahrrad zum Geburtstag, tritt er beim Kauf dieses Geschenks nicht als Unternehmer, sondern als Verbraucher i.S.d. § 13 BGB auf. Denn der Zweck des Rechtsgeschäfts liegt in der Besorgung eines Geburtstagsgeschenks und nicht in der Ausübung seiner gewerblichen Tätigkeit. K ist daher im vorliegenden Fall Verbraucher. Das ist insoweit unproblematisch. Dasselbe Ergebnis läge aber auch vor, wenn K als Privatperson z.B. einen Computer kaufte und diesen beruflich mitnutzte, solange der überwiegende Zweck nur privater Natur ist (vgl. dazu Rn 984).

(2) Kauft eine Privatperson von einem selbstständig tätigen Reitlehrer und Pferdetrainer ein (sich im Nachhinein als mangelhaft erwiesenes) Dressurpferd, das dieser ausschließlich für private Zwecke erworben und ausgebildet hatte, kann sie sich hinsichtlich der Frage, ob der Mangel bereits zum Zeitpunkt der Übergabe (siehe § 446 BGB) vorgelegen hat und damit Gewährleistungsrechte auslöst, nicht auf die Beweislastumkehr gem. § 477 BGB berufen, da es insoweit an der Unternehmereigenschaft des Verkäufers fehlt. Denn dieser hat beim Verkauf des Dressurpferdes nicht „in Ausübung" seiner selbstständigen beruflichen Tätigkeit als Reitlehrer und Pferdetrainer gehandelt. Vielmehr hat er das Pferd zuvor ausschließlich zu privaten Zwecken ausgebildet und trainiert, sodass ein rechtlich relevanter Zusammenhang zu seiner beruflichen Tätigkeit nicht besteht.[988]

---

[985] Siehe Art. 1 II Verbrauchsgüterkaufrichtlinie (RL 1999/44/EG).
[986] Vgl. *Ellenberger*, in: Palandt, § 13 Rn 1, 4; *Wendehorst*, NJW 2014, 577.
[987] Siehe dazu BGH NJW 2017, 2753, 2754.
[988] Siehe BGH 18.10.2017 – VIII ZR 32/16.

Auch eine Wohnungseigentümergemeinschaft kann einem Verbraucher gleichzustellen sein, wenn ihr wenigstens ein Verbraucher angehört und sie ein Rechtsgeschäft zu einem Zweck abschließt, der weder einer gewerblichen noch einer selbstständigen beruflichen Tätigkeit dient.[989] Das hat seinen Grund darin, dass die Wohnungseigentümergemeinschaft beim Abschluss von Rechtsgeschäften mit Dritten i.d.R. – und damit auch bei Energielieferungsverträgen, die der Deckung des eigenen Bedarfs dienen – zum Zwecke der privaten Vermögensverwaltung ihrer Mitglieder und damit nicht zu gewerblichen Zwecken handelt.[990] **974a**

Auf das Handeln eines **Stellvertreters** (§ 164 I S. 1 BGB), der die Verbrauchereigenschaft erfüllt (§ 13 BGB) und der für einen Unternehmer (§ 14 I BGB) auftritt, sind die Verbraucherschutzvorschriften nicht anwendbar, da der Vertragspartner maßgeblich ist. **975**

Beispiel[991]**:** Lässt sich eine einem Verbraucher gleichgestellte Wohnungseigentümergemeinschaft (vgl. Rn 974a) bei Vertragsschluss durch eine gewerbliche Hausverwaltung vertreten, ändert dies nichts an der Verbrauchereigenschaft. Denn der BGH stellt zutreffend fest, dass es für die Abgrenzung von unternehmerischem und privatem Handeln i.S.d. §§ 13, 14 I BGB im Falle einer Stellvertretung grds. auf die Person des Vertretenen ankommt (§ 164 I BGB).

Für die Auslegung des Definitionsbestandteils „überwiegend" in § 13 BGB und damit die Zuordnung zum privaten oder geschäftlichen Bereich ist nicht der Wille der handelnden Person ausschlaggebend, sondern es entscheiden der Inhalt und die objektiven Begleitumstände des Rechtsgeschäfts (s.o.). Kann trotz Heranziehung des Inhalts des Rechtsgeschäfts und der Begleitumstände nicht eindeutig bestimmt werden, ob das Rechtsgeschäft überwiegend privater Natur ist, gilt die allgemeine Auslegungsregel der §§ 133, 157 BGB („objektiver Empfängerhorizont")[992], sodass von einer Verbrauchereigenschaft immer dann auszugehen ist, wenn die Verbrauchereigenschaft erkennbar ist. **976**

Beispiel[993]**:** R ist Rechtsanwältin. Sie bestellte im Internetshop der V-GmbH drei Lampen für ihre Privatwohnung zu einem Gesamtpreis von 439,- €. Als Liefer- und Rechnungsadresse gab sie an: „Kanzlei Dr. R". Nach der Lieferung erklärte sie den Widerruf. Zu Recht?

R stünde ein Widerrufsrecht gem. §§ 312c I, 312g I, 355 BGB zu, wenn sie einen Fernabsatzvertrag geschlossen hätte. Voraussetzung wäre zunächst das Vorliegen eines Rechtsgeschäfts zwischen einem Unternehmen und einem Verbraucher i.S.d. § 312c I BGB. Die V-GmbH ist Unternehmerin. Fraglich ist lediglich, ob R als Verbraucherin anzusehen ist.

§ 13 BGB lässt es für die Bejahung der Verbrauchereigenschaft zu, dass das Rechtsgeschäft auch geschäftlichen Zwecken dient. Wichtig ist allein, dass der Zweck des Rechtsgeschäfts *überwiegend* privater Natur ist. Daher ist zu klären, ob der Kauf der Lampen überwiegend ein Privatgeschäft darstellt. Aus Sicht der R hat diese bei der Bestellung als Verbraucherin gehandelt, denn die Lampen waren für ihre Privatwohnung bestimmt. Aus Sicht der V lag allerdings eine Bestellung einer Unternehmerin vor, da R als Liefer- und Rechnungsadresse ihre Kanzlei angab. Daher ist fraglich, auf wessen Sicht bei der Frage der „überwiegenden Natur" abzustellen ist.

---

[989] BGH NJW 2015, 3228, 3229 ff.
[990] BGH NJW 2015, 3228, 3229 ff.
[991] Nach BGH NJW 2015, 3228 ff.
[992] So auch BGHZ 162, 253, 256 ff.; BGH NJW 2009, 3780, 3781 zwar zur Rechtslage vor der Hereinnahme des Wortes „überwiegend" in § 13 BGB, allerdings hat die Neufassung des § 13 BGB daran nichts geändert, weil der Gesetzgeber an die bisherige Rechtsprechung anknüpft und zudem – wie gesagt – im Hinblick auf die Erwägungsgründe der VRRL eine Klarstellung vorgenommen hat.
[993] Nach BGH NJW 2009, 3780 f. (mit Bespr. v. *Faust*, JuS 2010, 254 und *Stadler*, JA 2010, 748). Die Entscheidung ist zwar zur alten Rechtslage ergangen, der Fall wird vorliegend jedoch nach neuer, ab 13.6.2014 gültiger Rechtslage gelöst.

Für die Auslegung des Definitionsbestandteils „überwiegend" in § 13 BGB und damit die Zuordnung zum privaten oder geschäftlichen Bereich ist nicht der Wille der handelnden Person ausschlaggebend, sondern es entscheiden der Inhalt und die objektiven Begleitumstände des Rechtsgeschäfts ggf. unter Heranziehung der allgemeinen Auslegungsregel der §§ 133, 157 BGB („objektiver Empfängerhorizont"), sodass von einer Verbrauchereigenschaft immer dann auszugehen ist, wenn sich die Verbrauchereigenschaft aus den Begleitumständen ergibt und für den Unternehmer auch klar erkennbar ist. Kriterien sind nach der hier vertretenen Auffassung insbesondere:

- Art und Menge der Ware (eine Lampe oder zwanzig Lampen; eine Computertastatur oder zwanzig Tastaturen; ein Druckertoner oder zwanzig Toner etc.)
- Angegebene Rechnungsadresse (geschäftlich oder privat)
- E-Mail-Adresse, von der aus die Bestellung aufgegeben wurde (geschäftlich oder privat)
- Verlangen einer Rechnung mit (ausgewiesener) Umsatzsteuer und Angabe der Steuernummer sowie des Lieferdatums

Aus dem Inhalt des vorliegenden Rechtsgeschäfts lässt sich keine eindeutige Zuordnung vornehmen. Die drei Lampen könnten sowohl für die Kanzlei als auch für die Privatwohnung geeignet sein. Zu prüfen ist daher, ob sich aufgrund der Begleitumstände die Zuordnung vornehmen lässt.

Nach Auffassung des BGH fehlt es im vorliegenden Fall an solchen Umständen. Die Angabe der Anschrift der Rechtsanwaltskanzlei als Lieferanschrift für die bestellten Lampen weise lediglich darauf hin, dass R an Arbeitstagen zu den üblichen Postzustellzeiten unter ihrer Privatanschrift nicht erreichbar gewesen sei.

Die Begründung des BGH überzeugt nicht. Denn der BGH lässt unberücksichtigt, dass R ihre Kanzlei nicht nur als Lieferadresse, sondern auch als Rechnungsadressat angegeben hat. Gibt der Besteller als Rechnungsadressat seine Firma (Kanzlei, Gewerbebetrieb etc.) an, setzt er den Anschein, es handele sich um einen (überwiegend) gewerblichen Kauf. R hätte also abweichend von der Lieferadresse als Rechnungsadresse ihre Privatadresse angeben müssen oder zumindest die Rechnung nicht auf die Kanzlei laufen lassen dürfen. Mit der Rechnungsangabe „Kanzlei Dr. R" hat sie einen starken Begleitumstand geschaffen, der auf einen (überwiegend) gewerblichen Kauf schließen lässt. Nichts anderes ergibt sich aus der objektivierten Sicht der V. Für sie war das Rechtsgeschäft klar erkennbar als gewerblicher Kauf.[994]

Daher ist R nicht als Verbraucherin aufgetreten und kann ihre Vertragserklärung nicht widerrufen.

977 Zu beachten ist ferner auch **§ 512 BGB**. Danach finden die verbraucherschützenden Widerrufsrechte der §§ 491 ff. BGB auch auf solche natürlichen Personen Anwendung, die sich zwar ein Darlehen, einen Zahlungsaufschub oder eine sonstige Finanzierungshilfe für die Aufnahme einer gewerblichen oder beruflichen selbstständigen Tätigkeit gewähren lassen, dies jedoch zur Existenzgründung tun, es sei denn, der Nettodarlehensbetrag oder der Barzahlungspreis übersteigt 75.000,- €. Dabei muss der in Frage stehende Vertrag dem Zweck der Aufnahme einer beruflichen Tätigkeit dienen. Der Gedanke, der hinter § 512 BGB steht, ist derjenige, dass das Schutzbedürfnis des Existenzgründers im Vergleich mit dem einer natürlichen Person grundsätzlich gleich ist, unabhängig davon, ob es sich um ein berufliches Geschäft handelt.[995] Gemäß seinem Wortlaut findet § 512 BGB aber nur auf §§ 491-511 BGB Anwendung. Das könnte bedeuten, dass der Existenzgründer hinsichtlich der *anderen* verbraucherschützenden Vorschriften im BGB nicht wie ein Verbraucher i.S.d. § 13 BGB behandelt wird. Da aber der Begriff „in Ausübung" in § 512 BGB alle Geschäfte erfasst, die der

[994] Vgl. auch AG München VuR 2014, 275 f. (Waschmaschine an Physiotherapiepraxis), dem zufolge die verbraucherschützenden Widerrufsrechte nur gelten, wenn der Besteller für den Unternehmer erkennbar als Verbraucher auftritt. Das AG stellt also ebenfalls zutreffend auf den objektiven Empfängerhorizont ab.
[995] *Struck*, JA 2004, 68, 69; *Weidenkaff*, in: Palandt, § 512 Rn 1; *K. Schmidt*, JuS 2006, 1, 5.

Aufnahme einer gewerblichen oder selbstständigen beruflichen Tätigkeit dienen, werden auch solche Tätigkeiten von Existenzgründern als Verbrauchertätigkeit erfasst.[996]

II. Unternehmer (§ 14 I BGB)

Unternehmer ist gemäß der Legaldefinition in § 14 I BGB eine natürliche oder juristische Person oder rechtsfähige Personengesellschaft, die bei Vertragsschluss in Ausübung ihrer gewerblichen oder selbstständigen beruflichen Tätigkeit Leistungen gegen ein Entgelt anbietet. **978**

Zunächst sind natürliche Personen Unternehmer i.S.d. § 14 I BGB, die das Rechtsgeschäft **in Ausübung einer gewerblichen Tätigkeit** abschließen. Unter einer gewerblichen Tätigkeit ist eine kaufmännische oder sonstige selbstständige, auf Dauer angelegte entgeltliche Tätigkeit zu verstehen, die sich als Beteiligung am allgemeinen Wirtschaftsverkehr darstellt. Dem Unternehmer stehen Personen gleich, die in seinem Namen oder Auftrag handeln, § 312b I S. 2 BGB. **979**

Da sog. „höhere" Berufe wie Rechtsanwalt, Architekt, niedergelassener Arzt etc. nach der Rechtsordnung zwar als selbstständige berufliche Tätigkeiten, nicht aber als Gewerbe anzusehen sind (denn sonst unterlägen sie der Gewerbesteuer und der Gesetzgeber könnte zudem keine Werbebeschränkungen regeln), der Gesetzgeber sie aber dennoch als von dem Begriff des Unternehmers erfasst sehen wollte, hat er § 14 I BGB entsprechend formuliert. Danach sind Unternehmer i.S.d. § 14 I BGB auch solche Personen, die das Rechtsgeschäft zwar nicht in Ausübung einer gewerblichen, aber selbstständigen beruflichen Tätigkeit abschließen. Damit sind gerade die **Freiberufler** erfasst, die eine selbstständige berufliche Tätigkeit ausüben, die nicht gewerblicher Natur ist und nicht dem Kaufmannsbegriff der §§ 1 ff. HGB unterfällt.[997] **980**

Schließlich erfasst § 14 I, II BGB die **rechtsfähigen Personengesellschaften** und die **juristischen Personen**. Daraus (und aus der Beschränkung des § 13 BGB) folgt, dass (kundenseitig) juristische Personen niemals Verbraucher i.S.d. § 13 BGB sein können. Demnach können sich auch keine Vereine oder Stiftungen, die gemeinnützige Zwecke verfolgen, auf verbraucherschützende Vorschriften berufen. **981**

Da im Übrigen der Gesetzgeber dem Verbraucherschutz einen überaus hohen Stellenwert beimisst und auch die Gerichte überaus verbraucherfreundlich entscheiden, ist die Begriffsbestimmung in § 14 I BGB im Zweifel über den eigentlichen kommerziellen Zweck hinaus weit auszulegen. So soll es bei dem Unternehmerbegriff (anders als im Steuerrecht!) auf eine **Gewinnerzielungsabsicht nicht ankommen**, sodass sogar **nebenberufliche** Tätigkeiten erfasst werden.[998] Schließt man sich dem an, dürfte bspw. auch eine Hobbymopszüchterin, die einmal pro Jahr Welpen verkauft, als Unternehmer i.S.d. § 14 I BGB gelten, nur damit die Gerichte den Käufern von Hunden umfangreiche Verbraucherschutzrechte zubilligen können. Mit dem Wortlaut des § 14 I BGB („gewerblich" oder „selbstständig") oder gar mit dem § 14 I BGB zugrunde liegenden Begriff des Verkäufers nach Art. 1 II c) der Verbrauchsgüterkaufrichtlinie 1999/44/EG („jede natürliche oder juristische Person, die aufgrund eines Vertrags im Rahmen **982**

---

[996] *Micklitz/Purnhagen*, in: MüKo, § 13 Rn 65.

[997] Wie hier nun auch *Wolf/von Bismarck*, JA 2010, 841, 847. Die Frage, welche Tätigkeitsfelder zur freiberuflichen Tätigkeit gehören, kann mit § 1 II PartGG beantwortet werden.

[998] Vgl. BGHZ 167, 40, 47; OLG Frankfurt/M NJW 2004, 3433; LG Mainz NJW 2006, 783; AG Bad Kissingen NJW 2005, 2463; *Pfeiffer*, in: Soergel, § 14 Rn 13; *Habermann*, in: Staudinger, § 14 Rn 35; *Poelzig*, JuS 2008, 618, 619; *Becker/Föhlisch*, NJW 2005, 3377; *Hager*, JA 2011, 721, 722. Zur Unternehmereigenschaft von Existenzgründern vgl. BGHZ 162, 253, 256 ff.

ihrer ‚beruflichen' oder ‚gewerblichen' Tätigkeit Verbrauchsgüter verkauft") ist dies freilich schwer vereinbar.[999]

983 Auch ist zu beachten, dass die konkrete Tätigkeit – etwa die Veräußerung einer beweglichen Sache – **nicht Hauptgegenstand** des Unternehmens zu sein braucht. Notwendig ist nach Auffassung des BGH nur, dass man bei Abschluss des Vertrags **in Ausübung seiner gewerblichen oder selbstständigen beruflichen Tätigkeit handelt** (s.o.). So sei es nicht erforderlich, dass der Geschäftszweck einer Handelsgesellschaft auf den Verkauf von Gegenständen gerichtet ist.[1000] Daher gehöre der Verkauf beweglicher Sachen durch eine GmbH im Zweifel zum Betrieb des Handelsgewerbes der GmbH (§ 344 I HGB) und falle damit, auch soweit es sich um **branchen-** bzw. **berufsfremde Nebengeschäfte** handele, unter die Bestimmungen der §§ 474 ff. BGB über den Verbrauchsgüterkauf. Nur ausschließlich private Geschäfte seien vom Anwendungsbereich der Bestimmungen über den Verbrauchsgüterkauf ausgenommen[1001], was allerdings bei einer GmbH kaum anzunehmen sein dürfte.

Beispiel: Verkauft der Geschäftsführer einer in der Lebensmittelbranche tätigen Handelsagentur-GmbH ein im Betriebsvermögen befindliches und auch betrieblich genutztes Fahrzeug an einen Verbraucher i.S.d. § 13 BGB, unterliegt dieser Kauf den Verbraucherschutzvorschriften der §§ 474 ff. BGB, auch wenn es sich um ein branchenfremdes Nebengeschäft handelt. Denn es kommt nicht darauf an, ob der Hauptzweck der Handelsgesellschaft in dem Handel mit Fahrzeugen oder – wie vorliegend – mit Lebensmitteln liegt. Daher ist auch im vorliegenden Fall z.B. der Ausschluss der Gewährleistung nicht möglich.

984 Hinsichtlich des Verkaufs von Gegenständen, die zum Geschäftsbetrieb einer Handelsgesellschaft gehören, bestehen also keine Besonderheiten: Es liegt auch dann ein Verbrauchsgüterkauf vor, wenn es sich bei dem Verkauf um ein branchen- bzw. berufsfremdes Nebengeschäft handelt. Wichtig ist allein, dass auf Käuferseite ein Verbraucher i.S.d. § 13 BGB steht. Mit der genannten BGH-Entscheidung wird aber v.a. deutlich, dass es auf den Geschäftszweck nicht ankommt. Daher unterliegen auch **natürliche Personen** (Ärzte, Rechtsanwälte, Schriftsteller, Handwerker etc.), die in Ausübung ihrer gewerblichen oder beruflichen Tätigkeit Gegenstände verkaufen, auch dann den Regelungen des Verbrauchsgüterkaufs, wenn sie z.B. ein beruflich genutztes Fahrzeug an einen Verbraucher i.S.d. § 13 BGB verkaufen oder ein Fahrzeug zur beruflichen Nutzung kaufen, obwohl dieser Verkauf/Kauf nicht Zweck der beruflichen Tätigkeit ist.[1002]

Beispiel: Verkauft ein Arzt sein für Hausbesuche (also beruflich) genutztes Fahrzeug an einen Verbraucher i.S.d. § 13 BGB, unterliegt dieser Kauf den Verbraucherschutzvorschriften der §§ 474 ff. BGB, auch wenn es sich um ein berufsfremdes Nebengeschäft handelt. Denn auch bei natürlichen Personen kommt es nicht darauf an, ob der Hauptzweck der beruflichen Tätigkeit in dem Handel mit Fahrzeugen liegt. Daher ist auch im vorliegenden Fall z.B. der **Ausschluss der Gewährleistung** nicht möglich. Etwas anderes würde nur dann gelten, wenn der Arzt das Fahrzeug rein privat genutzt hätte (und diesen Umstand auch dem Käufer dargelegt hätte).

985 **Sonderfall Internethandel:** Der Bedeutungszuwachs des Internethandels ist so immens, dass dies zu teilweise verheerenden Folgen für den traditionellen stationären Handel geführt hat. Weil auf den üblichen internetbasierten Handels- und Auktionsplattformen (eBay, Amazon etc.) jedoch vielfach sowohl professionelle Händler als auch Privatleute als Verkäufer

[999] Immerhin hat der BGH (ZIP 2006, 68 ff. und NJW 2007, 2619 ff.) dieser kaum noch als zulässige richterliche Rechtsfortbildung zu bezeichnenden Tendenz Einhalt geboten.
[1000] BGH NJW 2011, 3435, 3436 f. (mit Bespr. v. *Witt*, NJW 2011, 3402 ff.).
[1001] BGHZ 179, 126, 130.
[1002] Vgl. auch *Faust*, JuS 2011, 1121, 1123; *Looschelders*, JA 2011, 944, 946.

auftreten, ist bei Personen, die sich zwar als Privatleute bezeichnen, jedoch in gewisser Regelmäßigkeit und in gewissem Umfang Waren anbieten (vgl. etwa sog. eBay-Powerseller), die Schwelle zur gewerblichen Tätigkeit fraglich. Die Feststellung, ob es sich beim Verkäufer, der als Privatperson auftritt, tatsächlich um eine solche oder um einen Unternehmer handelt, wird noch dadurch erschwert, dass i.d.R. die Beteiligten pseudonym, d.h. mit einem Phantasienamen, auftreten, und dem Käufer regelmäßig nur die im Internet (nach Vertragsschluss) verfügbaren Angaben über seinen anbietenden Vertragspartner zur Verfügung stehen. Die Abgrenzung zwischen einem Unternehmer und einer Privatperson auf Verkäuferseite ist aber wichtig für die Anwendbarkeit der Verbraucherschutzrechte. Auch kann nur eine Privatperson, die außerhalb ihrer beruflichen Tätigkeit Gegenstände verkauft (Rn 984), Ansprüche wegen Sachmängel ausschließen. Entscheidend ist also die Frage, ab wann i.S.d. § 14 I BGB von einer „gewerblichen" oder „beruflichen" Tätigkeit des Verkäufers auszugehen (und damit der Anwendungsbereich des Verbrauchsgüterkaufrechts eröffnet) ist.

Beispiel: V ist seit 3 Jahren „Mitglied" bei eBay und tritt regelmäßig unter dem Namen „turboprinz007" als Verkäufer auf. Er kann bereits 982 Käuferbewertungen vorweisen. Diesmal bietet er verschiedene juristische Lehrbücher an. Das jeweilige Angebot schließt mit dem Hinweis: „Es handelt sich um einen Privatverkauf, Sachmängelrechte ausgeschlossen".

Bei der Frage, ob im konkreten Fall eine „gewerbliche Tätigkeit" i.S.d. § 14 I BGB vorliegt, wird teilweise auf den traditionellen Gewerbebegriff des deutschen Handelsrechts abgestellt und verlangt, dass eine planvolle, auf gewisse Dauer angelegte, selbstständige und wirtschaftliche Tätigkeit, die nach außen hervortritt, vorliegen müsse.[1003]

Teilt man diese Auffassung, reicht ein nur gelegentliches Tätigwerden nicht aus, um eine unternehmerische Tätigkeit anzunehmen. Erforderlich ist vor allem eine planmäßige Ausrichtung auf eine Vielzahl von Geschäften.

Die jüngere Rspr. bejaht bei Internetgeschäften ein gewerbliches Handeln insbesondere dann, wenn der Verkäufer sich selbst als „Powerseller" bezeichnet[1004]; in diesem Fall soll die Unternehmereigenschaft i.S.d. § 14 I BGB auch dann nicht in Frage gestellt werden, wenn der Verkäufer den Hinweis anbringt, dass es sich um einen Privatverkauf handele.

Das überzeugt. Wer mit einer gewissen Regelmäßigkeit und Häufigkeit am Markt auftritt, verschafft sich eine Einnahmequelle und ist Unternehmer i.S.d. § 14 I BGB. Daran ändert auch der Umstand nichts, dass der Betreffende einer anderen, hauptberuflichen Tätigkeit nachgeht. V ist daher Unternehmer i.S.d. § 14 I BGB.[1005] Zum Fernabsatzhandel vgl. auch Rn 999 ff. Zum Zustandekommen von Verträgen im Internet vgl. die zusammenhängende Darstellung bei *R. Schmidt*, BGB AT, Rn 606 ff.

Ob bei einem sog. **Agenturgeschäft** im Gebrauchtwagenhandel der Agent als Unternehmer i.S.v. § 14 I BGB auftritt, ist ebenso fraglich. Namentlich geht es um den Fall, dass ein Kfz-Händler einen Gebrauchtwagen nicht ankauft (und auch nicht im eigenen Namen und auf eigene Rechnung weiterverkauft, denn dann wäre er unzweifelhaft Unternehmer und zur Sachmängelhaftung gegenüber Verbrauchern verpflichtet), sondern dass er vielmehr lediglich als Agent (Vermittler) auftritt und den Wagen im Namen des privaten Verkäufers weiterverkauft („Verkauf im Kundenauftrag"). Für die Einstufung des Kfz-Händlers als Unternehmer spricht, dass die genannte Konstruktion ein Umgehungsgeschäft (vgl. § 476 I S. 2 BGB) darstellen könnte, in dem es gerade darum geht, Käuferrechte abzuschneiden. Andererseits tritt auf Verkäuferseite aber nun einmal ein Nicht-Unternehmer auf; der Käufer weiß dies auch. Warum dieser also schutzwürdiger sein soll als in dem Fall, dass er direkt „von Privat" **986**

[1003] LG Hof VuR 2004, 109; *Micklitz/Purnhagen*, in: MüKo, § 14 Rn 19.
[1004] OLG Frankfurt a.M. NJW 2005, 1438; AG Bad Kissingen NJW 2005, 2463; AG Radolfzell NJW 2004, 3342; ähnlich LG Mainz NJW 2006, 783; OLG Koblenz NJW 2006, 1438: Umkehr der Beweislast mit der Folge, dass der Powerseller seine fehlende Unternehmereigenschaft beweisen muss; a.A. LG Hof VuR 2004, 109.
[1005] Wie hier nunmehr auch *Szczesny/Holthusen*, NJW 2007, 2586 ff.

kaufen würde, leuchtet nicht ein.[1006] Solange der Kfz-Händler quasi nicht „in eigener Sache" auftritt und auch sonst kein rechtsmissbräuchliches Umgehungsgeschäft erkennbar ist, spricht nichts dagegen, den Kfz-Händler lediglich als Vermittler anzusehen. Verkäufer ist in diesem Fall also die Privatperson, in deren Auftrag der Kfz-Händler den Verkauf organisiert.

987 Zur Frage, ob ein **geschäftsführender Alleingesellschafter einer GmbH**, der in eigenem Namen und nicht im Namen der GmbH handelt, als Verbraucher oder Unternehmer einzustufen ist, vgl. BGH ZIP 2006, 68 ff. (Verbrauchereigenschaft bejahend bei Schuldübernahme oder Bürgschaftsübernahme).

C. Gesetzlich geregelte Widerrufsrechte

988 Da § 355 BGB und die ergänzenden Vorschriften der §§ 356, 356a, 356b, 356c und 356e BGB kein Widerrufsrecht begründen, sondern das Bestehen eines solchen voraussetzen, sind die Vorschriften immer nur in Verbindung mit einer Vorschrift zu sehen, die auf sie verweist. Durch die Verweistechnik hat der Gesetzgeber – um Wiederholungen zu vermeiden – in den §§ 355 ff. BGB die Ausübung und die Rechtsfolgen aller verbraucherschützenden Widerrufsrechte einheitlich geregelt.

Das BGB enthält eine Reihe von verbraucherschützenden Widerrufsrechten, deren Voraussetzungen im Rahmen der Vorschriften über die jeweiligen Verbraucherverträge geregelt sind.

> **Beispiele:** Dem Verbraucher, der einen **Darlehensvertrag** abschließt (vgl. §§ 491 ff. BGB), wird in § 495 I BGB das Recht eingeräumt, seine auf den Abschluss des Verbraucherdarlehensvertrags gerichtete Willenserklärung bei Vorliegen der dort genannten Voraussetzungen zu widerrufen. Bei einem **unentgeltlichen Darlehensvertrag** (Rn 969) gewährt § 514 II S. 1 BGB ein Widerrufsrecht, sofern nicht bereits ein Widerrufsrecht nach § 312g I BGB besteht und sofern das Widerrufsrecht nicht nach § 495 II Nr. 1 BGB ausgeschlossen ist (§ 514 II S. 2 BGB). Ähnliche Widerrufsrechte bestehen bei **außerhalb von Geschäftsräumen geschlossenen Verträgen** (§§ 312b I, 312g I, 355 BGB), **Fernabsatzverträgen** (§§ 312c I, 312g I, 355 BGB), **Teilzeit-Wohnrechteverträgen** (§ 485 BGB), **Ratenlieferungsverträgen** (§§ 510 II, 355 BGB), bei **Fernunterrichtsverträgen** (§ 4 FernUSG) und bei **Verbraucherbauverträgen** (§§ 650i I, 650l S. 1 BGB). Zur Anwendbarkeit der Verbraucherschutzvorschriften auf **Leasing- und Mietkaufverträge** vgl. § 506 BGB.[1007]

Die im vorliegenden Zusammenhang mit dem allgemeinen Schuldrecht maßgeblichen Fallgruppen sind die **außerhalb von Geschäftsräumen geschlossenen Verträge** (§ 312b BGB) und die **Fernabsatzverträge** (§ 312c BGB). Bevor aber auf diese Fallgruppen eingegangen werden kann, muss zunächst der Anwendungsbereich der jeweiligen Vorschriften geklärt werden.

I. Anwendungsbereich

989 Gemäß § 312 I BGB sind die Vorschriften der „Kapitel 1 und 2 dieses Untertitels" nur auf Verbraucherverträge i.S.d. § 310 III BGB anzuwenden, die eine **entgeltliche Leistung** des Unternehmers zum Gegenstand haben. Mit „Kapitel 1" sind die Vorschriften der §§ 312 und 312a BGB gemeint, mit „Kapitel 2" die §§ 312b-312h BGB (also die außerhalb von Geschäftsräumen geschlossenen Verträge und die Fernabsatzverträge). Kapitel 3 (§§ 312i und 312j BGB) nimmt eine Sonderstellung ein, da Kunden im elek-

[1006] Im Einzelnen ist alles strittig. Das Meinungsspektrum reicht von einer generellen Bejahung des Umgehungstatbestands über eine generelle Verneinung desselben bis hin zu differenzierenden Lösungen (vgl. näher BGH NJW 2005, 1039, 1040; *K. Schmidt*, JuS 2006, 1, 3 ff.; *Katzenmeier*, NJW 2004, 2632, 2633; *Müller*, NJW 2003, 1975, 1978).

[1007] Bei einer **Bürgschaft** (§ 765 BGB) kommt ein verbraucherschützendes Widerrufsrecht nicht in Betracht, da bei einer Bürgschaft keine entgeltliche Leistung des Bürgschaftsgläubigers erbracht wird (dazu *R. Schmidt*, SachenR II, Rn 605 ff.)

tronischen Geschäftsverkehr auch gewerbliche Kunden (und nicht nur Verbraucher) sein können. Kapitel 4 (§ 312k BGB) normiert das Verbot abweichender Vereinbarungen und die Beweislast.

Zunächst muss es sich um einen **Verbrauchervertrag** i.S.d. § 310 III BGB handeln, also um einen Vertrag zwischen einem Unternehmer und einem Verbraucher. Insoweit kann auf die Ausführungen zu §§ 13 und 14 I BGB verwiesen werden (Rn 973 ff.). Zu beachten ist, dass ein Verbrauchervertrag nicht allein dann vorliegt, wenn ein Unternehmer auf Schuldnerseite steht und ein Verbraucher auf Gläubigerseite. Hinzukommen muss, dass der Vertrag eine **entgeltliche Leistung des Unternehmers** zum Gegenstand hat, also die Lieferung von Waren oder die Erbringung von Werk- oder Dienstleistungen gegen ein Entgelt.[1008]

Unter „**Waren**" sind alle Güter i.S.d. § 241a I BGB zu verstehen, also bewegliche Sachen, die nicht aufgrund von Zwangsvollstreckungsmaßnahmen oder anderen gerichtlichen Maßnahmen verkauft werden[1009] und i.Ü. Gegenstand eines Kaufvertrags sein können. Darunter fallen letztlich alle Waren, die üblicherweise im Versandhandel erworben werden (können), bspw. Getränke, Lebensmittel, Genussmittel, Handtaschen, Kleidungsstücke, Bücher, Handys etc. Auch Verträge über die Lieferung von Strom, Wasser, Gas etc. gehören hierher, da sie „sonstige Gegenstände" i.S.d. § 453 BGB sind.

Dass i.Ü. nur *neue* Waren erfasst wären, ergibt sich weder aus dem Wortlaut der §§ 312 ff. BGB noch aus der Systematik. Daher unterfallen auch Verbraucherverträge über gebrauchte Sachen den verbraucherschützenden Widerrufsrechten.

Zu den Verträgen über die Erbringung von **Werk- oder Dienstleistungen** zählen Miet[1010]-, Werk- und Werklieferungsverträge (§§ 535, 631, 651 BGB), Softwareüberlassungsverträge (die, jedenfalls wenn das Programm auf Dauer überlassen wird und die Überlassung als Download ausgestaltet ist, als Rechtskauf i.S.d. § 453 BGB angesehen werden), Dienstleistungsverträge (§ 611 BGB), Geschäftsbesorgungsverträge (§ 675 BGB), Anwaltsverträge[1011], Verträge über Finanzdienstleistungen (§§ 491 ff., 506 ff. BGB) und Maklerverträge (§ 652 BGB)[1012], sofern Unternehmer- und Verbrauchereigenschaft zu bejahen sind.[1013] Speziell zu den **Verbrauchsgüterkaufverträgen** vgl. bereits Rn 464f.

§ 312 II-VI BGB normiert ein gestuftes, kompliziertes und zum Teil von Wertungswidersprüchen geprägtes System an **Bereichsausnahmen**. Auf dort erfasste Gegenstände sind die Verbraucherschutzvorschriften der §§ 312a-312h BGB nicht oder nur teilweise anwendbar. Dagegen bleiben die Vorschriften des 3. Kapitels (§§ 312i, 312j BGB) prinzipiell auch auf die Bereichsausnahmen anwendbar. **990**

So sind aus den Schutzvorschriften der §§ 312a ff. BGB bspw. **Immobilienverträge** (§ 312 II Nr. 2 BGB), **Verbraucherbauverträge** nach § 650i I BGB (§ 312 II Nr. 3 BGB)[1014], **Beförderungsverträge** (§ 312 II Nr. 5 BGB) und **Behandlungsverträge** (§ 312 II Nr. 7 BGB) ausgenommen. Bei **Werkverträgen**, die keine Verbraucherbauverträge darstellen,

---

[1008] Davon, dass die §§ 312 ff. BGB ausschließlich die Fälle erfassen, in denen der Unternehmer (und nicht auch der Verbraucher) die vertragstypischen Leistungen erbringt, geht die folgende Darstellung aus. Auf teilweise abweichende Auffassungen (*Maume*, NJW 2016, 1041 ff.) wird angesichts des klaren Wortlauts des § 312 I BGB nicht eingegangen.

[1009] Diese Legaldefinition in § 241a I BGB wird zu Recht als misslungen bezeichnet, weil sie z.B. menschliche Organe erfasse (die ja nicht gerichtlich versteigert werden könnten), nicht aber eine gerichtlich versteigerte Schiffsladung Baumwolle (*Wendehorst*, NJW 2014, 577, 578).

[1010] Somit kann auch ein (Wohnraum-)Mietvertrag, der außerhalb von Geschäftsräumen des Vermieters (siehe § 312b BGB – dazu Rn 991 ff.) oder im Fernabsatz (§ 312c BGB – dazu Rn 999 ff.) geschlossen wurde, gem. § 312g BGB Widerrufsrechte auslösen, sofern es sich um einen Verbrauchervertrag i.S.d. § 310 III BGB handelt und kein Ausschluss des Widerrufsrechts besteht (etwa nach § 312 IV S. 2 BGB wegen Besichtigung oder nach § 312g II S. 1 Nr. 9 BGB im Fall einer Ferienwohnung); siehe dazu *Rolfs/Möller*, NJW 2017, 3275 ff.

[1011] *Ernst*, NJW 2014, 817 ff.

[1012] OLG Düsseldorf MDR 2014, 1067; *Lange/Werneburg*, NJW 2015, 193 ff.

[1013] Vgl. dazu insgesamt *Grüneberg*, in: Palandt, § 312 Rn 3.

[1014] Diesbezüglich gilt aber das Widerrufsrecht nach § 650l BGB i.V.m. § 355 BGB und Art. 249 § 3 EGBGB, es sei denn, der Vertrag wurde notariell beurkundet (§ 650l S. 1 Halbs. 2 BGB)! Zudem sind die Vorschriften der §§ 356e und 357d BGB zu beachten, die das Widerrufsrecht und die Rechtsfolgen des Widerrufs bei Verbraucherbauverträgen regeln.

sind die §§ 312a ff. BGB prinzipiell vollumfänglich anwendbar. Jedoch kann sich hier der Ausschluss (oder das Erlöschen) des wichtigsten Aspekts der §§ 312 ff. BGB – das Widerrufsrecht – aus § 312g II S. 1 Nr. 1, 4 und 11 BGB sowie aus § 356 IV BGB ergeben:

- ⇨ bei Verträgen über Waren, die nicht vorgefertigt sind oder deren Herstellung auf die persönlichen Bedürfnisse des Verbrauchers zugeschnitten ist (Nr. 1), etwa in dem Fall, dass ein Gegenstand individuell nach Kundenvorgabe hergestellt wird,
- ⇨ wenn die Ware nach ihrer Lieferung untrennbar mit anderen Gütern vermischt wird (Nr. 4), etwa in dem Fall, dass Materialien oder Rohstoffe verarbeitet werden,
- ⇨ bei dringenden Reparaturen und Instandhaltungsmaßnahmen, für die der Verbraucher den Unternehmer ausdrücklich angefordert hat (Nr. 11), etwa bei Notfallreparaturen (an Heizung oder Therme),
- ⇨ wenn der Unternehmer die Dienstleistung vollständig erbracht hat (§ 356 IV BGB) und mit der Ausführung der Dienstleistung erst begonnen hat, nachdem der Verbraucher dazu seine ausdrückliche Zustimmung gegeben hat und gleichzeitig seine Kenntnis davon bestätigt hat, dass er sein Widerrufsrecht bei vollständiger Vertragserfüllung durch den Unternehmer verliert[1015].

Differenzierende Regelungen gelten weiterhin z.B. hinsichtlich notariell beurkundeter Verträge (§ 312 II Nr. 1 BGB) und Pauschalreiseverträge (§ 312 II Nr. 4 BGB). Zu beachten ist jedoch, dass die Schutzvorschriften des § 312a I, III, IV und VI BGB vom Ausschluss nicht erfasst werden; sie gelten (wie §§ 312i, 312j BGB) damit auch in den Fällen des § 312 II BGB. Ferner ist der Bereichsausnahmetatbestand über Wohnraummietverträge (§ 312 IV BGB) zu nennen.[1016]

Zum Ausschluss des Widerrufsrechts (nach § 312g II BGB) siehe unten Rn 1028.

II. Außerhalb von Geschäftsräumen geschlossene Verträge

991 § 312b BGB ist das Resultat der zwingend umzusetzenden Vorgabe der VRRL (dazu Rn 1002). Anders als die bisherige Regelung des § 312 BGB a.F. über Haustürgeschäfte, bei der die fraglichen Situationen bzw. Orte positiv aufgelistet waren, ist der Gesetzgeber nunmehr (infolge der VRRL) den umgekehrten Weg gegangen und erfasst (um Schutzlücken zu schließen, aber auch um generell den Schutz zu erweitern) mit § 312b BGB **jeden Ort, der kein Geschäftsraum des Unternehmers ist**. Zudem sind nunmehr auch Vertragsabschlüsse erfasst, die durch den **Verbraucher selbst angebahnt** wurden.[1017]

992 **Geschäftsräume** i.S.d. § 312b I BGB sind nach der Legaldefinition in § 312b II S. 1 BGB unbewegliche Gewerberäume, in denen der Unternehmer seine Tätigkeit dauerhaft ausübt, und bewegliche Gewerberäume, in denen der Unternehmer seine Tätigkeit für gewöhnlich ausübt. Gewerberäume, in denen die Person, die im Namen oder Auftrag des Unternehmers handelt, ihre Tätigkeit dauerhaft oder für gewöhnlich ausübt, stehen Räumen des Unternehmers gleich (§ 312b II S. 2 BGB).

993 Nicht nur örtlich und situativ, sondern auch inhaltlich hat der Gesetzgeber eine Erweiterung des Schutzes vorgenommen. So sind gem. § 312b I S. 1 Nrn. 1-4 BGB **außerhalb von Geschäftsräumen geschlossene Verträge** (AGV) Verträge,

- ⇨ die bei gleichzeitiger körperlicher Anwesenheit des Verbrauchers und des Unternehmers an einem Ort geschlossen werden, der **kein Geschäftsraum des Unternehmers** ist (Nr. 1).

[1015] Zum Erlöschen des Widerrufsrechts (nach § 356 IV BGB) siehe unten Rn 1042.
[1016] Vgl. dazu *Wendehorst*, NJW 2014, 577, 580 f., die zudem zutreffend auf Ungereimtheiten und Widersprüche hinweist.
[1017] Vgl. *Wendehorst*, NJW 2014, 577, 581.

Geschäftsräume in diesem Sinne sind die gem. § 312b II BGB legaldefinierten. Der Vertrag muss außerhalb der Geschäftsräume des Unternehmers oder seines Beauftragten geschlossen worden sein. Diese Fallgruppe betrifft die seit jeher bekannten **Haustürgeschäfte**, die sich dadurch kennzeichnen, dass die Entscheidungsfreiheit eines Verbrauchers bei Vertragsschluss an der Haustür oder in anderer für einen Vertragsschluss ungewöhnlicher räumlicher Umgebung (Arbeitsplatz, öffentliches Verkehrsmittel, Freizeitveranstaltung etc.) beeinträchtigt wird, der Verbraucher also überrumpelt und zu einem unüberlegten Geschäftsabschluss veranlasst wird.[1018]

Da der Gesetzgeber lediglich von „kein Geschäftsraum" spricht, liegt ein Fall der Nr. 1 auch vor, wenn der Verbraucher den Unternehmer zu sich nach Hause bestellt und sich dort einen Vertrag aufschwatzen lässt. Zwar liegt in einem solchen Fall wohl kaum ein Überraschungs- oder Überrumpelungseffekt vor, der Gesetzgeber möchte aber auch diesen Fall von § 312b BGB erfasst sehen.[1019]

⇨ für die **der Verbraucher** unter den in Nummer 1 genannten Umständen ein Angebot abgegeben hat (Nr. 2).

Dieser Fall beschreibt die Konstellation, in der zwar kein Vertrag geschlossen wurde, der Verbraucher aber unter den in Nr. 1 genannten Umständen ein Angebot abgibt. Der Gesetzgeber möchte damit dem Umstand Rechnung tragen, dass ein Angebot ja gem. § 145 BGB Bindungswirkung entfaltet und es daher regelmäßig nicht darauf ankommt, ob der Unternehmer noch an Ort und Stelle die Annahme des Angebots erklärt.

⇨ die **in den Geschäftsräumen** des Unternehmers oder durch Fernkommunikationsmittel geschlossen werden, bei denen der Verbraucher jedoch unmittelbar zuvor **außerhalb** der Geschäftsräume des Unternehmers bei gleichzeitiger körperlicher Anwesenheit des Verbrauchers und des Unternehmers persönlich und individuell **angesprochen** wurde (Nr. 3).

Zwar findet in dieser Konstellation der Vertragsschluss in den Geschäftsräumen des Unternehmers (oder durch Fernkommunikationsmittel) statt, allerdings stellt der Gesetzgeber auf die außerhalb der Geschäftsräume des Unternehmers stattgefundene Vertragsanbahnung ab und hält den Verbraucher hierbei für offenbar in gleicher Weise schutzbedürftig, als sei der Vertrag unter den in Nr. 1 genannten Umständen zustande gekommen.

⇨ die auf einem **Ausflug** geschlossen werden, der von dem Unternehmer oder mit seiner Hilfe **organisiert** wurde, um beim Verbraucher für den Verkauf von Waren oder die Erbringung von Dienstleistungen zu werben und mit ihm entsprechende Verträge abzuschließen (Nr. 4).

In dieser Konstellation muss für den Verbraucher aufgrund der Darbietung und Durchführung der Freizeitwert der Veranstaltung im Vordergrund stehen. Erfasst werden die bereits seit Langem im Verbraucherschutzrecht geregelten Kaffee-, Butter-, Besichtigungsfahrten.[1020] Das besondere Schutzbedürfnis besteht hier deshalb, weil die organisatorische Verbindung von Ausflug und Verkaufsveranstaltung die Gefahr begründet, dass der Veranstalter die unbeschwerte Stimmung, in der sich der Ausflugsgast regelmäßig befindet, ausnutzt, um einen Vertrag zu schließen. Zudem kann sich der Ausflugsgast i.d.R. der Verkaufsveranstaltung nur schwer entziehen.[1021]

Beispiel: Großmutter G nimmt an einer „Ausflugsfahrt mit Werbeveranstaltung" (sog. Kaffeefahrt) teil. Bei einem Zwischenstopp im Lokal „Meeresblick" wird ihr ein 24-teiliges Kochtopfset zum Preis von 950,- € aufgeschwatzt. Am Abend zu Hause angekommen, klärt sie ihr Sohn S – zutreffend – darüber auf, dass das Topfset lediglich einen objektiven Wert von 95,- € hat. Darüber ist G sehr empört und möchte an dem Geschäft nicht

---

[1018] Vgl. zur bisherigen Rechtslage BGH NJW 2004, 1376, 1377 f.; 2006, 845 f.; *Grüneberg*, in: Palandt, § 312 a.F. Rn 3.
[1019] Vgl. BT-Dr. 17/12637, S. 49.
[1020] *Grüneberg*, in: Palandt, § 312b n.F. Rn 7.
[1021] *Brox/Walker*, SchuldR AT, § 19 Rn 12.

mehr festhalten. ⇨ G kann ihre auf Abschluss des Kaufvertrags gerichtete Willenserklärung gem. § 312b I S. 1 Nr. 4, 312g I, 355 BGB widerrufen.

Zu beachten ist, dass Nr. 4 auch dann greift, wenn der Unternehmer den Ausflug lediglich organisiert hat. Der Unternehmer muss also nicht auch Veranstalter des Ausflugs sein. Damit (und mit § 312b II S. 2 BGB) hat der Gesetzgeber verhindert, dass eine „eklatante Schutzlücke“[1022] dadurch entsteht, dass sich der Unternehmer durch die Hinzuziehung eines Kooperationspartners, der lediglich als Veranstalter des Ausflugs auftritt, aus dem Tatbestand der Nr. 4 herausnehmen kann. Auch stellt Nr. 4 fest, dass ein AGV auch dann vorliegt, wenn im Rahmen eines Ausflugs die eigentliche Verkaufsveranstaltung in den Geschäftsräumen des Unternehmers stattfindet.[1023] Beispiel: Ausflugsfahrt legt Zwischenstopp am Ort des Unternehmers ein.

Markt- und messeähnliche Leistungsschauen (Beispiel: Grüne Woche[1024]; Familie & Heim[1025], Handwerksmesse[1026]), die der Verbraucher typischerweise nicht wegen des Freizeitwerts, sondern wegen des Warenangebots besucht, sind wohl keine Freizeitveranstaltungen i.S.d. § 312b I S. 1 Nr. 4 BGB.[1027] Es greift aber ggf. § 312b I S. 1 Nr. 1 BGB.

994 Hinsichtlich sämtlicher Fallgruppen des § 312b I BGB ist die in § 312 II Nr. 12 BGB geregelte **Bagatellklausel** bei Bargeschäften zu beachten. Danach sind vom Schutz der §§ 312b ff. BGB solche AGV nicht erfasst, bei denen die Leistung bei Abschluss der Verhandlungen sofort erbracht und bezahlt wird und das vom Verbraucher zu zahlende Entgelt 40,- € nicht überschreitet.

995 Die auch für AGV nach § 312b BGB anwendbare Bestimmung des § 312d I S. 1 BGB statuiert für den Unternehmer umfangreiche **Informationspflichten** nach Maßgabe des Art. 246a EGBGB (bzw. bei AGV über Finanzdienstleistungen nach Maßgabe des Art. 246b EGBGB, § 312d II BGB). Die Informationen muss der Unternehmer dem Verbraucher vor Abgabe von dessen Vertragserklärung in klarer und verständlicher Sprache auf Papier, oder mit Zustimmung des Verbrauchers auch auf einem anderen dauerhaften Datenträger, zur Verfügung stellen, Art. 246a § 4 II S. 1 EGBGB (vgl. Rn 1003 ff.). Folge einer Verletzung dieser Pflicht ist, dass (neben der Möglichkeit einer für den Unternehmer sehr folgenreichen Abmahnung bzw. Unterlassungsklage) die Widerrufsfrist nicht zu laufen beginnt (§ 356 III BGB).

Von der Informationspflicht nach § 312d I S. 1 BGB zu unterscheiden ist die Regelung des § 312d I S. 2 BGB, wonach die in Erfüllung der Informationspflicht nach § 312d I S. 1 BGB vorvertraglich bereitgestellten Informationen des Unternehmers nicht Inhalt des Vertrags werden, wenn die Parteien dies ausdrücklich vereinbart haben. Das führt zu der Frage, ob die geforderte „ausdrückliche Vereinbarung“ auch durch AGB erfolgen kann, deren Einbeziehung in den Vertrag der Verbraucher durch Setzen eines Bestätigungshakens zustimmen kann. Solange die diesbezüglichen AGB-Klauseln nicht von den zwingenden Bestimmungen des Verbraucherschutzes abweichen, wird man das annehmen können. Allerdings setzt sich der Unternehmer, der in seinen AGB von Verbraucherschutzvorschriften abweicht, dem Vorwurf der Widersprüchlichkeit und damit der Unlauterkeit auch dann aus, wenn er zugunsten des Verbrauchers abweicht. Eine Abmahnung durch einen Konkurrenten oder einen Verbraucherschutzverein ist dann möglich.[1028]

Beispiel: Unternehmer U präsentiert in seinem Internetshop Elektronikgeräte. Bei den vorvertraglichen Informationen heißt es: „Die Kosten der Rücksendung nach ausgeüb-

---

[1022] *Wendehorst*, NJW 2014, 577, 581.
[1023] Vgl. BT-Dr. 17/12637, S. 49.
[1024] BGH NJW 2002, 3100; OLG Brandenburg NJW-RR 2001, 1635.
[1025] Vgl. OLG Stuttgart ZGS 2003, 317.
[1026] AG München 25.4.2013 - 222 C 6207/13.
[1027] *Brox/Walker*, BGB AT, Rn 204 zu § 312 BGB a.F.
[1028] Vgl. dazu näher *Kramme*, NJW 2015, 279 ff.

tem Widerrufsrecht trägt der Verbraucher". Laut AGB werden diese Kosten jedoch vom Unternehmer übernommen.

In diesem Fall wird eine von den vorvertraglichen Verbraucherinformationen abweichende Vereinbarung getroffen, was gem. § 312d I S. 2 BGB möglich ist, allerdings setzt sich U damit dem Vorwurf aus, er verhalte sich widersprüchlich und damit unlauter, weil ein Verbraucher nicht sicher sagen kann, welche Regelung denn nun gilt.

Eine Pflicht des Unternehmers, dem Verbraucher alsbald eine **Abschrift** des Vertrags in Papierform bzw. eine **schriftliche Bestätigung** des Vertrags zukommen zu lassen, enthält § 312f I S. 1 BGB. Mit Zustimmung des Verbrauchers kann die Abschrift oder Bestätigung des Vertrags auch auf einem dauerhaften Datenträger erfolgen, § 312f I S. 2 BGB. **996**

Anmerkung zu den Begriffen „**dauerhafter Datenträger**" und „**Textform**": Da das Gesetz an verschiedenen Stellen diese Begriffe verwendet, erscheint es sinnvoll, zunächst die beiden Begriffe zu erläutern. Nach der (richtlinienkonformen[1029]) Legaldefinition in § 126b S. 2 BGB ist **dauerhafter Datenträger** jedes Medium, das **997**

- ⇨ es dem Empfänger ermöglicht, eine auf dem Datenträger befindliche, an ihn persönlich gerichtete Erklärung so aufzubewahren oder zu speichern, dass sie ihm während eines für ihren Zweck angemessenen Zeitraums zugänglich ist, und
- ⇨ geeignet ist, die Erklärung unverändert wiederzugeben.

Dauerhaft ist ein Datenträger mithin nur dann, wenn die Speicherung unabhängig von einer aktuellen Energiequelle erfolgt. So ist etwa der Arbeitsspeicher eines Computers kein dauerhafter Datenspeicher, da dieser seine Funktion als temporärer Speicher nach Herunterfahren des Computers verliert. Dauerhaft ist aber die Speicherung auf Papier (vgl. Art. 246a § 4 II S. 1 EGBGB, wo von „Papier oder einem anderen dauerhaften Datenträger" gesprochen wird). Und in dem Muster für eine Widerrufserklärung für Verbraucherdarlehen (Anlage 7 zu Art. 247 § 6 II und § 12 I EGBGB) nennt der Gesetzgeber als Beispiele für einen dauerhaften Datenträger Brief, Telefax und E-Mail. Erst recht sind daher auch CD, DVD, USB-Stick, Speicherkarte etc. dauerhafte Datenträger.[1030] Eine Internetseite ist i.d.R. kein dauerhafter Datenträger, da hier keine unveränderte Wiedergabe der gespeicherten Informationen gewährleistet ist.[1031] Auch ein Link in einer E-Mail ist kein dauerhafter Datenträger, da das verlinkte Ziel nicht dauerhaft vom Verbraucher gesichert und vielmehr jederzeit vom Inhaber der Internetseite geändert werden kann.[1032]

Textform bedeutet gem. § 126b S. 1 BGB, dass eine lesbare Erklärung, in der die Person des Erklärenden genannt ist, auf einem dauerhaften Datenträger abgegeben wird. Das Verbraucherschutzrecht verwendet den Begriff etwa in § 510 I S. 3 BGB (Mitteilung des Inhalts des Ratenlieferungsvertrags in Textform), in § 482a S. 1 BGB (Belehrung über das Widerrufsrecht bei Teilzeit-Wohnrechteverträgen, Verträgen über langfristige Urlaubsprodukte, Vermittlungsverträgen und Tauschsystemverträgen in Textform), in § 312a II BGB i.V.m. Art. 246 III S. 1 EGBGB (Belehrung des Verbrauchers über sein Widerrufsrecht in Textform), § 312d I S. 1 BGB i.V.m. Art. 246a § 1 II S. 2 EGBGB (Übermittlung der Widerrufsbelehrung in Textform).

Hinsichtlich der Ausübung des **Widerrufsrechts** und dessen Rechtsfolgen verweist § 312g I BGB auf **§ 355 BGB** (s.o.), wobei § 312g II BGB einen umfangreichen Katalog an Ausschlusstatbeständen formuliert, bei denen ein Widerrufsrecht, sofern die Parteien nichts anderes vereinbaren, nicht besteht (dazu im Einzelnen Rn 1027). **998**

1029 Siehe Erwägungsgrund 23 der Verbraucherrechterichtlinie (RL 2011/83/EU).
1030 Siehe ebenfalls Erwägungsgrund 23 der Verbraucherrechterichtlinie (RL 2011/83/EU).
1031 EuGH NJW 2012, 2637, 2638; BGH NJW 2010, 3566, 3568
1032 EuGH NJW 2012, 2637, 2638.

III. Fernabsatzverträge

999 Nach der Legaldefinition in § 312c I BGB sind Fernabsatzverträge Verträge, bei denen der Unternehmer oder eine in seinem Namen oder Auftrag handelnde Person und der Verbraucher für die Vertragsverhandlungen und den Vertragsschluss ausschließlich Fernkommunikationsmittel verwenden, es sei denn, dass der Vertragsschluss nicht im Rahmen eines für den Fernabsatz organisierten Vertriebs- oder Dienstleistungssystems erfolgt. Fernkommunikationsmittel im Sinne dieses Gesetzes sind gem. § 312c II BGB alle Kommunikationsmittel, die zur Anbahnung oder zum Abschluss eines Vertrags eingesetzt werden können, ohne dass die Vertragsparteien gleichzeitig körperlich anwesend sind, wie Briefe, Kataloge, Telefonanrufe, Telekopien, E-Mails, über den Mobilfunkdienst versendete Nachrichten (SMS) sowie Rundfunk und Telemedien. Typischer Fall eines Fernabsatzvertrags, der zugleich einen Vertrag im elektronischen Geschäftsverkehr (dazu sogleich Rn 1002 ff.) darstellt, ist der Kauf von Waren in einem Online-Shop.

Aus der gesetzlichen Formulierung „ausschließlich" in § 312c I BGB folgt, dass Vertragsverhandlungen und Vertragsschlüsse, bei denen nicht ausschließlich, sondern nur gelegentlich oder zufällig Fernkommunikationsmittel verwendet werden, nicht unter den Fernabsatz fallen. Auch wenn der Vertragsschluss nicht im Rahmen eines für den Fernabsatz organisierten Vertriebs- oder Dienstleistungssystems erfolgt, liegt kein Fernabsatzvertrag vor.

> **Beispiel:** G ruft im Restaurant des R an, um einen Tisch zu reservieren. ⇨ Hier erfolgt der später im Restaurant geschlossene gemischttypische Vertrag, der dienstvertragliche, werkvertragliche und kaufvertragliche Elemente enthält, nicht im Rahmen eines für den Fernabsatz organisierten Vertriebs- oder Dienstleistungssystems. Mithin liegt kein Fernabsatzvertrag vor.

1000 Zu beachten ist, dass § 312c I BGB keinen eigenen Vertragstyp beschreibt, sondern (i.V.m. den Bestimmungen der §§ 312d ff. BGB) lediglich besondere Vorkehrungen zum Schutz des Verbrauchers trifft. Hinsichtlich des **Zustandekommens** von Fernabsatzverträgen gelten also die Regelungen des **BGB AT** über das Zustandekommen von Rechtsgeschäften (insbesondere die §§ 145 ff. BGB).[1033]

1001 Zu den **Informationspflichten** nach § 312d BGB, die auch für Fernabsatzverträge gelten, vgl. bereits Rn 995. Hinsichtlich Fernabsatzverträge gilt zusätzlich, dass der Unternehmer dem Verbraucher eine **Bestätigung des Vertrags**, in der der Vertragsinhalt wiedergegeben ist, innerhalb einer angemessenen Frist nach Vertragsschluss, spätestens jedoch bei der Lieferung der Ware oder bevor mit der Ausführung der Dienstleistung begonnen wird, auf einem **dauerhaften Datenträger** zur Verfügung zu stellen hat (§ 312f II S. 1 BGB). Diese Bestätigung muss die in Art. 246a EGBGB genannten Angaben enthalten, es sei denn, der Unternehmer hat dem Verbraucher diese Informationen bereits vor Vertragsschluss in Erfüllung seiner Informationspflichten nach § 312d I BGB auf einem dauerhaften Datenträger zur Verfügung gestellt (§ 312f II S. 2 BGB). Bei Verträgen über die Lieferung von nicht auf einem körperlichen Datenträger befindlichen Daten gilt § 312f III BGB. Bei Verträgen über Finanzdienstleistungen gilt § 312f BGB nicht (§ 312f IV BGB).

[1033] Vgl. dazu ausführlich *R. Schmidt*, BGB AT, Rn 424 ff.; speziell zum Zustandekommen von Rechtsgeschäften im Internet vgl. ebd. Rn 606 ff.

IV. Insbesondere: Verträge im elektronischen Geschäftsverkehr

1. Überblick

Da sich Verträge im elektronischen Geschäftsverkehr nicht nur auf Verbraucherverträge beziehen, hat der Gesetzgeber diesbezügliche Regelungen in einem separaten Kapitel verortet. In §§ 312i und 312j BGB werden allgemeine und besondere Pflichten genannt, wobei die besonderen Pflichten aus § 312j BGB nur gegenüber Verbrauchern einzuhalten sind. Die allgemeinen Pflichten aus § 312i BGB gelten dagegen auch im reinen Unternehmensverkehr. **1002**

Während § 312i BGB die E-Commerce-Richtlinie (RL 2000/31/EG) umsetzt, ist § 312j BGB das Ergebnis der Verbraucherrechterichtlinie (RL 2011/83/EU - VRRL), die die Mitgliedstaaten bis zum 13.12.2013 in nationales Recht umsetzen mussten (Art. 28 I VRRL) und die eine umfassende Neuregelung des Verbraucherschutzrechts mit Wirkung zum 13.6.2014 zur Folge hatte (Art. 28 II VRRL). Zu Zweck und Ziel der Richtlinie vgl. bereits Rn 969. Die wichtigsten Änderungen sind:

- Die **Widerrufsfrist** wurde EU-weit auf 14 Tage vereinheitlicht (vgl. für Deutschland § 355 II S. 1 BGB). Fristbeginn bei der Lieferung von Waren ist regelmäßig an dem Tag, an dem der Verbraucher die Ware erhält (§ 356 II Nr. 1a BGB).
- Wird der Verbraucher nicht über sein Widerrufsrecht **belehrt**, erlischt das Widerrufsrecht nach max. 12 Monaten und 14 Tagen (§ 356 III BGB). Nach bisheriger Rechtslage war der Widerruf unbefristet möglich, wenn der Unternehmer nicht oder fehlerhaft belehrt hatte.
- Nach bisheriger Rechtslage konnte der Verbraucher den Widerruf dadurch **ausüben**, dass er schlicht (kommentarlos) die Sache zurücksendete. Ob das kommentarlose Zurücksenden auch gemäß der Neuregelung in § 355 I S. 2 und 3 BGB, wonach der Verbraucher den Widerruf erklären muss (bspw. durch Ankreuzen des Wortes „Widerruf" auf einem Retourenformular o.Ä.), noch möglich ist oder ob man das „Erklären" als ausdrückliche Erklärung verstehen muss, ist Gegenstand der Ausführungen bei Rn 1039.
- Eine völlige Neugestaltung ist im Bereich der Kostentragung im Rücksendefall eingetreten. Nunmehr hat der Verbraucher die **Kosten der Rücksendung** zu tragen, und zwar unabhängig vom Warenwert der zurückgesendeten Sache. Voraussetzung ist nur, dass er vom Unternehmer auf diese Rechtsfolge hingewiesen wurde und sich der Unternehmer nicht dazu bereit erklärt hat, diese Kosten selbst zu tragen (§ 357 VI S. 1 u. 2 BGB).
- Die **Hinsendekosten** hat im Widerrufsfall der Unternehmer zu tragen (§ 357 II S. 1 BGB). Er hat aber keine zusätzlichen Kosten zu erstatten, die dadurch entstanden sind, dass sich der Verbraucher explizit für eine andere Lieferung als die vom Gewerbetreibenden angebotene günstigste Standardlieferung entschieden hat (§ 357 II S. 2 BGB).

2. (Informations-)Pflichten des Unternehmers

§§ 312i und 312j BGB normieren umfangreiche (Informations-)Pflichten des Unternehmers. Dazu zählen zunächst der Einsatz und die Verwendung von dem Kundenschutz dienenden technischen Mitteln gem. § 312i BGB. Hierbei ist zu beachten, dass der Begriff „Kunde" nicht auf „Verbraucher" beschränkt ist. Die allgemeinen Pflichten des Unternehmers nach § 312i BGB gelten daher auch bei sog. B2B-Geschäften, also bei Geschäften zwischen Unternehmern (Business to Business), s.o. **1003**

§ 312i BGB enthält zunächst eine Legaldefinition des Vertrags im elektronischen Geschäftsverkehr. Ein solcher liegt vor, wenn sich ein Unternehmer zum Zwecke des Abschlusses eines Vertrags über die Lieferung von Waren oder über die Erbringung von Dienstleistungen der Telemedien bedient (§ 312i I BGB). Ist das der Fall, treffen den Unternehmer gem. § 312i I S. 1 BGB folgende allgemeine Pflichten: **1004**

- Er muss angemessene, wirksame und zugängliche technische Mittel zur Verfügung stellen, mit deren Hilfe der Kunde Eingabefehler vor Abgabe seiner Bestellung erkennen und berichtigen kann.
- Er muss dem Kunden die in Art. 246c EGBGB bestimmten Informationen rechtzeitig vor Abgabe von dessen Bestellung klar und verständlich mitteilen.
- Er muss dem Kunden den Zugang von dessen Bestellung unverzüglich auf elektronischem Wege bestätigen[1034] und
- ihm die Möglichkeit verschaffen, die Vertragsbestimmungen einschließlich der AGB bei Vertragsschluss abzurufen und in wiedergabefähiger Form zu speichern.

1005 Die drei zuerst genannten Pflichten gelten nicht, wenn der Vertrag ausschließlich durch individuelle Kommunikation geschlossen wird (§ 312i II S. 1 BGB). Sie gelten auch nicht, wenn die Vertragsparteien, die nicht Verbraucher sind, etwas anderes vereinbaren (§ 312i II S. 2 BGB).

1006 Weiterhin ist zu beachten, dass weitergehende (Informations-)Pflichten, die sich aufgrund anderer Vorschriften ergeben, von § 312i BGB unberührt bleiben (§ 312i III BGB). Dazu zählen insbesondere die in § 312f II, III BGB genannten Pflichten (Rn 1001) sowie die Informationspflichten gem. Art. 246c EGBGB (Rn 1013). Hinzu kommt die Hinweispflicht in Bezug auf das Bestehen der **Online-Streitbeilegung** gem. Art. 14 I ODR-VO (VO Nr. 524/2013), wonach alle in der EU niedergelassenen Unternehmer, die Online-Kaufverträge oder Online-Dienstleistungsverträge mit Verbrauchern eingehen, sowie Online-Marktplätze (wie z.B. eBay, Amazon Marketplace) verpflichtet sind, auf ihren Internetseiten „leicht zugänglich" einen Link zur Plattform zur Online-Streitbeilegung (OS) einzustellen, die die Europäische Kommission bereitgestellt hat. Unternehmer, die mehr als 10 Personen beschäftigen und eine Webseite unterhalten oder AGB i.S.v. § 305 BGB in Verbraucherverträgen verwenden, müssen zudem seit dem 1.2.2017 den Verbraucher leicht zugänglich, klar und verständlich davon in Kenntnis setzen, inwieweit sie bereit oder verpflichtet sind, an **Streitbeilegungsverfahren** vor einer Verbraucherschlichtungsstelle teilzunehmen (§ 36 I Nr. 1, III VSBG[1035]). Darüber hinaus haben die (sich) verpflichteten Unternehmer auf die zuständige Verbraucherschlichtungsstelle hinzuweisen (§ 36 I Nr. 2 VSBG). Weitere Informationspflichten ergeben sich aus § 37 VSBG.
Alle Diensteanbieter haben auch auf die Verwendung von **Cookies** und die Möglichkeit des Widerspruchs hinzuweisen (§ 15 III TMG). Des Weiteren sind etwa das **Elektrogesetz** und die **Preisangabenverordnung** zu beachten, die zahlreiche (Informations-)Pflichten enthalten. All dies führt gerade bei Fernabsatzverträgen unter Einsatz elektronischer Kommunikationsmittel zu einer **Kumulation der verschiedenen (Informations-)Pflichten**.

1007 Die **Verletzung** einer der genannten Pflichten hat keine Auswirkungen auf die Gültigkeit des Vertrags. Sollte dem Kunden aber ein Schaden entstehen, kann dieser gem. § 280 I BGB (der über § 311 II BGB Anwendung findet) Schadensersatz verlangen. § 361 I BGB, wonach keine weitergehenden Ansprüche geltend gemacht werden können, steht dem nicht entgegen, da sich diese Vorschrift auf einen bereits ausgeübten Widerruf bezieht. Vorliegend geht es aber lediglich um die Verletzung von (Informations-)Pflichten. Auch ist eine Anfechtung der Vertragserklärung wegen Inhalts- oder Erklärungsirrtums (§ 119 I BGB) möglich. Für den eine (Informations-)Pflicht verletzenden

[1034] Die diesbezügliche Bestellung und Empfangsbestätigung gelten als zugegangen, wenn die Parteien, für die sie bestimmt sind, sie unter gewöhnlichen Umständen abrufen können (§ 312i I S. 2 BGB). Das entspricht der allgemeinen Auslegung der Regeln über den Zugang von Willenserklärungen (§ 130 I BGB). Allerdings steht es Vertragsparteien, die nicht Verbraucher sind, frei, etwas anderes zu vereinbaren (§ 312i II S. 2 BGB).

[1035] Gesetz über die alternative Streitbeilegung in Verbrauchersachen („Verbraucherstreitbeilegungsgesetz") v. 19.2.2016, BGBl I 2016, S. 254. Das VSBG dient der Umsetzung der Richtlinie über alternative Streitbeilegung in Verbraucherangelegenheiten (ADR-Richtlinie 2013/11/EU), die bis zum 9.7.2015 umzusetzen gewesen wäre.

Unternehmer dürfte aber wesentlicher sein, dass es (wegen des damit verbundenen, jedenfalls behaupteten Wettbewerbsverstoßes) zu einer für ihn sehr folgenreichen Unterlassungsklage bzw. **Abmahnung** seitens eines Konkurrenzunternehmens und/ oder Verbraucherschutzverein kommen kann (siehe dazu auch Rn 995/1014).

Eine spezielle Schutzvorschrift zugunsten von Verbrauchern stellt **§ 312j BGB** dar. **1008**
Zweck der Vorschrift (insbesondere der Absätze II-IV) ist es, den Verbraucher vor unseriösen Geschäftspraktiken im Internet, d.h. vor Irreführung und Übereilung aufgrund der besonderen Situation im Internet, zu schützen.

Eine Irreführung kann insbesondere angenommen werden, wenn der Verbraucher durch vermeintlich kostenlose, optisch auffällig gestaltete Angebote aufmerksam gemacht wird, die gleichwohl bestehende Zahlungspflicht sich indes durch versteckte bzw. wenig auffällige Hinweise ergibt. Auch kann es irreführend sein, wenn ein ausschließlich an Geschäftskunden gerichtetes Internetangebot (was an sich zulässig ist) nicht (etwa durch entsprechende Gestaltung des Anmeldevorganges) klar und deutlich zum Ausdruck bringt, dass es Verbraucher ausschließt, sodass die Erklärung, ausschließlich mit Gewerbetreibenden kontrahieren zu wollen, von einem Verbraucher übersehen oder missverstanden werden kann. Insbesondere genügt es nicht, wenn lediglich in AGB auf den Ausschluss von Verbrauchergeschäften hingewiesen wird. Fehlen dann Pflichtangaben wie insbesondere die Widerrufsbelehrung, kann dies zu einer Abmahnung seitens eines Konkurrenzunternehmens bzw. Verbraucherschutzvereins führen.[1036]

Entsprechend dem dargestellten Schutzgedanken hat zunächst gem. § 312j I BGB der **1009**
Unternehmer auf Internetseiten für den elektronischen Geschäftsverkehr mit Verbrauchern zusätzlich zu den Angaben nach § 312i I BGB spätestens bei Beginn des Bestellvorgangs klar und deutlich anzugeben, ob Lieferbeschränkungen bestehen und welche Zahlungsmittel (Kauf auf Rechnung, PayPal, Vorabüberweisung, Kreditkarte, Girocard etc.) akzeptiert werden.

Zu beachten ist, dass die möglichen Zahlungsmittel vom Unternehmer frei wählbar sind. Der Verbraucher hat also kein Recht, dem Unternehmer ein Zahlungsmittel (etwa Zahlung auf Rechnung nach Erhalt der Ware) vorzuschreiben.[1037]

Hat der Verbrauchervertrag im elektronischen Geschäftsverkehr eine entgeltliche Leis- **1010**
tung des Unternehmers zum Gegenstand, muss dieser dem Verbraucher die Informationen gem. Art. 246a § 1 I S. 1 Nr. 1, 4, 5, 11 und 12 EGBGB, unmittelbar bevor der Verbraucher seine Bestellung abgibt, klar und verständlich in hervorgehobener Weise zur Verfügung stellen (§ 312j II BGB).

> **Beispiel:** Um einen Verbrauchervertrag im elektronischen Geschäftsverkehr, der eine entgeltliche Leistung des Unternehmers zum Gegenstand hat, handelt es sich typischerweise bei einem Kaufvertrag, der über einen Internetshop eines Unternehmers mit einem Verbraucher geschlossen wird.

Zu den Informationspflichten gem. § 312j II BGB i.V.m. Art. 246a § 1 I S. 1 Nr. 1, 4, 5, 11 und 12 EGBGB gehören insbesondere:

- die Beschreibung der wesentlichen Eigenschaften der Waren oder Dienstleistungen in dem für das Kommunikationsmittel und für die Waren und Dienstleistungen angemessenen Umfang (Nr. 1).
- die Angabe des Gesamtpreises der Waren oder Dienstleistungen einschließlich aller Steuern und Abgaben, oder in den Fällen, in denen der Preis aufgrund der Beschaffenheit der Waren oder Dienstleistungen vernünftigerweise nicht im Voraus berechnet wer-

---

[1036] So im Fall OLG Hamm WRP 2017, 222 ff.
[1037] Vgl. BT-Drs. 17/12637, S. 58.

den kann, die Art der Preisberechnung sowie gegebenenfalls alle zusätzlichen Fracht-, Liefer- oder Versandkosten und alle sonstigen Kosten, oder in den Fällen, in denen diese Kosten vernünftigerweise nicht im Voraus berechnet werden können, die Tatsache, dass solche zusätzlichen Kosten anfallen können (Nr. 4)
- gegebenenfalls die Laufzeit des Vertrags oder die Bedingungen der Kündigung unbefristeter Verträge oder sich automatisch verlängernder Verträge (Nr. 11)
- gegebenenfalls die Mindestdauer der Verpflichtungen, die der Verbraucher mit dem Vertrag eingeht (Nr. 12)

1011 Eine weitere Pflicht nennt § 312j III BGB, wonach der Unternehmer die Bestellsituation bei einem Verbrauchervertrag im elektronischen Geschäftsverkehr, der eine entgeltliche Leistung des Unternehmers zum Gegenstand hat (§ 312j II BGB), so zu gestalten hat, dass der Verbraucher mit seiner Bestellung ausdrücklich bestätigt, dass er sich zu einer Zahlung verpflichtet. Erfolgt die Bestellung über eine Schaltfläche („Bestell-Button"), muss diese gut lesbar und mit nichts anderem als den Wörtern „zahlungspflichtig bestellen" oder mit einer entsprechenden eindeutigen Formulierung beschriftet sein (§ 312j III S. 2 BGB).[1038] Anderenfalls kommt der Vertrag nicht zustande (§ 312j IV BGB), sog. „**Buttonlösung**". Mit dieser Regelung sollen „Kostenfallen" bzw. unseriöse Geschäftspraktiken im Internet, wie sie bereits bei Rn 1008 dargestellt wurden, vermieden werden, indem sie bereits das Entstehen eines vertraglichen Anspruchs verhindert.

Die Rechtsnatur dieser Regelung ist fraglich. Teilweise wird eine rechtshindernde Einwendung angenommen.[1039] Das ist abzulehnen, da dies weder dem Wortlaut des § 312j IV BGB noch der Gesetzessystematik entspricht. Vielmehr ist in der Vorschrift eine reine Rechtsfolgenanordnung zu sehen[1040]: Der Gesetzgeber möchte schlicht die Unwirksamkeit des Vertrags. Genau hierin liegt aber ein anderes Problem. Denn wie bei Rn 1002 ausgeführt, ist § 312j BGB in Umsetzung der Verbraucherrechterichtlinie 2011/83/EU (VRRL) eingefügt worden. Art. 8 II Unterabsatz 2 S. 3 VRRL spricht davon, dass der Verbraucher durch den Vertrag oder die Bestellung nicht gebunden ist, wenn die Schaltfläche, die den Bestellvorgang auslöst, nicht mit den Worten „zahlungspflichtig bestellen" oder einer entsprechenden eindeutigen Formulierung gekennzeichnet ist, die den Verbraucher darauf hinweist, dass die Bestellung mit einer Zahlungsverpflichtung gegenüber dem Unternehmer verbunden ist. Damit will die Richtlinie offenbar keine Unwirksamkeit a priori, sondern dem Verbraucher die Entscheidung überlassen, ob er die Vertragsdurchführung will. „Nicht gebunden" heißt also, dass sich der Verbraucher durchaus auch für die Vertragsdurchführung entscheiden kann. § 312j IV BGB bedeutet mithin nicht nur eine Bevormundung des Verbrauchers, sondern missachtet auch die Zielvorgabe des Art. 8 II VRRL. Da die Richtlinie vollharmonisierend wirkt, durfte der Gesetzgeber auch nicht von Art. 8 II der Richtlinie abweichen und damit keine Unwirksamkeit des Vertrags bei einem Verstoß gegen die „Buttonlösung" anordnen. Im Ergebnis wird man daher § 312j IV BGB entweder im Sinne des Art. 8 II der Richtlinie lesen, d.h. richtlinienkonform auslegen müssen[1041] oder, sofern man wegen des klaren und zwingenden Wortlauts des § 312j IV BGB eine Auslegung für nicht möglich erachtet, den Richtlinienverstoß durch „richterliche Rechtsfortbildung"[1042] dadurch korrigieren müssen, dass man die Rechtsfolgeanordnung des § 312j IV BGB im Sinne des Art. 8 II Unterabsatz 2 S. 3 VRRL modifiziert und der Vertragserklärung des Verbrauchers schlicht die Bindungswirkung abspricht. Im Ergebnis kann sich der Verbraucher aber in jedem Fall (entgegen § 312j IV BGB) entscheiden, ob er trotz Verstoßes gegen § 312j III BGB Vertragsdurchführung möchte.

[1038] Die Beschriftung „Sofortkauf" dürfte dem genügen, da aus dem Wortbestandteil „-kauf" eindeutig eine Zahlungspflicht hervorgeht (vgl. bereits *R. Schmidt*, BGB AT, 9. Aufl. 2013, Rn 607; wie hier nun auch *Bisges*, NJW 2014, 183, 184).

[1039] So etwa von *Raue*, MMR 2012, 438 ff.

[1040] So auch *Weiss*, JuS 2013, 590, 593 f. Auch der BGH geht davon aus, vgl. BGH NJW 2013, 598 f.

[1041] Davon geht z.B. *Fervers* (NJW 2016, 2289) aus.

[1042] Vgl. dazu *R. Schmidt*, BGB AT, Rn 38 ff. sowie *R. Schmidt*, Staatsorganisationsrecht, 18. Aufl. 2017, Rn 224.

Die Informationspflichten gem. Art. 246a § 1 I S. 1 Nr. 1, 4, 5, 11 und 12 EGBGB und die „Buttonlösung" gelten indes nicht, wenn der Vertrag ausschließlich durch individuelle Kommunikation geschlossen wird (§ 312j V S. 1 BGB). Zudem gelten die Pflichten aus § 312j I, II BGB nicht für Internetseiten, die Finanzdienstleistungen betreffen, und auch nicht für Verträge über Finanzdienstleistungen (§ 312j V S. 2 BGB). **1012**

Bei Verträgen im elektronischen Geschäftsverkehr muss der Unternehmer den Kunden (der in Übereinstimmung mit § 312i BGB Verbraucher oder Unternehmer sein kann) zudem gem. Art. 246c EGBGB unterrichten **1013**

- über die einzelnen technischen Schritte, die zu einem Vertragsschluss führen (Nr. 1),
- darüber, ob der Vertragstext nach dem Vertragsschluss von dem Unternehmer gespeichert wird und ob er dem Kunden zugänglich ist (Nr. 2),
- darüber, wie er mit den nach § 312i I S. 1 Nr. 1 BGB zur Verfügung gestellten technischen Mitteln Eingabefehler vor Abgabe der Vertragserklärung erkennen und berichtigen kann (Nr. 3),
- über die für den Vertragsschluss zur Verfügung stehenden Sprachen (Nr. 4) und
- über sämtliche einschlägigen Verhaltenskodizes, denen sich der Unternehmer unterwirft, sowie über die Möglichkeit eines elektronischen Zugangs zu diesen Regelwerken (Nr. 5).

Wie bei §§ 312f und 312i BGB hat auch die Verletzung einer Pflicht aus § 312j BGB – abgesehen von einer Verletzung der in § 312j III BGB genannten Pflichten (§ 312j IV BGB) – keine Auswirkungen auf die Gültigkeit des Vertrags. Es greifen zudem ebenso Schadensersatzansprüche gem. §§ 280 I, § 311 II BGB und es besteht ein Recht zur Anfechtung gem. § 119 I BGB. Da B2C-Geschäfte („Business to Consumer") in der Praxis sehr viel häufiger vorkommen als B2B-Geschäfte („Business to Business"), dürfte der Unternehmer in diesem Zusammenhang ein noch viel größeres Interesse haben, nicht wegen eines (behaupteten) Wettbewerbsverstoßes (§ 8 UWG) durch ein Konkurrenzunternehmen oder einen Verbraucherschutzverein kostenpflichtig **abgemahnt** bzw. auf **Unterlassung** oder **Beseitigung** verklagt (§ 8 I S. 1 UWG bzw. § 2 UKlaG) zu werden (vgl. bereits Rn 1007).[1043] **1014**

3. Informationspflichten nach Maßgabe des Art. 246a EGBGB

Bei AGV und Fernabsatzverträgen ist gem. § 312d I S. 1 BGB der Unternehmer verpflichtet, den Verbraucher nach Maßgabe des Art. 246a EGBGB[1044] zu **informieren**. **1015**

Art. 246a EGBGB enthält Informationspflichten bei AGV und Fernabsatzverträgen mit Ausnahme von Verträgen über Finanzdienstleistungen (wofür Art. 246b EGBGB gilt). Nach Art. 246a § 1 I EGBGB zählen zu den umfangreichen, in 16 Nummern aufgezählten Pflichtangaben u.a. die wesentlichen Eigenschaften der Ware (Nr. 1), die Identität des Unternehmers, bspw. sein Handelsname sowie die Anschrift des Ortes, an dem er niedergelassen ist, seine Telefonnummer und ggf. seine Telefaxnummer und E-Mail-Adresse (Nr. 2), die Geschäftsanschrift des Unternehmers, an die sich der Verbraucher mit jeder Beschwerde wenden kann, falls diese Anschrift von der Anschrift unter Nr. 2 abweicht (Nr. 3), der Gesamtpreis der Waren oder Dienstleistungen einschließlich aller Steuern und Abgaben sowie zusätzlicher Fracht-, Liefer- oder Versandkosten (Nr. 4), die Zahlungs-, Liefer- und Leistungsbedingungen, der Termin, bis zu dem der Unternehmer die Waren liefern oder die Dienstleistung erbringen muss (Nr. 7), und das Bestehen eines gesetzlichen Mängelhaftungsrechts für die Waren (Nr. 8).

Immerhin enthält des Gesetz Erleichterungen bei nur bei begrenzter Darstellungsmöglichkeit. So lässt Art. 246a § 3 EGBGB folgende Angaben genügen:

- die wesentlichen Eigenschaften der Waren oder Dienstleistungen,

[1043] Vgl. bspw. nur die Fälle BGH NJW 2010, 3566 ff. und OLG Köln NJW-RR 2015, 1453.

[1044] Bei Immobiliar-Verbraucherdarlehensverträgen ist Art. 247 EGBGB zu beachten.

- die Identität des Unternehmers,
- den Gesamtpreis oder in den Fällen, in denen der Preis aufgrund der Beschaffenheit der Waren oder Dienstleistungen vernünftigerweise nicht im Voraus berechnet werden kann, die Art der Preisberechnung,
- gegebenenfalls das Bestehen eines Widerrufsrechts,
- gegebenenfalls die Vertragslaufzeit und die Bedingungen für die Kündigung eines Dauerschuldverhältnisses.

Die weiteren Angaben nach Art. 246a § 1 EGBGB hat der Unternehmer dem Verbraucher in geeigneter Weise unter Beachtung von Art. 246a § 4 III EGBGB zugänglich zu machen.

4. Insbesondere: Die Widerrufsbelehrung

1016 Da zudem dem Verbraucher bei AGV und Fernabsatzverträgen ein **Widerrufsrecht** gem. § 355 BGB zusteht (§ 312g I BGB), muss gem. § 312d I S. 1 BGB der Unternehmer den Verbraucher nach Maßgabe des Art. 246a § 1 II EGBGB auch hierüber **informieren** (belehren); er hat den Verbraucher in klarer und verständlicher Weise bzw. klar und verständlich in hervorgehobener Weise über Bedingungen, Fristen und das Verfahren für die Ausübung des Widerrufsrechts zu informieren, und zwar *bevor* dieser seine Vertragserklärung abgibt (dazu Rn 1018).

Art. 246a § 1 II S. 1 EGBGB enthält für den Fall des Bestehens eines Widerrufsrechts nach § 312g I BGB die Verpflichtung des Unternehmers, den Verbraucher zu informieren

- über die Bedingungen, die Fristen und das Verfahren für die Ausübung des Widerrufsrechts nach § 355 I BGB sowie das **Muster-Widerrufsformular** in der **Anlage 2** (zu Art. 246a § 1 II S. 1 Nr. 1 EGBGB),
- ggf. darüber, dass der Verbraucher im Widerrufsfall die Kosten für die Rücksendung der Waren zu tragen hat, und bei Fernabsatzverträgen zusätzlich über die Kosten für die Rücksendung der Waren, wenn die Waren aufgrund ihrer Beschaffenheit nicht auf dem normalen Postweg zurückgesendet werden können, und
- darüber, dass der Verbraucher dem Unternehmer bei einem Vertrag über die Erbringung von Dienstleistungen oder über die nicht in einem bestimmten Volumen oder in einer bestimmten Menge vereinbarte Lieferung von Wasser, Gas, Strom oder die Lieferung von Fernwärme einen angemessenen Betrag nach § 357 VIII BGB für die vom Unternehmer erbrachte Leistung schuldet, wenn der Verbraucher das Widerrufsrecht ausübt, nachdem er auf Aufforderung des Unternehmers von diesem ausdrücklich den Beginn der Leistung vor Ablauf der Widerrufsfrist verlangt hat.

Der Unternehmer kann gem. Art. 246a § 1 II S. 2 EGBGB diese Informationspflichten dadurch erfüllen, dass er das in der **Anlage 1** zu Art. 246a § 1 II S. 2 EGBGB vorgesehene **Muster für die Widerrufsbelehrung** zutreffend ausgefüllt in Textform (§ 126b BGB) übermittelt. Von dieser Möglichkeit wird in der Praxis überwiegend Gebrauch gemacht.

Ferner hat gem. Art. 246a § 1 III EGBGB der Unternehmer den Verbraucher auch zu informieren, wenn

- dem Verbraucher nach § 312g II S. 1 Nrn. 1, 2, 5 und 7 bis 13 BGB ein Widerrufsrecht nicht zusteht, dieser seine Willenserklärung nicht widerrufen kann, oder
- das Widerrufsrecht des Verbrauchers nach § 312g II S. 1 Nrn. 3, 4 und 6, § 356 IV, V BGB vorzeitig erlöschen kann, über die Umstände, unter denen der Verbraucher ein zunächst bestehendes Widerrufsrecht verliert.

1017 Da zudem gem. § 356 III S. 1 BGB die **Widerrufsfrist** erst **beginnt**, wenn der Unternehmer den Verbraucher entsprechend den Anforderungen des Art. 246a § 1 II S. 1 Nr. 1 oder des Art. 246b § 2 I EGBGB unterrichtet hat, und bei fehlender oder fehlerhafter Belehrung auch eine (kostenintensive) Abmahnung durch einen Verbraucherschutzverein bzw. ein Konkurrenzunternehmen droht (dazu bereits Rn 1007/1014), folgt daraus, dass der Widerrufsbelehrung eine entscheidende Bedeutung zukommt.

Gemäß §§ 312d I S. 1, 312j II BGB i.V.m. Art. 246a § 4 I EGBGB muss der Unternehmer dem Verbraucher die Informationen über Bedingungen, Fristen und das Verfahren für die Ausübung des Widerrufsrechts (also die Widerrufsbelehrung) nach Art. 246a §§ 1-3 EGBGB **vor Abgabe von dessen Willenserklärung** „in klarer und verständlicher Weise" (so Art. 246a § 4 I EGBGB) bzw. „klar und verständlich in hervorgehobener Weise" (§ 312j II BGB)[1045] **zur Verfügung stellen**. Dem wird er nur gerecht, wenn er auf seiner Internetseite die Informationen direkt im zeitlichen und räumlich-funktionalen Zusammenhang mit der Abgabe der Bestellung durch den Verbraucher abgibt, sie also im **unmittelbaren räumlichen Bereich mit der Schaltfläche** (dem **Bestell-Button**) platziert, über deren Betätigung der Verbraucher seine Vertragserklärung abgibt.[1046] Hintergrund ist, dass der Verbraucher die Möglichkeit haben soll, die relevanten Informationen direkt zum Zeitpunkt seiner Bestellung zur Kenntnis zu nehmen.[1047] Ein Link *oberhalb* des Bestell-Buttons mit Verweis auf die Widerrufsbelehrung genügt diesem Erfordernis, ist aber nicht zwingend.[1048] Es genügt allein, wenn die Informationen (bzw. der Link) im unmittelbaren räumlichen Bereich mit dem Bestell-Button platziert sind. Keinesfalls genügt es aber, die Widerrufsbelehrung bereits am Beginn oder im Verlauf des Bestellprozesses zu platzieren, z.B. noch bevor der Verbraucher seine Adressdaten und etwaige Zahlungsinformationen angegeben hat.[1049] Ein Verstoß gegen die Platzierungsvorschriften dürfte v.a. zu einer (folgenschweren) wettbewerbsrechtlichen Abmahnung führen.[1050] 1018

Verwendet der Unternehmer für die Widerrufsbelehrung das Muster nach Anlage 1, ist die bereits erwähnte Textform (§ 126b BGB) einzuhalten (Art. 246a § 1 II S. 2 EGBGB). Eine Sonderregelung für **Fernabsatzverträge** enthält Art. 246a § 4 III EGBGB. Danach muss der Unternehmer dem Verbraucher die Informationen in einer den benutzten Fernkommunikationsmitteln angepassten Weise zur Verfügung stellen (Art. 246a § 4 III S. 1 EGBGB). Soweit die Informationen auf einem dauerhaften Datenträger zur Verfügung gestellt werden, müssen sie lesbar sein, und die Person des erklärenden Unternehmers muss genannt sein (Art. 246a § 4 III S. 2 EGBGB). Abweichend von Art. 246a § 4 III S. 1 EGBGB kann der Unternehmer dem Verbraucher die in Art. 246a § 3 S. 2 EGBGB genannten Informationen in geeigneter Weise zugänglich machen (Art. 246a § 4 III S. 3 EGBGB), siehe Rn 1018. 1019

Zwar hat der Unternehmer dem Verbraucher die erforderlichen Informationen in einer den benutzten Fernkommunikationsmitteln angepassten Weise vor Abgabe von dessen Willenserklärung zur Verfügung zu stellen (Art. 246a § 4 III S. 1 EGBGB, s.o.), allerdings besteht auch eine **Mitteilungspflicht**. Der Unternehmer kommt bei Fernabsatzverträgen dieser Mitteilungspflicht dadurch nach, dass er dem Nutzer die erforderlichen Informationen zusammen oder nach Abgabe der auf den Vertragsschluss gerichteten Willenserklärung zukommen lässt. Er muss dem Verbraucher die technische Möglichkeit eröffnen, die Informationen auf seinem Computer zu speichern, *bevor* dieser den Ver- 1020

[1045] Hieran sieht man, dass es offenbar selbst für den Gesetzgeber nicht so einfach ist, sich für eine einheitliche Terminologie zu entscheiden. Juristisch besteht aber durchaus ein relevanter Unterschied, der über das Vorliegen eines Rechtsverstoßes seitens eines Unternehmers entscheiden dürfte.
[1046] OLG Köln NJW-RR 2015, 1453. Hierbei macht das Gericht auch deutlich, dass die „Unmittelbarkeit" des räumlichen Bereichs sich auf eine „übliche Bildschirmauflösung" bezieht. Die Darstellung muss also nicht zwingend „Smartphone optimiert" sein.
[1047] OLG Köln NJW-RR 2015, 1453 mit Verweis auf BT-Drs. 17/7745, S. 10 f. und *Grüneberg*, in: Palandt, § 312j Rn 7.
[1048] OLG Köln NJW-RR 2015, 1453.
[1049] OLG Köln NJW-RR 2015, 1453 mit Verweis auf BT-Drs. 17/7745, S. 10 f. und *Grüneberg*, in: Palandt, § 312j Rn 7.
[1050] So wie im Fall OLG Köln NJW-RR 2015, 1453. Vgl. dazu bereits Rn 995/1007/1014.

trag schließt. Erforderlich ist eine Zurverfügungstellung via Textform (§ 126b BGB), die eine dauerhafte Wiedergabe erlaubt.[1051]

1021 **Inhaltlich** hat sich die Widerrufsbelehrung nach den Vorgaben des Art. 246a § 1 II S. 1 EGBGB i.V.m. dem Muster-Widerrufsformular der **Anlage 2** zu orientieren. Allerdings ist die Widerrufsbelehrung inhaltlich nicht zu beanstanden, wenn sie der Musterbelehrung gem. **Anlage 1** zu Art. 246a § 1 II S. 2 EGBGB entspricht (vgl. bereits Rn 1016). Die Orientierung an der Anlage 1 ist der wohl in der Praxis am häufigsten anzutreffende Fall.[1052]

1022 In **formeller** Hinsicht ist die (an Anlage 1 zu Art. 246a § 1 II S. 2 EGBGB orientierte) Widerrufsbelehrung in **Textform** (§ 126b BGB) zu übermitteln. Textform bedeutet, dass die Erklärung in einer Urkunde oder auf andere zur dauerhaften Wiedergabe in Schriftzeichen geeignete Weise abgegeben sein muss. Das Zustellen einer speicherungsfähigen Datei, in der die erforderlichen Informationen enthalten sind, genügt diesen Anforderungen, um die Widerrufsfrist von zwei Wochen anlaufen zu lassen, nicht aber die bloße Speicherung auf der Internetseite des Anbieters, da diese jederzeit geändert werden kann.[1053] In der Praxis ist die Vorgabe dadurch erfüllt, dass der Unternehmer auf seiner Internetseite die nach Anlage 1 zu Art. 246a § 1 II S. 2 EGBGB erstellte Widerrufsbelehrung **deutlich gestaltet** darstellt[1054] und sie dem Verbraucher **unmittelbar nach der Bestellung in Textform** (zusammen mit der obligatorischen Empfangsbestätigung nach § 312i I S. 1 Nr. 3 BGB) **zusendet**.

In der Widerrufsbelehrung dürfen aber keine Angaben vorhanden sein, die von der eigentlichen Widerrufsbelehrung ablenken.[1055] Um keine Risiken einzugehen, sollte der Unternehmer daher ein Formular verwenden, das der gesetzlichen Musterbelehrung (nach Anlage 1 zu Art. 246a § 1 II S. 2 EGBGB) entspricht.[1056]

V. Das Widerrufsrecht

1023 Wie bereits in der Einleitung (Rn 968) geschrieben, verhindert das verbraucherschützende Widerrufsrecht nach §§ 312g I (oder nach Spezialregelungen) i.V.m. 355 BGB nicht das Zustandekommen des Vertrags, sondern räumt dem Verbraucher die Möglichkeit ein, sich durch Widerruf von einem bereits geschlossenen Vertrag einseitig zu lösen („schwebende Wirksamkeit des Vertrags mit einem einseitigen Auflösungsrecht des Verbrauchers").[1057]

1. Voraussetzungen des Widerrufsrechts

1024 Selbstverständlich setzt auch das Widerrufsrecht in Bezug auf einen Vertrag im elektronischen Geschäftsverkehr einen zuvor **wirksam zustande gekommenen Vertrag** voraus. Denn begriffslogisch können nur Willenserklärungen in Bezug auf wirksame Verträge widerrufen werden.[1058] Gerade hier können sich jedoch zahlreiche Probleme

[1051] Vgl. auch BGH NJW 2010, 3566, 3567.
[1052] Aus der gesetzlichen Muster-Widerrufserklärung nach Anlage 1 ergibt sich, dass der Unternehmer „soweit verfügbar" auch eine **Telefonnummer** angeben muss, um dem Verbraucher auch eine telefonische Übermittlung des Widerrufs zu ermöglichen. In der Praxis dürfte trotz der Formulierung „soweit verfügbar" aber eine Pflicht zur Einrichtung einer telefonischen Widerrufsmöglichkeit bestehen (davon geht zumindest OLG Hamm K&R 2015, 424 aus). Folge daraus wäre, dass auch eine Telefonnummer in der Widerrufsbelehrung angegeben sein müsste.
[1053] EuGH NJW 2012, 2637, 2638; BGH NJW 2010, 3566, 3568.
[1054] Sog. Deutlichkeitsgebot. Drucktechnisch muss sie sich bspw. durch ihre farbliche Gestaltung, durch ihre Schriftgröße oder die Verwendung von Fettdruck deutlich von dem übrigen Text (etwa den AGB) abheben.
[1055] BGH NJW 2012, 1814.
[1056] BGH NJW 2011, 1061, 1062.
[1057] BT-Drs. 14/2658, S. 47, 60; *Grüneberg*, in: Palandt, § 3545 Rn 3; *Hager*, JA 2011, 721, 722; abl. *Kaiser*, in: Staudinger, § 355 Rn 18.
[1058] Eine Ausnahme macht der BGH bzgl. des Kaufs eines sog. Radarwarngeräts, der gem. § 138 I BGB sittenwidrig und damit nichtig ist (vgl. *R. Schmidt*, BGB AT, Rn 1259b). Das begriffslogische Argument, nur ein wirksamer Vertrag könne widerrufen werden, berücksichtige nicht, dass in der Zivilrechtsdogmatik seit Langem anerkannt sei, dass auch nichtige Rechtsgeschäfte angefochten werden können (sog. Doppelwirkung im Recht, vgl. *R. Schmidt*, BGB AT, Rn 1289 ff.). Für den Widerruf eines nichtigen Vertrags könne daher nichts anderes gelten (so BGH NJW 2010, 610, 611). Dementsprechend kann auch die auf einen Kauf eines Radarwarngeräts gerichtete Willenserklärung widerrufen werden mit

ergeben wie z.B. beim Zugang von Willenserklärungen, bei der Einbeziehung von AGB etc. Auch regelt der bereits erwähnte § 312j III S. 1 BGB, dass ein Vertrag im elektronischen Geschäftsverkehr, der eine entgeltliche Leistung des Unternehmers zum Gegenstand hat, erst dann zustande kommt, wenn der Unternehmer die Bestellsituation so gestaltet, dass der Verbraucher mit seiner Bestellung ausdrücklich bestätigt, dass er sich zu einer Zahlung verpflichtet, sog. „Buttonlösung" (dazu bereits Rn 1011). Die allgemeinen Regeln der §§ 145 ff. BGB über das Zustandekommen von Rechtsgeschäften werden für den Bereich des elektronischen Geschäftsverkehrs also insoweit modifiziert. Bevor daher (im Rahmen der Fallbearbeitung) zu den Widerrufsrechten Stellung genommen werden kann, sind in aller Regel zuvor Probleme in Bezug auf das Zustandekommen des Rechtsgeschäfts (im Internet) zu überwinden.[1059]

In persönlicher Hinsicht setzt das Widerrufsrecht gem. § 312g I BGB voraus, dass sich ein **Verbraucher** und ein **Unternehmer** gegenüberstehen. Vgl. dazu Rn 973 ff. 1025

In sachlicher Hinsicht muss ein AGV oder ein **Fernabsatzvertrag** vorliegen. Wie aus der Legaldefinition des Fernabsatzvertrags in § 312c I BGB (dazu bereits Rn 999) herauszulesen ist, kommt es für die Anwendung des Fernabsatzrechts darauf an, dass *bei Vertragsverhandlungen und Vertragsschluss*, für den die Regeln des Allgemeinen Teils des BGB gelten, Fernkommunikationsmittel eingesetzt worden sind. Unter Fernkommunikationsmitteln sind nach § 312c II BGB alle Kommunikationsmittel zu verstehen, die zur Anbahnung oder zum Abschluss eines Vertrags zwischen einem Verbraucher und einem Unternehmer ohne gleichzeitige körperliche Anwesenheit der Vertragsparteien eingesetzt werden können. Dazu zählen bspw. Briefe, Kataloge, Telefonanrufe, E-Mails, SMS sowie Rundfunk und Telemedien. Dabei müssen sowohl bei der Vertragsanbahnung als auch beim Vertragsschluss ausschließlich Fernkommunikationsmittel eingesetzt worden sein (§ 312c I BGB). 1026

Vertragsgegenstand muss eine entgeltliche Leistung eines Unternehmers sein (§ 312 I BGB). Der damit verbundene weite Anwendungsbereich des nach § 312g I BGB gewährten Widerrufsrechts wird allerdings durch den umfangreichen Katalog der Verträge, bei denen das Widerrufsrecht nicht besteht (§ 312g II BGB), stark relativiert. 1027

2. Ausschluss des Widerrufsrechts

In § 312g II BGB normierte **Ausschlusstatbestände** sind insbesondere: 1028

- Nach § 312g II S. 1 Nr. 1 BGB ist ein Widerrufsrecht des Verbrauchers ausgeschlossen, wenn der Vertrag die Lieferung einer Ware zum Inhalt hat, die nach **Kundenspezifikation angefertigt** wird oder eindeutig auf die **persönlichen Belange** zugeschnitten ist.

  Hintergrund ist, dass die Ware wegen der Berücksichtigung der Wünsche des Verbrauchers anderweitig nicht oder nur mit einem unzumutbaren Preisnachlass abgesetzt werden kann. Ein Ausschluss des Widerrufsrechts liegt hingegen **nicht** vor, wenn der Unternehmer die Sache zwar nach den Wünschen des Verbrauchers zusammengestellt hat (bspw. einen Computer), die einzelnen Komponenten aber wieder voneinander getrennt werden können, ohne dass sie dadurch beschädigt werden. Das gilt auch für den Kauf von Kompletträdern, wenn der Reifen von der Felge demontiert werden kann, ohne dass Reifen und Felge Schaden nehmen.[1060] Aber auch, wenn eine Demontage des Reifens nicht möglich ist, ohne dabei möglicherweise die Felge zu beschädigen (d.h. zu zerkratzen), ist nach Auffassung des LG Berlin das Widerrufsrecht nicht ausgeschlossen, da der

---

der Folge der Rückabwicklung gem. §§ 312 ff., 355 ff. BGB. Der Käufer eines Radarwarngeräts hat also mit Hilfe des verbraucherschützenden Widerrufsrechts die Möglichkeit der Rückabwicklung, die ihm sonst versagt ist (insbesondere hilft ihm § 817 S. 2 BGB nicht). Vgl. dazu auch *Faust*, JuS 2010, 442 ff. und *Würdinger*, JuS 2012, 234, 238 f.

[1059] Vgl. dazu *R. Schmidt*, BGB AT, Rn 606 ff.

[1060] BGH NJW 2003, 1665; LG Hannover DAR 2009, 530.

Unternehmer das Komplettrad ja noch anderweitig verkaufen könne.[1061] Das mag zwar auf gängige Rad-/Reifenkombinationen zutreffen, nicht aber auf „exotische" Größen. Insoweit geht die Auffassung des LG fehl. Davon unbeschadet schließt ein Wertverlust, der generell mit der Rücksendung verbunden ist, das Widerrufsrecht nicht aus, wie sich aus dem Umkehrschluss aus § 357 VII Nr. 1 BGB ergibt.

- Ebenso scheidet nach § 312g II S. 1 Nr. 2 BGB ein Widerrufsrecht aus, wenn die Ware aufgrund ihrer Beschaffenheit **schnell verderben** kann oder das **Verfallsdatum schnell überschritten** würde.

  Unter diesen Ausschlusstatbestand fallen frische Lebensmittel oder auch Schnittblumen sowie Strom und Gas, weil Verbrauch die stärkste Form des „Verderbs" darstellt.[1062]

- Nach § 312g II S. 1 Nr. 3 BGB ist ein Widerrufsrecht ausgeschlossen bei Verträgen über die Lieferung versiegelter Waren, die aus Gründen des **Gesundheitsschutzes** oder der **Hygiene** nicht zur Rückgabe geeignet sind, wenn ihre Versiegelung nach der Lieferung entfernt wurde.

  Nicht zur Rücksendung geeignet sind etwa benutzte (oder zumindest aus der Primärverpackung herausgenommene und ggf. entsiegelte) „Ehehygieneartikel", eher als „Sexartikel" bekannt.[1063] Dasselbe gilt für angebrochene Arzneimittel, Kosmetika[1064], aber auch für Fertiggerichte etc. Letztlich wird man diesen Ausschlusstatbestand bei sämtlichen mit einem Siegel versehenen Waren annehmen müssen, die allein aufgrund des entfernten Siegels nicht mehr verkehrsfähig sind.

- Auch besteht gem. § 312g II S. 1 Nr. 4 BGB kein Widerrufsrecht in Bezug auf Verträge über die Lieferung von Waren, wenn diese nach der Lieferung aufgrund ihrer Beschaffenheit **untrennbar mit anderen Gütern vermischt** werden.

  Hierunter fällt etwa der Kauf von Flüssigkeiten aller Art, die nach Erhalt mit anderen Flüssigkeiten vermischt werden. Beispiel: Heizöl, wenn es mit Restmenge im Tank vermischt wird.[1065] Daraus folgt: Vor Lieferung und Vermischung ist das gesetzliche Widerrufsrecht nicht ausgeschlossen.[1066]

- § 312g II S. 1 Nr. 5 BGB enthält einen Ausschlusstatbestand hinsichtlich Verträge zur Lieferung alkoholischer Getränke, deren Preis bei Vertragsschluss vereinbart wurde, die aber frühestens 30 Tage nach Vertragsschluss geliefert werden können und deren aktueller Wert von Schwankungen auf dem Markt abhängt, auf die der Unternehmer keinen Einfluss hat.

  Hierunter fällt etwa der Kauf von Wein, der erst erhebliche Zeit später produziert wird und geliefert werden kann, wie das z.B. beim Beaujolais Primeur der Fall ist.[1067]

- § 312g II S. 1 Nr. 6 BGB schließt ein Widerrufsrecht aus bzgl. Verträge, die die Lieferung von **Audio- oder Videoaufzeichnungen** oder von **Software** zum Inhalt haben, wenn der Datenträger vom Verbraucher **entsiegelt** worden ist.[1068]

[1061] LG Berlin 22.7.2014 – 15 O 497/13.
[1062] *Grüneberg*, in: Palandt, § 312g n.F. Rn 5.
[1063] Vgl. bereits die 9. Aufl. 2014; wie hier auch OLG Hamm 22.11.2016 – 4 U 65/15.
[1064] Vgl. bereits die 4. Aufl. 2007; später auch *Becker/Föhlisch*, NJW 2008, 3751 ff.
[1065] BR-Drs. 817/12, S. 91; *Grüneberg*, in: Palandt, § 312g Rn 7. Vgl. auch BGH NJW 2015, 2959 f.
[1066] Das folgt aus BGH NJW 2015, 2959 f. Das Urteil ist zwar bzgl. § 312d IV Nr. 6 BGB in der Fassung vor dem 30.6.2014 ergangen (vgl. jetzt § 312g II S. 1 Nr. 8 BGB), aber auch danach ist das Widerrufsrecht nicht ausgeschlossen, sofern die Kaufabsicht nicht in der Eingehung eines Spekulationsgeschäfts besteht, sondern lediglich in der Eigenversorgung mit Heizöl zum Endverbrauch.
[1067] Vgl. *Grüneberg*, in: Palandt, § 312g Rn 8.
[1068] Dieser Ausschlusstatbestand dürfte freilich nicht „auf der Höhe der Zeit" liegen. Denn heutzutage geht es bei digitalen Inhalten, insbesondere bei Computerprogrammen, nicht mehr in erster Linie um die Verhinderung der Vervielfältigung der Software, sondern um die Aktivierungscodes, da sich Software trotz Kopierschutzmaßnahmen meistens irgendwie vervielfältigen lässt. Benötigt und wertvoll ist daher der Aktivierungscode, ohne den die Software nicht (dauerhaft) funktioniert. Für diese Fälle ist also die Entsiegelung nicht erheblich. Daher sollte eine teleologische Reduktion der Vorschrift angenommen werden mit der Folge, dass mit der Rückgabe der Hardware auch die mitgelieferte Software zurückgegeben werden kann. Sofern aber – wie heute üblich – die Lieferung über einen Download erfolgt, greift der Ausschluss-

- Darüber hinaus ist ein Widerrufsrecht auch nach § 312g II S. 1 Nr. 7 BGB ausgeschlossen, sofern es sich bei dem Vertragsgegenstand um die Lieferung von **Zeitungen**, **Zeitschriften** oder **Illustrierten** handelt. Abonnement-Verträge sind von dem Ausschlusstatbestand nicht erfasst (bei diesen greift aber ggf. das Widerrufsrecht nach § 510 BGB, das gem. § 312g III BGB nicht ausgeschlossen ist).[1069]

- § 312g II S. 1 Nr. 9 BGB betrifft insbesondere den **Ticketvorverkauf** im Internet. Zwar handelt es sich regelmäßig um ein Fernabsatzgeschäft, allerdings greift bzgl. des Widerrufsrechts der Ausschlusstatbestand des § 312g II S. 1 Nr. 9 BGB, wenn (wie üblich) die Veranstaltung (Konzert, Oper, Kino etc.) zu einem konkreten Zeitpunkt stattfinden soll.

- § 312g II S. 1 Nr. 10 BGB schließt unter den in der Vorschrift näher genannten Voraussetzungen ein Widerrufsrecht aus bei reinen **Online-Auktionen**, d.h. bei solchen Online-Auktionen, für die § 156 BGB gilt.

  Nicht unter Nr. 10 fallen daher die sog. „eBay-Auktionen", da bei diesen – anders als bei einer tatsächlichen Auktion i.S.d. § 156 BGB – auf das Angebot des Käufers kein Zuschlag erfolgt, sondern der Vertrag automatisch nach Beendigung der „Auktion" mit dem Höchstbietenden zustande kommt.[1070] Diese kommen also – wie alle gegenseitigen Verträge – durch zwei aufeinander bezogene und inhaltlich einander entsprechende Willenserklärungen, Angebot und Annahme, zustande, wobei das Angebot (der Antrag) mit Freischaltung der „Auktion" erfolgt und sich dabei an einen unbestimmten Personenkreis (Offerte ad incertas personas) richtet.

- Bei Verträgen, bei denen der Verbraucher den Unternehmer ausdrücklich aufgefordert hat, ihn **aufzusuchen**, um dringende Reparatur- oder Instandhaltungsarbeiten vorzunehmen, besteht gem. § 312g II S. 1 Nr. 11 BGB kein Widerrufsrecht. Dieser Ausschluss gilt allerdings nur für die angeforderte Maßnahme selbst.

- Auch ist ein Widerrufsrecht nach § 312g II S. 1 Nr. 12 BGB ausgeschlossen, wenn Vertragsinhalt die Erbringung von **Wett- und Lotterie-Dienstleistungen** ist, es sei denn, dass der Verbraucher seine Vertragserklärung telefonisch abgegeben hat oder der Vertrag außerhalb von Geschäftsräumen geschlossen wurde.

- Hingegen ist der Ausschlusstatbestand des § 312g II S. 1 Nr. 13 BGB (kein Widerrufsrecht bei **notariell beurkundeten Verträgen**) wenig nachvollziehbar, weil § 312 II S. 1 Nr. 1 BGB in bestimmten Fällen notariell beurkundeter Verträge die Anwendung des § 312g BGB ausschließt.[1071]

- § 312g III BGB schließt das Widerrufsrecht nach § 312g I BGB aus bei Verträgen, bei denen dem Verbraucher bereits nach § 495 BGB (Verbraucherdarlehen) oder §§ 506-513 (Finanzierungshilfen) ein Widerrufsrecht nach § 355 BGB zusteht. Letztlich handelt es sich bei der Vorschrift um eine Kollisionsregel.

3. Dauer, Beginn und Erlöschen der Widerrufsfrist

Die allgemeine Widerrufsfrist beträgt gem. § 355 II S. 1 BGB **14 Tage** und **beginnt** gem. § 355 II S. 2 BGB mit **Vertragsschluss**, soweit nichts anderes bestimmt ist. Eine solche „andere Bestimmung" ist bei AGV und Fernabsatzverträgen nach Maßgabe des § 356 II, III BGB möglich. 1029

Bei AGV und Fernabsatzverträgen gilt gem. § 356 II BGB ein von § 355 II S. 2 BGB **abweichender Fristbeginn**. So beginnt bei einem **Verbrauchsgüterkauf**, also bei einem Kaufvertrag zwischen einem Unternehmer auf Verkäuferseite und einem Ver- 1030

---

tatbestand von vornherein nicht. Der Widerruf eines Kaufs digitaler Inhalte ist also möglich. Er richtet sich nach § 356 VI BGB.

[1069] *Grüneberg*, in: Palandt, § 312g Rn 10.

[1070] Zu den sog. Internetauktionen vgl. *R. Schmidt*, BGB AT, Rn 277 und 594 sowie grundlegend BGHZ 149, 129, 134.

[1071] Vgl. näher zu dieser Diskrepanz *Wendehorst*, NJW 2014, 577, 582.

braucher auf Käuferseite über eine bewegliche Sache (§ 474 I S. 1 BGB)[1072], die 14-tägige Widerrufsfrist erst, wenn der Verbraucher oder ein von ihm benannter Dritter, der nicht Frachtführer ist, **die Ware erhalten hat** (§ 356 II Nr. 1a BGB). Hat der Verbraucher mehrere Waren im Rahmen einer einheitlichen Bestellung bestellt und werden die Waren getrennt geliefert, beginnt die Frist erst, wenn der Verbraucher oder ein von ihm benannter Dritter, der nicht Frachtführer ist, die letzte Ware erhalten hat (§ 356 II Nr. 1b BGB). Dasselbe gilt für Teilsendungen (§ 356 II Nr. 1c BGB).

1031 Bei einem **Energielieferungsvertrag**, d.h. bei einem Vertrag, der die nicht in einem begrenzten Volumen oder in einer bestimmten Menge angebotene Lieferung von Wasser, Gas oder Strom, die Lieferung von Fernwärme oder die Lieferung von nicht auf einem körperlichen Datenträger befindlichen **digitalen Inhalten** (z.B. Zusendung eines E-Books) zum Gegenstand hat, beginnt die 14-tägige Widerrufsfrist mit Vertragsschluss (§ 356 II Nr. 2 BGB). Speziellen Regelungen unterliegen **Verbraucherdarlehensverträge**. So beginnt gem. § 356b I BGB bei einem Verbraucherdarlehensvertrag (Rn 969) die Widerrufsfrist erst dann, wenn der Darlehensgeber dem Darlehensnehmer eine für diesen bestimmte Vertragsurkunde, den schriftlichen Antrag des Darlehensnehmers oder eine Abschrift der Vertragsurkunde oder seines Antrags zur Verfügung gestellt hat. Fehlen bei einem Allgemein-Verbraucherdarlehensvertrag Pflichtangaben nach § 492 II BGB oder fehlen bei einem Immobiliar-Verbraucherdarlehensvertrag die Pflichtangaben zum Widerrufsrecht nach § 492 II BGB i.V.m. Art. 247 § 6 II EGBGB, beginnt die Widerrufsfrist erst mit deren Nachholung (§ 356b II S. 1, S. 2 BGB). Und bei einem **Allgemein-Verbraucherdarlehensvertrag** (Rn 969) beginnt gem. § 356b III BGB im Fall des § 494 VII BGB die Widerrufsfrist erst, wenn der Darlehensnehmer die dort bezeichnete Abschrift des Vertrags erhalten hat.

1032 **In keinem Fall** beginnt die Widerrufsfrist, bevor nicht der Unternehmer den Verbraucher entsprechend den Anforderungen des Art. 246a § 1 II S. 1 Nr. 1 oder des Art. 246b § 2 I EGBGB **unterrichtet** hat (§ 356 III S. 1 BGB) – damit ist die vorvertragliche Informationspflicht über das Widerrufsrecht gemeint, vgl. dazu bereits Rn 1015 ff. Diese Regelung ist nicht unproblematisch, weil sie keine Heilungsmöglichkeit vorsieht. Insbesondere erfüllt die ausschließlich nach Vertragsschluss zugesandte Widerrufsbelehrung nicht die Anforderungen des Art. 246a § 1 II S. 1 Nr. 1 bzw. des Art. 246b § 2 I EGBGB i.V.m. § 356 III S. 1 BGB. Versäumt also der Unternehmer die vorvertragliche Belehrung über das Widerrufsrecht, könnte der Verbraucher noch Monate, nachdem er die Ware erhalten hat, den Widerruf erklären. Immerhin setzt § 356 III S. 2 BGB eine Obergrenze (dazu sogleich Rn 1034). Auch **Verbraucherbauverträge** (§ 650i BGB) unterstehen Spezialregelungen. Bei diesen beginnt gem. § 356e S. 1 BGB die Widerrufsfrist nicht, bevor der Unternehmer den Verbraucher gem. Art. 249 § 3 EGBGB über sein Widerrufsrecht belehrt hat.

1033 Das Widerrufsrecht **erlischt** grundsätzlich 14 Tage nach Fristbeginn (s.o.). Die Fristberechnung erfolgt nach den allgemeinen Regeln der §§ 187, 188, 193 BGB.[1073]

> **Beispiel:** Verbraucher K bestellt im Internetshop des Händlers H eine neue Computertastatur. Auslieferung ist am 9.1.2018 (Dienstag). Gemäß § 187 I BGB beginnt die Widerrufsfrist am 10.1.2018 (Mittwoch) um 0 Uhr und endet gem. § 188 I BGB mit Ablauf des 23.1.2018 (Dienstag).

[1072] Damit ist die Definition in § 474 I S. 1 BGB enger als diejenige der Verbrauchsgüterkaufrichtlinie 1999/44/EG und muss im Kollisionsfall (etwa bei der Frage, inwieweit auch Werkverträge i.S.d. § 631 BGB dem Richtlinienbegriff des Verbrauchsgüterkaufs unterfallen) richtlinienkonform ausgelegt bzw. im Rahmen richterlicher Rechtsfortbildung angepasst werden; siehe dazu Rn 464f.

[1073] So auch *Grüneberg*, in: Palandt, § 355 n.F. Rn 15.

Bei **fehlerhafter Widerrufsbelehrung** (vgl. abermals Rn 1015 ff.) beginnt die 14-tägige Widerrufsfrist wegen § 356 III S. 1 BGB an sich nicht. Der Gesetzgeber hat aber geregelt, dass das Widerrufsrecht maximal 12 Monate nach Ablauf der eigentlichen Widerrufsfrist **erlischt**. Die Frist beträgt dann insgesamt **12 Monate und 14 Tage** (§ 356 III S. 2 BGB). Auf Verträge über Finanzdienstleistungen ist diese maximale Frist indes nicht anwendbar (§ 356 III S. 3 BGB). Möglicherweise greift dann aber das Institut der Verwirkung als Unterfall des § 242 BGB, die den Verbraucher daran hindern könnte, sein an sich zustehendes Widerrufsrecht auszuüben, wenn der Unternehmer im Glauben war, der Verbraucher werde sein Widerrufsrecht nicht mehr ausüben.[1074] Im Fall des Immobiliar-Verbraucherdarlehensvertrags gilt aber § 356b II S. 4 BGB und im Fall eines unentgeltlichen Darlehensvertrags oder einer unentgeltlichen Finanzierungshilfe greift § 356d S. 2 BGB: Jeweils spätestens nach 12 Monaten und 14 Tagen erlischt das Widerrufsrecht.[1075] Auch bei Verbraucherbauverträgen (§ 650i BGB) erlischt gem. § 356e S. 2 BGB das Widerrufsrecht spätestens zwölf Monate und 14 Tage nach dem in § 355 II S. 2 BGB genannten Zeitpunkt. 1034

Hinweis für die Fallbearbeitung: Das soeben dargestellte Erlöschen der Widerrufsfrist darf nicht mit dem vorzeitigen Erlöschen des Widerrufsrechts verwechselt werden, was etwa anzunehmen ist, wenn eine Dienstleistung vollständig erbracht wurde (§ 356 IV BGB, Rn 1042) oder digitale Inhalte verkauft wurden (§ 356 V BGB).

4. Ausübung des Widerrufsrechts/Widerrufserklärung

Hinsichtlich der Ausübung des Widerrufsrechts verweist § 312g I BGB auf **§ 355 BGB** (s.o.), wobei § 312g II BGB einen umfangreichen Katalog an Ausschlusstatbeständen formuliert, bei denen ein Widerrufsrecht, sofern die Parteien nichts anderes vereinbaren, nicht besteht (dazu im Einzelnen Rn 1028). 1035

Das Widerrufsrecht knüpft nicht an einen besonderen Sachgrund an. Insbesondere ist nicht die Verletzung einer Vertragspflicht Voraussetzung. Die Ware muss also nicht etwa mit einem Sachmangel (wie das bei den kaufrechtlichen Mängelrechten gem. §§ 434 ff. BGB der Fall ist) behaftet sein. Vielmehr ist das gesetzliche Widerrufsrecht des § 355 BGB in das **freie Belieben** des Verbrauchers gestellt: Dieser kann es (muss es aber nicht) innerhalb der Frist völlig frei und ohne Druck ausüben, ohne dass ein Sachgrund erforderlich wäre.[1076] Das Widerrufsrecht ist ein **Gestaltungsrecht**, das dem Verbraucher die Möglichkeit einräumt, allein aufgrund eines „Sinneswandels" sich von einem bereits geschlossenen Vertrag einseitig zu lösen.[1077] Allein der Umstand, dass ein Verbrauchervertrag i.S.d. §§ 312 ff. BGB vorliegt, berechtigt zum Widerruf. Eine Ausnahme macht der BGH lediglich dann, wenn sich die Ausübung als rechtsmissbräuchlich erweist, etwa wenn der Verbraucher arglistig handelt, eine Schädigung des Verkäufers beabsichtigt oder schikanös handelt.[1078] Freilich dürfte sich eine solche Schädigungsabsicht des Verbrauchers in der Praxis kaum nachweisen lassen. 1036

Da es sich bei dem Widerrufsrecht um ein Gestaltungsrecht handelt, muss es **erklärt** werden (vgl. auch § 355 I S. 2 BGB). Bei der Widerrufserklärung handelt es sich um eine einseitige, empfangsbedürftige Willenserklärung, durch die der Verbraucher gegenüber dem Unternehmer die Rücknahme seiner auf den Vertragsschluss gerichteten 1037

[1074] Vgl. dazu oben Rn 68 sowie ausführlich *Duchstein*, NJW 2015, 1409 ff.

[1075] Mit dieser seit dem 21.3.2016 geltenden Neuregelung hat der Gesetzgeber eine Regelungslücke geschlossen, die darin bestand, dass bei fehlender Widerrufsbelehrung die Widerrufsfrist praktisch nicht endete, was zu einem „ewig" bestehenden Widerrufsrecht führte.

[1076] Insbesondere kann der Widerruf allein deswegen erfolgen, weil der Verbraucher kein Interesse mehr an der Sache hat oder er die gleiche Sache anderswo günstiger erwerben kann (vgl. BGH NJW 2016, 1951, 1952).

[1077] BT-Drs. 14/2658, S. 47, 60; *Grüneberg*, in: Palandt, § 3545 Rn 3; *Hager*, JA 2011, 721, 722; abl. *Kaiser*, in: Staudinger, § 355 Rn 18.

[1078] Vgl. BGH NJW 2016, 1951, 1952.

Willenserklärung zum Ausdruck bringt (vgl. abermals § 355 I S. 2 BGB). Daher gelten die allgemeinen Regeln über die Willenserklärungen[1079], sodass die Widerrufserklärung inhaltlich den Erklärungsempfänger in die Lage versetzen muss, den Widerruf zu erkennen. Die Verwendung des Begriffs „Widerruf" ist also nicht erforderlich. Aus der Erklärung muss nur der Entschluss des Verbrauchers zum Widerruf des Vertrags eindeutig hervorgehen (§ 355 I S. 3 BGB).

Beispiele[1080]**:** Teilt der Widerrufsausübende mit: „Ich habe es mir anders überlegt und will mit dem Vertrag nichts mehr zu tun haben", genügt es ebenso wie „Ich trete vom Vertrag zurück", „Behalten Sie Ihre Ware" oder „Nehmen Sie Ihre Ware zurück".

1038 Einer **Begründung** bedarf die Widerrufserklärung **nicht** (§ 355 I S. 4 BGB).

1039 Die Widerrufserklärung kann gem. § 355 I BGB in **beliebiger Form** erfolgen, solange aus ihr nur **deutlich der Widerrufswille hervorgeht** (§ 355 I S. 3 BGB). Das kann in Textform (E-Mail) geschehen, per Fax oder durch Notiz, die der Rücksendung der Sache beigelegt wird. Selbst eine mündliche Erklärung (etwa am Telefon)[1081] genügt, wobei diese Art der Widerrufserklärung wegen etwaiger Beweisschwierigkeiten nicht zu empfehlen ist. Das **kommentarlose Zurückschicken** der Ware genügt – wie sich aus § 355 I S. 2 und 3 BGB sowie aus Erwägungsgrund 44 der Verbraucherrechterichtlinie 2011/83/EU, in deren Umsetzung § 355 I S. 2 und 3 BGB erlassen wurde (vgl. dazu Rn 969), ergibt, **nicht**. So heißt es in § 355 I S. 3 BGB: „Aus der Erklärung muss der Entschluss des Verbrauchers zum Widerruf des Vertrags eindeutig hervorgehen"). Und Erwägungsgrund 44 lautet: „oder durch die Rücksendung der Waren, begleitet von einer deutlichen Erklärung...". Damit geht also auch der europäische Gesetzgeber offenbar davon aus, dass das kommentarlose Zurücksenden ohne ausdrückliche Widerrufserklärung nicht ausreichen soll.[1082]

Der Unternehmer kann dem Verbraucher auch die Möglichkeit einräumen, das Muster-Widerrufsformular nach Anlage 2 zu Art. 246a § 1 II S. 1 Nr. 1 EGBGB oder eine andere eindeutige Widerrufserklärung auf der Internetseite des Unternehmers auszufüllen und zu übermitteln (§ 356 I S. 1 BGB). Macht der Verbraucher von dieser Möglichkeit Gebrauch, muss der Unternehmer dem Verbraucher den Zugang des Widerrufs unverzüglich auf einem dauerhaften Datenträger bestätigen (§ 356 I S. 2 BGB).

1040 Des Weiteren muss der Widerruf **fristgemäß** erfolgen (dazu Rn 1029 f.). Zur **Fristwahrung** genügt die rechtzeitige Absendung des Widerrufs (§ 355 I S. 5 BGB).

1041 Zu beachten ist, dass es zur Wirksamkeit der Widerrufserklärung keiner weiteren Erklärung bedarf. Erklärt der Verbraucher also den Widerruf (per E-Mail), ist diese Erklärung vollwirksam. Der Unternehmer kann nicht verlangen, dass der Verbraucher den Widerruf noch einmal bestätigt.

Beispiel[1083]**:** Verbraucherin V buchte beim Unternehmer U über dessen Internetseite online einen Schwimmkurs, der sofort bestätigt wurde. Noch am gleichen Tag stornierte V die Buchung, indem sie das online zur Verfügung gestellte Stornierungsformular des U ausfüllte und abschickte. Wenige Sekunden später erhielt sie eine E-Mail mit folgendem Inhalt: „Um die Stornierung final abzuschließen, müssen Sie diesen Link jetzt anklicken:

[1079] Insbesondere §§ 104 ff. und 116 ff. (dazu *R. Schmidt*, BGB AT, Rn 226 ff./926 ff.).
[1080] *Brox/Walker*, BGB AT, Rn 210.
[1081] Zur Pflicht des Unternehmers, in der Widerrufsbelehrung auch eine Telefonnummer anzugeben, siehe oben Rn 1021.
[1082] Davon geht auch der Gesetzgeber aus, vgl. BT-Drs. 17/12637, S. 60. Klarstellend OLG Düsseldorf NJW-RR 2015, 877. A.A. *Hoffmann/Schneider*, NJW 2015, 2529 ff. mit der Begründung, dass die Forderung nach einer ausdrücklichen Erklärung auf einer Fehlinterpretation des Erwägungsgrundes 44 der Verbraucherrechterichtlinie beruhe. Doch das überzeugt angesichts des oben wiedergegebenen eindeutigen Wortlauts des Erwägungsgrundes 44 nicht. Formfreiheit darf nicht (stets) mit dem Genügenlassen von schlüssigem Erklärungsverhalten gleichgesetzt werden.
[1083] Nach AG München 20.3.2014 – 261 C 3733/14.

Bitte klicken Sie hier, um final zu stornieren. Sobald wir Ihre Stornierungsbestätigung erhalten haben, bekommen Sie von uns eine weitere E-Mail, die die Stornierung bestätigt." Diese Stornierungsbestätigung hat V aber nicht abgeschickt. Eine Woche später erhält sie eine Rechnung über 117,- € für den Schwimmkurs, deren Zahlung sie verweigert. Zu Recht?

V hat nur dann eine Zahlungspflicht, wenn der Vertrag über den Schwimmunterricht wirksam bzw. V daran gebunden ist. Daran könnte es fehlen, weil V jedenfalls innerhalb der Widerrufsfrist den Widerruf erklärt hat. Ein Fernabsatzvertrag i.S.v. § 312c I BGB, der ein Widerrufsrecht gem. §§ 312g I, 355 BGB begründet, liegt vor. Fraglich ist allein, ob die von V abgegebene „Widerrufserklärung" tatsächlich eine Widerrufserklärung i.S.v. § 355 I S. 2 BGB darstellt oder ob V noch den Link hätte anklicken müssen.

Juristisch zutreffend führt das AG aus, dass V´s Widerruf rechtzeitig und in der richtigen Form erfolgt sei. Der Widerruf sei wirksam, obwohl V die Stornierungsbestätigung nicht abgeschickt habe. Solch eine zusätzliche Bestätigung nach Ausübung des Widerrufsrechts sei gesetzlich nicht vorgesehen. V braucht daher nicht zu zahlen.

5. Erlöschen des Widerrufsrechts

Das Widerrufsrecht erlischt gem. § 356 III S. 2 BGB spätestens nach 12 Monaten und 14 Tagen. Bei einem Vertrag zur Erbringung von **Dienstleistungen**[1084] (mit Ausnahme von Finanzdienstleistungen, dazu sogleich) erlischt gem. § 356 IV S. 1 BGB das Widerrufsrecht auch dann, wenn der Unternehmer 1042

- die Dienstleistung **vollständig erbracht hat**

  Mit „vollständig erbracht" ist Erfüllung i.S.d. § 362 BGB gemeint, also das Bewirken des vollständigen Leistungs*erfolgs*. Dadurch wird gewährleistet, dass das Widerrufsrecht nicht schon dann erlischt, wenn lediglich die Leistungs*handlung* vorgenommen oder die Leistung nur teilweise erbracht wurde.

  Beispiel[1085]**:** Unternehmer U betreibt eine Online-Partnerschaftsvermittlung. K, ein Verbraucher, möchte die Dienste des U in Anspruch nehmen. Dazu füllt er das Online-Vertragsformular aus. Das Formular enthält eine Widerrufsbelehrung sowie folgende textlich vorgegebene Auswahlmöglichkeiten:
  ☐ Ich möchte die Partnerempfehlungen erst nach Ablauf der Widerrufsfrist von 14 Tagen erhalten.
  ☐ Ich möchte die Partnerempfehlung sofort erhalten. Bei vollständiger Vertragserfüllung durch U vor Ablauf der Widerrufsfrist von 14 Tagen verliere ich mein Widerrufsrecht.

  K möchte nicht abwarten, sondern die Partnerempfehlungen sogleich erhalten. Er setzt das Häkchen also in der zweiten Checkbox und sendet das Formular per Mausklick ab. Die Zahlung veranlasst er über den Bezahldienst PayPal. Einige Minuten später erhält K – wie vereinbart – 5 Kontaktvorschläge. Zwei Tage später erklärt K den Widerruf, weil er mit den Vorschlägen nicht zufrieden ist, und verlangt Rückzahlung der Vergütung.

  In diesem Fall hat U die Dienstleistung vollständig erbracht. Damit könnte dem K das ihm gem. § 312g I i.V.m. § 355 BGB grundsätzlich zustehende Widerrufsrecht gem. § 356 IV S. 1 BGB erloschen sein.

- *und* er mit der **Ausführung der Dienstleistung erst begonnen hat**, nachdem der Verbraucher dazu seine ausdrückliche **Zustimmung** gegeben hat und gleichzeitig seine Kenntnis davon bestätigt hat, dass er sein Widerrufsrecht bei vollständiger Vertragserfüllung durch den Unternehmer verliert.

  Der Verbraucher muss also vor Beginn der Ausführungshandlung seine ausdrückliche Zustimmung erteilt und den damit verbundenen Verlust seines Widerrufsrechts bestätigt

[1084] Vgl. dazu oben Rn 989.
[1085] In Anlehnung an AG Neumarkt 9.4.2015 – 1 C 28/15.

haben. Bei AGV (§ 312b BGB) muss gem. § 356 IV S. 2 BGB die Zustimmung des Verbrauchers auf einem dauerhaften Datenträger übermittelt werden. Bei Fernabsatzverträgen (§ 312c BGB) im elektronischen Geschäftsverkehr (§§ 312i, 312j BGB) dürfte indes das Aktivieren einer entsprechenden Checkbox genügen. Fehlt es auch nur an einer dieser Voraussetzungen, erlischt das Widerrufsrecht (jedenfalls) nicht nach § 356 IV BGB.

Im obigen Beispiel hat K durch das Setzen des Häkchens in der entsprechenden Checkbox der sofortigen Vertragserfüllung zugestimmt. Dass die Bereitstellung der Zustimmungsmöglichkeit eine AGB (Allgemeine Geschäftsbedingung) sein könnte, steht einer wirksamen Zustimmung i.S.d. § 356 IV S. 1 BGB nicht entgegen, solange die Zustimmung – wie das vorliegend der Fall war – nur ausdrücklich erfolgt.[1086]

K hat daher im Ergebnis kein Widerrufsrecht und kann sich somit nicht – jedenfalls nicht wegen eines verbraucherschützenden Widerrufsrechts – vom Vertrag lösen und kann nicht die gezahlte Vergütung zurückverlangen.

Bei einem Vertrag über die Erbringung von **Finanzdienstleistungen** erlischt das Widerrufsrecht abweichend von § 356 IV S. 1 BGB, wenn der Vertrag von beiden Seiten auf ausdrücklichen Wunsch des Verbrauchers vollständig erfüllt ist, bevor der Verbraucher sein Widerrufsrecht ausübt (§ 356 IV S. 3 BGB).

Handelt es sich bei dem Verbrauchervertrag um einen Vertrag über die Lieferung von **nicht auf einem körperlichen Datenträger befindlichen digitalen Inhalten** („Downloadvertrag"), erlischt gem. § 356 V BGB das Widerrufsrecht bereits dann, wenn der Unternehmer mit der Ausführung des Vertrags *begonnen* hat, nachdem der Verbraucher

- ausdrücklich zugestimmt hat, dass der Unternehmer mit der Ausführung des Vertrags vor Ablauf der Widerrufsfrist beginnt,
- und seine Kenntnis davon bestätigt hat, dass er durch seine Zustimmung mit Beginn der Ausführung des Vertrags sein Widerrufsrecht verliert.

Beispiel: Verbraucher K möchte über den Onlineshop des Unternehmers V eine App kaufen (bei Apps und anderen Computerprogrammen wird man einen Rechtskauf i.S.d. § 453 BGB annehmen müssen). Dazu füllt er das Online-Bestellformular aus. Das Formular enthält eine Widerrufsbelehrung sowie folgende textlich vorgegebene Auswahlmöglichkeiten:
☐ Ich möchte die Download-App erst nach Ablauf der Widerrufsfrist von 14 Tagen erhalten.
☐ Ich möchte die Download-App sofort erhalten. Bei Bereitstellung durch den Anbieter vor Ablauf der Widerrufsfrist von 14 Tagen verliere ich mein Widerrufsrecht.

K möchte nicht abwarten, sondern die Download-App sogleich erhalten. Er setzt das Häkchen also in der zweiten Checkbox und sendet die Bestellung per Mausklick ab. Die Zahlung veranlasst er über den Bezahldienst PayPal. Einige Minuten später erhält K via E-Mail einen Download-Link. Noch bevor K darauf klickt (und damit die Installation starten würde), überlegt er es sich jedoch anders, weil er die App zwischenzeitlich im Online-Shop des X erblickt hat, der sie etwas günstiger anbietet. K erklärt den Widerruf und verlangt Erstattung des Geldbetrags.

In diesem Fall hatte U mit der Vertragsdurchführung bereits begonnen, als K den Widerruf erklärte. Denn bei einem Vertrag, der eine App (oder ein anderes Computerprogramm) zum Gegenstand hat, bei dem sich das Programm nicht auf einem festen Datenträger (wie z.B. DVD) befindet, sondern lediglich als „Downloadversion" zur Verfügung gestellt wird (wie das jedenfalls bei Smartphone-Apps absolut üblich ist), beginnt der

---

[1086] Zutreffend AG Neumarkt 9.4.2015 – 1 C 28/15 (mit ausführlicher Herleitung auch über die Gesetzesbegründung BT-Drs. 17/13951). An der Ausdrücklichkeit der Zustimmung würde es aber fehlen, wenn die Verzichts- und Erlöschenserklärung nicht im Bestellvorgang, sondern z.B. als Klausel in AGB eingebaut wäre und der Verbraucher vor Abgabe seiner Vertragserklärung schlicht bestätigt, er habe die AGB zur Kenntnis genommen und sei mit deren Geltung einverstanden.

Anbieter mit der Vertragsdurchführung allein dadurch, dass er den Downloadlink bereitstellt und damit dem Käufer die Möglichkeit des Downloads einräumt.[1087]

Da K durch das Setzen des Häkchens in der entsprechenden Checkbox der sofortigen Bereitstellung ausdrücklich zugestimmt hat, hat er kein Widerrufsrecht und kann sich daher nicht – jedenfalls nicht wegen eines verbraucherschützenden Widerrufsrechts – vom Vertrag lösen und kann nicht den gezahlten Kaufpreis erstattet verlangen.

D. Rechtsfolgen des Widerrufs

Bei AGV und Fernabsatzverträgen steht gem. § 312g I BGB dem Verbraucher nach Maßgabe des § 355 BGB ein Widerrufsrecht zu, sofern kein Ausschluss gem. § 312g II BGB besteht. **1043**

Unmittelbare Rechtsfolge eines fristgerecht ausgeübten Widerrufsrechts ist, dass Verbraucher und Unternehmer nicht mehr an ihre auf den Abschluss des Vertrags gerichteten Willenserklärungen gebunden sind **(§ 355 I S. 1 BGB)**. Für diesen Fall sieht § 355 III S. 1 BGB als weitere Folge vor, dass die empfangenen Leistungen unverzüglich zurückzugewähren sind.[1088] Gesetzliche weitere Folge eines ausgeübten Widerrufsrechts ist also die **Rückabwicklung**: Die bisherigen Vertragspflichten erlöschen und an ihre Stelle tritt ein **Rückabwicklungsverhältnis**. Die §§ 346 ff. BGB werden im Anwendungsbereich des § 355 BGB (bzw. des § 357 BGB) verdrängt. **1044**

> **Hinweis für die Fallbearbeitung:** Aus der Formulierung „sind zurückzugewähren" folgt, dass es sich bei **§ 355 III S. 1 BGB** um die **Anspruchsgrundlage** für die Rückgewähr des Geleisteten handelt, die (i.V.m. § 312g I BGB) dementsprechend als Einstieg für die Fallprüfung herangezogen werden muss, wenn die Fallfrage dahin geht, dass eine Partei (also Käufer oder Verkäufer!) die erbrachte Leistung zurückfordert, d.h. einen Rückgewähranspruch geltend macht. Auf die allgemeinen Vorschriften der §§ 346 ff. BGB muss (und darf) daher nicht zurückgegriffen werden.

Bestimmt das Gesetz eine Höchstfrist für die Rückgewähr, beginnt diese für den Unternehmer mit dem Zugang und für den Verbraucher mit der Abgabe der Widerrufserklärung (§ 355 III S. 2 BGB). Der Verbraucher wahrt diese Frist durch die rechtzeitige Absendung der Waren (§ 355 III S. 3 BGB). Der Unternehmer trägt bei Widerruf die **Gefahr der Rücksendung** der Waren (§ 355 III S. 4 BGB). Sollte also der Verbraucher die Ware verschickt haben und geht die Ware während des Transports unter oder wird beschädigt, hat dies grds. keinen Einfluss auf den Erstattungsanspruch des Verbrauchers. Der Verbraucher wird lediglich von seiner Rückgewährpflicht frei. Es handelt sich also um eine sog. **Schickschuld**. (dazu Rn 75 f.).

Freilich wirft dies die Frage auf, ob den Verbraucher zumindest die Obliegenheit trifft, die Ware ordnungsgemäß zu verpacken, damit die Gefahr der Beschädigung minimiert wird. §§ 355, 357 enthalten hierzu keine Regelungen. Nach der hier vertretenen Auffassung trifft den Verbraucher die allgemeine Schadensvermeidungspflicht. Wer z.B. als Verbraucher 6 Sektgläser über einen Internetshop bestellt, diese in ordnungsgemäßer Schutzverpackung geliefert bekommt, sie jedoch dann ohne die Schutzverpackung zurücksendet, wodurch die Gläser auf dem Rücksendeweg zerbrechen, kann sich nicht auf § 355 III S. 4 BGB berufen. Rechtstechnisch lässt sich dies mit § 242 BGB begründen.

Davon unabhängig steht es dem Unternehmer frei, dem Verbraucher anzubieten, die Ware bei ihm abzuholen (§ 357 V BGB). Stimmt der Verbraucher diesem Angebot zu (was er nicht muss), wird aus der Schickschuld eine Holschuld. Der Unternehmer gelangt dann in Annahmeverzug (§ 293 BGB), wenn er die Ware trotz Abholaufforderung nicht abholt (§ 295 BGB).

[1087] Das ist – soweit ersichtlich – wohl unstreitig, vgl. etwa *Fritsche*, in: MüKo, § 356 Rn 43.

[1088] Mit „unverzüglich" ist „ohne schuldhaftes Zögern" i.S.d. § 121 I S. 1 BGB gemeint. Davon abweichend bestimmt § 357 I BGB eine Höchstfrist von 14 Tagen, die durchaus ausgeschöpft werden darf.

Hat der Unternehmer vor Vertragsschluss angeboten, im Falle der Ausübung des Widerrufsrechts die Ware beim Verbraucher abzuholen, und hat der Verbraucher dem zugestimmt, kommt der Unternehmer allein durch das Rücknahmeverlangen in Annahmeverzug (§ 295 BGB). Die praktische Relevanz des Annahmeverzugs besteht darin, dass nach dessen Eintritt der Verbraucher nur noch für Vorsatz und grobe Fahrlässigkeit haftet (§ 300 I BGB).

1045 Bei AGV und Fernabsatzverträgen mit Ausnahme etwa von Finanzdienstleistungsverträgen und Verbraucherbauverträgen greifen zudem die Rechtsfolgen aus **§ 357 BGB**, die – sofern sie von denen aus § 355 BGB abweichen oder diese ergänzen – als Sonderregelungen vorgehen. Zahlreiche Spezialregelungen finden sich in §§ 357a-357d BGB.

> **Hinweis für die Fallbearbeitung:** § 357 BGB beschreibt in 9 Absätzen verschiedene Folgeansprüche, Gegenrechte und Ausschlusstatbestände, die sich aus einem ausgeübten Widerrufsrecht ergeben. Soweit Folgeansprüche gewährt werden, handelt es sich bei den betreffenden Absätzen um **Anspruchsgrundlagen**, die § 355 III S. 1 BGB ergänzen bzw. modifizieren und dementsprechend (i.V.m. §§ 355 III S. 1, 312g I BGB) als Einstieg für die Fallprüfung herangezogen werden müssen, wenn etwa der Verkäufer die Rücksendung der Ware(n) oder einen Wertersatz (für verschlechterte Waren) geltend macht, oder der Käufer Rückzahlung des Kaufpreises verlangt.

1046 Im Einzelnen gilt:

⇨ **§ 357 I BGB:** In Abweichung zu § 355 III S. 1 BGB, der von „unverzüglich" spricht, sind gem. § 357 I BGB die empfangenen Leistungen spätestens nach **14 Tagen** zurückzugewähren. Steht auf Käuferseite ein Verbraucher, beginnt die Frist mit der Abgabe der Widerrufserklärung (§ 355 III S. 2 BGB); zur Fristwahrung genügt die rechtzeitige Absendung der Ware (§ 355 III S. 3 BGB).

Die Vorschrift enthält keine Regelung darüber, welche weiteren Rechtsfolgen greifen, wenn der Verbraucher sich nicht an diese Frist hält. Wegen § 361 I BGB kann der Unternehmer gegen den Verbraucher jedenfalls keine Ansprüche aus §§ 280 I, 823 oder 812 BGB geltend machen. Mittelbar hilft aber § 357 IV S. 1 BGB, der dem Unternehmer das Recht gewährt, die Rückzahlung des Kaufpreises zu verweigern.

⇨ **§ 357 II BGB:** Um den Verbraucher nicht von dem ihm zustehenden Widerrufsrecht abzuhalten, muss der Unternehmer auch etwaige Zahlungen des Verbrauchers für die Lieferung („**Hinsendekosten**") zurückgewähren (§ 357 II S. 1 BGB). Dies gilt nicht, soweit dem Verbraucher zusätzliche Kosten entstanden sind, weil er sich für eine andere Art der Lieferung als die vom Unternehmer angebotene günstigste Standardlieferung entschieden hat (§ 357 II S. 2 BGB).

Beispiel: Verbraucher V kauft bei Versandhändler H ein Notebook und überweist, da H nur gegen Vorkasse liefert, den Kaufpreis i.H.v. 800,- € zzgl. 12,- € Versandkosten. H liefert daraufhin die Ware. Sodann macht V von seinem Widerrufsrecht Gebrauch und schickt das Notebook an H zurück.

Ausgangsfrage: Muss H nur den Kaufpreis i.H.v. 800,- € oder auch die 12,- € Versandkosten für die Hinsendung erstatten?

Variante: V verlangte von H, dass dieser das Notebook per Premiumversand an V schickt. H wendete dafür 24,- € auf. Muss H im Fall eines Widerrufs durch V auch diese Kosten erstatten?

Für die Ausgangsfrage greift § 357 II S. 1 BGB. H muss dem V auch die Kosten des ursprünglichen Versands erstatten, also insgesamt 812,- €.

Für die Variante greift § 357 II S. 2 BGB. Da V von H verlangte, dass dieser eine teurere Versandart wählt, kann V die Mehrkosten nicht erstattet verlangen. H muss also lediglich die Kosten des von ihm ursprünglich vorgesehenen Versandwegs erstatten, also wie bei der Ausgangsfrage insgesamt 812,- €.

⇨ **§ 357 III BGB:** Für die Rückzahlung muss der Unternehmer **dasselbe Zahlungsmittel** verwenden, das der Verbraucher bei der Zahlung verwendet hat (§ 357 III S. 1 BGB). Das gilt nicht, wenn ausdrücklich etwas anderes vereinbart worden ist und dem Verbraucher dadurch keine Kosten entstehen (§ 357 III S. 2 BGB).

⇨ **§ 357 IV BGB:** Bei einem Verbrauchsgüterkauf kann der Unternehmer die **Rückzahlung verweigern**, bis er die Waren zurückerhalten hat oder der Verbraucher den Nachweis erbracht hat, dass er die Waren verschickt hat (§ 357 IV S. 1 BGB). Dies gilt nicht, wenn der Unternehmer angeboten hat, die Waren abzuholen (§ 357 IV S. 2 BGB).

Mit der Regelung des § 357 IV S. 1 BGB wird also dem Verkäufer ein Zurückbehaltungsrecht gewährt. Der Verkäufer kann die Rückzahlung des Kaufpreises verweigern, bis der Käufer zumindest nachweist, dass er die Waren verschickt hat.[1089] Bei Unmöglichkeit der Rücksendung (Untergang oder Veräußerung der Ware) wird der Verbraucher von der Rücksendepflicht befreit (vgl. § 275 I BGB). In diesem Fall hat der Unternehmer nicht etwa ein dauerhaftes Zurückbehaltungsrecht, sondern er wird von der Erstattungspflicht befreit (vgl. § 326 I S. 1 BGB).

⇨ **§ 357 V BGB:** Der Verbraucher ist nicht verpflichtet, die empfangenen Waren zurückzusenden, wenn der Unternehmer angeboten hat, die Waren abzuholen (§ 357 V BGB).

Aus dieser Regelung folgt, dass der Unternehmer (etwa durch AGB) die Möglichkeit der Rücksendung durch den Verbraucher ausschließen und ausschließlich die Abholung beim Verbraucher vorsehen darf. Da dem Unternehmer diese Möglichkeit durch § 357 IV S. 2 und V BGB ausdrücklich eingeräumt ist, stellt der Ausschluss der Rücksendemöglichkeit keine Beschränkung des Widerrufsrechts dar und ist damit rechtskonform.[1090]

⇨ **§ 357 VI BGB:** Der Verbraucher trägt die unmittelbaren **Kosten der Rücksendung** der Waren, wenn der Unternehmer den Verbraucher nach Art. 246a § 1 II S. 1 Nr. 2 EGBGB über diese Pflicht informiert hat (§ 357 VI S. 1 BGB). Bei Fernabsatzverträgen hat der Verbraucher die Kosten der Rücksendung auch dann zu tragen, wenn die Waren aufgrund ihrer Beschaffenheit nicht auf dem normalen Postweg zurückgesendet werden können. Voraussetzung hierfür ist aber, dass der Unternehmer zusätzlich zu der Kostentragungspflicht auch über die Kosten der Rücksendung informiert hat (Art. 246a § 1 II S. 1 Nr. 2 EGBGB).

Die zu Lasten des Verbrauchers bestehende Kostentragungspflicht gilt nicht, wenn der Unternehmer sich bereit erklärt hat, die Rücksendekosten zu tragen (§ 357 VI S. 2 BGB).

Bei AGV (nicht bei Fernabsatzverträgen!), bei denen die Waren zum Zeitpunkt des Vertragsschlusses zur Wohnung des Verbrauchers geliefert worden sind, ist der Unternehmer verpflichtet, die Waren auf eigene Kosten abzuholen, wenn die Waren so beschaffen sind, dass sie nicht per Post zurückgesandt werden können (§ 357 VI S. 3 BGB).

Während also der Unternehmer im Falle des Widerrufs dem Verbraucher nach wie vor die Hinsendekosten (Kosten des Versands vom Unternehmer zum Verbraucher) zu erstatten hat, ordnet das Gesetz nunmehr an, dass grds. der Verbraucher die Rücksendekosten (also die Kosten für den Rückversand der Ware vom Verbraucher zum Unternehmer) tragen muss. Er muss also die Ware, unabhängig vom Wert der Bestellung, auf seine Kosten zurückschicken. Voraussetzung ist aber, dass der Unternehmer den Verbraucher zuvor (d.h. im Rahmen der Widerrufsbelehrung, dazu Rn 1015 ff.) auf diese Kostentragungspflicht hingewiesen hat (§ 357 VI S. 1 BGB i.V.m. Art. 246a § 1 II S. 1 Nr. 2 EGBGB). Damit hat der Gesetzgeber die vor dem 13.6.2014 geltende 40-€-Regelung verworfen. Aber auch nach der seit dem 13.6.2014 geltenden Regelung steht es dem Unternehmer frei, die Rücksendekosten zu übernehmen (§ 357 VI S. 2 BGB).

Beispiel: Verbraucher V kauft im Internetshop des Versandhändlers H ein Smartphone und überweist, da H nur gegen Vorkasse liefert, den Kaufpreis i.H.v. 300 €. H liefert da-

---

[1089] Insoweit lediglich klarstellend OLG Düsseldorf NJW-RR 2015, 877.

[1090] Folgerichtig OLG Düsseldorf NJW-RR 2015, 877.

raufhin das Gerät. Sodann macht V von seinem Widerrufsrecht Gebrauch und schickt das Smartphone an H zurück. Er wendet 10,- € für den Rückversand auf und fragt sich, ob er neben dem Kaufpreis auch die 10,- € für den Rückversand erstattet verlangen kann.

Da das Gesetz grds. dem Verbraucher die Kosten für den Rückversand aufbürdet, kann V die 10,- € nicht von H erstattet verlangen, sofern H den V im Rahmen der Widerrufsbelehrung auf diese Folge hingewiesen hat. Sollte ein solcher Hinweis in der Widerrufsbelehrung fehlen oder sollte H sogar ausdrücklich die Kostenübernahme erklärt haben, kann V die Erstattung der 10,- € verlangen.

Sollten gem. § 357 V BGB die Parteien eine Abholung der Ware durch den Unternehmer vereinbart haben (dazu Rn 1044 a.E.), sind die diesbezüglichen Kosten vom Unternehmer zu tragen.

Fazit zu den Kosten der Rücksendung: Grundsätzlich hat der Verbraucher die Kosten für die Rücksendung zu tragen (§ 357 VI S. 1 BGB). Ausnahmen hiervon sind:

- Unternehmer hat den Verbraucher über diese Kostentragungspflicht nicht vorvertraglich unterrichtet (§ 357 VI S. 1 BGB i.V.m. Art. 246a § 1 II S. 1 Nr. 2 EGBGB)
- Ware ist zur Rücksendung durch Post (bzw. Paketdienst) nicht geeignet (§ 357 VI S. 3 BGB, Art. 246a § 1 II S. 1 Nr. 2 EGBGB)
- Parteien vereinbaren Abholung durch Unternehmer, wenn dieser die Abholung anbietet (§ 357 V BGB)
- Unternehmer übernimmt freiwillig Rücksendekosten (§ 357 VI S. 2 BGB)

⇨ **§ 357 VII BGB:** Der Verbraucher hat nach Maßgabe des § 357 VII BGB **Wertersatz** für einen Wertverlust der Ware zu leisten, wenn 1. der Wertverlust auf einen Umgang mit den Waren zurückzuführen ist, der für die Prüfung der Beschaffenheit, der Eigenschaften und der Funktionsweise der Waren nicht notwendig war, und 2. der Unternehmer den Verbraucher nach Art. 246a § 1 II S. 1 Nr. 1 EGBGB belehrt hat. Eine Belehrung über eine etwaige Wertersatzpflicht schreiben die seit dem 13.6.2014 geltenden Fassungen der verbraucherschützenden Vorschriften hingegen nicht vor.

Sofern der Umgang mit der Ware zur Prüfung der Beschaffenheit, der Eigenschaften und der Funktionsweise der Waren notwendig ist, soll dies dem das Widerrufsrecht ausübenden Verbraucher nicht zum Nachteil gereichen. Das hat folgenden Hintergrund: Anders als im stationären Handel fehlen im Fernabsatz üblicherweise Vergleichs-, Vorführ- und Beratungsmöglichkeiten. Der Verbraucher kauft regelmäßig allein aufgrund einer Beschreibung und von Fotos. Er ist also darauf angewiesen, die gekaufte Ware nach Erhalt zuhause zu prüfen und ggf. deren Funktionstüchtigkeit zu testen. Sollte er feststellen, dass die Sache nicht seinen Erwartungen entspricht, soll er sie nicht nur wieder zurücksenden können, sondern er soll auch grds. nicht den Wertverlust ausgleichen müssen, der durch die kurzzeitige Benutzung bzw. Inbetriebnahme entstanden ist, da er einen solchen ja auch nicht ausgleichen müsste, wenn er im stationären Handel ein Vergleichs- oder Vorführgerät ausprobierte. Insoweit trifft den Verbraucher daher keine Wertersatzpflicht für eine Wertminderung, wenn er die Sache zuhause auspackt und ggf. ausprobiert.[1091] Wenn der Verbraucher also über das Internet bspw. ein Oberhemd kauft und dieses zu Hause aus der verschweißten Folie auspackt und anprobiert, hat er keinen Wertersatz für die nicht mehr brauchbare Folienverpackung zu leisten.

Da das Fernabsatzrecht den Verbraucher andererseits nicht besserstellen soll, als er stünde, wenn er die Sache im stationären Handel gekauft hätte[1092], ist ihm zwar ein Prüfrecht, nicht aber ein (umfassendes) Nutzungsrecht zuzubilligen, sofern ihm ein solches auch nicht im stationären Handel zustünde. Daher hat der den Widerruf Ausübende Wertersatz für einen Wertverlust der Ware zu leisten, wenn der Wertverlust auf einen Umgang mit der Ware zurückzuführen ist, der über die Prüfung der Beschaffenheit, der Eigenschaften und der Funktionsweise der Ware hinausgeht (§ 357 VII Nr. 1 BGB).

[1091] Siehe auch BGH NJW 2017, 880, 882

[1092] Vgl. auch BGH NJW 2017, 878, 880.

Wenn also der Verbraucher das in einem Internetshop gekaufte Oberhemd einen Abend lang trägt, kann er den Widerruf nicht ohne Wertersatzpflicht ausüben. Wer z.B. per E-Mail ein Wasserbett bestellt, darf dieses zu Hause mit Wasser befüllen. Wer das Wasserbett sodann aber mehrere Nächte „ausgiebig" benutzt, kann nicht ernsthaft erwarten, dass er schadlos von seinem Widerrufsrecht Gebrauch machen kann.[1093] Folgerichtig ist auch Wertersatz zu leisten in Bezug auf „getragene und mit Gebrauchsspuren versehene Unterwäsche"[1094], in Bezug auf benutzte Kosmetika[1095] und in Bezug auf mit „Bartstoppeln behaftete Elektrorasierer"[1096], sofern in diesen Fällen nicht schon gem. § 312g II S. 1 Nr. 3 BGB das Widerrufsrecht ausgeschlossen ist. Auch die Montage eines im Fernabsatz gekauften Katalysators in ein Auto mit anschließender Probefahrt führt bei Ausübung des Widerrufsrechts und Rücksendung zum Wertersatz nach § 357 VII Nr. 1 BGB, weil Einbau und Gebrauch eines Katalysators diesen zu einer gebrauchten Sache machen und (daher) über die Prüfung der Beschaffenheit, der Eigenschaften und der Funktionsweise hinausgehen, zumal der Einbau in den eigenen Wagen mit anschließender Testfahrt auch nicht im stationären Handel üblich ist.[1097]

Beachte: Sofern das Widerrufsrecht in Fällen dieser Art nicht von vornherein ausgeschlossen ist, hat der Verbraucher jedenfalls Wertersatz zu leisten, der sich nach dem objektiven Wert bemisst und – je nach Grad der Benutzung – theoretisch 100% des Kaufpreises erreichen kann.

Beispiel: Beträgt der objektive Verkehrswert eines neuen Katalysators 300,- € und nach Einbau, Gebrauch und Ausbau nur noch 180,- €, ist Wertersatz i.H.v. 120,- € zu leisten.

Fraglich ist, ob auch ein **Untergang** der Sache unter § 357 VII BGB fallen kann. Nach Auffassung des Gesetzgebers kann der Untergang der Sache beim Verbraucher einen Wertverlust i.S.d. § 357 VII BGB darstellen und dazu führen, dass der Verbraucher von der Wertersatzpflicht befreit ist, solange nur der Untergang auf den zur Prüfung der Ware notwendigen Umgang zurückzuführen ist.[1098] Freilich dürfte dies eher nur selten anzunehmen sein. Regelmäßig wird der Untergang vielmehr auf ein Verhalten zurückzuführen sein, das über den zur Prüfung der Ware notwendigen Umgang hinausgeht. Für diesen Fall dürfte dann eher § 357 IV BGB greifen: Der Unternehmer wird – wie bei Rn 1046 ausgeführt – von der Erstattungspflicht befreit (vgl. § 326 I S. 1 BGB).

Fraglich ist schließlich, ob ein Fall des § 357 VII BGB auch vorliegt, wenn der Verbraucher die Sache **veräußert** hat und sie daher nicht mehr zurückgeben kann. Denn in einem solchen Fall liegt ja kein Wertverlust vor, der aber von § 357 VII BGB vorausgesetzt wird.

Beispiel: Verbraucher V hat sich bei Unternehmer U über das Internet einen Leuchter gekauft. Kurz nach Zusendung der Ware veräußert V den Leuchter an seinen Freund F. Später widerruft er – innerhalb der Widerrufsfrist – den mit U geschlossenen Vertrag gem. §§ 312c I, 312g I, 355 BGB. ⇨ In diesem Fall ist das Widerrufsrecht jedenfalls nicht gem. § 312g II BGB ausgeschlossen, sodass der Weg zu § 357 VII BGB an sich frei wäre. Allerdings spricht § 357 VII BGB lediglich von Wertersatz wegen Wertverlustes. Vorliegend hat V den Leuchter aber veräußert und nicht im Wert gemindert. Eine Herausgabe, zu der V gem. § 357 I BGB verpflichtet wäre, ist damit unmöglich. Für diesen Fall gewährt § 357 IV S. 1 BGB ein Zurückbehaltungsrecht hinsichtlich der Erstattungspflicht des Unternehmers. Das bedeutet: Da V den Leuchter nicht an U zurückgeben kann, muss dieser den Kaufpreis nicht erstatten. Das Bedürfnis nach Wertersatz stellt sich also (anders als nach §§ 357 I, 346 II S. 1 Nr. 2 BGB a.F.) nicht. Wegen § 361 I BGB sind aber in jedem Fall Ansprüche des U gegen V etwa aus §§ 280 I, 823 oder 812 BGB ausgeschlossen (s.o.).

[1093] Vgl. dazu EuGH NJW 2009, 3015 ff. und BGH NJW 2011, 56 ff.
[1094] OLG Frankfurt am Main NJW-RR 2007, 482.
[1095] OLG Köln MMR 2010, 683.
[1096] AG Backnang K&R 2009, 747.
[1097] Zutreffend BGH NJW 2017, 878, 880.
[1098] BT-Drs. 17/12637, S. 63 zu Abs. 7.

Wie aus der vorangegangenen Darstellung deutlich geworden sein sollte, ist der Unternehmer verpflichtet, nach ausgeübtem Widerruf die Sache mitunter leicht gebraucht zurückzunehmen, obwohl er die Leistung vertragsgemäß erbracht hat. Damit unterscheidet er sich vom Rückgewährgläubiger beim allgemeinen gesetzlichen Rücktritt nach §§ 346 ff. BGB, wonach der Rückgewährschuldner den Rücktritt nur erklären kann, wenn der Rückgewährgläubiger nicht ordnungsgemäß erfüllt und trotz i.d.R. bestehender Frist die Pflichtverletzung nicht behoben hat. Der Rücktrittsgläubiger hat es demnach in der Hand, den Rücktritt und dessen Rechtsfolgen durch ordnungsgemäße Leistung oder Nachlieferung zu vermeiden. Der Unternehmer bzgl. eines Verbrauchsgüterkaufs muss hingegen nach ausgeübtem Widerruf seine mitunter ordnungsgemäß erbrachte Leistung zurücknehmen, ohne dass er dies beeinflussen kann. Um die damit verbundenen Folgen abzuschwächen, gewährt ihm das Gesetz immerhin einen Anspruch auf Wertersatz, wenn der Wertverlust auf einen Umgang mit der Ware zurückzuführen ist, der für die Prüfung der Beschaffenheit, der Eigenschaften und der Funktionsweise der Ware nicht notwendig war.

Beispiel: Verbraucher V kauft über die Internetseite des Unternehmers U ein neues Kfz. Bei Vertragsschluss wurde V von U unmissverständlich in Textform darauf hingewiesen, dass er bei Widerruf der auf den Vertrag gerichteten Willenserklärung die durch die Ingebrauchnahme des Kfz eingetretene Verschlechterung zu ersetzen habe.

Hat V das Kfz lediglich zu einer kurzen Probefahrt benutzt, um Beschaffenheit, Eigenschaften und Funktionsweise zu prüfen, muss er für diese eingetretene Wertminderung gem. § 357 VII BGB keinen Wertersatz leisten.

Hat V aber das Fahrzeug bei der Straßenverkehrsbehörde zugelassen, ist zu beachten, dass allein aufgrund dieser Erstzulassung ein deutlicher Wertverlust eingetreten ist (nach Auffassung des Gesetzgebers ca. 20%[1099]). Die von V als erforderlich angesehene Probefahrt hätte er auch mit Kurzzeitkennzeichen vornehmen können, bei dem keine Haltereintragung erfolgt. V muss daher dem U Wertersatz leisten.

⇨ **§ 357 VIII BGB:** Eine Wertersatzpflicht bei einem Vertrag über die Erbringung von Dienstleistungen oder über die Lieferung von Wasser, Gas oder Strom in nicht bestimmten Mengen oder nicht begrenztem Volumen oder über die Lieferung von Fernwärme enthält § 357 VIII S. 1 BGB. Voraussetzung für einen Wertersatzanspruch für die bis zum Widerruf erbrachte Leistung ist, dass der Verbraucher von dem Unternehmer ausdrücklich verlangt hat, mit der Leistung vor Ablauf der Widerrufsfrist zu beginnen (§ 357 VIII S. 1 BGB), und dass der Unternehmer den Verbraucher nach Art. 246a § 1 II S. 1 Nrn. 1 und 3 EGBGB ordnungsgemäß informiert hat (§ 357 VIII S. 2 BGB). Bei AGV besteht der Anspruch auf Wertersatz zudem nur dann, wenn der Verbraucher sein Verlangen auf einem dauerhaften Datenträger (Rn 997) übermittelt hat (§ 357 VIII S. 3 BGB).

Beispiel: Verbraucher V hat mit Unternehmer U über dessen Internetseite einen Mobilfunkvertrag geschlossen. V benutzt gleich am nächsten Tag sein von U zugesandtes neues Smartphone. Eine Woche später widerruft er den Vertrag nach §§ 312c I, 312g I, 355 BGB. Die von V in Anspruch genommene Dienstleistung – die Benutzung des Mobilfunknetzes – kann von vornherein nicht in Natur zurückgegeben werden (nicht zu verwechseln ist die Inanspruchnahme des Mobilfunknetzes mit der Abnutzung des Smartphones und den Gebrauchsvorteilen). ⇨ Damit hat V nach Zugang seines Widerrufs bei U Wertersatz unter den Voraussetzungen des § 357 VIII BGB zu leisten.

⇨ **§ 357 IX BGB:** Keine Wertersatzpflicht trifft dagegen den Verbraucher, der einen Vertrag über die Lieferung von nicht auf einem körperlichen Datenträger befindlichen digitalen Inhalten widerruft (§ 357 IX BGB). Das betrifft namentlich den Download etwa eines Computerprogramms. Die nicht bestehende Wertersatzpflicht ist logisch, da hierbei weder ein Datenträger entsiegelt wird noch eine Wertminderung möglich ist. Möchte der Unternehmer die Nutzung der Daten nach ausgeübtem Widerrufsrecht verhindern, muss

[1099] BT-Drs. 14/6040, S. 199.

er das Programm mit einer Anwendungssperre versehen bzw. die Zugriffsmöglichkeit befristen. Zu beachten ist: 357 IX BGB geht insgesamt davon aus, dass ein Widerrufsrecht besteht und widerrufen worden ist. Ist das Widerrufsrecht nach 356 V BGB ausgeschlossen, greift 357 IX BGB nicht und man gelangt nicht zu der Frage nach dem Wertersatz.

Die angesprochenen zahlreichen Spezialvorschriften hinsichtlich der Rechtsfolgen des **1046a** Widerrufs finden sich in §§ 357a-357d BGB. Konkret geht es um modifizierte Rechtsfolgen insbesondere in Bezug auf Finanzdienstleistungsverträge (§ 357a BGB), Teilzeit-Wohnrechteverträge (§ 357b BGB), Ratenlieferungsverträge (§ 357c BGB) und Verbraucherbauverträge (§ 357d BGB). Ist bspw. bei Verbraucherbauverträgen (§ 650i BGB) die Rückgewähr der bis zum Widerruf nach § 650l S. 1 BGB erbrachten Leistung ihrer Natur nach ausgeschlossen, schuldet der Verbraucher dem Unternehmer zwar (wie bei § 357 VII BGB) Wertersatz (§ 357d S. 1 BGB). Bei der Berechnung des Wertersatzes ist aber die vereinbarte Vergütung zugrunde zu legen. Ist die vereinbarte Vergütung unverhältnismäßig hoch, ist der Wertersatz auf der Grundlage des Marktwertes der erbrachten Leistung zu berechnen (§ 357d S. 2 und 3 BGB).

E. Verbot abweichender Vereinbarungen und Beweislast

§ 312k I S. 1 BGB bestimmt, dass von den §§ 312 ff. BGB, soweit nichts anderes be- **1047** stimmt ist, nicht zum Nachteil des Verbrauchers oder Kunden abgewichen werden darf (vgl. etwa auch §§ 361, 476 I, 487, 511, 650o, 651m, 655e BGB). §§ 312 ff. BGB sind also halbzwingendes Recht. Abweichungen sind nur auf der Grundlage von gesetzlichen Bestimmungen möglich. Reine Parteiabreden, die die Verbraucherrechte des Kunden zu dessen Nachteil ändern, sind unwirksam. Das gilt selbstverständlich auch für AGB des Unternehmers.

§ 312k I S. 2 BGB enthält ein Umgehungsverbot. Sollen also Schutzvorschriften durch geschicktes „Manövrieren" umgangen werden, finden die §§ 312 ff. BGB gleichwohl Anwendung.

F. Prüfungsschema

1048 Hinsichtlich des Widerrufsrechts bei Fernabsatzverträgen empfiehlt sich folgendes Prüfungsschema:

Widerrufsrecht bei Fernabsatzverträgen nach § 312g I Var. 2 BGB

I. Persönlicher und sachlicher Anwendungsbereich

In persönlicher Hinsicht setzt das Widerrufsrecht gem. § 312g I BGB voraus, dass sich ein Verbraucher (§ 13 BGB) und ein Unternehmer (§ 14 I BGB) gegenüberstehen (§ 310 III BGB). In sachlicher Hinsicht darf keine Bereichsausnahme gem. § 312 II BGB greifen. Zudem muss ein wirksamer Verbrauchervertrag über die Lieferung von Waren oder Dienstleistungen gegen ein Entgelt vorliegen. Bei diesem Vertrag muss es sich zudem um einen Fernabsatzvertrag handeln, also um einen Vertrag, bei dem der Unternehmer und der Verbraucher für die Vertragsverhandlungen und den Vertragsschluss ausschließlich Fernkommunikationsmittel verwenden (§ 312c I BGB).

II. Kein Ausschluss des Widerrufsrechts

Es darf kein Ausschlusstatbestand nach § 312g II BGB greifen.

III. Keine Verfristung und kein Erloschensein des Widerrufsrechts

Die allgemeine Widerrufsfrist beträgt gem. § 355 II S. 1 BGB 14 Tage und beginnt gem. § 355 II S. 2 BGB mit Vertragsschluss, bei einem Verbrauchsgüterkauf jedoch nicht, bevor der Verbraucher die Ware erhalten hat (§ 356 II Nr. 1a BGB). In keinem Fall beginnt die Widerrufsfrist, bevor nicht der Unternehmer den Verbraucher entsprechend den Anforderungen des Art. 246a § 1 II S. 1 Nr. 1 oder des Art. 246b § 2 I EGBGB unterrichtet hat (§ 356 III S. 1 BGB) - Widerrufsbelehrung.

Der Gesetzgeber hat aber geregelt, dass das Widerrufsrecht maximal 12 Monate nach Ablauf der eigentlichen Widerrufsfrist erlischt. Die Frist beträgt dann insgesamt 12 Monate und 14 Tage (§ 356 III S. 2 BGB).

Nach § 356 IV S. 1 BGB erlischt das Widerrufsrecht, wenn bei einer Dienstleistung der Vertrag von beiden Seiten auf ausdrücklichen Wunsch des Verbrauchers vollständig erfüllt ist, bevor der Verbraucher sein Widerrufsrecht ausgeübt hat.

IV. Ausübung und Rechtsfolgen des Widerrufs

Das Widerrufsrecht ist ein Gestaltungsrecht, das in das freie Belieben des Verbrauchers gestellt ist. Es muss lediglich (formfrei) erklärt werden (vgl. auch § 355 I BGB). Einer Begründung bedarf die Widerrufserklärung von vornherein nicht (§ 355 I S. 4 BGB).

Hinsichtlich der Ausübung des Widerrufsrechts verweist § 312g I BGB auf § 355 BGB. Unmittelbare Rechtsfolge ist, dass Verbraucher und Unternehmer nicht mehr an ihre auf den Abschluss des Vertrags gerichteten Willenserklärungen gebunden sind (§ 355 I S. 1 BGB). Für diesen Fall sieht § 355 III S. 1 BGB als weitere Folge vor, dass die empfangenen Leistungen unverzüglich zurückzugewähren sind. Zudem greifen die Rechtsfolgen aus § 357 BGB, die – sofern sie von denen aus § 355 BGB abweichen – als Sonderregelungen vorgehen.

In der **Fallbearbeitung** wird der Einstieg i.d.R. über die erstrebte Rechtsfolge erfolgen, d.h. ein Verbraucher teilt dem Unternehmer mit, dass er an dem Rechtsgeschäft nicht mehr festhalten wolle und den Kaufpreis zurückfordere. In diesem Fall könnte das Gutachten wie folgt eingeleitet werden: „K könnte gegen V einen Anspruch auf Rückzahlung des Kaufpreises (ggf. Zug um Zug gegen Rückgabe des Kaufgegenstands) aus §§ 355 III S. 1 i.V.m. 357 I i.V.m. 312g I BGB haben. Dafür müsste ihm ein gesetzliches Widerrufsrecht zustehen und er müsste wirksam den Widerruf erklärt haben." Sodann erfolgt die Prüfung anhand des aufgezeigten Schemas.[1100]

[1100] Vgl. auch die Fallbearbeitung von *Holle/Kaltenbach*, JuS 2010, 702 ff.

G. Verbundene Verträge

Hat der Verbraucher zwei Verträge – einen über die Lieferung einer Ware oder die Erbringung einer anderen Leistung und einen Verbraucherdarlehensvertrag i.S.d. §§ 491 ff. BGB – geschlossen und sind diese beiden Verträge „verbunden", gelten die Bestimmungen der §§ 358, 359 BGB. Kern der Regelung ist, dass der Verbraucher, der seine in Bezug auf die Lieferung einer Ware oder die Erbringung einer anderen Leistung abgegebene Willenserklärung widerruft, auch an seine Willenserklärung in Bezug auf den Darlehensvertrag nicht (mehr) gebunden ist. Anderenfalls würde die Möglichkeit des Widerrufs unterlaufen werden. „Verbunden" sind die beiden Verträge, wenn das Darlehen ganz oder teilweise der Finanzierung des anderen Vertrags dient und beide Verträge eine *wirtschaftliche Einheit* bilden, § 358 III S. 1 BGB.[1101] **1049**

> **Beispiel:** Verbraucher K kauft beim Autohaus V einen Pkw und schließt gleichzeitig – von V vermittelt – einen Darlehensvertrag bei der Hausbank des V hinsichtlich der Finanzierung des Kfz ab.
>
> Hier liegt ein verbundener Vertrag vor (vgl. § 358 III S. 1 und 2 BGB). Widerruft K nun form- und fristgerecht seine Willenserklärung in Bezug auf den Kaufvertrag, ist er auch an seine Willenserklärung in Bezug auf den Darlehensvertrag nicht (mehr) gebunden, § 358 I BGB (sog. **Widerrufsdurchgriff**). Für den umgekehrten Fall gilt § 358 II BGB. Zu den Widerrufsrechten (entsprechende Geltung der §§ 355 III, 357-357b BGB) vgl. § 358 IV BGB.[1102]

Aus diesem Beispiel wird zugleich der Schutzzweck der §§ 358, 359 BGB deutlich: Der Verbraucher soll nicht an einen für ihn nutzlosen Vertrag gebunden werden, weil für diesen aufgrund des Widerrufs des anderen Vertrags sozusagen die „Geschäftsgrundlage" entfallen ist. Nach der am 13.6.2014 in Kraft getretenen Änderungen der §§ 358, 359 BGB greift der Widerrufsdurchgriff auch auf **unentgeltliche Darlehensverträge**, worunter die sog. Null-Prozent-Finanzierungen fallen.[1103] **1049a**

Eine Sonderregelung gilt allerdings beim **finanzierten Erwerb von Grundstücken oder grundstücksgleichen Rechten**. In diesen Fällen ist – in Abweichung zu § 358 III S. 2 BGB – gem. § 358 III S. 3 BGB eine wirtschaftliche Einheit nur anzunehmen, wenn der Darlehensgeber selbst das Grundstück oder das grundstücksgleiche Recht verschafft oder wenn er über die Zurverfügungstellung von Darlehen hinaus den Erwerb des Grundstücks oder grundstücksgleichen Rechts durch Zusammenwirken mit dem Unternehmer fördert, indem er sich dessen Veräußerungsinteressen ganz oder teilweise zu eigen macht (z.B. als Makler), bei der Planung, Werbung oder Durchführung des Projekts Funktionen des Veräußerers übernimmt oder den Veräußerer einseitig begünstigt (z.B. durch Vorlage eines Gutachtens, welches in falscher Art und Weise einen überhöhten Wert des Grundstücks ausweist und damit den Preis in die Höhe treibt).[1104] **1049b**

In § 359 BGB (der einen verbundenen Vertrag i.S.v. § 358 BGB voraussetzt) ist ein **Einwendungsdurchgriff** geregelt. Nach § 359 I S. 1 BGB kann der Verbraucher die Rückzahlung des Darlehens verweigern, soweit Einwendungen aus dem verbundenen Vertrag gegenüber dem Unternehmer, mit dem er den verbundenen Vertrag geschlossen hat, zur Verweigerung seiner Leistung berechtigen würden. § 359 BGB gilt über den Verweis in § 515 BGB[1105] auch für unentgeltliche Finanzierungshilfen. Die sich **1049c**

[1101] Zu den Voraussetzungen vgl. auch BGH NJW 2015, 2414 f.
[1102] Vgl. dazu *Wendehorst*, NJW 2011, 2551, 2555.
[1103] Dazu neigt auch BGH NJW 2014, 3719, 3720. Nach dem BGH greift aber nicht der Einwendungsdurchgriff nach § 359 BGB auf unentgeltliche (Verbraucher-)Darlehensverträge (dazu sogleich Rn 1049c).
[1104] Vgl. dazu auch BGH NJW 2007, 357 ff. (mit Anm. v. *Kulke*, NJW 2007, 360 f.); BGH WM 2007, 114, 115 f. (mit Bespr. v. *Looschelders*, JA 2007, 223 ff.); BGH NJW 2006, 2099 ff.; *Oechsler*, NJW 2006, 2451 ff.
[1105] Vgl. zur seit dem 21.3.2016 geltenden Neuregelung bereits Rn 969.

dadurch ergebende Anwendbarkeit des § 359 BGB auch auf *unentgeltliche* Verbraucherdarlehensverträge hat zur Folge, dass auf *zinslose* Verbraucherdarlehensverträge (zu denen insbesondere sog. Null-Prozent-Finanzierungen gehören[1106]) Verbraucherdarlehensrecht Anwendung findet: Gemäß § 514 II S. 1 BGB besteht ein Widerrufsrecht nach § 355 BGB und gem. §§ 515 i.V.m. 359 BGB die Möglichkeit des Einwendungsdurchgriffs.

Der Zweck des § 359 BGB besteht mithin darin, dass der Verbraucher vor solchen Nachteilen geschützt werden soll, die ihm dadurch entstünden, dass er *zwei* Vertragsparteien gegenübersteht. Dabei müssen die (rechtshindernden, rechtsvernichtenden, rechtshemmenden) Einwendungen[1107] im Rechtsverhältnis zwischen den Parteien des finanzierten Vertrags bereits entstanden und vom Verbraucher gegenüber dem Unternehmer geltend gemacht worden sein.[1108] Dieses Recht soll dem Verbraucher nach § 359 S. 3 BGB – soweit er eine Nacherfüllung verlangen kann – jedoch nur zustehen, wenn die Nacherfüllung fehlgeschlagen (§§ 440, 636 BGB) ist. Grundsätzlich unterfallen die Verweigerung der Nacherfüllung und die Unzumutbarkeit nicht unter den von §§ 440, 636 BGB erfassten Begriff des „Fehlschlagens". Bei der Anwendung des § 359 S. 3 BGB werden jedoch die Verweigerung und die Unzumutbarkeit der Nacherfüllung aus Wertungsgesichtspunkten einem Fehlschlagen gleichgestellt.

Im **Beispiel** von Rn 1049 hat das von K bei V gekaufte Auto einen Mangel. K verlangt gem. §§ 434, 437 Nr. 1 BGB Nacherfüllung, die V jedoch verweigert. Daraufhin möchte sich K gem. §§ 434, 437, 323 BGB vom Vertrag lösen und erklärt den Rücktritt (§ 349 BGB).

Als Rechtsfolge muss er gem. § 346 I BGB das Auto an V zurückgeben. Nach § 359 S. 1 BGB hat K ein Leistungsverweigerungsrecht hinsichtlich des Rückzahlungsanspruchs aus dem (verzinsten!) Darlehensvertrag mit der Bank.

1049d **Rechtsfolge des § 359 BGB** ist also ein **Leistungsverweigerungsrecht** bzgl. des Rückzahlungsanspruchs aus dem Darlehensvertrag. Dieses besteht in demselben Umfang, wie dem Verbraucher Einwendungen aus dem finanzierten Vertrag zustehen. Sind der finanzierte Gegenstand mangelhaft und eine Nacherfüllung fehlgeschlagen oder unzumutbar, kann der Verbraucher wählen, ob er den Kaufpreis bzw. die Vergütung mindert oder vom Vertrag zurücktritt.

Im **Beispiel** von Rn 1049 muss K gem. § 346 I BGB i.V.m. §§ 434, 437 Nr. 2, 323 BGB das Auto an V herausgeben.

Soweit K noch keine Raten an die Bank auf das (verzinste!) Darlehen gezahlt hat, steht ihm ein Leistungsverweigerungsrecht aus § 359 BGB zu.

Fraglich ist, wie es sich verhält, wenn K schon Raten an die Bank zur Abzahlung des Darlehens getätigt hat. § 359 BGB gibt K keinen Anspruch gegen den Darlehensgeber auf Rückzahlung der bereits geleisteten Zahlungen, da er dem Verbraucher lediglich ein Leistungsverweigerungsrecht einräumt. Es bieten sich diesbezüglich zwei Lösungsmöglichkeiten an: Entweder man gewährt K einen Anspruch gegen V auf Übergabe der Darlehensvaluta oder man gewährt ihm einen Anspruch gegen die Bank auf Rückzahlung der geleisteten Zahlungen aus ungerechtfertigter Bereicherung (§ 812 BGB).

1049e Probleme ergeben sich bei einer **Insolvenz des Verkäufers**. In diesem Fall kann eine Abwicklung nur im Verhältnis vom Verbraucher zum Darlehensgeber erfolgen. Der Verbraucher kann die weitere Ratenzahlung verweigern, ohne dass § 359 S. 3 BGB entge-

---

[1106] Das ist die Kernaussage von BGH NJW 2014, 3719, 3720 (zur Rechtslage vor dem 21.3.2016).

[1107] § 359 BGB versteht den Begriff der *Einwendung* als Oberbegriff, der sowohl die (rechtshindernden und -vernichtenden) Einwendungen als auch die (rechtshemmenden) Einreden umfasst.

[1108] BGH NJW 2002, 137, 138; NJW 2000, 3558, 3559; *Sauer/Wittemann*, Jura 2005, 8, 16.

gensteht.[1109] Umstritten ist, ob der Verbraucher vom Darlehensgeber die Rückzahlung der bereits geleisteten Raten verlangen kann (**Rückforderungsdurchgriff**). Dies wird von einer Mindermeinung[1110] bejaht, wohingegen die h.M.[1111] eine solche Möglichkeit für nicht gegeben sieht.

In §§ 358, 359 BGB ist nicht geregelt, wie die Rückabwicklung zu erfolgen hat, wenn **1049f** einer oder beide Verträge bspw. wegen Anfechtung oder Sittenwidrigkeit nichtig sind. Soweit Nichtigkeit vorliegt, wird eine Rückabwicklung von der h.M. bejaht.

Ist nur der **Darlehensvertrag nichtig** (bspw. gem. § 138 BGB), vollzieht sich die **1049g** Rückabwicklung nach §§ 812 ff. BGB lediglich im Verhältnis zwischen dem Verbraucher und dem Darlehensgeber. Die Bereicherung des Verbrauchers besteht dabei in der Befreiung von seiner Verbindlichkeit gegenüber dem Verkäufer.

Liegt hingegen **Nichtigkeit des finanzierten Vertrags** (Kaufvertrags) vor, kann der **1049h** Verbraucher nach **§ 813 I S. 1 BGB** die Rückzahlung der bereits geleisteten Darlehensraten vom Darlehensgeber verlangen. Wegen der Nichtigkeit war der Anspruch des Darlehensgebers auf Rückzahlung von Anfang an einredebehaftet, sodass die Voraussetzungen des § 813 I S. 1 BGB erfüllt sind. Im Gegenzug ist der Verbraucher über den Grundsatz der Vorteilsausgleichung gegenüber dem Darlehensgeber zur Abtretung seines gegen den Verkäufer gerichteten Kondiktionsanspruchs verpflichtet.

Bei **zusammenhängenden** Verträgen greift die Regelung in § 360 BGB. Ein zusam- **1049i** menhängender Vertrag liegt gemäß der Legaldefinition in § 360 II S. 1 BGB vor, wenn er einen Bezug zu dem widerrufenen Vertrag aufweist und eine Leistung betrifft, die von dem Unternehmer des widerrufenen Vertrags oder einem Dritten auf der Grundlage einer Vereinbarung zwischen dem Dritten und dem Unternehmer des widerrufenen Vertrags erbracht wird. Gemäß § 360 II S. 2 BGB ist ein Darlehensvertrag auch dann ein zusammenhängender Vertrag, wenn das Darlehen ausschließlich der Finanzierung des widerrufenen Vertrags dient und die Leistung des Unternehmers aus dem widerrufenen Vertrag in dem Darlehensvertrag genau angegeben ist.

> **Beispiel:** K erwirbt von V ein Neufahrzeug im Rahmen eines Fernabsatzvertrags. Dabei wird die Finanzierung jedoch nicht von V vermittelt, sondern K finanziert den Wagen über seine Hausbank B, die den Darlehensbetrag an V überweist. Eine Vereinbarung zwischen B und V besteht nicht. Im Darlehensvertrag wird jedoch als Zweck der Kauf des Fahrzeugs von V angegeben.
>
> Widerruft K nun seine auf Abschluss des Kaufvertrags gerichtete Willenserklärung, stellt sich die Frage nach dem Schicksal des Darlehensvertrags. Ein verbundener Vertrag i.S.d. § 358 BGB liegt nicht vor. In Ermangelung einer Vereinbarung zwischen V und B liegt aber auch kein zusammenhängender Vertrag i.S.d. § 360 II S. 1 BGB vor. Allerdings ist ein solcher gem. § 360 II S. 2 BGB anzunehmen, da die Leistung des V aus dem widerrufenen Kaufvertrag in dem Darlehensvertrag genau angegeben ist.

Widerruft der Verbraucher einen Vertrag, ist er auch an einen mit diesem Vertrag nach **1049j** Maßgabe des § 360 II BGB zusammenhängenden Vertrag nicht mehr gebunden (§ 360 I S. 1 BGB). Für die Rückabwicklung des zusammenhängenden Vertrags sind die Vorschriften entsprechend anwendbar, die gelten würden, wenn der zusammenhängende Vertrag widerrufen worden wäre (§ 360 I S. 2 BGB).

[1109] *Habersack*, in: MüKo, § 359 Rn 73.
[1110] *Fuchs*, AcP 99 (1999), 306, 325; *Vollkommer*, FS Merz, 1992, 595, 602.
[1111] OLG Stuttgart, ZIP 2001, 692, 698 f.; *Heise*, JA 1993, 65, 70; *Lieb*, WM 1991, 1533, 1537; *Canaris*, ZIP 1993, 406, 409; *Sauer/Wittemann*, Jura 2005, 8, 16.

12. Kapitel – Beteiligung Dritter am Schuldverhältnis

A. Einführung

1050 Nach § 241 I S. 1 BGB ist der Gläubiger kraft des Schuldverhältnisses berechtigt, von dem Schuldner eine Leistung zu fordern. Grundsätzlich wirken Schuldverhältnisse nur *relativ*, also zwischen dem Schuldner und dem Gläubiger. Ausnahmsweise können auch dritte Personen in den Vertrag mit einbezogen werden. Soweit dies der Fall ist, wirken die vertraglichen Rechte und Pflichten auch gegenüber dem Dritten. Dabei kann die Rechtsstellung des Dritten unterschiedlich ausgestaltet sein.

- Beim **echten Vertrag zugunsten Dritter (§§ 328 ff. BGB)** können die Vertragsparteien vereinbaren, dass der Schuldner die Leistung an einen vom Gläubiger verschiedenen Dritten zu erbringen hat. Der Dritte erhält einen eigenen Anspruch gegen den Schuldner.
- Davon zu unterscheiden ist der **unechte Vertrag zugunsten Dritter**, der den Schuldner lediglich ermächtigt, mit befreiender Wirkung an den Dritten zu leisten. Das Recht, die Leistung zu fordern, steht beim unechten Vertrag zugunsten Dritter im Gegensatz zum echten Vertrag zugunsten Dritter allein dem Gläubiger zu.
- Schließlich hat sich im Wege der Rechtsfortbildung der **Vertrag mit Schutzwirkung zugunsten Dritter** herausgebildet. Danach wird ein Dritter in die vertraglichen Schutz- und Obhutspflichten derart einbezogen, dass er bei deren Verletzung einen vertraglichen Schadensersatzanspruch geltend machen kann.

B. Echter Vertrag zugunsten Dritter

1051 Der echte Vertrag zugunsten Dritter ist gesetzlich in §§ 328 ff. BGB geregelt. Diese Art der Einbeziehung eines Dritten in ein Rechtsverhältnis zeichnet sich dadurch aus, dass nach dem Willen der Vertragsparteien ein unbeteiligter Dritter aus dem Vertrag unmittelbar ein eigenes, selbstständiges Forderungsrecht erwirbt. Dabei kommt der Vertrag ohne die Mitwirkung des Dritten durch zwei korrespondierende Willenserklärungen (§§ 145 ff. BGB) und eine Drittbegünstigungsabrede zwischen dem Schuldner und dem Gläubiger zustande.

1052 Ein **echter Vertrag zugunsten Dritter** liegt vor, wenn sich der Schuldner (*Versprechender*) gegenüber dem Gläubiger (*Versprechensempfänger*) verpflichtet, einem Dritten (*Begünstigten*) die vertraglich vereinbarte Leistung zu erbringen.[1112]

Zuwendungsgegenstand eines solchen Vertrags kann jede zulässige Leistung sein (§ 241 I BGB). Dabei ergibt sich aus dem Wortlaut des § 328 I BGB („Leistung zu fordern") und der systematischen Stellung, dass das Gesetz nur von der Begründung **schuldrechtlicher Ansprüche** durch einen Vertrag zugunsten Dritter ausgeht. Schuldrechtliche oder dingliche Verfügungen zugunsten Dritter, z.B. eine Abtretung oder eine Hypothekenbestellung, sind nach h.M. unzulässig.[1113] §§ 328 ff. BGB sind auf dingliche Verträge weder direkt noch analog anwendbar.

> **Hinweis für die Fallbearbeitung:** Der in §§ 328 ff. BGB geregelte *echte* Vertrag zugunsten Dritter ist *kein* eigener Vertragstyp. Er stellt vielmehr nur eine Abrede i.R. eines beliebigen Schuldverhältnisses, bspw. eines Kauf- oder Werkvertrags, dar. Jede schuldrechtliche Verpflichtung kann mithin durch eine entsprechende Abrede der Vertragschließenden zu einem Vertrag zugunsten Dritter ausgestaltet werden.

1112 Das folgt unmittelbar aus § 328 I BGB.

1113 RGZ 124, 122; 148, 262; BGHZ 41, 95; *Janoschek*, in: Bamberger/Roth, § 328 Rn 4.

Der bei der Kodifikation des Vertrags zugunsten Dritter zugrunde gelegte Zweck bestand in der Gewährleistung der Versorgung eines Dritten. Dabei wurde insb. an Versicherungs- oder Hofübertragungsverträge gedacht. Darüber hinaus wird durch die Möglichkeit eines Vertrags zugunsten Dritter der Leistungsweg verkürzt. Dieser bestünde ohne eine solche Abrede in doppelter Hinsicht. Zuerst müsste der Schuldner (Versprechender) an den Gläubiger (Versprechensempfänger) leisten und danach Letzterer an den Dritten. Durch den Vertrag zugunsten Dritter kann die Leistungskette dahingehend verkürzt werden, dass der Schuldner (Versprechender) direkt an den Dritten leistet. Die Richtung der Leistungspflicht des Schuldners wird also zugunsten des Dritten geändert. Dieser erwirbt ein eigenständiges Leistungsrecht. Das bedeutet, dass grundsätzlich nur der Dritte vom Schuldner die Leistung verlangen kann. Nur im Zweifel ist auch der Gläubiger gem. § 335 BGB berechtigt, vom Schuldner die Leistung zu fordern, wobei er diese jedoch nicht an sich selbst verlangen kann, sondern nach Maßgabe des Vertragszwecks nur an den Dritten. **1053**

Zum Schutz des Dritten vor einem aufgezwungenen Rechtserwerb ohne dessen Willen besteht in § 333 BGB die Möglichkeit für den Dritten, das erworbene Recht zurückzuweisen. Eine solche Zurückweisung hat zur Folge, dass das Recht so angesehen wird, als sei es nie vom Dritten erworben worden. Folglich steht das Recht dem Versprechensempfänger (Gläubiger) zu. Trotz dieser Möglichkeit des Dritten, das Recht zurückzuweisen, ist es nach h.M. unzulässig, **Verträge zu Lasten Dritter** abzuschließen.[1114] Verträge zu Lasten Dritter begründeten einen Anspruch gegen den Dritten und seien deswegen mit der Privatautonomie nicht vereinbar.[1115] Auch wenn der belastete Dritte ein Zurückweisungsrecht analog § 333 BGB habe, werde wegen dieser ihm erwachsenden Pflicht, überhaupt tätig zu werden, seine Handlungsfreiheit aus Art. 2 I GG und die Privatautonomie des § 311 BGB eingeschränkt. Da auch Verpflichtungsermächtigungen nach h.M. unzulässig sind, ist ein Vertrag zu Lasten Dritter auch unwirksam, wenn sich der Dritte damit einverstanden erklärt.[1116]

I. Abgrenzungen

Der echte Vertrag zugunsten Dritter ist von der Stellvertretung, der Abtretung (§§ 398 ff. BGB), dem unechten Vertrag zugunsten Dritter und dem Vertrag mit Schutzwirkung zugunsten Dritter abzugrenzen. **1054**

1. Abgrenzung zur Stellvertretung

Die **unmittelbare Stellvertretung nach §§ 164 ff. BGB** grenzt sich vom Vertrag zugunsten Dritter dadurch ab, dass bei der Stellvertretung den Dritten die vollen rechtlichen Wirkungen des Vertrags treffen. Bei der Stellvertretung wird der Dritte selbst Partei und lässt sich bei Vertragsschluss lediglich vertreten. Er hat alle vertraglichen Rechte, aber ihm obliegen auch die vereinbarten Pflichten. Insb. steht dem Vertretenen kein Zurückweisungsrecht i.S.d. § 333 BGB zu. Im Unterschied dazu wird der Dritte beim echten Vertrag zugunsten Dritter lediglich hinsichtlich eines ihm zugewandten Einzelanspruchs berechtigt. Weiterhin bleibt der Gläubiger daneben im Zweifel berechtigt, die Leistung zu fordern (vgl. § 335 BGB), und v.a. verpflichtet, die Gegenleistung zu erbringen. Die Stellvertretung unterscheidet sich somit maßgeblich in den Rechtsfolgen vom echten Vertrag zugunsten Dritter. Zur Beurteilung, welches der beiden Rechtsinstitute gewollt ist, muss darauf abgestellt werden, wie sich das Auftreten des Handelnden aus der Sicht eines objektiven Empfängers darstellt. Nur wenn der Handelnde den Willen zum Auftreten im fremden Namen nach außen deutlich macht, will er selbst nicht Vertragspartner werden und einen anderen Dritten berechtigen und verpflichten. Im Zweifel ist eher ein Handeln im eigenen Namen anzunehmen, das bei Vertragsschluss zu einem Vertrag zugunsten Dritter führt. **1055**

[1114] BVerfGE 73, 261, 270; BGHZ 54, 145, 147; *Janoschek*, in: Bamberger/Roth, § 328 Rn 5.
[1115] BGHZ 54, 145, 147; 61, 360, 361; 78, 369, 374 f.; BGH NJW 1995, 3183, 3184.
[1116] *Peters*, AcP 171 (1971), 234, 243; *Schirmer*, FS Reimer Schmidt, 1976, S. 821, 830 f.

Hinweis für die Fallbearbeitung: Probleme kann es bereiten, das Auftreten der Eltern für ihre Kinder einzuordnen. Die Eltern können entweder als gesetzliche Vertreter im Namen des Kindes oder im eigenen Namen zugunsten ihres Kindes auftreten wollen. Auch hierbei ist im Zweifel davon auszugehen, dass die Eltern im eigenen Namen auftreten und somit einen Vertrag zugunsten ihres Kindes abschließen. Dafür spricht auch der Umstand, dass der Schuldner bei einer solchen Betrachtung einen zumeist solventeren Schuldner erhält, als wenn das Kind der Vertragspartner wird.

1056 Bei der **mittelbaren Stellvertretung** müssen abweichend vom echten Vertrag zugunsten Dritter nachträglich die Vertragsrechte übertragen werden. Zuerst erwirbt somit der mittelbare Stellvertreter alle Rechte und Pflichten aus dem Vertrag und ist seinerseits vertraglich verpflichtet, diese Rechte auf den Vertretenen zu übertragen. Der Dritte erwirbt somit nicht automatisch irgendwelche Rechte aus dem geschlossenen Vertragsverhältnis.

2. Abgrenzung zur Abtretung, §§ 398 ff. BGB

1057 Wie beim Vertrag zugunsten Dritter erhält der Dritte bei der Abtretung das Recht, eine Leistung von einem anderen, der nicht seine Vertragspartei ist, zu fordern. Bei der Abtretung gem. § 398 BGB erwirbt der Dritte jedoch ein bereits bestehendes Recht, wohingegen beim Vertrag zugunsten Dritter das Recht unmittelbar in der Person des Dritten entsteht. Nach der Abtretung ist nur noch der Zessionar berechtigt, die Leistung zu fordern. Beim Vertrag zugunsten Dritter bleibt gem. § 335 BGB hingegen im Zweifel auch der Versprechensempfänger berechtigt, die Leistung an den Dritten zu verlangen.

3. Abgrenzung zum unechten Vertrag zugunsten Dritter

1058 Weiterhin ist der *echte* Vertrag zugunsten Dritter vom *unechten* Vertrag zugunsten Dritter abzugrenzen. Bei beiden Verträgen wird der Schuldner (Versprechender) *berechtigt*, mit befreiender Wirkung an den Dritten zu leisten. Im Unterschied zum echten Vertrag zugunsten Dritter wird der Schuldner beim unechten Vertrag zugunsten Dritter jedoch nicht *verpflichtet*, an den Dritten zu leisten. Dieser erwirbt **keinen eigenen Leistungsanspruch** gegen den Schuldner. Vielmehr hat Letzterer das Recht, das Erlöschen des Anspruchs durch Erfüllung nach § 362 I BGB dadurch herbeizuführen, dass er die Leistung an den Dritten erbringt. Daneben wird er aber auch durch Erfüllung (§ 362 I BGB) von seiner Leistungsverpflichtung frei, wenn er an den Gläubiger leistet. Dabei kann nur der Gläubiger die Leistung vom Schuldner verlangen. Ob ein echter oder unechter Vertrag zugunsten Dritter vorliegt, ist anhand einer Wertung aller Umstände des Einzelfalls durch **Auslegung nach §§ 133, 157 BGB** zu ermitteln. Dabei sind die allgemeinen Auslegungsregeln durch §§ 328 II, 329, 330 BGB modifiziert.

1059 **§ 328 II BGB** enthält eine Auslegungsregelung dafür, ob ein echter oder ein unechter Vertrag zugunsten Dritter vorliegt. Bei der Auslegung sind dabei insb. der Zweck der Vereinbarung, ihr typischer Inhalt sowie alle Umstände des Einzelfalls zu berücksichtigen.[1117] Ein echter Vertrag zugunsten Dritter kann i.d.R. angenommen werden, wenn der Vertrag zur Vorsorge des Dritten dienen soll oder aus anderen Gründen ausschließlich oder primär im Interesse des Dritten geschlossen wurde.

Beispiel: M fährt mit ihrer Tochter T zum Homöopathen H, mit dem sie einen Vertrag über die heilende Behandlung ihrer Tochter abschließt. Damit wird ein Vertrag zwischen M und H ausschließlich im Interesse der Tochter geschlossen. Die Auslegungsregelung des § 328 II BGB ist somit erfüllt. Dies hat zur Folge, dass ein echter Vertrag zugunsten Dritter vorliegt, sodass T die Behandlung durch H fordern kann.

[1117] BGH NJW 1975, 344, 345; NJW 1991, 2209, 2210.

Nach **§ 329 BGB** soll das Versprechen, eine Verbindlichkeit des Vertragspartners zu erfüllen, im Zweifel als **Erfüllungsübernahme** aufzufassen sein. Die Erfüllungsübernahme ist ein Vertrag zwischen dem Schuldner und einem Übernehmer, durch den sich Letzterer verpflichtet, eine Verbindlichkeit des Schuldners zu erfüllen. 1060

> **Beispiele:** Übernahme der Rechtsanwaltskosten für die Gegenpartei; Vereinbarungen über die Maklerprovision

Dabei erhält der Gläubiger im Gegensatz zum Schuldbeitritt und zur Schuldübernahme keine Rechte aus der Erfüllungsübernahme. Sie stellt somit einen ***unechten*** **Vertrag zugunsten Dritter** dar, der auch gar nicht zulässig wäre. Die Vermutung des § 329 BGB ist widerlegbar. Durch Auslegung des Parteiwillens, der konkreten Umstände des Einzelfalls und des objektiven Vertragszwecks muss ermittelt werden, ob der Gläubiger ein eigenes Recht erwerben soll oder nicht.

Schließlich ist in **§ 330 BGB** eine Auslegungsregel für die Vermutung enthalten, dass bei bestimmten Versorgungsverträgen ein echter Vertrag zugunsten Dritter vorliegt. 1061

- Während § 330 BGB früher auch für Lebensversicherungen, Kapital- und Rentenversicherungen galt, ist eine entsprechende Regelung seit der VVG-Reform 2007 in § 159 VVG enthalten.
- Die Vermutungsregel des § 330 BGB gilt daher nur noch für 3 Fälle: für Leibrentenverträge, unentgeltliche Zuwendungen und bei Abfindungen für Dritte in Vermögens- und Gutsübernahmeverträgen.
  - ⇨ Bei **Leibrentenverträgen** wird zugunsten eines Dritten, bspw. der Frau oder Kinder, die Zahlung einer Rente mit dem Schuldner, bspw. der Bank, vereinbart. Der Dritte erhält wegen der Auslegungsregel des § 330 S. 2 BGB im Zweifel ein eigenes Forderungsrecht gegen den Schuldner. Dieses erwirbt er gem. § 331 I BGB im Zweifel mit dem Tod des Versprechensempfängers.
  - ⇨ Weiterhin erwirbt der Dritte nach § 330 S. 2 BGB im Zweifel ein Recht auf die Leistung, die dem Bedachten i.R. einer **unentgeltlichen Zuwendung** auferlegt wurde. In erster Linie sind hiervon die Schenkungen unter einer Auflage i.S.d. § 525 BGB erfasst. Der Begriff umfasst jedoch neben der Schenkung auch die Leihe und unverzinsliche Darlehen.
  - ⇨ Schließlich erwirbt der Dritte im Zweifel ein Recht auf die Leistung, wenn der **Übernehmer eines Gutes oder eines Vermögens** verspricht, den Dritten zu Versorgungszwecken abzufinden. Für alle diese Fälle stellt § 330 BGB jedoch nur eine Vermutungsregel auf. Aufgrund konkreter Umstände des Einzelfalls kann sich auch ergeben, dass kein echter Vertrag zugunsten Dritter gewollt ist.

4. Abgrenzung zum Vertrag mit Schutzwirkung zugunsten Dritter

Neben dem echten Vertrag zugunsten Dritter nach §§ 328 ff. BGB wurde von der Rspr. der Vertrag mit Schutzwirkung zugunsten Dritter entwickelt (vgl. dazu Rn 1077 ff.). Im Gegensatz zum echten Vertrag zugunsten Dritter steht der Anspruch auf die geschuldete Hauptleistung allein dem Gläubiger zu. Der Dritte ist lediglich in die vertraglichen Schutz- und Obhutspflichten miteinbezogen, sodass ihm bei deren Verletzung ein vertraglicher Schadensersatzanspruch zusteht. Die Rechtsstellung des Dritten bei einem echten Vertrag zugunsten Dritter, durch den der Dritte einen eigenen Leistungsanspruch auf die Hauptleistung erhält, und diejenige bei einem Vertrag mit Schutzwirkung zugunsten Dritter, durch die der Dritte lediglich in den Schutzbereich des Vertrags miteinbezogen ist, unterscheiden sich somit wesentlich. 1062

II. Voraussetzungen

1. Vertragsschluss

1063 Erste Voraussetzung für einen Vertrag zugunsten Dritter ist, dass ein wirksamer Vertrag im Deckungsverhältnis zwischen dem Schuldner (dem Versprechenden) und dem Gläubiger (dem Versprechensempfänger) nach §§ 145 ff. BGB zustande gekommen ist. Hingegen ist es nicht erforderlich, dass auch ein wirksames Vertragsverhältnis zwischen dem Versprechensempfänger und dem begünstigten Dritten besteht. Soweit ein solches fehlt, wird die Wirksamkeit des Vertrags zugunsten Dritter zwischen dem Versprechenden und dem Versprechensempfänger nicht berührt. Aus dem zwischen dem Versprechensempfänger und dem Versprechenden geschlossenen Vertrag bestimmt sich der Vertragstyp. Dabei kann jeder schuldrechtliche Vertrag (bspw. ein Kauf-, Werk-, Dienst- oder Mietvertrag oder eine Schenkung) mit der Abrede geschlossen werden, die geschuldete Leistung an einen forderungsberechtigten Dritten zu erbringen.

Beispiel: Wird zwischen dem Versprechenden und dem Versprechensempfänger ein Kaufvertrag über eine bewegliche Sache abgeschlossen, ergibt sich aus diesem Vertragsverhältnis, dass nach § 433 I BGB die geschuldete Leistung die mangelfreie Übergabe und Übereignung des Kaufgegenstands ist. § 328 I BGB regelt nur ergänzend den Anspruch des Berechtigten (Dritten), gerade diese Leistung zu fordern. § 328 I BGB ist demnach *kein* eigener Vertragstyp. Er erweitert bzw. modifiziert lediglich den Vertrag. Anspruchsgrundlage für den Begünstigten ist z.B. §§ 433 I, 328 I BGB.

2. Drittbegünstigungsabrede

1064 Zudem muss im Deckungsverhältnis eine Drittbegünstigungsabrede vereinbart worden sein. Als begünstigter Dritter kommen sowohl eine natürliche als auch eine juristische Person in Betracht. Dabei können auch Rechte für noch nicht gezeugte natürliche Personen oder erst geplante juristische Personen bedungen werden.[1118] Ausreichend ist die Bestimmbarkeit des Begünstigten.[1119]

3. Zusätzliche Voraussetzungen

1065 Da in § 311 I BGB den Vertragsparteien die Möglichkeit eingeräumt wurde, Verträge innerhalb der gesetzlichen Grenzen frei zu gestalten, können sie im Deckungsverhältnis zusätzliche Voraussetzungen für den Rechtserwerb des Begünstigten vereinbaren.

Beispiele:

(1) Das Recht des Dritten kann bedingt oder befristet begründet werden.[1120]

(2) Die Vertragsparteien können sich auch vorbehalten, das Recht des Dritten ohne dessen Zustimmung aufzuheben oder zu ändern.

III. Rechtsbeziehungen im Vertrag zugunsten Dritter

1066 Beim echten Vertrag zugunsten Dritter handelt es sich um ein **Dreipersonenverhältnis**. Zunächst besteht ein Deckungsverhältnis zwischen dem Gläubiger und dem Schuldner. Diese beiden Personen haben den Vertrag abgeschlossen. Daneben besteht ein Valutaverhältnis zwischen dem Gläubiger und dem Dritten. In diesem Verhältnis liegt der Rechtsgrund für die Zuwendung an den Dritten durch den Schuldner. Schließlich wird im Zuwendungs- oder Vollzugsverhältnis die vertraglich geschuldete Leistung vom Schuldner an den Dritten erbracht.

[1118] BGHZ 127, 297, 305; RGZ 65, 277, 280; *Janoschek*, in: Bamberger/Roth, § 328 Rn 14.
[1119] BGHZ 93, 271, 274 f.
[1120] BGH NJW-RR 1987, 114, 114.

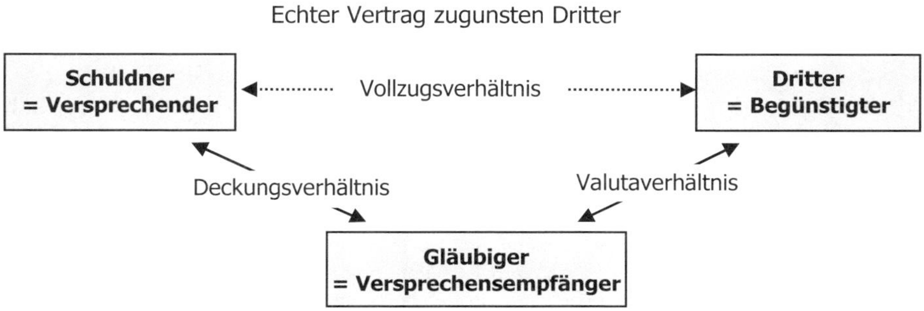

1. Deckungsverhältnis

Als Deckungsverhältnis wird der Vertrag zwischen dem Schuldner (Versprechendem) und dem Gläubiger (Versprechensempfänger) bezeichnet.

Das **Deckungsverhältnis** ist das Grundverhältnis des Vertrags zugunsten Dritter und bestimmt neben dem Inhalt der Leistung und der Person des Dritten die Rechtsnatur des Vertrags und damit die Wirksamkeitsvoraussetzungen für den Erwerb der Forderung durch den Dritten. 1067

Erforderlich für ein wirksames Deckungsverhältnis ist, dass sich der Schuldner (Versprechender) und der Gläubiger (Versprechensempfänger) i.S.d. §§ 145 ff. BGB wirksam über einen Vertrag geeinigt haben. Der Versprechende bezieht aus dieser Rechtsbeziehung den Gegenwert (die Deckung) für seine Leistung an den Dritten. Demnach entscheidet das Deckungsverhältnis über das Leistungsrecht des Dritten. Aus diesem entsteht ohne ein Zutun dessen Forderungsrecht. Darüber hinaus ergeben sich aus dem Deckungsverhältnis die weiteren Voraussetzungen der Vertragsabwicklung. So regelt das Deckungsverhältnis bspw. die Fälligkeit, Art der Schuld und Art und Weise der Leistungserbringung für den Anspruch des Begünstigten. Auch kann der Versprechende dem Begünstigten etwaige Gegenrechte (bspw. §§ 105, 125, 134, 138, 142, 273, 320 BGB) aus dem Deckungsverhältnis entgegenhalten, § 334 BGB.

Da das Deckungsverhältnis die Grundlage des Vertrags zugunsten Dritter ist, richtet sich die **Form** des Vertrags ausschließlich nach diesem Verhältnis. Der Vertrag zugunsten Dritter ist nur formbedürftig, wenn ein solcher Vertrag ohne Drittbegünstigungsabrede auch einer bestimmten Form bedarf. So ist bspw. bei einer Schenkung die Formvorschrift des § 518 BGB und bei Grundstückskaufverträgen die des § 311b I BGB zu beachten. Dagegen sind das Valuta- und das Vollzugsverhältnis für die bei einem Vertrag zugunsten Dritter einzuhaltende Form ohne Bedeutung. 1068

Das Deckungsverhältnis begründet den Anspruch des Dritten und ist demnach maßgeblich dafür, wie sich die Rechtsstellung des **Begünstigten** darstellt. Die Parteien können in dem Deckungsverhältnis nämlich vereinbaren 1069

- zu welchem Zeitpunkt gem. §§ 328 II, 331 I BGB der Begünstigte den Anspruch erwerben soll,
- inwieweit die Vertragsparteien dem Dritten i.S.d. §§ 328 II, 332, 331 II BGB die erlangte Rechtsposition wieder entziehen können
- und ob neben dem Begünstigten auch der Versprechensempfänger den Anspruch gegen den Versprechenden geltend machen kann. Nach § 335 BGB ist er im Zweifel dazu berechtigt, kann aber nur Leistung an den Dritten fordern.

2. Valutaverhältnis

Das Rechtsverhältnis zwischen dem Begünstigten und dem Versprechensempfänger wird als Zuwendungs- oder als **Valutaverhältnis** bezeichnet. Aus dieser Rechtsbeziehung ergibt sich der Rechtsgrund, warum dem Begünstigten etwas zugewendet wird. Für das 1070

Deckungsverhältnis ist es jedoch unerheblich, aus welchen Gründen die Leistung dem Dritten zugewendet werden soll. Der Versprechende (Schuldner) bleibt somit zur Leistung an den Dritten verpflichtet, wenn ein Rechtsgrund für die Zuwendung an den Dritten im Valutaverhältnis fehlt.[1121]

> **Hinweis für die Fallbearbeitung:** Da das Deckungsverhältnis und das Valutaverhältnis voneinander unabhängig sind, tangieren Leistungsstörungen im Valutaverhältnis das Deckungsverhältnis nicht. Das Valutaverhältnis entscheidet aber im Verhältnis zwischen dem Versprechensempfänger und dem Begünstigten darüber, ob der Begünstigte die Leistung behalten darf[1122] oder ob der Versprechensempfänger gem. §§ 812 ff. BGB das Geleistete herausverlangen kann.

Dabei kann der Rechtsgrund für die Zuwendung des Versprechensempfängers an den Dritten sowohl gesetzlich (wie z.B. beim Unterhalt) als auch vertraglich sein. Möglich ist auch, dass der Versprechensempfänger als Geschäftsführer ohne Auftrag tätig wird.[1123]

1071 Soweit im Valutaverhältnis eine Schenkung oder ein unentgeltlicher Erwerb auf den Todesfall vorliegen, unterliegt dieses Verhältnis der Form des § 518 I BGB oder des § 2301 BGB.[1124]

Beispiel[1125]**:** Peter (P) ist Alleinerbe seiner verstorbenen Tante Klara (K). Tante Klara hatte bereits einige Jahre vor ihrem Tod der S-Bank den Auftrag erteilt, ihrer Freundin Marion (M) nach ihrem Tod von einem Sparkonto 10.000,- € auszuzahlen. Als K gestorben ist, teilt die S-Bank der Marion den Sachverhalt mit und zahlt ihr die 10.000,- € aus. Peter ist darüber empört. Immerhin sei er Alleinerbe und nach dem Tod seiner Tante müsse ihm alles zustehen. Hat P einen Anspruch gegen Marion auf Rückzahlung der 10.000,- €?

P könnte gegen M ein Anspruch aus **§ 812 I S. 1 Var. 1 BGB i.V.m. § 1922 BGB** zustehen.

Dafür müsste M zunächst **etwas erlangt** haben. Mit der Auszahlung durch die S-Bank hat M das Eigentum und den Besitz an den 10.000,- € erlangt.

Weiterhin müsste eine zurechenbare **Leistung** des P vorliegen. P tritt als Alleinerbe mit dem Tod der K in deren Rechtsposition ein. K hat, indem sie mit der S-Bank einen Vertrag zugunsten Dritter (nämlich zugunsten der M) abschloss, an die M geleistet. Damit liegt eine zurechenbare Leistung des P vor.

M müsste ferner das Eigentum und den Besitz an den 10.000,- € **ohne Rechtsgrund** erlangt haben. Ob ein Rechtsgrund für die Auszahlung durch die S-Bank gegeben ist, wird allein anhand des Valutaverhältnisses beurteilt.

Als Rechtsgrund käme zunächst eine **Schenkung gem. § 516 BGB** in Betracht. Dafür müssten zwischen dem Schenker und dem Beschenkten zwei korrespondierende Willenserklärungen (§§ 145 ff. BGB) gegeben sein. K hatte vor ihrem Tod der M nichts von dem Sparkonto erzählt. Unmittelbar liegen somit keine korrespondierenden Willenserklärungen i.S.d. §§ 145 ff. BGB vor. Allerdings wurde die S-Bank von K beauftragt, eine entsprechende Erklärung an M abzugeben.

Ein **Angebot** der Schenkerin K könnte mithin durch die S-Bank abgegeben worden sein. Dafür müsste die S-Bank als Vertreterin (§ 164 I S. 1 BGB) oder als Botin für K gehandelt haben. Vorliegend hatte die S-Bank keinen Entscheidungsspielraum, sodass mehr dafür spricht, sie als Botin der K einzuordnen. In dem Moment, als die S-Bank M den Sachverhalt mitteilte, hat sie also ein Angebot der K auf Abschluss eines Schenkungsvertrags als Botin überbracht. Wegen § 130 II BGB steht der Wirksamkeit dieses Angebots auch nicht der Tod der K entgegen. Darüber hinaus sollte nach dem Willen der Versprechensempfän-

---

[1121] BGHZ 128, 125, 132; *Gottwald*, in: MüKo, § 328 Rn 28.
[1122] BGHZ 91, 288, 290; BGH NJW 1975, 382, 383.
[1123] *Stadler*, in: Jauernig § 328 Rn 10.
[1124] BGH NJW 1975, 382, 383.
[1125] Angelehnt an BGHZ 46, 198 ff.

gerin K der Auftrag der S-Bank auch nach dem Tod fortbestehen, vgl. § 672 S. 1 BGB. Damit liegt ein wirksames Angebot der K vor.

Hinweis für die Fallbearbeitung: Die Abgrenzung zwischen einer Vertretung nach §§ 164 ff. BGB und einer Botenschaft ist im Einzelfall nicht einfach. Auf eine solche Abgrenzung kommt es aber im vorliegenden Fall nicht an, da man auch bei Annahme einer Vertretung zum gleichen Ergebnis gelangt. Die Vertretungsmacht der Bank wäre auch gem. § 168 S. 1 BGB i.V.m. § 671 BGB bzw. § 168 S. 2 BGB nicht erloschen. Im Unterschied zur Annahme einer Botenschaft würde jedoch bei einer Stellvertretung § 130 II BGB keine Relevanz haben, da bei der Stellvertretung eine eigene Willenserklärung des Vertreters abgegeben wird. An der Wirksamkeit des Angebots des Schenkers fehlt es nur, wenn ein Erbe den vom Schenker erteilten Auftrag an die Bank wirksam widerrufen hat. Mit Widerruf des Auftrags durch den Erben nach §§ 1922, 671 BGB i.V.m. § 168 BGB erlischt nämlich die Vertretungsmacht bzw. Botenmacht der Bank. Ein wirksames Angebot auf Abschluss eines Schenkungsvertrags kann dann nicht mehr erfolgen.

Weiterhin müsste eine **Annahme** des Angebots gegeben sein. Die Annahme wurde hier wirksam von M erklärt. Gemäß § 153 BGB kann die Annahme auch nach dem Tod des Angebotserklärenden erfolgen. Darüber hinaus ist i.S.d. § 151 BGB davon auszugehen, dass K auf den Zugang der Annahmeerklärung verzichtet hat. Damit kam ein Schenkungsvertrag gem. § 516 BGB zwischen K und M zustande.

Fraglich ist, ob der Schenkungsvertrag auch formwirksam ist. Grundsätzlich bedarf ein Schenkungsvertrag der **Form des § 518 I BGB**. Der Dritte (M) erwirbt jedoch im Zweifel mit dem Tod des Versprechensempfängers (K) gem. § 331 BGB das Recht auf die Leistung aus dem Vertrag zugunsten Dritter. Der Formmangel wird somit durch Erfüllung, § 518 II BGB, geheilt. Eine Nichtigkeit nach §§ 518 I, 125 BGB scheidet somit aus. Problematisch ist jedoch, ob es sich bei der Schenkung um eine solche unter Lebenden handelt oder ob eine Schenkung von Todes wegen vorliegt. Wäre Letzteres der Fall, würde die **Formvorschrift des § 2301 BGB** Anwendung finden. Wie die Situation beim Vertrag zugunsten Dritter zu beurteilen ist, ist **umstritten**.

⇨ Nach der Rspr.[1126] ist die Anwendung des § 2301 BGB mit der Begründung abzulehnen, dass § 331 BGB eine Sondervorschrift darstelle. Darüber hinaus entstehe das Recht des Dritten nicht aus dem Nachlass, sondern unmittelbar aufgrund des Vertrags zugunsten Dritter aus dem Vermögen des Versprechenden. Das Vermögen des Versprechensempfängers werde somit durch den Tod nicht berührt. Nach dieser Ansicht bedarf der Schenkungsvertrag zwischen M und K nicht der Formvorschrift des § 2301 BGB. Damit ist ein wirksames Valutaverhältnis zustande gekommen und es besteht ein Rechtsgrund für die Zuwendung an M. Ein Anspruch des P gegen M aus § 812 I S. 1 Var. 1 BGB i.V.m. § 1922 BGB wäre somit nicht gegeben.

⇨ Ein Teil in der Literatur[1127] hingegen will § 2301 BGB anwenden, da ansonsten die erbrechtlichen Formvorschriften zu leicht umgangen werden könnten. Da der Schenker dem Beschenkten vor dem Tod noch nichts von dem Sparguthaben erzählt habe, sei eine Schenkung zu Lebzeiten noch nicht vollzogen. Vielmehr könne der Schenker jederzeit wieder auf das Guthaben zugreifen. Demzufolge bedürfe es der erbrechtlichen Vorschriften, wenn eine Schenkung erst nach dem Tod erfolge. Die Formvorschrift des § 2301 I BGB wurde vorliegend nicht eingehalten. Auch eine Heilung nach § 2301 II BGB kommt nicht in Betracht, weil dafür der Schenker zu Lebzeiten das Vermögensopfer erbracht haben muss. Dabei genügt im Gegensatz zu § 518 II BGB eine Erfüllung nach dem Tod des Schenkers für einen Vollzug gem. § 2301 II BGB nicht. Nach dieser Ansicht würde mithin kein wirksames Valutaverhältnis und damit kein Rechtsgrund für

---

[1126] BGHZ 46, 198 ff.; 41, 95 ff.; BGH NJW 1965, 1913 f.; NJW 1984, 480, 481.
[1127] *Medicus/Petersen*, BR, Rn 396.

die Zuwendung von K an M bestehen. M müsste die 10.000,- € also an P herausgeben.

Für die zweite Ansicht spricht der Umstand, dass bei Nichtanwendung des § 2301 BGB die erbrechtlichen Formvorschriften umgangen werden könnten. Andererseits würde bei einem solchen Vorgehen der Vorschrift des § 331 BGB in den wichtigsten Fällen der Anwendungsbereich entzogen. § 331 BGB muss mithin als Sondervorschrift zu § 2301 BGB aufgefasst werden. Das bedeutet, dass in den Fällen, in denen der Schenker eine unentgeltliche Zuwendung an den Beschenkten vornimmt und sich eines Vertrags zugunsten Dritter bedient, § 2301 BGB keine Anwendung findet.

Ergebnis: Damit liegt ein wirksamer Schenkungsvertrag gem. § 516 BGB im Valutaverhältnis vor. P hat damit keinen Anspruch aus § 812 I S. 1 Var. 1 BGB i.V.m. § 1922 BGB gegen M, da Letztere die Leistung mit Rechtsgrund erlangt hat.

3. Vollzugs- bzw. Drittverhältnis

1072 Das Verhältnis zwischen dem Versprechenden (Schuldner des Deckungsverhältnisses) und dem Dritten wird als Dritt- oder **Vollzugsverhältnis** bezeichnet. Das Vollzugsverhältnis erreicht allerdings nicht die Qualität eines vertraglichen Rechtsverhältnisses, es entsteht lediglich eine lockere Verbindung.[1128] Dem Dritten steht ausschließlich ein abgespaltenes Forderungsrecht zu. Dieses Recht erwirbt er unabhängig von seiner Geschäftsfähigkeit. Dennoch entsteht ein vertragsähnliches Vertrauensverhältnis, aus dem sich beiderseitige Sorgfaltspflichten i.S.d. § 241 II BGB ergeben können.

IV. Rechtsfolgen

1. Rechtsstellung des Dritten

1073 Der Dritte erwirbt das Recht, die vertragliche Leistung vom Versprechenden zu fordern, **unmittelbar** aufgrund des Vertrags zwischen dem Versprechenden und dem Versprechensempfänger, ohne dass er an diesem mitwirken müsste. Er ist berechtigt, die Leistung vom Schuldner zu fordern, ohne dass er eine Gegenleistung erbringen muss. Ebenso kann der Begünstigte das Recht nach § 333 BGB **zurückweisen**. Diese Vorschrift beruht auf dem Gedanken, dass niemandem gegen seinen Willen wegen der allgemeinen Handlungsfreiheit nach Art. 2 I GG und der sich daraus ergebenden Privatautonomie i.S.d. § 311 BGB ein endgültiger Rechtserwerb aufgezwungen werden soll. Die Zurückweisung wird durch eine einseitige empfangsbedürftige Willenserklärung gegenüber dem Versprechenden vorgenommen.[1129] Das Recht gilt dann mit Wirkung ex tunc als nicht erworben.

1074 Bei der Abwicklung des Vertrags kann es zu **Leistungsstörungen** kommen. Besondere Relevanz hat hierbei die Frage, ob der Begünstigte, dem ein Forderungsrecht an der entsprechenden Forderung zusteht, auch diesbezügliche Sekundäransprüche geltend machen kann. Grundsätzlich ist anerkannt, dass der Dritte nur ein einzelnes Forderungsrecht erwirbt, aber nicht vollkommen in die Stellung des Versprechensempfängers einrückt.

Soweit es zu Leistungsstörungen kommt, die *neben* der Erbringung der Leistung zu Schadensersatzansprüchen führen, kann der Dritte diese geltend machen. Dies sind insb. solche Schäden, die an seinen Rechtsgütern bei Erbringung der Leistung entstehen. Einigkeit besteht somit darüber, dass dem Begünstigten die Sekundäransprüche zustehen, die den seinem Anspruch zugrunde liegenden Vertrag nicht berühren.[1130] Dies

---

[1128] BGHZ 54, 145, 147; *Medicus/Lorenz*, SchuldR AT, Rn 764.
[1129] BGH NJW 1999, 1110, 1112.
[1130] OLG Köln NJW-RR 1997, 542, 543; *Stadler,* in: Jauernig, § 328 Rn 16.

sind die Rechte aus §§ 280 I, 241 BGB sowie §§ 311 II u. III, 241 BGB. Darüber hinaus kann ihm auch der Schadensersatzanspruch neben der Leistung aus §§ 280 I, II, 286 BGB zustehen. Hingegen sollen solche Schadensersatzansprüche i.d.R. nicht vom Dritten geltend gemacht werden können, die *statt der Leistung* zu gewähren sind. Damit scheiden grundsätzlich Ansprüche des Begünstigten aus §§ 280 I, III, 281, 283 BGB aus. Ebenso soll es dem Dritten regelmäßig nicht erlaubt sein, nach §§ 323 ff. BGB vom Vertrag zurückzutreten, da auch ein Rücktritt die Grundlage des zwischen dem Versprechenden und dem Versprechensempfänger geschlossenen Vertrags berührt.[1131] Es kann sich aber aus einer Vertragsauslegung nach §§ 133, 157 BGB ergeben, dass dem Dritten die Rechte aus §§ 281, 323 BGB zustehen sollen.

Hiergegen wird z.T. vertreten, dass nicht die Vertragschließenden, sondern vielmehr die primären Hauptleistungspflichten im Synallagma stünden. Der „eine" und der „andere Teil" i.S.d. §§ 320 ff. BGB seien gerade nicht die Vertragschließenden, sondern die jeweiligen Schuldner und Gläubiger der Leistungen.[1132] Nach dieser Ansicht stehen dem Begünstigten die gesamten Rechtsbehelfe zur Verfügung, die sich bei einer Leistungsstörung ergeben. Daher kann er auch die jeweiligen Gewährleistungsrechte genauso geltend machen wie den Schadensersatz statt der Leistung.

2. Rechtsstellung des Versprechensempfängers

Nach § 335 BGB hat auch der Versprechensempfänger im Zweifel einen Anspruch gegen **1075** den Versprechenden auf Leistung an den Dritten. Darüber hinaus stehen ihm die das Vertragsverhältnis als Ganzes betreffenden Gestaltungsrechte wie etwa die Anfechtung, die Kündigung bzw. der Rücktritt zu. Die Auslegung des Vertrags kann jedoch auch hier ergeben, dass sämtliche den Vertrag betreffenden Gestaltungsrechte dem Dritten zustehen. Soweit dies der Fall ist, darf der Versprechensempfänger die den Vertrag als Ganzes betreffenden Rechte nur mit Zustimmung des Dritten ausüben.[1133] Als Besonderheit ist dabei jedoch zu beachten, dass diese Einschränkung nicht für die Anfechtung gilt, da hierbei der Schutz der Willensbildung des Versprechensempfängers im Vordergrund steht.

3. Rechtsstellung des Versprechenden

Nach § 334 BGB kann der Versprechende alle **Einwendungen aus dem Deckungs-** **1076** **verhältnis** auch gegen den Dritten geltend machen, um nicht durch den echten Vertrag zugunsten Dritter gegenüber einem normalen bipolaren Vertrag benachteiligt zu werden. Dabei ist der Begriff der Einwendung im weitesten Sinn zu verstehen. Erfasst sind somit die Nichtigkeit des Vertrags (bspw. gem. §§ 125, 134, 138, 142 BGB), der Widerruf, der Rücktritt oder auch die Störung der Geschäftsgrundlage. Ebenso kann der Versprechende sämtliche ihm etwaig zustehende Zurückbehaltungsrechte (§§ 273, 320 BGB) gegen den Anspruch des Dritten auf die Leistung erheben. Daneben können dem Versprechenden Schadensersatzansprüche gegen den Dritten wegen Verletzung von Sorgfaltspflichten nach §§ 280 I, 241 II BGB und aus § 823 BGB zustehen. Im Verhältnis zwischen den Vertragsparteien muss sich der Versprechensempfänger ein Verschulden des Begünstigten, z.B. Verzug bei der Abnahme oder schuldhafte Verursachung der Unmöglichkeit der Leistung, nach § 278 BGB zurechnen lassen.[1134] Das bedeutet, dass der Versprechende bei einer jeweiligen Verletzung von dem Dritten obliegenden Pflichten bei der Leistungserbringung auch einen Schadensersatzanspruch gegen den Versprechensempfänger hat.

[1131] OLG München Rpfleger 1972, 31, 32; *Grüneberg*, in: Palandt, § 328 Rn 5; *Larenz*, SchuldR AT, § 17 I b.
[1132] *Hadding*, in: Soergel, § 328 Rn 42; *Jagmann*, in: Staudinger, § 335 Rn 11.
[1133] RGZ 101, 276, 277; *Lange*, NJW 1965, 660, 661.
[1134] *Brox/Walker*, SchuldR AT, § 33 Rn 18; *Stadler*, in: Jauernig, § 328 Rn 18.

C. Vertrag mit Schutzwirkung zugunsten Dritter

Neben dem Vertrag zugunsten Dritter ist von der Rspr. als besondere Art der Drittberechtigung der Vertrag mit Schutzwirkung zugunsten Dritter entwickelt worden.

1077 Beim **Vertrag mit Schutzwirkung** zugunsten Dritter wird der Dritte derart in den Schutzbereich eines Vertrags einbezogen, dass er bei einer Verletzung der auch ihm gegenüber bestehenden Sorgfalts- und Obhutspflichten *vertragliche* Schadensersatzansprüche geltend machen kann.[1135]

Dabei bezieht sich die Schutzwirkung des Vertrags nicht nur auf die Verletzung von Verhaltenspflichten nach § 241 II BGB, sondern auch auf drittbezogene Leistungspflichten.[1136] Zunächst kann somit ein Ersatzanspruch des Dritten entstehen, wenn sein Integritätsinteresse verletzt ist. Darüber hinaus kann dem Dritten ein Schadensersatzanspruch zustehen, wenn die Hauptleistungspflicht schuldhaft schlecht erfüllt wurde.

> **Beispiele**[1137]**:** Dem betroffenen Kind steht ein Anspruch gegen den Anwalt zu, wenn dieser ein Elternteil bei einer Scheidungsvereinbarung im Hinblick auf die sachgerechte Sicherung von Ansprüchen des Kindes schlecht beraten hat. Ebenso ist das Schutzinteresse des Dritten tangiert, wenn eine Testamentserrichtung pflichtwidrig scheitert.

Die Grundsätze des Vertrags mit Schutzwirkung zugunsten Dritter gelten nicht nur für Verträge, sondern auch für gesetzliche Schuldverhältnisse wie z.B. die c.i.c. (§§ 280 I, 311 II, 241 II BGB) oder die pVV (§§ 280 I, 241 II BGB). Der Drittschutz besteht von der Anbahnung des Vertrags an bis zur endgültigen Vertragsabwicklung. Dabei ist der Vertrag mit Schutzwirkung unabhängig vom Vertrag zwischen den Hauptparteien und kann auch bei einem nichtigen Vertrag (§ 311 II Nr. 3 BGB) bestehen.

1078 Der **Grund** für die Entwicklung des Vertrags mit Schutzwirkung zugunsten Dritter besteht in dem **unzureichenden Schutz des Deliktsrechts** im Falle von Schädigungen Dritter bei der Vertragsabwicklung.[1138] Im Deliktsrecht besteht nach § 831 BGB anders als nach § 278 BGB keine unbedingte Einstandspflicht für Gehilfen. Bei § 831 BGB handelt es sich um eine Haftung des Geschäftsherrn für eigenes Verschulden bei der Auswahl und Überwachung, wobei sich der Geschäftsherr nach § 831 I S. 2 BGB exkulpieren kann. Im Gegensatz dazu ist die Zurechnung des Verschuldens Dritter gem. § 278 BGB unabhängig von einem Verschulden des Schuldners. Durch die Einbeziehung in den Vertrag wird der Dritte sowohl hinsichtlich der Haftung für Hilfspersonen als auch hinsichtlich der Beweislast, vgl. § 280 I S. 2 BGB, bessergestellt. Denn durch § 280 I S. 2 BGB liegt eine Beweislastumkehr bei vertraglichen Schadensersatzansprüchen nach §§ 280 ff. BGB vor, weshalb nicht der Geschädigte, sondern der Anspruchsgegner das Nichtverschulden darlegen und beweisen muss. Darüber hinaus werden Vermögensschäden im Deliktsrecht nur bei einer Verletzung eines Schutzgesetzes i.S.d. § 823 II BGB oder bei sittenwidriger Schädigung (§ 826 BGB) ersetzt.

> **Beispiel:** Vater V geht mit seinem Sohn S in den Baumarkt, um Baumaterialen zu kaufen. Der Lagermitarbeiter L des Inhabers des Baumarkts hat versehentlich ein Regal mit zu viel Ware befüllt, sodass sich eines der Teile löst und S auf den Kopf fällt.
>
> S selbst wollte im Baumarkt nichts kaufen, sodass *kein* (vor-) vertragliches Schuldverhältnis zum Ladeninhaber besteht. Er ist somit allein auf den **deliktsrechtlichen Schutz** angewiesen. Kann der Inhaber des Baumarkts darlegen und beweisen, dass er L sorgfältig ausgesucht, geschult und überwacht hat, kann S gegen ihn keinen Anspruch aus § 831 BGB geltend machen. S müsste gegen L aus § 823 BGB vorgehen. Dies könnte für ihn

---

[1135] Vgl. nur BGHZ 159, 1, 8; BGH NJW 2012, 3165, 3166.
[1136] BGH NJW 1995, 51, 52; BGHZ 76, 259, 262; 89, 95, 104; 69, 82, 85 f.
[1137] *Janoschek*, in: Bamberger/Roth, § 328 Rn 47.
[1138] *Eckebrecht*, MDR 2002, 425, 426; *Medicus/Lorenz*, SchuldR AT, Rn 772.

nachteilig sein, wenn L als Lagermitarbeiter nicht so solvent ist, wie es der Inhaber des Baumarkts wäre. Damit S ausreichend geschützt ist, wurde von der Rspr. der Vertrag mit Schutzwirkung zugunsten Dritter entwickelt. Zwischen V und dem Inhaber des Baumarkts besteht ein vorvertragliches Schuldverhältnis i.S.d. § 311 II BGB, da V mit Kaufabsicht den Laden betrat. Als Sohn des V ist S in den Schutzbereich dieses vorvertraglichen Schuldverhältnisses einbezogen (zu den Voraussetzungen siehe unten). Somit könnte S ein Schadensersatzanspruch aus **§§ 280 I, 311 II, 241 II BGB i.V.m. den Grundsätzen des Vertrags zugunsten Dritter** zustehen. Der Inhaber des Baumarkts muss sich das fahrlässige Handeln (§ 276 I, II BGB) des Ladenmitarbeiters über § 278 BGB zurechnen lassen. Damit besteht ein Schadensersatzanspruch des S gegenüber dem Inhaber des Baumarkts aus §§ 280 I, 311 II, 241 II BGB i.V.m. den Grundsätzen des Vertrags mit Schutzwirkung zugunsten Dritter.

Hinweis für die Fallbearbeitung: Der Vertrag mit Schutzwirkung zugunsten Dritter stellt keine eigene *Anspruchsgrundlage* für einen Schadensersatzanspruch dar. Vielmehr sind die Grundsätze in den entsprechenden Anspruch einzubeziehen: Schadensersatz wegen §§ 280 I, (311 II), 241 II BGB i.V.m. den Grundsätzen des Vertrags mit Schutzwirkung zugunsten Dritter.

Uneinigkeit besteht darüber, auf welche **Rechtsgrundlage** der Vertrag mit Schutzwirkung zugunsten Dritter gestützt wird. Von der Rspr. wird angenommen, dass die Rechtsgrundlage eine ergänzende Vertragsauslegung gem. §§ 133, 157 BGB sei.[1139] Nach anderer Ansicht handelt es sich um eine auf § 242 BGB gestützte Fortbildung des dispositiven Rechts.[1140] Darüber hinaus wird das Institut z.T. als Gewohnheitsrecht angesehen.[1141] Schließlich wird seit der Neufassung des § 311 III BGB erwogen, dass das Institut in dieser Vorschrift verankert sei.[1142] Zwischen allen Ansichten besteht allerdings weitgehend Einigkeit darüber, dass dem Schutzbedürfnis des Dritten Rechnung getragen werden muss, indem er unter bestimmten Voraussetzungen in den Schutz des Vertrags einbezogen wird.[1143] **1079**

I. Voraussetzungen

Der Schuldner der Hauptleistung haftet beim Vertrag mit Schutzwirkung vertraglich für Schäden beim Dritten, ohne mit diesem selbstständig einen Vertrag i.S.d. §§ 145 ff. BGB abgeschlossen zu haben. Dadurch besteht zum einen die Gefahr, die vom Gesetzgeber getroffene unterschiedliche Ausgestaltung von vertraglicher und deliktischer Haftung zu verwischen.[1144] Zum anderen führt der Vertrag mit Schutzwirkung für den Schuldner zu einer Ausdehnung seiner vertraglichen Haftung auch auf Dritte. Es besteht dabei die Gefahr, dass der Schuldner für jeden bei einem beliebigen Dritten entstandenen Schaden vertraglich haften muss. Um dem entgegenzutreten, sind enge Voraussetzungen an die Einbeziehung von Dritten in den vertraglichen Schutz zu stellen. **1080**

Hinweis für die Fallbearbeitung: Soweit die Vertragsparteien die vertragliche Vereinbarung treffen, dass der Dritte ausdrücklich in den Schutzbereich des Vertrags mit einbezogen werden soll, ist der Schuldner der Hauptleistung nicht schutzbedürftig. Er kann von Anfang an das von ihm eingegangene Risiko überblicken und haftet demnach nach der vertraglichen Vereinbarung. Bei einer solchen Abrede kann somit zur Begründung eines vertraglichen Schadensersatzanspruchs des Dritten auf die Voraussetzungen des Vertrags mit Schutzwirkung zugunsten Dritter verzichtet werden.

[1139] BGHZ 56, 169, 273; 129, 136, 167; BGH NJW 1984, 355, 356; NJW-RR 1986, 485 ff.; NJW 2014, 2345 f.
[1140] *Zenner*, NJW 2009, 1030 ff.; *Gottwald*, in: MüKo, § 328 Rn 167; *Larenz*, SchuldR AT, § 17 II.
[1141] *Lorenz*, JZ 1966, 141, 143.
[1142] *Schwab*, JuS 2002, 872, 873; *Canaris*, JZ 2001, 499, 520; *Eckebrecht*, MDR 2002, 425, 427.
[1143] Vgl. BGH NJW 2014, 2345 f.
[1144] *Zugehör*, NJW 2000, 1601, 1603.

1. Leistungsnähe des Dritten

Als erste Voraussetzung für einen Vertrag mit Schutzwirkung zugunsten Dritter muss die Leistungsnähe des Dritten gegeben sein.

1081 **Leistungsnähe** bedeutet, dass der Dritte *bestimmungsgemäß* mit der Leistung in Berührung kommen und den Gefahren von Schutzpflichtverletzungen ebenso ausgesetzt sein muss wie der Gläubiger selbst.[1145]

Der Dritte muss demnach typischerweise mit der geschuldeten Hauptleistung in Berührung kommen. Dafür muss er sich bei Schutzpflichten im Leistungsbereich des Schuldners aufhalten oder in sonstiger Weise den Gefahren der Leistung ausgesetzt sein.[1146]

Beispiele:

(1) Eine Mutter geht mit ihrem minderjährigen Kind zum Einkaufen in den Supermarkt. Dadurch kommt das Kind typischerweise mit der geschuldeten Hauptleistung im Leistungsbereich des Schuldners in Berührung. Versäumt der Ladeninhaber, eine auf dem Boden liegende Bananenschale wegzuräumen, verletzt er seine ihm obliegende vertragliche Schutzpflicht. Verletzt sich das Kind infolge eines Ausrutschens auf dieser Bananenschale, kann es – bei Vorliegen der weiteren Voraussetzungen – einen Schadensersatzanspruch aus §§ 280 I, 311 II, 241 II BGB i.V.m. den Grundsätzen des Vertrags mit Schutzwirkung zugunsten Dritter gegen den Ladeninhaber geltend machen.

(2) Ebenso kommen die Kinder und der Ehegatte bei einem Mietverhältnis zwischen dem anderen Ehegatten und dem Vermieter mit der vertraglichen Hauptleistung typischerweise in Berührung. Dasselbe gilt für sonstige Personen, die mit dem Mieter zusammenwohnen. Auch wer mit dem Mieter eines Gewerberaums in dessen gemietetem Gewerberaum zusammenarbeitet, steht in der erforderlichen Leistungsnähe.[1147]

Hingegen fehlt es an einer solchen typischen Leistungsberührung durch den Dritten, wenn dieser lediglich anstelle des Gläubigers mit den Gefahren einer Leistungsstörung konfrontiert wird und sich damit aus Sicht des Schuldners rein zufällig im Leistungsbereich befindet. Dies ist zum einen der Fall, wenn das Leistungsverhältnis zwischen dem Schuldner und dem Gläubiger nicht drittbezogen ist. Zum anderen kann der Leistungskontakt bloß zufälliger Natur sein, wenn es um die Verletzung von Hauptleistungspflichten geht und der Schaden aus der Pflichtverletzung nicht erkennbar dem Dritten drohte.

Beispiel: Bei Besuchern eines Krankenhauspatienten ist ein nur zufälliger Leistungskontakt gegeben. Sie sind nicht in den Schutz des Krankenhausvertrags einbezogen.[1148]

2. Gläubigernähe

Als zweite Voraussetzung muss zwischen dem Gläubiger und dem Dritten eine gewisse Nähebeziehung – die Gläubigernähe – gegeben sein.

1082 Die **Gläubigernähe** liegt vor, wenn der Vertragsgläubiger an der sorgfältigen Ausführung der Leistung nicht nur ein eigenes, sondern auch ein berechtigtes Interesse zugunsten des Dritten hat.[1149]

1083 Ein solches Näheverhältnis zwischen dem Gläubiger der Hauptleistung und dem Dritten wurde von der früheren Rspr. nur unter sehr strengen Voraussetzungen angenommen. Die Gläubigernähe wurde lediglich bejaht, wenn den Gläubiger eine Schutz- und Fürsor-

---

[1145] BGHZ 49, 350, 354; 70, 327, 329; 129, 136, 168; 133, 168, 173; BGH NJW 2010, 3152, 3153.
[1146] *Gottwald*, in: MüKo, § 328 Rn 120.
[1147] BGH NJW 2010, 3152, 3153.
[1148] BGHZ 2, 94 ff.; *Weimar*, JR 1972, 181, 182.
[1149] BGH NJW 1996, 2927, 2928; *Gottwald*, in: MüKo, § 328 Rn 121.

gepflicht gegenüber dem Dritten traf, wenn er also für das „**Wohl und Wehe**" des Dritten mitverantwortlich war.[1150] Geschützt wurden dadurch insb. Dritte, die in sozialer Abhängigkeit im Bereich des Familien-, Arbeits- und Sozialrechts mit Willen des Vertragsgläubigers im vertraglichen Gefahrenkreis tätig wurden.

Beispiele: So wurden in den Schutzbereich des Vertrags sowohl die Angehörigen (Kinder und Ehegatte) wie auch Angestellte[1151] einbezogen.

In der neueren Rspr. wurde das Erfordernis eines solchen Rechtsverhältnisses mit per- **1084**
sonenrechtlichem Einschlag abgeschwächt. Verlangt wird weiterhin, dass ein besonderes Näheverhältnis zwischen dem Gläubiger und dem Dritten besteht. Dabei ist aber nicht mehr erforderlich, dass der Dritte zum Gläubiger in sozialer Anhängigkeit steht. Dadurch wurde der Kreis der in den Vertrag einbezogenen Dritten ausgedehnt. Ein **Drittschutz** besteht nunmehr auch, wenn der Gläubiger an der Einbeziehung des Dritten in den Schutzbereich des Vertrags ein besonderes Interesse hat und der Vertrag dahingehend ausgelegt werden kann, dass der vertragliche Schutz auf den Dritten ausgedehnt werden soll.[1152] Dies wird angenommen, soweit die **geschuldete Leistung** nach dem Vertragsinhalt **bestimmungsgemäß auch dem Dritten zugutekommen soll** oder wenn die Umstände des Einzelfalls konkrete Anhaltspunkte für einen auf den Schutz des Dritten gerichteten Parteiwillen ergeben.[1153] Die allgemeine Pflicht, Rechte des Dritten nicht zu verletzen, genügt nicht. Vielmehr muss anhand einer Interessensbewertung im Einzelfall ermittelt werden, ob die Leistung drittbezogen ist. Dabei ist nicht ausschlaggebend, ob die Interessen des Gläubigers und die des Dritten gegenläufig sind. Auch eine Gegenläufigkeit der Interessen steht der Einbeziehung in den Schutzbereich des Vertrags nicht entgegen.[1154] Das Interesse des Vertragspartners an dem Schutz des Dritten richtet sich dabei nach dem jeweiligen Schuldverhältnis, dem Vertragszweck und nach dem Grundsatz von Treu und Glauben.[1155] Dabei muss dem Dritten ein Schutz zuteilwerden, wenn er durch ein fremdes Schuldverhältnis den Leistungsgefahren in gleicher Weise wie der Vertragsgläubiger ausgesetzt ist.

Beispiele:

(1) Der Kfz-Halter ist in den Schutzbereich eines Abschleppvertrags zwischen der Polizei und dem Abschleppunternehmen einbezogen. Soweit beim Abschleppen Schäden am Kfz entstehen, kann der Halter aus einer pVV des Werkvertrags (§§ 280 I, 631 BGB) i.V.m. den Grundsätzen des Vertrags zugunsten Dritter (bei Vorliegen der weiteren Voraussetzungen) einen Schadensersatzanspruch gegen den Abschleppunternehmer geltend machen.

(2) Ebenso ist der Nachbar bei einem Vertrag über Arbeiten geschützt, durch die die Grenzbebauung beschädigt werden kann.[1156]

(3) Hingegen wird der Schutz für Jahrmarktsbesucher verneint. Sie sind weder in den Schutzbereich des Mietvertrags zwischen dem Organisator und den Standbetreibern einbezogen noch in den Schutzbereich des Vertrags zwischen dem Veranstalter und dem Organisator.[1157]

Hinweis für die Fallbearbeitung: Trotz der Ausdehnung der Gläubigernähe auch auf Dritte, zu denen kein Rechtsverhältnis mit personenrechtlichem Einschlag besteht,

---

[1150] BGHZ 51, 91, 96; 66, 51, 57.
[1151] Z.T. wurde bei Angestellten verlangt, dass sie in einem von gewisser Dauer bestehenden Dauerschuldverhältnis für den Gläubiger der Hauptleistung tätig waren. Bloße Aushilfskräfte sollten hingegen nicht geschützt sein, vgl. RGZ 127, 218, 224; dagegen: *Gottwald*, in: MüKo, § 328 Rn 121.
[1152] BGH NJW 1996, 2927, 2928; 127, 377, 378; 69, 82, 86.
[1153] BGHZ 129, 136, 167; 133, 168, 172; 138, 257, 261.
[1154] BGH NJW 2002, 1196, 1197; NJW 2001, 3115, 3116.
[1155] BGHZ 49, 350, 354; *Janoschek*, in: Bamberger/Roth, § 328 Rn 52.
[1156] OLG Koblenz NJW-RR 2000, 544, 544.
[1157] OLG Düsseldorf NJW-RR 1997, 1314, 1314.

behält die „Wohl und Wehe" - Formel des BGH Relevanz. Ist ein Dritter gegeben, dem gegenüber den Gläubiger eine Schutz- und Fürsorgepflicht trifft, muss die Gläubigernähe unproblematisch festgestellt werden. Längere Ausführungen zur Ausweitung des Kriteriums der Gläubigernähe sind nicht erwünscht.

3. Erkennbarkeit

Als dritte Voraussetzung müssen dem Schuldner der Kreis der geschützten Personen und die Drittbezogenheit der Leistung subjektiv erkennbar sein.

1085 **Erkennbarkeit** liegt vor, wenn für den Schuldner bei Vertragsabschluss sein Vertrags- und Haftungsrisiko überschaubar, kalkulierbar und gegebenenfalls versicherbar ist.[1158]

Das vertragliche Haftungsrisiko kann dem Schuldner nur zugemutet werden, wenn er bei Eingehen der Verbindlichkeit einschätzen konnte, von welchen Personen er gegebenenfalls in Anspruch genommen wird. Dabei ist es nicht erforderlich, dass der Schuldner den Namen oder die genaue Anzahl der zu schützenden Dritten kennt.[1159] Ausreichend ist, dass sich die Schutzpflicht auf eine klar abgrenzbare Personengruppe beschränkt.[1160] So können bspw. bei Massenveranstaltungen auch größere Personenkreise in den Drittschutz einbezogen sein.

Beispiel: Ein Sportverein feiert in einem großen Saal das alljährliche Vereinsfest. Die anwesenden Mitglieder sind als abgrenzbare Personengruppe vom Schutzbereich des Mietvertrags zwischen dem Verein und dem Vermieter erfasst.

Dabei ist insb. von Bedeutung, dass die Personengruppe klar abgrenzbar ist, da der Schuldner sonst ein nicht kalkulierbares Risiko eingehen würde.

Beispiele:

(1) Die späteren Endverbraucher sind nicht von der Schutzwirkung des Kaufvertrags zwischen dem Hersteller und dem Händler erfasst. Für die Haftung des Warenherstellers würde es an einem abgrenzbaren geschützten Personenkreis fehlen.[1161]

(2) Bei Wertgutachten genügt es, wenn der Gutachter weiß, dass seine Arbeit für potentielle Käufer oder sonstige Vertragspartner seines Auftraggebers bestimmt ist.[1162]

4. Schutzbedürftigkeit des Dritten

Schließlich muss die Schutzbedürftigkeit des Dritten gegeben sein.

1086 Die **Schutzbedürftigkeit** beinhaltet, dass nach den Geboten von Treu und Glauben ein Bedürfnis besteht, einen am Vertrag nicht unmittelbar Beteiligten in dessen Schutzbereich einzubeziehen, weil er anderenfalls nicht ausreichend gegen Schädigungen durch einen der Vertragspartner geschützt wäre.[1163]

An der Schutzbedürftigkeit fehlt es, wenn der Dritte aufgrund des Sachverhalts, aus dem er seinen Anspruch herleitet, einen eigenen vertraglichen Anspruch gegen den Schuldner hat, der einen zumindest gleichwertigen Inhalt hat wie der Anspruch, der ihm aufgrund der Einbeziehung in den Schutzbereich zukäme.[1164] Dabei ist es für die Schutzbedürftigkeit des Dritten unerheblich, gegen wen der eigene vertragliche Anspruch gerichtet ist.

[1158] BGHZ 49, 350, 354; 66, 51, 57; 133, 168, 173.
[1159] BGHZ 127, 378, 381.
[1160] BGH NJW 1998, 1059, 1062.
[1161] BGH NJW 1969, 269, 272; *Gottwald*, in: MüKo, § 328 Rn 116.
[1162] BGH NJW-Spezial 2004, 291; JZ 1998, 624, 626; BGHZ 127, 378, 381; *Martiny*, JZ 1996, 19, 24 f.
[1163] BGH NJW 1987, 2510, 2511.
[1164] BGHZ 70, 327, 330; 133, 168, 173; *Neuner*, JZ 1999, 126, 129.

Beispiel[1165]**:** Ein Untermieter kann nicht den Vermieter auf Schadensersatz aus § 536a BGB in Anspruch nehmen, da er einen eigenen vertraglichen Anspruch desselben Inhalts gegen seinen eigenen Vermieter – den Hauptmieter der Wohnung – hat.

Hingegen entfällt der Drittschutz nicht, wenn der eigene Anspruch des Dritten andere Voraussetzungen hat.[1166]

II. Rechtsfolgen

1. Ist der Dritte wirksam in den Schutzbereich des (angebahnten) Vertrags einbezogen, steht ihm bei einer vom Schuldner zu vertretenden, zu einem Schaden führenden Pflichtverletzung ein **eigener vertraglicher Schadensersatzanspruch** gegen den Schuldner zu, der vom Gläubiger unabhängig ist. Zu ersetzen sind dabei sowohl Personen- als auch Vermögens- und Sachschäden. **1087**

Hinweis für die Fallbearbeitung: Abzugrenzen ist der Vertrag mit Schutzwirkung zugunsten Dritter von der Drittschadensliquidation. Bei der Drittschadensliquidation (s.u.) wird der Schaden zum Anspruch „gezogen": Der Gläubiger liquidiert den Schaden des Dritten. Beim Vertrag mit Schutzwirkung zugunsten Dritter wird hingegen die Anspruchsgrundlage zum Schaden „gezogen", der Geschädigte kann also seinen Schaden selbst liquidieren.

Das Entstehen der Ersatzansprüche ist vom Willen der Hauptvertragsparteien unabhängig. Der Anspruch des Dritten auf Schadensersatz entsteht somit bei Vorliegen der Voraussetzungen unbeeinflusst davon, ob die Parteien eine Abrede getroffen haben, in der sie solche Ansprüche ausschließen. Dies bedeutet indessen nicht, dass der Schadensersatzanspruch des Dritten nicht durch **vertragliche Garantien** im Hauptverhältnis erweitert oder durch **Haftungsbeschränkungen** eingeschränkt werden kann.

Grundsätzlich reicht die Haftung des Schutzpflichtigen gegenüber dem Dritten also nicht weiter als gegenüber dem unmittelbaren Vertragspartner. Diesem Grundsatz folgend kann der Schuldner dem Anspruch des Dritten Einwendungen aus dem Hauptvertrag entgegenhalten. Hierbei ist die Regelung des § 334 BGB entsprechend anwendbar, sodass im Leistungsverhältnis bestehende gesetzliche oder vertragliche Haftungsbeschränkungen des Schuldners i.d.R. auch zu Lasten des Dritten gelten.[1167]

Beispiele: Dem in den Schutzbereich eines Mietvertrags einbezogenen Dritten kommt auch die Garantiehaftung für anfängliche Mängel gem. § 536a BGB zugute. Ebenso wirkt die Haftungsbeschränkung des § 599 BGB bei einem Leihvertrag auch gegenüber dem geschützten Dritten.

Von diesem Grundsatz, dass die Rechte des geschützten Dritten nicht weiter reichen können als die des unmittelbaren Vertragspartners, gibt es jedoch auch Ausnahmen. So können zwingende Schutznormen zugunsten des Endverbrauchers (bspw. nach § 309 Nr. 7 BGB) einem Haftungsausschluss zu Lasten des Dritten entgegenstehen, auch wenn dieser im Verhältnis zum Hauptschuldner gem. § 310 I BGB zulässig ist.[1168]

2. Soweit der geschützte Dritte den Schadensersatzanspruch **mitverschuldet** hat, muss er sich dieses Mitverschulden gem. **§ 254 BGB** anrechnen lassen. Trifft hingegen den Hauptgläubiger an der Verursachung des Schadens ein Verschulden, ist umstritten, ob sich der geschädigte Dritte dies über § 254 II S. 2 BGB i.V.m. § 278 BGB zurechnen lassen muss. Insoweit wird auf Rn 965 f. verwiesen. **1088**

[1165] Vgl. BGHZ 70, 327 ff.
[1166] LG Paderborn NJW-RR 2001, 1677, 1678; *Janoschek*, in: Bamberger/Roth, § 328 Rn 54.
[1167] BGHZ 56, 269, 272 ff.; 127, 378, 385; *Stadler*, in: Jauernig, § 328 Rn 30.
[1168] *Gottwald*, in: MüKo, § 328 Rn 133; *Janoschek*, in: Bamberger/Roth, § 328 Rn 57.

D. Drittschadensliquidation

1089 Erleidet der Gläubiger durch ein Verhalten des Schuldners einen Schaden, hat er regelmäßig auch einen Schadensersatzanspruch gegen diesen. Nach dem im Schadensersatz allgemein geltenden „Dogma vom Gläubigerinteresse" kann der Gläubiger allerdings nur *eigene* Schäden ersetzt verlangen. Es kann jedoch vorkommen, dass der Schaden, der typischerweise beim Ersatzberechtigten eintreten müsste, aufgrund einer gesetzlichen Regelung oder einer vertraglichen Vereinbarung zwischen dem Ersatzberechtigten und einem Dritten **zufällig** auf diesen **verlagert wird**. Dies folgt aus dem Zweck der Gefahrtragungsregelungen, die das Verhältnis zwischen dem Inhaber des Rechtsguts und dem Dritten regeln sollen. Der Ersatzberechtigte hat zwar tatbestandlich einen Anspruch, aber keinen Schaden, und der Geschädigte hat zwar einen Schaden, aber tatbestandlich keinen Anspruch. Die konsequente Folge daraus wäre, dass der Schädiger weder dem Anspruchsinhaber noch dem Geschädigten zum Ersatz verpflichtet wäre, da gemäß dem Dogma vom Gläubigerinteresse der Gläubiger eines Schadensersatzanspruchs ausschließlich *seinen* Schaden ersetzt verlangen kann. Dies wäre jedoch unbillig, da es zu einer **ungerechtfertigten Entlastung des Schädigers** führen würde. Deswegen muss in den Fällen der zufälligen Schadensverlagerung der Drittschaden von dem Inhaber des verletzten Rechtsguts geltend gemacht werden können. Dies erfolgt im Wege der (gesetzlich nicht geregelten) Drittschadensliquidation (DSL).

1090 Bei der **Drittschadensliquidation** (DSL) wird der Gläubiger berechtigt, den *Schaden* des *Dritten* (Geschädigten) zu liquidieren.[1169]

In der Sache geht es also um eine Korrektur des Umstands, dass tatbestandlicher Anspruch und Schaden auseinanderfallen. Um dies zu erreichen, wird der Schaden des Dritten zum Anspruch des Gläubigers „gezogen", sodass dieser vom Schädiger einen Ersatz an sich oder an den Geschädigten verlangen kann (1. Schritt). Zu seinem Schutz kann der Dritte vom Gläubiger gem. § 285 BGB (analog) die Abtretung des Schadensersatzanspruchs oder die Herausgabe des vom Schädiger erlangten Erlöses verlangen (2. Schritt).

I. Abgrenzungen

1091 Durch die Drittschadensliquidation wird ein billiger Ausgleich erreicht, indem der Schaden des Dritten vom Gläubiger gegen den Schädiger geltend gemacht werden und der Dritte die Abtretung des Anspruchs oder den Erlös vom Gläubiger verlangen kann.

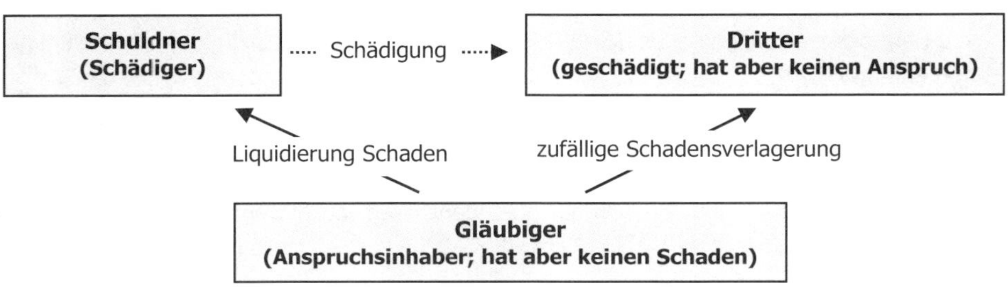

Die Drittschadensliquidation gelangt jedoch nicht zur Anwendung, wenn andere schadensersatzrechtliche Institute eine interessengerechte Lösung ermöglichen.[1170]

[1169] Allgemeine Auffassung, vgl. BGHZ 133, 36, 41; 181, 12, 16 ff.; BAG NJW 2007, 1302, 1303; *Schiemann*, in: Staudinger, Vorb § 249 Rn 62 ff.; *Oetker*, in: MüKo, § 249 Rn 289; *Grüneberg*, in: Palandt, Vorb v § 249 Rn 105.
[1170] *Peters*, AcP 180 (1980), 329, 358; *Goerth*, JA 2005, 28 ff.; *Oetker*, in: MüKo, § 249 Rn 278.

1. Abgrenzung von der Vorteilsanrechnung

1092 Abzugrenzen ist die Drittschadensliquidation zunächst von der Vorteilsanrechnung. Bei der Vorteilsanrechnung wird auf den Schadensersatzanspruch des Geschädigten ein Vorteil angerechnet, wenn das schädigende Ereignis mit dem erlangten Vorteil in einem adäquaten Kausalzusammenhang steht und der Schädiger dadurch nicht unbillig entlastet wird. Bleibt aber die Risikoentlastung, die sich aus dem Rechtsverhältnis zwischen dem Ersatzberechtigten und dem Dritten ergibt, i.R. des Schadensersatzanspruchs gegenüber dem Schädiger unberücksichtigt, können auch die Grundsätze zur Drittschadensliquidation nicht anwendbar sein. In einem solchen Fall nämlich besteht beim Anspruchsinhaber ein Schaden und es kommt nicht zur zufälligen Schadensverlagerung. Eine Drittschadensliquidation bleibt jedoch möglich, soweit der Vorteil, der sich aus dem Rechtsverhältnis zum Dritten ergibt, i.R. des Schadensersatzanspruchs gegen den Schädiger schadensmindernd angerechnet wurde.

> **Hinweis für die Fallbearbeitung:** Als Grundsatz gilt demnach, dass eine Drittschadensliquidation ausscheidet, soweit über die Grundsätze der Vorteilsanrechnung der Vorteil nicht auf den Schadensersatzanspruch des Gläubigers gegenüber dem Schädiger angerechnet wurde. Der umgekehrte Fall, dass eine Anrechnung erfolgte und demnach grundsätzlich der Anwendungsbereich der Drittschadensliquidation eröffnet ist, ist nicht unproblematisch. Die Drittschadensliquidation setzt nämlich eine *zufällige* Schadensverlagerung voraus (siehe dazu unten). Diese wird jedoch i.d.R. nicht vorliegen, wenn durch eine Abrede zwischen dem Ersatzberechtigten und dem Dritten das Risiko auf Letzteren verlagert wurde. In der Klausur kann die Drittschadensliquidation angesprochen werden, ist aber i.E. regelmäßig abzulehnen.

2. Abgrenzung vom Vertrag mit Schutzwirkung zugunsten Dritter

1093 Darüber hinaus ist die Drittschadensliquidation vom Vertrag mit Schutzwirkung zugunsten Dritter abzugrenzen. Beide Rechtsinstitute haben gemeinsam, dass sie den Kreis der nach allgemeinem Haftungsrecht Ersatzberechtigten erweitern.

- Bei dem **Vertrag mit Schutzwirkung zugunsten Dritter** werden über den Kreis der Vertragsparteien hinaus weitere Personen mit in den Schutzbereich des Vertrags einbezogen. Bei dieser Form findet eine Vermehrung der Haftungsrisiken für den Schädiger statt, es liegt also eine **Haftungserhöhung** vor.
- Die **Drittschadensliquidation** hat hingegen eine **Schadensverlagerung** von einer Person auf die andere zur Folge. Durch Zufall tritt der Schaden nicht bei dem Ersatzberechtigten, sondern beim Dritten ein.

Im Verhältnis der beiden Rechtsinstitute zueinander wird ein Vorrang des Vertrags mit Schutzwirkung angenommen. Dies rechtfertigt sich daraus, dass bei einem Vertrag mit Schutzwirkung der Dritte eine vom Willen des Hauptgläubigers unabhängige Rechtsstellung erhält.[1171] Soweit dem Dritten über die Grundsätze des Vertrags mit Schutzwirkung ein eigener vertraglicher Anspruch zusteht, kann für eine Drittschadensliquidation kein Raum mehr sein, da es an der erforderlichen Voraussetzung fehlt, dass der Dritte einen Schaden, aber keinen Anspruch hat.[1172]

> **Hinweis für die Fallbearbeitung:** Um diesem Konkurrenzverhältnis gerecht zu werden, sollte in einer Klausur immer mit der Prüfung eines eigenen vertraglichen Schadensersatzanspruchs über die Grundsätze zum Vertrag mit Schutzwirkung zugunsten Dritter begonnen werden. Soweit die Voraussetzungen des Vertrags mit Schutzwirkung zugunsten Dritter vorliegen, scheidet eine Drittschadensliquidation. Fehlt es aber an

[1171] *Zugehör*, NJW 2000, 1601, 1605; *Goerth*, JA 2005, 28 ff.; *Musielak*, VersR 1977, 973, 978. Vgl. auch *Bredemeyer*, JA 2012, 102, 103 f.

[1172] *Medicus/Lorenz*, SchuldR AT, Rn 610; *Strauch*, JuS 1982, 823 ff.; *Ries*, JA 1982, 453, 458.

> den Voraussetzungen eines Vertrags mit Schutzwirkung zugunsten Dritter, ist Raum für eine Prüfung der Drittschadensliquidation.

1094 Vereinfacht stellt sich die Abgrenzung zwischen dem Vertrag mit Schutzwirkung zugunsten Dritter und der Drittschadensliquidation wie folgt dar:

- Beim **Vertrag mit Schutzwirkung** zugunsten Dritter wird der Anspruch zum Schaden „gezogen", indem der Geschädigte einen vertraglichen Schadensersatzanspruch erhält.
- Bei der **Drittschadensliquidation** wird der Schaden zum Anspruch „gezogen", indem der nicht geschädigte Anspruchsinhaber den Schaden des geschädigten Dritten gegenüber dem Schädiger geltend machen kann.

II. Voraussetzungen und Rechtsfolgen

1095 Nach allgemeiner Ansicht[1173] sind Voraussetzungen der Drittschadensliquidation:

- Der Anspruchsinhaber hat tatbestandlich einen Ersatzanspruch, aber keinen Schaden
- Der Geschädigte hat einen Schaden, aber tatbestandlich keinen Ersatzanspruch
- Rechtsverhältnis zwischen Anspruchsinhaber und Geschädigtem
- Die Schadensverlagerung ist zufällig

Soweit diese Voraussetzungen kumulativ vorliegen, kann der Anspruchsinhaber den Schaden des Dritten beim Schädiger liquidieren. Der Dritte kann seinerseits gem. § 285 BGB (analog) – zumeist Zug um Zug (§ 273 BGB) – vom Anspruchsinhaber die Abtretung des Anspruchs oder dessen Erlös verlangen.

Beispiel: Privatperson P kauft bei G, der ebenfalls Privatperson ist, einen Schrank zum Preis von 15.000,- €. Die Parteien einigen sich telefonisch über den Übergang des Eigentums und vereinbaren, dass G dem P den Schrank durch das Transportunternehmen T übersenden soll. G übergibt den Schrank dem T. Der Schrank wird während der Fahrt durch einen von T grob fahrlässig herbeigeführten Unfall zerstört. G verlangt von P Zahlung. P weigert sich zu zahlen und beruft sich auf etwaige Gegenrechte. Wie ist die Rechtslage?

1. Anspruch des G gegen P auf Zahlung aus § 433 II BGB
G könnte gegen P einen Anspruch auf Zahlung von 15.000,- € aus § 433 II BGB haben. Ein wirksamer Kaufvertrag (§ 433 BGB) ist zwischen den Parteien i.S.d. §§ 145 ff. BGB zustande gekommen.

Fraglich ist, ob der **Kaufpreisanspruch** infolge Unmöglichkeit (§ 275 BGB) der Leistung gem. § 326 I S. 1 Hs. 1 BGB **untergegangen** ist. Dafür müsste es G unmöglich geworden sein, den geschuldeten Leistungserfolg herbeizuführen. Aus dem Kaufvertrag folgt die Leistungspflicht des G, dem P den Schrank zu übergeben und zu übereignen. Durch die Zerstörung des Schranks kann G diese Pflicht nicht mehr erfüllen. Sie ist ihm also i.S.d. § 275 BGB unmöglich geworden. Damit entfällt gem. § 326 I S. 1 Hs. 1 BGB grundsätzlich auch sein Anspruch auf die Gegenleistung.

Etwas anderes könnte sich nur ergeben, wenn eine Ausnahme von § 326 I S. 1 Hs. 1 BGB vorliegt. In Betracht käme hier der Übergang der Preisgefahr nach **§ 447 BGB**. Dafür müsste ein **Versendungskauf** gegeben sein. Ein Versendungskauf liegt vor, wenn die Parteien vereinbart haben, dass die Sache auf Verlangen des Käufers an einen anderen Ort als den Leistungsort durch einen Spediteur versendet wird (Schickschuld). Der Leistungsort ist hier der Wohnsitz des Verkäufers G. Die Versendung erfolgte zum Wohnsitz des Käufers P. Damit ist vorliegend ein Versendungskauf gegeben.[1174] Dies hat zur Folge,

---

[1173] Vgl. nur BGHZ 146, 144, 149; *Grüneberg*, in: Palandt, Vorb v. § 249 Rn 105 ff.

[1174] Ein Versendungskauf gem. § 447 BGB müsste allerdings **modifiziert** werden, wenn G ein Unternehmer i.S.d. § 14 I BGB und P ein Verbraucher i.S.d. § 13 BGB wäre. Dann würde nämlich ein **Verbrauchsgüterkauf** nach § 474 I BGB vorliegen, der die Anwendung des § 447 BGB einschränkt bzw. ausschließt (vgl. § 475 II BGB – mit Maßgaben bzw. Ausnahmen!). Der Unternehmer trägt danach auch während des Transports weiter die Preisgefahr, sodass bei Untergang der

dass die Preisgefahr mit Übergabe der Sache an den Spediteur T auf den Käufer übergegangen ist. Eine Ausnahme zu § 326 I S. 1 Hs. 1 BGB ist somit gegeben. Damit behält G gegen P seinen Kaufpreisanspruch aus § 433 II BGB.

2. Gegenansprüche des P gegen G
Fraglich ist, ob P dem G Gegenansprüche gegen den Anspruch auf Kaufpreiszahlung entgegenhalten kann.

a. P könnte zunächst einen **Schadensersatzanspruch gem. §§ 280 I, III, 283 BGB** gegen G geltend machen. Dafür müsste G die Unmöglichkeit, also die Zerstörung des Schranks, gem. § 280 I S. 2 BGB zu vertreten haben. Ein eigenes Verschulden i.S.d. § 276 BGB scheidet bei G aus. Fraglich ist, ob er sich über **§ 278 BGB** das **fremde Verschulden des T** zurechnen lassen muss. Dafür müsste T ein Verschulden i.S.d. § 276 BGB treffen und er müsste darüber hinaus der Erfüllungsgehilfe des G i.S.d. § 278 BGB sein. T hat den Unfall grob fahrlässig verursacht. Damit trifft ihn ein Verschulden i.S.d. § 276 BGB. Fraglich ist jedoch, ob T auch als Erfüllungsgehilfe des G angesehen werden kann. Dafür müsste T mit Wissen und Wollen des Schuldners in Erfüllung einer dem Schuldner obliegenden Verbindlichkeit tätig geworden sein. Es stellt sich somit die Frage, ob der Transport des Schranks von G zu P zum Pflichtenkreis des G gehörte. Dies beurteilt sich nach der Art der vereinbarten Schuld. Nur wenn eine Bringschuld vereinbart worden wäre, würde G auch den ordnungsgemäßen Transport schulden. Eine Bringschuld ist aber immer nur anzunehmen, wenn die Parteien eine persönliche Lieferung der Sache vereinbart haben. Hier wurde jedoch vereinbart, dass der Schrank durch ein Transportunternehmen zum Wohnsitz des P übermittelt werden sollte. Damit ist eher von einer **Schickschuld** auszugehen. Bei einer Schickschuld schuldet der Schuldner lediglich die Übergabe der Sache an eine geeignete Transportperson. Damit hatte G seine Leistungspflicht mit der Übergabe des Schranks an T bereits erfüllt, sodass T nicht mehr als sein Erfüllungsgehilfe tätig werden konnte. **Eine Verschuldenszurechnung über § 278 BGB scheidet somit aus**. Damit kann P gegen G mangels Verschuldens *keinen Schadensersatzanspruch* aus §§ 280 I, III, 283 BGB geltend machen.

b. Fraglich ist, ob P von G verlangen kann, dass ihm Zug um Zug gegen Kaufpreiszahlung ein etwaiger Anspruch gegen das Transportunternehmen T abgetreten wird. Man könnte erwägen, auf die oben dargestellten Grundsätze zur **Drittschadensliquidation** zurückzugreifen. Vorliegend ergibt sich jedoch die Besonderheit, dass der Gesetzgeber in **§§ 407 ff. HGB** den Fall der Drittschadensliquidation bei Einschaltung einer gewerblich tätigen Transportperson gesetzlich geregelt hat. T ist eine gewerblich tätige Transportperson, da er ein Transportunternehmen betreibt und somit dauerhaft und mit Gewinnerzielungsabsicht tätig ist. Die Beförderung des Schranks war demnach gewerbsmäßig, sodass die Voraussetzungen des § 407 III S. 1 HGB erfüllt sind.

Hinweis für die Fallbearbeitung: Nach § 407 III S. 2 HGB gelten die Vorschriften über den Frachtvertrag auch bei Kleingewerben, die nicht i.S.d. § 2 HGB im Handelsregister eingetragen sind. Das bedeutet, dass im Zusammenhang mit einem Versendungskauf und der Einschaltung einer Transportperson die ungeschriebenen Grundsätze zur Drittschadensliquidation nur zur Anwendung gelangen können, wenn *keine* gewerbsmäßige Beförderung vorliegt.

Nach **§ 425 I HGB** kann G gegen T einen **Schadensersatzanspruch** bei Beschädigung des Frachtguts geltend machen. Insb. liegt kein Haftungsausschluss gem. § 426 HGB vor, da der Unfall grob fahrlässig von T verursacht wurde. Bei G selbst ist nach der Differenzhypothese kein Schaden eingetreten, da er – wie oben festgestellt – seinen Anspruch auf Kaufpreiszahlung gegen P behält. Er könnte jedoch den Schaden des P gegen T im Wege der **Drittschadensliquidation** liquidieren und den Erlös an P herausgeben. Nun ergibt sich aber die Besonderheit, dass im Gesetz in **§ 421 I S. 2 HGB** die Möglichkeit für P an-

Sache sein Kaufpreisanspruch nach § 326 I S. 1 Hs. 1 BGB untergeht, es sei denn, dass der Verbraucher den Spediteur mit der Abholung der Sache beim Unternehmer beauftragt hat; vgl. dazu Rn 79a und Rn 417.

geordnet ist, selbst gegen den Transporteur vorzugehen.[1175] Allerdings darf dabei nicht übersehen werden, dass daneben auch der Verkäufer G gem. § 421 I S. 2 Hs. 2 HGB zur Geltendmachung des Schadensersatzanspruchs berechtigt bleibt.

Hinweis für die Fallbearbeitung: Dabei macht es gem. § 421 I S. 3 HGB keinen Unterschied, ob der Schaden beim Empfänger oder beim Absender liegt. Damit kann auch der nicht Geschädigte den Anspruch liquidieren. Deswegen handelt es sich um einen gesetzlich geregelten Fall der Drittschadensliquidation.

Durch § 421 I HGB werden also sowohl der Verkäufer als auch der Käufer zur Geltendmachung des Schadensersatzanspruchs berechtigt. Dabei werden sie als Gesamtgläubiger i.S.d. § 428 BGB angesehen.[1176] Das bedeutet, für den Käufer besteht die Gefahr, dass der Frachtführer gem. §§ 428, 429 III, 422 I, 362 I BGB mit befreiender Wirkung an den Verkäufer leistet. Als Folge hätte der Käufer keinen Ersatzanspruch mehr gegen den Frachtführer und müsste dennoch den Kaufpreis an den Verkäufer leisten. Um ihn vor dieser Lage zu schützen, kann er gem. **§ 285 BGB** (analog) Zug um Zug gegen Zahlung des Kaufpreises die **Abtretung des Anspruchs des Verkäufers** (G) gegen den Frachtführer (T) verlangen. Damit besteht als Gegenrecht des P der Anspruch auf Abtretung des Ersatzanspruchs des G gegen T.

III. Fallgruppen

1096 Das eigentliche Problem, das sich bei der Anwendung der Grundsätze über die Drittschadensliquidation stellt, besteht darin festzustellen, wann eine ***zufällige Schadensverlagerung*** vorliegt. Seit Langem sind verschiedene Fallgruppen anerkannt, in denen eine Schadensverlagerung als zufällig angesehen wird.

1. Obligatorische Gefahrentlastung

1097 Dies ist zunächst bei der obligatorischen Gefahrentlastung der Fall. Eine obligatorische Gefahrentlastung liegt vor, wenn der Schaden und der Anspruch infolge einer Gefahrtragungsregelung auseinanderfallen.

1098 ▪ Eine Gefahrtragungsregelung i.S. einer obligatorischen Gefahrentlastung ist zunächst beim **Versendungskauf i.S.d. § 447 BGB** anerkannt[1177] (vgl. dazu bereits das Beispiel bei Rn 1095 mit Hinweis auf den Verbrauchsgüterkauf, bei dem wegen §§ 474 II, 475 II BGB eine DSL nicht in Betracht kommt[1178]). Soweit die Sache während der Versendung beschädigt oder zerstört wird, hat der Verkäufer zwar einen Anspruch gegen den Schädiger, aber keinen Schaden, da er seinen Kaufpreisanspruch gegen den Käufer behält. Der Käufer hingegen hat den Schaden, aber gegen den Schädiger keinen Anspruch[1179], da vertragliche Beziehungen fehlen und ein deliktischer Anspruch mangels Eigentümerstellung ausscheidet. Deshalb kann der Verkäufer gegenüber dem Schädiger nach den Grundsätzen der Drittschadensliquidation den Schaden geltend machen. Gemäß § 285 BGB (analog) ist er verpflichtet, diesen Anspruch an den Käufer abzutreten.

1099 ▪ Eine Gefahrtragungsregelung i.S. einer obligatorischen Gefahrentlastung besteht auch beim **Werkvertrag** (§ 631 BGB). Grundsätzlich trägt der Unternehmer bis zur Abnahme gem. **§ 644 I S. 1 BGB** die Preisgefahr, da ihm erst mit der Abnahme ein Vergütungsanspruch gegen den Besteller zusteht. Häufig geht jedoch das Eigentum an den zu bearbeitenden Werken bereits zu einem früheren Zeitpunkt über die Vorschriften zum gesetzli-

[1175] Dabei begründet § 421 I S. 2 HGB nach h.M. einen eigenen materiell-rechtlichen Anspruch, vgl. BGH NJW 1984, 2034, 2034; *Oetker*, JuS 2001, 833, 835.
[1176] BGH NJW 1999, 1110, 1112; *Grüneberg*, in: Palandt, § 428 Rn 3.
[1177] Vgl. etwa BGH MDR 2004, 22, 22; *Bredemeyer*, JA 2012, 102, 104 f.
[1178] Zu den Besonderheiten des Verbrauchsgüterkaufs siehe Rn 79a und 417.
[1179] Das gilt wiederum nicht beim Frachtvertrag i.S.d. §§ 407 ff. HGB, wonach gem. § 421 HGB der Empfänger die Ansprüche aus dem Frachtvertrag im eigenen Namen gegen den Frachtführer geltend machen kann (s.o.).

chen Eigentumserwerb nach §§ 946 ff. BGB auf den Besteller über. Soweit das Werk also noch vor Abnahme durch Dritte zerstört oder beschädigt wird, hat der Besteller als Eigentümer des Werks zwar einen Schadensersatzanspruch gegen den Schädiger aus § 823 BGB. Er hat jedoch keinen Schaden, da mangels Abnahme (§ 640 I, II BGB) die Gefahr des Untergangs der Sache noch nicht auf ihn übergegangen ist, § 644 I S. 1 BGB. Das bedeutet, dass er weiterhin vom Unternehmer Erfüllung, also die vollständige Erbringung des Werks, verlangen kann. Der Unternehmer erleidet hingegen durch die Schädigung des Dritten einen Schaden (er schuldet nach wie vor Erfüllung), hat aber keinen Anspruch, da das Eigentum bereits auf den Besteller übergegangen ist. ⇨ In diesem Fall kann der Besteller im Wege der Drittschadensliquidation den Schaden des Unternehmers gegen den Schädiger geltend machen.

- Schließlich ist auch beim Untergang eines **Vermächtnisgegenstands** eine obligatorische Gefahrentlastung gegeben. Nach **§ 2174 BGB** hat der Vermächtnisnehmer grundsätzlich das Recht, den ihm vermachten Gegenstand vom Erben zu verlangen. Befindet sich die vermachte Sache noch beim Erben und wird dort durch Verschulden eines Dritten zerstört, wird der Erbe gem. § 275 BGB von seiner Pflicht zur Übereignung aus § 2174 BGB frei. Soweit den Erben kein Verschulden trifft, kann der Vermächtnisnehmer auch keinen Schadensersatzanspruch gem. §§ 280 I, III, 283 BGB gegen ihn geltend machen. ⇨ Im Wege der Drittschadensliquidation kann der Erbe als Eigentümer den Schaden des Vermächtnisnehmers gegenüber dem Dritten geltend machen. **1100**

2. Mittelbare Stellvertretung

Als weitere Fallgruppe der DSL ist die der mittelbaren Stellvertretung anerkannt. Dabei **1101** schließt der mittelbare Stellvertreter im eigenen Namen und im Auftrag sowie für Rechnung eines Dritten einen Vertrag ab. Die Rechtswirkungen des getätigten Geschäfts treffen in dem Fall den mittelbaren Vertreter selbst. Der Geschäftsherr kann also aus diesem Geschäft keine Rechte herleiten; er trägt aber die wirtschaftlichen Folgen. Dies kann, wie beim Kommissionär (§§ 383 ff. HGB), beim Spediteur (§§ 453 ff. HGB) oder beim Frachtführer (§§ 407 ff. HGB) gesetzlich geregelt sein oder sich aus einer Parteivereinbarung zwischen dem Hintermann und dem mittelbaren Stellvertreter ergeben. Bei einer Parteivereinbarung verpflichtet sich der Stellvertreter, seine aus dem abgeschlossenen Geschäft erlangten Rechte durch ein weiteres Rechtsgeschäft auf den Geschäftsherrn zu übertragen. Häufig besteht ein Auftragsverhältnis (§ 662 BGB), das die Herausgabepflicht des Erlangten gem. § 667 BGB zum Inhalt hat. Durch die mittelbare Stellvertretung fallen somit der wirklich Geschädigte und der Anspruchsinhaber auseinander, weil der Auftraggeber vollen Aufwendungsersatz zu leisten hat, jedoch keinen Schadensersatzanspruch geltend machen kann, da er kein Eigentümer geworden ist. Deshalb kann der Beauftragte im Wege der Drittschadensliquidation den dem Auftraggeber entstandenen Schaden gegen den Schädiger geltend machen.[1180]

> **Hinweis für die Fallbearbeitung:** Die mittelbare Stellvertretung grenzt sich vom Vertrag mit Schutzwirkung zugunsten Dritter dadurch ab, dass i.d.R. die Schutzpflicht des Gläubigers und die Drittbezogenheit der Leistung für den Schuldner nicht erkennbar sind (vgl. dazu auch *Goerth*, JA 2005, 28, 29).

Beispiel: Der Einzelhändler D beauftragt den Kommissionär K (§§ 383 ff. HGB), für ihn 20 Porsche zum Stückpreis von 115.000,- € einzukaufen. D hat bereits Käufer gefunden, denen er die Fahrzeuge gewinnbringend verkauft hat. K schließt daraufhin mit dem Händler V einen Vertrag im eigenen Namen für Rechnung des D. V liefert jedoch die Porsche trotz angemessener Fristsetzung nicht. Damit verletzt er seine ihm obliegenden Verkäuferpflichten. Es hat jedoch nur K gegen V einen Anspruch auf Schadensersatz (§§ 280 I, III, 281 BGB), weil nur er Vertragspartei geworden ist. K hat in diesem Fall aber keinen

[1180] RGZ 113, 250, 254; BGHZ 25, 250, 258; 40, 91, 100; BGH NJW 1998, 1864, 1865.

Schaden, da er für Rechnung des D gehandelt hat. D hat einen Schaden in Höhe des entgangenen Gewinns. Ihm steht jedoch kein vertraglicher Schadensersatzanspruch gegen V zu, da er wegen des Handelns des K im eigenen Namen nicht Vertragspartner geworden ist. Im Wege der Drittschadensliquidation kann K den Schaden des D in dessen Interesse gegenüber V geltend machen.

3. Obhutspflichten

1102 Als dritte Fallgruppe der zufälligen Schadensverlagerung sind schließlich die Obhutsfälle anerkannt. Wer zur Obhut über eine fremde Sache verpflichtet ist und über diese mit einer anderen Person einen Vertrag schließt, soll hieraus den Schaden des Dritten (des Eigentümers) ersetzt verlangen können.[1181]

Beispiel: G hatte ein Boot des D im Besitz, das er von diesem geliehen (§ 598 BGB) hat. Im Winter lagerte er dieses mit Einverständnis des D in der Werft des S ein, wobei er S aber nicht auf die Eigentumsverhältnisse hinwies. Der ansonsten tadellos arbeitende Lagerverwalter der Werft L verursacht leicht fahrlässig einen Brand, bei dem das Boot vollständig vernichtet wird.

G hat keinen Schaden, da er wegen § 275 BGB von seiner Rückgabepflicht aus dem Leihvertrag (§ 604 BGB) frei geworden ist. Auch muss er mangels eigenen Verschuldens G keinen Schadensersatz leisten. Demnach scheidet ein Anspruch des G gegen S aus. Geschädigt ist hingegen D. Dieser hat jedoch keine vertraglichen Ansprüche gegen S. Ein Anspruch aus § 831 BGB gegen S scheidet wegen dessen Exkulpationsmöglichkeit aus. Ihm steht aber gegen L ein Anspruch aus § 823 I BGB wegen der fahrlässigen Eigentumsverletzung zu. Nach Ansicht des BGH soll dieser deliktische Anspruch dem Drittschadensliquidationsanspruch aber nicht entgegenstehen, sondern mit diesem konkurrieren.[1182] Demnach kann G im Wege der Drittschadensliquidation den Schaden des D gegen S über einen vertraglichen Schadensersatzanspruch (pVV des Verwahrungsvertrags, §§ 688, 280 I BGB) mit der Zurechnungsmöglichkeit nach § 278 BGB geltend machen.

4. Störung der Rückabwicklung bei gesetzlichem Rücktrittsrecht

1102a Sofern eine zufällige Schadensverlagerung auch im Rahmen der Rückabwicklung bei einem gesetzlichen Rücktrittsrecht besteht, kommt auch hier eine DSL in Betracht.[1183]

Beispiel[1184]**:** K kauft im Laden des V ein Smartphone. Nach Bezahlung und Übergabe zeigt sich ein Sachmangel, der K zum Rücktritt berechtigt (§§ 433, 434, 437 Nr. 2, 440, 323, 346 BGB). Doch noch bevor K den Rücktritt erklärt, wird das Gerät von D zerstört. K übt gleichwohl sein Rücktrittsrecht aus und verlangt von V Erstattung des Kaufpreises.

K hat keinen Schaden, da er infolge des Rücktritts den Kaufpreis erstattet bekommt (§ 346 I BGB). § 346 III S. 1 Nr. 3 BGB greift nicht, wenn man davon ausgeht, dass K nicht grob fahrlässig den Untergang ermöglicht hat (vgl. §§ 346 III S. 1 Nr. 3 i.V.m. 277 BGB).[1185]

V hat einen Schaden (Erstattungspflicht gegenüber K), aber tatbestandlich keine Ansprüche: Zum Zeitpunkt der Rechtsgutverletzung durch D war er nicht Eigentümer, sodass § 823 I BGB gegen D nicht greift; gegen K hat er keine deliktischen Ansprüche, da K nicht der Verletzer ist. Schließlich hat V gegen K auch keinen Anspruch aus § 346 II S. 1 Nr. 3 BGB, da K von der Wertersatzpflicht befreit ist (s.o.).

[1181] BGHZ 40, 91, 101; 135, 152, 156; BGH NJW 1985, 2411, 2412; NJW-RR 2001, 1612; *Larenz*, SchuldR AT, § 27 II b 2; skeptisch zur Anerkennung dieser Fallgruppe *Oetker*, in: MüKo, § 249 Rn 305.
[1182] BGH NJW 1985, 2411, 2412; *Goerth*, JA 2005, 28, 29 f.
[1183] Vgl. *Weiss*, JuS 2015, 8, 12.
[1184] In Anlehnung an *Weiss*, JuS 2015, 8, 12.
[1185] Im Anwendungsbereich des § 357 BGB (Fernabsatz; AGV) würde sich die Fallgruppe nicht stellen, da § 357 VII BGB keinen mit § 346 III S. 1 BGB vergleichbaren Wertersatzausschluss enthält (Rn 1045 f.).

V hat also tatbestandlich keine Ansprüche, aber einen Schaden. K hat gegen D zwar tatbestandlich einen Schadensersatzanspruch aus § 823 I BGB, aber keinen Schaden. Daher ist es sachgerecht, wenn K den Schaden des V bei D liquidieren kann bzw. muss und das Empfangene an V gem. § 346 III S. 2 BGB herausgibt.

13. Kapitel – Mehrheit von Gläubigern und Schuldnern

A. Einführung

1103 Sowohl auf der Gläubiger- als auch auf der Schuldnerseite können mehrere Personen beteiligt sein. Ursache dafür kann bspw. sein, dass ein gesetzlicher oder vertraglicher Haftungstatbestand von mehreren Personen verwirklicht wird oder dass eine Gesamthandsgemeinschaft am Rechtsverkehr beteiligt ist. Dabei ist zu unterscheiden zwischen der

- Teilgläubiger- bzw. Teilschuldnerschaft (§ 420 BGB),
- der Gesamtgläubiger- (§§ 428-430 BGB) bzw. Gesamtschuldnerschaft (§§ 421-427 BGB)
- und der Gläubiger- (§ 432 BGB) bzw. Schuldnergemeinschaft (§ 431 BGB).

B. Teilschuldverhältnis

1104 Das Teilschuldverhältnis zeichnet sich dadurch aus, dass im Falle teilbarer Leistungen die Forderungen der einzelnen Gläubiger bzw. die Verpflichtungen der einzelnen Schuldner rechtlich selbstständig nebeneinander stehen. Zu unterscheiden sind dabei die Teilgläubigerschaft und die Teilschuldnerschaft.

I. Teilgläubigerschaft, § 420 BGB

1105 Bei der Teilgläubigerschaft kann bei mehreren Gläubigern einer teilbaren Leistung jeder Gläubiger den auf ihn entfallenden Anteil uneingeschränkt geltend machen. Nach § 420 BGB ist, soweit mehrere eine teilbare Leistung fordern, jeder Gläubiger *im Zweifel* zu einem gleichen Anteil berechtigt.

1106 Bei der **Teilgläubigerschaft** steht den Gläubigern ein von den anderen Gläubigern unabhängiges eigenes Forderungsrecht zu, über das selbstständig verfügt werden kann.

Dabei bezieht sich das Forderungsrecht nicht auf die Gesamtforderung, sondern lediglich auf den eigenen Teil der Forderung. Jeder Gläubiger kann den auf ihn entfallenden Anteil uneingeschränkt geltend machen und auch abtreten. Voraussetzung dafür ist die **Teilbarkeit der Leistung**. Teilbar ist eine Leistung, wenn sie ohne qualitativen Wertverlust in mehrere gleichartige Teile zerlegt werden kann, sodass jeder Leistungsteil proportional im Verhältnis zur Gesamtleistung steht.[1186]

Beispiel: Teilbar sind Leistungen, die auf Geld oder vertretbare Sachen gerichtet sind.

1107 Für die Beurteilung der Teilbarkeit einer Leistung ist jedoch nicht nur der Leistungsgegenstand in seiner natürlich-wirtschaftlichen Funktion zu beachten, sondern es ist zusätzlich die **rechtliche Teilbarkeit** zu berücksichtigen. Auch wenn die Leistung im natürlichen Sinn teilbar ist, ist bei einer auf einem besonderen Rechtsverhältnis zwischen den Gläubigern beruhenden gemeinsamen Empfangszuständigkeit rechtliche Unteilbarkeit der Leistung und damit eine Mitgläubigerschaft (§ 432 BGB) anzunehmen. Eine solche rechtliche Unteilbarkeit resultiert aus dem Verhältnis der Gläubiger untereinander.

Beispiele:

(1) Stehen den Miteigentümern eines Mietshauses (*Bruchteilsgemeinschaft*, §§ 741 ff. BGB) Mietzinsforderungen gegen die Mieter zu, sind diese Forderungen unteilbar, weil deren Einziehung zur Verwaltung des gemeinschaftlichen Gegenstands gehört und die Verwaltung gem. § 744 BGB den Teilhabern nur gemeinschaftlich zusteht. Darüber hinaus kann der Anteil des Einzelnen erst nach Verrechnung der Lasten be-

---

[1186] *Looschelders*, in: Staudinger, § 420 Rn 14; BGHZ 52, 99, 103; RGZ 155, 306, 313.

stimmt werden. Nach Aufhebung der Gemeinschaft erwirbt jeder Teilhaber einen rechtlich selbstständigen Teil.

(2) Genauso sind die Forderungen von *Gesamthandsgemeinschaften*, wie u.a. die der ehelichen Gütergemeinschaft (§§ 1363 ff. BGB) oder die der Erbengemeinschaft (§§ 2032 ff. BGB), rechtlich unteilbar.

(3) Darüber hinaus ist es möglich, durch eine Parteiabrede im Vertrag die Teilbarkeit der Leistung auszuschließen, da § 420 BGB abdingbar ist. Auch dann liegt keine Teilgläubigerschaft (§ 420 BGB), sondern eine Mitgläubigerschaft (§ 432 BGB) vor.

Ist die Leistung im natürlichen und rechtlichen Sinn teilbar, liegt eine Teilgläubigerschaft gem. § 420 BGB und damit je nach Anzahl der Gläubiger mehrere unabhängige Schuldverhältnisse vor. Zugleich besteht aber auch ein einheitliches gesamtes Schuldverhältnis. Dies kommt dadurch zum Ausdruck, dass die Teilforderungsrechte in bestimmten Punkten *verbunden* sind. Zum einen muss ein etwaiges Rücktrittsrecht nach § 351 BGB einheitlich ausgeübt werden und zum anderen hat der Schuldner beim gegenseitigen Vertrag nach § 320 I S. 2 BGB jedem Gläubiger gegenüber die Einrede des nicht erfüllten Vertrags, solange nicht die ganze Gegenleistung erbracht worden ist. Der Schuldner kann also auch gegenüber den Teilgläubigern die Leistung verweigern, die bereits ihren Teil der Gegenleistung erbracht haben.

Hinweis für die Fallbearbeitung: Zwischen mehreren Gläubigern besteht nur selten eine Teilgläubigerschaft. Eine Teilgläubigerschaft kann bspw. angenommen werden, wenn sich mehrere Personen eine teilbare Leistung versprechen lassen. In diesem Fall muss jedoch eine Abgrenzung dahingehend vorgenommen werden, ob nicht voneinander getrennte Verträge gewollt waren. Dann gelten § 320 I S. 2 und § 351 BGB nicht und es liegt keine Teilgläubigerschaft vor.

II. Teilschuldnerschaft, § 420 BGB

Bei der Teilschuld ist gem. § 420 BGB jeder Schuldner einer teilbaren Leistung im Zweifel **1108**
nur zur Leistung eines gleichen Anteils verpflichtet. Auch bei der Teilschuld sind die Verbindlichkeiten der einzelnen Schuldner grundsätzlich voneinander unabhängig. Jeder der Schuldner kann seine Schuld selbstständig tilgen. Der Gläubiger hingegen kann von jedem Schuldner nur einen entsprechenden Teil verlangen. Er muss demnach gegen sämtliche Schuldner vorgehen, wenn er sein Gesamtinteresse befriedigen will. Häufig liegt jedoch keine Teilschuld, sondern eine Gesamtschuld vor. Ein Gesamtschuldverhältnis kann aufgrund eines mehrere Personen verpflichtenden Vertrags (§ 427 BGB) oder durch die gemeinsame Verwirklichung eines Deliktstatbestands (§§ 830, 840 BGB) entstehen. Es gibt nur wenige Fälle, in denen eine Teilschuld angenommen wird.

Beispiel: A und B wollen auf einem Grundstück ein Doppelhaus errichten, das aus zwei nebeneinander liegenden Wohneinheiten besteht. Sie erteilen dem Unternehmer U den Auftrag zur Errichtung des Doppelhauses zu einem Gesamtpreis von 500.000,- €.

In diesem Fall (sog. Bauherrengemeinschaft) liegt eine Teilschuld vor.[1187] Der Unternehmer kann also nicht von einem der beiden die Gesamtsumme fordern, sondern jeweils nur den Teil der Vergütung, der auf die jeweilige Haushälfte entfällt. Durch die Zahlung von A und B erlischt der Anspruch des U durch Erfüllung (§ 362 I BGB). Insoweit sind die Teilschulden voneinander unabhängig.

[1187] BGHZ 75, 26 ff.; 76, 86, 90.

C. Gesamtschuldverhältnis

1109 Ein Gesamtschuldverhältnis ist gegeben, wenn

- mehrere Gläubiger die teilweise oder gesamte Leistung an sich begehren können, die der Schuldner aber nur einmal an einen Gläubiger seiner Wahl zu erbringen hat (**Gesamtgläubiger**, §§ 428 ff. BGB)
- oder jeder Schuldner zur Erbringung der gesamten Leistung verpflichtet ist und der Gläubiger insgesamt die Leistung nur einmal von dem Schuldner seiner Wahl beanspruchen kann (**Gesamtschuldner**, §§ 421 ff. BGB).

I. Gesamtgläubigerschaft, §§ 428 ff. BGB

Ein Gesamtschuldverhältnis kann auf der Gläubigerseite gegeben sein. Bei der Gesamtgläubigerschaft hat gem. § 428 S. 1 BGB jeder Gläubiger ein selbstständiges Forderungsrecht gegenüber dem Schuldner. Dieser schuldet die Leistung jedoch nur einmal und kann sich aussuchen, an welchen Gläubiger er leisten will. Dies gilt nach § 428 S. 2 BGB selbst, wenn einer der Gläubiger bereits Klage auf die Leistung erhoben hat.

1110 Eine **Gesamtgläubigerschaft** liegt demnach immer vor, wenn mehrere Gläubiger berechtigt sind, eine Leistung an sich zu fordern und der Schuldner nur an einen dieser Gläubiger seiner Wahl leisten muss.

Dabei kann eine Gesamtgläubigerschaft durch eine gesetzliche Regelung und auch durch einen Vertrag entstehen. **Gesetzlich** vorgesehen ist die Gesamtgläubigerschaft in §§ 2151 III, 525 II und 2194 BGB. Gesamtgläubiger kraft Gesetzes sind auch Gesamtschuldner bei einem ihnen zustehenden Kondiktionsanspruch und ausgleichsberechtigte Mitbürgen. Eine **vertragliche** Gesamtgläubigerschaft liegt vor bei der Errichtung eines Gemeinschaftskontos, wobei jeder Inhaber allein über das Guthaben verfügen kann.[1188] Ebenso sind der Empfänger und der Absender bei einem Frachtvertrag i.S.d. §§ 407 ff. HGB wegen § 421 HGB Gemeinschaftsgläubiger kraft Vertrags.

> **Hinweis für die Fallbearbeitung:** Die Gesamtgläubigerschaft i.S.d. § 428 BGB unterscheidet sich von der Mitgläubigerschaft i.S.d. § 432 BGB dadurch, dass bei Letzterer die Leistung nur an alle Gläubiger gemeinschaftlich erbracht werden kann.

1111 Sobald der Schuldner an einen Gläubiger seiner Wahl geleistet hat, erlöschen die Forderungsrechte der anderen Gläubiger gem. § 362 I BGB durch Erfüllung. Hat ein Gläubiger mehr als den ihm zustehenden Anteil erlangt, können die anderen einen Ausgleich nach § 430 BGB (eigene Anspruchsgrundlage) verlangen. Dem Umstand, dass der Schuldner nach seinem Belieben nur einmal leisten muss, hat das Gesetz verschiedentlich Rechnung getragen:

- Der Schuldner wird nach §§ 429 III S. 1, 422 I S. 2 BGB von seiner Schuld auch frei, wenn er die Leistung an **Erfüllungs statt**, durch **Hinterlegung** oder durch **Aufrechnung** erbringt.
- Der Schuldner wird zudem gem. §§ 429 III S. 1, 423 BGB frei, wenn er mit einem Gesamtgläubiger in einem **Erlassvertrag** vereinbart, dass das ganze Schuldverhältnis aufgehoben werden soll. Dies setzt allerdings eine entsprechende Verfügungsbefugnis des Gesamtgläubigers über das gesamte Schuldverhältnis voraus.
- Nach § 429 I BGB wirkt der **Annahmeverzug (§§ 293 ff. BGB)** eines Gesamtgläubigers auch gegen die anderen. Dementsprechend braucht der Schuldner lediglich einem Gläubiger seine Leistung vertrags- und schuldgerecht anzubieten.

[1188] BGHZ 95, 185, 187; BGH NJW 1990, 705, 706.

- Vereinigen sich Forderung und Schuld in der Person eines Gesamtgläubigers, erlöschen die Rechte der übrigen Gläubiger gegen den Schuldner nach § 429 II BGB.
- Alle *anderen* Tatsachen hingegen wirken nach §§ 429 III S. 1, 425 BGB nur für und gegen den Gesamtgläubiger, in dessen Person sie eintreten.

II. Gesamtschuldnerschaft, §§ 421-427 BGB

Gemäß § 421 S. 1 BGB liegt eine **Gesamtschuld** vor, wenn mehrere eine Leistung in der Weise schulden, dass jeder die ganze Leistung zu bewirken verpflichtet, der Gläubiger aber nur einmal zur Forderung der Leistung berechtigt ist. 1112

Folge ist, dass der Gläubiger die Leistung nach seinem Belieben von jedem der Schuldner ganz oder zu einem Teil fordern kann. Bis zur Bewirkung der ganzen Leistung bleiben sämtliche Schuldner verpflichtet (§ 421 S. 2 BGB). Erfüllung i.S.d. § 362 I BGB tritt daher erst ein, wenn die Leistung (von einem Gesamtschuldner oder mehreren Gesamtschuldnern) vollständig bewirkt wurde. Ist das der Fall, werden auch alle anderen Gesamtschuldner im Außenverhältnis zum Gläubiger befreit (§ 422 BGB). Der spätere Innenausgleich erfolgt dann nach § 426 II S. 1 BGB.

Die Bedeutung der Gesamtschuld ist in der Praxis sehr groß. Für den Gläubiger wird das Ausfallrisiko minimiert, da er sich ja nach seinem Belieben an jeden der Schuldner in voller Höhe halten kann. Und für die Schuldner besteht das Risiko, dass jeder einzelne in voller Höhe in Anspruch genommen werden kann.

1. Voraussetzungen

Die Voraussetzungen für eine Gesamtschuld ergeben sich aus § 421 BGB. Sie sind: 1113

- **Schuldnermehrheit:** Zunächst müssen mehrere Schuldner gegenüber einem Gläubiger zu einer Leistung verpflichtet sein.
- **Einmaligkeit der Leistung:** Der Gläubiger darf nur einmal forderungsberechtigt sein.
- **Identität des Leistungsinteresses des Gläubigers:** Jeder Schuldner muss die gesamte Leistung zu erbringen verpflichtet sein. Die Leistungsinhalte der Forderungen, die der Gläubiger gegenüber den verschiedenen Gesamtschuldnern hat, müssen weitgehend deckungsgleich sein, wobei keine abschließende Identität gefordert wird.
- **Gleichstufigkeit:** Schließlich muss jeder der Gesamtschuldner die Leistung endgültig und nicht nur vorläufig zu erbringen haben.

a. Schuldnermehrheit

Erste Voraussetzung für eine Gesamtschuld ist, dass mehrere Schuldner einem Anspruch des Gläubigers ausgesetzt sind. Durch die gesetzliche Bestimmung der *Mehrheit* ergibt sich, dass mindestens zwei Personen Schuldner sind, wobei diese *demselben* Gläubiger gegenüber verpflichtet sein müssen. Dabei kann sich die Begründung der (gemeinsamen) Verpflichtung gegenüber dem Gläubiger aus einer gesetzlichen Regelung oder aus einer rechtsgeschäftlichen Vereinbarung ergeben. In einer Reihe von Fällen ist die gesamtschuldnerische Haftung **gesetzlich** angeordnet. 1114

Beispiele:

(1) Gehen ein Betrieb oder ein Betriebsteil durch Rechtsgeschäft auf einen neuen Inhaber über (**Betriebsübergang**), haftet der bisherige Arbeitgeber neben dem neuen Inhaber für Verpflichtungen aus bereits vorher bestehenden Arbeitsverhältnissen nach § 613a II BGB als Gesamtschuldner.

(2) Haben sich zwei Bürgen für dieselbe Verbindlichkeit eines Dritten verbürgt (**Mitbürgen**), haften sie untereinander gem. § 769 BGB als Gesamtschuldner. Soweit sich die

Mitbürgen gemeinschaftlich verpflichten, besteht eine Gesamtschuld bereits gem. § 427 BGB. Erfolgt die Verbürgung unabhängig voneinander, ist eine gesamtschuldnerische Haftung gem. § 769 Hs. 1 BGB gegeben.

(3) Sind für den aus einer **unerlaubten Handlung** (§§ 823 ff. BGB) entstehenden Schaden mehrere nebeneinander verantwortlich, haften sie als Gesamtschuldner nach § 840 BGB[1189].

(4) Ebenso besteht bei **Miterben** nach § 2058 BGB eine Gesamtschuld für die gemeinschaftlichen Nachlassverbindlichkeiten.

(5) Die **Gesellschafter** einer OHG haften gem. § 128 HGB akzessorisch für die Schulden der Gesellschaft. Wegen dieser Akzessorietät besteht keine Gesamtschuld zwischen den Gesellschaftsschulden und den Gesellschafterschulden. Dagegen liegt aber eine Gesamtschuld zwischen den Gesellschaftern untereinander vor.

(6) Bei **Ehegatten** begründet § 1357 I BGB eine Gesamtschuldnerschaft. Gemäß S. 1 dieser Vorschrift ist jeder Ehegatte berechtigt, Geschäfte zur angemessenen Deckung des Lebensbedarfs der Familie mit Wirkung auch für den anderen Ehegatten zu besorgen. Und gemäß S. 2 werden durch solche Geschäfte beide Ehegatten grundsätzlich berechtigt und verpflichtet.

Daneben besteht gem. **§ 431 BGB** immer eine Gesamtschuld, wenn mehrere Schuldner zu einer **unteilbaren Leistung** verpflichtet sind. Mangels Teilbarkeit der Leistung scheidet eine Teilschuld von vornherein aus. Unteilbar ist die Leistung, wenn sie ihrer Natur nach nur einmal erbracht werden kann. Dies ist bspw. bei Eigentumsverschaffungs-, Besitzübertragungs- oder Unterlassungspflichten der Fall.

1115 Bei der **rechtsgeschäftlichen** Begründung der Gesamtschuld ist Voraussetzung, dass sich die Parteien darüber einig sind, dass die Erfüllung durch einen der Schuldner zugleich den anderen befreien soll. Die rechtsgeschäftliche Verpflichtung muss also *gemeinschaftlich* sein. Dies ist immer der Fall, wenn die Schuldner auch die charakteristischen Wirkungen der Gesamtschuld (§§ 421, 422 BGB) zum Inhalt der nebeneinander begründeten Verpflichtungen machen. Ohne weiteres ist eine derartige Gemeinschaftlichkeit gegeben, wenn die Vertragsparteien diese explizit im Vertrag vereinbart haben.

Beispiel: A und B schließen gemeinsam als Mieter einen Mietvertrag mit Vermieter V. Im Mietvertrag steht, dass beide Mietparteien zur Begleichung sämtlicher Verbindlichkeiten aus dem Mietverhältnis verpflichtet sind. ⇨ Obwohl hier das Wort „gesamtschuldnerisch" fehlt, ist doch eindeutig, dass die Charakteristik einer Gesamtschuld vorliegt.

Enthält der Vertrag eine entsprechende Regelung nicht, muss durch Auslegung (§§ 133, 157 BGB) bestimmt werden, ob eine Gesamtschuld gewollt ist. Dabei geht das Gesetz in **§ 427 BGB** *im Zweifel* davon aus, dass bei einer gemeinschaftlichen vertraglichen Verpflichtung eine Vereinbarung der Gesamtschuld vorliegt, sofern der Vertrag auf eine teilbare Leistung gerichtet ist.

Beispiele:

(1) Ein Schiedsrichter soll zwischen zwei Parteien schlichten. Die Parteien haben sich gemeinschaftlich zur Erbringung des vereinbarten Honorars verpflichtet. Damit liegt eine Gesamtschuld nach § 427 BGB vor. Dies ist sogar der Fall, wenn der Schiedsrichter lediglich von einer Partei ernannt wurde. Die beiden Parteien haften dem Schiedsrichter also als Gesamtschuldner für das Honorar.

[1189] Zu beachten ist, dass § 840 I BGB keine Anspruchsgrundlage darstellt, sondern (lediglich) eine gesamtschuldnerische Haftung der nebeneinander Verantwortlichen anordnet (vgl. *Becker/Weidt*, JuS 2016, 481, 488). Auch bei einer deliktischen Gesamtschuld kann als Anspruchsgrundlage immer nur eine haftungsbegründende Vorschrift (wie bspw. § 823 I BGB) fungieren (vgl. *Wagner*, in: MüKo, § 840 Rn 2).

(2) Eine Gesamtschuld liegt auch vor, wenn ein Verwalter für mehrere Wohnungseigentümer zur Instandhaltung der Wohnanlage Verträge mit einem Dritten abschließt. In diesem Fall kann jeder Einzelne der Wohnungseigentümer vom Vertragspartner in Anspruch genommen werden.

Hinweis für die Fallbearbeitung: Von der gemeinschaftlichen Verpflichtung i.S.d. §§ 427, 431 BGB ist die gemeinschaftliche Schuld zu unterscheiden. Bei Letzterer können die Gläubigerinteressen weder durch Teilleistungen mehrerer noch durch eine Gesamtleistung eines Schuldners, sondern nur im gemeinsamen Zusammenwirken aller Schuldner befriedigt werden. Eine gemeinschaftliche Schuld liegt bspw. bei Gesamthandsgemeinschaften vor, da hierbei die Gesamthänder in ihrer gesamthänderischen Gebundenheit getroffen werden und nur gemeinsam verfügen können.

Eine Gesamtschuld kann auch vorliegen, wenn die selbstständigen Forderungen, die der Gläubiger gegen die einzelnen Schuldner hat, auf **unterschiedlichen Schuldgründen** basieren. So können die einzelnen Verbindlichkeiten aus verschiedenen Verträgen oder eine Verbindlichkeit aus Vertrag und die andere aus Delikt resultieren. **1116**

Beispiele: Eine Gesamtschuld liegt zwischen dem deliktisch haftenden Dieb und dessen nach Weiterveräußerung aus § 816 BGB verpflichteten Abnehmer vor.[1190] Ebenso besteht eine Gesamtschuld zwischen dem fehlerhaft planenden Architekten und dem Verkäufer eines mangelhaften Grundstücks (§§ 433, 434, 437 Nr. 3, 281, 280 I i.V.m. § 278 BGB).[1191] Auch ist eine Gesamtschuld zwischen dem Tierarzt, dem ein Untersuchungsfehler unterlaufen ist, und dem Verkäufer des mangelhaften Tieres angenommen worden.[1192] Zur Frage der Gleichstufigkeit in Fällen dieser Art vgl. Rn 1119 ff.

Erforderlich ist stets, dass zwei Schuldner demselben Gläubiger eine Leistung schulden. Sobald mehrere Schuldner zwar eine identische Leistung, aber der eine Schuldner dem einen Gläubiger und der andere Schuldner einem anderen Gläubiger schulden, muss eine Gesamtschuld ausscheiden.

Beispiel: Soweit für die Erbringung einer Bauleistung Haupt- und Subunternehmer verpflichtet sind, schulden beide eine identische Leistung gegenüber dem Gläubiger. Gleichwohl scheidet eine Gesamtschuld aus, da nur der Hauptunternehmer dem Gläubiger gegenüber vertraglich verpflichtet ist. Der Subunternehmer hat nur einen Vertrag mit dem Hauptunternehmer, nicht aber mit dem Gläubiger.

b. Einmaligkeit der Leistung

Weitere Voraussetzung für die Gesamtschuld ist, dass der Gläubiger nur einmal forderungsberechtigt sein darf. In Abgrenzung zur kumulierten Schuld, bei der der Gläubiger von jedem Schuldner Leistungserbringung verlangen kann, auch wenn bereits ein anderer Schuldner geleistet hat, kann der Gläubiger die Forderung bei der Gesamtschuld zwar von jedem Schuldner verlangen, dies jedoch nur einmal. **1117**

Beispiel[1193]: Eine kumulierte Schuld liegt vor, wenn der Gläubiger vorsorglich ein dringend benötigtes Ersatzteil bei mehreren Lieferanten bestellt und diesen jeweils zur Abnahme und zur Zahlung verpflichtet ist. Eine Gesamtschuld scheidet wegen fehlender Einmaligkeit der Leistung aus.

c. Identität des Leistungsinteresses

1118

[1190] BGHZ 52, 39, 43; *Gehrlein*, in: Bamberger/Roth, § 421 Rn 4.
[1191] BGH NJW 2012, 1071, 1072; *Grüneberg*, in: Palandt, § 421 Rn 11.
[1192] Vgl. BGH NJW 2012, 1070 f.; OLG Celle RdL 2010, 262 f.; OLG Schleswig RdL 2011, 208 f.; OLG Stuttgart 10.5.2011 – 1 U 6/11 (bestätigt von BGH NJW 2012, 1071).
[1193] *Bydlinski*, in: MüKo, § 421 Rn 8.

Jeder Schuldner muss verpflichtet sein, die **ganze** Leistung zu bewirken (vollständige Leistungspflicht). Es darf also weder ein Fall der Teilschuld (§ 420 BGB) noch ein Fall der gemeinschaftlichen Schuld vorliegen. Dabei müssen die Pflichten eines Gesamtschuldners mit dem Leistungsinteresse des Gläubigers übereinstimmen. Das bedeutet, dass die Leistungsinhalte der Forderungen, die der Gläubiger gegenüber den verschiedenen Schuldnern hat, weitgehend deckungsgleich sein müssen. Die Verpflichtung muss sich also auf *eine* Leistung beziehen. Ohne weiteres liegt eine derartige Leistung vor, wenn die Leistungspflichten aller Schuldner faktisch und rechtlich vollkommen identisch sind. Dies ist indes nicht zwingend erforderlich. Es reicht vielmehr aus, dass sich die Verpflichtungen der Schuldner auf **dasselbe Leistungsinteresse** des Gläubigers beziehen.[1194] Dafür genügt eine enge Verwandtschaft der Leistungsinhalte an der Grenze zur inhaltlichen Gleichheit.[1195] Die inhaltliche Gleichheit ist auch gewahrt, wenn eine der Forderungen bedingt oder befristet ist oder einen anderen Leistungsort als die andere Forderung bestimmt. Auch wenn die auf dasselbe Leistungsinteresse des Gläubigers gerichteten Verpflichtungen nicht denselben Umfang haben, ist eine Gesamtschuld insoweit gegeben, wie sich die Pflichten decken.[1196]

Beispiele:

(1) Ein Architekt und ein Bauunternehmer sind hinsichtlich der Errichtung des Bauwerks wegen verschiedener Leistungsinhalte keine Gesamtschuldner. Soweit sie aber gemeinsam Baumängel zu verantworten haben, sind sie diesbezüglich Gesamtschuldner.[1197] Dies gilt sogar, wenn der Architekt zum Schadensersatz verpflichtet ist (§ 634 Nr. 4 BGB) und der Bauunternehmer auf Nacherfüllung (§ 634 Nr. 1 BGB), Minderung oder Rücktritt (§ 634 Nr. 3 BGB) in Anspruch genommen werden kann.[1198] Beide Rechte des Bestellers dienen dazu, sein Leistungsinteresse, das hier im Ausgleich für die Baumängel besteht, zu befriedigen.

(2) Der Tierarzt, dem im Rahmen einer Ankaufsuntersuchung hinsichtlich eines Pferdes ein Untersuchungsfehler unterläuft, einerseits und der Verkäufer des mangelhaften Tieres andererseits haben – jeder auf seine Art – nach Auffassung des BGH für die Beseitigung desselben Schadens einzustehen. Das gelte auch dann, wenn der Käufer gegenüber dem Verkäufer den Rücktritt erklärt und vom Tierarzt einen auf das negative Interesse gerichteten Schadensersatz (Transportkosten, Haltungskosten etc.) verlangt. Beide Ansprüche seien inhaltlich darauf gerichtet, den Käufer so zu stellen, als wäre der Kaufvertrag über das Pferd nicht zustande gekommen. Insoweit bestehe Deckungsgleichheit des Leistungsinteresses.[1199] Das ist zweifelhaft, vgl. Rn 1120.

d. Gleichstufigkeit

1119 Der Gesamtschuld ist es immanent, dass der Gläubiger von jedem Schuldner die ganze Leistung verlangen kann, aber insgesamt nur einmal forderungsberechtigt ist. Mit der Leistung eines Schuldners tritt demnach auch im Verhältnis des Gläubigers zu den anderen Gesamtschuldnern gem. § 362 I BGB Erfüllung ein. Die Erfüllung eines Schuldners kommt i.S.d. § 422 BGB auch den übrigen Schuldnern mit Tilgungswirkung zugute. Diese Wirkung erfordert, dass zwischen den jeweiligen Schuldverhältnissen eine besondere Verbindung besteht, die sog. Gleichstufigkeit (auch Gleichrangigkeit genannt).[1200]

1120 Die **Gleichstufigkeit** (Gleichrangigkeit) ist gegeben, wenn jeder der Schuldner die Leistung endgültig und nicht nur vorläufig zu erbringen hat.

1194 BGHZ 43, 227, 229 f.; BGH NJW 1998, 537, 539.

1195 BGH NJW 2012, 1070 f.; OLG Stuttgart 10.5.2011 – 1 U 6/11 (bestätigt von BGH NJW 2012, 1071); *Grüneberg*, in: Palandt, § 421 Rn 6.

1196 BGHZ 52, 39, 45; OLG Düsseldorf NJW 1995, 2565.

1197 BGH NJW 2003, 2980 ff.; *Jäckel*, JA 2004, 1, 2 f.

1198 BGHZ 43, 227, 230; 51, 275, 278; OLG Zweibrücken NJW-RR 1993, 1237, 1238.

1199 BGH NJW 2012, 1070 f.; OLG Stuttgart 10.5.2011 – 1 U 6/11 (bestätigt von BGH NJW 2012, 1071).

1200 BGHZ 137, 76, 82; BGH NJW 2012, 1070 f.; *Medicus/Lorenz*, SchuldR AT, Rn 798.

Durch dieses Merkmal kommt die wechselseitige Tilgungswirkung (§ 422 BGB) zum Ausdruck. Es muss eine Gleichrangigkeit der Haftungsverpflichtungen bestehen. Bei einer nur subsidiären (nachrangigen) Haftung eines Schuldners ist Gleichstufigkeit folgerichtig zu verneinen.[1201] Die Feststellung der Gleichstufigkeit kann schwierig sein.

Beispiel[1202]**:** K kaufte von V eine Stute für 2.000,- €. Zuvor hatte er den Tierarzt T beauftragt, eine sog. Ankaufsuntersuchung des Tieres vorzunehmen. T bescheinigte Mangelfreiheit. Drei Wochen nach der Übereignung und Übergabe des Pferdes von V an K zeigten sich jedoch Lähmungserscheinungen. In dem von K in Auftrag gegebenen tierärztlichen Gutachten wurde eine zur Lähmung führende Krankheit festgestellt, die bereits von T hätte erkannt werden müssen. K verlangt von T Schadensersatz gem. §§ 631, 634 Nr. 4, 280 I BGB i.H.v. insgesamt 8.000,- € (u.a. Kosten des Gutachtens, Fütterungs- und Pflegekosten). T ist der Meinung, es komme nicht darauf an, ob er gegen seine Pflichten bei der Ankaufsuntersuchung verstoßen habe. Denn eine eventuelle Haftung sei gegenüber der Kaufgewährleistungshaftung des V nachrangig. V und er hafteten nicht gesamtschuldnerisch, weil es an der Gleichstufigkeit ihrer (eventuellen) Verpflichtungen fehle.

Der BGH hat entschieden, dass sehr wohl eine Gesamtschuld bestehe. Die Verpflichtungen des V auf Rückabwicklung des Kaufvertrags und des T auf Ersatz des dem K infolge des Abschlusses des Kaufvertrags entstandenen Vermögensschadens stünden gleichstufig nebeneinander. Die Gleichstufigkeit der Verpflichtungen ergebe sich daraus, dass sowohl V als auch T für den infolge der Kaufpreiszahlung entstandenen Vermögensnachteil aufzukommen hätten und auch die Kosten für den Unterhalt des Pferdes mit einer Geldzahlung ersetzen müssten, ohne dass einer der Schuldner nur subsidiär oder vorläufig für die andere Verpflichtung einstehen müsse.[1203]

Folgt man diesem Standpunkt, liegt eine Gleichstufigkeit vor. V und T wären Gesamtschuldner. K könnte wegen § 421 BGB von T den gesamten Schaden ersetzt verlangen.

Die Annahme einer Gleichrangigkeit überzeugt nicht. Denn während K von V Schadensersatz wegen eines Sachmangels verlangen kann (§§ 437 Nr. 3 Var. 1, 440, 280 I, III, 281, § 311a II BGB), schuldet T dem K Schadensersatz wegen eines Werkmangels (§§ 631, 634 Nr. 4, 280 I BGB). Die diese Schadensersatzansprüche auslösenden (Schlecht-)Leistungen stehen nicht auf einer Stufe. Es handelt sich um Ansprüche aus verschiedenen Verträgen (Kaufvertrag zwischen V und K; Werkvertrag zwischen K und T). Die erforderliche „besondere Verbindung zwischen den jeweiligen Schuldverhältnissen" ist weder aus Schuldner- oder aus Gläubigersicht erkennbar. V und T stehen nicht „im selben Lager" und verfolgen kein „gemeinsames Interesse". Eine Gleichstufigkeit liegt somit nicht vor.

Da T jedoch auch dann (werkvertraglich) auf Schadensersatz haften würde, wenn eine Gesamtschuld nicht vorläge, kann die Frage der Gleichstufigkeit letztlich dahinstehen.

Wie aus dem Beispiel deutlich geworden sein sollte, **fehlt** es an der Gleichstufigkeit, **1121**
wenn einer der Schuldner nur **subsidiär** haftet.[1204] Dies ist der Fall, wenn letztlich nur einer haften soll, weil er allein verantwortlich bzw. am Schaden „näher dran" ist und deswegen ein Ausgleich zwischen den Schuldnern nach § 426 BGB nicht gewollt ist.

Beispiel: Hat sich ein Bürge für die Schuld eines anderen gem. § 765 BGB verbürgt, kann er vom Gläubiger auf Erfüllung in Anspruch genommen werden, soweit der Hauptschuldner nicht leistet oder die Einrede der Vorausklage aus § 771 BGB ausgeschlossen ist (vgl. § 773 BGB). Sobald der Bürge den Gläubiger befriedigt, geht nach § 774 BGB die Forderung des Gläubigers gegen den Hauptschuldner auf ihn über. Der Bürge erlangt somit eine Forderung gegen den Hauptschuldner, woraus sich ergibt, dass letzten Endes der Hauptschuldner alleine haften muss. Eine Gleichstufigkeit liegt somit nicht vor.

[1201] Vgl. etwa BGH NJW 2012, 1070 f.
[1202] Nach BGH NJW 2012, 1070 f.
[1203] BGH NJW 2012, 1070, 1071.
[1204] *Jäckel*, JA 2004, 1; *Gehrlein*, in: Bamberger/Roth, § 421 Rn 8.

Als Grundsatz gilt mithin, dass eine Gesamtschuld mangels Gleichstufigkeit ausscheidet, wenn das Gesetz an die Zahlung durch einen bestimmten Schuldner automatisch den Erwerb der gesamten Forderung knüpft, wie dies bei dem **gesetzlichen Forderungsübergang** (§ 412 BGB) der Fall ist.

Hinweis für die Fallbearbeitung: Als Ausnahme zu diesem Grundsatz sollte das Problem des **Wettlaufs der Sicherungsgeber** bekannt sein. Dazu folgender Fall:

Schuldner S hat eine Verbindlichkeit gegenüber dem Gläubiger G. Für diese Schuld hat sich der Bürge B gem. § 765 BGB verbürgt. Ebenfalls besteht für diese Verbindlichkeit als Sicherheit eine Hypothek gem. §§ 1113 ff. BGB an dem Grundstück des H. Die Forderung des G gegenüber S wird fällig. G kann bei S keine Befriedigung erreichen. Zahlt B, geht neben dem Anspruch gegen den Hauptschuldner S gem. §§ 774, 412, 401 BGB der Anspruch auf Duldung der Zwangsvollstreckung in das Grundstück des H i.S.d. § 1147 BGB vollständig auf ihn über. B könnte sich mithin alles, was er an G gezahlt hat, bei H wiederholen. Im umgekehrten Fall ist es genauso. Zahlt H, geht neben dem Anspruch gegen den Hauptschuldner S gem. §§ 1143, 774, 412, 401 BGB der Anspruch des G gegen B auf Zahlung aus dem Bürgschaftsvertrag auf ihn über. In diesem Fall könnte sich H alles, was er an G gezahlt hat, bei B wiederholen. Damit in dieser Konstellation kein Wettlauf der Sicherungsgeber eintritt, geht die h.M. davon aus, dass im Verhältnis zwischen H und B (i.S.d. § 774 II BGB) eine Gesamtschuld gem. §§ 421 ff. BGB vorliege. Der Vorteil dieser Vorgehensweise liegt darin, dass jeder Sicherungsgeber im Zweifel zum gleichen Anteil verpflichtet ist. Soweit einer der Sicherungsgeber (H oder B) zahlt, kann er sich entsprechend § 426 I, II BGB bei dem anderen den ihm zustehenden Teil wiederholen.[1205]

1122 An einer Gleichstufigkeit und damit an einer Gesamtschuld fehlt es auch, wenn es neben dem endgültigen Ersatzpflichtigen einen aufgrund einer gesetzlichen oder vertraglichen Fürsorgepflicht nur vorläufig Verpflichteten gibt. Dies ist insb. der Fall, wenn ein Geschädigter neben dem Anspruch gegen den Schädiger einen Anspruch gegen einen Versicherer, Sozialversicherungsträger, Arbeitgeber, Dienstherrn oder Unterhaltspflichtigen hat. Dieser allgemeine Rechtsgedanke ist in § 843 IV BGB normiert und beinhaltet, dass auf den Schaden keine Leistungen anderer anzurechnen sind, die nach ihrer Natur dem Schädiger nicht zugutekommen sollen. Der Schädiger bleibt also trotz der Leistungen des Unterhaltspflichtigen/Versicherers zur Leistung an den Geschädigten verpflichtet.

Beispiel: Sohn T wird vom Schädiger S rechtswidrig und in kausaler schuldhafter Weise an seinem Körper geschädigt. Er wird daraufhin ärztlich behandelt. T hat gegen S einen Schadensersatzanspruch aus § 823 I BGB und aus § 823 II BGB i.V.m. § 223 StGB auf Ersatz der Arztkosten. T hat aber auch einen Anspruch gegen seine Eltern, da diese für ihn unterhaltspflichtig sind. Zahlt der Vater die Arztrechnung, stellt sich die Frage, ob er den Schädiger S im Wege eines Gesamtschuldnerausgleichs nach § 426 BGB in Anspruch nehmen kann. Dies muss mangels Gleichstufigkeit verneint werden. Der Schädiger S hat nämlich den vollen Schaden bei T zu ersetzen, sodass es an einer wechselseitigen Tilgungswirkung fehlt. Ein Regressanspruch des Vaters aus § 426 BGB scheidet somit aus.

1123 Ein besonderes Problem stellt in diesem Zusammenhang der Anwendungsbereich des **§ 255 BGB** dar, da sich in dessen Regelungsbereich u.U. Berührungen mit §§ 421, 426 BGB ergeben können. Die Pflicht zur rechtsgeschäftlichen Abtretung nach § 255 BGB greift allerdings nur ein, wenn nicht schon ein Forderungsübergang kraft Gesetzes stattgefunden hat. Eine Abgrenzung zwischen der Gesamtschuld und § 255 BGB ist aufgrund des Kriteriums der Gleichstufigkeit möglich. Soweit nämlich wegen bestehender Gleichstufigkeit eine Gesamtschuld gegeben ist, wird durch § 426 II BGB ein gesetzlicher Forderungsübergang angeordnet und §

[1205] BGH ZIP 2001, 914, 917; NJW 1992, 3228; BGHZ 108, 179, 183.

255 BGB ist unanwendbar. § 255 BGB findet damit ausschließlich Anwendung, wenn eine Gesamtschuld nicht vorliegt.

Im **Beispielsfall** von Rn 1122 stellt sich die Frage, welche Ansprüche der Vater geltend machen kann. Eine GoA (§§ 677 ff. BGB) scheidet i.d.R. aus, da der leistende Vater nicht den Willen hatte, ein Geschäft des Schädigers zu besorgen. Vielmehr wollte er seiner Unterhaltspflicht gegenüber S nachkommen. Auch § 812 BGB scheidet als Anspruchsgrundlage aus, da der Schädiger wegen § 843 IV BGB durch die Leistung des V nicht von seiner Schadensersatzpflicht frei geworden ist und deswegen dadurch nichts erlangt hat. Der leistende V hat aber analog § 255 BGB einen Anspruch gegen seinen Sohn T auf Abtretung des Schadensersatzanspruchs gegen S. Die Analogie ergibt sich daraus, dass er als Nichtschädiger nicht schlechtergestellt werden kann als ein Schädiger, für den § 255 BGB direkt gilt. Da es an einer Gleichstufigkeit der Verpflichtungen von S und V fehlt, findet § 255 BGB Anwendung. Das Ergebnis ist auch gerecht, weil T bereits eine Leistung durch den Vater erhalten hat und die Fürsorgepflichten i.d.R. nur in Vorlage treten sollen. Der Schädiger soll in letzter Konsequenz zahlen. Deswegen muss es eine Möglichkeit geben, wie der Anspruch des T gegen S auf den Vater übergeleitet wird. Diese Möglichkeit stellt § 255 BGB dar. Somit kann V den S in Regress nehmen.

2. Wirkungen der Gesamtschuld

Die Wirkungen der Gesamtschuld im **Außenverhältnis** werden durch §§ 421-425 BGB **1124** geregelt, wobei zwischen den Tatsachen, die für alle Gesamtschuldner wirken (sog. Gesamtwirkung, §§ 422-424 BGB), und denen, die nur für oder gegen den Gesamtschuldner wirken, in dessen Person sie eintreten (sog. Einzelwirkung, § 425 BGB), zu differenzieren ist. Die Regelung des § 426 BGB betrifft dagegen das **Innenverhältnis** der Gesamtschuldner.

a. Verhältnis der Gesamtschuldner zum Gläubiger, §§ 421-425 BGB

Nach § 421 BGB kann der Gläubiger, solange die Leistung nicht bewirkt ist, jeden der Schuld- **1125** ner nach seinem Belieben ganz oder teilweise in Anspruch nehmen. Die Erfüllung (§ 362 I BGB) durch einen der Gesamtschuldner wirkt nach § 422 I S. 1 BGB auch für die übrigen Schuldner im **Außenverhältnis** zum Gläubiger (*wechselseitige Tilgungswirkung*). Die gleiche Wirkung tritt auch gem. § 422 I S. 2 BGB bei der Leistung an Erfüllungs statt, der Hinterlegung und der Aufrechnung ein. Nach § 422 II BGB kann die Aufrechnung jedoch nur derjenige Gesamtschuldner erklären, dem die Forderung auch zusteht, mit der aufgerechnet werden soll.

Nach § 423 BGB wirkt ein zwischen dem Gläubiger und einem Gesamtschuldner vereinbarter Erlass auch für die übrigen Schuldner, wenn die Vertragschließenden das ganze Schuldverhältnis aufheben wollten.[1206]

- Wollen die Parteien eines **Erlassvertrags** nur den beteiligten einzelnen Gesamtschuldner von der Schuld befreien, kommt dem Erlass lediglich eine **Einzelwirkung** zu. Auch wenn der befreite Gesamtschuldner nicht mehr an den Gläubiger leisten muss, bleibt er den anderen Gesamtschuldnern im Innenverhältnis zum Ausgleich nach § 426 I BGB verpflichtet.[1207] Anderenfalls hätte der Erlass zur Folge, dass die anderen Gesamtschuldner mehr leisten müssten, was einen unzulässigen Vertrag zu Lasten Dritter darstellte.
- Es kann aber auch ein **Erlassvertrag mit beschränkter Gesamtwirkung** gewollt sein. Von einem solchen spricht man, wenn der kontrahierende Schuldner gegenüber dem Gläubiger frei wird und die Schuld der übrigen Gesamtschuldner um den Ausgleichsbetrag des freiwerdenden Schuldners gekürzt wird. In diesem Fall werden die anderen Gesamt-

[1206] OLG Hamm NJW-RR 1998, 486, 487.
[1207] BGHZ 58, 216, 218; BGH NJW 1989, 2386, 2387.

schuldner nicht belastet, da die Gesamtschuld um den erlassenen Teil gekürzt wird, sodass jeder der Gesamtschuldner nur für den Anteil zu haften hat, für den er bereits vor dem Erlassvertrag einzustehen hatte.

Darüber hinaus wirkt auch ein Annahmeverzug des Gläubigers gegenüber einem Gesamtschuldner gem. § 424 BGB für die übrigen Schuldner. Andere als in §§ 422-424 BGB bezeichnete Tatsachen haben gem. § 425 BGB, soweit sich aus dem Schuldverhältnis nicht ein anderes ergibt, nur **Einzelwirkung**. Diese Umstände wirken nur für und gegen den Gesamtschuldner, in dessen Person sie eintreten. Dies gilt insb. für die in § 425 II BGB aufgezählten Tatsachen, bspw. für die Kündigung, den Verzug, das Verschulden, die subjektive Unmöglichkeit und für die Verjährung.

b. Verhältnis der Gesamtschuldner zueinander, § 426 BGB

1126 Das Gesamtschuldverhältnis zeichnet sich dadurch aus, dass der Gläubiger nach seiner Wahl die Leistung von jedem der Gesamtschuldner ganz oder z.T. fordern kann. Daraus kann nicht gefolgert werden, dass der in Anspruch Genommene die Leistung endgültig alleine tragen muss. Sobald einer der Gesamtschuldner den Gläubiger befriedigt hat, trifft die übrigen Schuldner eine Ausgleichspflicht nach § 426 BGB. Dabei wird zwischen der Ausgleichspflicht nach § 426 I BGB und dem Übergang der Gläubigerforderung nach § 426 II BGB unterschieden.

aa. Ausgleichsanspruch gem. § 426 I BGB

1127 Nach § 426 I BGB sind die Gesamtschuldner im Verhältnis zueinander im Zweifel zu gleichen Anteilen verpflichtet. Dafür stellt § 426 I BGB einen **selbstständigen Ausgleichsanspruch** dar, der von anderen etwaigen Ansprüchen – wie bspw. aus GoA, §§ 812 ff. BGB oder aus (gesellschafts-)vertraglichen Verhältnissen – unabhängig ist. Dabei besteht der Ausgleichsanspruch nicht erst mit der Befriedigung des Gläubigers, sondern bereits mit Begründung der Schuld.[1208]

1128 **Vor** der Befriedigung des Gläubigers durch einen der Gesamtschuldner besteht für jeden Gesamtschuldner die Verpflichtung, an der Befriedigung des Gläubigers mitzuwirken.[1209] Dieser sog. **Befreiungsanspruch** setzt die Fälligkeit der Gesamtschuld voraus und hat den Teil der Schuld zum Inhalt, den der jeweilige Gesamtschuldner im Innenverhältnis zu tragen hat. Zweck dieses Anspruchs ist es, die Inanspruchnahme eines der Gesamtschuldner über den auf ihn im Innenverhältnis entfallenden Teil hinaus zu verhindern. Kommt ein Gesamtschuldner dieser Verpflichtung nicht nach, haftet er den anderen Gesamtschuldnern gegenüber nach den allgemeinen Regeln auf Schadensersatz (§§ 280 ff. BGB).

1129 **Nach** der Befriedigung des Gläubigers wird aus dem Befreiungsanspruch ein *Ausgleichsanspruch i.S.d. § 426 I BGB*, sofern der Gesamtschuldner mehr als den von ihm im Innenverhältnis zu tragenden Anteil geleistet hat. Die anderen ausgleichspflichtigen Gesamtschuldner haften dem ausgleichsberechtigten Gesamtschuldner jedoch nicht wiederum als Gesamtschuldner, sondern als **Teilschuldner** i.S.d. § 420 BGB. Kann von einem Gesamtschuldner der auf ihn entfallende Anteil, z.B. wegen Insolvenz, nicht erlangt werden, ist der Ausfall nach § 426 I S. 2 BGB von den übrigen Gesamtschuldnern zu tragen. Dadurch erhöht sich der Anteil der übrigen Schuldner, aber auch derjenige des Ausgleichsberechtigten, entsprechend.

Beispiel: A, B, C und D schulden dem Gläubiger G als Gesamtschuldner 12.000,- €. C zahlt die gesamte Summe an G. Er kann somit gem. § 426 I BGB A, B und D als Teilschuldner in Anspruch nehmen. Das bedeutet, dass er nicht von einem von den Dreien die volle Summe verlangen kann, sondern nur den jeweils auf den Schuldner entfallenden Teil. Nach § 426 I S. 1 BGB sind die Schuldner, soweit nicht etwas anderes bestimmt ist,

[1208] BGHZ 35, 317, 325; 114, 117, 122; *Stamm*, NJW 2004, 811, 811.
[1209] BayObLG NJW-RR 1999, 590, 593; *Stamm*, NJW 2004, 811, 811.

zu gleichen Anteilen verpflichtet. Das bedeutet, dass C von A, B und D jeweils 3.000,- € verlangen kann. Kann B nicht zahlen, kann C gem. § 426 I S. 2 BGB einen entsprechend höheren Anteil von A und D verlangen. Ihm steht also ein Anspruch gegen A und D i.H.v. 4.000,- € (3.000,- € + 1.000,- €) zu.

Grundsätzlich gilt bzgl. des **Umfangs** des Ausgleichsanspruchs nach § 426 I S. 1 BGB, dass 1130 die Gesamtgläubiger *im Zweifel* zu gleichen Teilen verpflichtet sind. Diese als Grundregel vorgesehene Haftung zu gleichen Teilen ist aber praktisch die Ausnahme, da regelmäßig ein anderer Verteilungsmaßstab bestimmt ist. Dabei kann sich ein anderer Verteilungsmaßstab aus einer vertraglichen Bestimmung oder aus dem Gesetz ergeben.

- Gesellschafter haften aufgrund des **Gesellschaftsvertrags** im Zweifel nach ihrem Beteiligungsverhältnis und nicht zwingend nach gleichen Anteilen. Ebenso ist bei einem Ausgleich für einen betrieblichen Schaden innerhalb eines **Arbeitsverhältnisses** die Freistellungspflicht des Arbeitgebers gegenüber dem Arbeitnehmer zu berücksichtigen. Bei betrieblich veranlasster Drittschädigung durch den Arbeitnehmer kann dieser vom Arbeitgeber quotenmäßige Freistellung je nach Abwägung der Schadensrisiken verlangen.
- **Gesetzlich** sind in § 840 II und III BGB, § 1833 II S. 2 BGB, § 78 II VVG abweichende Regelungen enthalten.
- Bei **Schadensersatzansprüchen** richtet sich die Verteilung des Schadens auf mehrere Ersatzpflichtige nach **§ 254 BGB** (§ 17 StVG; § 5 ProdHaftG).[1210] Die Verteilung zwischen den Schädigern ergibt sich (in erster Linie) nach dem Maß der Verursachung und daneben nach dem Verschulden. Im Einzelfall kann das Maß der Verursachung und des Verschuldens dazu führen, dass ein Schädiger im Innenverhältnis den gesamten Schaden alleine zu tragen hat.
- Schließlich können mehrere Schuldner auch zusammen eine **Haftungseinheit** bilden. In diesem Fall entfällt auf sie im Verhältnis zu anderen Gesamtschuldnern nur eine gemeinsame Quote, sodass sie für den Ausgleich so behandelt werden, als seien sie eine Person. Haftungseinheiten bestehen bspw. für den Kfz-Halter und den Fahrer[1211] oder für den Verrichtungsgehilfen und seinen Geschäftsherrn[1212].

bb. Gesetzlicher Forderungsübergang gem. § 426 II BGB

Zur Stärkung der Rechtsstellung des ausgleichsberechtigten Gesamtschuldners normiert § 426 1131 II BGB den Übergang der Forderung des Gläubigers gegen die Gesamtschuldner auf den leistenden Schuldner (**cessio legis**).[1213] Der Anspruch ist allerdings vermindert um den Anteil, den der ausgleichsberechtigte Schuldner selbst tragen muss. Von der Legalzession des § 426 II BGB wird demnach nur der Anteil erfasst, der sich aus der Leistungserbringung wegen § 426 I BGB als Überzahlung des eigenen Teils darstellt. Nach Befriedigung des Gläubigers stehen somit dem ausgleichsberechtigten Schuldner der Ausgleichsanspruch aus § 426 I BGB und ein Anspruch in Form der übergegangenen Forderung gem. § 426 II BGB zu. Dabei bestehen beide Ansprüche selbstständig nebeneinander und der Gesamtschuldner kann zwischen ihnen wählen.[1214]
Der besondere Vorteil des Anspruchs nach § 426 II BGB gegenüber dem aus § 426 I BGB liegt darin, dass gem. §§ 412, 401 BGB für den Hauptanspruch bestehende akzessorische Sicherungsrechte erhalten bleiben und auf den ausgleichsberechtigten Gesamtschuldner mit übergehen.[1215]

1210 BGH NJW 1983, 624, 626; OLG Karlsruhe NJW-RR 1998, 600, 601.
1211 BGH NJW 1966, 1262; VersR 1970, 63, 64.
1212 BGHZ 6, 3, 27; BGH DB 1970, 1682, 1682.
1213 Vgl. dazu etwa BGH NZG 2012, 113 (mit Bespr. v. *K. Schmidt*, JuS 2012, 251).
1214 BGH NJW 1981, 681; NJW 1991, 97, 98.
1215 BGH NJW 1991, 97, 98; *Stamm*, NJW 2004, 811, 812.

Beispiele: Der ausgleichsberechtigte Schuldner erhält auch die akzessorischen Sicherungsrechte, bspw. eine Bürgschaft, ein Pfandrecht oder eine Hypothek, die für die Forderung des Gläubigers gegenüber den Gesamtschuldnern bestanden.

Zudem bleiben dem Gesamtschuldner Beweislastvorteile wie z.B. aus § 280 I S. 2 BGB erhalten, die es ihm u.U. erleichtern den Anspruch durchzusetzen. Nachteil des Anspruchs aus § 426 II BGB ist, dass auch alle Einwendungen und Einreden nach §§ 412, 404 BGB erhalten bleiben.

3. Gestörtes Gesamtschuldverhältnis

1132 Das **Gesamtschuldverhältnis** ist **gestört**, wenn bei einem der Gesamtschuldner die Haftung eingeschränkt oder ausgeschlossen ist und er sich deshalb einem Ausgleichsanspruch des zahlenden Zweitschädigers widersetzt.[1216]

Der Haftungsausschluss oder die Haftungsbeschränkung können aus einem Rechtsgeschäft oder aus dem Gesetz resultieren. So kann *vertraglich* ein abgemilderter Verschuldensmaßstab vereinbart oder ganz auf einen Schadensersatz verzichtet worden sein. *Gesetzlich* wird der Schuldner in einigen Fällen privilegiert, in denen er nur für die Sorgfalt einzustehen hat, die er auch in eigenen Angelegenheiten anzuwenden pflegt (*diligentia quam in suis*, § 277 BGB).

Die **diligentia quam in suis** ist in § 690 BGB für die Verwahrung, in § 708 BGB bei der Erfüllung von Gesellschaftsverpflichtungen, in § 1359 BGB im Verhältnis der Ehegatten zueinander, in § 1664 BGB im Verhältnis der Eltern zu ihrem Kind und in § 2131 BGB im Verhältnis des Vorerben zum Nacherben angeordnet.

Auch existiert eine Reihe von gesetzlichen Vorschriften, in denen der Schuldner nur bei Vorsatz oder grobem Verschulden, nicht aber bei einfacher Fahrlässigkeit haftet.

Beim Annahmeverzug des Gläubigers gem. § 300 I BGB, bei der Schenkung gem. § 521 BGB, bei der Leihe gem. § 599 BGB, bei der GoA gem. § 680 BGB, beim Fund gem. § 968 BGB haftet der Schuldner **nur für Vorsatz oder grobe Fahrlässigkeit**.

1133 Grundsätzlich besteht gem. §§ 840 I[1217], 421 BGB ein Gesamtschuldverhältnis, wenn (mindestens) zwei Personen (S_1 und S_2) einem Dritten (G) einen Schaden zufügen. Das Gesamtschuldverhältnis hat zur Folge, dass beide Schädiger vom Geschädigten G voll in Anspruch genommen werden können und der in Anspruch Genommene die Regressmöglichkeit gegenüber dem Mitschädiger aus § 426 I, II BGB hat. Dieser Regress wird gestört, wenn einer der Schädiger haftungsprivilegiert ist.

Beispiel: G will umziehen. Da jedoch sein bisheriges Mietverhältnis früher endet, als das neue beginnt, muss er zwischenzeitlich bei Verwandten unterkommen. In dieser Zeit stellt er seine gesammelten Bibliothekswerke bei seinem Freund F unentgeltlich unter. F bekommt Besuch von seinem Bekannten B, der einen Pudel dabeihat. Der Pudel wird in den Raum gesperrt, in dem sich auch die Bücher des G befinden. F hatte an die Bücher nicht mehr gedacht. Als B abends wieder gehen will, stellt er fest, dass sein Pudel die Bibliothekswerke des G zerstört hat. Welche Ansprüche hat G?

G hat gegen B einen Anspruch auf Ersatz des Schadens aus der Tierhalterhaftung nach § 833 S. 1 BGB. Ein Schadensersatzanspruch gegen F scheitert jedoch an § 690 BGB. Ohne diese Privilegierung wären F und B Gesamtschuldner analog § 840 BGB.[1218] Fraglich ist,

---

[1216] *Luckey*, Jura 2002, 477, 478; *Gehrlein*, in: Bamberger/Roth, § 426 Rn 11; *Walker*, JuS 2015, 865, 873.

[1217] Zu beachten ist, dass § 840 I BGB keine Anspruchsgrundlage darstellt, sondern (lediglich) eine gesamtschuldnerische Haftung der nebeneinander Verantwortlichen anordnet (vgl. *Becker/Weidt*, JuS 2016, 481, 488). Auch bei einer deliktischen Gesamtschuld kann als Anspruchsgrundlage immer nur eine haftungsbegründende Vorschrift (wie bspw. § 823 I BGB) fungieren (vgl. *Wagner*, in: MüKo, § 840 Rn 2). Auch § 421 BGB ist keine Anspruchsgrundlage.

[1218] Die Analogie begründet sich daraus, dass B dem G aus Delikt und F dem G aus einer pVV des Verwahrungsvertrags haften würden.

wie sich die Freistellung des F auf die Verbindlichkeit des B gegenüber G und auf den Ausgleichsanspruch des B gegen F auswirkt.

Es sind mehrere Haftungsverteilungen denkbar, aus denen sich jeweils unterschiedliche Lösungswege ergeben[1219]: **1134**

- Lösung zu Lasten des nicht privilegierten Zweitschädigers[1220]: Nach dem ersten Lösungsansatz geht die Privilegierung voll zu Lasten des Zweitschädigers. D.h., dass der Geschädigte (G) den Zweitschädiger (B) voll auf Schadensersatz in Anspruch nehmen kann, ohne dass dieser seinerseits beim Erstschädiger (F) nach § 426 BGB Regress nehmen kann.
- Lösung über eine fingierte Gesamtschuld[1221]: Nach dem zweiten Lösungsvorschlag soll der Erstschädiger, dem die Haftungserleichterung zugutekommt, zwar gegenüber dem Gläubiger G nicht haften, dagegen soll diese Haftungserleichterung im Regressverhältnis zum Zweitschädiger nicht bestehen. Dem Zweitschädiger (B) steht somit im Innenverhältnis ein Ausgleichsanspruch nach § 426 I, II BGB gegen den Erstschädiger (F) zu. Dadurch wird die Haftungsfreistellung im Verhältnis der Schuldner untereinander nicht berücksichtigt.
- Lösung zu Lasten des Geschädigten[1222]: Schließlich besteht die Möglichkeit, das Problem der gestörten Gesamtschuld zu Lasten des Geschädigten zu lösen. Danach wird der Ersatzanspruch des Geschädigten von vornherein um den Teil gekürzt, der im Innenverhältnis zwischen den Gesamtschuldnern auf den privilegierten Gesamtschuldner entfallen würde. Im Beispielsfall könnte somit G von B nur die Hälfte des entstandenen Schadens verlangen, wenn davon ausgegangen wird, dass die Verursachungsbeiträge von B und F jeweils gleich hoch waren.

Da sich die Fallkonstellationen z.T. erheblich in ihren Gestaltungen und Auswirkungen unterscheiden können, kann nicht eine Lösung als die generell richtige angenommen werden, es bedarf vielmehr einer genauen Differenzierung, aus welchem Grund die Haftung ausgeschlossen oder beschränkt worden ist.[1223] So wird hinsichtlich der Lösungswege zwischen vertraglichen und gesetzlichen Haftungsprivilegierungen differenziert.

a. Vertragliche Haftungsprivilegierungen

Die Parteien können im Vorfeld Haftungsbeschränkungen oder -freistellungen vertraglich vereinbaren. Durch eine solche vertragliche Haftungsfreistellung, die der Gläubiger einem der Beteiligten, der ansonsten Gesamtschuldner geworden wäre, gewährt, wird eine Gesamtschuld und damit ein Ausgleich nach § 426 BGB (direkt) verhindert.[1224] **1135**

Nicht abbedungen werden kann gem. § 276 III BGB die Haftung des Schuldners für Vorsatz. Darüber hinaus sind Haftungserleichterungen auch nach einigen Vorschriften entweder nur unter bestimmten Voraussetzungen oder gar nicht zulässig: So normiert § 651h BGB zulässige Haftungsbeschränkungen des Reiseveranstalters gegenüber dem Reisenden; in § 8a StVG ist das Verbot einer Haftungsbeschränkung bei entgeltlicher Personenbeförderung geregelt; nach § 14 ProdHaftG sind ein Ausschluss oder eine Beschränkung der Produkthaftung nicht möglich. Für Haftungsbeschränkungen, die in AGB (§§ 305 ff. BGB) enthalten sind, sind die Schranken der §§ 307 I, II Nr. 2 BGB und insb. die des § 309 Nr. 7 BGB zu beachten (zum AGB-Recht vgl. *R. Schmidt*, BGB AT, Rn 1566 ff.). Soweit gegen eines dieser gesetzlichen Verbote verstoßen wird, ist der Haftungsausschluss unwirksam und es stellt sich das Problem der gestörten Gesamtschuld nicht. Außerhalb dieser Verbote und Einschränkungen sind vertragliche Haftungsfreistellungen aber grundsätzlich zulässig und gelten nicht nur für vertragliche Schadensersatzansprüche, sondern auch für solche aus Delikt (§§ 823 ff. BGB).

[1219] Vgl. *Walker*, JuS 2015, 865, 873.
[1220] So vertreten von BGH NJW 1988, 2667, 2668 f.; BGH NJW 2004, 2892, 2893 f.
[1221] So vertreten von BGHZ 12, 213, 217 f.; 35, 317, 322 f.; 58, 216, 220 f.; BGH NJW 1992, 2286, 2287.
[1222] So vertreten von BGH NJW 2015, 940, 942; *Walker*, JuS 2015, 865, 874.
[1223] *Looschelders*, in: Staudinger, § 426 Rn 144; *Luckey*, Jura 2002, 477, 480.
[1224] *Bydlinski*, in: MüKo, § 426 Rn 55.

1136 Fraglich ist, wie ein gerechter Ausgleich zwischen den Beteiligten bei einer vertraglichen Haftungsfreistellung zu erreichen ist. Hierbei werden die drei Lösungsansätze relevant.

Beispiel[1225]**:** Autofahrer A nimmt G in seinem Pkw mit, wobei sich A zuvor von G eine Erklärung unterschreiben ließ, in der G auf alle etwaigen Schadensersatzansprüche aus von A leicht fahrlässig verursachten Unfällen verzichtete. Kurze Zeit später kommt es tatsächlich wegen einer Unaufmerksamkeit des A zu einem Zusammenstoß mit S. Sowohl A als auch S hatten den Unfall leicht fahrlässig verursacht. G wird bei dem Unfall verletzt. Da sich A gegenüber G auf die Haftungsfreizeichnung berief, verlangt G von S den Schaden i.H.v. 10.000,- € ersetzt.

Ohne Haftungsprivilegierung würden A und S gem. § 840 I BGB als Gesamtschuldner haften. G könnte somit S aus §§ 7 I, 18 StVG; § 823 I, II BGB i.V.m. § 223 StGB in vollem Umfang in Anspruch nehmen. S könnte anschließend gem. §§ 426 I S. 1, 254 BGB und §§ 426 II, 823 I, II BGB anteilig bei A Regress nehmen. Fraglich ist, wie sich das Haftungsprivileg auf den Anspruch des G und den Ausgleichsanspruch des S auswirkt.

1137 Nach der Rspr.[1226] soll dem Haftungsprivileg lediglich eine interne Bedeutung zukommen. Die vertragliche Haftungsfreistellung regele nur das Verhältnis zwischen dem geschädigten Gläubiger und dem privilegierten Gesamtschuldner. Die Verpflichtungen gegenüber den übrigen Gesamtschuldnern sollten hingegen unberührt bleiben. Es werde also ein Gesamtschuldverhältnis fingiert. Danach hafte der in Anspruch genommene nichtprivilegierte Schädiger dem Gläubiger in voller Höhe. Anschließend könne er aber den privilegierten Mitschädiger nach § 426 BGB in Regress nehmen. Gegen diese Lösung spricht, dass die Haftungsfreistellung des privilegierten Schädigers entwertet wird. Dieser muss trotz der Haftungsfreistellung für einen Teil des Schadens aufkommen.

Nach dieser Ansicht kann G von S den vollen Schadensersatz verlangen. S hat nach Befriedigung des G einen Ausgleichsanspruch aus § 426 I, II BGB über die fingierte Gesamtschuld i.H.v. 5.000,- €, da A und S jeweils zu gleichen Teilen den Unfall verursacht haben.

1138 Von der h.L.[1227] wird vertreten, dass die Haftungsfreistellung zu Lasten des Geschädigten gehen soll. Der Geschädigte könne den nicht haftungsbegünstigten Zweitschädiger daher nur insoweit in Anspruch nehmen, als dieser auch im Innenverhältnis zum Erstschädiger den Schaden zu tragen hätte, wenn keine Haftungsfreistellung vereinbart worden wäre. Mit der Haftungsprivilegierung solle der Begünstigte von jeder Haftung freigestellt werden. Soweit er jedoch nach der Lösungsmöglichkeit der Rspr. im Wege eines fingierten Gesamtschuldnerausgleichs in Anspruch genommen werde, stehe ihm aufgrund der vertraglichen Haftungsfreizeichnung ein Rückgriffsanspruch gegen den Gläubiger zu. Damit führe die Ansicht der Rspr. zu einem sog. „Regresskreisel". Deswegen sei es angebrachter, den Anspruch des Geschädigten direkt um die Quote zu kürzen, die dem Anteil des privilegierten Gesamtschuldners entspreche.

Nach dieser Ansicht steht G gegen S ein Schadensersatzanspruch nur i.H.v. 5.000,- € zu. Der Anspruch i.H.v. 10.000,- € ist gekürzt um den Anteil, den sich S bei A im Wege des fingierten Gesamtschuldnerausgleichs entsprechend seiner Verursachungsquote wiederholen könnte.

1139 Stellungnahme: Gegen die erste Lösungsmöglichkeit spricht, dass der haftungsprivilegierte Erstschädiger bei einem fingierten Gesamtschuldnerausgleich schlechtergestellt würde, als er stünde, wenn er den Schaden allein verursacht hätte. Dann nämlich müsste er wegen der Haftungsprivilegierung dem Geschädigten gegenüber nicht haften. Dieses Ergebnis ließe sich nur halten, wenn der privilegierte Erstschädiger seinerseits einen Regressanspruch gegen den Geschädigten hätte. Dann allerdings besteht der bereits oben erörterte „Regresskreisel". Es ist

[1225] BGHZ 12, 213, 217 ff.
[1226] BGHZ 35, 317, 323; 58, 216, 220.
[1227] *Stamm*, NJW 2004, 811, 812 f.; *Hager*, NJW 1989, 1640, 1644 f.; *Larenz*, SchuldR AT, § 37 III.

sinnvoller, dem Geschädigten von vornherein nur den Betrag zuzugestehen, den er auch endgültig behalten darf. Darüber hinaus spricht für die zweite Lösungsmöglichkeit, dass sie einen interessengerechten Ausgleich gewährleistet. Der Geschädigte hat im Verhältnis zu dem haftungsbefreiten Erstschädiger durch die vertragliche Vereinbarung gerade bewusst auf eine Absicherung durch einen möglichen Schadensersatzanspruch verzichtet. Deswegen ist es auch gerechtfertigt, ihn die Folgen des Haftungsverzichts durch einen gekürzten Schadensersatzanspruch tragen zu lassen. Die zweite Ansicht ist mithin überzeugend.

Ergebnis: Damit kann G von S einen Schadensersatz i.H.v. 5.000,- € verlangen.

b. Gesetzliche Haftungsprivilegierungen

Auch bei den gesetzlichen Haftungsprivilegierungen stellt sich das Problem, zu welchen Lasten die Haftungsfreistellung wirken soll. Im Gegensatz zu vertraglichen können gesetzliche Haftungsprivilegierungen auch zu Lasten eines Dritten Wirkung entfalten und so dem nicht privilegierten Zweitschädiger einen Ausgleichsanspruch gegen den Privilegierten verwehren.[1228] **1140**

Beispiel: Der Schädiger S verletzt den Sohn T in rechtswidriger, kausaler und schuldhafter Weise an dessen Gesundheit. Diese Schädigung wurde durch eine verletzte Aufsichtspflicht des Vaters V mitverursacht. T musste ärztlich behandelt werden und verlangt von S Ersatz der Arztkosten.

Grundsätzlich hat T gegen S einen Anspruch auf Schadensersatz aus § 823 I BGB und § 823 II BGB i.V.m. § 223 StGB. Fraglich ist, ob sein Anspruch über die Grundsätze der gestörten Gesamtschuld zu kürzen ist. Dafür müsste ein gestörtes Gesamtschuldverhältnis zwischen V und S vorliegen. Auch V könnte T aus § 823 I BGB, § 823 II BGB i.V.m. § 223 StGB und aus § 1664 I BGB (eigene Anspruchsgrundlage!) haften. Wegen §§ 1664 I, 277 BGB ist V jedoch im Verhältnis zu T haftungsprivilegiert. Eine gestörte Gesamtschuld ist somit gegeben. Fraglich ist, ob dies zu einer Anspruchskürzung des T gegenüber S führt.

Bei dieser Frage ist zwischen den oben dargestellten Lösungsmöglichkeiten (Rn 1137 f.) zu differenzieren. Die Literatur will auch bei gesetzlichen Haftungsprivilegierungen den gestörten Gesamtschuldnerausgleich zu Lasten des Geschädigten annehmen.[1229]

Nach der Literaturansicht steht T ein Schadensersatzanspruch gegen S zu, der um den Anteil, den V im Innenverhältnis ohne Haftungsprivilegierung getragen hätte, gekürzt ist.

Die Rspr. nahm zunächst wie bei den vertraglichen Haftungsprivilegierungen einen Gesamtschuldnerausgleich über den Weg einer fingierten Gesamtschuld an.[1230] Z.T. folgte die Rspr. auch der Ansicht der Literatur und löste das Problem über eine Kürzung des Anspruchs des Gläubigers um denjenigen Anteil, der im Innenverhältnis auf den privilegierten Schädiger entfällt.[1231] Mittlerweile lehnt die Rspr. jedoch den fingierten Gesamtschuldnerausgleich bei bestimmten gesetzlichen Haftungsprivilegierungen ab und entscheidet **zu Lasten des Zweitschädigers.**[1232] Soweit sich die Haftungsprivilegierung aufgrund einer engen persönlichen Beziehung ergebe, entstehe schon gar kein Gesamtschuldverhältnis. Vielmehr bestimmten die gesetzlichen Anordnungen, dass der persönlich mit dem Geschädigten verbundene Schädiger endgültig von einer Inanspruchnahme zu entbinden sei.[1233] In derartigen Fallkonstellationen sei zu Lasten des nicht privilegierten Zweitschädigers zu entscheiden.

Hinweis für die Fallbearbeitung: Eine enge persönliche Bindung besteht neben dem Haftungsprivileg des § 1664 I BGB auch bei § 1359 BGB und § 4 LPartG.

1228 *Bydlinski*, in: MüKo, § 426 Rn 23; *Stamm*, NJW 2004, 811, 812 f. Vgl. auch BGH NJW 2015, 940, 942,
1229 *Medicus/Lorenz*, SchuldR AT, Rn 807; *Luckey*, Jura 2002, 477, 480.
1230 BGHZ 35, 317, 323.
1231 BGH NJW 1988, 2667, 2668; NJW 1973, 1648, 1648; BGHZ 51, 37, 40.
1232 BGHZ 103, 338, 346 ff.; OLG Düsseldorf NJW-RR 1999, 1042, 1042.
1233 BGHZ 103, 338, 347; *Looschelders*, in: Staudinger, § 426 Rn 155; *Hager*, NJW 1989, 1640, 1647 ff.

Der *nicht* haftungsbegünstigte Zweitschädiger hafte demnach voll und könne keinen Ausgleich von dem privilegierten Erstschädiger verlangen. Diese gesetzlichen Haftungsprivilegierungen beträfen somit auch das Außenverhältnis zum Zweitschädiger. Dies wird vom BGH damit begründet, dass es unbillig sei, den Anspruch des minderjährigen Kindes gegen den Erstschädiger zu kürzen, wenn die Eltern auch eine leichte Fahrlässigkeit an der Entstehung des Schadens treffe. Hätten sich die Eltern grob fahrlässig verhalten, bekomme das Kind mangels Eingreifen des Haftungsprivilegs aus § 1664 BGB den vollen Schadensersatz. Hintergrund der Argumentation des BGH sind die Privilegierung der Familienmitglieder und eine Erhaltung des Familienfriedens.

Nach der Ansicht der Rspr. hat T gegen S einen ungekürzten Anspruch auf Ersatz seiner ihm entstandenen Schäden. S kann keinen Regress bei V nehmen.

Gegen diese Rspr. spricht jedoch, dass es keinen Grund für eine unterschiedliche Behandlung von gesetzlichen und vertraglichen Haftungsprivilegierungen gibt. Auch die Argumentation, dass § 1664 I BGB auch das Außenverhältnis angehe, kann wegen des Wortlauts des § 1664 I BGB „gegenüber dem Kind" nicht überzeugen. Vielmehr ist es interessengerechter, einen Ausgleich mit der Literatur über die Kürzung des Anspruchs des Kindes gegenüber dem Zweitschädiger auf Schadensersatz herbeizuführen.

Hinweis für die Fallbearbeitung: Die diligentia quam in suis gem. § 277 BGB (i.V.m. §§ 1359, 1664 BGB, § 4 LPartG) gilt nach st. Rspr.[1234] nicht im Straßenverkehr. Bei Verkehrsunfällen bestehen die allgemeinen Haftungsgrundsätze.

Bei den sonstigen gesetzlichen Haftungsprivilegierungen, denen kein enges persönliches Verhältnis zugrunde liegt, schließt sich der BGH der Ansicht der Literatur an und kürzt den Anspruch des Geschädigten um den Teil, den der freigestellte Schädiger im Innenverhältnis zu tragen hätte.[1235] Es ergeben sich keine Besonderheiten zu den vertraglichen Haftungsprivilegierungen. Auf die diesbezüglichen Ausführungen wird verwiesen.

D. Gemeinschaftsverhältnis

1141 Gemeinschaftsverhältnisse sind dadurch gekennzeichnet, dass die Leistung entweder nur an alle Gläubiger gemeinschaftlich erbracht werden (Gläubigergemeinschaft) oder dass das Gläubigerinteresse nur durch ein gemeinschaftliches Zusammenwirken aller Schuldner befriedigt werden kann (Schuldnergemeinschaft).

I. Gläubigergemeinschaft (Mitgläubiger)

1142 Bei der Gläubigergemeinschaft bzw. Mitgläubigerschaft gem. § 432 I S. 1 BGB ist eine Forderung mehreren Gläubigern derart zugeordnet, dass jeder Gläubiger nur die Leistung an alle fordern und der Schuldner nur befreiend an alle gemeinschaftlich leisten kann. Eine solche Gläubigergemeinschaft kann gem. § 432 I S. 1 BGB zum einen dadurch entstehen, dass mehrere Gläubiger eine *unteilbare* Leistung fordern können und keine Gesamtgläubiger sind. Zum anderen liegt eine Mitgläubigerschaft auch vor, wenn mehreren Teilhabern einer Bruchteilsgemeinschaft (§§ 741 ff. BGB) oder den Gesamthändern einer Gesamthandsgemeinschaft ein Recht zusteht. Dabei sind je nach Ausgestaltung des Innenverhältnisses entweder alle Gläubiger nur gemeinschaftlich oder auch jeder von ihnen allein mit der Maßgabe, die Leistung an alle zu fordern, berechtigt, die Forderung einzuziehen.

[1234] BGHZ 46, 313, 316; 53, 352, 354 f.; 61, 95, 104; 63, 51, 57.
[1235] BGHZ 61, 51, 55; 94, 173, 176; OLG Jena NZV 1998, 28, 30.

1. Unteilbare Leistungen aus tatsächlichen Gründen

Zunächst fallen in den Anwendungsbereich die Leistungen, die aus tatsächlichen Gründen nicht teilbar sind und insofern einheitlich erbracht werden müssen. Gemäß § 432 BGB wird also bereits eine gemeinsame Rechtszuständigkeit begründet, wenn die Leistung unteilbar ist, ohne dass eine Bruchteils- oder Gesamthandsgemeinschaft vorliegt. **1143**

Beispiel: Eine rechtlich unteilbare Forderung kann gegeben sein, wenn der Besitzer und der Eigentümer gemeinsam durch eine unerlaubte Handlung geschädigt worden sind.

2. Bruchteilsgemeinschaften

Weiterhin kann eine Mitgläubigerschaft darauf beruhen, dass sich eine Forderung auf einen Gegenstand bezieht, der mehreren nach „Bruchteilen" gemeinschaftlich zugeordnet ist (§§ 741 ff. BGB). Bei der Bruchteilsgemeinschaft stehen aufgrund des gemeinschaftlichen Verwendungszwecks, der eine rechtliche Unteilbarkeit begründet, allen Bruchteilsinhabern aus der Gemeinschaft erwachsende Forderungen gemeinschaftlich zu. Deswegen ist es bei Forderungen der Bruchteilsgemeinschaft unerheblich, ob die Leistung im tatsächlichen Sinn teilbar ist. **1144**

Beispiel[1236]: Mehrere Miteigentümer eines Hauses machen als Vermieter eine Mietzinsforderung gegen die Mieter geltend. Die Leistung ist zwar im natürlichen Sinn teilbar, es besteht aber wegen des gemeinschaftlichen Verwendungszwecks der Miteigentümer eine gemeinschaftliche Empfangszuständigkeit und somit eine rechtliche Unteilbarkeit.

Der Anspruch steht den Mitberechtigten zu ideellen Bruchteilen zu, wobei jeder Gläubiger den Anspruch geltend machen kann, sofern er die Leistung an alle verlangt. Gegenstand einer Bruchteilsgemeinschaft nach §§ 741 ff. BGB können Rechte aller Art sein, die eine Mehrheit von Berechtigten zulassen. Dabei ist der wichtigste Fall einer Bruchteilsgemeinschaft das Miteigentum nach Bruchteilen, §§ 1008-1011 BGB. Gemäß § 1011 BGB, der auf § 432 BGB verweist, kann jeder Miteigentümer bei einem Herausgabeanspruch gegen einen Dritten nur die Herausgabe an alle Miteigentümer verlangen. Ebenso können Bruchteilsgemeinschaften bei dinglichen Nutzungsrechten und nach h.M. auch beim Besitz bestehen.[1237]

Hinweis für die Fallbearbeitung: §§ 741 ff. BGB regeln das Innenverhältnis der Bruchteilsinhaber. Das Außenverhältnis zum Schuldner bestimmt § 432 BGB.

3. Gesamthandsgläubiger

Eine Gläubigergemeinschaft kann sich auch daraus ergeben, dass die Forderung nach ihrer Entstehung zu einem Sondervermögen gehört, das mehreren gemeinschaftlich „zur gesamten Hand" zugeordnet ist (*Gesamthandsgläubiger*). **1145**

Beispiele: *Gesamthandsgemeinschaften* sind u.a. die eheliche Gütergemeinschaft (§§ 1415 ff. BGB), die fortgesetzte Gütergemeinschaft (§§ 1458 ff. BGB), die Erbengemeinschaft (§§ 2032 ff. BGB), der nicht rechtsfähige Verein (§ 54 BGB) und Personengesellschaften wie die GbR (§§ 705 ff. BGB), OHG (§§ 105 ff. HGB), KG (§§ 161 ff. HGB).

Dabei hat die Einbindung der Forderung in das Gesamthandsvermögen der Gesamthand zur Folge, dass der einzelne Gesamthänder über sie weder ganz noch teilweise verfügen kann. Eine Erfüllungswirkung (§ 362 I BGB) tritt somit erst ein, wenn der Schuldner an die Gemeinschaft geleistet hat. Daher kann sich der Schuldner weder durch eine Auf-

---

[1236] BGH NJW 1998, 1482, 1483; NJW 1958, 1723, 1723.

[1237] BGHZ 62, 243, 245; *Sprau*, in: Palandt, § 741 Rn 3; a.A. *Schmidt*, in: MüKo, § 741 Rn 17.

rechnung mit einer Forderung gegen einen Gesamthänder befreien (vgl. §§ 719 II, 1419 II, 2033, 2040 BGB) noch kann ein Gesamthänder über seinen Anteil an der Forderung verfügen (vgl. §§ 719 I, 1419 I, 2040 I, 2033 II BGB). Die Gesamthänder sind hinsichtlich der sich im Gesamthandsvermögen befindlichen Gegenstände rechtlich gebunden. Daraus ergibt sich eine rechtliche Unteilbarkeit, die zur Anwendung des § 432 BGB führt. Das Forderungsrecht des einzelnen Mitgläubigers aus § 432 BGB wird jedoch durch die gesetzlichen Vorschriften modifiziert. So ist bei der Erbengemeinschaft jeder Miterbe gem. § 2039 BGB berechtigt, Leistungen an die Erbengemeinschaft zu verlangen. Bei der ehelichen Gütergemeinschaft ist gem. § 1422 BGB allein der Verwalter des Gesamtguts von Mann und Frau einziehungs- und klageberechtigt.

Obgleich alle hier genannten Gemeinschaften Gesamthandsgemeinschaften sind, kann § 432 BGB keine Anwendung finden, wenn die Gesamthand rechtlich verselbstständigt ist. Dann nämlich ist die Gesamthand selbst forderungsberechtigt, und es sind nicht die Gesamthänder in ihrer gesamthänderischen Gebundenheit. Eine rechtliche Selbstständigkeit weisen gem. § 124 I HGB (i.V.m. § 161 II HGB) die OHG und die KG auf. Auch für die (Außen-) BGB-Gesellschaft hat der BGH im Wege richterlicher Rechtsfortbildung entschieden, dass sie (teil-) rechtsfähig sei.[1238] Die für diese Rechtsfortbildung aufgeführten Gründe treffen erst recht auf den nicht rechtsfähigen Verein zu, sodass auch dieser als teilrechtsfähig anerkannt ist. Hierbei ist die Gesamthand selbst Forderungsinhaber, sodass § 432 BGB keine Anwendung findet. Es verbleiben somit dem Anwendungsbereich des § 432 BGB lediglich die eheliche Gütergemeinschaft und die Erbengemeinschaft.

II. Schuldnergemeinschaft

1146 Die Schuldnergemeinschaft ist gesetzlich nicht geregelt. Sie bildet das Gegenstück zur Gläubigergemeinschaft i.S.d. § 432 BGB und liegt vor, wenn sich eine Forderung gegen mehrere Personen richtet und diese aus rechtlichen oder tatsächlichen Gründen die Leistung *nur gemeinsam* erbringen können. Eine Schuldnergemeinschaft kann sich aus einer Gesamthandsschuld oder einer gemeinschaftlichen Schuld im engeren Sinn ergeben. Bei einer Forderung, die gegen das gesamthänderisch gebundene Vermögen gerichtet ist, müssen die Gesamthänder zusammenwirken, da sie alleine nicht wirksam über Gegenstände des Gesamthandsvermögens verfügen können. Daneben besteht die gemeinschaftliche Schuld im engeren Sinn, wenn mehrere, die keine Gesamthandsgemeinschaft darstellen, zu einer Leistung verpflichtet sind, die sie nur gemeinsam erbringen können. So müssen bei einer Theater- oder Orchesteraufführung die Mitglieder notwendig zusammenwirken, um die geschuldete Leistung (den Auftritt) zu erbringen. Von der Schuldnergemeinschaft zu unterscheiden ist die Gesamtschuld nach § 421 BGB. Dabei muss durch Auslegung (§§ 133, 157 BGB) ermittelt werden, welche Form der Schuldnermehrheit gewollt ist.

[1238] Vgl. das Grundsatzurteil zur Teilrechtsfähigkeit der BGB-Gesellschaft BGHZ 146, 341 ff.; dem folgend BGH NJW 2002, 1207; BFH NZG 2002, 741; OLG Düsseldorf NZM 2003, 237; BAG NJW 2005, 1004 f.; vgl. auch BGH NJW 2011, 1959 ff. (dazu *Kesseler*, NJW 2011, 1909 ff.).

Sachverzeichnis

Abbruch von Vertragsverhandlungen 628
Abgasmanipulation Diesel-Kfz 475
Abhilfefrist 851
Ablösungsrecht 143
Abmahnung
- bzgl. § 281 III BGB 727 f., 744
- bzgl. § 314 II BGB 851
- bzgl. Wettbewerbsverstoßes 995, 1007, 1014, 1017, 1018
Absolute Rechte 3 ff.
Abstraktionsprinzip 5
Abtretung 247 ff.
- Abstraktionsprinzip 252
- Abtretungsanzeige 295
- Abtretungsvertrag 251
- Aufrechnung 286
- Ausschluss 262 ff.
- Bestimmbarkeit der Forderung 257
- Direkterwerb 259
- Durchgangserwerb 259
- Einwendungen 282 ff.
- Factoring 312 ff.
- Forderungsmehrheit 260
- Form 254
- Heilung der Unwirksamkeit 268
- Hilfsansprüche 280
- Inkassozession 311
- Mehrfache Abtretung 294
- Nebenrechte 277 ff.
- Schuldnerschutz 281 ff.
- Sicherungsabtretung 296 f.
- Teilabtretung 261
- Unpfändbarkeit 271
- Verfügungsberechtigung 255
- Vorausabtretung 258
- Vorzugsrechte 277
- zukünftiger Forderungen 300
Absolutes Fixgeschäft 373, 470
Absolute Fixschuld 755
Absolute Unmöglichkeit 369
Abzug neu für alt 959
Adäquanztheorie 885 f.
Allgemein-Verbraucherdarlehensvertrag 969
Allgemeine Geschäftsbedingungen 77
Allgemeines Lebensrisiko 888
Allgemeines Persönlichkeitsrecht 951
Änderungsvertrag 241
Anfängliche Unmöglichkeit 375, 438, 623
- und Anfechtung 684
- und Schadensersatz 683 ff.
Anfechtung 445, 621, 684, 791
- beidseitiger Eigenschaftsirrtum 825 f.
Angebot durch den Schuldner 759 ff.
Angebotstheorie 327
Annahme an Erfüllungs statt 162 ff.
Annahme erfüllungshalber 168
Annahmeverzug 424
- Entbehrlichkeit des Angebots 773
- tatsächliches Angebot 760 f.
- und Rücktrittsrecht 476
- und Unmöglichkeit 439
- wörtliches Angebot 768 f.
Anrechnung 191
Anrechnung von Teilleistungen 159
Anspruchsaufbau 6 ff.
Anzeige Abtretung 295
Äquivalenzstörung 818 ff.
Äquivalenztheorie 878
Aufbau des BGB 1 ff.
Aufhebungsvertrag 242, 448
Aufklärungspflichten 627
Auflösende Bedingung 450
Aufrechnung 188 ff.
- Aufrechnungserklärung 212
- Aufrechnungslage 196
- Aufrechnungsverbot 216 ff.
- Aufrechnungsvertrag 193
- bei Abtretung 286
Ausgleichsanspruch 1127 ff.
Auslegung 46
Ausschlussfrist, Widerruf 1029 ff.
Aussonderung 100

Banküberweisung 128
Barzahlung 127
Befreiende Schuldübernahme 317 ff.
- Angebotstheorie 327
- Einwendungen 330
- Erlöschen von Sicherungsrechten 331
- Genehmigung 328
- Schuldnerwechsel 329
- Übernahmevertrag 325
- Verfügungstheorie 327
Beginn des Verzugs 670 f.
Begleitschäden 589 ff.
Behandlungskosten 921
Beiderseitig zu vertretene Unmöglichkeit 428 ff.
Beidseitiger Eigenschaftsirrtum 825 f.
Belastung 508
Belehrung 980
Beschaffungsrisiko 561, 809
Besitz 415
Bestimmung des Leistungsinhalts 45 ff.
- durch einen Dritten 56 ff.
- durch die Parteien 46
Bestimmbarkeit 257
Bestimmungsrecht 50 ff.
Bestimmungspflicht 54
Bestrafungsschadensrecht 866
Besuchskosten 924
Beteiligung Dritter 1050 ff.
Betriebsgefahr 961
Beweislast 160, 536, 669, 686
Bewusste Fahrlässigkeit 556
Bezugsvertrag 843, 855 ff.
Bringschuld 74, 102
Bruchteilsgemeinschaft 1144
Bürgschaft 320

Cessio legis 873, 955, 1131
culpa in contrahendo 602 ff., 620, 628
commodum 403

Darlehensvertrag 988
Dauerschuldverhältnis 18 ff., 841 ff.
- Bezugsvertrag 841, 855 ff.
- Ratenlieferungsvertrag 841
- Sukzessivlieferungsvertrag 841
Dazwischentreten Dritter 898
Deckungsverhältnis 1067 f.

Differenzhypothese 638, 693, 734, 871
Differenztheorie 435, 692, 734
Dingliche Belastung 508
Diligentia quam in suis 553 f.
Direkterwerb 259
Dispositives Recht 47, 132
Dispositionsfreiheit des Geschädigten 904
Dolo agit 69
Doppelkausalität 879
Do ut des 27, 353 ff.
Drittbegünstigungsabrede 1064
Drittschadensliquidation 1089 ff.
Drittverhältnis 1072
Durchgangserwerb 259
Durchsetzbarkeit 200, 332 ff.
- und Rücktritt 460
- und Schadensersatz 645 ff., 716

Echter Vertrag zugunsten Dritter 1051 ff.
- Deckungsverhältnis 1067
- Drittbegünstigungsabrede 1064
- Drittverhältnis 1072
- Valutaverhältnis 1070
- Vollzugsverhältnis 1072
Eigentumsvorbehalt 302, 415
Eigenübliche Sorgfalt 553 f.
Einrede
- des § 273 BGB 334 ff.
- des nicht erfüllten Vertrags 352 ff.
- wegen Unmöglichkeit 366
Einseitiges Rechtsgeschäft 30
Einseitiger Vertrag 29
Einseitiger Verzicht 233
Einwendungen
- bei Abtretung 282 ff.
- des Übernehmers 330
- bei Unmöglichkeit 364 ff.
- rechtshemmende 332 ff.
- rechtshindernde 112 ff.
- rechtsvernichtende 116 ff.
Einwendungsdurchgriff 1049c
Einwilligung 139
Einziehungsermächtigung 297, 311
Elektronischer Geschäftsverkehr 1002 ff.
Empfangszuständigkeit 149 f.
Ende des Verzugs 670 f.
Entfallen der Wertersatzpflicht 513 ff.
Entgangene Gebrauchsvorteile 933 f.
Entgangene Genussmöglichkeiten 943
Entgangener Gewinn 932
Entstehung von Schuldverhältnissen 27 ff.
- durch Gesetz 33
- durch Rechtsgeschäft 27 ff.
- gem. § 311 II, III BGB 34
Erbschaftserträge 958
Erbschaftskauf 414
Erfolgsort 72
- Bringschuld 74, 102
- Holschuld 73, 101
- Schickschuld 75, 103
Erfüllbarkeit 80, 201
Erfüllung 118 ff.
- Empfangszuständigkeit 149
- Erfüllungshalber 168 ff.
- Erfüllungs statt 162
- Leistung an einen Dritten 150
- Leistung durch einen Dritten 136
- Person des Leistungsempfängers 148
- Person des Leistenden 135
- Teilleistungen 132
- Tilgungsbestimmung 155
- Tilgungsreihenfolge 157
Erfüllungstheorien 126 f.
Erfüllungsvertrag 126
Erfüllungs statt 162 ff.
Erfüllungsgehilfe 566 ff.
Erfüllungshalber 168 ff.
Erfüllungsübernahme 322
Erfüllungsverweigerung 467, 724
Ergänzende Vertragsauslegung 46, 830
Ergänzungsfunktion 62
Erhebung von Einreden 350, 361
Erheblichkeit der Pflichtverletzung 473 ff.
Erkennbarkeit 1085
Erklärung
- Aufrechnung 212
- Rücktritt 452
- Widerruf 947
Erlassvertrag 233 ff.
Erlöschen des Schuldverhältnisses 116 ff.
Erlöschen von Sicherungsrechten 331
Ersatz vergeblicher Aufwendungen 700 f., 711, 736
Ersetzungsbefugnis 108 f.
Ersparte Aufwendungen 957
Eventualvorsatz 557

Factoring 312 ff.
Fahrlässigkeit
- bewusste 556
- grobe 550 f.
- leichte 552
Fahrtkosten 922
Faktischer Vertrag 31
Fälligkeit 80, 197, 459, 644, 715
Fangprämie 884
Fernabsatzvertrag 999 ff.
Finanzierungsleasing 988
Fixgeschäft
- absolutes 80, 373, 470
- relatives 80, 468, 469, 755
Fixschuld 755
Forderungsmehrheit 260
Forderungsübergang 1131
Freizeit 938
Frist (bei Widerruf) 1029 ff.
Fristsetzung 464 f., 720 ff.
- Anforderungen 721
- Entbehrlichkeit 466 ff.
- Erfolgloser Ablauf 729
- Zeitpunkt 722
Frustrationsgedanke 935

Garantie 560
Garantievertrag 321
Gattungsschuld 94
- Konkretisierung 97
- Unmöglichkeit 385 f.
Gebrauchtwagen 164
Gefährdungshaftung 961

Gefahrentlastung 1097
Gefälligkeitsverhältnis 20 ff.
Gefälligkeitsvertrag 23
Gegenleistungsgefahr 405, 413 ff.
Gegenseitigkeit 202
Gegenstand des Schuldverhältnisses 92 ff.
- Ersetzungsbefugnis 108 f.
- Gattungsschuld 94
- Geldschuld 111, 127
- Stückschuld 93
- Vorratsschuld 96
- Wahlschuld 106
Geldschuld 111, 127
- Unmöglichkeit 387 f.
- Vertretenmüssen 562
Geldentwertungsrisiko 810
Gemeinsamer Irrtum 824 ff.
Gesamtgläubigerschaft 1110 f.
Gesamthandsgläubiger 1145
Gesamtschuld 1109 ff.
- gestörte 967, 1132 ff.
Gemeinschaftsverhältnis 1141 ff.
Gesamtschuldnerschaft 1112 f.
Geschäftliche Kontakte 606
Geschäftsgrundlage 803 ff.
Gesetzlicher Eigentumserwerb 512
Gesetzlicher Forderungsübergang 316
Gesetzlicher Vertreter 576
Gestaltungsrecht 212, 275
Gestörte Gesamtschuld 967, 1132 ff.
Gewinn 932
Giralgeld 128
Gläubiger 14 ff.
Gläubigergemeinschaft 1142
Gläubigerwechsel s. Abtretung
Gläubigergefährdung 307
Gläubigernähe 1082 f.
Gläubigerverzug 746 ff.
- Entbehrlichkeit des Angebots 773
- Haftungsmilderung 778
- Leistungsgefahr 779
- Preisgefahr 782
- tatsächliches Angebot 760 f.
- und Unmöglichkeit 752 ff.
- vorübergehende Unmöglichkeit 757 f.
- wörtliches Angebot 768 f.
Gleichartigkeit 206
Gleichstufigkeit 1119 ff.
Globalzession 303
Grobe Fahrlässigkeit 550 f.
Grobes Missverhältnis 396 ff.
großer Schadensersatz 696 ff., 709, 735
Grundsatz von Treu und Glauben 60 ff.
- dolo agit 69
- Ergänzungsfunktion 62
- Konkretisierungsfunktion 61
- Korrekturfunktion 64
- Präzisierungsfunktion 61
- Schrankenfunktion 63
- Unzulässige Rechtsausübung 65
- Venire contra factum proprium 67
- Verwirkung 68
Gutachterkosten 907
Gutgläubiger Forderungserwerb 256, 282

Haftung für fremdes Verschulden 566 ff.
Haftung für Zufall 518
Haftung während des Verzugs 564, 672 ff.
Haftungsausfüllung 864, 877 ff.
Haftungsbegründung 862 f.
Haftungsausschluss 25
Haftungserleichterung 24, 553 f.
Haftungsmilderung 778
Haftungsprivilegien 1135 ff.
Haftungsrisiko 1085
Hauptforderung 196 ff.
Hauptleistungspflichten 38
Haustürgeschäft 984 ff.
Herausgabe des Ersatzes 698 ff., 710
Hilfsperson 566 ff.
Hinterlegung 171 ff.
Hinterlegungsfähigkeit 180 f.
Hinterlegungsgrund 179
Hinterlegungsordnung 174
Hinweispflichten 627
Holschuld 73, 101
Hypothetisches Element der Geschäftsgrundlage 807
Hypothetische Kausalität 890 ff.

Identität des Leistungsinteresses 1118
Immobiliar-Verbraucherdarlehensvertrag 969
Inanspruchnahme bes. Vertrauens 608 f.
Inhalt von Schuldverhältnissen 43 ff.
Inhalt von Schadensersatzansprüchen 862 ff.
Inhaltsänderung 263
Inkassozession 311
Innerbetrieblicher Schadensausgleich 563
Insolvenz 1026
Interessensabwägung 725, 848
Interessenfortfall 473 ff.
Inzahlunggabe Kfz 164
Irrtum
- beidseitiger Eigenschaftsirrtum 828 ff.
- gemeinsamer 827 ff.
- offener Kalkulationsirrtum 829 ff.

Just-in-time-Verträge 471

Kalkulationsirrtum 829 ff.
Kausalität
- Adäquanztheorie 885 f.
- Allgemeines Lebensrisiko 888
- Äquivalenztheorie 878 f.
- Dazwischentreten Dritter 898
- Doppelkausalität 879
- Fangprämie 884
- Haftungsausfüllung, 864, 877 ff.
- Haftungsbegründung 863
- Hypothetische Kausalität 890
- rechtmäßiges Alternativverhalten 895
- Reserveursache 890
- Schockschaden 889
- Schutzzweck der Norm 887
- Vorsorgekosten 880 f.
Kenntnis vom Rücktrittsgrund 519 f.
Kind als Schaden 874
Kinder 541
Knebelung 306
Kommerzialisierungsgedanke 936

Konfusion 246
Konkretisierung 97
- Leistungsgefahr 104
Konkretisierungsfunktion 61
Konnexität 343
Konkurrenzen c.i.c./pVV 616 ff.
Konkurrenzverhältnis BGB 7
Korrekturfunktion 64
Kreditkarte 131, 168
Krönungszugfall 823
Kündigung von Dauerschuldverhältnissen 838
- Abhilfefrist 851
- Abmahnung 851
- Bezugsvertrag 841, 855 ff.
- Frist 852
- Interessensabwägung 850
- Ratenlieferungsvertrag 841
- Sukzessivlieferungsvertrag 841 f.
- wichtiger Grund 844 ff.

Ladengeschäfte 78
Langfristiges Urlaubsprodukt 997
Leasing 988
Leichte Fahrlässigkeit 552
Leichtfertigkeit 550 f.
Leistung
- an einen Dritten 150 f.
- an Erfüllungs statt 162 ff.
- durch einen Dritten 136
- Person des Leistenden 135
Leistungsbewirkung 126
Leistung erfüllungshalber 168 ff.
Leistungsempfänger 148
Leistungserfolg 73 f.
Leistungsgefahr 104, 779
Leistungshandlung 35 ff.
Leistungsinhalt 45 ff.
Leistungsnähe 1081
Leistungsort 71 ff., 125
- Bestimmung 77.
- Bringschuld 74
- Holschuld 73
- Schickschuld 75
Leistungspflichten 35 ff.
Leistungsstörungen 363 ff.
Leistungstreuepflicht 634
Leistungsvermögen 751 f.
Leistungszeit 80 ff., 124
- Bestimmung 81 ff.
- Erfüllbarkeit 80
- Fälligkeit 80
- pactum de non petendo 87, 233
- Stundung 86
- Verfallsklausel 88

Mahnung 652 ff.
Mangelfolgeschaden 737
Mangelschaden 737
Mankoleistung 718
Merkantiler Minderwert 931
Mehrfache Abtretung 294
Mietwagenkosten 908
Minderwert 931
Mitgläubiger 1142
Mittelbare Stellvertretung 1101
Mitverschulden 960 ff.
Mitwirkungspflicht 635, 772
Münzsortenschuld 111

Nachbarschaftliches Schuldverhältnis 615
Nachlass eines lebenden Dritten 114
Nachträgliche Unmöglichkeit 376, 703 ff.
Nachvertragliche Pflichten 614
Naturalrestitution 900 ff.
- Personenschäden 920 ff.
- Sachschäden 901 ff.
Nebenleistungspflichten 39
- und Schadensersatz 676 f.
Nebenpflichten 40
- Rücktritt bei Verletzung 479 f.
- Schadensersatz bei Verletzung 595 ff.
Nebenrechte Übergang 277
Negatives Schuldanerkenntnis 239
Neu für Alt 959
Nichterfüllung 359
Nichtigkeit beim verbundenen Geschäft 1049 ff.
Nichtleistung 665 ff., 717 ff.
Nichtvermögensschaden 872, 944
Normatives Element der Geschäftsgrundlage 808
Normativer Schaden 873
Novation 243
Nutzungen
- Herausgabe 525 f., 1049

Obhutspflicht 626, 1102
Objektschaden 892
Objektive Geschäftsgrundlage 803
Objektive Unmöglichkeit 377
Obliegenheiten 42 ff.
Obliegenheitsverletzung 746 ff.
Obligatorische Gefahrentlastung 1097 f.
Offener Kalkulationsirrtum 829 ff.
Ordnungsgemäße Belehrung 980

Pactum de non petendo 87, 233
Passivforderung 196 ff.
Perplexität 833
Person des Leistenden 135 ff.
Personenschaden 920 ff.
Persönliche Unzumutbarkeit 400
Pflichten 35 ff.
- Leistungspflichten 37
- nachvertraglich 614
- Nebenleistungspflichten 39
- Nebenpflichten 40 f.
- Primärpflichten 35
- Sekundärpflichten 35
Positives Interesse 680
Praktische Unmöglichkeit 394
Präzisierungsfunktion 61
Preisgefahr 405, 413 ff., 782
Primäranspruch Aufbau 9
Primärpflichten 35 ff.
Privilegierung 519 f.
punitiv damages 866

Qualitative Teilunmöglichkeit 390, 441, 696, 708
Quantitative Teilunmöglichkeit 391, 440, 697, 708 f.

Ratenlieferungsvertrag 19, 841, 988
Reales Element der Geschäftsgrundlage 801 f.
Rechtliche Unmöglichkeit 372
Rechtmäßiges Alternativverhalten 895
Rechtsanwaltskosten 907
Rechtsgeschäft 27 ff.
Rechtshemmende Einreden 332 ff.
Rechtshindernde Einwendungen 112 ff.
Rechtsvernichtende Einwendungen 116 ff.
- Aufrechnung 188 ff.
- Erlassvertrag 233 ff.
- Erfüllung 118 ff.
- Hinterlegung 171 ff.
- Negatives Schuldanerkenntnis 239
- Rücktritt 497 ff.
- Widerruf 968 ff.
Relativität des Schuldverhältnisses 6
Relatives Fixgeschäft 80, 468, 469, 755
Reparaturkosten 906
Reserveursache 890 ff.
Restitution 900 ff.
- Dispositionsfreiheit 904
- Inhalt 905 ff.
- ungenügende Restitution 915 ff.
- Unmöglichkeit 912 ff.
- unverhältnismäßige Aufwendungen 916 ff.
Restwert 931
Rückabwicklungsverhältnis 1044 ff.
Rückgewährschuldverhältnis 497 ff., 1044 ff.
Rücknahmerecht 184
Rücksendung 977 f.
Rücktritt 442 ff.
- Abgrenzung zur Anfechtung 445
- Abgrenzung zum Aufhebungsvertrag 448
- Abgrenzung zur Kündigung 446
- Abgrenzung vom Widerruf 449
- Abgrenzung von auflös. Bedingung 450
- Ausschluss des Rücktritts 476 ff.
- Rückgewährschuldverhältnis 497 ff.
- Rücktritt bei Unmöglichkeit 484 ff.
- Rücktrittserklärung 442, 452
- Rücktrittsgründe 453 ff.
- und Schadensersatz 496, 522 f.

Sachschaden 901 ff.
Sachverständigenkosten 907
Sachwalterhaftung 609
Schaden
- Kind als Schaden 874
- Nichtvermögensschaden 872
- Normativer Schaden 873
- Personenschaden 920 ff.
- Sachschaden 901 ff.
- Vermögensschaden 870 f.
Schadensbegriff 869 ff.
Schadensberechnung 638, 693, 734
Schadensermittlung 691 ff., 734
Schadensersatz 531 ff.
- bei Verletzung einer Nebenpflicht 595 ff.
- Beweislast 160, 536
- Inhalt 862 ff.
- und Rücktritt 496, 522 f.
- Verschulden 538 ff.
- Verschuldensprinzip 536
Schadensersatz bei Verzug 640 ff.
Schadensersatz neben der Leistung 589 ff.
- Verletzung einer leistungsbez. Pflicht 676 f.
- Nebenpflichtverletzung 595 ff.
- Verzug 640 ff.
Schadensersatz statt der Leistung 679 ff.
- anfängliche Unmöglichkeit 683 ff.
- nachträgliche Unmöglichkeit 703 ff.
- und Verzug 738
- Verletzung einer Leistungspflicht 712 ff.
- Verletzung einer Nebenpflicht 739 ff.
Schadensersatz statt der ganzen Leistung
- anfängliche Unmöglichkeit 695 ff., 735
- nachträgliche Unmöglichkeit 708 f., 735
- Mangelleistung 696, 708 f., 735
- Mankoleistung 697, 708 f., 735
- Teilleistung 695 ff., 708 f., 735
Schadenskompensation 927 ff.
Schadenslage 894
Schadensminderung 881, 952 ff.
- gestörte Gesamtschuld 967, 1132 ff.
- Mitverschulden 960 ff.
- Reserveursachen 967
- Vorteilsanrechnung 953 ff.
Schadensversicherung 955
Schadenszurechnung 877 ff.
Scheck 131, 168
Schickschuld 75, 103
Schlechtleistung 461, 475
Schmerzensgeld 946 ff.
Schockschaden 889
Schönheitsoperation 923
Schrankenfunktion 63
Schuld
- Bringschuld 74, 102
- Gattungsschuld 94
- Geldschuld 111, 127
- Holschuld 73, 101
- Münzsortenschuld 111
- Schickschuld 75, 103
- Stückschuld 93
- Vorratsschuld 96
- Wahlschuld 106
- Wertverschaffungsschuld 111
Schuldanerkenntnis 239
Schuldbeitritt 319
Schuldner 14 ff.
Schuldnergemeinschaft 1146
Schuldnermehrheit 1114 f.
Schuldnerschutz 281 ff.
Schuldübernahme 324
- Angebotstheorie 327
- Einwendungen 330
- Erlöschen von Sicherungsrechten 331
- Genehmigung 328
- Schuldnerwechsel 329
- Übernahmevertrag 325
- Verfügungstheorie 327
Schuldnerverzug 640 ff.
Schuldnerwechsel 329
Schuldrechtliche Belastung 508
Schuldverhältnis
- Entstehung 12 ff., 27 ff.
- im engeren Sinn 117
- im weiteren Sinn 117
- mit Dritten 607 ff., 1050 ff.

- Teilschuldverhältnis 1104 ff.
- vorvertragliches 602 ff.
Schutzbedürftigkeit 1086
Schutznormtheorie 887 ff.
Schutzpflichten 626
Schutzwirkung 1077 ff.
Schutzzweck der Norm 887 ff.
Sekundäranspruch Aufbau 10
Sekundärpflichten 35
Selbsthilfeverkauf 186
Sicherungsabtretung 296 ff.
- Gläubigergefährdung 307
- Knebelung 306
- Sicherungsabrede 297
- Übersicherung 305
- Unwirksamkeit 304 ff.
- Verleitung zum Vertragsbruch 308
- zukünftige Forderungen 300
Sicherungszession 296 ff.
Sorgfaltsmaßstab 546 ff.
Stellvertretung 1055
- mittelbare 1101
Stellvertretendes commodum 403, 426
Störung der Geschäftsgrundlage 785 ff.
- Äquivalenzstörung 818
- beidseitiger Eigenschaftsirrtum 825 ff.
- Beschaffungsrisiko 809
- Geldentwertungsrisiko 810
- gemeinsamer Irrtum 824 ff.
- gesetzliche Sonderregelungen 788
- hypothetisches Element 807
- normatives Element 808
- objektive Geschäftsgrundlage 803
- offener Kalkulationsirrtum 829 ff.
- reales Element 801 ff.
- subjektive Geschäftsgrundlage 805
- und Anfechtung 791
- und Unmöglichkeit 792
- und Zweckverfehlungskondiktion 798
- Vertragsanpassung 814
- Vertragsauflösung 816
- wirtschaftliche Unmöglichkeit 795
- Zweckstörung 793, 820 ff.
Stückschuld 93
Stundung 86, 168
Subjektive Geschäftsgrundlage 805
Subjektive Unmöglichkeit 378
Sukzessivlieferungsvertrag 19, 841 ff.
Surrogationsmethode 436, 692, 734
Synallagma 354 ff.

Tatsächliches Angebot 760 f.
Tatsächliche Unmöglichkeit 370
Tauschsystemverträge 1010
Teilabtretung 261
Teilgläubigerschaft 1105 ff.
Teilleistung 132, 695 ff.
Teillieferungsvertrag 841, 1037 f.
Teilschuldnerschaft 1108
Teilschuldverhältnis 1104 ff.
Teilunmöglichkeit 389 ff., 440 ff., 695 ff., 708
- qualitative 390, 441, 696, 708 f.
- quantitative 391, 440, 697, 708 f.
Teilzeit-Wohnrechtevertrag 988
Theorie der finalen Leistungsbewirkung 126
Theorie der realen Leistungsbewirkung 126
Tilgungsbestimmung 141, 155
Tilgungsreihenfolge 157 f.
Treu und Glauben 60 ff.
- dolo agit 69
- Ergänzungsfunktion 62
- Konkretisierungsfunktion 61
- Korrekturfunktion 64
- Präzisierungsfunktion 61
- Schrankenfunktion 63
- Unzulässige Rechtsausübung 65
- Venire contra factum proprium 67
- Verwirkung 68

Übergang der Neben- und Vorzugsrechte 277
Übernahmevertrag 325
Übersicherung 305
Übertragung von Forderungen 247 ff.
Übertragbarkeit 262
Überweisung 128 f.
Überwiegende Verantwortlichkeit 421 f.
- und Rücktrittsrecht 476
Umgestaltung 506
Unmittelbarer Besitz 415
Unmöglichkeit der Leistung 364 ff.
- absolutes Fixgeschäft 373
- absolute Unmöglichkeit 369
- anfängliche Unmöglichkeit 375, 438, 623
- Auswirkung auf die Gegenleistung 403 ff.
- beiderseitig zu vertreten 428 ff.
- Gattungsschulden 385
- Geldschulden 387
- grobes Missverhältnis 396 ff.
- nachträgliche Unmöglichkeit 376, 703 ff.
- Naturalrestitution 912 ff.
- objektive Unmöglichkeit 377
- persönliche Unzumutbarkeit 400
- praktische Unmöglichkeit 394
- prozessuale Einordnung 364
- rechtliche Gründe 372
- Rücktritt bei Unmöglichkeit 484 ff.
- subjektive Unmöglichkeit 378
- tatsächliche Gründe 370
- Teilunmöglichkeit 389 ff., 440 ff., 695 ff.
- und Gläubigerverzug 752 ff.
- und Störung der Geschäftsgrundlage 792
- Unwirksamkeit 530 ff.
- vorübergehende Unmöglichkeit 393, 757 f.
- wirkliche Unmöglichkeit 369
- wirtschaftliche Unmöglichkeit 795, 818
- Zweckerreichung 382
- Zweckfortfall 383
Unpfändbarkeit 271
Untergang 511
Unternehmer 972
Unverhältnismäßige Aufwendungen 916 ff.
Unvollkommen zweiseitiger Vertrag 28
Unzulässige Rechtsausübung 65
Unzumutbarkeit 400, 483, 744
Urlaub 940 f.
Urlaubsprodukt 997

Valutaschuld 207 f.
Valutaverhältnis 1070 f.
Venire contra factum proprium 67
Veranlassungshaftung 688

Verantwortlichkeit
- des Schuldners 536 ff.
- überwiegende 421 f.
Veräußerung 507
Verarbeitung 506
Verbindlichkeit 15 f.
Verbleibende Bereicherung 521
Verbot der Aufrechnung 216 ff.
Verbrauch 505
Verbraucher 970
Verbraucherdarlehensvertrag 969, 1002
Verbrauchervorschriften 968 ff.
Verbundene Verträge 1049 ff.
Verfallsklausel 88
Verfügung über künftiges Vermögen 113
Verfügungsberechtigung 255
Verfügungstheorie 327
Verjährung
- und Rücktritt 477
- und Schadensersatz 639
Verleitung zum Vertragsbruch 308 ff.
Verlust der Arbeitskraft 939
Vermittlungsvertrag 1002, 1010
Vermögensfolgeschaden 893
Vermögensschaden 870 f., 930
Verrichtungsgehilfe 567a
Versandhandel 78
Versendungskauf 417 f., 875
Verschlechterung 510
Verschulden bei Schadensersatz 538 ff.
Verschuldensfähigkeit 540 ff.
Verschuldensprinzip 536, 688
Verschuldenszurechnung 566 ff., 965 f.
Versendungskauf 417 f., 1089
Versprechender 1076
Versprechensempfänger 1075 f.
Vertane Freizeit 938
Vertaner Urlaub 940
Vertrag
- einseitiger 29
- faktischer 31
- mit Schutzwirkung zug. Dritter 1077 ff.
- synallagmatischer 27
- zugunsten Dritter 1051 ff.
Vertragsanbahnung 604
Vertragsanpassung 814 f.
Vertragsauflösung 816
Vertragsauslegung 46, 832
Vertragsbruch 308 ff.
Vertragsgegenstand 45 ff.
Vertragstheorie 126
Vertragstreue 358, 472, 732
Vertragstypen 49
Vertragsübernahme 323
Vertragsverhandlungen 603
Vertretenmüssen 536 ff., 730 f.
Vertreter 576, 1055, 1101
Verwendungen 528 f.
Verwendungsrisiko 811
Verwirkung 68
Verzögerungsschaden 673 ff.
Verzug 640 ff.
- und Schadensersatz statt der Leistung 738
- Verzugsbeginn 670 f.
- Verzugshaftung 564, 672 ff.
- Verzugsschaden 673 ff.
- Verzugszinsen 675 f.
Vollzugsverhältnis 1072
Vorausabtretung 258
Vorratsschuld 96
Vorsatz 544
Vorsorgekosten 876, 880 f.
Vorteilsanrechnung 953 ff.
Vorübergehende Unmöglichkeit 393, 757 f.
Vorvertragliches Schuldverhältnis 602 ff.
Vorzugsrechte - Übergang 277
VW-Abgasmanipulation 475

Wahlschuld 106
Wechsel 131, 168
Wechsel der Gläubigerstellung 273 ff.
Wechselseitigkeit 202
Wertersatz statt Rückgewähr 500 ff., 1045
Wertverschaffungsschuld 111
Werkvertrag 420, 1099
Wichtiger Grund 844 ff.
Wirkliche Unmöglichkeit 369
Wirtschaftliche Einheit 1019
Wirtschaftliche Unmöglichkeit 795, 818
Wissenselement 545
Widerruf 449
Widerruf nach Verbraucherrecht 968 ff.
Widerrufserklärung 1035 ff.
Widerrufsrechte (Verbraucherschutz) 968 ff.
Wirtschaftliche Unmöglichkeit 795
Wollenselement 545
Wörtliches Angebot 768 f.

Zahlungsaufschub 977
Zedent 248
Zession 247 ff.
Zessionar 248
Zufallshaftung 518 f., 523, 564, 672 ff.
Zug-um-Zug-Leistung 354 ff.
Zurechnung Schaden 877 ff.
Zurückbehaltungsrecht 334
zusammenhängende Verträge 1049i
Zuweniglieferung 718
Zweckbindung 925
Zweckerreichung 382, 756, 793
Zweckfortfall 383, 756
Zweckstörung 384, 756, 823 ff.
Zweckvereinbarungstheorie 126
Zweckverfehlungskondiktion 798

Sehr geehrte Leserinnen und Leser,

an dieser Stelle möchte ich hinweisen auf die auf meiner Internetseite verlag-rolf-schmidt.de präsentierten aktuellen Entwicklungen in Form von Urteilsanmerkungen. Mit Stand August 2017 werden für das Jahr 2017 folgende Themen behandelt:

1. Strafrecht: Nochmalige Ausweitung des "Rücktrittshorizonts" (20.8.2017)
2. Strafrecht: Neues zu illegalen Straßenrennen (§ 315d StGB) (26.7.2017)
3. Strafrecht: Neues zum Wohnungseinbruchdiebstahl (22.7.2017)
4. Verfassungsrecht/Familienrecht: Öffnung der Ehe auch für gleichgeschlechtliche Paare (3.7.2017)
5. Strafprozessrecht: Fehlerhafte Besetzung des Strafgerichts (19.3.2017)
6. Staatsrecht: Kopftuchverbot durch Arbeitgeber (14.3.2017)
7. Familienrecht: Adoption des Kindes des Lebensgefährten führt zum Erlöschen von dessen Verwandtschaftsverhältnis zum Kind (7.3.2017)
8. Staatsrecht: Selfie aus der Wahlkabine (28.2.2017)
9. Staatsrecht/Familienrecht: EGMR: Kein Recht auf Scheidung (19.2.2017)
10. Staatsrecht: NPD-Verbotsverfahren erfolglos (17.1.2017)
11. Staatsrecht: Teilnahme muslimischer Mädchen am schulischen Schwimmunterricht (16.1.2017)
12. Staatsrecht: Allgemeine Verpflichtung zur Verkehrsdatenspeicherung ("Vorratsdatenspeicherung") unionsrechtswidrig (4.1.2017)

Für den Bereich Zivilrecht ist u.a. folgende Entscheidung aufbereitet:

3.7.2017: Öffnung der Ehe auch für gleichgeschlechtliche Paare

Am 30.6.2017 hat der Deutsche Bundestag u.a. eine Änderung des § 1353 BGB beschlossen und den Zugang des Instituts der Ehe auch gleichgeschlechtlichen Paaren eröffnet. Ob diese Gesetzesänderung, die wohl noch im Sommer 2017 in Kraft treten soll, überzeugt, soll im Folgenden untersucht werden.

Verfassungsrechtliche Ausgangslage: Das Grundgesetz definiert den Begriff der Ehe nicht. In Anknüpfung an die christlich-abendländische Tradition und unter Zugrundelegung einer historischen Auslegung des Art. 6 I GG (dazu R. Schmidt, FamR, 7. Aufl. 2017, Rn. 19 ff.) versteht die traditionellen Werten verpflichtete h.M. unter Ehe die rechtlich verbindliche Lebensgemeinschaft zwischen einem Mann und einer Frau (Heterosexualität und Monogamie) (So etwa BVerfGE 6, 55, 71 und mit Nachdruck Roth, in: MüKo, § 1353 Rn 1 ff.). Unter Zugrundelegung dieses Verständnisses ist also die Ehe zwischen gleichgeschlechtlichen Menschen nicht möglich. Bereits in sämtlichen Auflagen zum Familienrecht hat der Verfasser indes die Auffassung vertreten, dass es dem Gesetzgeber nicht nur freistünde, das Institut der Ehe auch gleichgeschlechtlichen Paaren zu öffnen, sondern dass die Öffnung unter dem Aspekt des Art. 3 I, III S. 1 GG sogar geboten sei. Es wurde vertreten, dass Art. 6 I GG, der seinem Wortlaut nach keine Verschiedengeschlechtlichkeit voraussetzt, dem nicht entgegenstünde, zumal der Schutzbereich des Art. 6 I GG stark normgeprägt sei, was bedeute, dass die Begriffe Ehe und Familie einer Ausgestaltung durch den Gesetzgeber offen seien und die Grenzen lediglich in der Institutsgarantie des Art. 6 I GG und den Strukturprinzipien der Ehe, d.h. den die Ehe im Wesentlichen kennzeichnenden Prinzipien, zu finden seien. Ob zu diesen Strukturprinzipien die Verschiedengeschlechtlichkeit der Partner gehört (so noch ausdrücklich BVerfGE 105, 313, 345 (Lebenspartnerschaftsgesetz), hat der Verfasser verneint, und er hat vertreten, dass angesichts des gesellschaftlichen Wandels, der bei einer Verfassungsinterpretation nicht ignoriert werden darf (auf den Verfassungswandel abstellend mit der Folge, dass es zur Öffnung der Ehe auch für Gleichgeschlechtliche keiner Änderung des Art. 6 I GG bedarf, sondern dass der Gesetzgeber einfachgesetzlich die Ehe auch Gleichgeschlechtlichen ermöglichen dürfte, vgl. bereits R. Schmidt, Grundrechte, 16. Aufl. 2014, Rn 555 ff. und explizit R. Schmidt, FamR, 2. Aufl. 2014, Fußn. 15; auf den Verfassungswandel später auch abstellend Koschmieder, JA 2014, 566, 570 ff.), und der Gewährleistungen des Art. 3 I, III S. 1 GG die Versagung der Möglichkeit der Eheschließung zwischen gleichgeschlechtlichen Paaren abzulehnen sei (so (i.E.) auch Brosius-Gersdorf, NJW-Editorial 12/2013 und FamFR 2013, 169 ff.; scharf ablehnend Benedict, JZ 2013, 477, 486; Selder, DStR 2013, 1064, 1067; Gade/Thiele, DÖV 2013, 142, 150 f.; Hillgruber, JZ 2010, 41, 41; Krings, NVwZ 2011, 26, 26; Hofmann, JuS 2014, 617, 620.). Auch der EGMR ist der Auffassung, dass das in Art. 12 EMRK garantierte Recht, eine Ehe einzugehen, nicht auf verschiedengeschlechtliche Menschen beschränkt sei. Allerdings hat er auch betont, dass die Entscheidung, ob die gleichgeschlechtliche Ehe gestattet werden solle, „zum gegenwärtigen Zeitpunkt dem Recht der Konventionsstaaten überlassen" bleibe (EGMR NJW 2011, 1421 ff.). „Rückendeckung" war vom EGMR also nicht zu erwarten.

Im Sinne der hier schon immer vertretenen Auffassung hat nunmehr der Bundestag in seiner Sitzung v. 30.6.2017 durch Änderung u.a. des § 1353 I S. 1 BGB beschlossen, dass das Institut der Ehe auch gleichgeschlechtlichen Paaren offensteht (siehe auch BT-Drs. 18/6665 S. 5 ff.). Mit Inkrafttreten der Neuregelung voraussichtlich im Herbst 2017 kommt es bei der Begründung der Ehe also nicht mehr auf die Geschlechtsverschiedenheit an.

Ob aber die Neuregelung verfassungsgemäß ist, wird angesichts der vom BVerfG vorgenommenen Interpretation der Ehe bisweilen bezweifelt. Denn - wie aufgezeigt - zählt das BVerfG die Verschiedengeschlechtlichkeit zu den verfassungsrechtlichen Strukturprinzipien einer Ehe. Es begründet das Erfordernis der Verschiedengeschlechtlichkeit mit der „idealtypischen Funktion der Ehe", der Möglichkeit zur Gründung einer Familie, die auf natürliche Weise aus biologischen Gründen nur verschiedengeschlechtlichen Paaren gegeben sei. Die Ehe sei „von Natur aus" auf die potentiell aus ihr hervorgehende Familie und die Fähigkeit, Nachkommen zu zeugen, ausgerichtet und gelte als „Keimzelle einer jeden menschlichen Gemeinschaft" (BVerfGE 6, 55, 71). Die Erzeugung von Nachkommen und die Familiengründung seien geradezu der Zweck sowie die „natürliche Folge" einer Ehe (vgl. Uhle, in: Epping/Hillgruber, Art. 6 Rn. 4; Gade/Thiele, DÖV 2013, 142, 143 f.; Kreß, ZRP 2012, 234, 235). Die Verschiedengeschlechtlichkeit gehöre daher zu den unveränderlichen „Strukturprinzipien" einer Ehe und sei somit mit Blick auf die Institutsgarantie des Art. 6 I GG unantastbar (BVerfGE 105, 313, 345. Vgl. auch BVerfG NJW 1993, 3058; BVerwG NVwZ 1997, 189, 190; Pieroth/Kingreen, KritV 2002, 219, 239; Scholz/Uhle, NJW 2001, 393, 394).

Unter Zugrundelegung dieses Eheverständnisses ist eine Ehe unter Gleichgeschlechtlichen in der Tat ausgeschlossen. Das überzeugt nicht. Denn wie schon in der 16. Auflage aufgezeigt, steht außer Zweifel, dass das Institut der Ehe auch zeugungsunfähigen Personen offensteht, solange sie nur verschiedengeschlechtlich sind, obwohl die „idealtypische Funktion der Ehe" – die Möglichkeit, Nachkommen zu zeugen und eine Familie zu gründen – hier ganz offensichtlich ebenso wenig erreicht werden kann wie bei gleichgeschlechtlichen Paaren. Es wäre aber absurd, zeugungsunfähigen Menschen das Institut der Ehe zu verschließen. Auch die Berufung auf die „Strukturprinzipien" der Ehe überzeugt nicht, da die „Verschiedengeschlechtlichkeit" verfassungstextlich nicht als „unveränderliches Strukturprinzip" festgeschrieben, sondern lediglich einer von einer bürgerlichen Tradition geleiteten Verfassungsinterpretation entsprungen ist, die jedoch (und das wird vom BVerfG insoweit unberücksichtigt gelassen) gerade aufgrund der Gestaltungsoffenheit und der Normgeprägtheit des Art. 6 I GG einem Bedeutungswandel unterworfen ist (auf den Verfassungswandel abstellend bereits R. Schmidt, Grundrechte, 16. Auflage 2014, Rn. 555 ff. und explizit R. Schmidt, FamR, 2. Aufl. 2014,

Fußn. 15; später auch Koschmieder, JA 2014, 566, 570 ff.). Gerade Gestaltungsoffenheit und Normgeprägtheit des Art. 6 I GG führen dazu, den Begriff der Ehe unter Berücksichtigung moderner gesellschaftlicher Anschauungen zu interpretieren, ohne den Verfassungstext ändern zu müssen. Der Umstand, dass eine Ehe zwischen Menschen gleichen Geschlechts in vielen anderen (ebenfalls „christlich geprägten") Staaten (vgl. etwa Island, Großbritannien, Norwegen, Schweden, Dänemark, Niederlande, Belgien, Frankreich, Spanien, Portugal) zulässig ist, stellt einen starken Indikator für ein sich wandelndes gesellschaftliches Selbstverständnis dar, was die in Deutschland (bislang) vorhandenen (Verfassungs-)Vorbehalte als unbegründet erscheinen lässt (auch das in Art. 12 EMRK garantierte Recht, eine Ehe einzugehen, ist nicht auf verschiedengeschlechtliche Personen beschränkt, wie der EGMR festgestellt hat, wenngleich sich der EGMR in Zurückhaltung geübt hat, indem er formuliert, dass die Entscheidung, ob die gleichgeschlechtliche Ehe gestattet werden solle, „zum gegenwärtigen Zeitpunkt dem Recht der Konventionsstaaten überlassen bleibt" (EGMR NJW 2011, 1421 ff.). Den weiten Ermessensspielraum der Konventionsstaaten bei der Regelung familienrechtlicher Strukturen betont der EGMR auch in NJW 2014, 2015 f.). Schließlich greifen die teilweise angeführten Argumente, der historische Gesetzgeber sei ganz selbstverständlich von der Verschiedengeschlechtlichkeit der Ehepartner ausgegangen und habe diese zur Grundlage seines Eheverständnisses gemacht (so Uhle, in: BeckOK, GG, Art. 6 Rn. 4), schon deshalb nicht, weil es in der Debatte im Parlamentarischen Rat primär um die Frage ging, generell den Schutz von Ehe und Familie in das Grundgesetz aufzunehmen (Leibholz/v. Mangoldt, Jahrbuch des öffentlichen Rechts der Gegenwart, Neue Folge Bd. 1, 1951, S. 93-99). Der zunächst vom Grundsatzausschuss gebilligte Wortlaut: „Die Ehe ist die rechtmäßige Form der Lebensgemeinschaft von Mann und Frau" (Leibholz/v. Mangoldt, a.a.O., S. 98) wurde später vom Hauptausschuss ausdrücklich nicht angenommen. Dort verständigte man sich vielmehr auf die Fassung: „Ehe und Familie stehen unter dem besonderen Schutze der staatlichen Ordnung" (Leibholz/v. Mangoldt, a.a.O., S. 99). Einen Willen des historischen Gesetzgebers, eine Ehe könne nur zwischen Mann und Frau geschlossen werden, hätte man daher jedenfalls dann annehmen können, wenn er den vom Grundsatzausschuss gebilligten Textentwurf übernommen hätte. Indem er diesen aber gerade nicht übernommen, sondern sich für eine offene Formulierung in Art. 6 I GG entschieden hat, kann dem Willen des historischen Gesetzgebers also gerade nicht entnommen werden, dass er einen Verfassungs- bzw. Bedeutungswandel des Ehebegriffs für alle Zeiten ausschließen wollte.

Der einfache Gesetzgeber war daher frei, nicht mehr auf der bürgerlichen Zwängen und Traditionen unterworfenen Verschiedengeschlechtlichkeit der Ehepartner zu beharren, sondern sich offen zu zeigen für moderne gesellschaftliche Strukturen unter Berücksichtigung der Gestaltungsoffenheit und der Normgeprägtheit des Art. 6 I GG und des dadurch ermöglichten aufgezeigten Verfassungswandels (im Ergebnis auch Brosius-Gersdorf, NJW-Editorial 12/2013 und FamFR 2013, 169 ff.; Koschmieder, JA 2014, 566, 570 ff.; scharf ablehnend Benedict, JZ 2013, 477, 486; Selder, DStR 2013, 1064, 1067; Gade/Thiele, DÖV 2013, 142, 150 f.; Hillgruber, JZ 2010, 41, 41; Krings, NVwZ 2011, 26, 26; Hofmann, JuS 2014, 617, 620). Im Sinne der hier (seit R. Schmidt, Grundrechte, 16. Auflage) vertretenen Auffassung hat nunmehr der Bundestag in Wahrnehmung der Normgeprägtheit und der Gestaltungsoffenheit des Art. 6 I GG u.a. § 1353 I S. 1 BGB geändert und das Institut der Ehe auch gleichgeschlechtlichen Paaren geöffnet. Mit Inkrafttreten der Neuregelung vermutlich im Herbst 2017 kommt es bei der Begründung der Ehe also nicht mehr auf die Geschlechtsverschiedenheit an. Teilweise wird dies trotz der Offenheit des Art. 6 I GG für eine Gestaltung durch den Gesetzgeber für verfassungswidrig erachtet (so auf politischer Ebene von Teilen der CDU/CSU-Fraktion und der AfD). Wie aber bereits aufgezeigt, fordern die Strukturprinzipien der Ehe keine Verschiedengeschlechtlichkeit der Partner. Sollte dennoch das BVerfG darüber entscheiden müssen, bleibt zu hoffen, dass das Gericht seine Rechtsprechung zur Normgeprägtheit und Gestaltungsoffenheit des Art. 6 I GG sowie zur materiell-rechtlichen Gleichstellung von Ehe und eingetragener Lebenspartnerschaft zum Anlass nimmt, seine Linie fortzuführen und § 1353 I S. 1 BGB n.F. für mit Art. 6 I GG vereinbar zu erklären.

So hat das BVerfG Verstöße gegen Art. 3 I, III S. 1 GG unter dem Aspekt der mittelbaren Ungleichbehandlung wegen der sexuellen Orientierung festgestellt hinsichtlich der Ungleichbehandlung von Ehe und eingetragener Lebenspartnerschaft im Erbschaft- und Schenkungsteuerrecht (BVerfGE 126, 400, 415 ff. Vgl. dazu auch Tölle, NJW 2011, 2165 ff.), hinsichtlich der Hinterbliebenenversorgung im Beamtenrecht (BVerwG NVwZ 2011, 499. Hinsichtlich des Anspruchs auf Hinterbliebenenrente für Partner einer eingetragenen Lebenspartnerschaft vgl. EGMR NVwZ 2011, 31), hinsichtlich der Ungleichbehandlung von Ehe und Lebenspartnerschaft bei der Gewährung von Familienzuschlag im Beamtenrecht (BVerfGE 131, 239, 255 ff. Vgl. auch OVG Münster NVwZ 2014, 1534 ff.) und hinsichtlich der (ehemaligen) Ungleichbehandlung von Ehe und Lebenspartnerschaft im Grunderwerbsteuerrecht nach § 3 Nr. 4 GrEStG a.F. (BVerfGE 132, 179, 193 ff.) (jeweils eine am allgemeinen Gleichheitssatz des Art. 3 I GG zu messende Ungleichbehandlung wegen der sexuellen Orientierung). Schließlich hat das BVerfG die unterschiedliche Behandlung im Einkommensteuerrecht beanstandet (BVerfGE 133, 377, 407 ff.), was zur Anwendung des sog. Ehesplittingtarifs auf Partner einer eingetragenen Lebenspartnerschaft geführt hat (Gesetz v. 15.7.2013, BGBl I S. 2397 (steuerliche Gleichstellung von Ehen und eingetragenen Lebenspartnerschaften): Einfügung eines § 2 VIII EStG, wonach die Regelungen des EStG zu Ehegatten und Ehen auch auf Lebenspartner und Lebenspartnerschaften anzuwenden sind). Mittlerweile hat der Gesetzgeber eine vollständige Gleichbehandlung in sämtlichen steuerlichen Belangen vorgenommen (vgl. zuletzt das Gesetz v. 18.7.2014 (BGBl I S. 1042: Anpassung von Abgabenordnung und Bundeskindergeldgesetz)).

Schließlich ist im Adoptionsrecht infolge eines Urteils des BVerfG (BVerfGE 133, 59, 73 ff. - Verfassungswidrigkeit der Nichtzulassung der Sukzessivadoption durch eingetragene Lebenspartner - dazu R. Schmidt, Familienrecht, 7. Aufl. 2017, unten Rn. 599) die Möglichkeit der Sukzessivadoption durch Partner einer eingetragenen Lebenspartnerschaft gesetzlich eingeführt worden (Gesetz v. 20.6.2014 - BGBl I S. 786; dazu. R. Schmidt, Familienrecht, 7. Aufl. 2017, Rn. 599). Auch im Übrigen macht das BVerfG deutlich, dass es der biologischen Elternschaft gegenüber der sozial-familiären keinen generellen Vorrang einräumt (R. Schmidt, Familienrecht, 7. Aufl. 2017, Rn. 466 ff./591 ff.).

Und im Transsexuellenrecht ist aufgrund eines Urteils des BVerfG (BVerfGE 121, 175, 189 ff.) § 8 I Nr. 2 Transsexuellengesetz, der die Änderung des Personenstands bei einem verheirateten Transsexuellen nur zuließ, wenn dieser sich zuvor hatte scheiden lassen, aufgehoben worden.

Insgesamt ist damit eine gewisse Tendenz zu erkennen, dass sich auch das BVerfG - sollte es über § 1353 I BGB zu entscheiden haben - modernen familiären Gesellschaftsstrukturen nicht verschließt. Es darf daher die Prognose gewagt werden, dass das BVerfG seine bisherige Interpretation der Ehe als Verbindung zwischen einem Mann und einer Frau zugunsten einer Lebensgemeinschaft ohne Rücksicht auf die Geschlechtszugehörigkeit ändert, bei der allein entscheidend ist, dass die Partner einander Fürsorge und Verantwortung tragen.

Auch nach Verabschiedung des Gesetzes zur Einführung des Rechts auf Eheschließung für Personen gleichen Geschlechts am 30.6.2017 bleibt es bei der Wirksamkeit der Eintragung einer gleichgeschlechtlichen Lebenspartnerschaft nach dem LPartG. Die Lebenspartner haben gem. § 20a LPartG aber die Möglichkeit, vor dem Standesamt ihre Lebenspartnerschaft in eine Ehe umzuwandeln. Die Umwandlung erfolgt nach Maßgabe des § 17a PStG. Die Begründung einer Lebenspartnerschaft nach dem LPartG ist hingegen – wie sich unmittelbar aus Art. 3 III des Gesetzes zur Einführung des Rechts auf Eheschließung für Personen gleichen Geschlechts ergibt – nicht mehr möglich.

Bleibt die Frage zu beantworten, welche abstammungsrechtlichen Auswirkungen das am 30.6.2017 beschlossene Gesetz zur Einführung des Rechts auf Eheschließung für Personen gleichen Geschlechts und der damit verbundenen Neufassung des § 1353 I S. 1 BGB, wonach eine Ehe auch zwischen zwei Menschen gleichen Geschlechts geschlossen werden kann, auf eine etwaige Elternschaft haben kann. Handelt es sich bei den Ehepartnern um zwei Frauen und gebärt eine der beiden Frauen (durch natürliche oder künstliche Befruchtung) ein Kind, stellt sich die Frage nach dem Verwandtschaftsverhältnis des Kindes zur Ehepartnerin der Mutter. § 1592 (Nr. 1) BGB greift nicht, da die Vorschrift allein die Vaterschaft regelt. Zu denken wäre an eine Adoption, wobei aber weder eine Einzeladoption noch eine Stiefkind- oder Sukzessivadoption in Betracht kommen: Während eine Einzeladoption nur unverheirateten Personen möglich ist (§ 1741 II S. 1 BGB), muss für eine Stiefkindadoption der andere Ehegatte bereits zum Zeitpunkt der Eheschließung leiblicher Vater/leibliche Mutter eines Kindes sein, das dann der adoptivwillige Ehegatte annehmen kann (§§ 1741 II S. 3, 1749 I S. 1 BGB – dazu Rn 597). Die Annahme eines nach der Eheschließung geborenen Kindes ist also nicht möglich. Aber auch eine Sukzessivadoption scheidet aus: Zum einen betrifft sie nur den Fall, dass der Ehegatte das bereits zuvor vom anderen Ehegatten adoptierte Kind annimmt, und zum anderen muss das vom anderen Ehegatten adoptierte Kind bereits vor der Eheschließung angenommen worden sein (§ 1742 BGB – dazu ebenfalls Rn 597). Nichts von dem trifft auf die vorliegende Konstellation zu. Liefert also das geschriebene Recht keine Möglichkeit der Begründung eines Verwandtschaftsverhältnisses zwischen der Ehefrau der Kindesmutter und deren während der Ehe geborenem Kind, wäre an eine analoge Anwendung des § 1592 Nr. 1 BGB zu denken. Dazu müssten jedoch die Voraussetzungen einer Analogie vorliegen. Diese sind:

- ⇨ Bestehen einer Regelungslücke (d.h. einer Unvollständigkeit im Gesetz),
- ⇨ Bestehen einer Interessenlage, die es gebietet, die Lücke bzw. Unvollständigkeit i.S. der vorhandenen Regelung zu schließen (Interessengleichheit),
- ⇨ Planwidrigkeit der Regelungslücke (d.h. einer versehentlichen Unvollständigkeit im Gesetz) (vgl. dazu auch BGHZ 105, 140, 143; 120, 239, 251 f.; 149, 165, 174; BGH NJW 2003, 1932, 1933; NJW 2016, 2502, 2503; ferner Koch, NJW 2016, 2461, 2463; Kuhn, JuS 2016, 104. Siehe auch R. Schmidt, BGB AT, Rn. 40).

Eine Regelungslücke besteht. Auch das Gesetz zur Einführung des Rechts auf Eheschließung für Personen gleichen Geschlechts v. 30.6.2017 hat die vorliegende Konstellation nicht erfasst. Auch am Vorhandensein einer Interessenlage, die es gebietet, die Lücke bzw. Unvollständigkeit i.S. der vorhandenen Regelung (hier: § 1592 Nr. 1 BGB) zu schließen, besteht nach der hier vertretenen Meinung kein Zweifel. Denn lässt man die Ehe zwischen zwei Menschen gleichen Geschlechts (hier: zwei Frauen) zu und gebärt eine der beiden Frauen während der Ehe ein Kind, gebieten es sowohl die Interessen der Ehepartner als auch die des Kindes, dass eine juristische Elternschaft zu beiden Elternteilen besteht. Schließlich ist die vorhandene Regelungslücke auch planwidrig. Insbesondere ergeben sich aus der Gesetzesbegründung (BT-Drs. 18/6665, S. 7 ff.) keine Hinweise darauf, dass dem Gesetzgeber die Auswirkungen auf die vorliegende Konstellation (generell in Abstammungsfragen) bewusst waren. Jedenfalls ist kein plangemäßes Unterlassen (d.h. kein absichtsvoller Regelungsverzicht) erkennbar. Fazit: Liegen damit die Voraussetzungen für eine analoge Anwendung des § 1592 Nr. 1 BGB vor, wird die mit der Kindsmutter verheiratete Frau zum Zeitpunkt der Geburt juristische Mutter. Terminologisch kann man (in Anlehnung an das norwegische Recht) von „Mitmutter“ sprechen (zur diesbezüglichen Rechtslage in Norwegen vgl. Fritze, in: Rieck, Ausländisches Familienrecht, Rn 11 ff.). Von der Zulässigkeit (und Gebotenheit) einer analogen Anwendung des § 1592 Nr. 1 BGB abgesehen, ist selbstverständlich der Gesetzgeber gefordert, das Versäumnis einer gesetzlichen Regelung auszugleichen und eine entsprechende Regelung nachzuholen. Diese könnte etwa durch eine Änderung des § 1591 BGB erfolgen und lauten:

§ 1591 Mutterschaft

Mutter eines Kindes ist die Frau, die es geboren hat. Mutter eines Kindes ist auch die Frau, die zum Zeitpunkt der Geburt mit der Mutter des Kindes verheiratet ist.

Freilich wären damit noch nicht die Probleme gelöst, die etwa entstehen könnten, wenn die Ehe, die zur Begründung des rechtlichen Verwandtschaftsverhältnisses geführt hat, für unwirksam erklärt (dazu R. Schmidt, FamR, 7. Aufl. 2017, Rn. 54 f.) oder aufgehoben (dazu R. Schmidt, FamR, 7. Aufl. 2017, Rn. 56 ff.) würde. Hier stellte sich die Frage nach dem Einfluss auf das rechtliche Verwandtschaftsverhältnis zwischen dem Kind und der Ex-Ehefrau der Kindsmutter. Auf der Grundlage der gegenwärtigen Gesetzeslage (konkret: im Fall der juristischen Vaterschaft nach § 1592 Nr. 1 BGB) bestehende Regelungen, die herangezogen werden könnten, lassen sich nicht finden. Denn ist im Fall der juristischen Vaterschaft nach § 1592 Nr. 1 BGB der zum Zeitpunkt der Geburt mit der Mutter des Kindes verheiratete Mann nicht der biologische Vater, kann dieser bereits die Vaterschaft anfechten (§ 1600 I Nr. 1 BGB). Auf die Frage nach den rechtlichen Auswirkungen, wenn die die Verwandtschaft begründende Ehe nichtig ist oder aufgehoben wurde, kommt es hier also nicht an. Aus Gründen des Kindeswohls wird man die sich bei Ehen unter Frauen möglicherweise stellende Problematik aber ähnlich wie bei einer mit Einwilligung des Ehemanns erfolgten heterologen Insemination lösen müssen: Gemäß § 1600 V BGB kann die Vaterschaft weder durch den Mann noch durch die Mutter angefochten werden, wenn das Kind mit Einwilligung des Mannes und der Mutter durch künstliche Befruchtung mittels Samenspende eines Dritten gezeugt worden ist (siehe dazu R. Schmidt, FamR, 7. Aufl. 2017, Rn. 480). Das Gesetz will damit also verhindern, dass die durch die Zustimmung zur heterologen Insemination übernommene Verantwortung für das Kind durch Anfechtung aufgehoben werden kann. Die gleiche Regelung böte sich bei der „Mitmutterschaft" (etwa durch Änderung des § 1600 V BGB) an:

§ 1600 Anfechtungsberechtigte; Ausschluss der Anfechtung

(5) Ist das Kind mit Einwilligung des Ehemannes und der Mutter durch künstliche Befruchtung mittels Samenspende eines Dritten gezeugt worden, ist die Anfechtung der Vaterschaft durch den Ehemann oder die Mutter ausgeschlossen. Die Anfechtung einer Mitmutterschaft ist ausgeschlossen, wenn das Kind mit Einwilligung der Ehefrau und der Mutter durch künstliche Befruchtung gezeugt worden ist.

Ist das Kind also mit Einwilligung der Ehefrau der Kindsmutter durch künstliche Befruchtung gezeugt worden, ist ein Anfechtungsrecht der Ehefrau der Kindsmutter ausgeschlossen. Sie gilt weiterhin als juristische Mutter, und zwar auch dann, wenn die Ehe nachträglich für nichtig erklärt bzw. aufgehoben oder schlicht geschieden wurde. Wurde das Kind indes ohne Zustimmung der Ehefrau der Kindsmutter gezeugt, wird man der Ehefrau das gleiche Anfechtungsrecht zubilligen müssen, wie es jetzt schon dem juristischen Vater gem. § 1600 I Nr. 1 BGB (wegen § 1592 Nr. 2 BGB) zusteht.

R. Schmidt (3.7.2017)